경영권승계와 지배구조개선

박길동 · 최대현 공저

SAMIL | 삼일인포마인

머리말

　기업은 끊임없이 성장의 기회를 탐색하고 위기에 대응할 수 있는 생존능력을 보유해야 합니다. 영속적인 기업으로 성장하려면 환경에 걸맞은 최적의 지배구조를 끊임없이 탐색하여야 하며, 적합한 후계자를 선정하여 경영권과 소유권을 적절한 시점에 승계해야 합니다. 그런데 지배구조개선과 경영권승계 절차는 각 기업이 처한 상황과 환경 변화에 따라 많은 차이를 보이고 있습니다.

　이에 따라 본서는 현재 규정(분할·합병, 지주회사, 가업상속공제, 현물출자 및 주식교환, 주식 평가 등) 하에 이루어지고 있는 지배구조개선과 경영권승계 사례를 소개하고자 집필되었습니다. 그리고 전체 업무의 흐름을 설명하고, 중요한 규정과 실무상 유의사항을 강조하고자 했습니다.

　본서는 경영권승계와 지배구조개선에 대한 큰 그림을 제시하고 어떻게 접근할 것인가에 대한 전략적 사고를 목표로 합니다. 그리고 두꺼운 규정집은 독자들에게 도움이 되지 않기 때문에, 규정이나 예규를 단순하게 나열하는 방식은 지양했습니다. 아쉽지만 각 기업의 특유한 상황에 따른 규정 검토나 적용 절차는 독자들의 몫으로 남겨두고자 합니다.

　본서에서 역점을 둔 사항은 다음과 같습니다.

첫째, 개정된 세법이나 공정거래법 등을 반영하였습니다.

둘째, 기존에 소개된 사례를 보완하고 새로운 사례를 추가하였습니다. 본서의 사례는 실제 기업들을 대상으로 하였고, 광범위한 자료를 토대로 작성되었습니다. 따라서 사례 분석을 통해 도출된 시사점은 관련 업무를 기획하시는 분들께 도움이 될 것으로 기대합니다.

셋째, 지배구조개선과 경영권승계는 자본거래, 공정거래법이나 상법 등에 대한 지식, 연결실체 관점에서의 판단과 현금흐름 분석기법 등 다양한 분야에 대한 이해를 필요로 합니다. 따라서 일반 독자들은 관련 주제를 체계적으로 이해하고, 이슈를 정확하게 파악하는 데 많은 어려움을 겪게 됩니다. 이러한 점을 감안하여 먼저 직관적인 이해가 가능하도록 세심하게 배려하였습니다.

　이외에도 강의나 업무 과정에서 자주 문의되었던 질문들을 개정판에 적극 반영하여 실무에 도움이 되도록 노력하였습니다.

　본서를 집필하는 내내 좀 더 쉽게 지배구조개선과 경영권승계에 대한 흐름을 이해하고 실무자분들께 도움이 되도록 노력하였으나 아직도 부족한 점이 많아 보입니다. 그러나 그마저도 많은 분들의 도움이 없었더라면 더욱 미흡하였을 것입니다. 특히 그 중에서도 원고를 처음부터 끝까지 읽고 내용을 논의하며 귀중한 아이디어를 주셨던 오택근 선생님과 이중욱 선생님, 집필 과정을 지켜보며 용기를 북돋아 준 김현준 대표님께 감사드립니다. 그리고 이 책이 출간되기까지 아낌없이 지원해 주신 삼일인포마인의 이희태 대표이사님과 임직원을 비롯한 많은 분들께 감사드립니다.

　마지막으로 부득이하게 가정에 충실하지 못한 저자들을 이해하고 따뜻하게 다독여 준 가족에게, 미안하고 고마운 마음을 이 책으로 대신합니다.

2024년 5월

저 자

차례

Part 01   사례 및 시사점 분석

제1장   지주회사 Ⅰ : 전환 유형 / 139

차 례

제3장 계열분리와 가족기업 / 260

제6장 SK그룹의 지배구조개선 / 341

제7장   다양한 지배구조개선 사례 / 398

Part 02 제도 및 규정

제8장 기업지배구조 / 493

제9장　분할·합병 회계와 동일지배거래 / 535

제10장　분할 · 합병 세무 / 584

제11장 현물출자와 주식교환 / 702

제13장 가업승계 지원제도 / 776

제14장 이익의 증여 / 839

제15장 공익법인 출연 / 904

Part **0**

개 요

규정에 대한 사전 검토는 필수적이다. 그러나 개별 기업의 상황을 정확하게 분석하고 도출된 이슈를 적절하게 해결하려면, 세부 규정보다는 큰 그림과 기본 개념이 보다 중요하다. 따라서 본 장에서는 전략적인 접근을 위해 필요한 개념적 틀을 중심으로 설명하고자 한다.

- 다양한 자본거래의 개념
- 경영권승계의 개념
- 전형적인 지배구조개선과 경영권승계 절차
- 지배구조개선의 허(虛)와 실(實) : 사례분석

자본거래와 지배구조개선의 개요

경영권승계와 지배구조개선은 분할, 합병, 현물출자, 주식교환 및 자기주식 등 다양한 자본거래를 활용하여 이루어진다. 따라서 자본거래에 대한 세무·회계 지식뿐만 아니라, 상법이나 자본시장법 등에 대한 이해도 필요하다. 그런데 관련 규정도 다양하고 일상적으로 접하는 내용도 아니므로 어려움을 느끼게 된다.

본서는 경영권승계와 지배구조개선에 대한 큰 그림을 제시하고 어떻게 접근할 것인가에 대한 전략적 사고를 목표로 하고 있다. 따라서 규정이나 예규를 단순하게 나열하는 방식은 지양하고 있다.

그럼에도 경영권승계와 지배구조개선이 추구하는 방향과 논점을 이해하려면 자본거래에 대한 기본 개념은 필수적이다. 따라서 본 장에서는 자본거래의 요지를 직관적으로 이해할 수 있도록 노력하였다. 그리고 자본거래가 경영권승계와 지배구조개선 시 어떻게 활용되는 지를 사례로 분석했다.

- 분할, 합병 및 현물출자 등 다양한 자본거래에 대한 이해
- 지배구조개선 효과에 대한 이해
- 경영권승계에 대한 이해

제1절 기업지배구조 재편 수단

본 절에서는 분할, 합병, 현물출자, 주식교환 등 다양한 기업구조 재편 수단을 설명한다.

1. 인적분할

기업분할은 회사의 특정 사업부문을 독립된 회사로 신설하는 절차이다. 분할 시 새롭게 설립된 회사를 신설법인 또는 분할신설법인이라 하며, 분할 전 회사의 법인격을 유지하는 회사를 존속법인 또는 분할법인이라 한다.

기업분할의 형태는 다음과 같이 구분할 수 있다.

① 인적분할 : 회사의 주주들이 지분율에 비례하여 독립된 신설법인의 주식을 나눠 갖는 형태

② 물적분할 : 존속법인이 신설법인의 주식을 모두 가지는 형태

(1) 인적분할의 개요

다음 예제를 통해 인적분할을 살펴보자.

예제 1

- MD사는 치킨사업과 피자사업을 영위하고 있음.
- MD사가 발행한 주식총수는 200주이며, 최대주주는 15.0%의 지분을 보유하고 있음.
- 인적분할을 통하여 피자사업이 독립된 회사로 신설되었으며, 100주를 발행함.
- 주주들은 기존 주식 1주와 신설된 피자회사의 주식 1주를 교환함.

요구사항 MD사의 인적분할을 검토하시오.

인적분할을 통하여 MD사의 지분은 다음과 같이 변동된다.

① MD사는 피자회사(신설회사)가 발행한 주식 100주를 수령함.

② MD사는 주주들에게 피자회사 주식 1주를 주면서, MD사 주식 1주를 회수함.

③ MD사는 주주들로부터 회수한 주식 100주를 소각함(발행주식수가 200주에서 100주로 감소함).

이를 그림으로 표현하면 다음과 같다.

| 인적분할 |

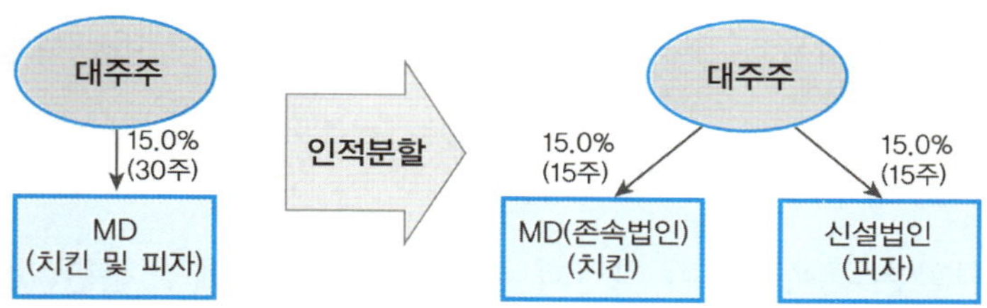

상기 그림에서 보듯이 인적분할이 이루어지면, 주주는 MD사(존속법인)와 피자사업(신설법인)의 지분을 종전과 동일하게 15.0%씩 보유하게 된다. 그리고 피자사업과 관련된 자산과 부채는 신설법인으로 이전되어 MD사의 순자산은 감소한다.

(2) 지분율과 주식수의 변동

지분율과 주식수의 변동에 대해 좀 더 살펴보자. 인적분할이 이루어지면 대주주는 피자회사(신설법인) 주식 15주를 취득하여 15.0%의 지분을 보유하게 된다. 그리고 대주주는 원래 가지고 있는 MD사 주식 30주 중 일부(15주)를 반납하여, 주식수는 30주에서 15주로 감소한다. 그러나 유상감자를 통하여 MD사가 발행한 총주식도 200주에서 100주로 감소하였으므로 지분율은 종전과 동일하게 유지된다.

대주주 입장에서는 치킨사업과 피자사업을 영위하는 MD사의 지분을 15.0%만큼 보유하고 있었는데, 인적분할을 통해 MD사와 피자회사에 대한 지분을 각각 15.0%씩 보유하는 형태로 바뀐 것이다.

다음 표를 통하여 주식수와 지분율의 변동 내역을 살펴보자.

주주	분할 전 회사		분할 후 치킨회사		분할 후 피자회사	
	주식수	지분율	주식수	지분율	주식수	지분율
대주주	30	15.0	15	15.0	15	15.0
기타주주	170	85.0	85	85.0	85	85.0
총주식수	200	100.0	100	100.0	100	100.0

인적분할 관련 세부내용과 회계처리는 〈제9장〉을 참조하기 바란다.

(3) 인적분할 세무

세무상 인적분할은 존속법인이 자산과 부채를 신설법인에 처분한 것으로 본다. 즉, 치킨회사(존속법인)가 피자회사(신설법인)에게 피자사업과 관련된 자산과 부채를 양도했다고 보는 것이다. 따라서 존속법인은 자산양도차익에 대한 법인세를 부담하며, 신설법인은 분할매수차손(차익)에 따른 세무처리가 발생한다. 또한, **주주들은 존속법인의 주식을 일부 반환하고 신설법인의 주식을 새롭게 취득하게 되므로 의제배당에 따른 소득세를 부담한다.**

이러한 조세 부담은 기업이 구조조정을 실시하는 데 악영향을 미치게 된다. 따라서 과세당국은 일정 요건을 만족시킨다면 (즉, 적격분할 요건을 충족시키면) 세 부담을 완화시켜 주고 있다. 그러므로 실무상 인적분할은 적격분할 요건을 충족시키는 방향으로 이루어진다.

주요 적격분할 요건은 다음과 같다.

① 사업의 포괄승계 요건

② 지분의 연속성 요건

③ 사업의 계속성 요건

상기 요건 중 포괄승계에 대한 이슈가 많은데 특히, 주식 등의 승계는 특히 주의를 요하는 부분이다. 적격분할 요건을 충족하였을 경우와 그렇지 않을 경우의 세 부담은 차이가 매우 큰데, 인적분할 관련 세무는 〈제10장〉을 참조하기 바란다.

(4) 자기주식이 있는 경우의 인적분할

인적분할은 회사의 주주들이 직접 신설된 법인의 주식을 지분율에 비례하여 나누어 가지는 형태임을 강조했다. 그런데 만일 분할 이전에 회사가 자기주식을 보유하고 있다면 어떠한 변화가 생기는지 살펴보자.

예제 2

- MD사는 치킨사업과 피자사업을 영위하고 있음.
- MD사가 발생한 주식총수는 200주이며, 최대주주는 15.0%의 지분을 보유하고 있음.
- MD사는 자기주식 40주(20%)를 보유하고 있음.
- 인적분할을 통하여 피자사업이 독립된 회사로 신설됨.
- 신설된 피자회사는 100주를 발행함.
- 주주들은 기존 주식 1주와 신설된 피자회사의 주식 1주를 교환함.

요구사항 MD사의 인적분할을 검토하시오.

〈예제 2〉는 〈예제 1〉에서 MD사가 자기주식을 보유하고 있음을 제외하면 모든 상황이 동일하다. 인적분할 이전에 자기주식을 보유하고 있다면, 인적분할 이후에 MD사(존속법인)는 피자회사(신설법인)에 대해 자기주식에 해당하는 지분율을 보유하게 된다. 즉, **MD사(존속법인) 입장에서는 인적분할을 통하여 자기주식 중 일부가 피자회사(신설법인)에 대한 투자주식으로 바뀌게 된다.**

〈예제 2〉를 그림으로 표현하면 다음과 같다.

| 자기주식이 있는 경우의 인적분할 |

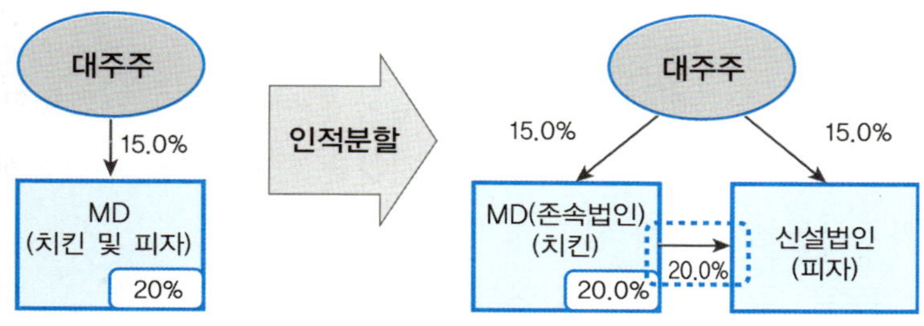

자기주식이 있는 경우 주식수와 지분율의 변동을 살펴보면 다음과 같다.

주주	분할 전		분할 후 치킨회사		분할 후 피자회사	
	주식수	지분율	주식수	지분율	주식수	지분율
대주주	30	15.0	15	15.0	15	15.0
자기주식	40	20.0	**20**	**20.0**	–	–
치킨회사	–	–	–	–	**20**	**20.0**
기타주주	130	65.0	65	65.0	65	65.0
총주식수	200	100.0	100	100.0	100	100.0

2. 물적분할

(1) 물적분할의 개요

물적분할은 분할을 통하여 신설된 회사의 주식을 존속법인이 모두 가지는 형태인데, 단순분할이라 칭하기도 한다.

다음 예제를 통해 물적분할을 살펴보자.

예제 3

- MD사는 치킨사업과 피자사업을 영위하고 있음.
- MD사가 발생한 주식총수는 200주이며, 최대주주는 45.0%의 지분을 보유하고 있음.
- 물적분할을 통하여 피자사업이 독립된 회사로 신설됨.
- 신설된 피자회사는 100주를 발행함.

요구사항 MD사의 물적분할을 검토하시오.

MD사가 물적분할을 통하여 피자회사를 설립하면 다음의 지분 변동이 발생한다.

① MD사는 피자회사가 발행한 주식 100주(지분율 : 100%)를 수령하게 됨. 즉, MD사는 투자주식을 보유하게 됨.

② MD사의 주주는 분할 과정에서 아무런 변화가 없음.

| 물적분할 |

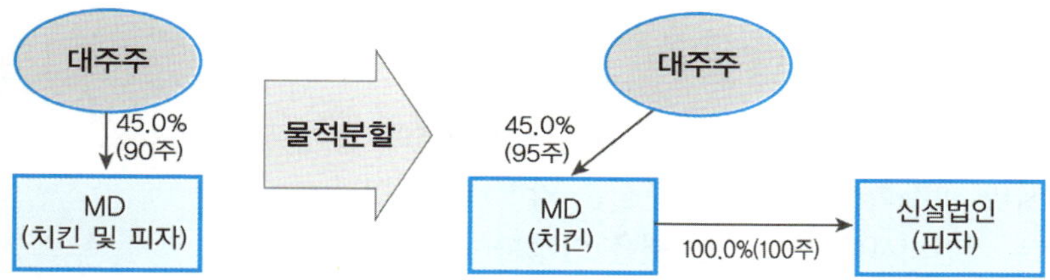

상기 그림에서 보듯이 **인적분할과 물적분할의 가장 큰 차이는 주주에게 아무런 변화가 없다**는 점이다. 그리고 **신설된 피자회사의 지분은 모두 MD(존속법인)가 보유하게 된다.** MD사는 피자사업과 관련된 자산과 부채를 신설기업에 이전하는 대신, 투자주식을 취득하게 되므로 순자산의 규모는 변동하지 않는다.

물적분할 관련 세부내용과 회계처리는 〈제9장〉을 참고하기 바란다.

(2) 물적분할 세무

세무상 물적분할은 존속법인이 신설법인에게 자산과 부채를 처분한 것으로 보아 자산양도차익을 인식해야 한다. 이러한 조세부담은 기업이 구조조정을 실시하는 데 악영향을 미치게 된다. 따라서 과세당국은 일정 요건을 만족시킨다면 (즉, 적격물적분할 요건을 충족시키면) 세 부담을 완화시켜 주고 있다. 그러므로 실무상으로는 적격물적분할 요건이 필수적인데, 관련 내용은 〈제10장〉을 참조하기 바란다.

3. 현물출자

(1) 현물출자의 개요

현물출자는 금전이 아닌 부동산, 주식 등의 재산을 법인에 출자하고 해당 법인의 신주를 그 대가로 받는 것을 의미한다.

현물출자의 대상은 다음과 같이 구분할 수 있다.

① '사업'을 구성하는 자산과 부채 일체의 현물출자

② 그렇지 않은 개별 자산 등의 현물출자

주식을 현물출자하는 경우의 지분 변동을 다음 예제로 살펴보자.

예제 4

- 왕회장은 치킨회사 주식 30%와 피자회사 주식 50%을 보유하고 있음.
- 치킨회사와 피자회사가 발행한 주식은 각각 100주임.
- 왕회장은 치킨회사에 대한 **경영권을 안정**화하고자 함.
- 왕회장은 피자회사 주식을 치킨회사에 현물출자함.

요구사항 다음 각각의 경우 현물출자가 경영권에 미치는 영향을 검토하시오.
1. 피자회사의 가치는 치킨회사의 50%임.
2. 피자회사의 가치는 치킨회사의 20%임.

왕회장이 피자회사의 지분을 치킨회사에 현물출자하고 그 대가로 치킨회사의 지분을 추가로 취득하게 되면 다음의 변동이 발생한다.

| **현물출자** |

왕회장은 현물출자를 통하여 다음을 기대할 수 있다.
① 추가로 치킨회사 주식을 수령하여 치킨회사에 대한 경영권 안정화
② 피자회사에 대한 경영권은 치킨회사를 통하여 유지

왕회장이 치킨회사에 대한 **경영권 안정화** 효과를 극대화하려면, 피자회사를 현물출자한 대가로 받을 치킨회사의 주식의 수가 많아야 한다. 그런데 치킨회사의 주식을 많이 수령하려면, 상대적으로 피자회사의 가치가 클수록 유리하다. **즉, 현물출자하는 주식의 가치가 클수록 좋다.**

먼저 피자회사의 가치가 치킨회사의 50%라면, 왕회장이 피자회사 주식 50주를 현물출자하고 수령할 주식의 수는 25주(= 50주 × 50%)이다. 따라서 왕회장의 지분율은

다음과 같이 변동된다.

주주	현물출자 전		현물출자	현물출자 후	
	주식수(주)	지분율(%)	주식수(주)	주식수(주)	지분율(%)
왕회장	30	30.0	25	55	44.0
기타주주	70	70.0	–	70	56.0
합계	100	100.0	25	125	100.0

반면 피자회사의 가치가 치킨회사의 20%라면, 대주주가 피자회사 주식 50주를 현물출자하고 수령할 주식의 수는 10주(= 50주 × 20%)로 결정된다. 따라서 왕회장의 지분율은 다음과 같이 변동된다.

주주	현물출자 전		현물출자	현물출자 후	
	주식수(주)	지분율(%)	주식수(주)	주식수(주)	지분율(%)
왕회장	30	30.0	10	40	36.4
기타주주	70	70.0	–	70	63.6
합계	100	100.0	10	110	100.0

본 예제를 통하여 **왕회장이 현물출자를 통하여 경영권을 안정화시키기 위해서는 현물출자 대상 주식(피자회사 주식)의 가치가 상대적으로 높을수록 유리함을 알 수 있다.**

실무상 인적분할과 현물출자를 통하여 지주회사로 전환되는 사례가 빈번한데, 본 예제를 통하여 대주주의 지분율이 보다 상승하려면 현물출자되는 회사의 가치가 높을수록 유리할 것임을 짐작할 수 있다. 관련 내용은 〈제1장〉의 〈제1절〉에서 살펴본다.

(2) 현물출자 효과

세무상 현물출자는 다음의 거래가 복합된 것으로 본다.
① 법인에 출자하는 거래 : 양도거래에 해당하므로 양도차익에 대한 세금 부과
② 신주를 받는 거래 : 자본거래에 해당하므로 불균등증자가 이루어지면 이익 분여에 대하여 세금 부과

현물출자의 세무처리는 물적분할과 유사하다. 현물출자를 실시하는 주체는 현물출자의 대상(주식 또는 사업부문의 자산과 부채)을 피출자법인에 양도한 것으로 본다.

따라서 양도에 따라 발생된 양도손익을 익금이나 손금에 산입하여야 하는데, 적격현물출자 요건을 충족시키면 세 부담을 이연시키고 있다. 세부 사항은 〈제11장〉을 참조하기 바란다.

4. 합병

(1) 합병의 개요

합병은 피합병회사(소멸회사)의 자산·부채와 권리·의무가 포괄적으로 합병회사(존속법인)에게 청산절차를 거치지 않고 이전되는 행위로 정의된다.

합병이 지분 변동에 미치는 영향은 다음 예제를 통해 살펴보자.

예제 5

- A는 치킨회사 주식 40%를 보유하고 있음.
- B는 피자회사 주식 40%를 보유하고 있음.
- 치킨회사와 피자회사가 발행한 주식은 각각 100주임.
- 치킨회사(합병법인)는 피자회사(피합병법인)를 합병하며, 합병대가로 주식을 발행함.
- A는 합병 후에도 안정된 경영권을 원하고 있음.

요구사항 다음 각각의 경우 합병이 A주주의 지분율에 미치는 영향을 검토하시오.
1. 피자회사의 가치는 치킨회사의 50%임.
2. 피자회사의 가치는 치킨회사의 20%임.

치킨회사가 피자회사를 합병하면, 치킨회사는 치킨사업과 피자사업을 영위하게 되며 피자회사의 법적 실체는 소멸된다. 그리고 피자회사의 주주는 자기가 보유하고 있는 주식 수에 비례하여 치킨회사의 주식을 수령하게 된다.

| 합병 |

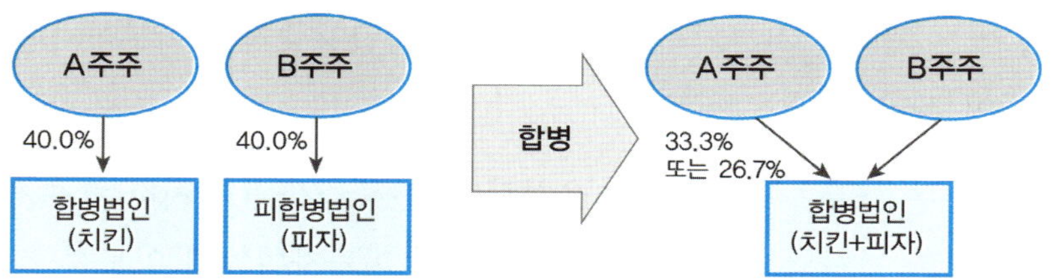

합병과정에서 A주주의 치킨회사에 대한 지분율은 희석화된다. 희석화 정도의 크기는 피자회사의 가치에 비례하여 결정되므로, 피자회사의 가치가 클수록 A주주의 합병 후 지분율은 감소하게 된다.

피자회사의 가치가 치킨회사의 50%라면, 합병과정에서 B는 20주(= 40주 × 50%)의 치킨회사 주식을 수령하게 된다.

따라서 A주주의 지분율은 다음과 같이 변동된다.

주주	합병 전		합병	합병 후	
	주식수(주)	지분율(%)	주식수(주)	주식수(주)	지분율(%)
A주주	40	40.0	—	40	**26.7**
기타 치킨주주	60	60.0	—	60	40.0
B주주	—	—	20	20	13.3
기타 피자주주	—	—	30	30	20.0
합계	100	100.0	50	150	100.0

반면 피자회사의 가치가 치킨회사의 20%라면, 합병과정에서 B주주는 8주(= 40주 × 20%)의 치킨회사 주식을 수령하게 된다.

따라서 A주주의 지분율은 다음과 같이 변동된다.

주주	합병 전		합병	합병 후	
	주식수(주)	지분율(%)	주식수(주)	주식수(주)	지분율(%)
A주주	40	40.0	—	40	**33.3**
기타 치킨주주	60	60.0	—	60	50.0
B주주	—	—	8	8	6.7
기타 피자주주	—	—	12	12	10.0
합계	100	100.0	20	120	100.0

결국 A주주는 피자회사의 가치가 클수록 지분율이 희석화되어, 경영권에 위협받을 여지가 커진다.

(2) 합병을 통한 경영권 안정화

예를 달리하여 치킨회사는 상장회사이며 피자회사는 비상장회사라고 가정해 보자. 그리고 A주주는 치킨회사와 피자회사 주식을 보유하고 있으며, 피자회사와 치킨회사의 합병을 통하여 경영권을 강화하고자 하는 유인을 가지고 있음을 전제하자.

예제 6

- A는 치킨회사(상장회사) 주식 20%를 보유하고 있음.
- A는 피자회사(비상장회사) 주식 80%를 보유하고 있음.
- 치킨회사와 피자회사가 발행한 주식은 각각 100주임.
- 치킨회사(합병법인)는 피자회사(피합병법인)를 합병하며, 합병대가로 주식을 발행함.
- A는 합병을 통하여 경영권 안정화를 원하고 있음.

요구사항 다음 각각의 경우 합병이 A주주의 지분율에 미치는 영향을 검토하시오.

1. 피자회사의 가치는 치킨회사의 50%임.
2. 피자회사의 가치는 치킨회사의 20%임.

본 예제를 그림으로 표현하면 다음과 같다.

| 합병을 통한 경영권 안정화 |

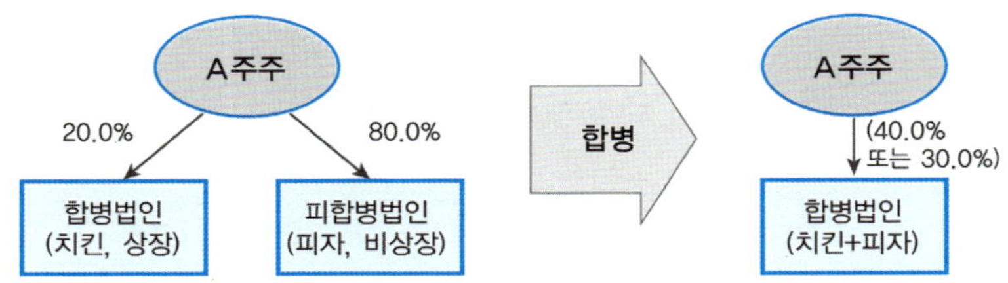

먼저 피자회사의 가치가 치킨회사 50%라면, 합병과정에서 A는 40주(= 80주 × 50%)의 치킨회사 주식을 수령하게 된다.

따라서 A주주의 지분율은 다음과 같이 변동된다.

주주	합병 전		합병	합병 후	
	주식수(주)	지분율(%)	주식수(주)	주식수(주)	지분율(%)
A주주	20	20.0	40	60	**40.0**
기타 치킨주주	80	80.0	―	80	53.3
기타 피자주주	―	―	10	10	6.7
합계	100	100.0	50	150	100.0

반면 피자회사의 가치가 치킨회사의 20%라면, 합병과정에서 A주주는 8주(= 80주 × 20%)의 치킨회사 주식을 수령하게 된다.

따라서 A주주의 지분율은 다음과 같이 변동된다.

주주	합병 전		합병	합병 후	
	주식수(주)	지분율(%)	주식수(주)	주식수(주)	지분율(%)
A주주	20	20.0	16	36	**30.0**
치킨 기타주주	80	80.0	―	80	66.7
피자 기타주주	―	―	4	4	3.3
합계	100	100.0	20	120	100.0

결국 A주주는 피합병되는 피자회사의 가치가 클수록 경영권이 안정화된다.

실무상 본 예제와 같이 대주주가 상장회사와 비상장회사의 주식을 각각 보유하고 있다면, 비상장회사의 가치를 증가시킨 후 합병을 통하여 상장회사의 경영권을 강화시키고자 하는 의도를 가질 수 있다.

여기서 비상장회사의 가치는 정상적인 영업활동뿐만 아니라 다음을 통해서도 증가할 수 있다.

① 일감몰아주기를 통한 비상장회사의 실질 가치 증가
② 대주주에게 유리한 평가방법을 통한 비상장회사의 형식적 가치 증가

대주주가 지분율이 상대적으로 많은 회사에 대하여 일감몰아주기를 통하여 대주주가 이익을 획득하는 사례는 빈번하게 발견된다. 그러나 이러한 일감몰아주기를 방지하기 위해 세법과 공정거래법이 강화되는 추세이다.

한편 대주주에게 유리한 방향으로 비상장가치가 평가되는 것을 방지하기 위하여, **상
장법인과 비상장법인의 합병은 자본시장법에 따라 평가되어 합병비율이 산정**된다. 그
런데 자본시장법에 따라 합병비율을 산정하더라도 상장회사와 비상장회사의 합병비율
은 실무상 빈번하게 이슈화되고 있다. 따라서 (비상장회사의 규모가 작아) 소규모합병
으로 분류되지 않는다면, 상장회사와 비상장회사의 합병은 현실적으로 실행하기 용이
하지 않다.

(3) 포합주식과 합병

지금까지 합병 전에 합병법인이 피합병법인의 주식을 보유하고 있지 않음을 전제하
였다. 그러나 **합병법인은 합병 전에 피합병법인의 주식을 가지고 있는 것이 일반적인
데, 이러한 주식을 포합주식이라고 한다.** 합병 시에 합병법인은 자기가 보유하고 있는
포합주식에 대하여 합병법인의 주식을 교부 또는 교부하지 않는 옵션 중 선택할 수 있
다. 만일 합병법인이 포합주식에 대하여 주식을 교부하면 합병 후에 자기주식이 증가
하는 효과가 발생한다.

다음 예제를 통해 포합주식이 합병 후 지분율에 미치는 영향을 살펴보자.

예제 7

- A주주는 치킨회사 주식 100%를 보유하고 있음.
- B주주와 치킨회사는 피자회사 주식을 각각 60%와 40% 보유하고 있음.
- 치킨회사와 피자회사가 발행한 주식은 각각 100주임.
- 치킨회사와 피자회사의 가치는 동일함.
- 치킨회사(합병법인)는 피자회사(피합병법인)를 합병하며, 합병대가로 주식을 발행함.

요구사항 다음 각각의 경우 합병이 A주주의 지분율에 미치는 영향을 검토하시오.
1. 포합주식에 대하여 신주를 교부하는 경우
2. 포합주식에 대하여 신주를 교부하지 않는 경우

치킨회사가 피자회사를 합병하면 다음과 같은 변동이 발생한다.

│ 포합주식이 있는 경우의 합병 │

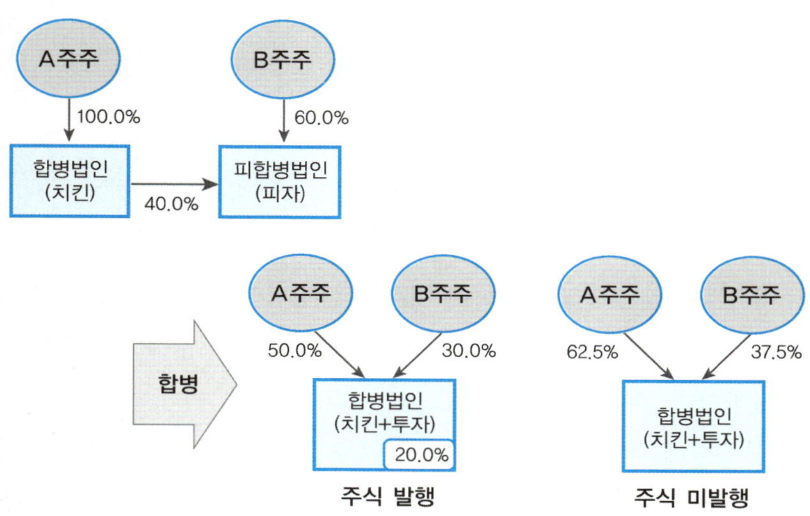

포합주식에 대하여 치킨법인의 주식을 교부한다면 합병 후에 20.0%의 자기주식을 보유하게 되는데, 그 세부 과정은 다음과 같다.

주주	합병 전		합병	합병 후	
	주식수(주)	지분율(%)	주식수(주)	주식수(주)	지분율(%)
A주주	100	100.0	—	100	**50.0**
B주주	—	—	60	60	30.0
포합주식(자기주식)	—	—	40	40	20.0
합계	100	100.0	100	200	100.0

포합주식에 대하여 주식을 교부할 경우 A주주와 B주주의 유효지분율은 다음과 같다.

- A주주 = 50.0% ÷ (1 − 20.0%) = 62.5%
- B주주 = 30.0% ÷ (1 − 20.0%) = 37.5%

만일 포합주식에 대하여 치킨법인의 주식을 교부하지 않는다면 지분율은 다음과 같이 변동된다.

주주	합병 전		합병	합병 후	
	주식수(주)	지분율(%)	주식수(주)	주식수(주)	지분율(%)
A주주	100	100.0	−	100	**62.5**
B주주	−	−	60	60	37.5
포합주식	−	−	−	−	−
합계	100	100.0	60	160	100.0

사례를 통해 알 수 있듯이 포합주식에 대하여 합병법인의 주식을 교부하느냐의 차이에 따라 형식상 지분율(절대지분율)은 차이가 있다. 그러나 **유효지분율은 주식교부와 관계없이 동일**하다.

합병 시 포합주식에 대하여 합병법인의 주식을 교부할지에 대한 여부는 피합병법인의 상황과 향후 합병법인의 계획에 따라 전략적으로 결정되는데, 관련 내용은 〈제1장〉과 〈제2장〉에서 다루고 있다.

(4) 합병 세무

합병에 대한 세무처리는 인적분할과 유사하여 **양도차익과 의제배당 이슈**가 발생한다.

먼저 피합병법인은 합병법인에게 자산과 부채를 처분한 것으로 보아 합병양도차익이 발생한다. 그리고 피합병법인의 주주는 피합병법인의 주식을 지급하고 합병법인의 주식을 취득하게 되므로 의제배당 이슈가 발생한다.

그러나 법인세법은 원활한 기업구조조정을 지원하기 위하여 일정 요건을 충족하는 경우에 부담을 완화시켜 주는 특례를 규정하고 있다. 따라서 사전에 적격합병 요건을 검토하는 것이 바람직한데, 그 요건은 다음과 같다.

① 사업목적 합병 요건

② 지분의 연속성 요건

③ 계속의 연속성 요건

이 중 지분의 연속성 요건이 실무상 중요한데, 자세한 내용은 〈제10장〉을 참조하기 바란다.

5. 주식의 포괄적 교환

(1) 주식의 포괄적 교환의 개요

주식의 포괄적 교환은 회사 간 주식교환을 통해, 자회사가 되는 회사의 발행주식총수를 모회사에게 전부 이전하고 자회사가 되는 회사의 주주들은 모회사가 발행하는 신주를 배정받는 상법상의 제도이다.

주식의 포괄적 교환은 합병과 경제적 실질이 동일하다. 다만, **합병은 실체가 하나로 합해지는 반면, 주식의 포괄적 교환은 법적 실체는 독립적으로 유지한다는 측면에 차이가 있다.** 그러나 모회사가 지분을 100% 보유하게 되어 연결재무제표 관점(사업 관점)에서는 동일하다.

주식의 포괄적 교환이 실시되기 이전에 모회사가 자회사의 주식(포합주식)을 보유하고 있다면, 합병과 마찬가지로 동 포합주식에 대한 자기주식 교부 여부를 선택할 수 있다.

다음 예제를 통해 주식의 포괄적 교환을 살펴보자.

> **예제 8**
>
> - A주주는 치킨회사 주식 50%를 보유하고 있음.
> - B주주와 치킨회사는 피자회사 주식을 각각 40%와 60% 보유하고 있음.
> - 치킨회사와 피자회사가 발행한 주식은 각각 100주임.
> - 치킨회사와 피자회사의 가치는 동일함.
> - 치킨회사는 주식 교환을 통하여 피자회사를 완전자회사로 함.
>
> **요구사항** 다음 각각의 경우 합병이 A주주의 지분율에 미치는 영향을 검토하시오.
> 1. 치킨회사가 보유하는 피자회사 주식에 대하여 신주를 교부하는 경우
> 2. 치킨회사가 보유하는 피자회사 주식에 대하여 신주를 교부하지 않는 경우

합병 시 포합주식이 있는 경우처럼, 주식의 포괄적 교환 시에도 치킨회사는 보유하고 있는 피자회사 주식 60.0%에 대하여 주식을 교부할지 여부를 선택할 수 있다. 주식을 교부하면 주식의 포괄적 교환 이후에 치킨회사는 자기주식을 보유하게 되나, 주식을 교부하지 않는 경우와 유효지분율은 동일하다.

〈예제 8〉을 그림으로 표현하면 다음과 같다.

주식의 포괄적 교환

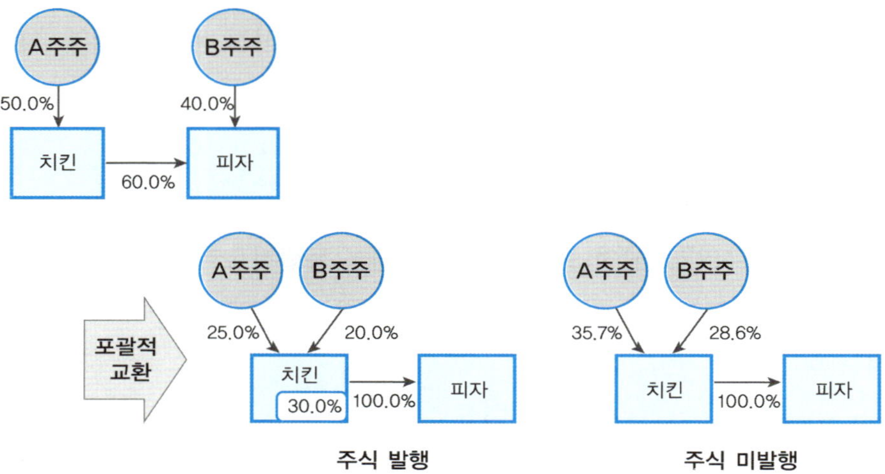

본 사례에서 치킨회사가 자기가 보유하고 있는 지분에 대하여 주식을 교부할 경우 지분율 변동은 다음과 같다.

주주	주식 교환 전		주식 교환	주식 교환 후	
	주식수(주)	지분율(%)	주식수(주)	주식수(주)	지분율(%)
A주주	50	50.0	–	50	**25.0**
A주주 외 기타주주	50	50.0		50	25.0
B주주	–	–	40	40	20.0
포합주식(자기주식)	–	–	60	60	30.0
합계	100	100.0	100	200	100.0

치킨회사가 자기주식을 보유하게 될 경우 A주주와 B주주의 유효지분율은 다음과 같다.

- A주주 = 25.0% ÷ (1 − 30.0%) = 35.7%
- B주주 = 20.0% ÷ (1 − 30.0%) = 28.6%

주식의 포괄적 교환은 피자회사가 법적 실체를 유지하고 있다는 측면을 제외하면, 합병과 동일한 경제적 효과가 있음을 알 수 있다.

(2) 주식의 포괄적 교환 세무

세무 관점에서 주식이 교환되면 주고받는 주식 각각을 양도로 본다. 따라서 양도소득에 대한 법인세 또는 양도소득세가 과세된다. 그런데 주식교환은 현금을 수반하지 않음에도 불구하고 세금을 납부해야 하므로 납세자의 부담을 가중시킨다.

그러나 조특법 제38조는 원활한 기업구조조정을 지원하기 위하여 일정 요건을 충족하는 경우에 부담을 완화시켜 주는 특례를 규정하고 있으므로, 사전에 관련 요건을 검토하는 것이 바람직하다. 주식의 포괄적 교환에 대한 세무는 〈제11장〉을 참조하기 바란다.

6. 사업양수도

사업양도란 회사의 사업에 관한 일체의 권리와 의무를 넘겨주는 행위이다. 예를 들어 양념치킨과 피자사업을 영위하는 회사가, 양념치킨 사업에 관한 일체의 자산과 부채를 후라이드치킨회사에 넘기면 사업양도가 발생한 것이다.

| 사업양수도 |

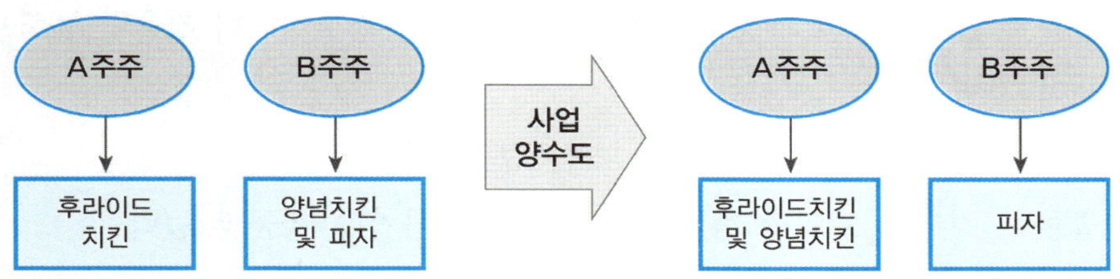

일반적으로 이전하는 사업의 평가와 권리의무 관계를 명확하게 하기 위해, 자산과 부채를 이전하는 형식보다는 물적분할 등을 이용하는 경우가 많다.

① 물적분할 : 양념치킨 사업부문을 독립된 회사로 물적분할
② 주식양도 : '사업' 자체가 아닌 주식을 양도

| 물적분할 후 주식양도 |

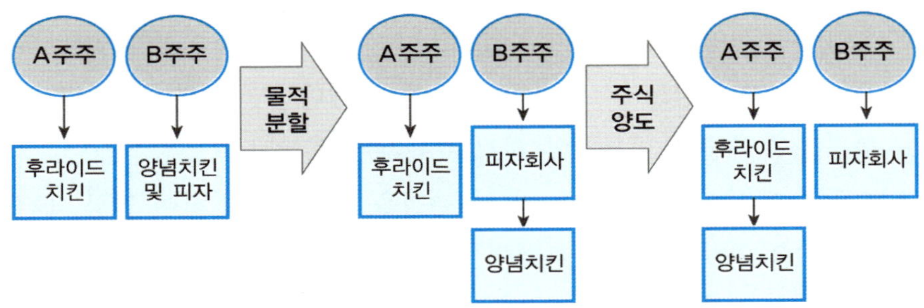

7. 사업결합회계

회계는 크게 다음과 같이 구분된다.
① 일반회계 : 개별 자산의 취득과 처분
② 사업결합회계 : 사업의 취득과 처분(M&A)

사업결합회계란 특정 '사업'과 관련된 자산부채와 권리·의무를 포괄적으로 이전하는 거래에 대한 회계처리를 의미한다. 여기서 사업의 구성 요건은 다음과 같이 정의된다.
① 투입물 : 하나 이상의 과정이 적용될 때 산출물을 창출하거나 창출할 능력을 가진 경제적 자원
② 과정 : 시스템, 표준, 규약, 협정 또는 규칙
③ 산출물 : 경제적 효익의 형태로 수익을 제공하거나 제공할 능력

사업은 상기 모든 요소를 가지고 있는 것이 일반적이나, 특수한 상황에서는 일부 요소가 없는 사업이 있을 수 있다. 예를 들어 초기에 진행중인 사업 단계에서는 산출물이 없을 수 있다.

사업결합회계는 크게 연결 관점과 개별 관점으로 구분하여 생각할 수 있다.

(1) 연결재무제표 : 경제적 실질 관점

연결재무제표란 지배·종속 관계에 있는 2개 이상의 회사를 단일실체로 보아 각 회사의 재무제표를 종합하여 작성한 재무제표이다. 즉, 법적으로는 독립된 회사이나 경제적 관점에서는 동일한 지배력 하에 있는 회사들을 하나로 아울러 표시한 것이 연결재

무제표이다.

 연결재무제표의 유용성

연결재무제표는 기업집단의 '사업' 자체를 보여준다. 그리고 자회사들에 대한 비지배주주(소액주주) 내역을 표시한다. 따라서 **기업지배구조 개선으로 발생되는 사업의 변동과 주주들의 지분 변동을 분석하려면 연결재무제표에 대한 이해가 필수적이다.**
개별재무제표(또는 별도재무제표)는 법적 실체 즉, 개별기업에 대한 주주들과 채권자의 청구권을 보여준다는 데에는 의미가 있다. 그러나 기업집단의 경제적 실질은 개별재무제표가 아닌 연결재무제표에서만 확인할 수 있다.

사업 관점에서 연결재무제표를 살펴보자. 예를 들어 치킨회사와 피자회사가 있는데, 치킨회사가 피자회사 주식을 80% 보유한다고 가정해 보자.

이러할 경우 치킨회사와 피자회사는 법적으로 독립된 회사이나, 실질적으로는 치킨회사가 피자회사를 지배하고 있는 하나의 실체이다. 따라서 경제적 실질 관점에서는 단일 실체가 치킨사업과 피자사업을 영위한다고 볼 수 있다. **이렇게 단일 경제적 실체에 있는 여러 사업을 하나의 재무제표에 표시한 것이 연결재무제표인 것이다.**[1]

| 연결재무제표 작성 과정 |

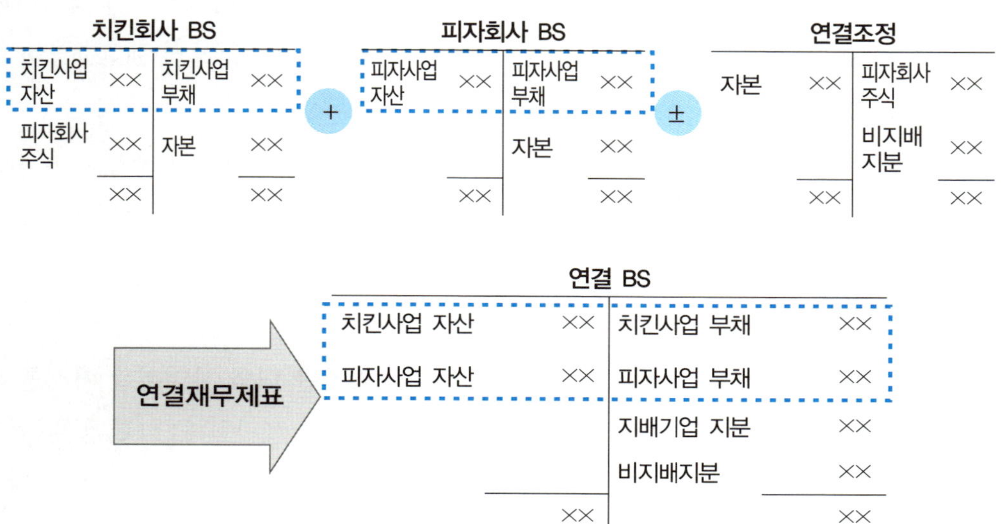

---

1) 연결 관점과 개별 관점에 대한 보다 상세한 내용과 연결 결산 처리는 '연결회계 이론과 실무, 2022년, 삼일인포마인'을 참조하기 바란다.

치킨회사는 피자회사 주식을 80%만큼만 보유하고 있기 때문에, 피자회사의 주주 중에는 치킨회사 이외의 주주(소액주주)도 존재한다. 이러한 소액주주가 피자회사에 대하여 가지게 되는 20%의 권리는 연결재무제표에 '비지배지분'으로 표시된다.

만일 치킨회사와 피자회사가 합병을 하였다고 가정해 보자. 합병 이후 재무제표에는 치킨사업과 피자사업에 관한 자산부채가 한꺼번에 표시된다. 즉, 합병 후 재무제표는 연결재무제표와 유사해진다. 이를 달리 표현하면 **법적 실체 관점에서는 종속회사주식이 투자자산 성격의 '주식'으로 표현되나, 연결 관점(경제적 실질 관점)에서는 주식이 아니라 '사업'이다.** 이러한 이유로 연결 관점에서 '사업'이 수반되는 주식거래, 합병, 현물출자, 사업양수도는 모두 동일한 개념체계 하에 회계처리된다.

K-IFRS와 일반기업회계기준 모두 사업의 취득과 처분은 공정가치로 인식하고, 장부금액과의 차이는 당기손익에 반영한다.

(2) 개별재무제표(또는 별도재무제표) : 법적 실체 관점

앞 사례에서 치킨회사의 개별(별도)재무제표를 살펴보자. 치킨회사의 재무상태표에 표시된 자산은 치킨사업에 대한 자산과 피자회사 주식으로 구성되어 있다. 법적 실체 관점으로 해석하면 치킨회사가 보유하고 있는 피자회사 주식은 투자주식에 불과하다. 이와 같이 **법적 실체를 중심**으로 해석하여 투자주식 회계처리가 반영된 재무제표가 개별(별도)재무제표이다.

따라서 개별(별도)재무제표 관점에서는 실제 사업과 관련된 자산과 부채가 이전되지 않는다면, 투자주식의 처분과 취득이라는 관점에서 회계처리가 이루어진다.

(3) 동일지배 거래

동일지배 거래란 동일한 최상위 기업 하에 있는 기업집단 내의 사업결합 거래를 의미한다. 예를 들어 SK와 LG 간의 거래는 제3자간의 거래에 해당한다. 그런데 SK텔레콤과 SK네트웍스 간의 거래는 SK라는 동일한 회사를 지배회사로 하기 때문에 동일지배 거래에 해당한다.

동일지배 거래는 일반적인 제3자 간의 거래와 다르게 해석된다. 왜냐하면 제3자 간의 거래는 시장에서 형성된 공정가치에 따라 거래가 이루어지지만, 기업집단 내의 거래는 기업집단의 사업구조 재편 등을 목표로 하는 것으로 제3자 간의 거래와는 차이가 있다고 보기 때문이다.

이러한 이유로 일반기업회계기준은 동일지배 거래가 발생하면 최상위 지배기업의 장부금액 등으로 회계처리하고 거래금액과 장부금액의 차이는 당기손익이 아닌 자본손익으로 처리하도록 규정되어 있다. 반면 K-IFRS는 동일지배 거래에 명확하게 규정되어 있지 아니하여 논란이 있으나, 실무상 장부금액으로 회계처리하는 것이 일반적이다.

(4) 회계처리 요약

앞서 언급하였듯이 K-IFRS는 동일지배 거래에 대한 회계처리가 명확하지 않다. 그리고 별도재무제표와 중간지배기업의 연결재무제표상 회계처리에 대한 이슈도 존재한다. 따라서 회사가 상황에 맞는 적절한 회계처리를 개발할 필요가 있는데, 실무에서 일반적으로 채택하고 있는 회계정책을 표로 요약하면 다음과 같다.

| 분할 회계처리 |

구 분	K-IFRS		일반기업회계기준	
	일반거래	동일지배거래	일반거래	동일지배거래
인적분할	공정가치법	장부금액법	장부금액법	
물적분할	장부금액법		장부금액법	

장부금액법을 적용하면 신설법인은 승계한 자산과 부채를 장부금액으로 인식한다. 반면 공정가치법을 적용하면 신설법인은 자산과 부채를 공정가치로 계상하며, 존속법인은 처분손익을 인식하게 된다.

| 합병 회계처리 |

구 분	K-IFRS		일반기업회계기준	
	일반거래	동일지배거래	일반거래	동일지배거래
합병	공정가치법	장부금액법	공정가치법	장부금액법

장부금액법을 적용하면 합병회사는 피합병회사의 자산과 부채를 장부금액으로 인식

한다. 그리고 공정가치법을 적용하면 합병회사는 피합병회사의 사업을 공정가치로 취득하는 회계처리를 실시하게 된다. 한편, 장부금액 적용 시 대차차액은 자본손익으로 처리되나, 공정가치법을 적용하면 영업권 또는 매수차익으로 회계처리된다.

분할과 합병 회계처리에 대한 보다 자세한 내용은 〈제9장〉을 참조하기 바란다.

| 현물출자 회계처리 |

현물출자 유형	K-IFRS		일반기업회계기준	
	일반거래	동일지배거래	일반거래	동일지배거래
사업을 구성	공정가치법	장부금액법	공정가치법	장부금액법
사업이 아닌 경우	공정가치법		공정가치법	

현물출자는 크게 '사업'을 구성하는 자산과 부채 일체의 현물출자와 그렇지 않은 개별 자산 등의 현물출자로 구분할 수 있다. 현물출자 대상이 '사업'을 구성할 경우에는 합병 등의 회계처리와 유사하다.

그러나 사업이 아닌 경우에는 공정가치로 회계처리하며, 거래상대방이 관계기업이나 종속기업에 해당하면 거래 자체는 공정가치로 인식하되 미실현손익을 제거하는 회계처리가 수반된다.

제2절 기업지배구조개선

기업이 장기적으로 수익성을 향상시키고 안정적으로 자금을 조달하려면, 신뢰할 수 있는 지배구조를 갖추어야 한다. 그리고 급변하는 환경에 탄력적으로 대처하고, 적대적인 인수합병(M&A)에 대응할 수 있는 안정적인 지배구조를 갖추어야 한다. 최근 우리나라에서는 안정적인 경영권 확보뿐만 아니라 기업집단(그룹) 내 사업 포트폴리오의 재편성을 통한 가치창출 및 계열사의 연쇄부실화 방지 등을 위하여, 많은 기업들이 지주회사 체제로 전환하거나 전환을 검토하고 있다.

본 절에서는 기업지배구조에 대한 논점과 우리나라의 대표적인 지배구조의 형태를 설명하고자 한다. 그리고 기업집단과 최대주주 관점에서 지배구조개선의 효과는 무엇이며, 어떻게 측정하여야 할 것인가에 대한 기준점을 제시하고자 한다.

1. 기업지배구조에 대한 논의

주주의 이익을 극대화하고 기업가치를 극대화하자는 관점에서 논의되는 지배구조개선에 대한 사항은 다음과 같이 기업의 내부적인 측면과 외부적인 측면으로 구분할 수 있다.

① 내부적인 측면
- 기업 경영의 투명성 제고 및 책임 강화
- 이사회 및 감사(감사위원회)의 역할과 기능 정립
- 사외이사 제도 강화
- 감사위원회 설치
- 외부감사의 독립성 제고

② 외부적인 측면
- 투명한 소유 구조
- 안정적인 경영권 확보
- 주주 권리의 강화와 공정성 충족
- 감독체계 강화

(1) 대리인 비용(Agency Cost)

기업지배구조는 다양한 의미를 포함하고 있는데 다음을 포괄하는 것으로 받아들여진다.

① 기업을 둘러싼 이해관계자 간 대리인 비용(Agency Cost)을 최소화하는 장치
② 기업의 경영을 감시하고 규율하는 체계 그리고, 이를 행하는 기구 등
③ 경영자원의 조달과 운용 및 수익의 분배 등에 대한 의사결정 과정과, 이에 대한 감시 기능
④ 기업이라는 경제활동의 단위를 둘러싼 여러 이해관계자 간의 관계를 조정하는 장치

먼저, 대리인문제에 대하여 생각해 보자. 경영자(Agent)는 주주(Principal)로부터 경영을 할 수 있는 권리를 위임받는다. 다시 말하면 경영자는 주주의 대리인으로서 활동하게 된다. 그런데 경영자의 이익과 주주의 이익은 다음의 이유로 완전하게 일치하지는 않는다.

① 경영자의 이익은 급여와 인센티브, 법인에서 제공하는 복리후생과 사회적 지위 등으로부터 기인한다.
② 주주의 이익은 기업의 수익성 향상으로 인한 배당금과 주식가치의 증가에 기인한다.

이와 같이 양자의 이해관계가 일치하지 않기에 대리인 비용이 발생한다. 예를 들어 경영자는 호화로운 사무실과 자가용 비행기 등으로 기업의 자원을 낭비하고, 인센티브 등을 받기 위하여 고의로 분식을 조장할 가능성이 있다. 즉, 자기에게 권한을 위임한 주주의 이익이 아니라, 자기의 이익을 극대화하기 위하여 주어진 권한을 남용할 가능성이 있는 것이다. 이러한 대리인 문제에 따른 기업스캔들을 방지하고 기업의 수익력을 강화하려면, 기업지배구조가 개선될 필요가 있다는 주장이 미국에서 1960년대에 대두되었다.

전세계적으로 대리인 문제와 지배구조개선에 대한 논의가 활발해지자, 경제협력개발기구(OECD)는 지배구조에 관한 경제자문 그룹을 설치하고 1999년에 지배구조에 관한 원칙을 발표하였다. 이 원칙의 전제는 모든 의사결정 과정은 주주의 이익을 최우선으로 해야 한다는 것이다.

① 주주의 권리 보호

② 모든 주주의 공정한 대우

③ 이해관계자의 권리 인식과 지배구조에의 참가

④ 정보공개와 투명성의 확보

⑤ 이사회의 책임

(2) 스튜어드십 코드(Stewardship code)

스튜어드십 코드(Stewardship code, 주주권 행사 모범 규준)는 국민연금이나 자산운영사와 같은 기관투자가들이 적극적으로 의결권을 행사하기 위한 자율 지침인데, 주로 **기업들의 배당 확대와 지배구조 개선을 통한 주주이익을 극대화를 목표**로 하고 있다. 스튜어드십 코드는 2010년에 영국이 도입한 이후 현재 20여 개국에서 운영되고 있다.

최근 국민연금공단이 스튜어드십 코드 도입을 공식화하였는데, 이러한 움직임은 자산운용사 등 다른 기관투자가들에게도 미치는 영향이 클 것으로 예상되고 있다. 왜냐하면 국민연금의 운용자산은 600조원대로 그 규모가 상당하고, 상장 기업 중 지분 5% 이상을 보유한 기업 수만 350개에 이르기 때문이다. 그리고 국민연금은 스튜어드십 코드를 통하여 주요 대기업의 지배구조에 보다 강력한 영향력을 행사할 것으로 예측된다.

한편 한국거래소는 2017년부터 한국기업지배구조원이 제정한 기업지배구조 모범규준을 참조하여 10가지 핵심원칙을 마련하고 자발적인 공시를 유도하고 있다. 상장사들이 이들 기준을 준수하였는지 또는 미준수하였다면 그 이유는 무엇인지를 신고하도록 하고 있는 것이다.

현재 자산 1조원 이상의 코스피 상장회사만 기업지배구조 보고서를 제출할 의무가 있으나, 2024년부터는 5,000억원 이상으로 변경되고 2026년까지 코스피 전 상장사로 확대될 예정이다. 동 보고서에는 '기업지배구조 핵심원칙'에 대한 준수 여부와 미준수시 그 사유에 대한 설명이 담겨 있어야 한다.

| 기업지배구조 모범규준 관련 10가지 핵심원칙 |

구 분		핵심원칙	비 고
주주	주주의 권리	주주는 권리행사에 필요한 충분한 정보를 시의적절하게 제공받고, 절차에 의해 자신의 권리를 행사할 수 있어야 한다.	주주권리 보호절차 적절성
	주주의 공평한 대우	주주는 보유주식의 종류 및 수에 따라 공평한 의결권을 부여받아야 하고, 주주에게 기업정보를 공평하게 제공하는 시스템을 갖추는 노력을 해야 한다.	
이사회	이사회 기능	이사회는 기업과 주주이익을 위하여 기업의 경영목표와 전략을 결정하고, 경영진을 효과적으로 감독하여야 한다.	이사회 운영의 효율성 및 사외이사 독립성
	이사회 구성	이사회는 효율적으로 의사를 결정하고 경영진을 감독할 수 있도록 구성하여야 하며, 이사는 다양한 주주 의견을 폭 넓게 반영할 수 있는 투명한 절차를 통하여 선임되어야 한다.	
	사외이사의 책임	사외이사는 독립적으로 중요한 기업경영정책의 결정에 참여하고 이사회의 구성원으로서 경영진을 감독·지원할 수 있어야 한다.	
	이사회 운영	이사회는 기업과 주주의 이익을 위한 최선의 경영의사를 결정할 수 있도록 효율적이고 합리적으로 운영되어야 한다.	
	이사회 내 위원회	이사회는 효율적인 운영을 위하여 그 내부에 특정 기능과 역할을 수행하는 위원회를 설치하여야 한다.	
	사외이사 활동의 평가	사외이사의 적극적인 직무수행을 유도하기 위하여 이들의 활동내용은 공정하게 평가되어야 하고, 그 결과에 따라 보수지급 및 재선임 여부가 결정되어야 한다.	
감사 기구	내부감사기구	감사위원회, 감사 등 내부감사기구는 경영진 및 지배주주로부터 독립적인 입장에서 성실하게 감사업무를 수행하여야 하며, 내부감사기구의 주요 활동내역은 공시되어야 한다.	감사의 전문성 및 독립성
	외부감사인	기업의 회계정보가 주주 등 그 이용자들로부터 신뢰를 받을 수 있도록 외부감사인은 감사대상 기업과 그 경영진 및 지배주주 등으로부터 독립적인 입장에서 공정하게 감사업무를 수행하여야 한다.	

구체적인 주요 핵심 지표는 다음과 같다.

① 주주
- 주주총회 4주 전에 소집공고 실시
- 전자투표 실시
- 주주총회 집중일 이외의 실시
- 배당정책 및 배당실시 계획을 연 1회 이상 주주에게 통지
- 현금배당 관련 예측가능성 제공

② 이사회
- 최고경영자 승계정책(비상시 선임정책 포함) 마련 및 운영
- 위험관리 등 내부통제정책 마련 및 운영
- 사외이사가 이사회 의장인지 여부
- 집중투표제 채택
- 기업가치 훼손 또는 주주권익 침해에 책임있는 자의 임원 선임 방지하기 위한 정책 수립 여부
- 이사회 구성원 모두 단일 성(性)이 아님.

③ 감사기구
- 내부감사기구(내부감사업무 지원 조직)의 설치
- 내부감사기구 내 회계전문가 존재 여부
- 내부감사기구가 분기별 1회 이상 경영진 참석 없이 외부감사인과 회의 개최
- 경영 관련 중요 정보에 내부감사기구가 접근할 수 있는 절차를 마련하고 있는지 여부

2. 지배구조의 유형

기업지배구조는 사회의 법률과 경제적 상황에서 기업을 발전시키기 위한 일환으로 형성되는데, 상법이나 공정거래법 등의 규제를 받고 있다. 우리나라의 주요 그룹들의 지배구조는 크게 순환구조와 지주회사 체제로 구분할 수 있다.

(1) 순환출자 구조

하나의 기업집단 안에 있는 기업들이 상호 간에 주식을 보유하고 있는 구조는 법률상 '주식의 상호소유'에 해당하나 기업실무상 순환출자 구조라고 표현한다. 주식의 상호소유는 크게 단순 상호소유와 고리형 상호소유로 구분할 수 있는데 그 내용은 다음과 같다.

① 단순 상호소유란 두 개의 기업이 상호 간에 주식을 소유하여 직접 상대방 기업의 주주가 되는 지배구조이나 사실상 법률에 의하여 금지되고 있다.

② 고리형 상호구조란 A사는 B사에, B사는 C사에, C사는 A사에 순환적으로 출자하는 구조이며, 일반적으로 '순환출자'라고 부른다.

예를 들어 순환출자 구조를 살펴보자. 만일 대주주가 MD사의 15%만 보유하고 있다고 가정해 보자. 이러한 경우 대주주는 MD사에 대한 경영권을 안정시키기 위하여 다음의 조치를 취할 수 있다.

① 자금이 풍부한 MD삼계탕이 MD사의 지분을 일부 취득하도록 하여 순환구조를 형성

② MD사의 자기주식 취득

이를 그림으로 표현하면 다음과 같다.

│ 순환출자 구조 │

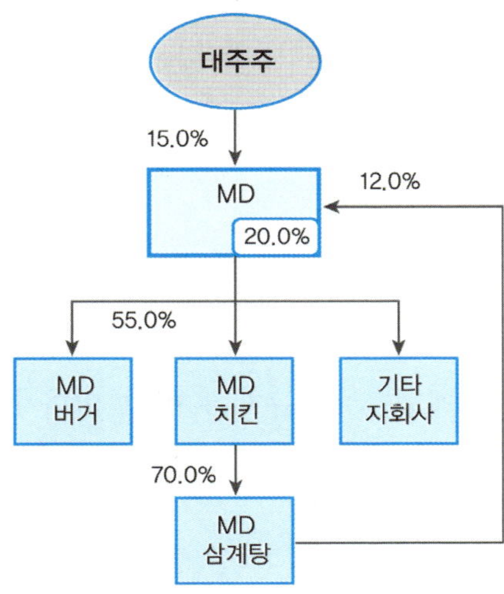

손자회사인 MD삼계탕이 MD사의 지분 12.0%를 취득하여 순환출자를 형성하고 MD사가 자기주식을 20.0% 취득한다고 가정해 보자. 그러할 경우 주주총회에서 의결권을 행사하는 주식은 68%로서 32.0%만큼 감소하게 된다. 따라서 대주주의 MD사에 대한 유효지분은 22.1%(= 15.0% ÷ 68.0%)로 증가하게 된다. 그리고 적대적 인수합병(M&A)으로 인한 위협이 발생되면, MD사는 보유하고 있는 자기주식과 MD삼계탕이 보유한 주식을 우호세력에 처분하여 경영권을 방어할 수 있다.

MD삼계탕이 주식시장에서 MD사 주식을 취득한 것이 아니라, MD사가 MD삼계탕에게 12.0%만큼의 신주를 발행하여 순환출자를 형성했다고 가정해 보자. MD사가 신주를 발행하면 자본이 증가하여 MD사의 부채비율은 하락하게 된다. 이 경우 MD사는 경영권 방어 효과뿐만 아니라 부채비율 하락으로 보다 유리한 조건으로 자금을 조달할 수 있다는 장점이 있다.

순환출자 구조로 형성된 우리나라의 대표적인 기업집단으로는 삼성그룹과 현대자동차그룹 등을 예로 들 수 있다.

(2) 지주회사

지주회사(Holding company)란 다른 기업의 주식을 소유하고 동 기업에 대하여 실질적인 지배력을 획득하는 것을 사업 목적으로 하는 회사이다. 지주회사는 기업지배에 의한 독점수단으로 19세기 말 미국에서 발전하였다. 여기서 다른 기업을 지배하는 기업을 지주회사 또는 모기업이라 하고 지배를 받는 회사를 사업회사(Operating company) 또는 자회사라고 한다.

지주회사는 크게 순수지주회사와 사업지주회사로 구분할 수 있다.

① 순수지주회사 : 어떠한 사업 활동도 하지 않고 다른 기업의 주식을 소유함으로써 동 기업을 지배하는 것을 주된 목적으로 하는 회사

② 사업지주회사 : 자회사에 대한 지배력 획득뿐만 아니라 별도의 사업을 영위하는 회사

| 지주회사 구조 |

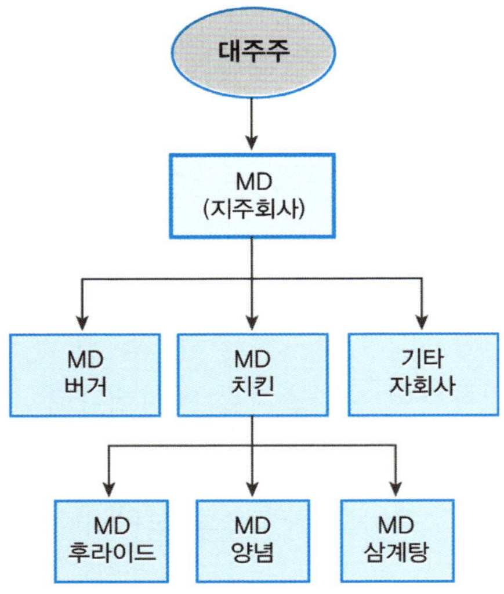

  지주회사는 피라미드형의 지배를 가능하게 하며, 적은 자본을 가지고도 생산과 자본에 대한 지배력을 넓힐 수 있는 것이 특징이다. 따라서 우리나라는 1980년대에 지주회사 금지에 관한 법률을 제정하고 있었다. 그러나 IMF 외환위기 이후 자본시장이 개방된 상황에서 외국자본으로부터 경영권을 방어하고, 부실한 계열사를 정리하기 위한 목적으로 지주회사가 필요하다는 재계의 요구가 제기되었다. 따라서 2001년에 상법과 공정거래에 관한 법률을 개정하고, 특정 요건을 충족할 경우에는 지주회사의 설립과 전환을 허용하게 되었다.

  공정거래법은 지주회사를 통한 경제력 집중과 독점의 폐해를 막기 위하여, 지주회사와 그 자회사 등에 대하여 다양한 행위제한 요건을 규정하고 있다.

  지주회사와 순환출자 구조의 장·단점 등 세부내용은 〈제8장〉, 지주회사 체제가 확장된 중간지주회사 사례는 〈제6장〉의 〈제6절〉을 참조하기 바란다.

3. 현금순환주기와 핵심역량

(1) 현금순환주기

기업의 경영활동을 단순화시켜 보자. 기업은 보유하고 있는 현금으로 원재료를 취득한다(구매활동). 그리고 생산공정에 원재료를 투입하여 제품을 생산한다(생산활동). 이렇게 생산된 제품은 현금매출도 있지만 상당 부문 외상으로 판매된다(영업활동). 이후 외상으로 발생된 매출채권이 현금으로 회수되면 일련의 경영활동은 일단락된다. 즉, 현금순환주기를 통하여 현금이 원재료 구입에 투입된 시점부터 매출채권이 현금으로 회수되는 시점까지를 경영활동으로 볼 수 있다.

현금순환주기

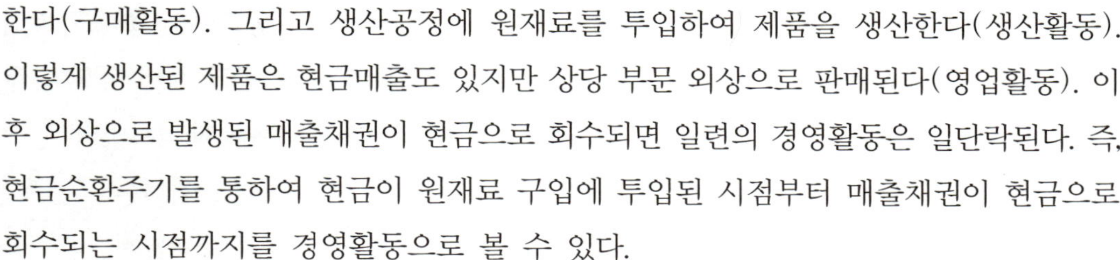

상기 표를 통해 수익성 있는 기업이란 원재료를 구입하기 위하여 투입된 현금보다 마지막에 매출채권에서 회수된 현금이 큰 기업이라 단순화할 수 있다.

그렇다면 현금순환주기에서 중요한 활동은 무엇인가? 즉, 수익성 있는 기업이 되기 위하여 핵심적인 활동은 무엇인가? 물론 원재료를 저렴하게 구입하고 좋은 제품을 생산하여 비싸게 판매하면 수익성이 증가한다. 그러나 경쟁 시장을 전제하면 동일한 제품을 남들보다 더 싸게 사고 더 비싸게 파는 것은 용이하지 않다. 좋은 거래 관계를 통하여 단기적으로는 가능할 수 있겠으나, 장기간의 경쟁요소로 유지할 수는 없기 때문이다.

현금순환주기에서 재고자산과 매출채권은 현금의 또 다른 모습으로 가치 창출에 크게 기여하지 않는다. 오히려 기업의 유동성을 개선시키기 위해서는 현금의 또 다른 형태인 재고자산과 매출채권은 가능한 최소화되는 것이 바람직하다. 그렇다면 기업이 가치를 창출하는 데 크게 도움이 되지 않는 원재료와 제품 그리고, 매출채권을 보유하고 있는 이유는 무엇인가? 그 이유는 생산활동과 영업활동을 원활하게 진행하기 위함이다. 따라서 진부화 위험이나 회수가능성 위험을 최소화하고 유동성을 개선하기 위해서는, 반드시 적정 규모 이상의 재고자산과 매출채권은 보유하지 않는 것이 바람직하다고 할 수 있다.

수익성이 있는 기업이 되기 위한 **핵심 과정은 좋은 제품을 생산하는 과정(생산활동)**

과, 이렇게 생산된 제품을 외부에 적절하게 전달하는 과정(**영업활동**)이다. 그리고 기업의 가치를 창출하는 핵심 자산은 (생산활동과 영업활동에 필요한) 공장 설비 등의 **유무형자산**과 기계를 다루고 영업활동을 수행하는 **사람**(**인적자원**)이라 할 수 있다.

(2) 가치창출 관점의 재무상태표

경영활동과 재무상태표를 연관지어 생각해 보자. 먼저, 일반적인 회사의 재무상태표를 예시하면 다음과 같다.

| 재무상태표 예시 |

재무상태표

(단위 : 억원)

현금	130	매입채무	100
매출채권	700	차입금	2,400
재고자산	1,000	기타부채	300
유형자산	3,200		
기타자산	570	자본	2,800
Total	5,600	Total	5,600

회사는 가치를 창출하는 데 사용되는 유형자산을 3,200억원만큼 보유하고 있다. 그러나 가치를 창출하는 데 크게 도움이 되지 않는 매출채권과 재고자산도 1,700억원만큼 보유하고 있다. 그리고 회사는 자금이 부족하여 금융기관으로부터 2,400억원을 차입하고 있음을 알 수 있다.

만일, 회사가 매출채권과 재고자산을 잘 관리해서 600억원만큼만 보유한다고 가정해 보자. 그러할 경우 회사의 운전자본은 1,100억원(= 1,700억원 − 600억원)만큼 개선된다. 즉, 보유현금이 1,100억원이 증가하게 되는 것이다. 이렇게 마련된 현금으로 차입금을 상환한다면, 차입금의 규모는 1,300억원(= 2,400억원 − 1,100억원)으로 감소한다.

매출채권과 재고자산이 증가하더라도 별다른 비용이 발생하지 않을 것으로 생각하기 쉬우나 다음과 같은 비용이 수반된다.

① 기회비용 : 늘어난 1,100억원으로 차입금을 상환하면, 관련 이자비용 감소

② 재고 관리비용 : 창고비용, 재고자산 진부화 또는 감모손실

③ 매출채권 관리비용 : 대손위험 등

(3) 핵심역량과 레버리지 효과

핵심역량은 '고객에게 가치를 높이거나 그 가치가 전달되는 과정을 더 효율적으로 할 수 있는 특정한 방법의 능력'이라 정의되며, 핵심역량은 기업이 신규 사업으로 진출할 수 있는 원동력이 된다. 여기서 핵심역량은 단순히 잘하는 활동이라기보다는 경쟁기업에 비하여 그 기업이 더 잘할 수 있는 상대적인 경쟁능력이므로 결국 '기업이 여러 가지 경영자원 중 경쟁기업에 비하여 우월한 능력 즉, 경쟁우위를 가져다주는 능력'이라고 이해되어야 한다. 그리고 이러한 핵심역량의 절대 비중은 무형자산(인적자산) 형태로 존재한다.[2]

따라서 기업집단이 경쟁 기업집단에 비하여 수익성이 있으며 가치가 크다는 이야기는, 기업집단을 구성하고 있는 사업 또는 사업포트폴리오 자체가 보다 더 핵심역량을 보유하고 있다는 의미가 된다. 그리고 기업집단이 기업가치 극대화를 꾀한다는 것은 기업집단의 가치사슬을 분석하여 보유하고 있는 핵심역량은 극대화하고, 가치사슬 중 약한 부분은 인수합병 등을 통하여 핵심역량을 보완한다는 의미로 받아들이는 것이 적절할 것이다.

기업집단이 핵심역량이 있는 사업포트폴리오를 구축하게 되면, 이후 경영진은 자원의 투입에 있어 영업레버리지와 재무레버리지를 고려하게 된다.

① **영업레버리지 효과** : 영업활동을 함에 있어 고정자산(유형자산과 무형자산 등)의 비중이 높을수록 순이익의 변동이 커지는 효과

② **재무레버리지 효과** : 자금조달을 함에 있어 부채(차입금과 사채 등)의 비중이 높을수록 순이익의 변동이 커지는 효과

영업레버리지와 재무레버리지 효과는 자금을 어떻게 조달할 것인가와 조달된 자금을 어떻게 투자할 것인가에 대한 아이디어를 제공한다. 그리고 경기 변동에 따라 발생되는 사업 Risk를 어떻게 관리할 것인가에 대한 지표도 제공한다.

---

2) 여기서 무형자산은 장부에 계상된 무형자산뿐만 아니라 엄격한 회계원칙에 따라 장부에는 반영되지 않고 있으나 시장에서 인정되는 무형자산도 포함되어야 한다. 장부에 계상되고 있지 않은 무형자산은 우수한 임직원, 지적 재산 및 우수한 기업문화 등이 있다.

| 레버리지 효과 |

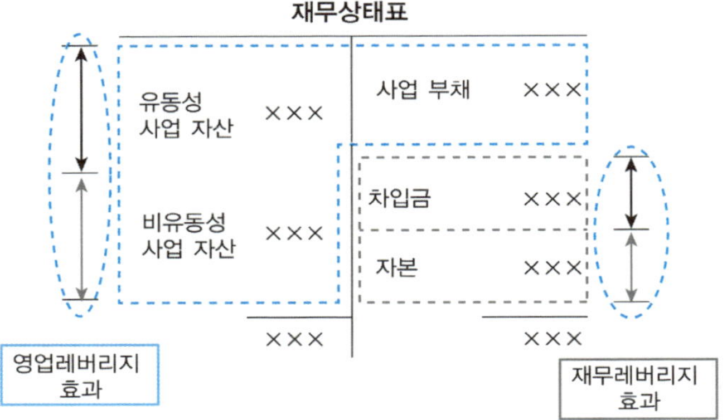

4. 기업지배구조개선 효과와 지분레버리지 효과

기업지배구조가 개선되면 경영자와 주주 간의 대리인 비용이 감소하여 기업의 수익성이 양호해지고, 의사결정 구조가 투명해져서 주주에게 충분한 정보가 주어진다. 그러나 이러한 효과들을 모두 계량화하고 구체적인 지표로 제시하기는 매우 어렵다. 따라서 본서에서는 주로 경영권 안정화와 사업구조 재편 과정에 초점을 맞추고, 경영권 안정화 지표에 대한 시사점을 검토해 보기로 한다.

일반적으로 기업지배구조개선은 단일의 사업을 영위하는 단일의 기업보다는 여러 사업을 영위하고 있는 기업이나 기업집단(그룹)을 전제하는 것이 일반적이다. 따라서 **지배구조개선 효과를 측정하기 위해서는 개별재무제표보다는, 기업집단의 전체 재무상황이 드러나는 연결재무제표를 기준으로 설정하는 것이 바람직하다.**

지금부터 지배구조개선 효과를 논의하기 위하여 외부 변수는 없는 Closed System을 전제해 보자. 즉, 자금유입이나 유출 또는 인수합병(M&A)이 없다고 가정한다.

(1) 사업구조의 재편

기업집단이 외부에 사업을 처분하거나 새로운 기업을 인수하는 활동이 없다면, (기업집단 내에서) 지배구조를 변경하더라도 연결재무제표상 사업자산과 부채의 변동은 **발생하지 않는다.** 그러나 사업을 진행하는 주체의 변화(예를 들어 모회사가 하는 사업을 자회사가 인수하여 수행)를 통하여 다음을 기대할 수 있다.
　① 탄력적인 사업구조
　② 투자부문과 사업부문의 분리

　기업집단에서 영위하는 사업은 동일하더라도 계열사 간 합병이나 분할 등을 통하여 사업의 Synergy를 제고할 수 있다. 예를 들어 A사업은 A사가 하고 있으며, B사업은 B사가 하고 있다고 가정해 보자. 그런데 A사업과 B사업은 동일한 주체가 같이 진행하여야 의사결정이 신속해지며 거래가 유기적이라면, A사와 B사가 합병되어야 기업가치가 증가할 것이다.

　반면, 하나의 회사에서 여러 사업을 진행하여 성과 측정이 불분명하고 사업 주체 간 책임경영에 저해된다면, 분할을 통한 사업재편을 생각해 볼 수 있다. 그리고 분할을 통해 사업 간 성과가 명확해진다면, 성과가 나쁜 사업은 처분하고 성과가 좋은 사업에는 더 많은 자원을 투입하여 기업가치를 증대시킬 수 있는 기회를 포착할 수 있다.

　한편, 구조 개편 수단을 활용하여 복잡한 기업집단의 계층구조를 단순하여 좀 더 효과적인 의사결정 구조로 변경할 수 있다. 예를 들어 계열사 주식을 많이 보유하고 있는 모기업을 순수지주회사로 전환한다면 투자부문과 사업부문으로 분리된다. 이후 투자부문에서 장기적인 전략을 수립하고 기업집단의 사업 포트폴리오를 관리한다면, 사업부문에서는 해당 사업에 보다 집중할 수 있게 된다.

　이렇게 합병이나 분할 등을 통하여 기업집단의 사업구조는 현재 보유하고 있는 사업의 Synergy가 강화되고, 외부환경의 변화에 신속하게 대응할 수 있는 탄력적인 구조로 바뀔 수 있다. 그리고 개선된 지배구조 하에 기업집단의 장기적인 기업의 생존과 발전을 꾀할 수 있을 것이다.

　여기서 한 가지 반드시 기억해야 할 사항은 Closed System을 전제하면 사업구조의 **재편을 통한 기업가치 증대는 제한적이라는 점이다. 즉, 사업구조 재편 작업은 연결재무제표상(기업집단 내) 존재하는 사업의 위치를 변경시키는 것일 뿐, 사업 자체의 핵심 역량을 증대시키기에는 한계가 있기 때문이다.**

　기업가치 극대화는 기업집단이 기업집단의 외부와 (Open System이 되어) 적극적으로 사업을 처분하고 인수하여, 사업 포트폴리오 자체를 변경하는 과정에서 기대할 수 있다. 따라서 '사업'과 관련된 지배구조개선은 내부적으로 가치사슬을 재구성하고, 외부환경에 대응하여 사업포트폴리오를 시기적절하게 변경할 수 있도록 즉, 사업구조를 탄력적으로 재편하는 차원으로 이해하는 것이 바람직하다.

(2) 경영권 강화

Closed System을 전제한 사업구조의 개편을 가정하면 기업집단 내 자산과 부채를 변동시키지 않는다. 그러나 **기업집단의 계층구조가 바뀌면 자본의 구성 내역은 변경시킬 수 있다.** 즉, 지배기업지분과 비지배지분의 구성이 바뀐다. 이러할 경우 최대주주는 추가적인 자금을 투자하지 않고서도 경영권을 강화시킬 수 있는데, 인적분할을 통한 지주회사 전환 과정에서 관련 효과가 두드러지는데 관련 〈제1장〉에서 자세하게 다룬다.

사례를 살펴보자. SK는 지배구조개선 이전에 최대주주 및 특수관계자의 지분이 취약하여 소버린 사태를 겪게 되었다. 이후 SK는 경영권의 안정화를 위하여 다음과 같은 기업구조 변경을 실시하였다.

① 자기주식 취득

② 인적분할과 현물출자를 통한 지주회사 전환

이 결과 최대주주의 지주회사에 대한 지분율은 27.7%로 증가하여 경영권은 안정되었다. 관련 내용을 그림으로 표현하면 다음과 같다.

| 지주회사 전환효과 |

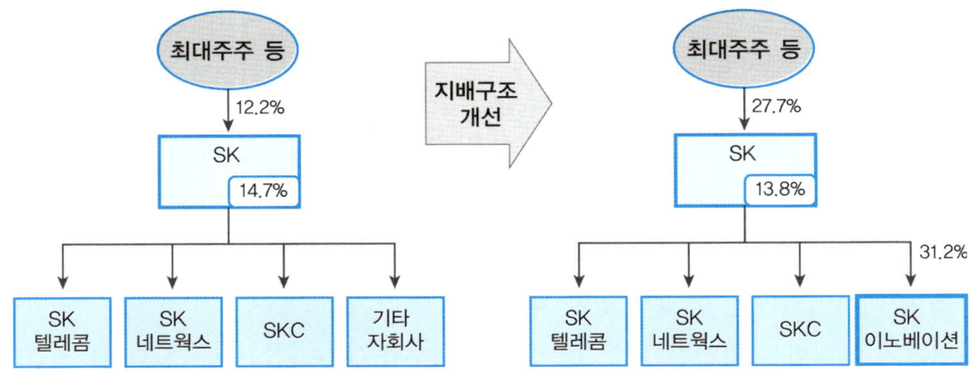

SK의 지배구조개선 과정을 살펴보면 자기주식 취득, 분할 및 현물출자 등이 발생하였으나, 기업집단이 영위하는 사업의 큰 변동은 없었다. 그러나 연결재무제표상 자본의 구성 요소는 다음과 같이 변경되었다.

(단위 : 십억원)

구 분	2007년	2006년
Ⅰ. 지배기업 지분	6,451	8,075
1. 자본금	239	653
2. 자본잉여금	5,928	5,409
3. 자본조정	(4,930)	(1,735)
4. 기타포괄손익누계액	369	41
5. 이익잉여금	4,845	3,707
Ⅱ. 비지배지분	**17,499**	**10,035**
자본 총계(= Ⅰ + Ⅱ)	23,950	18,110
비지배지분 비율	73.1%	55.4%

지주회사 이전과 이후를 살펴보면 가장 두드러진 현상은 자본의 구성 항목 중 비지배지분의 비율이 대폭 상승했다는 점이다. 이는 SK가 직접 영위하는 에너지 사업을 SK이노베이션이라는 자회사로 분할하면서 발생된 것이다. 종전에는 지배기업 지분을 구성하였던 에너지 사업이 SK이노베이션이라는 자회사로 분리되면서, 비지배주주(소액주주)의 지분이 68.8%(= 100.0% - 31.2%)로 증가한 것이다.

한편 최대주주 등은 분할되어 신설된 SK이노베이션 주식을 SK에 현물출자하면서 지분이 12.2%에서 27.7%로 증가되었는데, 이는 공짜라 할 수 없다. 왜냐하면 지주회사에 대한 지분율 증가 효과는 최대주주 등이 에너지사업에 대한 지분 중 30.0%만큼(= 1 - 10.0% ÷ 14.3%)을 희생하면서 얻은 것이기 때문이다.

구 분	2007년	2006년
최대주주 등의 지분율	27.7%	12.2%
자기주식	13.8%	14.7%
SK의 에너지 사업에 대한 지분	31.2%	100.0%
최대주주 등의 에너지사업에 대한 지분	10.0%	14.3%
자본 항목 중 지배기업 지분	6,451	8,075
최대주주 등의 지분액	2,073	1,155

(*1) 에너지사업에 대한 지분
   = 지분율 ÷ (1 − 자기주식 지분율) × SK의 에너지사업에 대한 지분
(*2) 최대주주 등의 지분액
   = 지분율 ÷ (1 − 자기주식 지분율) × SK의 지배기업 지분

여기서 최대주주 등이 SK에 대한 지분율을 증가(12.2% → 27.7%)시킨 효과에 비하면, 최대주주 등의 에너지 사업에 대한 지분 감소(14.3% → 10.0%)는 크지 않은 것으로 나타난다. 그 이유는 SK의 인적분할 과정에서 자기주식의 일부가 SK이노베이션에 대한 투자주식으로 변경되어, 에너지 사업에 대한 지분 감소 효과를 일부 상쇄하기 때문이다.

한편, 인적분할 과정에서 발생하는 자기주식은 최대주주 등이 보유하는 유효 지분액 즉, 부(富)의 증가 효과를 가져온다. 본 사례에서 자기주식 효과는 최대주주 등의 지분액이 1,155십억원에서 2,073십억원으로 증가하는 데 기여하고 있다.

최대주주의 지분액과 지배구조개선과의 관계는 〈제1장〉에서 다루고 있으며, 지분레버리지 효과에 대해서는 〈제8장〉에서 설명한다.

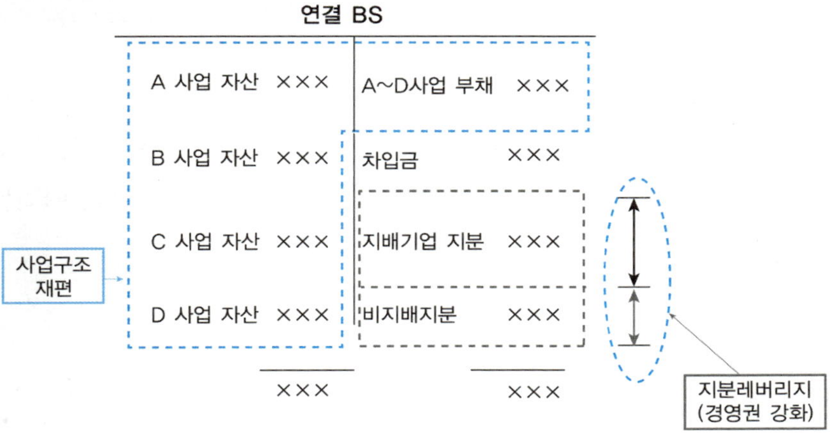

요약하면 지주회사 전환을 통한 경영권 안정화 효과는 최대주주 관점에서 '지분레버리지의 극대화'로 표현할 수 있다. **지분레버리지 효과는 의사결정에 있어 보다 안정적인 지배구조로 변경하면서도 최대주주의 투입 자본은 최소화한다는** 효과인데, 지분레버리지 효과에 대한 자세한 내용은 〈제8장〉을 참조하길 바란다.

지배구조개선 효과

지배구조개선은 기업집단 관점에서는 현재 보유하고 있는 사업포트폴리오를 보다 탄력적으로 재편성하고 효과적인 의사결정 구조로 변경하는 과정이라 말할 수 있다. 그리고 최대주주 관점에서는 지분레버리지 효과를 통한 경영권 강화라는 측면이 강조된다.

제**3**절 경영권승계

경영권승계는 경영능력의 승계와 보유하는 재산(주식이나 현금 등)의 승계로 구분할 수 있다. 경영능력 승계는 교육 등 가업지배구조를 통하여 이루어지는데, 관련 내용은 본서의 범위를 넘어서므로 자세한 내용은 생략한다. 재산의 승계와 관련된 이슈는 크게 다음과 같이 나누어 생각해 볼 수 있다.

① 경영 참여 방식

② 상속증여세액의 최소화

③ 재원 마련

재산승계의 유형은 후계자 현황, 승계 대상 재산의 종류 및 승계되는 재산의 크기에 따라 매우 다양하다. 따라서 지면을 통하여 경영권승계의 다양한 유형을 아우르기에는 부족함이 있으나, 승계 과정에서 반드시 고려되어야 할 주요 내용을 살펴보고자 한다.

1. 경영 참여 방식

경영권승계는 크게 기업에 대한 소유권(즉, 주식)과 경영할 수 있는 능력의 승계로 구분할 수 있는데, 우리나라에서는 주로 소유권의 승계에 초점을 맞추고 있다. 기업지배구조는 경영권승계 방식에 따라 크게 달라지는데 경영권승계 방식은 크게 다음과 같이 구분할 수 있다.

① 계열분리(독립경영) : 후계자 별로 경영할 영역을 기업별로 구분하고 소유권을 승계하는 방식

② 가족경영(공동경영) : 후계자들이 공동으로 소유권을 보유하고 공동으로 경영하는 방식

(1) 계열분리

계열분리 방식으로 경영권승계가 이루어진다면 명확하게 후계자 별로 재산과 경영 범위가 확정된다. 따라서 사후에 후계자 간에 발생할 수 있는 분쟁을 사전에 방지할 수 있다는 장점이 있다. 대표적인 사례로는 현대그룹을 예로 들 수 있는데, 고 정주영

회장 이후 현대그룹은 다음과 같이 분리되었다.

- 정몽구 회장 : 현대자동차, 기아자동차, 현대모비스, 현대하이스코 등
- 정몽근 회장 : 현대백화점, 현대홈쇼핑, 호텔 현대 등
- 고, 정몽헌 회장 : 현대엘리베이터, 현대상선, 현대증권, 현대상선 등
- 정몽준 회장 : 현대중공업, 현대삼호중공업, 현대미포조선 등

여러 기업들에 대하여 지분을 보유하고 있는 경영자를 전제할 경우, 일반적인 계열 분리 절차는 다음과 같다.

① 먼저 어떠한 후계자가 어떠한 기업들을 경영할 것인가에 대하여 결정
② 후계자에게 해당 기업 주식을 승계

계열분리는 인적분할을 활용하여 이루어질 수 있는데, 아들과 딸이 후계자로 있는 기업을 가정해 보자. 이 경우 경영자는 회사의 사업과 자회사들을 아들과 딸이 경영할 부분으로 미리 인적분할을 통하여 분리할 수 있다.

A사에 대하여 인적분할이 이루어지면, 경영자는 A사(존속)와 A사(신설)에 대한 지분을 모두 보유하게 된다. 이후 경영자가 A사(존속) 주식은 아들에게 승계하고 A사(신설) 주식은 딸에게 승계하면, 자연스럽게 A그룹은 계열분리가 이루어진다.

| 계열분리 |

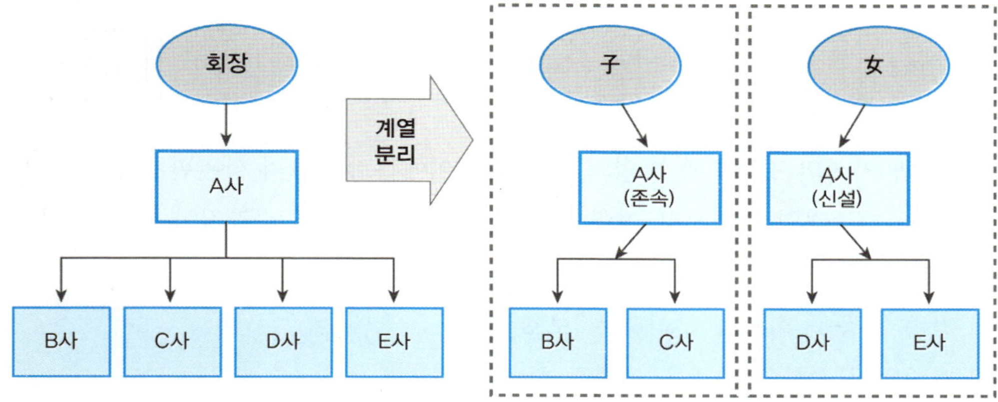

(2) 가족경영

오너가 향후 후계자들이 협력하여 A사를 발전시키기를 원한다면, 보유하고 지분을 후계자들에게 골고루 나누어 주면 된다. 그런데 후계자 간에 알력이 발생한다면, 기업의 발전에 오히려 큰 방해가 될 가능성이 있다. 즉, 경영권승계 후에 경영권분쟁이나 유류분소송 위험이 있다. 따라서 가족경영은 반드시 연관된 가족들이 협의를 통하여 적절한 후계자를 훈련시키고 선발하는 체계 즉, 적절한 가업지배구조가 전제되어야 한다.

우리나라의 경우 2000년대 이후 기업지배구조에 대한 논의와 개편작업이 진행되어 왔다. 정부의 정책과 기업들의 노력으로 기업지배구조에 대해서는 어느 정도 성과를 거두었지만, 가업지배구조에 대한 논의는 부족한 상황이다. 그러나 기업의 지속경영을 위해서는 기업지배구조뿐만 아니라 가업지배구조가 필수적이므로 앞으로 많은 논의와 연구가 필요하다고 판단된다.

| 가족경영 |

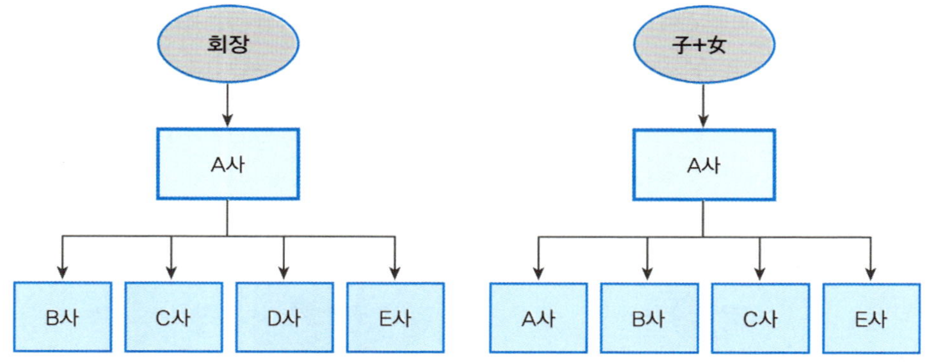

연구결과 가족의 결속력과 기업의 생산성 사이에는 양(+)의 상관관계가 있다고 한다. 따라서 가족경영 방식으로 경영권승계가 이루어질 경우 바람직한 생산성 향상을 가져오려면 다음 전략을 적절하게 병행해야 된다고 평가된다.

① 가족 갈등을 회사와 분리하는 '보호 전략'

② 가족의 끈끈한 결속력을 토대로 한 '성장 전략'

경영권승계 방식은 가족의 문화와 후계자들과 승계 대상 사업의 성격 등에 따라 달라지므로 어떠한 방식이 더 우수하다고 단언하기는 어렵다. 그러나 경영권승계 방식에 따라 기업의 지배구조는 크게 달라지므로, 기업지배구조를 결정하기 이전에 경영권승계 방식이 먼저 결정되는 것이 바람직하다.

계열분리와 경영권승계에 관한 보다 자세한 내용은 〈제3장〉을 참조하기 바란다.

2. 상속증여세에 미치는 효과

상속증여세는 다음과 같이 계산된다.

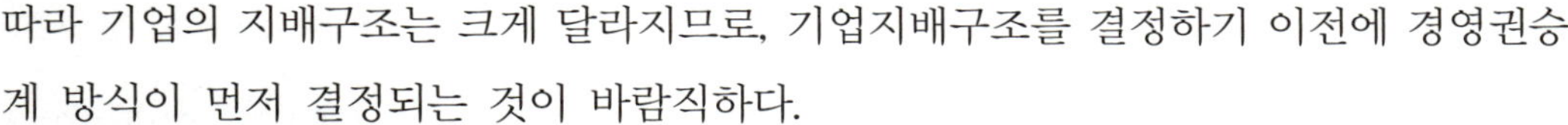

상기 산식의 주요 요소를 살펴보자.

(1) 과세표준

상속증여세법은 재산의 형태에 따라 과세표준은 어떻게 산정되는 지를 규정하고 있다. 따라서 승계대상이 주식이라면, 지배구조개선에 따라 승계 대상 주식의 평가액이 어떻게 변동되는지를 검토하고 과세표준에 미치는 영향을 측정할 필요가 있다.

예를 들어 회사의 사업부문을 분할하여 지주회사로 전환하면, 승계 대상 주식은 지주회사 주식으로 변경된다. 그런데 현재 지주회사는 주식시장에서 사업회사에 비하여 주당순자산(= 주식의 시장 가치 ÷ 회사의 자본 총계) 금액이 상대적으로 낮게 형성되는 경향이 있다. 따라서 지주회사로 전환한 후 주식을 증여한다면, 낮은 주가를 적용한 과세표준이 형성될 수 있다.

한편 비상장기업이라면 상속증여세법상 보충적 평가방법을 살펴보고, 지배구조개선 이후의 형태가 과세표준에 미치는 영향을 점검할 필요가 있다.

또한 개인자산가는 보유하는 재산 내역 즉, 개인 사업, 부동산 및 현금 등을 꼼꼼하게 살펴볼 필요가 있다. 그리고 개별 재산별로 승계하는 것이 아니라, 재산들의 집합을 법인으로 전환하는 것이 유리한 지 검토하는 것이 바람직하다. 법인으로 전환하면 과세대상이 개별 자산이 아니라 주식으로 전환되어 산출세액이 달라질 수 있기 때문이다.

(2) 할증률

2019년 세법 개정에 따라 중소기업의 경우 할증률이 적용되지 아니하며, 일반기업은 20%의 할증률이 적용된다. 만일 향후 세법개정에 따라 할증률이 지분율에 따라 차등 적용된다면 승계 대상 주식의 지분율에 따른 납부세액의 차이를 검토할 필요가 있다.

(3) 공제액

상속증여세법은 여러 항목의 공제 항목을 규정하고 있다. 예를 들어 개인자산가라면 사전 증여를 통해 공제 효과를 극대화하고 누진세율 효과를 희석화하는 것이 적절할 것이다. 참고로 상속자나 증여자가 차입금 등을 보유하고 있다면 부담부증여를 통하여 증여 재산을 양도 재산으로 변경하는 대안도 생각할 수 있다.

공제 규정 중 가장 금액적 효과가 큰 내용은 최대 600억원까지 공제를 허용하고 있는 가업상속공제인데, 관련 내용은 절을 바꾸어 설명한다.

3. 가업상속공제

가업상속공제 제도는 중소기업과 중견기업이 오랜 기간 영위한 사업을 원활하게 2세에게 승계하여 가업이 계속하여 이어질 수 있도록 세금부담을 경감해 주는 제도이다. 가업상속공제 제도를 통해 거주자인 피상속인이 10년 이상 영위한 중소기업 등을 상속인에게 승계하면 최대 600억원까지 상속공제가 가능하다.

과거 가업상속공제 세제혜택은 규모가 작고 적용 요건이 까다로워, 세제혜택을 받을 수 있는 대상이 많지 않았다. 그러나 공제한도가 1억원에서 최근 600억원까지 확대되었고, 가업상속공제를 적용하기 위한 요건도 점차 변경되었다. 그리고 가업상속공제 제도의 적용대상의 확대와 요건 완화에 대한 요구는 끊임없이 제기되고 있는 상황이다. 국세통계에 따르면 2018년의 경우 세제 혜택을 받은 건수는 307개였으나, 2022년에는 557개로 활용도가 급증하고 있고 그 혜택금액의 규모도 커지고 있다.

따라서 경영권을 승계할 경우에는 반드시 가업상속공제 제도를 고려하는 것이 바람직한데, 그 요건을 요약하면 같다.[3]

---

3) 가업상속공제에 대해서는 공제 요건, 공제 금액 및 사후 관리 등에 대한 개정 논의가 지속되고 있다. 따라서 가업상속에 대한 관심이 있는 독자는 법 개정과 정책 변화에 관심을 기울이길 바란다.

 **가업상속공제 제도의 요건**

- 가업 요건
  - 중소기업 또는 중견기업(직전 3년 평균매출액 5천억원 미만)에 해당할 것
  - 피상속인이 10년 이상 계속하여 경영한 기업일 것
- 피상속인 요건
  - 피상속인과 그 특수관계인을 포함한 최대주주의 지분이 40%(상장 20%)를 초과하여 10년 이상 계속하여 보유할 것
  - 가업 영위기간 중 일정기간 대표이사(개인사업자는 대표자)로 재직할 것
- 상속인 요건
  - 연령 기준 : 상속 개시일 현재 18세 이상일 것
  - 가업 종사 기준 : 상속 개시일 이전 2년 이상 직접 가업에 종사하였을 것
  - 임원 등 취임 기준 : 상속세 과세표준 신고기한(상속일이 속하는 달의 말일로부터 6월)까지 임원으로 취임하고, 상속세 신고기한부터 2년 이내에 대표이사로 취임할 것

가업상속공제에 대한 자세한 내용은 〈제13장〉을 참조하기 바란다.

4. 증여 의제와 사전증여

경영권승계에 있어 반드시 고려할 사항은 승계재원 마련에 대한 대안이다. 만일 경영권을 승계받을 후계자가 재산이 충분하지 않다면 증여자가 세금을 대신 납부할 수밖에 없다. 그런데 대납한 세금도 재차 증여로 보아 증여세가 과세된다. 따라서 후계자가 전혀 재산이 없는 상태라고 가정하면, 증여자는 증여세 납부를 위하여 승계 대상 재산가액과 유사한 규모의 현금을 증여해야 한다는 부담감을 느끼게 된다.

(1) 증여 의제

재원 마련에 대한 어려움으로 인하여 과거부터 일감몰아주기나 전환사채 등을 활용한 방법들이 많이 활용되었다. 그러나, 상속증여세법에서는 이러한 편법적인 부(富)의 이전을 방지하기 위하여 일감몰아주기 등에 대해 증여세를 과세하고 있다. 그리고 전환사채 등을 활용한 부의 이전(移轉)도 유형 별로 과세 방법을 구체적으로 규정하고 있다. 따라서 특수관계자 간 거래가 예상된다면 상속증여세법에 규정된 증여 의제에

해당하는지 유의하여 살펴보아야 한다. 그리고 증여 의제에 해당한다면 그렇게 되는 요인을 분석하고, 증여 의제 요건에 해당하지 않는 방안을 모색하는 것이 바람직하다.

일감몰아주기와 이익의 증여 의제는 〈제14장〉을 참조하기 바란다.

(2) 사전 증여

경영권승계와 지배구조개선은 장기적인 기업의 성장과 안정적인 경영권을 위함이라 할 수 있다. 그런데 경영권승계와 지배구조개선은 언제 검토되고 계획되는 것이 바람직한 것인가에 대한 질문이 있을 수 있다. 이 질문을 언제 자동차보험을 가입하는 것이 적절하겠느냐로 바꾸어 보자.

자동차보험은 자동차를 보다 안전하게 활용하고 사고가 나더라도 큰 문제가 야기되지 않도록 하기 위함이다. 따라서 자동차보험은 자동차를 취득하는 시점에 가입하는 것이 바람직하다. 이렇게 보면 자동차보험처럼 경영권승계와 지배구조개선은 오너가 선대로부터 승계받은 직후부터 검토되고 계획되어야 할 숙제임을 알 수 있다. 즉, **경영권승계와 지배구조개선은 기업의 장기 성장과 안정된 경영을 위한 일종의 보험**인 것이다.

재원마련을 위해서도 오너는 상속이 아니라 증여가 바람직한 경우가 많다. 그리고 증여를 한다면 (상황에 따라 다르겠으나) 일반적으로 최대한 조속하게 사전 증여를 고려하는 것이 적절하다. 예를 들어 오너가 승계 대상 주식과 부동산을 보유하고 있음을 전제해 보자. 이러한 경우 부동산을 사전에 후계자에게 증여하고, 그 이후 동 부동산을 개발하여 가치를 상승시키는 것이 적절한 전략이다. 증여 이후 부동산의 가치가 상승하면 후계자는 동 부동산을 처분하여 자금을 마련하고, 동 자금으로 주식을 승계하는 데 발생하는 세금을 납부할 수 있기 때문이다.

한편 오너가 여러 회사의 주식을 보유하고 있다면 **향후 성장 가능성이 큰 회사의 주식을 조기에 증여**하는 것이 바람직하다. 왜냐하면 후계자는 가치가 상승하기 이전에 주식을 승계받게 되어 증여세를 절감할 수 있기 때문이다. 뿐만 아니라 후계자는 증여받은 주식에서 배당금을 수령하고 재투자하여, 향후 상속 시에 발생할 세금에 대한 재원을 마련하는 기회도 갖게 된다.

5. 재원으로서의 주식

경영권승계와 관련하여 빈번하게 발견되는 이슈 중 하나는 오너가 주식 이외에 다른 재산이 많지 않은 경우인데, 다음 예제를 통해 생각해 보자.

예제 9

- 왕회장은 창업자이고 상장기업의 최대주주로서 주식 30%를 보유하고 있음.
- 왕회장이 보유하고 있는 주식의 시장가치는 10,000원임.
- 왕회장은 주식 이외에 5,000원의 재산을 보유하고 있음.
- 왕회장은 회사를 지주회사로 전환하여 지분율을 60%로 상승시키고, 일부 주식을 재원으로 하여 후계자에게 주식을 승계하고자 함.
- 상속증여세율은 50%임.

요구사항 왕회장이 자제(子弟)에게 주식과 경영권을 승계 시에 고려할 사항을 검토하시오.

먼저 상속증여세법상 상장기업의 최대주주의 주식가치는 할증되어 과세된다. 따라서 본 예제의 경우 세율과 할증률을 고려하면 약 주식가치의 60%(= 50% × 20% 할증)에 상당하는 6,000원이 과세된다. 한편 왕회장이 보유하고 있는 5,000원을 같이 증여한다면, 후계자는 세후로 2,500원만 획득하게 되므로 3,500원(= 6,000원 − 2,500원)이 부족하게 된다. 결국 후계자는 납세 재원이 충분하지 않기에 결국 승계 받은 주식 중 35%(= 3,500원 ÷ 10,000원)를 처분해야 하므로, 승계 후 지분율은 19.5%(= 30% × 65%)로 하락하게 된다. 더구나 이 과정에서 다음 이슈를 추가로 고려해야 한다.

① 오버행으로 인한 주가의 하락 가능성(주가가 하락한다면 계획된 주식보다 더 많은 주식을 처분해야 재원을 조달 가능함)

② 경영권의 불안정성

예제의 경우 왕회장은 상기와 같은 문제점을 방지하기 위해 지주회사 전환을 고려하고 있다. 그러나 사업회사에 대한 지분은 시장에서 거래가 활발하여 처분이 용이하지만, 지주회사는 그렇지 아니하여 재원마련을 위하여 처분할 대상으로 적합하지 않을 수 있다. 그리고 지주회사 전환 후 지분을 증여하게 되면 현물출자 시 이연된 거액의

세액을 납부하여야 할 가능성도 있다.[4]

요약하면 지분 처분을 염두에 둔 승계 Plan은 오버행으로 인한 주가하락 현상과, 처분된 주식을 매집하여 적대적 인수합병(M&A)을 시도할 사람이 없는지에 대한 사전 검토가 필수적이라 할 수 있겠다.

마지막으로 본 예제의 경우에는 공익재단의 설립을 통한 경영권 방어를 생각해 볼 수 있다. 공익재단의 경우 발행주식의 5%(성실공익법익은 10%) 한도 내에서 지분을 보유하게 되면, 거래 과정에서 별도의 증여세나 양도세를 부담하지 않기 때문이다. 공익재단 관련 사항은 〈제15장〉을 참조하기 바란다.

---

4) 지주회사 전환 과정에서 최대주주의 현물출자가 필수적으로 동반하는데, 이 과정에서 최대주주는 과세이연 혜택을 받을 수 있다. 그러나 동 과세이연 효과는 특정 상황이 도래하면 납부하게 되는데 관련 내용은 〈제11장〉에서 살펴본다.
지주회사 주식의 처분 관련 이슈와 현물출자 시 이연된 세액 관련 이슈를 고려한다면, 먼저 주식을 증여한 후 후계자가 지주회사로 전환하는 것이 보다 효과적일 수 있을 것이다.

경영권승계와 지배구조개선의 허(虛)와 실(實)

본 장은 가상의 사례를 통하여 최근 우리나라에서 가장 유행하고 있는 지주회사 전환 절차를 설명한다. 더불어 본 장은 우리나라의 경영권승계 과정에서 빈번하게 발견되는 오류의 유형을 지적하고 그에 대한 개선안을 개괄적으로 다루고 있다. 따라서 본 장을 통하여 지배구조개선 절차에 대한 기본 개념과 전반적인 업무 흐름을 살펴보기 바란다.[5]

- 왜 경영권승계 Plan이 필요한가?
- 기업지배구조개선에 대한 선입관 : 지주회사가 정답인가?
- 지배구조개선의 허(虛)와 실(實)

---

5) 본 장은 지주회사에 대한 이해와 상속세 및 증여세법에 대한 이해를 전제로 한다. 따라서 사전 지식이 없는 독자는 본 장이 다소 어려울 수 있다. 그러나 본 장을 통하여 경영권승계와 지배구조개선에 대한 개념과 업무 흐름을 먼저 살펴보기를 권한다. 그리고 〈Part 1〉과 〈Part 2〉를 숙지한 이후 본 장을 다시 한 번 음미하였으면 한다.

제**1**절 　상속세 부담으로 인한 경영권 상실

　　우리나라 기업들에 대한 설문조사 결과 조세부담과 안정적인 지분율 확보가 경영권 승계에 가장 큰 어려움으로 손꼽히고 있다. 1990년대 후반에 에버랜드가 전환사채를 발행하면서 발생된 이슈나 최근 삼성물산과 제일모직의 합병 이슈도 결국은 삼성그룹의 경영권승계와 관련한 지분 확보와 조세부담 때문에 발생된 것이라 할 수 있다.

　　경영권승계와 지배구조개선에 대한 본격적인 논의에 들어가기 이전에 다음 사례들을 통해 조세부담이 경영권승계에 미치는 영향을 살펴보자.

1. 농우바이오

　　농우바이오는 1967년에 설립되어 2002년에 상장된 우리나라 최대의 종자회사이다. 농우바이오의 창업주인 고희선 명예회장(1949년 출생)은 2013년 8월에 별세하였는데, 이때 발생한 상속세는 경영권을 위협하기에 충분하였다. 왜냐하면 상속받은 주식이 2,000억원에 달함에 따라 관련 세금이 1,000억으로 추정되었으나, 별도로 마련한 재원이 없었기 때문이다.

　　지분을 상속받은 고희선 명예회장의 유족들은 상속세를 납부하기 위하여 물려받은 지분 중 50% 정도를 처분해야만 했다. 그러나 50%의 지분을 처분하면 경영권을 방어하기 어려운 것이 현실이었다. 게다가 주식시장에서 일부 지분을 처분한 결과 주가는 약 30,000원에서 약 20,000원으로 하락하여 제 가치를 인정받지 못하였다.

　　유족들은 고민 끝에 한꺼번에 모든 주식을 처분하는 것이 유리하다고 판단하였다. 따라서 농협에 경영권 프리미엄(주당 약 40,000원)까지 붙여 모든 지분을 양도하게 되었다.

　　농우바이오 사례는 미리 경영권승계 Plan을 수립하지 않을 경우 경영권이 상실될 가능성이 있음을 보여주는 대표적인 사례로 손꼽힌다. 특히, 평생을 바쳐 회사를 성장시켰으나 주식 이외의 다른 재산이 없는 오너들에게 위기감을 불러일으키는 사례라 말할 수 있다.

2. 한샘

한샘은 1973년에 설립된 국내 1위의 홈인테리어 전문기업인데, 2021년에 한샘의 창업주인 조창걸 명예회장과 특수관계인이 보유한 지분을 사모펀드인 IMM 프라이빗 에쿼티(IMM PE)에게 1조 4,500억원에 매각하였다.

조 명예회장이 다시 경영권 매각한 이유는 크게 두 가지로 언급된다.

첫째, 경영을 승계할 후계자가 없다는 점이다. 조 명예회장은 1994년에 경영일선에서 물러난 후 전문경영인에게 맡기고 있으며, 자녀들은 회사 경영에 참여하지 않고 있다. 회사를 물려줄 마땅한 후계자가 없는 상황인 것이다.

둘째, 현 시점이 가격 협상에 유리하다는 판단이다. 신종 코로나바이러스 감염증 사태 이후 인테리어 가구 업계는 호황을 누리고 있기에, 가격 협상에 유리한 적기라고 판단했다는 분석이다.

승계할 수 있는 자녀가 있더라도 현재 영위하는 업종에 흥미가 없거나, 경영권이 아닌 현금상속을 원하는 사례도 많다. 이와 같이 승계 대신 지분을 매각했거나 매각을 추진하고 있는 사례는 MS저축은행, 크린토피아, 태화기업, 승명실업, 태림포장, 제이제이툴스, 이지웰, 성원산업 등이 있다.

3. 세아제강

세아그룹은 고 이종덕 명예회장이 설립하였으며, 장남인 이운형 회장과 차남인 이순형 부회장이 경영권을 승계하였다. 세아그룹은 최근 3세대 경영 체계로 전환 중인데 그 이유는 2013년에 해외 출장 중에 이운형 회장(1947년 출생)이 갑자기 별세하였기 때문이다.

이운형 회장이 보유하고 있던 세아홀딩스 및 세아제강 주식 등은 아들인 이태성 전무가 승계하였는데, 상속된 주식가치는 약 3,893억원에 달하고 관련 세금은 약 1,944억원으로 추정되었다. 이태성 전무는 상속세를 일시에 납부하기 어려워 연부연납 제도를 활용했다.

세아그룹은 고 이종덕 명예회장 이후 20여 년간 '형제 경영'으로 유명하였는데, 이운형 회장의 사후에도 '사촌 경영'으로 이어졌다. 이러한 세아그룹의 특성 때문에 이태성

전무가 세금 납부를 위하여 주식을 처분할 수 있었던 것으로 이해된다. 대주주가 주식을 처분할 경우에는 오버행[6] 이슈가 제기되는데, 이순형 부회장이 보유하고 있는 지분 때문에 이태성 전무가 일부 지분을 처분하더라도 경영권이 위협받지 않았기 때문이다. 만일, 이순형 부회장이나 백기사[7]를 전제하지 않는다면, 대주주가 지분을 처분하면 주가가 하락하고 적대적 인수합병(M&A)에 노출될 가능성이 크다.

---

6) 오버행은 주식시장에서 언제든지 매물로 쏟아질 수 있는 잠재적인 (과도하게 많은) 주식 물량을 의미한다. 오버행은 주식의 수급에 있어 공급의 증가를 의미하므로 주가에 악재로 작용한다.
   예를 들어 기업공개 이후 1년간 대주주의 보호예수 기간이 만료된 종목이나 채권단이 자금 회수를 위해 담보로 잡은 주식이 시장에서 처분될 것으로 예상되면 오버행 부담을 안게 된다. 마찬가지로 대주주 지분을 상속받은 후계자가 상속세를 납부하기 주식을 처분할 것으로 예상되면, 오버행으로 시장에서 공급이 증가하여 주식가격이 하락하게 된다.

7) 적대적 인수합병(M&A)의 대상이 된 기업이 적당한 방어수단이 없을 경우 적대 세력을 피해 현 경영진에 우호적인 제3의 매수 희망자를 찾아 매수 결정에 필요한 각종 정보와 편의를 제공해 주고 경영권을 넘기게 된다. 이때 매수대상 기업의 경영자에게 우호적인 제3의 기업 인수자를 백기사로 표현하며, 백기사는 매수대상 기업을 인수하거나 적대 세력의 공격을 차단해 주는 역할을 한다.

경영권승계와 지배구조개선은 그 개념과 목적이 다소 상이하다. 그러나 우리나라에서는 대주주의 경영권을 기업의 경영권과 유사한 개념으로 보아, 경영권승계와 지배구조개선을 동일선상에서 보는 견해가 많다. 그 이유는 기업과 그 기업의 경영자를 하나로 보는 전통적 가치관과, 경영권승계 작업이 진행될 때 합병 및 분할 등의 지배구조 변경 절차가 수반되는 경우가 일반적이기 때문이다.

본 절에서는 가상의 MD그룹에 대한 예시를 통하여 최근 우리나라에서 가장 유행하고 있는 지주회사 전환을 통한 경영권승계 전략을 설명한다. 본 절을 통하여 인적분할과 현물출자를 통한 지주회사 전환의 과정을 이해하였으면 한다.

1. MD그룹의 재무 및 주주 현황

MD그룹은 1980년대 중반에 설립되어 치킨사업을 주력으로 성장하였으나, 2010년 후반에는 사업다각화를 목적으로 피자사업에 진출하였다. MD사의 최근 매출과 영업이익 추세는 다음과 같다.

| 매출과 영업이익 추세 |

(단위 : 억원)

	매출		영업이익	
	치킨	피자	치킨	피자
2018년	1,200	550	160	(120)
2019년	1,250	750	162	(60)
2020년	1,270	1,000	170	15
2021년	1,300	1,100	168	65
2022년	1,290	1,050	175	80
2023년	1,330	1,290	180	105

상기 표에서 보듯이 치킨 사업부문의 성장은 두드러지지 않지만 안정적인 시장점유율과 영업이익 추세를 보여주고 있다. 반면, 피자 사업부문은 매출이 급성장하고 있으

며 향후 회사의 미래 먹거리로 평가받고 있다. MD그룹은 피자 사업부문의 2028년 매출액과 영업이익을 각각 2,200억원 및 250억원으로 추정하고 전사적인 자원을 집중하고 있다.

MD그룹의 오너인 왕회장은 직접 피자 사업부문을 주기적으로 점검하고, 피자 사업부문의 핵심 역량을 강화하기 위하여 인수합병(M&A) 및 연구개발(R&D)에 박차를 가하고 있다.

피자 사업부문에 대한 향후 5년간의 투자규모는 다음과 같다.

| 피자 사업부문의 투자 예산 |

(단위 : 억원)

	2024년	2025년	2026년	2027년	2028년	합계
피자부문 투자금액	200	250	350	650	550	2,000
치킨부문 투자금액	80	90	80	80	90	420
영업활동 현금흐름	315	325	350	350	370	1,710
현금수지	35	(15)	(80)	(380)	(270)	(710)

상기 표를 보면 향후 5년간 투자액은 2,420억원이나 영업활동으로 유입될 현금은 1,710억원이므로 710억원 정도를 외부에서 조달해야 함을 알 수 있다. 특히, 피자 사업부문에 대규모 시설투자가 예상되고 있는 2025년과 2026년에는 650억원(= 380억원 + 270억원)이 추가로 필요한데, 최근 고금리와 불경기로 인하여 자금조달에 어려움을 느낄 것으로 예상되었다.

MD사는 설립 시 왕회장이 모든 지분을 보유하고 있었다. 그러나 회사의 성장과정에서 엔젤투자자에게 자금을 공급받고 상장(IPO) 과정에서 신주를 발행하여, 왕회장 등 특수관계자의 지분율은 30%로 감소하였다.

2023년 12월 현재 주주 현황을 살펴보면 다음과 같다.

주주	지분율(%)	주식수
회장(父)	24.0	24,000
女	3.5	3,500
子	2.5	2,500
자기주식	1.0	1,000
기타	69.0	69,000
합계	100.0	100,000

2. 경영권승계 Plan에 대한 반감

MD그룹은 현재까지도 창업자인 왕회장(1962년 출생)이 정력적으로 경영 일선에서 지휘관으로 활약하고 있다. 그리고 딸(1982년 출생)은 재무팀에서 근무하고 있으며, 아들(1985년 출생)은 해외 생산 법인에서 근무 중이다.

왕회장은 안정적인 치킨 사업부문을 다른 임원에게 총괄하도록 하고, 현재 급성장중인 피자 사업부문의 현장을 진두지휘하고 있다. 왜냐하면 피자사업이 MD그룹의 제2 도약에 큰 역할을 할 것이라 기대하기 때문이다. 그리고 피자 사업부문이 어느 정도 안정되면 왕회장은 경영일선에서 물러나고자 계획하고 있는데, 그 시기는 2030년 전후로 예측된다.

최근 들어 왕회장은 주위에서 이제는 경영권승계를 위한 사전 준비가 필요하다는 이야기를 자주 듣고 있다. 은행 PB(Private Banking), 골프 월례회 멤버 및 고문 변호사 등이 입을 맞춘 듯 재작년부터 승계 Plan을 말하기 시작했다. 그러나 아직까지 드라이버 거리가 250야드를 넘어가고 (물론 잘 맞을 때 그렇지만) 건강검진 결과도 전혀 이상 징후가 없다. 그래서 승계 이야기는 와닿지 않는다. 가끔씩 승계에 대한 얘기를 들을 때면 늙었구나 라는 서글픔을 느낀다. 또는 자식들이 재산과 자리를 욕심내서 그런 말을 흘리고 다니는 것이 아닌가 하는 생각이 들어 괘씸하기도 하다.

그러다가 농우바이오가 상속세 때문에 경영권이 넘어갔다는 뉴스를 듣고 깜짝 놀란 왕회장은 경영권승계 Plan을 수립하기로 결정하였다. 그리고 기획팀에 경영권승계 Plan을 수립하라고 지시했다. 2주 후 왕회장은 지주회사로 전환하면 좋을 것 같다는 내용의 보고서를 받았다.

골프 월례회 때 이야기를 꺼냈더니 모든 동반자들이 입을 모아 기획팀의 보고서가 맞는 얘기라고 호응한다. 요즘은 지주회사가 대세라고 맞장구를 치는 것이다. 2살 많은 김회장은 그래서 자기가 2년 전에 지주회사로 전환한 것이라며, 필요하다면 그때 자문한 회계사를 소개시켜 주겠다고 훈수까지 둔다.

3. 자문사와의 Meeting

일주일 후 왕회장은 김회장이 소개해준 K회계법인의 파트너인 송회계사와 미팅을 가졌다. 송회계사는 지금까지 지주회사 전환 프로젝트를 여러 개 수행한 커리어를 내세우며 자신감을 보였다.

경영권승계와 관련해서는 지주회사로 전환하면 지분율이 올라가므로, 일부 지분을 처분하더라도 경영권은 끄떡없다고 한다. 재원마련 걱정을 크게 하지 말라는 것이다. 주위에서는 우량한 중견그룹의 회장님이라고 떠받들고 있지만, 사실 왕회장은 주식 이외에 부동산이나 현금 등은 많지 않은 편이다. 그래서 재원걱정을 하지 말라는 이야기는 왕회장에게 매력적인 부분이었다.

송회계사의 설명은 지속되었다. 지주회사로 전환하기 위해서는 인적분할과 현물출자가 필수적인데, 그 과정에서 신설자회사는 상장된다고 한다. 왕회장은 그룹 내에 불필요하게 상장회사가 증가하는 것이 내키지 않았다. 상장이 되면 회사의 사업내용과 경영상황을 자세하게 실시간으로 대외에 공시해야 하고 관리 인원도 증가하기 때문이다. 게다가 인적분할을 통해 상장을 해도 회사 내로 신규 자금이 들어오는 것은 아니었다. 그래서 상장회사가 늘어난다는 것은 효익은 없으면서 비용만 발생하는 것으로 생각되어 꺼림칙하였다.

송회계사는 요즘 증권거래소에서 기업 실체는 바뀌지 않으면서 인적분할로 상장기업이 늘어나는 것에 대하여 부정적인 시각이 있다고 말했다. 그러나 K회계법인은 D증권사와 협력 관계를 가지고 업무를 진행하고 있으므로 재상장 절차에 걱정하지 말라고 하는데, 내가 걱정하는 부분이 다른 것 같다. 서로 포인트가 맞질 않는다.

그리고 송회계사는 지주회사로 전환하면 시가총액이 증가하는 장점이 있다고 말한다.[8] 그 말을 듣고 왕회장은 내가 회사를 팔 것도 아니고 주식을 팔 것도 아닌데 주가가 올라서 뭐가 좋은지 모르겠다고 혼잣말을 했다. 주가가 올라봐야 나중에 내야 될 상속증여세만 증가할 텐데 말이다. 주가가 오르면 기업순위는 올라가겠고 그러면 폼은 나겠네 라며 혼잣말을 또 한다.

한편 세법은 일정기간 동안만 현물출자하는 과정에서 발생하는 양도세를 이연하지 않고, 분할납부(4년 거치 3년 분납)만 인정할 예정이므로 지주회사 전환을 서둘러야 한다고 강조했다.

이외에도 송회계사가 언급한 내용은 많았지만 주요 내용을 요약하면 다음과 같다.

지배구조개선 및 경영권승계 관련 Meeting

- 지주회사로 전환하면 혜택이 많다.
- 지주회사로 전환하면 지분율이 대폭 상승한다.
- 지분율이 올라가면 일부 주식을 처분하여 상속세를 내더라도 경영권을 지킬 수 있다.
- 분할을 통해서 설립된 자회사는 재상장된다.
- 지주회사가 되면 주가 상승이 기대된다.

4. TFT팀 운영

송회계사의 설명을 듣고 왕회장은 K회계법인을 자문사로 선정하고 다음의 용역을 수행하기로 계약하였다.

① 인적분할을 통한 지주회사 전환 시 발생 가능한 이슈와 절차의 검토
② 분할재무제표 작성 지원
③ 경영권승계 Plan 수립

프로젝트 진행 결과 2024년 7월 1일을 기준으로 분할을 실시하고, 2024년 10월 1일부터 공개매수를 진행한 후 MD사를 지주회사로 전환하기로 결정하였다.

왕회장은 이번 의사결정이 경영권승계뿐만 아니라 기업의 지배구조에도 큰 영향을 미치기 때문에 시간을 가지고 여러 관점에서 차분하게 검토하기를 원했다. 그런데 K회

---

8) MD사가 지주회사로 전환하면 MD홀딩스(지주회사)와 MD사(사업부문)로 분할된다. 일반적으로 분할 전 MD사의 시가 총액보다는 MD홀딩스(지주회사)와 MD사(사업부문)의 시가 총액을 합한 금액이 더 크다.

계법인에게 휘말려서 너무 서두른 것 같아 알지 못할 불안감을 느꼈다. 그러나 우리나라의 대표적인 대기업뿐만 아니라 많은 기업들이 적용했던 지배구조로 결정한 것이니 큰 실수는 없겠지 하며 자위하였다.

그래도 뭔가 불안하였던 왕회장은 주관 부서인 기획담당 임원에게 내부적으로 회계팀장, 세무팀장, 법률팀장 및 공정관리팀장 등으로 구성된 TFT(Task Force Team)를 조직하여 K회계법인과 협업하라고 지시하였다. 그리고 TFT는 정기적으로 K회계법인이 제시하는 모든 제안들에 대하여 꼼꼼하게 논의하고, MD그룹의 사업적 특성 및 절세방안 등을 모두 고려한 것인지 지속적으로 Monitoring 하라고 하였다.

5. 기업지배구조 현황

현재 MD그룹은 삼계탕, 전기구이치킨, 프리미엄 피자 및 피자몰 사업 등을 영위하는 국내 및 해외 법인 15개로 구성되어 있다. 이 중 상장된 회사는 MD사이며 나머지는 비상장회사이다. MD그룹의 매출 중 25%는 MD사로부터 창출되며, 전체 자산의 40%가 MD사에 집중되어 있다. 참고로 MD그룹의 연결재무제표상 매출액은 1조480억원이며 자산총액은 9,500억원이다.

2023년 말 현재 MD그룹의 지배구조를 살펴보면 다음과 같다.

| MD그룹의 지배구조 |

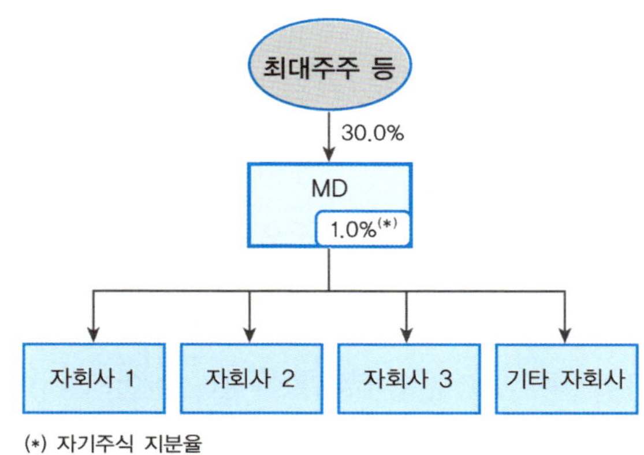

(*) 자기주식 지분율

6. 인적분할을 활용한 지주회사 전환

송회계사는 지주회사로 전환하는 과정에서 왕회장 등 특수관계자의 지분율을 대폭 상승시키려면 분할로 신설될 사업자회사의 가치가 높은 것이 유리하다고 하였다. 이러한 취지로 MD사가 직접 운영하고 있는 치킨 및 피자 사업부문 및 관련 자회사를 모두 분할신설회사로 이전하기로 결정하였다.

예상 분할재무제표를 보니 분할신설회사가 존속기업보다 자산총액은 3.5배, 순자산은 1.8배가 큰 형태로 나타났다. 이를 보고 왕회장은 자회사가 모회사보다 훨씬 큰 이상한 형태라고 고개를 갸우뚱거렸다. 그러나 송회계사는 지분율 확대를 위해서는 이 형태가 불가피하고, 다른 회사들도 지금까지 다들 그렇게 해 왔다며 강력 추천하였다.

왕회장의 불안감은 커져만 갔다. 물론 다른 회사들의 선례는 그 자체로 가치가 있지만, 우리 회사와 다른 회사들은 상황이 다를 것이므로 접근 방법도 달라야 하지 않겠느냐라는 생각이 떠오른 것이다.

(1) 인적분할

MD사는 2024년 7월 1일을 분할기일로 하여 인적분할을 결정하였다.

구　분	사업내용
MD홀딩스(존속기업)	투자 사업부문
MD사(신설기업)	치킨과 피자 사업부문 및 관련 주식

그리고 분할 목적을 다음과 같이 공시하였다.

① 투자부문과 사업부문을 분리하고 향후 투자부문을 지주회사로 전환함으로써 기업지배구조의 투명성과 경영안정성을 증대시킨다.

② 투자부문은 자회사 관리 및 신규 사업의 발굴에, 사업부문은 치킨과 피자의 제조, 판매 및 이와 관련한 서비스 제공에 집중함으로써 사업특성에 맞는 신속하고 전문적인 의사결정이 가능한 지배구조 체제를 확립하고, 경영위험의 분산을 추구한다.

③ 각 사업부문의 전문화를 통하여 핵심사업에의 집중투자 및 구조조정을 용이하게 하고, 독립적인 경영 및 객관적인 성과평가를 가능하게 함으로써 책임 경영체제

를 확립한다.

④ 상기와 같은 지배구조 체계 변경을 통하여 궁극적으로 기업가치와 주주의 가치를 제고한다.

분할 전후의 지배구조를 비교하면 다음과 같다.

| MD사의 인적분할 |

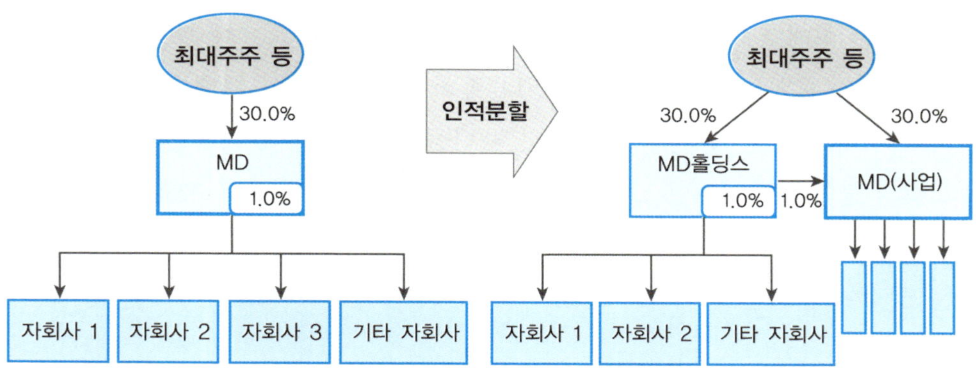

MD그룹은 인적분할 시 치킨 및 피자 사업부문을 모두 신설법인인 MD사(사업)에게 이전하였으며, 피자 및 치킨 사업을 영위하는 자회사 주식도 MD사(사업)에게 승계하였다. 이로 인하여 MD홀딩스에는 사옥 등 일부 부동산과 투자주식만 남게 되었다. 한편, 분할 전 MD사는 자기주식을 1.0%만큼 보유하고 있었으므로, 동 주식에 대한 분할 신설회사인 MD사(사업)의 주식을 1.0%만큼 배부받게 되었다.

MD홀딩스는 인적분할 후 기존 MD홀딩스 주주들에게 2주당 1주의 MD사(사업) 주식을 교부했다. 그리고 1주의 MD사 주식을 교부하면서 1주의 MD홀딩스 주식을 수령하여 소각했다. 따라서 24,000주를 보유하고 있는 왕회장은 MD사(사업) 주식 12,000주를 수령하고, 그 대가로 MD홀딩스 주식 12,000주를 제출하였으며 동 주식은 소각되었다.

인적분할 결과 MD홀딩스의 주주별 지분율은 종전과 동일하였으나 감자를 통하여 발행된 주식이 반으로 줄어들었다.

인적분할 후 MD홀딩스와 신설법인인 MD사의 주주 현황은 다음과 같다.

주주	MD홀딩스		MD사(사업)	
	지분율(%)	주식수(주)	지분율(%)	주식수(주)
회장(父)	24.0	12,000	24.0	12,000
女	3.5	1,750	3.5	1,750
子	2.5	1,250	2.5	1,250
자기주식	1.0	500	—	—
MD홀딩스	—	—	1.0	500
기타	69.0	34,500	69.0	34,500
합계	100.0	50,000	100.0	50,000

(2) 현물출자(공개매수)

인적분할 이후 MD사(사업)는 순자산 금액이 더 크고 향후 현금흐름도 양호할 것으로 예상되었으므로 주식가치는 지속적으로 상승하였다. 반면 MD홀딩스는 순수지주회사 형태이므로 자회사들에 대한 지분 이익은 회계상 인식하지만, 그 이익이 현금흐름에 미치는 직접적인 영향은 적었다. 따라서 자회사들의 배당금에 의존하는 MD홀딩스의 주가는 지지부진하였다.

분할 후 3개월이 지나면서 MD사(사업)의 주가는 MD홀딩스의 2.5배 정도에서 안정적인 성장 추세를 보였다. 지주회사 전환을 위하여 MD홀딩스는 공개매수를 공지하였으나, 일반주주에게는 MD사(사업) 주식이 MD홀딩스보다 매력적이었으므로 공개매수에 응하지 않았다. 결과적으로 왕회장 등 특수관계자만 공개매수에 참여하여 MD홀딩스는 현물출자 절차를 진행하게 된 것이다.

결국 왕회장과 子女들은 MD사(사업) 주식 15,000주를 MD홀딩스에 이전(현물출자)하고 그 대가로 37,500주(= 15,000주 × 2.5)의 MD홀딩스 주식을 취득하게 되었다.

현물출자 전후 대주주가 보유하는 주식의 변동 내역을 살펴보면 다음과 같다.

주주	현물출자 전		주식 교환		현물출자 후	
	MD홀딩스	MD사(사업)	MD홀딩스	MD사(사업)	MD홀딩스	MD사(사업)
회장(父)	12,000	12,000	30,000	(12,000)	42,000	—
女	1,750	1,750	4,375	(1,750)	6,125	—
子	1,250	1,250	3,125	(1,250)	4,375	—

(3) 현물출자로 인한 지분율의 변동

현물출자로 인한 MD홀딩스의 지분율 변동 현황은 다음과 같다.

주주	현물출자 전		신주발행	현물출자 후	
	주식수	지분율(%)	주식수	주식수	지분율(%)
회장(父)	12,000	24.0	30,000	42,000	48.0
女	1,750	3.5	4,375	6,125	7.0
子	1,250	2.5	3,125	4,375	5.0
자기주식	500	1.0	—	500	0.6
MD홀딩스	—	—	—	—	—
기타	34,500	69.0	—	34,500	39.4
합계	50,000	100.0	37,500	87,500	100.0

상기 표에서 보듯이 왕회장 등 특수관계자는 현물출자에 참여하였으나 다른 일반 주주는 참여하지 않게 됨에 따라, 왕회장 등의 MD홀딩스에 대한 지분율은 60.0%로 증가하였다. 그러나 이 과정은 결코 공짜가 아니라는 점은 〈제4절〉에서 기술한다.

MD홀딩스에 대한 현물출자 이루어진 후의 지배구조는 다음과 같다.

| 현물출자 전후의 지배구조 |

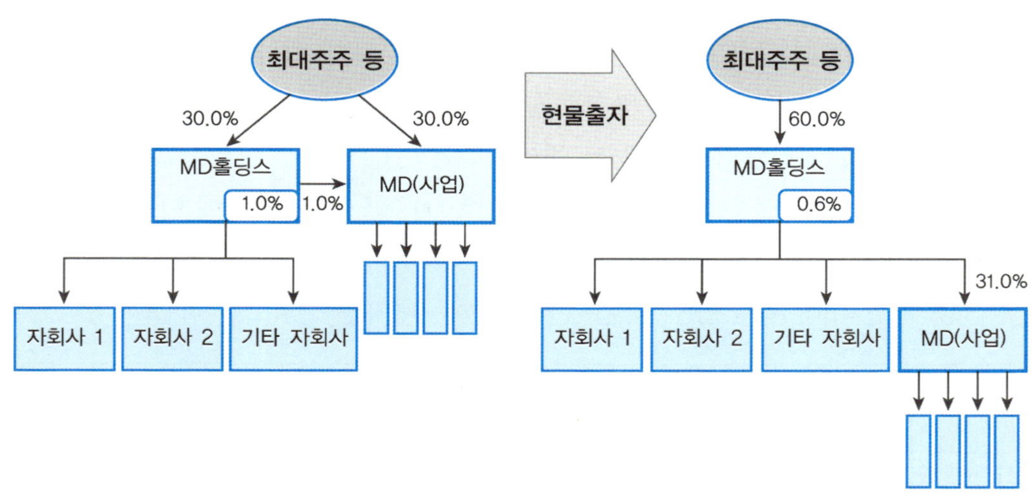

한편, 왕회장 등 특수관계자는 MD사(사업) 지분을 MD홀딩스에 이전하였으므로, MD사(사업)에 대한 왕회장 등 특수관계자의 지분은 0%로 감소하고 MD홀딩스의 지

분율은 31.0%로 증가하게 되었다.

MD사(사업)의 지분율 변동 현황은 다음과 같다.

주주	현물출자 전		현물출자	현물출자 후	
	주식수	지분율(%)	주식수	주식수	지분율(%)
회장(父)	12,000	24.0	(12,000)	−	−
女	1,750	3.5	(1,750)	−	−
子	1,250	2.5	(1,250)	−	−
MD홀딩스	500	1.0	15,000	15,500	31.0
기타	34,500	69.0	−	34,500	69.0
합계	50,000	100.0	−	50,000	100.0

7. 지배구조의 변동

MD그룹의 지배구조 변동 내역을 요약하면 다음과 같다.

| MD그룹의 지배구조 변동 |

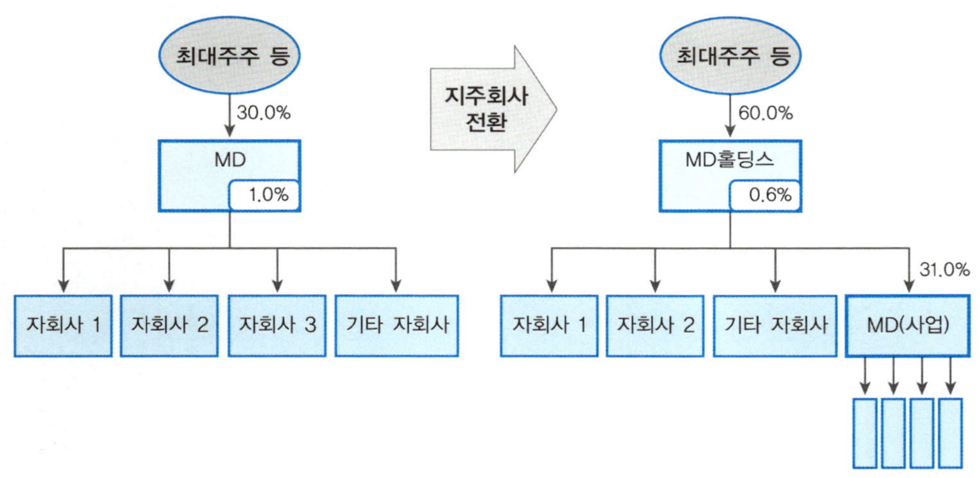

MD그룹은 지주회사로 전환하여 대주주의 지분율을 30.0%에서 60.0%로 증가시켰
다. 왕회장은 종전에 지분율이 30%였는데, 지주회사로 전환한 후에는 지분율이 60%로
올라간 데에 만족을 표하였다. 지금까지 경영권에 위협을 느낀 적은 없었지만 지분율
이 증가하여 안정적인 구조가 된 듯했기 때문이다. 그리고 경영권승계 시 상속세를 납

부하기 위하여 일부 주식을 처분하더라도 경영권을 유지된다면, 어쨌거나 이번 프로젝트는 제 역할을 한 것이라고 자평했다.

그러나 그룹에서 가장 실적이 좋고 향후 성장성도 기대되는 치킨과 피자 사업부문이 자회사로 떨어져 나간 것은 아무래도 아쉬웠다. 예전에는 치킨과 피자 사업부문이 MD사를 구성하고 있어서 왕회장이 직접 보유하는 주식이었는데, 지금은 MD홀딩스를 통하여 거쳐 가게 되는 주식이 되어서 거리감이 생겼다. 왕회장의 집 근처에는 살고 있으나 얼마 전에 시집간 딸아이 같다고나 할까 조금 왠지 멀어진 느낌이다.

제3절 지배구조개선에 대한 허(虛)와 실(實)

지금까지 가상의 MD그룹의 현황과 지배구조 변동에 대한 History를 살펴보았다. 가상의 내용으로 설정하였으나 상당수의 실제 우리나라 기업들이 실행한 내용과 매우 유사한 사례이다. 본 절에서는 지금까지 살펴보았던 절차의 허(虛)와 실(實)을 살펴보고자 한다.

1. 경영권승계 Plan의 필요성

우리나라에서 경영권을 가지고 있으면서 현업에서 활동하는 경영자들의 평균 나이는 60 정도이다. 그러나 60대 후반에서 70대 초반의 오너들도 경영 일선에서 맹활약하고 있다. 이러한 상황에서 65세 이전의 그룹 오너에게 경영권승계 Plan을 이야기하기는 매우 조심스럽다. 그 이유는 경영권승계 Plan은 왠지 그룹 오너가 경영 일선에서 퇴진해야 할 시기가 다가왔으며, 사망을 전제하고 진행하는 절차라고 생각되기 때문이다.

그러나 주제를 바꾸어 암보험을 생각해 보자. 보험에 가입한 사람은 암에 걸려 병원에서 치료를 받아야 보험회사로부터 돈을 받기 때문에 이익이 된다. 만일 암보험에 가입하였으나 평생 암에 걸리지 않는다면 가입자는 큰 손해를 보게 된다. 그렇다고 하여 암보험 가입 시 '나를 암에 걸리라고 권유하느냐?'라며 화를 내지는 않는다. 그리고 암에 걸리지 않았다고 '나 손해 봐서 불행해.'라고 이야기하지 않는다. 보험에 가입하는 이유는 불확실하고 변동성이 큰 미래를 대비하기 위한 수단이기 때문이다.

경영권승계 Plan도 일종의 보험이다. 경영권승계 Plan을 수립한다는 것이 '경영일선에서 퇴진해라. 우리들(子女)은 당신(父)의 재산과 경영권을 빨리 물려받고 싶다.'라는 것을 의미하지 않는다. 인간의 수명은 유한하고 앞으로 무슨 일이 일어날지 모른다. 어떠한 비상사태가 발생하더라도 평생 동안 일궈온 회사와 가족들을 보호하기 위한 보험으로 경영권승계 Plan을 이해하는 것이 바람직하다.

젊은 나이에 보험에 가입하여야 보험료도 저렴하고 암으로 인한 위험도 일찍 제거할 수 있듯이, CEO들도 나이가 들기 이전에 경영권승계 Plan을 마련해 두는 것이 향후 경영권승계에 소요되는 비용과 기업의 불확실성도 조기에 제거할 수 있다.

MD그룹의 왕회장도 처음에는 경영권승계에 대한 논의 자체를 꺼려 하였다. 그러나 경영권승계 Plan이 없는 상황에서 급작스러운 일이 벌어지면 농우바이오와 같은 사태가 발생할 수 있음을 깨닫고 Plan을 수립하게 된 것이다. 경영권승계 Plan은 오랜 기간 동안 많은 사람들의 피와 땀을 통해 성장해 온 생명체인 기업과 후계자를 위한 보험이다. 또한 경영권승계 Plan은 임직원 및 협력업체 등 기업에 관련된 수많은 사람들을 위한 보험이다. 선택사항이 아니라 필수사항이다.

> **경영권승계 Plan**
>
> 경영권승계는 보험이다. 불확실하고 변동성이 큰 미래를 대비하여 오너의 가족들뿐만 아니라 기업 및 기업과 관련된 수많은 사람들을 보호하기 위한 수단이다.

2. 지주회사가 정답인가?

2000년대 중반 이후 지주회사가 바람직한 지배구조이며 대주주에게 유리한 구조라고 인식되었다. 이로 인하여 유행처럼 많은 그룹들이 지주회사로 전환되었다. 과연 지주회사가 정답인가?

(1) IMF 외환위기와 1999년의 상법개정

우리나라의 대기업들은 대부분 1990년대 후반까지 계열사를 통한 사업다각화를 적극적으로 실시하고, 필요한 자금은 주로 제3자를 통한 유상증자나 차입금을 통하여 조달하였다. 그리고 유상증자로 대주주의 지분율이 낮아짐에 따라 계열사 간 순환출자 등으로 경영권을 방어해 왔다. 따라서 2000년대 초반의 상당수 기업들은 대주주의 지분율은 낮고, 계열사 간 지분 구조는 복잡한 모습을 보였다.

계열사 지분이나 지급보증 등이 서로 얽혀 있으면 그룹 내 일부 기업이 재무적 어려움에 처할 경우, 연쇄적으로 관련 계열사에 그 부실이 전염되는 부작용이 발생한다. 해당 기업만 어려움에 빠지는 것이 아니라 자칫 그룹 자체가 무너질 위험이 있다. 이런 이유로 1990년대 후반에 발생된 외환위기로 인하여 한보그룹, 기아그룹 및 진로그룹 등 수많은 그룹들이 부도가 난 것이다.

외환위기를 극복하기 위하여 우리나라는 IMF(International monetary Fund, 국제통화기금)의 권고로 금융시장을 개방해야 했다. 이로 인하여 엄청난 규모의 투기자본들이 우리나라로 유입되었고, 대주주의 지분율이 낮은 기업들은 적대적 인수합병(M&A)에 노출되어 경영권이 불안정해졌다.

IMF 외환위기에 위와 같은 경제적 어려움을 겪은 정부는 1999년 상법 개정 시 다음과 같은 취지로 분할과 지주회사를 허용하게 되었다.

① 투명한 지배구조로 책임경영을 강화할 수 있는 선진 기업구조로 변경

② 대주주가 경영권을 강화할 수 있는 제도적 장치 마련

③ 기업구조조정의 원활화

이와 같은 배경에 따라 분할과 지주회사가 가능해짐에 따라 2000년대에 SK, LG 및 CJ 그룹 등은 '대주주의 지분율 강화'라는 명확한 목표를 가지고 지주회사로 전환한 것이다.

(2) 2010년 이후의 지주회사 전환

2010년 이후에도 인적분할을 통한 지주회사 전환은 지속적으로 이루어졌다. 이 중 일부는 대주주의 지분율 강화라는 목적의식이 뚜렷한 기업도 있었으나, 일부는 지주회사 전환으로 인한 효익도 크지 않으면서 깊은 고민 없이 유행에 따르듯이 지주회사로 전환된 경우도 눈에 띈다. 예를 들어 대주주의 지분율이 상당하여 경영권이 안정적임에도 불구하고 인적분할을 통하여 지주회사로 전환한 기업도 있고, 계열분리가 바람직한데 지주회사로 전환하여 자식 간에 경영권 분쟁이 있는 기업도 있다.

기업의 지배구조는 기업의 특성뿐만 아니라 경제적인 상황 및 법률적인 규제 등에 따라 형성된다. 즉, 기업지배구조는 시대적 상황에 발맞추어 기업의 성장을 도모하기 위한 최적의 형태로 이루어진다. 따라서 어떠한 지배구조 형태가 옳고 그르다고 판단하기보다는 각 지배구조마다 장점과 단점이 있다고 생각하는 것이 적절하다.

상법, 세법 및 공정거래법 등이 개정되면 관련 규정을 무조건 따라가기보다는 관련 규정이 기업에게 미치는 영향을 면밀하게 분석하여야 한다. 그리고 기업의 지배구조를 어떠한 형태로 갈 것인가를 여러 관점에서 고민하는 것이 바람직하다. 왜냐하면 경영

자의 철학, 대주주의 지분율, 사업구조, 계열사의 형태 및 내부거래 정도 등에 따라 각 기업별 최적의 지배구조는 다를 수 있기 때문이다.

> **기업지배구조개선의 방향**
>
> - 먼저 기업과 대주주의 현재 상황을 분석하고, 목표하는 바를 명확하게 정의하자.
> - 그리고 그 목적을 달성할 수 있는 절차(분할, 합병, 지주회사 등 기업구조조정 수단)와 관련 Risk를 고민하자.
> - 현재 시장에서 유행하는 지배구조가 모든 기업에게 적합한 지배구조는 아니다.
> - 분할과 지주회사 전환은 하나의 Option이지 반드시 가야 할 정답은 아님을 명심하자.

3. 지주회사와 경영권승계

앞서 MD그룹은 지배구조개선의 목표를 다음과 같이 설정했다.

① 지주회사 전환을 통하여 지분율을 상승시키자.

② 지분율이 상승하면 일부 지분을 처분하여 상속세도 납부하고, 경영권도 방어할 수 있다.

일반적으로 지주회사라면 공정거래법상의 지주회사를 의미하는데, 자산총액이나 자회사 지분 요건이 규정에 미달하지만 사실상 지주회사 역할을 하는 경우도 많다. 현재 MD그룹의 경우도 공정거래법상 지주회사는 아니지만 사실상 지주회사 체제라고 할 수 있을 것이다.

K회계법인의 송회계사는 지주회사로 전환하여야 한다고 주장하였다. 이 주장은 공정거래법상 지주회사가 되면 혜택이 상당한 것이라는 전제가 있다. 과연 그럴까?

공정거래법상 지주회사의 주요 혜택은 다음과 같다.

① 현물출자 과정을 통해 지주회사로 전환되면 양도세 납부가 이연된다.

② 세법상 일감몰아주기로 인한 혜택이 있다.

③ 과점주주 취득세 납부와 관련된 혜택이 있다.

현물출자 과정에서 발생하는 양도세액은 공정거래법상 지주회사로 전환되면 당장 납부하지 않지만 (즉, 이연되지만) 대부분 거액으로 발생한다. 그러나 지분을 처분하는 등의 사유가 발생하면 추후에 이연된 거액의 세금을 납부해야 한다. 절대 공짜가 아니다. 따라서 공정거래법상 지주회사로 전환할 경우에는 반드시 이연된 세액이 추후 납부될 수 있다는 점을 고려하여, 경영권승계 Plan을 수립하여야 한다.

한편, 지주회사로 전환되면 지주회사의 내부거래에 대해서는 세법상 일감몰아주기로 인한 증여세 산출 시 혜택이 있다. 그러나 지주회사로 전환된 상태에서 산출되는 금액은 혜택이 없을 경우와 비교하면 금액적인 효과가 크지 않다. 그리고 과점주주 취득세는 일시적인 것이며 그 금액적 중요성도 크지 않은 것이 일반적이다.

공정거래법상 지주회사로 전환되면 〈제8장〉에서 설명하고 있는 바와 같이 지주회사 행위제한 요건을 준수하여야 한다. 동 규정은 그룹의 투자 의사결정과 담보 및 지급보증, 계열사 지분 요건에 대한 매우 강력한 규제를 포함하고 있다. 따라서 경영활동에 있어 상당한 제한을 느끼기 마련이다. 이와 같이 공정거래법상 지주회사는 혜택과 제한 요건이 있음을 명심해야 한다.

> **공정거래법상 지주회사의 혜택과 제한 규정**
>
> - 공정거래법상 지주회사는 혜택과 제한 요건이 있다. 따라서 반드시 공정거래법상 지주회사가 모든 회사에게 유리하다고 말하기는 어렵다.
> - 경영권승계 관점에서는 현물출자 시 과세이연된 양도세액이 추후 납부될 가능성까지 고려하여 Tax Plan을 수립하여야 한다.

인적분할을 통한 지주회사 전환의 가장 큰 매력은 현재 낮은 지분(30.0%)을 높은 지분(60.0%)으로 바꿀 수 있다는 점이다. 그러나 그 혜택을 얻기 위하여 대주주는 사업의 핵심 사업부문에 대한 유효지분율 하락을 감수해야만 한다. 현재 30.0%의 지분을 보유하고 있는 왕회장이 지주회사로 전환하면서 홀딩스에 대한 지분율을 60.0%로 상승시키고, 사업부문에 대한 유효지분율을 감소시키는 것이 적절한지는 다음 절에서 살펴보기로 한다.

4. 대주주의 지분 처분(안)에 대한 고찰

본 사례에서는 지주회사 전환을 통하여 상승된 지분을 일부 처분하더라도 경영권을 유지할 수 있음을 목표로 하고 있다. 그러나 농우바이오와 세아그룹의 사례에서 보듯이 대주주의 지분 처분은 오버행으로 인한 주가 하락을 불러온다. 주가 하락에 따라 처분하여야 할 물량이 예상보다 대폭 늘어난다면, 적대적 M&A 방어를 위한 대책을 별도로 마련해야 할 수도 있다.

MD그룹의 경우 상속세를 모두 주식 처분으로 마련하면 子女들은 승계받은 주식 중 약 過반 이상을 외부에 처분해야 한다. 그리고 주식을 처분하는 과정에서 주가가 하락한다면 처분해야 할 물량은 늘어난다. 상황에 따라서 子女들이 처분한 주식을 특정 개인이나 기업이 의도적으로 매집한다면 적대적 M&A에 맞닥뜨릴 수도 있다. 이는 애초에 의도하였던 바와 전혀 다른 결과가 나올 수도 있다는 의미이다.

장기적인 자금력을 가지고 있으며 신뢰할 수 있는 백기사를 전제하지 않는다면, 경영권승계를 위하여 증여 또는 상속받은 주식을 처분한다는 Plan 자체가 얼마큼 현실적인 것인지는 의문이다. 대주주의 지분 처분은 다른 대안이 전혀 없다는 극단적인 전제 하에서만 가능한 것이며, 경영권을 상실할 수도 있다는 위험을 부담하면서 결정할 수 있는 방안이기 때문이다.

앞서 지주회사로 전환하는 과정에서 이연된 세액은 해당 주식을 처분하는 경우에 납부해야 한다. 그리고 왕회장이 MD홀딩스 주식을 子女에게 증여할 경우에도 세무상 Risk가 존재한다. 따라서 지분을 처분하여 승계자금을 마련할 계획이라면, 반드시 오버행으로 인한 주가 하락과 현물출자 관련 이연세액을 면밀하게 검토해야 한다.

> **재원으로서의 대주주의 보유지분 및 양도세액 이연**
>
> - 대주주의 지분 처분을 통한 승계 자금 마련은 마지막에 꺼낼 수 있는 카드이지, 경영권 승계 Plan 시부터 생각해야 하는 대안이 아니다.
> - 현물출자를 통하여 지주회사로 전환되면 이연되지만 거액의 양도세액이 발생한다. 경영권승계 관점에서는 과세이연된 양도세액까지 고려하여 Tax Plan을 수립하여야 한다.

5. 경영권승계

경영권승계 방식은 크게 공동경영 방식과 독립경영 방식으로 나누어 생각할 수 있다. 공동경영은 子女 등이 한 기업의 지분을 나누어 보유하면서 경영하는 것이고, 독립경영은 子女가 서로 회사를 나누어 (계열분리하여) 경영하는 방식이다.

MD그룹의 경우 치킨 및 피자 사업부문 등을 영위하고 있다. 이 상황에서 MD사를 지주회사로 전환하면 子女는 지주회사 지분을 나누어 승계하게 되므로 공동경영 방식을 채택하게 되는 셈이다. 子女가 서로 협력하여 MD그룹을 발전시켜 나가기를 왕회장은 소망하지만, 서로 경영방식과 지향하는 목표가 다르다면 추후 분쟁의 소지가 많다.

왕회장이 건강하고 직접 현업을 관장할 때에는 (또는 지분을 증여 또는 상속하기 전에는) 자기 목소리를 내기 어려우므로 이러한 이슈가 크게 불거지지 않겠지만 말이다.

경영권승계 방식을 먼저 결정하라.

경영권승계는 영위하는 사업의 성격과 후계자의 성향에 따라 공동경영과 독립경영 방식 중 어떠한 방식이 적절한지를 먼저 결정하여야 한다. 승계 방식에 부합하는 지배구조를 검토하는 것이 적절하다.

〈제2절〉을 통하여 MD그룹이 지주회사로 전환되는 과정을 설명하였다. 그리고 〈제3절〉에서는 MD그룹의 지배구조 개편 방향은 여러 가지 관점에서 문제점이 내포하고 있음을 지적하였다. 본 절에서는 MD그룹이 어떠한 방향으로 경영권승계 Plan을 수립하고 지배구조를 개편한 것이 보다 목적 적합하였을 것인가에 대해 살펴본다. 본 절의 대안들은 모든 기업에게 일률적으로 적용될 수 있는 공식이 아니라 가상의 MD그룹의 상황에 맞춘 전략임에 유의하길 바라며, 개별 기업에 특성을 고려한 전략 수립은 관련 전문가의 자문을 권고하는 바이다.

1. 자기주식의 활용

경영권이란 기업경영에 필요한 시설의 관리운영 및 인사 등에 관하여 가지는 권리로서, 근로자가 관여할 수 없는 배타적인 권리로 정의된다. 경영권은 기업의사결정과 관련된 권한이므로 결국 전체 유통 주식수 중에서 얼마만큼 주식을 보유하고 있는지에 따라 좌우된다.

한편, 회사가 보유하고 있는 주식(자기주식)은 의결권이 주어지지 않으므로 실제 의사결정에 영향을 미치는 유효지분율은 자기주식을 제외하고 산정된다. 이를 식으로 표현하면 다음과 같다.

> **유효지분율**
>
> • 유효지분율 = 현재 보유주식수 ÷ (전체 주식수 − 자기주식수)
> • 유효지분율 = 절대 지분율 ÷ (1 − 자기주식 지분율)

현재 MD그룹의 왕회장 및 특수관계자의 절대지분율은 30.0%이나 유효지분율은 30.3%[= 30.0% ÷ (1 − 1.0%)]로 계산된다. 일반적으로 상장기업의 경우 유효지분율이 30% 이상이라면 경영권은 안정된 것으로 평가된다.

왕회장과 특수관계자의 지분율을 올릴 수 있는 방법을 생각해 보자. 먼저 왕회장이 직접 시장에서 주식을 매입하면 지분율이 올라갈 것이다. 그런데 왕회장과 특수관계자의 자금사정으로 주식을 추가로 취득하기 어렵다면, MD사가 자기주식을 취득하는 방안을 생각해 볼 수 있다.

일시적인 수급불균형으로 인하여 주가가 하락할 때 MD사가 주가 안정화 정책으로 15,000주의 자기주식을 취득하거나, 주주에 대한 배당정책으로 자기주식을 15,000주를 취득하였다고 가정해 보자. 이 경우 MD사의 주주 현황은 다음과 같다.

주주	현재 상태		자기주식 취득 후	
	지분율(%)	주식수	지분율(%)	주식수
회장(父)	24.0	24,000	24.0	24,000
女	3.5	3,500	3.5	3,500
子	2.5	2,500	2.5	2,500
자기주식	1.0	1,000	16.0	16,000
기타	69.0	69,000	54.0	54,000
합계	100.0	100,000	100.0	100,000

MD사가 자기주식을 취득하더라도 왕회장 등 특수관계자의 보유주식수는 증가하지 않지만 유효지분율은 증가하게 된다.

- 왕회장 등의 유효지분율 = 30.0% ÷ (1 − 16.0%) = 34.7%

만일 MD사가 승계 Plan을 조기에 수립하여 15,000주의 자기주식을 취득한 이후 인적분할을 실시하였다면 그 결과는 다음과 같다.

| 자기주식 취득 후 인적분할 |

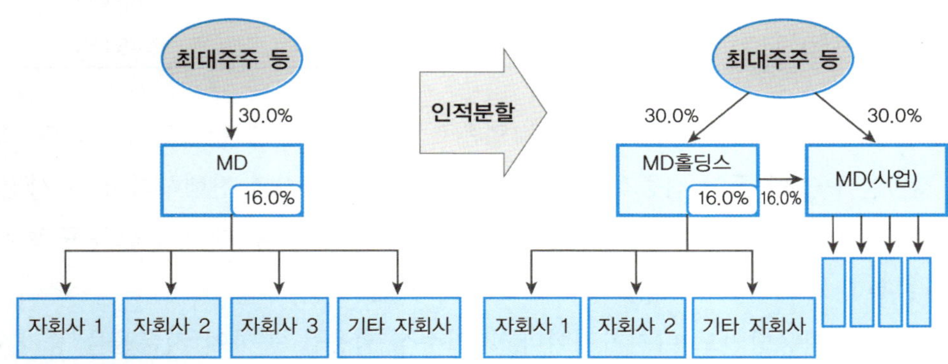

　상기 그림에서 보듯이 자기주식을 취득한 후 인적분할을 하면, MD홀딩스는 보유하고 있는 자기주식에 배부되는 MD사(사업)의 주식을 16.0%만큼 획득하게 된다.

| 현물출자 |

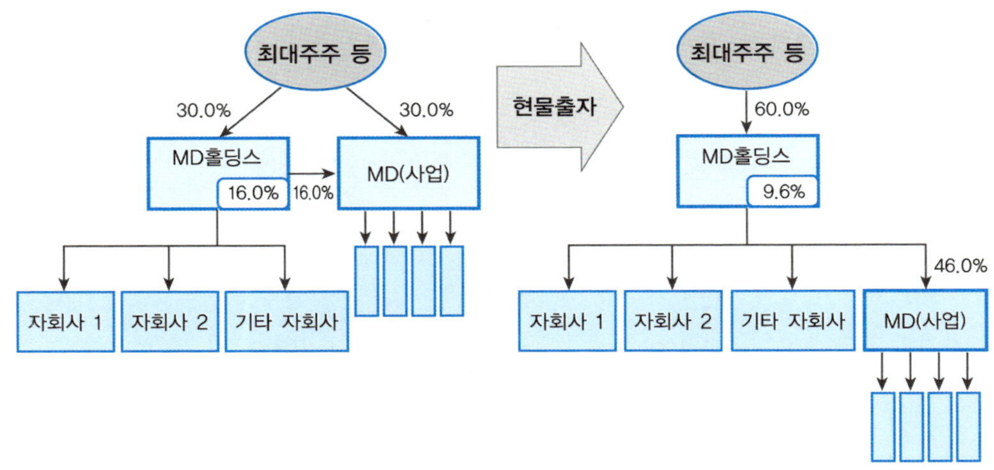

　인적분할 후 현물출자를 실시하면 MD홀딩스는 MD사(사업)에 대한 지분율을 46.0% 보유하게 되고, 특수관계자의 유효지분율은 60.4%[= 60.0% ÷ (1 − 0.6%)]에서 66.4% [= 60.0% ÷ (1 − 9.6%)]로 증가하게 된다.

　15,000주의 자기주식을 추가로 취득하기 전과 후의 지분율을 비교하면 다음과 같다.

	자기주식 추가 취득 전	자기주식 추가 취득 후
자기주식 지분율	1.0%	16.0%
특수관계자의 MD홀딩스 유효지분율	60.4%	66.4%
MD사(사업)에 대한 지분율	31.0%	46.0%

　경영권승계 Plan이나 지배구조개선 작업은 1~2년의 기간에 완료되지 않는다. 실제 실행 절차는 1~2년 동안 집중적으로 실시되더라도, 그 절차를 진행하기 위한 사전 검토 및 준비 작업을 감안하면 최소 5년 이상의 기간이 소요된다. 게다가 절차 종료 후에도 여러 후속 조치가 이루어질 시간도 고려해야 한다.

　자기주식의 활용방안도 마찬가지이다. 자기주식 활용을 통하여 지분율을 증가시키려면 자금을 준비할 시간이 필요하고, 주가 추이를 꼼꼼히 살펴보고 취득할 시간이 필

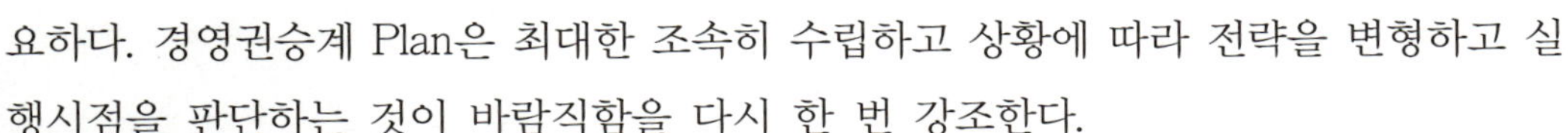

요하다. 경영권승계 Plan은 최대한 조속히 수립하고 상황에 따라 전략을 변형하고 실행시점을 판단하는 것이 바람직함을 다시 한 번 강조한다.

> **지주회사 전환 전 자기주식의 활용**
>
> • 대주주 : 지주회사에 대한 유효지분율 증가
> • 지주회사 : 분할 신설회사(사업자회사)에 대한 지분율 증가

2. 물적분할

(1) 사업과 자금에 대한 고려

MD그룹의 경우 특수관계자의 유효지분율은 30%를 초과한다. 따라서 현재 경영권에는 큰 이슈가 없다고 볼 수 있다. 오히려 자금적인 측면에 이슈가 있다고 생각할 수 있다. 왜냐하면 피자 사업부문에 대한 투자를 위해서는 향후 2,000억원의 투자가 예상되어 있기 때문이다. 즉, MD그룹의 경우에는 경영권 안정화 조치보다는 향후 예상되는 투자자금을 마련하는 것이 보다 급선무다.

MD그룹이 투자자금을 마련하는 방법은 여러 가지가 있겠으나 가장 떠올릴 수 있는 방안은 차입금 등으로 자금을 조달하는 방법과 유상증자로 자금을 조달하는 방법이다. 차입금이나 사채로 자금을 조달하면 부채비율은 상승하고 신용도는 나빠져 이자비용이 상승되는 단점이 있다. 유상증자의 경우 왕회장이 여유자금을 보유하고 있다면 좋겠지만, 그렇지 않다면 유상증자를 위하여 왕회장은 주식담보대출 등을 통하여 자금을 마련해야 하는 부담이 있다.

부채비율의 악화를 가져오지 않고 왕회장의 부담 없이 자금을 조달하는 방법으로는 MD사의 물적분할 후 상장 전략이 있다. 예를 들어 MD사가 현재 영위하는 사업부문을 물적분할하여 신설하고 일정 기간 후 상장하면 신규 자금이 유입된다.

다만, 분할할 사업부문의 결정은 사업간 Synergy 효과, 분할 관련 Tax 효과, 자금유입 효과 및 향후 계열분리 가능성 등에 대한 종합적인 고려가 필요하다.

(2) 예 시

MD사의 사업부문별 향후 예상되는 경영실적은 다음과 같이 추정된다. 그리고 치킨 업종과 피자업종의 PER(Price earnings Ratio, 주가수익비율)가 각각 12 및 15라고 가정해 보자.

(단위 : 억원)

	매출		영업이익	
	치킨	피자	치킨	피자
2025년	1,350	1,400	182	120
2026년	1,300	1,550	180	150
2027년	1,330	1,700	185	170
2028년	1,370	1,900	190	195

MD사가 성장추세인 피자 사업부문만 분할하여 2029년 초에 상장한다고 가정해 보자. 2022년 영업이익을 기초로 주가를 산정하면 분할신설법인의 가치는 2,925억원(= 195억원 × 15)로 추정된다. 그리고 MD그룹이 상장 시 지분의 30%를 공모로 조달한다고 가정하면 878억원(= 2,925억원 × 30%)의 신규자금이 유입된다.

앞서 피자 사업부문에 대한 2025년~2026년 투자액 중 영업활동으로 유입되는 자금을 초과하는 금액이 650억원(= 380억원 + 270억원)으로 추정되었다. 따라서 MD그룹은 상장을 통하여 필요로 하는 자금을 무리 없이 모두 조달할 수 있게 된다.

MD그룹의 물적분할 및 IPO 이후의 지배구조는 다음과 같다.

| 물적분할 및 IPO |

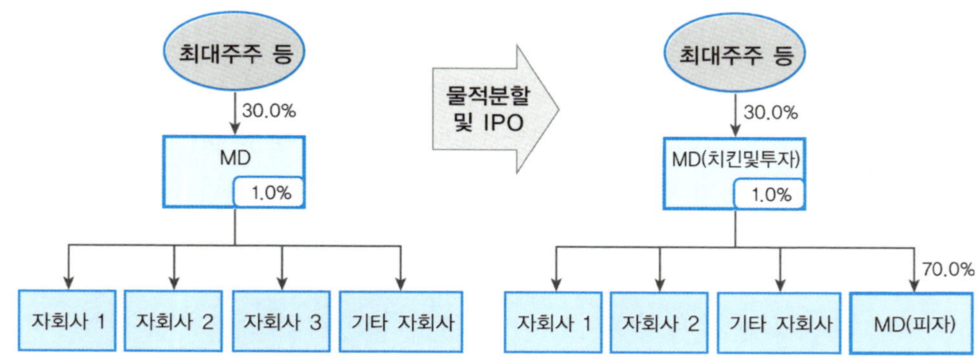

참고로 향후 필요한 자금의 규모가 매우 클 경우에는 치킨 사업부문과 피자 사업부문 모두를 분할한 사업자회사가 보다 적합한 형태가 될 것이다. 그러나 본 사례에서는 경영권승계 시 예상되는 납부세액의 최소화 관점을 고려하여 피자 사업부문만 분할하는 것으로 제시하였는데, 그 이유는 다음 절에서 설명한다.

3. 경영권승계와 상속증여세

경영권승계 시 현실적으로 가장 큰 난관은 상속증여세 마련이다. 따라서 경영권승계 Plan을 수립할 때에는 반드시 다음 사항에 유의해야 한다.

> **경영권승계와 관련 세액**
>
> - 현재 승계 시 납부하여야 하는 세액 추정
> - 지배구조개선이 세액에 미치는 영향 분석
> - 법과 규정의 범위 내에서 납부세액을 최소화할 수 있는 방안 개발
> - 예상되는 세액의 재원 마련(안)
> - 사전 증여(안)

지주회사는 가업상속공제 대상에 해당하지 않는 업종이나, 치킨업종은 가업상속공제 대상 업종에 해당한다. 그리고 창업주인 왕회장이 30년 이상 대표이사로 근무하였으므로 상속세 납부 시 과세표준에서 600억원을 공제받을 수 있다.

분할 시 존속법인이 어떠한 사업을 영위할 것인가를 결정할 때에는 가업상속공제 제도를 고려하여야 하는데, MD사의 경우에는 피자 사업부문보다는 치킨 사업부문이 적절하다. 그 이유는 가업상속공제 제도의 혜택을 받기 위해서는 매출액 평균이 5,000억원에 미달해야 하는 조건이 있기 때문이다. 따라서 존속법인은 상속 시점에도 매출액이 규정된 금액에 미달할 것으로 예상되는 (매출 증가 추세가 완만한) 치킨 사업부문을 영위하는 것이 바람직하다.

가업상속공제는 명문장수기업 등의 제도를 수용할 여지가 있으며, 금액 및 요건에 대한 여러 가지 논의가 꾸준하게 진행되고 있다. 따라서 가업상속공제는 경영권승계 Plan 마련 시 반드시 고려되어야 한다.

현재 MD그룹의 지배구조(인적분할을 통한 지주회사)와 물적분할 형태의 지배구조를 비교해 보자.

| 지배구조의 비교 |

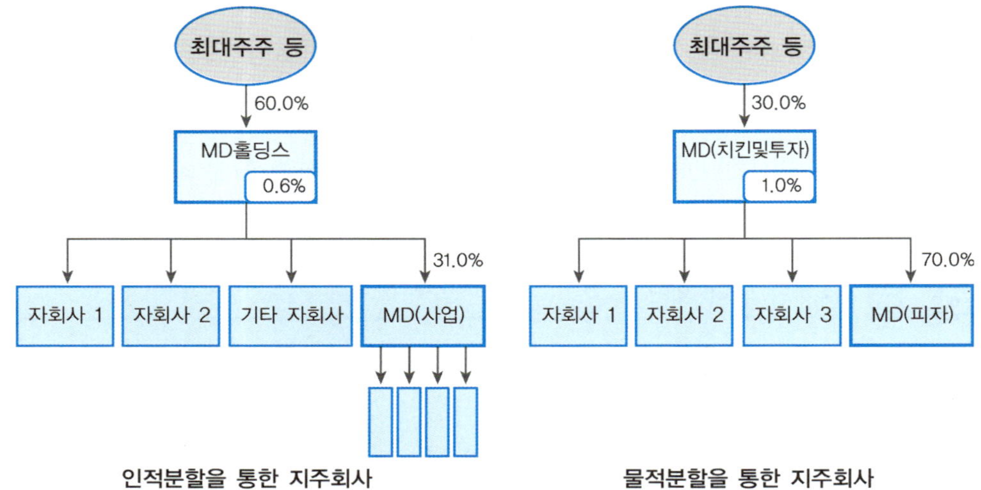

인적분할을 통하여 지주회사 형태로 전환한 후 경영권을 승계하였을 경우 예상되는 상속증여세는 다음과 같다.

- 추정 상속증여세 = 주식의 공정가치 × 지분율 × (1 + 할증률) × 세율
  = MD홀딩스 시가 총액 × 48%(왕회장 지분율) × 120% × 세율

반면, 물적분할 후 경영권을 승계하였을 경우 예상되는 상속증여세는 다음과 같다.

- 추정 상속증여세 = 〔주식의 공정가치 × 지분율 × (1 + 할증률) − 가업상속공제〕 × 세율
  = 〔MD홀딩스 시가 총액 × 24% × 120% − 600억원〕 × 세율

🔵 주식의 공정가치

현재 주식시장에서 순수지주회사의 주가 추세를 살펴보자. 대부분의 순수지주회사는 사업을 영위하는 회사보다 주가가 낮은 경향이 있다. 따라서 인적분할을 통해 형성된 MD홀딩스 주가는, 물적분할을 통해 형성된 MD(치킨 및 투자)의 주가보다 낮을 가능성이 높다. 그러므로 주식의 공정가치가 낮아야 과세표준이 낮다는 측면에서는 순수

지주회사 형태가 보다 유리할 가능성이 있다.

최대주주 할증률

2019년 세법개정을 통해 최대주주 등 특수관계자에 대한 할증률은 20%로 단일화되었다.[9] 그러나 그 이전에는 유효지분율이 50% 이상이면 30%의 할증률이 적용되고, 30%~50%이면 20%의 할증률이 적용되었다.

종전 규정에 따른다면 인적분할을 통하여 지주회사로 전환될 경우, 특수관계자의 유효지분율은 60.4%이므로 30%의 할증률이 적용된다. 그러나 물적분할을 통하여 지주회사로 전환되면 유효지분율이 50%에 미달하므로 20%의 할증률이 적용된다.

세법 개정에 따라 할증률의 차이는 없어졌으나 향후 관련 세법이 개정된다면 반드시 고려해야 할 사항이다.

가업상속공제

세법상 순수지주회사는 가업상속공제의 혜택을 누릴 수 없다. 따라서 후계자가 승계할 회사는 물적분할을 통한 MD(치킨 및 투자) 형태가 유리하다.

과세이연된 양도세액 Risk

인적분할을 통하여 지주회사로 전환되는 과정에서 최대주주의 현물출자 절차는 필수적이다. 왕회장의 현물출자는 세법 관점에서, MD사(사업) 주식을 처분하고 MD홀딩스 주식을 취득하는 과정으로 해석할 수 있다. 따라서 주식 처분 과정에서 거액의 양도세가 발생하는데, MD홀딩스가 공정거래법상 지주회사라면 과세시기가 이연된다. 그러나 왕회장이 MD홀딩스 주식을 처분하거나 증여하는 시점에는, 이연된 세액을 납부해야 하는 세무상 Risk가 있다.

지금까지 지배구조 형태가 승계 과정에서 발생하게 될 세액에 미치는 영향을 간단하게 살펴보았다. **지배구조개선 형태는 승계 시 납부하여야 할 세액에 매우 큰 영향을 미친다. 따라서 지배구조개선과 경영권승계 Plan은 반드시 동시에 고려하여 Master Plan을 수립하여야 함을 다시 한 번 강조한다.**

앞서 대주주의 지분 처분은 마지막으로 검토하여야 할 대안이며, 시장에 주식을 처

---

9) 상증세법 제63조 제3항 개정. 한편 중소기업의 경우 할증률 적용이 배제된다.

분하기 시작하면 주가가 떨어져서 처분하여야 할 주식 물량은 늘어나서 경영권승계에 유리하지 않다고 하였다. 따라서 자녀들의 승계자금 마련은 별도의 대안을 통해서 수립하는 것이 바람직하다. 재원마련 대안은 오너가 승계 대상 주식 이외에 개별적으로 보유하고 있는 재산(별도 사업, 부동산이나 투자자산 등) 특성에 다양하게 디자인될 수 있으므로 본 절에서는 설명을 생략하고자 한다.

다만 **향후 가치가 상승할 것으로 예상되는 자산(개별자산 또는 주식 등)은 가능한 적극적으로 사전에 증여**하는 것이 바람직함을 강조한다. 실제 경영권을 승계하는 시점에 사전증여를 통해 획득한 자산의 가치가 상승하였다면, 해당 자산을 활용(처분이나 합병 등의 자본거래 실시)하여 재원을 마련할 수 있기 때문이다.

4. 사업에 대한 유효지분율

본 절에서는 사업에 대한 유효지분율 효과를 집중적으로 분석하기 위하여, 물적분할 후 상장으로 인한 지분율 희석효과는 배제하고 배당금 수령액을 비교하고자 한다.

| 지배구조의 비교 |

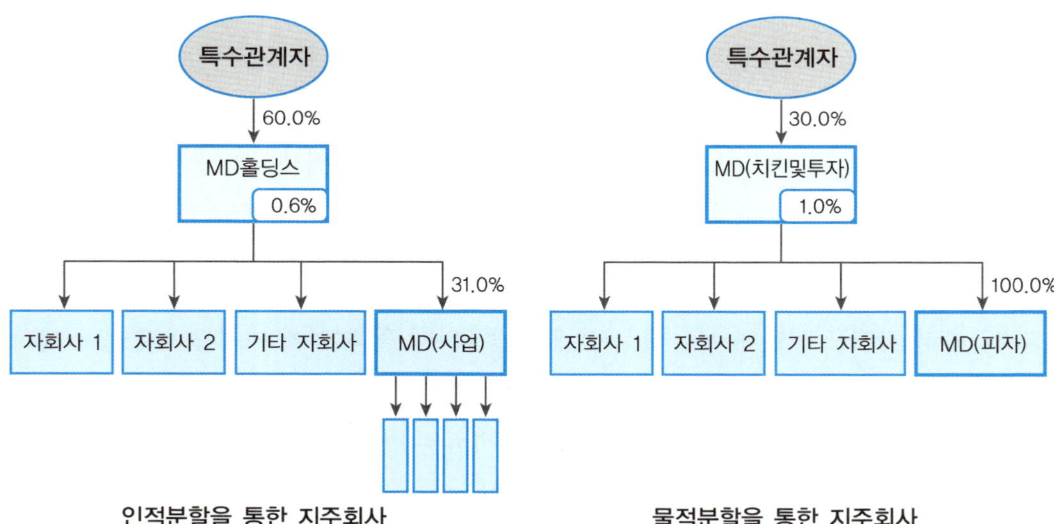

매년 치킨 사업부문 및 피자 사업부문에서 다음의 배당이 이루어진다고 가정해보자.

- 인적분할을 통한 지주회사 : MD사(사업)가 100원 배당
- 물적분할을 통한 지주회사 : MD(피자)에서 50원 배당, MD(치킨 및 투자)에서 50원 배당

위와 같이 가정할 경우 왕회장 등 특수관계자가 수령할 수 있는 배당금은 다음과 같다.

인적분할을 통한 지주회사	물적분할을 통한 지주회사
• MD사(사업)의 배당 = 100원 • MD홀딩스의 배당 재원 = 100원 × 31.0% = 31원 • 특수관계자 수령액 = 31원 × 60% = 18.6원	• MD(피자)의 배당 = 50원 • MD(치킨 및 투자)의 배당 재원 = 50원(수령액) + 50원(치킨부문 창출) = 100원 • 특수관계자 수령액 = 100원 × 30.0% = 30원

- 인적분할으로 설립된 지주회사 : 사업을 통하여 현금을 창출할 수 있는 MD사(사업)가 100원을 배당하면, MD홀딩스는 지분율에 상응하는 31원을 받게 된다. MD홀딩스가 31원을 배당하게 되면 60.0%의 지분을 보유하는 왕회장 등 특수관계자는 최종적으로 18.6원을 수령하게 된다.
- 물적분할으로 설립된 지주회사 : 사업을 영위하고 있는 회사는 MD(치킨 및 투자)와 MD(피자)가 있다. 먼저 MD(피자)가 50원을 배당하면, MD(치킨 및 투자)는 지분율에 상응하는 50원을 받게 된다. 그리고 MD(치킨 및 투자)는 MD(피자)로부터 받은 50원과 치킨사업에서 창출한 50원을 가산하여 100원의 배당 여력이 발생한다. 따라서, 왕회장 등 특수관계자는 이 중 30.0%에 해당하는 30원을 획득하게 된다.

상기 표에서 보듯이 배당금을 축적하여 승계자금을 마련한다고 해도 특수관계자에게 유입되는 배당금은 인적분할을 통한 지주회사보다는 물적분할을 통한 지주회사 Model이 훨씬 유리하다. 이러한 결과가 나오는 이유는 실제 현금을 창출할 수 있는 사업에 대한 특수관계자의 지분율이 다르기 때문이다.

인적분할을 통한 지주회사	개선 Model
• 사업에 대한 특수관계자의 유효지분율 = 31.0% × 60.0% = 18.6%	• MD(피자)에 대한 특수관계자의 유효지분율 = 100.0% × 30.0% = 30% • MD(치킨)에 대한 특수관계자의 유효지분율 = 30%

상기 분석을 통하여 왕회장의 (실제 가치가 있는) 사업부문에 대한 지분율은 분할형태에 따라서 달라진다는 사실을 알 수 있다. 그 이유는 무엇인가? 현물출자 과정을 생각해 보자. 현물출자 과정에서 왕회장 등 특수관계자는 실제 현금을 창출할 수 있는 회사인 MD사(사업) 주식을 MD홀딩스에게 이전하고 그 대가로 MD홀딩스 주식을 취득하여 지분율을 상승시켰다.

이 과정은 일명 마법의 순간이라고 불리는 지분율 뻥튀기 과정인데, 공짜처럼 보이지만 사실상 가치가 있는 사업회사에 대한 유효지분율을 감소시키는 희생을 치르고 있는 것이다. 지배구조가 변경되면 최대주주의 부(富)는 큰 영향을 받는다. 따라서 지배구조에 따른 최대주주의 지분액 변동을 사전에 검토하여야 하는데, 관련 내용은 〈제1장〉의 〈제4절〉을 참고하기 바란다.

더구나 본 사례에서 MD그룹의 경우 지주회사 전환을 통한 경영권 안정화 효과는 부분적이다. 종전에는 실제 현금흐름을 창출하는 MD사에 대한 지분율이 30.0%이었으나, 현재는 사업자회사인 MD사(사업)에 대한 지분율이 31.0%에 불과하기 때문이다. 따라서 본 사례에서는 적대적 인수합병(M&A)을 시도한다면 MD홀딩스가 아닌 MD사(사업)에 대하여 이루어질 것이므로 경영권 방어는 그다지 효과적이지 않을 수도 있다.[10]

> **지주회사를 통한 지분율 확대 전략의 허(虛)**
>
> - 특수관계자의 사업에 대한 유효지분율은 감소한다.
> - 지주회사에 대한 지분율은 강화되지만 사업에 대한 지분율은 변동되지 않는다.
> - 따라서 자기주식 전략 등을 통한 보완책이 전제되지 않으면 핵심사업에 대한 적대적 M&A 리스크는 감소하지 않는다.

---

10) 본 분석은 분할 전 MD사가 영위하는 사업에 대한 유효지분율만을 고려하였다. 그러나 인적분할의 경우 자회사 1~3에 대한 지분율이 30%에서 60%로 올라간 상태이다. 따라서 나머지 자회사에서 실시하는 배당을 고려하면 (즉, 자회사 1~3의 기업가치가 크다면) 상기 분석 결과는 달라질 수 있다.

다만, 나머지 자회사가 충분한 배당을 할 수 있을 만큼 수익성이 있었더라면 현물출자 시 주식교환비율은 달라졌을 수 있다. 즉, 현재 사례에서는 사업회사 주식 1주가 2.5주의 지주회사 주식으로 교환됨을 전제하였으나, 자회사 1~3이 수익성이 좋다면 주식 교환비율이 더 떨어졌을 것이다. 따라서 사업회사의 가치 및 나머지 자회사의 가치까지 종합적으로 고려하여 어떠한 형태가 유리할지 분석할 필요가 있다.

5. 경영권승계 방식

경영권승계 방식은 공동경영 방식과 독립경영 방식으로 구분할 수 있다. 인적분할을 통한 지주회사는 공동경영 방식을 전제한 것이다. 따라서 아들과 딸의 경영방식이나 지향하는 철학에 차이가 있어서 추후에 계열분리를 실시하려면 상당한 비용이 뒤따르게 된다.

만일 아들과 딸의 경영방식과 사업부문 간의 Synergy를 고려할 때 계열분리가 적합하다면 지주회사 전환이 아니라 다음과 같은 대안이 적절할 수 있다.

① 피자 사업부문과 치킨 사업부문의 인적분할

② 피자 사업부문의 물적분할 이후 인적분할 고려

(1) 인적분할을 통한 계열분리

먼저 인적분할을 통한 계열분리는 다음과 같다.

구　분	승계할 사업 내용	후계자
치킨부문(존속회사)	치킨 및 관련 자회사 주식	女
피자부문(신설회사)	피자 및 관련 자회사 주식	男

피자사업과 치킨사업을 인적분할하면 왕회장과 子女들은 양 회사의 지분을 동일하게 보유하게 된다. 인적분할 이후 女와 子가 상호 간에 상대방 회사의 지분을 스왑하면, 女는 치킨회사 지분만 보유하고 子는 피자회사 지분만 보유하게 된다. 따라서 왕회장은 치킨회사 주식은 女에게 증여하고, 피자회사 주식은 男에게 증여하여 경영권승계를 마무리할 수 있다.

| 계열분리 |

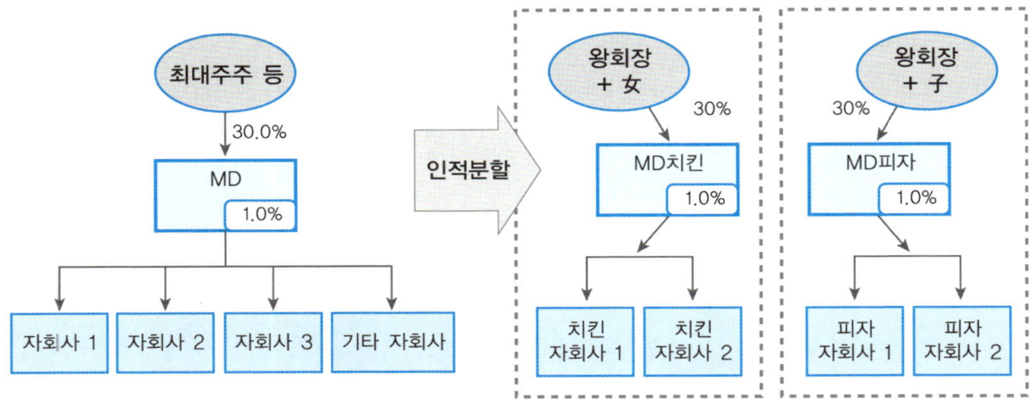

(2) 물적분할 후 인적분할

한편 공동경영 방식과 독립경영 방식 중 어떠한 방식이 적절한지 확신은 갖지 못하였으나, 공동경영 방식을 결정했다고 가정해 보자. 그리고 공동경영 방식을 결정하였더라도 계열분리에 대한 여지는 남겨 두기를 바라는 경우 다음의 절차를 생각해 볼 수 있다.

① 1단계 : 피자 사업부문을 물적분할 후 공동 경영

② 2단계 : 계열분리가 필요하면 인적분할을 통하여 피자 부문과 치킨 부문으로 계열 분리

상기와 같은 절차를 생각할 때에는 (인적분할 시점에) 어떻게 적격분할 요건을 만족시키며 계열분리를 할 것인가를 미리 생각하고, 물적분할을 실시하여야 함에 유의해야 한다. 즉, 1단계 업무 과정 중 2단계까지 미리 추정하여 시나리오를 분석한 후, 1단계(물적분할)에 대한 작업을 실시해야 한다.

| 물적분할 후 계열분리 |

6. 지배구조개선에 대한 명분

경영권승계 Plan이나 지배구조개선 작업을 무리 없이 진행하기 위해서는 대내외적인 명분이 필요하다. 지배구조개선 절차는 회사의 가치를 상승시키거나 사업 Portfolio를 재구성하기 위한 목적 등이 동반되어야 한다. 단순히 승계나 재무적 목적으로 진행되는 기업지배구조개선에 대해서는 여론 등의 비판적 시각이 있기 때문이다.

지배구조개선 절차 과정에서 주주총회 등을 원활하게 진행하고, 거래소 및 여론 등 이해관계자로부터 우호적인 시각을 얻기 위해서는 IR 등을 적극적으로 실시해야 한다. IR 등을 통해 외부 경제 상황과 기업의 상황을 고려하면 기업지배구조 개편이 필수적임을 제시할 필요가 있다.

명분 개발은 지배구조 개편에 대한 예비적 검토 시점부터 수반되는 것이 바람직하다. 그리고 실제 절차를 실행하는 과정에서도 경제적 상황이나 여론 동향을 지속적으로 Monitoring하고 적절하게 대응해야 한다.

관련된 신문기사를 잠시 살펴보자.

지주회사에 대한 비판적 여론

현재 국내 대기업 상당수가 2~3세로의 경영권승계에 골치를 앓고 있다. 복잡한 순환출자 형태이거나, 2~3세들이 주력 계열사 지분을 아주 조금밖에 갖고 있지 못한 곳일수록 경영 권승계에 많은 자금과 시간이 필요하다. 적게는 수백억원에서 많게는 수조원 이상, 또 수년 에서 십 년 이상 걸릴 수 있는 비용과 시간을 감당해 낼 수 있는 재벌 2~3세들이 현실적으로 거의 없다. 때문에 이 같은 기업들 상당수가 복잡하게 얽힌 계열사 간 출자 구조를 수직 화 또는 단순화시키는 '지주사 구조'로의 전환에 골몰하고 있다. 지배구조의 정점 혹은 몇 몇 핵심 중간 지배기업 지분만 다수 확보해도 그룹사(기업집단) 전체를 간단히 지배할 수 있기 때문이다. 최근 몇몇 재벌 2~3세, 혹은 그 친인척들이 지주사(지주사 역할을 할 수 있는 계열사)의 지분 확보에 나설 가능성을 높이고 있는 이유다. (2014.11.14. 주간조선)

2001년 이후 2016년 9월 30일까지 인적분할을 통해 지주사 체제로 전환한 상장사 54곳 을 전수 조사한 결과, 대주주(최대주주와 특수관계인)의 지주사 지분율은 평균 22.6% 포 인트 증가한 것으로 집계됐다. 대주주들은 아무런 비용 부담 없이 지배력을 대폭 강화한 셈이다.

또 지주사뿐만 아니라 사업회사(자회사)에 대한 대주주 지분율도 평균 31.7%에서 48.8% 로 크게 증가한 것으로 분석됐다. 유진수 교수는 "그만큼 소액주주 등 기타 주주의 권리가 침해된 것이라고 볼 수 있다."고 짚었다.

이 문제를 해소하기 위해 20대 국회에선 박용진 의원(더불어민주당)이 인적분할 때 자사 주에 신주 배정을 금지하는 상법 개정안 등을 제출했다. 박 의원은 "재벌에 이어 중견기업 대주주들도 자기 돈 안 들이고 지배력을 확대하려고 지주회사 전환을 추진하고 있다. 2월 임시국회에서 개정안 통과가 시급하다."고 말했다. (2017.2.8. 한겨레)

명분 개발

- 지배구조개선과 경영권승계 Plan이 단순히 대주주를 위한 것이 아니라, 변화하는 환경 하에서 보다 경쟁력을 갖추기 위한 과정이라는 것을 IR할 필요성이 있다.
- 지배구조개선은 기업을 둘러싼 많은 이해관계자들에게 주목받는 사항이므로 Consensus 를 갖기 위한 노력을 기울여야 한다.

Summary!

지금까지 가상의 MD그룹을 통하여 기업지배구조개선과 경영권승계 사례를 살펴보았다. MD그룹의 지배구조개선 절차는 빈번하게 볼 수 있는 실제 사례를 변형한 것인데, 다음의 오류를 보여주고 있다.

경영권승계 및 지배구조개선 시 빈번하게 발견되는 오류

- 경영권승계 Plan은 나이가 많을 때 수립한다.
- 지주회사 전환이 정답이다.
- 경영권승계 Plan과 지배구조개선(안)이 동시에 고려되고 있지 않다.

MD그룹의 사례를 통하여 다음을 살펴보았다.

경영권승계 및 지배구조개선

- 경영권승계 Plan은 보험이다. 젊었을 때 설계해야 향후 적은 비용으로 보다 큰 효익을 기대할 수 있다.
- 모든 회사에 적용될 수 있는 절대적인 지배구조나 경영승계 Plan은 없다. 공정거래법상 지주회사는 하나의 Option에 불과하다.
- 지배구조개선과 경영권승계를 동시에 고려하여 Plan을 수립하라. 그리고 수립된 Plan은 충분한 시간을 가지고 여러 관점에서 장·단점을 파악한 후, 적절한 시기에 충분한 명분을 확보한 후 실행하라.
  ① 경영권승계 시 공동경영 방식 또는 독립경영 방식 중 어떠한 방식을 선택할 것인가?
  ② 지배구조 변경이 향후 예상되는 상속증여세에 미치는 영향은 어떠한가?
  ③ 회사의 자금 현황은 어떠한가?
  ④ 대내외적인 명분을 확보하라.

보론 종전 경영권승계 사례

경영권승계 과정은 막대한 세 부담을 수반하게 되는데, 재산 규모에 따라 최고 50%의 상속증여세가 부과된다. 이러한 과세부담을 회피하기 위하여 다양한 경영권승계 방안이 고안되고 활용되었다. 그러나 2000년대 초반 이후 포괄 증여의 개념 하에 편법적인 방안을 미연에 방지하기 위하여, 과세당국은 거래의 유형이나 행위를 명시하고 과세를 강화하기 시작하였다.

본 절에서는 경영권승계와 관련하여 종전에 빈번하게 활용되었고 지금도 많이 언급되는 방안들이나, 세무 Risk가 있는 유형들을 소개하고자 한다.

1. 주식의 증여 후 상장(IPO)

비상장인 회사가 상장되면 기업가치는 크게 상승하는 경우가 많다. 따라서 상장 이후에 주식을 증여하기보다는 상장 이전에 경영권을 승계하는 것이 유리한 경우가 일반적이다. 본 절에서는 주식의 증여 후 상장 전략을 진행함에 있어 유의사항을 가상의 사례로 설명하고자 한다.

(1) 상장 전 증여 사례

왕회장은 MD메디컬이라는 비상장회사를 보유하고 있는데, MD메디컬은 최근 업황의 개선과 개발된 제품의 성공으로 인하여 급격하게 매출액과 영업이익이 증가하고 있다. 최근 재무 현황과 향후 추정 사업계획은 다음과 같다.

(단위 : 억원)

	총자산	부채	순자산	매출	영업이익
2022년	1,250	364	886	1,500	180
2023년	1,700	450	1,250	1,700	200
2024년	1,800	470	1,330	1,900	220
2025년	2,150	520	1,630	2,200	270
2026년	2,200	420	1,780	2,400	300

MD메디컬은 R&D 투자의 확대와 제품 라인의 증설을 위하여 자금이 필요하므로, 왕회장은 회사의 상장(IPO)을 검토하고 있는 중이다. 주관사인 D증권은 현재 의료 관련 회사들에 대한 성장추세로 PER(Price Earing Ratio, 주가수익비율 = 주가 ÷ 주당이익)가 높기 때문에, MD메디컬이 현재 상장하게 된다면 자금조달에 매우 유리할 것이라고 조언하고 있다. 즉, 공모가격이 높게 형성되어 신주를 조금만 발행하더라도 회사에 자금도 충분하게 유입되므로, 왕회장의 지분율 희석화 효과는 크지 않을 것이라는 것이다.

회사 상장에 대해 고민하던 차에 왕회장의 친구인 김회장이 방문하여 다음과 같은 조언을 하였다. 회사가 상장하면 기업가치가 증가하게 되어 주식 증여 시 증여세가 대폭 상승한다는 것이다. 따라서 김회장은 20년 전에 아들에게 주식을 증여한 이후 상장하였다는 것이다.

왕회장은 김회장의 이야기를 듣고 2024년에 먼저 아들에게 주식을 증여하고, 2027년에 상장하기로 결정하였다.

(2) 주식의 시가와 기타 이익의 증여

상장주식을 증여하면 증여세는 증여일을 기준으로 하여 형성되는 주식시장의 시가를 토대로 과세된다. 반면, 비상장주식은 증여일을 기준으로 상증세법상 평가방법에 따라 과세대상 금액이 결정된다. 증여 시 과세대상인 주식의 시가는 〈제12장〉에서 자세하게 설명하고 있는데, 그 내용을 요약하면 다음과 같다.

> **주식의 시가**
>
> - 주권상장법인의 시가 = 평가기준일 이전·이후 각 2개월 동안 공표된 매일의 거래소의 최종 시세가액의 평균
> - 비상장법인의 시가 = 일반법인 = 1주당 순손익가치 × 60% + 1주당 순자산가치 × 40%
> - 과세 대상 = 주식의 시가 × (1 + 최대주주 할증률) × 세율

상기 산식에서 보듯이 비상장법인의 가치는 어느 정도 조정이 가능하다. 즉, 증여일을 기준으로 일부 거래의 귀속시기를 조율하는 등의 조치를 통하여, 순손익가치나 순자산가치를 어느 정도 변동시킬 수 있는 여지가 있다. 반면, 주권상장법인의 경우 주식시장에서 시가가 결정되므로 개인이 주식의 시가에 영향을 미치기는 매우 어렵다.

주식시장에서 주가는 주당 순자산보다는 주당 순이익의 추세에 영향을 받는다. 특히, 주가는 과거의 순이익보다는 향후 기대되는 미래의 경제적 이익에 의하여 영향을 크게 받는다. 따라서 이익의 증가 추세가 기대된다면 비상장 상태에서 주식을 증여하는 것이 적절한 방안이 될 수 있다. 즉, 비상장 상태에서 증여하면, 상증세법상 평가방법에 따라 과세되므로 상장 이후 증여하는 것보다는 과세부담이 적을 수 있다.

그러나 세법 개정으로 인하여 주식을 증여한 이후 5년 이내에 상장되어 가치가 상승할 경우에는 그 이익 상당액을 증여재산가액으로 하고 있으므로 전략 수립 시 유의해야 한다.

상장에 따른 증여이익은 정산기준일을 기준으로 아래와 같이 계산되는데, 자세한 내용은 〈제14장〉을 살펴보기 바란다.

> **증여이익**
>
> - 증여이익 = 정산기준일 1주당 평가액 − 증여일 또는 취득일의 1주당 취득가액 − 실질가치 증가분
> - 실질가치 증가분
>
> $$\frac{\text{증여 · 취득일이 속하는 사업연도 개시일부터 상장일 전일까지 사업연도별 1주당 순손익액의 합계액}}{\text{당해 기간의 월수}} \times \text{증여 · 취득일부터 정산기준일까지 월수}$$

비상장주식을 증여한 후 동 비상장회사가 상장하는 경우 증여세에 미치는 영향을 다음 예제로 살펴보자.

예제 1

- A사는 100주를 발행하고 있으며, 중소기업에 해당하지 아니함.
- 왕회장은 A사 주식을 60% 보유하고 있으며, 동 주식을 2017년에 상증세법상 보충적 평가방법에 따라 평가하여 장남에게 증여함.
- 증여 시점에 A사 주식의 할증 전 평가액은 주당 20,000원임.
- A사는 2024년에 주식시장에 상장하였으며, 당시 1주당 공모가격은 50,000원임.
- 증여세율은 50%라고 가정함.

요구사항

1. 2024년 증여 시점에 납부할 증여세액을 계산하시오.
2. 2027년에 상장할 경우 증여세액에 미치는 영향을 논하시오.

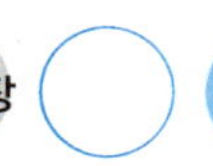

2024년에 납부할 증여세액은 다음과 같이 계산된다.

- 증여세액 = 주식가치 × (1 + 할증률) × 세율
  = 100주 × 60% × 20,000원 × (1 + 20%) × 50%
  = 720,000원

그런데 증여한 이후 5년 이내에 평가대상 주식이 상장한다면 상장으로 인한 이익에 대하여 증여세액 부담이 있다. 따라서 2027년에 추가로 납부할 증여세액은 다음과 같다.

- 추가 증여세액 = 주식가치 × (1 + 할증률) × 세율 − 종전에 납부한 세액
  = 100주 × 60% × 50,000원 × (1 + 20%) × 50% − 720,000원
  = 1,080,000원

2. 신주인수권부사채와 전환사채 등의 활용

신주인수권부사채(Bond with Warrant)는 신주인수권을 부여한 사채로서, 약정 기간 내에 신주인수권을 행사하면 미리 약정된 가격으로 주식을 교부받을 수 있다. 회사는 신주인수권을 부여한 대가로 이자비용을 절감할 수 있고, 투자자의 이자수익은 감소하지만 주식을 취득할 수 있는 권리를 부여받게 된다.

전환사채(Convertible Bond)는 주식을 취득할 수 있는 권리가 부여된 사채로서, 약정 기간 내에 채권자가 미리 약정된 가격(전환가격)으로 채권을 주식으로 전환할 수 있다. 신주인수권부사채는 신주인수권이 행사되더라도 원본 사채는 만기까지 존재하나, 전환사채는 전환되면 사채 자체가 주식으로 전환되어 소멸된다는 점에 차이가 있다.

신주인수권부사채나 전환사채를 통한 경영권승계나 경영권 안정화 전략은 2000년대 초반에 광범위하게 활용되었는데, 본 절에서는 관련 내용을 살펴본다.

(1) 신주인수권부사채를 활용한 경영권승계

S사의 대표이사인 왕회장은 현재 회사의 상장을 고려하고 있다. 그런데, 상장 당시에 구주매각이나 신주발행이 이루어져야 하는데, 신주발행을 고려하는 왕회장은 다음의 고민을 갖게 되었다.

① 신주발행 시 왕회장 지분의 희석화

② 경영권승계

신주가 발행되어 일반투자자에게 교부되면 현재 25%를 보유하고 있는 왕회장의 지분율이 하락하여 경영권에 대한 우려가 제기되었다. 그리고 왕회장은 향후 장남인 왕사장에게 지분을 넘기려고 하는데, 상장 후 주식 가격이 올라가면 증여세 부담을 걱정하게 된 것이다. 이러한 이유로 S사는 왕회장의 장남인 왕사장에게 신주인수권부사채를 발행하였는데 세부 내역은 다음과 같다.

① 발행된 사채의 액면금액 : 150억원

② 1주당 행사가격 : 10,000원(당시 상증세법상 평가액과 동일함)

③ 행사 시 발행되는 주식수 : 150만주

④ 신주인수권은 사채와 분리 가능하며, 신주인수권의 가치는 15억원임(신주인수권의 가치는 이항모형에 따라 계산됨).

⑤ 발행일 : 1999년 1월 15일

⑥ 행사가능일 : 1999년 1월 16일부터 2009년 1월 15일까지

S사가 발행된 신주인수권부사채는 K증권사가 인수하였으나, K사는 동 신주인수권을 S사의 장남인 왕사장에게 처분했다. S사는 2003년에 상장하였으며 상장 시 발행된 신주와 공모가는 각각 150만주와 30,000원으로 결정되었다.

1999년 신주인수권부사채 발행 및 2003년 상장 시점의 주주 현황은 다음과 같다.

1999년			2003년		
주주	주식수	지분율(%)	주주	주식수	지분율(%)
왕회장	100만주	25.0	왕회장	100만주	18.2
왕사장(子)	50만주	12.5	왕사장(子)	50만주	9.1
기타 주주	250만주	62.5	기타 주주	400만주	72.7
합계	400만주	100.0	합계	550만주	100.0

왕사장은 2004년에 신주인수권을 전량 행사하여 100만주를 취득하였다. 신주인수권 행사 시 주가는 40,000원이었으므로 왕사장은 주당 29,000원의 이익을 획득하게 되었는데 계산 내역은 다음과 같다.

- 주당 이익 = 행사 시 주식가격[11] − 행사가격 − 주당 신주인수권 취득금액
  = 40,000원 − 10,000원 − 15억원 ÷ 150만주
  = 29,000원
- 행사를 통한 차익 = 29,000원 × 150만주 = 435억원

상장 시점과 2004년 신주인수권 행사 후 주주 현황은 다음과 같다.

상장 시점			신주인수권 행사 시점		
주주	주식수	지분율(%)	주주	주식수	지분율(%)
왕회장	100만주	18.2	왕회장	100만주	14.3
왕사장(子)	50만주	9.1	왕사장(子)	200만주	28.6
기타 주주	400만주	72.7	기타 주주	400만주	57.1
합계	550만주	100.0	합계	700만주	100.0

상기 표에서 알 수 있듯이 왕사장은 신주인수권을 취득한 이후 신주인수권을 행사하여 최대주주로 등극하였다. 특히, 왕사장은 상장 이전에 행사가격이 주당 10,000원이었으나, 상장으로 인하여 주식가치가 상승함에 따라 435억원의 차익을 얻게 되었다.

그러나 2000년에 세법이 개정되어 신주인수권부사채 등으로 주식 전환 후 이익을 획득하면, 그 이익 상당액을 증여재산가액으로 하고 있다. 신주인수권 행사로 인한 이익은 아래와 같이 계산되는데, 자세한 내용은 〈제14장〉을 살펴보기 바란다.

증여이익

- 증여이익 = (1주당 주식가액 − 1주당 행사가액) x 행사주식수 − 인수·취득 시 증여가액
  − 이자손실분
- 인수·취득 시 = 시가 − 인수·취득가액

신주인수권을 취득한 후 동 신주인수권을 행사하는 경우 증여세에 미치는 영향을 다음 예제로 살펴보자.

---

11) 행사 시 주식가격은 행사 후 이론적 주가를 의미하므로, 실제 주식가격과는 차이가 있으나 설명의 편의를 위해 동일하다고 가정함.

예제 2

- K사는 본 절의 사례와 동일한 조건의 신주인수권부사채를 2019년에 발행함.
- K사의 오너 장남인 왕사장은 2021년에 신주인수권을 행사하여 지분을 취득함.
- 2021년 신주인수권 행사 시 1주당 주식가액은 4만원임.
- 증여세율은 50%라고 가정

요구사항

1. 상기 거래가 증여세에 미치는 영향을 검토하시오.
2. 만일, 왕사장이 2021년에 신주인수권을 주당 30,000원에 처분할 경우 증여세에 미치는 영향을 검토하시오.

2021년 신주인수권 행사 시 납부할 세액은 다음과 같이 계산된다.

- 증여세액 = (행사 시 주식가격 − 행사가격 − 주당 신주인수권 취득금액) × 행사 주식수 × 세율

  = (40,000원 − 10,000원 − 15억원 ÷ 150만주) × 150만주 × 50%

  = 217.5억원

한편, 신주인수권을 행사하지 않고 처분하는 경우에도 증여세에 미치는 영향은 동일하다.

- 증여세액 = (양도가격 − 주당 신주인수권 취득금액) × 행사 가능 주식수 × 세율

  = (30,000원 − 15억원 ÷ 150만주) × 150만주 × 50%

  = 217.5억원

(2) 전환사채를 활용한 경영권승계

S그룹의 지배구조는 다음과 같다.

| S그룹의 지배구조 |

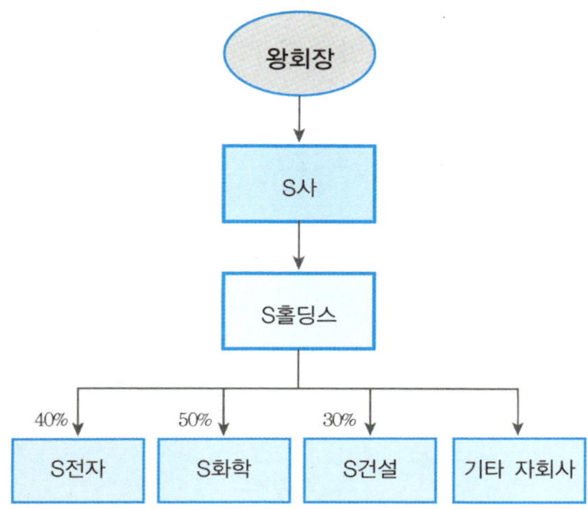

상기 그림에서 S홀딩스와 S전자만 상장되었으며, 나머지는 비상장된 상태이다. 지배구조에 보듯이 S사에 대한 경영권을 획득하게 되면 S그룹에 대한 지배력을 확보하게 되는데, S사의 주주 현황은 다음과 같다.

주주	주식수	지분율(%)
왕회장	49만주	24.5
왕사장(子)	1만주	0.5
S전자	50만주	25.0
S화학	50만주	25.0
S건설	50만주	25.0
합계	200만주	100.0

왕회장은 현재 장남인 왕사장에게 S사에 대한 경영권을 승계하는 방안으로 전환사채 발행을 검토하고 있다. 왕회장의 계획대로 전환사채가 발행되어 모두 주식으로 전환된다면 약 42.9%에 해당하는 물량에 해당한다. 따라서 S사는 주주총회 특별결의를 통하여 모든 주주에게 현재 지분율에 비례하여 전환사채가 귀속될 수 있도록 하였다.

S사가 발행한 전환사채는 다음과 같다.

- 발행된 사채의 액면금액 : 150억원
- 1주당 행사가격 : 10,000원(당시 상증세법상 평가액과 동일함)
- 행사 시 발행되는 주식수 : 150만주
- 발행 당시 전환권가치는 15억원임.
- 발행일 : 1998년 1월 15일
- 행사가능일 : 1998년 1월 16일부터 2002년 1월 15일까지

S사는 전환사채를 발행하였으나 왕사장을 제외한 왕회장, S전자, S화학 및 S건설이 전환사채 인수를 거부하였다. 왕사장은 모든 전환사채를 인수하였고, 1999년 1월에 모든 전환사채를 주식으로 전환하여 최대주주로 등극하게 되었다.

주주	주식수	지분율(%)
왕회장	49만주	14.0
왕사장(子)	151만주	43.1
S전자	50만주	14.3
S화학	50만주	14.3
S건설	50만주	14.3
합계	350만주	100.0

S사는 2003년에 상장하였으며 상장 당시 1주당 공모가액은 30,000원이었다.

2000년 세법 개정으로 인하여 전환사채 등을 통하여 주식으로 전환하여 이익을 획득하는 경우 그 이익 상당액을 증여재산가액으로 하고 있다. 만일 본 절의 사례와 유사한 거래가 현재 발생하였을 경우 세무상 효과는 다음 예제를 통해서 살펴보도록 한다.

예제 3

- K사는 본 절의 사례와 동일한 조건의 전환사채를 2020년에 발행함.
- K사의 오너 장남인 왕사장은 2021년 말에 전환권을 행사하여 지분을 취득함.
- K사는 2024년에 상장하였으며, 당시 공모가는 30,000원임.
- 증여세율은 50%라고 가정

 상기 거래가 증여세에 미치는 영향을 검토하시오.

전환사채의 취득 후 5년 이내 상장이 이루어지면, 추가로 납부할 세액은 다음과 같이 계산된다.

- 추가 증여세액 = {주식가치 × (1 + 할증률) − 취득가액} × 세율
   = {150만주 × 30,000원 × (1 + 20%) − 165억원} × 50%
   = 187.5억원

(3) 신주인수권증서

S사의 최대주주인 왕회장은 장남인 왕사장에게 경영권을 승계하는 방법으로 신주인수권증서의 활용을 고민하고 있다. 먼저 주주 배정 증자를 실시하고, 수령한 신주인수권증서를 아들에게 양도한 후 아들이 주식을 청약하여 지분을 확보하는 방법을 강구하고 있는 것이다.

S사의 주주 현황은 다음과 같다.

주주	주식수	지분율(%)
왕회장	25만주	25.0
기타 주주	75만주	75.0
합계	100만주	100.0

S사는 2024년 4월에 200만주의 주식을 신주로 발행하기로 결정하며, 모든 주주의 지분율에 비례하여 신주인수권을 부여하였다. 신주발행과 관련된 내용을 요약하면 다음과 같다.

- 2024년 4월 현재 주가 : 6,000원
- 유상증자 예정일 : 2024년 6월
- 주당 예상 발행가액 : 4,600원
- 신주인수권증서의 거래가액 : 700원

왕회장은 자신에게 부여된 50만주의 신주인수권증서를 시장의 거래가액인 700원에 처분하였으며, 아들은 동 신주인수권증서를 취득한 후 유상증자에 참여하였다. 유상증

자 실시 후 S사의 주주 현황은 다음과 같다.

주주	주식수	지분율(%)
왕사장(子)	50만주	16.7
왕회장	25만주	8.3
기타 주주	225만주	75.0
합계	300만주	100.0

신주인수권증서 거래 과정에서 왕회장은 신주인수권증서를 처분하여 다음의 이익을 획득하였다.

- 처분 금액 = 700원 × 50만주 = 3.5억원

그리고 왕사장은 주식을 취득하는 데 다음의 지출이 발생하였다.

- 취득금액 = 신주인수권증서 취득 + 유상증자 참여 금액

    = 3.5억원 + 4,600원 × 50만주

    = 26.5억원

상기와 거래가 발생하였을 경우 세무상 효과는 다음과 같다.

- 왕회장이 납부할 양도소득세

  = (양도가액 − 취득가액) × 세율

  = (3.5억원 − 0원) × 22%

  = 77백만원

- 왕사장이 납부할 증여세

  = (행사 시 주식가격 − 행사가격 − 주당 신주인수권 취득금액) × 행사주식수
    × 세율

  = (6,000원 − 4,600원 − 700원) × 50만주 × 50%

  = 1.75억원

3. 유상증자 전략

회사의 증자는 다음과 같이 구분된다.

- 주주 배정 : 주주에게 기존 지분율에 따라 신주를 우선적으로 인수할 기회를 부여

하는 유상증자

- 제3자 배정 : 기존 지분율에 관계 없이 특정인을 신주의 인수자로 정해놓고 실시
  하는 유상증자

일반적으로 제3자 배정은 회사의 특정 연고자(회사의 임원, 거래처, 거래은행 등)를 대상으로 이루어지고 있다. 제3자 배정은 주간사를 따로 선정하지 않아도 되는 등 주식 발행 절차가 간소하며, 일반 공모에 비해 실권(失權)이 발생할 우려가 없으므로 편리한 자금조달 수단으로 활용되고 있다. 또한, 기존 주주를 대상으로 한 유상증자가 실패할 염려가 있거나, 경영권 또는 지분을 특정인에게 넘겨주려 할 때 사용되고 있다.

그러나 제3자 배정은 회사의 경영권이나 기존 주주의 이해관계에 중대한 영향을 미치므로, 정관에 특별히 정하거나 주주총회의 특별결의 절차를 거쳐야 한다.

(1) 제3자 유상증자 사례

S사의 왕회장은 아들인 왕사장에게 경영권을 승계하는 방법으로 제3자 배정을 통한 유상증자를 고민하고 있다. 왕사장에게 낮은 가격으로 제3자 유상증자를 실시하여 지분율을 높이려는 것이다. S사는 현재 50만주를 발행하고 있으며, 모든 주식은 전량 왕회장이 보유하고 있으나, 유상증자를 실시하면 다음과 같이 주주 구성이 변경될 예정이다.

주주	유상증자 전	유상증자 후
왕회장	50만주	50만주
왕사장	–	100만주
합계	50만주	150만주

S사는 1989년에 100만주의 주식을 신주로 발행하기로 결정하며, 모든 주주의 지분율에 비례하여 신주인수권을 부여하였다. 신주발행과 관련된 내용을 요약하면 다음과 같다.

- 1989년 1월 현재 주당 평가액 : 5,000원
- 유상증자 예정일 : 1989년 2월
- 주당 예상 발행가액 : 4,000원

그러나 1990년대 상증세법의 개정에 따라 저가 및 고가 증자로 발생하는 이익은 증여세 대상에 해당하므로 전략수립 시 유의하여야 한다.

(2) 세무상 효과 분석

만일 상기 사례가 최근 발생하였을 경우 세무상 효과는 다음 예제로 살펴보고자 한다.

예제 4

- S사는 50만주를 발행하고 발행주식 100%는 왕회장이 보유하고 있음.
- S사는 100만주를 제3자 배정에 따라 왕회장의 아들인 왕사장이 인수함.
- 신주발행 내역은 다음과 같음.
    - 2024년 1월 신주발행 시 평가액 : 5,000원
    - 신주발행가액 : 4,000원
- 증여세율은 50%라고 가정

요구사항 유상증자로 인한 증여세액을 계산하시오.

2024년에 납부할 증여세액은 다음과 같이 계산된다.

- 증여세액 = (주식가치 − 신주발행가액) × 실권주식수 × 세율

    = (5,000원 − 4,000원) × 100만주 × 50%

    = 5억원

4. 일감몰아주기 전략

S사의 왕회장은 아들인 왕사장에게 경영권을 승계하는 방법으로 일감몰아주기를 검토하고 있다. 왕회장이 아닌 왕사장이 K사를 설립한 후, 내부거래를 통하여 K사를 키우려는 것이다. 한편 2011년경에 왕회장은 왕사장에게 S사 주식을 증여하고자 계획하고 있다.

K사의 설립 후 손익 현황은 다음과 같다.

	설립(2000년)	2001년	2002년
K사의 매출	1,000,000원	1,000,000원	1,000,000원
K사의 세후영업이익	200,000원	200,000원	200,000원
S사의 세후영업이익	800,000원	800,000원	800,000원

그리고 내부거래를 실시한 이후 S사와 K사의 손익 현황은 다음과 같다.

	2009년	2010년	2011년
K사의 매출	7,000,000원	7,000,000원	7,000,000원
S사와의 매출 비율	80%	80%	80%
K사의 세후영업이익	600,000원	600,000원	600,000원
S사의 세후영업이익	400,000원	400,000원	400,000원

내부거래 이전과 이후의 S사와 K사의 영업이익을 합계하면 1,000,000원으로 동일하다. 그러나 S사와 K사가 내부거래를 실시한 이후 K사의 매출과 영업이익은 급증하였고, S사의 영업이익은 급감하였다. 즉, 내부거래를 통하여 S사의 이익이 K사에게 상당부분 이전된 것이다.

2011년 기준으로 보면 S사는 종전보다 이익이 감소하여 기업가치도 하락하였다. 따라서 왕사장에게 S사 주식을 증여하였을 때 발생한 증여세는 2002년보다 오히려 저렴해졌다. 그리고 왕사장은 K사로부터 수령한 배당금을 재원으로 하여 증여세를 납부할 수 있었다.

그러나 2012년에 상증세법이 개정되어 일감몰아주기에 대한 부담이 있었다. 따라서 왕사장은 S사와 K사를 합병하게 되었다. K사의 모든 주식은 왕사장이 보유하고 있었으며, S사 주식도 증여받았으므로 왕사장은 자연스럽게 합병 후 회사에 대해 안정적인 경영권을 확보할 수 있었다.

일감몰아주기를 통한 재원마련은 종전에 일반적으로 활용된 전략이다. 그러나 일감몰아주기에 대한 과세 규정이 강화되어 현재는 제한이 많은데, 관련 내용은 〈제14장〉에서 자세하게 살펴보도록 한다.

본 절과 같은 사례가 최근 발생하였다면 세무상 효과는 다음과 같다.

예제 5

- K사가 2011년에 설립되었으며, S사와 K사는 일반기업이라고 가정함.
- 왕사장의 K사 지분율은 100%임.
- 증여세율은 50%라고 가정함.
- 기타 사항은 본 절의 사례와 동일함.

요구사항 2024년의 일감몰아주기로 인한 증여세액을 계산하시오.

2024년에 증여세로 납부할 세액은 다음과 같이 계산된다.

- 증여세액 = 세후영업이익 × (특수관계매출비율 − 15%) × (지분율 − 3%) × 세율

$$= 600,000원 × (80\% − 15\%) × (100\% − 3\%) × 50\%$$

$$= 189,150원$$

Part **01**

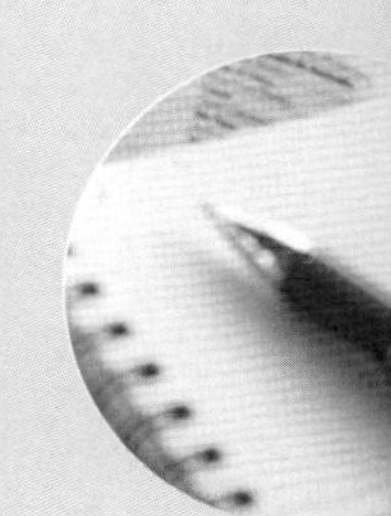

사례 및 시사점 분석

〈PART Ⅰ〉에서는 여러 기업들의 지배구조개선과 경영권승계 사례를 살펴본다.

본서에서 소개되는 사례들은 당시의 공정거래법과 세법 등의 규정을 준수하며 기업가치 극대화를 위하여 이루어진 것이다. 각 기업별 업무 절차나 개선 형태는 다르지만 모두 각 기업마다 처한 상황을 극복하고 영구적인 기업으로 성장하기 위한 조치인 것이다. 〈PART Ⅰ〉을 통하여 기업들이 대내외적인 환경에 대응하여 지배구조를 어떻게 개편하였는 지와 그 결과에 주목하길 바란다.

본서는 결코, 특정 기업에 대한 잘잘못을 분석하고 평가하기 위함이 아니라는 것을 다시 한 번 더 강조한다. 그리고 사례 분석은 사업보고서를 포함한 공시사항과 언론보도 등에 근거하였음을 부언한다.

지주회사 Ⅰ : 전환 유형

지주회사는 현재 지배구조개선을 염두에 두고 있는 기업들에게 가장 많은 관심을 받고 있는 형태이다. 그 이유는 지주회사 전환과정에서 대주주가 추가로 자금을 투자하지 않으면서도 지분율을 높이거나, 지분율 하락없이 외부로부터 자금을 조달할 수 있는 기회를 제공하기 때문이다. 여론과 주식시장에서도 지주회사를 보다 개선된 지배구조로 평가하며 긍정적인 반응을 보이고 있다.

본 장에서는 기업들이 지주회사로 전환하는 대표적인 유형을 소개하고, 〈제2장〉에서는 실제 전환사례를 분석하고자 한다.

- 인적분할 및 현물출자를 통한 지주회사 전환
- 물적분할을 통한 지주회사 전환
- 분할합병을 통한 지주회사 전환

제1절 인적분할 및 현물출자를 통한 지주회사 전환

인적분할을 및 현물출자를 통한 지주회사 전환은 우리나라 기업들의 대표적인 지주회사 전환 유형인데, 가장 큰 장점은 **대주주의 지분율 강화**라 할 수 있다. 본 절에서는 이해를 돕기 위하여 가상의 MD그룹을 상정하여 인적분할을 통한 지주회사 전환 과정을 설명하고자 한다.

1. MD그룹의 재무 및 주주 현황

MD그룹에서 핵심 역할을 수행하고 있는 MD사의 재무 현황은 다음과 같다.

(단위 : 억원)

	매 출		자 산	
	사업부문	기타부문	사업부문	기타부문
2021년	5,000	350	5,100	2,000
2022년	5,500	400	5,200	2,200
2023년	5,600	400	5,300	2,200

그리고 MD그룹의 지배구조는 다음과 같다.

| MD그룹의 지배구조 |

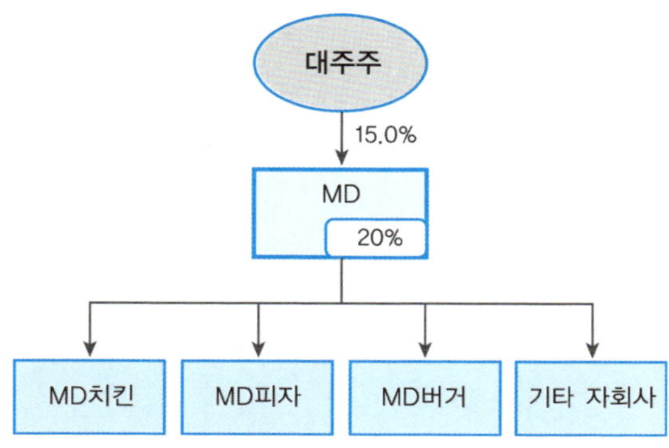

MD사는 게임을 주요 사업으로 영위하고 있으며, 게임 사업부문 이외에는 투자부문과 사옥 임대부문으로 구성되어 있다. 그리고 MD사는 MD치킨, MD피자 및 MD버거

등의 투자주식을 보유하고 있는데, MD사만 상장되어 있으며 나머지 회사들은 상장되지 않은 상태이다. 따라서 MD사에 대한 경영권만 확보하면 MD그룹 전체를 지배할 수 있게 된다.

MD사의 주주 현황을 살펴보면 다음과 같다.

주주	지분율(%)	주식수
회장(대주주)	15.0	15,000
자기주식	20.0	20,000
기타	65.0	65,000
합계	100.0	100,000

상기 표에서 보듯이 MD그룹의 회장인 대주주의 지분율은 15.0%에 불과하여 경영권이 취약한 상황이다. 그러나 대주주가 주식시장에서 직접 지분을 취득하기에는 개인적으로 보유하는 자금이 풍족하지 않았다. 이러한 이유로 MD사는 꾸준하게 자기주식을 취득하여 경영권을 방어해 왔다. 왜냐하면 자기주식을 취득하게 되면 대주주의 유효지분율이 증가하는 효과가 있기 때문이다. 게다가 외부에서 적대적인 인수합병(M&A)의 시도가 있다면, 회사가 보유하고 있는 자기주식을 경영진의 우호세력에게 처분하여 경영권을 방어할 수 있다는 장점도 있었다.

MD사가 보유하고 있는 자기주식은 지주회사 전환 시 사업자회사에 대한 지배력을 확보하는 역할을 하는데, 관련 내용은 뒤에서 절을 바꾸어 설명하도록 한다.

2. 인적분할 및 현물출자

(1) 인적분할

MD사는 2024년 1월 1일을 분할기일로 하여 다음과 같이 인적분할을 결정하였다.

구 분	사업내용
MD홀딩스(존속기업)	투자 사업부문, 본사 건물, 자기주식
MD게임(신설기업)	게임 사업부문

그리고 분할 목적을 다음과 같이 공시하였다.

① 투자부문과 사업부문을 분리하고 향후 투자부문을 지주회사로 전환함으로써 기업지배구조의 투명성과 경영안정성을 증대시킨다.

② 투자부문은 자회사 관리 및 신규 사업의 발굴에, 사업부문은 게임 관련 콘텐츠의 개발 및 판매에 집중함으로써 사업특성에 맞는 신속하고 전문적인 의사결정이 가능한 지배구조 체제를 확립하고, 경영위험의 분산을 추구한다.

③ 각 사업부문의 전문화를 통하여 핵심사업에의 집중투자 및 구조조정을 용이하게 하고, 독립적인 경영 및 객관적인 성과평가를 가능하게 함으로써 책임 경영체제를 확립한다.

④ 상기와 같은 지배구조 체계 변경을 통하여 궁극적으로 기업가치와 주주의 가치를 제고한다.

분할 전후의 지배구조를 비교하면 다음과 같다.

| MD사의 인적분할 |

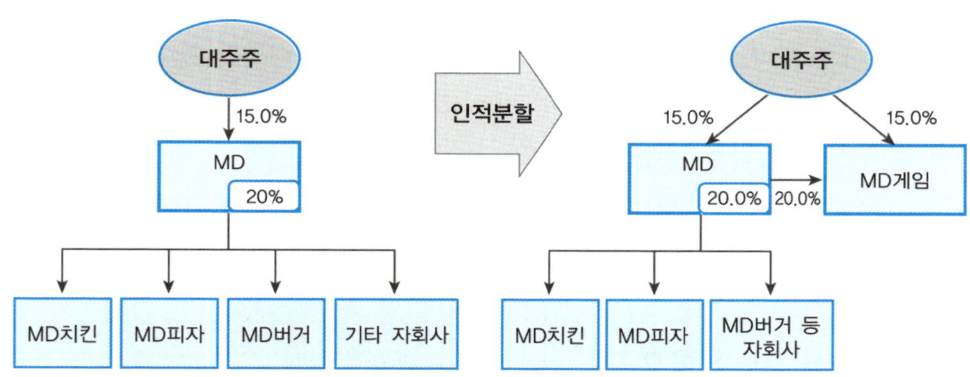

MD사는 인적분할 시 게임 사업부문을 신설법인인 MD게임에게 이전하였다. 따라서 MD홀딩스에는 계열사 주식, 사옥 및 자기주식만 남게 되었다. 여기서 눈여겨 볼만한 사항은 **MD홀딩스가 가지고 있는 자기주식에 신설된 MD게임의 신주가 교부된다는** 점이다. 이로 인하여 인적분할 후 MD홀딩스는 MD게임 주식 20%를 보유하게 되었다.

MD홀딩스는 인적분할 후 기존 MD사 주주들에게 2주당 1주의 MD게임 주식을 교부하였다. 그리고 1주의 MD게임 주식을 교부하면서 1주의 MD홀딩스 주식을 주주로부터 수령하여 소각(유상감자)하였다.

이 과정을 예를 들어 설명하면 다음과 같다.

① 15,000주를 보유하고 있는 대주주는 MD게임 주식 7,500주 수령

② 대주주는 그 대가로 7,500주의 MD 주식을 제출

③ 대주주가 제출한 주식은 소각

인적분할 결과 MD홀딩스의 주주별 지분율은 종전 MD사와 동일하였으나, 감자를 통하여 발행된 주식은 반으로 감소하게 되었다. 인적분할 후 MD홀딩스와 MD게임의 주주 구성은 다음과 같다.

주주	MD홀딩스		MD게임	
	지분율(%)	주식수	지분율(%)	주식수
대주주(MD)	15.0	7,500	15.0	7,500
자기주식	20.0	10,000	—	—
MD홀딩스	—	—	**20.0**	**10,000**
기타	65.0	32,500	65.0	32,500
합계	100.0	50,000	100.0	50,000

(2) 공개매수(현물출자)

인적분할로 신설된 MD게임은 MD홀딩스보다 순자산 금액이 더 컸으며, 향후 현금흐름도 양호할 것으로 예상되었다. 따라서 MD게임의 주식가치는 지속적으로 상승하였다. 반면 MD홀딩스는 순수지주회사 형태로서 자회사들에 대한 지분 이익을 회계상 인식하지만, 지분 이익이 현금흐름에 미치는 직접적인 영향은 적었다. 따라서 자회사들의 배당금에 의존하게 되는 MD홀딩스의 주가는 상대적으로 지지부진하였다.

분할 후 6개월이 지나면서 MD게임의 주가는 MD홀딩스의 3배 수준에서 안정되었다. 지주회사 전환을 위하여 MD홀딩스는 공개매수를 공지하였다. 동 공개매수는 MD홀딩스가 MD게임 주주들의 주식을 취득하는 대가로 MD홀딩스 주식을 발행하여 교부한다는 내용으로서, MD홀딩스 입장에서는 현물출자를 하게 되는 것과 동일하다. 이와 같이 공개매수를 실시하는 이유는 MD홀딩스가 MD게임 주식을 취득하여 지주회사로 전환하기 위함이었다.

공개매수가 공지되었으나 일반주주는 향후 현금흐름이 양호할 것으로 예상되는 MD게임 주식이 MD홀딩스보다 매력적이었다. 그리고 단기 투자자는 공개매수에 응할 경우 양도소득세 납부에 대한 부담도 있었다.[12] 결과적으로 대주주만 공개매수에 참여하여 현물출자가 진행된 것이다.

대주주는 MD게임 주식 7,500주를 MD홀딩스에 이전(현물출자)하고 그 대가로 22,500주(= 7,500주 × 3)의 MD홀딩스 주식을 취득하게 되었다.

현물출자 전후 대주주의 지분 변동을 정리하면 다음과 같다.

주주	현물출자 전		주식 교환		현물출자 후	
	MD홀딩스	MD게임	MD홀딩스	MD게임	MD홀딩스	MD게임
회장(MD)	7,500	7,500	22,500	(7,500)	30,000	—

현물출자 전후의 MD홀딩스 주주 현황은 다음과 같다.

주주	현물출자 전		현물출자	현물출자 후	
	주식수	지분율(%)	주식수	주식수	지분율(%)
대주주(MD)	7,500	15.0	22,500	30,000	41.4
자기주식	10,000	20.0	—	10,000	13.8
기타	32,500	65.0	—	32,500	44.8
합계	50,000	100.0	22,500	72,500	100.0

상기 표에서 보듯이 대주주는 현물출자에 참여하였으나, 다른 일반 주주는 참여하지 않게 됨에 따라 대주주의 MD홀딩스에 대한 지분율은 41.4%로 증가하게 되었다.[13]

---

12) 현물출자를 통하여 MD홀딩스가 지주회사로 전환될 경우 현물출자 과정에서 발생하는 양도소득세는 이연되나, 현물출자를 통하여 취득한 MD홀딩스 주식을 처분하면 이연된 양도소득세를 납부해야 한다. 한편 과세이연에 대한 규정은 현재 2026년 12월 31일을 기한으로 하고 있으므로, 관련 세법에 주의를 기울여야 한다.

13) 현물출자 후 대주주의 지분율은 다음 산식으로 쉽게 계산할 수 있다.

$$\text{현물출자 후 지분율} = \frac{\text{종전 지분율} + \text{신규 취득 지분율}}{100\% + \text{신규 발행 지분율}} = \frac{15\% + 45\%}{100\% + 45\%} = 41.4\%$$

현물출자 전후의 지배구조는 다음과 같다.

| 현물출자 전후의 지배구조 |

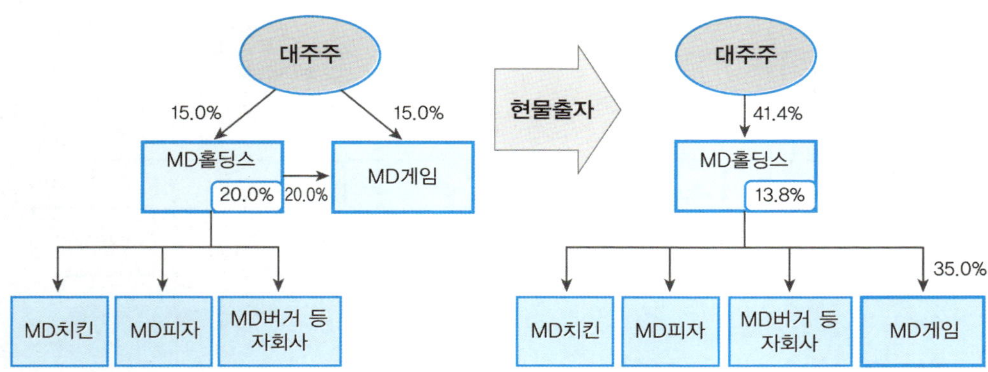

현물출자를 통하여 대주주의 MD게임에 대한 지분율은 0%가 되고, MD홀딩스에 대한 지분율은 35.0%로 증가하였다.

현물출자 후 MD게임의 주주 현황을 살펴보면 다음과 같다.

주주	현물출자 전		현물출자	현물출자 후	
	주식수	지분율(%)	주식수	주식수	지분율(%)
대주주(MD)	7,500	15.0	(7,500)	−	−
MD홀딩스	10,000	20.0	7,500	17,500	35.0
기타	32,500	65.0	−	32,500	65.0
합계	50,000	100.0	−	50,000	100.0

3. 지주회사 전환

MD그룹이 지주회사로 전환하는 과정에 대주주의 지분율은 15.0%에서 41.4%로 증가하였다. 자기주식까지 고려하면 대주주의 유효지분율은 18.8%에서 48.0%로 증가한 것이다. 이와 같이 '인적분할을 통한 지주회사 전환은 대주주의 지분율이 증가한다.'라는 특징을 보이고 있다. 더구나 대주주의 지분율이 증가하는 과정에서 대주주가 추가로 투자한 자금이 없다는 것은 대주주에게 매력적으로 받아들여지고 있다.

| MD그룹의 지주회사 전환 |

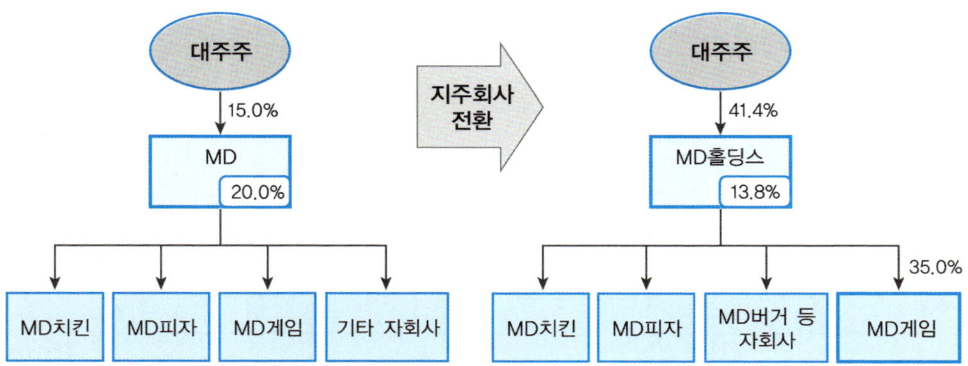

4. 자기주식에 대한 고찰

지금까지 살펴본 사례에서는 MD사가 자기주식을 20%만큼 보유하고 있음을 가정하였다. 그러나 자기주식이 없었다면 어떻게 될 것인가를 살펴보자.

| MD사의 인적분할 |

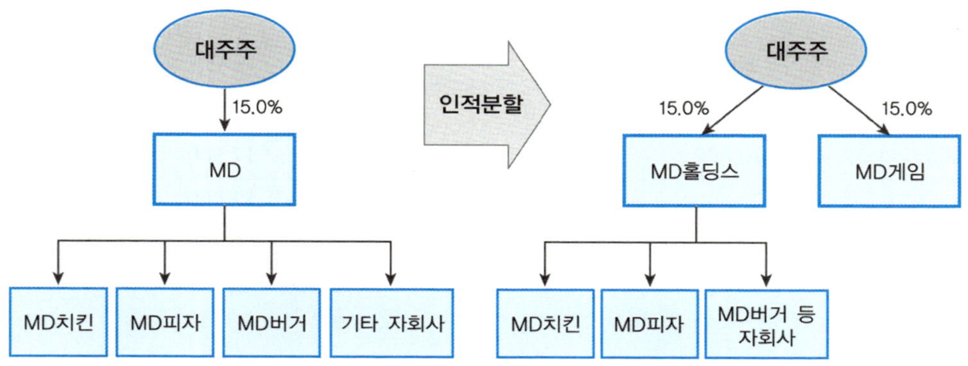

분할 전에 MD사가 자기주식을 보유하고 있지 않았다면, 인적분할 후에 MD홀딩스는 교부받을 MD게임 주식이 발생하지 않는다. 따라서 인적분할이 되더라도 MD사의 주주들이 종전과 동일한 지분율로 MD홀딩스와 MD게임을 보유하게 되는 효과만 발생한다.

│ 지주회사 전환 │

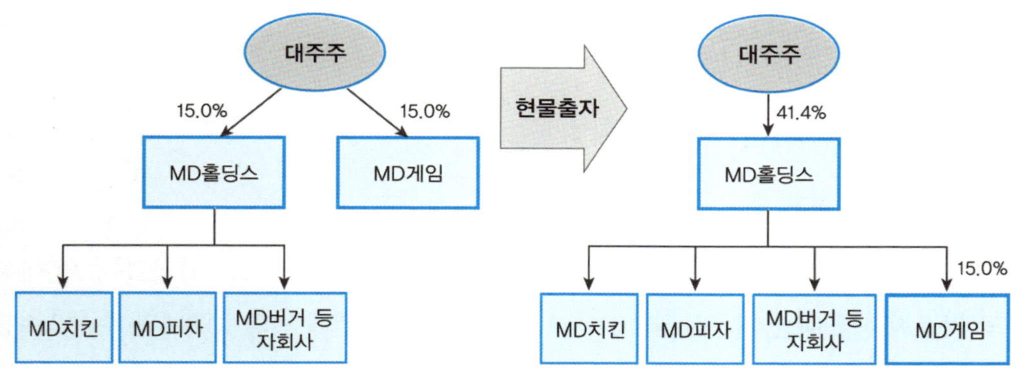

　종전과 동일하게 인적분할 후 대주주만 현물출자에 참여한다고 가정해 보자. 그럴 경우 대주주는 MD홀딩스에 지분율은 41.4%로 상승하고, MD홀딩스는 MD게임에 대한 지분을 15.0%만큼 보유하게 된다.

　자기주식의 유무에 따른 차이를 비교하면 다음과 같다.

│ 자기주식 유무에 따른 차이 비교 │

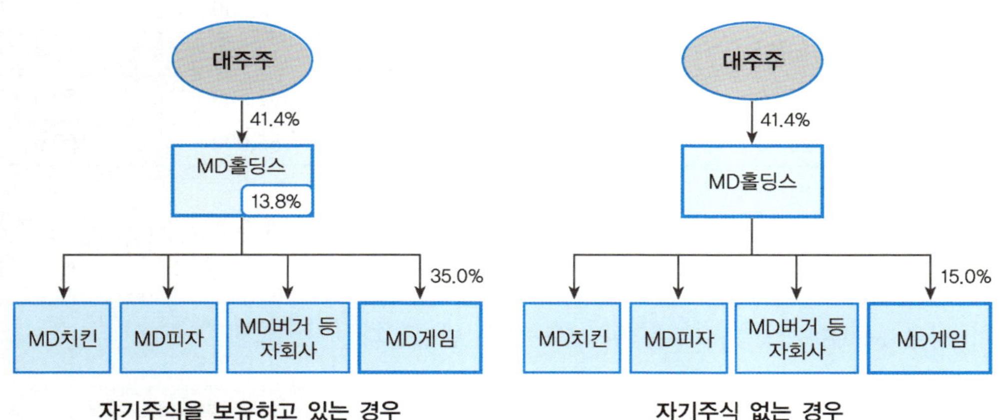

　상기 그림에서 보듯이 자기주식의 유무에 관계없이 대주주의 지분율은 41.4%로 동일하다. 그러나 자기주식이 있는 경우 MD홀딩스의 MD게임에 대한 지분율은 35.0%이지만, 그렇지 않았다면 지분율이 15.0%에 불과하다.

　분할 전에 자기주식을 보유하고 있지 않았었다면 MD홀딩스에 대한 경영권은 안정화되지만, 정작 핵심 계열사인 MD게임은 적대적 인수합병(M&A)에 노출될 수 있다.

결론적으로 분할 이전에 자기주식을 충분하게 확보하지 않았을 경우에는 경영권 안정화 효과가 부분적으로만 나타난다고 볼 수 있다.

5. 현물출자 비율(주식 교환비율)

(1) 주식 교환비율

지금까지 MD게임 주식 1주당 MD홀딩스 주식 3주가 교환된다고 가정할 경우 대주주의 지주회사에 대한 지분율은 41.4%로 증가하였다. 그런데 만일 MD게임 주식 1주당 주식 2주 또는 4주가 교환되었다고 가정해보자.

먼저 MD게임 1주당 MD홀딩스 주식 2주가 교환된다면, 대주주는 MD홀딩스 주식을 15,000주(= 7,500주 × 2)만큼 수령하게 된다.

이 경우 MD홀딩스의 주주는 다음과 같이 변경된다.

주주	현물출자 전		현물출자	현물출자 후	
	주식수	지분율(%)	주식수	주식수	지분율(%)
대주주(MD)	7,500	15.0	15,000	22,500	34.6
자기주식	10,000	20.0	−	10,000	15.4
기타	32,500	65.0	−	32,500	50.0
합계	50,000	100.0	15,000	65,000	100.0

그리고 MD게임 1주당 MD홀딩스 주식 4주가 교환된다면, 대주주는 MD홀딩스 주식을 30,000주(= 7,500주 × 4)만큼 수령하게 된다.

이 경우 MD홀딩스의 주주는 다음과 같이 변경된다.

주주	현물출자 전		현물출자	현물출자 후	
	주식수	지분율(%)	주식수	주식수	지분율(%)
대주주(MD)	7,500	15.0	30,000	37,500	46.9
자기주식	10,000	20.0	−	10,000	12.5
기타	32,500	65.0	−	32,500	40.6
합계	50,000	100.0	30,000	80,000	100.0

사업회사 1주당 수령하게 되는 지주회사 주식 수를 교환비율이라 하면, 교환비율에 따라 결정되는 대주주의 지분율은 다음과 같다.

주식 교환비율	대주주의 지분율(%)
1 : 2	34.6
1 : 3	41.4
1 : 4	46.9

(2) 주식 교환비율을 고려한 인적분할

주식 교환비율에 대한 민감도 분석결과 사업회사 주식 1주당 교환되는 지주회사 주식수가 증가할수록 대주주의 지분율이 증가함을 알 수 있었다. 그런데 사업회사 주식 1주당 더 많은 지주회사 주식을 수령한다는 의미는 사업회사의 주식가치가 지주회사 주식가치보다 더욱 크다는 의미이다. 따라서 **지주회사 전환 후 대주주의 지분율을 더 높게 가져가고자 한다면, 인적분할 시 지주회사보다는 사업회사의 가치가 상대적으로 더 커지도록 자산과 부채를 배분**하여야 한다.

다만, 그 과정에서 반드시 고려해야 할 사항들은 다음과 같다.

① 적격분할 요건의 만족

② 분할 후 각 회사들의 성장 가능성 및 자금 상황 고려 등

세무상 적격분할 요건을 충족하지 않을 경우 세무 Risk가 발생한다. 따라서 분할신설법인은 세무상 포괄승계 요건을 만족하는 범위 내에서 자산과 부채를 승계해야 한다. 목표하는 주식 교환비율이 있더라도 반드시 적격분할 요건에 유의하여 분할이 이루어져야 한다.

종전에는 존속법인을 투자부문으로 하고 신설법인을 사업부문으로 하는 경우가 일반적이었다. 그런데 적격분할 요건에 대한 세무상 요건이 까다로워짐에 따라, 존속법인이 아니라 분할신설법인을 투자부문으로 하는 경우가 발견되고 있다. 그 이유는 적격분할 요건을 충족하며 신설법인을 설립하다보면 존속법인의 규모가 커져서 주식 교환비율이 낮을 가능성이 있기 때문이다. 관련 내용은 〈제2장〉의 〈제2절〉에서 살펴보도록 한다.

그리고 분할 후 각 사업부문의 자금흐름이나 성장 가능성 및 사업 Synergy에 대한

고려가 있어야 한다. 단순히 주식 교환비율을 목적으로 분할을 실시하여 회사의 가치가 훼손되는 것은 바람직하지 않기 때문이다. 따라서 분할 전에 회사 내 각 사업부문 간 연관성을 세밀하게 분석하고, 조직 내 변화가 있을 경우 발생 가능한 이슈를 사전에 검토하는 것이 바람직하다.

또한 분할 후에는 각각의 회사들이 독립된 주체로 운영되어야 하므로, 분할 후에 독자적으로 생존 가능한 사업(수익모델)이 있어야 하며 충분한 자금이 있어야 한다. 그런데 인위적으로 사업부문의 가치를 크게 하려고 가치가 모든 사업부문과 여유 자금을 사업회사로 이전하면, 분할 후 지주회사는 재무상 어려움을 겪을 수 있다. 따라서 분할 후 각각의 회사가 성장 가능하고, 상장 유지에 문제가 없도록 분할 시 각 회사에 귀속될 자산부채를 결정하여야 한다.

(3) 관련 규정

회사가 인적분할 후 지주회사로 전환하려면 사업회사의 주주들을 대상으로 공개매수를 실시하게 된다. 공개매수 시 기준이 되는 지주회사와 사업회사 주식의 교환비율은 다음과 같이 확정된다.

● 지주회사 주식 가격

① 관련 규정 : 증권의 발행 및 공시 등에 관한 규정 제5-18조 '유상증자의 발행가액 결정'

② 내용 : 청약일 전 과거 제3거래일부터 제5거래일까지의 가중산술평균주가를 기준주가로 하여 가격을 결정함.

③ 특징 : 현금 조달을 위한 유상증자의 경우에는 할인율을 적용하여 산정하나, 지주회사로 전환하기 위한 공개매수 시에는 할인율을 적용하지 않는 것이 일반적임.

● 사업회사 주식 가격

① 관련 규정 : 상법 시행령 제14조 '현물출자 검사의 면제'

② 내용 : 다음 각 호의 금액 중 낮은 금액

- 이사회 또는 주주총회의 결의가 있은 날(이하 이 조에서 "결의일"이라 한다)부터 소급하여 1개월간의 거래소에서의 평균 종가, 결의일부터 소급하여 1주일간

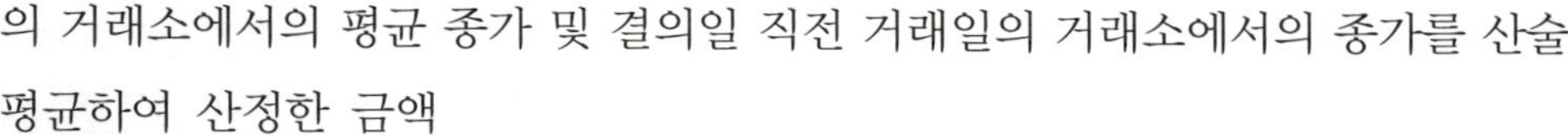

의 거래소에서의 평균 종가 및 결의일 직전 거래일의 거래소에서의 종가를 산술 평균하여 산정한 금액

- 결의일 직전 거래일의 거래소에서의 종가

다음 예제를 통해 주식 교환비율을 산정과정을 살펴보자.

예제 1

- MD사는 2024년 4월 1일자로 인적분할을 실시함.
- 분할 후 MD홀딩스(투자부문)는 지주회사로 전환하기 위하여 사업회사인 MD게임의 주식을 공개매수하기로 결정함.
- MD홀딩스의 공개매수를 위한 주식청약일 전 제3거래일부터 제5거래일의 주가 정보는 다음과 같음.

일자	거래일 종가	거래량	거래금액
07월 05일	400,000	83,053	33,068,771,000
07월 06일	403,000	90,389	36,261,954,500
07월 07일	414,000	217,344	89,553,948,000

- MD홀딩스의 유상증자 관련 이사회 결의일은 2021년 6월 12일이며, 이사회 결의 전 1월 간 MD게임의 주식 가격은 다음과 같음.

일자	종가
최근일종가 (A)	177,000
1주일평균 (B)	175,000
1개월평균 (C)	173,477
산술평균 (D=(A+B+C)/3)	175,159
현물출자 가격 {E=Min(A,D)}	175,159

요구사항 MD게임 주식을 10주 가진 주주가 공개매수에 참여할 경우 수령하게 될 MD홀딩스 주식수는 얼마인가?

지주회사 주식가격 산정

일자	주가	거래량	거래금액
2024년 07월 05일	400,000	83,053	33,068,771,000
2024년 07월 06일	403,000	90,389	36,261,954,500
2024년 07월 07일	414,000	217,344	89,553,948,000
총 거래금액 (A)	158,884,673,500		
총 거래량 (B)	390,786		
가중평균주가 (A/B)	406,577		
할인율	− %		
신주 발행가액	406,577		

현물출자

MD게임 주주가 MD게임 10주를 현물출자 하면, MD홀딩스 주식 2.32주(= 10주 × 175,159원 ÷ 406,577원)를 수령하게 된다.

(4) 일반 주주들의 현물출자 참여

앞서 언급하였듯이 대주주가 아닌 일반 주주들은 다음과 같은 이유로 공개매수에 참여하지 않는다.

① 분할 후 주가 추세

② 양도세 부담

회사가 사업부문과 투자부문으로 분할될 경우 기업의 핵심 역량을 가지고 있으며, 현금흐름이 양호한 부문은 사업부문이다. 따라서 일반적으로 분할 이후에 투자부문(지주회사)의 주가는 하락하고, 사업회사 주가는 상승하는 경향이 있다. 따라서 일반 주주들은 주가가 상승한 사업회사 주식을 현물출자하고, 상대적으로 주가가 하향 안정화될 지주회사 주식을 수령할 유인이 적다.

세법상 현물출자는 기존 주식(사업부문 주식)을 처분하고, 새로운 주식(투자부문 주식)을 수령하는 것으로 본다. 따라서 사업부문의 주식을 처분하였으므로 양도세를 납부해야 한다. 그러나 세무상 특례로 현물출자를 통하여 공정거래법상 지주회사가 되면 양도세는 이연된다.[14] 그러나 수령한 투자부문(지주회사) 주식을 처분하면 양도세를 납부하여야 한다. 따라서 단기 투자자는 공개매수에 참여하면 양도세를 부담하여야 하므로, 현물출자에 참여하지 않는 경향이 있다.

다음 예제를 통해 일반 주주들의 현물출자에 대하여 생각해 보자.

> **예제 2**
>
> - MD사는 2021년 1월 1일자로 인적분할을 실시함.
> - 분할 후 MD홀딩스(투자부문)와 사업회사의 주가는 각각 10,000원, 20,000원으로 안정됨.
> - MD홀딩스는 지주회사로 전환하기 위하여 사업회사의 주가를 20,000원으로 하여 공개매수를 실시함.
> - 즉, 주주들의 현물출자 비율은 1 : 2임.
> - 공개매수를 실시한 이후에도 MD홀딩스 주가는 10,000원으로 안정됨.
>
> **요구사항** 공개매수 공시 이후 사업회사의 주가가 30,000원으로 상승하거나 10,000원으로 하락한 경우, 사업회사 주식을 1주 보유한 주주의 합리적인 의사결정은 무엇인가?

사업회사 주가가 30,000원인 경우

사업회사 주가가 30,000원이더라도 주주가 공개매수에 응하면, 2주의 MD홀딩스 주식을 취득하게 된다. 따라서 현물출자 이후 취득하게 되는 주식의 가치는 20,000원(= 10,000원 × 2)이므로 공개매수에 응하지 않는 것이 유리하다. 만일 현물출자에 참여하게 되면 10,000원(= 30,000원 − 20,000원)의 손실이 발생한다.

사업회사 주가가 10,000원인 경우

사업회사 주가가 10,000원인 경우에도 주주가 공개매수에 응하면 2주의 MD홀딩스 주식을 취득하게 된다. 따라서 현물출자 이후 취득하게 되는 주식의 가치는 20,000원(= 10,000원 × 2)이므로 공개매수에 응하는 것이 유리하다. 즉 현물출자 참여로 인하여 10,000원(= 20,000원 − 10,000원)의 이익이 발생한다.

일반 주주의 경우 지주회사의 현물출자에 참여하지 않는 것이 일반적이다. 그런데 본 예제와 같이 공개매수를 공시한 이후 사업회사의 주가가 지주회사에 비하여 상대적으로

---

14) 조세특례제한법의 개정으로 2023년 1월 1일 이후에 발생된 양도세는 4년 거치 3년 분할 납부 방식으로 변경될 예정이다. 세부 내용은 〈제11장〉을 살펴보기 바란다.

하락하게 되면, 일반 투자자들이 공개매수에 참여할 가능성이 커진다.

　일반 주주가 현물출자에 참여하면 **대주주가 지주회사에 대해 높은 지분율을 확보하는 데 부정적인 요소로 작용하지만, 지주회사가 사업회사에 대한 지배력을 확보하는 데에는 오히려 도움**이 된다. 일반 주주가 지주회사의 현물출자에 참여한 사례는 〈제2장〉의 〈제2절〉을 참조하기 바란다.

Summary!

　인적분할을 통한 지주회사 전환은 주로 경영권 안정화를 목적으로 하는데, 주요 절차는 다음과 같다.

> **● 인적분할 및 현물출자를 통한 지주회사 전환**
>
> - 분할 전 자기주식 취득
>   - 분할 후 사업자회사에 대한 지배력 강화
> - 인적분할
>   - 지주회사가 될 부문 : 투자주식 및 자기주식 승계
>   - 사업자회사가 될 부문 : 사업관련 자산과 부채의 승계
>   - 지주회사가 될 부문의 가치가 사업부문에 비하여 작을수록, 현물출자 시 주식교환비율에 유리함.
> - 현물출자
>   - 대주주가 사업자회사 지분을 지주회사에게 이전
>   - 주식교환 비율에 따라 대주주는 지주회사 지분 수령

　경영권 안정화는 다음의 두 가지 측면을 고려해야 한다.
① 대주주의 지주회사에 대한 지배력 확보
② 지주회사의 사업회사에 대한 지배력 확보

> **● 경영권 안정화에 영향을 미치는 요소**
>
> - 대주주의 지주회사에 대한 지배력 확보
>   - 분할 전 대주주의 회사에 대한 지분
>   - 대주주가 사업회사 지분을 현물출자하여 수령한 지주회사 지분
>   (유리한 교환 비율 필요)
>   - 일반 주주가 현물출자에 참여한 정도(대주주의 경영권 안정화에 부정적 요인)
>   (분할 후 사업회사 주가가 상대적으로 하락할 경우 발생)
> - 지주회사의 사업회사에 대한 지배력 확보
>   - 분할 전 대주주의 회사에 대한 지분
>   - 분할 전 자기주식에 부여된 신설회사(사업회사) 지분
>   - 지주회사의 현물출자에 참여한 일반 주주의 사업회사 지분
>   (분할 후 사업회사 주가가 상대적으로 하락할 경우 발생)

제2절 물적분할을 통한 지주회사 전환

물적분할을 통한 지주회사 전환은 회사에서 직접 운영하고 있는 사업부문을 자회사로 독립시키고, 동 자회사에 대한 주식을 100% 취득하여 지주회사로 전환하는 형태이다. 물적분할을 통해 지주회사로 전환되면 주주의 지분은 변동이 없다. 따라서 물적분할을 통한 지주회사 전환은 경영권 안정화가 아닌 **사업구조 개편이나 자금조달** 등을 목적으로 한다. 이해를 돕기 위하여 가상의 MD그룹을 통하여 물적분할을 활용한 지주회사 전환 과정을 설명한다.

1. MD그룹의 재무 및 주주 현황

MD그룹에서 핵심 역할을 수행하고 있는 MD사의 재무 현황은 다음과 같다.

| 재무 현황 |

(단위 : 억원)

	매출		자산	
	사업부문	기타부문	사업부문	기타부문
2021년	5,000	2,000	5,100	3,000
2022년	5,500	2,200	5,200	2,800
2023년	5,600	2,100	5,300	3,000

MD사는 게임사업과 캐릭터 개발사업을 주요 영업활동으로 하고 있다. 그리고 MD사는 MD치킨 및 MD피자 등 계열사 주식을 보유하고 있으며 계열사에 대한 관리업무를 수행하고 있다. 즉, MD사는 MD그룹에서 실질적인 지주회사의 위치에 해당한다. 그런데 사업의 규모가 커지고 세부 내용이 다양해짐에 따라 MD사는 조직관리에 어려움을 느끼고 있다.

먼저 MD사는 게임 사업부문과 캐릭터 사업부문 간 내부거래와 공통비 배분 문제로 각 사업의 실적을 명확하게 파악하는 데 어려움을 느끼고 있다. 실적 평가 시에는 다른 사업부문의 비용을 떠안게 된다는 피해의식도 있고, 성과가 좋지 않은 경우에는 그 책임을 다른 사업부문이나 경영지원부서 등 다른 부문에 전가시키려는 현상도 빈번하게 발견된다. 즉, 사업부문의 객관적인 성과 측정을 통한 책임경영이 매끄럽지 않은 상황이다.

한편, 게임 사업부문의 급속한 성장으로 인하여 MD사는 5년 후에 2,000억원의 투자를 실시할 예정이다. 그러나 영업활동으로 조달 가능한 현금은 800억원에 불과한 것으로 예측되어, 1,200억원의 자금을 어떻게 조달할 것인가 고심하고 있다. 금융기관으로부터 차입 또는 사채를 발행하는 대안을 쉽게 떠올릴 수 있으나, 부채비율의 상승과 이로 인한 금융비용의 증가는 부담스러운 상황이다.

마지막으로 MD사는 각 계열사에 대한 투자부문과 사업부문이 혼재되어 있으므로, 실적관리나 자금계획에 혼선이 발생하는 경우가 있다. 따라서 MD사는 사업부문과 투자부문을 명확하게 분리하여 운영할 필요성을 느꼈다.

이러한 이유로 MD사는 경영 계획 수립 시 다음을 염두에 두고 있다.
① 사업부문의 책임경영
② 5년 후 게임 사업부문에 대한 대규모 투자
③ 투자부문과 사업부문의 분리

현재 MD그룹에서 MD사만 유가증권 시장에 상장되어 있으며 나머지 회사들은 비상장기업이다. 2023년 말 현재 지배구조와 주주 현황은 다음과 같다.

| MD그룹의 지배구조 |

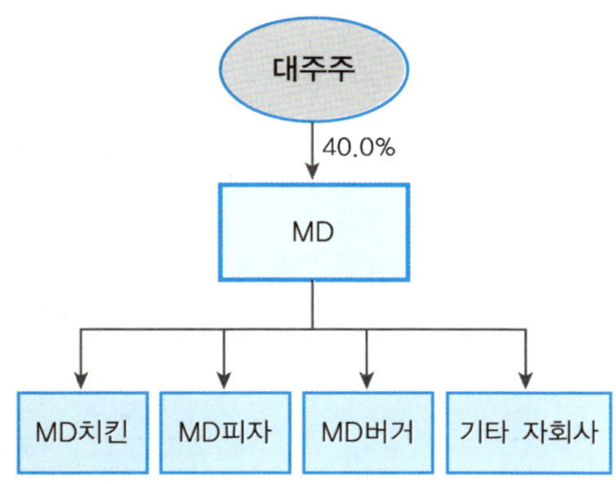

| 주주 현황 |

주주	지분율(%)	주식수
대주주(MD)	40.0	40,000
기타	60.0	60,000
합계	100.0	100,000

2. 물적분할을 통한 지주회사 전환

MD사는 2024년 1월 1일을 분할기일로 다음과 같이 물적분할하기로 결정하였다.

구 분	사업내용
MD홀딩스(존속기업)	캐릭터 사업부문 및 투자 사업부문
MD게임(신설기업)	게임 사업부문

그리고 분할 목적을 다음과 같이 공시하였다.

① 지주회사로의 전환을 목적으로 공정거래법상 자회사 주식가액 요건을 충족하기 위하여 게임 사업부문을 분할신설함.

② 사업부문별 책임경영체제를 확고히 하여 운용효율을 극대화하고자 함.

③ 향후 브랜드 Holder로서 브랜드 정체성 확립을 통한 차별화된 강력한 브랜드를 구축하여, 지속적인 경쟁우위 확보와 사업의 고성장을 추구하고자 함.

분할 전후의 지배구조를 비교하면 다음과 같다.

| A사의 물적분할 |

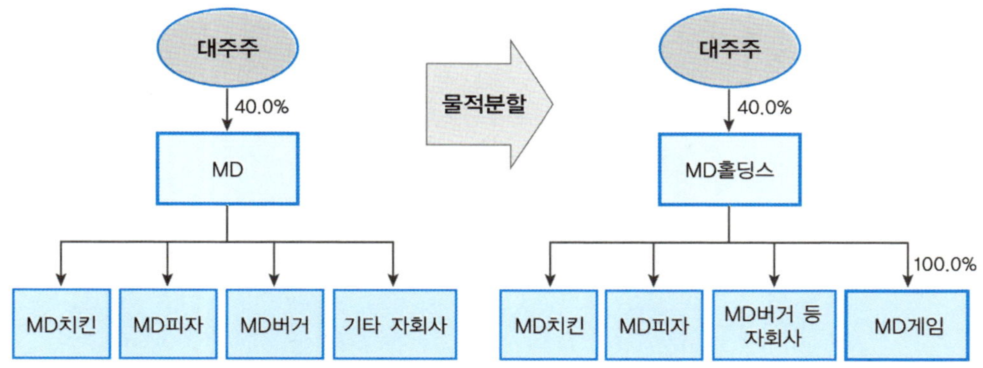

물적분할이 이루어지면 게임 사업부문 관련 자산과 부채는 모두 신설법인인 MD게임에게 이전되고, MD홀딩스는 MD게임 주식을 100% 보유하게 된다. 따라서 분할 후 MD홀딩스는 투자주식과 캐릭터 사업부문만 보유하게 된다.

3. 분할신설법인의 상장(IPO)

MD게임은 물적분할을 통하여 비상장기업으로 신설되지만 성장성이나 실적이 양호하다면 주식시장에 상장(IPO)할 수 있다. 만일 MD게임이 주식시장에 상장한다면 MD그룹은 다음과 같이 자금을 조달할 수 있다.

① 구주 매각 : MD홀딩스가 보유하고 있는 MD게임 주식 일부를 처분(MD홀딩스의 자금 확보)

② 신주 발행(공모) : MD게임이 새롭게 주식을 발행하여 자금을 조달(MD게임의 자금 확보)

앞서 MD게임은 5년 후 대규모 투자를 계획하고 있으며, 이 중 1,200억원은 외부에서 마련하여야 한다고 언급하였다. 따라서 MD게임이 상장하는 과정에서 30%에 해당하는 주식을 발행한다면, 상당한 자금을 마련할 수 있기에 차입이나 사채에 의존할 필요가 없다.

MD게임이 상장하면 MD홀딩스의 지분율은 100%에서 70%로 감소하게 된다. 그러나 MD홀딩스는 여전히 과반의 지분을 보유하고 있으므로 MD게임에 대한 지배력에는 영향을 미치지 않는다.

MD그룹의 물적분할 및 IPO 이후의 지배구조는 다음과 같다.

| 물적분할 및 IPO |

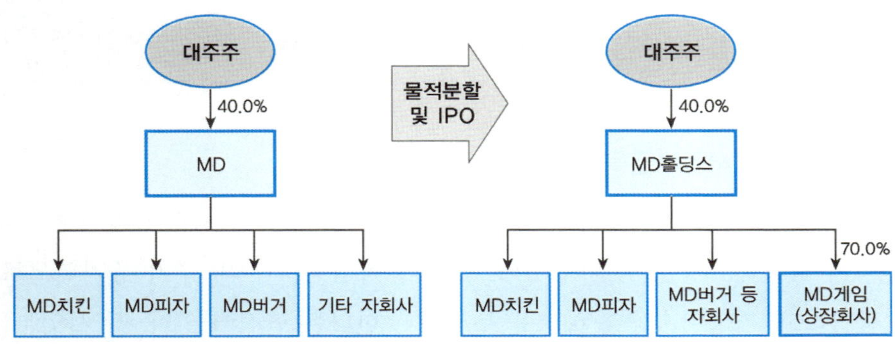

4. 물적분할 대상 사업부문

지금까지 게임 사업부문만을 독립시키는 물적분할을 설명하였는데, 다음과 같은 형태의 물적분할도 떠올릴 수 있다.

① 게임과 캐릭터 사업부문을 하나의 회사로 물적분할
② 게임 사업부문과 캐릭터 사업부문을 각각 회사로 물적분할

● 게임과 캐릭터 사업부문을 하나의 회사로 분할

게임과 캐릭터 사업부문을 하나의 회사로 물적분할하면 분할존속회사는 투자부문만 남는다. 그리고 신설회사가 모든 사업부문을 운영하게 된다. 이러한 형태는 투자부문과 사업부문의 실적이 명확하게 구분된다는 장점이 있다. 그리고 자회사의 규모가 크기 때문에 상장된다면 외부에서 유입될 자금의 규모도 커진다는 장점도 있다.

그러나 사업부문 간의 실적이 명확하게 구분되지 않는다는 단점과 경영권승계에 불리한 점이 있다. 그 이유는 순수지주회사는 가업상속공제 대상에서 제외되는 업종이기 때문이다.

모든 사업부문을 분할할 경우의 지배구조 변동은 다음과 같다.

| 모든 사업부문의 물적분할 |

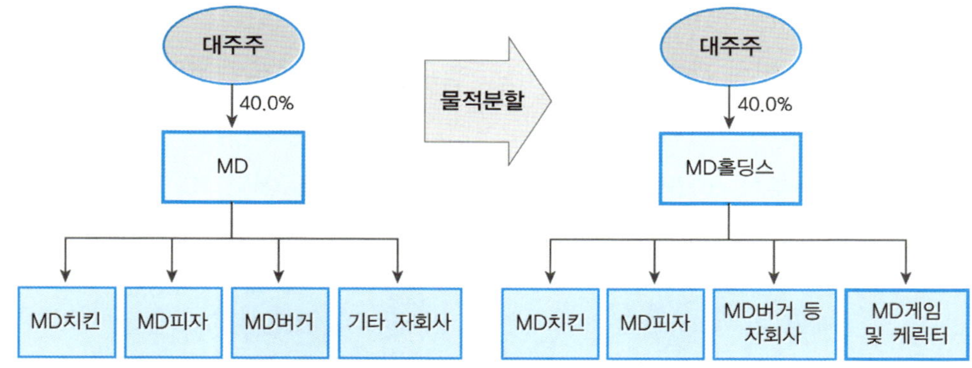

● 게임 및 캐릭터 사업부문을 각각 별도 회사로 분할

게임 및 캐릭터 사업부문을 각각 별도의 자회사로 분할하면, 각 사업부문과 투자부문의 실적이 명확해진다는 장점이 있다. 그러나 독립된 회사의 수가 증가하므로 관리비용이 증가하고, 가업상속공제 혜택을 누리지 못한다는 단점이 있다. 각 사업부문별로

물적분할을 실행할 경우는 다음과 같다.

│ 각 사업부문별 물적분할 │

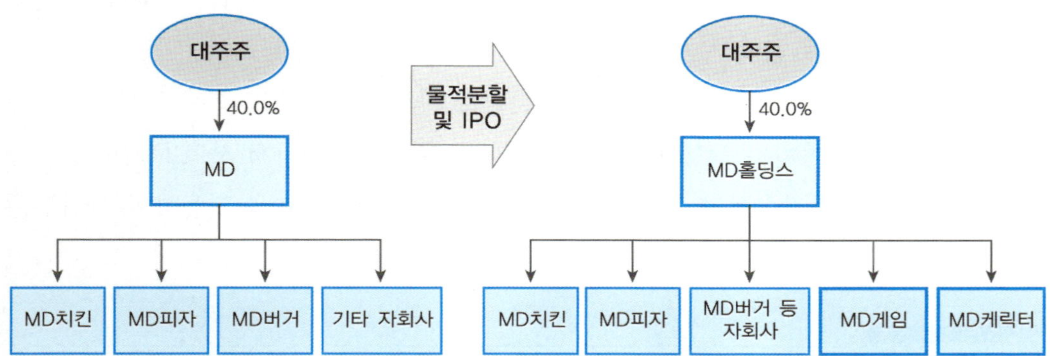

5. 사업구조 재편 및 구조조정

물적분할은 자금조달 창구를 다양화하거나 사업구조 개편 시에도 활용된다. 그 이유는 회사 내에 사업부문이 아니라 독립된 자회사로 존재하면 특정 사업부문에 대한 자금흐름이 명확해지고 구조조정이 용이하기 때문이다.

만일 MD사의 게임 사업부문에 매력을 느끼고 있는 투자자가 있다고 가정해 보자. 그 경우 동 투자자는 자금을 투자한다고 하더라도 동 자금이 게임 사업부문이 아닌, 계열사 지원이나 캐릭터 사업부문으로 흘러갈 수 있다고 우려할 수 있다. 그리고 투자 후에 경영실적이 개선되더라도 동 실적이 게임 사업부문으로 인한 것인지 또는 캐릭터 사업부문으로 인한 것인지에 대한 논란이 야기될 수 있다. 즉, 자금흐름이 불분명하고 이익 배분 기준이 명확하지 않아 투자에 망설일 수 있다.

그러나 게임 사업부문을 독립시킨 후 투자자로부터 자금을 조달받는다면 동 자금의 사용처나 실적에 따른 배분 기준이 분명해진다. 이와 같이 분할은 사업부문을 독립시킨 후 동 사업부문의 특성에 맞는 자금조달 전략(상장, 조인트벤처(Joint Venture) 또는 금융기관 차입)을 가능케 한다.

한편 현재 캐릭터 사업부문은 영업이익이 실현되고 있으나, MD그룹의 다른 사업부문과 Synergy가 적으며 향후 성장 가능성도 크지 않다고 가정해 보자. 이러할 경우

MD사는 캐릭터 사업부문을 구조조정하거나 외부에 처분하고 성장 가능성이 큰 다른 사업에 투자하는 것이 더 유리할 것이다. 그러나 MD사가 캐릭터 사업부문을 구조조정하거나 처분한다고 공지할 경우에는 그 영향이 MD사의 전 조직에게 영향을 미치고 사기를 떨어뜨릴 수 있다.

이러한 경우 구조조정이나 매각에 앞서 분할로 사업부문을 별도 회사로 독립시키는 것이 전체 조직에 미치는 악영향을 미연에 방지할 수 있다. 따라서 사업 Portfolio를 끊임없이 다변화하고 지속적인 구조개편을 실시하는 기업은, 분할을 활용하여 사업부문 단위로 조직구조를 재편하는 전략을 고려할 필요가 있다.

Summary!

인적분할이 아닌 물적분할을 통하여 지주회사로 전환되면 대주주의 지분율은 종전과 동일하므로 안정적인 대주주의 지분율이 전제되는 경우가 일반적이다. 그리고 지주회사 전환은 책임경영이나 향후 자금조달 및 사업 Portfolio의 재구성 등을 목적으로 하는 경우가 많다.

물적분할을 통한 지주회사 전환

- 사업부문의 물적분할
  - 사업부문을 100% 비상장 자회사로 독립
  - 대주주의 지분율은 변동 없음.
- 기대효과
  - 책임경영 강화
  - IPO나 JV(Joint Venture) 등 자금조달 창구 다변화
  - 구조조정 용이

제3절　분할합병을 통한 지주회사 전환

　분할합병을 통한 지주회사 전환은 기업집단 내에서 계열사의 지분을 많이 보유하고 있는 회사들을 사업부문과 투자부문으로 분할한 이후, 투자부문들을 합병하여 지주회사로 전환하는 형태이다. 참고로 분할합병이 필요한 기업집단은 지분구조가 복잡하게 얽혀 있는 경우가 일반적이다. 따라서 지주회사 행위제한 요건에 부합하도록 얽혀 있는 지분을 정리하는 절차에 대하여 관심을 가질 필요가 있다. 본 절에서는 이해를 돕기 위하여 가상의 MD그룹을 상정하여 분할합병을 통한 지주회사 전환 과정을 설명하고자 한다.

1. MD그룹의 지배구조 현황

　MD그룹은 치킨사업과 직화구이 사업부문을 운영하고 있다. 치킨사업에 대한 계열사는 MD후라이드에서 총괄하고 있으며, 직화구이 사업은 MD꽃등심에서 총괄하고 있다. MD후라이드와 MD꽃등심은 치킨사업과 직화구이사업을 관리할 뿐만 아니라, 직접 후라이드사업과 꽃등심사업을 영위하고 있는 사업지주회사 형태로 운영되고 있다. 현재 MD그룹에서 상장된 회사는 MD후라이드와 MD꽃등심이며, 나머지 자회사들은 비상장 상태로 유지되고 있다.

　2023년 말 현재 MD그룹의 지배구조는 다음과 같다.

| MD그룹의 지배구조 |

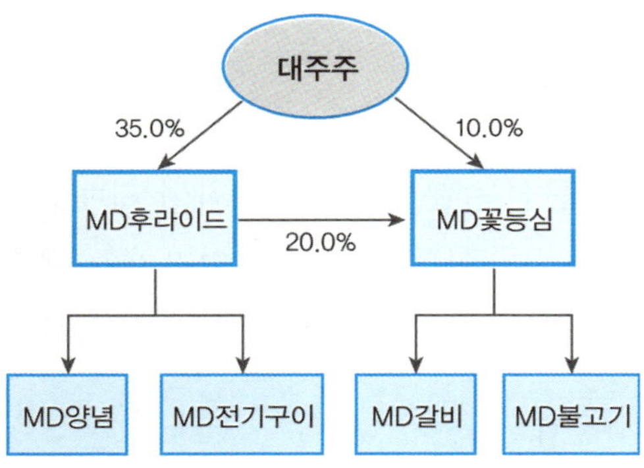

　MD그룹의 대주주는 MD후라이드와 MD꽃등심 지분을 각각 35%와 10%만큼 보유

하고 있다. 그리고 MD후라이드가 MD꽃등심에 대한 지분을 20%만큼 취득하고 있다. MD후라이드가 MD꽃등심 지분을 보유하고 있는 이유는 낮은 대주주의 지분율을 보완하기 위한 목적이다.

MD그룹은 지분 구조가 복잡하고 MD꽃등심에 대한 대주주의 지분율이 낮다는 문제점이 지적되었다. 그리고 MD후라이드의 경우 사업실적과 투자실적이 혼합되어 있어 책임경영이 어려운 상황이다. 따라서 MD그룹은 다음과 같은 목적으로 지배구조개선 작업을 추진하게 되었다.

① 대주주의 지분율 강화
② 책임경영 강화 및 지배구조 단순화

2. 핵심 계열사의 인적분할

MD그룹은 그룹 내에서 계열사 지분을 많이 보유하고 있는 MD후라이드와 MD꽃등심을 각각 사업부문과 투자부문으로 분할하기로 결정하였다.[15]

분할 전	분할 후	사업내용
MD후라이드	MD후라이드(투자부문)	치킨사업 투자부문
	MD후라이드(사업부문)	후라이드 사업부문
MD꽃등심	MD꽃등심(투자부문)	직화구이 투자부문
	MD꽃등심(사업부문)	꽃등심 사업부문

그리고 인적분할 후 각각의 투자부문을 합병하기로 결정하면서 다음을 공시하였다.

① 분할합병은 인적분할되는 MD꽃등심(투자부문)을 MD후라이드(투자부문)가 흡수합병하는 형태임.

② MD후라이드와 MD꽃등심은 분할합병을 통하여 지배구조의 투명성 및 효율성을 증대시킬 것으로 기대되며 이를 통하여 기업가치를 제고하고자 함.

③ 분할합병을 통하여 MD후라이드(투자부문)는 지주회사 역할을 보다 효과적으로

---

15) 실제 실무상 절차는 다음과 같다.
  ① MD후라이드의 분할
  ② MD꽃등심의 분할과 동시에 합병 : MD꽃등심의 분할과 동시에 MD꽃등심(투자부문)과 MD후라이드(투자부문)의 합병
  그러나 본서에서는 편의상 각각의 회사가 분할한 후 투자부문끼리 합병하는 것으로 설명하고 있다.

영위할 수 있을 것으로 보이며, MD꽃등심(사업부문)은 꽃등심사업에 집중하여 해당 사업을 보다 효과적으로 영위할 수 있을 것임.

④ 분할합병의 효과는 궁극적으로 분할합병을 진행하는 회사의 재무 및 영업에 긍정적인 영향을 줄 수 있을 것으로 판단됨.

MD후라이드와 MD꽃등심의 인적분할 결과 지배구조는 다음과 같이 변동되었다.

| 인적분할 |

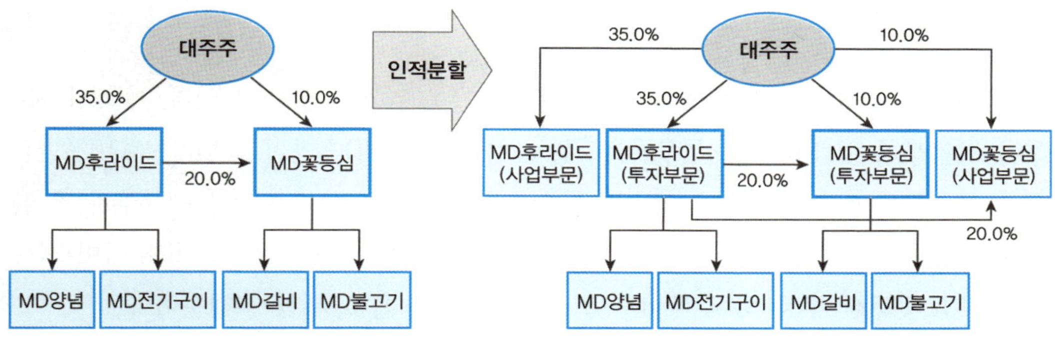

인적분할로 인하여 대주주는 MD후라이드(사업)와 MD후라이드(투자)의 지분을 각각 35%씩 보유하게 되었다. 그리고 대주주는 MD꽃등심(사업)과 MD꽃등심(투자)의 지분을 각각 10%씩 보유하게 되었다. 한편, MD후라이드(투자)는 MD꽃등심(투자)과 MD꽃등심(사업)의 지분을 각각 20%씩 보유하게 된다.

3. 투자부문의 합병

인적분할 후 투자부문인 MD후라이드(투자)와 MD꽃등심(투자)은 합병하게 되는데, 합병비율이 1 : 1이라고 가정할 경우 지배구조는 다음과 같이 변동된다.

| 투자부문의 합병 |

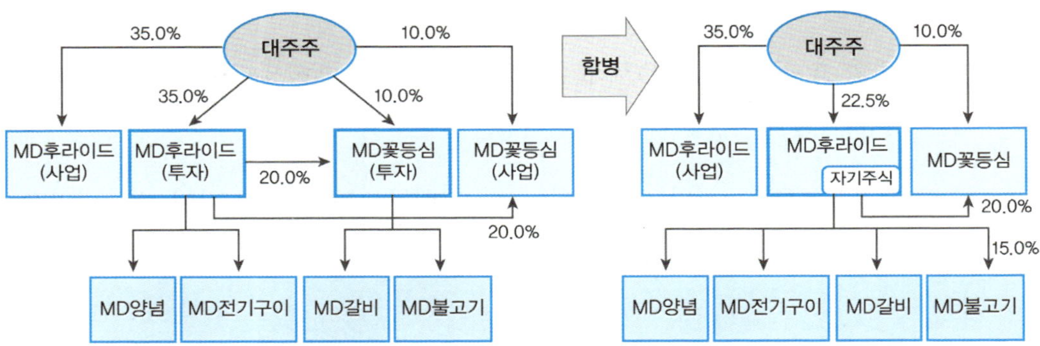

MD후라이드(투자)는 MD꽃등심(투자)의 지분을 20% 보유하고 있다. 따라서 MD후라이드(투자)와 MD꽃등심(투자)이 합병하게 되면 MD후라이드(투자)는 10%만큼의 자기주식을 보유하게 된다. 그 이유는 MD후라이드(투자)가 MD꽃등심(투자)을 흡수하면서 동 주주들에게 MD후라이드(투자) 주식을 교부하게 되는데, MD후라이드(투자)는 MD꽃등심(투자)의 주주이므로 결국 자기주식을 교부받기 때문이다.

한편 MD후라이드(투자)와 MD꽃등심(투자)이 1 : 1로 합병하게 되면, 합병 후 대주주는 MD후라이드(투자)에 대한 지분을 22.5%만큼 보유하게 된다. 그리고 합병 후 MD후라이드(투자)가 자기주식을 10%만큼 보유하고 있으므로 대주주의 유효지분율은 25%로 계산된다.

- 합병 후 지분율 = (35.0% + 10.0%) ÷ 2 = 22.5%
- 유효지분율 = 22.5% ÷ (1 − 10%) = 25.0%

MD후라이드(투자)와 MD꽃등심(투자)의 합병 이후 대주주가 인적분할을 통해 얻게 된 MD후라이드(사업) 주식과 MD꽃등심을 MD후라이드(투자)에 현물출자한다고 가정해보자. 그러할 경우 다음의 지분 변동이 발생한다.

① 대주주는 보유하는 MD꽃등심(사업)과 MD후라이드(사업) 주식을 MD후라이드(투자)에 이전

② MD후라이드(투자)는 대주주로부터 주식을 받은 이전받은 대가로 MD후라이드(투자)의 주식을 발행하여 지급

현물출자가 이루어지면 MD후라이드(투자)는 대주주가 보유하고 있던 MD후라이드(사업)와 MD꽃등심(사업) 지분을 이전받게 된다. 따라서 MD후라이드(투자)는 각각의 회사에 대하여 35%와 30%의 지분을 보유하게 되어 지주회사로의 전환이 용이해진다.

현물출자 시점에 MD후라이드(사업)와 MD꽃등심(사업) 및 MD후라이드(투자)의 기업가치가 모두 동일하다고 가정해 보자. 그러할 경우 대주주가 현물출자 후 MD후라이드(투자)에 가지게 될 지분율은 다음과 같이 계산된다.

$$\text{현물출자 후 지분율} = \frac{22.5\%(\text{종전 지분율}) + 35.0\%(\text{MD후라이드(사업) 이전 대가}) + 10.0\%(\text{MD꽃등심(사업) 이전 대가})}{100\% + 35.0\%(\text{신규 발행}) + 10.0\%(\text{신규 발행})} = 46.5\%$$

현물출자 후 지배구조는 다음과 같다.

| 현물출자 |

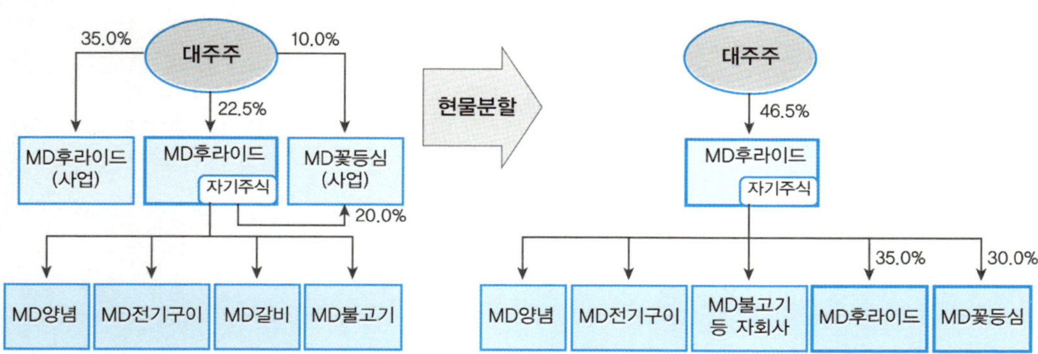

Summary!

분할합병을 활용한 지주회사 전환은 다음과 같이 이루어진다.
① 그룹에서 계열사 주식을 많이 보유하고 있는 회사들을 각각 인적분할
② 투자부문의 합병

분할합병이 필요한 회사는 순환출자 등 지분구조가 복잡한 경우가 일반적이므로, 지주회사 전환 과정에서 주식의 처분 및 취득 절차가 수반되는 경우가 많다.

분할합병을 통한 지주회사 전환

- 계열사 주식이 많은 회사들을 투자부문과 사업부문으로 인적분할
- 인적분할 후 투자부문을 합병
- 투자부문의 합병 후 대주주가 보유하고 있는 사업회사 지분은 지주회사에 현물출자

제4절　최대주주의 지분액과 지배구조개선

'지배구조개선이 최대주주의 부(富)와 경영권 안정에 어떠한 영향을 미칠 것인가?'
'그 효과는 어떻게 계량화할 것인가?'

지배구조개선 업무와 관련하여 위와 같은 질문에 맞닥뜨리는 경우가 많다. 그러나
지배구조는 다양한 형태로 개선되므로 하나의 지표로 분석하기 어렵다. 더구나 최대주
주의 부(富)는 주식가치와 밀접한 관련이 있는 경우가 일반적인데, 시장 변화에 따라
주식가치가 급등락한다는 문제점도 있다.

따라서, 다양하게 지배구조가 변동하더라도 일관성 있게 측정할 수 있고, 시장의 변
화가 있더라도 일관성 있게 측정하기 위한 지표로서 다음 개념을 제시하고자 한다.

◉ 최대주주의 부(富)를 '회사에 대한 지분액'이라는 개념으로 치환

지배구조개선 형태에 따라 최대주주의 지분액 변동은 다양하게 나타나며, 상장회사
인지 비상장회사인지에 따라 평가를 달리 해야 할 필요도 있을 수 있다. 그러나 본 절
에서 제시하는 사례를 적절하게 응용한다면, 실무상 과제를 풀어나가는 데 필요한 아
이디어를 얻을 수 있을 것으로 기대한다.

앞서 설명하였듯이 인적분할을 통한 지주회사 전환은 주로 경영권 안정화 목적으로
이루어진다. 그리고 여기서 경영권 안정화는 지분레버리지 효과를 통해서 달성된다. 지
분레버리지 효과는 현물출자 과정에서 이루어지는데, 다음의 두 단계 과정으로 나누어
볼 수 있다.

① 1단계 : 최대주주의 지주회사에 대한 지분율 강화
② 2단계 : 지주회사의 사업회사에 대한 지배력 확보

앞서 분할 전에 회사가 자기주식을 보유하고 있으면 지주회사 전환에 유리하다고 언
급하였는데, 그 내용을 요약하면 다음과 같다.

◦ '지분레버리지 효과 극대화와 최대주주의 부(富)에 긍정적인 효과'

> **자기주식 취득 효과**
>
> ① 분할 신설된 회사(사업)에 대한 지주회사의 지배력 강화
> ② 최대주주의 분할 신설회사에 대한 유효 지분액 하락 방지 또는 상승

여기서 분할 신설된 회사에 대한 지배력은 지배구조개선 후에 지주회사가 분할 신설회사 지분을 얼마나 보유하고 있는지로 판단할 수 있다. 그리고 최대주주의 지분액이 얼마나 변동되었는지는 다음 절차로 확인할 수 있다.

① 지배구조개선 전 최대주주의 유효 지분액
② 지배구조개선 후 최대주주의 유효 지분액
③ 지배구조개선을 통한 최대주주의 지분액 변동 효과 = ② - ①

본 절에서는 지배구조개선이 지분레버리지 효과와 최대주주의 지분액에 미치는 영향을 계량화하여 살펴본다. 불가피하게 일부 수리적인 분석이 수반되나, 지배구조개선 효과를 구체적으로 측정하기 위한 과정으로 이해해 주길 바란다. 그리고 한 번 정도는 꼼꼼하게 본 과정을 따라가며 그 의미를 음미하였으면 한다.

1. 자기주식이 없는 경우의 지배구조개선

분할 전에 자기주식을 취득하였을 경우의 효과를 분석하려면, 먼저 자기주식을 보유하고 있지 않은 경우를 살펴볼 필요가 있다. 따라서 다음 예제를 통해 자기주식이 없는 경우의 지주회사 전환 과정을 계량화하여 설명하고자 한다.

> **예제 1**
>
> • 왕회장은 회사에 대하여 25%(250주)의 지분을 보유하고 있음.
> • 회사의 자산과 부채는 다음과 같이 구성되어 있음.
>   - 자산 : 치킨사업 자산 5,000원, 피자사업 자산 12,000원
>   - 부채 : 치킨사업 부채 4,000원, 피자사업 부채 3,000원
> • 회사가 발행한 주식은 1,000주임.
> • 회사는 피자사업을 신설법인으로 하여 인적분할을 실시함.

- 인적분할 결과 치킨회사와 피자회사의 순자산 비율은 1:9임.
- 분할 후 치킨회사와 피자회사가 발행한 주식수는 각각 100주와 900주임.
- 분할 후 왕회장은 피자회사 주식 225주를 치킨회사에 현물출자하고, 225주의 치킨회사 주식을 수령함.

요구사항

1. 경영권 안정화 효과를 분석하시오.
2. 지배구조개선이 왕회장의 지분액에 미치는 영향을 분석하시오.

지배구조개선 과정을 그림으로 표현하면 다음과 같다.

| 자기주식이 없는 경우의 지주회사 전환 |

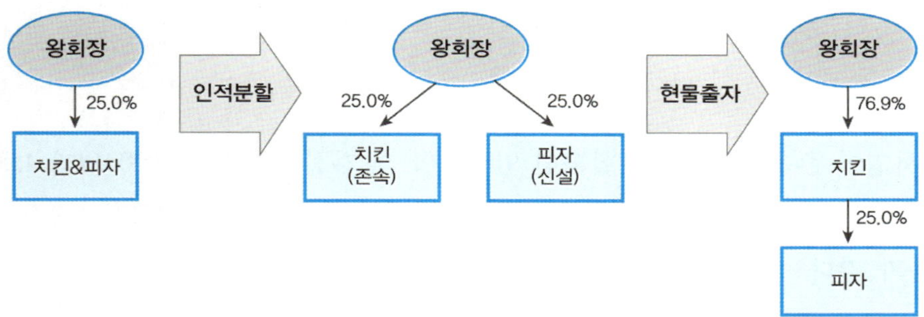

(1) 지배구조개선 전

본 예제에 제시된 회사의 지배구조개선 전 재무상태표를 표시하면 다음과 같다.

재무상태표(지배구조개선 전)

치킨사업 자산	5,000	치킨사업 부채	4,000
피자사업 자산	12,000	피자사업 부채	3,000
		순자산	10,000
자산총계	17,000	부채와 자본 합계	17,000

그리고 주주 구성은 다음과 같다.

	주식 수	지분율(%)
왕회장	250주	25.0
기타 주주	750주	75.0
합계	1,000주	100.0

현재 왕회장의 지분액은 다음과 같이 계산된다.

- 왕회장의 지분액 = 순자산 × 지분율 = 10,000원 × 25.0% = 2,500원

상기 지분액을 사업별로 상세하게 분석하면 다음과 같다.

- 치킨사업에 대한 지분액 = (자산 − 부채) × 지분율
  = (5,000원 − 4,000원) × 25.0% = 250원
- 피자사업에 대한 지분액 = (12,000원 − 3,000원) × 25.0% = 2,250원

(2) 인적분할

치킨사업이 존속법인으로 분할되면 인적분할 후 자산과 부채는 5,000원과 4,000원이며, 순자산은 차액인 1,000원으로 결정된다. 분할 후 치킨회사의 재무상태표를 예시하면 다음과 같다.

재무상태표(분할 후 치킨회사)

치킨사업 자산	5,000	치킨사업 부채	4,000
		순자산	1,000
자산총계	5,000	부채와 자본 합계	5,000

유상감자를 통하여 치킨회사의 주식수는 100주로 감소하게 된다. 그러나 주식수는 감소하지만 모든 주주에 비례하여 주식이 소각되므로 지분율은 종전과 동일하다. 따라서 분할 후 주주 구성은 다음과 같다.

	주식 수	지분율(%)
왕회장	25주	25.0
기타 주주	75주	75.0
합계	100주	100.0

그리고 피자사업이 신설법인으로 설립되면 자산과 부채는 12,000원과 3,000원이며, 순자산은 차액인 9,000원으로 결정된다. 따라서 분할 신설된 피자회사의 재무상태표는 다음과 같다.

재무상태표(분할 후 피자회사)

피자사업 자산	12,000	피자사업 부채	3,000
		순자산	9,000
자산총계	12,000	부채와 자본 합계	12,000

피자회사는 900주를 발행하여 기존 주주들에게 종전 지분율에 비례적으로 주식을 교부한다. 따라서, 피자회사의 주주 구성은 치킨회사와 동일하게 유지된다.

	주식 수	지분율(%)
왕회장	225주	25.0
기타 주주	675주	75.0
합계	900주	100.0

(3) 현물출자

분할 후 왕회장이 보유하고 있는 피자회사 주식 225주를 치킨회사에 현물출자하고 225주의 치킨회사 주식을 수령한다고 가정하자. 그러할 경우 치킨회사의 주주 구성은 다음과 같이 변동한다.

주주	현물출자 전		현물출자	현물출자 후	
	주식 수	지분율(%)	주식 수	주식 수	지분율(%)
왕회장	25주	25.0	225주	250주	76.9
기타 주주	75주	75.0	–	75주	23.1
합계	100주	100.0	225주	325주	100.0

그리고 현물출자로 인하여 왕회장이 보유하고 있던 주식의 소유주는 치킨회사로 변경된다. 따라서 피자회사의 주주 구성은 다음과 같이 변동된다.

주주	현물출자 전		현물출자	현물출자 후	
	주식 수	지분율(%)	주식 수	주식 수	지분율(%)
왕회장	225주	25.0	(225주)	–	–
치킨회사	–	–	225주	225주	25.0
기타 주주	675주	75.0	–	675주	75.0
합계	900주	100.0	–	900주	100.0

(4) 지배구조개선 후

왕회장이 보유한 피자주식을 치킨회사에 현물출자한 이후, 치킨회사는 지주회사로 전환된다고 가정해 보자. 이때 치킨회사가 보유하게 되는 피자회사 주식의 장부금액을 순자산 지분액으로 산정하면 2,250원(= 9,000원 × 25.0%)으로 결정된다. 그리고 치킨회사가 투자주식을 받는 대가로 지분을 추가로 발행하면, 순자산은 1,000원에서 3,250원(= 1,000원 + 2,250원)으로 증가하게 된다.

따라서 현물출자가 이루어진 이후 치킨회사의 재무상태표는 다음과 같이 구성된다.

재무상태표(현물출자 후 치킨회사)

치킨사업 자산	5,000	치킨사업 부채	4,000
투자주식	2,250		
		순자산	3,250
자산총계	7,250	부채와 자본 합계	7,250

한편, 피자회사는 최대주주가 왕회장에서 치킨회사로 변경되었을 뿐 재무상태는 동일하므로, 재무상태표는 다음과 같이 구성된다.

재무상태표(현물출자 후 피자회사)

피자사업 자산	12,000	피자사업 부채	3,000
		순자산	9,000
자산총계	12,000	부채와 자본 합계	12,000

치킨회사가 피자회사에 대하여 지배력을 보유하고 있다고 가정하고 연결재무제표를

작성하면 그 내역은 다음과 같다.

연결재무상태표(지배구조개선 후)

치킨사업 자산	5,000	치킨사업 부채	4,000
피자사업 자산	12,000	피자사업 부채	3,000
		지배기업 지분	3,250
		비지배지분	6,750
자산총계	17,000	부채와 자본 합계	17,000

지배구조가 개선된 이후 연결재무상태표를 보면 비지배지분이라는 항목이 6,750원으로 표시되고 있음을 발견할 수 있다. 여기서 비지배지분은 분할로 독립된 피자회사의 비지배주주(즉, 치킨회사 이외의 소액주주)의 지분액인데 다음과 같이 계산된다.

- 비지배지분 = 피자회사의 순자산 × 비지배주주의 지분율

$$= 9,000원 × 75\% = 6,750원$$

한편, 지배구조가 변경된 이후 왕회장의 지분액은 비지배지분을 제외한 나머지 지분 즉, 지배기업 지분에 지분율을 적용하여 계산되는데 그 내역은 다음과 같다.

- 왕회장의 지분액 = 순자산(지배기업 지분) × 지분율

$$= 3,250원 × 76.9\% = 2,500원$$

상기 지분액을 사업별로 상세하게 분석하면 다음과 같다.

- 치킨사업에 대한 지분액 = (자산 − 부채) × 지분율

$$= (5,000원 − 4,000원) × 76.9\% = 769원$$

- 피자사업에 대한 지분액 = (자산 − 부채) × 최대주주 지분율 × 치킨회사 지분율

$$= (12,000원 − 3,000원) × 76.9\% × 25.0\% = 1,731원$$

- 왕회장의 지분액 = 치킨사업에 대한 지분액 + 피자사업에 대한 지분액

$$= 769원 + 1,731원 = 2,500원$$

(5) 지배구조개선에 대한 평가

왕회장 입장에서 지배구조개선 효과를 다음과 같은 관점에서 분석해 보자.

① 경영권 안정화

② 지분액 증가

먼저 경영권 안정화 효과를 살펴보자. 왕회장은 직접 지분을 보유하는 회사에 대한 지분율이 25.0%에서 76.9%로 증가하였다. 그러나 피자회사에 대한 치킨회사의 지분은 25.0%에 불과하다. 따라서 치킨사업에 대한 경영권 안정화 효과는 달성하였으나, 규모가 큰 피자사업에 대한 경영권 안정화 효과는 달성하지 못하였다고 할 수 있다. 결과적으로 경영권 안정화 효과는 일부만 달성된 것이다.

그리고 왕회장의 회사에 대한 지분액을 비교해 보자.

① 지배구조개선 전 왕회장의 유효 지분액 = 2,500원

② 지배구조개선 후 왕회장의 유효 지분액 = 2,500원

③ 지배구조개선을 통한 왕회장의 지분액 변동 = 0원

결국, 지배구조개선은 왕회장의 부(富)에 아무런 영향을 미치지 못하고 있음을 알 수 있다.

2. 자기주식이 있는 경우의 지배구조개선

지금까지 분할 전에 자기주식이 없는 경우를 살펴보았는데, 자기주식이 있는 경우에는 어떠한 효과가 있는지 살펴보자.

예제 2

- 왕회장은 회사에 대하여 20%(200주)의 지분을 보유하고 있음.
- 회사의 자산과 부채는 다음과 같이 구성되어 있음.
  - 자산 : 치킨사업 자산 5,000원, 피자사업 자산 12,000원
  - 부채 : 치킨사업 부채 4,000원, 피자사업 부채 3,000원
- 회사가 발행한 주식은 1,000주임.
- 회사는 200주의 자기주식을 보유하고 있음.
- 회사는 피자사업을 신설법인으로 하여 인적분할을 실시함.
- 인적분할 결과 치킨회사와 피자회사의 순자산 비율은 1:9임.
- 분할 후 치킨회사와 피자회사가 발행한 주식수는 각각 100주와 900주임.
- 분할 후 왕회장은 피자회사 주식 180주를 치킨회사에 현물출자하고, 200주의 치킨회사

주식을 수령함.

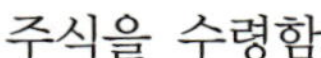

1. 경영권 안정화 효과를 분석하시오.
2. 지배구조개선이 왕회장의 지분액에 미치는 영향을 분석하시오.

〈예제 2〉에서는 회사가 20%의 자기주식을 보유하고 있으며, 왕회장의 지분은 20%라는 점에서 〈예제 1〉과 차이가 있다. 그러나 왕회장의 유효지분율은 25.0%이므로 경제적 실질은 〈예제 1〉과 거의 동일할 것임을 예상할 수 있다.

상기 예제의 지배구조개선 과정을 그림으로 표현하면 다음과 같다.

| 자기주식이 있는 경우의 지주회사 전환 |

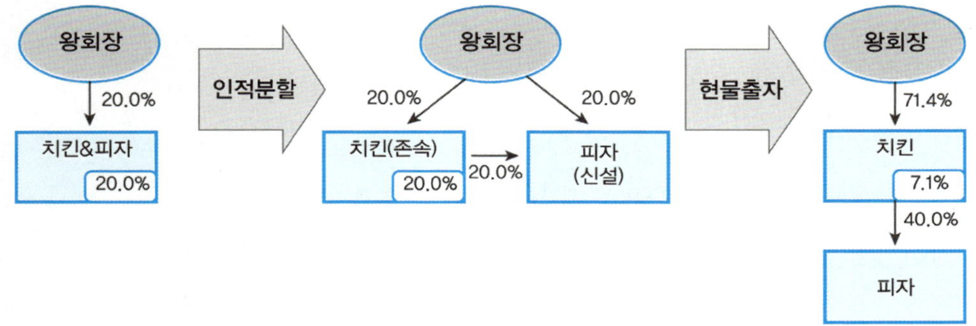

(1) 지배구조개선 전

본 예제에 제시된 회사의 지배구조개선 전 재무상태표를 표시하면 다음과 같다.

재무상태표(지배구조개선 전)

치킨사업 자산	5,000	치킨사업 부채	4,000
피자사업 자산	12,000	피자사업 부채	3,000
		자기주식	(2,000)
		자기주식 외 순자산	12,000
자산총계	17,000	부채와 자본 합계	17,000

그리고 주주 구성은 다음과 같다.

	주식 수	지분율(%)
왕회장	200주	20.0
자기주식	200주	20.0
기타 주주	600주	60.0
합계	1,000주	100.0

현재 왕회장의 지분율은 20.0%이나 경제적인 관점의 지분율 즉, 유효지분율은 다음과 같다.

- 유효지분율 = 현재 지분율 ÷ (1 − 자기주식 지분율)

    = 20.0% ÷ (1 − 20.0%) = 25.0%

그리고 유효지분율을 적용한 왕회장의 지분액은 다음과 같다.

- 왕회장의 지분액 = 순자산 × 유효지분율

  = 10,000원 × 25.0% = 2,500원

상기 지분액을 사업별로 상세하게 분석하면 다음과 같다.

- 치킨사업에 대한 지분액 = (자산 − 부채) × 유효지분율

    = (5,000원 − 4,000원) × 25.0% = 250원
- 피자사업에 대한 지분액 = (12,000원 − 3,000원) × 25.0% = 2,250원

지금까지 살펴본 내용을 통하여 자기주식이 있더라도 유효지분율이 동일하므로, 왕회장의 경제적 실질은 〈예제 1〉과 동일함을 알 수 있다.

(2) 인적분할

먼저 피자사업이 신설법인으로 설립되면 자산과 부채는 12,000원과 3,000원이며, 순자산은 차액인 9,000원으로 결정된다. 따라서 분할 후 피자회사의 재무상태표는 다음과 같다.

재무상태표(분할 후 피자회사)

피자사업 자산	12,000	피자사업 부채	3,000
		순자산	9,000
자산총계	12,000	부채와 자본 합계	12,000

피자회사는 900주를 발행하여 기존 주주들에게 종전 지분율에 비례적으로 주식을 교부한다. 그런데 분할 전에 치킨회사가 보유하고 있는 자기주식에 대해서도 피자회사 주식이 교부되므로, 피자회사의 주주는 다음과 같이 구성된다.

	주식 수	지분율(%)
왕회장	180주	20.0
치킨회사	180주	20.0
기타 주주	540주	60.0
합계	900주	100.0

한편 분할을 통하여 치킨회사가 가지게 되는 피자회사 주식 금액은 순자산 지분액으로 결정된다고 가정해 보자. 그러할 경우 치킨회사의 장부에 계상되는 투자주식 금액은 다음과 같다.

- 투자주식 금액 = 순자산 × 지분율 = 9,000원 × 20.0% = 1,800원

치킨사업이 존속법인으로 분할되면 치킨사업에 관한 자산과 부채는 5,000원과 4,000원으로 결정된다. 그리고 자기주식 중 1,800원은 투자주식으로 대체된다. 따라서 치킨회사의 장부에 계상될 자기주식 금액은 200원(= 2,000원 − 1,800원)으로 산정된다.

치킨회사의 자산총계는 6,800원(= 5,000원 + 1,800원)이며 부채는 4,000원이므로, 순자산(자본 총계) 금액은 대차일치 원칙에 따라 2,800원으로 결정된다. 그리고 자본총계 중 자기주식이 200원만큼 있으므로 자기주식 이외의 순자산 합계는 3,000원으로 계산된다.

따라서 분할 후 치킨회사의 재무상태표는 다음과 같이 구성된다.

재무상태표(분할 후 치킨회사)

치킨사업 자산	5,000	치킨사업 부채	4,000
투자주식	1,800		
		자기주식	(200)
		자기주식 외 순자산	3,000
자산총계	6,800	부채와 자본 합계	6,800

유상감자를 통하여 치킨회사의 주식수는 100주로 감소하게 된다. 그러나 주식수는 감소하나 모든 주주가 보유하고 있는 주식수에 비례하여 감소되므로 지분율은 분할 전과 동일하게 유지된다.

	주식 수	지분율(%)
왕회장	20주	20.0
자기주식	20주	20.0
기타 주주	60주	60.0
합계	100주	100.0

(3) 현물출자

분할 후 왕회장이 보유하는 피자회사 주식 180주를 치킨회사에 현물출자하고 치킨회사 주식을 수령한다고 가정해 보자. 이러할 경우 치킨회사의 주주 구성은 다음과 같이 변동된다.

주주	현물출자 전		현물출자	현물출자 후	
	주식 수	지분율(%)	주식 수	주식 수	지분율(%)
왕회장	20주	20.0	180주	200주	71.4
자기주식	20주	20.0	–	20주	7.1
기타 주주	60주	60.0	–	60주	21.5
합계	100주	100.0	180주	280주	100.0

현물출자 이후의 왕회장의 유효지분율을 계산하면 다음과 같다.

- 유효지분율 = 71.4% ÷ (1 − 7.1%) = 76.9%

현물출자로 인하여 피자회사의 최대주주는 왕회장에서 치킨회사로 변경된다. 따라서 현물출자 후 피자회사의 주주 구성은 다음과 같이 변동된다.

주주	현물출자 전		현물출자	현물출자 후	
	주식 수	지분율(%)	주식 수	주식 수	지분율(%)
왕회장	180주	20.0	(180주)	–	–
치킨회사	180주	20.0	180주	360주	40.0
기타 주주	540주	60.0	–	540주	60.0
합계	900주	100.0	–	900주	100.0

(4) 지배구조개선 후

왕회장이 보유한 피자주식을 치킨회사에 현물출자한 이후, 치킨회사는 지주회사로 전환된다고 가정해 보자. 이때 치킨회사가 추가로 보유하게 되는 피자회사 주식의 장부금액을 순자산 지분액으로 산정하면 1,800원(= 9,000원 × 20.0%)으로 결정된다. 그리고 치킨회사가 투자주식을 받는 대가로 지분을 추가로 발행하면, 치킨회사의 순자산은 2,800원에서 4,600원(= 2,800원 + 1,800원)으로 증가한다.

재무상태표(현물출자 후 치킨회사)

치킨사업 자산	5,000	치킨사업 부채	4,000
투자주식(*)	3,600		
		자기주식	(200)
		자기주식 외 순자산	4,800
자산총계	8,600	부채와 자본 합계	8,600

(*) 투자주식 = 1,800원(자기주식에 교부된 주식) + 1,800원(현물출자로 수령한 주식)

한편, 피자회사는 최대주주만 왕회장에서 치킨회사로 변경되었을 뿐 재무상태는 동일하므로 재무상태표는 다음과 같이 구성된다.

재무상태표(현물출자 후 피자회사)

피자사업 자산	12,000	피자사업 부채	3,000
		순자산	9,000
자산총계	12,000	부채와 자본 합계	12,000

치킨회사가 피자회사에 대하여 지배력을 보유하고 있다고 가정하고 연결재무제표를 작성하면 그 내역은 같다.

연결재무상태표(지배구조개선 후)

치킨사업 자산	5,000	치킨사업 부채	4,000
피자사업 자산	12,000	피자사업 부채	3,000
		지배기업 지분[*]	4,600
		비지배지분	5,400
자산총계	17,000	부채와 자본 합계	17,000

(*) 지배기업 지분 = (200)원(자기주식) + 4,800원(기타의 순자산 구성 항목)

지배구조가 개선된 이후 연결재무상태표를 보면 비지배지분이 5,400원으로 표시되고 있음을 발견할 수 있다. 여기서 비지배지분은 분할로 독립된 피자회사의 비지배주주(즉, 치킨회사 이외의 주주)의 지분액인데 다음과 같이 계산된다.

- 비지배지분 = 피자회사의 순자산 × 비지배주주의 지분율
  = 9,000원 × 60% = 5,400원

한편, 지배구조개선 후 왕회장의 지분액은 비지배지분을 제외한 나머지 지분 즉, 지배기업 지분에 유효지분율을 적용하여 계산되는데 그 금액은 다음과 같다.

- 왕회장의 지분액 = 순자산(지배기업 지분) × 유효지분율
  = 4,600원 × 76.9% = 3,538원

상기 지분액을 사업별로 상세하게 분석하면 다음과 같다.

- 치킨사업에 대한 지분액 = (자산 − 부채) × 유효지분율
  = (5,000원 − 4,000원) × 76.9% = 769원

- 피자사업에 대한 지분액 = (자산 − 부채) × 최대주주 유효지분율 × 치킨회사 지분율
  = (12,000원 − 3,000원) × 76.9% × 40.0% = 2,769원
- 왕회장의 지분액 = 치킨사업에 대한 지분액 + 피자사업에 대한 지분액
  = 769원 + 2,769원 = 3,538원

(5) 지배구조개선에 대한 평가

왕회장 입장에서 지배구조개선 효과를 다음과 같은 관점에서 분석해 보자.
① 경영권 안정화
② 부(富)의 증가

먼저 경영권 안정화 효과를 살펴보자. 왕회장은 회사에 대한 지분이 20.0%에서 76.9%로 증가하였다. 그리고 피자회사에 대한 치킨회사의 지분은 40.0%이다. 따라서 치킨사업에 대한 경영권 안정화 효과도 달성하면서, 피자사업에 대해서도 어느 정도 안정화 효과도 달성한 것으로 평가된다.

왕회장의 지분액을 비교해 보자.
① 지배구조개선 전 왕회장의 유효 지분액 = 2,500원
② 지배구조개선 후 왕회장의 유효 지분액 = 3,538원
③ 지배구조개선을 통한 최대주주의 지분액 증가 = 1,038원
지배구조개선을 통하여 왕회장의 지분액은 2,500원에서 3,538원으로 증가하는데, 그 원인에 대해서는 후술한다.

3. 결과 분석

지금까지 인적분할 전에 자기주식의 유무에 따라 나타나는 지배구조개선 효과를 〈예제 1〉과 〈예제 2〉를 통해서 살펴보았다. 그 결과를 비교해 보자.

(1) 경영권 안정화 효과

먼저 지배구조개선으로 인한 경영권 안정화 효과는 다음과 같다.

	지배구조개선 전		지배구조개선 후	
	자기주식 미보유	자기주식 보유	자기주식 미보유	자기주식 보유
왕회장의 치킨회사에 대한 지분율	25.0	25.0	76.9	76.9
치킨회사의 피자회사 지분율	해당 사항 없음	해당 사항 없음	25.0	40.0
비지배지분 비중	해당 사항 없음	해당 사항 없음	67.5	54.0

(*1) 지분율은 유효지분율 기준으로 제시됨.
(*2) 비지배지분 비중 = 비지배지분 ÷ (전체 자본 = 지배기업 지분 + 비지배지분)

지배구조개선 이전에는 자기주식의 유무에 관계없이 왕회장의 유효지분율은 25.0%로 동일하다. 그리고 지주회사에 대한 왕회장의 유효지분율도 76.9%로 동일하다. 그러나 치킨회사(지주회사)가 보유하는 피자회사(분할 신설된 사업회사) 지분율은 자기주식을 보유하고 있는 경우가 훨씬 유리하다. 그 이유는 분할 전에 보유하고 있었던 자기주식에 대하여 피자회사의 주식이 교부되기 때문이다.

지배구조개선 전에는 비지배지분이 없었으나, 분할을 통하여 지배구조의 계층이 변경되면서 비지배지분이 발생하게 된다. **최대주주 관점에서는 비지배지분의 비중이 전체 자본 중에서 일정 비중을 차지하고 있으며, 최대주주의 경영권은 안정된 상태를 유지하는 것이 바람직하다.** 지분레버리지 효과에 대한 자세한 내용은 〈제8장〉〈제1절〉을 참조하기 바란다.

지분레버리지 관점에서는 자기주식이 없는 경우가 비지배주주의 비중이 67.5%이므로 자기주식이 있는 경우보다 극대화된다. 그러나 지분레버리지 효과는 극대화 되었으나, 신설된 피자회사에 대한 지분율은 안정되지 않았다는 문제점이 야기된다. 즉, **지분레버리지 효과는 자회사 등 계열사에 대한 경영권의 안정화를 전제로** 고려해야 한다. 따라서 자기주식을 보유한 후 지주회사로 전환한 형태가 지배구조 측면에서 적절하다.

(2) 최대주주의 지분액

지배구조개선이 최대주주의 지분액에 미치는 영향을 분석해 보자.

	지배구조개선 전		지배구조개선 후	
	자기주식 미보유	자기주식 보유	자기주식 미보유	자기주식 보유
치킨사업	250	250	769	769
피자사업	2,250	2,250	**1,731**	**2,769**
합계	2,500	2,500	2,500	3,538

지배구조개선 이전에는 자기주식을 보유하고 있는지에 관계없이 왕회장의 지분액은 2,500원으로 동일하다. 그리고 치킨사업에 대한 왕회장의 지분액도 769원으로 동일하다. 그러나 왕회장의 피자사업(분할 신설된 사업회사)에 대한 지분액은, 자기주식을 보유하고 있을 경우가 1,038원(= 2,769원 − 1,731원)만큼 유리하다.

이러한 차이가 발생되는 요인을 살펴보자. 최대주주의 치킨회사에 대한 유효지분율은 동일하다. 그러나 치킨회사의 피자회사(사업회사)에 대한 지분율은 자기주식이 있는 경우가 15.0%(= 40.0% − 25.0%)만큼 유리하다. 따라서 해당 지분율에 상응하는 만큼 최대주주의 피자사업에 대한 지분액이 증가하게 된다.

이를 산식으로 표현하면 다음과 같다.

- 최대주주의 지분액 변동 = 자회사 사업의 순자산
  × 지주회사에 대한 최대주주 지분율
  × 지주회사의 사업회사에 대한 지분율 개선 효과
  = 9,000원 × 76.9% × (40.0% − 25.0%) = 1,038원

| 보론 | 자기주식의 취득과 처분 |

〈제1절〉에서 살펴보았듯이 인적분할을 통해 지주회사로 전환할 경우 자기주식이 유용하게 활용된다. 그러나 자기주식의 취득과 처분은 상법에 따라 이루어져야 하는데, 본 절에서는 상법 등 관련 사항을 살펴본다.

1. 상법

제341조 : 자기주식의 취득

① 회사는 다음의 방법에 따라 자기의 명의와 계산으로 자기의 주식을 취득할 수 있다. 다만, 그 취득가액의 총액은 직전 결산기의 대차대조표상의 순자산액에서 제462조 제1항 각 호의 금액을 뺀 금액을 초과하지 못한다.[16)]
   • 거래소에서 시세(時勢)가 있는 주식의 경우에는 거래소에서 취득하는 방법
   • 제345조 제1항의 주식의 상환에 관한 종류주식의 경우 외에 각 주주가 가진 주식 수에 따라 균등한 조건으로 취득하는 것으로서 대통령령으로 정하는 방법
② ①에 따라 자기주식을 취득하려는 회사는 미리 주주총회의 결의로 다음 각 호의 사항을 결정하여야 한다. 다만, 이사회의 결의로 이익배당을 할 수 있다고 정관으로 정하고 있는 경우에는 이사회의 결의로써 주주총회의 결의를 갈음할 수 있다.
   • 취득할 수 있는 주식의 종류 및 수
   • 취득가액의 총액의 한도
   • 1년을 초과하지 아니하는 범위에서 자기주식을 취득할 수 있는 기간
③ 회사는 해당 영업연도의 결산기에 대차대조표상의 순자산액이 제462조 제1항 각 호의 금액의 합계액에 미치지 못할 우려가 있는 경우에는 제1항에 따른 주식의 취득을 하여서는 아니 된다.

---

16) 상법 제462조 제1항 : 회사는 대차대조표의 순자산액으로부터 다음의 금액을 공제한 액을 한도로 하여 이익배당을 할 수 있다.
   ① 자본금의 액
   ② 그 결산기까지 적립된 자본준비금과 이익준비금의 합계액
   ③ 그 결산기에 적립하여야 할 이익준비금의 액
   ④ 대통령령으로 정하는 미실현이익

④ 해당 영업연도의 결산기에 대차대조표상의 순자산액이 제462조 제1항 각 호의 금액의 합계액에 미치지 못함에도 불구하고 회사가 제1항에 따라 주식을 취득한 경우 이사는 회사에 대하여 연대하여 그 미치지 못한 금액을 배상할 책임이 있다. 다만, 이사가 제3항의 우려가 없다고 판단하는 때에 주의를 게을리하지 아니하였음을 증명한 경우에는 그러하지 아니하다.

● 제341조의 2 : 특정목적에 의한 자기주식의 취득

회사는 다음 각 호의 어느 하나에 해당하는 경우에는 제341조에도 불구하고 자기의 주식을 취득할 수 있다.

① 회사의 합병 또는 다른 회사의 영업전부의 양수로 인한 경우
② 회사의 권리를 실행함에 있어 그 목적을 달성하기 위하여 필요한 경우
③ 단주(端株)의 처리를 위하여 필요한 경우
④ 주주가 주식매수청구권을 행사한 경우

● 제341조의 3 : 자기주식의 질취

회사는 발행주식총수의 20분의 1을 초과하여 자기의 주식을 질권의 목적으로 받지 못한다. 다만, 제341조의 2 ① 및 ②의 경우에는 그 한도를 초과하여 질권의 목적으로 할 수 있다.

● 제342조 : 자기주식의 처분

회사가 보유하는 자기의 주식을 처분하는 경우에 다음 각 호의 사항으로서 정관에 규정이 없는 것은 이사회가 결정한다.

① 처분할 주식의 종류와 수
② 처분할 주식의 처분가액과 납입기일
③ 주식을 처분할 상대방 및 처분방법

2. 유효 지분율

회사가 보유하고 있는 주식(자기주식)은 의결권이 주어지지 않으므로 실제 의사결정에 영향을 미치는 유효지분율은 자기주식을 제외하고 산정된다.

> 유효지분율
>
> • 유효지분율 = 현재 보유주식수 ÷ (전체 주식수 − 자기주식수)
> • 유효지분율 = 절대 지분율 ÷ (1 − 자기주식 지분율)

만일 대주주의 지분율은 25%이나 자기주식이 20%만큼 보유하고 있는 경우 유효지분율은 31.3%[= 25.0% ÷ (1 − 20.0%)]로 계산된다. 즉 대주주는 발행주식 중 25.0%만큼의 지분만 보유하고 있으나, 자기주식으로 인하여 실제 경영권을 행사할 수 있는 지분율은 31.3%이다. 따라서 대주주의 지분율이 높지 않은 회사의 경우 자기주식 취득을 통해 경영권을 안정화하는 사례가 빈번하게 발견된다.

3. 법령 개정

과거 국회에서 자기주식의 효과를 제어하기 위한 법안이 발의된 사례가 많다. 따라서 자기주식을 전략적으로 취득하고 있는 회사는 개정 여부 및 그 가능성에 대해 유의할 필요가 있다.

제**2**장

지주회사 Ⅱ : 전환 사례

앞서 〈제1장〉을 통하여 우리나라 기업들이 지주회사로 전환되는 대표적인 유형을 살펴보았다. 지주회사 전환 사례를 살펴보면 그 유형을 몇 가지 형태로 분류할 수 있겠으나, 수학 공식처럼 동일한 모습은 아니다. 회사 특유의 상황(지분율, 경영권승계, 세무 Risk 및 사업적인 특성 등)을 고려하여 지배구조개선이 이루어지므로, 큰 형태는 유사하더라도 세부적인 절차는 상이할 수밖에 없기 때문이다. 따라서 개별회사의 상황과 이슈를 정확하게 이해하고, 해결하는 과정을 살펴볼 필요가 있다.

- 코오롱그룹의 지주회사 전환
- 한진그룹의 지주회사 전환과 경영권 분쟁
- 한국타이어그룹의 지주회사 전환과 경영권 분쟁
- 풀무원의 지배구조개선
- 한솔그룹의 지주회사 전환

제1절   코오롱그룹의 지주회사 전환

코오롱그룹은 대주주의 낮은 지분율을 강화하기 이전에 지주회사로 전환하였는데, 지주회사 전환 이전에 코오롱과 FnC코오롱의 합병이 이루어졌다는 점이 특징적이다.

1. 코오롱그룹의 현황

코오롱은 1957년에 나일론 생산을 영업목적으로 설립되었으며 1975년에 유가증권시장에 상장되었다. 설립 시 사명은 한국나이롱이었으나 추후 코오롱으로 변경하였는데, '코오롱(KOLON)'은 코리아＋나일론(Korea＋Nylon)의 합성어에 해당한다.

2009년 당시 코오롱은 화학사업 등을 영위하면서 FnC코오롱, 네오뷰코오롱 및 코오롱글로텍 등 여러 계열사의 주식을 보유하고 있는 사업지주회사 형태로 운영되었다. 당시 코오롱의 최대주주인 이웅열 회장 등 특수관계자의 지분율은 19.0%에 불과했다. 따라서 안정적인 경영권을 확보할 필요성이 대두되었다.

2009년 당시 코오롱의 주요 주주 현황은 다음과 같다.

주주	지분율(%)
이웅열	15.7
그 외 특수관계자	3.3
도레이(일본기업)	11.2
자기주식	9.2
기타	60.6
합계	100.0

상기 표를 보면 일본기업인 도레이가 눈에 뜨이는데 도레이는 세계적인 소재기업으로 유명하다. 코오롱그룹은 1960년대부터 도레이로부터 나일론 기술을 전수받는 등 전략적인 관계를 맺고 있다.

2009년 6월 현재 코오롱그룹의 지배구조는 다음과 같다.

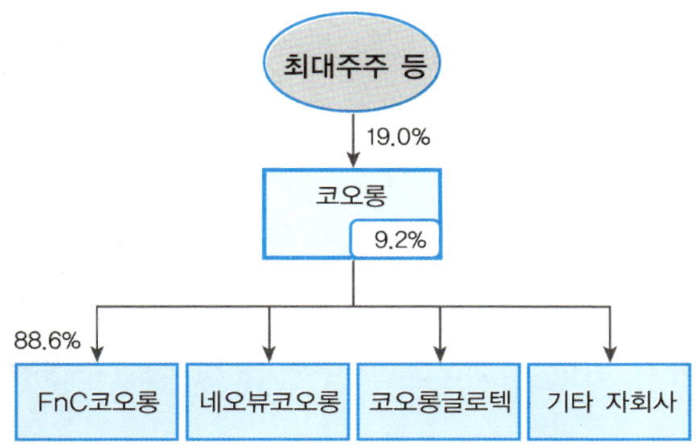

2. 코오롱과 FnC코오롱의 합병

2009년 8월에 코오롱과 주요 자회사 중 하나인 FnC코오롱이 합병하였는데, 합병 당시 코오롱그룹이 공시한 내용은 다음과 같다.

① 안정적 사업기반 확보 및 사업규모의 확대를 통해 투자여력을 강화함으로써 미래 성장기반을 확보

② 경영효율성 증대 및 재무구조 개선을 통해 주주가치 극대화를 도모

합병으로 인하여 코오롱은 종전의 화학과 소재 사업 이외에도 패션사업도 영위하게 되었다. 코오롱과 FnC코오롱의 합병은 다음과 같은 점에서 시장의 우호적인 반응을 얻었다.

① 합병 후 코오롱은 패션사업에서 창출한 현금으로 화학 및 소재 부문에 투자할 수 있다.

② 경기에 민감한 패션사업과 민감하지 않은 화학사업이 같이 합쳐지므로 변동성이 적은 경영이 가능하다.

코오롱과 FnC코오롱의 합병은 여러 가지 이유가 있겠으나, 결과적으로 다음 사항이 고려된 것으로 추정된다.

① 자기주식의 확보

② 분할될 사업부문의 가치 극대화

(1) 자기주식의 확보

2009년 6월에 코오롱은 자기주식을 9.2% 보유하고 있었으나, 인적분할 이후 신설된 자회사에 대한 지분율을 안정적으로 확보하기 위해서는 보다 많은 자기주식이 필요하였다. 왜냐하면 현 상태에서 코오롱이 지주회사로 전환되면 분할된 코오롱(사업회사)에 대한 지분율이 미미하여, 정작 사업을 영위하는 핵심부문에 대한 경영권이 불안정해질 수 있기 때문이다. 따라서 코오롱과 FnC코오롱의 합병은 분할 후 사업자회사에 대한 지분율을 확보하기 위한 목적으로 이루어진 것으로 추정된다.

합병 직전 FnC코오롱의 대주주는 코오롱으로서 그 지분율은 88.6%에 달했다. 그리고 코오롱과 FnC코오롱의 합병은 합병기업인 코오롱이 피합병기업인 FnC코오롱 주주에게 코오롱 주식을 지급하는 형식으로 이루어졌다. FnC코오롱의 주주는 합병대가로 코오롱주식을 받게 되었는데, FnC코오롱의 최대주주였던 코오롱은 결국 자기주식을 취득하게 되었다.

합병 전후 코오롱의 주주 현황을 살펴보면 다음과 같다.

	지분율(%)	
	합병 전	합병 후
이웅열	15.7	13.1
그 외 특수관계자	3.3	3.0
자기주식	9.2	23.4

| 코오롱과 코오롱FnC의 합병 |

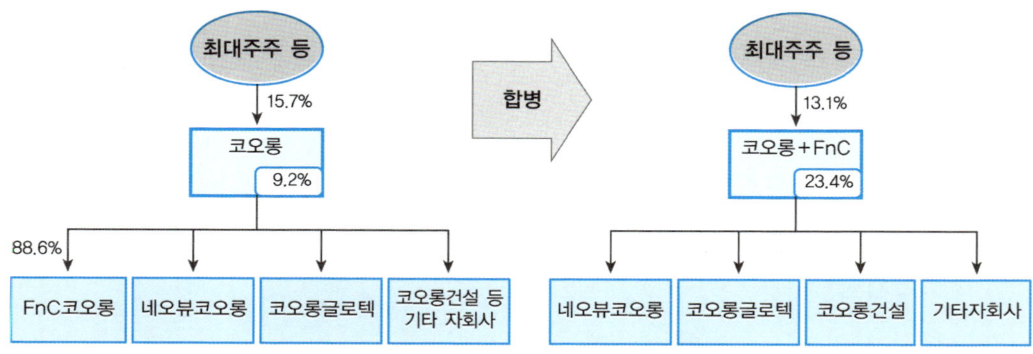

(2) 분할될 사업부문의 가치 극대화

현물출자 시 주식교환비율은 투자부문(존속회사, 지주회사)과 사업부문(신설회사)의 가치에 따라 결정된다. 투자부문의 가치가 커질수록 주식교환비율은 작아지고, 현물출자 후 대주주가 지주회사에 가지게 되는 지분은 감소한다. 반면 투자부문의 가치가 적을수록 주식교환비율이 커지고, 현물출자 후 대주주가 지주회사에 가지게 되는 지분은 증가한다.[17]

코오롱과 FnC코오롱이 합병하게 되자 코오롱이 보유하고 있는 투자주식 중 FnC코오롱 주식은 소멸되었다. 그리고 FnC코오롱이 보유하는 자산과 부채는 코오롱에게 이전되었다. 즉, 투자부문은 감소하고 사업부문은 증가하게 되었다.

투자부문의 가치가 감소함에 따라 현물출자 시 주식교환비율은 증가하게 되었다. 이로 인하여 최대주주는 현물출자 후 지주회사에 대한 지분율을 보다 높일 수 있었다.

3. 코오롱그룹의 지주회사 전환

(1) 인적분할

FnC코오롱과 코오롱의 합병 이후 코오롱은 2009년 12월 31일 기준으로 다음과 같이 인적분할을 결정하였다.

구　분	사업내용
코오롱(존속기업)	투자부문
코오롱인더스트리(신설기업)	화학, 산자, 필름 및 패션사업부문 등 제조부문

그리고 분할목적을 다음과 같이 공시하였다.

① 제조 사업부문과 투자 사업부문의 분리를 통하여 궁극적으로 투자 사업부문만을 전담하는 순수지주회사를 설립함으로써 각 사업부문이 독립적으로 고유사업에 전념토록 하고, 사업부문별로 독립적인 경영 및 객관적인 성과평가를 가능케 함으로써 책임 경영체제를 확립함.

② 각 산업군별 사업특성에 맞는 신속하고 전문적인 의사결정이 가능한 지배구조 체

---

17) 보다 자세한 내용은 〈제1장〉〈제1절〉의 5를 참조하기 바란다.

제를 확립하여 경쟁력을 강화하고, 전문화된 사업영역에 기업의 역량을 집중함으로써 경영위험의 분산을 추구함.

③ 지주회사체제 전환을 통하여 기업지배구조의 투명성을 증대하고, 이를 통해 시장에서 적정한 기업가치 평가가 가능하게 함.

④ 각 사업부문의 전문화를 통하여 구조조정과 핵심사업에의 집중투자를 용이하게 하고 사업의 고도화를 실현함.

인적분할로 인한 지배구조의 변동은 다음과 같다.

| 코오롱의 인적분할 |

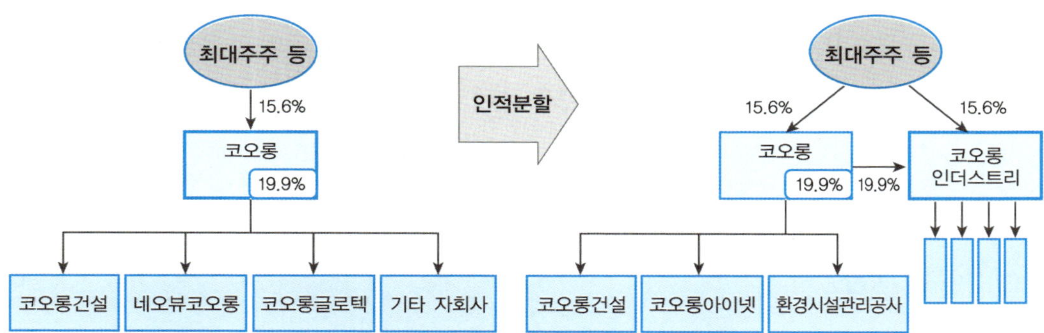

분할을 통하여 사업부문뿐만 아니라 계열사 중 코오롱글로텍, 캠브리지코오롱 및 코오롱패션머티리얼 등 패션 및 화학사업을 영위하는 계열사들까지 모두 코오롱인더스트리에게 이전되었다. 그 결과 코오롱은 코오롱건설 및 코오롱아이넷 등 일부 주식만 보유하게 되었다. 따라서 분할 후에는 코오롱인더스트리의 가치가 코오롱(투자부문, 지주회사)보다 훨씬 더 가치가 큰 것으로 평가되었다.

분할 후 존속법인인 코오롱은 투자주식과 건물만 남게 되어 순수지주회사 형태로 전환되었다. 분할 후 코오롱의 매출 구성은 다음과 같다.

구 분	비 중
Royalty 등 수입수수료	48%
배당금수익	27%
임대수익	25%

(2) 현물출자

인적분할 후 코오롱인더스트리의 현금창출능력이 코오롱보다 훨씬 우수하다고 평가되었으므로, 코오롱인더스트리의 기업가치는 코오롱보다 훨씬 높게 형성되었다. 따라서 현물출자 과정에서 이웅열 회장 등 특수관계자는 코오롱인더스트리 주식을 이전하는 대가로 상당한 수량의 코오롱의 주식을 수령하게 되었다. 이 결과 현물출자 후 최대주주의 코오롱(지주회사)에 대한 지분율은 대폭 상승하게 되었다.

| 코오롱의 현물출자 |

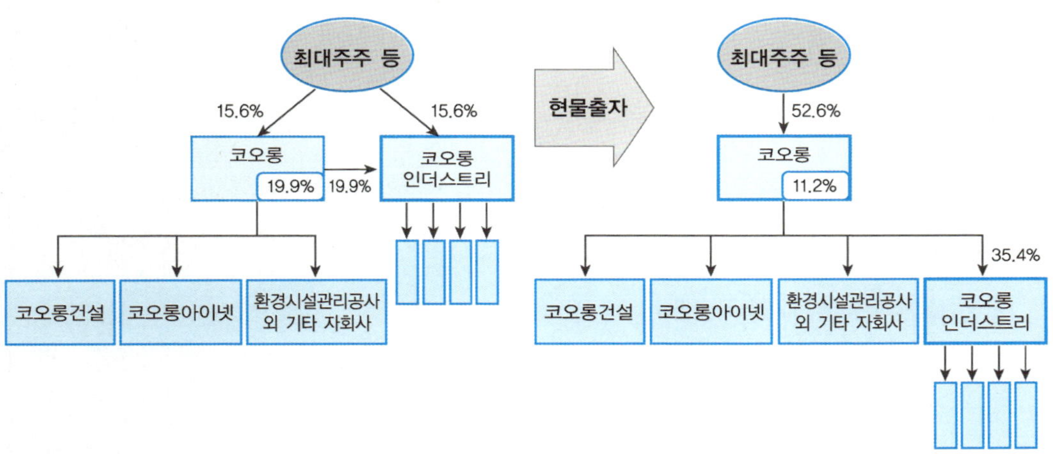

지주회사 전환 전후의 주주 구성을 비교하면 다음과 같다.

주주	지분율(%)	
	2009년	2010년
이웅열	15.7	44.0
그 외 특수관계자	3.3	8.6
도레이(일본기업)	11.2	9.1
자기주식	9.2	11.2
기타	60.6	27.1
합계	100.0	100.0

상기 표를 살펴보면 최대주주의 지분은 19.0%에서 52.6%로 증가하여 경영권이 안정되었음을 알 수 있다.

지주회사 전환 후 코오롱은 보유하고 있었던 11.2%에 해당하는 자기주식을 처분하였다. 코오롱그룹이 자기주식을 처분한 이유는 다음과 같이 해석된다.

① 지주회사 행위제한 요건을 만족시키기 위하여 코오롱은 코오롱건설과 코오롱제약 등을 추가로 취득하였어야 하는데, 이 과정에서 투자 자금이 필요하였다.

② 대주주의 지분이 충분하게 확보되었으므로 더 이상 자기주식을 보유하고 있을 이유가 없다.

코오롱그룹은 이웅열 회장 등의 낮은 지분을 지주회사 전환을 통하여 안정화시키기 위하여 인적분할과 현물출자를 실시하였다. 그런데 인적분할에 앞서 코오롱과 FnC코오롱의 합병이 이루어졌다는 점이 특징적인데, 본 절의 내용을 요약하면 다음과 같다.

Summary!

코오롱그룹의 지주회사 전환 과정과 그 특징을 요약하면 다음과 같다.

- **코오롱그룹의 지주회사 전환**
- 코오롱과 FnC코오롱의 합병
  - 코오롱의 자기주식 증가
    → 분할로 신설될 자회사에 대한 지주회사의 지배력 강화
  - 사업부문의 가치 증가
    → 주식 교환비율에 영향을 미치게 되어 대주주의 지주회사에 대한 지분율 증가
- 인적분할과 현물출자
  - 분할신설 자회사의 가치를 극대화하는 방향으로 분할 결정
- 지주회사 전환 후 자기주식 처분
  - 최대주주의 지분율 안정화
  - 지주회사 행위제한 요건을 충족하기 위한 투자자금 필요

보론   지주회사의 수익모델과 브랜드 사용료

지주회사는 지주회사로서 투자여력 확보를 위하여 지속적인 현금창출능력이 있어야 한다. 게다가 분할 시 차입금을 일정 부분 승계하였다면 원리금의 상환 부담을 해소시키기 위한 현금도 보유해야 한다.

지주회사는 크게 사업지주회사와 순수지주회사로 구분할 수 있다. 사업지주회사는 사업에서 발생하는 매출과 현금흐름이 있으나, 순수지주회사는 현금을 창출할 수 있는 사업이 없으므로 별도의 수익모델을 개발할 필요가 있다. 지주회사의 수익모델로는 크게 배당금수익, 브랜드 사용료, 임대수익 및 자회사에 대한 용역수익 등을 예로 들 수 있다.

구 분	적용 사례
배당금수익	지주회사의 기본수익
부동산 임대수익	LG, GS, 세아홀딩스, 아모레퍼시픽그룹, 녹십자홀딩스, 하이트홀딩스 등
브랜드수익	SK, LG, GS, 풀무원, 대상홀딩스, 아모레퍼시픽그룹, 하이트홀딩스 등
전산용역료, 경영관리수수료 등	세아홀딩스, SBS미디어홀딩스, 아모레퍼시픽그룹, 대웅 등

전형적인 지주회사의 Cash In과 Cash Out을 예시하면 다음과 같다.
① Cash In : 배당금수익, 브랜드 수익, 용역수수료, 자체 사업수익 등
② Cash Out : 배당금 지급, 광고비, 브랜드 개선비용, Shared Service 비용, 인건비, 임차료, 금융비용 등

지주회사의 수익모델 중 특징적인 것은 브랜드수익인데, 브랜드수익은 지주회사나 실질적인 지주회사격인 회사가 브랜드와 관련된 무형자산을 관리하는 대가로 계열사로부터 수령하게 된다. 다시 말하면 지주회사가 브랜드 관리 체계를 구축하고 가치 증대를 위한 재원 마련을 위한 수수료인 것이다. 브랜드수익은 지주회사와 계열사 간 계약이나 정관 등을 통해 정해지는데, 실제 사례를 분석한 결과는 다음과 같다.

① 산정 기준 : 계열사의 매출액 또는 매출액에서 광고선전비를 차감한 금액

② 요율 : 0.05%~3.00%[18]

③ 특징

- 수요자의 제품 선택 시 브랜드가 영향이 큰 음식료업종 등은 요율이 다소 높음.

- 브랜드가 영향을 덜 미치는 철강업종 등은 요율이 다소 낮음.

- 일반 제조업은 0.20% 내외에서 결정되는 사례가 많음.

- 브랜드수수료를 일괄적으로 적용하는 지주회사도 있으며, 계열사의 업종에 따라 요율을 차등하는 경우도 있음. 그리고 계열사의 매출 종류(상품매출, 제품매출, 수출)에 따라 요율을 차등하는 사례도 있음.

브랜드수익은 자칫 지주회사에 대한 지분율이 높은 대주주의 편취 수단으로 활용될 수 있다는 점에서 논란이 되기도 한다. 따라서 반드시 사전에 브랜드수수료에 대한 논리적 근거와 요율 산정에 대한 적정성이 마련될 필요가 있다. 관련 기사를 살펴보자.

공정위는 지난해 9월 1일 기준 공시대상기업집단(대기업집단) 57개를 대상으로 상표권 사용료 수취 현황과 공시 실태를 점검한 결과 2016년 기준으로 20개 대기업집단의 지주회사(또는 대표회사)가 277개 계열사에서 9,314억원의 사용료 수익을 올린 것으로 나타났다고 30일 밝혔다.

20개 집단에서 사용료를 받는 지주회사나 지주사 격의 대표회사들은 대체로 총수일가 지분율이 높은 것으로 조사됐다. 13개 집단에서 해당 회사의 총수일가 지분이 30%를 넘어 사익 편취(일감몰아주기 등) 규제 대상에 포함된 것으로 나타났다. 부영(95.4%), 한국앤컴퍼니(73.9%), 미래에셋자산운용(62.9%), 아모레퍼시픽그룹(54.2%)처럼 총수일가 지분율이 50%를 넘는 기업도 4개나 됐다. 이번 조사에서 코오롱과 한국타이어, 금호아시아나, 미래에셋 등 4개 집단 소속 7개 회사는 상표권 사용료 관련 이사회 의결을 하지 않거나 내역을 공시하지 않는 등 공시의무를 8건 위반한 사실이 적발돼 총 2억9550만원의 과태료가 부과됐다.

공정위는 이번 실태점검을 계기로 대기업집단이 매년 받는 사용료와 산정방식 등 상세 내역을 매년 공시하도록 '공시대상기업집단 소속회사의 중요사항 공시 등에 관한 규정'을

---

18) 적정한 브랜드 요율 산정 시 일반적으로 사용되는 방법은 CUT methodology와 Valuation methodology가 있다. CUT methodology는 유사한 상황에서 회사가 특수관계자 외의 불특정다수인과 계속적으로 거래 시 적용할 요율을 산정하는 방식이며, Valuation methodology는 세후초과이익(= 추정 영업이익 – 업종 통상이익 – 법인세) 중 브랜드가치가 기여한 비중을 산정하는 방식이다.

개정해 지난 29일 행정예고했다. 개정안에 따르면 대기업집단 소속회사는 계열회사 간 상표권 사용 거래 현황을 매년 5월 31일 1회 공시해야 한다. 공정위는 총수일가 사익 편취 혐의가 뚜렷한 행위에 대해서는 직권조사 등 법 집행을 병행한다고 밝혔다. 하지만 브랜드 사용권 거래가 그룹 내에 한정돼 있고 시장 가격을 산출하기 어려워 실제로 조사·처벌까지 이어지는 사례는 극히 드물 것으로 보인다. (2018.1.31. 매일경제)

제**2**절 한진그룹의 지주회사 전환

한진그룹은 인적분할, 현물출자 및 합병을 통하여 지주회사로 전환하였는데, 존속법인이 아닌 분할신설기업이 지주회사로 전환되었다는 점과 현물출자 시 대주주 등 특수관계자뿐만 아니라 상당수의 일반주주도 참가하였다는 점이 특징적이다.

1. 한진그룹의 현황

2013년 6월 현재 한진그룹은 대한항공이 한국항공, 한진정보 및 정석기업 등의 지분을 보유하는 형태로 구성되어 있었다. 그런데 대한항공에 대한 최대주주의 지분은 10%에 불과하여 그룹 경영권을 안정화할 필요성을 느끼고 있었다.[19]

2013년 6월 당시 한진그룹의 지배구조는 다음과 같다.

| 한진그룹의 지배구조 |

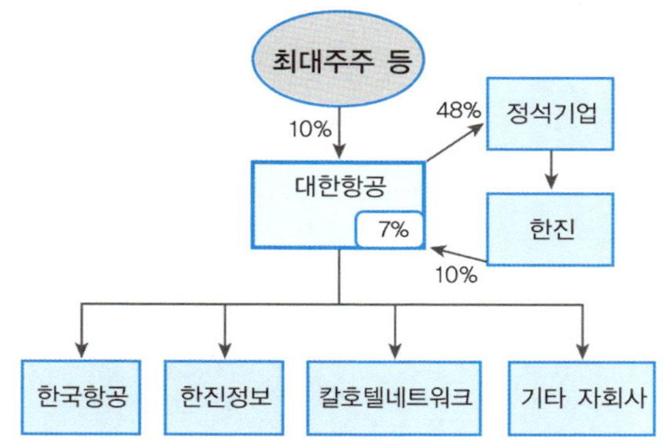

상기 지배구조를 살펴보면 한진그룹은 '대한항공 → 정석기업 → 한진 → 대한항공'이라는 순환구조로 형성되어 있음을 알 수 있다. 이렇게 순환구조가 형성된 이유는 최대주주의 지분율이 10%에 불과하여 경영권을 안정화하기 위함으로 이해된다.

그리고 그림에서 표시하지는 않았지만 한진은 한진드림익스프레스 및 한진인천부항운영 등 총 14개의 종속기업을 보유하고 있는 회사로서 화물운송, 항만하역, 택배사업

---

19) 본 절에서 최대주주의 범위는 현물출자에 참여한 '조양호, 조중건, 이태희, 조원태, 조현아 및 조현민'으로 한정하여 기술한다.

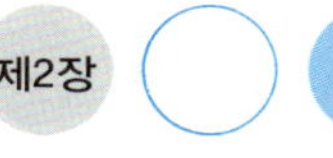

등을 사업목적으로 하고 있었다. 또한 한진은 상장기업으로서 기업가치가 상당했으므로, 많은 이해관계자가 한진그룹 내 한진의 역할에 대하여 관심을 가지고 있었다.

이러한 상황에서 한진그룹은 다음을 목표로 지배구조개선을 실행하게 되었다.

① 대주주의 지분율 강화

② 순환출자구조 해소

2. 대한항공의 인적분할

(1) 대한항공의 인적분할

대한항공은 2013년 8월 1일을 분할기일로 다음과 같이 인적분할을 결정하였다.

구 분	사업내용
대한항공(존속기업)	자회사 관리 및 신규사업투자
한진칼홀딩스(신설기업)	항공운송, 항공우주, 기내식/기내판매, 리무진사업

대한항공이 공시한 분할목적은 다음과 같다.

① 투자 사업부문과 항공 사업부문을 분리하고 향후 투자 사업부문을 지주회사로 전환함으로써 기업지배구조의 투명성과 경영안정성을 증대시키기 위함입니다.

② 투자 사업부문은 자회사 관리 및 신규사업투자에, 항공 사업부문은 본래의 사업인 항공운송, 항공우주, 기내식/기내판매, 리무진사업에 집중함으로써 사업특성에 맞는 신속하고 전문적인 의사결정이 가능한 지배구조 체제를 확립하고, 경영위험의 분산을 추구하고자 합니다.

③ 각 사업부문의 전문화를 통하여 핵심사업에의 집중투자 및 구조조정을 용이하게 하고, 독립적인 경영 및 객관적인 성과평가를 가능하게 함으로써 책임 경영체제를 확립하기 위함입니다.

④ 상기와 같은 지배구조 체계 변경을 통하여 궁극적으로 기업가치와 주주의 가치를 제고하기 위함입니다.

| 대한항공의 인적분할 |

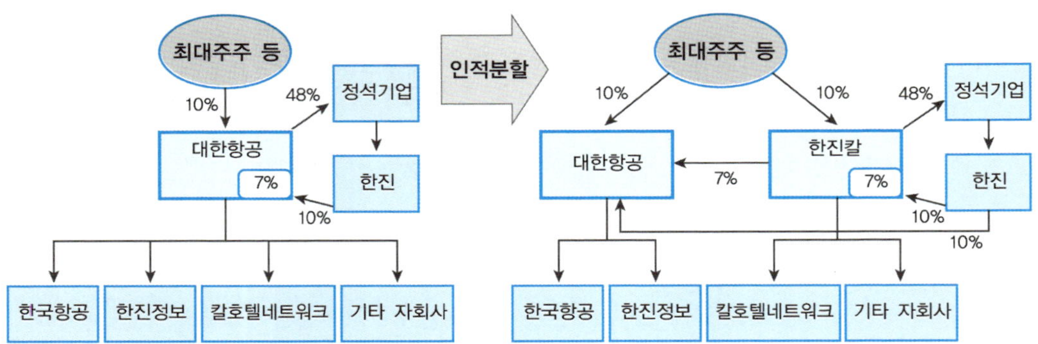

한진그룹은 분할신설된 한진칼을 지주회사로 전환하기로 결정하였으므로, 종전에 보유하고 있던 자기주식은 신설법인인 한진칼에 이전되었다. 그리고 인적분할을 통하여 한진칼은 자기주식에 교부된 대한항공 주식을 보유하게 되었다.

상기 그림을 살펴보면 인적분할 후에 한진은 한진칼과 대한항공 주식을 각각 10%씩 보유하게 되었으나, 지주회사 행위제한 요건을 충족하기 위하여 한진은 동 주식들을 처분했다.

(2) 신설법인의 지주회사 전환

인적분할을 통하여 지주회사로 전환된 사례를 살펴보면 절대 다수는 존속법인을 투자부문으로 하고, 사업자회사를 신설법인으로 하는 경우가 많다. 그런데 대한항공은 투자부문을 신설법인으로 하고 있다는 것이 특징적이다.

투자부문을 신설법인으로 하는 경우 장점은 다음과 같다.

① 적격분할 요건 충족의 용이

② 사업 관련 계약의 유지 및 조직 변경의 용이

대주주가 지주회사 지분을 많이 보유하기 위해서는 인적분할 시 투자부문의 규모를 사업회사보다 작게 가져갈수록 유리하다. 투자부문의 규모가 작아야 현물출자 시 주식 교환비율이 커져서 대주주가 보유하게 되는 지주회사 주식이 증가하기 때문이다.

분할로 인한 세무 Risk를 감소시키기 위해서는 세무상 적격분할 요건을 충족해야 한다. 따라서 사업부문을 신설회사로 할 경우, 포괄승계 요건을 충족하면서 자산과 부채를 이전해야 한다. 그런데 2013년 세법의 개정으로 신설회사가 사업부문이라면 주식 등의 이전에 엄격한 제한을 받게 되었다.[20] 이로 인해 신설회사(사업부문)에는 일부 자산만 이전되고, 존속법인(투자부문)이 상당한 자산을 승계할 가능성이 커졌다. 그런데 만일 존속법인의 자산규모가 큰 상태에서 지주회사로 전환하면 존속법인의 가치가 상대적으로 높아지게 된다.

앞서 언급하였듯이 분할 후 존속법인(투자부문)의 가치가 높아지면 현물출자 시 주식교환 비율이 낮아진다. 그리고 주식교환 비율이 낮아지면 투자부문이 지주회사로 전환하더라도 대주주의 지분율 증가는 예상보다 크지 않을 가능성이 있다.

그런데 지주회사를 신설회사로 설립한다면 일부 주식만 승계하고도 세무상 적격분할 요건을 만족할 수 있다. 이러한 이유로 사업회사가 승계할 수 있는 자산 규모가 크지 않을 경우에는 지주회사를 신설법인으로 분할하는 것이 적합한 전략이 된다.

한편 회사의 전체 계약 중 상당부분은 사업과 관련된 것이므로, 사업부문을 존속법인으로 하면 계약 이전절차가 필요 없다는 장점도 있다. 국내법상 분할로 인하여 모든 권리의무가 승계되지만, 해외 거래처의 경우 분할이 이루어지더라도 종전 계약 관계에 영향이 없음을 설득해야 한다는 번거로움이 있다. 대한항공의 경우 항공기 대여계약과 타 항공사와의 네트워크 관계가 중요하므로 사업부문이 존속회사가 되는 것이 적절한 측면이 있다.

마지막으로 사업부문과 관련된 조직이 투자부문보다 절대적으로 크기 때문에 사업부문을 신설법인으로 한다면 조직 변경 절차가 단순해진다는 측면도 있다.

대한항공은 투자부문을 신설회사로 하면서 일부 주식만 이전했다. 그리고 다른 주식에 비하여 비중이 컸던 한국항공 등은 투자부문이 아닌 사업회사인 대한항공이 보유하는 것으로 결정하였다. 이 결과 인적분할 후 한진칼(투자부문)의 순자산은 대한항공(사업부문)에 비하여 25% 수준에 불과하게 되었다.

---

20) 적격분할 요건을 충족하면서 신설법인이 승계할 수 있는 주식은, 동일 업종이거나 영업관계가 밀접한 주식으로 한정된다. 보다 자세한 내용은 〈제10장〉의 〈제1절〉을 참조하기 바란다.

3. 한진칼의 공개매수

인적분할 이후에 한진칼은 공개매수를 통하여 지주회사로 전환되었는데, 최대주주 뿐만 아니라 일반 주주도 상당 부분 공개매수에 참여했다는 점이 특징적이다. 앞서 언급하였듯이 대주주가 아닌 일반 주주들은 다음과 같은 이유로 공개매수에 참여하지 않는다.

① 분할 후 주가 추세

② 양도세 부담

그러나 한진칼의 공개매수에는 대주주뿐만 아니라 일반 주주들의 참여가 상당했는데, 그 이유는 대한항공의 주가가 한진칼에 비하여 상대적으로 하락하였기 때문이다. 대한항공의 주가가 하락함에 따라, 일반 주주도 대한항공 주식을 현물출자하고 공개매수 가격에 따라 한진칼 주식을 취득하는 것이 유리해진 것이다. **일반 주주들이 공개매수에 응하게 되면 대주주의 지주회사(한진칼)에 대한 지분율은 낮아지지만, 지주회사가 사업회사(대한항공)에 대한 지배력은 강화된다는 측면이 있다.**

만일 최대주주와 관련 기관만 현물출자에 참여하였다면 현물출자 후 한진칼의 대한항공에 대한 지분율은 17%에 불과하였을 것이다. 그러나 일반 주주들의 현물출자 참여하여 한진칼은 대한항공 주식을 32%만큼 보유하게 된 것이다. 다만, 일반 주주들이 적극적으로 현물출자에 참여하여 최대주주의 지주회사에 대한 지분율은 23%에 그쳤다. 일반주주의 현물출자 참여 효과는 다음과 같이 정리할 수 있다.

① 지주회사의 사업회사에 대한 지배력 강화

② 대주주의 지주회사에 대한 지분율 상승 효과는 제한됨.

일반적으로 공개매수에 일반주주의 참여 여부에 따른 대응전략은 다음과 같다.

	참여하지 않는 경우	참여하는 경우
대주주의 지주회사에 대한 경영권	• 대주주의 경영권 안정화 → 특이사항 없음.	• 대주주의 경영권 안정화는 제한적 → 대주주의 지주회사 지분율 상승을 위한 조치 필요

	참여하지 않는 경우	참여하는 경우
지주회사의 사업회사에 대한 경영권	• 사업회사에 대한 지배력 안정화 효과는 제한적 → 분할 전 자기주식 취득 → 분할 후 지주회사의 사업회사 지분 취득 → 분할 후 사업회사의 자기주식 취득	• 사업회사에 대한 지배력 안정화 → 특이사항 없음.

| 대주주의 현물출자 |

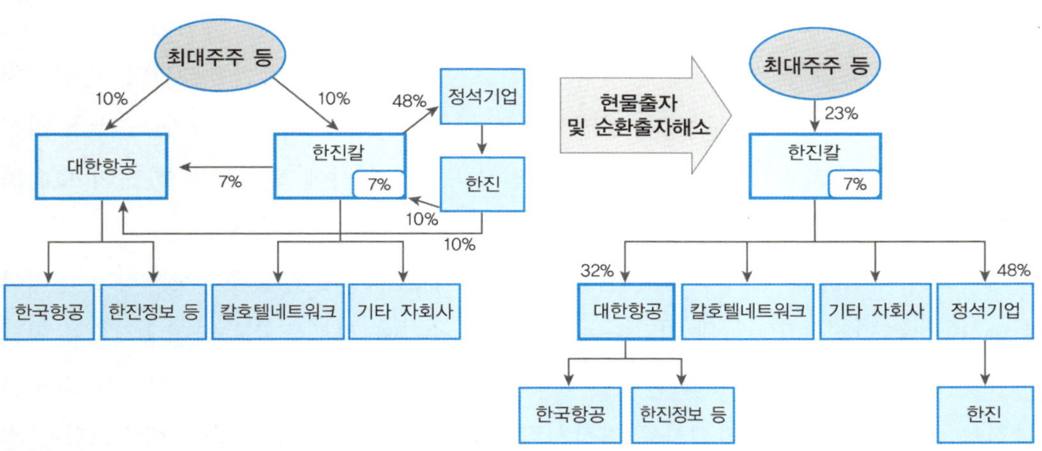

　분할 전에는 한진이 대한항공 주식을 보유하는 순환출자 형태로 형성되어 있었다. 따라서, 분할 후에 한진은 대한항공과 한진칼의 지분을 보유하게 되었다. 그러나 순환출자 구조를 해소하기 위하여 한진칼에 대한 대주주의 지분율이 상승한 이후, 한진은 한진칼과 대한항공 주식을 처분했다.

　분할 전 대한항공과 현물출자 후 한진칼의 주요 주주를 비교하면 다음과 같다.

	지분율(%)	
	분할 전 대한항공	현물출자 후 한진칼
조양호	9.66	15.63
조중건	0.05	0.00
이태희	0.05	0.11

	지분율(%)	
	분할 전 대한항공	현물출자 후 한진칼
조원태	0.12	2.55
조현아	0.12	2.50
조현민	0.11	2.50
합계	10.11	23.24

4. 정석기업의 인적분할과 합병

한진칼이 보유하고 있던 정석기업은 부동산매매와 임대업 등을 영위하고 있었으며, 한진주식을 22%만큼 보유하고 있었다. 그리고 한진은 부산글로벌물류센터, 한진인천복합운영, 에어코리아 등 물류 및 항만사업을 영위하는 22개의 계열사가 있었다. 정석기업은 한진칼의 자회사이므로, 한진은 한진칼의 손자회사에 해당하며 한진이 보유하고 있는 계열사들은 한진칼의 증손회사에 해당했다.

지주회사 행위제한 요건에 따르면 증손회사에 대한 지분율은 100% 보유하고 있어야 한다. 따라서 한진은 100%에 미달하는 계열사는 추가로 지분을 취득하여 100%로 만들거나 지분을 처분해야만 했으나 현실적으로 불가능하였다. 이러한 이유로 한진그룹은 한진을 손자회사가 아닌 자회사로 격상시킬 필요가 있었다. 이를 위하여 한진그룹은 정석기업을 인적분할하고, 정석기업의 투자부문과 한진칼을 합병하기로 결정하였다.

(1) 정석기업의 인적분할

정석기업의 2015년 6월 30일자 인적분할 내용은 다음과 같다.

구 분	사업내용
정석기업(투자부문)	투자주식(종속기업 및 관계기업)
정석기업(사업부문)	부동산임대업 등

인적분할 전후의 지배구조 변동은 다음과 같다.

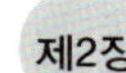

| 정석기업의 인적분할 |

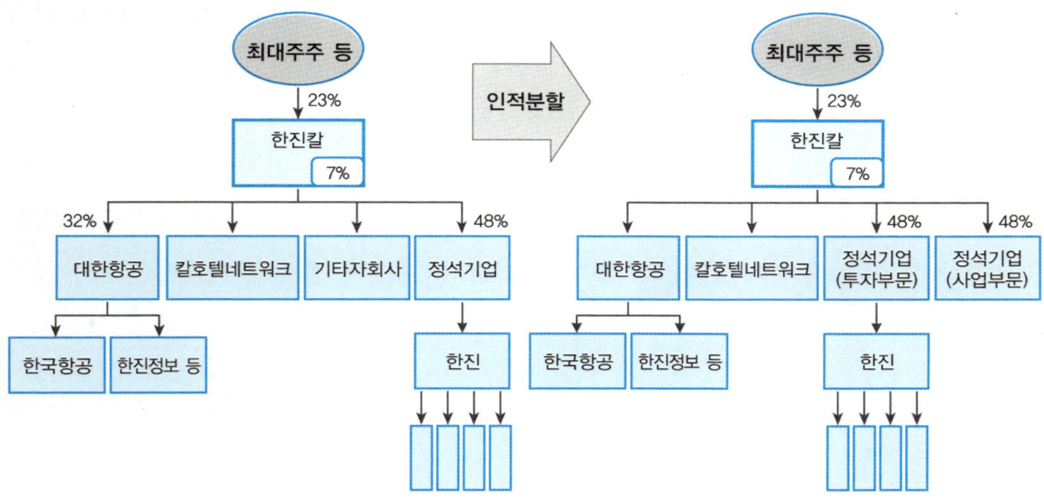

(2) 정석기업(투자부문)과 한진칼의 합병

정석기업이 인적분할을 실시한 이후 한진칼은 정석기업(투자부문)과 합병하였는데, 합병 전후의 지배구조는 다음과 같다.

| 한진칼과 정석기업의 투자부문의 합병 |

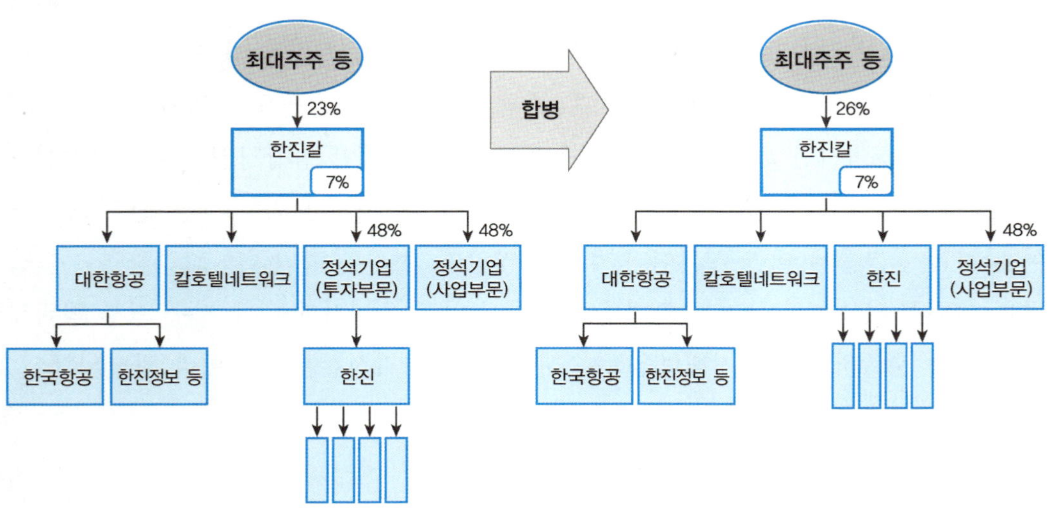

한진칼과 정석기업(투자부문)이 합병하게 되자 한진칼은 한진 주식을 직접 보유하게 되었다. 즉, 한진은 한진칼의 자회사로 격상된 것이다. 이 결과 한진은 100% 미만 보유하는 주식을 추가로 취득하거나 처분해야 하는 지주회사 행위제한 요건의 제한을 벗어나게 되었다.

정석기업의 주주는 한진칼(48%)과 조양호 회장 등 특수관계자(52%)로 구성되어 있었다. 그러므로 합병을 통하여 조양호 회장 등 특수관계자는 한진칼 주식을 추가로 교부받았다. 이로 인하여 합병 후 조양호 회장 등 특수관계자의 지분율은 23%에서 26%로 상승하였다.

최대주주 관점에서 보면 정석기업을 분할하지 않고 한진칼과 합병하는 것이 지분율 측면에서는 보다 유리하였다. 그럼에도 불구하고 분할 후 합병을 실시한 주요 이유는 다음과 같이 분석된다.

① 소규모합병을 통한 일정 단축
② 사회적 비판의 여지

지주회사는 공정거래법상 지주회사 행위제한 요건을 충족하여야 하는데, 지주회사로 전환하는 회사에 대해서는 2년의 유예기간이 주어진다. 따라서 한진칼은 분할 후 2년 이내에 지주회사 행위제한 요건을 충족해야만 했다. 그런데 합병은 주주총회를 개최해야 하는 등 소규모합병에 비하여 절차가 복잡하여 일정이 훨씬 많이 소요된다. 따라서 정석기업을 분할하여 합병 대상 규모를 소규모로 축소시킬 필요가 있었다.

합병이 이루어지면 최대주주가 지분율을 올리기 위하여 상장기업과 비상장기업을 합병시켰다는 비판의 여지가 있었다. 그리고 '대한항공 086편 회항 사건' 등으로 인하여 당시 한진그룹에 대한 여론이 양호하지 않았다. 이러한 측면들을 감안하면 분할합병은 대주주 지분율의 무리한 확대를 시도하지 않고 유예기한 내에 지주 회사 행위제한 요건을 충족하여 공정거래법을 준수하고자 한 시기적절한 결정이라 판단된다.

관련 자료를 살펴보자.

정석기업과 한진칼의 합병 관련

한진칼과 정석기업의 합병 가능성이 제기되고 있다. 정석기업의 주주는 한진칼 48%, 총수일가 52%로 구성되어 있다. 내부거래 비중이 높은 기업으로 일감몰아주기 과세 대상에 해당된다. 내부매출을 50%로 가정했을 경우 오너 일가들은 2012년 실적기준으로 볼 때 18억원 정도의 과세 부담이 발생하게 된다. 지주회사는 일감몰아주기 과세 대상에 해당되지 않으므로 한진칼의 주주가치 증대와 과세에서 벗어나기 위해 충분히 한진칼과의 합병 가능성은 높다고 볼 수 있다.

오너 일가의 주식 소유 비중이 높은 비상장기업을 이용해 상장기업의 지배력을 확대하려는 합병은 소수주주의 주주가치를 침해할 우려가 있어 관계 당국은 엄격히 이를 제한하고 있다. 실제로 소규모합병 외에는 오너 일가들 지배력이 높은 비상장기업과 상장기업의 합병은 전례를 찾을 수 없다.

한진칼과 정석기업의 합병이 가능하려면 한진칼의 신주가 현재 발행주식수의 10%만 발행이 되는 소규모 합병이어야 가능해 보인다. 즉 한진칼이 보유한 정석기업 지분 48%는 이사회결의로 미발행하고 오너 일가가 보유한 52%의 밸류에이션 한계는 한진칼 기업가치의 10%가 되어야 함을 의미한다. 현재 한진칼 시가총액이 5,470억원임을 고려하면 정석기업의 가치 평가가 1,050억원을 넘을 경우 우회상장에 해당됨을 의미한다.

자본시장통합법은 수익가치와 순자산가치를 2대 1로 가중 평균하는 비상장기업 가치 평가를 원칙으로 하고 있다. 정석기업의 수익가치는 대략 800억원 수준이고 순자산가치는 2,900억원이다. 가중 평균하면 1,500억원이다. 오너 일가의 정석기업 지분가치가 780억원이므로 이 평가대로라면 한진칼의 시가총액이 7,080억원일 경우 소규모합병이 가능해진다. 소규모합병이 아닌 일반합병일 경우 우회상장으로 인정되는 부담과 그런 전례가 없음을 고려하면 일반합병 방식이 실제로 실행될지는 미지수다. (2014.1.9. 현대증권)

Summary!

한진그룹의 지주회사 전환 과정과 그 특징을 요약하면 다음과 같다.

한진그룹의 지주회사 전환

- 지주회사 전환
  - 주식 교환비율을 고려하여 투자부문을 신설회사로 설립
- 순환출자 해소
  - 현물출자 후 경영권이 안정되자 한진이 보유하는 지분을 처분하여 순환출자 해소
- 한진칼과 정석기업(투자부문)의 합병
  - 한진을 자회사로 격상시켜 증손회사에 대한 지주회사 행위제한 요건 해소
  - 조양호 회장 등 특수관계자의 지분율 증가

보론 1　한진칼의 경영권분쟁

1. 경영권승계와 재무구조개선

조양호 회장이 2019년 4월에 급작스레 별세한 이후, 조양호 회장의 지분은 법정비율에 따라 상속되었다. 그리고 장남인 조원태 회장이 대한항공 대표이사 회장에 취임하며 경영권을 승계했다.[21]

한편, 2018년부터 한진그룹은 부채비율을 낮추기 위해 재무구조개선과 핵심사업에 대한 강화 대책을 지속적으로 실시해 왔는데 주요 내용은 다음과 같다.

① 저수익 자산 및 비주력 사업 매각

② 호텔 및 레저 사업 개편

③ 핵심사업 경영 효율성 확대

재무구조개선을 위해 송현동 부지, 부산 범일동 부지, 왕산레저개발, 제주 사택, 제주 파라다이스 호텔, 그랜드하얏트 인천, 제주 칼, 기내식 사업, 렌터카 사업 등의 매각을 추진했다. 그리고 그룹의 핵심 사업의 역량 강화를 위해 신형 항공기 도입과 디지털 혁신을 통한 고객 서비스 증대를 꾀했다.

2. 1차 경영권분쟁과 이해관계자

조원태 회장의 경영권승계 이후 조현아 부사장은 '조원태 대표이사가 공동 경영의 유훈과 달리 한진그룹을 운영해 왔고, 지금도 가족 간의 협의에 무성의와 지연으로 일관하고 있다.'고 문제를 제기하며 경영권분쟁이 시작되었다.

그리고 이명희 고문, 조현민 전무 및 델타항공 등 조원태 회장을 지지하는 측에 반하여, 이른바 3자연합(조현아 부사장, KCGI, 반도건설)이 결성되었다.

---

21) 민법 제1009조는 상속 시 배우자에게 50%가 가산된 상속비율을 규정하고 있다. 따라서 상속인이 배우자와 자녀 3인이라면 배우자와 3명의 자녀에게 귀속되는 법정 상속비율은 1.5(배우자) : 1 : 1 : 1로 결정된다.

당시 조원태 회장을 지지하였던 주주들은 다음과 같다.

	지분율(%)	비고
조원태	6.52	본인
조현민	6.47	특수관계자
이명희	5.31	특수관계자
델타항공	10.00	업무 제휴
카카오	1.00	
기타	4.15	
합계	33.45	

반면, 3자 연합은 다음과 같다.

	지분율(%)	비고
조현아	6.49	본인
KCGI	17.29	사모펀드
반도건설	8.20	건설회사
합계	31.98	

경영권분쟁이 발생하면 우호지분 확보를 위한 경쟁이 치열해 진다. 이때 경영권분쟁의 양상을 예상하고 적절한 대응책을 마련하려면 분쟁에 참여한 이해관계자들의 의도와 목적을 파악하는 것이 무엇보다 중요하다.

주요 이해관계자를 살펴보자.

KCGI

KCGI(Korea Corporate Governance Improvement)는 2018년 7월 LIG계열 LK투자파트너스를 이끌던 강성부 대표가 출범시킨 한국형 기업지배구조 개선 전문 사모펀드다. 행동주의 사모펀드인 KGCI가 내세운 설립 취지는 다음과 같다.[22]

'우리의 지배구조개선 전략은 투자수익률이 아니라 대상 회사의 지배구조개선이다.

---

[22] 주주 행동주의 투자(Shareholder activist investment)는 특정 기업의 지분을 대량으로 미리 사들인 이후, 해당 기업의 경영진에게 구조조정, 배당 확대, 경영진 교체 등을 요구하는 투자 방식이다. 즉, 경영 참여를 통해 지분 가치를 올리고 수익을 올리는 것이 주된 목적이다.

대주주의 사익추구, 전문경영인의 무책임한 경영 등 후진적 지배구조를 개선해 기업가치를 높이는 것이 전략이다.'

KCGI는 2018년부터 한진칼 지분을 매입해 왔는데, KCGI는 공시를 통해 '세부 계획은 없지만 장래에 회사의 업무 집행과 관련한 사항이 발생할 경우에는 자본시장과 금융투자업에 관한 법률 등에서 허용하는 범위·방법에 따라 회사의 경영 목적에 부합하도록 관련 행위를 고려할 예정'이라고 밝혔다. 그리고 일부 외국계 투기 자본이 요구하는 비합리적 배당정책, 인건비 감소를 위한 인력구조조정, 급격한 주가 부양을 통한 단기 이익 실현은 지양한다고 밝혔다.

즉, 지배구조개선을 통해 한진그룹의 오너 일가가 부적절하게 경영에 참여하여 발생한 기업가치의 훼손을 복원하겠다는 것이다.

조현아 부사장

조현아 부사장은 호텔과 레저 및 기내식 사업부문에서 주로 경영에 참여했었다. 그러나 한진그룹의 재무구조개선이 유휴자산 처분과 호텔, 레저 및 기내식 사업재편을 통해 실행되었으므로, 경영상 갈등이 있었을 것으로 추정되었다.

반도건설

반도건설은 고(故) 조양호 전 한진그룹 회장과의 친분을 이유로 한진칼 지분을 매입했다고 밝혔다. 그러나 실제 목적은 한진그룹이 보유하고 있는 유휴토지, 호텔 및 레저 사업 즉, 부동산개발에 매력을 느꼈을 것으로 해석된다.

델타항공

델타항공은 대한항공의 글로벌 항공동맹체인 '스카이팀'의 창립 멤버이며, 워런 버핏의 버크셔 해서웨이가 최대주주이다. 델타항공은 그간 다른 국가의 항공사 지분을 매입하거나 조인트벤처(JV)를 진행하면서 영향력을 키운 바 있다. 예를 들어 델타항공은 5,000억원 가량을 투자해 중국동방항공 지분 3.5%를 확보한 후, 동방항공 측에 20대의 에어버스 A350과 15대의 보잉 787 기종 구매를 권고했다. 지분을 확보한 뒤 항공사 주요 사업 계획 중 하나인 기종 구매에 영향을 미친 것이다.

델타항공이 경영권분쟁에 참여한 이유는 한진칼을 통해 대한항공의 의사결정에 참여하기 위한 것으로 풀이된다.

산업은행

산업은행은 유동성이 악화된 아시아나항공에게 3.3조원의 공적자금을 투자한 상황이었다. 그리고 장기적인 관점에서 국가의 기간산업인 항공산업의 구조개편에 초점을 맞추고 있었다. 즉, 산업은행은 개별기업에 투자해서 단기적인 이득을 얻고자 하는 것이 아니라, 국내항공산업 재편과 일련의 통합 과정이 성실히 진행되는지를 감시하고 견제하는데 목적이 있다.

2019년도 주주총회에서는 경영진의 우호지분이 3자 연합보다 앞서 있었고, 국민연금까지 현 경영진에게 지지를 표명했다. 게다가 서울중앙지방법원이 반도건설이 지분 보유 목적을 '단순투자'로 공시한 것이 허위라고 판단하고, 반도건설이 보유한 지분 일부의 의결권 행사를 제한했다.

이러한 이유로 1차 경영권분쟁은 손쉽게 막을 내렸다.

3. 2차 경영권분쟁과 아시아나항공 인수

(1) 3자연합의 지분 매입

3자연합은 2020년 3월 한진칼 정기 주주총회에서 패배한 이후에도 꾸준히 지분을 매집했고, 그 결과 당시 경영진과 3자연합이 보유한 지분은 41.8% : 45.2%로서 3자연합이 우세를 보였다. 시장에 유통되는 물량이 적고 3자연합의 자금력이 양호하다는 점에서, 2차 경영권분쟁은 3자연합의 승리로 점쳐졌다. 3자연합은 지속적으로 지분을 매입하면서, 그룹 경영 전반의 지배구조 및 경영개선 대책을 촉구했다.

경영권분쟁은 대주주 견제를 통해 방만한 경영을 견제하고 경영효율성을 제고하는 등 긍정적인 효과를 낼 수도 있다. 하지만 신용평가사들은 지배구조 불안이 기업신용도를 저하시키는 방향으로 작용할 가능성이 높다고 보아 부정적인 편이다. 경영권 방어 과정에서 경영역량이 분산되고 기업 자원배분의 왜곡이 이루어질 수 있기 때문이다.

(2) 아시아나항공과 산업은행

항공산업은 진입장벽이 높은 글로벌 라이선스 사업이고, 국가의 기간산업이다. 그리고 대한항공과 아시아나항공에 종사하는 임직원만 해도 약 3만명에 달하여 일자리에도 큰 영향을 미친다. 즉, 국가경제에 미치는 영향이 매우 크다. 이러한 이유로 아시아나항공이 유동성위기에 빠지자 산업은행과 한국수출입은행은 영구채 인수, 신규 대출 등으로 약 3.3조원의 자금을 지원했다.

2019년에 산업은행이 이사아나항공을 매각하는 과정에서 HDC현산은 2.5조원을 제시하여 우선협상대상자로 결정되었다. 그러나 2020년에 발생한 코로나 사태로 항공사업의 미래가 불투명해지자, HDC현산은 아시아나항공이 제출한 실사 기준 재무제표와 확정재무제표의 차이를 이유로 인수일정을 무기한 연기시켰다.

HDC현산이 인수를 마무리하지 않자 산업은행은 국내 여러 기업과 협상을 진행했으나, 모두들 아시아나항공 인수에 적극적이지 않아 난관에 부딪쳤다.

반면, 한진그룹은 아시아나항공을 인수하게 되면 인천공항을 중심으로 국제적 네트워크를 구축하고 중복 노선을 재편하여, 그룹의 핵심사업에 대한 역량을 강화할 기회라고 판단했다.

따라서 한진그룹은 산업은행과 협의를 통해 아시아나항공 인수 이후 대한항공과 합병하기로 결정했다.

(3) 인수구조

한진그룹이 아시아나항공을 인수하는 방식을 살펴보자.

| 아시아나항공 인수 |

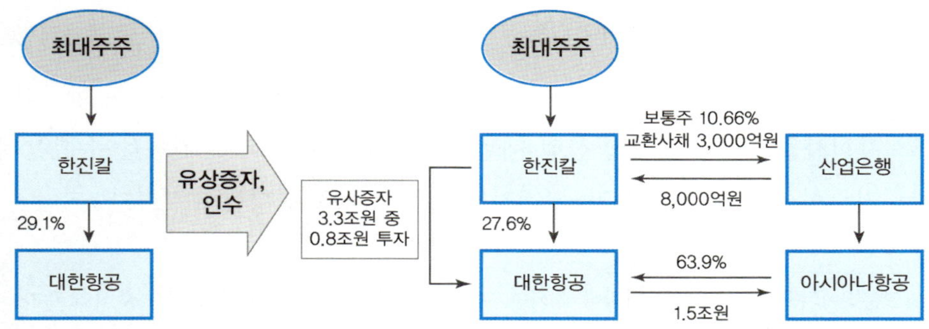

인수 절차는 다음과 같다.

① 산업은행이 한진칼에게 8,000억원 공급
- 산업은행은 '제3자 배정 유상증자' 방식으로 한진칼에 5,000억원 투자 : 보통주 10.66% 취득
- 산업은행은 한진칼이 발행한 '교환사채' 3,000억원 매입 : 산업은행은 원금을 상환 받거나 교환권을 행사하여 한진칼이 보유하고 있는 대한항공 주식을 취득할 권리를 획득[23]

② 대한항공의 유상증자
- 대한항공은 3.3조원의 유상증자 실시
- 한진칼은 산업은행으로부터 받은 8,000억원을 대한항공의 유상증자에 참여하여 경영권 유지

③ 대한항공의 아시아나항공 인수
- 유상증자를 통해 수령한 3.3조원은 대한항공의 재무구조개선(1.8조원)과 아시아나항공 인수(1.5조원)에 사용

일반적으로 공적자금은 해당 사업을 영위하는 회사에 투입되는 것이 일반적이다. 이러한 관행에 따르면 지주회사(한진칼)가 아닌 사업회사(대한항공)에 투입되어야 한다. 그러나 산업은행이 지주회사에 투자하고 동 대금이 대한항공으로 흘러 들어가는 구조를 짜서, 현 경영진에 대한 간접적인 지원이라는 비판적 시각도 있었다.

이에 대해 산업은행은 다음과 같이 설명했다.

① 양대 국적항공사 통합방안의 취지를 감안할 때 대한항공을 중심으로 항공산업 관련 자회사들을 보유해 항공산업 재편과정에서 컨트롤 타워 기능을 수행할 수 있는 지주회사인 한진칼에 자금을 지원하는 구조로 진행함.

---

23) 경영권분쟁이 종료되어 주가가 하락하게 되면 유상증자를 통해 보유하게 된 한진칼 주식의 주가 하락은 불가피하다. 따라서 산업은행이 교환사채를 요구한 이유는 구조개편 이후 기업가치의 개선 가능성이 높은 대한항공 주식을 통해 손실을 보전하기 위함으로 보여진다.
교환사채가 100% 행사될 경우 한진칼이 보유하는 대한항공 지분율은 27.57%에서 24.04%로 하락하게 된다.

② 대한항공에 직접 투자할 경우 한진칼의 대한항공 지분은 20% 미만이 되어 지주
　사 요건을 위반하게 됨.

　그리고 산업은행은 한진칼에 7대 의무를 부과하여 감시자로서 역할을 충실히 수행할
것임을 강조했다.

　지주회사는 주식을 취득하여 지배력을 획득함에 목적이 있다. 따라서 한진칼이 직접
항공산업을 운영하는 것은 아니지만, 대한항공에 대해 지배력이 있으므로 연결실체 관
점에서는 직접 항공산업을 운영하는 것과 동일하다.
　따라서 산업은행 입장에서는 시가총액이 높은 대한항공에 투자하기 보다는, 지주회
사인 한진칼에 투자하는 것이 공적자금도 줄이고 한진칼을 통해 대한항공의 의사결정
에 참여하는 것이 효율적인 측면이 있다.

　한진그룹 입장에서 아시아나항공 인수는 경영권분쟁의 해소뿐만 아니라, 항공산업에
대한 핵심역량 강화라는 전략에 부합한 전략이었다. 그리고 산업은행 입장에서는 HDC
현산이 아시아나항공 인수를 거부하여 시급해진 항공산업의 구조개편을 실시하고, 7대
의무를 통해 강력한 견제와 감시 기능을 가지게 되어 서로 윈윈이라고 평가된다.

(4) 한진칼의 유상증자

　산업은행이 한진칼의 유상증자에 참여한 이후 한진칼의 지분율 변동은 다음과 같다.

빅딜 이전(%)		빅딜 이후(%)	
조원태 회장 지지	41.78	조원태 회장 지지	37.33
3차 연합	45.23	산업은행	10.66
기타	12.99	3차 연합	40.41
		기타	11.60
합계	100.00	합계	100.00

　유상증자 이후 지분율 경쟁에서 불리해진 3자연합은 '경영진의 경영권이나 지배권
방어라는 목적을 달성하기 위해 제3자에게 신주를 배정하는 것은 상법 제418조 제2항
을 위반하여 주주의 신주인수권을 침해하는 것'이라고 주장하며 가처분신청을 했으나

법원은 기각했다.

사실상 경영권분쟁이 막을 내린 것이다.

4. 지배구조개선

KCGI의 지분매입으로 촉발된 경영권분쟁은 2020년 11월에 일단락 되기까지 2년간 지속되었다. KCGI는 이사 및 감사 후보를 제안하고 전자투표 도입과 배당 확대 등을 촉구하는 등 공개적으로 주주권 행사에 나섰다. 외형적으로는 주주권익 강화와 이사회 투명성 및 독립성 확대 등 지배구조 선진화와 방향이 일치하는 제안들이었다.

경영권분쟁과 산업은행의 유상증자 과정을 통해 한진칼은 KCGI의 요구 중 합리적인 내용은 수용하였다. 산업은행과 약속한 7대 의무도 상당 부분 지배구조와 연관성이 있었다. 이 결과 역설적으로 수년 간의 경영권 분쟁을 통해 한진칼의 지배구조는 크게 개선되었다.

2013년에 지주회사로 전환되면서 순환출자고리를 끊어내는 등 외형을 변화시켰다면, 경영권분쟁 과정에서는 내실이 다져졌다. 구체적으로는 사외이사 비중 확대, 대표이사와 이사회 의장 분리, 지속가능경영과 투명경영 실천을 위해 보상위원회 설치, 거버넌스위원회를 ESG경영위원회로 확대 개편 등이 있다.

참고로 산업은행이 한진칼에게 요구한 7대 의무는 다음과 같다.
① 한국산업은행이 지명하는 사외이사 3인 및 감사위원회위원 등 선임
② 주요경영사항에 대한 사전협의권 및 동의권 준수
③ 윤리경영위원회 설치 및 운영 책임
④ 경영평가위원회가 대한항공에 경영평가를 실시할 수 있도록 협조하고 감독할 책임
⑤ PMI 계획을 수립하고 이행할 책임
⑥ 대한항공 주식 등에 대한 담보 제공, 처분 등 제한
⑦ 투자합의서의 중요 조항 위반시 금 5천억원의 위약벌과 손해배상책임을 부담하며, 이를 담보하기 위해 대한항공 발행 신주에 대한 처분권한 위임 및 질권을 설정할 의무

5. 시사점

경영권 안정화는 크게 최대주주의 지주회사에 대한 경영권과 지주회사의 사업회사에 대한 경영권으로 구분할 수 있는데, 한진그룹의 사례는 다음과 같다.
① 현 경영진의 한진칼에 대한 경영권 안정화
② 한진칼(지주회사)의 대한항공(사업회사)에 대한 경영권 안정화

지주회사로 전환되면 일반적으로 가치가 높은 사업부문은 지주회사의 자회사가 되고, 지주회사의 주가는 하향 안정화된다. 따라서 지주회사의 시가총액은 분할 전 회사뿐만 아니라 분할된 사업 자회사보다도 낮은 것이 일반적이다.

지주회사로 전환되면 최대주주는 시가총액이 낮은 지주회사를 통해 가치가 높은 사업회사들을 간접적으로 지배하게 된다. 따라서 최대주주는 지주회사 지분을 안정적으로 보유하고 있어야 한다. 그리고 지주회사는 여유자금이 있다면 사업자회사의 지분을 추가로 취득하거나, 사업자회사가 여유자금이 있다면 사업자회사가 자기주식을 취득하여 지주회사가 사업자회사에 대해 안정적인 지분율을 확보할 수 있도록 조치하는 것이 바람직하다.

따라서 지주회사 전환 후 최대주주가 보유한 지주회사 지분율이 낮다면 경영권분쟁이 발생하기 이전에 최대주주는 시가총액이 낮은(자금부담이 적은) 지주회사 지분을 적극적으로 취득해야 한다. 그렇지 않다면 지주회사에 대한 적대적 M&A가 시도될 수 있다. 시가총액이 높은 사업자회사보다 지주회사를 공략하는 것이 자금부담이 적고, 지주회사에 대한 경영권을 획득하게 되면 그룹의 모든 자회사를 인수하는 것과 유사한 효과가 발생되기 때문이다.

한진그룹의 경우 지주회사 전환 시 주식교환비율이 높지 않아 전환 이후에도 최대주주가 보유한 지주회사 지분율은 그다지 높지 않았다. 그리고 조양호 회장의 급작스런 별세로 경영권승계를 사전에 체계적으로 준비하기는 어려웠을 것으로 추정된다. 경영권분쟁의 여건이 조성된 상황이다.

이러한 상황에서 오너 일가의 일부 부적절한 사례가 언론에서 선정적으로 보도되었고 여론은 극도로 악화되었다. 경영권분쟁에 대한 명분을 제공한 것이다.

만일 지주회사 전환 이후에 최대주주가 지주회사 주식을 취득했었고, 유류분 제도를

고려한 재산 및 경영권 승계 Plan이 준비되었다면 경영권분쟁은 미연에 방지할 수 있었을 것이다.

KCGI로 촉발된 경영권분쟁은 일단락되었다. 그러나 최대주주 등의 상속세 연부연납, 산업은행의 캐스팅보터(Casting Voter) 역할, 한진칼이 보유하는 대한항공 지분이 2023년말 현재 27.0%라는 점을 고려하면 최대주주는 한진칼에 대한 경영권을 안정화하고, 한진칼은 대한항공에 대한 유효지분율을 높일 필요가 있다. 한진칼의 유효지분율이 낮다면 한진칼에 대한 경영권분쟁이 대한항공에 대한 경영권분쟁으로 번질 수 있기 때문이다.

기업가치는 투명한 지배구조와 안정적인 경영권 하에서 상승한다. 구조조정이나 자산매각 등을 통한 단기적 이익 획득이 아닌, 핵심역량 개선과 사업 포트폴리오 재편을 통한 장기적 이익 창출은 안정적인 경영권을 전제해야 한다.

현 경영진에 대한 건전한 견제장치는 필수적이다. 그러나 명분만 제시하며 실리를 추구하기 위한 분쟁을 사전에 방어할 수 있는 절차 또한 필수적일 것이다.

보론 2 상장회사와 비상장회사의 합병(동원산업 합병 사례)

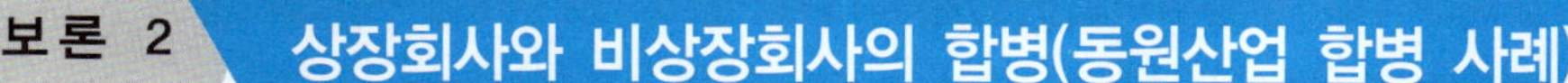

　상장회사와 비상장회사가 특수관계가 있을 경우 소규모합병이 아니라면 평가 이슈가 제기될 가능성이 있다. 그러나 2022년 11월에 상장회사인 동원산업과 비상장회사인 동원엔터프라이즈의 합병이 이루어졌는데, 소규모합병에 해당하지 않았다.

　양 사의 개요를 살펴보자.

구 분	동원사업	동원엔터프라이즈
그룹에서의 위치	중간 지주회사 (사업지주회사)	최상위 지주회사 (순수지주회사)
상장 여부	상장	비상장
2021년 말 현재 자산	1,635,436백만원	2,493,461백만원

　2022년 11월에 종속기업인 동원산업이 동원엔터프라이즈를 흡수합병하였는데, 이로 인한 지배구조의 변경은 다음과 같다.

│동원산업과 동원엔터프라이즈의 합병│

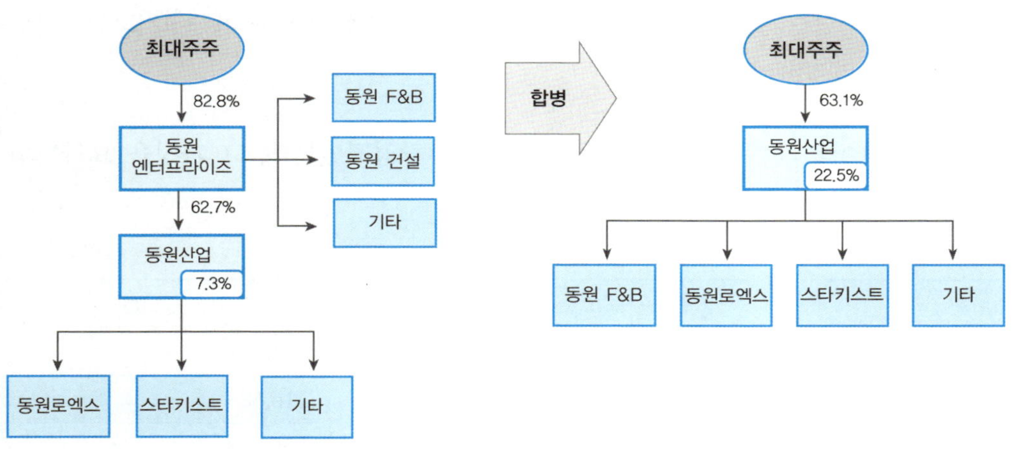

　회사 관계자는 "동원엔터프라이즈와 중간 지주사 역할을 했던 동원산업의 비효율적인 업무 환경을 개선하고 지주사의 손자회사였던 동원로엑스와 스타키스트 등 핵심 계열사의 경영상 의사결정을 보다 신속하게 할 수 있는 체계를 만드는 것이 이번 합병의 궁극적인 목적"이라고 밝혔다. 그리고 "사업지주 전환을 통해 계열사의 미래 성장 사

업을 위한 대규모 투자 등을 빠르게 전개할 동력을 얻게 될 것"이라고 설명했다.

상장회사와 비상장회사가 합병한다면 자본시장법에 따라 합병비율이 산정된다. 일반적으로 상장회사는 주식시장에서 거래되는 주식의 가격을 기준으로 하고, 비상장회사의 주식가치는 자산가치와 수익가치를 각각 1과 1.5의 비율로 가중평균하여 산정된다. 상장회사에 대한 주가기준은 크게 이견이 제기되지 않는다. 반면, 비상장회사에 대한 평가방법은 자본시장법에 상세하게 규정되어 있더라도 임의적인 판단이 개입될 여지가 있다는 비판적 시각이 있다.

동원산업과 동원엔터프라이즈의 합병 시 나타난 특징은 다음과 같다.
① 동원산업의 주가가 아닌 자산가치를 기준으로 합병비율 산정함.
② 동원엔터프라이즈의 가치 산정 시 수익가치 비중은 미미하며, 상장주식 등으로 구성된 비영업자산의 비율이 99.0%에 달함.

동원산업의 주가는 주당순자산에 미달하여, 주가를 기준으로 합병할 경우 동원엔터프라이즈에 비해 상대적으로 낮게 산정되므로 소액주주에게 불리하다는 점이 제기되었다. 이에 대응하여 동원산업은 주가가 주당순자산에 미달할 경우 예외적으로 주가가 아닌 자산가치로 합병비율을 산정할 수 있도록 규정을 활용하여 주식가치가 아닌 자산가치로 기준을 변경하였다.

동원엔터프라이즈의 주당 가치는 206,535원으로 결정되었는데, 그 과정을 요약하면 다음과 같다.

(단위 : 원)

	금 액
1주당 자산가치	191,311
1주당 수익가치	216,685
본질가치	206,535

동원엔터프라이즈의 수익가치 산정을 자세하게 살펴보자.

(단위 : 백만원)

	금 액
1. 영업가치	30,376
2. 비영업용자산의 가치	2,911,397
3. 기업가치	2,941,773
4. 이자발생부채 등의 차감	(408,403)
5. 수익가치	2,533,370
6. 1주당 수익가치(원)	216,685

상기 표에서 알 수 있듯이 영업가치의 비중은 적고 비영업자산의 비중이 크다는 특징이 있다. 그 이유는 동원엔터프라이즈가 지주회사로서 관리용역 등만 수행하고 있을 뿐 별도의 사업이 없고, 대부분 상장회사 주식 등을 보유한 회사이었기 때문이다.

향후 5년간의 미래수익성을 추정하여 산정한 영업가치는 여러 거시 지표와 회사의 사업계획을 토대로 추정된다. 이러한 이유로 이해관계자의 관점에 따라 사업계획의 합리성이나 현금흐름 산출 시 적용한 여러 가정의 적정성에 의문이 제기될 수 있다. 그러나 영업가치와 비영업용자산의 구성상 특성 때문에 동원엔터프라이즈의 경우 수익가치 산정 과정에 대한 실무상 부담은 적었을 것으로 판단된다.

제 3 절　풀무원의 지배구조개선

　풀무원은 변화하는 영업환경에 대응하기 위하여 분할, 합병 및 주식거래 등을 지속적으로 실시하면서 기업지배구조를 개선하기 위하여 노력하였다. 본 장에서는 2003년의 물적분할, 2008년의 인적분할 및 공개매수 및 최근의 IPO 전략을 중심으로 풀무원그룹의 지배구조 변화와 그 배경을 살펴본다.

　① 물적분할을 통한 구조조정 및 의사결정 유연화
　② 인적분할, 현물출자 및 상장폐지 : 경영권 안정화

1. 풀무원의 연혁

(1) 풀무원의 연혁

　풀무원은 1981년 압구정동에 유기농법으로 기른 채소와 과일을 파는 무공해 농산물 직판장에서 출발하였다. 1984년에 주식회사로 전환되었으며 1995년에 사명을 풀무원으로 변경했다. 주식회사로 전환한 후 풀무원은 유기농 야채뿐 아니라 두부, 콩나물, 김치 등 포장 가공식품, 생면 및 생수 등으로 상품을 확대하였다.

　요즘은 대형마트나 슈퍼마켓에서 포장 두부나 포장 콩나물을 사는 것이 일반적이다. 그러나 풀무원이 진입하기 이전에 이들 식품군은 영세한 사업이었으며 부가가치도 낮았다. 이렇게 관심이 없었던 사업을 풀무원은 포장화하고 브랜드를 입혀서 성장시킨 것이다. 풀무원은 1990년대 중반 이후 가파르게 성장하였다. 국민 소득의 증가와 건강을 중시하는 웰빙 바람을 탄 것이다. 그러나 풀무원의 성장은 단순히 웰빙 흐름에 의존한 것이기보다는 오히려 풀무원이 그러한 시장의 Trends를 이끌어온 결과라 할 수 있다.

　풀무원은 '건강한 삶과 지구환경의 지속 가능성을 추구하는 라이프스타일'을 뜻하는 '로하스(LOHAS, Lifestyles Of Health And Sustainability)'를 강조하고 있다. 이는 풀무원이 단순히 식품 제조회사 차원을 넘어 음식품에 관한 철학을 제시하고 시장을 이끌어간다는 의지와 자부심을 나타낸다고 할 수 있다.

(2) 경영 실적 : 2000년대 초

식품시장이 커짐에 따라 2000년 이후 풀무원 이외에 CJ 및 대상 등 대기업이 식품사업에 참여하게 되었다. 이로 인하여 국내 경쟁은 치열해지고 광고비와 홍보비 지출은 증가되었다. 이렇게 국내시장이 주춤해짐에 따라 풀무원은 해외시장 개척에 심혈을 기울였다. 하지만 예상과 달리 해외시장의 성과가 부진함에 따라 외형은 성장하였으나 영업이익률은 답보상태를 보였다.

풀무원그룹은 2003년부터 2008년까지 여러 차례 지배구조개선 작업을 실시하였다. 이러한 절차를 실시한 배경을 보다 더 쉽게 이해하기 위하여 먼저 그 당시 경영실적을 살펴보자.

(단위 : 백만원)

	매출액	영업이익	당기순이익	영업이익률
2009년	1,120,365	35,532	17,870	3.2%
2008년	783,186	44,740	27,231	5.7%
2007년	729,103	41,962	26,676	5.8%
2006년	640,060	32,940	18,198	5.1%
2005년	592,708	25,689	12,568	4.3%
2004년	576,461	17,127	7,624	3.0%
2003년	491,892	26,866	19,878	5.5%
2002년	377,938	34,090	20,798	9.0%
2001년	279,573	19,003	11,075	6.8%
2000년	214,088	13,168	4,672	6.2%
1999년	127,960	7,560	2,686	5.9%

(3) 풀무원의 지배구조

풀무원그룹의 2002년 당시 지배구조는 다음과 같다.

│ 풀무원그룹의 지배구조 │

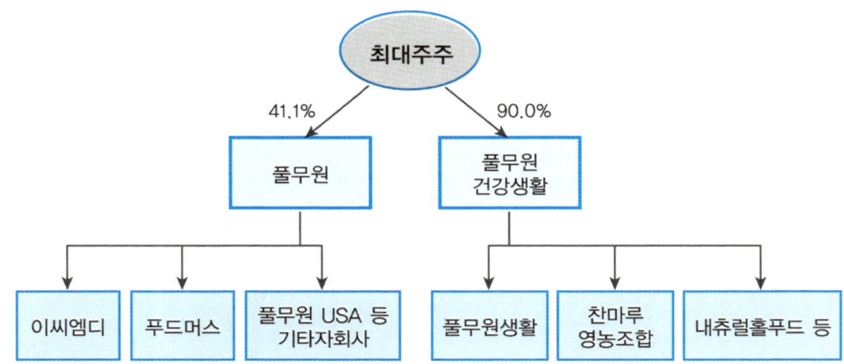

상기 지배구조에서 특징적인 사항은 남승우 총괄CEO가 상장회사인 풀무원과 비상장회사인 풀무원건강생활에 대한 지분을 각각 취득하고 있다는 점이다. 풀무원과 풀무원건강생활은 모두 사업을 영위하고 있으면서, 계열사들의 지분을 보유하고 있는 사업지주회사의 형태를 보이고 있다. 그러나 영위하고 있는 사업 비중이 절대적이어서 본격적인 지주회사 형태로 보기는 어렵다.

남승우 총괄CEO가 풀무원과 풀무원건강생활로 나누어 계열사를 관리한 것은 여러 가지 이유가 있겠으나, 관리의 편의성을 고려한 전략적 선택으로 보여진다. 상장기업인 풀무원의 경우 경영활동과 회계정보가 대중에게 투명하게 공시되어야 한다. 따라서 의사결정 시 다양한 이해관계자의 관심사항을 고려해야 한다.

반면 비상장기업의 경우에는 신속한 의사결정이 가능하다. 그리고 실적부담이 적다. 따라서 당장 실적을 기대하기 어려운 성장 단계의 계열사는 풀무원이 보유하기보다는 풀무원건강생활의 지배하에 두는 것이 관리 측면에서 용이하였을 것이라 예상된다.

그러나 이러한 지배구조 하에서 풀무원과 풀무원건강생활의 거래가 발생하면 거래의 정당성과 평가의 적정성이 이슈가 될 수 있다. 양사 간의 거래가 남승우 총괄CEO에게 유리하도록 결정되었을 것이라는 시각이 있을 수 있기 때문이다.

2. 2003년의 물적분할

2000년대에 매출이 급증하고 판매하는 제품과 유통경로가 다양해짐에 따라 풀무원 그룹의 규모는 커져갔다. 규모가 성장하면 규모의 경제에 따른 실적 개선효과도 있지만, 업무상 비효율이 발생하고 의사결정구조가 복잡해질 수 있는 위험이 있다. 풀무원그룹은 변화하는 환경에 대응하기 위하여 2000년 이후 분할, 합병 등을 통한 지배구조 개선과 물류 시스템의 정보체계 구축 등 업무 프로세스 개선을 끊임없이 실시했다.

(1) 분할의 필요성

2002년 당시 풀무원은 여러 제품의 생산공장과 유통채널을 직접 보유하고 있었다. 따라서, 제품 수와 유통채널이 증가함에 따라 실적 분석 시 간접비 배분 등의 문제가 발생되었다. 그리고 제품별로 시장 성장이나 경쟁관계 등에 따라 사업부문을 확장 또는 축소하는 구조조정을 신속하게 결정하기도 어려웠다. 회사의 성장으로 생산하는 제품 및 판매 경로가 다양해짐에 따라 풀무원그룹은 시장환경과 경영실적에 따른 유연한 의사결정이 가능한 지배구조가 필요해진 것이다.

이에 따라 풀무원은 다음과 같이 분할을 실시하여 사업지주회사 형태로 전환되었다.

구　분	사업 부문
풀무원(존속회사)	생식품제조, 판매 및 출자사업
신설된 풀무원 자회사	녹즙 사업부문, 중부면 사업부문, 나물 사업부문, 북부면 사업부문, 북부두부 사업부문, 얼음 사업부문, 남부두부 사업부문, 물류 DC임대 사업부문, 건강식품 제조공장, 임대 사업부문, 교육센터 임대 사업부문을 10개의 자회사로 설립

풀무원그룹이 공시한 분할목적은 다음과 같다.

① 사업지주회사로의 전환을 목적으로 공정거래법상 자회사 주식가액 요건을 충족하기 위하여 부동산법인 등을 분할신설하고, 각 사업 및 공장 단위별 책임경영체제를 확고히 하여 운용효율을 극대화하고자 함.

② 향후 브랜드 Holder로서 브랜드 정체성 확립을 통한 차별화된 강력한 브랜드를 구축하여, 지속적인 경쟁우위 확보와 사업의 고성장을 추구하고자 함.

(2) 지배구조의 변화

물적분할 전후의 지배구조를 살펴보면 다음과 같다.

| 풀무원의 물적분할 |

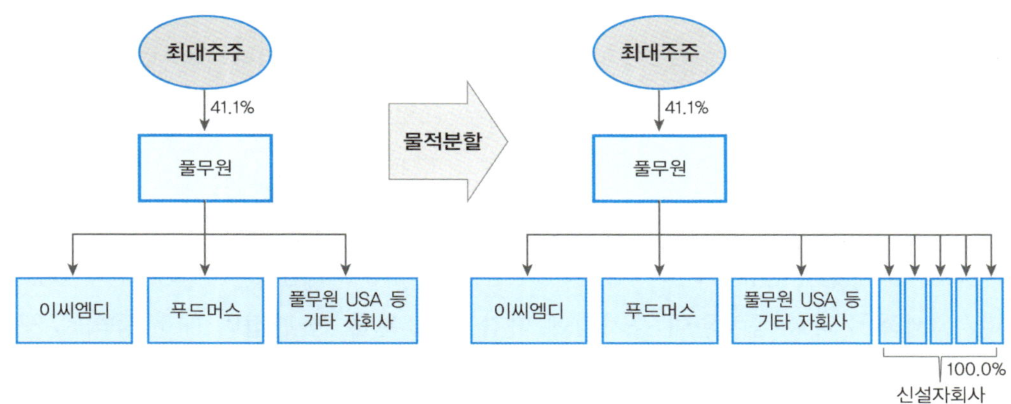

상기 그림에서 보다시피 풀무원은 종전에 풀무원의 조직 내에 있던 10개의 사업부문을 개별회사로 독립시키며, 사업지주회사가 되었다. 풀무원은 지주회사는 브랜드관리를 통해 판매와 마케팅 등의 역할을 수행하고, 신설회사들은 책임경영을 함으로써 효율성을 극대화시키겠다는 취지라고 설명했다.

(3) 시장의 평가

풀무원이 물적분할을 실시하자 당시 시장에서는 주목받고 있는 인적분할 방식이 아니어서 다소 의외라는 반응을 보였다. 그리고 시장에서는 지주회사의 주가는 시장에서 할인받는 점과 자회사 관리 비용으로 인한 수익성이 악화될 가능성이 있다는 점을 지적하였다.[24]

그러나 다음과 같은 점에서 풀무원그룹의 물적분할은 적절한 것으로 판단된다.

① 분할하여 자회사로 운영될 경우에는 사업부문별 실적을 명확히 파악할 수 있으므로 책임경영을 실현할 수 있다.

---

24) 업종에 따라 주가추세는 다르므로 단언하기 어렵다. 그러나 주식시장을 살펴보면 지주회사의 주가는 다음과 같은 추세가 있다.
  ① 지주회사의 핵심자회사 중 상장된 회사가 많을 경우 지주회사의 주가는 할인받는 경우가 많다.
  ② 지주회사의 핵심자회사가 상장되어 있지 않을 경우 지주회사의 주가는 할인되지 않는 경우가 많다.
  ③ 핵심자회사가 상장되어 있더라도 사업지주회사가 순수지주회사보다 주가의 할인 폭이 적다.

② 풀무원에 속해 있지 않고 비상장 자회사로 독립되어 있는 경우가 구조조정이 훨씬 용이하다. 즉, 사업의 추세에 따라 성장과 퇴출이 용이한 구조로 변경되었다.

③ 남승우 총괄CEO 등 특수관계자 지분이 상당하므로, 대주주의 지분율 상승 등을 목적으로 실시되는 인적분할의 필요성이 적다.

④ 핵심 자회사가 상장되어 있는 지주회사의 경우에는 주가가 할인되는 경향이 있으나, 핵심 자회사가 비상장인 경우에는 할인요소가 없거나 크지 않다.

물적분할 당시만 하더라도 매출규모 3,000억원 규모인 회사를 여러 자회사로 분할하면 오히려 지배구조의 투명성이 악화된다는 의견도 있었다. 그리고 대주주인 남승우 총괄CEO가 개인회사로 지니고 있는 풀무원샘물, 풀무원테크 등이 어떻게 처리가 될 것인지에 대한 의문도 제기되었다.

그럼에도 불구하고 풀무원이 물적분할을 통하여 지주회사로 전환된 이유는 그만큼 풀무원그룹이 올바른 지배구조에 대한 욕구가 강함을 반증한다고 보여진다.

> **2003년의 물적분할**
>
> • 사업부문별 책임경영 강화
> • 사업부문별 구조조정 용이
>   - 사업의 추세에 따라 성장과 퇴출이 용이한 구조로 변경
>   - 의사결정의 탄력성

3. 2008년의 인적분할과 현물출자

(1) 인적분할

물적분할 이후에도 풀무원의 외형은 지속적으로 성장하였으며 계열사들의 수도 증가하였다. 이로 인하여 풀무원에서 직접 사업을 영위하기보다는 순수지주회사 형태로 전환하여 사업부문과 투자부문을 분리하는 것이 보다 경영효율에 적합할 것으로 판단한 것이다.

풀무원그룹이 순수지주회사 체제를 도입한 것은 남승우 총괄CEO의 강한 의지에서 비롯된 것으로 보도된다. 남승우 총괄CEO는 스위스 네슬레를 비롯한 상당수 글로벌

식품 기업이 계열회사를 지주회사가 거느린 형태로 구성되어 있다는 사실에 주목하고, 기업 경쟁력의 핵심은 올바른 거버넌스(Governance, 지배구조)에 있다고 판단한 것이다.

풀무원은 2008년 7월 1일자로 다음과 같이 인적분할을 결정하게 되었다.

구　분	사업 부문
풀무원홀딩스(존속회사)	투자 사업부문, 연구부분(식문화연구원)
풀무원식품(신설회사)	투자 사업부문을 제외한 식품 사업부문 일체(제조자회사, 물류부문 자회사 및 기타 이와 관련된 경영지원업무 포함) 계열사 중 명가식품, 풀무원농장, 용정일송정식품유한공사, 풀무원스프라우트, 풀무원제이두공장, 풀무원제일생면공장, 풀무원춘천공장, 풀무원테므니컬아그리, 엑소후레쉬물류를 승계받음.

풀무원그룹이 공시한 분할목적은 다음과 같다.

① 투자 사업부문과 식품 사업부문의 분리를 통해 지배구조의 투명성을 제고하고 경영의 효율성을 높여 주주가치를 극대화한다.

② 투자 사업부문과 식품 사업부문의 분리를 통해 각 사업부문이 독립적인 자율경영을 하고, 경영성과에 대한 객관적인 평가를 가능하게 함으로써 책임경영 체제를 확립한다.

③ 각 사업부문별 특성에 적합한 의사결정 체제 확립과 경영 자원의 효율적 배분을 통해 사업 경쟁력을 강화하여 성장 잠재력을 확보하고 경영위험을 최소화한다.

| **풀무원의 인적분할** |

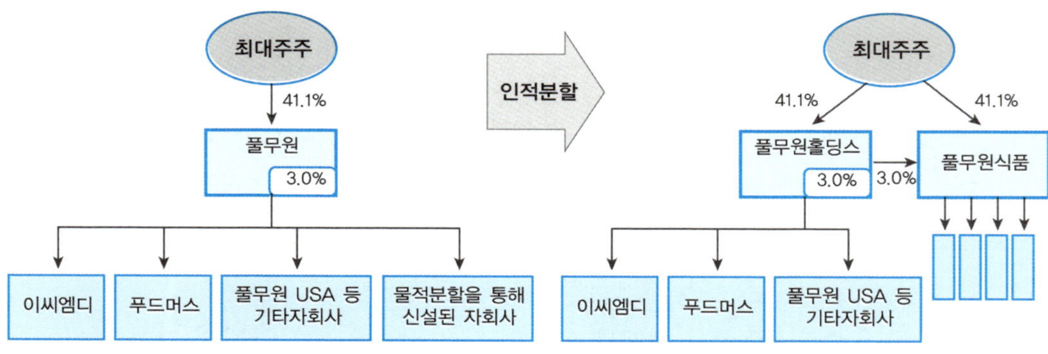

(2) 현물출자

인적분할 이후 지주회사로 전환하기 위하여 남승우 총괄CEO 등 특수관계자들은 풀무원홀딩스의 현물출자에 참여하였다.

현물출자 전후의 지배구조는 다음과 같다.

| 풀무원의 현물출자 |

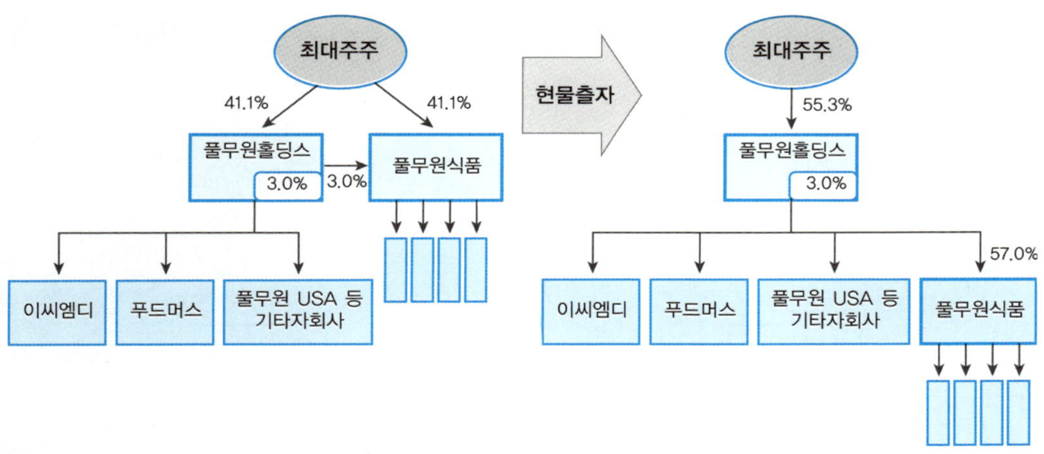

인적분할과 현물출자를 통한 지주회사 전환은 주로 대주주의 지분율이 낮은 경우에 사용되는 전략이다. 그러나 당시 남승우 총괄CEO의 지분율은 41.1%이며, 특수관계자를 포함할 경우에는 48.1%로서 경영권이 매우 안정된 상태로 볼 수 있다. 이러한 상태에서 풀무원그룹이 군이 일반적인 지주회사 전환 과정을 실시한 이유는 쉽게 이해되지 않는다. 물론 투자와 사업의 분리를 통한 투명경영과 책임경영 체계를 수립한다는 장점은 있겠으나, 이미 그룹 내 존재하는 체계적인 조직화와 안전장치를 생각하면 추가적인 효과는 크지 않다고 보여지기 때문이다.

4. 2008년의 공개매수와 풀무원식품의 상장폐지

(1) 상장폐지

인적분할 후에 분할신설된 풀무원식품은 재상장되었다. 그러나 현물출자가 마무리된 후 불과 몇 개월이 지나지 않아 풀무원은 2008년 9월 19일에 공개매수신청에 대한 공시를 하였다.

'당사는 금번 공개매수를 통해 풀무원식품의 지분을 획득함으로써 풀무원홀딩스 중심의 완전지주회사 체제를 확립하고 경영권을 강화하여, 기업가치 및 주주 이익의 극대화를 추진할 예정입니다.'

완전지주회사 체제를 수립한다고 함은 풀무원홀딩스가 풀무원식품의 주식을 100% 취득한다는 의미이다. 유가증권 시장 상장규정은 상장회사의 지분에 대한 분산 요건을 규정하고 있다. 따라서 풀무원홀딩스가 공개매수를 끝낸 이후에 풀무원식품은 주식 분산 요건을 만족하지 못하여 상장폐지 되었다.

| 공개매수 전후의 지배구조 |

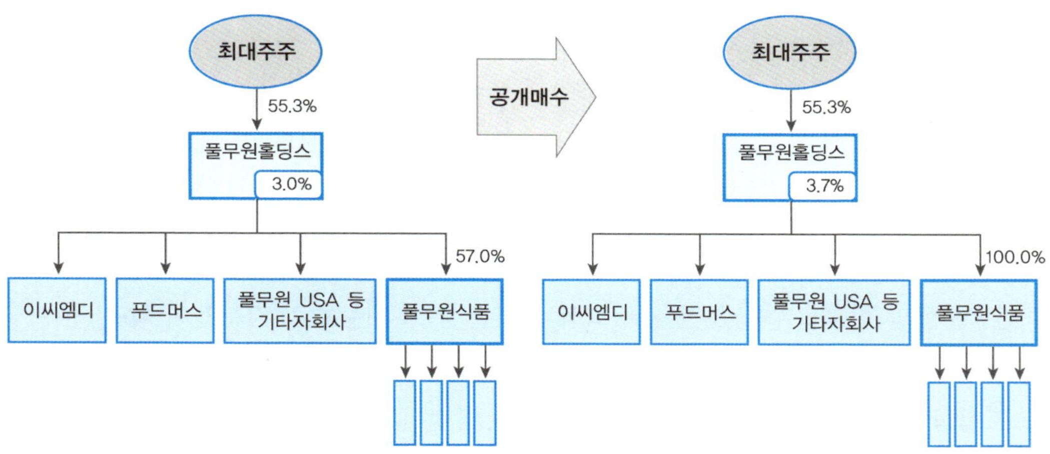

(2) 상장폐지에 대한 평가

일련의 복잡한 과정을 거친 후 풀무원홀딩스가 비상장기업인 풀무원식품을 100% 취득하는 형태가 되었다. 결국 풀무원홀딩스가 사업자회사를 물적분할한 것과 동일한 결과가 되었다. 그렇다면 풀무원그룹이 처음부터 물적분할을 실시하지 않고 인적분할 이후 상장폐지를 실시한 이유는 무엇인가? 즉, 지배구조 변경과정에서 많은 비용을 지출하고 부정적인 여론을 무릅쓰면서도 공개매수신청을 한 이유는 무엇인가?

당시 기사를 살펴보자.

 **풀무원의 상장폐지**

지주사체제 강화와 이에 따른 자회사 상장폐지는 자연스러운 과정. 하지만 풀무원 상장폐지가 관심을 끄는 이유는 '기업분할 → 재상장 → 상장폐지'라는 과정을 밟고 있기 때문. 지난 7월 1일 풀무원홀딩스는 식품사업과 물류사업 부문을 인적분할(잠깐용어 참조)해 지난 7월 말 증권시장에 재상장했다. 하지만 불과 2달여 만에 다시 상장이 폐지되는 셈이다. 증권가의 한 애널리스트는 "애초 풀무원을 물적분할했다면 복잡한 절차와 비용을 생략할 수 있었다"면서 "굳이 재상장과 공개매수의 복잡한 과정을 거치면서 얻는 결과가 처음 물적분할한 것과 회사 입장에서는 무슨 차이가 있는지 궁금하다"고 말했다.

시장 일각에서 나오는 풀무원 상장폐지 과정에 대한 목적은 남승우 풀무원 사장의 지배권 강화. 실제 남 사장은 풀무원 분할 과정을 통해 풀무원홀딩스에 대한 지분율을 높였다. 분할 전 남 사장의 지분율은 41.5%였지만 분할과정에서 제3자 배정 유상증자를 통해 55.3%로 높아졌다. 특수관계인을 포함한 최대주주 지분율도 49.6%에서 63.48%로 늘어났다. 이뿐 아니다. 최근 풀무원홀딩스 측은 관계사인 풀무원건강식품과의 합병 계획을 발표했다. 풀무원건강식품이 풀무원홀딩스의 자회사로 편입되면 남 사장의 보유지분은 58.4%까지 늘어나게 된다.

앞서 애널리스트는 "굳이 이유를 설명한다면 풀무원홀딩스 입장에서는 기업집단 내에서의 인수합병이나 분할 등을 신속히 할 수 있는 장점은 생긴다"면서 "앞으로 사업다각화나 환경 변화에 좀 더 적극적으로 대처하기 위한 포석으로도 해석된다"고 의견을 밝혔다. (매일경제 2010.11.10.)

상장폐지에 대한 해석은 분분한데 풀무원의 공식적인 설명은 다음과 같다.

'금번 주식교환은 상법상 허용하는 주식의 포괄적 교환으로서, 이를 통해 기존 부분자회사인 풀무원식품을 완전자회사로 편입하여 유가증권시장에서 상장 폐지함으로 양사 주주 간 이해 상충 가능성을 사전에 차단하며 그룹의 전략실행 및 그룹 시너지 창출을 보다 더 효율적으로 추진하기 위해 진행하는 것임.'

주식시장에 상장하면 해당 회사는 경영상태와 회계정보를 공시해야만 하며, 주주 등의 이해관계자가 증가된다. 따라서 풀무원식품이 상장된 상태로는 인수합병, 분할 및 자회사에 대한 결정을 신속하게 하기 어렵다는 단점이 언급될 수 있다. 그리고 상장을 폐지하면 상장유지 비용도 절감할 수 있다는 장점이 있다. 그러나 이러한 측면만으로 상장폐지를 하기에는 명분이 부족하고 실리가 적다는 해석이 일반적이다.

사실 미국과 유럽의 지주회사를 살펴보면 지주회사만 상장되어 있고 자회사는 상장되어 있지 않은 경우가 일반적이다. 그리고 지주회사는 대부분 자회사의 지분을 100% 보유하고 있다. 따라서 풀무원이 공개매수 이후에 풀무원식품에 대하여 100% 지분을 가지게 되는 지배구조는 글로벌 스탠다드에 부합된다고 볼 수 있다. 미국 지주회사 형태에 대한 보다 자세한 내용은 보론에서 살펴본다.

> **2008년의 인적분할, 현물출자 및 공개매수**
>
> - 인적분할 및 현물출자
>   - 대주주의 지분율 강화
> - 공개매수 및 상장 폐지
>   - 주주 간 이해 상충 가능성을 사전에 차단하며 그룹의 전략 실행
>   - 상장 유지비용 절감
>   - 향후 재상장을 통한 자금조달 방안

5. 풀무원홀딩스와 풀무원건강식품의 합병

앞서 남승우 총괄CEO는 풀무원홀딩스뿐만 아니라 풀무원건강식품(구, 풀무원건강생활)에 대한 지분도 보유하고 있다고 언급하였다. 따라서 풀무원홀딩스와 풀무원건강식품 간의 거래가 발생하면, 여론은 동 거래가 대주주에게 유리한 거래인지 비판적 시각으로 관심을 보였다. 이러한 점을 해소하고 지배구조를 단순화하기 위하여 양사의 합병을 2008년 12월에 실시한 것이다.

풀무원그룹이 공시한 합병 목적은 다음과 같다.

'경영의 투명성을 높이고 장기적으로 주주가치를 극대화하며 기업가치를 제고하기 위함.'

| 풀무원과 풀무원건강식품의 합병 |

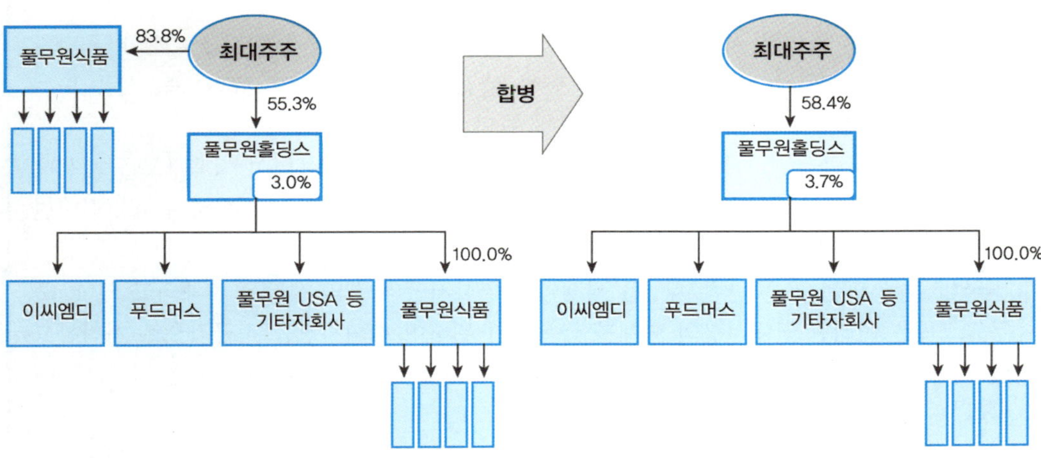

합병으로 인하여 풀무원홀딩스는 당시 풀무원건강식품이 보유하고 있던 올가홀푸드, 한국바이오기술투자 및 풀무원녹즙 판매 등에 대한 지분을 인수하게 되었고, 남승우 총괄CEO의 지분도 55.3%에서 58.4%로 증가하였다.

2008년에 이루어진 인적분할, 현물출자, 공개매수 및 합병 등으로 인하여 남승우 총괄CEO의 지분율은 크게 증가하였는데, 2007년과 2008년의 주주 구성 내용을 비교하면 다음과 같다.

	지분율(%)	
	2007년	2008년
남승우	41.1	58.4
자기주식	3.0	3.7
그 외 특수관계자	4.0	6.9
기타	51.9	31.0
합 계	100.0	100.0

풀무원홀딩스와 풀무원건강식품의 합병

- 지배구조의 단순화
- 대주주의 지분율 증가
- 경영투명성 제고 및 내부거래 이슈 제거

Summary!

풀무원그룹은 다양한 사업을 영위하기보다는 '내 가족의 건강과 행복을 위한 바른먹거리'라는 철학을 바탕으로 식품 제조 및 판매 사업에 초점을 맞추어 왔다. 즉, 식품 또는 식품 관련 영역에서 사업의 범위를 확대해 왔던 것이다.

지난 15년간 풀무원그룹은 합병 및 분할 등을 적극적으로 활용하여 지배구조를 개선해 왔다. 풀무원그룹의 지배구조개선은 단일 사업 영역이지만 좀 더 세분화하여 효과적이면서 효율적인 운영방안을 모색하면서 이루어진 것으로 평가된다.

국내 식품 또는 식품 관련 사업은 경쟁이 치열하지만 시장의 성장은 지체되고 있다. 풀무원그룹은 이러한 국내시장의 한계를 극복하기 위하여 해외시장을 적극적으로 개척하고 있다. 따라서 향후 풀무원그룹의 지배구조는 해외사업의 성장이나 그에 따른 자금조달에 따라 변화가 있을 것으로 예상된다.

풀무원그룹의 지배구조개선

- 물적분할
  - 사업부문별 책임경영 실현
  - 성장과 구조조정에 대한 의사결정 및 실행 용이
- 인적분할, 현물출자 및 상장폐지
  - 대주주의 지분율 강화
  - 주주 간 이해 상충 가능성을 차단하고 그룹의 전략 실행
  - 향후 재상장을 통한 자금조달 방안
- 풀무원과 풀무원건강식품의 합병
  - 대주주의 지분율 강화
  - 지배구조의 단순화
  - 경영투명성 제고 및 내부거래 이슈 제거
- 풀무원식품의 재상장(안)
  - 자금조달

미국의 지주회사

　미국에서는 남북전쟁을 계기로 산업이 집중되고 기업 규모가 급격하게 커졌다. 그리고 19세기 후반에는 기간산업인 중화학공업을 중심으로 대규모 기업이 출연하면서 독점자본이 형성되기 시작하였다. 독점자본의 폐단을 제재하기 위하여 1890년에 셔먼법(Sherman Act)이 제정되었고, 기업결합의 대체수단으로 지주회사제도가 등장했다.

　1930년대에는 피라미드형 지주회사의 폐단이 제기됨에 따라 루즈벨트(Roosevelt) 행정부는 독점금지법, 세제(배당소득에 대한 이중과세) 및 공익사업지주회사법(Public Utilities Holding Companies Act)을 제정하였다. 그리고 피라미드형 지주회사를 해체하기에 이르렀다. 이후 미국에서는 독립 기업(Stand-alone) 형태의 기업조직이 보편화되었으며, 자회사 지분율도 대부분 100%를 유지하고 있다. 따라서 현재 미국의 일반적인 기업 형태는 단일기업 체제로 보는 것이 적절하다.

　미국의 경우 순수지주회사 형태는 매우 드물다. 은행금융업 또는 공익사업(전기, 가스 및 수도 등) 분야에서만 업무영역의 규제나 영업지역 제한 등의 회피수단으로 지주회사를 활용하고 있는 상황이다. 미국에서 지주회사 제도가 널리 사용되지 않는 이유는 크게 다음과 같다.

　① 단일기업이라 하더라도 사업부제를 활용하면 책임경영을 실현할 수 있다. 오히려 지주회사는 경영의 다층화로 비효율성이 발생할 수 있다.

　② 지주회사는 사업 내용을 투자자들에게 공시하는 데 비용이 많이 발생하며, 그룹 운영상에 부담이 될 수 있다.

　미국의 경우 공익사업이나 은행금융업을 제외하면 사업지주회사가 일반적이다. GE, P&G, Hewlett Packard 등은 다수의 자회사가 있으면서 스스로도 사업을 영위하고 있다. 이와 같이 사업지주회사 형태를 채택하고 있는 이유는 기업인수합병(M&A) 시장이 활성화되어 있으므로, 사업부 단위로 기업을 분리하여 매각하는 데 어려움이 없기 때문이다. 즉, 자회사로 분할하여 매각하기 위하여 순수지주회사 형태를 취할 필요가 없는 것이다. 다만, 해외로 복수 사업분야에 진출할 때에는 통합된 사업활동을 수행하도록 하기 위하여 순수지주회사 형태로 운영되기도 한다. 예를 들어 Mobile 그룹은 최상위 순수지주회사가 다수의 사업회사와 해외 지역별 지주회사를 소유하는 구조로 구성되어 있다.

미국에서 사업지주회사는 대부분 자회사의 주식을 100% 보유하고 있으며, 지주회사만 상장하고 있다. 이는 소액주주들의 주주권 등 기업 관련 법제와 소송문화가 발달함에 따라 법적 분쟁이 발생할 소지를 확실히 제거하기 위함이라 할 수 있다. 예를 들어 GE그룹은 50여 개 주요 자회사 중 1개사를 제외하고는 자회사 지분을 100% 보유하고 있다. Mobile그룹의 경우에도 140여 개 주요 자회사 중 합작(Joint Venture) 등을 제외하면 109개 자회사에 대해 100% 지분을 소유하고 있다.

지주회사가 자회사의 지분율을 100% 보유하고 있음에 따라 자회사 간 출자 사례는 거의 없다. 그리고 지주회사를 증권시장에 상장함에 따라 지주회사의 지분은 광범위하게 분산되어 있다. 따라서 대부분 지주회사는 소유와 경영이 분리되어 운영되고 있다. 이러한 점을 고려하면 미국의 사업지주회사는 기업집단으로 보기보다는 사실상 단일기업 체제(Stand alone style)로 보는 것이 더 적합할 수도 있다.

미국의 경우 손회사를 가지고 있는 경우는 많지 않으나, 해외 투자 또는 세금 혜택을 위하여 중간지주회사를 통한 손회사를 갖는 경우는 다수 있다. 예를 들어 순수지주회사인 Exxon Mobile은 중간지주회사 형태를 통해 3~5단계의 출자구조를 형성하고 있으며, GE의 경우에도 GE Capital Services 아래에 2개의 손회사 GE Capital Co.와 GE Global Insurance Holdings Co.를 보유하고 있다.

우리나라도 집단소송제도가 도입되었고 소액주주 보호를 위한 제도가 일부 반영되었으나 미국에 비하면 초기 단계이다. 그러나 법률이나 세제 환경의 변화는 다음의 추세를 보이고 있다.
① 소액주주들의 주주권 등 기업 관련 법제 강화 및 소송문화 확산
② 지주회사 제재 방안

제4절 한국타이어의 지주회사 전환

한국타이어는 인적분할을 통해 지주회사로 전환되었는데, 특수관계자가 보유하고 있는 지분 중 일부는 지주회사 주식으로 교환되지 않았다는 점이 특징적이다.[25]

1. 한국타이어의 현황

한국타이어는 1941년에 설립된 국내 최초의 타이어 제조기업으로 1967년에 효성그룹이 인수하였다. 그러나 1985년의 계열분리를 통하여 장남인 조석래 회장은 효성그룹을 경영하게 되었고, 조양래 회장은 한국타이어를 경영하게 되었다. 한국타이어그룹은 중국, 헝가리, 인도네시아 및 유럽 등 전 세계에 30여 개의 지점 또는 현지법인을 보유하고 있으며, 매출 중 70% 이상은 해외에서 벌어들이고 있다.

한국타이어그룹은 크게 타이어를 제조·판매하는 타이어 사업부문과 타이어를 제외한 일반 기계 및 금형 등의 제작·판매 사업부문으로 구성되어 있다. 그러나 전체 매출액 중에서 타이어부문이 95% 이상을 차지하고 있으며, 기타 사업부문의 매출 비중은 미미한 편이다.

2012년 6월 당시 한국타이어그룹의 지배구조는 다음과 같다.

| 한국타이어그룹의 지배구조 |

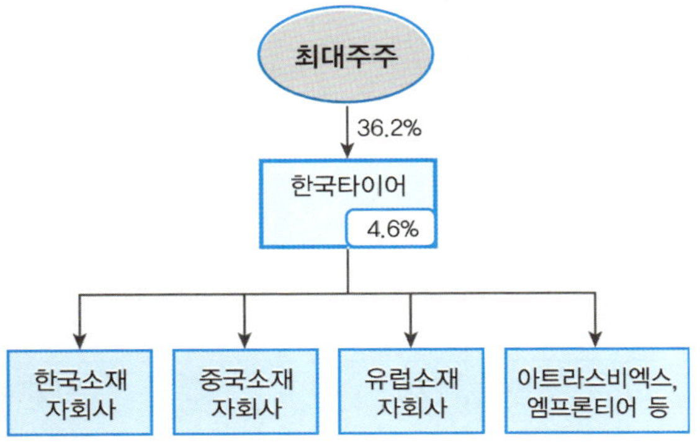

---

25) 분할 시에는 지주회사의 사명이 한국타이어월드와이드였으나 편의상 현재 사명인 한국앤컴퍼니로 기재하였다.

그리고 2012년 6월 말 현재 한국타이어의 주주 현황은 다음과 같다.

주주	지분율(%)
조양래	16.0
子1, 子2	12.9
女1, 女2	6.3
그 외 특수관계자	1.0
자기주식	4.6
기타	59.2
합계	100.0

주주 현황을 살펴보면 최대주주 등의 지분율이 36.2%에 달하고 있어 경영권은 안정적이라 평가된다. 그리고 최대주주의 子女들도 19.2%만큼 지분을 보유하고 있으므로 경영권승계 작업은 이미 어느 정도 진행된 것으로 보여진다. 그러나 다음과 같은 경영권승계 이슈는 남아 있다.

① 최대주주(조양래 회장)가 보유하고 있는 지분 16%는 누구에게 승계될 것인가?
② 子女 중 누가 한국타이어의 경영권을 승계할 것이며, 나머지 子女들의 역할은 어떻게 정할 것인가?

한국타이어그룹의 경우 타이어 사업부문이 절대적으로 비중이 높다. 따라서 가족기업 형태의 공동 경영을 전제하지 않을 경우 타이어 사업부문을 승계하는 후계자 이외의 子女가 승계할 사업부문은 상대적으로 빈약하게 된다.

2. 지주회사 전환

(1) 인적분할

한국타이어는 2012년 9월 1일을 분할기일로 다음과 같이 인적분할을 결정하였다.

구 분	사업내용
한국앤컴퍼니(존속기업)	투자 사업부문
한국타이어(신설기업)	타이어 사업부문

그리고 분할 목적을 다음과 같이 공시하였다.

① 투자 사업부문과 타이어 사업부문을 분리하고 향후 투자 사업부문을 지주회사로 전환함으로써 기업지배구조의 투명성과 경영 안정성을 증대시킨다.

② 투자 사업부문은 자회사 관리 및 신규사업투자에, 타이어 사업부문은 타이어 관련 사업에 집중함으로써 사업특성에 맞는 신속하고 전문적인 의사결정이 가능한 지배구조 체제를 확립하고, 경영위험의 분산을 추구한다.

③ 각 사업부문의 전문화를 통하여 핵심사업에의 집중투자 및 구조조정을 용이하게 하고, 독립적인 경영 및 객관적인 성과평가를 가능하게 함으로써 책임 경영체제를 확립한다.

④ 상기와 같은 지배구조 체계 변경을 통하여 궁극적으로 기업가치와 주주의 가치를 제고한다.

한국타이어그룹은 인적분할과 현물출자를 통하여 지주회사로 전환되었다. 그러나 일반적인 사례와 달리 한국타이어는 자기주식을 분할 이전에 취득하기 위한 별도의 조치가 없었는데, 그 이유는 분할 전에도 최대주주의 지분율이 경영권을 방어할 만큼 충분하다고 판단하였기 때문이라고 추정된다.

분할 전후의 지배구조를 비교하면 다음과 같다.

| 한국타이어의 인적분할 |

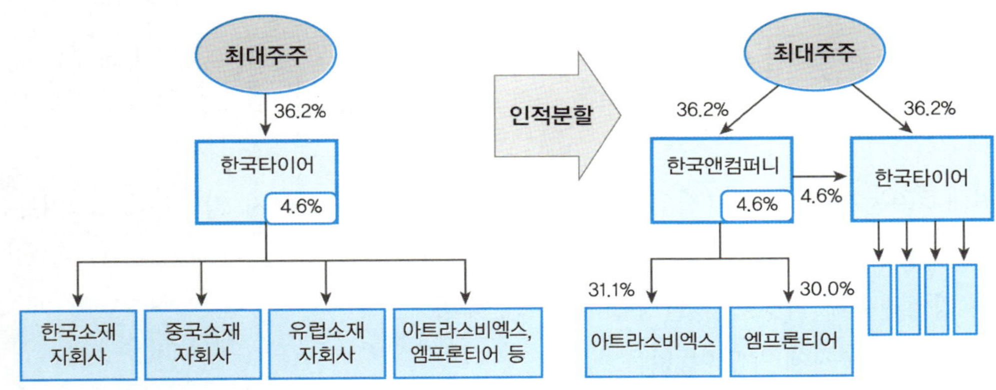

분할 시 특징적인 점은 분할 후 계열사 중 타이어 사업부문과 관련이 없는 계열사(아 트라스비엑스와 엠프론티어)를 제외한 나머지 계열사는 모두 한국타이어에 이전되었 다는 점이다. 이로 인하여 분할 결과 전체 자산의 87% 정도가 한국타이어에게 승계되 었다. 그리고 향후 현금흐름이나 주가 상승 가능성도 한국앤컴퍼니보다는 한국타이어 가 훨씬 좋은 평가를 받았다.

(2) 현물출자

분할신설회사인 한국타이어가 한국앤컴퍼니보다 순자산 비중이 훨씬 높고, 향후 현 금흐름도 양호할 것으로 예상되자, 한국타이어의 시가총액은 한국앤컴퍼니보다 4배 정 도로 형성되었다. 따라서 일반적인 경우와 달리 조양래 회장 등 특수관계자는 한국타 이어 주식을 일부만 현물출자 하였음에도 한국앤컴퍼니의 지분을 74.0%만큼 보유하게 되었다.

현물출자 후 지분구조는 다음과 같다.

| 현물출자 전후의 주주 현황 |

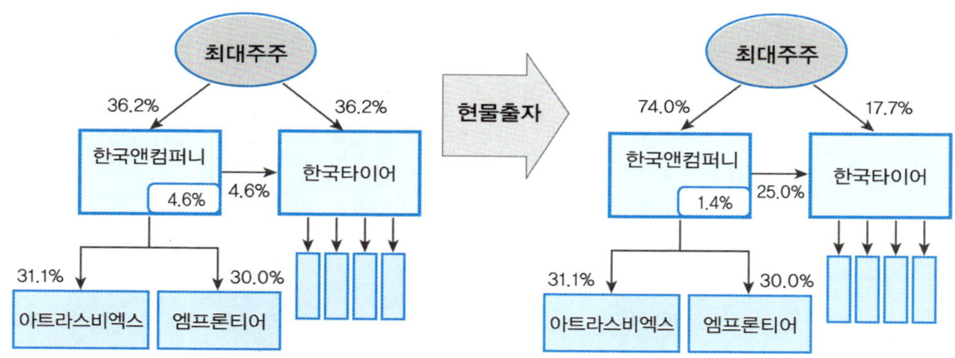

최대주주는 한국타이어(사업회사) 주식을 모두 현물출자하지 않았는데 그 이유는 다음과 같이 분석된다.

① 경영권승계 과정에서 발생할 세 부담 대비

② 경영권 유지에 부담이 없음.

③ 거래량 유지

경영권승계 과정에서 발생하는 세액을 납부하기 위하여 지분을 처분하여야 한다면, 주식의 유동성 측면에서 지주회사 지분보다는 사업회사 지분이 보다 유리하다. 따라서 지주회사 전환 후 경영권승계 과정에서 재원마련을 위하여 일부 지분을 처분하여야 한다면, 사업회사 지분을 모두 현물출자하지 않는 것이 바람직하다. 이러한 관점에서 최대주주가 보유하는 한국타이어 주식은 향후 경영권승계 과정에서 재원 등의 역할을 하게 될 것으로 예상되었다.

최대주주가 보유하는 한국타이어 지분이 모두 현물출자하였다면, 한국앤컴퍼니는 한국타이어 지분을 42.7%만큼 보유하게 된다. 그러나 일반적으로 지주회사가 상장 자회사에 대하여 30% 내외의 지분을 보유한다면 경영권이 안정적이라고 평가되고 있다. 따라서 대주주 입장에서는 지주회사를 통하여 한국타이어(사업회사)에 대하여 경영권을 확보하는 데 지장이 없다면, 그 이상의 재원을 투자할 유인은 없어진다.

만일 최대주주 등이 보유하는 지분을 모두 현물출자하였다면, 최대주주 등은 약 82%에 해당하는 한국앤컴퍼니 지분을 보유하게 된다. 이렇게 대주주의 지분율이 과도하게 높은 경우, 주식의 거래량이 현저하게 떨어져 상장 유지에 악영향을 미칠 우려도 있다.

(3) 지분 변동

한국앤컴퍼니가 지주회사로 전환된 이후 한국타이어에 대한 지분 증가 등 지배구조에 있어 여러 변화가 발생하였다. 지주회사 전환 후 2017년 9월 말까지의 지배구조 변동을 그림으로 표현하면 다음과 같다.

| 지분 변동 |

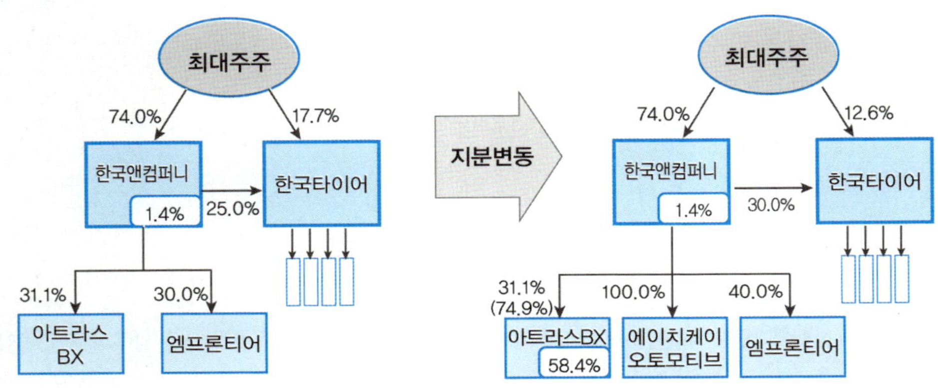

그리고 2017년 9월 말 현재 한국타이어와 한국앤컴퍼니의 주주 현황은 다음과 같다.

주주	지분율(%)	
	한국타이어	한국앤컴퍼니
한국앤컴퍼니	30.0	—
조양래	5.7	23.6
조현식	0.7	19.3
조현범	2.1	19.3
女1, 女2	3.4	11.7
그 외	0.7	0.1
합계	42.6	74.0

지배구조의 주요 변동 내역은 다음과 같다.

① 한국타이어에 대한 지분율 증가

② 아트라스비엑스에 대한 유효지분율 증가

③ 자동차수리와 부품업을 영위하는 에이치케이오토모티브를 설립

한국타이어에 대한 지분율 증가

현행 지주회사 행위제한 요건은 지주회사가 상장 계열사에 대해서는 20% 이상의 지분을 보유할 것을 요구하고 있다. 그러나 2017년 당시에는 공정거래법 개정을 통하여 상장 계열사에 대한 지주회사의 지분 요건을 30% 이상으로 하자는 내용이 발의중이었다. 이러한 점을 감안하여 한국앤컴퍼니는 2017년 말에 조양래 회장이 보유한 한국타이어 주식을 추가로 취득하여 지분율을 30%로 증가시켰다. 회사가 발표한 내용은 다음과 같다.[26]

'자회사 의무지분보유비율 관련 규제 강화에 선제적으로 대응'

조양래 회장은 지분 매각을 통하여 3,240억원을 수령하게 되었다.

---

[26] 이후 상장자회사에 대한 의무지분보율이 30%로 상승하였으나, 개정법 시행 전에 지주회사에 편입되어 있는 자회사는 기존 규정(20%)을 적용하도록 하였다.

🌑 아트라스비엑스와의 합병

아트라스비엑스는 세계 6위, 국내 2위의 자동차용 축전지 제조업체로서, 연 600억원대의 영업이익을 시현하는 우량한 회사이다. 그런데 아트라스비엑스는 2016년에 공개매수를 추진하며 다음을 공시했다.

① 대주주 보유 주식 이외의 주식을 모두 취득하여 자진 상장폐지를 실시하고자 함.

② 비상장 상태에서 외부환경 변화에 기동성 있는 경영체제를 갖추고, 빠르고 유연한 경영 판단을 통해 기업경영의 효율성을 제고하고자 함.

③ 회사의 성장성 정체 및 대상회사 주식의 거래량 부진에 따른 소액주주들의 환금성 제고의 목적과 시가 대비 일정한 프리미엄을 가산하여 소액주주의 이익에 기여하고자 함.

공개매수를 진행한 결과 아트라스비엑스는 58.4%의 자기주식을 보유하게 되었다. 이로 인하여 한국앤컴퍼니의 유효지분율은 74.9%로 증가하였고, 아트라스비엑스는 종속기업에 편입되었다.

아트라스비엑스는 공개매수 이후 주당 배당금을 700원에서 300원으로 감소시키며, 지속적으로 상장폐지를 추진했으나, 일부 소액주주들의 반대로 상장폐지가 시행되지는 못했다.

이러던 중 2021년 4월 1일자로 한국앤컴퍼니는 아트라스비엑스를 흡수합병하였는데, 공시한 합병 목적을 요약하면 다음과 같다.

① 순수지주회사에서 사업지주회사로 변모하여 안정적인 수익성 및 현금흐름 확보, 재무안정성 증대를 꾀하고, 이를 통해 신성장동력 발굴, 기존 사업의 경쟁력 확대를 추진하여, 장기적으로 기업가치 및 수익성 증대를 기대

② 인적·물적 자원의 효율적 결합을 통해 경영효율성을 제고하여, 궁극적으로 회사의 재무에 긍정적인 영향을 줄 것으로 기대

합병 당시 한국아트라스비엑스는 58.4%의 자사주를 보유 중인 상황이었는데, 합병과정에서 한국아트라스비엑스 소액주주에게만 한국앤컴퍼니 신주가 배정(1주당 3.39주)되었다. 그리고 한국앤컴퍼니가 보유 중인 한국아트라스비엑스 지분과 한국아트라스비엑스 자사주에 대해서는 신주를 발행하지 않고 흡수합병과 함께 소각되었다.

합병 일정은 소액주주의 반발로 지연되었었는데, 소액주주의 주장은 다음과 같다. '회사의 계획에 따르면 한국아트라스비엑스 자사주가 지니고 있는 가치는 한국앤컴퍼니, 나아가 최대주주 오너 일가가 독식하게 된다. 결국 소액주주에겐 1주당 3.39주의 신주가 배정되지만, 자사주의 가치를 고스란히 흡수하는 한국앤컴퍼니는 사실상 1주당 9.76주의 가치를 획득하게 된다. 따라서 소액주주들은 자사주를 소각한 뒤 흡수합병을 진행하거나, 자사주 몫의 신주를 소액주주에게 분배해야 한다.'

합병은 회사의 계획에 따라 진행되어 한국앤컴퍼니는 사업지주회사 형태로 변경되었다.

3. 경영권분쟁

(1) 지분 양도 거래

조현범 사장과 조현식 부회장이 공동 경영을 하고 있던 중, 조양래 회장은 2020년에 조현범 사장에게 자신이 보유하고 있는 한국앤컴퍼니 주식 전량을 양도했다. 조현범 사장에게 경영권을 승계한 것이다.

결과적으로 한국타이어의 지주회사 전환은 경영권승계를 위한 사전 조치로 해석된다. 지주회사 전환을 통해 조현식 부회장과 조현범 사장에게 지주회사 지분을 각각 19.3%씩 부여하고, 경영성과를 평가한 후 양도라는 형식을 통해 조현범 사장에게 지주회사에 대한 경영권을 넘긴 것이다.

한편, 조현범 사장은 취득 자금을 마련하기 위하여 보유하고 있는 주식과 양도받게 되는 주식을 담보로 제공했다.

지분 양도 전후의 주주 현황은 다음과 같다.

주주	지분양도 전(%)	지분양도 후(%)
조양래	23.59	—
조현식	19.32	19.32
조현범	19.31	42.90
조희원	10.82	10.82
조희경	0.83	0.83

　양도를 통한 경영권승계는 세무상 불리하여 일반적으로 선택하는 방법은 아니다. 예를 들어 과세대상 주식의 가치가 1,000억원이며, 상속증여세율과 양도세율은 각각 50%와 25%라고 가정해 보자. 이 경우 발생하는 세액은 다음과 같다.

	양도세	상속증여세	세부담
주식 양도 후 현금 증여(또는 상속)	1,000억원 × 25% = 250억원	(1,000억원 − 250억원) × 50% = 375억원	625억원
증여(또는 상속)	해당사항 없음.	1,000억원 × 50% = 500억원	500억원

　양도세율 자체는 상속증여세율 보다 낮다. 그러나 주식을 양도하면 양도세 납부 후 750억원을 수령하게 되고, 그 현금을 모두 소비하지 않는다면 다시 상속 또는 증여를 할 것이므로 750억원에 대한 세금을 다시 부담해야 한다.[27]

　그렇다면 증여가 아닌 양도를 통해 경영권을 승계한 이유는 무엇인지에 대해 생각해 보자. 만일 증여를 통해 지분을 이전하게 되면 사후에 유류분 소송을 통해 증여한 주식이 재배분될 가능성이 있다. 즉, 사후에 경영권이 불안정해질 수 있는 것이다. 그러나 주식을 양도한 이후 유류분 소송이 발생하면 주식이 아닌 현금의 재배분이 이루어져 경영권과는 관련이 없게 된다. 따라서 유류분 소송에 따른 경영권분쟁을 방지하기 위해 세금부담에도 불구하고 양도라는 형식을 택한 선택으로 이해된다.

(2) 경영권분쟁

　주식의 양도 이후 조희경 이사장은 조양래 회장에 대해 성년후견 개시 심판을 청구했다.[28] 주식 양도가 적절하지 않은 절차에 따라 이루어졌으므로 인정하기 어렵다는 취지이다.

---

27) 세무 관점에서 경영권승계 시 거래는 최대한 단순해야 한다는 것이 원칙이다. 거래가 발생되면 거래에 따른 세금과 세무 Risk가 수반되기 때문이다.

28) 정신적 제약이 있어 사무처리 능력이 부족한 성년자에게 법률 지원을 돕는 제도로, 기존의 금치산·한정치산자 제도를 폐지하고 2013년 7월 1일부터 시행되었다. 본인 혹은 친족, 검사 등의 청구에 따라 법원은 의사의 감정을 통해 성년후견 당사자의 정신상태를 확인하고 당사자에게 진술을 받는 절차를 거쳐 후견인을 선임한다. 선정된 후견인은 피후견인의 재산을 관리하거나 법률행위의 대리권·동의권 등을 행사할 수 있게 된다. 또한 피후견인 스스로 결정이 어려운 경우 의료, 재활, 교육 등의 신상에 관련된 부분에서도 법원으로부터 부여 받은 권한으로 결정을 할 수 있다. 조이사장이 청구한 한정후견 개시 심판은 2022년에 1심 기각, 2024년에 2심 기각된 상태이다.

그러자 조양래 회장은 다음의 입장문을 밝혔다.

'금번 주식 매각건과 관련해서는 조현범 사장에게 약 15년간 실질적으로 경영을 맡겨왔었고, 그 동안 좋은 성과를 만들어냈고 회사의 성장에 큰 기여를 했다고 생각하며 충분한 검증을 거쳤다고 판단하여, 이미 전부터 최대주주로 점찍어 두었습니다. 최근 몇 달 동안 가족 간에 최대주주 지위를 두고 벌이는 여러 가지 움직임에 대해서 더 이상의 혼란을 막고자 미리 생각해 두었던 대로 조현범 사장에게 주식 전량을 매각한 것입니다. 갑작스럽게 결정을 한 것이 아님을 다시 한 번 말씀드립니다.'

2020년의 경영권분쟁이 마무리된 후, 2023년 12월에 조현식 고문 등 3남매는 사모펀드 MBK와 함께 그룹 경영권 쟁탈을 위해 일반주주를 대상으로 주당 20,000원의 공개매수에 나섰다. 공개매수로 20.35~27.32% 정도의 지분을 취득하여 경영권을 획득하고자 한 것이다.

이에 대응하여 조양래 회장은 한국앤컴퍼니 주식을 622억원에 3.04% 취득했고, 효성그룹도 백기사를 자처하며 한국앤컴퍼니 주식을 취득했다. 이로 인하여 공개매수는 무산되었다.

Summary!

한국타이어그룹의 지주회사 전환 과정과 그 특징을 요약하면 다음과 같다.

한국타이어그룹의 지주회사 전환

- 지주회사 전환
  - 특수관계자의 안정적인 지분율 : 자기주식 취득 절차 생략
  - 분할 후 일부 주식만 현물출자에 참여하여 이후에도 사업회사 지분 보유
- 경영권승계 관점
  - 지주회사 전환 시 예비 후계자에게 지주회사 지분 배분
  - 양도라는 형식을 통해 경영권승계(추후 유류분 소송으로 인한 부작용 방지)

보론 1 공개매수를 통한 상장폐지

기업이 주식 시장에 상장(IPO)하는 주된 이유는 자금을 조달하기 위해서다. 기업은 상장을 통해 자금을 조달하여 기존 사업역량을 강화할 수도 있고, 신규 사업을 추진할 수도 있다. 그러나 기업이 상장하면 주주 등 여러 이해관계자에게 영업과 재무에 관한 주요 사항을 적시에 알려야 하고, 자본시장법 등 여러 법규의 제재를 받게 된다.

따라서 상장사라 하더라도 자금이 넉넉하고 향후 성장을 위한 투자계획이 없다면, 법규나 이해관계자의 간섭을 피하기 위하여 상장폐지를 고려하기도 한다. 그리고 지분 조정과 인수합병, 기업구조조정 등을 계획하고 있다면, 이해관계자가 적은 비상장회사가 관련 절차를 원활하게 진행할 수 있다는 점도 자진 상장폐지의 유인이 된다.

최근 상장폐지를 목적으로 공개매수를 실시한 회사를 살펴보자.

| 상장폐지를 목적으로 한 공개매수 |

회사	공개매수 공시	사업분야
티브로드한빛방송	2012. 7.	케이블방송
한온시스템	2012. 7.	자동차 부품
JS전선	2014. 2.	전선
경남에너지	2014. 2.	도시가스
국제일렉트릭	2014. 11.	반도체 장비
KCW	2015. 2.	자동차 부품
도레미케미칼	2015. 4.	화학섬유
동일제지	2015. 9.	골판지 원지
아트라스비엑스	2016. 3.	축전지
웨이포트	2017. 3.	전동공구
모아텍	2016. 12.	전자제품
KB손해보험	2017. 4.	손해보험업
알보젠코리아	2017. 11.	완제 의약품
에스앤케이	2022. 1.	PC게임 개발과 판매
맘스터치	2022. 2.	식자재 유통업
오스템임플란트	2023. 1.	의료기자재 제조 및 유통

상기 표를 보면 다음의 특징을 보이는 회사들이 눈에 띈다.

① 향후 성장성이 적은 비즈니스 모델을 영위하고 있음.

② 대주주의 지분율이 높거나 외국계 기업이 최대주주인 경우가 많음.

③ 주가순자산배율(PBR, Price on Book-value Ratio)이 낮음.

④ 공개매수 선언 당시 현금성자산이 풍부함.

공개매수를 통해 상장폐지가 이루어지면 기업의 가치는 다음과 같이 배분된다.

• 전체 기업가치 = 대주주에게 귀속되는 가치 + 소액주주에게 귀속되는 가치

• 대주주에게 귀속되는 가치

  = 전체 기업가치 − 공개매수를 통해 지출된 현금(소액주주에게 귀속되는 가치)

산식에서 보듯이 전체 기업가치에서 공개매수 과정에서 유출된 현금을 제외한 나머지 기업가치는 모두 대주주에게 귀속된다. 따라서 주식시장에서 거래되는 주식가치보다 실제 기업가치가 더 크다고 판단되면, 대주주는 자진 상장폐지를 통해 이익을 극대화할 수 있다. 그리고 상장폐지 후 대주주는 배당률을 높여 경영권승계 등에 필요한 재원을 마련할 수 있다.

이러한 측면 때문에 주식시장의 불완전성 등으로 일시적으로 주가가 낮아질 경우, 대주주가 자진 상장폐지를 통하여 불공정하게 사익(私益)을 추구할 수 있다는 문제점이 지적된다. 왜냐하면 전체 기업가치가 일정하다고 보면 대주주에게 이익이 된다는 의미는 소액주주에게 손실이 발생한다는 것과 동일한 의미이기 때문이다.

보론 2 — 3% Rule

2020년에 개정된 상법 제542조의 12는 자산총액 2조원 이상의 상장회사에 '감사위원 1인 이상 분리선출'을 의무화하고, 감사위원 선임단계에서부터 의결권 제한 3% 룰을 적용하고 있다. '사외이사 아닌 감사위원' 선임·해임 시 최대주주 및 특수관계인은 합산 3%, 일반주주는 개별 3%, '사외이사인 감사위원' 선임·해임시에는 모든 주주가 개별 3% 이상 의결권을 행사할 수 없다.

지분이 아무리 많아도 이사와 별도로 선임하는 감사위원에 대해서는 3%까지만 인정한다. 따라서 한국앤컴퍼니의 경우 조현범 사장도 3%의 지분 행사만 가능해졌다. 따라서 소액주주 일부와 5%에 못 미치는 지분을 가진 국민연금이 2021년에 조현식 부사장을 지지하면서 현 경영진의 뜻과 다른 감사위원으로 선임된 것이다.

3% Rule은 경영진과 대립하는 감사위원 선임에 대해서는 대주주 입김에서 벗어나 경영진에 대한 따끔한 감시를 할 수 있을 것이라는 견해와 회사 내 갈등이 커져 혼란이 불가피할 것이라는 시각이 공존하고 있다.

제**5**절 한솔그룹의 지주회사 전환

한솔그룹은 대주주의 낮은 지분율을 상승시키기 위하여 분할합병을 통하여 지주회사로 전환하였다. 한솔그룹은 지주회사 전환을 위한 분할합병이 소액주주 등의 반대로 한 차례 좌절되었다는 점과 순환출자를 해소하기 위하여 여러 차례 지분 변동이 이루어졌다는 점이 특징적이다.

1. 한솔그룹의 현황

2014년 당시 최대주주 등의 한솔로지스틱스와 한솔제지에 대한 지분율은 각각 6.1%과 6.9%에 불과했다. 그리고 낮은 지분율로 인한 경영권 문제를 상쇄하기 위하여 '한솔로지스틱스 → 한솔제지 → 한솔라이팅 → 한솔이엠이 → 한솔로지스틱스'로 연결되는 순환출자 구조가 형성되어 있었다. 따라서 한솔그룹은 다음 목적으로 지배구조개선을 실시하게 되었다.

① 대주주의 지분율 강화

② 순환출자 해소

2014년 6월 현재 한솔그룹의 지배구조는 다음과 같다. 참고로 아래 지배구조에서 한솔제지, 한솔로지스틱스 및 한솔케미칼은 상장된 회사이다.

| 한솔그룹의 지배구조 |

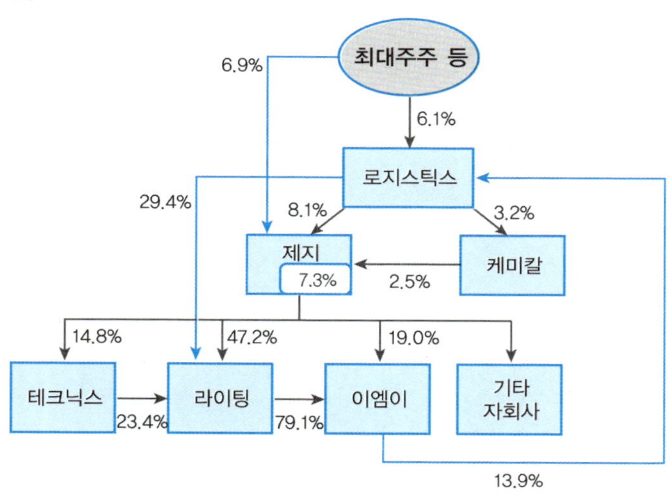

기업지배구조에서 그룹의 핵심역할을 하고 있는 한솔제지와 한솔로지스틱스의 주주 현황은 다음과 같다.

| 2014년 6월 한솔제지 주주 현황 |

주주	지분율(%)
조동길	6.9
한솔로지스틱스	8.1
그 외 특수관계자	2.5
기타	82.5
합계	100.0

| 2014년 6월 한솔로지스틱스 주주 현황 |

주주	지분율(%)
조동길	6.1
한솔이엠이	13.9
한솔PNS	0.6
기타	79.4
합계	100.0

한솔제지와 한솔로지스틱스는 한솔그룹의 지배구조의 최상단에 있는 기업이나, 상기 표에서 보듯이 조동길 회장 등 특수관계자가 보유하는 지분은 매우 낮다. 따라서 순환출자를 형성하여 경영권을 방어하고 있었던 것이다.

2. 한솔로지스틱스와 한솔제지의 합병무산

한솔그룹은 상호 간에 얽혀 있는 지배구조를 단순화하고 대주주의 지분율을 상승시키기 위한 방안으로 지주회사 체제를 채택하였다. 그리고 한솔그룹은 2013년에 지주회사로 전환하기 위하여 다음과 같은 절차를 진행하고자 하였다.

① 인적분할을 활용하여 한솔제지를 투자부문과 사업부문으로 분리

② 인적분할을 활용하여 한솔로지스틱스를 투자부문과 사업부문으로 분리

③ 한솔제지 투자부문과 한솔로지스틱스 투자부문의 합병

2013년 당시 한솔그룹이 분할합병을 추진하면서 공시한 내용은 다음과 같다.

① 분할되는 회사가 영위하는 사업 중 인쇄용지, 산업용지, 특수지 등의 사업부문과 투자 사업부문의 분리를 통하여 궁극적으로 투자 사업부문만을 전담하는 지주회사를 설립함으로써 각 사업부문이 독립적으로 고유사업에 전념토록 하고, 사업부문별로 독립적인 경영 및 객관적인 성과평가를 가능케 함으로써 책임경영 체제를 확립함.

② 지주회사체제 전환을 통하여 기업지배구조의 투명성을 증대하고, 이를 통해 시장에서 적정한 기업가치 평가가 가능하게 함.

한솔제지와 한솔로지스틱스는 주주총회에서 분할과 합병에 대한 승인절차를 진행하고, 합병에 반대하는 주주에게는 주식매수청구권을 부여했다.[29] 한솔제지의 주주총회에서는 분할과 합병이 모두 승인되었다. 그러나 한솔로지스틱스의 주주총회에서는 합병에 반대되는 주주가 매우 많았다. 그 이유는 공개매수를 통하여 합병에 반대하는 주주에게 지급하여야 할 주당 금액이 현재 시장에서의 주가보다 높았기 때문이었다.

합병을 반대한 주주가 많지 않았다면 합병 반대 주주의 주식을 취득하고 합병을 진행할 수 있겠으나, 주식매수청구권 금액이 200억원을 초과하면서 합병계약에 따라 합병의 효력이 상실된 것이다.

이로 인하여 한솔제지는 합병철회를 결정하면서 다음을 공시하였다.

① 당사는 지주회사 전환을 위해, 2013년 4월 8일 이사회 결의를 통해 당사의 분할과

---

29) 주식매수청구권은 주주총회에서의 특별결의사항에 대하여 반대의견을 갖는 주주가 회사에 대하여 자기가 보유한 주식을 정당한 가격으로 매수해 줄 것을 청구하는 권리를 말한다. 이 제도는 회사의 분할, 합병, 영업 양도 등 존립에 관한 기본사항의 변경에 대해 다수의 의사로 회사를 이끌어 나가되, 반대하는 소액주주에 대하여는 금전상의 불이익이 없도록 회사가 공정한 가격으로 이들의 보유주식을 매수하도록 의무화한 제도이다.

현행법상으로는 주식교환(상법 제360조의5), 영업양도 또는 양수(상법 제374조의2), 증권거래법 제191조 등에 매수청구권에 관한 규정이 있으며, 주식매수청구권은 법률에 의하여 인정된 권리이므로 회사의 동의나 승낙이 필요한 것이 아니다.

실무적으로 합병계약서 작성 시에 주식매수청구권 금액이 일정 금액을 초과하는 경우에는 합병계약이 무효임을 명시하고 있다. 그 이유는 주식매수청구권의 행사로 지출되는 금액이 거액이라면 합병 이후 유동성 이슈 등이 발생하기 때문이다. 한솔그룹의 경우에도 다음과 같은 합병 무효 조건을 합병계약서에 명시하였다.

'한솔제지와 한솔로지스틱스의 주주 중 본건 합병에 반대하는 주주의 주식매수청구권 행사와 관련하여, 한솔제지와 한솔로지스틱스가 그 주주들에게 지급하여야 할 주식매수대금의 합산액이 한솔제지의 경우 500억원, 한솔로지스틱스의 경우 200억원을 초과하는 경우'

한솔로지스틱스의 분할 후 존속회사와의 합병을 결정하였습니다.

② 2013년 7월 30일, 당사는 임시주주총회에서 1호의 안 분할계획서 승인의 건 및 2호의 안 합병계약서 승인의 건을 모두 원안대로 승인되었으나, 합병상대회사인 한솔로지스틱스는 임시주주총회에서 합병계약서 승인의 건이 부결되었고 그 결과 합병계약이 해제되었습니다.

③ 이에 주주총회 직후 개최된 당사의 이사회에서는 분할 및 합병의 목적이 지주회사 전환을 위한 것이었던 바, 한솔로지스틱스의 투자부문과 합병이 없이 당사만의 분할로는 지주회사 전환을 위한 소기의 목적을 달성하기 어렵고, 더욱이 지주사 행위제한요소의 해소기간 등을 감안할 때 당사의 분할도 철회하는 것이 합리적이라고 판단하여 회사분할 결정을 철회하였습니다.

3. 지주회사 전환

(1) 한솔제지의 인적분할

2013년에 의도하였던 분할합병이 좌절되었던 한솔그룹은 다시금 지주회사 전환을 추진하였다. 그 절차로 먼저 한솔제지의 인적분할을 2015년 1월 1일자로 실시하였다.

구 분	사업 내용
한솔홀딩스(존속법인)	투자 사업부문
한솔제지(신설법인)	인쇄용, 산업용지, 특수지 사업부문 및 이와 관련된 부대 사업부문, 지류제품의 생산 및 판매부문

그리고 분할목적으로 다음을 공시했다.

① 분할되는 회사가 영위하는 사업 중 인쇄용지, 산업용지, 특수지 등의 사업부문과 투자 사업부문의 분리를 통하여 궁극적으로 투자 사업부문만을 전담하는 지주회사를 설립함으로써 각 사업부문이 독립적으로 고유사업에 전념토록 하고, 사업부문별로 독립적인 경영 및 객관적인 성과평가를 가능케 함으로써 책임경영 체제를 확립하고자 합니다.

② 지주회사체제 전환을 통하여 기업지배구조의 투명성을 증대하고, 이를 통해 시장에서 적정한 기업가치 평가가 가능하게 하고자 합니다.

③ 상기와 같은 지배구조 체계 변경을 통하여 궁극적으로 기업가치와 주주의 가치를 제고하고자 합니다.

한솔제지는 인적분할을 통하여 사업을 영위하고 있는 부문을 자회사로 신설하였는데, 분할 전후의 지배구조는 다음과 같다.

| 한솔제지의 인적분할 |

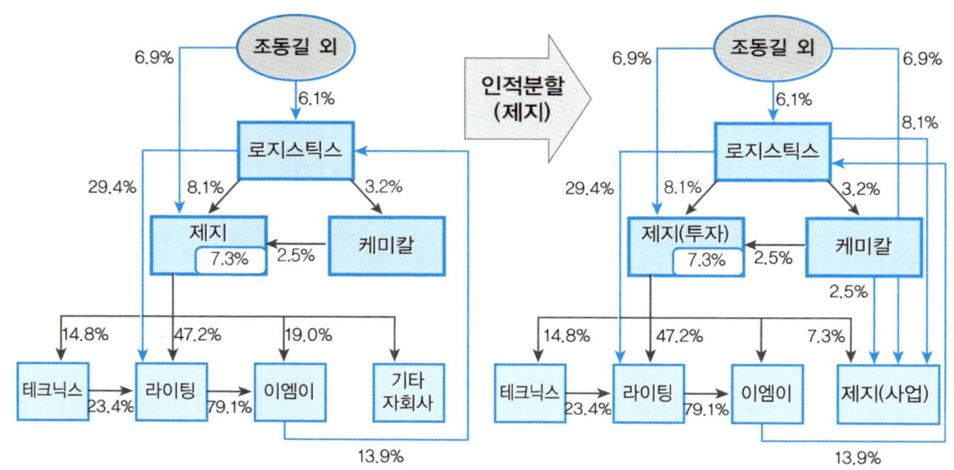

(2) 한솔로지스틱스의 인적분할과 합병

한솔그룹은 2015년 6월 30일자로 한솔로지스틱스를 인적분할 후 한솔로지스틱스의 투자 사업부문을 한솔홀딩스(한솔제지 투자부문)와의 분할합병을 추진하면서 다음을 공시했다.

① 금번 분할합병은 인적분할되는 한솔로지스틱스 주식회사의 투자부문을 한솔홀딩스 주식회사가 흡수합병하는 분할합병임.

② 한솔홀딩스 주식회사와 한솔로지스틱스 주식회사는 금번 분할합병을 통해 지배구조의 투명성 및 효율성을 증대시키고 이를 통해 기업가치를 제고하고자 함.

③ 금번 분할합병을 통하여 한솔홀딩스 주식회사는 지주사업을 보다 효과적으로 영위할 수 있을 것으로 보이며, 한솔로지스틱스 주식회사는 기존에 영위하고 있는 물류사업에 집중하여 해당 사업을 보다 효과적으로 영위할 수 있을 것으로 보임.

④ 금번 분할합병의 효과는 궁극적으로 분할합병을 진행하는 당사회사의 재무 및 영

업에 긍정적인 영향을 줄 수 있을 것으로 판단됨.

2015년 6월 30일자의 한솔로지스틱스의 분할 내역은 다음과 같다.[30]

| 한솔로지스틱스의 분할 |

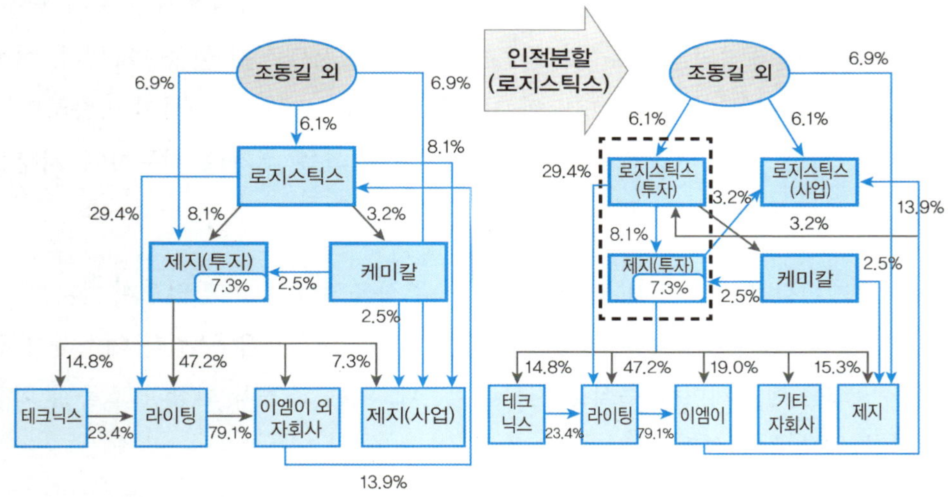

(3) 분할합병 이후 지분 변동

분할합병 이후 한솔그룹은 여러 차례 지분이 변동되었는데 주요 내용은 다음과 같다.

① 한솔홀딩스의 한솔테크닉스 주식 추가 취득

② 한솔이엠이가 보유하고 있는 한솔로지스틱스 주식을 한솔홀딩스가 취득

③ 한솔홀딩스와 한솔라이팅의 합병

④ 특수관계자의 한솔홀딩스에 대한 현물출자

⑤ 한솔홀딩스가 보유하고 있는 한솔케미칼 주식은 외부에 처분

지주회사 행위제한 요건에 따른 지분율 요건을 충족하기 위하여 한솔홀딩스는 한솔로지스틱스 주식과 한솔테크닉스 주식을 추가로 취득했다.

---

30) 실제 실무상 절차는 다음과 같다.
　① 한솔제지의 인적분할
　② 한솔로지스틱스의 분할과 동시에 합병 : 한솔로지스틱스의 분할과 동시에 한솔로지스틱스(투자부문)
　　와 한솔홀딩스의 합병
　그러나 본서에서는 편의상 각각의 회사가 분할한 이후 투자부문끼리 합병하는 것으로 설명하고 있다.

한솔라이팅은 순환출자구조를 위하여 설립된 회사로서 한솔로지스틱스(홀딩스)와 한솔홀딩스가 합병된다면, 한솔홀딩스가 한솔라이팅 주식을 100% 취득하게 된다. 따라서 효율적인 계열사 관리를 위하여 한솔홀딩스가 한솔라이팅을 흡수합병하였다.

한솔홀딩스는 2016년 2월에 공개매수를 실시하였으며, 그 과정에서 조동길 회장 등 특수관계자는 한솔제지와 한솔로지스틱스 주식을 한솔홀딩스에 현물출자했다. 현물출자 결과 조동길 회장 등의 한솔홀딩스의 지분은 기존 10%에서 16%까지 상승하였는데, 이후 조동길 회장 등 특수관계자는 주식시장에서 주식을 추가로 취득하여 지분율을 19%까지 끌어올렸다.

한편 한솔케미칼은 한솔제지 및 한솔홀딩스 주식을 보유하고 있었으며, 한솔홀딩스는 한솔케미칼 주식을 보유하고 있었다. 이러한 상호 주식 보유 구조를 해소하기 위하여 한솔홀딩스는 한솔케미칼 주식을 처분하였는데, 이는 조동혁 회장과 조동길 회장의 계열분리 차원으로 해석되고 있다.

한솔그룹의 분할합병 이전과 분할합병 및 2016년 9월까지의 지분 변동이 반영된 지배구조를 비교하면 다음과 같다.

│ 분할합병과 지분 변동 이후의 지배구조 │

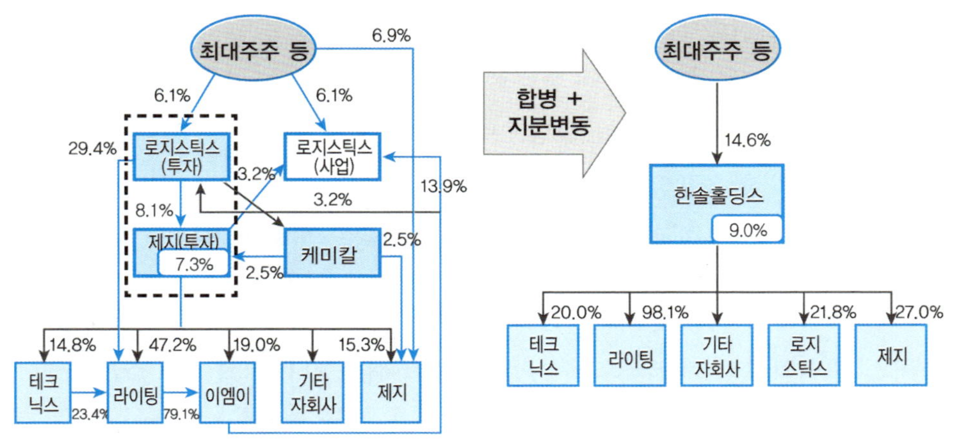

분할합병과 주요 지분 변동이 이루어진 이후(2016년 9월)의 주주 현황은 다음과 같다.

│2016년 9월 한솔홀딩스 주주 현황│

주주	지분율(%)
조동길	7.6
한솔케미칼	3.8
그 외 특수관계자	7.1
기타	81.5
합계	100.0

Summary!

한솔그룹의 지주회사 전환 과정과 그 특징을 요약하면 다음과 같다.

- **한솔그룹의 지주회사 전환**

- 분할합병
  - 계열사들의 주식들을 많이 보유하고 있는 회사들을 투자부문과 사업부문으로 분할
  - 분할된 투자회사들을 합병하여 지주회사로 전환
- 유의사항
  - 지배구조 변동과 관련된 이해관계자 파악
  - 주가의 흐름에 따른 주식매수청구권 실행
  - 지주회사 행위제한 요건 충족을 위하여 필요한 자금 Risk 고려
  - 계열분리의 필요성 고려

제3장

계열분리와 가족기업

일부 지주회사 체계가 가장 바람직한 형태라고 생각하는 관점이 있다. 인적분할과 현물출자를 통한 지주회사 전환 사례가 빈번하지만, 지주회사 전환은 지배구조개선이나 경영권승계를 위한 하나의 도구일 뿐이다. 오히려 회사의 현재 주주 현황, 영위하는 사업의 성격 및 예비 후계자의 상황에 따라 지주회사체제는 적절하지 않은 경우도 많다.

한편, 가족기업은 구시대적 지배구조로 간주되는 경향이 있다. 그러나 가족기업은 가족 지배구조만 적절하게 구축되어 있다면, 장기적인 경영 전략과 과감한 투자의사결정이 가능하다는 장점이 있다. 그러나 가족기업 형태로 공동경영이 어려운 상황에는 계열분리 이후 경영권을 승계하는 것이 바람직한데, 계열분리 시에는 인적분할이 활용되는 경우가 많다.

본 장에서는 인적분할을 통한 계열분리와 가족기업의 사례를 살펴본다.

- 인적분할을 활용한 계열분리
- 인적분할과 책임경영
- 가족기업의 장·단점

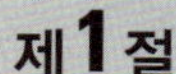 **제1절 신세계그룹의 인적분할**

1. 현황

(1) 신세계그룹의 연혁

신세계그룹은 1955년 동화백화점으로 설립되었으며 백화점사업을 중심으로 성장기반을 다져왔다. 그리고 1993년에 창동 이마트를 시작으로 대형마트 사업에 진입하면서 성공적인 사업다각화를 이루었고 현재 국내 유통업계를 주도하고 있다. 신세계그룹은 유통사업 외에도 패션, 음식료, 호텔 및 건설 등 다양한 사업을 영위하고 있으나, 핵심역량은 소매유통업에 집중되어 있다고 볼 수 있다. 신세계그룹이 영위하는 사업부문은 다음과 같다.

구 분	사업 내용
신세계의 사업	• 대형마트 : 생활필수품과 일상 소비재 쇼핑공간을 제공하는 사업 • 백화점 : 다양한 상품 구색과 차별화된 고객서비스를 제공하고 첨단 유행을 선도하는 사업부문
자회사별 사업	• 패션 사업부문 : 신세계인터내셔널 • 부동산 및 여객서비스업 : 센트럴시티 • 관광호텔사업 : 센트럴관광 • 관광호텔업 및 면세업 부문 : 신세계조선호텔 • 단체급식/외식 및 식품유통업 부문 : 신세계푸드 • 슈퍼마켓 부문 : 에브리데이리테일 • 부동산업 : 신세계프라퍼티, 신세계투자개발

(2) 신세계그룹의 지배구조

신세계그룹의 2010년 당시 재무 현황은 다음과 같다.

(단위 : 백만원)

	개별재무제표	연결재무제표	신세계 비중
자산	13,702	14,452	94.5%
매출	11,025	13,005	84.8%

2010년 말 신세계그룹의 지배구조는 다음과 같다.

| 신세계의 지배구조 |

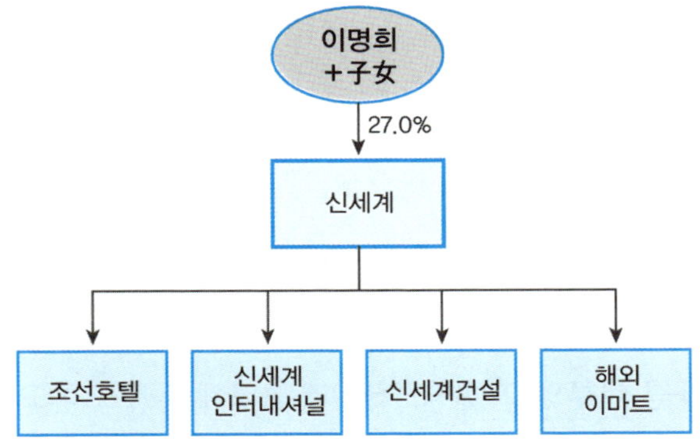

지난 20년간 신세계그룹의 지분 변동은 그다지 크지 않았다. 다만 2006년에 정재은 명예회장이 子女(정용진 부회장, 정유경 사장)에게 지분을 증여하면서, 주주 구성이 다소 변경된 점은 특징적이다. 증여 당시 신세계그룹은 편법상속을 하지 않고 국내 어느 기업보다 모범적으로 납세하고 상속할 것이라고 발표했다. 그리고 정재은 회장이 지분(당시 시가 6,870억원)을 증여하면서 3,500억원의 증여세를 주식으로 현물 납부하여 화제가 되었다.

2010년 말 현재 신세계의 주요 주주 현황은 다음과 같다.

주 주	지분율(%)
이명희	17.3
정용진	7.3
정유경	2.5
기타	72.9
합계	100.0

2. 신세계의 인적분할

(1) 인적분할

2011년 초에 신세계그룹은 백화점 사업부문과 이마트 사업부문으로 분할한다고 공시하면서 다음의 분할 목적을 공시했다.

① 백화점 사업부문과 대형마트 사업부문의 분리를 통하여 각 사업부문의 전문성을 제고하고 핵심경쟁력을 강화하여 지속적인 성장의 토대를 마련

② 각 사업부문별 투자위험을 분리하여 경영위험을 최소화하고, 급변하는 유통사업 환경변화에 따라 신속하게 대응할 수 있도록 사업부문별 특성에 적합한 신속하고 유연한 의사결정 체제를 확립

③ 각 사업부문이 안정적인 경영기반을 확보한 상태로 독립경영 및 책임경영 체제를 구축하여 전문성을 강화하고, 수익성을 극대화하여 안정적인 사업구조로 개편

④ 각 사업부문별로 선별 투자가 가능케 하고, 성장가속화 및 수익성 강화를 통해 기업가치 및 주주가치를 극대화함.

신세계의 분할은 이마트를 신설사업부문으로 하였기에 분할신설법인의 매출 및 자산 규모가 존속법인보다 컸다.

분할 후 승계되는 사업부문과 계열사들의 현황은 다음과 같다.

구 분	사업부문
신세계(존속법인)	• 사업부문 : 백화점 • 주요 보유 주식 − 패션 사업부문 : 신세계인터내셔널 − 부동산 및 여객서비스업 : 센트럴시티 − 관광호텔사업 : 센트럴관광
이마트(신설법인)	• 사업부문 : 대형마트 • 주요 보유 주식 − 관광호텔업 및 면세업 부문 : 신세계조선호텔 − 단체급식/외식 및 식품유통업 부문 : 신세계푸드 − 슈퍼마켓 부문 : 에브리데이리테일 − 부동산업 : 신세계프라퍼티, 신세계투자개발

분할 시 신세계와 이마트가 승계한 계열사를 살펴보면, 백화점과 대형마트 중 어떠한 사업부문과 연관성이 있는지에 따라 귀속되었음을 알 수 있다.

분할 전후의 지배구조를 비교하면 다음과 같다.

| 신세계의 인적분할 |

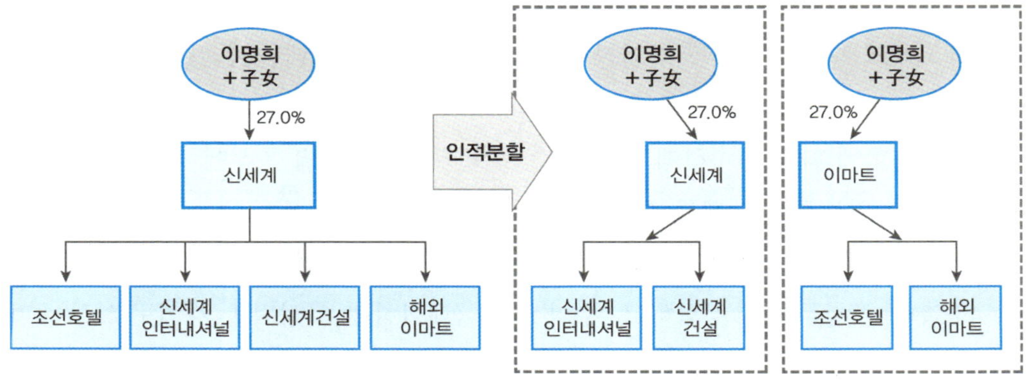

참고로 분할 전 신세계의 순자산은 7조2,728억원이었는데, 분할 신설된 이마트의 순자산은 5조3,764억원으로서 분할 전 순자산의 73.9%를 차지하였다. 그리고 분할 후 신세계와 이마트의 시가총액도 분할 당시 순자산 비율과 유사하게 형성되었다.

(2) 인적분할의 필요성

당시 신세계의 분할을 두고 그 의미가 무엇인지에 대하여 많은 해석이 있었다. 그리고 신세계그룹은 지주회사로 전환하여야 하는데, 백화점 사업부문과 대형마트 사업부문으로 분할한 것은 잘못이라는 지적도 있었다. 그 논거는 다음과 같다. 정재은 명예회장이 보유하고 있던 지분을 子女에게 넘기면서 거액의 증여세를 납부하였던 경험에 비추어 보면 향후 이명희 회장도 지분을 승계하면서 주식을 현물납부할 가능성이 크다. 따라서 현물납부한 이후에도 그룹에 대한 지배력을 행사하려면 사전에 인적분할과 현물출자를 통하여 지분율을 높이는 조치를 했었어야 한다는 것이다.

신세계그룹이 분할을 활용하여 지분율을 높이고자 하였으면 분할 이전에 신세계가 자기주식을 충분하게 취득하여 신설될 사업회사에 대한 안정적인 지분을 보유하도록 하는 것이 유리하다. 그러나 분할 이전에 신세계가 보유하고 있는 자기주식은 전체 지

분의 0.2%에 불과하였다. 따라서 신세계그룹이 지주회사로의 전환을 목적으로 분할을 실시하였다고 보기는 어렵다고 판단된다.

다른 한편으로는 '3세 분할 승계를 위한 장기포석'이라는 해석이 우세하였다. 이명희 회장의 두 자녀인 정용진 부회장과 정유경 사장이 경영권을 승계할 미래를 대비해 기업을 미리 분할했다는 것이다. 그러나 당시 신세계그룹은 전문화와 책임경영을 위한 결정이라며 강력하게 부인하였다.

만일 신세계그룹이 지주회사로 전환하였다면 이명희 회장은 지주회사의 지분만 보유하게 되었을 것인데, 이러할 경우 子女가 공동으로 신세계그룹을 승계하게 되거나 한 사람만 지분을 승계하여 분쟁이 발생할 소지가 있다. 따라서 신세계그룹은 영위하는 사업부문과 후계자 등을 고려하여, 계열분리를 염두에 두고 인적분할만 실시한 것으로 평가된다.

(3) 인적분할 효과

인적분할을 통하여 사업부문을 분리하면 실제 계열분리가 되었느냐와 관계없이 분리된 사업부문은 서로 다른 회사처럼 운영되는 것이 일반적이다. 그러므로 사업부문 간 연관성이 높고 Synergy가 중요한 기업의 경우에는 인적분할 형태가 바람직하지 않다. 신세계그룹은 분할 이후 백화점 사업부문과 대형마트 사업부문의 영업과 경영실적을 추정하고, 분할이 경영활동에 미치는 영향을 면밀하게 검토하였을 것으로 예측된다.

백화점 및 대형마트 사업은 2010년 이후 경기침체와 대형마트에 대한 규제 강화 및 온라인 유통서비스업체의 강화 등으로 인하여 정체기를 보이고 있다. 분할 이후의 경영실적이 분할 전에 비하여 성장하지는 않았으나, 신세계그룹은 경쟁업체에 비하면 상대적으로 양호한 경영실적을 보였다고 평가받고 있다. 이는 분할로 인하여 대형마트 사업부문과 백화점 사업부문이 분리되고 책임경영 체계가 수립되어, 실질적으로 경영개선 효과가 있었음을 의미한다.

3. 계열분리와 경영권승계

(1) 지분 스왑(2016년)

2016년 4월에 정용진 부회장과 정유경 사장은 서로가 가진 신세계 주식과 이마트 주식을 장내 매매를 통해 교환했다. 정용진 부회장은 정유경 사장이 보유한 이마트 지분 2.5%를 시간외 대량매매(블록딜) 방식으로 사들인 것이다. 정유경 사장도 같은 방식으로 정용진 부회장이 소유한 신세계 지분 7.3%를 매입하였다.

주식 스왑 이후의 주요 주주 현황은 다음과 같다.

주주	지분율(%)	
	신세계	이마트
이명희	18.2	18.2
정용진	−	9.9
정유경	9.9	−
기타	71.9	71.9
합계	100.0	100.0

주식 스왑을 통하여 정용진 부회장은 이마트를 물려받고, 정유경 사장은 백화점을 물려받는 승계구도가 이루어진 것으로 해석하였다. 그러나 신세계그룹은 이명희 회장이 보유하는 신세계와 이마트 지분은 각각 18.2%로서, 정용진 부회장과 정유경 사장이 보유한 9.9%보다 절대적으로 많기 때문에 경영권승계가 이루어진 것으로 보기 어렵다고 밝혔다. 그리고 이번 지분 교환은 각 사의 책임경영을 한층 더 강화하기 위한 조치라고 보는 것이 더 적절하다고 언급하였다.

(2) 계열 분리

2018년 4월 정유경 사장은 정재은 명예회장으로부터 신세계인터내셔날 지분 150만 주(21.0%)를 증여 받았으며, 그해 7월 정재은 명예회장과 정용진 부회장으로부터 각각 신세계인터내셔날 지분 0.7%와 0.1%를 넘겨받아 패션사업에 대한 지배력을 확대했다. 같은 시기 이마트는 이명희 회장과 정재은 명예회장, 정용진 부회장이 보유한 신세계건설, 신세계I&C, 신세계푸드, 신세계조선호텔 등 그룹 계열사 지분을 사들였다.

계열사의 사업 정리 등을 통한 계열분리 작업도 지속되었다. 신세계백화점은 프리미엄마켓과 스타슈퍼 도곡점 등 4곳을 1,297억원에 이마트에게 양도하고, 신세계프라퍼티 지분도 이마트에게 매각했다. 정용진 부회장도 광주신세계 지분 52.1%도 처분하면서 신세계백화점 부문에 대한 지분을 모두 정리했다. 에스에스지닷컴 등 일부를 제외하면 신세계와 이마트는 현재 지분 관계가 없다.

신세계와 이마트를 두 축으로 한 지배구조 개편 작업은 2011년에 시작한 이후 2019년에 사실상 마무리되었다. 계열사 지분을 정리하여 정용진 부회장과 정유경 사장의 독립경영 체제를 구축하고 강화한 것이다.

(3) 지분 증여(2019~2020년)

정용진 부회장과 정유경 사장은 2019년과 2020년 중에 장내에서 지분을 취득하며, 각각 이마트와 신세계에 대한 지분율을 각자 10.4%까지 높였다.

그리고 2020년 9월에 이명희 회장은 보유하던 이마트와 신세계 지분 중 8.2%를 각각 정용진 부회장과 정유경 사장에게 증여했다. 증여를 통해 정용진 부회장과 정유경 사장의 이마트와 신세계에 대한 지분은 각각 10.4%에서 18.6%로 높아졌고, 정용진 부회장과 정유경 사장이 각각 이마트와 신세계의 최대주주가 되었다.

신세계와 이마트 간 지분 정리가 마무리되고 장내 취득과 증여를 통해 정용진 부회장과 정유경 사장이 최대주주로 등극하며 사실상 경영권승계 절차는 마무리되었다.

신세계는 분할 당시가 아닌 5년 후에야 주식을 스왑하고, 10년 후 증여를 실시했다. 이는 경영권승계 시 후계자의 경영방식과 업황 및 세무 관점 등을 고려한 신중한 의사결정 과정이라고 이해된다.

특히 지분스왑, 장내 매매 및 증여를 통해 취득했던 지분율이 후계자마다 동일했던 점은, 경영권과 재산 승계 과정에서 분쟁의 여지를 미연에 방지하기 위한 조치라고 보여진다.

계열분리와 인적분할

- 경영권을 승계할 후계자가 2명 이상인 경우
  → 공동경영과 독립경영 방식 중 어떠한 방식이 적절한지 결정
- 독립경영 방식으로 결정
  → 계열분리를 위하여 인적분할 활용
- 인적분할의 효과
  - 사업부문별로 독립되어 운영되므로 책임경영 극대화
    → 경영실적 향상
  - 사업부문별 Synergy가 있는 사업부문을 분할할 경우에는 악영향이 있음.

제2절 가족기업과 공동승계

경영권승계 방식은 계열분리를 통한 독립경영 방식과 공동승계 방식으로 구분할 수 있다. 이 중 공동승계는 여러 사람이 경영권을 나누어 가지는 상황에서, 협력하여 기업을 발전시키고자 함을 목표로 하고 있다. 공동승계는 가족기업의 형태를 가지는 것이 일반적인데, 본 절에서는 가족기업에 대해 살펴본다.

1. 가족기업의 정의와 특징

가족기업은 구시대적 지배구조라는 편견이 있지만, 세계 각국에서 100년 이상 장수하는 기업들은 대부분 가족기업이다. 가족기업(Family Business)에 대한 정의는 학자마다 다소 차이가 있으나 '한 가족 또는 한 가문이 지배적 소유권을 가지고 기업경영을 지배한다.'라는 것이 보편적이다.

일견 전체 기업 중 가족기업의 비중은 적고 그 규모는 대부분 중소기업 형태라고 생각하기 쉽다. 그러나 미국의 경우 가족기업의 비중은 92% 정도이며, 포춘(Fortune) 지에서 선정한 500대 기업 중 약 30%가 가족기업에 해당한다. 프랑스, 영국 및 독일은 약 60%가 가족기업 형태이며, 이탈리아는 90% 정도가 가족기업이다. 우리나라의 경우도 전체 상장기업의 70%가 가족기업으로 분류되고 있으며, 비상장기업의 대부분은 가족기업으로 분류된다.

언론을 통해 다음과 같은 가족기업에 대한 비판적 견해가 빈번하게 제기된다.
① 부적합한 가족의 경영 참여
② 오너에 집중된 의사결정 구조, 자만심 또는 권력 남용

상기 비판적 견해는 주로 적절한 후계자 양성 과정을 거치지 않은 능력이 부족한 사람이 경영자로 선정될 때 나타나는 문제점으로 볼 수 있다. 따라서 적합한 후계자를 선정하기 위한 노력과 가족의 경영 참여를 엄격하게 제한하는 정책이 필요하다는 것을 짐작할 수 있다.

최근 연구에 따르면 가족기업의 성과가 좋지 않을 것이라는 선입관과는 다른 결과를 보이고 있다. 즉, 가족기업의 실적이 비가족기업보다 높은 성과를 보이며, 2000년대 초의 IT버블이나 2000년대 후반의 금융위기에도 강한 모습을 보였다는 것이다.[31] 조사 결과 가족기업의 더 좋은 성과를 보인 이유는 다음과 같이 분석된다.

① 장기적인 관점의 경영
② 투철한 주인의식과 강력한 리더쉽

전문경영자는 계약에 의한 권한과 의무가 주어진다. 그리고 성과평가에 따라 계약기간이 정해지므로 단기적인 성과에 초점을 맞출 수 밖에 없는 환경이다. 반면, 가족기업의 경영자는 재임기간이 평균 24년으로 길고 안정적이다. 따라서 단기적인 이익보다는 장기적인 경영전략을 수립하고 자원을 배분할 수 있다. 단지 현재 경영진뿐만 아니라 미래의 자손들대까지 기업이 지속될 수 있도록 주인의식을 가지고 경영활동에 참여하고 있는 것이다.

가족기업의 경영자는 전문경영자보다는 기업의 운영권뿐만 아니라 소유권에 의한 지배력도 있다. 따라서 전문경영자보다는 강력한 리더쉽을 가질 수 있다. 따라서 단기적인 성과는 적지만 미래를 위한 과감한 투자결정이 가능한 것이다.

우리나라의 경우 가족기업의 특성을 보이는 기업들이 총수 개인적인 취향에 따라 투자결정을 하거나, 기업의 이익이 개인에게 귀속되는 편법을 펼치는 등 비판적인 평가를 받은 사례가 빈번하게 발견된다. 그러나 자신의 모든 것을 다 바치고 미래를 위하여 과감한 의사결정을 실시하는 등 긍정적인 모습도 보이고 있다. 따라서 합리적인 의사결정 등 대의명분을 내세우나 실상은 단기적인 실적 향상과 투자수익만을 극대화하려는 PEF보다 가족기업의 문화가 열등한 것이라고 단언할 수 없다.

현재, 삼성전자의 반도체 사업부문은 분기마다 몇 조원의 영업이익을 내고 있다. 그러나 고 이병철 회장이 반도체 투자를 결정한 시점에는 시장이 투자과잉 상태이고 미국과 일본이 시장을 이미 점유하였다는 견해가 절대적이었다. 당시 경제기획원이나 재무부 등 관련 부처들도 만류한 사업분야였던 것이다. 그러나 고 이병철 회장은 지속된 적자와 자본잠식에도 불구하고 오히려 과감한 투자를 실시하여 오늘날의 삼성전자의

---

31) Ronald Anderson& David Reeb, Financial Journal, 2003. 6., Benjamin Marury, 2005., Credit Swiss Bank 2011 등

기반을 다졌다. 만일 삼성그룹이 가족기업 형태가 아니라 전문경영인 체제라면 이러한 과감한 의사결정이 가능하였을까?

결론적으로 가족기업이 비가족기업에 비하여 뒤떨어진 구시대적 지배구조라고 평가하기는 어렵다. 오히려 가족기업이 가지는 뚜렷한 장점이 있다. 따라서 장점을 극대화하고 단점을 보완하고자 하는 가족지배구조의 확립이 필요하다고 판단된다.

2. 가족기업의 영속성

(1) 영속성 저해 요인

가족기업은 30% 정도만이 2세대까지 생존하며, 3세대까지는 14%, 4세대까지는 4%로 낮아진다는 조사결과가 있다. 가족기업들의 주요 실패 요인은 다음과 같다.
① 환경과 기술이 변화하므로 최고의 자리를 유지하기 어렵다.
② 상속증여세 부담으로 사업을 승계하기 어렵다.
③ 후계자가 능력이 부족하고 기업경영의 동기가 부모보다 낮다.
④ 세대가 지날수록 가족의 수가 늘어나면서 각자의 가치관이나 목표 등이 달라진다.
　　따라서 상호 이해관계가 복잡해지고 갈등이 발생되며 공동의 목표가 약화된다.
⑤ 세대 간의 철학이나 가치관의 차이로 갈등이 발생한다.

우리나라에서는 상속증여세 문제가 가족기업의 영속성을 저해하는 가장 중요한 원인으로 손꼽히고 있다. 그러나 연구 결과 상속증여세 문제보다는 가족 간의 갈등 관계나 후계자 양성과정의 미흡함이 보다 중요한 요인으로 분석된다.

(2) 성공적인 가족기업의 특징

성공적인 가족기업을 살펴보면 다음과 같은 특징을 보이고 있다.
① 경영철학과 기업이념의 승계
② 오랜 기간에 걸친 승계 준비
③ 가족과 기업 양쪽으로 효과적인 지배구조 구축

성공적인 가족기업을 보면 대부분 창업 이후 경영의 근간을 이루는 '기업이념'을 바꾸지 않았다는 특징이 있다. 그렇다고 하여 과거에 집착하고 새로운 흐름에 뒤쳐진다는 의미는 아니다. 오히려 전통적인 경영이념을 달성하기 위하여 기술적인 면에서는 혁신을 지속하고 있다. 전통적으로 내려오는 경영이념을 현재와 미래에도 지속적으로 달성하기 위하여 혁신을 한다는 것이다.

수익성 관점에서도 가족기업은 단기적인 수익성에 집착하지 않는 면을 보이고 있다. 수익성은 경영이념을 달성하기 위하여 노력하는 과정에서 나타나는 결과라는 것이다. 장기적인 관점에서 경영활동을 하기 때문에 기업의 핵심역량이 훼손되지 않고 강화된다. 그리고 이렇게 강화된 핵심역량은 결과적으로 우수한 성과를 보인다는 것이 조사 결과이다.

가족기업의 영속성을 위해서는 경영권승계가 적합한 후계자에게 이루어져야 한다는 전제가 필요하다. 따라서 성공적인 가족기업은 5년 내외가 아니라 10~20년에 걸쳐 진행되는 장기간에 걸쳐 승계를 준비한다. 예비 후계자들은 어려서부터 사업과 기업에 대하여 배우고, 가족의 전통에 대한 자부심과 책임감을 갖게 되는 것이다.

가족기업의 경우 경제적인 논리와 합리성뿐만 아니라 가치와 전통을 중시하는 특성이 있다. 따라서 튼튼한 기업뿐만 아니라 건강한 가족집단을 형성하기 위한 지배구조가 필요하다. 그 중 필수적인 요소는 엄격한 가족 고용정책을 명문화하는 것이다. 사전에 협의된 조건에 부합하는 능력 있는 후계자가 승계하여야 기업의 발전뿐만 아니라 가족 간에 발생할 수 있는 갈등을 미연에 차단할 수 있기 때문이다.

가족기업의 특징

- 장점
  - 장기적인 경영전략
  - 강력한 주인의식
- 단점
  - 권력 남용
  - 적합한 후계자의 계승 여부
- 영속성을 위한 전제조건 : 가족 지배구조 구축
  - 경영철학과 경영이념
  - 후계자 프로그램 및 가족 고용정책

제3절 가족기업 사례

1. 머크(Merck)

(1) 기업지배구조

머크는 1668년에 설립되었으며, 1995년에 상장된 독일의 회사이다. 머크의 전체 지분은 창업자의 후손들이 전량 보유하고 있었으나, 자금조달 필요성 등으로 상장된 후 현재는 70%만 가족집단이 보유하고 있다.

머크는 1930년대부터 '경영은 현장 전문가에 의해 수행되어야 한다.'는 경영원칙에 따라, 창업 이후 오랫동안 유지해 오던 가족경영 체제에서 전문경영인 체제로 전환하였다. 그리고 머크는 소유와 경영의 분리를 통해 투명한 지배구조를 구축함과 동시에, 전문경영인에 의한 경영구조에서 발생할 수 있는 '대리인 문제'를 극복하기 위한 방안으로 주식합자회사 형태를 유지하고 있다.[32]

머크의 지배구조를 살펴보면 다음과 같다.

| Merck의 지배구조 |

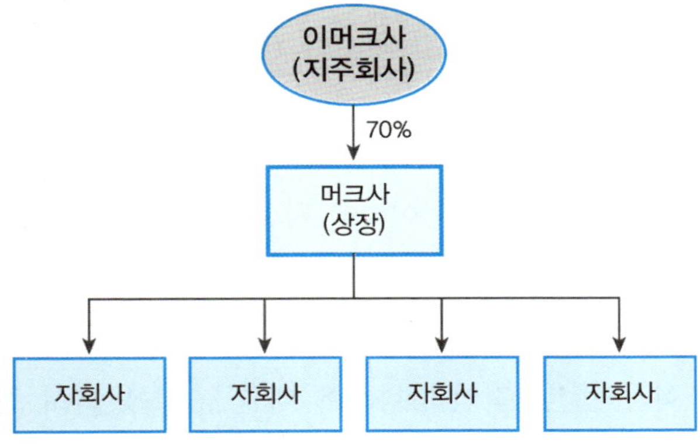

---

[32] 독일에서 주식합자회사는 'KGaA(Kommanditgesellschaft auf Aktien)'라고 하는데, 최소한 한 명의 사원이 회사채권자에 대해서 무한책임을 부담하고 나머지 사원은 주식으로 분할된 자본에 참여하고 직접 회사채무에 대하여 책임을 지지 않는 형태이다.

(2) 가족지배구조

기업지배구조와 달리 가족지배구조의 핵심은 가족 간의 갈등을 예방하고 가족들이 서로 협력할 수 있는 의사소통 시스템을 구축하는 것을 목표로 하고 있다. 머크의 지배구조를 살펴보면 기업지배구조와 가족지배구조의 이원체계로 구분되고 있다. 그리고 머크家의 의사결정 사항은 지주회사인 이머크사를 통해 머크사에 전달되고 있다.

요약하면, 머크家는 가족기업으로서 영속성 유지를 위하여 별도의 지배구조 체계를 구축하고 있으며, 기업경영에 대한 감독은 가족구성원의 직접적인 영향과 통제를 받도록 하고 있다. 머크家의 지배구조 체계를 살펴보면 다음과 같다.

| 머크家의 지배구조 |

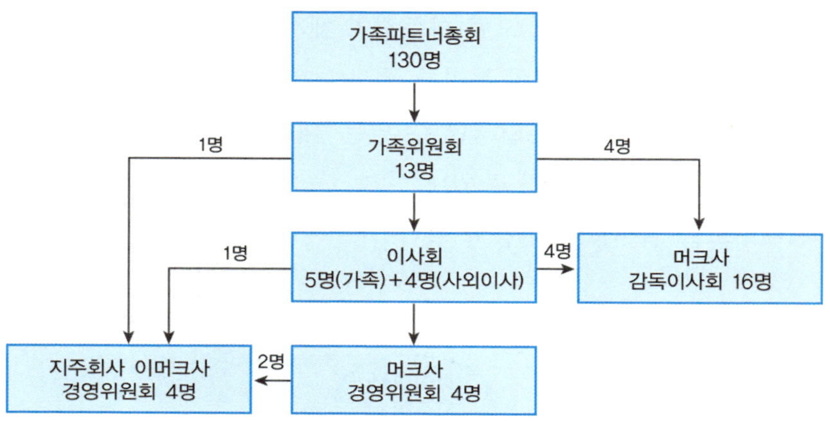

주요 기관의 역할은 다음과 같다.

① 가족파트너총회는 가족위원회의 이사를 선출하고 가족의 소유권 구조에 대한 변화를 결정한다. 그리고 자본확충이나 가족 주주 간의 주주협약서와 같은 계약 변경에 대한 것들을 합의하는 역할을 수행한다.

② 가족위원회는 회사의 전반적인 방향성에 대한 규정 및 회사 전략에 대한 결정을 한다. 그리고 기업에 대해 가족의 이익을 대변하고, 가족 주주에 대한 배당 정책에 관한 결의하는 역할을 수행한다.

③ 이사회는 주식회사의 이사회와 같은 역할을 한다. 주요 임무는 최고경영위원회 멤버의 지명과 해임, 최고경영위원회에 대한 감시 및 주요 업무를 승인하고 있다.

언뜻 머크의 지배구조는 이원화되어 있으므로 복잡해 보인다. 그러나 머크의 주요 결정 사항은 지주회사인 이머크의 파트너 위원회에서 승인되면 곧바로 집행된다. 이러한 의사결정의 신속성은 350년 동안 머크사가 시기적절하게 환경변화에 Portfolio를 재구축한 원동력이었다고 평가된다.

머크는 오래된 기업이지만 혁신을 중시하는 기업문화를 가지고 있다. 그리고 단기적인 이익보다는 장기적인 발전을 위하여 과감한 투자를 실시하고 있다. 머크가 창업한 이후 오랜 기간 혁신적인 기업으로 존속해 올 수 있었던 주된 원인은 단기적인 실적이나 이익보다는 다음 세대가 물려받게 될 사업을 더 중요하게 여기기 때문이다.

머크家의 전통 중 하나는 배당을 받을 경우 소비하는 것이 아니라, 미래에 납부할 상속증여세 재원으로 사용하기 위하여 저축하고 있다는 점이다. 머크家의 사람들은 의사, 직장인 및 농부 등 다양한 업종의 직업을 가지고 있으며 배당금에 의존하지 않고 있다.

머크家는 15~20세, 21~30세 그룹으로 나누고 1년에 두 차례에 걸쳐 교육프로그램을 운영하고 있다. 개인적인 삶을 어떻게 살 것인가는 개인의 선택에 맡기지만, 교육을 통하여 기업에 대해서는 검약과 기업가 정신을 강조하고 있다. 현장 견학, 세대 간의 대화 등을 통하여 체계적으로 미래의 머크 가족과 주주들을 지도하는 것이다.

머크家

- 기업 지배구조와 가족 지배구조의 구축
- 소유와 경영의 분리
  - 계열사는 전문경영인에 의한 운영
  - 지주회사를 통한 전문경영인 감시 및 통제
- 승계
  - 오랜 기간 동안에 걸친 후계자 교육
  - 배당금은 상속증여 재원으로 활용
- 특징
  - 경영이념은 일관성 있게 계승하나, 환경 변화에 따른 끊임없는 혁신
  - 장기적인 성과를 위한 경영전략

2. 발렌베리 가문(Wallenberg family)

발렌베리는 해군장교 출신이었던 앙드레 오스카 발렌베리가 1856년에 은행을 창립하면서 시작되었다. SEB은행을 설립한 이후 발렌베리 가문은 제조업 분야로 사업 영역을 넓혔고, SEB가 대출해 준 기업들 중 재무적 어려움에 처한 기업들에 대한 대출금을 출자 전환하는 방식으로 계열사를 증가시켰다. 현재 발렌베리 가문이 지배하는 기업은 스웨덴 GDP의 80%를 차지하고 있으며, 14개의 대기업을 거느리고 있다.

발렌베리는 1916년에 지주회사인 인베스트(Investor AB)를 설립하여 지배구조를 단순화하였다. 그리고 '차등의결권' 제도를 통하여 소유권을 확보하고 있다.[33] 예를 들어 발렌베리 재단은 인베스트 지분을 18.7%만 소유하고 있으나, 차등의결권에 의하여 의결권은 40.2%를 보유하고 있다.

발렌베리 가문은 지주회사인 인베스트를 통하여 계열사를 지배하고 있는데, 재단의 지배구조를 살펴보면 다음과 같다.

| 발렌베리재단의 지배구조 |

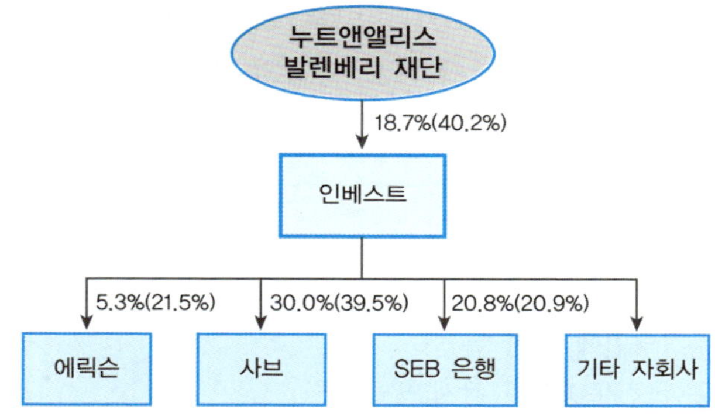

인베스트와 그 계열사 중 발렌베리 가문의 후계자가 직접 경영하는 회사는 지주회사인 인베스트와 SEB은행에 불과하다. 그리고 나머지 계열사는 전문경영인에 의하여 업

---

33) '차등의결권 제도'란 회사가 의결권 수가 서로 다른 종류의 주식을 발행할 수 있는 제도이다. 차등의결권 주식을 발행할 경우 지배주주나 경영진은 낮은 지분율로도 막강한 영향력을 행사할 수 있다. 현재 우리나라에서는 차등의결권 제도가 허용되지 않고 있으나, 외국 자본에 의한 적대적 인수합병(M&A)을 방어하기 위해서는 차등의결권이 필요하다는 의견도 제기되고 있다.
미국에서는 차등의결권 제도를 선택한 기업들이 많지 않다. 그러나 스웨덴과 스위스의 기업은 각각 62%와 52%를 채택하고 있으며, 영국도 25%가 차등의결권 제도를 채택하고 있다.

무가 이루어지고 있다. 두 명의 후계자가 경영에 참여하도록 하고 있는 이유는 후계자끼리의 견제와 균형을 도모하여 독단에 빠지는 것을 방지하기 위한 목적이다. 한편, 지주회사의 회장은 전문경영인들을 견제하고 감시하는 역할을 수행하고 있다.

발렌베리 가문의 후계자는 치열한 경쟁을 통해 정해지는데 다음과 같은 세 가지 요건을 충족하여야 한다.

① 자신의 능력 입증

② 혼자 힘으로 명문대 졸업

③ 해군사관학교 졸업

발렌베리 가문이 보유하는 지분에 귀속되는 배당금은 모두 재단에 귀속된다. 그리고 재단은 수익금 대부분을 교육이나 연구 등 공익을 위하여 사용하고 있다. 따라서 발렌베리 가문의 계열사들의 이익이 성장하면 국가 공익을 위한 투자도 커지게 된다. 이러한 이유로 스웨덴 국민들이 발렌베리 가문을 존경하고 있다.

이와 같은 발렌베리의 지배구조와 기부가 가능했던 건 스웨덴판 노사정 대타협인 '살트셰바덴 협약' 때문인데 그 내용을 요약하면 다음과 같다.

① 기업을 소유한 오너들은 보유주식을 상속증여세 없이 재단에 출연하는 대신, 고용을 유지하여야 하고 노동자 대표들을 일정 수 이상 이사회에 참여시켜야 한다.

② 노동자들은 자신들의 대표들을 이사회에 보냄으로써 경영에 참여하는 대신, 회사의 어려움을 분담한다.

③ 정치권은 오너 가문에게 특혜를 주는 대신 두둑한 세금을 받아 노동자들의 복지를 유지하고 개선하는 데 힘쓴다.

3. 두산그룹

우리나라에서 가족기업 형태로 운영되고 있는 대표적인 기업은 두산그룹이다. 두산그룹은 1933년에 창설된 우리나라 최초의 기업으로서 현재 4세 경영이 이루어지고 있다.

(1) 두산그룹의 지배구조

두산그룹의 지배구조는 다음과 같다.

| 두산그룹의 지배구조 |

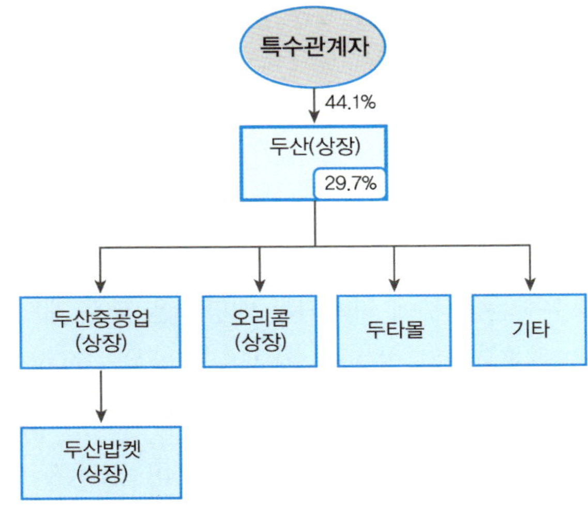

두산의 주주 현황을 살펴보면 29명의 특수관계자와 2개의 재단이 최대 3.65%에서 0.01%의 지분을 보유하고 있다. 그리고 특수관계자의 지분율을 모두 합산하면 44.1% 이며, 29.7%의 자기주식을 고려하면 유효지분율은 62.7%에 달하고 있다. 두산 및 두산 그룹의 주요 계열사는 가족집단에 의하여 경영되고 있는데, 누가 경영할 것인가는 가족회의에 의하여 결정된다.

(2) 형제의 난

2000년대 중반에 박용오 회장은 두산건설을 두산그룹에서 분리하고자 했으나, 가족회의에서는 두산건설의 분리를 허용하지 않았다. 그리고 두산그룹의 경영권을 박용성 회장에게 물려줄 것을 박용오 회장에게 요구하였다. 그러자 박용오 회장은 이에 반발하고 '두산그룹 경영상 편법 활용'이라는 진정서를 검찰하게 제출해 형제 간의 다툼이 시작되었다.

검찰에 진정서가 접수되자 두산家의 가족회의에서 박용오 회장을 가문에서 퇴출하기로 결정하고 박용오 회장 및 박용오 회장의 차남도 직위에서 해임시켰다. 두산그룹은 박용오 회장과 직계 가족들이 '공동 소유, 공동 경영'이라는 초대 회장의 유지를 위배하고, 0.7%의 지분만 가지고 있는 두산건설의 계열분리를 시도하는 등 극심한 도덕적 해이 현상을 보였기 때문에 이러한 결정을 하였다고 밝혔다.

두산그룹은 박용오 회장의 지분보다 나머지 가족집단이 보유하고 있는 지분의 합이 절대적이었으므로 계열분리가 이루어지지 않았다. 만일 박용오 회장의 지분의 비중이 컸다면 결과는 달라졌을지 모른다. 두산그룹의 사례를 통하여 '공동 소유, 공동 경영'이라는 가치관이 안정적으로 유지되기 위해서는 지분이 골고루 분포되어 있어야 한다는 전제가 필요하다는 것을 알 수 있다. 즉, 가족기업이 지속적으로 유지되려면 특정인이 기업의 의사결정을 좌지우지할 수 없는 장치가 있어야 한다는 점이다.

| 보론 | 유류분반환청구소송 |

유류분(遺留分)이란 상속인이 법률상 반드시 취득하도록 보장되어 있는 상속재산의 가액을 말한다. 유류분 제도는 유언자의 의사만으로 재산을 자유롭게 처분하면, 남은 가족의 생활안정을 해칠 우려가 있어서 최소한의 상속분을 정한 제도이다. 유언보다 우선한다. 유류분에 해당되는 유가족은 피상속인의 직계비속, 배우자, 직계존속, 형제자매이다.

한편 상속개시 전 유류분을 포기한다는 약정은 의미가 없으며, 유류분을 포함한 상속의 포기는 상속이 개시된 후 일정한 기간 내에만 가능하다(대법원 2011.4.28. 선고 2010다 29409). 그리고 상속 이전에 증여가 이루어졌다 하더라도 상속 개시 전 1년간의 증여 금액까지 포함된다. 다만, 당사자 쌍방이 유류분 권리자에 손해를 가할 것을 알고 증여한 경우에는 기간의 제한이 없음에 유의해야 한다.

유류분 비율은 다음과 같다.

① 직계비속과 배우자 : 법정상속분의 이 분의 일

② 직계존속과 형제자매 : 법정상속분의 삼 분의 일

子女로 한정하면 유류분 금액은 다음과 같이 계산된다.

> **유류분 금액**
> • 균등 배분 금액 = (현재 재산 + 사전 증여 − 채무) ÷ 피상속자 수
> (＊) 피상속자 중 배우자는 자녀들에 비하여 1.5배만큼의 권리가 있음.
> • 유류분 금액 = 균등 배분 금액 × 50%

자녀가 여러 명이 있는 상황에서 오너가 유언에 따라 특정 자녀에게 모든 재산을 상속하거나 또는 사전에 증여하였다고 하더라도, 상속 개시 이후에 유류분반환청구소송이 제기될 수 있다. 따라서 후계자가 여러 명 있을 경우에는 생전에 유류분 금액을 고려하여 경영권승계 Plan을 수립할 필요가 있다.

예제 1

- 왕회장의 재산은 주식 10,000원, 부동산 5,000원임.
- 후계자는 $女1$, $女2$, 男임.
- 왕회장은 $女1$에게 주식을, $女2$에게는 부동산을 상속하기로 유언함.

요구사항 男이 유류분반환청구소송을 제기한 경우 후계자별 재산을 계산하시오.

모든 후계자들이 유언을 수용할 경우에는 유언대로 재산이 상속된다. 그러나 유류분 반환청구소송이 제기되면 유류분 금액을 차감한 금액이 $女1$과 $女2$에게 비례적으로 상속된다.

- 균등 배분 금액 = (10,000원 + 5,000원) ÷ 3 = 5,000원
- 유류분 금액 = 5,000원 × 50% = 2,500원

유류분반환청구소송이 제기되면 $女1$과 $女2$는 종전에 자신들이 상속받기로 예정된 재산에 비례하여 2,500원을 男에게 지급하여야 한다. 따라서 $女1$의 유류분반환금액과 상속금액은 다음과 같이 계산된다.

- 유류분반환 = 유류분 금액 × (상속재산 ÷ 총재산)

  = 2,500원 × (10,000원 ÷ 15,000원) = 1,666원
- 상속재산 = 10,000원 − 1,666원 = 8,333원

그리고 $女2$의 유류분반환금액과 상속금액은 다음과 같이 계산된다.

- 유류분반환 = 유류분 금액 × (상속재산 ÷ 총재산)

  = 2,500원 × (5,000원 ÷ 15,000원) = 833원
- 상속재산 = 5,000원 − 833원 = 4,167원

제**4**장

구조조정

    기업들은 사업 Portfolio를 재편성하는 과정에서 구조조정을 실시하게 된다. 또한 인수한 회사를 보다 효율적이고 수익성을 창출할 수 있는 조직으로 탈바꿈하기 위하여 구조조정을 실시하기도 한다. 그러나 여러 사업부문으로 구성된 기업의 경우 하나의 사업부문만 구조조정 하더라도 그 여파가 전사로 확산된다는 부작용이 있다. 그리고 상장회사는 부정적인 여론과 조직 문화에 미치는 악영향 때문에 구조조정이 용이하지 않은 경우가 많다.

    이러한 경우 분할은 사업 Portfolio 재편성이나 구조조정을 용이하게 하는 수단으로 널리 사용되고 있는데, 본 장에서는 관련 사례를 살펴보도록 한다.

- 분할을 통한 구조조정
- 사모펀드의 성격과 구조조정 사례

<table><tr><td>제**1**절</td><td>분할을 통한 구조조정</td></tr></table>

1. A사의 현황

(1) A사의 연혁

A사는 거액의 시설투자를 요구하는 '가' 사업을 주요 영업으로 1960년대에 설립되었고, 도로 및 주택 건설과 맞물려 급성장했다. 그리고 '가' 사업에서 벌어들인 자금으로 1990년대 중반까지 다양한 분야로 사업다각화를 실시했다. 이러한 결과 A그룹은 1990년대 후반에 10대 기업에 들어갈 정도로 외형이 신장되었다. 그러나 신규 사업 중 일부는 그룹총수의 개인적 취향에 따른 투자였으며, 부채조달을 통한 재무레버리지 효과로 인하여 그룹의 재무 Risk가 증가하고 있다는 비판을 받았다.

차입금에 의존하였던 A그룹은 IMF 외환위기 이후 높은 이자비용과 유동성 악화에 시달리게 되었다. A그룹은 차입금을 상환하기 위하여 금융업이나 정유업 등을 영위하는 알짜배기 자회사들을 처분했다. 그런 상황에서 '가' 사업의 업황까지 악화되고 신규 경쟁자까지 시장에 진입함에 따라 결국 A그룹은 채권단 관리상태를 맞이했다.

이후 A사는 비영업용자산 처분 등 강도 높은 자구 노력을 통하여 채권단 관리를 탈피하였으나, 여전히 업황과 수익성이 회복하지 않아 구조조정을 계획하게 되었다.

(2) A사의 지배구조

A사는 직접 영업활동을 영위하면서 여러 계열사들을 보유하고 있는 사업지주회사 형태로 운영되고 있었다. 계열사 중 일부는 '가' 업종과 관련된 운송업이나 2차 가공업을 하고 있었으나, 일부는 '가' 업종과 관련 없는 회사들도 있었다.

A그룹의 지배구조는 다음과 같다.

| A사의 지배구조 |

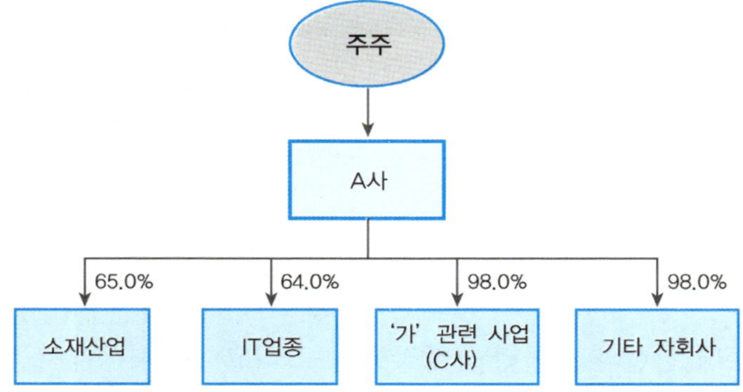

A사가 구조조정을 실시하기 이전의 주주 현황은 다음과 같다.

주　주	지분율(%)
최대주주(X사)	25.9
5개 금융회사(종전의 채권관리단)	46.8
기타	27.3
합계	100.0

2. A사의 사업부문

A사는 수익성 향상을 위하여 구조조정이 필수적이라고 판단했다. 그러나 A사는 인화(人和)를 강조하는 기업문화와 그룹의 모회사라는 상징 때문에, A사에 대한 구조조정을 직접적으로 표명하기가 어려웠다. 구조조정 계획 시점에 A사가 영위하고 있던 사업부문은 다음과 같다.

사업부문	세부 성격
'가' 관련 제조 및 판매	'가' 관련 제조 및 판매하는 부문으로서, 주요 원자재가 채취되는 지역에 대규모 공장을 보유하고 있음.
'나' 제조 및 판매	생산된 '가' 제품을 2차 가공하여 판매하는 사업부문으로서, 제품 특성상 우리나라 전역에 소규모 공장 형태로 운영되고 있음.
'다' 판매(상품판매)	타사로부터 상품을 매입하여 판매하는 사업부문

A사가 구조조정 계획 시 목표로 하였던 주요 내용은 다음과 같다.
① '나' 사업부문에 대한 구조조정
② '가'와 연관된 사업을 영위하는 자회사(C사)를 상장시켜 자금조달

3. A사의 구조조정

(1) 물적분할

A사는 '나' 사업부문에 대한 구조조정이 필요하다고 판단했으나, A사 자체를 구조정한다고 발표하는 것은 부담스러웠다. 이러한 부담을 줄이기 위하여 A사는 '나' 사업부문을 물적분할하여 100% 자회사(B사)로 신설하였다. 그리고 B사는 지역별로 사업부문을 다시 물적분할하여 손자회사로 독립시켰다.

분할 당시 A그룹이 공시한 내용은 다음과 같다.
① 시장경쟁이 치열한 '나' 사업부문을 독립경영함으로써 사업특성에 적합한 경영구조로 전환하여 경쟁력을 확보하고 장기적인 성장발전을 도모하는 데 있다.
② 지속가능발전을 위한 장기적인 사업구조 개편의 일환으로 '가' 사업을 중심으로 사업을 재편하고 조직을 경량화함으로써 경영환경 변화에 탄력적이고 전략적으로 대응하고자 하는 데 있다.

A사의 물적분할 결과는 다음과 같다.

| 물적분할 전후의 지배구조 |

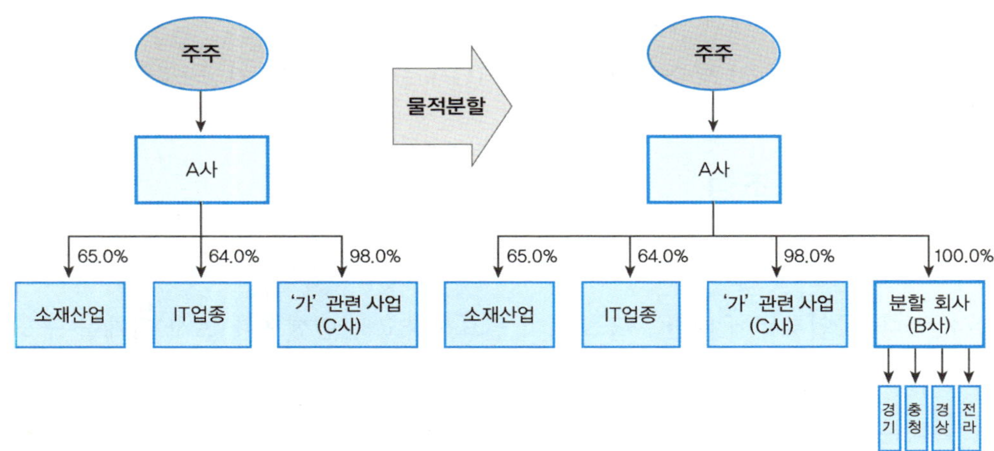

(2) 물적분할의 효과

물적분할은 법적 실체의 변화는 가져오지만 경제적 실체의 변화는 가져오지 않는다. 그러나 상장기업인 A사에 소속되어 있는 경우와 비상장인 손회사(예를 들어 경기지역 자회사)에 근무하는 경우, 해당 임직원의 직업안정성과 조직의존도는 매우 다르다.

'나' 사업부문 중 경기지역 팀에서 근무하는 홍과장을 가정해 보자. 분할 전에는 경기본부의 실적이 좋지 않더라도 A사 전체 실적이 좋으면, 홍과장은 상여금과 승진에서의 불이익만 부담했다. 그러나 분할 이후 독립된 회사(이하, '경기회사') 형태로 변경되면, 홍과장은 상여금이나 승진 차원이 아닌 일자리 자체의 존폐 여부에 걱정을 하게 된다. 즉, 분할 후에 홍과장은 보다 회사의 영업이나 재무상황 등에 보다 관심을 가지고 업무에 집중하게 되는 것이다.

일반적으로 분할 이후에도 일정기간 동안 존속회사와 분할된 신설회사의 근로 조건을 동일하게 유지한다는 약정을 체결하게 된다. 그러나 약정을 체결하더라도 A사와 분할된 경기회사는 각 사의 환경에 따라 복리후생 등에 차이가 발생하게 된다. 그리고 일정기간이 경과하면 각 사의 경영실적과 동종 업종의 회사들을 참조하여 A사와 경기회사는 임금체계가 달라지게 된다.

경기회사가 상장기업인 A사의 한 부서였다면 구조조정을 하더라도 그 절차가 복잡하였을 것이다. 그러나 분할과 재분할을 통하여 설립된 규모가 작고 비상장기업 형태인 경기회사의 구조조정은 보다 원활하고 신속하게 이루어질 수 있었다.

(3) 합 병

A사는 분할을 통하여 '나' 사업부문을 구조조정한 후, 지역단위로 나뉘었던 B사의 자회사들을 다시 B사가 흡수합병하는 전략을 사용하였다. 다시 지역부문에 해당하는 자회사를 B사로 모은 주요 이유는 다음과 같다.
① 독립된 계열사가 증가함에 따른 관리비용의 과다 소요
② 법인세 효과
③ 영업 특성상 실적이 좋지 않더라도 지역별 거점 유지 필요

분할을 통하여 여러 자회사가 설립되면 각 회사별로 독립된 관리조직이 존재하여야 한다. 물론 본사에서 관리서비스를 제공하는 Shared service center를 활용할 수도 있지만 관리비용이 분할 전보다 많이 소요되는 것은 피할 수 없다. 따라서 구조조정을 마무리한 후에 관리비용을 줄이려면 합병이 필요했다.

지역별 건설 경기에 따라 분할된 손자회사는 이익이 날 수도 있고, 손실이 발생할 수도 있다. 그런데 지역별로 독립된 회사로 존재하면 한 지역의 손실과 다른 지역의 이익을 상계할 수 없다. 즉, 연결납세를 채택하지 않는다면 세금을 더 납부해야 한다는 단점이 있다. 따라서 B사는 합병하여 단일실체로 세금을 납부하는 것이 유리한 측면이 있었다.

'나' 사업의 경우 특정 지역의 실적이 당장 부진하더라도 재개발 등 건설경기에 따라 언제든지 다시 실적이 급반전될 여지가 있었다. 따라서 당장 실적이 좋지 않더라도 지역별 거점을 유지하여야만 했다. 이러한 이유로 분할과 재분할을 통하여 설립된 자회사들에 대한 구조조정을 마무리한 후 손회사들을 합병하여 B사로 통합시킨 것이다.

> **물적분할을 통한 구조조정**
>
> • 물적분할을 통한 비상장 자회사로 독립
> - 책임경영 체계의 수립
> - 상장회사보다는 소규모 비상장회사가 구조조정에 유리
> • 구조조정 후 사업적 Synergy가 필요하다면 합병 재검토

(4) 자금조달

A그룹은 부채비율을 개선하고 금융비용을 낮추기 위하여 신규 자금이 필요하여, C사를 상장시키고자 했다. C사는 '가' 사업부문과 관련이 있는 전방산업을 사업으로 하고 있었는데, 지속적인 성장과 안정적인 영업이익이 예상되었기 때문이다. 의사결정 이후 사전작업으로 C사는 무상감자 등을 통하여 주식수를 조정하고 누적되었던 결손금을 모두 제거하는 등 상장에 적합한 자본구조로 변경했다.

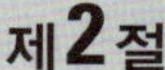

제2절	최대주주의 변동과 사업재편성

1. 최대주주 변경 및 사업재편성

A사는 IMF 외환위기 이후 차입금을 제대로 상환하지 못해 채권단의 관리를 받았음을 앞서 언급하였다. 채권단은 차입금의 상당 부분을 출자전환하여 지분 형태로 보유하고 있었으나, A사의 주가가 지지부진함에 따라 Exit Plan이 원활하지 않았다.

그러던 중 '가' 사업의 업황이 양호해지고 주가가 상승하자 채권단은 지분을 처분하기 위하여 입찰을 실시하였으며 사모펀드인 K사가 우선협상자로 선정되었다. 종전 최대주주였던 X사와의 법적 논쟁이 있었으나 결국 사모펀드는 채권단과 X사의 지분까지 인수하여 75%가 넘는 지분을 확보하게 되었다.

사모펀드가 최대주주로 변경된 후 A사는 인사와 총무 부서를 비롯해 10여 개 조직을 통합하는 대대적인 개편을 실시했다. 이 과정에서 일부 인원은 퇴사 통보를 받았고, 18개월에 상당하는 급여를 보상해 주는 조건으로 희망퇴직을 권고했다. 그리고 성과경영을 주창하며 사업부문의 실적 척도로서 EBITDA를 강조하였다.[34]

2. A그룹의 구조개편

최대주주가 변경된 후 A그룹은 구조개편을 실시하였는데, 주요 내용은 다음과 같다.
① '가' 사업부문으로 수직계열화
② 구조조정과 성과경영
③ 사모펀드의 인수자금 회수

---

34) EBITDA(Earnings Before Interest, Taxes, Depreciation and Amortization)는 기업이 영업 활동으로 벌어들인 현금 창출 능력을 나타내는 지표이다. EBITDA는 이자 비용을 차감하기 이전의 이익이므로 자기자본과 타인자본에 대한 실질 이익 창출을 표시한다고 본다. 그리고 현금 지출이 없는 비용인 감가상각비를 비용에서 제외함으로 기업이 영업 활동을 통해 벌어들이는 현금 창출 능력을 보여 주게 된다. 따라서 EBITDA는 수익성을 나타내는 지표로, 기업의 실제 가치를 평가하는 중요한 잣대로 쓰인다. 실무상 인수합병(M&A) 시장에서 기업가치 산출 시 해당 기업의 EBITDA에 업종 평균 EBITDA 배수를 곱한 금액을 이용하는 경우가 많다.

(1) 비핵심사업의 처분

사모펀드는 '가' 사업을 핵심사업으로 정의하고, A그룹의 사업 Portfolio를 '가' 사업을 중심으로 수직계열화했다. 이 과정에서 다음 절차를 진행했다.

① '가' 사업과 관련이 없는 '다' 사업부문은 물적분할한 후 매각

② 소재사업을 영위하는 자회사 처분

③ IT 자회사 주식은 A사의 주주에게 배당으로 지급

④ 비영업용자산의 처분

상기 결과 A그룹의 지배구조는 다음과 같이 변경되었다.

| 비핵심사업의 처분 |

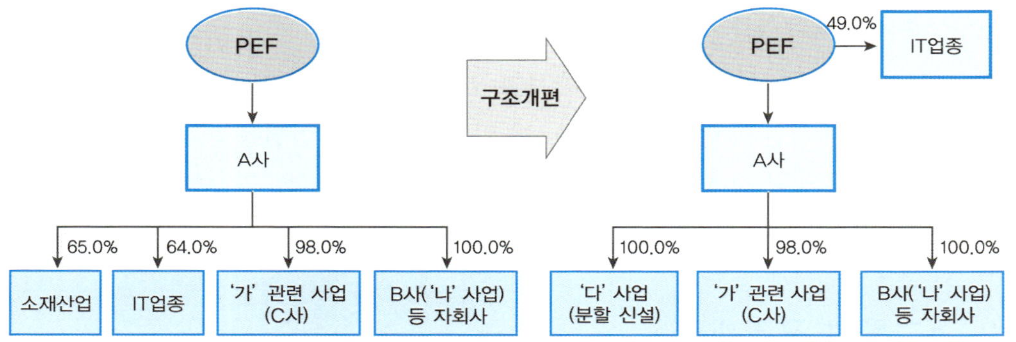

상기 그림과 같은 구조개편은 다음과 같은 조치로 해석된다.

① A그룹을 '가' 사업부문 조직으로 특화

② 인수자금의 회수

소재산업과 IT업종을 영위하는 자회사와 '다' 사업부문은 '가' 사업부문과 큰 연관성이 없었다. 따라서 A그룹을 '가' 사업부문으로 특화시키기 위하여 소재산업을 영위하는 자회사를 처분했다. 그리고 '다' 사업부문은 물적분할로 분리시킨 후 매각했다. 또한 A사는 영업활동에 사용되지 않는 토지나 회원권을 적극적으로 처분하고 현금화했다.

특이한 점은 A사가 보유하는 IT업종을 영위하는 자회사 주식을 주주들에게 배당으로 지급한 점이었다. 주식배당으로 인하여 A사의 주주인 사모펀드는 IT업종의 회사의 주식을 배당으로 49%만큼 수령하게 되었다. 즉, IT회사의 최대주주가 A사에서 사모펀

드로 변경된 것이다. 이러한 상황에서 IT회사를 처분하면, 사모펀드는 경영권 프리미엄을 모두 획득할 수 있게 된다.

사모펀드는 A사에 대한 Exit이 지연되자 종합환경사업을 추진하며, 폐기물처리와 폐플라스틱처리업체를 인수했다. 그리고 2020년 초에는 '나'사업을 영위하는 B사까지 매각하였다.

(2) 합병 및 기업인수

A그룹이 '가' 사업 중심으로 편성된 이후에도 지속적인 구조조정을 실시하였는데, 그 주요 내용은 다음과 같다.

① C사의 상장 추진 중단

② C사와 A사와의 합병

③ 사모펀드가 보유하는 T사를 A사가 인수

| 합병 및 기업인수 |

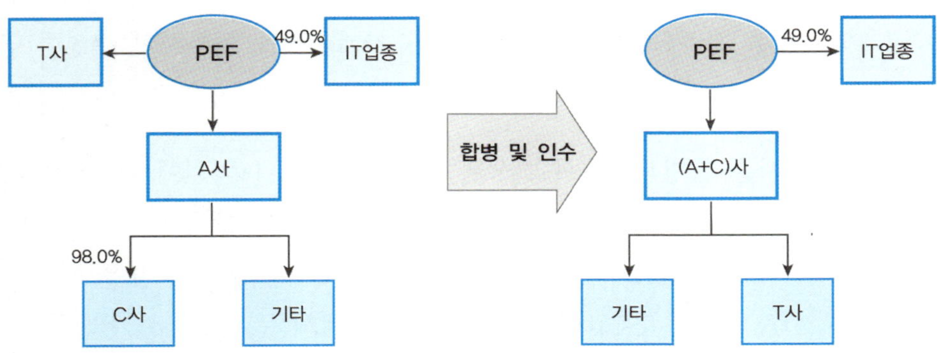

A사는 '가'와 연관 사업을 하고 있는 C사의 IPO 추진을 중단하고, A사와 합병했다. 합병 시 A사는 보유하고 있는 C사 주식에 대하여 (포합주식에 대하여) 합병신주를 발행하거나 또는 합병신주를 발행하지 않을 수 있었다. 그런데 A사는 신주를 발행하여 상당한 수량의 자기주식을 취득하게 되었고, 합병 이후 동 자기주식을 모두 처분하였다.

A사가 공시한 합병 목적을 요약하면 다음과 같다.

① 합병을 통하여 '원재료 공급 - 제품 생산 - 제품 운송'의 수직계열화를 이루고자 함.

② 자기주식을 발행하지 않을 경우 세제상 불이익 방지를 위하여 포합주식에 대하여 자기주식을 교부함.

③ 자금조달 방안 다양화

A사와 C사는 IMF 외환위기 과정에서 계열사에 대한 지급보증 등으로 거액의 결손이 발생했다. 이후 업황이 개선되어 A사는 이익이 발생했으나 결손금을 공제받아 상당기간 법인세를 납부하지 않을 수 있었다. 그러나 결손금이 소멸됨에 따라 2017년부터는 법인세를 납부할 것으로 예상되었다.

A사가 C사에 대하여 투자한 금액은 5,131억원이었으나, 지급보증으로 C사의 가치는 현저하게 하락하여 합병 시점에 장부금액은 1,002억원에 불과하였다. 한편, 합병 시 A사는 보유하는 C사 주식(포합주식)에 대하여 자기주식을 교부하였는데 관련 내용을 정리하면 다음과 같다.

① 포합주식에 대해 신주를 발행하지 않았다면 합병은 자본거래로 간주된다. 따라서 A사는 C사에 대한 투자손실을 세무상 손금으로 인정받을 수 없다.

② 포합주식에 대하여 자기주식을 발행한다면 동 자기주식의 세무상 취득금액은 5,131억원으로 간주된다. 그러므로 A사가 자기주식을 처분하여 수령한 금액이 5,131억원에 미달한다면, 그 금액은 손금으로 인정받을 수 있었다.

결론적으로 A사는 합병과정에서 발생된 자기주식을 1,116억원에 처분하였고 상당한 금액을 세무상 손금으로 인정받아 상당한 금액의 법인세를 감소시킬 수 있었다.

• 법인세 절감 효과 = (C사 취득금액 − 자기주식 처분금액) × 세율
= (5,131억원 − 1,116억원) × 세율

한편, 사모펀드는 A사를 인수하기 이전에 A사와 동종업종에 있던 T사를 인수했으며, T사의 IPO를 추진하고 있었다. 그러나 A사가 자기주식을 처분하여 자금이 풍부해지자, 사모펀드는 T사 지분을 A사에게 처분했다.

이로 인하여 A사는 '가' 업종에서 지위를 더욱 견고히 할 수 있었고, 사모펀드는 '가' 업종에 대한 Portfolio를 A사로 집중하고 일부 투자자금도 회수하게 되었다.

(3) 분기배당 실시

A사는 개선된 실적을 바탕으로 1998년 이후 19년만인 2017년에 현물배당을 포함하여 상당한 금액(시가 배당률 : 5.3%)을 배당했다. 그리고 이후 정기 주주총회에서는 분기배당이 가능토록 정관을 개정했는데, 분기배당에 따라 예상되는 시가 배당률은 약 9.0%에 달하였다.[35]

A사는 분기배당과 관련하여 "사모펀드가 인수한 이후 성과가 차츰 나타나면서 배당을 통한 주주중시 경영 실천에 다시 나섰다고 보면 된다. 호실적을 올리고 있음에도 그간 주가흐름은 다소 완만해 배당률을 끌어올린 측면도 있다."고 언급하였다. 그리고 보유한 배당 가능 이익이 충분해 향후에도 지속적인 분기배당을 이어갈 수 있을 것이라 설명하였다.

일반적으로 사모펀드는 인수할 기업이 정해지면 차입을 통하여 인수자금을 마련하고, 인수한 회사를 더 높은 가격으로 처분하여 투자수익을 획득하는 것이 일차적인 목적이다. 그리고 가능하면 인수한 회사의 비영업용 자산을 처분하거나 배당성향을 높여 가능하면 조속한 시간 내에 자금을 회수하고자 하는 경향을 보인다. 그 이유는 사모펀드의 차입금과 그로 인한 금융비용 부담을 감소시키려면, 인수한 회사를 처분하기 이전이라도 배당 등을 통하여 자금을 회수하는 것이 바람직하기 때문이다.

A그룹(A사 및 관련 자회사)은 일련의 조치들을 통하여 '가' 사업 위주로 재편되었다. 그리고 직접적으로 수익을 창출하기 어려운 활동들과 조직들은 제거되어 종전보다 효율적인 조직으로 거듭났다는 평가를 받고 있다. 그러나 계열사의 처분, 주식배당 및 분할 등을 실시한 이유는 사모펀드가 투입한 자금을 회수작업을 본격화한 것으로 보는 비판적 견해도 있다.

(4) 상장폐지

2024년 2월에 사모펀드는 A사를 완전자회사로 전환시킬 목적으로 공개매수를 한다고 발표했다. 100% 지분을 보유한 완전자회사는 A사의 상장폐지를 의미한다. 2024년

---

35) 분기배당제는 분기별로 한 차례씩, 1년에 총 네 차례 배당하는 제도로서, 수시로 회사의 이익을 배분하는 점이 특징이다. 따라서 분기배당제는 주주 중심 경영에 보다 근접한 모델이라 평가되지만, 기업 부담이 가중될 수 있다는 이유로 도입이 보류되다가 2004년부터 시행되고 있다.

3월 현재 사모펀드는 원래 의도하였던 지분 중 60% 이상을 확보했고, 응모율과 관계없이 모든 신청자의 주식을 매수하겠다고 밝혔다.

공개매수를 통해 지분 전량을 확보하지는 못했지만, 사모펀드는 '교부금 주식교환' 제도를 활용하여 상장폐지를 진행할 예정이다.[36]

A사는 상장폐지의 이유로 다음을 발표했다. "경영활동의 유연성과 의사결정의 신속함을 확보해 회사의 경쟁력을 지속적으로 유지 및 발전시키고자 한다."

사모펀드가 A사를 인수한지도 10여년이 경과하였다. 이후 건설경기 개선으로 가시적인 성과도 나타났으나, 2021년 이후 경기 침체로 영업이익도 감소 추세이다. 사모펀드는 A사에 Exit이 지연되자 자금구조를 컨티뉴에이션 펀드로 변경하였으나, A사가 건설경기와 관련이 있고 동종업종에서 가장 규모가 큰 회사라는 점에서 매각이 어려웠다.[37]

이러한 상황에서 비상장회사로 전환한 점은 매각의 용이성을 고려한 것으로 이해된다. 비상장회사는 상장회사보다 의사결정이 수월하고 불필요한 정보를 외부에 공개하지 않아도 되고, 대규모 구조조정이나 분할 매각 등을 추진할 수 있기 때문이다.

3. 사업재편성의 의미

최대주주가 사모펀드로 변경된 후 A그룹의 성과지표는 EBITDA 위주로 변경되었다. 그리고 조직을 재편성하면서 대대적인 인력조정이 실시되었다. 구조조정을 실시하면 일반적으로 단기손익은 대폭적으로 개선되는데 A사도 궤를 같이 하고 있다. 그러나 이러한 실적 향상이 일시적인 현상인지 또는 장기적인 성과 향상으로 이어질지는 좀

---

36) '교부금 주식교환'은 소액주주 축출(Squeeze Out) 방식 중 하나로 활용된다. 통상 소액주주에게 모회사 주식으로 교환해 주지만 2016년 상법 개정에 따라 주식이 아니라 현금(교부금)으로 지급할 수 있게 되었다. 다만, 이를 추진하려면 출석주주의 66.7% 이상 동의를 받아야 한다.

37) 컨티뉴에이션 펀드(Continuation Fund)는 기존 사모펀드의 GP(General Partner, 운용사)를 그대로 유지하며, 기존 펀드가 보유한 우량한 자산이나 기업을 신규 펀드로 이전하여 투자하는 전략이다. 투자 의사결정 과정에서 GP가 주도적인 역할을 수행하기 때문에, 컨티뉴에이션 펀드는 GP 주도형 전략으로 분류된다. 일반적으로 컨티뉴에이션 펀드는 다음과 같은 경우에 활용된다.
1. 펀드가 보유한 기업이 경영상 어려움을 겪고 있거나, 시장 환경이 좋지 않아 자산 가치가 크게 하락한 경우 등 펀드 보유 자산에 대한 이슈로 목표 가격에 자산 가치를 실현할 수 없는 경우
2. 펀드가 보유한 기업이 잠재력이 높고, 향후 수익 창출 가능성이 높아 GP와 LP가 특정 우량 자산에 대한 투자를 지속하고 싶은 경우

더 지켜볼 필요가 있다. 자칫 기업의 핵심역량을 훼손시켜 장기 경영성과에는 부정적인 영향을 미칠 수 있기 때문이다.

장치산업의 경우 조직이 방대하므로 그 중 일부가 비효율적으로 운영되는 것처럼 보일 수 있다. 그러나 예상치 못한 상황이 발생하더라도 정상적인 제조활동을 유지하려면 어느 정도의 예비인력이 있어야 한다는 조직적 특성이 있다. 더구나 복잡한 생산공정과 유형자산 관리 등에 대한 노하우는 사람에게 집적되어 있는 경우가 많다. 따라서 인력조정은 더 효율적인 조직으로의 전환을 의미할 수도 있겠으나, 정도가 지나치면 안정적인 생산에 오히려 저해가 되고 운영 노하우를 상실하는 측면도 있다.

사모펀드가 A사를 인수한 이후 가장 큰 변화 중 하나는 기업문화라 할 수 있다. A사는 예로부터 인화(人和)를 강조해왔다. IMF 외환위기와 금융위기를 겪으면서 기업은 어려워졌으나, 조직 내 결속력은 오히려 강해졌다. 그러나 사모펀드가 A사를 인수한 이후 A사의 조직문화도 변하기 시작했다. 성과에 초점을 맞춘 조직, 상시적인 구조조정이 진행되는 조직으로 바뀐 것이다.

사모펀드사가 경영권을 인수한 후 A그룹은 사업 Portfolio를 재편성하기 위하여 분할을 적극적으로 실시하였다. 이러한 구조조정 결과 A그룹은 '가' 사업 이외에는 모두 매각되었다.

A그룹을 '가' 사업부문만 영위하는 상품이 아니라 50년 이상 지속되어온 하나의 생명체로 생각해 보자. 그럴 경우 '가' 사업과 관련이 없는 부문을 처분하는 것이 옳은 결정일까? 물론 효율적인 경영도 중요하지만 계속기업을 전제한다면 장기적으로는 연관 사업부문에 대한 투자가 필요하고, '가' 사업이 침체되더라도 생존할 수 있는 능력이 필요할 것이기 때문이다.

사모펀드에 의한 구조조정

- 성과 중심적인 구조조정
  - 단기적인 성과 향상
  - 장기적인 성과 및 핵심 역량 유지에 대한 관심 필요
- 사업 Portfolio 재편성
  - 사업부문 전체를 하나의 상품으로 재구성
  - 회사 자체로서의 완전성보다는 특정 사업부문으로 특화

제3절 **사모펀드의 인수합병(M&A)**

1990년대에 개봉되어 인기를 얻은 '귀여운 여인(Pretty Woman)'이라는 영화가 있었다. 영화에서 거리의 여자(줄리아 로버츠)에게 백마 탄 왕자였던 백만장자(리처드 기어)는 유능한 기업가로 등장한다. 여기서 리처드 기어는 비효율적인 기업을 살리는 능력자로 묘사되는데, 극 중 직업은 사모펀드 운영자이다. 그만큼 사모펀드는 일반인들에게 많은 돈과 관련이 있으며 다른 기업에게 큰 힘을 발휘할 수 있는 대상으로 인식되고 있다.

1. 사모펀드의 성격

대부분 펀드는 투자 대상을 정해 놓고 자금을 모집하는 것이 일반적이다. 그러나 블라인드 펀드(Blind Fund)는 투자 대상을 미리 정해 놓지 않은 상태에서 펀드를 설정하고 투자 대상이 확보되면 투자를 실시한다. 블라인드펀드의 투자대상은 주식과 채권뿐 아니라 부동산과 실물까지 포함되는데, 대표적인 블라인드펀드로는 사모펀드(PEF, Private Equity Fund)와 부동산투자펀드를 꼽을 수 있다.

사모펀드의 경우 인수합병(M&A)의 대상이 되는 기업을 미리 정하지 않은 상태에서 자금을 모은 후 적당한 인수대상 기업이 나타나면 투자에 나서는 방식을 취한다. 미리 확정된 투자방안이 없으므로 시장의 향후 변화에 대해 보다 능동적으로 대처할 수 있다는 장점이 있다.

그리고 사모펀드는 금융기관이 관리하는 일반 펀드와는 달리 '사인(私人) 간 계약'의 형태를 띠고 있어 금융감독기관의 감시를 받지 않는다. 따라서 공모펀드와는 달리 운용에 자유롭다는 장점이 있다.

사모펀드는 투자 전략에 따라 다음과 같이 구분된다.

① 벤처캐피탈(Venture Capital) : 창업단계의 기업 지분에 투자하여 수익을 추구

② 바이아웃(Buyout) : 기업의 경영권에 투자하여 기업가치를 높인 후 매각

③ 메자닌(Mezzanine) : 부채와 지분투자의 중간성격을 가진 전환사채(CB, Convertible Bond)나 신주인수권사채(BW, Bond with Warrant)에 투자

④ 부실채권투자(Distressed debt investing) : 현금흐름에 문제가 있는 부실기업의 채권에 투자

⑤ 성장자본(Growth) : 수익성이 검증된 기업이 한 단계 도약(해외 진출, 신제품 투자, 기업인수 등)할 수 있도록 자금을 공급

상기 사모펀드 중 바이아웃은 일반적으로 차입금을 조달하여 특정 기업의 경영권을 통제할 수 있을 정도(50% 이상의 지분)로 투자하는 것이 일반적이다. 경영권을 보유하게 되므로 투자 이후에 강력한 리더십을 행사하는 것이 관행이다. 바이아웃은 구조조정이나 내부효율화 전략 등을 통해 인수한 기업의 가치를 극대화시킨 후, 지분을 매각해 차익을 실현하는 방식을 주로 활용하고 있다.

사모펀드는 투자 활성화, 금융자본의 유동성 강화라는 장점이 있는 반면, 정리해고나 세금포탈 등의 문제점을 비판받고 있다. 일반적인 기업들의 경우 순이익의 상당 부분을 회사 발전을 위한 투자비용으로 사용하는데, 사모펀드가 인수한 기업들은 대부분의 이익을 배당금으로 유출하는 경향을 보이고 있다. 그 이유는 사모펀드는 타겟을 인수하기 위해 조달한 차입금과 동 차입금으로부터 발생하는 금융비용에 대한 부담감을 배당금으로 경감시키고자 하기 때문이다.

사모펀드는 인수회사에서 수익을 더 내고 매각금액을 높이기 위해 도급과 하청을 늘리고 복지를 감축하는 경향이 있다. 또한 회사 내 특정 사업부문을 분사시키거나, 정규직 대신에 비정규직을 늘리는 경향이 있다. 즉, 고정적으로 지출되는 인건비 등을 줄이고 외부에서 단기적으로 용역을 제공받는 방식으로 전환하는 것이다. 이러한 방식은 기업의 고정지출을 감소시켜 단기적으로는 이익을 증가시킬 수 있다는 장점이 있는 반면, 장기적으로는 기업 내 노하우나 핵심역량을 가진 인력이 외부로 유출될 수 있다는 단점이 있다.

사모펀드의 이러한 방식은 인수한 기업을 효율적인 조직으로 바꾼다는 긍정적인 효과가 있다. 반면, 기업의 장기적인 발전이 아닌 단기적인 성과에만 집중한다는 비판적 시각도 있다. 즉, 기업의 핵심역량 강화가 아니라 단기적인 이익만을 극대화시킨 후 처분하여 투자수익을 극대화하는 데에만 초점을 맞춘다는 것이다. 따라서 사모펀드는 '하이에나'나 '기업사냥꾼'이라고 불리기도 한다.

2. 우리나라의 사모펀드

우리나라에서는 IMF 외환위기 이후 외국 자본에 대응하기 위한 방안으로 사모펀드가 허용되었다. 국내 사모펀드는 상법상 합자회사의 형태를 취하고 있으므로, 무한책임사원(GP, General Partner)과 유한책임사원(LP, Limited Partner)으로 구성된다.

① 무한책임사원은 사모펀드의 운용회사로서 투자자금의 조달과 투자집행 기능을 수행하며, 채권자에 대하여 무한책임을 부담한다.

② 유한책임사원은 투자자금을 위탁한 투자가로 자신의 투자금액에 대한 책임만 부담하며 일반적으로 소수의 고액 개인투자자, 연기금 및 금융기관 같은 기관투자자들로 구성된다.

2022년 현재 운영되는 우리나라의 사모펀드의 순자산 총액은 849조원으로 지난 12년간 연평균 14%의 성장을 이루었다.

우리나라 토종 사모펀드들은 대부분 국민연금이나 정책금융공사 등 국내 대형 연기금이나 은행 등을 통해 이루어지고 있다. 그러나 투자위험 관리 등에 대한 제약이 많아 제대로 바이아웃 투자나 지분 투자를 진행하지 못하고 있다는 비판이 많다. 국내에서의 바이아웃 투자는 대부분 외자계 펀드[38]에 주도되고 있는데, 이러한 펀드로는 MBK파트너스, 한앤컴퍼니, IMM PE 및 맥쿼리 PE 등이 있다.

3. MBK의 딜라이브(구, C&M) 인수

2008년에 맥쿼리펀드와 MBK파트너스를 주축으로 한 MBK컨소시엄은 우리나라 최대의 케이블TV 업체인 C&M의 지분 95%를 2조3,000억원에 인수하여 대주주가 되었다. 인수 당시 케이블TV 업체가 유료 방송 시장 전반을 장악하고 있었고, 아날로그 방송은 디지털로 방송이 전환되고 있었다. 따라서 인터넷 서비스 등 결합 서비스상품으로 C&M의 기업가치가 높아질 것이라고 예상되었다.

그러나 MBK컨소시엄이 C&M을 인수한 이후 국내 미디어 시장이 변화하기 시작하였다. IPTV 등의 경쟁자가 등장하여 시장을 점유한 것이다. 그리고 디지털방송 전환이

---

38) 국내에서 설립인가를 받았으나, 해외에서 대규모 자금을 투자받은 사모펀드

빠르게 이루어지지 않으면서 케이블 업체의 가치는 전반적으로 하락하기 시작했다. 따라서 빠른 시간 내에 수익을 남기고 C&M을 처분하기 원하였던 MBK의 계획에 차질이 발생하였다.

MBK컨소시엄은 C&M의 수익성을 향상시키기 위하여 조직 통합, 외주화, 인력감축 등을 실시하였다. 2008년부터 2010년까지 A/S업무를 단계적으로 외주화하여 정규직 노동자 중 상당수가 하청 및 도급 비정규직 노동자로 전환했다. 그러자 노동불안에 시달렸던 C&M 직원들은 희망연대노동조합 C&M 지부를 설립하였으며, 그 이후 약 5년여에 걸친 C&M 사태가 발생하였다. 직원의 해고와 노동조건 개선 및 복직을 주장하는 노숙 농성이 이어진 것이다. 긴 과정 끝에 노동조합과 사측은 재고용과 고용안정을 협의하게 되었다.

2007년 당시 MBK컨소시엄은 자기자본 9,000억원과 인수금융 1조4,000억원으로 C&M을 인수했다. 그리고 MBK컨소시엄은 인수금융에 대한 이자비용을 갚기 위하여 매년 C&M으로부터 배당금을 받거나 추가로 차입하여 1,000억원 이상을 조달했다. 그러나 2012년에 차입금의 만기가 돌아오자 대출 규모를 2조1,970억원까지 늘리고 만기를 4년간 연장했다. 그러나 만기 연장 이후에도 C&M의 실적은 악화됐고 차입금 상환을 위해 추진했던 매각 계획도 연이어 실패했다.

결국 MBK가 C&M을 인수하기 위하여 설립한 특수목적기업(SPC)인 국민유선방송투자(KCI)는 2015년에 채무 불이행(디폴트)을 선언했다. 그리고 경영권은 신한은행과 KEB하나은행을 포함해 인수금융에 참여했던 21개 기관으로 구성된 채권단으로 넘어간 상태이다.

4. 론스타와 외환은행

IMF 외환위기 이후 외환은행은 2003년 사모펀드인 론스타에 매각되었다. 그 후 2012년에 외환은행이 하나금융지주에 매각되면서 론스타는 투자수익을 실현하게 되었다. 론스타의 투자금액은 2조1,549억원이었으나 배당금과 처분이익 등으로 세후 6조1,964억원을 회수한 것으로 추정된다. 론스타의 차익은 4조415억원으로 연평균 15% 정도인데, 일반적인 해외 사모펀드의 수익률보다 다소 높은 것으로 평가되고 있다.

론스타는 외환은행 인수 과정과 처분 과정에서 다음과 같은 모습을 보여주었는데, 이는 사모펀드의 부정적인 사례로 손꼽힌다.

① 금융기관이 아닌 론스타가 특혜를 받아 인수자로 선정됨.

② 매입 당시 인수금액을 더 낮추기 위해 주가조작을 했다는 의혹

③ 기업의 발전과 성장보다는 단기간 매매차익을 극대화하는 전략

론스타의 불법행위 가능성이 제기되자 금융위원회는 외환은행에 대한 매각심사를 하고 스타타워 처분 시 발생한 이익에 대하여 세금을 부과하였다. 그리고 주가조작 혐의에 대해 론스타와 론스타의 대표에게 유죄를 선고하였다. 그러나 론스타는 우리나라 정부에 매각지연과 세금 부과로 인한 손실을 이유로 세계은행 국제투자분쟁해결센터(ICSID)에 46억 8,000만 달러 가량의 '투자자－국가 간 소송(ISD)'을 냈고, ICSID는 2023년 8월에 2억 1,650만 달러(약 2,761억원)를 배상하라고 판정했다.

5. MBK컨소시엄의 홈플러스 인수

2015년 당시 홈플러스는 국내 할인점 부분에서 시장 점유율 2위를 차지하고 있었다. 그러나 본사인 영국 테스코가 경영위기에 처함에 따라 홈플러스에 대한 처분계획을 발표했다. 매각 과정에서 MBK컨소시엄이 우선협상자로 선정되자, 홈플러스 노조는 다음을 주장하며 사모펀드 매각에 반대하는 입장을 발표했다.

① 일반 기업과 달리 사모펀드는 단기적인 이윤만 목적으로 하고 있음.

② 이윤을 내기 위한 방법으로 비용절감을 추구하는데, 이것이 대규모 해고를 비롯한 구조조정, 점포폐쇄 및 분할매각으로 이어진다는 점

③ 길어야 4~5년 내에 매각하게 되어 노동자는 지속적인 고용불안에 시달린다는 점

MBK컨소시엄은 상기와 같은 반대에 맞서 다음의 계획을 발표하고, 60억달러를 투자하여 홈플러스를 인수했다.

① 홈플러스의 시장 선도적 지위와 경쟁력을 강화하고자 2년 간 1조원의 투자를 집행할 계획

② 홈플러스 직원들의 현재 고용 조건과 단체교섭 동의를 존중

③ 인위적인 인력 구조조정은 없음.

그러나 MBK파트너스는 홈플러스를 인수한 지 1년도 되지 않아 5개 매장을 처분했다. 홈플러스 측은 '이번 계약으로 확보한 현금은 회사 성장을 위한 투자 및 다양한 경영 활동을 위해 사용할 계획'이라는 입장을 밝혔다. 그러나 유통업계에서는 MBK파트너스가 홈플러스의 규모를 줄여 재매각하는 수순에 들어간 것이 아니냐는 의견을 제시했다.

최근 유통업계의 주도권은 오프라인에서 온라인으로 넘어간 상황이다. 홈플러스는 유통업계 변화에 제대로 대응하지 못했다는 평가와 함께 최근 거액의 영업손실이 발생하고 있다. 실적 부진의 이유 중 하나로 오너십의 부재가 거론되고 있다. 대주주가 사모펀드이기에 사업적 측면에서 전략을 수립하고 미래에 투자하기보다는, 재무구조를 개선하여 신속하게 엑시트(Exit)하는 데 관심이 쏠려있다는 지적이다.

오프라인의 약점을 보완하고 사업을 보강하기 위하여 이베이코리아 인수, 네이버와의 지분 교환, W컨셉 지분 인수 및 스타벅스코리아 지분 인수, 신선식품 시장을 위한 CA(Controlled Atmosphere, 기체제어) 저장 시설 확충에 나선 이마트와는 대조적이라는 평가이다.

홈플러스를 인수한 시점부터 2023년 2월까지 공시된 유형자산 처분액은 3조 2,290억원이고, 배당액은 1조 3,340억원에 달한다. 2020년 이후에도 유형자산 처분은 꾸준하게 진행되고 있으나, 실적 악화로 2019년 2월 이후 배당은 실시하지 않고 있다. 홈플러스 노조는 부동산처분뿐만 아니라, 이윤극대화를 위해 노동자 9,000명을 감축하는 등 구조조정을 벌이고 있다고 비판하고 있다.

6. OB맥주와 KKR&어퍼니티

두산그룹은 IMF 외환위기를 극복하기 위하여 OB맥주를 세계적 맥주기업인 AB인베브(구, 인터브루)에 5,000억원 가량을 받고 매각하였다. 그리고 AB인베브는 2009년에 미국계 사모펀드인 KKR(Kohlberg Kravis Roberts)과 우리나라 사모펀드인 어퍼니티가 만든 컨소시엄에 18억달러(1조 9,000억원)에 OB맥주를 매각했다. 그러나 6년 후인 2014년에 AB인베브는 KKR&어퍼니티로부터 OB맥주를 다시 58억달러(6조 1,700억원)에 재취득하였다.

 사모펀드의 본래의 목적인 매매차익을 실현했지만 KKR&어퍼니티의 경영방식은 여타 사모펀드의 양상과는 다른 모습을 보여주었다. 먼저 OB맥주는 KKR&어퍼니티가 인수한 이후 4년 동안 매출액과 영업이익이 각각 68%와 120% 증가했다. 그리고 OB맥주는 하이트맥주에 내주었던 국내 1위 자리를 탈환했다. 이는 과점으로 운영되고 한 번 지위가 고정되면 추세가 변동하기 어려운 우리나라 주류업계에서 이색적인 것으로 평가되었다.

 KKR&어퍼니티는 기업가치의 향상을 위하여 주류 시장에서 오래 재직한 장진수 사장을 CEO로 영입하였다. 그리고 2,000억원 이상을 추가로 투자하여 생산시설을 개선하고 마케팅 비용을 지속적으로 늘렸다. 또한 인위적인 정리해고나 구조조정을 실시하지 않고 노동자의 안정적인 고용을 보장했다. 당시 OB맥주의 장인수 부회장은 OB맥주의 성공에 다음과 같이 밝혔다.

 "소유와 경영을 분리한 것이 OB맥주의 성공요인이다. OB맥주를 인수한 사모펀드 측은 '우리는 돈은 많지만 사람은 없다. 소유와 경영을 분리해 줄 테니 경영해 보라'고 했고, 5년 정도 경영하면서 느낀 것은 소유와 경영이 완전 분리됐다는 것이다. 소유와 경영이 분리된 경영이 회사를 이렇게 성공하게 만들었지 않나 생각한다."

 대기업은 계열사 간 Synergy를 고려하며 신중하게 의사결정을 하는 것이 일반적이다. 그에 비하여 사모펀드는 경영 성과를 높이는 것이 당면한 과제이므로 공격적이고 효율적인 방식을 취한다. OB맥주의 경우에는 이러한 사모펀드의 효율적인 경영 방식이 긍정적인 효과를 가져 온 사례로 평가되고 있다.

보 론 현금흐름 분석[39]

1. 현금흐름의 분류

현금흐름은 다음과 같이 분류된다.

① 영업활동 현금흐름 : 회사의 주된 활동으로 발생된 현금흐름

② 투자활동 현금흐름 : 회사의 투자활동으로 발생된 현금흐름

③ 재무활동 현금흐름 : 회사의 재무활동으로 발생된 현금흐름

영업활동으로 발생한 현금흐름은 말 그대로 현재 영위하는 사업으로 벌어들인 현금흐름을 의미한다. 따라서 **현재의 수익성을 측정하는 지표**로 활용된다.

투자활동 현금흐름은 회사가 어떠한 사업전략을 가지고 있는지를 보여주며, 미래의 수익성을 암시하는 지표가 된다. 지금 유망한 사업에 투자해야 미래에 수익이 발생하기 때문이다.

마지막으로 재무활동은 회사가 자금을 조달하는 과정 즉, 부채(타인자본)와 자본(자기자본)을 구성하는 과정을 나타낸다.

현금흐름표를 이해한다면 발생주의에 따라 작성된 재무상태표와 손익계산서로는 알 수 없는 여러 정보를 파악하고 분석할 수 있다. 따라서 현금흐름을 계획하고 분석하는 재무분야의 실무자에게는 현금흐름표에 대한 이해가 필수적이다.

2. 현금흐름 분석 방법

현금흐름을 분석하려면 현금흐름표에 대한 분석이 필수적인데, 공시된 현금흐름표 자체를 분석대상으로 하기 보다는 일부 항목을 Modify하는 것이 적절하다.

결산 시점에 근접한 일시적인 거래에 따라 재무제표의 겉모습은 급격하게 변동될 수 있다. 따라서 일시적인 효과를 제거하려면 최소한 5년 이상의 현금흐름표를 분석대상으로 하는 것이 적절하다.

---

39) 본 절의 내용은 '현금흐름 분석과 현금흐름표 작성(삼일인포마인, 2022년)'의 일부를 발췌하였다.

(1) 영업활동 현금흐름

● 이익의 질(Quality of Earnings)

손익계산서상 이익의 질이 좋다는 의미는 다음을 요건으로 한다.

① 이익의 지속 가능성

② 이익의 현금 수반 정도

손익계산서상 이익은 동일할지라도 향후 지속적으로 발생하려면 유형자산 등의 처분이 아니라 제품 등을 판매하여 발생한 이익이 바람직하다. 따라서 영업외수익보다는 영업이익이 좋은 이익의 지표로 활용된다.

그리고 장부상 이익이 발생하더라도 실제 현금으로 연결되지 않으면 가치창출에 도움이 되지 않는다. 따라서 좋은 이익은 현금을 수반하여야 하는데, 그 관계는 당기순이익과 영업활동 현금흐름이 유기적인지를 보고 판단할 수 있다.

● 실질 영업 현금흐름

영업활동 현금흐름은 감가상각비 등을 포함하고 있다. 그런데 감가상각비는 재투자를 위해 남겨 두어야 할 자금이다. 따라서 실질적인 잉여 현금흐름으로 보기 어려우므로, 감가상각비를 차감한 실질 영업 현금흐름(= 영업활동 현금흐름 − 감가상각비 등)을 파악해야 한다.

실질 영업 현금흐름이 0원보다 작다면 계속기업에 문제가 있을 수 있으며, 실질 영업 현금흐름이 당기순이익과 유사하면 이익의 질이 높다고 할 수 있다.

그리고 실질 영업 현금흐름과 당기순이익의 괴리가 크다면 그 이유를 분석해야 한다. 참고로 분식 기업의 사례를 보면 실질 영업 현금흐름과 당기순이익의 차이가 큰 경우가 많다.

> • 실질 현금흐름
> 　　　실질 영업현금흐름 = 영업활동 현금흐름 − 감가상각비 등
> 　　　실질 투자현금흐름 = 투자활동 현금흐름 − 감가상각비 등

● 비현금항목의 조정 : 현금흐름에 영향을 미치지 않는 수익과 비용의 변동

비현금항목의 조정 내용 중 비중이 큰 항목은 유심히 살펴봐야 한다. 특히, 감가상각

비와 퇴직급여 등 영업활동에 수반되는 항목이 아니라면, 그 요인이 무엇인지 파악할 필요가 있다. 만일 거액의 대손상각비, 재고자산평가손실, 손상차손(감액손실) 등이 자주 발견된다면 정상적으로 관리활동이 이루어지지 않는 회사일 수 있으며, 과거에 분식처리한 자산을 장부에서 제거하는 회사일 수도 있기 때문이다.

🔹 운전자본의 변동

매출이 증가하면 매출채권이나 재고자산이 증가하는데, 이렇게 운전자본이 증가하면 이익이 발생하더라도 현금이 증가하지 않는다. 따라서 매출이 성장하는 동안에는 운전자본이 증가하여 회사의 유동성은 오히려 악화될 수도 있다.

매출 등과 연관된 것이 아니라면, 운전자본의 증가 원인은 대부분 부정적이다. 실무상 운전자본의 변동은 매우 중요하므로, 운전자본이 크게 변동되었다면 반드시 그 원인을 파악해야 한다. 운전자본의 변동이 회사의 주요 지표와 일관성이 없다면 문제가 있을 가능성이 높다.

🔹 미수금 등의 변동

매출채권이나 매입채무가 아닌 미수금이나 미지급금 금액이 크고 그 변동이 크다면 주의해야 하는데 그 이유는 다음과 같다.

① 투자활동이나 재무활동으로 분류될 금액이 영업활동으로 분류될 가능성이 있다.
② 영업이 아닌 비경상적인 요인을 표시하는 경우가 있다. 특히 특수관계자와 관련되어 있다면 그 원인과 회수가능성을 검토해야 한다.

(2) 투자활동 현금흐름

🔹 실질 투자 현금흐름

투자활동 현금흐름에는 현재 설비규모를 유지하기 위해 필요한 지출도 포함하고 있다. 따라서 향후 사업에 대한 회사의 투자 전략은 실질 투자활동(= 투자활동 현금흐름 − 감가상각비 등)에서 드러나며, 이 지표가 성장성의 지표로 활용할 수 있다.

만일 실질 투자활동이 0원보다 작다면 재투자도 제대로 이루어지고 있지 않음을 의미한다. 지금은 장사가 잘될지 모르지만 성장성이 없기에 그 규모를 줄이고 있을 수도 있다.

🔵 투자활동 현금흐름은 전략을 보여준다!

투자활동은 현재 수익성을 개선시키기 위함이 아니다. 투자활동은 미래 수익을 위한 것이다. 따라서 사업보고서나 투자계획 등과 투자활동 현금흐름의 연관성을 살펴봐야 한다. 투자활동 현금흐름의 세부 항목을 회사가 추진 중인 구체적인 '사업'과 연관지어 봐야 한다.

투자활동 현금흐름은 회사가 지향하는 사업이나 전략에 부합되어야 한다. 가능하다면 현재 투자하고 있는 내역과 회사의 장기전략 간의 일관성을 살펴볼 필요가 있다. 그렇지 않다면 사기꾼의 언변과 같이 분식 가능성이 있다. 그리고 투자활동에 대한 분식은 시차를 두고 거액의 손실로 되돌아와 영업활동에 반영된다.

🔵 투자활동에서 금융상품은 제거하자.

투자활동 현금흐름에는 장·단기금융상품이 포함되어 있다. 장·단기금융상품은 투자활동으로 분류되어 있으나 일반적으로 현금의 또 다른 형태이다. 따라서 투자활동 현금흐름에 포함된 장·단기금융상품을 제외하고 투자 현금흐름을 파악하는 것이 바람직하다.

🔵 대여금

대여금은 투자활동 현금흐름으로 분류되지만, 사업목적이 분명한 대여금을 제외하면 대부분 비경상적인 이유에서 대여금이 발생한다. 따라서 사업목적이 불분명한 거액의 대여금이 있거나, 대여금에 대한 대손상각이 빈번하게 발생된다면 유의할 필요가 있다.

3. 현금흐름 사례 분석 : 실질 현금흐름과 이익의 차이는?

수주산업을 영위하는 H사의 재무 현황은 다음과 같다.

(단위 : 십억원)

	2014년	2013년	2012년	2011년	2010년
자산	20,290	18,489	16,122	16,660	15,823
부채	15,526	13,710	11,568	12,158	11,796
자본	4,764	4,779	4,554	4,502	4,027
매출	**16,786**	**15,305**	**14,058**	**13,903**	**12,989**
영업이익	471	441	486	1,089	1,199
당기순이익	32	241	175	648	776
매출채권	8,019	6,475	3,895	4,983	4,900
재고자산	2,019	1,182	1,198	752	729
매입채무	2,352	2,151	1,788	1,706	2,322
순운전자본	**7,686**	**5,506**	**3,305**	**4,029**	**3,307**
감가상각비 등	256	260	259	236	251

업황이 좋지 않아 H사의 2010년 이후 이익률은 감소하고 있으나, 경쟁사에 비하면 양호한 편이다. 그리고 위의 표에서 보듯이 매출액이 증가함에 따라 매출채권과 재고자산이 증가하고 있다.

H사의 2010년의 매출 대비 순운전자본은 25.5%(= 3,307십억원 ÷ 12,989십억원)이나, 2014년은 45.8%(= 7,686십억원 ÷ 16,786십억원)로 급증하였다.

매출 추세보다 매출채권과 재고자산이 증가하면 분식 가능성을 생각해 봐야 한다. 따라서 H사의 순운전자본의 증가가 적절한지 또는 분식이나 부실자산으로 인한 영향이 없는지에 대한 깊이 있는 검토가 필요하다.

H사의 실질 현금흐름은 다음과 같다.

(단위 : 십억원)

	2014년	2013년	2012년	2011년	2010년	합계
I. 실질 영업 CF	(816)	(1,457)	(1,255)	(234)	(460)	(4,222)
1. 당기순이익	32	241	175	648	776	1,872
2. 조정	780	335	637	571	924	3,247
3. 운전자본[*]	(1,299)	(1,820)	(1,695)	(1,531)	(1,544)	(7,889)
4. 기타	(329)	(213)	(372)	78	(616)	(1,452)
II. 실질 투자 CF	57	103	(154)	(375)	(200)	(569)
III. 재무활동 CF	520	1,462	1,135	537	356	4,010
IV. 현금의 증감	(239)	108	(274)	(72)	(304)	(781)

(*) 운전자본 변동의 주요 내역 : 채권 및 재고 증가, 매입채무 감소

5년간 누적 순이익은 1,872십억원으로 양호하지만, 5년간의 누적 실질 영업 현금흐름은 (-)4,222십억원이다. 당기순이익과 영업활동 현금흐름의 괴리가 매우 크다. 실질 영업 현금흐름과 당기순이익의 차이는 6,094십억원(= (-)4,222십억원 - 1,872십억원)인데, 6,094십억원의 의미는 무엇을 의미하는지 생각해 보자.

실질 투자 현금흐름은 2010년부터 감소하더니 2013년부터는 (+)로 전환하고 있는데, 이는 재투자가 제대로 이루어지지 않고 있음을 의미한다. 매출은 지속적으로 증가하고 있는데, 재투자 규모가 감소하는 상황은 매우 이례적이다. 사실은 재투자가 어려울 정도로 자금압박이 심할 가능성도 있다.

H사는 꾸준하게 매출이 증가하고 당기순이익을 시현하고 있지만, 현금흐름은 좋지 않다. 영업 현금흐름과 투자 현금흐름 모두 좋지 않다.

• H사 현금흐름 분석
 실질 영업 현금흐름이 부(負) : 현재 수익성이 좋지 않다.
 실질 투자 현금흐름이 미미 : 앞으로도 수익성이 좋지 않을 가능성이 크다.

H사는 부도위험에 처했고 결국 2015년에 분식회계를 고백했다.

> ### 5조7,000억원 분식회계(한겨레신문, 2018.11.18.)
>
> 외환위기 이래 12조원의 공적자금이 투입된 A사는 6조원대의 분식회계가 발생했다. 2012년부터 회사를 이끌었던 K 사장이 원가는 줄이고 매출을 부풀리거나, 자회사 손실을 회계에서 누락하는 등의 방식으로 5조7,000억원 규모의 분식회계를 저질렀고, 거짓 회계장부로 40조원대 대출을 받았다.
>
> 그의 전임이었던 N 사장 또한 2008~2009년 5,000억원대 분식회계를 한 것으로 조사됐다. 검찰 수사 결과, S은행 관리를 받던 '주인 없는 회사'의 전문경영인이었던 두 사장은 연임 욕심에 무리하게 회사 실적을 조작한 것으로 밝혀졌다.
>
> 분식회계가 드러난 뒤 20만원대를 넘나들던 A사의 주가는 1만원대까지 떨어져 수많은 투자자가 피해를 봤다. K 전 사장은 지난해 말 대법원에서 징역 9년이 확정됐고 N 전 사장은 1심에서 징역 6년을 선고받고 현재 항소심이 진행 중이다.

4. 현금흐름 분석 사례 : PEF의 가치창출

〈제4장〉에서 살펴본 A사의 현금흐름을 분석해 보자.

A사의 재무 현황은 다음과 같다.

(단위 : 백만원)

	2018년	2017년	2016년	2015년	2014년
자산	3,429,268	3,501,202	3,216,247	2,934,453	3,003,333
부채	1,449,670	1,480,136	1,402,223	1,586,192	1,719,970
자본	1,979,598	2,021,065	1,814,024	1,348,260	1,283,363
매출	1,509,985	1,517,140	1,430,289	1,986,386	2,020,705
영업이익	246,949	250,948	257,837	214,250	162,312
당기순이익	146,995	301,223	175,111	77,053	103,047
매출채권	305,606	331,607	365,305	339,980	310,793
재고자산	117,100	108,824	86,776	112,242	130,657
매입채무	113,600	142,464	148,563	160,493	187,998
순운전자본	309,105	297,967	303,519	291,729	253,452
상각비 등	119,523	102,193	99,639	95,292	89,315

앞서 설명하였듯이 A사는 사업 특성상 거액의 시설장치가 필요하다. 그리고 A사는 2014년 이후 단가가 개선되어 매출은 큰 변동이 없었지만 이익률이 개선되었다.

2016년 초 A사가 사모펀드에 인수된 이후 주요 경영진은 사모펀드 관계자로 변경되었다. 그리고 주요 사업부과 무관한 자회사나 사업부문은 매각하였다. 이로 인해 2016년 이후 A사의 매출총액은 감소하고, 거액의 처분이익이 발생하였다.

한편, A사는 2017년에 사모펀드로부터 T사를 261,925백만원에 취득했다.

A사의 실질 현금흐름은 다음과 같다.[40]

(단위 : 백만원)

	2018년	2017년	2016년	2015년	2014년	합계
영업활동 현금흐름	**146,534**	**173,110**	**71,348**	**138,454**	**128,488**	**657,934**
− 당기순이익	**146,995**	**301,223**	**175,111**	**77,053**	**103,047**	**803,429**
− 법인세수익	35,504	(75,567)	41,070	7,443	(13,826)	(5,376)
− 자산처분손익	(4,800)	(1,222)	8,191	4,375	1,489	8,034
− 채권	5,459	6,938	(12,442)	(3,191)	43,109	39,874
− 재고자산	(36,044)	(15,813)	4,554	18,940	(7,117)	(35,479)
− 채무	(35,646)	(48,114)	(48,578)	61,761	(31,225)	(101,801)
− 파생상품	39,220	(10,911)	(33,008)	—	—	(4,700)
− 기타	(4,155)	16,576	(63,551)	(27,927)	33,010	(46,047)
투자활동 현금흐름	**(3,572)**	**(100,587)**	**29,734**	**61,842**	**18,328**	**5,745**
− 자산 취득	(3,572)	170,550	29,840	61,842	18,328	276,989
− T사 인수 등	—	(270,379)	—	—	—	(270,379)
− 기타	—	(759)	(107)	—	—	(866)
재무활동 현금흐름	(206,936)	27,768	76,846	(224,480)	(153,815)	(480,618)
− 차입금	(26,040)	15,953	(213,820)	(223,777)	(153,084)	(600,769)
− 배당금	**(180,896)**	**(93,658)**	(634)	(703)	(704)	(276,595)
− 유상증자 등	—	105,473	291,300	—	(27)	396,745
현금의 증감	(63,974)	100,291	177,927	(24,183)	(7,000)	183,060

---

40) 현금흐름 조정 내역은 다음과 같다.
　① 실질 현금흐름으로 분류 : 상각비는 영업활동과 투자활동에서 제외함(재투자 전제).
　② 이자비용은 영업활동으로 분류
　③ 투자활동 현금흐름 분류 : 금융상품이나 대여금의 변동은 투자자산이 아니라 현금성자산으로 간주

A사의 5년간 현금흐름을 요약하면 다음과 같다.

	금액(단위:백만원)	비고
당기순이익	**803,429**	**5년간의 당기순이익 합계**
투자활동(처분)	**538,914**	**비영업용자산의 처분, 자회사와 사업부문 처분**
투자활동(취득)	**(261,925)**	**사모펀드로부터 T사 취득**
합병 등 자본거래	126,367	지배구조 변동 과정 중에 발생한 자기주식 처분 등
차입금 상환	(600,769)	5년간의 차입금 상환
배당	**(276,595)**	**최근 2년간 배당 증가**
운전자본	(97,407)	
기타	(48,953)	
합 계	183,060	

A사의 실질 현금흐름을 살펴보면 몇 가지 특징이 눈에 띈다.

① 2016년까지는 배당금 규모가 미미하지만, 2017년 이후에는 배당금이 확대된다. 2018년의 경우 지급된 배당금이 2018년 순이익 규모를 초과하고 있다.

② 5년간 차입금을 600,769백만원 상환하여 재무체질이 강화되었다.

③ 일부 사업과 자회사를 처분하여 유입된 현금이 276,989백만원이다. 만일 2017년에 T사를 취득하지 않았다면 투자활동에서 회수한 현금은 538,914백만원(= 276,989백만원 + 261,925백만원)이다.

5년 동안 창출된 당기순이익이 803,429백만원이나, A사는 최근 5년간 신사업이나 증설투자는 거의 하지 않았다. 대신에 비영업용자산이나 주요 사업을 제외한 부문은 적극적으로 처분하여 276,989백만원을 회수하였다. 이렇게 창출된 현금 1,080,418백만원(= 803,429백만원 + 276,989백만원)은 차입금 상환과 배당에 사용되었다.

투자활동 현금흐름은 향후 회사의 성장을 보여준다. 현재 투자를 해야 즉, 실질 투자 현금흐름이 (-)이어야, 미래에 수익이 발생한다. 그런데 A사의 실질 투자 현금흐름은 T사를 제외한다면 538,914백만원만큼 (+)이다. A사는 기존 사업을 증설하거나 신사업을 추진하기보다는 기존 사업 중 일부를 처분하여 현금을 창출한 것이다. 따라서 지금은 수익성이 좋더라도, 미래까지 수익성이 좋을 것이라고는 기대하기 어렵다.

사모펀드 관점에서 생각해 보자. 사모펀드는 2016년에 A사를 인수하기 위해 거액의 투자자금을 지출하였으나, 2017년부터 A사로부터 상당한 배당금을 수령하고 있다. 그리고 2018년에는 보유하고 있던 T사를 A에 처분하여 261,925백만원까지 회수했다.

투자활동이 부진하면 회사의 지속적인 성장은 어렵다. 그런데 A사는 2016년부터 투자활동을 대폭 감소시켰고, 그 부작용은 어떤 시점 이후에는 나타날 가능성이 크다. 따라서 현재 좋은 수익성을 근거로 하여 사모펀드는 A사 지분을 단기간 내에 매각하고자 할 것임을 짐작할 수 있다.

A사 현금흐름 분석

영업 현금흐름은 현재 수익성을 보여주며, 투자 현금흐름은 향후 수익성과 미래에 대한 회사의 전략을 보여준다. 현재 A사는 단기적인 수익성에만 초점을 맞추고 있다.

창출된 현금흐름은 차입금 상환과 배당에 사용되며, 미래 투자에 활용되지 않는다. 이는 빠른 시간에 A사를 처분하고 차익을 추구하고자 하는 대주주(사모펀드)의 의지를 반영하고 있다고 분석된다.

비상장기업의 승계

비상장기업의 경우 주식시장에서 거래되는 시가가 존재하지 않는다. 따라서 비상장 주식에 대한 상속이나 증여가 실시되면 일반적으로 상속세 및 증여세법(이하 '상증세법')에 따라 과세금액이 결정된다. 따라서 비상장기업에 대한 경영권승계 Plan을 마련하는 경우에는 상증세법상 평가방법에 주목할 필요가 있는데, 본 장에서는 비상장기업에 대한 평가 사례 및 승계 Plan을 살펴보기로 한다.

- 상증세법상 주식 평가방법에 대한 이해
- 상증세법상 주식 평가방법을 활용한 승계 Plan
- 합병 등을 활용한 승계 Plan

제1절　상속세 및 증여세법상 평가(2017년 이전)

〈제12장〉에서 살펴본 상증세법상 세액 산출 과정을 요약하면 다음과 같다.

> **상증세법상 산출세액**
>
> - 산출세액 = (주식가치 − 공제금액) × (1 + 할증률) × 세율
> - 주식의 가치
>   - 상장기업 = 상속 또는 증여 전후 2개월 평균 주식가치
>   - 비상장기업 = 수익가치 × 60% + 자산가치 × 40%
> - 할증률
>   - 상속 또는 증여 당시 특수관계자 지분이 50% 이상인 경우 : 30%
>   - 상속 또는 증여 당시 특수관계자 지분이 50% 미만인 경우 : 20%

본 절에서는 상증세법상 평가 방식을 활용한 경영권승계 Plan 사례를 먼저 설명하고, 동 방식에 대한 한계점과 시사점을 살펴본다.

1. A사의 현황

상증세법상 평가 방식에 대한 이해를 돕기 위하여 본 절에서는 가상의 A사를 상정하여 설명하고자 한다. A사는 1990년대 중반에 설립되어 철강 업종을 영위하고 있는데, A사의 사업부는 판재류, 강관류 및 기타 사업부문으로 구성되어 있다.

A사의 부문별 매출과 이익 추세는 다음과 같다.

(단위 : 억원)

구 분		2011년	2012년	2013년	2014년
판재류	매출	2,200	2,200	2,200	2,200
	이익	250	250	250	250
강관류	매출	2,800	2,800	2,800	2,800
	이익	250	250	250	250
기타	매출	1,000	1,000	1,000	1,000
	이익	100	100	100	100

구 분		2011년	2012년	2013년	2014년
합계	매출	6,000	6,000	6,000	6,000
	이익	600	600	600	600

편의상 A사의 주주는 현재 대표이사인 왕회장이 100%를 보유하고 있으며, 경영권을 승계할 후계자는 1명이라고 가정하자.

A사는 2개의 자회사를 보유하고 있으며 그 지분율은 100%이다.

| **A그룹의 지배구조** |

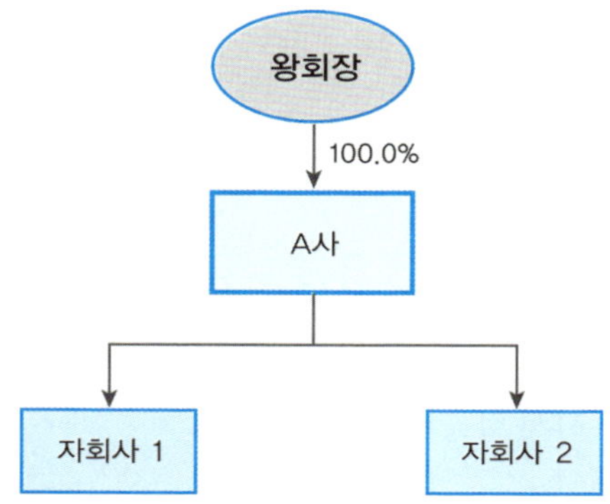

2. 상증세법상 주식평가

2014년 말 현재 A사의 세무상 재무상태표는 다음과 같다.

(단위 : 억원)

재무상태표(세무상)

주식(자회사 1)	300	부채	1,900
주식(자회사 2)	500		
기타자산	2,700	자본	1,600

2015년 이후에도 이익의 추세가 이어지고 배당을 실시하지 않는다면 세무상 자본은 2,400억원(= 600억원 × 4년)이 증가한다. 2018년 말 현재 세무상 재무상태표는 다음과 같이 가정하자.

(단위 : 억원)

재무상태표(세무상)

주식(자회사 1)	300	부채	1,900
주식(자회사 2)	500		
기타자산$^{(*)}$	5,100	자본	4,000

(*) 기타자산 = 2,700억원 + 2015년~2018년 이익(2,400억원 = 600억원 × 4년)

이 경우 2018년 말 현재 A사의 주식가치 및 산출세액(50% 가정)은 다음과 같이 계산된다.

- 가중평균 수익 = (3년 전 이익 × 1 + 2년 전 이익 × 2 + 1년 전 이익 × 3) ÷ 6
  = (600억원 × 1 + 600억원 × 2 + 600억원 × 3) ÷ 6
  = 600억원
- 수익가치 = 600억원 ÷ 10%
  = 6,000억원
- 자산가치 = 4,000억원(세무상 자본)
- 주식가치 = 수익가치 × 60% + 자산가치 × 40%
  = 6,000억원 × 60% + 4,000억원 × 40%
  = 5,200억원
- 과세표준 = 주식가치 × (1 + 할증률)
  = 5,200억원 × (1 + 30%)
  = 6,760억원
- 산출세액 = 6,760억원 × 50%
  = 3,380억원

3. 분할을 통한 상속증여세 절감 방안

상증세법상 주식가치는 수익가치와 자산가치를 가중평균하여 산정되며, 그 가중치는 각각 60%와 40%이다. 즉, 자산가치보다는 수익가치가 주식가치에 미치는 영향이 크다. 이러한 점을 활용하여 2017년 이전에 물적분할을 활용하여 비상장기업에 대한 절세안이 마련되는 사례가 빈번하였다.

비상장기업에 대한 절세(안)

- 주식가치는 수익가치와 자산가치를 각각 6대 4로 가중평균하여 계산한다.
- 따라서 수익가치가 작고 자산가치가 크다면 주식가치는 감소하게 된다.

(1) 물적분할 후 재무 상황

앞서 살펴본 A사가 다음과 같이 사업부문을 물적분할하여 별도의 자회사로 독립시킨다고 가정해 보자.

구 분	사업 내용
A(존속회사)	투자 및 기타 사업부문
B(신설회사)	판재류 및 강관류 사업부문

물적분할 전후의 지배구조는 다음과 같다.

| 물적분할 전후 지배구조 |

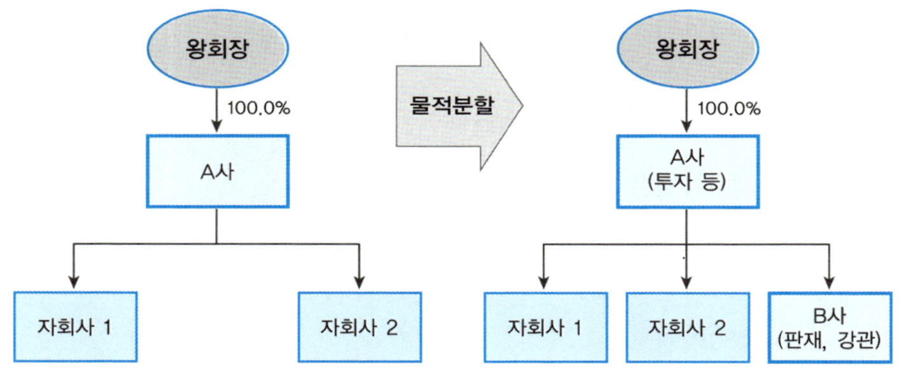

분할 후 A사는 투자 및 기타사업을 영위하고, 신설된 사업자회사(B사)는 판재 및 강관 사업을 영위하게 된다. 그리고 왕회장이 승계할 주식은 투자 및 기타사업을 영위하는 A사 주식에 국한된다.

과거의 매출 및 이익추세가 지속된다고 가정할 때, A사(투자 및 기타사업)와 B사(판재 및 강관)의 실적은 다음과 같다.

(단위 : 억원)

구 분	A사(투자 및 기타)		B사(판재 및 강관)	
	매출	이익	매출	이익
2015년	1,000	100	5,000	500
2016년	1,000	100	5,000	500
2017년	1,000	100	5,000	500
2018년	1,000	100	5,000	500

2015년 초 물적분할을 통하여 A사와 B사가 승계하는 자산과 부채는 다음과 같다고 가정해 보자.

(단위 : 억원)

	분할 전	A사	B사
주식(자회사 1)	300	300	―
주식(자회사 2)	500	500	―
주식(B사)	―	800	―
기타자산	2,700	700	2,000
자산총계	3,500	2,300	2,000
부채총계	1,900	700	1,200
순자산(= 자산 ― 부채)	1,600	1,600	800

상기 표에서 특징적인 내용은 물적분할을 통하여 A사는 B사 주식을 100% 보유하게 된다는 점이다. 따라서 A사는 B사의 최대주주가 된다.

(2) 사업자회사의 가치평가

B사가 2015년 이후에 배당을 하지 않았다고 가정할 경우 B사의 2018년 현재 재무상태표는 다음과 같다.

(단위 : 억원)

재무상태표(세무상)

기타자산(*)	4,000	부채	1,200
		자본	2,800

(*) 기타자산 = 2,000억원(2015년 초) + 500억원(연간 이익) × 4 = 4,000억원

이 경우 B사의 세무상 주식가치는 다음과 같다.

- 가중평균 수익 = (3년 전 이익 × 1 + 2년 전 이익 × 2 + 1년 전 이익 × 3) ÷ 6
  = (500억원 × 1 + 500억원 × 2 + 500억원 × 3) ÷ 6
  = 500억원
- 수익가치 = 500억원 ÷ 10%
  = 5,000억원
- 자산가치 = 2,800억원(세무상 자본)
- 주식가치 = 수익가치 × 60% + 자산가치 × 40%
  = 5,000억원 × 60% + 2,800억원 × 40%
  = 4,120억원

(3) 투자부문의 가치평가

A사도 B사와 같이 배당을 하지 않았다고 가정할 경우 A사의 2018년 현재 재무상태표는 다음과 같다.

(단위 : 억원)

재무상태표(세무상)

투자주식(자회사 1)(*1)	300	부채	700
투자주식(자회사 2)(*1)	500		
투자주식(B사 주식)(*2)	5,356	자본	6,556
기타자산(*3)	1,100		

(*1) 자회사 1과 자회사 2의 가치는 2015년과 동일하다고 가정
(*2) A사는 B사 주식을 100% 보유하고 있으므로 30%의 할증률이 적용됨.
    B사 주식가치 = 4,120억원 × (1 + 30%) = 5,356억원
(*3) 기타자산 = 700억원(2015년 초) + 100억원(연간 이익) × 4 = 1,100억원

앞서 살펴본 바와 같이 2018년 말 현재 B사의 상중법상 가치는 4,120억원이다. 따라서 B사의 주식을 모두 소유하고 있는 A사를 평가 시 B사 주식은 30%만큼 할증률이 가산되어 5,356억원으로 평가된다.

따라서 A사의 주식가치는 다음과 같다.

- 가중평균 수익 = (3년 전 이익 × 1 + 2년 전 이익 × 2 + 1년 전 이익 × 3) ÷ 6

  = (100억원 × 1 + 100억원 × 2 + 100억원 × 3) ÷ 6

  = 100억원

- 수익가치 = 100억원 ÷ 10%

  = 1,000억원

- 자산가치 = 6,556억원(세무상 자본)

- 주식가치 = 수익가치 × 60% + 자산가치 × 40%

  = 1,000억원 × 60% + 6,556억원 × 40%

  = 3,222억원

- 과세표준 = 주식가치 × (1 + 할증률)

  = 3,222억원 × (1 + 30%)

  = 4,189억원

- 산출세액 = 4,189억원 × 50%

  = 2,095억원

지금까지 분할에 따른 산출세액의 변화 과정을 살펴보았다. 분할이 이루어지지 않았을 경우와 분할이 이루어진 이후의 산출세액을 비교하면 다음과 같다.

(단위 : 억원)

구 분	분할 전	분할 후	비고
수익가치	6,000	1,000	수익가치 하락
자산가치	4,000	6,556	자산가치 상승
주식가치	5,200	3,222	주식가치 하락
산출세액	3,380	2,095	38% 감소

상기 표를 보면 분할 전에는 수익가치가 높았으나, 분할 후에는 자산가치가 높아진다. 따라서, 수익가치에 가중치가 높은 상증법상 평가방법에 따라 분할 후 납부할 세액은 종전에 비하여 1,285억원이 절감된 3,380억원으로 산출된다.

지금까지 살펴본 내용은 상증법상 평가방식을 활용한 대표적인 세액 절감 사례로 손꼽힌다. 이 방식은 실제 영업이익을 창출하는 사업부문을 분리하는 것이 핵심이다. 사업부문을 분리하여 자회사(B사)로 독립하면, 승계 대상 기업(A사)의 자산가치는 상승하나 수익가치가 하락하여 전체 가치는 하락한다는 것이다.

> **상증세법에 따른 절세(안)**
>
> - 상증세법상 평가 방식의 특징
>   - 자산가치보다 수익가치에 대한 가중치가 높다.
> - 지배구조 변경을 통하여 수익가치 낮추는 방안
>   - 물적분할을 통하여 영업이익을 창출하는 사업부문을 자회사로 분할
>   - 경영권승계 대상 주식의 자산가치는 상승하나 수익가치는 하락함.

4. 2017년의 비상장주식 평가방법 개정

2017년에 상증세법상 비상장주식 평가방법의 일부가 개정되었는데 그 내용을 요약하면 다음과 같다.

> **상증세법 시행령 제54조 개정(2017.2.7.)**
>
> - 가중평균한 가액이 1주당 순자산가치에 100분의 80을 곱한 금액보다 낮은 경우
>   - 주식가치 = 순자산가치 × 80%
> - 순자산가치로 평가하는 경우(추가)
>   - 법인의 자산총액 중 주식 등의 가액의 합계액이 차지하는 비율이 100분의 80 이상인 법인의 주식 등

상기 규정은 상증법상 주식 평가방법을 조정하여 과세금액이 하락하게 됨을 방지하고자 개정된 것으로 보인다. 개정된 방식에 따라 지금까지 살펴보았던 사례를 재계산하면 다음과 같다.

- 가중평균 수익 = (3년 전 이익 × 1 + 2년 전 이익 × 2 + 1년 전 이익 × 3) ÷ 6
  = (100억원 × 1 + 100억원 × 2 + 100억원 × 3) ÷ 6
  = 100억원
- 수익가치 = 100억원 ÷ 10%
  = 1,000억원
- 자산가치 = 6,556억원(세무상 자본)
- 주식가치 : 유가증권 비율이 총자산의 80% 이상이므로 자산가치로 평가됨.
- 과세표준 = 주식가치 × (1 + 할증률)
  = 6,556억원 × (1 + 30%)
  = 8,523억원
- 산출세액 = 8,523억원 × 50%
  = 4,261억원

지금까지 살펴본 내용을 요약하면 다음과 같다.

(단위 : 억원)

구 분	분할 전	분할 후 (세법 개정 전)	분할 후 (세법 개정 후)
수익가치	6,000	1,000	1,000
자산가치	4,000	6,556	6,556
주식가치	5,200	3,222	6,556
산출세액	3,380	2,095	4,261

따라서 개정 세법을 적용하면 물적분할을 통하여 인위적으로 수익가치를 하락시켰던 효과가 모두 상쇄되고 오히려 납부세액이 더 크게 산출됨을 알 수 있다.

5. 자본환원율에 대한 고찰

현재 수익가치는 직전 3년간의 가중평균수익을 10%로 할인한 값으로 계산된다. 이 때 10%의 이자율은 자본환원율 성격으로서 금융기관이 보증한 3년 만기 회사채의 유통수익률을 감안하여 국세청장이 고시한 것이다. 그런데 동 자본환원율은 15%에서 10%로 조정된 후 현재까지 변동되지 않고 있다. 따라서 3년 만기 회사채의 유통수익률은 2%대이므로 언제든지 자본환원율에 대한 고시는 개정될 수 있는 여지가 있다고 볼 수 있다. 만일 2%로 할인율이 하락한다면 수익가치가 대폭 증가하여, 주식가치는 종전에 비하여 상승하게 된다.

분할이 이루어지지 않았음을 전제하고 자본환원율이 2%로 개정될 경우 산출세액을 비교하면 다음과 같다.

(단위 : 억원)

구 분	자본환원율 10% 적용	자본환원율 2% 적용
수익가치	6,000(= 600 ÷ 10%)	30,000(= 600 ÷ 2%)
자산가치	4,000	4,000
주식가치	5,200	19,600
산출세액	3,380	12,740

물론 세무당국이 자본환원율을 당장 10%에서 2%로 조정할 가능성은 크지 않다고 볼 수 있다. 그리고 자본환원율을 조정한다면 단지 자본환원율뿐만 아니라 전반적인 비상장주식 평가방법까지 변경할 가능성이 크다.

사례에서 보듯이 상증법상 평가방법에 따라 장기적인 승계 전략을 수립하면 세법의 변경에 따른 Risk가 매우 크다. 따라서 세법의 개정을 염두에 둔 Plan B(차선의 다른 대안)를 마련하는 것이 바람직할 것이다.

6. 경영권승계 Plan 수립 시 유의사항

지금까지 비상장주식에 대한 평가방법에 따른 절세 방안을 살펴보았다. 그리고 경영권승계 Plan을 수립하더라도 세법이 개정된다면 애초에 의도하였던 효과가 발생하지 않을 위험이 있음도 살펴보았다.

경영권승계 Plan을 수립할 때에는 전략적인 관점과 전술적인 관점을 동시에 고려하여야 한다. 상증법상 평가 방식을 우회적으로 활용하여 수립한 Plan은 장기적인 전략 관점이 아니라 단기적인 전술 관점에 해당한다. 전술에 의존한 Plan은 언제든지 환경 변화에 따라 계획 자체가 무의미해질 수 있음을 염두에 두어야 할 것이다.

경영권승계 Plan 시 전략과 전술

- 전략적인 관점
  - 경영권승계가 달성하여야 할 방향과 목표로서 장기적인 관점에서 수립
  - 예시 : 지분율 안정화, 절세 효과 등
- 전술적인 관점
  - 전략을 달성하기 위한 구체적인 실천 수단으로 단기적인 관점에서 수립
  - 예시 : 상증세법상 평가방법 활용 등
- 전략과 전술의 고려
  - 경영권승계 시 달성하여야 할 목표를 명확하게 설정
  - 목표를 달성하기 위한 단기적인 수단으로서 전술을 마련
  - 하나의 전술에 전략 자체를 의존하지 말자. 즉, 전략을 달성할 수 있는 다양한 전술을 사전에 마련하는 것이 바람직하다.

제2절 가업상속공제를 활용한 경영권승계

〈제1절〉에서는 상증세법상 주식 평가 방식을 활용한 승계 사례를 살펴보았다. 그리고 2017년 2월에 이루어진 개정 상증법에 따르면, 수익가치를 낮추고 자산가치를 높이는 방식으로는 절세 효과가 미미함을 설명하였다.

본 절에서는 개정된 상증법과 가업상속공제 등을 활용한 비상장기업의 승계 Plan을 살펴본다.

1. A사의 현황

상증세법상 평가 방식에 대한 이해를 돕기 위하여 본 절에서는 가상의 A사를 상정하여 설명하고자 한다.

A사는 1980년대 중반에 설립되어 철강 업종을 영위하고 있는데, A사의 사업부는 판재류, 강관류 및 기타 사업부문으로 구성되어 있다.

(단위 : 억원)

구 분		2011년	2012년	2013년	2014년
판재류	매출	1,500	1,500	1,500	1,500
	이익	250	250	250	250
강관류	매출	1,000	1,000	1,000	1,000
	이익	250	250	250	250
기타	매출	300	300	300	300
	이익	100	100	100	100
합계	매출	2,800	2,800	2,800	2,800
	이익	600	600	600	600

편의상 A사의 주주는 현재 대표이사인 왕회장이 100%를 보유하고 있으며, 경영권을 승계할 후계자는 1명이라고 가정하자.

A사는 2개의 자회사를 보유하고 있으며 그 지분율은 100%이다.

| A그룹의 지배구조 |

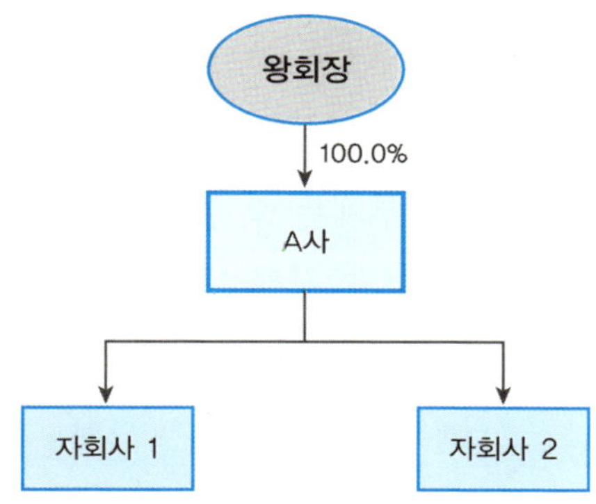

2014년 말 현재 A사의 세무상 재무상태표는 다음과 같다.

(단위 : 억원)

재무상태표(세무상)			
주식(자회사 1)	300	부채	1,900
주식(자회사 2)	500		
기타자산	2,700	자본	1,600

2. 사업부문의 분할

현재 A사의 매출액은 2,800억원이나 향후 3,000억원을 초과할 것으로 예상되고 있다. 그런데 매출액이 3,000억원(4,000억원으로 개정 예정)을 초과할 경우에는 가업상속공제 대상에 해당하지 않는다. 이러한 경우에는 기업분할을 통하여 승계 대상 회사의 매출액을 규정된 금액 미만으로 조정하는 것이 바람직하다. 다만, 분할 이후 존속법인이 영위할 사업부문은 가업상속공제 대상인지 여부와 가업상속공제 대상 기간이 어떻게 산정되는지 유의하여야 한다.

(1) 사업부문의 분할

2015년 초 분할을 통하여 A사가 다음과 같이 분할되었다고 가정하자.

	사업부문
A사(존속법인)	판재, 기타 사업부문 및 투자부문
B사(신설법인)	강관 사업부문

B사 주식을 제외한 나머지 자산과 부채는 회계상 장부금액과 세무상 금액이 일치하며, 분할은 다음과 같이 이루어진다고 가정해 보자.

(단위 : 억원)

	분할 전	A사	B사
주식(자회사 1)	300	300	―
주식(자회사 2)	500	500	―
주식(B사)	―	600	―
기타자산	2,700	1,400	1,300
자산총계	3,500	2,800	1,300
부채합계	1,900	1,200	700
순자산(= 자산 − 부채)	1,600	1,600	600

물적분할을 통하여 A사는 B사 주식을 100% 보유하게 되므로, 분할 후 A사는 B사의 최대주주가 된다.

2015년 이후 A사와 B사의 실적은 다음과 같이 예상된다.

(단위 : 억원)

구 분	A사(판재 등)		B사(강관)	
	매출	이익	매출	이익
2015년	1,800	350	1,000	250
2016년	1,900	350	1,100	250
2017년	2,000	350	1,200	250
2018년	2,100	350	1,300	250

(2) B사의 가치평가

　2015년 이후 배당을 하지 않을 경우 2018년 말 현재 B사의 재무상태표는 다음과 같다.

(단위 : 억원)

재무상태표(세무상)

기타자산[*]	2,300	부채	700
		자본	1,600

(*) 기타자산 = 1,300억원(2015년 초) + 250억원(연간 이익) × 4 = 2,300억원

　B사의 상증세법상 주식가치는 다음과 같다.

- 가중평균 수익 = (3년 전 이익 × 1 + 2년 전 이익 × 2 + 1년 전 이익 × 3) ÷ 6
  = (250억원 × 1 + 250억원 × 2 + 250억원 × 3) ÷ 6
  = 250억원
- 수익가치 = 250억원 ÷ 10%
  = 2,500억원
- 자산가치 = 1,600억원(세무상 자본)
- 주식가치 = 수익가치 × 60% + 자산가치 × 40%
  = 2,500억원 × 60% + 1,600억원 × 40%
  = 2,140억원

(3) A사의 가치평가

　A사도 B사와 같이 배당을 하지 않았다면 2018년 말 A사의 재무상태표는 다음과 같다.

(단위 : 억원)

재무상태표(세무상)

투자주식(자회사 1)[*1]	300	부채	1,200
투자주식(자회사 2)[*1]	500		
투자주식(B사 주식)[*2]	2,782	자본	5,182
기타자산[*3]	2,800		

(*1) 자회사 1과 자회사 2의 가치는 2015년 초와 동일하다고 가정함.
(*2) A사는 B사 주식을 100% 보유하고 있으므로 30%의 할증률이 적용됨.
   B사 주식가치 = 2,140억원 × (1 + 30%) = 2,782억원
(*3) 기타자산 = 1,400억원(2015년 초) + 350억원(연간 이익) × 4 = 2,800억원

A사의 주식가치는 다음과 같다.

- 가중평균 수익 = (3년 전 이익 × 1 + 2년 전 이익 × 2 + 1년 전 이익 × 3) ÷ 6

  = (350억원 × 1 + 350억원 × 2 + 350억원 × 3) ÷ 6

  = 350억원

- 수익가치 = 350억원 ÷ 10%

  = 3,500억원

- 자산가치 = 5,182억원(세무상 자본)

- 주식가치 = 수익가치 × 60% + 자산가치 × 40%

  = 3,500억원 × 60% + 5,182억원 × 40%

  = 4,173억원

- 과세표준 = 주식가치 × (1 + 할증률)

  = 4,173억원 × (1 + 30%)

  = 5,425억원

- 산출세액 = 5,425억원 × 50%

  = 2,712억원

현재 A사의 대표이사인 왕회장이 35년 동안 대표이사로 재직하였고, A사의 주요 영업활동이 가업상속공제 대상에 해당한다고 가정해보자. 그러할 경우 子弟가 A사 주식을 승계할 경우에는 500억원의 가업상속공제의 혜택을 받을 수 있다. 따라서 산출세액은 다음과 같이 계산된다.

• 산출세액 = (5,425억원 − 500억원) × 50% = 2,462억원

본 사례에서 분할 전 A사는 판재류와 강관류 사업부문으로 구성되어 있으며, 판재류 매출액은 1,500억원이고 강관류 매출액은 1,000억원이다. 하나 이상의 사업부문으로 구성되어 있을 경우 가업상속 업종은 매출액이 큰 사업부문으로 정의된다.

따라서, 분할 후 존속법인이 판재류 사업부문을 영위하면 종전부터 가업상속기간이 이어지는 것으로 본다. 그러나 존속법인이 강관류 사업부문을 승계하면 주요 업종이 변경된 것으로 보아 가업상속기간이 분할시점부터 새롭게 개시된다. 따라서 분할을 실시할 경우에는 가업상속공제에 미치는 영향을 주의 깊게 살펴야 한다.[41]

(4) 사업분할 시나리오

2015년 초 분할 시 기타 사업부문이 A사가 아닌 B사로 이전되었다고 가정해 보자.

	사업부문
A사(존속법인)	판재 사업부문
B사(신설법인)	강관 및 기타 사업부문

그리고 분할 시 재무상태는 다음과 같다고 가정하자.

(단위 : 억원)

	분할 전	A사	B사
주식(자회사 1)	300	300	−
주식(자회사 2)	500	500	−
주식(B사)	−	700	−
기타자산	2,700	1,300	1,400
자산총계	3,500	2,800	1,400
부채합계	1,900	1,200	700
순자산(= 자산 − 부채)	1,600	1,600	700

B사가 2015년 이후 배당을 하지 않을 경우 2018년 말 현재 B사의 재무상태표는 다음과 같다.

---

41) 가업상속공제에 대한 자세한 내용은 〈제13장〉을 참조하기 바란다.

(단위 : 억원)

재무상태표(세무상)

기타자산[*]	2,800	부채	700
		자본	2,100

(*) 기타자산 = 1,400억원(2015년 초) + 350억원(연간 이익) × 4 = 2,800억원

이 경우 B사의 상증세법상 주식가치는 다음과 같다.

- 가중평균 수익 = (3년 전 이익 × 1 + 2년 전 이익 × 2 + 1년 전 이익 × 3) ÷ 6

  = (350억원 × 1 + 350억원 × 2 + 350억원 × 3) ÷ 6

  = 350억원
- 수익가치 = 350억원 ÷ 10%

  = 3,500억원
- 자산가치 = 2,100억원(세무상 자본)
- 주식가치 = 수익가치 × 60% + 자산가치 × 40%

  = 3,500억원 × 60% + 2,100억원 × 40%

  = 2,940억원

그리고 A사의 2018년 말 세무상 재무상태표는 다음과 같다.

(단위 : 억원)

재무상태표(세무상)

투자주식(자회사 1)[*1]	300	부채	1,200
투자주식(자회사 2)[*1]	500		
투자주식(B사 주식)[*2]	3,822	자본	5,722
기타자산[*3]	2,300		

(*1) 자회사 1과 자회사 2의 가치는 2015년 초와 동일하다고 가정함.
(*2) A사는 B사 주식을 100% 보유하고 있으므로 30%의 할증률이 적용됨.
　　 B사 주식가치 = 2,940억원 × (1 + 30%) = 3,822억원
(*3) 기타자산 = 1,300억원(2015년 초) + 250억원(연간 이익) × 4 = 2,300억원

이 경우 A사의 상증세법상 주식가치는 다음과 같다.

- 가중평균 수익 = (3년 전 이익 × 1 + 2년 전 이익 × 2 + 1년 전 이익 × 3) ÷ 6

    = (250억원 × 1 + 250억원 × 2 + 250억원 × 3) ÷ 6

    = 250억원
- 수익가치 = 250억원 ÷ 10%

    = 2,500억원
- 자산가치 = 5,722억원(세무상 자본)
- 주식가치 = 수익가치 × 60% + 자산가치 × 40%

    = 2,500억원 × 60% + 5,722억원 × 40%

    = 3,789억원

A사의 가치는 3,789억원으로 산출되나 동 금액은 순자산가치의 80%에 미달하므로 순자산가치의 80%에 해당하는 4,578억원으로 결정된다. 따라서 500억원의 가업상속공제를 고려하면 산출세액은 다음과 같이 계산된다.

- 산출세액 = [4,578억원 × (1 + 30%) − 500억원] × 50% = 2,725억원

3. 결과의 비교

지금까지 살펴본 내용을 비교하면 다음과 같다.

(단위 : 억원)

구 분	분할 전	강관 사업부문 분할	강관 및 기타 사업부문 분할
수익가치	6,000	3,500	2,500
자산가치	4,000	5,182	5,722
주식가치	5,200	4,173	4,578
가업상속공제	−	500	500
산출세액	3,380	2,462	2,725

지주회사는 가업상속공제 대상에 해당되지 않는다. 그러나 본 사례와 같이 모든 사업부문이 아닌 일부 사업부문만 분할하게 되면 가업상속공제로 인한 절세효과를 누릴 수 있다.

본 사례에서 한 가지 특이한 내용은 분할되는 사업부문의 순자산이나 영업이익의 정도에 따라 산출세액이 달라진다는 점이다. 이러한 효과가 발생하는 이유는 비상장주식의 평가방법은 수익가치와 자산가치를 가중평균하여 계산되지만, 산출된 주식가치가 자산가치의 80%에 미달할 경우 자산가치의 80% 해당액으로 주식가치가 결정되기 때문이다.

개정 상증세법에 따른 상속증여 Plan

- 주요 개정 내용
  - 수익가치와 자산가치를 가중평균하여 계산한 가치가 자산가치의 80%에 미달할 경우에는 자산가치의 80%를 주식가치로 산정함.
  - 주식이 전체 자산의 80% 이상인 경우 자산가치로 평가함.
- 대안
  - 가업상속공제 제도의 활용
  - 분할 등을 통한 수익가치의 배분

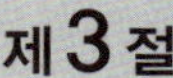

제3절 부동산 또는 주식 과다 보유 법인

1. 부동산 또는 주식 과다 보유 법인에 대한 평가

부동산이나 주식이 전체 자산에서 차지하는 비중이 큰 경우 산출세액은 다음과 같다.

> **주식가치의 평가**
>
> - 주식의 가치
>   - 비상장기업의 주식가치 = 수익가치 × 60% + 자산가치 × 40%
>   - 단, 주식가치가 자산가치의 80%에 미달하면 80% 해당액을 주식가치로 함.
> - 부동산이나 주식 과다 보유한 기업
>   - 주식이 전체 자산의 80% 이상인 경우 : 자산가치를 100% 적용
>   - 부동산이 전체 자산의 50% 이상 80% 미만인 경우 = 수익가치 × 40% + 자산가치 × 60%
>   - 부동산이 전체 자산의 80% 이상인 경우 = 자산가치를 100% 적용

상기 산식에서 보듯이 부동산이나 주식이 전체 자산에서 차지하는 비중이 큰 경우에는 자산가치를 보다 강조하여 산출세액 계산된다. 이러한 상증법상 특징으로 인하여 부동산이나 주식의 비중이 크면 일반적인 경우보다 산출세액이 크게 계산될 가능성이 있다. 관련 내용은 구체적인 사례를 통하여 살펴본다.

(1) 현 황

왕회장은 철강회사와 부동산임대회사를 30년 전에 각각 별도 법인으로 설립하여 현재까지 대표이사로 활동하고 있다. 철강회사는 강관제조업으로서 가업상속공제 대상 업종에 해당하며, 부동산임대업은 가업상속공제 대상에 해당하지 않는다. 각 회사에 대한 왕회장의 지분율은 100%이며 왕회장의 주식을 상속받을 후계자는 1명이다.

먼저 철강회사의 2017년 1월 현재 재무상태표는 다음과 같다.

(단위 : 억원)

재무상태표(세무상)

영업자산	800	영업부채	500
		세무상 자본	300

그리고 회사는 매년 40억원의 세무상 이익을 기록하고 있다.

한편 부동산임대회사의 2017년 1월 현재 재무상태표는 다음과 같다.

(단위 : 억원)

재무상태표(세무상)

부동산	500	차입금	200
		세무상 자본	300

그리고 회사는 매년 10억원의 세무상 이익을 기록하고 있다. 한편, 부동산임대회사가 보유하고 있는 건물의 40%는 철강회사의 사무실 등으로 활용되고 있다.

(2) 산출세액의 계산

왕회장이 현재 보유하고 있는 철강회사 주식과 부동산임대회사 주식을 후계자에게 상속할 경우 납부할 세액은 다음과 같이 계산된다. 단, 적용세율은 50%라고 가정하자.

철강회사 주식의 승계 시 산출세액은 다음과 같이 계산된다.

- 과세대상 = 자산가치 × 40% + 수익가치 × 60%

    = 300억원 × 40% + 40억원 ÷ 10% × 60% = 360억원
- 가업상속재산 = 360억원
- 산출세액 = [과세대상 × (1 + 할증률) − 가업상속공제] × 세율

    = [360억원 × (1 + 30%) − 360억원] × 50%

    = 54억원

철강회사가 중소기업이라면 지분 전체를 상속하더라도 가업상속공제를 적용받아 납부할 세액이 발생하지 않는다.

부동산이 전체 자산의 50% 이상일 경우 수익가치와 자산가치의 비율은 3 : 2가 아니라 2 : 3이 적용된다. 그리고 부동산임대업은 가업상속공제 대상 업종에 해당하지 않는다. 따라서 부동산임대회사 주식의 승계 시 산출세액은 다음과 같이 계산된다.

- 과세대상 = 자산가치 × 60% + 수익가치 × 40%

    = 300억원 × 60% + 10억원 ÷ 10% × 60% = 240억원
- 산출세액 = 과세대상 × (1 + 할증률) × 세율

    = 240억원 × (1 + 30%) × 50%

    = 156억원

따라서 현재 왕회장이 모든 주식을 아들에게 상속한다고 가정하면 210억원(= 54억원 + 156억원)의 세금을 납부하여야 한다.

2. 합병의 활용

부동산이나 주식이 전체 자산의 비중이 큰 회사의 경우 합병을 활용하면 보다 원활하게 경영권을 승계할 수 있는데 앞서 살펴본 사례를 활용하여 설명하고자 한다.

(1) 합병 후 산출세액

철강회사와 부동산임대회사가 합병을 실시하였을 경우 2017년 1월 현재 재무상태표는 다음과 같다고 가정하자.

(단위 : 억원)

재무상태표(세무상)

영업자산	800	영업부채	500
부동산	500	차입금	200
		세무상 자본	600

합병 후 회사는 매년 50억원의 세무상 이익을 기록하게 된다. 그리고 보유하고 있는 건물의 40%는 종전 철강부문에서 업무용으로 활용하며, 60%는 제3자에게 임대하게 된다.

합병 이후 부동산비율은 전체 자산의 50%에 미달하므로 산출세액은 다음과 같이 계산된다.

- 과세대상 = 자산가치 × 40% + 수익가치 × 60%

  = 600억원 × 40% + 50억원 ÷ 10% × 60% = 540억원

- 가업상속재산 = 가업에 해당하는 주식 × (전체 자산 − 사업무관 자산) ÷ 전체 자산

  = 540억원 × (1,300억원 − 500억원 × 60%) ÷ 1,300억원

  = 415억원

- 산출세액 = [과세대상 × (1 + 할증률) − 가업상속재산] × 세율

  = [540억원 × (1 + 30%) − 415억원] × 50%

  = 144억원

본 사례의 경우 부동산임대회사와 철강회사가 합병하면 가업상속재산 금액이 증가하고, 부동산 과다 보유 법인에 해당하여 적용되는 평가방법을 적용받지 않게 되어 66억원만큼 산출세액이 감소하게 된다.

	합병 전	합병 후
주식가치	600억원 (= 360억원 + 240억원)	540억원
가업상속공제 재산	360억원	415억원
산출세액	210억원	144억원

(2) 합병과 가업상속기간

법인과 법인이 합병 시에 합병일 현재 모든 기업이 가업 요건을 충족하지 못하면 가업 영위기간을 합병일로부터 기산한다. 그러나 다음의 경우에는 피합병기업의 영위기간부터 가업의 기간을 산정한다.

① 합병일 현재 가업 요건을 충족한 법인 간 합병

② 동일인이 설립한 이후 10년이 경과한 경우

따라서 부동산임대회사의 경우 가업에 해당하지 않지만, 동일인(왕회장)에 의하여 양사가 설립되었고 설립 후 10년이 경과하였으며, 철강부문의 매출액이 크기 때문에 가업의 요건을 충족하게 된다.

3. 개인 사업의 법인전환

개인이 부동산과 비상장주식을 보유하고 있는 상황에서 동 재산을 모두 상속하게 된다면 다음과 같이 과세된다.
① 부동산
   – 시가, 시가가 없을 경우에는 공시지가 및 과세시가 표준액
   – 시가가 명확하지 않을 경우 회계상 장부금액과 공시지가(또는 과세시가 표준액) 중 큰 금액
② 비상장주식 : 상증세법상 평가에 따른 금액

개인이 보유하고 있는 부동산은 자산가치에 따라 세액이 산출된다. 따라서 개인이 부동산임대업과 주식을 보유하고 있다면, 개인이 부동산임대회사와 일반 회사 주식을 보유하고 있는 경우와 유사하게 산출세액이 결정된다.

그러나 개인사업으로 영위하던 부동산임대업을 법인으로 전환한 후 비상장회사와 합병한다고 가정해 보자. 법인전환은 일정 요건을 충족하면 일반적인 현물출자와 달리 양도세가 이연된다. 즉, 법인전환 시점에 세부담을 피할 수 있다. 그리고 법인전환 후 비상장 일반회사와 합병하면, 부동산임대회사와 일반회사의 합병과 유사한 효과가 발생한다.

다만 법인전환 시 자산의 계상되는 장부금액에 대해서는 유의해야 한다. 왜냐하면 부동산의 장부금액은 법인전환 시점의 공정가치로 계상되기 때문이다.

법인전환 이전에 개인이 보유하는 상태의 부동산을 상속 또는 증여한다면 부동산은 공시지가(또는 과세시가 표준액)로 평가된다. 그러나 법인전환 시 주식가치 평가 시 부동산은 다음 두 금액 중 큰 금액으로 평가된다.

① 회계상 장부금액

② 공시지가(또는 과세시가 표준액)

일반적으로 공정가치(시가)가 공시지가(또는 과세시가 표준액)보다는 크다. 따라서 법인전환 직후 증여나 상속을 실시한다면 부동산은 시가로 평가되어 종전보다 산출세액이 증가할 가능성이 크다.

그러나 법인이 유형자산에 대하여 원가법을 적용하여 결산하고 법인전환 후 어느 정도의 시간이 경과하여 증여 등을 실시한다면, 회계상 장부금액이 공시지가(또는 과세시가 표준액)보다 작거나 유사해진다.[42] 따라서 법인에 개인이 보유하고 있는 부동산 사업을 법인전환할 경우에는 어느 정도 시간이 경과한 후 증여나 상속을 실시하는 것이 적절하다.

개인사업의 법인전환과 관련된 장·단점과 주요 특징은 〈제6장〉의 보론을 참조하기 바란다.

---

42) 회계상 유형자산은 원가법이나 재평가법 중 회사가 선택한 방법에 따라 결산된다. 원가법은 회사가 유형자산을 취득한 시점의 장부금액을 유지하는 것이며, 재평가법은 결산시점마다 유형자산을 공정가치로 재평가하여 장부에 표시하는 방법이다. 따라서 증여나 상속 등을 전제할 경우에는 재평가법이 아닌 원가법을 회계정책으로 수립하는 것이 유리하다.

제6장

SK그룹의 지배구조개선

　SK그룹은 분할, 합병, 지주회사 전환, IPO 및 M&A 등을 적극적으로 활용하여 지배구조를 지속적으로 개선해 왔다. SK그룹은 지배구조개선 작업을 통하여 경영권을 안정시키고 사업 Portfolio를 재구성한 것으로 평가된다.

　기업은 끊임없이 성장의 기회를 탐색하고 위기에 대응할 수 있는 생존능력을 보유해야 한다. 영속적인 기업으로 성장하려면 환경에 걸맞은 최적의 지배구조를 끊임없이 탐색하여야 한다. 본 장을 통하여 지난 20년간 대내외적인 환경 변화가 있을 때 SK그룹이 지배구조개선을 통해 대응한 방법과, 그 결과는 무엇인지를 주의 깊게 살펴보았으면 한다.

- 인적분할과 현물출자를 통한 경영권 안정화
- 중간지주 회사 : 사업 Portfolio의 재편성 및 자금조달
- 합병, 자기주식 및 상장을 통한 지배구조 개선 효과 극대화

제**1**절 지주회사 전환

2003년에 소버린 사태를 겪은 SK그룹은 적대적 M&A 등을 방지하고 경영권을 강화하기 위하여 지주회사로 전환되었다. 본 절에서는 인적분할과 현물출자를 통한 지주회사 전환 과정과, 지주회사로 전환하기 위하여 SK그룹이 사전에 준비한 절차들을 살펴본다.

1. SK의 지배구조와 주주 현황(2002년)

(1) SK의 지배구조

2002년 당시 SK의 지배구조를 그림으로 표현하면 다음과 같다.

| SK의 지배구조 |

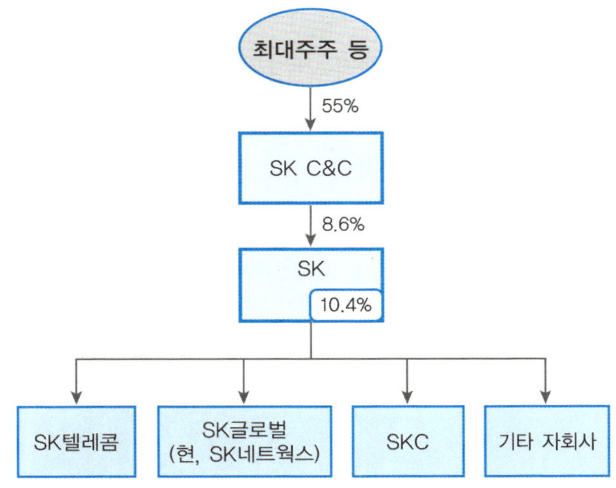

SK그룹은 SK가 SK텔레콤, SK글로벌 및 SKC 등의 지분을 보유하고 있는 구조로서, SK가 실질적인 모회사 역할을 하고 있었다. 따라서 SK에 대한 경영권을 확보한다면 SK그룹의 핵심 계열사에 대한 경영권까지 모두 확보할 수 있었다. 즉, SK에 대한 경영권은 SK그룹에 대한 경영권을 의미한다.

(2) 주주 현황

2002년 당시 SK의 주주 현황은 아래와 같다.

주주	지분율(%)
SK C&C	8.63
SK케미칼	2.26
SK건설	2.37
최태원	0.11
기타 SK 계열사 및 임원	0.76
특수관계자 지분 합계	14.13
자기주식	10.41
기타 주주	75.46

2002년 당시 SK C&C뿐만 아니라 SK케미칼 및 SK건설 등의 계열사들이 SK 주식을 취득하고 있었으나 그 지분 합계는 14.13%에 불과하였다. 자기주식을 고려하더라도 우호지분의 유효지분율은 15.7%[= (8.63% + 5.50%) ÷ (1 − 10.41%)]에 불과하여 경영권은 불안정하였다. 따라서 지분율이 30% 이상이어야 경영권이 안정적이고 적대적 인수합병(M&A)에 노출될 가능성이 적다는 시장의 평가에 비추어 보면, SK그룹의 지배구조는 극히 취약하다고 볼 수 있다.

SK의 주주 현황을 살펴보면 최태원 회장보다는 SK C&C가 보유하고 있는 지분이 가장 높다는 점이 특징적이다. 최태원 회장 등 특수관계자는 SK C&C 주식을 취득하고 있으며, SK C&C가 SK 주식을 보유하고 있는 형태로 지배구조가 형성되어 있는 것이다. 최태원 회장 등 특수관계자가 직접 SK 주식을 취득하지 않고, SK C&C가 주식을 취득하는 형태가 가지는 유리한 점은 다음과 같이 생각해 볼 수 있다.

① 자금조달에 유리하다.

② 비상장기업으로서 이해관계자가 적다.

③ 재투자에 유리하다.

SK C&C는 IT 업종을 영위하고 있었고, 매출 중 상당 부분은 SK텔레콤, SK 및 SK네트웍스 등 SK 계열사들과 거래에 따른 것이었다. 따라서 SK C&C는 내부거래를 통하여 안정적인 매출과 영업이익을 창출할 수 있다는 점과, SK그룹사로서 자금조달이 용이하다는 점을 높게 평가받았다.

그리고 SK, SK텔레콤 및 SK네트웍스는 상장되어 있었으나 SK C&C는 비상장 상태였다. 따라서 SK C&C는 상장회사에 비하여 이해관계자가 적었기에 경영 의사결정이 수월하다는 장점이 있었다.

마지막으로 최태원 회장 등 특수관계자가 개인으로서 SK에 직접 투자하는 것보다는 SK C&C라는 법인 형태로 SK 주식을 취득하는 것이 세제상 유리하다. 그 이유는 법인이 가지는 재투자의 용이성 때문인데, 관련 내용은 본 장의 〈보론 1〉에서 설명한다.

2. 소버린 사태

(1) 소버린의 SK 경영 참여

SK는 2003년 중 SK글로벌(현, SK네트웍스)의 1조5,587억원에 달하는 분식회계로 인하여 주가가 급락했다. 게다가 부당 내부 거래 등의 이유로 최태원 회장이 검찰에 소환되었다. 이러한 사태로 주주 및 투자자들은 경영진의 사퇴 등 지배구조개선을 요구하게 되었고 SK그룹은 위기를 맞게 되었다.

이 때 소버린[43]은 2003년 4월부터 1,768억원을 투자하여 SK 주식을 취득하기 시작했다. 그리고 결국 14.99%까지 매집하면서 최대주주로 등장하였다. 당시 소버린은 'SK를 한국 기업지배구조의 모델기업으로 변모시킬 수 있도록 SK 경영진과 건설적으로 협력하겠다.'고 밝혔다. 소버린은 SK의 현 경영진과 협력하면서 경영에 직·간접적으로 참여하겠다는 뜻을 보인 것이다. 이러한 소버린의 자세는 그룹 정상화를 위하여 SK의 경영진이 제시한 대안을 지지하는 것으로 해석되었으므로, SK 경영진에게 우호 세력으로 받아들여졌다.

그러나 소버린은 SK에 투자한 이후 막강한 영향력을 행사하며 SK 이사진의 총사퇴, SK텔레콤 매각을 통한 재벌 구조 해체, 최태원 일가의 퇴진, SK그룹의 경영 투명화 등의 주장을 내세우며 SK의 경영진을 압박하기 시작했다. 소버린은 재벌 구조 해체나

---

43) 소버린은 1972년 설립되어 유통업으로 시작하였으나, 1986년 중 모나코로 본사를 이전하면서 투자회사로 변신하였다. 그리고 현재 소버린은 아시아, 동유럽, 남미 등 경제 기반이 취약한 국가들을 대상으로 부동산, 주식 등에 투자하는 사모펀드로 활동하고 있다.

기업 경영의 투명화 등과 같은 명분을 내세웠으나, 실제로는 단기적인 투자수익을 극대화하겠다는 목적을 드러낸 것이다.

소버린은 SK그룹에 글로벌 스탠다드를 전파한다는 명분을 지속적으로 내세웠다. 게다가 검찰 조사 결과 드러난 SK의 부정부패는 부정적인 여론을 형성하게 되었다. 당시 재벌에 대하여 반감을 가지고 있던 노조와 여론이 SK의 경영진보다는 소버린의 주장에 대하여 우호적인 반응을 보이게 된 것은 자연스러운 현상이었다. 이러한 이유로 상당수의 소액주주들과 SK 노조는 소버린에게 의결권을 이양하기에 이르렀다.

(2) SK그룹의 대응

소버린의 적대적 M&A에 대응하기 위하여 SK는 보유하던 자기주식을 은행권과 우호기관에 넘겨 의결권을 부활시켰다. 그리고 SK 계열사들은 시장에서 SK 주식을 취득하여 지분율을 올리고자 노력하였다. 당시 소버린은 SK의 자기주식 처분이 소버린의 유효지분율을 하락시킬 목적으로 이루어졌다며 가처분 신청을 했다. 그러나 법원은 '비록 SK가 자기주식을 처분함으로써 소버린의 주식보유 비율이 변경되고 지분이 희석된다 해도 SK 경영진의 방어권 남용이 아닌 이상 곧바로 이사회 결의를 무효로 할 이유가 없다.'고 하여 SK의 손을 들어 주었다.

SK그룹은 경영권 방어 과정에서 SK 주식을 매집하게 되었고, 이러한 흐름에 동조한 여러 투자자들까지 주식 취득에 열중하면서 주가는 급속도로 상승하게 되었다.

2002년과 2003년의 SK 주주 현황을 살펴보면 다음과 같다.

주주	지분율(%)	
	2002년	2003년
SK C&C	8.63	8.63
SK케미칼	2.26	3.28
SK건설	2.37	3.39
최태원	0.11	0.60
기타 SK 계열사 및 임원	0.76	1.56
특수관계자 지분 합계	14.13	17.46
자기주식	10.41	0.74

주주	지분율(%)	
	2002년	2003년
소버린	–	14.76
기타 주주	75.46	67.04

당시 소버린의 실제 목적과 의도하였던 바는 다음과 같이 추정된다.

① 경영권을 장악한다면 SK가 보유한 SK텔레콤 지분을 매각한다면 거액의 이익이 발생할 것이다. 그리고 소버린은 SK로부터 배당금을 받아 투자수익을 획득할 수 있다.

② 현 경영진의 경영권 방어 과정에서 주가가 오를 것이다. 따라서 시장에 주식을 처분하더라도 원금을 회수하는 데에는 아무런 지장이 없을 것이다. 그리고 현 경영진과의 협상을 통하여 일정 프리미엄을 얹어 주식을 처분할 수도 있을 것이다.

결과적으로 소버린은 SK에 대한 경영권을 장악하지는 못했다. 그러나 소버린은 2005년에 보유하고 있던 주식을 모두 처분하여(배당과 환차익을 고려하면) 8,000억원 이상의 투자수익을 획득하였다고 추정된다.

소버린 사태 이후 시장에서는 일반적인 사모펀드의 속성처럼 소버린은 처음부터 경영권에는 관심이 없었던 것으로 평가하였다. 단지 분식회계 등의 여파로 하락한 SK 주식을 취득하고 경영권에 위협을 가하여, 현 경영진이 주식을 매입하는 과정에서 주가가 오르면 주식을 처분하여 단기적인 투자수익만을 얻을 목적이었다는 것이다. 일반적인 사모펀드의 성격에 대해서는 〈제4장〉의 〈제3절〉에서 다루고 있다.

3. SK그룹의 지주회사 전환

소버린 사태를 수습한 이후 SK는 안정적인 경영권 확보를 위하여 지주회사 체제로 변경하였는데, 이 때 SK가 실시한 조치는 다음과 같다.

① 자기주식 취득

② SK의 인적분할

③ SK C&C의 현물출자

(1) 자기주식 취득과 인적분할

인적분할 이전에 SK는 2006년과 2007년에 걸쳐 1.5조원을 투자하여 자기주식을 취득하였는데, 이는 전체 주식 중 17.34%에 해당하는 규모였다. 목표하였던 자기주식의 취득이 이루어지자 SK는 2007년 7월 1일자로 다음과 같이 인적분할을 실시하였다.

구 분	사업 내용
SK(존속회사)	투자 및 Life Science 사업부문
SK에너지(신설회사)	석유, 화학, 윤활유, 석유개발 등 주요 제조 사업부문

즉, 종전에 SK가 영위하던 주요 사업부문은 SK에너지로 이전하였고, 계열사 주식과 일부 사업만 SK(존속회사)로 귀속시킨 것이다.

분할 당시 SK가 공시하였던 분할목적은 다음과 같다.

① 주요 제조 사업부문과 투자 사업부문의 분리를 통해 지배구조의 투명성을 제고하고 경영의 효율성을 강화함으로써 주주가치를 극대화한다.

② 분할을 통해 독립적인 자율경영 및 합리적인 성과평가 시스템 구축을 용이하게 함으로써 책임 경영체제를 정착시킨다.

③ 사업부문별 특성에 적합한 의사결정 체제 확립과 경영 자원의 효율적 배분을 통해 사업 경쟁력을 강화하여 성장잠재력을 확보하고 경영위험을 최소화한다.

SK의 인적분할 전과 후를 비교하면 다음과 같다.

| SK의 인적분할 |

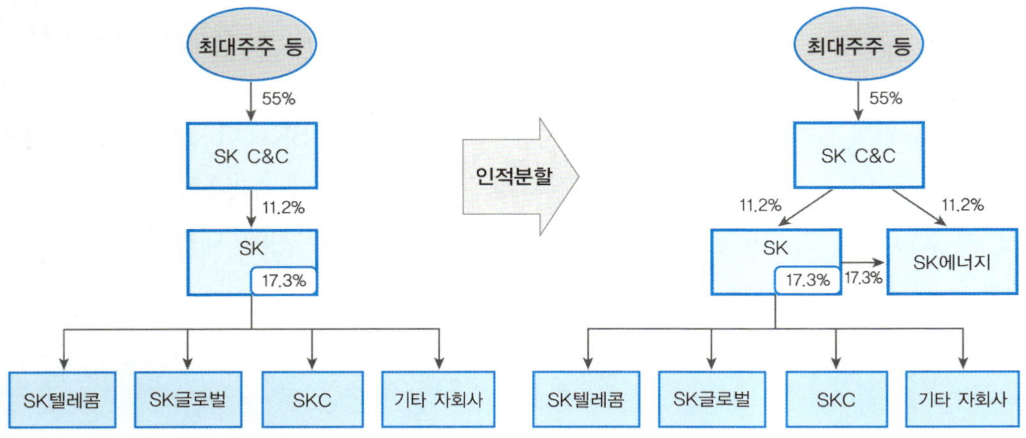

SK의 인적분할로 인하여 SK C&C는 SK와 SK에너지에 대하여 각각 11.2%의 지분을 보유하게 되었다. 그리고 SK는 종전에 취득하였던 자기주식 17.3%에 해당하는 SK에너지 주식을 교부받았다. 이와 같이 인적분할 전에 취득한 자기주식은 분할 후 SK가 분할신설회사(SK에너지)에 대한 지분을 확보하게 하는 효과를 가져왔다.

(2) 현물출자

분할 후 종전 주요 사업을 대부분 승계한 SK에너지의 향후 현금흐름은 SK보다 양호하고 성장 가능성도 큰 것으로 평가되었다. 따라서 단기투자자들에게는 SK보다는 SK에너지 주식이 훨씬 매력적이었다. 이러한 이유로 분할 이후에 실시된 공개매수에 일반 주주는 참여하지 않고 SK C&C 등 특수관계자만 참여하였다.

현물출자 전후의 지배구조를 살펴보면 다음과 같다.

| SK의 현물출자 |

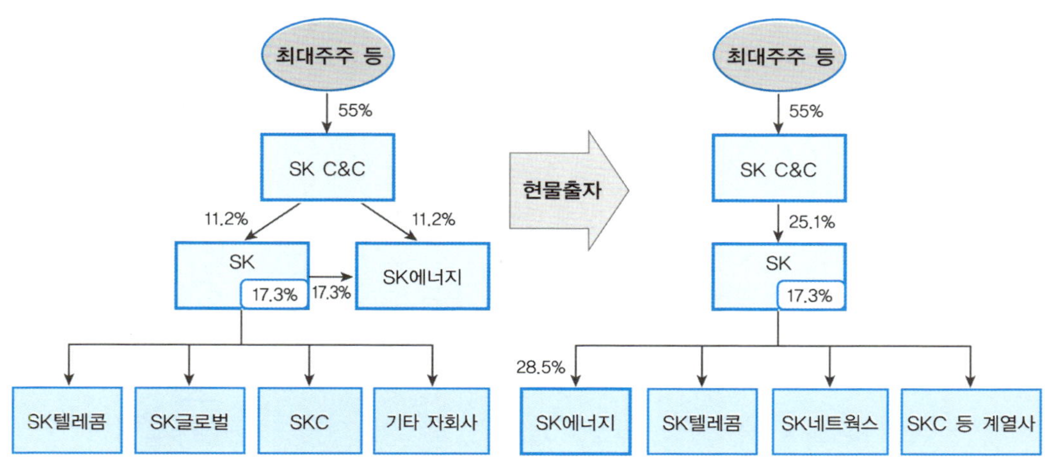

현물출자 결과 SK C&C 등 특수관계자는 보유하고 있는 SK에너지 주식 11.2%를 SK에게 이전하고, 그 대가로 SK로부터 주식을 수령하였다. 그 결과 SK C&C는 현물출자 후 25.1%의 지분율을 보유하게 되었고, SK는 SK에너지에 대하여 28.5%(= 17.3% + 11.2%)의 지분을 보유하게 되었다.

SK의 지주회사 전환

- 의의 : 지배구조 투명화 및 책임경영 체계 수립
- 분할 전 SK의 자기주식 취득
  - SK C&C 등 특수관계자의 SK에 대한 유효지분율 증가
  - 인적분할 후 SK의 SK에너지에 대한 지분율 확보
- 현물출자
  - SK C&C 등 특수관계자의 SK에 대한 지배력 강화
  - SK의 SK에너지 지배력 확보

제2절 SK이노베이션의 물적분할

SK가 지주회사로 전환된 후 SK에너지는 물적분할을 통해 중간지주회사로 전환되었다. 여기서 중간지주회사는 기존 지주회사의 지배를 받는 동시에 다른 사업자회사를 자회사로 거느리는 지주회사를 의미한다. 본 절에서는 2010년 전후에 이루어진 SK이노베이션의 물적분할을 살펴본다.

1. SK이노베이션(구, SK에너지)의 물적분할

(1) SK에너지의 사업부문

2007년에 분할 신설된 SK에너지의 사업부문은 크게 다음과 같이 구분된다.

구 분	세부 내용
석유사업	원유를 정유하여 휘발유 및 중유 등을 생산하는 사업부문
화학사업	정유 과정에서 생산되는 나프타(Naphtha) 등을 원료로 에틸렌, 프로필렌, 벤젠 등 기초유분과 이를 원료로 합성수지, 합성고무, 합성섬유 등을 생산하는 사업부문
석유개발사업	원유가 매장되어 있는 광구를 취득하여 원유를 채취하는 사업부문
윤활유사업	정유 과정에서 발생하는 윤활기유(Base Oil)에 추가 공정(감압증류, 촉매)을 거쳐 기유 및 윤활유를 생산하는 사업부문

(2) SK에너지의 물적분할

SK에너지는 2009년에 다음을 목적으로 윤활유 사업부문을 물적분할 한다고 공시하였다.

① 신설회사는 분할대상 사업부문에 적합한 경영시스템을 확립하여 해당 사업부문의 전문성을 강화하고 경영 효율성을 제고하며, 성장 Resource 확보를 통하여 경쟁력을 제고하여 기업가치를 증대한다.

② 분할되는 회사는 분할대상 사업부문의 가치증대 및 사업포트폴리오의 유연성을 확보하여 환경변화에 대한 전략적 대응능력을 제고함으로써 궁극적으로 기업가치의 향상을 추구한다.

그리고 2011년 1월 1일자로 SK에너지는 종전에 분할된 윤활유 사업부문 이외에 직접 영위하고 있었던 석유사업부문과 화학 사업부문을 분할했다. 당시 공시하였던 분할 목적은 다음과 같다.

① 각 신설회사는 개별사업 특성에 맞는 기업문화와 Management System의 구축 및 사업전략 실행의 Speed 제고를 통한 개별 사업의 전문성 강화로 사업의 본원적 경쟁력을 제고한다.

② 분할되는 회사는 분할대상 사업의 경쟁력 제고에 따른 투자지분 가치 상승과 Technology 기반 New Growth 발굴 및 추진, 환경 변화에 능동적 대응이 가능하도록 유연성 확보를 통한 Biz Portfolio 경쟁력 개선으로 기업가치를 제고한다.

SK에너지는 분할하여 설립된 석유사업 부문의 사명을 SK에너지로 하고, 자신의 사명은 SK이노베이션으로 변경했다. 그리고 화학사업을 영위하는 신설법인은 SK지오센트릭으로 하고, 윤활유사업을 영위하는 신설법인은 SK엔무브로 하였다.

분할 후 SK이노베이션(구, SK에너지)은 분할 신설된 자회사의 주식을 모두 소유한 모회사인 동시에 자원개발사업, 자동차용 2차 전지, 정보전자소재사업 및 연구·개발을 영위하는 이른바 사업지주회사의 역할을 수행하게 되었다. 그리고 발굴한 신사업이 어느 정도 성장하여 독립적으로 운영이 가능하다고 판단되면 별도의 회사로 독립시킬 것이라고 밝혔다.

(3) 사업부문 재편성

분할 과정에서 눈 여겨 볼 사항 중 하나는 종전에 SK이노베이션(종전, SK에너지)이 직접 보유하고 있었던 자회사들 중 석유사업 관련 자회사는 SK에너지에 귀속시키고, 화학사업 관련 자회사는 SK지오센트릭에 귀속시켰으며, 윤활유사업 관련 자회사는 SK엔무브에 귀속시킨 것이다. 그리고 자회사 중 석유사업과 화학사업을 동시에 영위하고 있는 자회사가 있다면, 사전에 인적분할을 통하여 석유사업과 화학사업을 영위하는 회사로 나누고 각각 SK에너지와 SK지오센트릭에 귀속시켰다.

이러한 과정을 거쳐 SK이노베이션은 각각의 사업부문별로 자회사를 구분하여 신속한 의사결정과 상시 구조조정 과정이 원활하도록 하였다.

| 물적분할을 통한 중간지주회사 설립 |

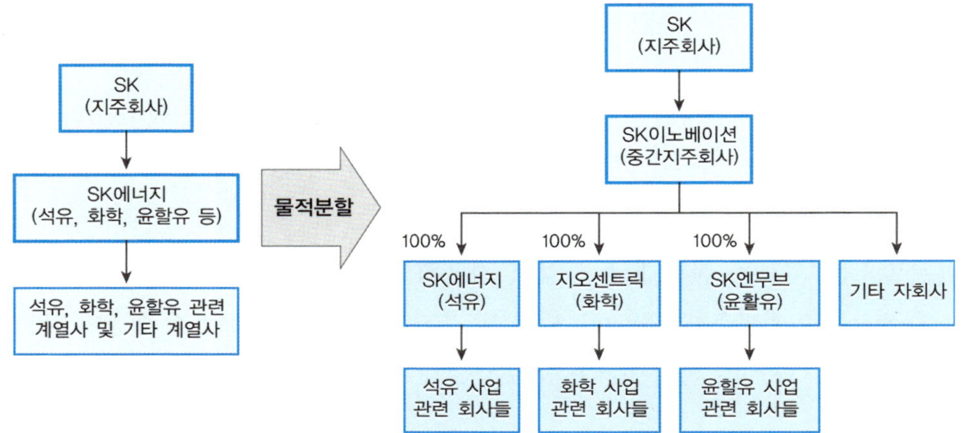

2011년 이후에도 SK이노베이션은 2013년에 인천컴플렉스와 무역 사업부문을 분할하여 SK인천석유화학과 SK트레이딩인터내셔널을 출범시켰다. 그리고 2021년에는 차량용 배터리 및 ESS 생산·판매 등의 사업부문을 SK온으로 물적분할하였다.

2. 물적분할의 필요성

(1) 책임경영 및 신속한 의사결정

SK이노베이션이 사업부문을 별도의 자회사로 신설하고, 신설된 자회사별로 관련 사업을 영위하고 있는 계열사들을 손자회사로 귀속시킨 이유에 대하여 생각해 보자.

SK이노베이션은 장치산업을 영위하고 있으므로, SK그룹 내에서 가장 자산규모가 크고 매출액 또한 가장 컸다. 따라서 SK그룹이 공시한 바와 같이 SK이노베이션의 규모가 너무 거대화되어 의사결정이 지체될 수 있다는 문제점이 대두되었다. 즉, 변화하는 경영환경에 신속하게 대응하기 위하여 분할이 불가피한 측면이 있다.

그러나 분할 전 SK이노베이션의 사업보고서를 살펴보면 직원의 수가 5,629명으로서, 자산이나 매출 규모에 비하여 직원의 수가 많다고 볼 수는 없다. 에너지 사업은 대표적인 장치산업으로서 공장이 자동화됨에 따라, 규모가 커지더라도 임직원은 크게 증가하지 않는 특징이 있기 때문이다. 2000년 초반과 2000년 후반기의 사업보고서를 비교해 보면 임직원 수의 증가는 매출이나 자산의 증가폭에 비하면 미미함을 알 수 있다.

또한, 분할 이전에 SK이노베이션은 사내에 CIC(company in company) 체제를 도입하여 이미 사업부문별로 탄력적인 대응이 가능하였다. 따라서 굳이 분할을 실시하지 않았더라도 사업부문별 책임경영 및 신속한 의사결정은 어느 정도 가능하였을 것이라는 의견도 제기되었다.

(2) 현금흐름

물적분할 전후 SK이노베이션의 현금흐름 내역을 살펴보면 다음과 같다.

(단위 : 십억원)

	2010년	2009년	2008년	2007년	합계
영업활동 현금흐름	(75)	1,960	770	519	3,174
투자활동 현금흐름	(898)	(947)	(2,388)	(1,390)	(5,623)
재무활동 현금흐름	1,138	(2,268)	4,216	1,211	4,297
현금의 증감	165	(1,255)	2,598	340	1,848

상기 표를 보면 2007년에서 2010년까지 SK이노베이션이 영업활동을 통하여 창출한 현금흐름은 3조1,740억원이며, 투자로 인하여 유출된 현금은 5조6,230억원이었다. 즉, SK이노베이션은 투자자금 중 약 2조4,490억원(= 5조6,230억원 − 3조1,740억원)을 조달하기 위하여 은행으로부터 차입하거나 회사채를 발행하였던 것이었다.

SK이노베이션은 지속적으로 흑자를 실현하고 있으나, 투자 규모가 더 커서 만성적인 자금 부족상태를 보여주고 있다. 따라서 물적분할의 실질적 이유 중 하나는 다양한 자금조달 창구를 마련하고자 하는 것으로 분석된다.

〈제1장〉의 〈제2절〉에서 설명하였듯이 물적분할을 통해 자금을 조달할 수 있는 방법은 다음과 같다.

① 분할하여 신설한 회사들을 주식시장에 상장시켜 자금을 조달한다.

② 분할하여 신설한 회사들을 처분하여 자금을 조달한다.

실제 SK그룹은 자금을 조달하기 위하여 2015년과 2018년 중에 SK엔무브의 거래소 상장을 추진했고, 결국 2021년에 지분 40%를 IMM PE에 매각했다.

3. 사업의 재편성과 지분 레버리지효과

(1) 사업재편성

앞서 SK이노베이션의 물적분할은 단순하게 SK이노베이션이 영위하였던 사업부문만을 분할한 것이 아니라, SK이노베이션이 보유하고 있는 계열사들도 영위하는 사업에 따라 분할된 신설회사에 귀속시켰음을 언급하였다.

따라서 SK이노베이션이 어떠한 회사와 협상이 이루어져서 SK에너지를 매각하였다면, SK에너지뿐만 아니라 SK에너지가 보유하는 석유사업을 영위하는 모든 계열사까지 일괄하여 처분하게 된다. 만일 SK이노베이션이 이러한 점까지 고려하여 분할을 실시하지 않았다고 가정해 보자. 그러면 SK에너지 매각 시 석유사업을 영위하는 회사들을 개별적으로 추가로 처분하기 위한 번거로운 과정을 거쳤을 것이다. 즉, SK그룹은 분할을 통하여 SK이노베이션이 중간지주회사로 전환하는 과정에서 향후 사업전망과 그룹의 투자전략에 따라 사업의 재편성이 용이하도록 조치한 것이다.

(2) 지분 레버리지효과

물적분할을 하였던 자회사를 상장한다면 그룹 입장에서는 100% 지분이 70% 내외로 하락하게 되지만 해당 자회사에 대한 지배력은 계속 유지한다. 그리고 상장 과정에서 유입된 현금으로 다른 사업에 투자하게 된다면 그룹이 영위하는 사업부문은 더욱 커지게 되므로 지분 레버리지효과가 극대화되는 효과를 누릴 수 있다는 장점이 있다.[44]

> **SK이노베이션의 중간지주회사 전환**
>
> - 의의 : 사업부문별 전문화와 신속하고 탄력적인 의사결정
> - 신규 자금조달 및 사업 Portfolio 재편성
>   - 분할 신설회사의 상장을 통한 자금조달
>   - 사업부문 처분을 통한 사업 Portfolio 재편성
> - 지분 레버리지효과 극대화
>   - 자회사가 상장하더라도 지배력 유지
>   - 유입된 자금으로 신규 사업에 투자
>   - → 연결실체의 확대로 대주주의 경영 범위 확대

---

44) 관련된 자세한 내용은 〈제8장〉의 〈제2절〉을 참조하기 바란다.

제3절 SK와 SK C&C의 합병

SK는 그룹의 지주회사 역할을 하고 있으나, SK 위에 SK C&C가 있는 구조는 다음의 문제점이 있었다.

① 옥상옥의 지배구조
② SK C&C와 SK그룹 내 계열사 간의 내부거래로 인한 일감몰아주기

따라서 복잡한 지배구조를 해소하고 내부거래로 발생되는 이슈를 제거하기 위해 SK와 SK C&C 간 합병의 필요성이 대두되었다.

1. SK C&C의 연혁

(1) SK C&C의 연혁 및 성장

SK C&C의 전신인 대한텔레콤은 이동통신사업을 위해 설립된 회사였다. 그러나 특혜논란 등으로 이동통신사업에 나서지 못하게 되자 기업가치가 크게 하락했다. 그러자 SK그룹(당시 고 최종현 회장)은 아들인 최태원 회장에게 790,000주를, 사위인 김준일에게 같은 주식 210,000주를 주당 400원에 처분했다.

그 후 대한텔레콤은 YC&C와 합병하고 SK그룹의 전산 자산을 인수해 시스템통합(SI)과 SK그룹의 IT를 맡는 SK C&C로 탈바꿈했다. 그리고 SK C&C는 SK그룹의 계열사와 내부거래 등을 통하여 성장하였고, 여유자금으로 SK와 SK E&S 등 그룹 주요 회사의 주식을 사들였다.

SK C&C의 1995년~2005년 경영실적을 살펴보면 다음과 같다.

(단위 : 십억원)

	매출	영업이익	당기순이익
2005년	1,003	94	211
2004년	939	76	158
2003년	872	49	45
2002년	884	36	42
2001년	754	49	42

	매출	영업이익	당기순이익
2000년	573	58	40
1999년	366	18	13
1998년	127	1	3
1997년	85	18	14
1996년	71	14	12
1995년	45	15	2

(2) SK C&C의 내부거래

SK C&C는 SK그룹과의 내부거래를 통하여 매출액이 급격하게 성장하였으며, 전체 자산 중에서 SK 등 투자주식의 비중이 매우 높았다. 따라서 지분법이익이 거액으로 발생하여 영업이익보다 당기순이익이 큰 구조였다.

SK C&C의 내부거래는 SK텔레콤, SK 및 SK네트웍스에 집중되어 있었다. 그리고 내부거래를 통하여 SK그룹의 이익이 SK C&C를 통하여 주주인 최태원 회장 등에게 귀속되지 않느냐는 의견이 지속적으로 제기되었다.

SK C&C의 2000년~2005년 내부거래 현황을 살펴보면 다음과 같다.

(단위 : 십억원)

	매출	내부거래	비중
2005년	1,003	710	70.8%
2004년	939	651	69.3%
2003년	872	684	78.4%
2002년	884	668	75.6%
2001년	754	556	73.7%
2000년	573	516	90.1%

계열사에 대한 매출 비중이 높다고 해서 반드시 문제가 있다고 볼 수 없다. 그리고 그룹의 노하우나 기밀을 외부로 유출시키지 않기 위하여 내부거래를 해야만 되는 경우도 있다. SK그룹은 SK C&C가 시스템 통합 업무를 수행하고 있으므로 성격상 내부거래 비율이 높을 수밖에 없으나, 계열사와 제3자에게 동일한 기준으로 서비스수수료를 책정하기에 문제가 없다고 설명하였다.

　　그러나 SK C&C가 SK텔레콤에게 장비를 고가로 판매하는 등 내부거래로 SK C&C가 막대한 이익을 얻었다는 혐의가 공정거래위원회에 적발되어 시정명령을 받은 적도 있었다. 당시 최태원 회장은 SK텔레콤과 SK C&C의 내부거래로 인해 발생한 이익을 SK텔레콤에 환원하는 차원에서 자신이 보유하고 있던 SK C&C 주식 300,000주를 무상으로 SK텔레콤에 증여하기도 하였다.

2. SK C&C의 상장

(1) SK C&C 상장의 필요성

　　2009년 당시 SK는 상장회사이나 SK C&C는 비상장회사였다. 이 상태에서 합병하게 되면 합병비율은 다음과 같이 정해진다.

　　① 상장기업인 SK : 주식시장에서의 관찰되는 기업가치(= 주식가치 × 발행주식수)
　　② 비상장기업인 SK C&C : 자본시장법의 규정에 따라 산정된 기업가치

　　양사간의 합병은 그 규모가 매우 크고 합병이 SK그룹의 지배구조에 미치는 영향도 매우 중요하다. 따라서 SK C&C가 비상장기업인 상태로 합병한다면 자본시장법에 따라 평가되더라도, 평가의 적정성에 대하여 논란이 제기될 것으로 예상되었다.[45] 최태원 회장 등은 SK C&C 주식을 보유하고 있었으며 SK 주식은 미미했다. 따라서 SK C&C에 대한 가치 평가가 얼마가 될 것인가에 따라 최태원 회장의 통합 SK(= SK + SK C&C)에 대한 지분율이 결정될 것이기 때문이었다. 즉, 합병비율 산정과정이 명확하지 않다면 그룹 총수를 위하여 합병비율이 결정되었다는 비판이 제기될 가능성이 있었다.

　　또한 2007년에 SK그룹이 지주회사로 전환한 후 지주회사 행위제한 요건을 충족하기 위하여, SK텔레콤과 SK네트웍스가 보유하는 SK C&C 주식은 처분해야 했다. 그러나 그룹의 최상위 정점에 있는 SK C&C 주식을 어떻게 처분할 것이냐에 대해서는 여론의 관심이 집중되는 부담도 있었다. 제3자에게 처분한다면 그룹의 지배구조가 취약해질 가능성이 있고, 제3자가 아닌 특수관계자에게 주식을 처분한다면 그 가치의 적정성에 대한 논란이 야기될 것이기 때문이다.

---

45) 관련 내용은 제7장 제1절 5.를 참조하기 바란다.

이러한 이유로 SK C&C는 꾸준히 상장을 추진하였는데, 2008년에는 금융위기로 인하여 상장 일정을 연기하다가 마침내 2009년에 주당 3만원의 공모가로 상장하게 되었다. SK C&C의 상장은 SK텔레콤과 SK네트웍스가 보유하고 있던 구주 매출 형식으로 이루어졌으므로 최태원 회장 등 특수관계자의 지분율은 변동하지 않았다.

SK C&C의 상장 전후 주주 현황은 다음과 같다.

주주	지분율(%)	
	상장 전	상장 후
최태원	44.5	44.5
최기원	10.5	10.5
SK텔레콤	30.0	9.0
SK네트웍스	15.0	—
기타	—	36.0
합계	100.0	100.0

(2) 상장 이후의 성장 추세

SK C&C는 상장 이후 공격적으로 사업 영역을 넓혀 나가기 시작하였다. 중고차매매 서비스인 엔카까지 론칭시키면서 규모 확대에 집중하여 'IT서비스 본질에 집중하라.'는 시장의 따가운 시선까지 받았다. 그러나 이러한 비난에도 불구하고 사업다각화로 인한 외연 신장이나 수익성 향상은 높게 평가되었다.

SK C&C의 상장 이후 경영실적과 자산규모의 추세는 다음과 같다.

(단위 : 십억원)

	2014년	2013년	2012년	2011년	2010년
영업수익	2,426	2,302	2,242	1,702	1,527
영업이익	272	225	201	173	137
당기순이익	130	202	400	438	325
자산 총계	5,307	5,292	5,390	4,621	4,457

3. 합병의 필요성과 주가 추세

SK C&C가 상장한 이후, 시장에서는 SK와 SK C&C의 합병할 것이라는 의견이 꾸준히 제기되었다. 그러나 SK그룹은 합병은 고려하지 않고 있다고 지속적으로 주장하였다. 그럼에도 불구하고 결국 양사가 합병할 것이라는 시장의 기대감은 갈수록 커져만 갔고, SK C&C의 주가는 급상승했다. 이는 SK와 SK C&C가 합병을 한다면 최대주주의 지분율이 높은 방향으로 합병비율이 결정될 것이며, 그렇다면 SK 주가보다는 SK C&C 주가가 높아야 한다는 논리에 따른 자연스러운 결과였다.

실제 2009년 11월 11일 SK C&C 상장 당시의 공모가는 3만원이고 SK의 주가는 8만원 대였으나, 2015년에 합병을 발표한 시점에 SK C&C의 주가는 231,500원이고, SK의 주가는 154,000으로 나타난다. SK C&C의 상장 시점과 합병 시점을 비교하면 상대적으로 SK C&C 주가가 더 큰 폭으로 상승하여 합병비율이 최대주주 등에게 유리해진 것이다.

계열사 간에 합병이 이루어지면 일반적으로 대주주의 지분율이 높은 기업에게 유리한 방향으로 합병비율이 결정되는 경향이 있다. 이는 주식시장에서 기업지배구조 개편의 목적 중 하나가 그룹의 경영권 안정화임을 전제하기에 발생하는 현상으로 해석된다.

4. 자기주식 취득

합병 이전에 SK와 SK C&C의 주주 변동에 있어서 특이사항은 양사의 자기주식 취득이 증가하였다는 점이다. 먼저 SK는 2014년 중에 주가 안정을 통한 주주가치 제고를 목적으로 자기주식 취득을 공시하면서 전체 발행된 주식의 10%을 취득하는 데 8,548억원을 지출하였다. 이로 인하여 SK가 보유한 자기주식 비율은 13.8%에서 23.8%로 증가하였다. 이때 자기주식을 취득하는 데 소요된 자금은 SK의 연간 당기순이익에 해당하는 것으로서, SK는 자기주식을 취득하기 위한 현금을 확보하기 위하여 회사채까지 발행했다.

한편, SK C&C도 기업가치 제고 및 주가 안정을 목적으로 2009년 상장 이후에 꾸준하게 자기주식을 취득하여 자기주식이 2014년 말에는 전체 발행 주식의 15.6%에 달하였고, 자기주식을 취득하는 데 6,360억원이 소요되었다. SK C&C의 자기주식 취득을 통하여 최태원 회장 등 특수관계자의 유효지분율은 상대적으로 증가하였고, SK C&C

가 취득한 자기주식은 합병 이전에 모두 소각되었다.

이처럼 SK와 SK C&C가 자기주식을 대량으로 취득하는 것에 대한 다양한 해석이 있었는데, 그 중 가장 유력한 것은 SK와 SK C&C 간의 합병 전 사전 정지작업이라는 것이다. 양사가 자기주식을 취득한 후 합병을 하게 되면 최대주주의 합병 후 지분율이 높아져서 그룹 지배력이 높아질 것이라는 해석이다.

5. 통합 SK의 출범

(1) SK와 SK C&C의 합병

SK와 SK C&C 합병 시 당시 주요 주주의 하나였던 국민연금은 '합병의 취지와 목적에 대해서는 공감하나 합병비율이나 자사주 소각 시점 등을 고려할 때 SK 주주가치를 훼손할 우려가 있다.'고 밝히면서 합병 주주총회에 참석하지 않았다. 그러나 합병결의를 위한 SK와 SK C&C 주주총회 시 양사 모두 80% 이상의 주주가 참여하여 85%가 넘는 찬성률로 합병이 성사되었다.

합병 당시 주가를 반영하여 SK C&C와 SK 합병비율은 1대 0.74로 결정되었다. 그리고 SK 브랜드의 상징성과 그룹 정체성 유지 차원에서 합병회사의 사명은 SK를 사용하기로 했다.

SK그룹은 공시한 합병 목적은 다음과 같다.

① SK C&C 주식회사는 시스템 구축 및 종합관리 등 IT서비스 전 영역에서 장기간 축적한 역량을 기반으로 고객의 가치 창출을 선도하는 시장 내 대표적인 종합 IT 서비스 사업자로 자리매김해 왔으며, 최근 들어 보안서비스, 중고차 유통 및 반도체 모듈 사업 등의 분야로 사업영역을 확대해 왔습니다. 나아가 지속적인 성장기반 확보를 위해 Global 시장 진출 확대, IT 역량에 기반한 ICT 융합 서비스 영역으로의 사업 확장을 적극적으로 모색하고 있습니다.

② 한편, SK주식회사는 자회사에 대한 투자 및 관리를 주된 사업으로 영위하는 지주회사로, 투자 Portfolio 관리 및 성장 잠재력이 큰 신규 사업기회 발굴을 통해 지속적인 성장과 안정적인 이익창출을 추구하고 나아가 그룹 브랜드 가치 제고를 통해 주주가치를 제고하여 왔습니다.

③ 양사는 금번 합병을 통해 SK C&C 주식회사가 보유한 ICT 역량 기반의 사업기회

와 SK주식회사가 보유한 Resource가 결합됨으로써 재무구조가 개선되고 다양한 신규 유망사업 등 새로운 성장동력 발굴이 용이해져 양사의 기업 경쟁력을 한층 강화하는 데 도움이 될 것으로 예상됩니다.

(2) 통합 SK의 출범

합병 전후 SK의 지배구조를 그림으로 요약하면 다음과 같다.

| 합병으로 인한 지배구조 변동 |

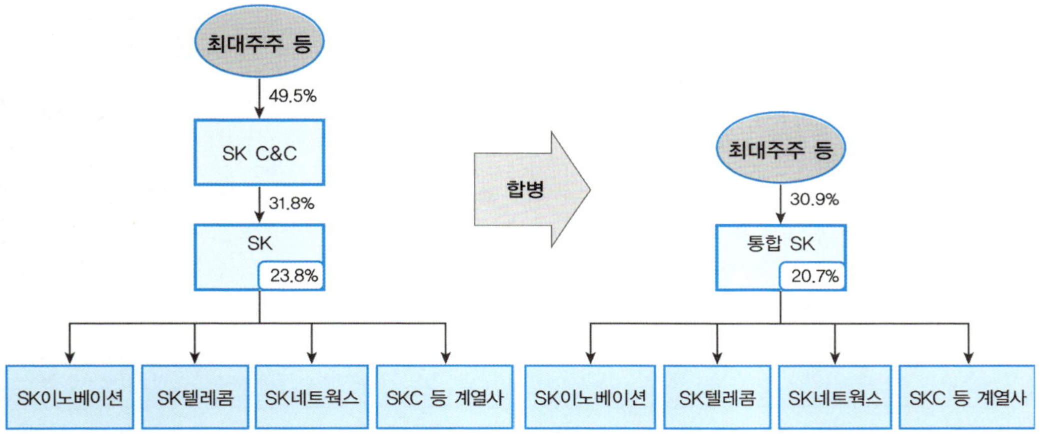

합병 후 최대주주의 유효지분율은 $29.49\%[=23.40\% \div (1-20.66\%)]$로서 안정적인 경영권을 확보한 것으로 평가된다.

합병 전과 합병 후의 지분율을 비교해 보면 다음과 같다.

주주	지분율(%)	
	합병 전(SK C&C)	합병 후(통합 SK)
최태원	32.92	23.40
최기원	10.50	7.46
그 외 특수관계자	0.01	0.03
자기주식		20.66
기타	56.67	49.11
합계	100.00	100.00

양사의 합병으로 발생할 사업 간 Synergy와 경쟁력 강화 효과는 시간이 지남에 따라 검증될 것이다. 단지 지배구조 측면에서 보자면 SK C&C의 상장, SK와 SK C&C의 자기주식 취득 및 합병을 통하여 다음의 효과를 가져 왔다고 할 수 있다.

① 기형적인 옥상옥의 지배구조 해소

② 통합 SK에 모든 지배력이 집중

③ 최대주주의 경영권 안정화

SK와 SK C&C의 합병

- SK C&C의 상장
  - 추후 SK와의 합병을 위한 객관적 가치 산정
  - 지주회사 행위제한 요건을 충족하기 위한 지분 처분(SK 계열사가 보유중인 SK C&C 주식 처분)
  - 합병 기대감이 있을 경우 대주주의 지분율이 높은 기업의 주식가치 상승
    → 유리한 합병비율 결정
- 자기주식 취득
  - 대주주의 유효지분율 상승
  - 합병 후 경영권 안정화

제4절　SK하이닉스와 SK텔레콤

1. SK그룹의 하이닉스 인수

(1) 하이닉스의 연혁

반도체 산업은 실리콘 사이클의 순환에 맞추어 호황과 불황을 반복하고, 제품 수명 주기가 매우 짧다는 특성이 있다. 그리고 반도체 산업은 기술과 공정 투자에 매년 거액의 자금투자가 필요하고, 업황에 따른 신속한 의사결정이 필요한 분야기도 하다. 만일 시설투자가 시기적절하게 이루어지지 않는다면, 다른 반도체 기업에게 뒤쳐지고 업황이 좋아졌을 때 발생하는 이익을 공유하지 못하는 현상이 발생한다. 이러한 특성으로 반도체 시장은 치킨게임[46]이라는 특이한 현상을 보이고 있다. 즉, 반도체 산업은 매년 거액의 투자를 필요로 하나, 시장 상황에 따라 이익을 실현할 수도 있고 반대로 손실이 발생될 수 있는 변동성이 큰 산업이라 할 수 있다.

SK하이닉스는 1949년 10월 설립된 국도건설을 모체로 하고 있으며, 1983년 2월에 현대전자산업으로 상호를 바꾸고 반도체 제조업으로 주요 업종을 변경했다. 고 현대그룹의 정주영 회장은 직접 전자사업에 대한 기초 조사를 실시하고, 회사의 대표이사로 참여하는 등 반도체 사업에 애착을 보였다.

초기 투자 이후 결실을 맺고 사업이 안정화되기 이전에 업황의 악화와 IMF 외환위기로 하이닉스반도체는 유동성이 악화되었다. 하이닉스반도체는 정부 주도의 소위 '빅딜(big deal)' 과정에서 1999년에 LG반도체를 인수하였으나, 그 이후에도 영업손실과 과도한 차입금으로 발생한 금융비용 때문에 어려움은 지속되었다. 2001년에 하이닉스반도체는 현대그룹에서 분리되었으나 재무적인 어려움을 극복하지 못하고 결국 채권

---

46) '치킨게임'이란 두 명의 경기자들(players) 중 어느 한쪽이 포기하면 다른 쪽이 이득을 보게 되며, 각자의 최적 선택(optimal choice)이 다른 쪽 경기자의 행위에 의존하는 게임을 말한다. 치킨게임이 기업의 전략에 미치는 예는 다음과 같다.

2010년 삼성전자를 비롯한 전 세계 유수의 반도체 업체들이 치열한 경쟁을 벌였다. 각 업체는 시장점유율을 높이기 위해 손해를 감수하면서 치열하게 반도체 가격 인하에 나섰고, 삼성전자는 막강한 현금 동원력을 통해 마지막까지 버텼다. 결국 타 업체들이 줄줄이 항복함에 따라 삼성전자는 반도체 시장에서 최후의 승자가 될 수 있었다. 치킨게임에서 승리한 삼성전자는 이후 반도체 산업에서 막대한 이익을 획득하게 되었다.

금융기관의 관리를 받게 된다.

2004년 이후 일시적인 업황의 개선으로 하이닉스반도체는 이익이 발생하여 채권금융기관의 관리를 종결하였으나, 2000년대 후반에 반도체 업황이 다시 급격하게 되어 악화되어 2008년에는 4조7,746억원이라는 거액의 손실을 기록하게 되었다.

SK그룹이 인수하기 이전에 하이닉스반도체의 실적은 변동이 극심하였는데 그 추세는 다음과 같다.

(단위 : 십억원)

	매출액	영업이익	당기순이익
2012년	10,162	(227)	(159)
2011년	10,396	369	(56)
2010년	12,106	2,975	2,598
2009년	7,906	192	(333)
2008년	6,818	(1,920)	(4,745)
2007년	8,644	514	364
2006년	7,732	2,074	2,054

(2) SK그룹의 하이닉스 인수 필요성

SK그룹은 에너지, 통신, 건설, 해운업, 유통업 및 금융업 등 다양한 사업을 영위하고 있는 계열사들로 구성되어 있다. 그러나 가장 중요한 두 주축은 석유화학 사업을 하고 있는 SK이노베이션과 통신서비스를 제공하는 SK텔레콤으로 볼 수 있다. 그런데 에너지와 통신 사업은 국가의 기간사업으로서 내수중심적인 사업이라는 특성이 있다.

이러한 한계점을 극복하고 세계시장으로 확대해 나가기 위하여, SK그룹은 중국시장 등에 침투하기 위한 노력을 기울였고 해외자원개발 사업에 몰두하였다. 그러나 성과가 기대에 미치지 않자 그룹의 위상에 부합하는 수출중심의 새로운 산업을 물색하게 되었다.

그리고 2011년에 SK그룹은 장기 경영전략에 따라 그룹의 Cash Cow인 SK텔레콤으로 하여금 2012년 상반기에 3조3,747억원을 투자하여 하이닉스반도체의 지분 21.1%를 인수하기로 결정하였다. SK텔레콤이 하이닉스를 인수하면서 보도한 내용은 다음과 같다.

① 하이닉스반도체의 인수를 계기로 SK그룹의 사업 다각화 및 미래 성장동력을 확보하고 글로벌 사업기회를 발굴한다.

② 양사 간 유기적 협력을 강화해 통신과 반도체 산업의 축적된 역량을 결합한 새로운 ICT 패러다임을 구축한다.

그러나 시장은 다음의 우려를 표명하였다.

① 경기 변동에 따른 반도체 산업의 불안정성

② 막대한 투자를 요구하는 반도체 산업의 특성으로 인한 SK그룹의 유동성 위험

③ 반도체 관련 산업에 대한 SK그룹의 경험 부족

이러한 우려는 하이닉스반도체 인수가 자칫 SK그룹 전체를 위험에 빠뜨릴 수 있다는 위험을 지적한 것이었다.

(3) SK그룹 편입 후 SK하이닉스의 실적

SK그룹에 편입된 후 반도체 업황의 개선으로 거액의 영업이익을 실현하였으며, SK하이닉스의 재무구조도 대폭 개선되었다. 현재 SK하이닉스는 SK그룹에서도 가장 높은 영업이익을 지속적으로 창출하고 있으며, 시가총액도 KOSPI에서 2위를 차지하며 SK텔레콤이나 SK보다도 높은 상황이다.

(4) SK하이닉스의 인수합병(M&A)

반도체 사업은 크게 비메모리와 메모리 분야로 구분되며, 비메모리는 다시 설계(팹리스) 및 위탁생산(파운드리) 분야로 나뉜다. 설계 분야는 미국 기업들이 시장을 주도하고 있으며, 생산 분야는 대만 기업인 TSMC가 전체 시장의 과반을 차지하고 있다. 한편 메모리 분야는 D램 및 낸드플래시로 나뉘는데, SK하이닉스는 낸드플래시 보다는 D램에 강점을 보이고 있다.

SK하이닉스는 2012년 이후 D램 시장의 호황으로 양호한 실적을 기록했고, 누적된 이익을 바탕으로 공격적인 인수합병(M&A)을 진행했다. D램 중심의 사업구조를 탈피하고 영업리스크를 분산시키기 위해 낸드플래시 사업을 강화한 것이다. 2018년에는 한미일 컨소시엄을 통해 약 4조원을 키옥시아(구, 도시바메모리)에 투자했고, 2020년에

는 인텔의 낸드플래시 사업부를 10조원에 인수한다고 발표했다. 국내 기업의 단일 인수합병으로는 최대 규모이다.

앞으로도 SK하이닉스는 D램과 낸드플래시 분야의 강점을 유지하고 파운드리, 인공지능(AI) 등 신성장 분야의 경쟁력을 확보하기 위해 적극적인 투자를 지속할 것으로 예상된다.

2. 2021년 현재 SK그룹의 지배구조

SK는 주요 계열사에 대한 유효지분율을 증가시켜 지배력을 강화했다. 지배회사가 직접 지분을 추가 취득하기도 했지만, 피투자기업들도 자기주식을 취득하여 지배회사의 유효지분율이 증가한 것이다.

2021년 3월말 현재 SK가 보유한 SK이노베이션 및 SK텔레콤과, SK텔레콤이 보유한 SK하이닉스 지분율 현황은 다음과 같다.

	SK이노베이션	SK텔레콤	SK하이닉스
보유 지분율	33.4%	26.8%	20.1%
자기주식 비율	11.0%	11.9%	6.0%
유효지분율	37.5%	30.4%	21.4%

SK이노베이션과 SK텔레콤에 대해서는 지분율이 안정적이나, 그룹 내에서 가장 실적이 좋은 SK하이닉스에 대해서는 유효지분율이 낮은 편이다.

SK하이닉스에 초점을 맞추어 2021년 3월말 현재 SK그룹의 지배구조를 살펴보자.

| 2021년 지배구조 |

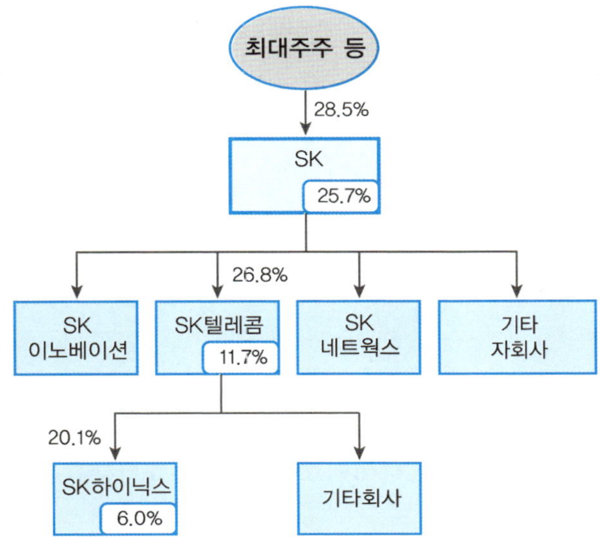

상기 지배구조 내에서 이슈되는 내용은 다음으로 요약된다.

① 지배구조 내 SK하이닉스의 위치

② SK하이닉스에 대한 지분율

(1) 지배구조 내 SK하이닉스의 위치

SK는 2015년과 2017년에 반도체용 가스 생산업체인 OCI머티리얼즈(현, SK머티리얼즈)와 반도체용 실리콘 웨이퍼 생산업체인 LG실트론을 인수했다. 특이한 점은 반도체 산업을 영위하는 회사들을 SK하이닉스가 아닌 SK가 인수한 것이다.

지주회사 행위제한 규정에 따르면 증손회사 주식은 100% 보유해야 한다. 따라서 인수대상이 국내기업이라면 SK하이닉스는 주식 100% 전량을 인수해야 한다. 그러나 'SK(지주회사)−SK텔레콤(자회사)−SK하이닉스(손자회사)−SK하이닉스의 자회사(증손회사)'인 지배구조로 인해, 손자회사인 SK하이닉스는 기업 인수에 제약이 발생한다.

따라서 SK그룹이 SK하이닉스를 중심으로 반도체 사업에 대한 인수합병을 진행하려면 SK하이닉스를 자회사로 격상할 필요가 있다.

(2) 상장 자회사에 대한 지분율

현재 지주회사 행위제한 규정은 상장 자회사에 대해 20% 이상의 지분율만 요구하고 있다. 그러나 개정법은 지주회사를 통한 편법적 지배력 확대를 차단하기 위하여 지주회사의 자회사 및 손자회사 의무지분율 요건을 30%로 상향 조정했다. 다만, 개정법 시행 전에 이미 지주회사에 편입된 계열사에 대해서는 기존 규정을 적용하도록 하고 있다.

따라서 SK그룹의 주요 상장 자회사에 대한 지분율은 공정거래법에 부합하지만, 적대적 M&A를 미연에 방지하고 경영권을 안정시키려면 유효지분율을 적정수준으로 올릴 필요가 있다.

지금까지 살펴본 바와 같이 SK그룹의 지배구조에 향후 예상되는 변화는 SK하이닉스를 자회사로 승격시키고, SK하이닉스에 대한 유효지분율을 상승시키는 것으로 요약된다.

3. SK텔레콤의 자기주식 소각과 인적분할

SK텔레콤은 2021년 5월에 자기주식을 소각하고, 2021년 6월에 SK텔레콤과 SK스퀘어로 인적분할한다는 계획을 발표했다. 그리고 SK와의 합병계획은 없다고 밝혔다.

(1) 자기주식 소각

SK텔레콤은 11.7%만큼의 자기주식을 보유하고 있었으므로, SK텔레콤이 인적분할을 실시하면 자기주식에 해당하는 만큼의 사업회사의 지분을 보유하게 되는 장점이 있다. 따라서 자기주식을 소각한다는 사실은 지주회사로의 전환을 염두에 두고 있지 않다는 반증이 된다.

유사 사례로 2017년초에 실시된 삼성전자의 자기주식 소각을 떠올릴 수 있다. 2015년에 삼성물산과 제일모직 간 합병이 완료된 이후, 합병의 정당성에 대한 논란과 함께 삼성그룹이 지주회사 체제로 전환할 것이라는 전망이 지속적으로 제기되었다. 그 근거로는 삼성전자가 자기주식을 12.8%만큼 보유하고 있다는 것이었다.

삼성전자는 이 같은 오해들을 해소하고 주주 이익의 환원한다는 차원에서 4.6조원 상당의 자기주식 전량을 소각했다. 이후 삼성그룹의 지주회사 전환설은 사라졌다.

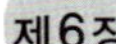

SK텔레콤이 발표한 자기주식 소각은 국내 4대그룹 사례 중 발행주식 총수 대비 물량으로는 최대이며, 금액으로는 삼성전자의 자기주식 소각에 이어 두 번째로 크다.

(2) 인적분할

공시된 분할개요는 다음과 같다.
① SK텔레콤 : SK브로드밴드 등 유무선 통신회사 승계
② SK스퀘어 : SK하이닉스, ADT캡스, 십일번가, 티맵모빌리티 등 반도체 및 New ICT 자산을 보유한 지주회사

SK텔레콤은 통신업종의 이익 규모가 크지만 성장성이 낮아, ICT 분야의 자회사가 저평가되고 있다는 의견이 상당했다. 통신업종에 가려 성장성이 높은 자회사들이 제대로 평가되지 못한다는 것이다. 따라서 인적분할 이후 원스토어, ADT캡스, 11번가 등이 상장되면 SK텔레콤(투자부문)의 가치가 재평가될 것으로 예상되었다. 더구나 SK와의 합병계획은 없다고 밝혔으므로 주주친화적인 기업구조개편으로 호평 받았다.

분할신설회사인 SK스퀘어의 자회사의 사업내용을 살펴보자.

SK하이닉스는 반도체 사업, ADT캡스는 보안시스템 서비스 사업, 티맵모빌리티는 온라인정보 제공 사업, 11번가와 원스토어는 통신판매 사업을 영위하고 있다. ICT 산업으로 묶을 수 있지만 각 기업의 사업은 연관성이 적다. 이런 이유로 사업 간 시너지를 내거나 기업가치를 제고할 만한 요인은 많지 않다는 분석도 나오고 있다.

만일 SK스퀘어의 자회사간 시너지를 기대하기 어렵고, 자회사가 상장하더라도 SK스퀘어의 주가에 대한 디스카운트가 발생한다면 SK스퀘어의 주주에게 큰 효익을 주지 못할 가능성이 있다.

그리고 분할된 이후 성장성이 높다고 평가된 자회사들이 예상대로 성장되지 못한다면 안정적인 통신업종이 부재하기에 오히려 사업의 불확실성이 커질 가능성도 있다.

이와 같은 점들을 고려하면 SK텔레콤의 분할은 결국 SK하이닉스의 자회사 승격을 위한 것으로 해석할 수 있다. 그러나 현재 회사는 '합병계획은 없다.'라고 밝힌 상황이다.

4. SK하이닉스의 자회사 승격(안)

SK하이닉스를 SK의 자회사로 승격하기 위한 대안으로 다음을 생각할 수 있다.
- 대안 1 : SK텔레콤이 SK스퀘어를 현물출자하여 중간지주회사로 전환된 이후 SK와의 합병
- 대안 2 : SK텔레콤이 인적분할한 이후 SK스퀘어와 SK의 합병
- 대안 3 : SK텔레콤이 자기주식 소각 및 인적분할한 이후 투자부문과 SK의 합병

상기 대안들에 대한 검토기준은 다양하겠지만 다음 관점에서 살펴보고자 한다. 다만, 대안에 대한 사전 분석 과정을 보여주기 위하여 SK텔레콤이 보유한 자사주를 소각하지 않았다고 가정한다.
① 자금부담
② SK가 보유하게 되는 SK텔레콤(사업회사)에 대한 지분율
③ 최대주주 지분의 희석 정도
④ 소액주주 등 이해관계자들의 평가

(1) 대안 1 : 현물출자를 통해 중간지주회사로 전환 후 합병

SK텔레콤의 지주회사 전환 절차는 다음과 같다.
① SK텔레콤의 인적분할
   - SK는 SK텔레콤(투자)과 SK텔레콤(사업)을 각각 26.8%씩 보유
   - SK텔레콤(투자)은 자기주식을 통해 SK텔레콤(사업)에 대한 지분을 11.7%만큼 보유
② SK가 보유한 SK텔레콤(사업) 지분을 SK텔레콤(투자)에 현물출자
   - SK는 SK텔레콤(투자)에 대한 지분율 상승
   - SK텔레콤(투자)은 SK텔레콤(사업)에 대한 지분을 38.5%(= 26.8% + 11.7%) 보유
③ SK와 SK텔레콤(투자)의 합병

| 인적분할 및 현물출자를 통한 지주회사 전환 |

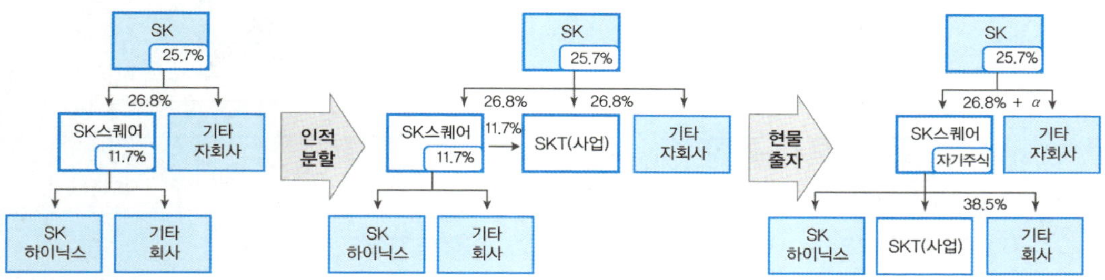

(2) 대안 2 : 인적분할 후 합병

SK텔레콤이 인적분할 이후 현물출자를 실시하지 않고, SK스퀘어와 SK가 합병하는 대안은 다음과 같다.

| SK텔레콤의 인적분할 |

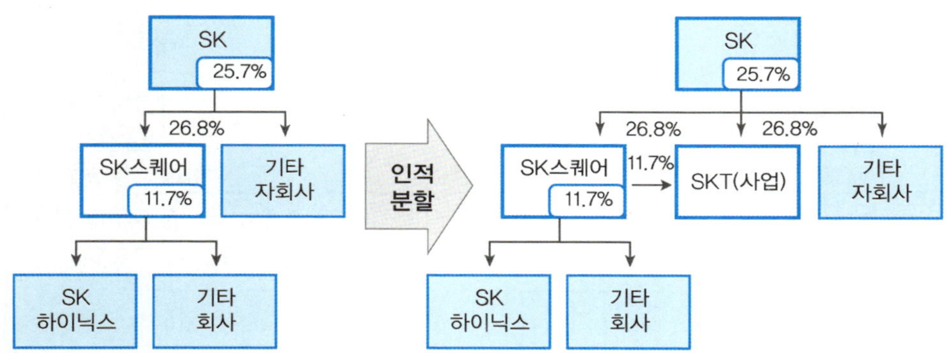

(3) 대안 3 : 자기주식 소각 및 인적분할 후 합병

SK텔레콤이 자기주식을 소각하고 인적분할을 실시하면 SK는 SK스퀘어와 SK텔레콤 지분을 각각 30.4%씩 보유하게 된다.

| SK텔레콤의 자기주식 소각 후 인적분할 |

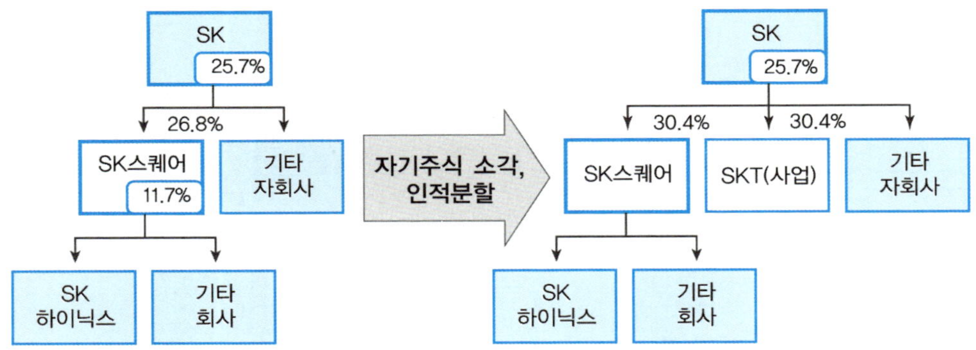

(4) 대안의 비교

합병 시 각 대안을 비교하면 다음과 같다.

| 대안의 비교 |

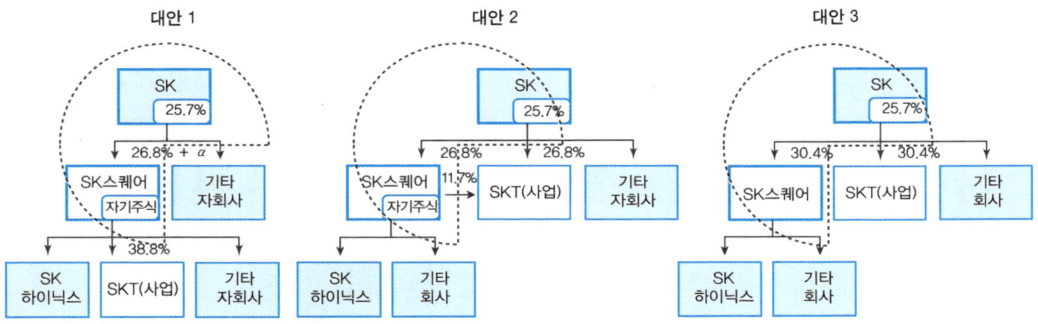

각 대안 별 합병 효과는 다음과 같다.

	최대주주 지분 희석화			SK(합병 후)의 SKT 지분	자금 부담
	SK스퀘어의 SKT 지분	SK스퀘어의 기업가치	희석화 정도		
대안 1	39.5%	大	?	38.5%	양도세 부담
대안 2	11.7%	中	?	38.5%	해당사항 없음
대안 3	－ %	小	?	30.4%	해당사항 없음

먼저 통합 SK가 보유하게 되는 SK텔레콤 지분과 합병 과정에서 발생하는 자금부담

효과를 살펴보자. 합병 후 통합 SK가 보유하게 되는 SK텔레콤 지분을 살펴보면 대안 1과 대안 2는 38.5%이나, 대안 3의 경우 자기주식 소각 효과로 인해 30.4%에 그친다. 그리고 대안 1의 경우 현물출자 시 이연된 양도세를 합병 과정에서 납부해야 하는데, 그 금액[= (현재 시가 − 취득금액) × 양도세율]은 상당할 것으로 추정된다.

최대주주 지분 희석화는 다음 요소에 따라 결정된다.
① SK의 가치가 클수록 희석이 적음.
② SK스퀘어의 가치가 작을수록 희석이 적음.
③ SK가 보유하는 SK스퀘어 지분이 높을수록 희석이 적음.

대안 별로 SK스퀘어가 보유하는 SK하이닉스 등의 반도체 및 ICT 자회사 주식은 모두 동일하지만, SK텔레콤 주식 보유 비율은 상이하다. 따라서 SK텔레콤 주식을 보유하는 정도에 따라 SK스퀘어의 가치가 결정된다.

대안 1의 경우 SK가 보유하는 SK스퀘어 지분율은 가장 높지만 SK스퀘어의 가치가 가장 크기 때문에, 최대주주의 지분 희석화에 미치는 효과는 상쇄되는 측면이 있다. 대안 2와 대안 3의 경우 SK가 보유하는 SK스퀘어의 유효지분율은 동일하다. 그러나 대안 3의 경우 SK스퀘어의 기업가치가 가장 낮기 때문에, 대안 2보다는 최대주주의 지분 희석 효과가 작다.

최대주주 지분의 희석 정도는 주식시장에서 평가하는 SK텔레콤(투자)의 가치에 따라 결정된다. 그러나 이론적인 가치가 주가에 반영된다고 전제하면 최대주주의 지분 희석 정도는 대안 3이 다소 적을 것으로 추정된다.

실제 SK텔레콤은 대안 3의 형태로 기업구조개편을 실시했다. 그 이유에 대해 생각해 보자.

자기주식 소각은 주주 친화적인 정책으로 호평 받았다. 만일 자기주식을 소각하지 않고 분할 후 현물출자를 통해 SK텔레콤을 지주회사로 전환했다고 가정해 보자. SK와의 합병이 전제된 구조개편은 SK텔레콤의 주가 하락 가능성이 높기에 주주들의 반발 가능성이 있다. 게다가 SK텔레콤의 경우 외국인 주주와 기관투자자의 비중이 커 분할 의사결정이 주주총회에서 좌절될 가능성도 배제할 수 없다. 따라서 자기주식 소각이 분할보다 먼저 공시되고 진행된 이유는 이해관계자들의 호응을 유도하기 위함이라고 해석할 수도 있다.

　기업구조개편은 주주, 채권자, 정부, 임직원 등 많은 이해관계자들에게 정당성을 인정받아야 원활하게 진행될 수 있다. 따라서 기업구조개편 이전에 정당한 명분을 개발하고, 상황에 따라서 이해관계자를 충족시킬 수 있는 사전 조치를 적극적으로 실시할 필요가 있다.

<table>
<tr><td>제5절</td><td>중간지주회사 체계</td></tr>
</table>

SK는 '전문가치 투자자'로 거듭날 것을 밝히며, 회사의 영문도 'SK holdings'에서 'SK Inc.'로 변경했다. 첨단소재, 바이오, 그린, 디지털을 4대 핵심 사업으로 선정하고, '흩어진 포트폴리오를 과감하게 정리할 계획'이라고도 밝혔다. 업계에서는 중간지주회사 전환 등 지배구조 단순화와 함께 4대 핵심 사업을 중심으로 한 사업 구조의 재편을 예상하고 있다.

본 절에서는 SK그룹이 중간지주회사 체계로 전환되는 시나리오에 대해 검토해 본다.

1. 중간지주회사 체계의 필요성

중간지주회사 체계는 다음과 같은 장점이 있다.
① 자금 조달을 통한 외형 성장이 용이함.
② 관리가 효율적임.

SK그룹은 2022년에 반도체와 소재에 오는 2026년까지 142.2조원, 전기차 2차전지 등 녹색 사업에 67.4조원, 디지털 사업에 24.9조원, 바이오 등에 12.7조원을 투자하겠다는 계획을 공개한 바 있다. 따라서 SK그룹의 경우 자금조달이 보다 용이한 구조인 중간지주회사 체계에 대한 필요성이 있다고 판단된다. SK이노베이션이 중간지주회사로 전환되어 자금을 조달한 전례를 떠올리면 그룹의 전체 지배구조로서 중간지주회사 체제의 타당성이 더해진다.

SK는 SK이노베이션, SK텔레콤, SK네트웍스 이외에도 여러 자회사들을 직접 보유하고 있는데, 과거 SK C&C가 보유하고 있던 ICT 자회사들뿐만 아니라 지주회사 행위 제한 요건 때문에 취득한 반도체 관련 업종의 자회사도 포함되어 있다. 따라서 SK와 SK스퀘어가 합병한다면, 통합SK는 SK스퀘어 아래 있던 SK하이닉스, ADT캡스, 십일번가, 티맵모빌리티 등 반도체 및 New ICT 자회사들을 직접 보유하게 되어 SK가 보유하게 되는 자회사의 수가 급증하게 된다.

지주회사인 통합SK가 너무 많은 자회사들을 직접 보유한다면 Control tower로서 역할 수행에 혼선이 있을 수 있다. 따라서 그룹 관점에서는 흩어져 있는 자회사들을 그룹의 사업 Portfolio 단위로 구분하고, 중간지주회사가 해당 자회사들을 관리하는 것이 효율적일 수 있다.

2. 에너지 부문 중간지주회사

〈제2절〉에서 살펴보았듯이 SK이노베이션은 2010년 전후 석유, 화학, 윤활유 부문을 물적분할하고, 정보전자소재, 전기배터리 및 자원개발 사업을 영위하는 사업지주회사로서 역할을 수행했다.

이후 소재사업이 성장함에 따라 독자경영 체계 구축 및 투자 재원 확보를 위해, 2019년에 SK이노베이션은 소재 사업부문을 물적분할하였다. 그리고 이렇게 분할설립된 SK아이이테크놀로지는 2021년에 상장되어 자금조달에 큰 역할을 하였다.

(1) 배터리 사업부문의 분할

전기차와 친환경 에너지 흐름에 따라 현재 배터리 사업은 크게 각광을 받고 있다. 그리고 전세계 배터리 회사들은 시장을 선점하기 위하여 투자를 확대하고 있다. SK이노베이션은 배터리 시장에서 LG에너지솔루션이나 삼성SDI보다 후발주자라는 한계를 극복하기 위하여 더 적극적으로 투자를 실시하고 있다.

이러한 상황에서 SK이노베이션은 배터리(SK온)와 자원개발(SK어스온) 사업부문의 물적분할을 결정하며, 분할 목적을 다음과 같이 공시했다.

① 분할되는 회사가 영위하는 사업 중 Battery사업(이차전지사업, E–Mobility사업, ESS사업을 포함하며 이하 "Battery사업"이라 함) 및 E&P사업(E&P사업 중 분할기일 현재 진행 중인 중국, 베트남, 리비아 및 LNG(Yemen LNG 제외) 관련 사업을 뜻하며 이하 "E&P사업"이라 함. "Battery사업" 및 "E&P사업"을 통칭하여 "분할대상사업"이라 함)을 상법 등 관련 법령 및 본 분할계획서에서 정하는 바에 따라 물적분할하여 사업의 전문성을 제고하고 경영의 효율성을 강화한다.

② 분할되는 회사는 분할대상사업의 가치증대 및 사업 포트폴리오의 유연성을 확보하며, 환경변화에 대한 전략적 대응능력을 제고함으로써 궁극적으로 기업가치의

향상을 추구한다.

③ 신설회사는 각각 사업 특성에 맞는 기업문화의 정착과 경영관리 시스템의 구축
및 선제적인 사업전략 실행력의 확보를 통하여 사업의 전문성을 강화하고 본원적
경쟁력을 제고한다.

| SK이노베이션의 물적분할 |

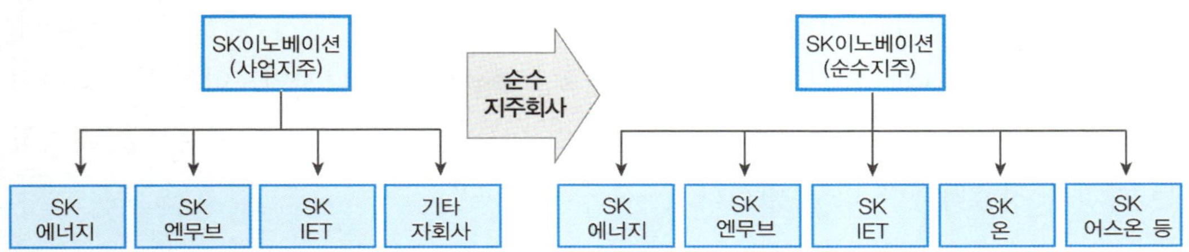

(2) 물적분할 후 주가의 추세

SK이노베이션은 배터리 부문을 분할한 후 상장할 것이라고 밝혔다. 현재 전 세계 배
터리 회사들은 시장 선점을 위해 공장 증설 속도가 매우 빠른데, 뒤처지지 않으려면 투
자 타이밍을 놓치지 않아야 한다. 따라서 빠른 시간 내에 투자재원을 충당할 필요가 있
는 SK이노베이션은 자금조달 전략으로 물적분할 후 상장을 결정한 것으로 판단된다.

우리나라 주식시장에서는 지주회사 주식에 대한 주가 할인 경향이 있다. 특정 사업
에 대해 관심이 있는 투자자라면 지주회사가 아닌 사업회사 주식을 매집하기 때문이다.
예를 들어 SK온이 상장하면 배터리 사업을 양호하게 보는 투자자는 SK이노베이션이
아닌 SK배터리 주식에 관심을 가지게 된다. 따라서 SK이노베이션 주식의 매력도가 감
소할 것으로 예상되어, 분할 공시 이후 SK이노베이션의 주가는 급락했다.

소액주주 입장에서는 배터리 사업을 보고 SK이노베이션을 취득했는데 (내 뜻이 아
닌 회사의 전략에 따라) 배터리 사업부문이 분할 후 상장되어 주가가 하락하여 손해가
발생하였다는 주장이 가능하다.

이에 대해 SK이노베이션은 2023년 3월 주주와의 대화에서 "SK온의 IPO와 연계한
주주 환원책을 검토하고 있다."고 밝혔다. SK온의 상장 시점에 맞춰 공개 매수를 통해
SK이노베이션이 자기주식을 취득하고 그 대가로 SK온의 주식을 주주들에게 교부하는
것이다. 주식 교환 규모는 SK이노베이션 시가총액의 10% 수준으로 취득한 자사주는

소각하여 SK온의 주식을 교부받지 않은 주주들도 주식가치 제고의 효과를 누릴 수 있게 할 예정이라고 설명했다. 그리고 SK이노베이션은 SK온의 IPO가 성공적으로 진행되면 구주 매출 대금의 일부를 기존 주주에게 특별 배당 형식으로 나눠줄 계획을 설명했다.

물적분할 이후 SK이노베이션은 사업지주회사에서 순수지주회사로 전환되는데, 우리나라 주식시장에서는 사업지주회사보다는 순수지주회사의 주가 할인 경향이 크다. 이에 대해 SK이노베이션은 '분할 시 다양한 포트폴리오를 매니지먼트하는 투자회사의 역할을 강조할 것이며, 연구개발이나 인수합병 등으로 지주회사 디스카운트를 초과하는 가치를 창출하겠다.'라고 밝혔다.

3. 통신, 반도체, ICT 부문 중간지주회사

SK와 SK스퀘어의 합병이 이루어질 경우 지배구조는 다음과 같이 변경된다.

| SK와 SK텔레콤(투자)의 합병 |

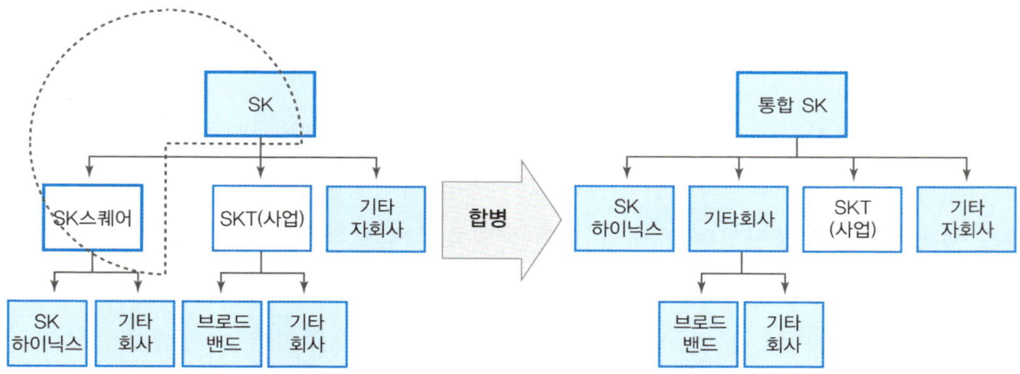

통합 SK 출범 이후 예상되는 통신과 반도체 부문의 중간지주회사 체계를 살펴보자.

(1) 통신 중간지주회사

SK텔레콤은 통신사업을 영위하는 기간사업자로서 M&A에 한계가 있으므로, 통신사업부문이 분리되어야 M&A가 원활해진다. 이러한 이유로 인적분할을 발표하기 이전에 SK텔레콤이 물적분할을 실시할 것이라 예상하는 증권사 리포트들도 많았다.

SK텔레콤은 유무선 통신사업을 주된 영업으로 하고 있는데, 향후 AI 기반의 구독마케팅 사업과 메타버스(Metaverse) 사업뿐만 아니라 Digital infra 기반의 Enterprise 사업을 강화할 예정이다.

이러한 점들을 감안한다면 향후 통신사업을 물적분할하고, 존속 기업은 AI와 Digital infra 기반의 사업들에 집중하다가 상황에 따라 해당 사업들도 독립된 법인으로 분리할 수도 있을 것이다.

| 통신 부문 중간지주회사 |

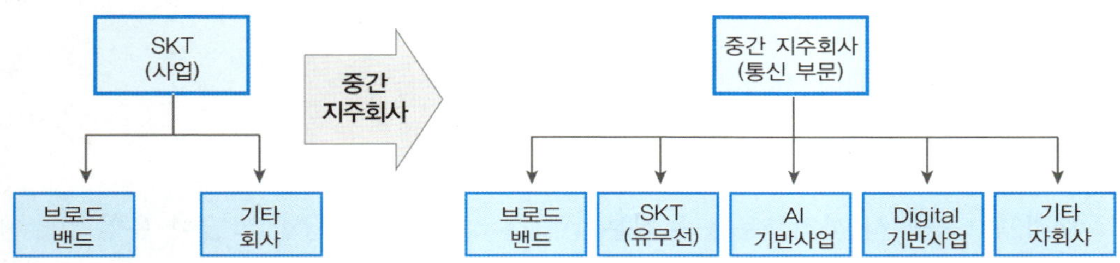

중간지주회사 체계로 전환한 이후 필요에 따라 SK브로드밴드나 물적분할된 유무선 사업회사의 상장 등을 통해 필요한 자금을 조달할 수도 있을 것이다.

(2) 반도체 중간지주회사

앞 절에서 언급한 바와 같이 SK하이닉스는 낸드플래시와 파운드리, 인공지능(AI) 등 신성장 분야에 인수합병과 연구개발을 추진하고 있으며, 이 과정에서 거액의 자금이 소요되고 있다. 또한 SK하이닉스는 반도체 내 여러 사업분야에 투자하고 있으므로, 각 부문별 책임경영의 필요성도 있다.

① 자금조달
② 각 부문별 책임경영

SK와 SK스퀘어가 합병하면 SK하이닉스는 자회사로 승격된다. 따라서 SK그룹 내에 흩어져 있는 반도체 관련 사업을 영위하는 회사들을 SK하이닉스 중심으로 재편성하고 중간지주회사로 전환할 가능성이 있다.

| 반도체 부문 중간지주회사 |

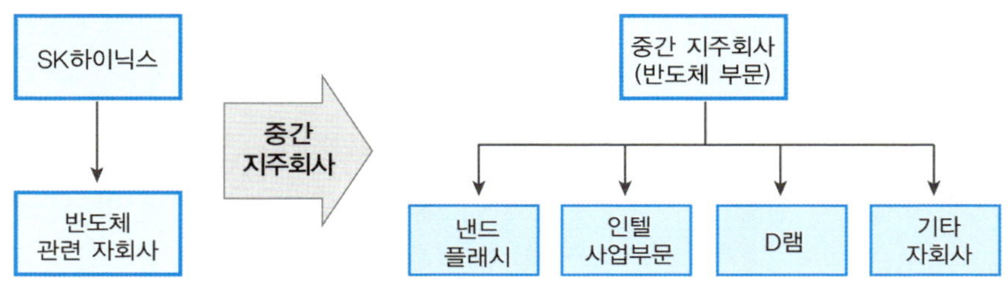

SK하이닉스는 지분 양수도와 물적분할 등을 통해 중간지주회사로 전환이 가능한데, 세부 내용은 다음과 같다.

① 낸드플래시와 D램 사업부문의 물적분할

② 인텔로부터 인수할 사업부문

D램과 낸드플래시 사업부문을 물적분할한 후 상장하면 상당한 자금이 유입되어 지분 취득 및 인수합병 등에 사용될 수 있다. 한편 SK하이닉스가 중간지주회사로 전환되면 지주회사 주가 할인 경향에 따라 주가가 장기적으로 하향 안정화될 가능성이 높기에, SK는 중간지주회사의 주식을 취득하여 유효지분율을 높일 수 있다.

(3) ICT 중간지주회사

SK와 SK C&C가 합병하면서 SK는 종전 SK C&C가 보유했던 ICT 관련 회사들을 승계하고, 직접 IT 서비스 사업을 영위하고 있다. 이러한 상황에서 SK와 SK스퀘어가 합병하게 되면 SK는 다수의 ICT 관련 자회사들을 보유하게 된다. 따라서 사업적 시너지와 관리의 효율성 등을 위하여 서로 연관성이 있는 ICT 관련 자회사들을 구분하여 관리하고 일부 자회사는 적극적으로 매각할 가능성이 있다. 경우에 따라서는 SK가 직접 보유하고 있는 IT서비스 부문을 물적분할하여 중간지주회사로 활용할 수도 있을 것이다.

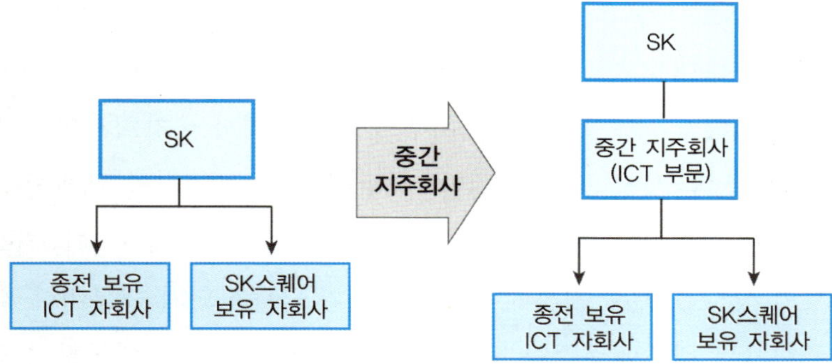

4. 중간지주회사와 지분레버리지 효과

지금까지 설명한 내용을 전제하면 SK그룹은 아래와 같은 중간지주회사 체제로 전환될 수 있다.

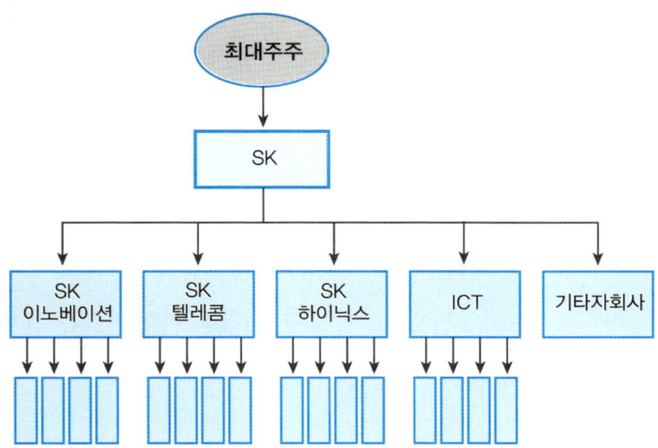

(1) 지분레버리지 효과

지주회사 체계에서는 핵심사업을 영위하는 자회사가 자금이 필요하다면, 지주회사가 유상증자 등을 통해 자본을 조달하고 이를 자회사에 제공하는 것이 보편적이다. 이해상충의 여지가 없기 때문이다. 미국의 지주회사나 우리나라의 대부분 금융지주회사들이 취하는 자금조달 방법이다.

지주회사 지분 보유를 통해 그룹 경영권을 유지하지만 자금은 부족한 최대주주를 가정해보자. 만일 지주회사가 유상증자하여 자본을 조달하려 하는데, 최대주주가 유상증자에 참여하지 못한다면 지분이 희석되어 그룹에 대한 경영권 방어가 어려울 수 있다.

이러한 이유로 최대주주가 중심이 된 지주회사 체계에서는 자회사의 상장과 유상증자, 사업부문의 분할 후 상장 등에 의존할 수 밖에 없는 구조적인 문제점이 있다는 지적도 있다. 이 현상은 중간지주회사 회사 체제에서는 더욱 두드러진다. 자회사뿐만 아니라 손자회사의 상장을 통해 지분레버리지 효과가 극대화되기 때문이다. 이러한 측면에서 **중간지주회사는 비지배주주의 비중 즉, 지분레버리지를 극대화하여 외형을 성장시킨 형태**라 할 수 있다.

SK그룹은 최근 Financial story라는 경영전략을 제시하였다. Financial Story는 기업이 고객, 투자자, 시장 등 다양한 이해관계자에게 회사의 성장 전략과 미래비전을 제시해 총체적 가치(Total Value)를 높여 가자는 내용이다. 실행 전략 중 상당부분은 사업을 영위하고 있는 손자회사들에 대한 상장 또는 지분 매각 등을 통하여 자금을 조달하는 것이다.

중간지주회사 구조를 통해 외연이 확장되면 고객뿐만 아니라 재무적 투자자(FI, Financial Investors)와 비지배주주들의 규모와 비중이 대폭 증가하게 된다. 따라서 중간지주회사는 최대주주가 자금 부담없이 경영권을 유지하면서 사업을 키우는 구조라고 비판 받을 가능성이 있다. 최대주주가 제한된 책임만 지는 상태에서 (비지배주주 등의 희생을 통해) 사업을 확장했다는 관점이다.

이러한 비판을 사전에 방지하려면 의사결정과 정보공개 등에 있어 재무적 투자자와 비지배주주를 적절하게 고려할 수 있는 체계가 전제되어야 한다. 그렇지 않다면 소송 등의 부작용이 발생할 수 있을 것이다.

최근 SK는 ESG(Environment, Social, Governance)를 강조하며, 계열사 16곳에 ESG 전담 조직을 신설했다. 국내 기업 중에서 가장 적극적으로 ESG 경영을 수용하며, 구체적으로 전략을 실행하고 있다는 평가이다. ESG 경영은 중간지주회사 체계로 전환되면서 발생할 수 있는 부작용을 방지하는 측면도 있다고 해석된다.

(2) 이해상충

중간지주회사 체제에서는 이해상충이 두드러질 가능성이 있다. 연결실체 관점에서는 그룹 전체의 가치극대화를 위한 전략이 필요하지만, 중간지주회사 자체 관점에서는 전체 그룹이 아닌 자신의 가치극대화를 꾀하게 된다. 따라서 전체 최적화가 아닌 부분최적화의 가능성이 있다. 특히 중간지주회사나 손자회사가 상장회사라면 그룹 전체보다는 자신의 주주를 비롯한 이해관계자가 우선하므로 부분최적화 이슈가 발생할 수 밖에 없다. 따라서 그룹과 중간지주회사의 이해상충을 최소화할 수 있는 의사결정 구조가 마련될 필요가 있다.

마지막으로 최상위 지주회사와 중간지주회사 각각의 역할, 균형과 견제에 관한 연구도 필요하다고 판단된다. 그렇지 않을 경우 최상위 지주회사 또는 중간지주회사의 무용론이 제기될 가능성이 있다. 특히 중간지주회사 자체는 그룹 전체 관점을 아우르는데 한계가 있고, 자금조달 능력도 한계가 있어 무용론에 설득력이 있다. 따라서 중간지주회사의 역할이 명확하게 정의되지 않는다면 중간지주회사는 단지 최대주주를 위해 자금을 조달하는 수단에 불과하다는 비판에 맞닥뜨릴 수 있을 것이다.

참고로 중간지주회사의 역할은 주로 다음과 같이 언급되고 있다.
① 사업포트폴리오를 관리하는 역할
② 연구개발(R&D)에 중점
③ 인수합병(M&A) 추진

제6절　지주회사 행위제한

1. 금융계열사 정리

SK는 일반지주회사이므로 공정거래법(제8조의 2 제2항 제5호)에 따라 금융회사를 보유할 수 없다. 따라서 SK그룹은 2007년에 지주회사로 전환한 후 보유하던 SK증권 주식을 어떻게 처리할 것인가에 대하여 고민하였다. 결국 SK그룹은 지주회사에 포함되지 않는 계열사인 SK C&C에 SK증권 지분을 넘기며 상황을 일단락하였다.

그러나 2015년에 SK와 SK C&C가 합병함에 따라 다시금 지주회사가 SK증권 주식을 보유하는 형태가 되었다. 따라서 SK그룹은 공정거래법에 따라 합병 후 2년을 기한(2017년 8월)으로 SK증권 주식을 처분하여야 했다. 유예기간이 지났음에도 SK증권에 대한 지분 정리가 이루어지지 않아 공정거래위원회는 SK에게 1년 내 SK증권을 매각하라고 명령하고, 약 30억원의 과징금을 부과하였다.

결국 2018년 7월 금융위원회의 승인으로 사모펀드인 J&W파트너스가 SK로부터 SK증권 지분을 취득하고, 계열분리가 이루어졌다. 매각 소식 이후 SK증권의 주가는 지속적으로 하락하였는데 이는 실적 하락에 대한 염려 때문이었다. SK그룹 계열사의 회사채 발행 대부분을 SK증권이 책임지고 있으므로, 계열분리가 이루어지면 향후 SK증권의 일감이 감소할 가능성이 있다고 예측했기 때문이다.

2. 증손회사

지주회사 행위제한 규정은 지주회사의 손자회사는 자회사 즉, 지주회사의 증손회사는 지분 100%를 보유하도록 규제하고 있다. 그 이유는 증손회사에 대한 지분요건을 100% 이하로 규정한다면, 지주회사를 중심으로 한 피라미드처럼 지주회사의 범위가 무한정 늘어나서 적은 자본으로 지주회사를 설립하여 여러 회사를 지배할 수 있기 때문이다.

SK지오센트릭은 2010년 하반기부터 JX에너지와 합작하여 아로마틱 생산법인을 설립하려고 하였으나, 지주회사 행위제한 규정 때문에 실현 가능성이 불투명했다. 'SK –

SK이노베이션(자회사) – SK지오센트릭(손회사)'으로 이어지는 지배구조에서, 공동으로 설립된 자회사(아로마틱 생산법인)는 SK의 증손회사에 해당하여 공동으로 설립되면 지분율이 100%에 미달하기 때문이다.

그러나 2014년 초에 외국인투자촉진법 개정에 따라 외국 기업과 합작하는 경우 지주회사의 증손회사에 대한 지분 보유 의무가 100%에서 50% 이상으로 변경되었다. 현재 SK지오센트릭과 일본의 JX에너지는 55.9%대 44.1% 지분 비율로 합작하여 울산아로마틱스(UAC)를 설립하여 운영 중이다.

Summary!

　본 장을 통하여 SK그룹의 지난 20년간의 지배구조개선 과정을 살펴보았다. SK그룹은 합병 및 분할 등을 적극적으로 활용하여 경영권을 안정화하고 지속적으로 사업 Portfolio를 재구성해 왔다. 그리고 그 과정에서 지배구조개편 효과를 극대화시키기 위하여 자기주식의 취득, 처분 및 소각 전략도 적절하게 사용했다. 또한 합병비율 산정과 자금을 마련하기 위한 방안으로 IPO 전략도 효과적으로 활용하였다. SK그룹은 지배구조개선을 통하여 기존 사업을 효율적으로 정비하고 새로운 사업 영역까지 효과적으로 확장하고 있다.

　지배구조개선은 단 한 번으로 끝나지 않는다. 기업은 끊임없이 성장의 기회를 탐색하고 위기에 대응할 수 있는 생존능력을 보유해야 한다. 영속적인 기업으로 성장하기 위해서는 환경에 걸맞은 최적의 지배구조를 끊임없이 탐색하여야 한다. SK그룹은 그러한 모범 사례를 보여주고 있다고 평가된다.

SK그룹의 지배구조개선

- SK의 지주회사 전환
  - 사전 자기주식 취득을 통한 사업회사 지배력 강화 및 대주주의 유효지분율 상승
  - 대주주 등 특수관계자의 현물출자를 통한 경영권 안정화
- SK C&C
  - 내부거래 등을 통한 SK C&C의 성장
  - SK C&C를 통한 투자로 자금조달 및 재투자 효과 극대화
  - SK C&C의 상장 및 합병 기대감으로 SK C&C 주가 상승
    → 합병비율에 영향
- 통합 SK 출범
  - SK와 SK C&C의 합병을 통한 지배구조 단순화
  - 일감몰아주기 이슈 해소
  - 합병 전 자기주식 취득을 통한 대주주의 경영권 안정화 효과
- 중간지주회사 체계
  - 분할 및 합병 등을 통한 중간지주회사 체계
    → 사업부문 별로 재편성
  - 물적분할 및 상장 등을 통한 자금조달
- 사업 Portfolio 개편
  - 신사업에 대한 적극적인 투자(반도체, 바이오, 2차 전지 등)
  - 사업 성장 시 지배구조 개편으로 사업 Portfolio 재구성

　개인기업의 법인전환이란 개인 사업주가 경영상 권리나 의무의 주체가 되어 경영하던 사업을 법인 형태로 전환하는 것을 의미한다. 개인사업을 영위하면서 순이익을 독점하는 경우와, 법인주주로서 근로소득이나 배당소득을 받는 경우를 비교해 보자. 개인사업 시 발생된 이익에 대해서는 소득세율이 적용되고, 법인소득에 대해서는 법인세율이 적용된다. 언뜻 소득세 최고세율이 법인세 최고세율보다 높으므로 세무상으로 법인전환이 유리할 것 같다는 생각이 든다. 그러나 배당소득에 대한 이중과세와 법인 청산시 발생하는 세액까지를 고려하면 세무상으로는 오히려 불리한 측면도 있다.

| 개인기업의 법인전환 |

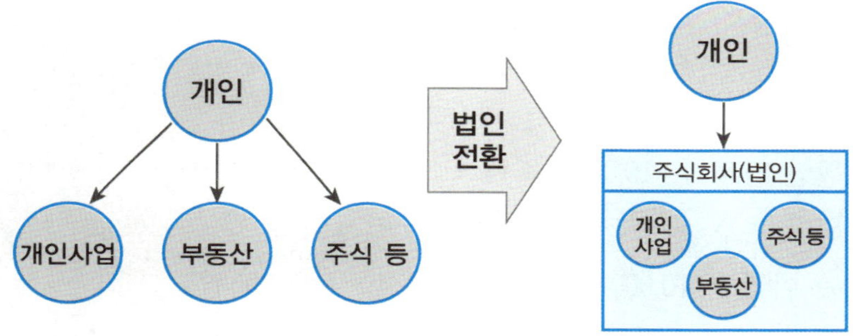

　개인이 운영하던 사업을 법인화하면 다음과 같은 장점이 있다.

① 사업 Risk 제한 : 법인화되면 주주의 사업 Risk는 투자자본으로 한정된다.

② 자금조달과 신용도 : 개인보다는 법인 형태가 자금 마련이 용이한데 그 이유는 금융기관으로부터 차입이 원활하기 때문이다.

③ 증여세 과세특례 : 개인기업의 경우에도 가업상속공제가 가능하나, 가업승계에 대한 증여세 과세특례는 주식 형태 즉, 법인화가 되어 있을 경우에만 가능하다.

④ 재투자 효과 : 동일한 이익을 창출하더라도 최고세율은 법인세율이 소득세율보다 훨씬 낮다. 따라서 세금을 지출한 이후로 투자금액을 한정하면 개인기업보다는 법인 형태가 훨씬 유리하다.

예제를 통하여 재투자 효과를 살펴보자.

예제 1

- A氏는 B사 지분을 100% 보유하고 있음.
- B사는 세전 이익을 10,000원 창출함.
- A氏에게 적용되는 급여 및 배당에 대한 한계세율은 40%임(단, Gross-up을 고려하여 배당소득에 대한 세율은 30%임).
- B사에게 적용될 법인세율은 20%임.
- A氏는 C사 지분을 직접 인수하는 것과 B사가 인수하는 것 중 자금 측면에서 유리한 대안을 검토하고 있음.

요구사항

1. A氏가 B사로부터 급여를 받아 투자하는 경우 조달 가능한 자금
2. A氏가 배당을 받아 투자하는 경우 조달 가능한 자금
3. B사가 직접 투자하는 경우 조달 가능한 자금

각 Case마다 투자할 수 있는 한도는 다음과 같다.

- 급여가 재원인 경우 = 10,000원 × (1 − 소득세율) = 6,000원
- 배당이 재원인 경우
  - 배당 가능 이익 = 10,000원 × (1 − 법인세율) = 8,000원
  - 투자 가능 금액 = 8,000원 × (1 − Gross-up이 반영된 세율) = 5,600원
- B사가 투자하는 경우 = 10,000원 × (1 − 법인세율) = 8,000원

상기 예제를 통해 알 수 있듯이 개인기업의 형태라면 투자할 수 있는 금액은 6,000원에 한정된다. 그러나 법인전환하였다면 투자 주체는 개인인 A氏가 아니라 B사라는 차이는 있으나, 투자할 수 있는 금액은 2,000원만큼 더 크다. 게다가 B사는 개인인 A氏보다 차입 등을 통하여 자금을 조달하기 용이하다. 따라서 **재투자를 통한 사업의 성장 가능성은 개인사업보다는 법인 형태가 훨씬 유리함**을 알 수 있다.

참고로 개인사업을 영위하다가 상속이나 증여를 하는 경우에는, 부동산이나 예금 등 각 재산별로 과세표준이 결정된다. 그러나 법인전환 후 주식을 승계한다면 주식가치 평가방법에 따라 과세표준이 결정된다. 따라서 경영권승계와 재산승계 시에는 어떠한 형태가 세 부담이 적을지 비교할 필요가 있다.

보론 2   엘리엇과 삼성물산의 합병

2015년 6월 현재 삼성전자의 주요 주주 현황은 다음과 같다.

주주	지분율(%)
이건희	3.8
삼성물산	4.1
삼성생명	7.2
그 외 특수관계자	2.4
자기주식	12.2
기타	70.3
합계	100.0

상기 표에서 보듯이 삼성그룹의 원활한 경영권승계를 위해서는 삼성물산과 삼성생명이 보유하는 삼성전자 지분에 대한 적절한 승계가 필수적이다. 삼성그룹의 경영권승계에 있어 대표기업인 삼성전자에 대한 지분 확보는 무엇보다 중요하기 때문이다. 이러한 점 때문에 시장에서는 제일모직이 상장된 이후 삼성물산과 합병할 것으로 예상하였다. 왜냐하면 이재용 부회장은 제일모직의 최대주주였으므로 양사가 합병한다면, 이재용 부회장이 제일모직을 통하여 삼성전자의 지분을 직접 통제할 수 있는 형태가 되기 때문이다.

이러한 합리적인 예상에 근거하여 합병 전에 미국계 헤지펀드인 앨리엇은 삼성물산 지분을 7.12%만큼 취득하였다. 그리고 삼성물산과 제일모직의 합병에 반대하며 주식 형태의 현물배당과 중간배당을 요구하는 주주제안을 하였다. 앞서 살펴본 소버린과 같이 엘리엇도 지배구조의 취약점을 공략한 것이다.

엘리엇이 등장함에 따라 삼성물산은 우호지분 확보를 위하여 보유중인 자사주를 KCC에 매각하였다. 이에 대응하여 엘리엇은 자사주 처분금지 가처분 신청을 하는 등 공세를 펼쳤는데 이 과정도 소버린과 유사하다. 그러나 엘리엇의 가처분 신청은 법원에서 기각되었고, 삼성물산과 제일모직의 합병은 가결되었다. 합병 이후 엘리엇은 주식 매수청구에 응하고 잔여 주식을 처분함으로써 사건은 종결된 것으로 보였다.

이후 삼성전자의 지주회사 전환이 논의되었는데 그 주요 내용은 다음과 같다.
① 삼성전자를 투자부문과 사업회사로 분할
② 삼성물산과 삼성전자의 투자부문의 합병

삼성전자 주식을 0.6% 보유하고 있는 엘리엇의 계열사인 블레이크 캐피탈(Blake Capital)과 포터 캐피탈(Potter Capital)은 최근 삼성전자 이사회에 다음의 내용이 포함된 서신을 보내왔다.
① 삼성전자를 지주회사와 사업회사로 분할한 후 삼성전자(지주회사)와 삼성물산의 합병하여 지배구조 단순화
② 삼성전자의 30조원대 특별 현금배당 실시 등

이는 엘리엇이 현 경영진의 그룹 지배구조개선 방향을 지지하는 것처럼 보이지만, 한편에서는 공격 대상을 삼성물산에서 삼성전자로 옮긴 것으로 해석하고 있다. 즉, 삼성물산과 제일모직의 합병 과정에서 이익은 취하지 못하였으나, 경영권승계 과정에서 예상되는 기업지배구조의 취약점을 지속적으로 공략하고 있다고 보는 것이다. 이처럼 엘리엇은 이재용 부회장과 삼성전자를 잇는 그룹 지배구조 개선 작업에 지속적인 부담을 안길 것으로 예상된다.

이 과정에서 2017년 4월 27일에 삼성전자는 13.3%(보통주 12.9%, 우선주 15.9%)에 이르는 자기주식을 소각하기로 결정하였다. 해당 자기주식의 시가는 약 50조원으로서 삼성전자가 지주회사로 전환될 경우 결정적인 역할을 수행할 것으로 예상했었으나, 시장의 기대와 전혀 다른 결정이 이루어진 것이다. 당시 삼성전자가 발표했던 내용은 다음과 같다.

'인수·합병 등 대규모 거래나 우수인력 확보를 위한 재원으로 활용하기 위해 자사주를 계속 보유해 왔다. 하지만 최근에 보유현금이 증가하는 등 안정적인 재무 상황을 고려하여 주주 가치 제고 차원에서 보유 자사주를 소각하기로 결정했다.'

　그리고 지주회사로 전환하지 않는다고 결정하며 그 이유로 다음을 제시하였다. '지주회사로 전환할 경우 전반적으로 사업경쟁력 강화에 별다른 도움이 되지 않고, 오히려 경영 역량의 분산 등 사업에 부담을 줄 우려가 있다.'[47]

　이후 삼성전자는 50:1의 액면분할을 결정했다. 주식의 액면분할 자체는 기업의 가치에 영향을 주지 않는다. 그러나 삼성전자처럼 고가주는 일반 투자자들이 접근하기 어렵기에, 액면분할 이후에는 보다 거래가 활발해질 것으로 예상된다.[48]

　〈제6장〉에서 소버린이 지배구조가 취약하였던 SK 주식을 취득하여 경영권을 위협한 사례를 소개하였다. 소버린은 지배구조 개선 및 글로벌 스탠다드의 지향 등을 명분으로 내세웠으나, 결국은 단기적인 투자수익만 취하고 모든 지분을 처분하였었다. 향후 엘리엇과 삼성그룹의 관계는 어떻게 진행될지 예측하기 어렵다. 그러나 지배구조가 취약할 경우에는 단기수익을 노리는 외국계 투자펀드의 위협에 노출됨을 짐작할 수 있다.

---

47) 고수익 사업에서 창출되는 수익을 미래 신성장동력 발굴에 활용하는 등 선순환구조가 지속성장의 기반이며, 다른 글로벌 IT기업이 지니지 못한 삼성전자의 강점이라는 견해이다. 즉 스마트폰, 반도체, 디스플레이 등 부품 사업이 균형을 이루며 Synergy를 내고 있는데, 지주회사 전환은 이러한 사업 역량을 훼손시킬 수 있다는 의견인 것이다.

48) 이러한 이유로 액면분할 이후에는 전체 주주의 구성비 중 개인투자자의 비중이 커지는 경향이 있다. 따라서 지분율이 낮은 오너가 의사결정에 영향을 미치는 주주의 비중을 감소시키려는(소액주주를 증가시키려는) 전략으로 액면분할 실시로 보는 견해가 있다.

보론 3 | 인수합병(M&A)의 목적과 성과

SK그룹의 역사는 인수합병(M&A)의 역사라고 해도 지나치지 않는데, SK그룹의 주요 인수합병 사례를 살펴보면 다음과 같다.

- 1980년 대한석유공사(현, SK이노베이션) 인수
- 1997년 한국이동통신(현, SK텔레콤) 인수
- 2002년 신세기 통신 합병
- 2005년 인천정유(현, SK인천정유화학) 인수
- 2012년 하이닉스반도체(현, SK하이닉스) 인수 등

SK그룹의 영업이익을 창출하는 비중이 큰 회사가 SK하이닉스, SK이노베이션 및 SK텔레콤인 것을 감안하면 SK그룹은 성공적인 인수합병을 진행해 왔다고 볼 수 있다.

인수합병은 기업(또는 그룹)의 성장 동력을 마련해 주기도 하지만, 잘못된 인수합병은 기업의 생존 자체를 위협하기도 한다. 본 절에서는 인수합병(M&A)의 목적과 성과를 살펴보고자 한다.

1. 기업 인수합병(M&A)의 목적

우리나라 기업의 인수합병 역사는 길지 않다. 그러나 미국과 유럽에서는 오래 전부터 기업 인수합병이 활발하게 이루어졌는데 시대별 인수합병의 특징을 살펴보면 다음과 같다.

① 20세기 초 수평적인 합병 : 거대기업으로 성장하는 것을 목적으로 다른 경쟁기업과 인수합병

② 1920년대의 수직적 인수합병

③ 1950년대와 1960년대의 비관련 다각화 전략에 따른 합병 : 콩글로머릿(Conglomerate)과 같은 복합기업들이 인수합병을 통하여 탄생함.

④ 1980년대 에너지업과 금융업종에서의 합병 : 완화된 산업에서 인수합병이 활발하게 이루어짐.

⑤ 1980년대 후반의 리스트럭처링 : 비관련 사업부문 중 수익이 개선되지 않은 기업을 다시 매각함.

⑥ 1990년대의 해외인수합병 : WTO 출범으로 자유무역 체제가 강화되고, 정보통신이 발달함에 따라 세계경제의 글로벌화가 가속화됨.

⑦ 2000년대 초반 : IT 버블 붕괴로 인한 인수합병 시장이 축소됨.

⑧ 2000년대 후반 : 세계 경제의 호황으로 인하여 인수합병 시장이 다시 성장함.

기업 간에 인수합병이 발생하는 원인을 분석하려면 판매자보다는 구매자의 관점을 이해하여야 한다. 왜냐하면 구매자가 인수대상 기업의 가치를 판매자보다 높게 평가하여야 인수합병이 가능하기 때문이다. 따라서 구매자가 판매자보다 더 높은 가치를 창출할 수 있다고 판단하는 이유를 분석하면 인수합병이 발생하는 목적을 이해할 수 있다.

(1) 신속한 시장 진입

기업이 신규 시장에 진입하여 공장을 건설하고 유통망을 구축하여 사업을 성장시키는 데에는 많은 시간과 노력이 투입된다. 따라서 새로운 사업에 참여하려는 기업이 인수합병을 실시한다면 시간을 크게 절약할 수 있다. 인수합병을 통하여 피취득기업이 보유하고 있는 새로운 사업 분야에 필요한 경영자원과 핵심역량을 일순간에 습득할 수 있기 때문이다.

(2) 규모의 경제와 범위의 경제 활용

기업들은 때때로 인수합병을 통하여 규모의 경제와 범위의 경제를 활용하고자 한다. 소수의 기업이 존재하고 있는 과점적인 시장구조에서 수평적인 인수합병을 통하여 거대기업이 탄생할 경우에는 독점적인 시장 지배력을 가질 수 있기 때문이다. 그러나 특정 기업이 시장 지배력을 과도하게 가지게 된다면 여러 가지 악영향을 미칠 가능성이 있다. 따라서 미국의 반트러스트법(Antitrust Law)이나 우리나라의 공정거래법은 수평적인 인수합병을 통하여 독점력을 얻지 못하도록 규제하고 있다.

(3) 리스트럭처링(Restructuring)

만일 어떠한 기업이 방만한 경영으로 인하여 기업의 가치가 저평가되고 있다고 가정하자. 그러할 경우 인수합병을 통하여 경영진을 교체하고 효율적으로 경영한다면, 그 기업의 가치를 증대시킬 수 있다. 예를 들어 1980년대 미국에서는 콩글로머릿을 통하여 방만한 경영을 해 온 기업집단이 많았다. 그러나 1990년대 이후 효율적인 경영을 위하여 핵심사업이 아닌 분야는 시장에 매각하는 리스트럭처링이 성행하였다.

(4) 성숙산업으로 진입

인수합병은 산업 전반적으로 유휴시설이 많은 산업에서 선호되는 진입방법이다. 어떠한 기업이 생산시설이 포화 상태에 있는 산업에 진출하려고 계획 중이라고 가정해 보자. 이러한 경우 기업은 공장을 새로 건설하여 산업 내에 과잉 생산설비를 만들기보다는, 기존 업체를 인수함으로써 산업 내 과잉 생산시설을 방지하는 것이 더 효율적인 방법일 것이다.

(5) 해외시장 진출

해외에서 새로운 유통망을 확보하고 생산시설을 갖추려면 국내 시장에 진입하는 것보다 많은 시간과 투자자금을 필요로 한다. 따라서 정보가 상대적으로 적은 해외시장에 원활하게 진출하기 위해서는 새롭게 공장을 건설하기보다는, 기존에 존재하는 해외기업을 인수합병하는 것이 훨씬 효과적인 방법이 될 수 있다.

2. 인수합병의 성과

최근 우리나라의 인수합병 시장은 급속하게 성장하고 있으며 그 규모도 커져 가고 있다. 그러나 아직까지 인수합병의 역사가 그다지 길지 않아 추세를 이야기하기는 쉽지 않은 상황이다. 한편, 과거에 이루어진 인수합병은 자본시장에서 자유롭게 이루어지기보다는 실패한 기업에 대한 인수합병이 주가 되어 왔다. 게다가 많은 경우 정부에서 특혜금융을 제공하면서 정책적으로 결정된 경우가 많아 인수합병에 대한 공정한 평가가 쉽지 않다. 그러나 미국에서 이루어진 인수합병에 관한 연구에 따르면, 인수합병으로 취득한 기업 중 70% 정도는 가치 창출에 실패하고 5년 이내에 다시 매각된다고 한다.

(1) 인수전략의 실패

기업들의 인수합병이 실패로 귀결되는 가장 큰 이유는 인수합병을 위하여 지급한 대가보다 새로운 가치를 창출하지 못하기 때문이다. 이는 인수합병 시 기업들이 많은 프리미엄을 지급하기 때문에 발생하는 경우가 많은데, 인수합병(M&A) 시장에서는 이를 승자의 저주(Winner's curse)라 칭하고 있다. 우리나라의 경우에도 금호아시아나그룹이 대우건설과 대한통운을 비싼 가격에 인수한 이후에 유동성 위기를 겪고 재매각한 사례를 발견할 수 있다.

인수합병을 통하여 창출할 수 있는 새로운 가치는 다음과 같이 요약할 수 있다.
① 시장지배력의 증가
② 규모와 범위의 경제를 통한 비용 절감
③ 기업집단이 보유하고 있는 경영자원의 결합을 통한 Synergy 효과

연구에 따르면 지역, 시장 및 기술적 중복이 많을수록 인수합병을 통하여 새로운 가치를 창출할 가능성이 크다고 한다. 반면, 전략적 제휴는 지역, 기술 및 제품별 중복이 없을수록 성공할 가능성이 크다고 한다. 이와 같은 현상이 발생하는 이유는 다음과 같다.
① 인수합병의 경우 중복된 부분을 결합하면 범위와 규모의 경제를 활용할 수 있다.
② 반면, 전략적 제휴의 경우에는 중복이 없어야 이해관계가 상충되지 않는 양립성(Compatibility)이 가능하다.

(2) 통합과정의 실패

인수합병 시 발생할 수 있는 범위의 경제성과 그로 발생하는 새로운 가치는 인수 이후 인수된 기업들을 얼마나 잘 통합하고 운용하는가에 따라 결정된다. 특히 두 기업이 상충된 기업문화를 가지고 있을 경우에는 인수합병 후 많은 갈등을 일으킬 소지가 있으므로, 인수합병 시에는 기업문화가 서로 상충되는지를 살펴보고 문화의 갈등을 최소화할 수 있는 방법을 강구하여야 한다.

인수합병 이후 성공적인 통합과정이 이루어지려면 다음과 같은 두 가지 측면이 반드시 고려되어야 한다.

① 인수합병을 통하여 규모와 범위의 경제성을 창출하기 위해서는 양 기업 간 경영자원의 공유와 핵심역량이 활발하게 이전되어야 한다. 또한 인수합병을 통하여 규모와 범위의 경제성을 성공적으로 달성하려면 통합과정은 빠른 시간 내에 마무리되어야 한다.

② 인수된 기업의 핵심역량을 보호하려면 어느 정도 조직상의 자율성을 보장해 주어야 한다. 따라서 기업 인수합병은 인수과정을 살펴보면서 통합의 속도를 조절하는 진화론적인 접근이 필요하다.

기업 인수나 합병 시 유의사항을 정리하면 다음과 같다.[49]

① 인수합병이 기업에 미치는 성과를 이해하기 위해서는 분명한 인수합병 전략을 가져야 한다.

② 인수합병 전략을 운용하는 데 필수적인 요소는 그 과정을 이해하는 것이다.
- 모든 가치 활동은 인수합병 이후에 일어난다. 따라서 인수합병 후의 통합과정이 성과에 매우 큰 영향을 미친다.
- 인수합병에 관한 의사결정은 기업이 인수합병으로부터 가치창출 잠재력을 파악하고 인수합병 후 성공적인 통합을 하는 데에 중요한 영향을 미친다.

③ 인수합병은 당사자들의 전략적 핵심역량을 증대시킬 때 가장 높은 가치를 창출한다. 그 결과 인수기업과 피인수기업 모두 경쟁우위를 향상시킬 수 있으며 이는 곧 그들의 재무적인 경영성과로 반영된다.

④ 인수합병의 성공은 핵심역량의 이전이 요구되는 두 기업 간의 전략적 상호의존성과 피인수기업의 핵심역량을 유지하는 데 필요한 자율성 간의 균형을 유지할 수 있는 경영자의 능력에 달려 있다.

⑤ 이러한 두 요인 간의 균형을 통하여 적절한 통합방법이 결정되는데, 통합방법으로는 크게 다음과 같이 세 가지가 있다.
- 두 조직이 하나가 되는 흡수합병
- 피인수기업이 자신의 문화적인 주체성을 보존하는 경우

---

49) Haspeslagh and Jemison, Managing Acquisitions, The Fress Press, 1991

- 쌍방 간 적응이 요구되고 조직의 융합이 필요한 협력적인 관계

⑥ 이러한 통합방법을 운용할 수 있는 기업의 능력은 기업 간 상호관련성을 어떻게 조정할 수 있는가에 달려 있다.

⑦ 통합방법에 따라서 차이가 있다고 해도 이러한 상호관련성을 조정하는 데에는 두 단계의 절차가 있다.

- 통합단계를 결정하고 핵심역량의 이전이 일어날 수 있도록 적절한 분위기를 조성한다.

- 경쟁우위를 높이며 가치를 창출할 수 있도록 핵심역량을 실제로 경영에 적용한다.

⑧ 가치창출이 실현되기 위해서는 상황의 추이를 살펴보며 통합의 속도와 방법을 조정해 나가는 진화과정으로 보아야 한다.

⑨ 인수합병은 기업들에게 새로운 전략을 추구하도록 도와줄 뿐만 아니라 새로운 핵심역량에 대하여 배울 수 있는 기회도 제공한다.

⑩ 통합과정 이후에 기업들은 인수합병 의사결정 시 그 자체에서 벗어나 통합된 경영활동의 네트워크를 어떻게 운영할 것인지에 집중하여야 한다.

다양한 지배구조개선 사례

많은 회사와 기업집단(그룹)은 여러 가지 이유로 지배구조개선을 진행하고 있다. 변화하는 영업환경에 대응, 기존 사업구조의 재편성, 명확한 성과평가와 책임경영의 강화, 공정거래법 등 관련 법규 대응, 경영권 안정화, 자금조달 창구의 다양화…….

여러 목적이 있으나 이 중 경영권 안정화와 자금 이슈가 지배구조개선의 주된 이유로 손꼽힌다. 지배구조개선은 경영권승계에 큰 영향을 미친다. 그리고 어떠한 경우에는 원활한 경영권승계를 위하여 지배구조개선이 이루어지기도 한다. 이러한 현상은 대주주가 의사결정의 중심이 되는 기업들에게서 빈번하게 발견된다.

본 장에서는 지금까지 다루지 못한 여러 기업들의 지배구조개선 사례를 소개한다.

- 삼광글라스
- 현대자동차
- 현대중공업
- 셀트리온
- 동아제약

<table>
<tr><td>제1절</td><td>삼광글라스</td></tr>
</table>

1. 현 황

삼광글라스는 유리 및 캔 제조가 주업이었으나, 2016년 이후 업황이 악화되어 영업 손실이 발생하고 거액의 차입금으로 인해 재무구조가 취약해졌다. 삼광글라스는 OCI 계열로 분류되고 있으나, OCI 창업자인 이회림 회장의 차남인 이복영 회장 체제로 경 영권이 넘어간 이후로는 사실상 OCI에서 분리된 상태이다.

삼광글라스의 2019년 현재 지배구조는 다음과 같다.

| 2019년 지배구조 |

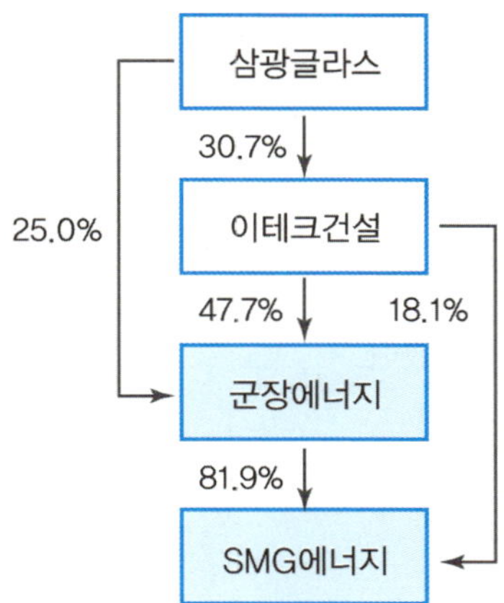

삼광글라스와 이테크건설은 상장회사이나, 군장에너지와 SMG에너지는 비상장회사 이다. 앞서 언급하였듯이 2019년말 현재 삼광글라스는 수익성이 좋지 않고 부채비율이 높은 상태였다. 그리고 계열사 중 군장에너지가 가장 기업가치가 높은 회사로 평가받 고 있었는데, 군장에너지에 대해 살펴보자.

군장에너지는 병합발전업, 증기와 전기의 제조 및 판매가 주업이며, 2008년부터 본격 적인 상업 생산을 시작했다. 설립 초기에는 OCI에 대한 매출 의존도가 컸으나 2011년 이후로 고객 다각화를 통해 내부거래가 감소되었다. 군장에너지는 2018년부터 상장을 추진했으나, 자회사인 SMG에너지가 완공한 바이오매스 발전소의 허가 지연으로 상장 계획이 중단되었다.

2019년말 현재 주요 회사의 지분 구조는 다음과 같다.

(단위 : %)

	삼광글라스	이테크건설	군장에너지
이복영(父)	22.18	5.70	−
이원준(子)	8.84	−	12.23
이우성(子)	6.10	5.14	12.15
삼광글라스	−	30.71	25.04
이테크건설	−	−	47.67
기타 특수관계자	8.18	7.47	0.29
합계	45.30	49.02	97.38

2. 분할합병에 대한 논쟁

(1) 분할합병의 구조와 목적

2020년 3월에 삼광글라스는 삼광글라스와 이테크건설의 투자부문을 분할한 후 군장에너지와 합병하겠다는 공시를 했다.

| 삼광글라스의 분할합병 |

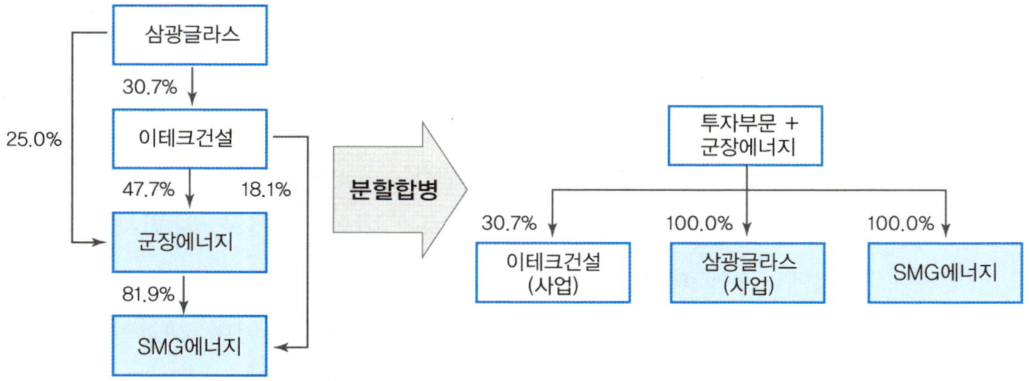

회사가 공시한 분할합병의 목적은 다음과 같다.

'금번 합병은 삼광글라스를 합병법인으로 하여 피합병법인인 군장에너지를 흡수합병합니다. 이는 우량 모회사 중심의 지배구조를 개편하고, 소액주주 투자 안정성 제고와 모회사의 사업 안정성을 높여 그룹 경영전략의 다양화를 목적으로 합니다.'

회사가 공시한 합병의 세부 목적은 다음과 같다.

① 우량 모회사 중심 지배구조 개편 : 현재 수익이 가장 좋지 않은 삼광글라스가 최상위 지배기업의 위치에 있는데, 우량한 사업을 최상위 지배기업으로 변경시킴.

② 소액주주 투자 안정성 제고 : 모회사가 양호한 사업을 영위하게 되어 주가가 안정됨.

③ 모회사의 사업 안정성을 높여 기업 경영 전략의 다양화 : 상장된 모회사가 안정되어 자금조달이 용이함. 따라서 이를 바탕으로 M&A와 신사업 진출 전략이 가능해짐.

한편, 지배구조가 수직적인 구조에서 병렬구조로 변경되는데, 이를 통해 기대할 수 있는 효과를 다음과 같이 공시했다.

① 지배구조 투명성 제고 : 출자관계 단순화와 병렬화에 의한 지배구조 투명성 제고

② 경영 효율화 : 의사결정의 신속화를 통한 효율적인 경영으로 기업환경 변화에 대한 유연한 대처 가능

③ 사업구조 개편 용이 : 향후 신규사업 진출, 비핵심 사업 부문 또는 계열사 매각 등 신속한 사업구조 개편 용이

④ 재무위험 전이 차단 : 계열사 간 지분 공동 출자가 해소되어, 일부 계열사의 재무위험이 다른 계열사로 전이되는 위험 방지

(2) 분할합병에 대한 논쟁

회사는 모기업이 양호한 사업을 영위하게 하고, 명확한 형태의 지배구조로 변경하기 위한 개편이라고 밝혔다. 그러나 시장에서는 그 목적이 최대주주에게 유리한 형태로 경영권승계가 이루어지게 함에 있다고 비판했다. 즉, 분할합병의 목적과 합병비율의 적정성에 의문을 제기한 것이다.

비판의 주된 내용은 다음과 같다.

① 구조 개편을 통해 子弟가 보유하는 모회사의 지분율이 증가하여, 별도 자금 부담 없이 경영권승계가 이루어진다.

② 합병 과정에서 子弟가 보유하는 회사들의 가치가 높게 평가되는 반면, 소액주주의 이익이 훼손된다.

3. 지배구조 변동 내역

분할합병에 대한 세부 내용을 살펴보기 위하여 순차적으로 분할과 합병이 이루어진다고 가정하고 지배구조의 변동을 살펴보자.

(1) 투자부문 분할

삼광글라스의 사업부문을 물적분할하면 사업부문은 100% 비상장 자회사로 위치하게 된다. 그리고 이테크건설을 투자부문과 사업부문으로 인적분할할 경우 지배구조는 다음과 같이 변경된다.

| 투자부문의 분할 |

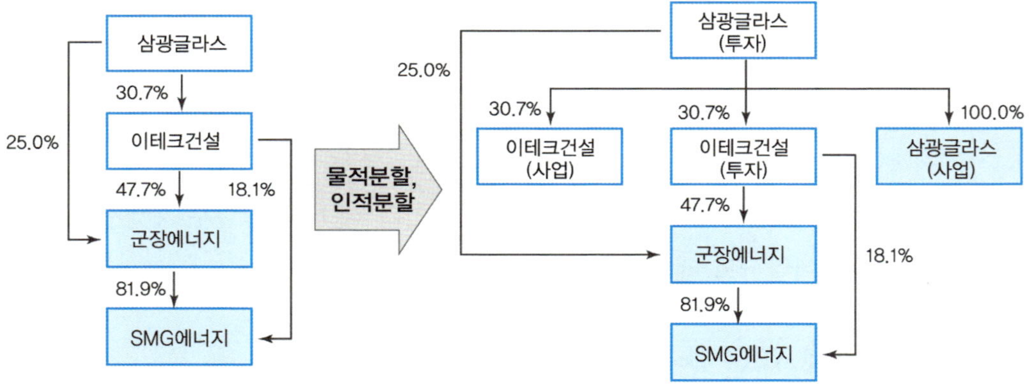

(2) 투자부문 합병

삼광글라스의 투자부문과 이테크건설의 투자부문을 합병하면 군장에너지는 투자부문의 자회사로 승격하게 된다.

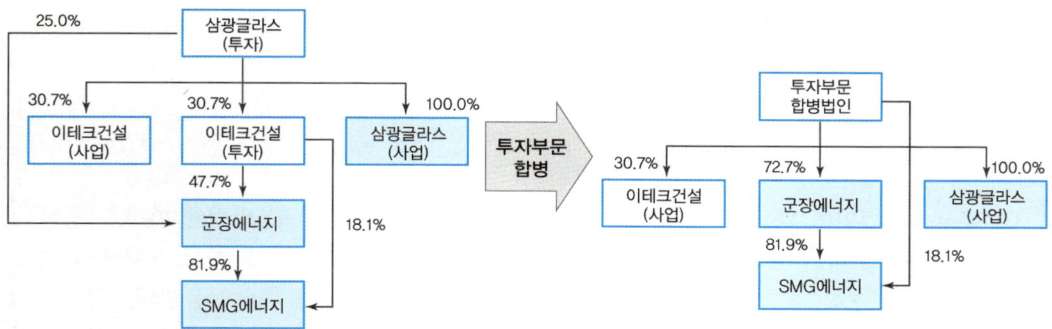

(3) 군장에너지와 투자부문의 합병

투자부문과 군장에너지를 합병하게 되면, 수직적인 지배구조가 병렬구조로 변경되고 모든 자회사를 통합법인이 직접 보유하게 된다.

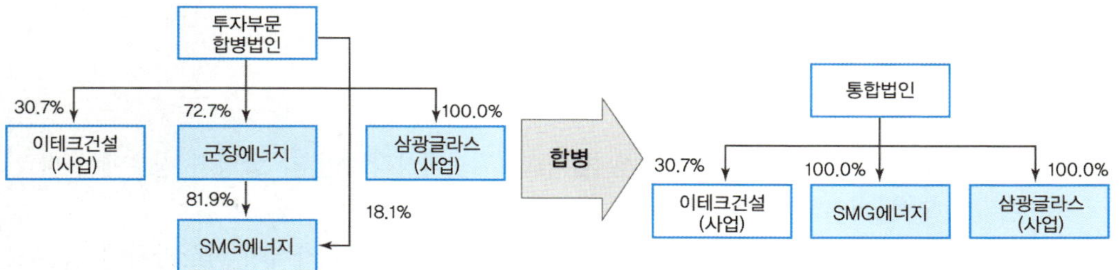

4. 합병비율에 대한 논쟁

삼광글라스의 지배구조개편에 있어 논점은 크게 합병비율의 적정성과 지배구조개편의 정당성인데, 본 절에서는 그 내용을 살펴본다.

(1) 자본시장법 규정

지배구조개편은 주주들의 이해관계에 영향을 크게 미치는데, 분할보다는 주로 합병과정에서 이슈가 제기된다. 분할 자체는 모든 주주에게 동일한 영향을 미치지만, 합병은 합병비율에 따라 합병에 참여하는 주주들의 부(富)에 큰 영향을 미친다. 특히, 특수관계자가 개입된 상장회사와 비상장회사 간의 합병이 발생하면 합병 자체의 정당성, 합병비율의 적정성, 우회상장에 대한 이슈가 있다.

따라서 자본시장법에서는 합병에 관한 규정을 명시하고 있다.[50]

① 주권상장법인이 다른 법인과 합병하려는 경우에는 다음 각 호의 방법에 따라 산정한 합병가액에 따라야 한다. 이 경우 주권상장법인이 제1호 또는 제2호 가목 본문에 따른 가격을 산정할 수 없는 경우에는 제2호 나목에 따른 가격으로 하여야 한다.

  1. 주권상장법인 간 합병의 경우에는 합병을 위한 이사회 결의일과 합병계약을 체결한 날 중 앞서는 날의 전일을 기산일로 한 다음 각 목의 종가(증권시장에서 성립된 최종가격을 말한다. 이하 이 항에서 같다)를 산술평균한 가액('기준시가')을 기준으로 100분의 30(계열회사 간 합병의 경우에는 100분의 10)의 범위에서 할인 또는 할증한 가액. 이 경우 가목 및 나목의 평균종가는 종가를 거래량으로 가중산술평균하여 산정한다.

    가. 최근 1개월간 평균종가. 다만, 산정대상기간 중에 배당락 또는 권리락이 있는 경우로서 배당락 또는 권리락이 있은 날부터 기산일까지의 기간이 7일 이상인 경우에는 그 기간의 평균종가로 한다.

    나. 최근 1주일간 평균종가

    다. 최근일의 종가

  2. 주권상장법인(코넥스시장의 법인은 제외)과 주권비상장법인 간 합병의 경우에는 다음 각 목의 기준에 따른 가격

    가. 주권상장법인의 경우에는 제1호의 가격. 다만, 제1호의 가격이 자산가치에 미달하는 경우에는 자산가치로 할 수 있다.

    나. 주권비상장법인의 경우에는 자산가치와 수익가치를 가중산술평균한 가액

② 제1항 제2호 나목에 따른 가격으로 산정하는 경우에는 금융위원회가 정하여 고시하는 방법에 따라 산정한 유사한 업종을 영위하는 법인의 가치('상대가치')를 비교하여 공시하여야 하며, 같은 호 각 목에 따른 자산가치·수익가치 및 그 가중산술평균방법과 상대가치의 공시방법은 금융위원회가 정하여 고시한다.

(2) 삼광글라스의 합병비율 결정

삼광글라스의 합병은 삼광글라스 및 이테크건설의 투자부문과 군장에너지 3자의 결

---

50) 자본시장과 금융투자업에 관한 법률 시행령 제176조의 5

합으로 이루어졌는데, 각 기업의 주식가치 결정과정에 대해 살펴보자.

① 삼광글라스 투자부문 : 물적분할을 실시하더라도 기업가치나 주가는 변화하지 않는다. 따라서 삼광글라스의 투자부문의 가치는 분할합병 당시 주가에 따라 결정된다.

② 이테크건설 투자부문 : 이테크건설은 상장회사이지만, 인적분할 후 사업부문과 투자부문의 주가는 분할 후 시간이 경과해야 형성된다. 따라서 이테크건설이 인적분할 후 즉시 합병하게 되면 투자부문의 시가가 없기 때문에 (비상장회사이므로) 상대가치를 산정해야 한다.

③ 군장에너지 : 군장에너지는 비상장회사이므로 상대가치를 산정해야 한다.

삼광글라스의 기준주가는 코로나19 확산으로 코스피가 1400대까지 하락했을 무렵의 주가였으므로 상당히 낮은 수준이었다. 반면 군장에너지는 상대가치에 따라 높은 가격이 산정되었고, 이테크건설 투자부문은 군장에너지의 최대주주였으므로 높은 주식가치가 결정되었다. 특히, 이테크건설의 투자부문은 건설부문을 제외하였음에도 불구하고 분할 직전의 주가에 비하여 높은 가격이 산정되어 논란이 야기되었다. 요약하면 높은 군장에너지의 기업가치가 이테크건설 투자부문의 주가에는 반영되었지만, 삼광글라스는 주가가 시가로 산정되어 반영되지 않았다. 결국 삼광글라스 주주에게 다소 불리한 형태가 된 것이다.

회사는 자본시장법을 준순하여 전문가의 객관적인 평가를 받고 합병비율을 산정했다고 주장했으나 국민연금, 기관투자자 및 소액주주는 반발했고 금융감독원도 합병 증권신고서에 대한 정정 요구를 했다.

삼광글라스 주식에 대한 평가방법은 최초 기준시가에서 기준시가에 10%을 할증한 금액으로 변경되었다가, 최종적으로는 자산가치가 적용되었다. 삼광글라스의 가치가 높아지고, 군장에너지의 가치가 낮아지는 방법으로 변경된 것이다. 삼광글라스 주식가치 평가방법에 따른 합병비율은 다음과 같다.

	평가방법	합병비율
1차안	기준시가	삼광 : 이테크건설 투자 : 군장에너지 = 1 : 3.88 : 2.54
2차안	기준시가 × 110%	삼광 : 이테크건설 투자 : 군장에너지 = 1 : 3.22 : 2.14
3차안	자산가치	삼광 : 이테크건설 투자 : 군장에너지 = 1 : 2.57 : 1.70

합병비율에 따른 주요 주주의 지분율은 다음과 같다.

	기준시가 적용	기준시가 10% 할증	자산가치 적용
이복용	8.9	9.3	10.1
이우성	20.5	20.2	19.2
이원준	18.6	18.3	17.7
합계	48.0	47.8	47.0

(3) 합병비율에 대한 회사의 공시 내용

합병비율 논란과 가격 결정과정에 대한 회사의 공시내용은 다음과 같다.

주권상장법인의 합병가액은 자본시장과 금융투자업에 관한 법률 시행령 제176조의 5 제1항 제2호 가목에 따라, 원칙적으로 기준시가를 적용하되 기준시가가 자산가치보다 낮은 경우에는 자산가치로 할 수 있도록 되어 있습니다.

주권상장법인인 삼광글라스의 기준시가는 자산가치보다 낮지만 다수의 시장참여자들에 의해 주식시장에서 거래되어 형성된 시가를 기초로 산정된 기준시가가 기업의 실질가치를 적절하게 반영하고 있다고 판단하였습니다. 다만, 자본시장과 금융투자업에 관한 법률 시행령 제176조의 5 제1항에 의하여 주권상장법인인 합병법인의 합병가액은 계열회사 간 합병의 경우 기준시가의 100분의 10의 범위에서 할인 또는 할증한 가액으로 할 수 있는 바, 2020년 3월 18일 이사회 결의전 COVID 19로 인한 주가의 급격한 하락 효과의 조정 필요성에 대해 분할합병 및 합병 당사회사와 협의하여 기준시가에 할증률 10.00%를 반영한 가액을 평가가액으로 산정하였습니다.

그러나, 합병법인인 삼광글라스는 합병가액을 기준시가 또는 기준시가에 할증률 10%를 반영한 가액으로 산정한 이후 합병법인의 소액주주들로부터의 합병비율 재검토를 요청받았습니다. 이에 따라 합병법인과 피합병법인은 각사 소액주주들의 다양한 의견을 청취하고, 법상 적용가능한 방안을 검토하기 위해 법무법인 등 전문가 조언을 수렴하였으며, 합병 이사회 결의 전 합병법인의 3개년 영업손실이 2020년에 영업이익으로 흑자전환하는 등 최근 영업실적 개선사항을 검토하였습니다.

합병법인과 피합병법인은 상기 검토를 통해 관련 법령에 반하지 않는 범위 내에서 합병법인과 피합병법인 소액주주의 다양한 이해관계와 이익에 부합할 수 있는 대안은 합병법인의 합병가액을 자산가치로 변경하는 것이라는 결론에 도달하였습니다. 더불어, 합병법인의 합병가액을 자산가치로 변경할 경우 최대주주 및 특수관계자(유니드 보유 지분과 계열사 임원 보유 제외 기준)의 합산 지분율은 47.7%로, 기준시가 및 기준시가에 10% 할증한 경우와 비교하여 가장 낮은 반면, 소액주주의 지분율은 46.7%로 가장 높으므로 합병가액 변경에 따른 지분율 변동 차이가 비록 1% 이내의 수준이지만, 자산가치로의 변경은 소액주주의 이익을 최대한 도모하고자 하는 의사결정에 적합한 방안으로 판단하였습니다.

5. 경영권승계

분할합병을 통해 삼광글라스의 최대주주는 이복영 회장(1947년생)에서 子弟로 변경되었는데, 변경 전후 지분 현황은 다음과 같다.

	합병 전	합병 후
이복영	22.18	10.13
이원준	8.84	17.71
이우성	6.10	19.23
기타 특수관계자	8.18	9.85
합계	45.30	56.92

경영권승계는 크게 경영능력과 재산승계로 구분할 수 있는데, 승계가 큰 비용 부담 없이 원활하게 이루어지려면 경영능력과 재산의 사전 증여가 필요하다. 사전증여를 통해 취득한 지분의 가치가 상승하면 경영권승계의 재원으로 유용하게 활용할 수 있다.

삼광글라스가 분할합병을 통해 경영권승계가 가능했던 이유는 자제들이 사전에 취득한 지분이 있었기 때문인데, 그 내용을 살펴보자.

시기	자제	계열사	지분율	취득금액
2006~2008년	이우성	군장에너지[*1]	12.15%	63억원
	이원준		12.23%	63억원
2013년	이우성	삼광글라스[*2]	8.8%	132억원
	이원준		6.1%	
	이우성	이테크건설[*2]	5.1%	55억원

(*1) 군장에너지는 2006년부터 2008년 사이에 열병합발전소 공사를 착수하면서 유상증자를 실시했는데, 이테크건설과 삼광글라스가 실권한 주주배정 지분을 후계자가 취득함.

(*2) 삼광글라스가 OCI 계열에서 분리되는 과정에서, OCI가 보유하는 삼광글라스와 이테크건설 지분을 자제가 양수함.

제2절 현대자동차그룹의 지배구조개선

현대자동차그룹은 2018년 말 기준 총자산이 227조로 삼성에 이은 우리나라 2위의 기업집단이다. 현대자동차그룹은 2018년 3월에 지배구조 개편(안)을 제시하였으나, 시장의 반대에 부딪혀 좌절되었다. 본 사례는 지배구조 개편을 진행함에 있어 정부, 주주, 기업집단 내부 등 여러 이해관계자의 의견충돌 과정을 전형적으로 보여준다.

본 절을 통해 지배구조개선은 재무적인 측면뿐만 아니라 사업적인 명분과 의사소통이 중요함을 강조하고자 한다.

1. 지배구조 현황

2018년 초 현대자동차그룹 내 주요 회사의 지분도는 다음과 같다.

| 현대자동차그룹의 지배구조 |

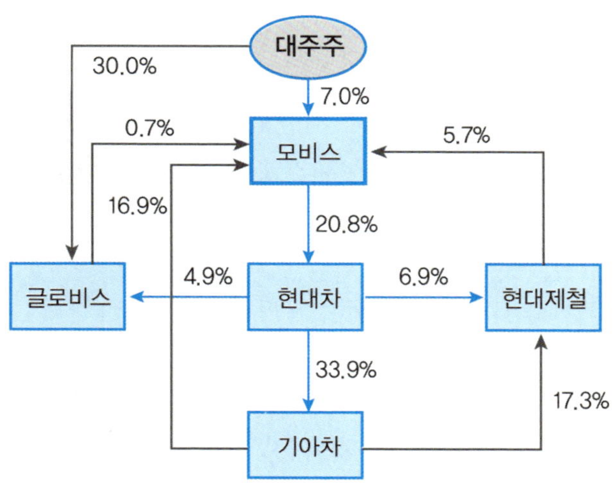

대주주의 주요 회사에 대한 지분 현황은 다음과 같다.

(단위 : %)

	현대자동차	현대모비스	기아자동차	현대글로비스	현대엔지니어링	현대제철	현대오토에버
정몽구	5.2	7.0	—	6.7	4.7	11.8	—
정의선	2.3	—	1.7	23.3	11.7	—	19.5

한편 현대자동차, 기아자동차 및 현대모비스는 그룹의 주축으로서 분산 투자를 통해 여러 계열사들을 지배하고 있는데, 그 현황은 다음과 같다.

(단위 : %)

	현대건설	현대위아	현대 다이모스	현대 오토에버	현대 캐피탈	현대카드	현대차 투자증권
현대차	21.0	25.4	47.3	28.5	59.7	37.0	27.5
기아차	5.2	13.4	45.4	19.1	20.1	11.5	4.9
현대모비스	8.7	–	–	19.1	–	–	17.0

현대자동차그룹의 지배구조를 살펴보면 다음과 같은 특징들이 눈에 띤다.

① 순환구조

② 분산투자와 금융계열사

③ 현대글로비스와 내부거래

④ 현대모비스의 경제적, 정치적 역할

(1) 순환구조

현대자동차그룹 내에는 여러 형태의 순환구조가 형성되어 있다.

① 현대모비스 → 현대자동차 → 기아자동차 → 현대모비스

② 현대모비스 → 현대자동차 → 기아자동차 → 현대제철 → 현대모비스

③ 현대모비스 → 현대자동차 → 현대글로비스 → 현대모비스

현대자동차그룹의 순환출자는 2000년대 현대그룹에서 계열분리되는 과정에서 경영권을 강화하기 이루어졌다. 1998년까지 현대제철은 현대모비스 지분을, 현대자동차는 현대제철 지분을 보유하고 있었으나 순환출자 구조는 아니었다. 그러나 현대자동차그룹이 기아자동차를 인수한 이후, 기아자동차를 이용한 순환구조가 형성되기 시작했다.

• 1999년 이후 현대모비스가 현대자동차 지분을 매집

• 현대자동차가 기아자동차의 지분을 사들인 후 2000년에 기아자동차가 현대모비스 지분을 매입

'현대자동차 → 기아자동차 → 현대제철 → 현대모비스'의 순환출자는 2001년에 기아자동차가 현대자동차로부터 현대제철 지분을 인수하면서 형성되었다.

이와 같이 현대자동차그룹의 순환출자는 IMF 과정에서 인수한 기아자동차의 자산을 이용해 이루어진 것으로 평가된다.[51]

(2) 분산투자와 금융계열사

〈제8장〉에서 설명하고 있듯이 순환출자 구조 하에서 계열회사들은 유사한 조직문화를 가지고 있으며 유대감이 강하다. 그리고 그룹 내 자금 여유가 있는 회사들이 십시일반 공동으로 투자할 수 있기에 대규모 투자가 가능하다는 장점이 있다. 우리나라에서 조선, 반도체, 화학 등 대규모 장치산업이 발전할 수 있었던 이유를 순환구조에서 찾는 의견도 있다.

현대자동차그룹도 계열사 간에 유대감이 강하다고 평가받고 있으며, 그룹 내 주요 투자도 현대자동차, 기아자동차 및 현대모비스가 공동으로 실시한 경우도 많다. 그 예로는 현대건설이나 GBC(Global Business Center) 부지 매입 등을 들 수 있다.

현대자동차그룹은 다른 기업집단과 달리 금융업을 영위하는 계열사가 많은데, 다음의 특징을 보인다.
① 다른 복합금융그룹과 달리 오너 일가의 지분 보유 현황은 미약
② 금융 계열사에서 비금융 계열사로 출자된 지분은 없음.

금융 계열사가 일반 산업을 영위하는 계열사의 지분을 보유하고 있다면, 금융자본의 산업 지배 등의 이유로 금융당국으로부터 관심을 받게 된다. 그런데 현대자동차그룹은 오너 일가가 직접 보유하는 금융 계열사 주식은 없고, 금융 계열사는 비금융 계열사에 대한 주식을 전혀 보유하고 있지 않다. 따라서 금융계열사를 통한 지배구조 왜곡 현상은 보이지 않는다.

현대자동차그룹 내 금융 계열사들은 수익 중 상당 부분을 **내부거래**에 의존하고 있다. 현대자동차나 기아자동차에서 신차 구매 시 고객들은 현대카드로 결제하거나, 현대캐피탈의 할부금융이나 리스 등을 활용하는 경우가 많다. 또한 현대라이프생명과 현대차투자증권의 확정급여퇴직연금 적립액 중 각각 98%, 85%는 그룹 내 계열사로부터 예치된 것이다.

---

51) 2013년 5월 27일 경제개혁연구소 '대규모 기업집단의 순환출자 형성 과정과 배경'

(3) 현대글로비스와 내부거래

현대글로비스는 그룹 내에서 종합물류 업무를 전담하고 있다. 현대자동차와 기아자동차의 국내 원자재 운반이나 생산된 차량의 탁송 등 국내외 물류에 대한 업무를 독점하고 있는 것이다.

이러한 이유로 현대글로비스의 내부거래 비중은 매우 높게 나타난다. 내부거래가 높을 경우 일감몰아주기로 인한 공정거래법 이슈가 발생하는데 규제 대상은 다음과 같다.

"자산총액 5조원 이상의 기업집단에 속한 오너 일가의 지분이 30% 이상인 상장회사가, 내부거래 금액이 200억원 이상이거나 매출의 12% 이상"

현대글로비스는 설립 당시 현대자동차, 기아자동차, 현대모비스, 현대제철 등 국내 계열사와의 내부거래가 90%를 넘었고, 2013년까지도 국내 계열사와의 내부거래 비중이 30%를 웃돌았다. 그러나 일감몰아주기 규제가 시행되면서 국내 계열사와의 거래 비중은 감소하여, 2018년에는 21.2%를 기록하고 있다. 그러나 해외 계열사까지 포함하면 내부거래 비중은 65.1%로 아직도 상당한 수준이다. 현대자동차와 기아자동차의 해외 생산 확대로, 국내 비중은 감소하고 해외 비중이 늘어난 것으로 해석된다.

2015년 초에 43.4%에 달했던 오너 일가의 지분은 처분을 통하여 30.0% 미만으로 감소했다. 사업구조상 현대글로비스의 매출구성이 당장 변경되기는 어려웠으므로, 일감몰아주기에 대응책으로 오너 일가가 일부 지분을 처분한 것이다.

그러나 현대글로비스에 대한 일감몰아주기는 여전히 주목을 받고 있으며, 법규가 개정될 경우 내부거래로 인한 이슈는 언제든지 다시 제기될 여지가 있다.

(4) 현대모비스의 성장과 그룹 내 위상

1990년대까지 현대자동차는 포니정이라 불렸던 정세영 회장이 경영하였고, 정몽구 회장은 현대산업개발을 운영하였다. 그러나 2000년대 초 계열분리 과정에서 현대자동차와 현대산업개발에 대한 경영권은 각각 정몽구 회장과 정세영 회장으로 정리되었다.

현대모비스는 1977년에 "고려정공"이라는 이름으로 설립되었으며, 창립 초기에는 컨테이너와 H 빔 등을 주로 만들었으며 이후에는 갤로퍼나 산타모 등 일부 완성차도 생산했다. 현대모비스가 현대자동차와 중복하여 일부 완성차 사업을 하였던 목적은 여러 가지가 있겠으나, 당시 정세영 회장이 경영하던 현대자동차를 견제하려는 목적이 주된 이유로 꼽히고 있다.

현대자동차그룹이 계열분리된 이후 현대모비스는 현대자동차그룹으로 편입되었고, 사업구조 개편을 통하여 갤로퍼 등 자동차 생산부문은 현대자동차에 이전했다. 그리고 현대자동차와 기아자동차의 부품 생산부문을 양도받아 자동차부품 사업에 집중하게 되었다.

현재 현대모비스는 세계 6위의 자동차부품회사로 성장했으며 자율주행, 커넥티드, 전동화로 대표되는 혁신기술을 선제적으로 확보하기 위한 노력을 경주하고 있다.

현대자동차그룹은 자동차부품 생산, 완성차 제조, 완성차 배송 등 자동차산업과 관련된 전방과 후방사업이 **수직계열화**가 이루어져 있다. 이러한 기업집단 내 가치사슬 구조에서 현대모비스는 생산된 제품을 현대자동차와 기아자동차에 독점적으로 납품한다는 경제적 위치를 차지하고 있다.

현대모비스의 사업부문은 다음과 같다.

사업 부문	사업 내용	핵심 경쟁 요소
투자사업	• 종속기업 주식, 관계기업주식 및 매도가능증권	
핵심부품사업	• 자율주행차, 커넥티비티 등 • 미래 자동차 핵심 부품 • 제동장치, 조향장치 등	• 적극적인 R&D를 통한 미래자동차 핵심부품 기술 확보
AS부품사업	• 부품사로부터 현대기아차 AS 부품 조달, 유통 및 판매	• 안정적인 부품 조달, 납품 • 물류와 조립의 최적화를 통한 비용 절감
모듈사업	• 부품사로부터 부품 조달, • 샤시, 칵핏 등 모듈 조립	• 안정적인 부품 조달, 납품 • 물류와 조립의 최적화를 통한 비용 절감

현대자동차그룹에서 기업집단 전체의 전략과 방향은 주로 현대자동차나 현대자동차 출신의 경영진이 제시하고 있다. 현대자동차는 완성차 제조라는 핵심적 지위뿐만 아니라 실질적인 기업집단의 리더로서 역할을 하고 있는 것이다.

지분구조상 현대모비스는 그룹 내 순환구조의 정점에 있다. 따라서 현대자동차그룹의 지배구조에서 실질적인 위상은 현대자동차가 가장 높지만, 형식상 현대모비스가 지주회사라는 정치적 위치를 차지하고 있다.

(5) 회사의 실적과 투자

현대자동차와 기아자동차의 최근 실적은 다음과 같다.

(단위 : 백만원)

	현대자동차			기아자동차		
	매출액	영업이익	이익률	매출액	영업이익	이익률
2018년	96,813	2,422	2.5%	54,170	1,157	2.1%
2017년	96,376	4,575	4.7%	53,536	662	1.2%
2016년	93,649	5,194	5.5%	52,713	2,461	4.7%
2015년	91,959	6,358	6.9%	49,521	2,354	4.8%
2014년	89,256	7,550	8.5%	47,097	2,573	5.5%
2013년	87,308	8,315	9.5%	47,598	3,177	6.7%
2012년	84,470	8,437	10.0%	47,243	3,522	7.5%
2011년	77,798	8,029	10.3%	43,191	3,499	8.1%
2010년	66,985	5,886	8.8%	35,827	2,370	6.6%

현대자동차와 기아자동차는 금융위기 이후 실적이 대폭 개선되며 매출과 영업이익이 급증하였다. 그러나 2012년을 정점으로 영업이익과 이익률은 감소하기 시작하였고, 2015년에는 그 감소폭이 확대되었다. 그리고 현대자동차그룹이 지배구조 개편안을 내놓은 2018년에는 위기론도 등장했다.

현대자동차그룹은 급성장하는 과정 중에도 품질관리를 중요시했다. 이 결과 미국 제이디파워(J. D. Power)의 품질조사에서도 최상위권에 오르며 품질 경쟁력을 입증받았다. 그리고 2013년에는 세계 최초로 수소차 양산체계를 구축하였다.

그러나 국내 소비자 사이에서는 현대자동차에 대한 품질 논란이 지속으로 제기되었다. 수출차량과 내수차량의 부품이나 서비스에 큰 차이가 있으며, 그 과정에서 국내 소비자가 희생되었다는 것이다. 현대자동차그룹의 국내 시장점유율은 2009년에는 76.8%였으나, 2014년에는 70% 이하로 하락한 후 2017년에는 67.7%까지 하락하였다.

현대자동차그룹은 사실과 다른 왜곡된 내용이 그룹의 이미지와 매출에 악영향을 미친다고 판단했다. 악의적인 루머를 방지하고 품질에 관한 사실을 알리기 위하여 여러 노력을 실시했으나, 그 효과는 미미하였다.

현대자동차그룹은 GBC 건설을 위해 2014년에 한전 부지를 10조5,500억원에 취득했다. 당시 감정가격은 3.3조원이었고 예상 낙찰가는 4~5조원이었다. 삼성전자의 추정입찰가격이 4.7조원인 점을 감안하면, 현대자동차그룹의 낙찰가격은 시장의 기대를 훨씬 초과하는 금액이었다. GBC 사업은 건축비용까지 고려하면 총 20조원 이상이 투입되는 초대형 Project였으므로, 세간의 관심을 모을 수 밖에 없었다.

그러나 한전 부지 매입에 대한 현대자동차그룹의 정책 결정에는 많은 비판의 목소리가 쏟아졌다. 10조원의 투자금액은 재규어-랜드로버(2조3,000억원), 볼보(2조1,000억원) 크라이슬러(4조4,600억원)를 모두 사고도 남는 규모였다. 현대자동차그룹에게는 고급 자동차 브랜드를 통해 기술력을 키울 기회보다 부동산 투자가 더 중요한 것이라는 부정적인 시각을 키웠다.

2. 지배구조개선의 필요성

지금까지 현대자동차그룹의 지배구조를 살펴보았는데 지배구조개선의 필요성을 생각해 보자.

여타의 대기업과 달리 현대자동차그룹의 경영권은 상대적으로 안정적인 상태이다. 순환구조가 역할을 한 점도 있으나, 주요 회사에 대한 특수관계자의 지분율이 대부분 30% 이상이기 때문이다.

현대자동차그룹의 순환구조에 대한 비판적 시각이 존재하는 것은 사실이다. 그러나 우리나라의 상당수 기업들이 순환구조를 형성했던 이유가 70~80년대에 경영권을 지키면서, 사업을 확대하기 위한 최선의 대안이었기 때문이었다. 게다가 순환구조는 대규모투자 시 자금조달이 용이하고, 기업집단 내 강한 유대감을 통해 Synergy 효과가 크다는 장점이 있다. 따라서 순환구조 자체가 무조건 제거해야 할 나쁜 형태라고 판단하는 것은 바람직하지 않다.

게다가 산업구조가 고도화되기 시작한 시기에는, 자본시장이 발달하지 않아 자금조달 등에 어려움이 있었다. 따라서 우리나라 상황에서 순환구조는 어느 정도 부득이한 측면이 있음을 부인하기 어렵다.

순환구조나 지주회사 체제 모두 장점과 단점이 있음은 〈제8장〉에서 살펴보았다. 따라서 순환구조가 기업의 발전을 위하여 선택된 형태이며 현행 법규에 위반되는 것이 아니라면, 굳이 거액을 지출하면서 순환구조 그 자체를 탈피할 필요가 없을 수 있다.

정부에서는 꾸준하게 대기업의 지배구조에 관심을 가져왔다. 그리고 2017년에는 재계와의 간담회를 통해 대기업 집단의 자발적인 소유 지배구조개선을 일관되게 촉구해왔다. 기업인들 스스로 선제적인 변화의 노력을 기울이고 모범적인 사례를 만들어줄 것을 당부한 것이다. 그리고 지배구조 개편 내용은 크게 소유구조개선, 내부거래개선, 지배구조개선 등 세 가지 유형으로 구분하고 관리했다.

한편 오너 일가가 보유한 주식 현황은 다음과 같다.

(단위 : %)

	현대 자동차	현대 모비스	기아 자동차	현대 글로비스	현대 엔지니어링	현대제철	현대 오토에버
정몽구	5.2	7.0	–	6.7	4.7	11.8	–
정의선	2.3	–	1.7	23.3	11.7	–	19.5

상기 표를 보면 오너 일가의 지분이 여러 회사에 분산되어 있음을 알 수 있다. 그 중에서도 정의선 부회장이 현대글로비스 주식을 23.3%만큼 보유하고 있음이 눈에 띈다. 따라서 경영권 승계 이후에 안정적인 경영권을 유지하려면, 지배구조 개편과정에서 현대글로비스가 주요 역할을 해야 할 것임을 예상할 수 있다.

앞서 지분도에서 살펴보았듯이 현대자동차그룹의 지배구조는 현대모비스를 정점으로 한 순환구조가 특징이다. 따라서 향후 현대자동차그룹의 지배구조 개편에 있어 현대모비스의 역할이 중요할 수 밖에 없다.

요약하면 현대자동차그룹의 지배구조는 현대글로비스와 현대모비스 주식을 활용하여 이루어지고, 다음을 목표로 할 것임을 예상할 수 있다.
① 승계와 안정적인 경영권 확보
② 정부 정책 : 순환구조와 일감몰아주기 해소

3. 지주회사(안)

시장에서는 현대자동차그룹의 지배구조개선에 대하여 관심을 가지고 여러 대안을 논의해 왔는데, 그 중 가장 빈번하게 언급된 지배구조는 지주회사였다. 지주회사 체계를 중심으로 논의가 이루어진 이유는 현재 우리나라 기업들의 Trends이기도 하고, 현대자동차, 기아자동차 및 현대모비스가 그룹 내 주요 계열사를 분산투자하고 있다는 사실을 감안한 것으로 보인다. 지주회사 형태와 절차에 대해서도 여러 의견이 있지만 주요 내용을 종합하면 다음과 같다.

① 현대자동차, 기아자동차 및 현대모비스를 각각 투자부문과 사업부문으로 분할

② 투자부문을 합병

③ 대주주가 보유하는 사업회사 지분은 현물출자

④ 현대글로비스의 현물출자

상기 절차가 진행되면 지배구조는 다음과 같이 변경된다.

| 지주회사로의 전환 |

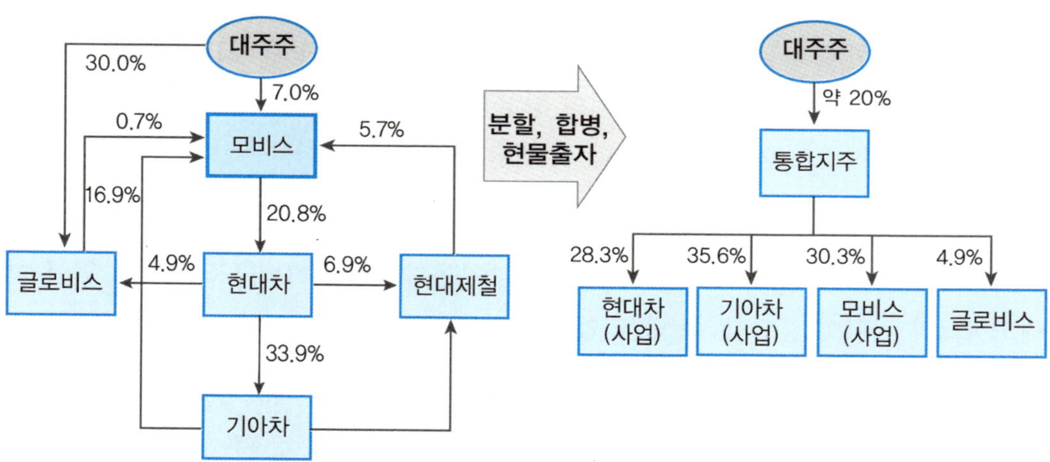

먼저 현대자동차, 기아자동차, 현대모비스가 각각 투자부문과 사업부문이 분할된 이후, 투자부문이 합병된다고 가정해보자. 그 경우 통합지주회사는 현대자동차, 기아자동차 및 현대모비스에 대해 각각 20.8%, 33.9% 및 23.3%의 지분을 보유하게 된다. 그리고 대주주가 보유하는 사업회사 지분을 통합지주회사에 현물출자하면 각 사에 대한 지

분율은 각각 28.8%, 35.6%, 30.3%로 증가하여 사업회사에 대한 통합지주회사의 지배력은 안정적인 상태가 된다.

반면, 현재 대주주가 보유하고 있는 현대자동차, 기아자동차, 현대모비스에 대한 지분율은 각각 7.5%, 1.7%, 7.0%에 불과하다. 사업부문의 가치가 투자부문에 비하여 3배 정도라 가정할 경우에도 대주주의 통합지주회사에 대한 지분율은 약 20% 정도에 불과하다. 상장회사에 대해 안정적인 경영권을 확보하려면 30% 정도의 지분율이 필요한데, 약 20%의 지분은 경영권에 위협을 가져올 여지가 있다.

따라서 경영권을 안정화하기 위한 방법으로 대주주가 보유하고 있는 현대글로비스의 지분을 통합지주회사에 현물출자하는 방안을 생각할 수 있는데, 그 경우 지배구조는 다음과 같이 변경된다.

| 현대글로비스 현물출자 |

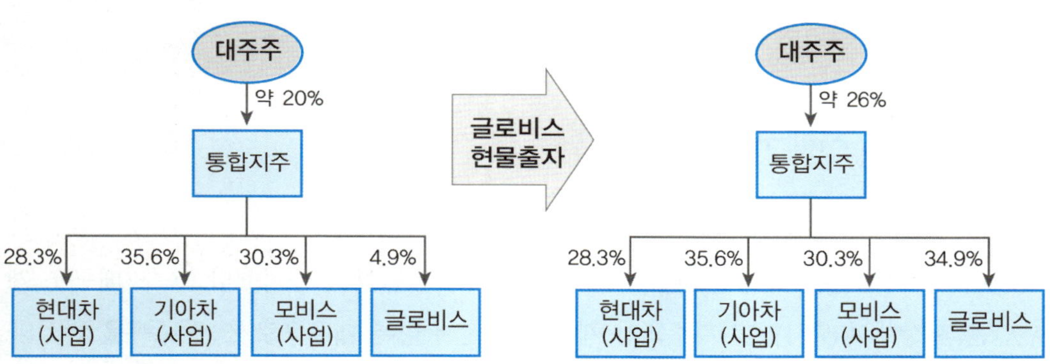

현대글로비스를 현물출자하면 대주주의 지분율은 약 26%로 증가한다. 이후 대주주는 일부 지분을 추가로 시장에서 취득하거나 통합지주회사가 자기주식을 취득하여 유효지분율을 증가시키는 방법 등으로 경영권을 안정시킬 수 있다. 그리고 통합지주회사가 주요 계열사들을 직접 소유하게 되어 지배구조가 명확해진다는 장점도 있다.

그러나 현대자동차그룹에 있어 상기 지주회사 체계는 다음과 같은 문제점이 있다.
① 지주회사 행위제한 요건에 따른 금융계열사 정리
② 현물출자 시 발생하는 양도소득세
③ 공동투자의 제한

첫째, 지주회사 행위제한 요건과 관련된 규정을 꼽을 수 있다. 완성차 판매 시 소비자들이 자동차할부금융을 이용하는 비중이 매우 높다. 따라서 현대캐피탈이나 현대카드 등의 금융회사는 판매활동에 필수적인데, 지주회사 행위제한 요건에 의해 일반 지주회사는 금융계열사를 보유할 수 없다. 따라서 현대자동차그룹이 지주회사로 전환한다면 금융계열사를 모두 처분해야 한다. 이로 인해 판매와 관련된 사업적 Synergy에 큰 훼손을 가져올 가능성이 있다.

둘째, 지주회사 전환과정에서 대주주는 보유하고 있는 사업회사 지분을 통합지주회사에 현물출자해야 한다. 그런데 이 과정에서 거액의 양도소득세가 발생한다. 물론 지주회사 전환 시점에는 동 양도소득세가 과세이연될 수 있지만, 향후 상속된다면 이연된 양도소득세는 납부해야 한다.

셋째, 현대자동차그룹은 지금까지 거액이 소요되는 투자안에 대해 자금여력이 있는 회사들이 공동으로 투자하는 형태를 취해왔다. 그런데 만일 지주회사로 전환되면 이러한 분산투자는 사실상 어렵게 된다.

4. 회사의 지배구조 개편(안)

(1) 지배회사 체계

현대자동차그룹은 2018년 3월 28일에 지배구조 개편안을 공시했다. 동 지배구조 개편안은 시장에서 생각했던 지주회사 체계와는 전혀 다른 내용으로서 큰 주목을 받았다. 개편안의 요지는 현재 분산투자 구조나 금융계열사를 유지하면서 그룹 승계의 기반을 마련하는 것이었다. 그와 동시에 시장의 요구를 받아들여 순환구조를 탈피하면서 현대글로비스와 관련된 내부거래 이슈도 해소한 구조였다.

회사가 마련한 대안의 주요 절차는 다음과 같다.
① 분할합병
- 현대모비스의 분할 : 존속법인(투자 및 핵심부품), 신설법인(모듈 및 A/S)
- 합병 : 현대모비스(신설법인)와 현대글로비스의 합병
② 지분 교환
- 기아자동차 등이 보유하는 현대모비스 주식을 오너 일가가 취득
- 오너 일가는 현대글로비스 주식을 기아자동차에게 처분

(2) 분할합병

| 분할합병 |

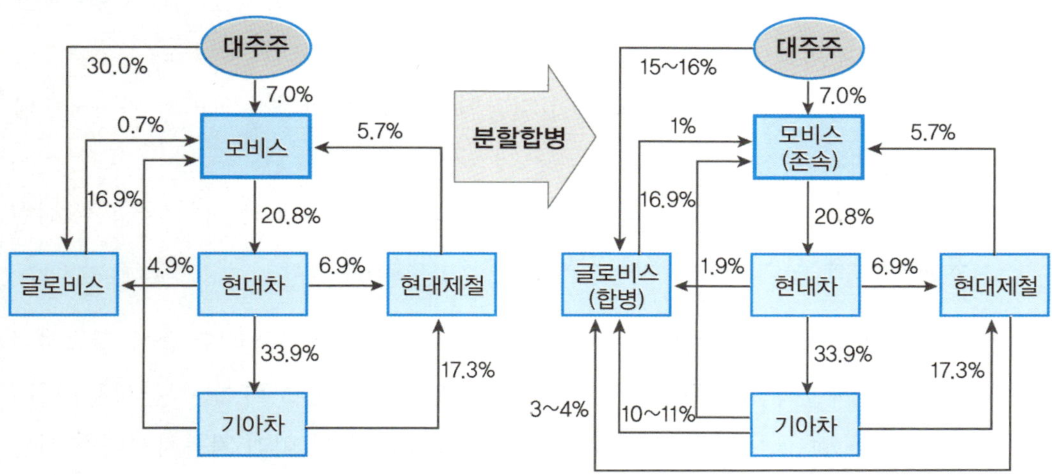

　　상기 개편안은 현대모비스의 사업부문 중 모듈 및 A/S부품 사업부문을 인적분할한 이후 현대글로비스와 합병하는 것이 주요 요지이다. 분할합병은 분할과 동시에 합병되는 형태이다. 따라서 현대모비스는 회사분할 및 합병에 대한 의사결정이 주주총회에서 한꺼번에 이루어지고, 현대글로비스는 합병에 대한 주주총회가 이루어진다.

　　분할합병으로 인한 사업구조의 변화를 표로 표현하면 다음과 같다.

현재	사업부문	개편 이후
현대모비스	핵심부품사업	현대모비스(존속)
	투자	
	모듈사업	현대모비스(신설)와 현대글로비스의 합병회사
	AS부품사업	
현대글로비스	물류, 해운, 유통	

　　회사 발표에 따르면 현대모비스의 모듈사업과 AS부품사업이 분할하여 현대글로비스에 합병될 경우 기대 효과는 다음과 같다.

① 모듈사업

　•모듈사업은 물류사업 성격이 강하다. 따라서 부품을 적시에 조달하여 완성차에

납품할 수 있다.

- 현대모비스와 현대글로비스의 CKD(Complete Knock Down, 반조립 제품) 사업 부문이 통합운영 되어 CKD와 모듈 조립사업의 경쟁력이 강화된다.

② A/S 부품사업

- 물류와 유통 최적화를 통해 비용이 절감되고 재고의 안정적 관리가 가능해진다 (물류사업의 확장 개념).
- 현대모비스의 A/S부품 사업과 현대글로비스의 탁송, 중고차 사업 등 고객 접점 통합되어 새로운 서비스 사업기회를 발굴 가능하다.

분할합병을 통하여 존속법인인 현대모비스는 '자동차 핵심부품과 기술에 집중하여 미래 자동차의 기술적인 방향성을 제시'하고, 통합된 현대글로비스는 '완성차 SCM (Supply Chain System)을 전문적으로 운영하고 모빌리티 등 미래 자동차서비스 사업 에 진출하겠다'는 취지를 밝혔다.

(3) 분할비율과 가치평가

회사분할 시 분할기준은 존속회사가 아닌 신설회사가 영위할 사업이다. 전체 자산 중에서 신설회사의 사업과 연관된 자산과 부채를 신설법인으로 이전한다.

현대모비스의 분할 시 신설법인은 모듈과 A/S 사업을 영위하는데, 해당 사업은 대규 모 자산이 필요하지 않았다. 따라서 분할 신설회사의 이익 규모 대비 순자산 규모는 상대적으로 작았다. 반면 현대모비스 존속법인이 영위할 투자부문은 이익은 적지만, 투 자주식 규모 자체가 거액이어서 순자산 규모가 컸다.

결과적으로 분할 시 존속법인과 신설법인의 분할비율은 79대 21로 산정되었는데, 분 할 재무제표는 다음과 같다.

(단위 : 억원)

	분할 전	분할 후	
		존속법인	신설법인
자산	253,623	188,115	65,508
부채	41,295	21,187	20,106
자본	215,717	170,315	45,402
순자산 비율		79%	21%

공정거래법상 지주회사가 되려면 총자산이 5천억원을 초과하고 총자산 가운데 투자주식의 비중이 50% 이상이어야 한다. 그런데 존속법인이 보유하게 되는 투자주식은 74,182억원이지만, 핵심부품 사업 관련한 자산의 비중이 컸으므로 투자주식은 총자산 대비 39.4%에 불과했다.[52] 따라서 존속법인은 공정거래법상 지주회사에 해당하지 않게 된다.

한편, 현대모비스 분할신설법인과 현대글로비스의 합병 시 합병비율은 다음에 근거하여 결정된다.
① 현대글로비스 : 현재 거래되는 주식가치
② 현대모비스 분할신설법인 : 자본시장법에 따른 본질가치[53]

현대모비스(신설)의 수익가치와 자산가치는 각각 12.4조원과 4.5조원으로 산정되어 본질가치는 9.3조로 산정되었다. 현대글로비스는 시가 기준으로 5.8조가 산정되어 현대모비스(신설)와 현대글로비스의 합병비율은 61.5% : 38.5%로 결정되었다.

(4) 지분 교환

현대모비스(신설)와 현대글로비스가 합병된 이후 오너 일가는 기아자동차가 보유하고 있는 현대모비스(존속)의 주식을 취득하고, 오너 일가는 기아자동차에게 현대글로비스 주식을 처분하는 대안을 제시하였다. 그리고 오너 일가는 추가로 현대제철 등이 보유하고 있는 현대모비스(존속) 주식을 취득하여 순환구조를 해소하겠다는 것이다.

이 과정에서 오너 일가는 현대글로비스 처분으로 발생하는 양도소득세 납부의무가 발생하는데, 그 금액은 1조원이 넘을 것으로 추산되었다.

---

52) 투자주식의 구성은 다음과 같다.
　　① 종속기업주식(대부분 해외법인) : 14,765억원
　　② 현대자동차, 현대건설을 포함한 관계기업주식 : 58,891억원
　　③ 기타 매도가능증권 : 526억원
53) 상장회사 간 분할합병하더라도 분할과 동시에 합병이 이루어지므로, 분할되는 사업부문의 주가는 존재하지 않는다. 따라서 상장회사와 비상장회사 간 합병비율 산정규정을 준용하게 된다(자본시장법 시행령 제176조의 5 ①).
　　본질가치는 자산가치의 40%와 수익가치의 60%를 가중평균하여 산정되며, 자산가치와 수익가치는 다음과 같이 계산된다.
　　① 자산가치 = 직전 사업연도 감사보고서상 자본총계 ± 조정사항
　　② 수익가치 : 공정 타당한 것으로 인정되는 방법(통상 미래추정현금흐름을 할인하는 현금흐름할인법 적용)

| 지분 교환 |

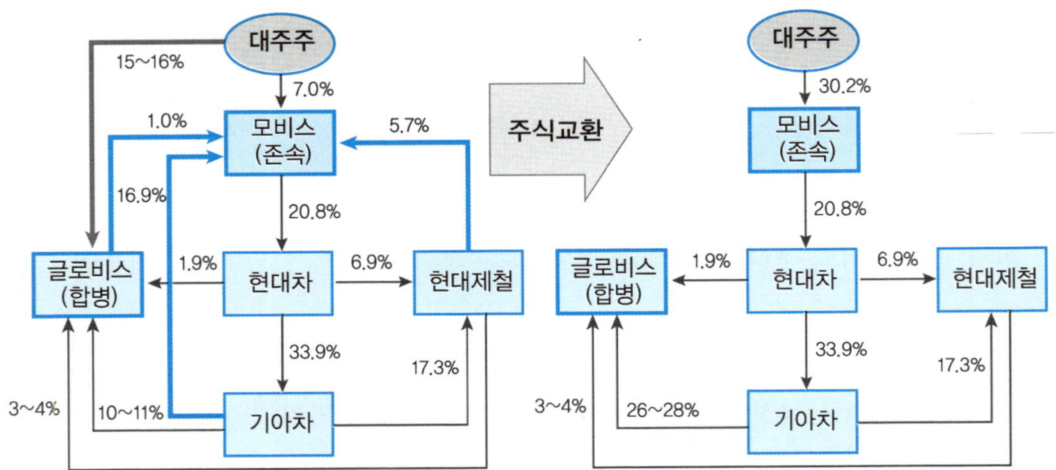

현대자동차그룹은 지배구조 개편 과정에서 오너 일가가 거액의 양도소득세를 납부하지만 정당한 방법으로 지배구조 개편을 실시한다는 점을 강조했다. 대주주로서 사회적 책임을 다하겠다는 의지를 보여준 것이다. 그리고 이번 개편안 마련 시 지주회사 전환 과정에서 불거질 수 있는 대주주의 현물출자와 자사주 활용, 과도한 브랜드 사용료 수입 관련 논란 가능성을 제거하는 데 고심하였다고 설명했다.

5. 개편에 대한 시장의 반응

(1) 가치 평가 : 분할 및 합병비율

시장에서는 대체로 회사의 지배구조 개편안을 부정적으로 평가했는데 주요 이유는 다음과 같다.

① 분할 및 합병비율의 정당성

② 사업구조 개편의 명분

먼저 분할 및 합병비율에 대한 내용을 살펴보자.

현대자동차그룹의 개편안이 발표되자 시장에서는 오너 일가에 유리한 방향이라는 의견이 대두되었다. 현대모비스의 존속과 신설의 분할비율이 순자산기준으로 79 : 21이며, 현대모비스의 분할 부문과 현대글로비스의 합병비율이 61.5 : 38.5로 산출된 데 대하여 불만을 표시한 것이다. 엘리엇을 포함한 투자자들은 물론 의결권 자문사들도 이해할 수 없다는 반응을 공식적으로 밝혔다.

먼저 현대모비스의 분할비율 자체가 잘못됐다는 주장이 많았다. 수익성이 높은 사업부인 A/S와 모듈 사업부문의 가치를 너무 낮게 산정하였다는 것이다. 이러한 분할비율은 결국 분할된 현대모비스의 가치가 상대적으로 낮아지는 데 일조하여 현대글로비스 주주에게 유리하게 되었다는 주장이다.

즉, 현대글로비스 주식을 30.0% 가지고 있는 대주주에게 유리한 조건이라는 것이다. 해외 의결권 자문사인 ISS(Institutional Shareholder Services)는 이익 대비 기업 가치를 동종 기업들과 비교할 때 분할 모비스와 글로비스 간 합병비율은 7대 3이 돼야 한다는 의견을 제시했다.

인적분할은 종전 주주에게 비례하여 분할신설회사의 지분을 배분하는 것이므로, 주주들의 부(富)에 영향을 미치지 않는다. 따라서 분할비율에 따라 오너 일가에게 유리한 영향을 가져온다는 일부 의견은 근거가 없다고 판단된다.

다만, 분할합병의 합병비율은 자본시장법에 따라 산정하게 되어 있는데, 자본시장법에 따라 산정된 분할신설법인의 가치가 공정가치를 적절하게 대변하고 있는지에 대해서는 여러 의견이 있을 수 있다.

주식시장에서 주식가치는 자산가치보다는 수익가치(이익 및 성장성)에 보다 크게 영향을 받는다. 만일 자산가치가 큰 영향을 미친다면 사실상 PBR(Price Book-value Ratio, 주가순자산비율)은 1에서 크게 벗어나지 않을 것이다. 그러나 2019년 5월 1일에 한국거래소가 발표한 자료에 따르면 자동차, 은행, 철강 업종의 경우 PBR이 각각 0.69, 0.46, 0.53에 불과하다. 반면 헬스케어, 엔터테인먼트, 반도체 업종의 PBR은 각각 5.01, 2.54, 1.90로 나타난다.

이렇듯 주식시장에서 주식가치는 자산가치보다는 수익가치가 절대적인 영향을 미치고 있음을 알 수 있다.

만일 본질가치가 아닌 수익가치만을 기준으로 합병비율을 산정하면 다음과 같다.

- 현대모비스(신설) : 현대글로비스 = 12.4조 : 5.8조 = 68.1 : 31.9

따라서 자본시장법이라는 국내 규정을 고려하지 않는다면 ISS의 의견이 일견 타당한 면도 있다. 그러나 국내법상 합병비율은 자본시장법에 따라 산정되어야 하므로, 수익가치만을 기준으로 합병비율을 산정할 수는 없다는 한계가 있다.

(2) 사업구조 개편의 명분과 타당성

합병비율에 대한 논쟁과 더불어 제기된 이슈는 사업을 위하여 분할합병이 과연 필요한지와, 분할자체는 사업의 발전을 위하여 이루어졌는지에 대한 명분이었다.

시장에서는 물류회사와 자동차부품회사의 결합이 그룹의 미래 성장에 왜 필요한지 잘 이해가 되질 않는다는 것이 중론이었다. 물론 개편 과정에서 내부거래와 순환구조가 해소되지만 그 이외에 사업자체의 핵심역량 강화나 성장에 대한 비전은 직관적으로 와 닿지 않았던 것이다. 분할합병의 효과가 사업이 아닌 재무적 효과에 그치고 있다는 것이다.

현대자동차그룹이 제시한 지배구조 개편안에서 분할구조는 별도재무제표를 기준으로 작성되어 있다. 별도재무제표에는 현재 현대모비스가 영위하는 사업에 대한 자산과 부채만 나타나고, 해외 사업부문이 영위하는 사업부문은 투자주식으로만 표시된다. 연결재무제표를 작성해야 해외법인이 영위하는 자산과 부채가 재무제표에 직접 표시된다. 따라서 구조개편이 사업에 미치는 효과를 분석하려면 별도재무제표가 아닌 연결재무제표를 토대로 검토해야 한다.

연결재무제표 관점(사업 관점)에서 회사의 분할(안)을 살펴보자. 해외법인 주식은 존속법인에게 모두 귀속된다. 즉, 연결 관점에서는 해외법인이 영위하는 모듈사업과 A/S 사업이 모두 존속법인에게 귀속된다. 결국 회사의 개편안에 따르면 모듈사업과 A/S 사업부문 중 국내부문만 신설법인으로 이전되고, 해외부문은 여전히 존속법인이 보유하게 된다.

회사가 발표한 자료와 같이 물류사업에 가까운 모듈사업과 A/S 사업을 현대글로비스에 합병하여 Synergy 효과를 내려면, 국내뿐만 아니라 해외 모듈사업과 A/S 사업부문도 신설법인에 넘겨야 한다. 그러나 해외법인주식은 모두 존속기업에 남겨두어 사업관점에서는 모듈사업과 A/S 사업이 국내냐 해외냐에 따라 지역별로 분할되는 결과를 낳았다.

회사가 지배구조 개편의 명분으로 내세운 '역량의 집중'이 퇴색되는 부분이다.

2012년을 정점으로 현대자동차그룹의 실적은 악화되고 2018년에 이르러서는 위기론까지 등장했다. 전문 품질 평가기관의 객관적인 자료와 관계없이 국내 소비자들에게 현대자동차의 품질은 항상 이슈였다. 그런 상황에서 2014년의 한전 부지 매입은 현대자동차그룹에 대한 부정적인 이미지를 굳히는 뉴스였다.

지배구조 개편안은 다양한 이해관계자와 일반 대중의 시선을 집중시킨다. 따라서 지배구조 개편안이 순조롭게 진행되려면 기업집단에 대한 시장의 우호적인 분위기가 필요하다. 그리고 설득력 있는 강력한 명분이 뒷받침되어야 한다. 그런데 2018년은 현대자동차그룹에게 결코 유리하지 않은 시점이었던 것이다.

(3) 의결권 자문사 등의 의견

현대자동차그룹의 지배구조 개편안이 발표되었을 때, 의결권 자문사뿐만 아니라 공정거래위원회도 현대자동차그룹의 지배구조 개편안에 대한 의견을 내놓을 정도로 관심이 뜨거웠다. 각 기관들이 발표한 주요 내용은 다음과 같다.

● 공정거래위원회

공정거래위원회는 대기업의 지배구조개선 데드라인을 2017년 말로 제시하였고, 그에 따라 태광, CJ, 현대중공업 등은 지배구조개선안을 제시하고 실행했다.

현대자동차그룹은 2018년 3월에 개편안을 내놨고, 공정거래위원회는 그에 대해 다음의 의견을 제시하였다.

"현대자동차 기업집단이 시장의 요구에 부응해 지배구조를 개선하려는 노력에 대해 긍정적으로 본다."

● 한국기업지배구조원

한국기업지배구조원이 발표한 내용은 다음과 같다.

"현대모비스가 제시한 분할의 목적은 그 타당성이 인정되나, 해외 사업부문을 제외한 분할방법은 목적에 부합하지 않으며, 신설 모비스의 입장에서 현대글로비스와의 합병에 따른 시너지가 명확하다고 보기도 어렵다.

이러한 배경에서 비록 분할합병 비율에 문제가 없다고 하더라도 이 분할합병이 주주가치 또는 회사가치를 제고할 것이라 기대하기 힘들다. 기업집단 차원의 지배구조 개편 계획이 장기적으로 긍정적인 효과를 가져올 수 있다고 하더라도 이 개편 계획은 지분 교환 및 양수도의 결과로써 가능한 것이며, 분할합병이 필수적으로 요구된다고 볼 수 없다.

우리 원의 의결권 행사 가이드라인은 주주가치의 훼손이 예상되는 분할합병안에 대해 반대하도록 규정한다. 이에 따라 반대 투표를 권고한다."

● 기타 의결권 자문사

한국기업지배원 이외의 다른 의결권 자문사들이 발표한 내용을 요약하면 다음과 같다.

① ISS : "해당 안은 현대모비스 주주들에게 불리한 것으로 보인다. 주주총회에서 반대표를 행사할 것을 권고한다."

② 글래스루이스 : "현대모비스 주주총회에서 현대글로비스와의 분할합병 안건에 반대표를 행사하라."

③ 서스틴베스트 : "분할합병의 비율과 목적 모두 현대모비스 주주 관점에서 설득력이 없다."

④ 대신지배구조연구소 : "법상 문제가 없더라도 분할되는 사업부문을 공정가치로 평가하기 위해서는 짧은 기간이라도 시장에 상장한 뒤 적정가치를 평가받아 현대글로비스와 합병을 해야 절차적으로 맞다. 현대모비스 분할합병 주주총회와 관련 의안 반대를 권고한다."

순환구조와 일감몰아주기 이슈를 해소한 개편안에 대하여 공정거래위원회는 긍정적인 의견을 내놓다. 그렇지만 5개의 의결권 자문사는 대부분 부정적인 의견을 피력했다. 이에 따라 주주총회 특별결의 가결요건을 충족할 것인지가 불투명해졌다. 그러자 현대자동차그룹은 결국 현대모비스와 현대글로비스의 분할합병 절차를 중단하였다.

정의선 부회장은 주주들에게 공개적으로 입장문을 냈는데 그 내용은 다음과 같다. "이번 방안을 추진하면서 여러 주주분들 및 시장과 소통이 많이 부족했음을 절감했다."

(4) 헤지펀드

미국계 행동주의 헤지펀드인 엘리엇은 현대자동차그룹의 지배구조 개편안이 제시된 이후에 다음의 공식 성명을 발표하며 적극적인 행동에 나섰다.

"10억 달러 이상의 현대모비스, 현대자동차, 기아자동차 지분을 매입했다. 현대자동차 그룹은 구조조정이 필요하다. 회사와 주주의 이익을 위해 더 많은 노력을 해야 한다."

일반적인 행동주의 헤지펀드는 고배당을 비롯해 기업분할 등 기업구조개편을 요구하고 단기적인 이익 획득을 추구한다. 주주 이익을 명분으로 강조하지만 결국 자신이 보유한 지분으로 더 많은 수익창출을 목표로 한다.

행동주의 헤지펀드의 주요 Target은 성장이 정체되어 있으나 (실적이 부진하지만) 보유현금이 많고, 경영권승계가 진행된다는 공통점을 보인다. 이러한 경우 배당이나 주식 소각 등 주주이익 개선 방안, 사외이사 선임을 통한 경영참여 등을 명분으로 공격이 쉽기 때문이다.

엘리엇은 회사가 제시한 지배구조 개편안을 반대했다. 그 근거는 타당한 사업 논리가 결여됐고 모든 주주에게 공정하지 않은 합병 조건이며 가치 저평가에 대한 종합 대책이 없다는 것이었다. 그리고 현대자동차와 현대모비스가 합병한 이후 지주회사로 전환하기를 권고하였다. 또한 지주사 체제로 전환한 이후에 약 7조원에 달하는 잉여 현금의 특별배당과 자사주 소각, 배당성향을 40~50%로 높일 것을 현대자동차그룹에 제안했다.

지배구조에 취약점이 발견되면 단기적인 이익을 추구하는 헤지펀드는 그 틈을 파고든다.

2000년대 초반에 분식회계 등으로 SK그룹이 어려움을 겪자 소버린은 경영권을 위협하였다. 최대주주의 지분율이 낮은데다가 분식 등으로 경영상황이 급박하게 돌아가자, 글로벌 스탠다드를 명분으로 소버린은 재벌해체를 요구했다. 당시 소버린은 노조와 언론의 우호적인 평가를 얻고 경영권 쟁탈에 나설 수 있었다. 그러나 소버린은 경영권 분쟁으로 주가가 상승하고 경영권획득이 여의치 않자, 결국은 투자한 금액의 몇 배를 얻고 모든 지분을 처분했다.

삼성물산의 합병 과정에서 엘리엇도 주주 이익을 주장했으나, 결국은 단기차익을 추구하였던 것으로 평가된다.

현대자동차그룹의 지배구조 개편 과정에서 엘리엇의 목적이 무엇일지 속단하기에는 이르다. 그러나 주장하는 바대로 회사의 발전을 통해 모든 주주의 이익을 장기적으로 극대화하고자 함인지 단지, 단기적인 관점에서 헤지펀드의 자산의 배당 및 처분이익을 극대화하고자 함인지는 관심을 가지고 지켜봐야 할 것이다.

6. 이해관계와 역학관계의 변동

지배구조 개편은 그 정당성이 전제되어야 하며, 주주, 은행, 공정거래위원회나 국세청 등 외부기관의 의견도 중요하다. 또한 기업집단 내에서 지배구조 개편으로 정치적인 역학관계가 어떻게 변화하는지도 중요하다. 따라서 지배구조 개편은 외부의 이해관계뿐만 아니라 내부적인 역학관계를 모두 아우를 수 있는 명분과 사전 의사소통이 중요하다.

(1) 주주

일반적으로 지주회사 전환은 주주에게 있어 하나의 기업을 지주회사와 사업회사로 분할하는 형태에 불과하다. 그리고 지주회사 전환 이후 지주회사와 사업회사의 주가를 합산하면 종전보다 주가가 상승하는 추세를 보였다. 따라서 대주주 이외의 주주들도 주가 상승을 기대하므로 지주회사 전환에 반대의사를 보인 경우는 많지 않았다.

현대자동차그룹의 지배구조 개편안은 현대모비스와 현대글로비스가 주축이 되고 있다. 이로 인해 한 회사가 아닌 두 개 회사의 주주들의 부(富)에 영향을 미친다. 분할합병 이후 회사들의 실적과 주식가격의 움직임에 따라, 한 회사의 주주는 이익이 되고 나머지 회사는 손실을 볼 수 있기 때문이다.

2018년 4월 12일 주주확정일 현재 현대모비스의 주주구성은 다음과 같다.

주 주	지분율(%)	비 고
기아자동차	16.9	계열회사
오너 일가	7.0	특수관계자
현대제철	5.7	계열회사
현대글로비스	0.7	계열회사
국민연금	9.8	
개인 및 기관	8.6	
외국인 투자자	48.6	
자기주식	2.7	

그리고 2017년 말 현재 현대글로비스의 주주구성은 다음과 같다.

주 주	지분율(%)	비 고
오너 일가	30.0	특수관계자
현대자동차	4.9	계열회사
현대 차 정몽구 재단	4.5	재단
Den Norske Amerikalinje AS	12.0	업무상 전략적 투자
국민연금	10.6	

현대모비스의 경우 계열사와 특수관계자의 지분이 30.2%에 불과하여, 분할합병이 통과하려면 국민연금과 외국인 투자자의 상당수가 안건에 동의해야 한다. 즉, 계열회사 등 우호지분 이외의 주주의 의견이 중요하다.

외국인 투자자나 기관투자자의 입장에서 분할합병에 대하여 생각해 보자. 현대모비스는 현재 글로벌 자동차부품 회사 중 Top 10안에 자리하고 있다. 그리고 현대자동차와 기아자동차라는 우량한 고객을 보유하고 있다. 따라서 안정적인 수익성과 향후 성장 가능성에 대해 높은 평가를 하고 현대모비스에 투자한 주주가 상당할 것이다.

자동차부품 업종에 매력을 느껴 투자한 주주는 모듈사업과 A/S 사업부문을 분할하여 현대글로비스와 합병한다는 데에는 부정적인 판단을 할 가능성이 있다. 합병을 통해 자동차부품 업종의 회사가 자동차부품뿐만 아니라 물류사업(현대글로비스의 사업)도 영위하기 때문이다. 합병으로 주주는 자신이 원하지 않았던 업종으로 회사의 사업이 확장되는 것이다.

게다가 현대모비스의 주주들의 부(富)가 감소할 수 있다는 의결권 자문사들의 의견은 현대모비스 주주들의 분할합병에 대한 반감을 키웠을 가능성이 크다.

현대글로비스 주주들 중에서도 자신들이 익숙하지 않은 자동차부품 사업과 합병한다는 데에 불편함을 느꼈던 주주들이 있었을 것이다. 그러나 현대글로비스의 우호지분은 현대모비스보다 상대적으로 많다. 그리고 합병이 오너 일가의 지분이 많은 현대글로비스에게 유리할 것이라는 여러 기관들의 의견은 개편안의 통과 가능성을 높였다.

현대자동차그룹의 개편안이 발표되자 현대글로비스의 주가는 10% 가량 급등한 반면에, 현대모비스의 주가는 5% 이상 떨어졌다. 그리고 개편안이 무산될 가능성이 커지자 현대모비스 주가는 상승추세를 보였고, 현대글로비스의 주가는 하향추세를 보였다. 이러한 주가의 움직임은 투자자의 기대를 극명하게 보여주었던 지표라 할 수 있다.

(2) 그룹 내 역학관계

지배구조 개편 작업은 기업집단의 체계를 재정립하는 절차이므로 기업집단 내 구성원의 컨센서스가 필요하고 경영진의 강력한 지원이 뒷받침되어야 한다.

모회사의 변화를 통하여 지배구조가 변경되는 지주회사 체계는 그룹 내 역학관계가 거의 변동되지 않는다. 그러나 현대자동차그룹의 지배구조 개편안은 내부적인 역학관계를 크게 변동시킬 가능성이 크다. 지주회사와 현대자동차그룹의 개편안을 비교해보자.

자회사의 지분을 보유하고 있는 모회사가 지주회사로 전환되면, 모회사에서 수행하던 그룹 전체의 전략적 방향이나 정책 등을 수립하는 부문이 지주회사로 이전된다. 모회사의 투자 전략 조직이 지배구조의 정점으로 자리바꿈을 하는 것이다.

자리바꿈은 이루어졌지만 분할 전에도 기업집단을 이끌어가던 모회사의 조직이 지주회사로 이전되기에, 기업집단의 의사결정 구조와 역학관계는 크게 변동되지 않는다. 그러므로 지주회사 전환과정에서 내부적인 동요는 적은 편이다.

현대자동차그룹은 완성차인 현대자동차와 기아자동차를 중심으로 경제적 관계가 형성되어 있다. 완성차 계열사가 그룹 내 핵심적인 역할을 수행하므로 그룹 내에서 위상이 높은데, 그 중에서도 인수를 통해 계열사가 된 기아자동차보다는 현대자동차의 그룹 내 위상이 가장 높다.

현대자동차그룹이 발표한 지배구조 개편안에 따르면 현대모비스의 존속법인이 지배구조의 정점에 위치하게 된다. 따라서 현대모비스를 중심으로 그룹 내 역학관계가 형성될 가능성이 높다. 현대자동차가 수행하던 그룹의 전략이나 투자 의사결정 등이 있다면 현대모비스로 이전되고, 현대모비스가 지배회사로서 역할을 수행하며 위상을 확립할 것이기 때문이다.

현대자동차그룹이 발표한 지배구조 개편안은 현대모비스와 현대글로비스의 사업과 연관되어 있고, 그룹 전체의 전략적 방향을 담고 있다. 따라서 실무 TFT는 현대모비스,

현대글로비스, 현대자동차 등 여러 계열사의 인력으로 구성되었을 것으로 추정된다.

TFT는 그룹 내 복잡한 역학관계의 변동이 예상되는 지배구조 개편안을 주도하고 여러 이슈에 적극적으로 대응해야 한다. 그런데 현대자동차그룹의 경우 실무진(TFT)은 소속에 따라 일관성이 없거나 소극적인 태도로 업무를 진행할 가능성이 있다. 극단적으로는 개편안에 대해 부정적일 가능성도 있다.

7. 승계와 재원조달

승계 과정에서 필요한 거액의 자금을 조달하기 위해, 재원마련 대안은 지배구조개선안과 동시에 마련되어야 한다.

현대자동차그룹의 개편안에 따르면 오너 일가는 순환구조를 해소하기 위하여, 현대모비스 존속법인의 주식을 취득하고 현대글로비스 주식을 처분하는 대안을 제시했다. 이때 오너 일가가 취득해야 할 현대모비스 존속법인의 주식가치는 약 3.5조원 내외로 추정되었다. 지배구조 개편 과정에서 자연스럽게 승계가 이루어지려면 현대모비스 주식을 취득할 주체는 정의선 부회장으로 귀결된다. 정의선 부회장이 보유하는 현대글로비스의 지분 가치는 약 1.4조원이다. 따라서 승계를 위해 정의선 부회장은 지분 교환에 따른 양도소득세 이외에도 약 2조원의 자금이 필요하다.

앞서 살펴본 오너 일가의 2018년 초 지분 현황은 다음과 같다.

(단위 : %)

	현대 자동차	현대 모비스	기아 자동차	현대 글로비스	현대 엔지니어링	현대 오토에버
정몽구	5.2	7.0	–	6.7	4.7	–
정의선	2.3	–	1.7	23.3	11.7	19.5

정의선 부회장이 보유한 현대자동차 지분은 경영권을 안정화하기 위하여 지속적으로 보유할 필요가 있다. 개편 후에 현대모비스가 보유하는 현대자동차 지분율은 20.8%에 불과하므로 현재 오너 일가가 보유하는 7.5%의 지분은 경영권 안정에 필수불가결하기 때문이다.

현대글로비스 지분은 현대모비스 주식을 취득하는 데 활용되므로, 결국 재원마련에 사용할 수 있는 지분은 기아자동차, 현대엔지니어링 및 현대오토에버 주식으로 귀결된다.

2015년에 정의선 부회장은 현대글로비스와 이노션을 처분하여 확보한 약 8,000억원을 확보한 것으로 추정된다. 그리고 2019년 초 현대오토에버 상장 과정에서 정의선 부회장은 보유하는 지분 중 50%를 구주매출 방식으로 약 1,000억원을 마련하였다.

현재 현대엔지니어링은 상장을 진행하고 있다. 이 과정에서 정의선 부회장이 회수할 수 있는 금액은 1조원 내외일 것으로 평가된다. 그리고 보유중인 현대오토에버 잔여 주식과 기아자동차를 처분하면 자금을 추가로 마련할 수 있다.

게다가 배당금과 급여 및 정몽구 회장으로부터의 증여 등을 고려하면 지배구조 개편 과정에서 필요한 자금은 무리 없이 충당할 수 있을 것으로 예상된다.

〈제8장〉에서 설명하고 있듯이 내부거래를 통해 성장하는 기업들은 후방지원 사업을 영위하는 경우가 많다. 구체적으로 그 업종은 주로 SI, IT Outsourcing, 광고, 물류, 종합상사, 구매대행과 MRO, 부품업체이다.

이러한 점은 현대자동차그룹에서도 공통적으로 발견된다. 내부거래를 통해 성장한 회사를 통해 승계 과정에서 필요한 자금을 마련하는 대안은 우리나라 기업들의 여러 사례에서 빈번하게 발견되는 공통점이라 할 수 있다.

8. 향후 지배구조 개편(안)

시장의 반대에 부딪혀 개편안을 철회하였으나, 현대자동차그룹의 개편안은 순환구조와 일감몰아주기를 해소하면서도 승계와 현재 사업구조 등을 고려한 개편안이라는 평가를 받았다. 따라서 향후 현대자동차그룹이 제시할 개편안도 2018년에 발표한 개편안과 크게 모습을 달리 하지는 않을 것이라는 예상이다. 다만, 가치평가 절차에 대한 보완과 주주환원 정책 실시 등 몇몇 변화는 예상된다.

🔵 가치평가 이슈 해소

2018년에 발표한 개편안은 상장회사와 비상장회사의 합병절차에 준한 분할합병이 제시되었다. 이로 인해 신설된 현대모비스와 현대글로비스의 합병비율에 대해 이슈가 발생했다. 따라서 향후 개편안은 평가이슈에 대한 배려가 있을 것으로 예상된다.

예를 들어 분할합병이 아니라 현대모비스가 인적분할을 실시하고 일정기간 후에 현대글로비스와 합병하는 대안을 생각할 수 있다. 분할 이후 시장가격이 형성되고 안정화될 때까지 시간이 소요될 것이나, 상장회사 간의 합병이므로 평가 이슈는 발생하지 않는다.

💠 주주환원 정책과 시장과의 의사소통

현대모비스는 2019년 2월에 이사회를 열고 글로벌 사외이사 선임(2명), 향후 3년간 총 1.1조원 규모 배당(주당 4,000원), 3년간 총 1조원 규모의 자사주 매입과 4,600억원 수준의 기존 보유 자사주 매각, 3년간 총 4조원 이상의 미래투자 등을 의결했다. 향후 3년간 진행될 배당과 자사주 매입, 소각 등 주주환원은 총 2조6,000억원 규모다. 현대모비스는 의사결정의 이유를 다음과 같이 밝혔다.

"급변하는 경영환경에 효과적으로 대응할 수 있는 투명하고 신속한 의사결정 체계를 구축하고, 주주 등 이해관계자들과 확고한 신뢰관계를 통해 기업가치와 주주가치를 동시에 높이기 위한 차원이다."

이와 같이 현대자동차그룹은 주주에게 이익을 환원하는 정책으로 배당이나 자기주식 소각 등 엘리엇이나 의결권 자문사들이 제시한 일부 정책을 적극적으로 수용할 것으로 예상된다.

💠 지배구조 개편안에 대한 내부 의사소통

일반적으로 지배구조 개편 과정에서 그룹 내 역학관계가 바뀌고, 향후 사업에 대한 전략적인 방향이 제시된다. 이러한 변화를 기업집단 내 모든 임직원이 수용하려면 최고경영진의 일관된 메시지와 적절한 교육이 필요하다.

지배구조 업무를 담당하는 실무진은 각 회사의 사업을 이해하고, 내부 이해관계를 대변할 수 있는 인원들로 구성된다. 그러므로 기업집단 전체가 아닌 소속 회사 관점에서의 업무처리가 이루어질 위험이 있다. 따라서 최고경영진의 강력한 지원을 통해 부분 최적화가 아닌 기업집단 관점에서 최적의 의사결정이 이루어지도록 업무협조가 강화될 것으로 예상된다.

지배구조 개편안의 정당성 확보

기존 개편안에 현대모비스 존속회사는 미래 자동차산업의 방향성을 제시할 역할을 수행하게 된다. 따라서 현대모비스가 전략적 방향을 제시하고 R&D 활동 등 그룹 내 전략적 역할을 수행할 수 있도록 사전 조치가 이루어질 것으로 예상된다.

한편 현대모비스의 분할 대상 사업 결정 시 별도재무제표상 사업이 아닌, 연결 관점(사업 관점)에서 해외 사업부문까지 고려할 것으로 예상된다. 별도재무제표를 기준으로 회사를 분할하면 자칫 분할이 기업집단의 핵심역량 강화와 향후 사업의 성장을 위한 방안이 아니라, 재무적 필요성만을 충족하기 위한 수단에 불과하다는 평가를 받을 수 있다. 지주회사를 피하면서도 승계를 위해 합병을 실시했다는 비판을 미연에 방지하려면 보다 사업 관점의 개편안이 필요할 것이다.

만일 해외법인이 핵심부품사업과 모듈사업 등 여러 사업을 영위한다면, 먼저 해외법인을 핵심 사업부문과 모듈사업을 분할하여 독립된 회사로 분리시키는 조치가 필요할 수도 있다.

Summary!

자동차산업은 약 2만여 개의 부품을 이용하는 세계 최대의 제조업이다. 자동차산업은 규모의 경제효과가 크며, 부품제조회사뿐만 아니라 운송, 보험까지 산업 간 상호의존성이 높아 주변산업과 국가경제에 미치는 파급효과가 매우 크다.

현대자동차그룹은 짧은 시간에 세계 5위라는 선도적 위치까지 차지했다. 성장과정에서 지적된 몇 가지 현안을 해결하기 위해, 현대자동차그룹은 지주회사가 아닌 보다 회사에 적합한 지배회사 체계를 제시하였다. 그러나 개편안이 사업 관점에서 필요한 것인가라는 질문과 합병과정에서 평가 이슈가 대두되어 좌절되었다.

그러나 안정적인 경영권이 확보된 가운데 적절한 승계가 전제되어야 사업이 지속적으로 성장할 수 있음은 부인할 수 없다. 불안한 지배구조는 헤지펀드의 Target이 되고, 장기적인 성장 동력을 유실할 위험이 매우 크기 때문이다.

향후 발표될 개편안은 현재 존재하는 지배구조 이슈를 해결하고, 미래 자동차산업에 대한 명확한 방향성을 제시하는 대안이기를 기대한다.

현대자동차그룹의 지배구조개선

- 지배구조 개편안의 필요성
  - 일감몰아주기 이슈 해소
  - 승계
  - 순환구조 해소
- 지주회사 체계의 부적합성
  - 금융부분이 완성차 판매에 필수적인데, 금융과 산업의 분리는 지주회사 행위제한 요건에 해당함.
  - 대규모투자를 위해서는 공동투자가 필요할 수 있는데, 지주회사 행위제한 요건에 부합하지 아니함.
  - 현물출자 과정에서 거액의 양도소득세가 발생함.
- 회사의 지배구조 개편안
  - 분할합병을 통한 지배회사 구조
  - 개편안의 사업적 타당성과 평가이슈 대두
  - 헤지펀드 및 의결권 자문사들의 반대로 인해 좌절
- 지배구조 개편안을 위한 사전 작업
  - 지배구조 개편안에 대한 강력한 명분
  - 주주들과 사전 의사소통을 통한 의견 조율 및 설득
  - 배당 등 주주 친화정책 개발
  - 기업집단 내부의 역학관계 조정
  - 합병 등이 예정되어 있다면 평가이슈 해소

보론 1 　의결권 자문사

1. 의결권 자문사의 영향력

의결권 자문사(proxy advisory firm)는 기업의 주요 안건을 분석한 후 기관투자가에게 찬성 또는 반대 의견을 제시하는 민간 회사를 말한다. 자문사들의 의견은 어디까지나 '조언'에 불과하다. 따라서 기관투자가들이 자문사들의 의견을 따르지 않는다고 하더라도 문제될 것은 없다. 그러나 의결권 자문사들의 영향력이 커지는 이유는 최근 '스튜어드십 코드'의 도입과 관련이 있다.

스튜어드십 코드는 '기관투자가의 수탁자 책임에 관한 원칙'을 말한다. 연기금, 보험사, 자산운용사 등 기관투자가들은 고객의 돈을 관리하는 대리인이므로, 투자한 기업에 대해 적극적으로 의결권을 행사하고 주주 가치를 높이는 역할을 해야 한다는 것이다.
한국기업지배구조원이 발표한 '스튜어드십 코드의 7개 원칙' 중에는 기관투자가들의 '공시 강화'와 '의결권 자문사 선정 등을 통한 전문성 강화' 등이 포함돼 있다. 기관투자가들로서는 주요 안건에 대한 자신들의 의견을 공시하는 것은 물론 그 결정에 책임이 강화되었다. 이러한 이유로 의안 분석 과정에서 보다 전문성을 기하기 위해 의결권 자문사 등을 적극적으로 활용하는 사례가 늘고 있다.

현재 국내에서 활동 중인 의결권 자문사는 다음과 같다.

자문사	특 징
ISS	• 외국계 자문사로서 글로벌 시장점유율 1위 • 외국인 투자자들에게 영향력이 큼.
한국기업지배구조원	• 한국거래소 산하기관의 공공기관 성격 • 스튜어드쉽 코드 제정 및 평가기관
서스틴베스트	• 국내 첫 의결권 자문기관으로 사회책임투자 전문
대신지배구조연구소	• 한국의 ISS와 같은 모델을 추구 • 애널리스트 등 주식시장에 전문성이 있음.
좋은기업지배구연구소	• 소액주주 운동을 중심으로 한 시민운동 성격

1985년 설립된 ISS(Institutional Shareholder Services)는 '젠스타 캐피털(Genstar Capital)'이라는 사모펀드를 모회사로 한다. 본사는 미국에 있으며 현재 전 세계 13개국에 18개 사무소를 운영 중이다. ISS 인터넷 공식 홈페이지에 따르면 현재 ISS의 자문을 받는 세계 각국의 회원사는 1,900여 개에 달한다.

ISS는 의결권 자문사 시장을 처음 개척하였으며 현재 글로벌 시장의 60% 이상을 차지하고 있으며, 후발주자인 글래스루이스(GlassLewis&Co.)의 점유율 20%를 압도하고 있다. ISS에 따르면 법률학자, 회계사, 금융전문가로 구성된 직원 1,100여 명이 매년 115개국에서 2만 개 이상 기업의 RI(Responsible Investing, 책임투자)를 연구 조사해 4만 2,000여 건의 주총 관련 안건에 관해 의결권 행사의 방향을 권고한다.

한국기업지배구조원(KCGS)은 2002년 설립된 한국기업지배구조개선지원센터가 개편되어 설립된 비영리 사단법인이다. 국내 상장기업의 기업지배구조와 사회적 책임에 대한 평가와 조사뿐만 아니라 지속 가능성 보고서를 작성하고 검증하는 서비스 등을 수행하고 있다. 현재 스튜어드십 코드 제도를 국내에 도입하고 운영하는 데 핵심적인 역할을 맡고 있다.

2006년 설립된 민간 의결권 자문회사인 서스틴베스트는 '사회책임투자'라는 큰 틀 아래 국내 기업들의 환경, 사회, 지배구조 평가와 투자 전략 컨설팅 등을 제공하고 있다. 대신지배구조연구소는 대신금융그룹의 대신경제연구소 산하에 있으며 ISS 모델을 추구하고 있다.

2001년 설립된 좋은기업지배구조연구소는 참여연대 출신 전문가들이 주축이 된 단체다. 소액주주 운동을 이끌었던 장하성 전 청와대 정책실장이 설립에 참여했다. 지배구조개선을 통해 기업 가치를 높이고 소액주주들의 의결권을 강화하는 데 역점을 두고 있다. 시민운동의 성격이 강한 만큼 국내 대표적인 상장사들의 의안 분석 보고서를 홈페이지에 무료로 공개한다.

최근 ISS는 하나금융의 김정태 회장의 연임에 대한 의사결정이나 KT&G 백복인 사장의 연임, KB금융의 사외이사 선임 등의 주주총회 결과에 큰 영향력을 미쳤다. 국내에서는 ISS의 영향력이 금융지주사나 공기업에 드리운 '관치'의 그림자를 걷어

내는 긍정적 역할을 하고 있다는 의견이 있다. 특히 정치적인 영향에 취약한 국내 기업의 경영 환경에서 ISS 같은 해외 의결권 자문사는 투자자들에게 객관적 지표를 제공한다는 평가를 받는다.

그러나 의결권 자문사가 특정 주주의 이익을 과도하게 요구할 경우 다른 주주 혹은 회사의 이익이 축소될 수 있다는 우려도 나온다. 단기 수익을 위해 재무적 투자를 대변할 경우 배당 등 단기적인 성과에만 초점을 맞추어 결국 회사 성장에 도움이 되지 않기 때문이다. 즉, 의결권 자문사들은 회사의 영속성, 사회적 가치 기여 등을 바탕으로 한 주주 이익의 대변이 필요하다는 의견이다.

2. 의결권 자문사에 대한 규제의 필요성

의결권 자문사들은 '주주총회 뒤 숨은 권력'으로 불릴 정도로 영향력이 크다. 스튜어드십 코드(기관투자가의 의결권 행사 지침) 도입에 따라 기업 경영에 미치는 자문사의 영향력이 이전보다 커졌기 때문이다.

그러나 이와 같이 커진 영향력에도 불구하고 의결권 자문사에 대한 문제점이 지적되고 있다.[54]

● 의결권 자문사의 공정성을 담보할 제도적 장치

대부분의 의결권 자문사는 의결권 자문업을 통해 수익을 획득하므로 고액을 제공하는 기관에 유리한 의결권 자문을 할 가능성을 배제하기 어렵다. 또한, 기관투자자에 대한 의결권 자문과 기업에 대한 컨설팅 서비스를 함께 제공하는 등 이해상충 문제가 발생할 수 있지만 이를 방지하는 방안은 없다.

● 자문내용의 정확성과 투명성 확보

국내 의결권 자문사의 인력은 한정된 반면 주주총회는 3월 말까지 약 1,900건 이상이 집중적으로 열린다. 의결권 자문사는 다수의 주총 안건을 단시간에 분석해야 하므로 정보처리 과정에서 오류가 발생할 수 있다. 게다가 의결권 자문사가 주총 의안분석 시 사용하는 데이터와 데이터 처리방법론이 공개되지 않아 기관투자자로서 의안분석의 오류를 파악하기도 어렵다.

---

54) '국내 의결권 자문사 관련 현황 및 향후과제' 조영은 국회입법조사처 조사관

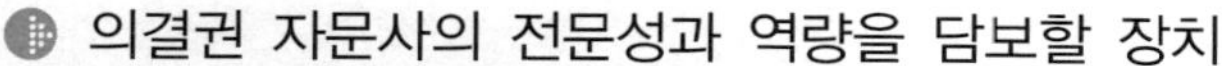

● 의결권 자문사의 전문성과 역량을 담보할 장치

의안분석 담당자의 상법 등 관련 법률에 대한 지식수준과 관련경력 보유 여부가 공개되지 않아 의안분석자의 전문성을 확인하기 어렵다. 개별 의결권 자문사가 보유하고 있는 전문인력 수와 1인당 얼마나 많은 회사의 안건을 분석하고 있는지에 관한 정보가 공개되지 않아 의결권 자문사의 자문역량을 명확하게 파악하기 어려운 실정이다.

이에 따라 금융위원회는 의결권 자문사의 개념을 명확히 하고, 의결권 자문사가 영업을 하려면 당국에 신고나 등록을 의무화하는 방안 등 규율 방안을 마련할 예정이다.

제**3**절 현대중공업

현대중공업은 1973년에 현대건설 내 조선사업부가 분사되어 설립되었으며, 왕자의 난을 거쳐 2002년에 현대그룹 계열에서 분리되었다.

현대중공업그룹은 계열분리 후 현재까지 당시 법규와 경영상황에 대응하며 여러 차례 지배구조개선 작업을 실시했는데, 본 절에서는 그 절차를 다음 3단계로 나누어 살펴본다.

① 2000년대 초반 : 계열분리 후 경영권 안정화를 위하여 순환구조 형성
② 2010년대 중반 : 사업의 전문화와 지배구조의 투명성을 위해 지주회사로 전환
③ 최근 : M&A와 IPO를 통한 중간지주회사 체제 채택

1. 순환구조 형성

(1) 2002년 당시 지배구조

| 현대중공업의 지배구조 |

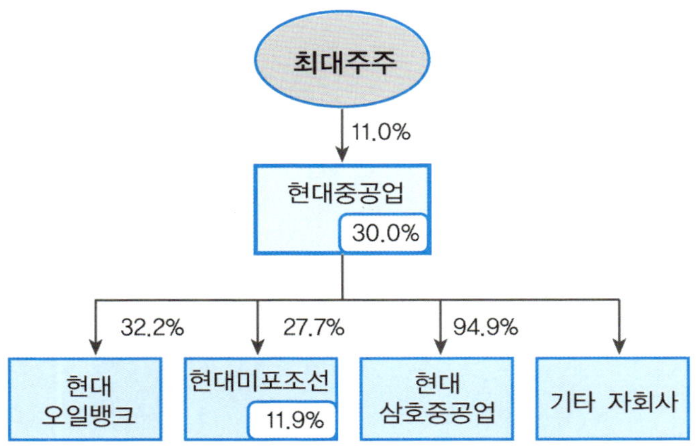

현대중공업은 2002년에 현대그룹에서 계열 분리되었으나, 최대주주의 지분율은 11.0%에 불과하였다. 취약한 경영권을 보완하기 위해 현대중공업은 30.4%에 달하는 자기주식을 취득했으나, 그 과정에서 7,075억원이 투입되어 유동성 이슈가 발생했다.

한편, 현대미포조선에 대한 지분율은 27.7%였으나, 업황 개선 기대에 따른 외국인의 주식 매집으로 외국인 지분율이 30.5%에 달하였다. 따라서 현대중공업은 적대적인 인

수합병에 방어하기 위해 현대미포조선에 대한 지분율을 증가시킬 필요가 있었다.

(2) 순환구조 형성

현대중공업은 다음 과제를 해소하기 위해 순환구조를 꾀하게 되었다.

① 현대중공업에 대한 경영권 강화

② 현대중공업의 유동성 해소

③ 현대미포조선에 대한 경영권 방어

순환구조를 채택한 결과는 다음과 같다.

| 순환구조 형성 |

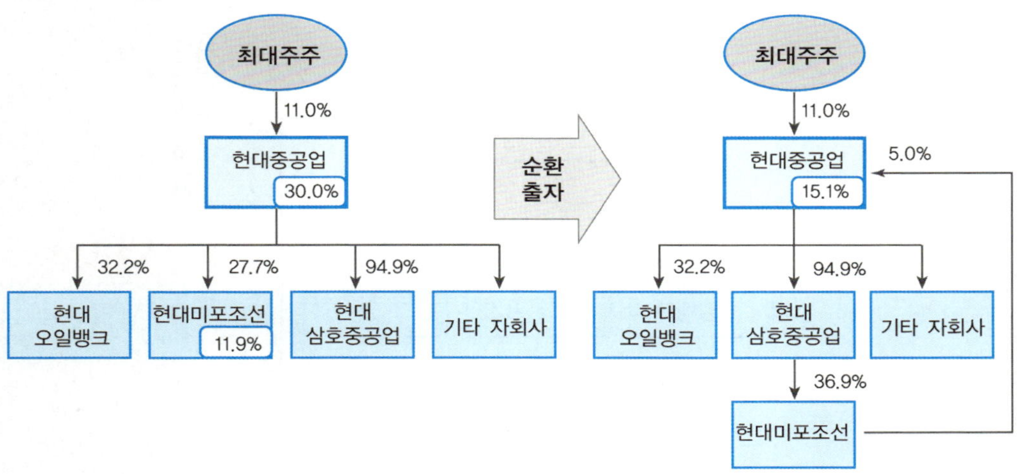

2000년 중반에 조선업 업황이 개선되자 현대삼호중공업과 현대미포조선에 거액의 선수금이 유입되었다. 이렇게 마련된 자금으로 현대삼호중공업은 다음과 같이 현대미포조선 주식을 취득하였다.

① 현대중공업이 보유한 현대미포조선 주식 취득

② 현대미포조선이 보유하고 있던 자기주식 중 일부 취득

또한 현대미포조선은 현대중공업이 보유하는 자기주식 중 일부를 취득하여 '현대중공업 → 현대삼호중공업 → 현대미포조선 → 현대중공업'이라는 순환구조가 형성되었다.

순환출자 결과 최대주주와 현대미포조선이 보유한 현대중공업 지분율은 16.0%로 증가했고, 현대삼호중공업은 현대미포조선 주식을 36.9%만큼 보유하게 되었다. 이로 인해 경영권은 강화되었고, 현대중공업은 자기주식 중 일부와 현대미포조선을 처분하여 유동성을 개선할 수 있었다.

2. 지주회사 전환

(1) 지배구조개선의 필요성

| 2016년말 지배구조 |

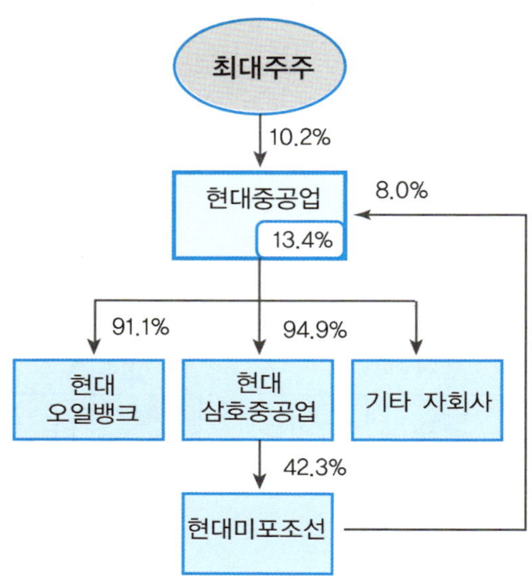

상기 지배구조를 살펴보면 다음의 특징이 드러난다.
① 경영권 불안정 : 순환구조와 자기주식을 통해 보완하고 있으나, 최대주주의 지분율이 낮아 경영권이 불안정함.
② 순환구조 : 현대중공업 → 현대삼호중공업 → 현대미포조선 → 현대중공업
③ 금융자회사 소유 : 하이투자증권, 하이자산운용 등의 금융자회사 소유

2010년 이후 세계경제의 침체로 선박 수주량은 감소하고, 경쟁심화로 수익성은 악화되었다. 현대중공업, 대우조선, 삼성중공업 등 한국의 조선 3사는 기술력이나 규모가 세계 최고 수준인데, 불황이 지속되자 국내·외에서 저가 경쟁을 펼친 결과였다.

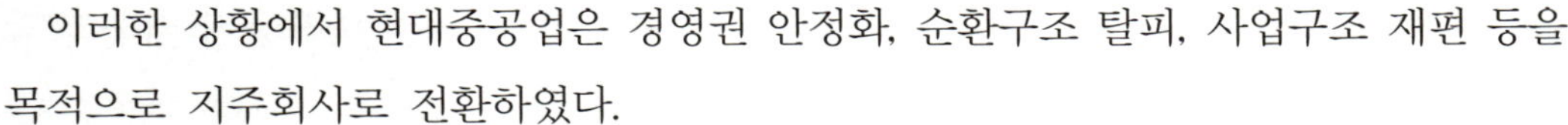

이러한 상황에서 현대중공업은 경영권 안정화, 순환구조 탈피, 사업구조 재편 등을 목적으로 지주회사로 전환하였다.

(2) 지주회사 전환

현대중공업은 지주회사로 전환한다고 발표하며 그 목적을 다음과 같이 공시하였다.

① 조선·해양·플랜트·엔진·특수선 사업부문과 전기전자 사업부문, 건설장비 사업부문, 로봇·투자 사업부문의 분리를 통해 각 사업부문이 독립적으로 고유사업에 전념토록 하여, 사업부문별 경쟁력을 강화하고, 전문화된 사업영역에 사업부문의 역량을 집중함으로써 경영위험의 분산, 각 부문별 지속성장을 위한 전문성 및 각 사업의 고도화를 추구하고자 한다.

② 각 사업부문별 독립적인 경영 및 객관적인 평가를 가능케 함으로써 책임경영체제를 확립하고자 한다.

③ 각 사업부문별로 사업특성에 맞는 신속하고 전문적인 의사결정을 통해 실행력을 제고하고, 이슈 발생 시 대응력을 제고하여 경영효율화를 추구한다.

④ 상기와 같은 체계 변경을 통하여 기업경영의 투명성을 증대시켜 시장으로부터 적정한 기업가치를 평가 받음으로써 궁극적으로 기업가치와 주주가치를 제고한다.

| 인적분할 |

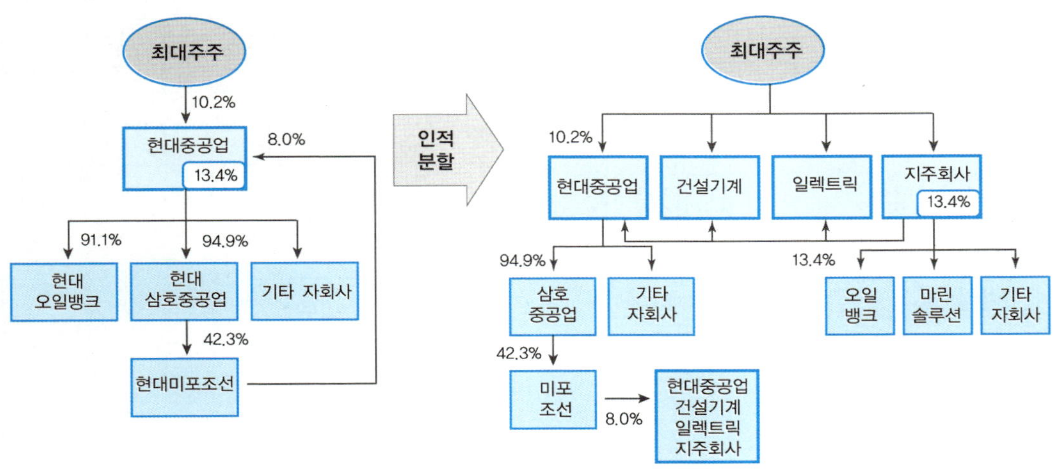

인적분할로 인하여 지주회사는 자기주식 비율에 해당하는 만큼 각 사업회사의 지분

을 취득하게 되었다. 그리고 현대미포조선은 현대중공업 및 지주회사 등에 대해 각각 8.0%만큼 지분을 보유하게 되었다.

분할 시 특징적인 점은 다음과 같다.
① 지주회사를 신설법인으로 하고, 사업회사(현대중공업)가 존속회사로 분할함.
② 사업회사를 조선, 건설기계, 일텍트릭 부문으로 다양화함.

사업회사인 현대중공업이 존속회사가 된 이유는 분할 이전의 계약관계를 원활하게 유지하기 위한 조치로 이해된다. 물론 분할되면 국내법상 종전 계약과 권리·의무는 포괄승계된다. 그러나 해외거래처의 경우 한국의 상법 절차에 따른 분할 효과를 설명하고, 분할이 종전 거래관계에 영향을 미치지 않음을 설득해야 하는 번거로움이 있다. 따라서 매출의 상당부분이 해외에서 발생하고 계약이 장기간 지속되는 현대중공업은 사업회사가 존속법인의 위치를 유지하는 것이 거래관계에 있어 용이한 측면이 있다.

한편, 여러 사업부문 별로 분할하게 되면 조선업에 가려져 있던 사업부문을 성장시키고 사업 Risk를 분산시키는 효과를 가져 온다.

| 현물출자 및 주식양수도 거래 |

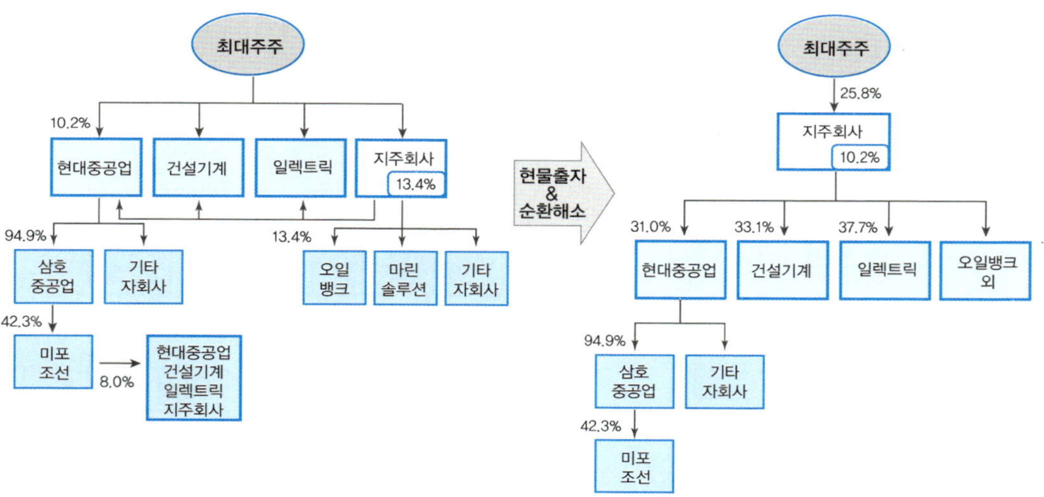

최대주주는 분할 후 사업회사 지분의 대부분을 지주회사인 HD현대에게 현물출자하고, 그 대가로 지주회사 지분을 취득하였다. 그 결과 최대주주는 28.4%(= 25.8% ÷

(1 – 10.2%))만큼 유효지분율을 보유하게 되어 경영권을 안정시킬 수 있게 되었다.

(3) 분할합병

현대중공업그룹의 조선사들은 '현대중공업 → 현대삼호중공업 → 현대미포조선'이라는 수직적 구조로 형성되어 있는데, 시장에서는 공정거래법상 행위제한 요건을 고려하여 불필요한 수직관계를 해소하는 지배구조 즉, 지주회사가 직접 해당 기업들의 주식을 보유하는 형태로 변경할 것이라고 예상했었다.

그러나 시장의 기대와 달리 다음 절차를 통해 현대중공업이 직접 현대삼호중공업과 현대미포조선을 지배하는 형태를 선택했다.

① 현대삼호중공업의 인적분할 : 현대미포조선을 보유한 투자부문과 사업부문으로 분할

② 현대삼호중공업의 투자부문과 현대중공업의 합병

| 분할합병 |

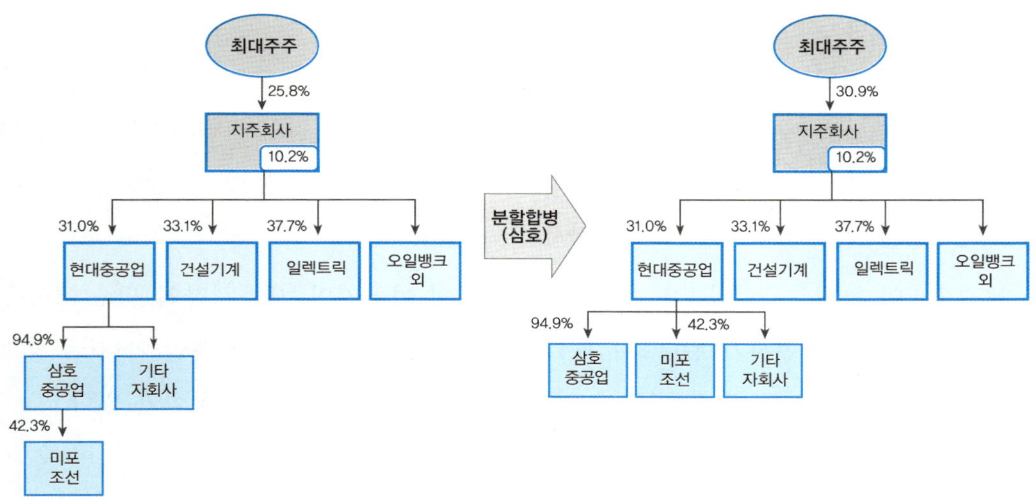

현대중공업이 현대삼호중공업과 현대미포조선을 직접 보유하는 형태를 통해 기대할 수 있는 효과는 다음 절에서 설명하도록 한다.

한편, 정몽준 회장의 아들인 정기선 부사장은 KCC가 보유하는 HD현대 지분 5.1%를 직접 취득하여 최대주주가 보유하는 지분은 25.8%에서 30.9%로 증가했다.

3. 대우조선해양 인수 추진

(1) 대우조선해양과 산업은행

조선업은 다음의 특징을 보인다.

① 조선업은 글로벌 경기에 매우 민감하다. 즉, 선박 수요에 대한 변동성이 크다.

② 조선업은 설비와 인력 즉, 고정비 비중이 상당하다.

③ 혹독한 불황을 이겨낸 소수의 기업이 이익을 독식한다.

④ 수주산업의 특성상 미청구공사와 선수금 비중이 크다.

이러한 특징으로 인해 조선업은 호황기에 막대한 이익을 획득하지만 불황기에는 거액의 손실이 발생하여, 구조조정뿐만 아니라 저가 경쟁이 만연하게 된다.

조선업은 국가의 기반산업이므로 정부 차원에서는 선박 생산능력(설비와 인력) 규모를 적절한 수준으로 보유할 필요성이 있다. 이러한 이유로 산업은행은 1999년부터 대우조선해양에 공적자금을 약 10조원 정도를 지원해 왔고 그 결과로 보유 지분이 55.7%에 달했다. 사실상 국영기업화된 것이다.

산업은행은 업황이 악화될 때마다 막대한 공적자금을 투입했다는 비판을 받았다. 더구나 2010년대 중반에 발생한 약 5조원에 달하는 대우조선해양의 분식회계는 산업은행의 관리체계에 대해서도 의문을 야기했다. 이러한 이유로 산업은행도 현대중공업이 대우조선해양을 인수하는데 적극적인 자세를 보였다.

세계 1위인 현대중공업과 2위인 대우조선해양이 합쳐지면, 세계시장의 20% 이상을 점유하는 초대형 조선사가 된다. 따라서 인수 이후에는 규모의 경제뿐만 아니라, 경쟁사 감소로 불황 시에도 저가 경쟁을 어느 정도 방지할 수 있다는 장점이 있다.

(2) 거래구조와 물적분할

| 대우조선해양 인수 거래구조 |

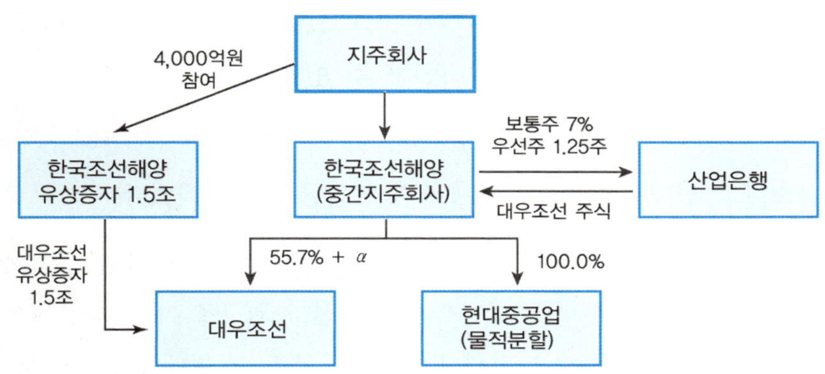

현대중공업그룹과 산업은행의 거래구조는 다음과 같다.

① 현대중공업이 영위하는 사업 중 투자부문 등을 제외한 조선 사업 전부를 물적분
   할하여 신설회사를 설립
   - 존속법인(투자부문) : 한국조선해양
   - 신설법인(조선 사업부문) : 현대중공업

② 산업은행이 소유하고 있는 대우조선해양 주식 전부를 한국조선해양에 현물출자
   하고, 한국조선해양은 유상증자로 발행한 주식을 산업은행에게 대가로 지급함.
   - 인수대가 : 한국조선해양의 보통주식 7.0%와 우선주 1.25조원

③ 한국조선해양의 유상증자
   - 한국조선해양은 주주를 대상으로 1.5조원의 주주배정 유상증자 실시
   - 지주회사인 HD현대는 유상증자에 참여

④ 대우조선해양은 한국조선해양을 대상으로 제3자 배정 증자 실시
   - 한국조선해양은 대우조선해양에 1.5억원의 유상증자 실시
   - 대우조선해양은 조달된 자금으로 차입금 상환

 결과적으로 현대중공업그룹이 대우조선해양 인수 시 부담하는 금액은 약 4,650억원
(= 1.5조 × 31.0%)으로 한정되었다. 그리고 산업은행 측에 제공할 한국조선해양 주식
중 상당부분(1.25조원)은 우선주이므로 그룹의 경영권에는 큰 부담이 되지 않을 것으
로 판단되었다.

(3) 현대중공업의 IPO

현대중공업의 사업부문이 물적분할되면 한국조선해양은 현대중공업 주식을 100% 보유하게 되고, 현대중공업은 비상장회사가 된다. 그리고 분할된 비상장회사는 사업성이 인정되면 상장을 추진하여 자금을 마련할 수 있게 된다.

2021년 9월에 현대중공업은 상장되었으며, 이 과정에서 한국조선해양의 지분율은 79.7%로 감소하고 현대중공업으로 약 1조원의 자금이 유입되었다.

현대중공업 상장 과정에서 구주매출이 없었는데 그 이유는 다음과 같이 생각할 수 있다. 현대중공업은 2016년부터 2017년까지 이어진 사업구조 개편 과정에서 성장 사업들을 현물출자나 분할을 통해 분리했다. 그 결과 분할 후 현대중공업의 사업 포트폴리오는 조선업에 집중되고, 미래 먹거리는 빈약한 측면이 있었다. 따라서 새로운 사업 개발에 필요한 투자자금을 위해 신주발행만 실시한 것으로 해석된다.

현대중공업은 향후 수소추진선 개발과 연료전지회사의 인수합병, 자율운항선박 기술 개발, 친환경 생산설비 구축 등 미래 사업에 자금을 사용하겠다고 밝혔다.

(4) 한국조선해양의 중간지주회사로의 전환

현대중공업의 물적분할과 대우조선해양의 인수 후에 한국조선해양은 아래 그림과 같은 구조의 중간지주회사로 전환될 예정이었다. 그러나 2022년 EU 집행위원회가 독점 우려로 현대중공업과 대우조선해양의 기업결합을 불허하여 대우조선해양인수는 무산되었다.

| 중간지주회사 |

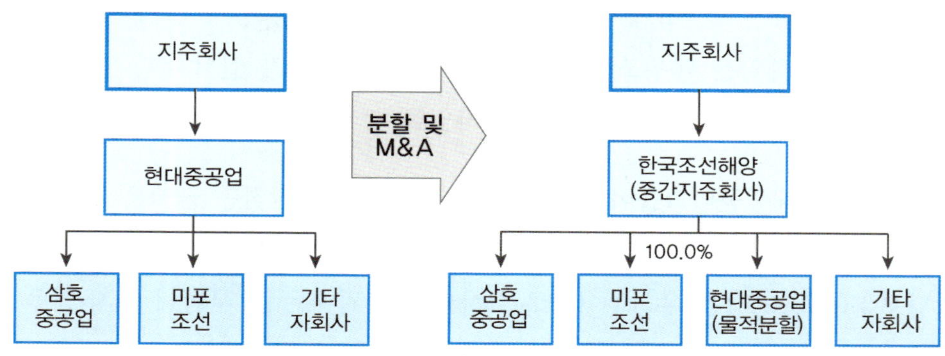

한국조선해양은 R&D 센터를 설립하고 조선업을 노동집약적 산업에서 기술 중심 산업으로 전환시키는 역할을 담당할 예정이며, 자회사는 각각의 특성을 고려하여 자율경영체제를 운영할 계획임을 발표했다.

앞서 2017년의 지배구조개선 중 현대미포조선과 현대삼호중공업 주식을 지주회사가 직접 보유하지 않고 현대중공업이 보유한 형태가 특징적이라고 언급했다. 이와 같은 지배구조를 취한 이유는 결과적으로 다음의 효과를 가져왔다.
① 현대중공업을 물적분할한 후 상장하여 자금조달
② 조선업종을 영위하는 회사들에 대한 중간지주회사 체계 수립

만일 지주회사인 HD현대가 직접 현대삼호중공업과 현대미포조선을 보유하는 형태였더라면, 자금조달과 대우조선해양 인수추진에 있어 중간지주회사 형태는 어려웠을 것이다.

4. 두산인프라코어 인수

현대중공업그룹의 자회사인 현대건설기계와 두산인프라코어를 비교하면 다음과 같다.

	현대건설기계	두산인프라코어
시장점유율	1.2%	3.3%
강점	초대형 기계 분야	중형 기계 분야
수출 시장	인도 시장에 강점	중국 시장에 강점

양사를 합산하면 글로벌 기계시장에서 5위가 되어 규모의 경제가 기대되고, 각 사업영역에서 시너지를 기대할 수 있게 된다. 이에 따라 현대중공업그룹은 두산인프라코어를 인수하기로 결정했다.

구체적으로 현대중공업그룹은 KDB인베스트먼트(재무적 투자자)와 컨소시엄을 구성하고, HD현대는 현대사이트솔루션을 신설했다.

| 두산인프라코어 인수 |

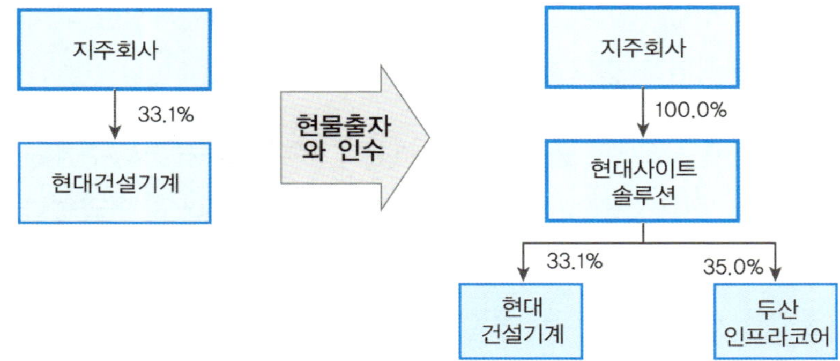

구체적인 인수 절차는 다음과 같다.

① HD현대가 현대사이트솔루션을 설립

② HD현대가 보유하는 현대건설기계 주식을 현대사이트솔루션에 현물출자

③ 현대사이트솔루션이 두산인프라코어를 인수

한편, 두산인프라코어 인수 자금 8,500억원은 다음과 같이 조달했다.

① 지주회사가 현대사이트솔루션을 대상으로 실시한 유상증자 자금 4,000억원

② 현대사이트솔루션이 발행한 4,500억원의 전환사채를 KDB인베스트먼트가 인수

현대사이트솔루션은 중간지주회사로서 각 법인의 독립경영체계를 지원하고 R&D나 중복투자 조율 등의 컨트롤타워 역할을 담당할 예정이다.

현대중공업그룹은 두산인프라코어를 인수한 이후 두산인프라코어의 재무구조를 개선하기 위하여 액면가를 주당 5,000원에서 1,000원으로 낮추는 무상감자를 실시했다. 그리고 2021년 12월에 8,000억원 규모의 유상증자를 실시하겠다고 공시했다.

감자와 증자 계획이 발표되자 두산인프라코어의 주가는 급락했고 소액주주들은 반발했다. 시가총액이 1조원 정도인데, 8,000억원 규모의 대규모 유상증자에 나서면 주주가치가 훼손된다는 주장이다. 그러나 신용평가사는 '투자사업부문 분할로 자본 여력이 저하되었으나, 유상증자 완료 시 재무 부담 완화가 기대된다.'며 두산인프라코어의 신용등급을 상향 조정하였다.

한편, 회사는 현대사이트솔루션에 대해 구체적인 계획은 없으나 향후 IPO를 실시할

수 있을 것임을 컨퍼런스콜을 통해 발표했다.

5. 기타

(1) 현대오일뱅크

현대오일뱅크는 1964년에 극동정유로 설립되었다. 현대중공업은 외환위기로 발생된 경영난을 극복하기 위해 1999년에 현대오일뱅크 지분 50%를 아부다비 국영석유투자 회사(IPIC, International Petroleum Investment Company)에 매각하였다. 이후 IPIC는 현대중공업으로부터 20%의 지분을 추가로 취득하여 총 70%을 보유하게 되었다.

IPIC은 제3자에게 현대오일뱅크 지분 매각을 시도했으나, 현대중공업은 종전에 처분한 지분에 대해 콜옵션이 있음을 주장하고, 2008년에 국제상업회의소(ICC, International Chamber of Commerce)의 중재를 통해 현대오일뱅크 지분을 취득했다.

2000년대 조선업 호황으로 번 돈을 기반으로 2010년에 소송전을 거쳐 현대오일뱅크를 다시 인수한 것이다. 당시 IPIC의 총수익은 2.6조에 달했는데, 최초 투자금액의 4배를 넘긴 것이었다.

정유사는 정제 마진이 낮은 벙커C유를 휘발유, 경유 등 고부가가치 제품으로 만들기 위해 재처리 시설을 도입하는데, 이를 고도화설비라고 한다. 고도화설비를 갖추면 가격이 낮은 벙커C유 생산량이 줄고 고부가가치 제품 생산이 증가하여 영업이익이 증가하게 된다. 현대오일뱅크는 2010년 이후 고도화 시설에 집중 투자하였고, 현재 고도화비율은 국내 최고인 41.1%에 달하고 있다.

현대오일뱅크는 2012년과 2018년에 상장을 추진하였으나 주변 상황이 여의치 못하여, 프리 IPO형식으로 아람코에 지분 17%를 1.4조원에 매각하였다. 2022년 중 상장을 재추진하였으나, 당시 주식시장의 침체로 상장 계획을 연기하였다. 그러나 사업 관련 투자와 재무 건전성 확보를 위한 원활한 자금 조달을 위하여 IPO를 지속적으로 추진할 것으로 예상된다.

(2) 현대마린솔루션

현대중공업그룹은 지주회사 전환 이전에 일부 사업부를 떼어내 100% 자회사인 현대마린솔루션 등을 설립하였다.

현물출자 부문	종속기업[55]
엔진사업부 산업기계부문	현대중공업터보기계
설비보전 및 장비지원	현대중공업모스
엔진사업부 글로벌서비스 부문	현대마린솔루션
그린에너지사업부	현대에너지솔루션

2016년에 지주회사로 전환하기 직전에 일부 사업부문을 물적분할한 이유에 대해 생각해 보자.

│ 지주회사 전환 전 자회사 신설 │

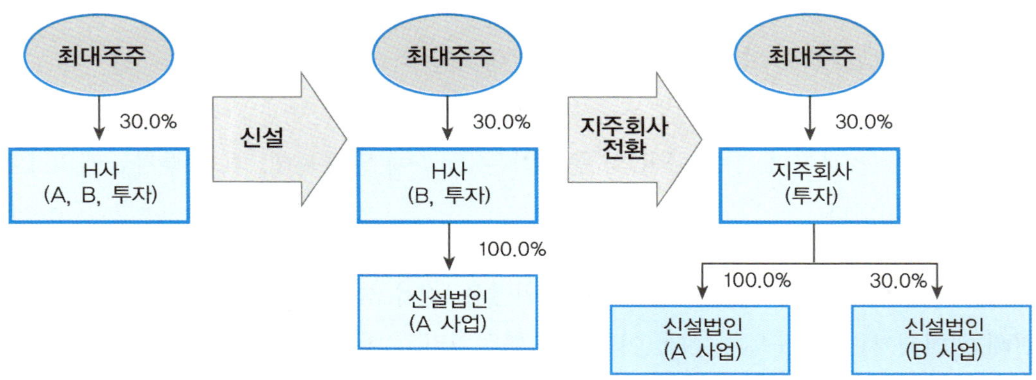

먼저 지주회사 전환 전에 A사업부문을 분사하고, 지주회사로 전환한다고 가정해 보자. 이 경우 지주회사는 A사를 직접 보유하게 되어 최대주주의 유효지분율은 30%(= 30% × 100%)로 계산된다.

지주회사로 전환한 후 A사업부문을 분사한다고 가정해보자.

---

55) 현대중공업터보기계는 이후 처분하고, 현대에너지솔루션은 2019년에 상장했고, 현대마린솔루션은 IPO를 추진하고 있는 상황이다.

| 지주회사 전환 후 신설 |

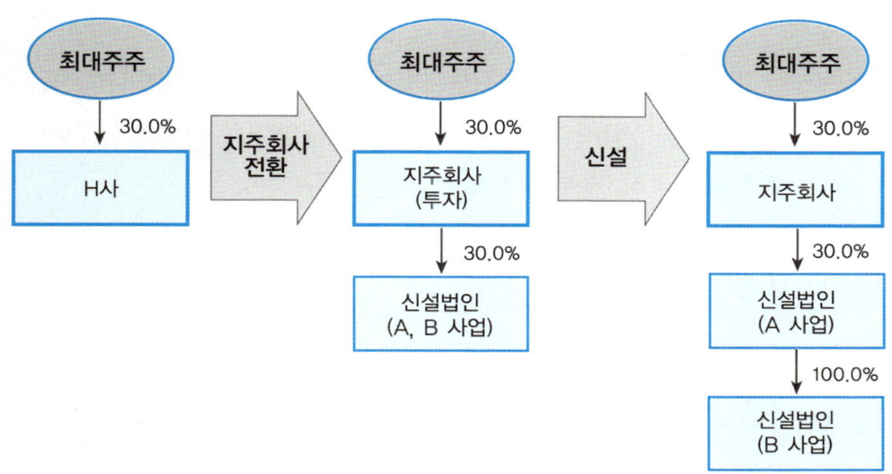

반면, 지주회사 전환 후에 A사업부문을 신설할 경우 최대주주의 유효지분율은 9%(= 30% × 30% × 100%)에 불과하다.

이와 같이 지주회사 전환 전에 A사를 분사할 경우 최대주주의 유효지분율이 높아지는 효과가 발생한다.

현대마린솔루션이 영위하는 A/S 사업부문은 안정적이고 수익성이 양호하여 설립 이후 성장세를 보이고 있다. A/S 사업부문은 사업변동성이 큰 수주사업을 영위함에 따른 보상적 성격이 있으며, 매출도 조선업과 관련이 깊다. 따라서 한국조선해양이 보유해야 하는데, 지주회사가 직접 보유하게 되어 최대주주의 이익을 도모했다는 비판적 시각도 있다.

지주회사인 HD현대는 2021년에 현대마린솔루션으로부터 배당과 38%의 지분 처분을 통해 약 8,000억원의 자금을 조달했다. 그리고 2024년 현재 구주매각과 신주발행을 통해 IPO를 추진하고 있다.

(3) 현대삼호중공업의 IPO

2017년에 현대중공업그룹은 현대삼호중공업이 5년 내 상장하지 않을 경우 프리IPO 투자자에 원금에 높은 수익률을 붙인 금액을 되돌려주기로 약정하고, 4,000억원을 조달했다.

투자자들과 현대삼호중공업의 모회사인 한국조선해양이 맺은 주주 간 약정은 다음과 같다.

① 2022년까지 IPO 미이행 시 한국조선해양이 원금 및 9.5% 수익률 지급

② 특정 투자 요건이 충족되지 않을 경우 한국조선해양이나 한국조선해양이 지정하는 제3자에게 보유주식 전부를 매입할 것을 청구 가능

③ 한국조선해양 또는 현대미포조선과 합병 시 2년간 원금보장

④ 기타비상무이사 1인을 선임

그러나 2022년에 미국발 금리상승과 더불어 주식시장이 침체되자, 현대중공업그룹은 현대삼호중공업의 상장을 철회하고 사모펀드가 보유한 주식을 취득했다.

6. 중간지주회사 체계

현대중공업그룹의 주요 사업부문은 조선, 정유·석유화학 및 건설기계 등이다. 현재 현대중공업그룹은 각각의 사업분야를 한국조선해양, 현대오일뱅크, 현대사이트솔루션 등의 중간지주회사로 재편하고 있는 중이다.

2024년초 현대중공업그룹의 지배구조는 다음과 같다.

| 중간지주회사 체계 |

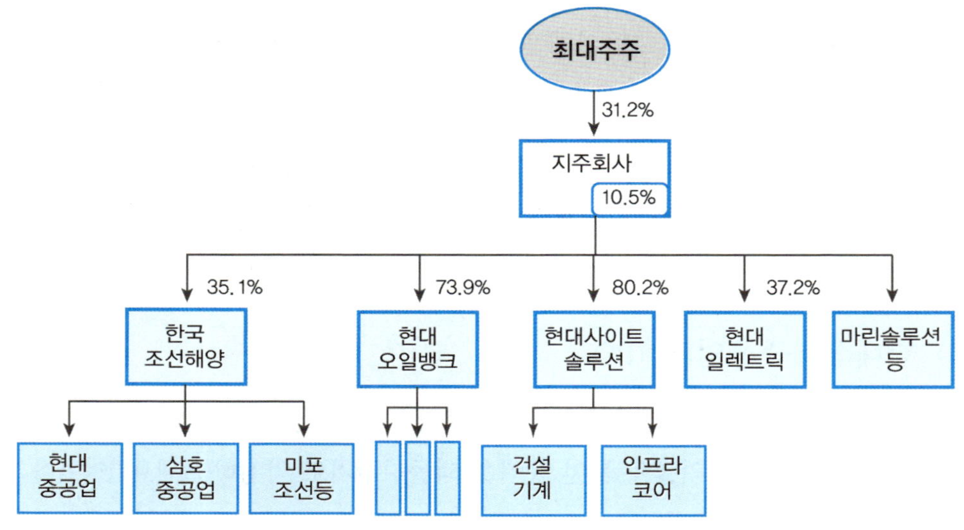

　현대중공업그룹이 채택한 중간지주회사 체계는 외형을 확대하는 과정에서 나타났다. 예를 들어 대우조선해양을 인수하려면 2조원 이상의 자금이 소요되는데, 분할을 통해 한국조선해양을 중간지주회사로 출범시켜 자금조달 문제에 대응하고자 했다. 이와 같이 중간지주회사 체계는 성장과정에서 자금을 조달하는 수단으로 활용할 수 있다.

　〈제6장〉에서 살펴보았듯이 중간지주회사 체계는 지주회사의 지분레버리지 효과를 손자회사 단계까지 확대한 것이다. 중간지주회사는 지분레버리지 효과를 극대화하여 외형을 성장시키면서도 최대주주의 자금 부담은 최소화할 수 있다는 장점이 있다.

　그러나 중간지주회사 체계를 수립할 경우 주요 고려사항은 다음과 같다.
　① 소액주주에 대한 사회적 책임
　② 공정거래법상 행위제한 요건 충족

　현대중공업그룹의 경우 손회사인 현대중공업, 현대미포조선, 현대삼호중공업, 현대건설기계, 인프라코어 등이 상장회사이거나 상장을 준비 중이다. 상장이 이루어지면 소액주주(비지배주주)가 대폭 증가한다. 따라서 소액주주에 대한 배려와 투명한 경영 체계가 전제되지 않을 경우 법적 소송 등이 야기될 수 있다.

　공정거래법상 손자회사가 국내에 자회사를 두려면 100% 지분율이라는 행위제한 요건이 있다. 따라서 손자회사가 직접 M&A를 실시하려면 100% 지분을 전제해야 하고, Joint Venture 등을 통해 사업을 전개하기는 어렵다는 단점이 있다.

　현대중공업은 2002년 계열 분리 이후 경영권 안정화와 사업 다각화 등을 위해 여러 차례 지배구조 개선 작업을 실시했는데, 그 주요 내용은 다음과 같다.

현대중공업그룹의 지배구조개선

- 순환출자
  - 현대중공업에 대한 경영권 안정화 및 현대중공업의 유동성 개선
  - 현대미포조선에 대한 M&A 방어
- 지주회사 전환
  - 최대주주의 지분율 강화
  - 사업별 분할을 통해 사업 전문화 추진
- 중간지주회사 체계
  - 지분레버리지 효과의 극대화
  - 외형 확장
    → 대우조선해양 인수, 두산인프라코어 인수
  - 비지배주주에 대한 사회적 책임
  - 손자회사의 사업 확장 방식에 제한 발생

보론 두산인프라코어의 매각과 유상증자

두산그룹은 업황 악화로 인해 손실이 지속되어 재무구조가 취약해졌다. 이를 개선하기 위해 두산그룹은 다음과 같은 재무구조개선 절차를 진행했다.

① 솔루스첨단소재 지분 처분

② 두산 모트롤사업부문 매각

③ 두산퓨얼셀의 오너 지분을 두산중공업에 무상 증여

④ 두산중공업의 유상증자(약 1.3조원)

⑤ 클럽모우CC와 두산타워 매각 등

이뿐만 아니라 재무구조 개선책의 일환으로 두산중공업은 두산인프라코어를 매각하기로 결정했는데, 두산인프라코어가 보유하는 두산밥캣은 매각 범위에서 제외되었다. 이를 위해 두산인프라코어를 인적분할 후 사업부문은 매각하고, 투자부문은 두산중공업과 합병하는 절차를 진행했다.

| 두산인프라코어의 인적분할 |

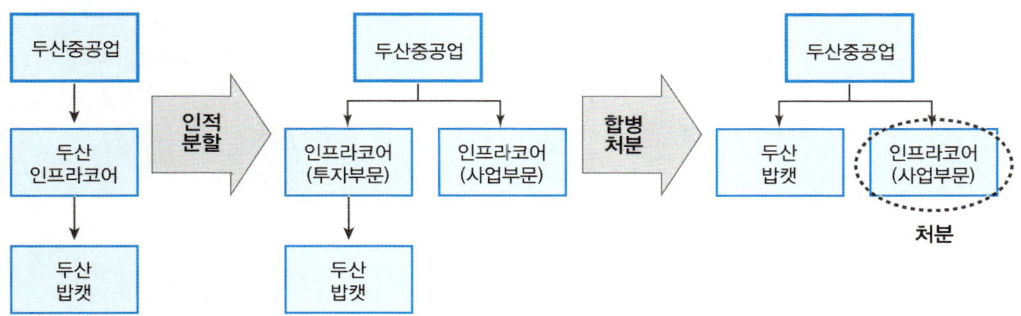

세부적인 절차는 다음과 같다.

① 두산인프라코어의 인적분할 : 투자부문과 사업부문으로 분할

② 합병 : 두산인프라코어(투자부문)와 두산중공업의 합병

　　→ 두산중공업이 두산밥캣을 직접 보유하는 형태로 전환

③ 두산인프라코어(사업부문)는 처분

결국 두산밥캣은 두산중공업이 직접 보유하고 사업부문은 매각하게 된 것이다.

상기 과정은 현대삼호중공업이 인적분할한 이후, 현대미포조선 지분을 보유하고 있는 투자부문을 현대중공업과 합병하는 과정과 유사하다.

제4절　셀트리온의 기업지배구조

　셀트리온은 국내 최초로 바이오 의약품과 바이오시밀러(Biosimilar) 사업에 진입한 회사로서 램시마, 트룩시마, 허쥬마 등의 의약품을 생산하고 있다. 의약품 사업은 오랜 기간 동안 거액의 투자를 필요로 한다. 이러한 업종 특성 때문에 셀트리온은 가시적인 실적을 시장에 제시하고 자금을 조달하는 데 많은 어려움을 겪었다.

　본 절에서는 셀트리온 그룹이 지배구조 변경을 통하여 이러한 과제에 어떻게 대응하였는지 살펴보도록 한다.

1. 의약품 산업에 대한 개요

(1) 의약품의 구분

　셀트리온 그룹의 사업과 지배구조의 특성을 파악하려면 의약품에 대한 이해가 필요하다. 따라서 의약품 사업을 간략하게 살펴보고자 한다. 먼저 의약품은 크게 바이오 의약품과 합성 의약품으로 구분되는데 그 특징은 다음과 같다.

| 의약품의 구분 |

구분	바이오 의약품	합성 의약품
정의	• 생물의 세포나 조직 등의 유효물질을 이용하여 제조하는 의약품	• 화학물질의 분자구조를 결합하여 제조된 의약품
생산방법	• 미생물, 동식물 세포 등 살아있는 생물체로부터 생산됨. • 주로 유전자 재조합(재설계) 방식을 사용함.	• 전형적인 화학합성
물리적 특성	• 분자량이 크고 복잡한 3차원 구조 • 주로 생체고분자	• 분자량이 작고, 화학적 구조가 명확함.
가격 및 제조비용	• 높음	• 낮음
진입장벽	• 높음	• 낮음
투여방법	• 정맥 또는 근육 주사	• 주로 경구 복용
복제약	• 바이오시밀러	• 제네릭

구분	바이오 의약품	합성 의약품
약품 예시	• 인슐린과 같은 재조합 단백질 의약품, 항암제 등으로 쓰이는 항체 의약품, 백신 등	• 약국에서 일반적으로 접하는 먹는 두통약, 고혈압약 등

바이오 의약품은 합성 의약품에 비하여 효능이 좋고 부작용이 적다. 따라서 바이오 의약품은 합성 의약품에 비하여 고가지만 급속도로 시장이 성장하는 추세이다.

(2) 복제약 시장

특허가 만료된 합성 의약품의 복제약을 제네릭이라고 하는데, 제네릭의 성분이나 제조법, 그리고 효능 등은 오리지널과 거의 유사하다. 예를 들어 화이자가 제조한 비아그라는 '오리지널'이고, 비아그라의 특허가 종료된 이후 한미약품이 생산하고 있는 팔팔정은 '제네릭'에 해당한다. 제네릭은 오리지널의 화학식만 알면 쉽게 제조할 수 있고, 화학반응에 큰 변화가 없다.

우리나라는 전국민이 의료혜택을 받을 수 있는 보편적 의료정책을 지향하고 있다. 따라서 우리나라에서는 저가로 의약품을 공급할 수 있는 제네릭 중심으로 의약업이 발전하였다. 제네릭 업종은 기술적인 진입장벽이 낮아 연구개발보다는 마케팅활동에 중점을 두는 성향이 있다. 그리고 오리지널에 비해 50% 이하의 단가에 거래되고 있으며, 과도한 판매촉진비로 전반적인 수익성은 낮다.

반면 바이오시밀러는 오리지널과 염기서열이 동일한 의약품을 개발하려 해도 구조적 복잡성으로 인한 어려움이 발생한다. 그리고 생산과정에서 배양배지, 배양온도, 배양크기에 따라 산출물이 오리지널과 달라진다. 그러므로 바이오 의약품은 완벽한 복제가 불가능하며, 그 효능과 안정성이 유사한(similar) 형태로만 복제할 수 있다고 평가된다.

바이오시밀러는 오리지널 의약품 단가의 70% 정도에 거래되므로 제네릭에 비하여 수익성이 훨씬 좋다. 또한 바이오시밀러는 다음의 이유로 사업성이 밝다고 평가된다.

① 바이오 의약품 자체의 성장성이 매우 높다.

② 1980년대 초반부터 개발된 바이오 의약품들의 특허기간이 2013년부터 대거 만료되고 있다.

③ 미국을 비롯한 많은 나라들이 의료 단가를 낮추기 위해 복제약시장 확대정책을
   펴고 있다.

바이오시밀러 시장은 제네릭과 달리 개발, 생산 및 품질유지 과정이 매우 까다롭다.
따라서 회사가 해당 사업에 대한 역량을 충분히 보유하고 있어야 하며, 거액의 연구개
발비와 오랜 투자 기간을 감당할 수 있어야 한다. 따라서 바이오시밀러는 진입장벽이
매우 높다.

바이오시밀러 사업에 진입하는 회사들은 대부분 처음부터 세계 시장을 목표로 하기
에 글로벌 제약사와 해외 시장에서 치열하게 경쟁해야 한다. 그리고 기술력뿐만 아니
라 대규모 생산시설이 필요하기 때문에 결국 몇몇 회사가 세계시장을 과점하는 형태가
될 것으로 예상되고 있다.

2. 셀트리온 그룹의 형성

(1) 셀트리온 그룹의 형성

삼성전기와 대우그룹에서 직장생활을 하였던 서정진 회장은 바이오 산업이 유망하
다는 판단에 따라 대우자동차 출신의 동료들과 '넥솔'을 창업하였다. 그리고 미국 바이
오 업계를 검토하고 바이오 의약품과 바이오시밀러의 성장 가능성을 확신하게 되었다.
이후 서정진 회장은 바이오시밀러 사업에 뛰어들기 위하여 셀트리온을 설립했다.

셀트리온은 설립 이후 유가증권 시장에 상장하려 시도하였으나 성공하지 못했다. 상
장에 실패한 이후 셀트리온은 2008년에 인쇄회로기판(PCB) 제조 등을 영위하던 오알
켐(코스닥 상장회사)과 합병하였다. 유가증권 시장으로의 진입이 좌절되자 코스닥 시
장에 우회상장한 것이다.

합병 후 오알켐은 사명을 셀트리온으로 변경하였고, 기존에 오알켐이 영위하였던
PCB 사업은 분할되어 매각되었다.

2007년 당시 셀트리온 그룹의 지배구조는 다음과 같다.

| 2007년 셀트리온 그룹의 지배구조[56] |

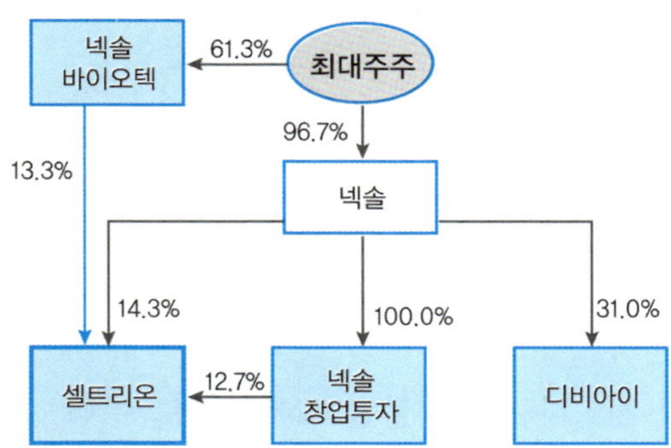

　상기 지배구조에서 셀트리온을 제외한 나머지 회사들은 투자 이외 영업활동은 미미한 편이었다. 그럼에도 불구하고 하나의 회사가 아닌 여러 회사로 분리되어 운영된 것은, 자금조달 창구를 여러 개로 분산·배치하여 보다 용이하게 자금을 조달하기 위함으로 보여진다.

　서정진 회장은 셀트리온 주식을 직접 보유하고 있지 않고, 비상장 계열사를 통하여 경영권을 확보하고 있었다. 이는 종전에 최태원 회장이 SK 주식을 가지고 있지 않고, 비상장 회사였던 SK C&C를 통하여 지배력을 행사하고 있는 형태와 유사하다. 비상장 회사를 통하여 경영권을 행사하는 경우에는 자금조달과 재투자 측면에서 효과가 있는데, 관련 내용은 〈제6장〉의 〈보론 1〉을 참조하기 바란다.

(2) 재무 현황

2007년 말 현재 셀트리온 그룹 내 주요 회사의 재무 현황은 다음과 같다.

---

56) 상기 회사들의 사명은 이후 다음과 같이 변경되었다.
　　• 넥솔 → 셀트리온헬스케어
　　• 넥솔창업투자 → 셀트리온창업투자
　　• 넥솔바이오텍 → 셀트리온지에스씨 → 셀트리온스킨큐어
　　• 디비아이 → 셀트리온디비아이

(단위 : 백만원)

	넥솔 (셀트리온헬스케어)	넥솔창업투자 (셀트리온창업투자)	넥솔바이오텍 (셀트리온스킨큐어)	셀트리온
자산	64,372	57,591	50,959	50,152
부채	66,097	48,729	46,682	24,838
자본	(1,725)	8,862	4,277	25,314
매출	194	12,650	2,397	48,978
영업손익	(792)	4,762	43	2,952

넥솔, 넥솔창업투자 및 넥솔바이오텍의 자산은 투자주식이 큰 비중을 차지하고 있었는데 그 내역은 다음과 같다.

(단위 : 백만원)

투자주식 ＼ 투자회사	넥솔 (셀트리온헬스케어)	넥솔창업투자 (셀트리온창업투자)	넥솔바이오텍 (셀트리온스킨큐어)
셀트리온	47,445	54,470	43,592
넥솔창투	9,197	—	—
디비아이	5,242	—	—
합계	61,884	54,470	43,592
투자주식 ÷ 총자산	96.1%	94.6%	85.5%

한편 2007년 말 현재 넥솔(셀트리온헬스케어)의 연결재무제표는 다음과 같다.

(단위 : 백만원)

	자산	부채	자본		
			지배기업 지분	비지배지분	계
금액	153,724	146,697	(1,725)	8,752	7,027

연결재무정보에서 알 수 있듯이 셀트리온헬스케어의 연결재무제표상 부채비율은 2,088%에 달하고 있으며, 비지배지분을 제외한 그룹의 실질 자본은 부(負)의 금액이다. 따라서 2007년 당시 셀트리온에 투자하고 있었던 회사들이 분리되어 있지 않고 통합된 형태였더라면, 부채비율 등의 이유로 차입이 어렵거나 자금조달 비용이 높았을 것임을 짐작할 수 있다.

(3) 셀트리온제약 인수

2009년에 셀트리온 그룹은 무선인터넷 서비스를 영위하던 코디너스(코스닥 상장회사)를 인수하였다. 그리고 코디너스는 전국적인 의약 판매망을 보유하고 있던 중견 제약사인 한서제약을 인수한 후 합병하였다. 당시 회사가 공시한 합병 목적은 다음과 같다.

'당사는 2008년 10월 24일 셀트리온의 최대주주인 셀트리온헬스케어와 셀트리온이 개발중인 바이오시밀러 제품 및 각종 신약 등에 대한 국내 독점판매 및 유통권에 대한 계약을 체결하였는 바, 이에 당사는 향후 영위하게 될 의약품 제조 및 판매업과 관련된 유통 및 영업조직망 등의 확충에 대한 필요성을 인식해 왔습니다.

이에 한서제약과의 본 합병을 통해 의약품 제조 및 판매사업을 영위하게 되어, 안정적 사업기반 확보 및 사업규모의 확대를 통해 투자여력을 강화함으로써 미래성장기반을 확보할 것으로 예상됩니다. 또한 경영효율성 증대 및 재무구조 등이 개선될 것으로 예상되는 바, 이를 통해 코디너스는 궁극적으로 주주가치 극대화를 도모할 수 있을 것입니다.'

합병 후 코디너스는 사명을 셀트리온제약으로 변경하였다.

3. 지주회사 체제로 전환

(1) 셀트리온 그룹의 현황

여러 차례의 지분 변동과 합병 등을 걸쳐 셀트리온 그룹은 2009년에 그 체계가 잡혔다고 볼 수 있는데, 당시 주요 계열사는 다음과 같다.

① 셀트리온 : 바이오 의약품과 바이오시밀러(Biosimilar)의 개발과 생산
② 셀트리온제약 : 합성 의약품의 개발과 생산, 바이오시밀러(Biosimilar)의 국내 판매
③ 셀트리온헬스케어 : 셀트리온과 셀트리온제약이 개발하는 의약품의 전세계 판매망 구축 및 유통

당시 셀트리온 그룹의 지배구조는 다음과 같다.

| 셀트리온 그룹의 지배구조 |

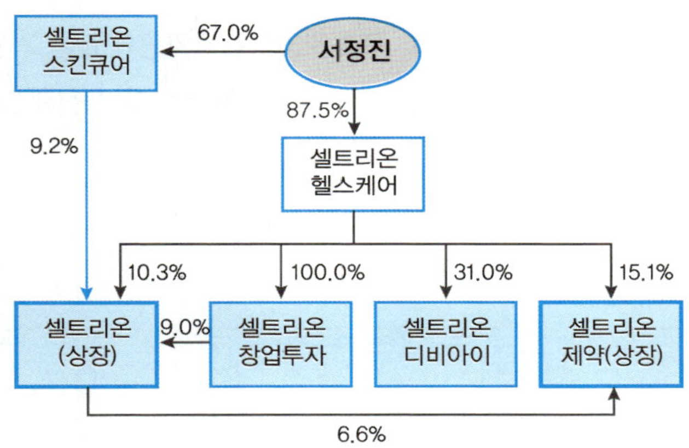

당시 셀트리온의 경영실적은 다음과 같다.

(단위 : 백만원)

	2010년	2009년	2008년	2007년
매출	180,948	145,551	83,690	63,522
영업이익	106,620	71,752	30,772	13,953
당기순이익	108,372	14,571	41,092	(26,549)

그리고 현금흐름은 다음과 같다.

(단위 : 백만원)

	2010년	2009년	2008년	합계
영업활동	33,596	44,954	47,238	125,788
투자활동	(266,334)	(57,466)	(76,916)	(400,716)
재무활동	242,900	31,223	19,083	293,206

　상기 표를 보면 셀트리온의 실적은 개선되어 3년간 1,256억원의 영업 현금흐름을 창출하고 있었으나, 투자에 필요한 4,007억원의 자금 지출은 감당하지 못하는 상황이었다. 따라서 셀트리온은 차입이나 증자 등 재무활동에 의존하여 2,932억원의 자금을 조달하고 있었다.

　2010년 이후에도 셀트리온 그룹은 새로운 제품을 개발하고 판매망을 확대하는데 거액의 투자자금이 필요했다. 그러나 모든 자금을 차입에 의존할 수는 없었으므로, 유상증자를 실시하는 과정에서 최대주주의 지분은 희석되었다.

(2) 셀트리온 그룹의 거래 흐름

셀트리온헬스케어는 셀트리온의 주요 제품에 대한 해외판매권을 가지고 있다. 즉, 셀트리온을 통하여 개발하고 생산된 제품들은 셀트리온헬스케어를 통해 판매된다. 그러므로 셀트리온과 셀트리온헬스케어는 각각 독립된 회사이나, 바이오시밀러의 생산과 판매라는 큰 가치사슬로 보면 하나로 묶여 있다고 볼 수 있다.

| 셀트리온 그룹의 거래 흐름 |

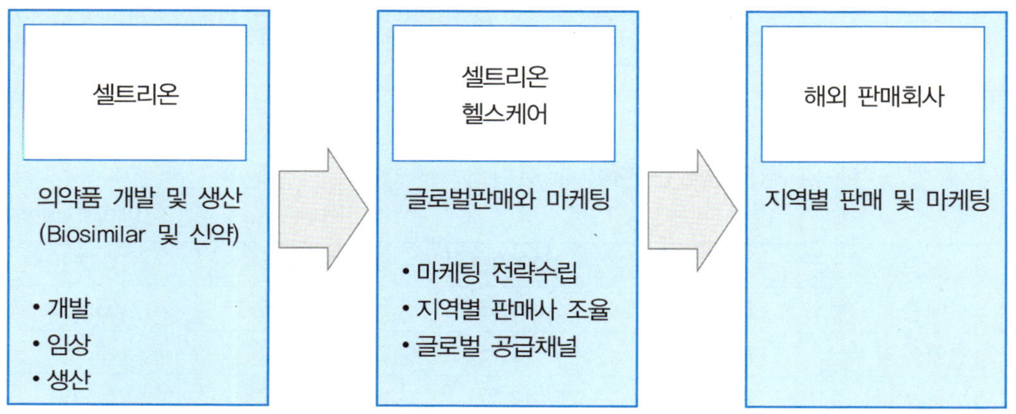

셀트리온의 제품에 대한 국내판매권은 셀트리온제약이 보유하고 있어, 하나의 사업이 3개로 나뉘어서 진행된다는 문제점이 있다.
① 생산 : 셀트리온
② 해외영업 : 셀트리온헬스케어
③ 국내영업 : 셀트리온제약

셀트리온, 셀트리온헬스케어, 셀트리온제약 3사는 모두 상장회사이므로 이해상충 문제가 발생할 수 있으며, 부분최적화를 방지하고 사업 전체 관점에서 전략을 수립하는 데에도 영향이 있을 수 있다. 그리고 동일한 연결실체에 3사가 있지 않다면 실적 집계의 투명성에도 이슈가 발생한다.

(3) 인적분할

셀트리온 그룹 내에서 셀트리온이 급격하게 성장하고 투자금액도 커짐에 따라, 그룹의 리스크가 하나로 집중되는 문제점이 지적되었다. 따라서 이러한 투자리스크를 분산하고 회사별 전문화를 위해 인적분할이 실시되었다. 그리고 인적분할을 통하여 신설된 셀트리온홀딩스는 지주회사로 전환되었다.

당시 셀트리온 그룹이 설명한 분할 목적을 요약하면 다음과 같다.

① 지주회사 전환은 셀트리온 전체의 경영 투명성을 제고함.

② 셀트리온, 셀트리온헬스케어 및 셀트리온제약 등 각 분야별 전문 기업들의 역할을 명확히 구분하여 이를 셀트리온홀딩스가 조정함.

③ 이를 통하여 셀트리온이 글로벌 바이오제약 전문 그룹으로 도약할 수 있도록 조직정비를 완료한 것임.

| 셀트리온헬스케어의 인적분할 |

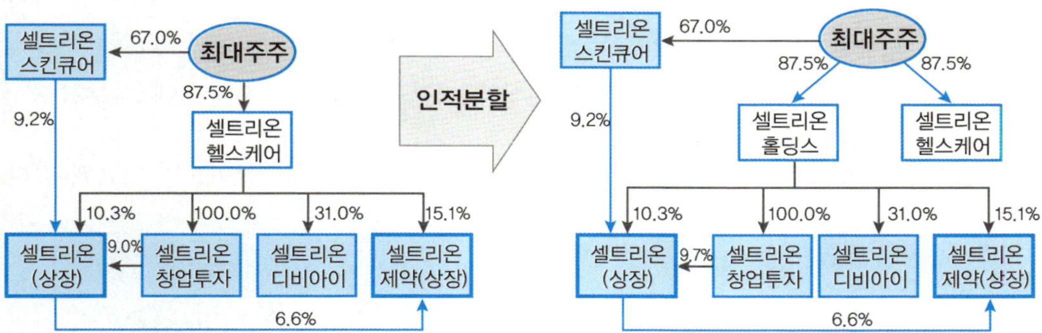

지배구조의 변동으로 인하여 생산(셀트리온)과 판매(셀트리온헬스케어) 부문이 분리되었다. 물론 서정진 회장이 투자부문인 셀트리온홀딩스와 영업부문인 셀트리온헬스케어를 모두 보유하고 있으므로 큰 변화가 없다고 생각할 수 있다. 그러나 회사를 중심으로 한 지분구조로 보면 판매부문인 셀트리온헬스케어가 셀트리온 그룹에서 계열 분리되는 것과 유사한 효과가 발생한 것이다.

상기 지배구조 변경의 주요 효과는 다음과 같다.

① 연결 또는 지분법 제외 : 셀트리온헬스케어는 셀트리온과 지분 관계가 분리됨에 따라 연결범위나 지분법 대상에서 제외된다. 따라서 셀트리온과 셀트리온헬스케어 사이에서 발생하는 내부거래가 제거되지 않은 상태로 셀트리온과 셀트리온헬스케어의 경영 실적이 집계된다.

② 일감몰아주기 이슈 : 거래 흐름상 셀트리온과 셀트리온헬스케어는 거액의 내부거래가 발생할 수밖에 없다. 따라서 일감몰아주기에 해당하여 세법과 공정거래법상 이슈가 발생된다.

③ 자금조달 채널의 다양성 : 인적분할로 인하여 자금을 조달하는 창구가 증가한다.

(4) 합병 등 지분 변동

셀트리온 그룹은 지주회사로 전환한 후 공정거래법상 지주회사 행위제한 요건을 충족하기 위하여 여러 차례 지배구조를 변경하였다. 인적분할 이후 2012년 말까지 이루어진 주요 변동은 다음과 같다.

① 셀트리온창업투자와 셀트리온홀딩스가 합병을 실시하여, 셀트리온홀딩스가 셀트리온 지분을 20% 이상 확보함.

② 셀트리온이 보유하고 있는 셀트리온제약 지분을 셀트리온홀딩스에 처분함.

2010년의 분할 이후 2012년 말까지 합병 등의 지분 변동 내역을 살펴보면 다음과 같다.

| 합병 및 지분 변동 |

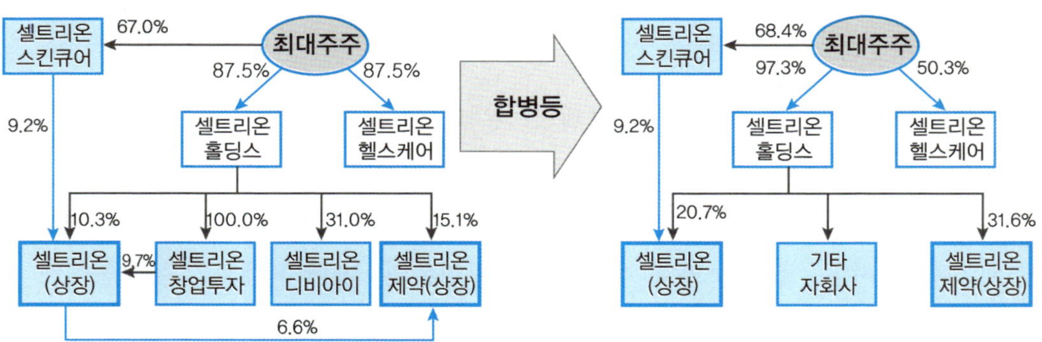

4. 공매도 등의 논란

(1) 공매도 논란

매출이 급격하게 성장하고 신약개발 등에 대한 기대감이 현실화되자 셀트리온의 주가는 급격하게 상승하였다. 이 과정에서 분식회계설과 최대주주인 서정진 회장의 도주설 등이 퍼지기도 하였다. 그리고 이렇게 유통되는 정보 등에 따라 주식가격이 급등락하는 현상도 발생하였다. 또한 허위정보를 유포하고 차액을 챙기는 불법공매도 세력에 대한 지적도 제기되었다. 회사는 공매도에 따른 주가 변동에 대응하기 위하여, 자체적으로 주식배당을 실시하고 액면병합 등 여러 조치를 실시하였으나 큰 효과는 없었다.

셀트리온에 대한 공매도의 원인은 회사의 성장성에 대한 일부 투자자들의 의구심으로 보이는데, 이슈가 된 사항을 요약하면 다음과 같다.

① 사업 역량 : 업종 특성상 오랜 기간과 거액을 투자하여야 하고 글로벌 제약사와의 경쟁을 필요로 하는데, 그에 대한 셀트리온의 대응 능력은 어떠한가?

② 지배구조의 불완전성 : 생산부문(셀트리온)과 판매부문(셀트리온헬스케어)이 분리되어 있으며, 판매부문은 서정진 회장의 개인 지분이 높은데 적절한 지배구조인가?

③ 실적과 회계처리 : 지배구조의 특징상 재무제표 작성 시 내부거래가 제거되지 않고 있는데, 그렇게 집계된 실적은 신뢰 가능한가? 그리고 개발비 회계처리는 적정한가?

이러는 와중에 서정진 회장이 2013년 4월에 긴급 기자회견을 가졌는데, 그 내용을 요약하면 다음과 같다.

'공매도 세력의 무차별 공격으로 인해 사업자금에 쓰여야 할 회사 돈이 자사주 매입에 투입되고 있다. 회사의 미래를 위해 상반기 내로 셀트리온 지분을 다국적 제약회사에 매각하는 절차를 시작하겠다.'

그리고 JP모건을 매각주간사로 선정하였다.

서정진 회장은 지분 매각에 대한 기자회견 이후 7개월 만에 입장을 번복하였다. 마땅한 인수자를 찾지 못한데다 외국계 투자자들이 반대한다는 이유로 매각 작업을 중단한 것이다. 그리고 2015년에 직접 공식 입장을 표명하였는데, 그 내용은 다음과 같다.

'회사는 장기적인 투자를 해나가야 하는데, 2013년 당시 상황은 정상적이지 않아 보여 SOS를 쳤던 것이다. 엑시트(매각 후 자금 회수)를 의도했다기보다 화가 나서 주식을 팔려고 했던 것이다. 이제 구태여 (회사를) 매각할 필요는 없으므로, 주주들과 함께 경쟁력 있는 회사로 키워 나가겠다.'

(2) 개발비 이슈

셀트리온은 R&D 지출 중 상당 부분을 무형자산(개발비)으로 자산화하고 있었는데, 동 회계처리의 적정성에 대한 이슈가 빈번하게 제기되었다. 그 요지는 셀트리온이 비용으로 처리할 R&D 관련 지출을 자산화하여 실적이 양호하게 산출되었을 가능성이 있다는 것이다. 개발비와 관련된 기사를 살펴보자.

개발비 이슈

코스닥 시장에서 주가가 급등한 제약·바이오 기업을 중심으로 금융당국이 '연구개발비'를 적절하게 회계처리했는지 점검에 나선다. 연구개발비를 '무형자산' 혹은 '비용' 어느 쪽으로 처리하느냐에 따라 영업이익이 크게 달라지고 재무 왜곡으로 투자자에게 피해를 줄 수 있다는 지적에 따른 것이다. 최근 도이체방크가 셀트리온 그룹의 연구개발비 회계처리 방식을 문제 삼기도 했다.

도이체방크는 지난 18일자 보고서에서 "셀트리온 그룹은 자산으로 처리한 연구개발비 비중이 글로벌 경쟁사들보다 훨씬 높다"며 "이에 따라 직접 지출 연구개발 비용 비중이 27%로 글로벌 경쟁사 평균인 81%(2016년 기준)보다 매우 낮다"고 지적했다.

또 "셀트리온은 임상 3상 단계부터 개발 비용을 자산화하지만, 미국·유럽의 제약사들은 임상이 끝난 후 정부 허가 단계부터 자산화한다"며 "셀트리온 영업이익률이 2016년 57%인데 직접 지출 연구개발 비용을 글로벌 경쟁사 평균 수준으로 적용하면 30% 중반대로 떨어진다"고 평가했다. 이에 대해 셀트리온 측은 "바이오시밀러는 신약과 달리 상대적으로 상업화 가능성이 크기 때문에 제품 성공 가능성이 확보된 시점부터 연구개발비의 자산화가 가능하다"며 "허가 이전에 개발비를 자산화하는 것은 정상적인 회계처리 방식"이라고 반박했다. (세계일보 2018.1.30.)

연구단계는 새로운 과학적 또는 기술적 지식이나 이해를 얻기 위해 수행하는 독창적이고 계획적인 탐구활동을 말한다. 연구에 대한 지출은 해당 연구가 성공할 수 있는지 불분명하며, 미래 경제적 효익을 창출할 수 있음을 입증하기 어려우므로 발생시점에 비용으로 인식한다. 연구활동의 예는 다음과 같다.

① 새로운 지식을 얻고자 하는 활동

② 연구결과나 기타 지식을 탐색, 평가, 최종 선택, 응용하는 활동

③ 재료, 장치, 제품, 공정, 시스템이나 용역에 대한 여러 가지 대체안을 탐색하는 활동

④ 새롭거나 개선된 재료, 장치, 제품, 공정, 시스템이나 용역에 대한 여러 가지 대체

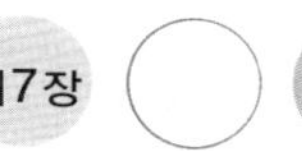

안을 제안, 설계, 평가, 최종 선택하는 활동

반면, 개발단계는 상업적인 생산이나 사용을 시작하기 전에 연구단계에서 찾은 성과물이나 기타 관련 지식을 생산계획 또는 설계에 적용하는 단계이다. 개발단계는 연구단계보다 훨씬 더 진전되어 있는 상태이기 때문에 어떤 경우에는 개발단계에서 무형자산을 식별할 수 있다.

개발활동의 예는 다음과 같다.

① 생산이나 사용 전의 시제품과 모형을 설계, 제작, 시험하는 활동

② 새로운 기술과 관련된 공구, 지그, 주형, 금형 등을 설계하는 활동

③ 상업적 생산 목적으로 실현 가능한 경제적 규모가 아닌 시험공장을 설계, 건설, 가동하는 활동

④ 신규 또는 개선된 재료, 장치, 제품, 공정, 시스템이나 용역에 대하여 최종적으로 선정된 안을 설계, 제작, 시험하는 활동

다만 개발단계라 하더라도 향후 판매가능성이나 미래 경제적 효익이 예상되는 등 엄격한 조건을 만족하는 경우에만 자산화할 수 있다.

셀트리온의 R&D 지출이 자산화 되려면 먼저 개발단계의 지출이라는 전제가 있어야 한다. 즉, 연구결과를 탐색하거나 평가하는 단계에서의 지출이 아니라, 연구단계에서 찾은 성과물을 생산계획이나 설계에 적용하는 데 소요된 지출이어야 한다. 그런데 바이오시밀러의 특성상 셀트리온의 R&D 지출에 대한 해석은 다음과 같이 분분했다.

① 자산으로 처리하여야 한다는 견해 : 오리지널 의약품이 이미 완성되어 있으므로 최종 대안이 이미 있다. 즉, 회사의 지출은 '완성된 제품 형태'를 이미 염두에 둔 상태이다. 그러므로 연구개발비의 상당부분은 제품을 생산하기 위한 즉, 상업화를 하기 위한 개발단계로 판단해야 한다.

② 비용으로 처리하여야 한다는 견해 : 바이오시밀러는 특성상 오리지널을 완전히 분석하였다고 하더라도 생산과 품질 유지 과정이 어려워 진입장벽이 있다. 즉, 합성 의약품의 복제약인 제네릭과 달리 생산과 품질 유지 과정 등에 대한 지출은 연구단계로 판단해야 한다.

5. 지분 변동과 사업다각화

(1) 지배구조 변동

2012년 이후 2014년 말까지의 지분 변동 내역을 살펴보면 다음과 같다.

| 지분 변동 |

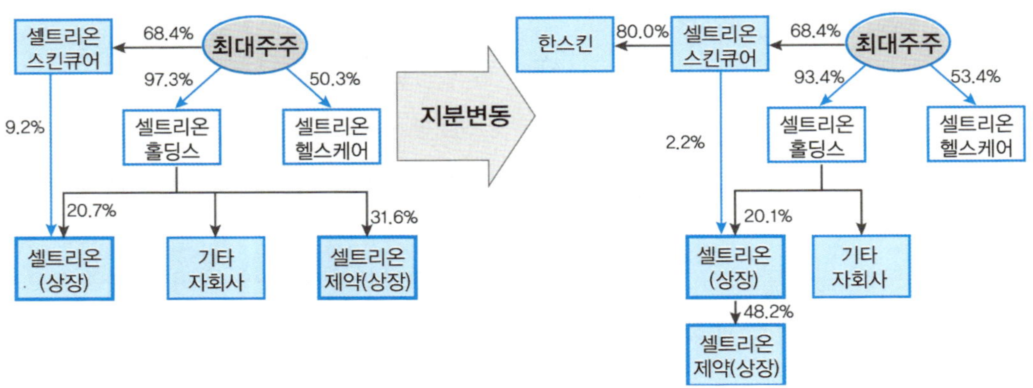

상기 표를 보면 다음의 변동이 눈에 띈다.
① 셀트리온 : 셀트리온홀딩스로부터 셀트리온제약 인수
② 셀트리온스킨큐어 : 보유하고 있던 셀트리온 지분 중 일부 처분, 한스킨 인수

셀트리온이 셀트리온제약에 대한 지분을 취득하게 된 배경으로 해외매각을 위한 사전 준비라고 설명했다. 셀트리온제약을 셀트리온의 자회사로 위치하게 됨에 따라 셀트리온을 매각하면 자연스럽게 셀트리온제약까지 처분되도록 조치했다는 것이다.

그러나 셀트리온홀딩스가 대출금 상환 압박으로 매각을 진행한 것이라는 의견도 제기되었다. 당시 셀트리온홀딩스는 셀트리온 주식을 담보로 차입하고 있었는데, 만기가 돌아온 상환액이 1,200억원에 달하였다. 그런데 담보로 제공하였던 셀트리온 주가가 하락하여 만기가 연장되지 않을 가능성이 높아, 셀트리온제약을 처분하여 자금을 조달하기 위한 것이라는 것이다.

셀트리온스킨큐어는 보유하고 있는 셀트리온 주식의 상당 부분을 담보로 맡기고 자금을 조달하여 한스킨을 인수하고, 보유하던 셀트리온 주식 중 상당 부분을 처분하여 차입금을 상환했다.

(2) 사업다각화

셀트리온 그룹은 바이오시밀러 제품의 생산과 판매뿐만 아니라 제네릭 사업에 진출하는 등 사업다변화를 추진하였다.

앞서 언급한 바와 같이 복제약은 바이오 의약품의 복제약인 바이오시밀러와 합성의약품의 복제약인 제네릭으로 구분된다. 셀트리온 그룹은 바이오시밀러뿐만 아니라 제네릭 시장을 타켓으로 사업을 확대하였는데, 이를 추진한 회사가 셀트리온제약이다.

셀트리온제약은 1,800억원을 투자하여 국내 최대의 케미칼 의약품 생산 공장을 건설하고, 매출액의 20~30%를 연구개발비로 지출하고 있다. 이러한 단기간 집중적인 투자를 통해 셀트리온제약은 2014년부터 제네릭 시장에서 품목 기준으로 가장 많은 생동성 시험 건수를 기록하고 있다.[57]

셀트리온스킨큐어는 화장품 업종에 진출하기 위하여, 2013년에 비비크림 등으로 유명한 화장품 제조사인 한스킨을 인수하고 2016년에 한스킨과 합병했다.

6. 셀트리온헬스케어

(1) 셀트리온헬스케어의 실적과 내부거래

2010년의 인적분할로 인하여 투자부문이 셀트리온홀딩스로 이전된 후, 셀트리온헬스케어는 셀트리온으로부터 제품을 매입하여 판매활동에 전념하고 있다. 셀트리온헬스케어의 경영 실적을 살펴보면 다음과 같다.

(단위 : 백만원)

	매출	원가	영업이익	재고자산	셀트리온 거래
2020년	1,627,597	1,085,822	362,112	2,034,551	1,363,224
2019년	1,100,878	891,574	82,793	1,623,600	791,065
2018년	713,487	644,612	(25,200)	1,696,610	751,208
2017년	920,922	696,793	153,652	1,574,799	797,666

---

57) 생동성 실험이란 생물학적 동등성 실험의 약어로서, 시험약과 대조약을 인체에 각각 투여해 동일한 효과가 있는지를 증명하는 실험이다. 이를 통하여 이미 승인된 의약품(오리지날)과 시험약(제네릭)이 서로 제형이나 함량 또는 첨가제가 다르더라도, 유효성분, 투여 경로, 효능·효과, 용법·용량이 같은지 평가한다. 생동성 실험은 주로 제약업체들이 복제약 판매 허가를 받기 전 실시하는 일종의 생체 내 실험이다.

	매출	원가	영업이익	재고자산	셀트리온 거래
2016년	733,262	535,831	155,302	1,472,120	514,761
2015년	269,585	206,525	30,774	1,395,581	466,853
2014년	196,416	104,290	55,853	1,112,848	277,480
2013년	145,287	77,651	39,316	931,604	331,131

표에서 보듯이 셀트리온헬스케어는 매출물량보다 많은 매입으로 인해 재고자산이 증가했다. 이로 인하여 시장에서는 셀트리온의 실적이 신뢰가능한 것인지에 대한 의문이 제기되었다. 양사는 서정진 회장을 정점으로 연결되어 있으므로 큰 틀에서 보면 내부거래에 해당한다. 그러나 분할로 인해 셀트리온헬스케어는 회계상 연결실체에서 제외되어, 양사간의 거래는 제3자 간의 거래처럼 실적이 집계되고 공시된다. 따라서 셀트리온의 실적 개선을 위하여 셀트리온헬스케어가 필요 이상으로 제품을 매입하고 있는 것은 아닌지 의문이 제기된 것이다.

(2) 셀트리온헬스케어의 자금흐름과 상장

셀트리온헬스케어는 셀트리온으로부터 제품매입과 해외시장 개척을 위하여 필요한 자금을 재무활동으로 조달하였다. 그런데 이렇게 유입된 자금 중 상당 부분은 주식이나 주식으로 전환할 수 있는 사채였는데 그 내역은 다음과 같다.

(단위 : 백만원)

	보통주	우선주	전환사채	신주인수권부사채	합계
2017년 9월	998,777	—	(129,473)	—	869,304
2016년	8,176	—	—	—	8,176
2015년	997	—	—	—	997
2014년	—	—	208,340	—	208,340
2013년	—	—	90,000	90,000	180,000
2012년	—	254,006	—	—	254,006
2011년	—	16,998	—	—	16,998
합계	1,007,950	271,004	168,867	90,000	1,537,821

2011년에 셀트리온헬스케어는 일정 기한 내에 상장하지 못한다면 투자금을 돌려준다는 조건으로, JP모건의 사모펀드인 원이쿼티파트너스(ONE EQUITY PARTNERS

IV, L.P.)에게 상환우선주를 발행하였다. 회사가 제시한 영업목표를 달성하지 못할 경우에는 투자금에 연복리 25%를 추가로 지급하기로 하였다. 그리고 싱가포르의 국부펀드인 이온인베스트먼트(ION INVESTMENT B.V.)로부터도 거액의 자금을 유치하였다.

이와 같이 셀트리온 그룹은 불리한 조건(상환조건부, 복리, 지분희석화)을 감수하고 자금을 조달할 수밖에 없었고, 상장 이전에는 국내에서 투자를 유치하기가 용이하지 않았던 상황으로 보인다.

셀트리온헬스케어는 2017년 7월에 상장되었다. 상장하는 과정에서 대부분의 전환사채와 우선주는 보통주로 전환되었다. 그리고 공모를 위해 신주를 발행하여 서정진 회장의 지분은 36.2%로 하락하였다.

2017년 9월 말 현재 셀트리온헬스케어의 주요 주주는 다음과 같다.

주주	지분율(%)
서정진	36.2
ONE EQUITY PARTNERS IV, L.P.	18.2
ION INVESTMENTS B.V.	12.7

(3) 일감몰아주기 이슈

셀트리온과 셀트리온헬스케어는 서정진 회장을 정점으로 연결되어 있었으므로 양사 간의 거래는 일감몰아주기 적용 대상이다. 게다가 공정거래법이 개정되어 셀트리온은 대기업에 해당하는 규제를 적용받게 되었다.

① 자산총액 5조원 이상의 대기업 집단으로서 총수일가 지분이 30%를 넘는 상장 계열사(비상장사는 20%)

② 내부거래 규모가 200억원 이상(또는 내부 매출 거래 비중이 12%가 넘을 경우)

일감몰아주기 이슈를 해결하고 투명한 실적집계를 위해서는 셀트리온과 셀트리온헬스케어가 합병해야 한다는 의견이 제기되었다. 그러나 셀트리온헬스케어는 상장을 위한 로드쇼 중에서 '합병계획은 없다.'라고 입장을 밝혔다. 그럼에도 불구하고 시장에서는 다음과 같은 점에서 향후 합병할 것이라는 의견이 끊임없이 제기되고 있다.

① 서정진 회장이 셀트리온헬스케어의 상장 과정에서 구주매각을 실시하지 않았다
는 점
② 일감몰아주기 이슈를 해소하기 위해서는 서정진 회장이 셀트리온헬스케어 지분
을 처분하여야 하는데, 이는 경영권 이슈를 야기한다는 점

셀트리온과 셀트리온헬스케어가 합병된다면, 서정진 회장의 지분이 많은 셀트리온
헬스케어의 주가가 상승해야 지분희석을 줄일 수 있다. 이러한 이유로 셀트리온보다는
셀트리온헬스케어의 주가가 상대적으로 많이 상승할 것이라 기대된다는 일부 분석도
제시되었다.

(4) 상장 후 지배구조

2014년 말 이후 2017년 9월 말까지의 지분 변동 내역을 살펴보면 다음과 같다.

| 지분 변동 |

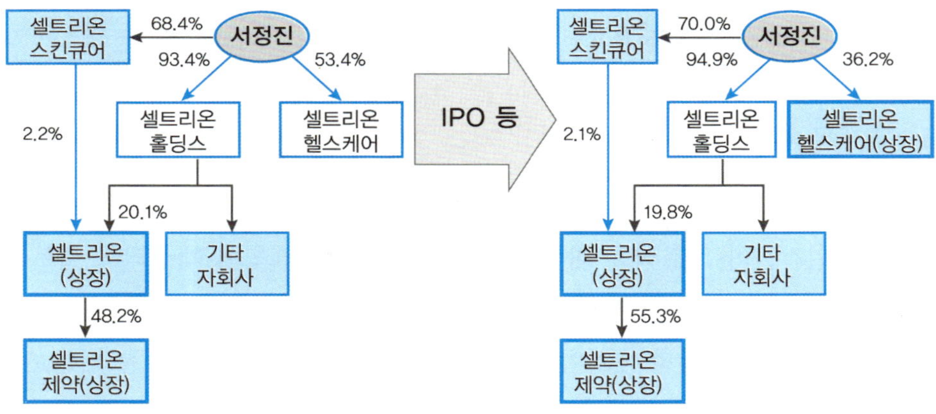

한편 셀트리온의 소액주주들은 '코스닥시장 조건부 상장폐지 및 유가증권시장 이전
상장 결의의 건'으로 임시주주총회를 소집청구하였다. 셀트리온이 코스피에 상장하는
것이 공매도 위험이 적고, 주가 상승에 유리하다는 것이 주요 취지였다. 당시 전문가들
은 코스피시장이 공매도가 더 많으므로 공매도 방지 효과는 제한적일 것이나, 코스피
200 지수에 편입되면 주가에 좋은 영향을 미칠 것으로 판단했다. 결국 셀트리온은 2018
년 2월에 유가증권시장으로 이전하였다.

7. 공정거래법 관련 이슈

(1) 관련 규정

2004년에 제정된 지주회사 행위제한 요건 중 핵심은 상장 계열사는 지분을 30% 이상(비상장사 50%) 보유해야 하고 지주회사 부채비율도 100%로 제한한다는 것이었다. 이는 지주회사의 차입을 통한 자회사 확대를 방지하기 위함이었다.

당시 SK 등 일부 그룹은 거액의 자금을 투자하여 당시 규정을 만족시켰으나, 상당 기업들은 자금 부담으로 지지부진하였다. 이로 인하여 시행 3년만인 2007년에 자회사 요건은 완화(상장사 30→20%, 비상장사 50→40%)됐고, 지주사 부채비율 상한선도 100%에서 200%로 올렸다. 이것이 현행 지주회사 행위제한 요건이다.

그러나 2021년에 다음과 같이 개정되었다.
① 지주회사의 건전성 강화를 위하여 지주회사가 자본총액을 초과하는 부채를 보유할 수 없음.
② 자회사 주식보유 기준을 상장법인은 30%, 비상장법인은 50%로 강화함. 단, 종전에 지주회사에 편입된 회사는 종전 규정을 적용받음.

(2) 셀트리온 현황

셀트리온홀딩스의 지분율과 공정거래법 관련 주요 이슈는 다음과 같다.

공시 시점	셀트리온 지분율(%)	비 고
2010.12.	10.25	2010.11.25. 셀트리온홀딩스 설립
2012.12.	20.91	셀트리온창업투자와의 합병 등
2013.12.	20.58	셀트리온에스티 관련 공정위 제재
2015.4.	19.91	공정위 1년 유예
2016.4.	19.28	유예기간 내
2017.9.	19.72	공정위 제재
2018.2.	20.09	지주회사 행위제한 요건 충족

지주회사의 경우 부채비율이 200% 미만으로 유지되어야 한다. 그런데 셀트리온홀딩스는 2013년에 부채비율이 200%를 초과함에 따라 2억7,000만원의 과징금을 부과받았다.

그리고 지주회사는 상장 계열사에 대해서는 20%, 비상장 계열사에 대해서는 40% 이상의 지분을 보유하여야 한다. 그런데 동 행위제한 요건을 충족하지 못하여 다음과 같이 시정조치를 받았다.

① 2013년 12월 : 셀트리온에스티의 지분율 35.6%로 40%에 미달해 시정조치

② 2015년 4월 : 셀트리온의 지분율이 20%에 미달해 24억원의 과징금 납부

2013년에 셀트리온홀딩스는 셀트리온제약을 처분한 자금으로 셀트리온에스티 주식을 추가로 취득하여 지주회사 행위 제한 요건을 충족했고, 2018년에 셀트리온홀딩스는 셀트리온헬스케어로부터 차입한 자금으로 셀트리온 주식을 추가로 취득하여 지주회사 행위제한 요건을 충족하였다.

한편 셀트리온홀딩스는 2016년에 상호출자제한기업집단 지정자료를 제출하면서 계열사 5곳을 누락했다는 지적을 받았다. 공정위는 당시 셀트리온홀딩스가 해당 자료를 누락한 것이 처음이고 단기간이며 셀트리온홀딩스가 자진해서 계열사 편입 여부를 문의한 점 등을 감안해 경고로 마무리되었다.

8. 2021년~2024년 지배구조개편

(1) 지배구조개선(안)

2021년에 셀트리온 그룹은 일감몰아주기 이슈와 실적 투명성 이슈를 해결하기 위한 지배구조개편(안)을 발표하고 절차를 진행했다.

① 1단계 : 셀트리온헬스케어홀딩스를 설립 후, 서정진 회장이 보유한 셀트리온헬스케어 주식을 현물출자

② 2단계 : 셀트리온홀딩스와 셀트리온헬스케어홀딩스의 합병

③ 3단계 : 셀트리온, 셀트리온헬스케어, 셀트리온제약의 합병

개편(안)의 특징은 비상장 지주회사가 통합셀트리온(= 셀트리온 + 셀트리온헬스케어 + 셀트리온제약)의 지분을 보유하게 된다는 점이다.

| 1단계 : 셀트리온헬스케어홀딩스 설립과 현물출자 |

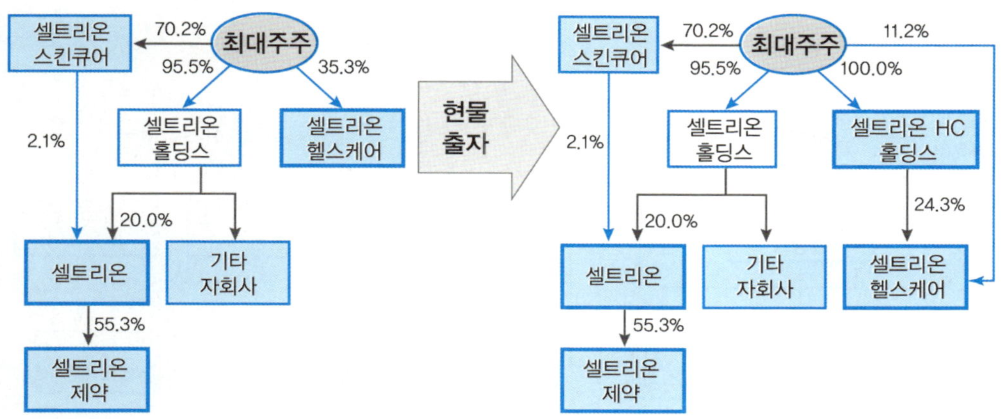

　1단계는 서정진 회장은 셀트리온헬스케어홀딩스를 설립한 후 자신이 보유한 셀트리온헬스케어 지분을 현물출자하는 단계이다. 여기서 서정진 회장이 보유하고 있는 지분 전체가 아니라 24.3%로 현물출자 대상이 한정된다는 점이 눈에 띈다.

| 2단계 : 통합 비상장 지주회사 |

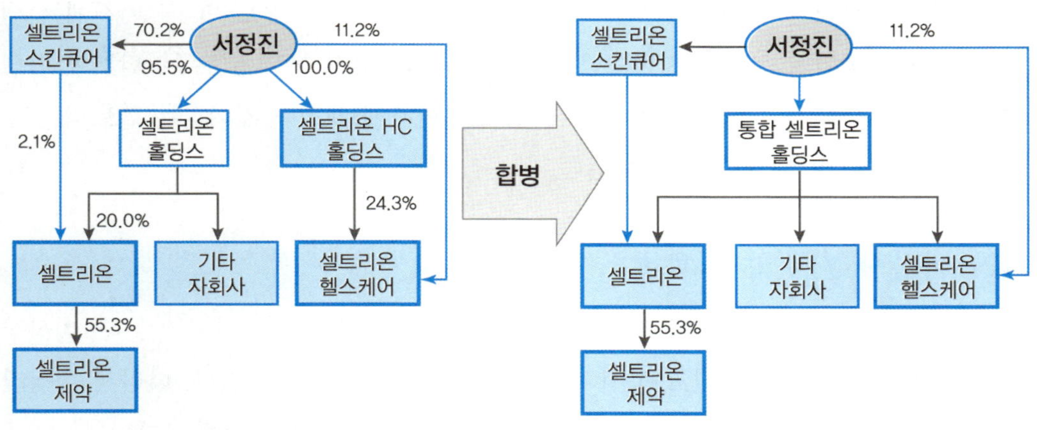

　2단계는 서정진 회장이 보유하고 있는 셀트리온스킨큐어과 셀트리온홀딩스 지분을 합병하여 비상장 지주회사를 설립하는 단계이다.

　잠시 셀트리온스킨큐어에 대해 살펴보자. 셀트리온스킨큐어는 화장품 및 건강기능식품 사업을 영위하고 있는데, 셀트리온과 셀트리온헬스케어의 지분을 각각 2.1%,

1.4%를 보유하고 있다. 합병에서 제외된 셀트리온헬스케어는 사업이 어느 정도 성장된 이후 IPO 등을 추진할 수 있을 것으로 예상된다.

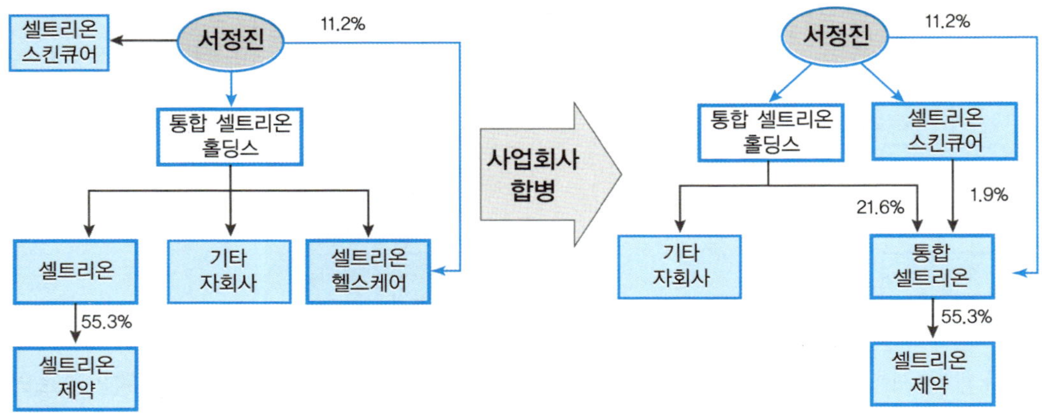

3단계는 비상장 지주회사 체계가 구축된 이후 사업회사들을 합병하는 단계이다. 사업회사의 통합으로 '서정진 회장 → 비상장 지주회사 → 사업회사'라는 지배구조가 확립되었다.

최초에는 셀트리온제약을 포함한 3사의 합병을 꾀하였으나, 2023년 실행 시에는 셀트리온제약은 제외된 형태로 진행되었다. 그 이유로 서정진 회장은 주주간담회에서 셀트리온제약의 높은 주가로 인하여 합병 비율이 불리하게 책정될 것이라는 셀트리온 주주들의 우려를 감안한 것이라고 밝혔다.

(2) 비상장 지주회사 체계

현재 셀트리온 그룹의 지배구조는 비상장 지주회사 체제라는 특징이 있는데, 비상장 지주회사는 이해관계자가 적고 공시 부담이 크지 않다는 장점이 있다. 따라서 비상장 지주회사는 자회사 주식을 담보로 자금을 조달하여 신사업을 추진하기가 용이하다.

그러나 〈제5장〉에서 살펴보았듯이 세무 측면만 고려한다면 비상장 지주회사는 추천하기가 어려운 형태이다. 2017년 세법 개정 이전에는 상속세 및 증여세법상 보충적 평가방법에 따라 비상장 지주회사 형태가 절세효과가 있었으나, 현 세법에서는 오히려 불리한 측면이 많기 때문이다.

한편, 서정진 회장은 2024년 1월에 미국 샌프란시스코에서 열린 'JP모건 헬스케어 컨퍼런스'에 참석해 셀트리온홀딩스의 상장에 대해 언급했다.

"셀트리온홀딩스를 국내에 상장하면 주주들이 또 갈라진다. 그래서 나스닥 상장을 추진하는 것이다. 자금조달 보다는 나스닥에 상장하면 (100조원 규모의 글로벌 헬스케어) 펀드 조성에 의미도 있을 것이다. 셀트리온과 시너지는 있을 수 있지만 당장 이뤄지는 일이 아니기 때문에 말을 아끼겠다."

Summary!

셀트리온 그룹은 바이오 의약품과 바이오시밀러 시장에 대한 확신을 가지고, 국내 최초로 관련 사업에 뛰어들었다. 셀트리온 그룹은 사업 초기에 필요한 자금을 원활하게 조달하기 위하여 셀트리온과 셀트리온제약을 우회상장시켰다. 그리고 인적분할을 통해 지주회사로 전환하며 제품의 생산과 판매가 각각 독립된 회사에서 수행하게 되었다.

셀트리온 그룹은 성장과정에서 사업역량과 실적에 대한 회의적인 시각으로 인하여 논란에 휩싸이기도 했다. 그러나 셀트리온 그룹은 유럽과 미국 시장에 성공적으로 진입하였으며, 시장점유율을 확대하는 등 가시적인 성과를 보이고 있다.

그리고 생산과 판매가 분리된 형태를 극복하기 위하여 합병 등을 통해 셀트리온 그룹은 현재 비상장 지주회사 체계를 수립된 상태이다. 향후 셀트리온 그룹은 셀트리온홀딩스를 활용하여 투자에 소요되는 자금이슈에 대응할 것으로 예상된다.

제**5**절 동아제약의 지배구조개선

1. 지배구조개선의 필요성

(1) 주주 구성과 지배구조

2012년 말 현재 동아제약의 지배구조는 다음과 같다.

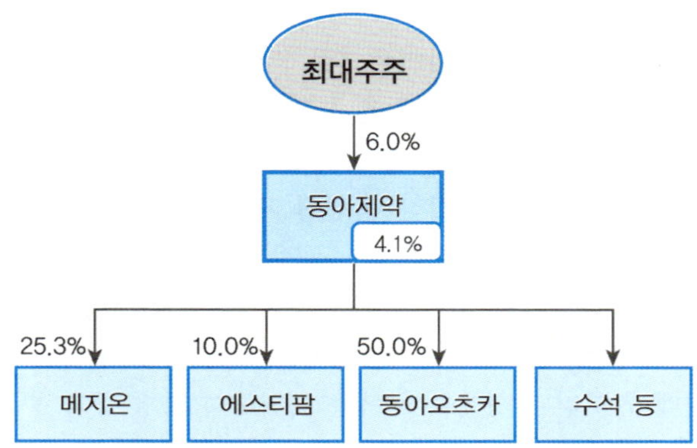

그리고 당시 주주 구성은 다음과 같다.

	지분율(%)
대주주 외	6.0
계열사 등	2.1
GLAXO GROUP	9.9
국민연금	9.5
한미사이언스 외	8.7
오츠카제약 외	7.9
녹십자	4.7
우리사주	7.2

상기 표에서 보듯이 계열사나 전략적 투자자 등 다수의 우호지분이 있지만, 대주주의 지분율이 미미한 것은 안정된 경영권 유지에 불안 요소로 지적된다.

(2) 사업부문

당시 동아제약이 영위하는 사업부문은 크게 전문의약품 제조, 일반의약품 제조, 바이오시밀러 사업 등으로 구분된다.

① 전품의약품(ETC, ethical the counter) : 약리작용의 위험성이나 용법 용량에 대한 전문지식이 필요한 의약품으로서, 의사의 진단과 지시에 의해서만 사용될 수 있다. 동아제약의 전문의약품은 위염치료제인 스타렌이나 소화불량치료제인 모티리톤 등이 있다.

② 일반의약품(OTC, over the counter) : 안전성이 좋아 의사의 처방전 없이 약국이 아닌 일반 소매점에서도 팔 수 있도록 허용된 의약품이다. 동아제약의 대표적인 일반의약품으로는 박카스, 판피린, 가그린 등이 있다.

③ 바이오시밀러(Biosimilar) : 특허기간이 완료된 오리지날 바이오 의약품의 복제약품에 해당한다.

동아제약은 상기 사업들을 단일 실체 내에서 운영하고 있었는데, 책임경영 체계가 필요하다는 의견도 제기되었다. 특히 바이오시밀러 사업부문은 일본의 메이지세이카 파마와 포괄적인 업무 협력관계를 통해 진행되고 있었으므로, 독립되어 조인트벤처로 운영되는 것이 적합한 측면도 있었다.

2. 분할

(1) 기업분할

동아제약은 다음과 같은 이유로 지배구조개선에 대한 필요성이 있었다.

① 최대주주의 지분율이 낮아 경영권 안정화가 필요

② 사업부문 별 책임경영에 대한 필요성

동아제약은 2013년 3월을 분할기일로 하여 회사분할과 지주회사로의 전환 계획을 발표하였다.

회사가 공시한 지배구조개선 목적은 다음과 같다.

① 투자 사업부문, 일반의약품 사업부문, 전문의약품 사업부문을 분리하고 향후 투자

사업부문을 지주회사로 전환함으로써 기업지배구조의 투명성과 경영 안정성을 증대시킨다.

② 투자 사업부문은 자회사 관리, 바이오 의약품 연구개발 등 신규사업투자에, 일반 의약품 사업부문 및 전문의약품 사업부문은 해당 의약품 관련 사업에 집중함으로써 사업특성에 맞는 신속하고 전문적인 의사결정이 가능한 지배구조 체제를 확립하고, 경영위험의 분산을 추구한다.

③ 각 사업부문의 전문화를 통하여 핵심사업에의 집중투자 및 구조조정을 용이하게 하고, 독립적인 경영 및 객관적인 성과평가를 가능하게 함으로써 책임 경영체제를 확립한다.

④ 상기와 같은 지배구조 체계 변경을 통하여 궁극적으로 기업가치와 주주의 가치를 제고한다.

분할결과 동아제약의 사업부문은 다음과 같이 분리되었다.

구 분	회 사 명	사업부문	비 고
존속회사	동아쏘시오홀딩스(상장)	자회사 관리, 바이오 의약 연구개발 등 신규사업 투자부문	지주회사
인적분할 신설회사	동아에스티(상장)	전문의약품, 의료기기, 진단, 해외 사업부문	사업회사
물적분할 신설회사	동아제약(비상장)	일반의약품 사업부문	사업회사

(2) 기업분할에 대한 의견 대립

동아제약의 지주사 전환 계획은 다른 회사들의 지주회사 전환과 다소 차이점이 있었다. 일반적으로 기업분할은 단일의 사업부문을 인적분할하거나, 인적분할 또는 물적분할만 실시하였다. 그러나 동아제약은 인적분할과 물적분할을 동시에 진행했다는 특징이 있다.[58]

그리고 회사는 주주총회를 통해 분할뿐만 아니라 정관 개정을 추진하였다. 그 내용은 대주주 등이 자회사 주식을 현물출자한 경우 지주사 신주발행 물량 제한(20% 이내)을 두지 않겠다는 것이었다. 이는 현재 대주주의 지분율이 6.0%에 불과하여 경영권

---

58) 현대중공업은 하나의 단일 자회사가 아닌 여러 개 상장 자회사로 인적분할되었다. 이와 같이 최근에는 사업의 특성에 맞게 하나 또는 여러 개의 사업부문을 독립된 회사로 분할시키는 사례가 증가하고 있다.

이 불안정하므로, 대주주가 보유하고 있는 또 다른 주식들을 현물출자할 수 있도록 조치한 것으로 해석되었다.

당시 시장에서 염려한 바는 물적분할을 통해 일반의약품에 속해 있던 박카스 사업부문을 비상장자회사로 분리하는 것이었다.

공시한 자료를 보면 신설 물적분할을 통해 설립된 동아제약(비상장)은 분할 전 동아제약 매출의 33%와 영업이익의 11% 가량을 차지한다. 2011년 상반기에는 전문 약품 가격 인하로 영업이익의 49%까지 차지했다. 회사 내에서 안정적인 수익성을 창출하고 있는 상황에서 (캐쉬카우인) 박카스 사업을 분리하여 비상장자회사로 설립한다는 데에는 여러 의견이 있었다.

물적분할이 이루어지면 박카스 사업부문에 대한 의사결정은 주주인 동아쏘시오홀딩스 즉, 동아쏘시오홀딩스의 이사회 결정에 따라 이루어진다. 종전에는 분할 전 동아제약의 일반 주주까지 의사결정에 참여할 수 있었으나, 분할로 인해 배제되는 것이다. 따라서 일반 주주들의 뜻에 반하여 동아쏘시오홀딩스의 경영진이 박카스 사업부문을 처분할 수도 있다는 우려가 제기되었다. 비상장 자회사인 박카스 사업부문을 매각하는 등의 방법을 통해 편법적인 승계가 이루어질 수도 있다는 의견도 있었다.

국민연금은 핵심사업의 비상장화로 인해 주주가치의 훼손 가능성이 우려된다며 반대 의결권을 행사했다. 그리고 소액투자자 커뮤니티도 비상장사를 매개로 한 편법 상속과 성과 유출이 우려된다며 분할에 대하여 반대 운동을 벌였다. 분할을 위한 주주총회에서도 기업분할에 반대하는 소액주주들과 회사 사이에 격렬한 토론이 벌어졌다.

당시 의결권 자문사인 ISS도 분할에는 긍정적인 의견을 낸 반면, 신주 발행 개정안에 대해서는 부정적인 의견을 내놨다. 지주회사 전환에 대한 관리가 엄격한 국내 환경에 미뤄 봤을 때 부정적인 측면이 있다는 것이다.

결과적으로 글락소스미스클라인, 오츠카제약, 우리사주조합 등 우호지분과 일부 외국인주주 등의 지지로 회사의 분할계획은 통과되었다.

그러나 대주주 등이 자회사 주식을 현물출자한 경우 지주회사 신주발행 물량 제한(20% 이내)을 없앤다는 정관 개정안은 65% 찬성에 그쳐 무산됐다.

이와 함께 '동아제약(박카스 사업) 주식의 처분이나 사업 양도 시 주총 특별결의를 거치도록 하겠음'이라는 내용을 정관에 새롭게 넣었다. 박카스 사업부문에 대한 시장의 우려를 불식시키기 위한 조치가 취해진 것이다.

분할 결과 회사의 지배구조는 다음과 같이 변화했다.

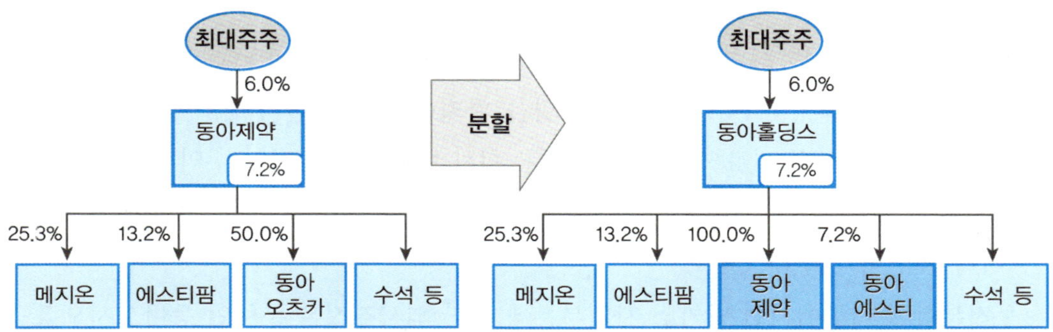

분할 전 동아제약은 자기주식을 매집하여 그 지분율을 7.2%까지 상승시켰다. 따라서 동아쏘시오홀딩스는 동아에스티 지분을 7.2%까지 확보할 수 있었다.

(3) 물적분할

분할 후 투자부문인 동아쏘시오홀딩스는 많은 자금을 필요로 했다.
① 바이오시밀러 등 신규사업 추진과 연구개발에 필요한 자금
② 지주회사 행위제한 요건을 충족하기 위해 필요한 주식 취득 자금

이러한 제반 상황을 감안할 때 일반의약품 사업부문을 물적분할한 이유는 자금조달을 용이하게 하기 위함으로 보인다. 일반의약품 사업부문을 물적분할하더라도 배당을 통해 동아쏘시오홀딩스는 자금을 충분하게 공급받을 수 있기 때문이다.

그리고 일반의약품 사업부문은 안정적인 수익성을 인정받고 있었으므로 상장요건을 충족할 것으로 예상된다. 만일 동아제약이 구주매각을 통해 상장한다면 동아쏘시오홀딩스는 부채비율의 악화 없이 거액의 자금을 용이하게 조달할 수 있게 된다.

물적분할의 기본 목적은 자금조달과 사업개편이다. 이러한 관점에서 보면 일반의약품 사업부문의 물적분할은 적절하였던 것으로 평가된다.

(4) 인적분할

인적분할 전 동아제약에서 가장 수익성이 높은 사업부문은 전문의약품이었다. 따라서 인적분할을 통해 동아에스티를 분리하면 상대적으로 동아쏘시오홀딩스의 주가는 하향안정화 될 것으로 예상되었다. 따라서 지분율이 낮은 대주주는 분할 전에 비해 적은 부담으로 동아쏘시오홀딩스 주식을 취득하여 경영권을 안정화할 수 있게 되었다.

3. 지배구조 안정화

인적분할을 실시했지만 대주주의 동아쏘시오홀딩스 주식은 6.0%에 불과했다. 그리고 동아에스티와 에스티팜에 대한 동아쏘시오홀딩스의 지분도 각각 7.2%와 13.2%에 그쳤다.

따라서 지배구조의 안정화를 위해서는 다음이 필요하였다.
① 대주주의 지주회사(동아쏘시오홀딩스)에 대한 지분 강화
② 동아쏘시오홀딩스의 동아에스티와 에스티팜 지분 추가 취득

기업분할 이후 대주주와 동아쏘시오홀딩스는 지분 취득과 처분, 그리고 현물출자 등을 실시했다. 그 결과 지배구조는 다음과 같이 변경되었다.

| 지배구조 안정화 |

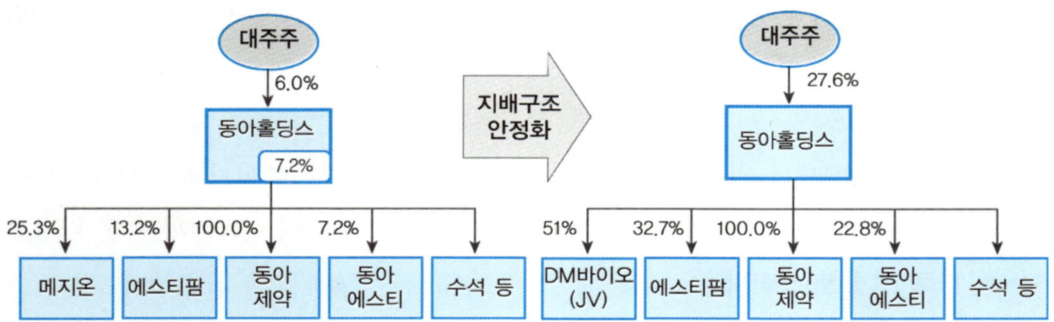

(1) 지분 취득

인적분할 이후 지주회사는 사업회사 주식을 공개매수로 취득하여 경영권을 안정화시키는 것이 일반적이다. 그러나 동아쏘시오홀딩스는 공개매수를 하지 않았다는 점이

특징적이다. 대신 동아쏘시오홀딩스는 시간외 거래를 통해 한미약품, 한미사이언스, 강정석 회장 등으로부터 동아에스티 주식을 직접 취득하였다. 그리고 주식 취득에 필요한 자금은 동아제약의 배당금과 메지온 주식의 처분 등으로부터 충당했다.

한편, 강정석 회장도 시간외 거래를 통해 동아쏘시오홀딩스 지분을 매집하며, 지분율을 상승시켰다.

(2) 현물출자

에스티팜은 동아제약의 의료품 원료 생산 자회사로 설립되었다. 설립 시 에스티팜의 주주로 동아쏘시오홀딩스도 있었으나 최대주주는 강정석 회장이었다.

지주회사는 비상장자회사에 대하여 최소 40%의 지분을 취득해야 하는데, 에스티팜에 대한 동아쏘시오홀딩스의 지분은 10% 정도에 불과하였다.

에스티팜이 상장한 이후 동아쏘시오홀딩스는 현물출자를 통해 에스티팜의 최대주주인 강정석 회장으로부터 에스티팜 주식을 취득하고, 그에 상응하는 신주를 발행하여 강정석 회장에게 부여했다.

현물출자의 결과는 다음과 같다.
① 에스티팜의 최대주주는 강정석 회장에서 동아쏘시오홀딩스(32.68%)로 변경됨. 이를 통해 동아쏘시오홀딩스는 지주회사 행위제한 요건을 충족함.
② 강정석 회장의 동아쏘시오홀딩스에 대한 지분율이 11.76%에서 25.68%로 상승함.

(3) 사업구조 개편

동아제약은 2011년에 바이오시밀러 사업 진출을 위해 일본 메이지세이카파마와 포괄적 업무제휴 계약을 체결했다. 연구개발에서부터 제조, 판매에 이르기까지 전 과정을 협력하기로 결정한 것이다.

지주회사 체제로 전환한 이후 동아쏘시오홀딩스는 바이오시밀러 사업부문을 물적분할하여 디엠바이오를 설립했다. 그리고 메이지세이카파마에 분할된 회사의 지분을 일부 양도한 이후, 조인트벤처로 운영하고 있다. 이는 분할 전에 전략적으로 양사 간에 체결된 협약 관계를 물적분할을 활용하여 보다 명확하게 한 점에 의의가 있다고 보여진다.

Summary!

　동아쏘시오그룹은 성공적인 지배구조 개편에 따라 경영권을 안정화하였고, 책임경영 체계를 수립하였다. 그리고 자금수요와 사업의 특성까지 고려한 지배구조를 갖추게 되었다. 외부환경과 사업변화에 보다 탄력적으로 대응할 수 있는 지배구조를 편성한 것이다.

　지배구조 개편 과정에서 특징적인 점은 다음과 같다.

① 인적분할과 물적분할을 동시에 추진

② 분할 이후 공개매수 과정을 거치지 아니함.

③ 최대주주가 보유하고 있던 또 다른 주식의 현물출자를 통해 경영권 안정화가 이루어짐.

동아제약의 지배구조개선

- 지배구조개선에 대한 필요성
  - 대주주의 경영권 안정화
  - 책임경영 체계 수립
  - 사업 특성을 고려한 지배구조
- 기업분할과 이해관계
  - 인적분할 : 전문의약품 사업부문 분리
  - 물적분할 : 일반의약품 사업부문 분리
  - 이해 관계 대립
    - ① 물적분할의 정당성
    - ② 현물출자를 통한 지주회사의 신주발행 규모
- 지배구조 안정화
  - 지분 취득
    - ① 대주주의 지주회사 지분 취득
    - ② 지주회사의 계열회사 지분 취득
  - 대주주가 최대주주인 계열사의 상장과 현물출자

Part 02

제도 및 규정

경영권승계와 지배구조개선 업무는 회계와 세법 이외에도 상법, 공정거래법 및 유가증권시장상장규정 등에 대한 지식을 필요로 한다. 따라서 본 PART를 통해 업무 절차 시 필요한 핵심 규정과 실무상 시사점이 있는 법규들을 중점적으로 다루고자 한다. 본 PART를 통하여 여러 가지 규정에 대한 개념적 틀을 이해하고, 업무 진행 시 유의할 사항들을 사전에 인지하길 바란다.

제8장 기업지배구조

우리나라 기업집단의 지배구조는 크게 순환출자 구조와 지주회사 체계로 구분할 수 있다. 순환출자 구조와 지주회사 체계는 우리나라의 경제환경과 대주주의 경영권 안정 등을 고려하여 자연스럽게 발전해 왔는데, 경제민주화에 대한 사회적 요구로 인해 기업지배구조에 대한 관심은 증가하고 있다.

본 장에서는 순환출자 구조와 지주회사 제도의 형성 과정과 장·단점을 살펴본다. 그리고 대주주의 사적 이익 추구를 방지하기 위하여 시행되고 있는 각종 규제와 안전장치를 소개하고자 한다.

- 순환출자 구조와 지주회사에 대한 이해
- 대주주의 사적 이익 추구
- 기업지배구조에 대한 논의

제1절   순환출자와 지주회사

1. 순환출자

(1) 개요

하나의 기업집단 안에 있는 기업들이 상호 간에 주식을 보유하고 있는 구조는 법률상 '주식의 상호소유'에 해당하나 기업실무상 순환출자 구조라고 표현한다. 주식의 상호소유는 크게 단순 상호소유와 고리형 상호소유로 구분할 수 있는데 그 내용은 다음과 같다.

① '단순 상호소유'란 두 개의 기업이 상호 간에 주식을 소유하여 직접 상대방 기업의 주주가 되는 지배구조이나 사실상 법률에 의하여 금지되고 있다.

② '고리형 상호구조'란 A사는 B사에, B사는 C사에, C사는 A사에 순환적으로 출자하는 구조이며, 일반적으로 '순환출자'라고 부른다.

상호출자는 최대주주의 경영권을 안정화하거나, 자기자본을 증가시켜 유리한 조건으로 자금을 차입하거나 회사채를 발행하기 위하여 이루어지는 경우가 많다. 순환출자 구조의 대표적인 예로는 삼성그룹과 현대자동차그룹을 등을 들 수 있다.

(2) 주식의 상호소유 제한

상법과 독점규제 및 공정거래에 관한 법률(이하 '공정거래법')은 주식의 상호 소유를 금지하고 있는데, 그 내용을 살펴보면 다음과 같다.

● 상법 제342조의 2 : 자회사에 의한 모회사 주식의 취득

① 다른 회사의 발행주식의 총수의 100분의 50을 초과하는 주식을 가진 회사(이하 '모회사')의 주식은 다음의 경우를 제외하고는 그 다른 회사(이하 '자회사')가 이를 취득할 수 없다.

- 주식의 포괄적 교환, 주식의 포괄적 이전, 회사의 합병 또는 다른 회사의 영업전부의 양수로 인한 경우
- 회사의 권리를 실행함에 있어 그 목적을 달성하기 위하여 필요한 경우

② 상기 ①의 경우 자회사는 그 주식을 취득한 날로부터 6월 이내에 모회사의 주식을 처분하여야 한다.

③ 다른 회사의 발행주식의 총수의 100분의 50을 초과하는 주식을 모회사 및 자회사 또는 자회사가 가지고 있는 경우 그 다른 회사는 이 법의 적용에 있어 그 모회사의 자회사로 본다.

🔹 공정거래법 제9조 : 상호출자의 금지 등

① 상호출자제한기업집단에 속하는 회사는 자기의 주식을 취득 또는 소유하고 있는 계열회사의 주식을 취득 또는 소유할 수 없다. 다만 다음의 경우에는 그렇지 않다.
  • 회사의 합병 또는 영업전부의 양수
  • 담보권의 실행 또는 대물변제의 수령

② ① 단서의 규정에 의하여 출자를 한 회사는 당해 주식을 취득 또는 소유한 날부터 6월 이내에 이를 처분하여야 한다. 다만 자기의 주식을 취득 또는 소유하고 있는 계열회사가 그 주식을 처분한 때에는 그러하지 아니하다.

③ 상호출자제한기업집단에 속하는 회사로서 '중소기업창업지원법'에 의한 중소기업창업투자회사는 국내 계열회사주식을 취득 또는 소유할 수 없다.

공정거래법상 상호출자제한기업집단은 당해 기업집단에 속하는 국내 회사들의 상호출자제한기업집단지정 직전 사업연도의 재무상태표상 자산총액(금융업 또는 보험업을 영위하는 회사의 경우에는 자본총액 또는 자본금 중 큰 금액으로 하며, 새로 설립된 회사로서 직전 사업연도의 재무상태표가 없는 경우에는 지정일 현재의 납입자본금으로 한다)의 합계액이 10조원 이상인 기업집단으로 한다(독점규제 및 공정거래에 관한 법률 시행령 제17조).

🔹 출자총액제한제도

출자총액제한제도는 대규모기업집단 또는 계열사가 자산의 일정범위 이상을 다른 회사에 출자할 수 없도록 제한하고 있다. 본 제도는 계열사 간 과도한 출자로 대규모 기업집단의 소유지배구조 왜곡을 억제하고 계열사 간 동반부실화 위험 등을 완화하기 위하여 도입되었다.

출자총액제한제도는 경제 상황과 더불어 폐지 및 부활이 반복되었는데 그 내용을 살펴보면 다음과 같다.

① 1987년 4월 : 출자총액제한제도를 도입

② 1998년 2월 : 외환위기로 외국 기업들이 국내 기업들의 경영권을 공격적으로 취득하는 것에 대한 우려로 출자총액제한제도를 폐지

③ 2001년 4월 : 출자총액제한 대상 그룹들의 출자비율(순자산 중 다른 기업에 출자한 금액이 차지하는 비율)이 29.8%(1998년)에서 35.6%(2001년)로 급격하게 높아지고, 대기업들의 무분별한 확장에 대한 제한의 필요성이 제기되어 출자총액상한을 순자산의 25%로 하여 출자총액상한제도를 재도입

④ 2009년 3월 : 기업들의 투자활성화와 규제 완화를 이유로 출자총액제한제도를 폐지

(3) 순환출자 구조의 장점과 단점

순환출자 구조의 주요 장점은 다음과 같다.

① 기업집단 내 기업들의 업무와 기술상 제휴 강화 : 순환출자를 통하여 하나의 기업집단에 속한 기업들은 동일한 공동체에 있다는 공감대 하에 정보교류 및 인사교류 등을 통하여 기술상 제휴를 강화할 수 있으며, 이종업종을 영위하는 기업 간의 Synergy 효과를 기대할 수 있다.

② 투자자금 조달 : 순환출자에 의하여 형성된 기업집단은 대규모의 자본을 필요로 하는 첨단산업에 투자가 용이하다. 따라서 우리나라의 경우 순환출자 구조가 대규모 자본이 투입되는 반도체, 자동차, 철강, 조선, 중화학 등의 산업을 발전시켜 경제를 성장시키는 데 일조했다는 평가가 있다.

③ 기업 간 횡적 결속 강화를 통한 경영권 방어 : 순환출자를 통하여 최대주주는 적은 자본으로도 경영권을 유지할 수 있다. 따라서 순환출자가 금지된다면 국제적인 투기자본으로부터 경영권을 방어하기 위하여 막대한 자금이 소요될 수 있다는 의견도 제기된다.

반면, 순환출자 구조의 주요 단점은 다음과 같다.

① 의결권 행사나 기업지배구조의 왜곡 : 최대주주는 기업집단 내 기업들이 보유하는 주식을 통하여 보유하고 있는 주식에 비하여 더 큰 의사결정권을 획득할 수

있다.

② 기업집단 내 부실의 전이 : 순환출자 구조는 상호 간 주식 보유와 상호 지급보증 등으로 얽혀 있으므로, 기업집단 내 하나의 기업이 부실화될 경우 동 기업에 대하여 투자하고 있는 기업이나 지급보증을 제공한 기업도 부실화될 여지가 있다.

③ 일감몰아주기 : 순환출자로 경영권이 집중되면 최대주주의 사적 이익 추구행위가 일감몰아주기의 형태로 나타날 수 있다.

다음 예제를 통하여 순환출자 구조의 특징을 자세하게 살펴보자.

예제 1

- 기업지배구조는 아래 그림과 같음.
- P사와 Y사는 상장기업이며 Z사는 비상장기업임.
- 대주주는 전체 기업집단에 대하여 강력한 경영권을 보유하고 있음.
- 기업집단은 N사 인수를 검토중임.
- P사는 S사와 T사의 차입금에 대하여 지급보증을 제공하고 있으며, X사와 Y사는 P사의 차입금에 대하여 담보를 제공하고 있음.

요구사항 그림에 표시된 기업집단을 대상으로 순환출자 구조의 장점과 단점을 설명하시오.

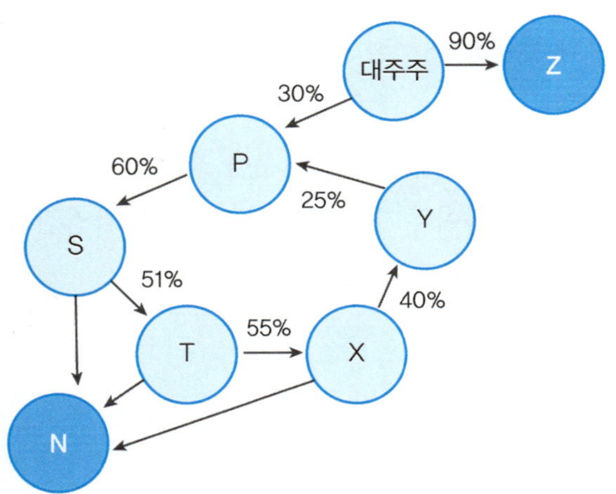

지금까지 살펴본 순환출자 구조의 특징을 상기 지배구조에 대입하여 분석해 보자. 먼저 순환출자 구조의 장점은 다음과 같다.

① 기업집단 내 기업들의 업무와 기술상 제휴 강화 : P사, S사, T사, X사, Y사 등은

하나의 기업집단에 속해 있다는 공감대 하에, 상호 간 기술과 정보를 공유할 수 있다. 그리고 외부환경에 적극적으로 대응하고 사업부문 간 Synergy 효과를 발휘할 수 있다.

② 투자자금 조달 : 자금에 여유가 있는 S사, T사, X사의 잉여자금을 통하여 대규모 투자(N사)가 가능하다.

③ 경영권 방어 : 대주주는 P사 주식만 소유하고 있지만, 모든 기업집단에 대하여 경영권을 확보할 수 있다.

그리고 순환출자 구조의 단점은 다음과 같다.

① 의결권 행사나 기업지배구조의 왜곡 : 대주주는 30%의 P사 주식만 소유하고 있으나, 순환출자를 통하여 P사의 의사결정에 55%만큼 영향을 미칠 수 있다. 또한 S사나 T사 등에 대해서는 주식을 소유하고 있지 않음에도 불구하고 실질적인 경영권을 행사할 수 있다.

② 기업집단 내 부실의 전이 : 상기 지배구조에서 T사가 부실화될 경우 T사 주식을 가지고 있는 S사, S사 주식을 가지고 있는 P사에게 연쇄적으로 부실이 전이될 수 있다. 또한 T사에게 지급보증 등을 제공한 P사는 대지급 의무가 발생하여 재무적 곤경에 처할 가능성이 있다. 그리고 P사가 유동성 이슈에 처할 경우 P사에게 담보를 제공한 X사와 Y사도 재무적인 문제가 발생하여 결국, 전체 기업집단이 부실화될 가능성이 있다.

③ 일감몰아주기 : 대주주가 개인적으로 지분을 소유하고 있는 Z사에 대하여 P사, S사, T사, X사 등이 일감몰아주기를 실시하여, 전체 기업집단의 부가 대주주가 소유하고 있는 Z사에게 집중될 여지가 있다.

2. 지주회사

(1) 지주회사의 정의와 요건

지주회사(Holding company)란 다른 기업의 주식을 소유하고 동 기업에 대하여 실질적인 지배력을 획득하는 것을 사업 목적으로 하는 기업으로서, 기업지배에 의한 독점수단으로 19세기 말 미국에서 발전했다. 여기서 다른 기업을 지배하는 기업을 지주회사 또는 모기업이라 하고 지배를 받는 회사를 사업회사(Operating company) 또는 자회사라고 한다.

지주회사는 크게 순수지주회사와 사업지주회사로 구분할 수 있다.

① 순수지주회사 : 어떠한 사업활동도 하지 않고 다른 기업의 주식을 소유함으로써 동 기업을 지배하는 것을 주된 목적으로 하는 기업

② 사업지주회사 : 자회사에 대한 지배력 획득뿐만 아니라 별도의 사업을 영위하는 기업

지주회사는 피라미드형의 지배를 가능하게 하며, 적은 자본을 가지고도 생산과 자본에 대한 지배력을 넓힐 수 있는 것이 특징이다. 따라서 우리나라는 재벌 등 대규모 기업집단에 경제적인 부가 집중되는 것을 방지하기 위하여, 출자총액제한제도를 도입할 시점(1987년)에 지주회사의 설립 및 전환에 대한 금지 제도를 같이 도입했다.

그러나 외환위기 이후 자본시장이 개방된 상황에서 외국자본으로부터 경영권을 방어하고 부실한 계열사를 정리하기 위한 목적으로 지주회사가 필요하다는 재계의 요구를 받아들여, 2001년에 상법과 공정거래에 관한 법률을 개정하고 특정 요건을 충족할 경우에는 지주회사의 설립과 전환을 허용하게 되었다.

지주회사가 되기 위해서는 자산총액이 5,000억원 이상이어야 하며, 전체 자산총액에서 자회사 주식이 차지하는 비중이 50% 이상이어야 한다(공정거래법 시행령 제2조). 여기서 자회사라 함은 다음의 기업들을 일컫는다.

① 지주회사의 국내 계열회사

② 지주회사가 소유하는 주식이 그 특수관계인 중 최다출자자 이상인 경우(즉, 지주회사가 소유하는 주식의 지분율이 특수관계인과 동일하거나 그 이상인 경우)

(2) 지주회사의 행위제한 요건

공정거래법은 지주회사를 통한 경제력 집중과 독점의 폐해를 막기 위하여 지주회사와 그 자회사 등에 대하여 다양한 행위제한 요건을 규정하고 있는데 주요 내용을 살펴보면 다음과 같다.

① 채무보증제한 기업집단 및 상호출자제한집단의 지주회사 설립 및 전환 제한(공정거래법 제8조의 3)

- 지주회사와 자회사 간의 채무보증
- 지주회사와 다른 국내계열회사 간의 채무보증
- 자회사 상호 간의 채무보증
- 자회사와 다른 국내계열회사 간의 채무보증

② 지주회사의 행위제한(공정거래법 제8조의 2 ②)

- 지주회사는 부채비율을 200% 이내로 유지하여야 함.
- 자회사 이외의 국내 계열회사 주식 소유 금지
- 자회사에 대한 주식 소유 비율 : 비상장 자회사는 40% 이상, 상장 자회사는 30% 이상[59)]
- 계열회사가 아닌 국내기업의 주식은 5% 초과 보유 금지(단, 그 금액이 자회사 주식 합계 금액의 15% 미만이면 예외)
- 일반지주회사는 금융자회사 주식소유 금지, 금융지주회사는 비금융자회사 주식소유 금지

③ 자회사의 행위제한(공정거래법 제8조의 2 ③)

- 손자회사 이외의 국내 계열회사 주식 소유 금지
- 손자회사 지분비율 : 비상장 손자회사는 40% 이상, 상장 또는 국외상장법인이거나 공동출자법인인 자회사는 30% 이상
- 자회사에 대해서는 부채비율 요건과 국내 비계열회사 기업 주식 소유에 대한 제한이 없음.
- 지주회사와 자회사의 손자회사에 대한 공동출자 허용

④ 손자회사의 행위제한(공정거래법 제8조의 2 ④)

- 국내 계열회사의 주식 소유 금지
- 국내 계열회사 발행주식 전량을 소유하는 경우는 허용

⑤ 증손회사의 행위제한(공정거래법 제8조의 2 ⑤)

- 국내 계열회사의 주식 소유 금지

이와 같이 공정거래법은 지주회사에 대하여 상기 여러 가지 행위제한 요건을 엄격하

---

59) 법 개정으로 2022년 1월 1일 이후 편입된 비상장 자회사는 50% 이상, 상장 자회사는 30% 이상으로 변경되었다. 다만 2022년 1월 1일 이전에 지주회사에 편입된 자회사는 현재 규정에 따른 비율을 유지한다. 자회사의 행위제한에 적용되는 손자회사 지분비율도 상기와 동일하게 적용된다.

게 규정하고 있는데 주요 특징을 정리하면 다음과 같다.

① 지주회사는 적은 자본을 가지고 자본과 생산시설에 대한 지배력을 행사하면서 무분별하게 확장할 우려가 있다. 이러한 폐해를 방지하고자 자회사 이외의 타 기업의 주식을 소유하는 것을 엄격하게 제한하고 있으며, 자회사에 대한 지분율을 엄격하게 제한하고 있다.

② 연속적인 지배·종속관계를 통하여 지배구조가 무분별하게 확대되는 것을 방지하고자, 증손회사는 100%에 미달하는 국내 기업의 주식 소유를 금지하고 있다. 즉 지주회사에서 자회사, 손자회사 및 증손회사로 이어지는 3단계 계층 구조까지만 허용된다.

③ 지주회사 구조에서는 지주회사와 자회사 또는 자회사 상호 간의 채무보증이 엄격하게 제한된다.

(3) 지주회사의 장점과 단점

지주회사 구조의 주요 장점은 다음과 같다.

① 책임경영 : 지주회사의 구조적 특성으로 인하여 소유(지주회사)와 경영(자회사)이 분리되므로 책임경영이 가능하다. 예를 들어 하나의 기업이 자회사 주식을 소유하면서 동시에 다양한 사업부문을 영위한다면, 투자부문과 사업부문의 경영 실적이 혼재될 수 있다. 그러나 지주회사제도가 도입되면 투자부문의 지주회사와 사업부문의 자회사로 분리되므로 실적이 명확해지고 책임경영이 강화될 수 있다.

② 소유구조 단순화 : 출자관계가 단순화되기 때문에 지배구조가 투명해진다.

③ 재무위험 감소
  - 지주회사는 부채비율을 200% 이내에서 유지하여야 하며, 채무보증에 대하여 엄격하게 제한하고 있기 때문에 재무위험이 감소한다.
  - 자회사 상호 간에는 출자를 허용하지 않으므로 한 기업의 부실이 다른 기업으로 전이되는 것을 예방할 수 있다.

④ 기업구조조정 원활화
  - 부실계열사의 처분이나 청산이 원활해진다.
  - 자회사별 사업부문 분리로 전사 경영전략에 따라 매각이나 인수 등이 수월해

진다.

⑤ 의사결정 및 업무배분 효율성 증대 : 지주회사는 전사 차원에서 경영전략을 수립하고 개별 사업은 자회사가 개별적으로 의사결정을 수행한다. 이로 인해 효율적인 역할 분담과 신속한 경영의사결정이 가능해진다.

지주회사 구조의 주요 단점은 다음과 같다.

① 지배주주와 소액주주 간 이익 상충
 - 지주회사 설립과정에서 대주주는 큰 경제적 부담 없이 지배력을 강화하여 소액주주의 권리를 침범할 수 있다. 대주주가 어떠한 방법으로 지배력을 강화할 수 있는지에 대해서는 〈예제 3〉과 〈예제 4〉를 통해 살펴본다.
 - 지주회사가 지배권을 이용하여 지주회사 또는 다른 자회사의 이익을 위해 특정 자회사에 손실을 야기할 수 있다.
 - 지주회사가 계열사 간 거래를 통한 부의 이전을 시도할 수 있다.

② 지주회사 제도는 적은 자본으로 다수의 기업을 지배할 수 있으므로 경제력의 집중과 독점을 야기할 수 있다.

③ 다층 구조로 인한 비효율성 증대 : 기업집단 전체가 관여된 의사결정에는 효율적일 수 있으나, 자회사나 손자회사의 자율적인 의사결정으로 해결될 수 있는 사안도 지주회사의 조율을 거쳐야하는 등 의사결정 프로세스가 불필요하게 복잡해질 수 있다.

④ 지주회사 주가 할인(Holding Company Discount) 현상 : 지주회사의 주가가 보유 자회사 주식 가치의 합보다 낮게 설정되는 지주회사 할인 현상이 발생할 수 있다.

다음 예제를 통하여 지주회사에 관한 구체적인 내용을 살펴보자.

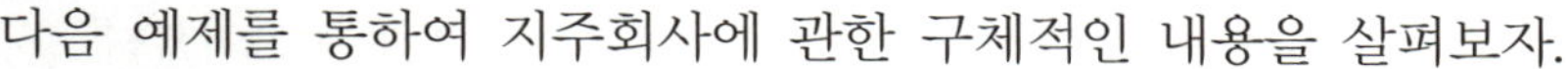

예제 2

- 기업집단은 아래 그림과 같은 지주회사 구조임.
- P사, S사, T사는 상장기업임.
- P사의 부채비율은 120%이며, 지주회사 행위제한 요건을 모두 만족하고 있음.
- P사는 투자를 목적사업으로 하고 있으며, 그 이외의 기업들은 별도의 사업을 영위하고 있음.
- 대주주는 P사에 대하여 강력한 경영권을 보유하고 있음.

요구사항 아래 그림에 표시된 기업집단을 대상으로 지주회사 체계의 장점과 단점을 설명하시오.

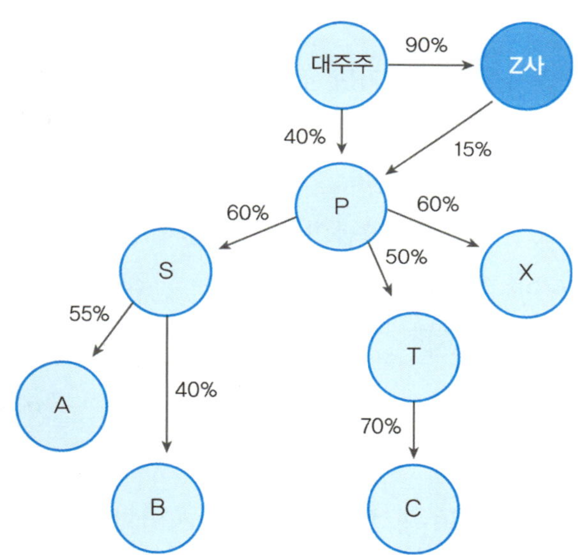

지주회사 제도의 특징을 상기 예제에 대입해 보자. 먼저, 장점은 다음과 같다.

① P사는 전체 기업집단의 투자역할(지주회사의 기능)을 수행하고 기타의 기업들은 사업을 영위하고 있으므로 소유와 경영이 분리되어 책임경영이 가능해진다.

② 출자관계가 단순화되므로 지배구조가 투명해진다.

③ 지주회사는 부채비율을 200% 이내에서 유지하여야 하며, 채무보증에 대하여 엄격하게 제한하고 있으므로 재무위험이 감소한다.

④ 자회사 상호 간에는 출자를 허용하지 않고 있으므로 한 기업의 부실이 다른 기업으로 전이되는 것을 예방할 수 있다.

지주회사의 단점은 다음과 같다.
① 대주주는 큰 경제적 부담 없이 경영권을 강화할 수 있다.
② P사를 정점으로 한 피라미드 구조로서 P사의 적은 자본으로 다수의 기업을 지배할 수 있으므로 경제력의 집중과 독점을 야기할 수 있다.
③ 일감몰아주기 : 대주주가 개인적으로 지분을 소유하고 있는 Z사에 대하여 P사, S사, T사, X사 등이 일감몰아주기를 실시하여, 전체 기업집단의 부가 대주주가 소유하고 있는 Z사에게 집중될 여지가 있다.

(4) 인적분할과 현물출자를 활용한 지주회사 설립

공정거래법상 지주회사를 설립하거나 전환하기 위하여 기업들은 부채비율, 자회사 지분율, 지배구조, 여유자금 규모 및 세무 위험 등을 고려하여 대안을 마련하게 되는데, 우리나라에서는 인적분할 후 현물출자를 통하여 설립된 형태의 지주회사가 기업실무상 많이 발견된다. 2000년대 초 LG그룹이 인적분할과 현물출자를 활용하여 지주회사 체제를 도입한 이후로 SK, 두산, CJ, 코오롱 등 많은 기업들이 유사한 방법을 활용하여 지주회사 지배구조로 전환되었다.

인적분할과 현물출자를 활용하여 지주회사를 설립하는 절차를 요약하면 다음과 같다.
① 기업을 인적분할하여 지주회사(투자기업)와 사업회사로 분리함.
② 대주주는 사업회사 주식을 지주회사에 현물출자하고, 지주회사는 그 대가로 대주주에게 지주회사의 주식을 발행하여 대주주에게 지급함.
③ 지주회사는 대주주로부터 현물출자받은 사업회사 주식을 통하여 사업회사를 계열사로 편입하고, 대주주는 지주회사에 대한 경영권을 강화함.
④ 대주주는 지주회사를 통하여 사업회사에 대한 의사결정권을 유지함.

● 인적분할

인적분할을 활용하여 지주회사를 설립하기 위해서는 먼저 기업집단 내에서 지주회사의 역할을 수행할 기업을 선정해야 하는데, 계열회사들의 주식을 많이 소유하고 있으면서도 여유 자금이 있는 기업이 주로 선택된다. 지주회사 역할을 수행할 기업이 선정되면 계열사 주식을 소유하여 지주회사의 역할을 할 투자부문과, 사업을 영위할 사업부문으로 인적분할을 실시하게 된다.

인적분할을 통하여 지주회사로 전환하기 위해서는 다양한 내용을 검토해야 하는데 그 중 중요한 몇 가지를 정리하면 다음과 같다.

① 지주회사 역할을 수행할 기업이 상장기업이라면, 분할 후 분할존속법인의 변경상장과 분할신설법인의 재상장이 가능한지에 대하여 사전 검토해야 한다. 만일 분할 이후에 분할존속법인과 분할신설법인 중 하나라도 상장되지 못하면, 상장되지 못한 기업에 대한 주식의 유동성은 현저하게 하락한다. 따라서 주주들은 소유하고 있는 주식의 일부가 시장성을 상실하여 가치가 하락할 수 있는 위험에 당면하므로 분할에 대하여 찬성하지 않을 가능성이 있다.

② 지주회사 전과 후의 주주구성이 어떻게 변동될 것인가를 분석해야 한다. 만일 분할 후 지분율이 변동하여 경영권이 위협받게 되면 대주주를 비롯한 이해관계자들이 분할에 찬성하지 않을 것이기 때문이다.

③ 분할 이후에는 기업의 수가 증가함에 따라 필요한 운전자본이 증가하고, 지주회사 요건을 만족시키기 위하여 자회사의 주식을 추가로 취득할 수도 있으며, 채무보증을 해소하기 위하여 자금이 소요될 수 있다. 따라서 분할 이후에 필요한 자금의 규모를 적절하게 추정하고 금융기관과의 협의 등을 통하여 분할 이전에 대응방안을 마련해야 한다.

④ 지주회사 전환과정에서 발생할 수 있는 세무상 이슈와 분할 및 공개매수 일정 등을 고려해야 한다.

인적분할을 통한 지주회사 전환 과정에서 가장 중요한 사항 중 하나는 분할 전·후의 지분율 변동과정이라고 할 수 있다. 따라서 분할 이후에 전체 주주들의 지분율이 어떻게 변동될 것인가를 분석하고, 지주회사 전환 이후에 경영권이 불안정할 것으로 예상된다면 경영권 안정방안을 사전에 마련해야 한다. 우리나라의 실제 사례를 분석해 보면, 지배구조를 안정화시키는 방법으로서 분할 대상 기업이 자기주식을 사전에 확보하는 방법이 많이 활용되었다.

예제 3

- 대주주는 01년 초 P사 주식을 30% 소유하고 있음.
- P사는 01년 초 자기주식을 20% 소유하고 있음.
- P사는 02년 초 투자부문(P사)과 사업부문(S사)으로 인적분할을 실시함.
- P사는 기존 주주들에게 2주당 1주의 비율로 S사 주식을 배분하면서 취득한 주식을 소각함.
- 분할 전 P사는 1,000주를 발행하고 있었으나, 분할과정에서 500주가 소각됨.
- S사는 설립 시 500주를 발행함.

요구사항 분할 전후 P사의 주주 구성과 S사의 주주 구성을 분석하시오.

분할 전·후 지분율 변동

	P사		S사
	분할 전	분할 후	설립 시점
대주주	30%(300주)	30%(150주)	30%(150주)
자기주식	20%(200주)	20%(100주)	—
P사[*]	—	—	20%(100주)
기타주주	50%(500주)	50%(250주)	50%(250주)
합계	100%(1,000주)	100%(500주)	100%(500주)

(*) P사는 20%의 자기주식을 소유하고 있으므로 인적분할 후 S사 주식 100주(= 500주 × 20%)를 수령하게 됨.

P사는 분할 이전에 자기주식을 취득함으로써, 분할 이후에 S사 주식을 교부받을 수 있다. 따라서 대주주는 자신이 보유하고 있는 주식뿐만 아니라 분할 후 P사가 보유하게 되는 S사 주식을 통하여 S사에 대한 경영권을 확보할 수 있게 된다.

현물출자

일반적으로 인적분할 후 대주주는 인적분할을 통하여 배분받는 주식을 지주회사에게 현물출자하고, 지주회사의 주식을 추가로 취득하게 된다. 이러한 과정을 거쳐 지주회사는 사업회사를 자회사로 편입하게 되고, 대주주는 지주회사에 대한 경영권을 강화하게 된다.

- 대주주는 02년 초 소유하고 있는 S사 주식 150주(30%)를 P사에게 현물출자함.
- P사는 대주주에게 현물출자 대가로 P사 주식 150주를 발행하여 교부함.
- 기타 상황은 <예제 3>과 동일함.

요구사항 현물출자 전후 P사의 주주 구성과 S사의 주주 구성을 분석하시오.

 **현물출자 전·후 지분율 변동**

	P사		S사
	현물출자 전	현물출자 후	현물출자 후
대주주	30%(150주)	46%(300주)	—
자기주식	20%(100주)	15%(100주)	—
P사	—	—	50%(250주)
기타 주주	50%(250주)	39%(250주)	50%(250주)
합계	100%(500주)	100%(650주)	100%(500주)

〈예제 3〉과 〈예제 4〉를 통하여 다음의 지배구조 변화가 발생한다.

① 인적분할과 현물출자 과정을 통하여 대주주의 P사에 대한 지분율은 30%에서 46%로 증가된다. 따라서 대주주는 추가적인 자금을 투입하지 않고도 안정적인 경영권을 확보하게 된다.

② 현물출자 과정을 통하여 P사는 S사에 대하여 50%의 지분율을 보유하게 되므로 지배력을 획득할 수 있다.

이와 같이 대주주는 인적분할과 현물출자를 통하여 아무런 추가적인 비용을 들이지 않고 기업집단에 대한 경영권을 강화할 수 있게 된다. 이러한 이유로 우리나라에서는 대주주의 경영권이 취약한 많은 기업집단들이 2000년대에 지주회사 제도를 채택한 측면이 있다.

3. 대주주의 사적 이익 추구

〈예제 1〉을 확장시켜 대주주 자신(또는 자신의 자녀들)이 직접 주식을 소유하고 있는 비상장기업(Z사)이 있다고 가정해 보자. 이러한 경우 대주주는 기업집단으로 하여금 Z사에게 일감몰아주기를 지시하여 Z사의 최대주주인 자신의 부(富)를 축적할 수 있다. 또한 시간이 경과하여 Z사의 규모가 커진 후에 대주주는 동 기업을 주식시장에 상장시켜 거액의 자본이익을 획득하거나, 유리한 합병비율로 P사와 합병하여 P사에 대한 지분율을 높일 수도 있을 것이다.

그리고 〈예제 2〉의 대주주는 비상장기업인 Z사 주식을 90% 소유하고 있는데, 대주주는 기업집단으로 하여금 Z사에게 일감몰아주기를 지시하여 Z사의 대주주인 자신의 부(富)를 축적할 수 있다. 또한 시간이 경과하여 Z사의 규모가 커진 후에 대주주는 동 기업을 주식시장에 상장시켜 거액의 자본이익을 획득하거나, 유리한 합병비율로 P사와 합병하여 P사에 대한 지분율을 높일 수도 있을 것이다.

〈예제 1〉과 〈예제 2〉를 통해 대주주의 사적 이익 추구 과정을 살펴보았는데 대부분의 내용은 유사함을 알 수 있다. 대주주의 사적 이익 추구에 대해서는 다음 절에서 보다 자세하게 살펴본다.

4. 지주회사가 대안인가?

순환출자 구조에 비하여 지주회사 구조는 지배구조가 명확하고 단순하므로 어떠한 기업집단이 지주회사로 전환한다고 하면 보다 개선된 기업지배구조를 채택하는 것처럼 생각하기 쉽다. 이러한 현상은 재벌로 대표되는 대규모 기업집단의 비합리적인 경영행태나 대주주의 사익 추구 행위가 마치 순환출자 구조에 의하여 발생하였다고 보기 때문일 것이다. 따라서 순환출자 구조를 탈피하여 지주회사 구조로 전환한다고 하면, 구시대의 지배구조에서 벗어나 합리적이고 윤리적인 경영활동이 이루어질 것으로 기대하는 사람이 많은 것도 사실이다.

그러나 지주회사 구조는 적은 자본으로도 경제력 집중이 가능한 폐단이 있어 오랜 기간 동안 금지되다가 IMF 이후에야 시행되고 있는 제도이다. 이는 지주회사 구조가 긍정적인 면뿐만 아니라 순환출자 구조와 마찬가지로 부정적인 측면도 상당하다는 반증이라 하겠다.

　지주회사 제도가 허용된 이후 2023년 말 기준으로 172개의 지주회사가 존재하며, SK, LG, GS, 현대중공업과 같은 기업집단은 그룹 전체가 지주회사 체계로 전환된 상태이다. 이와 같이 지주회사 제도가 빠른 시간 동안에 우리나라의 기업들에게 받아들여진 실질적인 이유는 다음과 같은 두 가지를 꼽을 수 있다.

　① 인적분할과 현물출자를 통한 대주주의 경영권 안정화
　② 지주회사를 통한 경영권승계와 절세효과 기대

　지주회사 제도의 장점 중 하나는 투자기업(지주회사)과 사업을 영위하는 기업(자회사)이 명확하게 구분된다는 점이다. 따라서 대주주는 지주회사를 소유하되 자회사는 전문경영인에 의하여 운영할 수 있으므로 소유와 경영이 분리될 수 있다. 그러나 우리나라의 경우에는 대주주들이 지분율 상승과 안정적인 경영권을 목적으로 지주회사 구조를 채택하였기 때문에, 오히려 '개인화된 지배구조'가 강화되었다는 지적도 있다.

　인적분할을 통하여 지주회사가 설립될 경우 지주회사의 주식가격은 하락하고, 사업을 영위하는 자회사의 주식가격은 상승한 경우가 일반적이다. 따라서 대주주가 지주회사를 통하여 전체 기업집단에 대한 경영권을 확보한 후 지주회사 주식을 후계자에게 증여하면, 절세효과도 누리면서 전체 기업집단에 대한 경영권을 승계할 수 있는 측면도 있다.

　반면, 지주회사는 지주회사행위제한 규정을 준수해야 하고, 순환출자 구조에 비하여 대규모투자가 필요할 경우에는 자금조달에 어려움이 있다는 단점이 있다.

　순환출자와 지주회사 구조는 기업들이 기업의 성장 당시의 상법 등을 준수하며 투자자금을 조달하고 경영권을 방어하는 과정에서 자연스럽게 형성된 체계라 할 수 있다. 그리고 순환출자와 지주회사 구조 모두 장점과 단점이 있다. 따라서 지주회사가 순환출자 구조보다 더 우월하고 우수한 지배구조라고 판단하기는 어렵다. 그러므로 지배구조의 형식적인 측면보다는 각 제도의 장점을 부각하고 단점은 보완할 수 있는 적절한 보완장치와 성숙된 기업문화의 정착이 보다 강조되어야 할 것으로 판단된다.

제2절 지분레버리지 효과

1. 소액주주와 지분레버리지 효과

앞서 살펴본 〈예제 1〉과 〈예제 2〉에서 대주주는 기업집단에 대하여 강력한 영향력을 행사하고 있다. 따라서 전체 기업집단의 자원배분에 대한 주요한 의사결정에 대주주의 의사가 적극적으로 반영된다. 대주주의 의사결정에 따라 전체 기업집단이 운영되고 있으므로, 기업집단이 보유하고 있는 현금 등의 자원에 대한 실질적인 통제력도 대주주가 가지게 된다.

이와 같은 상황에서 대주주는 배당을 통하여 기업의 자원을 배분하기보다는 배당을 실시하지 않는 것이 실질적인 부(富)를 극대화시키는 전략일 수 있다. 대주주가 기업에 대하여 막강한 영향력을 행사한다면 대주주는 기업이 소유하고 있는 모든 현금의 활용방안에 대하여 결정할 수 있다. 그러나 배당을 실시한다면 오히려 대주주의 통제 안에 있는 상당한 자금이 외부로 유출되고, 배당으로 수령한 금액만이 통제에 들어오기 때문이다.

예를 들어 P사가 10,000원의 현금을 보유하고 있다고 가정해 보자. 배당을 하지 않을 경우 대주주는 P사에 대한 의결권을 통하여 10,000원에 대한 통제력을 가지게 된다. 그러나 10,000원을 전액 배당한다면, 대주주가 통제할 수 있는 자산은 3,000원(= 10,000원 × 30%)으로 감소하게 된다. 즉 배당을 통하여 대주주는 3,000원을 직접 소유할 수 있으나, P사를 통하여 간접적으로 통제하던 7,000원은 소액주주에게 귀속되어 통제력을 상실하게 된다. 이러한 이유로 지분율은 낮지만 강력한 경영권을 행사하는 대주주가 있는 기업은 다른 기업에 비하여 낮은 배당성향을 보이는 경향이 있다.

이러한 논리를 바탕으로 소액주주가 지배구조에서 차지하는 위치를 생각해 보자. 기업집단에 대한 실질적인 의사결정은 지배력을 가진 대주주에 이루어지며, 소액주주는 미미한 영향만을 미치고 있는 것이 현실이다. 극단적으로 소액주주에 대한 적절한 보호 장치가 없다면, **대주주는 소액주주가 대주주와 동등한 지위를 가진 주주가 아니라 이자가 없는 자금을 제공하는 일종의 채권자로 간주할 여지가 있다.**

특히, 소액주주들이 장기적인 기업의 발전에 관심을 가지고 투자하기보다는 단기적인 자본획득을 위하여 주식을 보유하고 있다면 이러한 해석은 더욱 타당성을 가진다. 이러한 상황에서 대주주는 100%가 아닌 일부의 주식만 취득하여 기업의 경영권을 획득하는 것이 Risk가 적으면서도 큰 재무 Leverage 효과를 향유할 수 있는 방법이 된다. 왜냐하면, 경영활동이 양호하여 이익을 시현하고 자산규모가 커지면 대주주는 자신이 영향력을 미칠 수 있는 범위가 확장되나, 기업이 부실화되면 단지 자신이 실제 투자한 금액을 한도로 손실만 부담하면 되기 때문이다.

일반적으로 Leverage 효과는 유·무형자산으로 인한 지렛대 효과인 영업 Leverage 효과와, 차입금을 통한 고정된 이자비용으로 인한 재무 Leverage로 구분된다. 그러나 이러한 Leverage 효과 이외에도 지금까지 설명한 대주주와 소액주주의 관계를 통하여 대주주는 지분 Leverage 효과를 전략적으로 활용할 수 있다.

지분 Leverage 효과

주주가 소액주주에 대한 유상증자 등을 통하여 고정재무비용(배당금)을 부담하지 않으면서 자신이 통제할 수 있는 기업의 자원을 극대화할 수 있는 지분상의 Leverage 효과

지금까지 논의한 대주주의 기업에 대한 영향력을 연결실체로 확장해 보자. 지배기업에 대하여 강력한 경영권을 행사할 수 있는 대주주가 있다고 전제할 경우, 지배기업은 종속기업주식을 100% 취득하여 지배력을 획득하는 의사결정을 선호하지 않을 가능성이 있다. 오히려 대주주는 지배기업이 최소한의 주식소유를 통하여 지배력을 획득하고, 남는 자금으로 또 다른 기업의 주식을 취득하여 기업집단의 규모가 커지는 것을 선호할 수 있을 것이다.

전통적인 재무관리 이론에 따르면 지배기업은 기존의 수익률보다 더 양호한 수익률을 창출할 수 있는 투자기회에 자금을 투입해야 기업가치가 상승한다. 그러나 **대주주 관점에서는 기업가치도 중요하지만, 대주주 자신이 영향력을 행사할 수 있는 기업집단의 규모와 그 기업집단에 속해 있는 경영자원의 절대적인 크기에 비례하여 효익을 누릴 수도 있다.** 따라서 대주주는 기업가치 상승을 위한 경영활동보다는 전체 주주의 이익에 반하지만 자신의 효익 극대화를 위하여 기업규모를 확장시키고자 시도할 가능성이 있다.

참고로 지주회사 제도를 도입하고 있는 미국과 유럽의 국가 중 상당 기업은 자회사를 하나의 부서처럼 100% 소유하고 있는 경우가 일반적인데, 그 이유는 지주회사의 장점은 취하되 다른 주주들로부터 간섭받지 않고 효율적으로 경영하기 위함이다. 그러나 **우리나라의 많은 기업들은 경영권을 안정화하고 더 효과적으로 전체 기업집단을 장악하기 위한 목적으로 지주회사 제도를 채택하여, 자회사의 소액주주가 큰 비중을 차지하고 있는 경우가 많다.**

2. 지분레버리지 효과를 활용한 성장 전략

다음 예제를 통하여 물적분할과 상장을 활용하여 기업집단의 규모를 확장시키는 방안에 대하여 살펴보자.[60]

예제 5

• 상장기업인 P사는 안정된 영업을 영위하고 있는 A사업부문과 B사업부문으로 구성되어 있음.

	자산	부채	순자산
A사업	1,500	500	1,000
B사업	2,100	350	1,750
기타	400	–	400

• 01년 초 물적분할을 통하여 P사는 A사업부문과 B사업부문을 독립된 비상장법인으로 신설하였으며, P사는 투자관리 기능만 보유하게 됨.
• 07년에 A사와 B사는 상장요건을 만족하여 P사는 보유하고 있는 A사와 B사의 구주를 40%씩 처분하고 각각 400원과 700원을 획득함.
• P사는 구주 매각을 통하여 조달한 자금으로 IT기업인 C사의 주식을 55% 취득함. 당시 C사의 자산과 부채는 각각 3,000원과 1,000원임.

요구사항 01년 초 A사업부문과 B사업부문의 자산과 부채는 07년까지 변동하지 않았다고 가정하자. 또한 IPO도 순자산 금액을 기준으로 이루어진다고 가정한다.
1. 별도재무제표 관점과 연결재무제표 관점에서 지배구조 변동을 분석하시오.
2. P사가 만일 물적분할과 IPO를 거치지 않은 상태에서 1,100원을 차입하여 C사 지분을 취득하였을 경우를 분석하시오.

---

60) 〈예제 5〉는 지배구조에 대한 대주주의 관점과 기업가치 등에 대한 논의를 함축하고 있으므로 주의 깊게 살펴보길 바란다.

3. 1.과 2.의 부채비율을 비교하시오.

4. 지분레버리지 효과를 계산하시오.

5. 본 거래와 관련하여 이해관계자에게 미치는 영향을 검토하시오.

지배구조의 변동

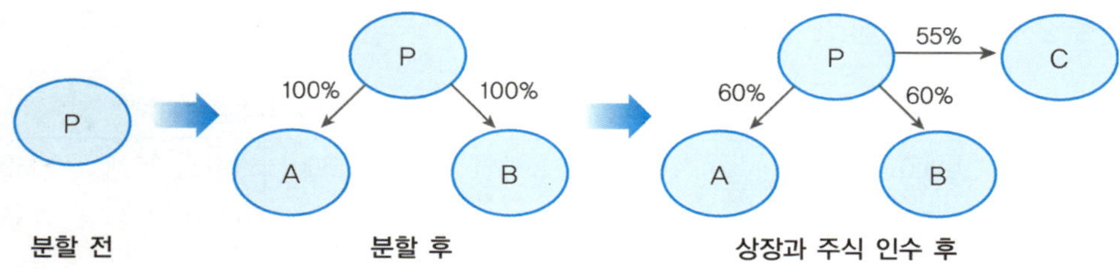

  본 예제는 분할 전 A사업부문과 B사업부문으로 구성된 P사가 물적분할과 신규상장을 통하여 기업집단의 규모가 커지는 과정을 보여주고 있다. 물적분할 자체는 기업집단의 자산규모에 아무런 영향을 미치지 않는다. 그러나 신규상장을 통하여 조달한 자금으로 C사를 인수하는 과정은 지분 Leverage 효과의 확대과정으로 볼 수 있다. 분할을 실시하지 않았다면 A사업부문이나 B사업부문을 처분하여 C사를 인수할 것이므로 P사의 기업규모 자체는 크게 변동하지 않을 것이다. 그러나 P사의 대주주는 물적분할과 신규상장이라는 제도를 활용하여 A사업부문과 B사업부문에 대한 지배력을 유지한 상태에서, C사를 인수하여 대주주의 경영권이 미치는 범위를 크게 하고 있다.

지배구조 변동 전

  지배구조 변동 전에 P사는 A사업과 B사업에 대한 자산과 부채를 직접 보유하고 있으며, 종속기업이 없으므로 연결재무제표는 작성하지 않는다.

재무제표(현재)

A사업 자산	1,500	A사업 부채	500
B사업 자산	2,100	B사업 부채	350
기타 자산	400		
		순자산	3,150

물적분할

물적분할이 이루어지면 별도재무제표상 A사업과 B사업은 100% 종속기업주식으로 변경되며, 그 금액은 해당 사업부문의 순자산으로 구성된다.

종속기업주식은 '사업'을 의미하며, 현재 종속기업에 대한 비지배주주(소액주주)는 존재하지 않는다. 따라서 물적분할이 이루어지더라도 분할 전 재무제표와 연결재무제표는 동일한 모습을 보인다.

<table>
<tr><td colspan="3" align="center">별도재무제표(분할)</td><td colspan="4" align="center">연결재무제표(분할)</td></tr>
<tr><td>A주식</td><td>1,000</td><td rowspan="3">순자산   3,150</td><td>A사업 자산</td><td>1,500</td><td>A사업 부채</td><td>500</td></tr>
<tr><td>B주식</td><td>1,750</td><td>B사업 자산</td><td>2,100</td><td>B사업 부채</td><td>350</td></tr>
<tr><td>기타 자산</td><td>400</td><td>기타 자산</td><td>400</td><td></td><td></td></tr>
<tr><td></td><td></td><td></td><td></td><td>지배기업지분</td><td>3,150</td></tr>
</table>

IPO

IPO를 통해 A사와 B사의 40% 지분은 구주매각으로 일반주주에게 귀속된다. 따라서 P사의 지분율은 60%로 감소하며, 해당 금액만큼의 현금이 P사에 유입된다. 따라서 별도재무제표상 A사 주식과 B사 주식은 각각 400원과 700원씩 감소하며, 현금이 1,100원 증가하게 된다.

한편, A사와 B사 주식에 대한 지분율은 60%로 감소되더라도 지배력에 영향이 없으므로 P사의 연결재무제표에는 A사와 B사의 자산과 부채가 모두 표시된다. 그리고 A사와 B사의 40% 주주 즉, 비지배주주(소액주주)의 권리는 비지배지분으로 표시된다.

① A주식 구주매각 = (1,500원 − 500원) × 40% = 400원

② B주식 구주매각 = (2,100원 − 350원) × 40% = 700원

③ P사에 유입되는 금액 = 400원 + 700원 = 1,100

                 = A사와 B사 비지배주주의 몫(비지배지분)

별도재무제표(IPO)				연결재무제표(IPO)			
현금	1,100	순자산	3,150	**현금**	**1,100**	A사업 부채	500
A주식	600			A사업 자산	1,500	B사업 부채	350
B주식	1,050			B사업 자산	2,100		
기타 자산	400			기타 자산	400	지배기업지분	3,150
						비지배지분(A)	**400**
						비지배지분(B)	**700**

● C사 인수

C사 주식을 1,100원에 55% 취득하여 지배력을 획득하게 되면, 별도재무제표에는 C 사주식이 증가하지만, 연결재무제표에는 C사의 사업이 표시된다. 그리고 C사에 대해 45%의 지분을 보유하고 있는 비지배주주(소액주주)의 몫도 연결재무제표에 표시된다.

별도재무제표(C사 인수)				연결재무제표(C사 인수)			
A주식	600	순자산	3,150	A사업 자산	1,500	A사업 부채	500
B주식	1,050			B사업 자산	2,100	B사업 부채	350
C주식	1,100			C사업 자산	3,000	C사업 부채	1,000
기타 자산	400			기타 자산	400		
						지배기업지분	3,150
						비지배지분(A)	**400**
						비지배지분(B)	**700**
						비지배지분(C)	**900**

● C사 인수(차입)

만일 A사업과 B사업을 물적분할 후 상장하지 않고 C사 주식을 취득하기 위한 자금을 차입으로 조달한다면, P사 재무제표에는 1,100원만큼 차입금이 증가하게 된다. 그리고 별도재무제표에는 C사주식이 증가하지만, 연결재무제표에는 C사의 사업이 표시된다. 한편, C사에 대해 45%의 지분을 보유하고 있는 비지배주주(소액주주)의 몫 900원은 연결재무제표에만 표시된다.

별도재무제표(C사 인수)				연결재무제표(C사 인수)			
A사업	1,500	차입금	1,100	A사업 자산	1,500	A사업 부채	500
B사업	2,100			B사업 자산	2,100	B사업 부채	350
C주식	1,100	순자산	4,000	C사업 자산	3,000	C사업 부채	1,000
기타 자산	400			기타	400	**차입금**	**1,100**
						지배기업지분	3,150
						비지배지분(C)	**900**

부채비율

 P사가 A사와 B사의 상장을 통해 C사를 인수한 경우와, 차입을 통해 인수한 경우를 비교해 보자. 양 자의 가장 큰 차이점은 물적분할 후 상장하지 않고 C사 주식을 취득하기 위한 자금을 차입으로 조달한다면, P사 재무제표에는 1,100원만큼 차입금이 증가하게 된다. 그러나 상장을 통해 자금을 조달했다면 A사와 B사의 비지배지분이 1,100원만큼 증가하게 된다. 따라서 차입금 증가로 인한 부채비율 악화를 방지할 수 있다.

연결재무제표(상장 전략)				연결재무제표(차입)			
A사업	1,500	A사업	500	A사업	1,500	A사업	500
B사업	2,100	B사업	350	B사업	2,100	B사업	350
C사업	3,000	C사업	1,000	C사업	3,000	C사업	1,000
기타	400			기타	400	**차입금**	**1,100**
		지배기업지분	3,150			지배기업지분	3,150
		비지배지분(A)	**400**			비지배지분(C)	**900**
		비지배지분(B)	**700**				
		비지배지분(C)	900				

 비지배지분과 차입금은 대주주 관점에서 자금조달 방법의 차이로 인식될 수 있다. 극단적으로 대주주에게 **비지배주주(소액주주)는 자본으로 분류되는 (이자와 원금을 지급하지 않아도 되는) 채권자와 유사하다**고 볼 수도 있다. 부채비율은 오히려 양호해지며, 자본조달로 인한 의무(이자비용지급과 만기 시 상환)도 완화된다. 이자는 지급하지 않으면 연체이자나 압류 등의 법적 절차가 진행되지만, 배당은 대주주가 결정할 수 있다.

그리고 투자자금 등으로 자금여력이 없다면 사정을 설명하고 지급을 생략할 수도 있다. 그 내용을 정리하면 다음과 같다.

	상장을 통한 자금조달	차입을 통한 자금조달	비 고
비지배지분(자본) 증가	400원 + 700원 + 900원	900원	자본 확충 (부채비율 감소)
차입금 증가	–	1,100원	부채비율 증가
부채비율	**36%**	**73%**	
자본비용	배당	이자비용	
원금 상환 의무	없음.	1,100원 상환 의무	

● 지분레버리지 효과

보통주의 가치는 기업으로부터 획득할 수 있는 배당금에 대한 권리와 기업의 주요 의사결정에 참여할 수 있는 권한으로 구분된다. 그런데 A사와 B사가 신규상장하더라도 지배력은 유지하게 되므로, A사와 B사의 주식을 소유하게 되는 소액주주들의 의사결정은 제한될 것임을 예상할 수 있다. 따라서 의사결정 권한이 제한된 A사와 B사의 소액주주들은 과연 주주로서의 정당한 권리를 모두 가질 수 있을 것인가에 대한 의문을 가질 수 있다. 극단적으로 P사의 대주주는 물적분할과 신규상장을 이용하여 배당권만 가지는 채권자로부터 자금을 차입하여 C사를 인수하였으므로, 지분 Leverage 효과를 극대화하면서 P사, A사 및 B사의 소액주주 부(富)를 희생시켰다고 해석할 수도 있다.

	상장을 통한 자금조달	차입을 통한 자금조달
총자본	5,150	4,050
지배기업지분	3,150	3,150
비지배지분	2,000	900
비지배지분 비중	39%	22%

따라서 경영권이 안정적이라는 전제 하에서 대주주는 자신의 효용을 극대화하기 위해 **비지배지분을 극대화**하는 대안을 채택할 가능성이 있다.

🔵 대주주의 의사결정

전통적인 재무이론에 따르면 P사의 소액주주들은 A사와 B사를 처분한 대가로 인수한 C사의 수익성이 더 우수할 경우 부가 증가하나, 그렇지 않은 경우에는 부가 감소하게 된다. 즉, P사의 소액주주들은 신규상장과 기업인수로 인하여 투자 Risk가 증가하게 된다. 그러나 P사의 대주주는 그러한 투자 Risk가 있다고 하더라도 자신의 지배력이 미치는 범위 즉, 기업의 규모가 커지므로 C사의 수익성과는 별개로 효익이 증가한다고 볼 수 있다. 따라서 P사의 대주주는 C사의 수익성이 기존 A사와 B사에 비하여 다소 떨어지더라도 자신의 효용 극대화를 위하여 신규상장과 C사 인수라는 의사결정을 할 수 있다.

🔵 이해관계자에게 미치는 영향

① P사의 대주주 : 투자 Risk는 증가하나, 지배하는 기업규모가 커짐에 따라 효용이 증가함.
② P사의 소액주주 : C사(새로운 사업)를 인수하였으므로 투자 Risk가 증가함.
③ A사와 B사의 소액주주 : 의사결정 권한이 제약될 가능성이 있음.
④ P사 : 부채비율이 증가하지 않으면서도 자금을 마련할 수 있음.

<table>
<tr><td>제**3**절</td><td>기업지배구조</td></tr>
</table>

기업지배구조(Corporate Governance Structure)란 최고경영자가 기업이 추구하여야 할 목표인 기업가치 극대화를 위하여 일관된 의사결정을 할 수 있도록, 감시하고 통제할 수 있게 하는 구조, 과정, 규정 등의 제도적 장치를 말한다. 이러한 제도적 장치는 크게 법적인 소유권과 의사결정권으로 구분할 수 있는데, 현대적 의미의 기업지배구조는 소유권 그 자체보다는 기업의 자원과 이익을 배분할 수 있는 의사결정권을 의미하고 있다. 즉, 생산, 마케팅, 재무, 회계, 전략 등 다양한 기업의 경영활동에 대한 의사결정권을 가진 사람이나 기구가 기업을 지배하고 있다고 본다.

1. 기업지배구조

기업지배구조라는 개념과 그에 따르는 각종 제도는 서구에서 자본과 소유가 분리되면서 발달하였다. 특히 1930년대 미국에서는 대주주에 의한 직접 경영방식을 지양하고 전문경영인이 기업을 경영하게 되었는데, 전문경영인이 주주의 이익에 반하여 다음과 같은 의사결정을 하는 행위를 방지하기 위한 방편으로 지배구조의 필요성이 대두되었다.

① 주주로부터 기업운영을 위탁받은 대리인(Agency)인 전문경영인이 사적인 목적으로 회사의 자금으로 자가용비행기를 구입하는 등 주주의 재산을 남용함.

② 전문경영인이 자신의 사회적 지위를 과시하기 위하여 수익성보다는 다각화 전략을 수행하여 기업규모를 키우는 데 주력함.

③ 기업가치를 상승시키기 위한 장기적인 관점이 아닌 자신의 재임기간 동안 안정적으로 보너스를 획득하기 위하여 의사결정을 내림.

이러한 경영자와 주주, 주주와 채권자 사이에 발생하는 대리인 문제를 최소화하고, 경영자(대리인)의 기회주의적인 행동들을 효과적으로 통제하기 위하여 기업지배구조가 형성되었다. 또한 최근에는 기업을 사회로부터 재화와 서비스의 생산이라는 기능을 위임받은 존재로 인식하고, 법적인 계약은 아니지만 사회와 기업의 대리인 관계에 대한 관심도 증가하고 있다.

이렇듯 기업지배구조는 다양한 대리인 비용을 최소화하기 위하여 발달하였는데, 본질적으로 대리인 비용은 위탁자가 수탁자의 경영활동을 일일이 관리하고 감독할 수 없다는 정보의 비대칭성으로 인하여 발생된다. 따라서 기업지배구조는 정보의 비대칭성을 방지하기 위하여 주주와 채권자의 권리보호, 이사회의 구성과 운영, 공시 등 의사소통의 투명성과 원활성, 감사기구 등 감독장치, 이익의 공정한 배분장치 등에 초점을 두고 발달하였다.

2. 우리나라 기업지배구조의 특징

미국을 비롯한 서구사회의 기업지배구조가 전문경영인이 주주의 이해에 부합되는 의사결정을 하도록 고안된 것에 반하여, 우리나라의 기업지배구조는 '오너'라고 불리는 대주주가 자신의 사적 이익을 추구하기 위하여 소액주주와 금융기관 등 이해관계자의 이익에 반하는 의사결정을 방지하기 위하여 발전하였다고 볼 수 있다.

우리나라의 기업지배구조는 미국이나 유럽에 비교하면 다음과 같은 특징을 보이고 있다.

① 수익성 등의 기업가치보다는 매출이나 자산 등 규모를 성장시키는 데 주력
② 기업의 가치 사슬을 고려하지 않은 다각화 전략
③ 회계자료의 불투명성
④ 소액주주 등에 대한 보호장치의 부족
⑤ 적대적 기업인수의 제한

상기 내용 중 다각화 전략에 대해 좀 더 살펴보자.

경쟁이 치열하지 않고 핵심역량 없이 초과수익을 획득할 수 있는 업종이 사라짐에 따라 콩글로머릿(Conglomerate)으로 대표되는 비관련 다각화 전략이 한계에 직면하였음에도 불구하고, 대주주의 개인적인 취향을 만족시키기 위하여 다각화 전략을 채택하는 사례가 많이 발견된다.[61] 미국의 인수합병에 관한 역사적 사례를 살펴보면 비관련 다각화를 통한 인수합병은 성공 가능성이 크지 않음을 알 수 있는데, 우리나라에서도 대주주의 개인적인 선호에 따라 철저한 사전 검토 없이 실시한 다각화로 인한 폐해를

---

61) 관련 사업에서 70% 이상의 매출을 얻는 기업을 관련 다각화 기업이라 하고, 그러하지 않은 기업을 비관련 다각화 기업이라고 한다.

쉽게 발견할 수 있다.

지배력을 획득하면서 인식하는 영업권은 다음과 같은 요소로 구성된다.

① 해당 종속기업의 시장 대비 초과수익력

② 동 종속기업이 연결실체에 편입되면서, 연결실체의 가치활동에 미치는 Synergy 효과

비관련 다각화는 기존 연결실체와 Synergy 효과를 누리기가 어렵다. 따라서 만일 관련 다각화를 추구하는 기업과 경합하여 높은 경영권 Premium을 지불하고 인수하였다면, 관련 다각화 기업보다 상대적으로 수익률이 낮을 것임을 예상할 수 있다.[62]

비관련 다각화가 기업가치와 주주의 부(富)에 미치는 영향에 대하여 좀 더 생각해 보자. 가장 먼저 떠올릴 수 있는 비관련 다각화의 장점은 기업이 경기순환에서 오는 위험을 줄일 수 있으므로 기업가치를 증대시킬 수 있다는 것이다. 이는 짚신과 우산을 둘 다 생산하고 있으면 날씨에 상관없이 안정적인 수익을 올릴 수 있으므로(즉, 수익의 표준편차가 감소하므로) 기업가치가 상승한다는 논리이다.

비관련 다각화는 수익 안정성에 어느 정도 기여할 수 있으나, 기업의 주주들에게는 실질적인 도움을 주지 못한다는 관점도 있다. 왜냐하면 주주들은 주식시장에서 적은 거래비용으로 주식 포트폴리오를 재조정하여 이러한 위험을 관리할 수 있기 때문이다. 즉, 투자자들은 우산을 만드는 기업의 주식을 일부 팔고 짚신을 만드는 기업의 주식을 사서 경기순환에 따른 기업가치 변동을 회피할 수 있다. 오히려 주주들은 우산회사가 큰 위험과 거래비용을 부담하면서 실시하는 짚신회사를 인수하는 행위(비관련 다각화)로 인하여 부(富)가 훼손될 가능성이 높다.

비관련 다각화 전략에 대한 부정적인 견해는 소유와 경영이 잘 분리되어 있고, 주주가치 극대화라는 사고방식이 잘 정립된 미국과 유럽에서 주장되고 있다. 그러나 소유와 경영이 분리되지 아니한 기업에 상기 논리를 그대로 적용하기는 어렵다. 왜냐하면 소유와 경영이 분리되지 아니한 기업의 대주주는 자신이 기업을 실질적으로 소유하고 있으므로, 기업을 다각화시킴으로써 자신의 위험을 줄일 수 있기 때문이다.

---

62) 1997년 이전 우리나라 30대 그룹(기업집단)은 비관련 다각화에 집중하였으나, 1997년 외환위기 이후로는 관련 다각화를 보다 더 선호하는 경향을 보이고 있다.

한편, 비관련 다각화는 경기순환에도 불구하고 안정된 수익 창출이 가능하므로 기업의 임직원들에게는 안정적인 일자리를 제공한다는 측면이 있다. 따라서 기업의 사회적 책임을 고려할 때 비관련 다각화는 기업의 다양한 이해관계자를 위한 방편으로 인정해야 한다는 의견도 있다.

기업지배구조는 기업의 의사결정을 담는 그릇으로 표현할 수 있다. 따라서 좋은 지배구조란 기업과 관련한 다양한 이해관계자의 부를 원만히 분배하여 사회 전체로 효용을 극대화할 수 있는 의사결정이 가능한 구조라 할 수 있을 것이다. 그러나 우리나라의 기업지배구조상 문제점들은 소유와 경영이 분리되지 않은 상태에서 다른 이해관계자들을 배제하고 대주주의 이익만을 대변한 의사결정이 이루어졌기 때문에 발생하였다고 볼 수 있다.

외환위기 이후 환경 및 제도변화로 인해 우리나라에서도 투명한 지배구조에 대한 사회적 요구가 커지고 있는 상황이다.

① 세계 시장을 상대로 하는 글로벌 기업들의 증가와 외국인투자자의 비중 증가
② 공시제도의 개선으로 주요 영업활동에 대한 상세정보가 실시간 전달
③ 상법 및 공정거래법 등의 개정으로 소액주주에 대한 보호장치 강화
④ 사모펀드와 대기업의 적극적인 참여로 기업인수 시장 활성화
⑤ 장기적 관점에서 기업가치와 지속가능성에 영향을 주는 ESG(Environment, Social, Governance)에 대한 강조

3. 대주주의 사적 이익 추구 등

서구의 기업지배구조상 초점을 맞추고 있는 대리인 비용은 개별기업 내부의 의사결정에 초점을 맞추고 있으므로, 우리나라처럼 기업집단 전체 관점에서 이루어지는 의사결정 구조는 제대로 설명하지 못한다는 견해가 있다. 오히려 재벌로 대변되는 우리나라의 지배구조 특성상 대리인 문제보다는 굴파기(Tunneling), 계열사 지원(Propping) 및 편취(Expropriation) 문제가 더 중요하다는 견해가 있다.

(1) 굴파기(Tunneling)

굴파기는 계열사 가운데 대주주가 주식을 더 많이 보유하거나, 지주회사가 더 많은 주식을 보유한 기업에게 기업집단의 이익을 몰아주어 기업집단의 부(富)가 대주주에게 이전되는 현상인데, 굴파기의 방법으로는 다음과 같은 것들이 있다.

① 일감몰아주기

② 지급보증이나 채무인수와 같은 신용의 제공

③ 대여금이나 펀드를 통한 직·간접적인 유동성 지원

④ 자산의 저가 양수 및 고가 양도

⑤ 기타 유상증자(전환사채나 신주인수권 등 포함) 등 다양한 형태

대부분의 굴파기는 지배구조상 낮은 단계(지위)에 있는 기업에서 높은 단계에 있는 기업으로 부가 이전되거나, 대주주나 모회사가 소유하고 있는 주식이 적은 기업에서 많은 기업으로 부가 이전되는 형식으로 이루어진다. 또한 표준화가 되지 않고 비교 가능성이 낮아 공정한 가치를 산정하기 어려운 상품이나 무형의 서비스를 공급하는 산업의 경우 공정거래법이나 세법 등의 규정을 보다 쉽게 우회할 수 있으므로 굴파기에 이용된다.

G7 국가들의 기업들과 우리 기업집단의 지배구조를 비교할 때 가장 두드러지게 나타나는 특징은 지주회사(또는 모기업)가 소유하고 있는 종속기업 등에 대한 지분율이 상대적으로 낮다는 점이다. 또한 지주회사 구조라 하더라도 그 지배구조의 층이 높고 순환출자 구조나 피라미드식 출자 구조가 자주 발견된다는 점이다. 이러한 지배구조가 우리나라에서 많이 발견되는 이유는 급격하게 경제 성장을 하는 과정에서 적은 자본으로 지분 Leverage 효과를 극대화하기 위한 것으로 볼 수 있다.

자회사 등에 대한 지분율이 높지 않으나 지배력이 있는 상황을 가정해 보자. 이러한 경우 자회사가 배당을 실시하면 모기업(또는 모기업의 대주주)이 통제할 수 있는 자산이 감소하므로, 배당보다는 유보를 통한 재투자를 선호하게 된다. 또한 모기업은 자회사의 낮은 배당률로 인하여 현금이 부족하게 되므로 자회사로부터 이익을 배당이 아닌 다른 형태 즉, 굴파기를 통하여 자금을 제공받으려는 유인이 발생할 가능성이 커진다.

그러나 모든 굴파기 형태의 내부거래가 반드시 기업가치의 훼손을 가져온다고는 볼 수 없다. 왜냐하면 기업집단 외 다른 기업에서는 제공하지 않는 제품이나 서비스가 있을 수 있으며, 동일한 제품이나 서비스라 할지라도 저렴한 가격으로 제공받을 수도 있을 수 있기 때문이다. 또한 기업집단 내 기업으로부터 제품이나 서비스를 공급받음으로써 제3자에게 본 제품과 관련된 노하우나 중요한 정보를 보호할 수도 있다. 따라서 굴파기 형태의 내부거래와 관련하여 보다 중요한 것은 기업집단 내 기업들과 거래하는 것이 기업에게 이익이 되고, 제품이나 서비스를 공급하는 업체가 공정하게 선정되었는지에 대한 과정일 것이다.

예제 6

- P사는 S사와 T사를 지배하고 있는 상장된 지주회사임.
- S사와 T사는 지속적으로 이익을 보고하고 있으며, 거액의 현금성자산을 보유하고 있음.
- P사는 S사 및 T사와 운송계약을 체결하고 있음.
- 대주주는 P사에 대하여 강력한 경영권을 보유하고 있으며, P사의 의사결정에 적극적으로 참여하여 자신의 효용 극대화를 추구하고 있음.
- P사와 S사는 각각 10,000원과 20,000원의 배당 의사결정을 검토하고 있음.
- P사는 신규투자안이 있으나 자금조달에 어려움을 느끼고 있음.

요구사항 아래의 지배구조를 전제할 때 발생 가능한 전략을 분석하시오.

지배구조

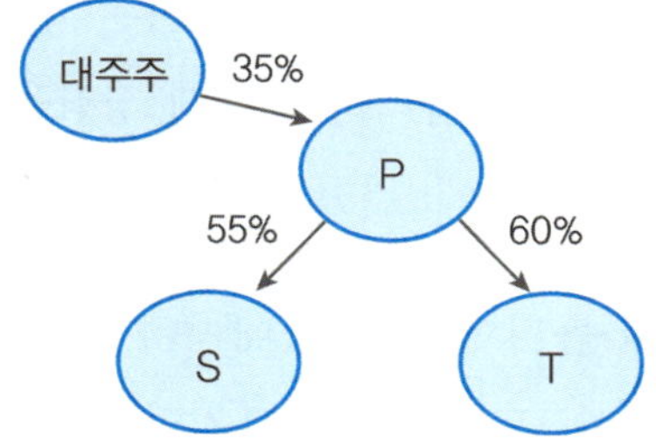

배당 의사결정

대주주가 P사에 대하여 강력한 경영권을 보유하고 있다는 의미는 P사의 모든 자산에 대한 통제력을 가지고 있다는 뜻이다. 배당금이 지급되기 전과 배당금이 지급된 후 대주주가 통제할 수 있는 현금성자산에 대한 범위를 비교하면 다음과 같다.

구 분	배당금 지급 전	배당금 지급 후
대주주의 통제력 범위	10,000	3,500($= 10,000 \times 35\%$)

상기 표와 같이 P사가 배당을 실시하는 경우, 대주주는 통제할 수 있는 현금성자산이 6,500원만큼 감소하게 되므로 배당 의사결정에 대하여 소극적일 수 있다. 또한, S사도 P사와 마찬가지로 배당금이 지급되는 경우 대주주가 통제할 수 있는 현금성자산 중 9,000원($= 20,000$원$\times 45\%$)이 기업집단 밖으로 유출되므로 소극적일 가능성이 있다.

한편, 배당을 할 수 있는 충분한 자금이 있음에도 불구하고 내부적으로 유보할 경우 P사와 S사는 신규 투자에 활용할 수 있는 자금을 풍부하게 확보할 수 있을 것이며, 때에 따라서는 과감한 투자를 집행할 수도 있다. 대규모 기업집단의 골목 상권에 대한 진입은 이렇게 유보된 자금으로 발생한 과도한 투자의 일환으로 보는 견해도 있다.

따라서 〈예제 6〉의 경우 기업집단의 의사결정에 미치는 영향은 다음과 같다.
① 대주주의 경영권이 강력한 경우 배당성향이 낮아질 가능성이 있다.
② 내부적으로 유보된 재원을 바탕으로 적극적인 투자(또는 과도한 투자)가 발생할 가능성이 있다.

🔵 굴파기

P사는 지주회사에 해당하므로 자체적으로 사업을 진행하여 현금을 창출할 수 있는 능력이 상대적으로 부족하다. 따라서 정상적인 경우 P사는 S사와 T사로부터 배당금을 지급받아 새로운 투자안을 모색하여야 한다. 그러나 여러 가지 이유로 S사와 T사가 충분한 수익력과 현금성자산을 보유하고 있음에도 불구하고 낮은 배당성향을 보일 경우 굴파기 현상이 나타날 가능성이 있다. 즉 P사는 S사와 T사의 **소액주주들에게 지급할 배당금을 최소화하면서 S사와 T사에 유보된 자금과 부를 P사에게 이전시키는 방안**으로, S사 또는 T사와 높은 가격으로 운송계약을 체결할 가능성이 있다는 것이다.

이러한 경우 기업집단의 이해관계자에게 미치는 영향은 다음과 같이 분석할 수 있다.
① S사와 T사의 부가 P사에게 이전되어, S사와 T사의 가치가 훼손되고 P사의 가치가 상승함.
② S사와 T사 주식을 소유하고 있는 소액주주의 부가 P사에게 이전됨.

③ P사의 가치 상승으로 대주주의 부가 증가함.

기업집단에 속해 있지는 않지만 대주주가 별도로 주식을 소유하고 있는 기업을 통해 이루어지는 굴파기가 이해관계자들에게 미치는 영향을 다음 예제로 살펴보자.

> **예제 7**
>
> - 대주주는 비상장기업인 X사 주식을 100% 소유하고 있음.
> - X사는 SI(System Integrator) 업체이며, X사의 기업가치는 P사의 20% 수준임.
> - P사와의 적극적인 내부거래 이후 X사의 가치는 P사의 40% 수준으로 상승함.
> - P사가 발행하고 있는 주식은 1,000주임.
> - 대주주는 개인적인 용도로 사용할 자금을 필요로 하고 있음.
> - 대주주는 P사에 대하여 지분율을 높이고자 함.
> - 상기 사항 이외 가정은 <예제 6>과 동일함.
>
> **요구사항** 아래의 지배구조를 전제할 때 발생 가능한 전략을 분석하시오.

지배구조

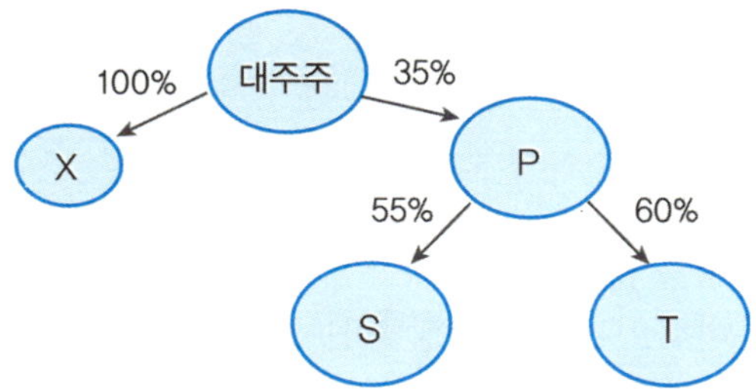

배당금 수령

앞서 설명하였듯이 대주주가 P사로부터 배당을 받는 경우에는 자신이 통제력을 가지고 있는 기업집단의 자원이 감소하므로 꺼려하는 성향을 보이게 된다. 그러나 대주주가 높은 지분율을 소유하고 있는 기업으로부터 배당금을 받을 경우에는 외부로 유출되는 자원의 규모가 감소한다. 따라서 대주주가 자금을 필요로 할 경우에는 P사보다는 X사로부터 배당금을 수령하고자 하는 경향을 보이게 된다.

🔹 대주주의 경영권 확보

X사에게 유리한 조건으로 기업집단과 시스템 공급계약 등이 체결되어, X사에 부(富)가 축적된다면 X사의 기업가치는 상승하게 된다. X의 기업가치가 상승한 후 X사와 P사가 합병한다면, 합병비율은 X사의 주주에게 유리하게 산정될 수 있으므로 합병대가로 대주주가 수령할 P사의 주식은 증가하게 된다.

종전 X사의 기업가치는 P사의 20% 수준이었으나 굴파기 이후에 P사의 40% 수준으로 상승하였으며, X사의 가치가 상승한 후 P사가 X사를 흡수합병하였다고 가정해 보자. 그러할 경우 P사에 대한 대주주의 지분율은 다음과 같이 변동된다.

	합병 전	가치상승 전 합병	가치상승 후 합병
P사의 발행 주식수	1,000	1,200(= 1,000 + 200)	1,400(= 1,000 + 400)
대주주의 보유 주식수	350	550(= 350 + 200)	750(= 350 + 400)
지분율	35%	45.8%	53.6%

〈예제 6〉과 〈예제 7〉을 통해서 알 수 있듯이 대주주는 자신의 지분율이 높은 X사에게 부가 집중되도록 굴파기를 실시하여, 배당금을 수령하거나 기업집단에 대한 경영권을 안정시킬 수 있다. 이렇듯 일감몰아주기를 통한 굴파기는 소액주주의 부를 희생하여 대주주의 자금 확보나 경영권 확보를 위한 용도로 사용될 가능성이 있다. 따라서 특수관계자 간의 거래에 대해서는 여러 가지 제도적 장치를 통하여 그 정당성과 공시의 투명성을 요구하고 있다.

(2) 계열사 지원(Propping)

기업집단 내 일부 기업이 부실화될 경우에는 동 기업이 기업집단에 미치는 위험과 동 기업이 기업집단 전체에 미치는 효익을 비교하여, 부실화 정도가 클 경우에는 동 기업을 청산하는 것이 합리적이다. 그러나 기업집단 내 기업이 부실화될 경우에는 전체 기업집단의 이미지와 신뢰도가 떨어지는 등 무형자산의 손실이 동반된다.

따라서 기업집단 내 일부 기업이 부실화될 경우에는 기업집단 내 내부거래를 통하여 부실기업에 대한 지원이 이루어지곤 하는데 이를 Propping이라고 한다. 이러한 계열사 지원은 일반적으로 기업집단 내 우량기업의 부(富)가 부실기업에게 이전되어, 우량기업의 가치는 하락하고 비우량기업의 가치는 상승하는 효과를 가져 온다.

주식시장에서는 산업위험이 높은 건설사, 저축은행 및 조선해운업을 영위하고 있는 계열사를 가지고 있는 기업집단의 경우 계열사 지원이 공시되지 않았음에도 불구하고 주가가 하락하는 현상이 빈번하게 나타난다. 이는 부실한 계열사를 우량한 계열사가 지원하거나 유상증자에 참여할 것이라는 즉, Propping이 예상된다는 시장의 공감대가 형성되어 있기 때문에 발생하는 현상으로 볼 수 있다.

굴파기가 발생할 경우에는 모기업에게 부를 이전한 계열사의 소액주주의 부가 훼손되나, 계열사 지원이 발생한 경우에는 부실한 계열사에게 유상증자 등을 실시한 우량한 기업의 소액주주의 부가 훼손된다. 계열사 지원은 대주주가 일방적으로 사적 이익을 획득하기보다는 기업집단 전체의 이익을 위하여 기업집단 내 자원을 공유하고 상호 지원과 위험을 공유한다는 특징이 있다. 그러나 대주주는 기업집단의 규모가 커질수록 느끼는 효용이 커지는 것이 일반적이므로, 대주주는 Propping을 통하여 직접적인 이익을 획득하지는 않았을지라도 간접적으로 이익을 획득하였다고 볼 수 있다.

(3) 편취(Expropriation)

편취는 굴파기나 계열사 지원을 포함하는 부의 이동을 대주주나 지배구조의 상위기업에 의한 편취의 관점에서 바라본 개념인데, 여기서 Expropriation은 강제로 부를 획득한다는 의미보다는 편법을 통해 부를 획득한다는 의미가 강하다. 즉 대주주는 기업의 자원을 사적 이익의 추구를 위하여 사용하려고 하는 의도가 있으므로, 다수의 투자자들에게 돌아가야 할 기업의 부가 대주주에게 이전되는 현상이 발생하며 이를 편취라 부른다. 연구에 따르면 편취는 대주주의 소유통제 괴리도(Ownership control disparity)가 큰 기업 즉, 적은 지분으로 경영권을 장악하고 있는 대주주가 존재하는 기업에서 더 자주 발생한다고 한다.

(4) TPE의 특징과 축소 방안

지금까지 살펴본 TPE(Tunneling, Propping, Expropriation)를 통하여 성장한 기업들의 공통점은 주로 SI, IT outsourcing 업체, 광고, 물류, 종합상사, 구매 대행과 MRO, 부품업체 등을 영위하고 있는 기업으로서, 다음과 같은 특징이 있다.

① 후방지원 사업으로 기업집단에 대한 매출비중이 높다.

② 대주주 일가 특히 자녀들의 지분이 많다.

③ 지배구조상 상위에 위치해 있다.

④ 대주주가 기업집단 내 핵심기업에 대한 주식을 적게 소유하여 상속 이후 경영권
   확보가 어려운 경우 그 동기는 커진다.

TPE는 기업집단 내 부를 대주주에게 이전하거나 부실계열사에게 지원하여 소액주주에게 피해를 줄 수 있으므로 다음과 같은 감시체계가 제도화되어 시행되고 있다.

① 기업지배를 위한 최소 지분율 요건을 제한(예를 들어, 지주회사의 행위제한 요건)

② 일감몰아주기에 대한 규제 및 과세

③ 내부거래 정보의 충분성과 적시성 있는 공시

④ 이사회의 독립성 강화

⑤ 집단소송제도 등 소액주주의 권리 강화

⑥ 공정거래위원회의 활동

(5) 일감몰아주기 규제 : 공정거래법 제23조

지금까지 살펴본 바와 같이 많은 경우 대주주의 사적 이익 추구는 다양한 형태의 일감몰아주기로 구체화 되고 있다. 이러한 폐해를 방지하기 위하여 공정거래법은 일감몰아주기를 규제하고자 있는 바 그 내용을 살펴보면 다음과 같다.

● 상당히 유리한 조건의 거래

일감몰아주기 규제 대상은 정상적인 거래에서 적용되거나 적용될 것으로 판단되는 조건보다 상당히 유리한 조건으로 거래하는 행위이다. 거래의 조건에는 거래되는 상품 또는 역무의 품질, 내용, 규격, 거래횟수, 거래시기, 운송조건, 인도조건, 결제조건, 지불조건, 보증조건 등이 모두 포함된다. 여기서 유리한 조건은 정상적인 거래조건과 실제 거래조건 사이에 '상당한' 차이가 있을 것을 요건으로 한다. 그리고 정상적인 거래조건은 행위주체와 거래상대방 간에 이루어진 거래와 동일한 거래가 시기, 종류, 규모, 기간, 신용상태 등이 유사한 상황에서 특수관계가 없는 독립된 자간에 이루어졌을 경우 적용되거나 적용될 것으로 판단되는 거래조건으로 해석된다.

사업기회 유용

일감몰아주기 규제 대상은 기업이 직접 또는 종속기업을 통해 수행할 경우 회사에 상당한 이익이 될 사업기회를 제공하는 행위를 말한다. 여기서 '회사에 상당한 이익이 될 사업기회'를 어떻게 볼 것인가는 해석상 어려운 문제인데, 사업기회로 인정되기 위해서는 기존 사업과의 관련성, 사업기회의 이익성 등을 충족해야 할 것이다. 또한 기업이 당해 사업에 대해 직·간접적인 경험을 가지고 있고, 이를 수행할 능력이 있으며, 회사의 영업확장을 위한 합리적인 필요성에 부합하는 사업이어야 할 것이다.

상당히 유리한 조건의 금융상품 거래

일감몰아주기 규제 대상은 특수관계인과 현금 기타 금융상품을 상당히 유리한 조건으로 거래하는 행위에 해당한다. 예를 들어 총수일가와의 '금융상품 거래'가 정상적인 거래에 비추어 상당히 유리한 조건이라면 규제 대상에 해당한다고 본다.

상당한 규모의 거래

일감몰아주기 규제 대상은 사업능력, 재무상태, 신용도, 기술력, 품질, 가격 또는 거래조건 등에 대한 합리적인 고려나 다른 사업자와의 비교 없이 상당한 규모로 거래하는 행위이다. 다만 기업의 효율성 증대, 보안성, 긴급성 등 거래의 목적을 달성하기 위하여 불가피한 경우로서 대통령령이 정하는 거래는 여기서 제외된다.[63] 일감몰아주기 규

---

63) 효율성, 보안성 및 긴급성에 관한 내용은 다음과 같다(공정거래법 시행령 제23조의 2 별표 1의 4).
　① 효율성 증대 : 다른 자와의 거래로는 달성할 수 없는 비용절감·판매증대·품질개선·기술개발 등의 효율성 증대 효과가 명백한 경우
　　•상품의 규격·품질 등 기술적 특성상 전후방 연관관계에 있는 계열회사 간의 거래로서 해당 상품의 생산에 필요한 부품·소재 등을 공급 또는 구매하는 경우
　　•기업의 기획·생산·판매 과정에 필수적으로 요구되는 서비스를 산업연관성이 높은 계열사로부터 공급받는 경우
　　•기업이 주된 사업영역에 대한 역량 집중, 구조조정 등을 위하여 일부 사업을 전문화된 계열회사에 전담시키고 그 계열회사와 거래하는 경우
　　•긴밀하고 유기적인 거래관계가 오랜 기간 지속되어 노하우 축적, 업무 이해도 및 숙련도 향상 등 인적, 물적으로 협업체계가 이미 구축되어 있는 경우
　　•거래목적상 거래에 필요한 전문 지식 및 인력 보유, 대규모 또는 연속적 사업의 일부로서 밀접한 연관성 또는 계약이행에 대한 신뢰성 등을 고려하여 계열회사와 거래하는 경우
　② 보안성 : 다른 자와 거래 시 영업활동에 유용한 기술·정보 등이 유출되어 경제적으로 회복하기 어려운 피해를 초래하는 경우
　　•전사적 자원관리시스템·공장·연구개발시설·통신기반시설 등 필수시설의 구축·운영, 핵심기술의 연구·개발·보유 등과 관련된 경우
　　•거래 과정에서 영업·판매·구매 등과 관련된 기밀 또는 고객의 개인정보 등 상호 간의 핵심적인 경

제는 계열회사와 특수관계인 사이의 거래조건이 상당히 유리한지 여부를 따지지 않고, 합리적인 고려나 다른 사업자와의 비교 없이 특수관계인과 상당한 규모로 거래하는 행위를 규제대상으로 하고 있다는 점에 그 의미가 있다. 즉 정상적인 거래조건에 의한 일감몰아주기도 규제할 수 있게 되었다.

4. 자본시장의 제재와 이사회의 견제

바람직한 기업지배구조가 유지되기 위해서는 대주주나 최고경영자의 사적 이익추구 행위를 방지할 수 있는 적절한 장치가 필요한데, 주로 자본시장의 제재(기업외부)와 이사회(기업내부)가 그 역할을 수행하고 있다.

(1) 자본시장의 제재

기업이 주주의 이윤 극대화에 보다 충실하게 의사결정이 이루어지도록 하는 자본시장의 제재는 다음과 같은 것들이 있다.
① 적대적 기업인수
② 기관투자자의 견제
③ 소액주주운동

적대적 기업인수(Hostile Takeover)란 가진 잠재력에 비하여 성과가 나쁜 기업을 증권시장에서 공개적으로 인수한 후 최고경영층을 교체하여 성과를 높이는 방법이다. 우리나라에서는 지금까지 적대적 기업인수가 여러 가지 제도적 보호장치 등으로 인하여 용이하지 아니하였으나, 향후에는 보다 보편화될 것으로 보여진다.

기관투자자는 주주총회에 참석하여 자신이 보유한 주식의 의결권을 행사함으로써 기업지배구조에 영향을 줄 수 있다. Mutual Fund나 연기금과 같은 대형 기관투자자들이 소유하는 주식이 증가함에 따라, 기관투자자들은 주주총회 등을 통하여 그들이 추진하는 정책을 반영하도록 압력을 가하거나 이사회에 적극적으로 참여하여 경영진 교체를 주장하는 등 여러 가지 활동을 활발하게 진행할 수 있게 되었다.

영정보에 접근 가능한 경우
③ 긴급성 : 경기급변 · 금융위기 · 천재지변, 해킹 · 컴퓨터바이러스로 인한 시스템 장애나 기업 외적 요인으로 긴급한 사업상 필요에 의해 불가피한 경우

소액주주들은 기업가치와 자신들의 권익을 위하여 여러 가지 활동을 수행하고 대주주를 견제할 수 있다. 우리나라의 경우 1990년대에 '참여연대'가 조직되어 다양한 활동을 전개하고 있으며, 2007년에는 집단소송제도가 도입되어 소액주주의 활동이 보다 활발하게 이루어지고 있다.

(2) 이사회의 견제

주식이 널리 분산된 경우 현실적으로 모든 주주들이 기업경영에 직접 참여하고 최고경영자를 직접 감독하기 어렵다. 이러한 점을 고려하여 만들어진 제도가 이사회(Board of Directors)인데, 이사회는 주주의 대리인으로서 다음과 같은 권한을 가지게 된다.

① 주주총회의 권한사항을 제외한 회사의 업무집행에 관한 모든 의사결정 권한
② 대표이사의 직무집행을 감독할 권한

이사회는 기업경영에 관한 모든 의사결정을 직접 수행하지 않고 다른 기관에 위임할 수 있으나, 상법 등에 의하여 규정된 다음의 권한은 다른 기관에 위임하지 못한다.

① 주주총회의 소집
② 이사회 소집권자의 특정
③ 지점의 설치·이전 또는 폐지
④ 지배인의 선임·해임
⑤ 대표이사의 선정과 공동대표의 결정
⑥ 이사와 회사 간의 거래에 대한 승인
⑦ 신주발행사항의 결정
⑧ 재무제표의 승인
⑨ 영업보고서의 승인
⑩ 준비금의 자본전입
⑪ 사채발행의 결정
⑫ 주주에 대한 전환사채 발행사항의 결정
⑬ 주주에 대한 신주인수권부사채 발행사항의 결정 등

 과거 우리나라의 많은 기업들은 이사회가 기업의 경영에 적극적으로 참여하여 대주주에 대한 충분한 견제와 감독을 하였다고 보기 어렵다. 그 이유는 이사회가 대주주의 지인 등으로 구성되어 단순하게 대주주의 의사결정을 추인하는 역할만 수행해 온 것이 사실이기 때문이다. 그러나 외국인 투자자와 기관투자자의 역할이 증대되고 회계투명성이 강조됨에 따라 우리나라의 이사회는 다음과 같이 변화하고 있다.

 ① 이사회 구성원 수가 줄고 사외이사의 비중이 높아짐.

 ② 이사들의 책임감을 높이기 위하여 이사들의 보상을 기업의 성과에 연계함.

 ③ 이사회의 역할을 강화하기 위하여 이사회 의장과 최고경영자의 역할을 분리함.

 이러한 추세에 따라 변화하는 우리나라 기업들의 지배구조를 표시하면 다음과 같다.[64]

| 지배구조의 변화 |

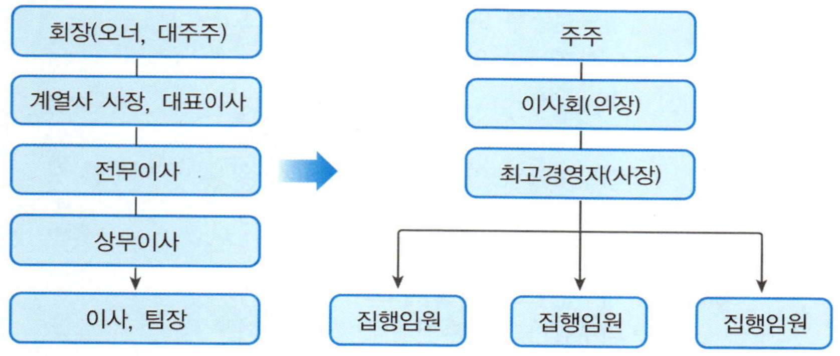

 마지막으로, 한국기업지배구조원은 매년 국내 상장기업들의 사회적 이행 책임 노력과 지배구조 개선의 성과를 평가하고 있는데 그 평가기준을 예시하면 다음과 같다.

---

64) 이러한 지배구조의 변화로 인하여 직책과 호칭의 변화가 수반되고 있다. 예를 들어, 이사회의 구성원만을 '이사'라 칭하며, 집행임원의 경우에는 '실장', '부문장' 또는 '본부장'이라 칭하고, 상무이사나 전무이사라는 호칭은 사용하지 않는 기업들이 증가하고 있다.

| 지배구조 평가표 |

구 분	평가점수	평가항목
주주의 권리보호	90점	• 기업지배구조헌장 및 임직원 윤리규정의 도입 • 집중투표제 및 서면투표제 도입 • 이사 시차임기제 도입 여부 • 적대적 기업인수에 대한 원천적 방어수단 도입 • 이해관계자의 지분율 • 최대주주들과의 거래 실적 • 주주제안, 위임장 권유 안내 등 소액주주 보호 여부 등
이사회	90점	• 사외이사 선임비율 및 이사회 참석률 • 이사회 안건에 대한 사외이사의 반대 또는 수정의견 제시 및 채택 여부 • 사외이사 추천 형태 • 이사들의 주식보유 현황 • 추천위원회, 보상위원회의 설치 • 대표이사와 이사회 의장의 분리 • 성과연동형 Stock Option 부여 • 이사회 활동의 자체평가 및 평가결과 공시 등
공시	60점	• IR 실적 • 자진 조회, 정정공시 등 공시 실적 • 개별이사의 이사회 참석률 공시 및 찬반 여부 공시 • 인터넷 홈페이지, 감사보고서 등의 영문 공시 여부 등
감시기구	50점	• 감사위원회의 설치, 구성, 운영 • 내부 신고자 보호제도의 구축 여부 • 외부감사인의 추천형태, 컨설팅 여부 등
경영과실배분	10점	• 시가배당수익률, 자사주 매입 • 3년간 평균배당성향, 중간배당 등

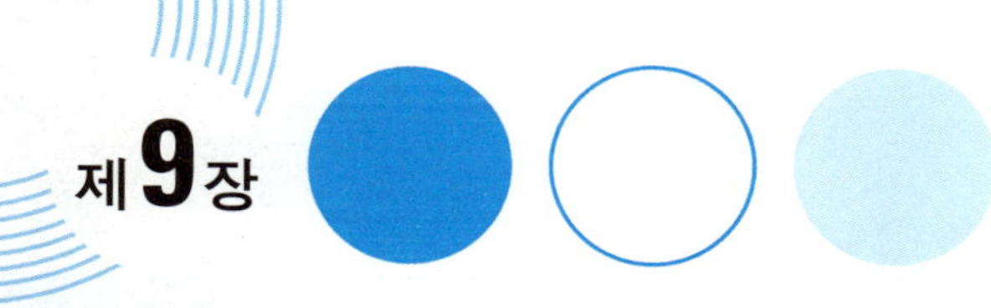

분할·합병 회계와 동일지배거래

기업구조조정 과정에서 발생하는 분할과 합병은 기업집단 내에서 발생하는 경우가 많은데, 기업집단 내에서 발생하는 합병 등의 거래를 동일지배거래라 한다. 동일지배거래는 제3자 간 거래와 성격이 다르므로 일반적인 회계처리와 다소 상이한데, K-IFRS는 명확한 규정이 없어 실무상 논란이 되고 있다. 따라서 본 장에서는 일반적인 분할과 합병 회계처리뿐만 아니라 동일지배거래에 대한 논점을 살펴보도록 한다.

- 분할 및 합병 회계처리
- 동일지배거래에 대한 개념
- 동일지배거래 : 분할 및 합병

제1절   동일지배거래

1. 동일지배거래의 정의

'동일지배(Under the Common Control : UCC)'란 둘 이상의 기업에 대한 지배가 동일인(기업이나 개인) 또는 동일한 의사결정 주체(기업집단과 개인집단)에 귀속되는 경우를 말한다. 예를 들어 MD후라이드치킨과 MD양념치킨의 지배기업이 MD치킨으로 동일하다면, MD후라이드치킨과 MD양념치킨은 동일지배 하에 있다고 표현한다.

동일지배거래는 동일지배 하에 있는 기업 간의 거래를 전·후하여 비지배지분의 변동이 일어나더라도, 최상위 지배기업의 지배력에는 영향을 미치지 않는 거래로서 다음과 같은 것들이 있다.
① 사업에 해당하지 않는 순자산의 이전
② 사업결합
③ 기업개편을 위한 거래 : 합병 및 분할 등

상기 내용 중 사업에 해당하지 않는 순자산을 이전하는 거래는 일반적인 제3자와의 거래와 동일하게 회계처리되므로 회계상 특별한 이슈를 야기하지 않는다. 그러나 ②와 ③은 자산과 부채 등의 결합체인 '사업'에 관한 거래인데, 이러한 거래에 대해서는 K-IFRS에 명확한 규정이 없어 기업실무상 많은 논의가 진행되고 있다.

2. 동일지배거래의 범위

(1) 개인 및 개인들의 집단

동일지배의 범위는 개인을 포함하는 광의의 동일지배와 기업만을 대상으로 하는 협의의 동일지배로 구분할 수 있다.
① 광의의 동일지배는 기업뿐만 아니라 개인까지도 포함하므로 개인주주가 지배하고 있는 모든 기업 간의 거래도 동일지배거래로 본다.

② 협의의 동일지배는 기업만을 대상으로 하기 때문에, 지배기업과 종속기업 간의 거래나 종속기업 간의 거래만을 동일지배거래로 본다.

K-IFRS는 동일거래의 당사자의 기업뿐만 아니라 개인과 개인들의 집단을 포함하는 것으로 보는 반면, 일반기업회계기준은 기업만을 대상으로 하고 있다.[65] 당사자가 기업이나 개인인 경우 동일지배에 대한 판단은 용이하지만, 개인들의 집단인 경우에는 다음을 고려해야 한다.

① 개인들의 집단이 계약상 합의에 의하여 집합적으로 지배력을 행사하는 경우
② 개인들의 집단이 동일한 가족에 해당하고, 집합적으로 지배력을 행사한다는 것을 상황과 사실에 의해 입증할 수 있는 경우

개인들의 집단이 지배력을 가지려면 단지 투표하는 경향이 동일하다는 것이 아니라, 명확한 계약상 약정이 있어야 한다는 것이 일반적인 견해이다. 만일 개인집단 내 약정은 없으나 동일한 가족이라면, 다른 상황과 사실과 고려하여 동일지배거래를 판단해야 한다.

예제 1

- P사의 주주는 다음과 같음.
  - A : 40%
  - B(A의 형) : 20%
  - C(A의 동생) : 20%
  - D(A의 아들) : 20%
- A, B, C 및 D는 과거부터 지금까지 의사결정을 동일하게 하는 경향을 보이고 있으나, 약정에 따른 것은 아님.

요구사항 K-IFRS와 일반기업회계기준에 따라 동일지배 여부를 판단하시오.
1. Case 1 : D는 독립적인 의사결정이 가능하다.
2. Case 2 : D는 5살이며 A의 보호 하에 의사결정이 이루어진다.

---

65) K-IFRS 제1103호 문단 B2와 B3, 일반기업회계기준 제32장 결32.8

⬤ K-IFRS

과거에 의사결정의 경향이 동일하다고 하여 A와 D가 집합적으로 의사결정을 하는 개인집단이라고 보기 어렵다. 그러나 B가 독립적인 의사결정이 어려운 상황이라면 A와 D를 집합적으로 의사결정을 하는 개인집단이라고 볼 수 있다. 따라서 Case 1은 동일지배에 해당하지 않으나, Case 2는 동일지배에 해당한다고 판단할 가능성이 높다.

⬤ 일반기업회계기준

일반기업회계기준은 기업을 중심으로 한 협의의 범위로 정의하고 있으므로, Case 1과 Case 2 모두 동일지배에 해당하지 않는다.

(2) 기업집단에 지배력이 있는 개인주주

개인 대주주가 실질적으로 기업집단에 대한 지배력을 가지고 있는 경우 동일지배거래에 대한 판단은 연결실체의 범위에 따라 결정된다.

예제 2

- 개인주주 P는 S사와 T사 주식을 각각 90%와 100% 취득하고 있음.
- X사의 주주는 다음과 같음.
  - 개인주주 P : 40%
  - T사 : 35%
  - 기타 소액주주 : 25%
- S사와 X사는 합병을 실시함.

요구사항 S사와 X사의 합병이 동일지배거래에 해당하는지 판단하시오.

⬤ K-IFRS

X사의 주주를 살펴보자. P와 P가 지배력을 가지고 있는 T사의 지분율의 합이 75%이므로 X사에 대하여 지배력을 가지고 있다. 따라서 S사와 X사의 합병은 동일지배거래에 해당한다.

● 일반기업회계기준

일반기업회계기준은 협의의 범위로 판단하고 있으므로 동일지배거래에 해당하지 않는다.

(3) 관계기업 및 공동기업

동일지배는 둘 이상의 기업이 동일당사자에게 지배되는 것을 의미한다. 따라서 유의적인 영향력이나 공동지배력을 가진 관계기업이나 공동기업은 동일지배거래 범위에 해당하지 않다고 보는 것이 일반적이다. 그러나 일부 동일지배거래 범위에 해당한다는 의견도 있으므로 상황에 따른 판단이 필요하다.

3. 동일지배거래에 대한 회계처리

(1) 동일지배거래의 특징

동일지배거래에 대한 이슈는 동일지배 사업결합이 일반적인 사업결합과 다른 특성이 있으므로 공정가치가 아닌 다른 방식으로 회계처리되어야 한다는 관점에서 비롯된다. 동일지배 사업결합이 일반적인 사업결합과 다른 점은 다음과 같다.

① 사업결합의 목적
- 동일지배 사업결합은 당사자 간의 이익을 목적으로 하지 않고, 최상위 지배기업(또는 지배주주)이 원하는 것을 목적으로 하는 경우가 많다.
- 일반적인 사업결합과 달리 당사자 간에 정보를 공유하여 거래 위험에 노출되지 않는 경우도 많다.

② 거래 당사자
- 동일지배 사업결합은 시장의 힘이 적용되지 않는 경우가 많다.
- 동일지배 사업결합의 당사자는 대부분 특수관계자이므로, 다양한 이해관계자가 관여하는 일반적인 사업결합과 상이하다.

③ 이전대가의 구성
- 동일지배 사업결합의 이전대가는 현금 등의 금융자산이 아니라, 대여금이나 종속기업주식 등이 이전대가로 구성되는 경우가 많다.

- 최상위 지배기업(또는 지배주주) 관점에서 보면 동일한 경제적 실체 내의 교환으로서, 경제적 실질이 없는 거래라고 보는 견해가 있다.

(2) 동일지배거래 회계처리

현행 K-IFRS는 동일지배거래에 대한 명확한 회계처리를 제시하지 않고 있다. 반면, 일반기업회계기준은 기준서 제32장 '동일지배거래'를 통하여 유형별로 동일지배거래에 대한 회계처리를 구체적으로 규정하고 있다.

일반기업회계기준은 최상위 지배기업의 연결 관점을 고려한 장부금액법을 규정하고 있는데, 규정의 취지를 요약하면 다음과 같다(일반기업회계기준 제32장 결 32.13~32.19).

① 종속기업이 지배기업 또는 다른 종속기업과의 거래에 대하여 장부금액법을 적용하는 것이 지배기업의 회계처리와 일관성을 가지며, 동일지배하의 거래와 제3자 간의 거래의 차이를 명확하게 보여줄 수 있다.

② 매수법을 적용할 경우 이전되는 자산 등에 대한 공정가치 평가가 수반되므로, 조직재편성 등 동일지배 거래가 빈번히 발생하는 기업에게는 가치평가에 따른 부담을 초래할 수 있다. 그러나 실무적인 영향을 고려할 때 매수법을 도입함으로써 얻을 수 있는 효익이 장부금액법을 유지함으로써 얻을 수 있는 효익보다 크다는 실증적인 근거를 찾기 어렵다.

③ 동일지배 거래는 최상위 지배기업의 연결실체 관점에서 거래를 판단한다. 따라서 최상위 지배기업에서 인식하고 있는 연결장부금액을 적용하는 것이 동일지배의 정의에 충실하며, 연결실체의 관점에서 회계처리의 논리적 일관성이 유지된다고 판단한다.

매수법은 피합병기업의 자산과 부채를 취득시점의 공정가치로 측정하므로, 하위 보고실체의 경제적 실질을 잘 반영할 수 있다. 그러므로 최상위 지배기업뿐만 아니라 종속기업의 정보이용자에게 유용한 정보를 제공할 수 있다. 반면, 장부금액법은 하위 보고실체의 개념을 배제하고 있기 때문에 지배기업의 기존 주주에게는 유용한 정보가 제공될 수 있으나, 하위 보고실체기업인 종속기업의 투자자 등에게는 적절한 정보를 제공하지 못할 가능성이 있다. 그럼에도 불구하고 한국회계기준위원회에서는 실무상 편의와 과거 기업회계기준을 고려하여, 장부금액법을 일반기업회계기준에 적용할 것을 결정하고 있다.

4. 동일지배 사업결합 회계처리에 대한 논점

동일지배 사업결합에 대한 회계 이슈는 최상위 지배기업이 아닌 **종속기업들의 연결 재무제표에 사업결합을 어떻게 표시할 것인지와, 거래를 실시한 기업들의 별도(개별) 재무제표에 사업결합은 어떻게 표시할 것인지**로 요약할 수 있다.

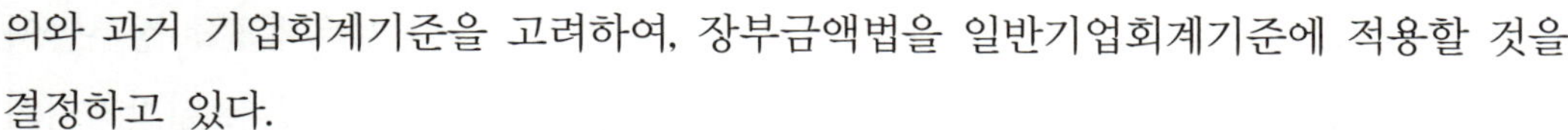

예제 3

- P사는 S사와 T사 주식을 각각 80%와 70%를 보유하고 있음.
- S사는 X사 주식 90%를 보유하고 있음.
- S사는 X사 주식을 T사에게 처분함.

요구사항 S사와 T사의 거래가 P사, S사, T사에게 미치는 영향을 검토하시오.

▶ 지배구조

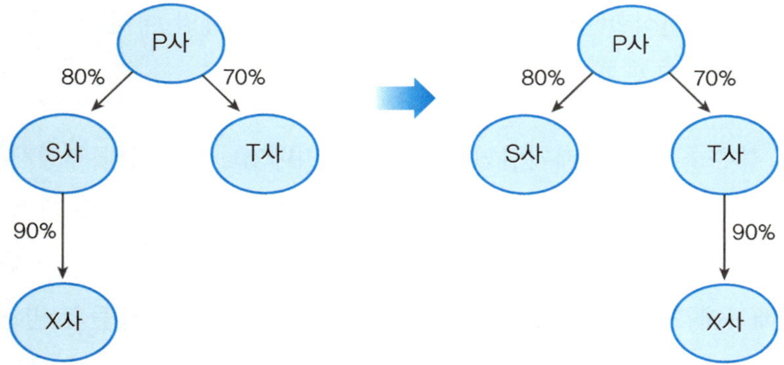

▶ 일반기업회계기준

- 거래금액 인식
    - P사의 연결재무제표상 인식된 자산과 부채 금액으로 인식
- 처분손익의 분류
    - 자본손익으로 인식

일반기업회계기준은 동일지배거래를 최상위 지배기업의 연결재무제표상 장부금액으로 회계처리하고, 처분손익은 자본손익으로 인식하도록 규정하고 있다. 일반기업회계기준을 전제할 경우 회계처리는 명확하므로, 본 절에서는 K-IFRS를 적용하고 있을 경우의 논점을 중심으로 살펴본다.

K-IFRS : 최상위 지배기업이 아닌 기업의 연결재무제표(S사와 T사)

- 거래금액 인식 이슈
  - 공정가치로 인식할 것인가?
  - 장부금액으로 인식할 것인가? 장부금액으로 인식한다면 어떠한 장부금액(P사 또는 S사 연결재무제표 등)을 활용할 것인가?
- 처분손익의 분류 이슈
  - 자본손익
  - 당기손익

K-IFRS : 거래를 실시한 기업의 별도(개별)재무제표

- 공정가치로 인식할 것인가?
- 장부금액으로 인식할 것인가? 장부금액으로 인식한다면 어떠한 장부금액(P사 또는 S사 연결재무제표 등)을 활용할 것인가?

본 예제의 경우 최상위 지배기업인 P사는 동일지배거래를 P사의 연결재무제표상 금액으로 처리한다. 그리고 해당 거래는 P사 연결실체의 사업의 변동을 가져오지 않으므로 비지배지분의 변동과 자본손익을 인식하게 된다. 그러나 S사와 T사의 연결재무제표에는 동일지배거래를 어떻게 표시할 것인지와, 거래를 실시한 기업들의 별도재무제표상 회계처리는 어떻게 이루어져야 하는지에 대해서는 K-IFRS상 명확한 규정이 없다. 따라서 적절한 회계정책의 수립과 상황에 따른 판단이 필요하다.

(1) 연결재무제표상 회계처리

최상위 지배기업의 연결재무제표상 동일지배거래는 최상위 지배기업의 연결재무제표에 표시된 장부금액으로 처리되고, 최상위 지배기업과 비지배지분에 미치는 영향은 자본손익으로 회계처리된다. 그러나 **종속기업(또는 중간지배)의 연결재무제표상 동일 지배거래에 대한 회계처리 방법은 명확한 규정이 없는 상황**인데, 동일지배 사업결합에 대하여 적용할 수 있는 회계처리는 다음과 같이 요약할 수 있다.

① 취득자
- 공정가치법 : 거래금액과 장부금액의 차액을 당기손익으로 처리하는 방법으로서 동일지배거래가 **제3자 간의 거래와 동일**함을 전제로 하고 있다.
- 장부금액법 : 거래금액과 장부금액의 차액을 자본손익으로 처리하는 방법으로서 **동일한 경제적 실체 내에서 이루어지는 거래**를 전제로 하고 있다.

② 양도자 : 양도자는 사업결합으로 지배력을 상실하게 되므로 처분손익을 인식하나, 거래금액이 공정가치가 아닐 경우에는 자본거래 성격이 있다고 보아 거래금액과 공정가치의 차이는 자본항목으로 처리한다.

취득자가 적용할 수 있는 회계처리 방법 중 장부금액법을 적용한다면 어떠한 재무제표에 표시된 장부금액을 적용하냐에 대한 여러 가지 의견이 있다. 그러나 실무상 장부금액법을 적용하는 기업의 대부분은 최상위 지배기업의 연결재무제표에 표시된 장부금액을 적용하고 있다.

한편, 취득자는 제반 상황을 고려하여 공정가치법과 장부금액법 중 경제적 실질에 적합한 방법을 선택하여야 하는데, 다음과 같은 경우에는 **장부금액법을 적용**하는 것이 보다 타당하다고 볼 수 있다.

① 지배기업이 종속기업의 주식을 100% 소유하거나 종속기업의 비지배지분이 중요하지 않은 경우
② 종속기업이 비상장기업으로서 종속기업의 재무제표를 이용하는 주된 이용자가 지배기업인 경우

즉, 장부금액법은 사업결합의 이해관계자가 대부분 특수관계자에 한정되어 시장의 논리에 따른 거래가 아니고, 최상위 지배기업의 의도에 따라 사업결합이 이루어지는 경우에 적용하는 것이 적절하다.

반면, 다음과 같은 경우에는 **공정가치법을 적용**하는 것이 합리적이다.

① 종속기업의 비지배지분이 중요한 경우

② 종속기업이 상장되어 있는 경우

③ 종속기업의 자산이나 부채에 대한 금융기관 등 이해관계자들이 중요한 경우

즉 공정가치법은 중간 지배기업에 대한 이해관계자와 최상위 지배기업의 이해관계자가 다르거나, 거래상대방이 제3자인 것과 유사하게 절차가 진행되고 이전대가가 결정되는 경우에 보다 적절하다.

(2) 별도재무제표상 회계처리

별도재무제표상 동일지배 사업결합에 대하여 적용할 수 있는 회계처리는 다음과 같이 요약할 수 있다.

① 공정가치법 : 거래가 독립된 제3자와 공정가치로 이루어진다고 보고, 공정가치와 거래금액의 차이는 자본거래로 본다.

② 교환금액법 : 거래의 실제 조건을 반영하여 회계처리한다.

③ 장부금액법 : 거래에 참여한 당사자를 동일한 경제적 실체의 일부로 보아 장부금액을 적용하고, 거래금액과 장부금액의 차이는 자본거래로 처리한다.

종속기업주식을 투자자산으로 간주하는 별도재무제표의 특성을 고려하면 상기 방법 중 장부금액법의 적용은 적절하지 않고, 이전대가가 없거나 명목상 대가가 지급되는 경우에는 교환금액법의 적용이 어렵다는 것이 통설이다.

K-IFRS는 동일지배거래에 대한 명확한 규정이 없으므로 다양한 논점이 있다. 그러나 본서의 목적을 고려하여 이하 별도재무제표상 회계처리에 초점을 맞추어 기술한다.

(3) 동일지배 사업결합 Discussion Paper

IASB는 프로젝트를 통해 동일지배 사업결합에 관한 별도 기준을 개발할 수 있는지 탐색하고 있으며, 2020년 11월에 Discussion Paper를 발표한 상태이다.

Discussion Paper는 사업을 이전받는 기업의 재무제표 이용자 관점에 집중하고 있는데, 지배기업은 사업을 이전받는 기업의 재무제표에 의존하지 않아도 사업결합에 대

한 정보를 얻을 수 있다고 보기 때문이다.

Discussion Paper는 사업을 이전받는 기업에 비지배지분이 없다면 장부금액법을 적용하지만, 비지배지분이 있는 경우에는 다음을 고려하도록 하고 있다.

① 사업을 이전받는 기업이 상장기업인 경우 취득법을 적용한다.

② 사업을 이전받는 기업이 비상장기업이고 다음 둘 중 하나에 해당하는 경우는 장부금액법을 적용하되, 어느 것에도 해당되지 않으면 취득법을 적용한다.

- 모든 비지배주주가 특수관계자일 경우(예외 규정)
- 사업을 이전받는 기업이 장부금액법을 적용하기로 하였고, 모든 비지배주주가 이에 대해 인지하고 반대하지 않는 경우(면제 규정)

│ 동일지배 사업결합 회계처리 │

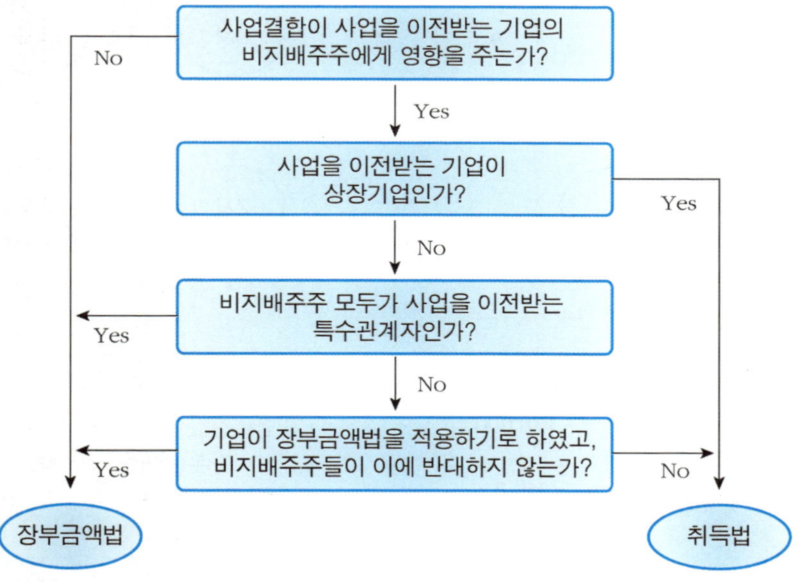

5. 동일지배 사업결합 : K-IFRS

(1) 수평이전

지배구조상 동일한 단계에 있는 기업 간에 동일지배거래를 실시하는 경우의 회계처리는 다음 예제를 통해 살펴본다.

예제 4

- P사는 S사와 A사에 대하여 지배력을 보유하고 있음.
- S사는 X사와 Z사에 대하여 지배력을 보유하고 있음.
- S사는 X사 주식을 A사에게 80,000원에 처분함.
- S사의 장부상 X사 주식은 100,000원이나 공정가치는 130,000원임.

요구사항 상기 거래를 S사와 A사의 별도재무제표에 반영하시오.

지배구조의 변동

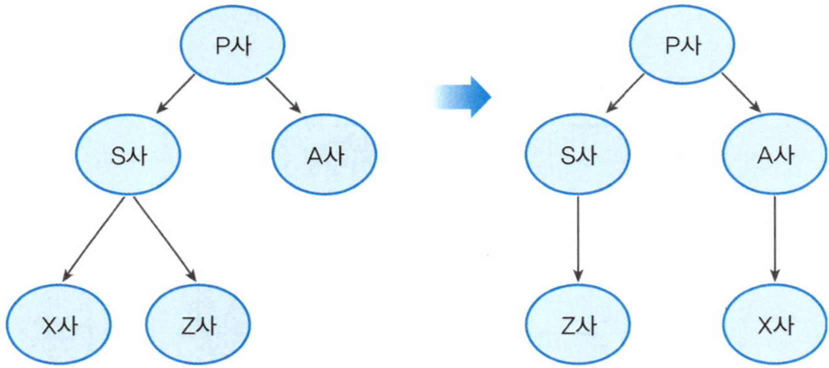

회계처리

	취득자(A)		양도자(S)	
공정가치	(차변) X주식 130,000 　(대변) 현금　80,000 　(대변) 자본(출자)　50,000		(차변) 현금　80,000 (차변) 자본(배당)　50,000 　(대변) X주식　100,000 　(대변) 처분이익　30,000	
교환금액	(차변) X주식 80,000 　(대변) 현금　80,000		(차변) 현금　80,000 (차변) 처분손실　20,000 　(대변) X주식　100,000	
장부금액	(차변) X주식 100,000 　(대변) 현금　80,000 　(대변) 자본(출자)　20,000		(차변) 현금　80,000 (차변) 자본(배당)　20,000 　(대변) X주식　100,000	

① 공정가치법은 취득자와 양도자가 공정가치와 거래금액의 차이를 자본으로 보아, 배당을 지급하거나 추가로 출자하는 것으로 회계처리한다. 따라서 거래금액과 공정가치의 차이인 50,000원(= 130,000원 － 80,000원)은 자본거래로 본다.

② 교환금액법은 취득자와 양도자가 모두 제3자 거래와 동일한 것으로 보아, 실제 지급(또는 수취)한 금액으로 회계처리한다.

③ 장부금액법은 취득자와 양도자가 장부금액과 거래금액의 차이를 자본거래로 보아, 배당을 지급하거나 추가로 출자하는 것으로 회계처리한다. 따라서 거래금액과 장부금액의 차이인 20,000원(= 100,000원 － 80,000원)은 자본항목으로 계상한다.

(2) 하향 이전

하향 이전은 지배구조상 상위에 있는 기업이 하위 단계에 있는 기업에게 '사업'을 이전하는 거래이다. 하향 이전 거래가 발생하면 양도자의 직접 종속기업이 간접 종속기업으로 변경되나, 거래로 인하여 양도자의 지배력의 범위는 변경하지 않는다. 따라서 취득자의 회계처리는 수평 이전과 동일하나 양도자의 회계처리는 다음과 같이 할 수 있다.

① 초과액과 부족액은 수평 이전 거래와 동일하게 산출한다.

② 수취 대가와 벤치마크(공정가치, 교환금액 또는 장부금액)를 비교하여 초과액은 배당금 수령으로, 부족액은 취득자에 대한 추가적인 출자로 인식한다.

> **예제 5**
>
> - P사는 S사와 A사에 대하여 지배력을 보유하고 있음.
> - S사는 X사와 Z사에 대하여 지배력을 보유하고 있음.
> - S사는 X사 주식을 Z사에게 처분함.
> - S사의 장부상 Z사 주식은 100,000원이나 공정가치는 130,000원임.
>
> **요구사항** 거래금액이 80,000원 또는 120,000원인 경우 상기 거래를 S사의 별도재무제표에 반영하시오.

● 지배구조의 변동

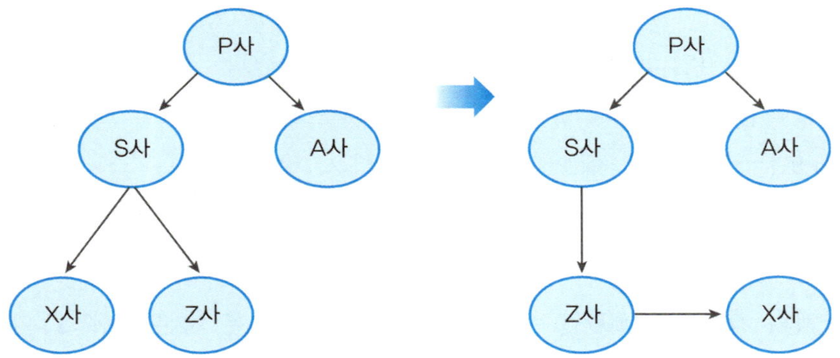

● 회계처리

	거래금액이 80,000원인 경우	거래금액이 120,000원인 경우
공정가치	(차변) 현금 80,000 (차변) Z주식(출자) 50,000 　(대변) X주식 100,000 　(대변) 처분이익 30,000	(차변) 현금 120,000 (차변) Z주식(출자) 10,000 　(대변) X주식 100,000 　(대변) 처분이익 30,000
교환금액	(차변) 현금 80,000 (차변) Z주식(출자) 20,000 　(대변) X주식 100,000	(차변) 현금 120,000 　(대변) X주식 100,000 　(대변) 배당금수익 20,000
장부금액	(차변) 현금 80,000 (차변) Z주식(출자) 20,000 　(대변) X주식 100,000	(차변) 현금 120,000 　(대변) X주식 100,000 　(대변) 배당금수익 20,000

(3) 상향 이전

상향 이전은 지배구조상 하위에 있는 기업이 상위 단계에 있는 기업에게 '사업'을 이전하는 거래이다. 상향 이전 거래가 발생하면 취득자의 간접 종속기업이 직접 종속기업으로 변경되나, 거래로 인하여 취득자의 지배력 범위는 변경되지 않는다. 따라서 양도자의 회계처리는 수평 이전과 동일하나 취득자는 다음과 같이 할 수 있다.

① 초과액과 부족액은 수평 이전 거래와 동일하게 산출한다.

② 지급 대가와 벤치마크(공정가치, 교환금액 또는 장부금액)를 비교하여 초과액은 추가적인 출자로, 부족액은 배당금 수령으로 인식한다.

예제 6

- P사는 S사와 A사에 대하여 지배력을 보유하고 있음.
- S사는 X사에 대하여 지배력을 보유하고 있음.
- S사는 X사 주식을 P사에게 처분함.
- S사의 장부상 X사 주식은 100,000원이나 공정가치는 130,000원임.

요구사항 거래금액이 80,000원 또는 120,000원인 경우 상기 거래를 P사의 별도재무제표에 반영하시오.

● 지배구조의 변동

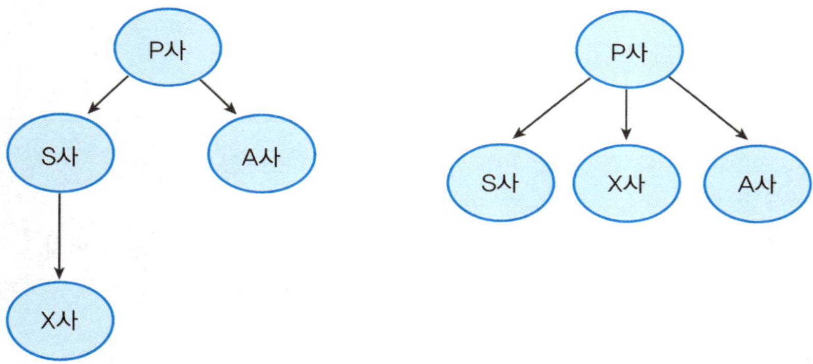

● 회계처리

	거래금액이 80,000원인 경우	거래금액이 120,000원인 경우

공정가치	(차변) X주식 130,000
	  (대변) 현금 80,000
	  (대변) 배당금수익 50,000
		(차변) X주식 130,000
		  (대변) 현금 120,000
		  (대변) 배당금수익 10,000

교환금액	(차변) X주식 80,000
	  (대변) 현금 80,000
		(차변) X주식 120,000
		  (대변) 현금 120,000

장부금액	(차변) X주식 100,000
	  (대변) 현금 80,000
	  (대변) 배당금수익 20,000
		(차변) X주식 100,000
		(차변) S주식(출자) 20,000
		  (대변) 현금 120,000

(4) 주식 또는 비화폐성자산의 출자

동일지배 사업결합의 이전대가로 현금 등의 금융자산이 아닌 종속기업주식 등을 지급하는 경우에는 상업적실질이 있는 거래인지를 판단해야 한다. 여기서 상업적실질이라 함은 거래 전과 후 보고주체에게 귀속되는 순자산과 현금흐름의 귀속에 변동이 없는 거래를 의미한다.

① 상업적 실질이 있는 거래 : K-IFRS 제1016호 '유형자산' 문단 24와 25를 준용하여 현물출자로 취득한 주식의 장부금액은 공정가치로 인식

② 상업적 실질이 없는 거래 : K-IFRS 제1016호 '유형자산' 문단 24를 준용하여 현물출자로 취득한 주식의 취득금액은 현물출자로 이전한 주식의 장부금액으로 인식

> **예제 7**
>
> - P사는 S사와 T사 지분을 각각 70% 및 30% 보유하고 있음.
> - S사는 T사 지분을 30% 보유하고 있음.
> - P사는 T사 지분을 S사에게 처분하고 그 대가로 S사 주식 10%를 수령함.
> - 거래 후 P사는 S사 지분을 80% 보유하고, S사는 T사 지분을 60% 보유하게 됨.
>
> **요구사항** P사의 별도재무제표상 회계처리를 검토하시오.

● 지배구조의 변동

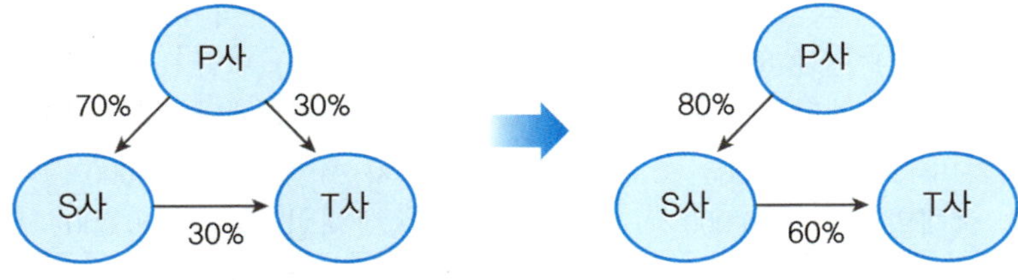

P사는 T사 주식 30%를 제공한 대가로 S사 주식 10%을 취득하게 된다. 따라서 P사는 상업적 실질이 있는지 여부에 따라 다음과 같이 회계처리한다.

① 상업적 실질이 있는 경우 : S사 주식의 원가는 T사 주식의 공정가치로 측정하고, 장부금액과 공정가치의 차이는 당기손익으로 인식

② 상업적 실질이 없는 경우 : S사 주식의 원가는 T사 주식의 장부금액으로 측정

(5) 신지배기업 설립

다음 기준을 모두 충족하는 방식으로 지배기업이 자신의 지배기업으로 신기업을 설립하여 연결실체의 구조를 재편성하고, 신지배기업이 자신의 별도재무제표에 원지배기업에 대한 투자를 원가법에 따라 회계처리하는 경우, 신지배기업은 재편성일에 원가를 원지배기업의 별도재무제표상 자본에서 자신의 지분에 해당하는 장부금액으로 측정한다(K-IFRS 제1027호 문단 13).

① 신지배기업이 원지배기업의 기존 지분상품과 교환하면서 지분상품을 발행하여 원지배기업에 대한 지배력을 획득한다.

② 신연결실체와 원연결실체의 자산과 부채는 재편성 전과 후가 동일하다.

③ 재편성 전 원지배기업의 소유주는 재편성 직전 및 직후에 원연결실체의 순자산과 신연결실체의 순자산에 대한 동일한 절대적 지분과 상대적 지분을 갖는다.

예제 8

- P사는 S사는 T사에 대하여 지배력을 보유하고 있음.
- P사는 New Co를 설립하고, 설립된 New Co와 P사는 지분을 교환함.
- 지분을 교환한 결과 New Co가 P사의 지배기업이 됨.

요구사항 New Co의 별도재무제표상 회계처리를 검토하시오.

지배구조의 변동

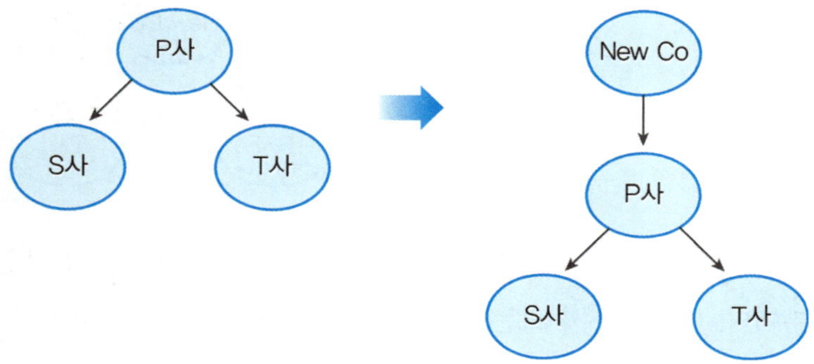

New Co의 유일한 자산은 P사 주식이므로, P사의 연결실체가 보유한 자산과 부채는 New Co의 연결실체가 보유한 자산과 부채와 동일하다. 또한 New Co의 주주와 종전 P사의 주주는 X사로 동일하다.

따라서 New Co는 P사 주식의 원가를 P사의 순자산으로 측정하고, X사는 New Co 지분의 원가를 종전 P사 주식의 장부금액으로 한다.

한편 둘 이상의 종속기업을 보유하도록 새로운 종속기업이 설립되는 경우, K-IFRS 제1027호 문단 13에서 요구한 '재편성 전후 연결실체의 자산과 부채의 변동이 없다'는 조건을 만족하지 못함에 유의해야 한다.

> **예제 9**
>
> - P사는 S사와 T사에 대하여 지배력을 보유하고 있음.
> - P사는 New Co를 설립하고, 설립된 New Co와 P사는 지분을 교환함.
> - 지분을 교환한 결과 P사가 New Co의 지배기업이 됨.
> - P사의 별도재무제표상 S사와 T사의 장부금액은 각각 20,000원 및 30,000원이고, 공정가치는 40,000원 및 45,000원임.
>
> **요구사항** New Co와 P사의 별도재무제표상 회계처리를 검토하시오.

● 지배구조의 변동

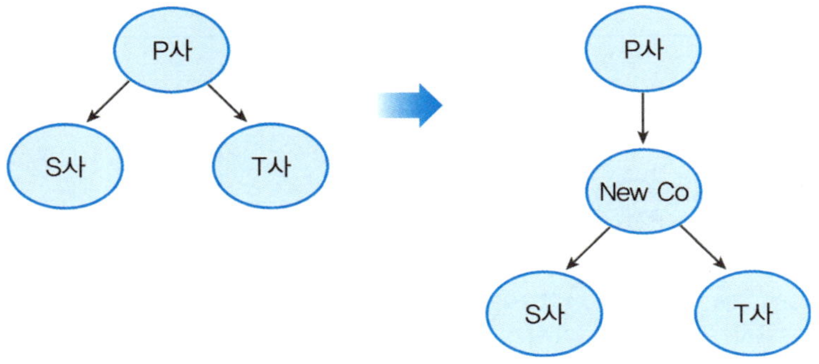

New Co의 주주와 이전 S사와 T사의 주주는 동일하나, New Co의 자산은 S사와 T사에 대한 지분이다. 따라서 S사 또는 T사가 보유한 자산·부채와 New Co의 연결실체

가 보유한 자산·부채는 상이하다. 그러므로 New Co는 K-IFRS 제1027호 문단 13에 따라 회계처리할 수 없다.

이러한 이유로 일반 원칙에 따라 New Co는 S사와 T사 주식을 공정가치인 각각 40,000원 및 50,000원으로 인식한다. 그리고 P사는 New Co가 설립되기 전·후의 연결 실체가 동일하므로 상업적 실질이 없다고 보아 New Co를 장부금액인 50,000원으로 인식한다.

제2절 분 할

　기업분할은 대부분 출자형식으로 이루어지는 분사제도와 달리 기업의 특정 사업부문을 독립적으로 분리하면서 자본과 부채까지 나누는 제도이다. 일반기업회계기준은 분할에 대하여 명확한 회계처리를 제시하고 있으나, K-IFRS는 명확하게 규정하고 있지 않다. 따라서 본 절에서는 일반기업회계기준의 내용과 K-IFRS에서 언급되고 있는 논점을 살펴보도록 한다.

1. 분할에 대한 일반사항

(1) 분할의 정의와 유형

　'분할'이란 주식회사가 독립된 사업부문의 자산과 부채를 포함한 모든 권리와 의무를 포괄적으로 이전하여 1개 이상의 기업을 설립함으로써, 하나의 기업이 2개 이상의 기업으로 나누어지는 것을 말한다. 여기서 분할 이전부터 사업을 영위하였던 기업을 분할존속법인이라 하며, 분할을 통하여 새롭게 신설된 기업을 분할신설법인이라고 한다.

　분할의 형태는 크게 다음과 같이 물적분할과 인적분할로 구분된다.
① 물적분할 : 분할존속법인이 분할신설법인의 주식을 100% 소유하는 형태로서, 물적분할 후에는 분할존속법인이 분할신설법인을 지배하는 수직적 지배구조가 형성된다.
② 인적분할 : 분할신설법인의 주식을 분할존속법인의 주주에게 교부하는 형태로서 인적분할 이후에는 주주가 분할존속법인과 분할신설법인의 주식을 직접 소유하게 된다.

　한편 인적분할은 분할신설법인의 주식을 기존 주주들의 지분율에 비례하여 교부하는 비례적 인적분할과, 분할신주의 배분비율이 기존의 지분율과 상이하게 교부되는 불비례적 분할형태로 구분할 수 있다. 그러나 불비례적 인적분할의 경우 세무상 부담이 크며 주주의 반발 등으로 기업 실무상 거의 이루어지지 않으므로, 인적분할이라고 하면 일반적으로 비례적 인적분할을 의미한다.

- 분할 이전 S사는 배터리부문과 화학부문으로 구성되어 있음.
- 분할 후 S사(분할존속법인)는 화학부문을 영위함.
- 분할 후 T사(분할신설법인)는 배터리부문을 영위함.

요구사항 S사가 인적분할과 물적분할을 실시하는 경우 지배구조 변동을 분석하시오.

지배구조의 변동

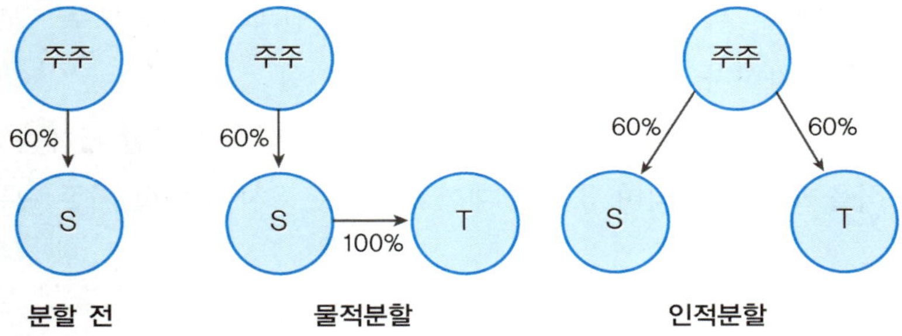

물적분할

S사가 배터리 사업부문을 물적분할하여 T사를 설립하는 경우 다음과 같은 회계적 거래가 발생하였다고 볼 수 있다.

① S사가 소유하고 있는 배터리 사업부문의 자산과 부채를 모두 T사에게 이전한다.

② T사는 S사로부터 자산과 부채를 이전받은 대가로 주식을 발행하여 전량을 S사에게 지급한다.

물적분할이 S사의 재무제표와 S사의 주주에 미치는 주요 영향은 다음과 같다.

① S사의 재무제표 : 배터리 사업부문과 관련된 자산과 부채를 모두 제거하고 T사 주식을 계상한다.

② S사의 주주 : 분할에 관계없이 계속하여 S사의 주식만 보유하게 된다.

인적분할

S사가 배터리 사업부문을 인적분할하여 T사를 설립하는 경우 다음과 같은 회계적 거래가 발생하였다고 볼 수 있다.

① S사가 소유하고 있는 배터리 사업부문의 자산과 부채를 모두 T사에게 이전한다.

② T사는 S사로부터 자산과 부채를 이전받은 대가로 주식을 발행하여 전량을 S사에게 지급한다.

③ S사는 수령한 T사 주식을 S사 주주들에게 지분율에 따라 비례적으로 교부하면서, 주주들이 소유하고 있는 S사 주식 중 일부를 대가로 취득한다.

④ S사는 주주들로부터 취득한 자기주식을 소각한다.

인적분할이 S사의 재무제표와 S사의 주주들에게 미치는 주요 영향은 다음과 같다.

① S사의 재무제표 : 배터리 사업부문과 관련된 자산과 부채를 모두 제거하고 자본의 일부를 감자한다.

② S사의 주주 : 분할 전에는 S사 주식만 소유하고 있었으나 분할 후에는 S사 주식과 T사 주식을 보유하게 되며, T사에 대한 지분율은 S사에 대한 기존 지분율과 동일하다.

(2) 분할의 효과

분할의 주요 장점은 다음과 같다.

① 위험의 분산 : 위험도가 높은 사업부문을 별도로 분리하여 독립된 기업으로 운영하여 위험부담을 제한할 수 있다.

② 기업 구조조정 : 선택과 집중을 통하여 핵심 주력사업에 경영자원을 집중시켜 경쟁우위를 확보할 수 있으며, 비핵심 사업부문이나 저수익 사업부문을 구조조정하는 수단으로 분할을 활용할 수 있다.

③ 자금조달 : 분할 후 사업부문에 대한 위험이 명확하게 정의되므로 분할된 기업별로 서로 다른 Risk Premium을 적용할 수 있다.

④ 책임경영의 강화 : 분할 후 각 사업부문에 적합한 경영전략을 적용할 수 있으므로 경영의 유연성과 효율성이 제고되며, 각 사업부문의 경영 실적에 대한 책임이 명확해진다.

반면, 분할의 주요 단점은 다음과 같다.

① 관리 비용 증가 : 기업의 수가 증가함에 따라 인사, 총무, 재무 및 기획 등과 같은 관리 비용이 증가한다.
② Synergy 효과 감소 : 분할 후 사업부문 간 교류의 감소에 따라 Synergy 효과가 감소하게 된다.
③ 대주주와 소액주주 간 부(富)의 이전 : 기업분할은 대주주의 효익 증가를 목적으로 이루어져 소액주주의 부를 훼손하기도 하는데, 관련 내용은 〈제8장〉에서 다루고 있다.

2. 물적분할

(1) 분할존속법인의 회계처리

사업결합에서 취득자는 일반적으로 특정 사업부문에 대한 자산과 부채를 취득한 기업으로 식별된다. 그러나 자산과 부채의 이전 대가로 주식 전부를 수취할 경우에는 자산과 부채를 취득한 기업이 아니라 주식을 취득한 기업이 취득자에 해당한다. 따라서 분할신설법인이 주식을 발행하고 분할존속법인이 주식을 취득한 경우에는 분할신설법인이 아닌 분할존속법인이 사업결합의 취득자로 식별된다.

직관적인 이해를 돕기 위하여 〈예제 1〉의 내용을 이용하여 분할 전후 S사가 통제하는 자산과 부채의 범위를 생각해 보자.

- 분할 전 : S사는 화학부문과 배터리부문을 직접 소유하고 있음.
- 분할 후 : S사는 화학부문만 직접 소유하고 있으며, T사에 대하여 지배력을 획득하고 있음. 지배력을 획득하고 있다는 의미는 T사가 영위하는 사업을 직접 취득한 것에 해당하므로 결국, S사는 화학부문과 배터리부문을 소유하고 있음.

위와 같이 **분할 전과 후 자산과 부채에 대한 위험과 효익은 모두 분할존속법인에게 귀속된다. 즉, 분할존속법인의 권리와 의무에 아무런 변동이 없으므로 물적분할은 경제적 실질의 변동을 가져오지 않는다.**

따라서 다음과 같이 회계처리하는 것이 적절하다.
① K-IFRS : 장부금액법 회계처리가 통설

② 일반기업회계기준 : 장부금액법(일반기업회계기준 제32장 결 32.22)

그리고 물적분할은 사업부가 단순히 주식의 형태로 변경되었다고 보기 때문에, 분할존속법인이 분할신설법인의 주식을 계속 보유할 계획이라면 중단영업으로 보지 않는 것이 일반적이다(일반기업회계기준 제28장 실무 28.10).

(2) 분할신설법인의 회계처리

물적분할을 통하여 설립되는 분할신설법인은 법적인 실체의 변화는 있으나 경제적 실체의 변화는 없으므로, 이전되는 자산과 부채를 분할 전 장부금액으로 승계(Carry over)하여 회계처리한다. 일견 분할신설법인이 사업의 정의를 충족하는 경우 사업결합에 따른 회계처리를 적용해야 한다는 견해가 있으나, 분할신설법인은 사업을 구성하지 못하므로 피취득자에 해당하지 않기에 사업결합이 발생하지 않았다고 보는 것이 일반적이다.[66]

예제 11

- S사는 02년 초 물적분할을 실시하였으며, 분할신설법인인 T사 주식을 100% 취득함.
- T사에게 이전되는 자산과 부채의 내역은 다음과 같음.

	장부금액	공정가치
자산	12,000	14,000
부채	5,000	6,000

- T사에게 이전되는 자산 중 매도가능증권이 포함되어 있으며, 관련하여 평가이익을 500원 인식하고 있음.
- T사는 자본금 5,000원으로 설립됨.

요구사항 S사와 T사의 회계처리를 제시하시오.

---

66) 물적분할은 New Co가 분할을 위하여 설립되고 자신의 지분을 분할존속법인에게 발행하면서 사업을 취득하는 거래로 볼 수 있다. 따라서 이 경우 New Co는 사업의 정의를 충족하지 못하므로 제1103호에 따른 사업결합 회계처리를 실시할 수 없다.

◉ S사(분할존속법인)

• 회계처리

(차변) 부채	5,000	(대변) 자산	12,000
매도가능증권평가이익	500	차액	500
종속기업투자(T)	7,000		

• 차액에 대한 회계처리

① 1안 : 자산이 제거되었으므로 기타포괄손익을 자본 내 다른 항목으로 재분류

② 2안 : 물적분할은 자산과 부채가 주식으로 전환되는 것에 불과하므로 분할존속 법인의 기타포괄손익으로 계상

◉ T사(분할신설법인)

(차변) 자산	12,000	(대변) 부채	5,000
		매도가능증권평가이익	500
		자본금	5,000
		자본잉여금	1,500

(3) 영업권의 배분

분할 전에 영업권을 계상하고 있는 경우 영업권은 다음과 같이 배분하는 것이 일반 적이다.

① 분할로 이전되는 사업부문과 관련 영업권은 분할신설법인으로 귀속

② 분할 이전의 각 사업부문을 현금창출단위(CGU)로 보고, 각 CGU의 회수가능액 의 상대적 가치를 기준으로 영업권을 배분

만일 현금창출단위의 회수가능액을 산정하기가 어려운 경우에는 순자산금액 기준으로 영업권을 배분할 수 있을 것이다.

예제 12

- 05년 초 P사는 A, B, C 사업부문 중 C사업부문을 물적분할함.
- P사는 01년 초 C사업부문을 취득하면서 영업권 10,000원을 인식함.
- B사업부문과 C사업부문은 서로 연관성이 있음.
- 분할 이전에 P사는 발생된 영업권 중 9,000원을 C사업부문으로, 나머지는 연관 사업인 B사업부문에 배분하고 있었음.

요구사항 분할 이후 각 사업부문에 영업권을 배분하시오.

◗ 분할 이전에 영업권을 배분하지 않았던 경우

영업권을 배분한 적이 없었다면 B사업부문과 C사업부문의 상대적 공정가치에 따라 영업권을 배분할 수 있을 것이다. 그러나 만일 B사업부문이 여러 사업을 영위하고 있다면 상대적 공정가치보다는 C사업부문과 관련이 있는 부분만의 공정가치를 산출하고, 동 금액과 C사업부문의 공정가치를 고려하여 영업권을 배분하는 것이 합리적이다.

◗ 분할 이전에 영업권을 배분하였던 경우

분할 이전에 영업권을 사업부문에 배분하였었다면 동 금액을 분할신설법인에 이전할 수 있다.

3. 인적분할

(1) 인적분할 : K-IFRS

분할존속법인이 인적분할을 통하여 취득한 분할신설법인의 주식을 주주들에게 교부하는 행위는 K-IFRS 제2117호 '소유주에 대한 비현금자산의 분배'에 따라 다음과 같이 해석할 수 있다.

① 분할존속법인은 분할신설법인에게 특정 사업부문의 자산과 부채를 공정가치에 처분하고,
② 유입된 현금으로 분할신설법인의 주식을 매입하여,
③ 주주들에게 배당으로 교부한다.

이러한 해석에 따르면 분할존속법인은 자산과 부채를 공정가치로 처분하는 것이므로 공정가치와 장부금액의 차액은 당기손익으로 인식한다. 그리고 분할신설법인은 공정가치로 자산과 부채를 인식한다.[67]

한편, 인적분할 시 신설법인은 취득자의 요건을 충족하고 있지 않으므로, 공정가치가 아닌 장부금액으로 인적분할 회계처리를 실시해야 한다는 견해도 있다.

예제 13

- 분할 이전 S사는 정유부문(순자산 : 1,000원)과 화학부문(순자산 : 500원)으로 구성되어 있었음.
- 화학부문의 순공정가치는 700원임.
- 분할 이전 S사는 정유사업을 영위하는 Y사 주식(순자산 200원)을 보유하고 있었음.
- S사는 인적분할을 통하여 화학부문을 분할신설법인(T사)으로 설립함.
- S사는 상장기업으로서 개인주주들로 구성되어 있음.

요구사항 인적분할로 인하여 S사의 연결실체에 미치는 영향을 분석하시오.

지배구조의 변동

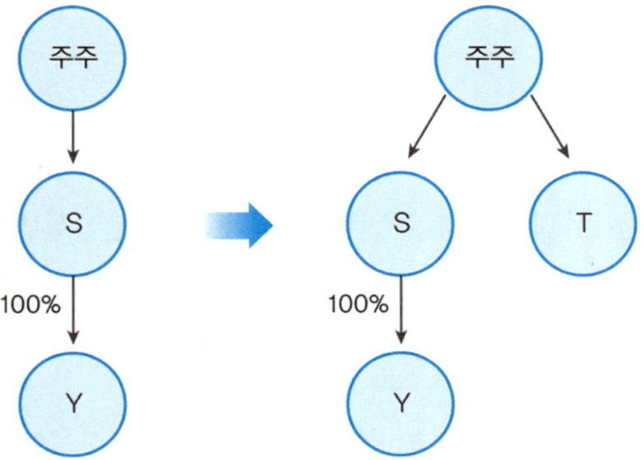

분할 전 S사 연결실체의 순자산은 1,700원(= 1,500원 + 200원)이었으나, 분할 이후 순자산은 1,200원(= 1,000원 + 200원)으로 감소한다. 인적분할로 인하여 화학부

---

67) K-IFRS 제2117호는 주주에게 동일한 비율로 비현금자산을 분배하는 경우에만 적용됨에 유의하여야 한다.

문이 연결실체에서 제외됨으로 인하여 순자산이 감소하게 되는 것이다. 그리고 S사는 화학부문을 처분하여 획득한 700원을 주주들에게 배당하는 것으로 회계처리한다.

● 인적분할이 S사의 연결재무제표에 미치는 영향

- 순자산 장부금액 감소 = 500원(화학부문)
- 처분이익 = 700원(수취 대가, 배당금액) − 500원(장부 금액) = 200원
- 주주에게 배당한 금액 = 700원
- 기존 S사 주식의 일부 감자

(2) 인적분할 : 일반기업회계기준[68]

일반기업회계기준은 기업이 분할과 동시에 분할대가로 수령한 주식을 자신의 주주에게 지분율에 비례하여 배분하는 경우, 이전하는 사업은 장부금액으로 할 것을 규정하고 있다(일반기업회계기준 제32장 문단 32.15). 또한 분할신설기업은 이전받은 사업을 분할존속법인이 계상하였던 장부금액으로 인식하고, 이전대가로 발행한 주식의 액면금액과의 차이는 자본잉여금(또는 자본조정)으로 처리하도록 규정하고 있다.

(3) 영업권의 배분

분할 전에 영업권을 계상하고 있는 경우 영업권은 다음과 같이 배분하는 것이 일반적이다.

① 분할로 이전되는 사업부문과 관련된 영업권은 분할신설법인으로 귀속
② 분할 이전의 각 사업부문을 현금창출단위(CGU)로 보고, 각 CGU의 회수가능액의 상대적 가치를 기준으로 영업권을 배분

만일 현금창출단위의 회수가능액을 산정하기가 어려운 경우에는 순자산금액 기준으로 영업권을 배분할 수 있을 것이다.

---

68) 기업분할의 본질에 대해서는 인격분리설과 현물출자설로 구분할 수 있다. 인격분리설은 당초 하나의 기업이 분할에 의하여 여러 개의 기업으로 분리된다는 것이며, 현물출자설은 분할존속법인이 특정 사업부문을 분할신설법인에 현물출자하는 것으로 보는 견해이다. 일반기업회계기준의 인적분할 회계처리는 인격분리설에 근거한다고 볼 수 있다.

예제 14

- S사는 02년 초 인적분할을 실시하였으며, 분할신설기업인 T사가 설립됨.
- 분할 직전 S사의 각 사업부문의 내역은 다음과 같음.

	S사가 영위할 사업	T사가 영위할 사업
자산	15,000	25,000
부채	10,000	10,000
순자산	5,000	15,000

- 상기 자산과 부채 이외에도 S사는 영업권을 12,000원 계상하고 있는데, 6,000원은 S사가 영위할 사업과 관련된 것임.

요구사항 분할 후 S사와 T사가 계상할 영업권을 결정하시오.

 **영업권의 배분**

	S사(분할존속법인)	T사(분할신설법인)
S사와 관련된 영업권	6,000	—
그 이외의 영업권	$1,500 = \{6,000 \times 5,000 \div (5,000 + 15,000)\}$	$4,500 = \{6,000 \times 15,000 \div (5,000 + 15,000)\}$
합계	7,500	4,500

(4) 동일지배거래 : 인적분할

K-IFRS에 따른 분할회계처리를 요약하면 물적분할은 장부금액법, 인적분할은 공정가치법으로 정리할 수 있다. 물적분할은 그 자체가 동일지배거래에 해당하며, 장부금액법을 적용하므로 별도의 이슈는 발생하지 않는다. 그러나 인적분할이 동일지배거래에 해당하는 경우에는 K-IFRS는 규정이 명확하지 아니한데, 분할존속법인의 회계처리에 대해서는 다음과 같은 견해가 있다.

① 공정가치법 : 해석서 제2117호에 따른 회계처리

② 장부금액법 : 소유주 관점에서 이미 지배하고 있는 순자산 집단의 재배치이므로 미지급배당은 인적분할될 순자산의 장부금액으로 측정

　한편 분할존속법인의 기존 주주가 비례적으로 분할신설법인을 소유하는 경우 인적분할은 상업적 실질이 없는 거래로서 경제적 실체의 변화는 없다. 따라서 분할신설법인은 분할존속법인이 이전하는 자산과 부채를 장부금액으로 승계하고, 자산과 부채에 대한 평가이익(기타포괄손익)이 있는 경우에는 동 금액도 승계해야 한다는 것이 통설이다.

예제 15

- P사는 S사 주식을 60% 소유하고 있음.
- S사는 S사와 T사로 비례적 인적분할을 실시함.
- 인적분할 후 P사는 S사와 T사 주식을 각각 60% 소유하게 됨.
- T사로 승계될 자산과 부채는 다음과 같음.

	장부금액	공정가치(10월 1일)	공정가치(1월 1일)
자산	100,000	120,000	125,000
부채	40,000	45,000	45,000
순자산	60,000	75,000	80,000

- 장부금액은 변동하지 않았고, 주주총회 승인일(10월 1일) 현재 공정가치는 75,000원이며, 결산일(12월 31일)과 분할기일(1월 1일) 현재 공정가치는 80,000원임.

요구사항 공정가치법과 장부금액법에 따라 회계처리를 제시하시오.

공정가치법

- 주주총회 승인일

　(차변) 자본　　　　　　　　75,000　　（대변) 미지급배당　　　　　75,000

- 결산일

　(차변) 자본　　　　　　　　5,000　　（대변) 미지급배당　　　　　5,000

　(차변) 분배예정자산집단[*]　100,000　　（대변) 자산　　　　　　　100,000
　　　　　부채　　　　　　　40,000　　　　　　분배예정자산집단 관련 부채　40,000
　(*) 분배예정자산집단 = Min(공정가치, 장부금액)

- 분할기일

| (차변) 미지급배당 | 80,000 | (대변) 분배예정자산집단 | 100,000 |
| 분배예정자산집단 관련 부채 | 40,000 | 처분이익 | 20,000 |

🔵 장부금액법

- 주주총회 승인일

| (차변) 자본 | 60,000 | (대변) 미지급배당 | 60,000 |

- 결산일

| (차변) 분배예정자산집단 | 100,000 | (대변) 자산 | 100,000 |
| 부채 | 40,000 | 분배예정자산집단 관련 부채 | 40,000 |

- 분할기일

| (차변) 미지급배당 | 60,000 | (대변) 분배예정자산집단 | 100,000 |
| 분배예정자산집단 관련 부채 | 40,000 | | |

🔵 기타포괄손익에 대한 처리

동일지배에 해당하는 인적분할 시 장부금액법을 적용할 경우 분배되는 자산 중 평가손익을 기타포괄손익으로 처리하던 자산이 포함되어 있다면, 분할존속법인은 미지급배당의 결제시점에 다음과 같은 회계처리를 실시할 수 있다.

① 당기손익 인식 : 장부금액법을 적용한다는 논리는 미지급배당의 측정으로 한정되어야 하므로, 기타포괄손익은 주주에 대한 분배와 관계없이 당기손익으로 대체한다.

② 자본잉여금 등 자본 항목으로 인식 : 장부금액법을 적용한다고 함은 경제적 실질이 지속됨을 가정하므로, 당기손익이 아닌 자본 항목으로 대체한다.

제3절　합 병

'합병'이란 독립된 2개 이상의 기업들이 계약에 따라 청산절차를 거치지 않고 경제적으로뿐만 아니라 법적으로도 하나의 기업으로 합쳐지는 것을 의미한다. 합병기업은 합병을 통하여 피합병기업의 자산·부채뿐만 아니라 피합병기업의 모든 권리·의무를 포괄적으로 인수하게 된다. 그리고 피합병기업의 주주들은 합병기업으로부터 합병기업의 주식이나 합병교부금을 합병대가로서 획득한다.

1. 합병의 정의와 유형

(1) 합병의 정의

합병은 합병기업이 피합병기업의 자산·부채의 일체(즉, 사업)와 권리·의무를 포괄적으로 취득하는 사업결합의 하나이다. 합병기업은 피합병기업의 주주들에게 합병기업의 주식이나 현금 등을 대가로 지급하고 피합병기업의 주식을 모두 취득한 후 소각한다. 그리고, 합병기업의 재무제표에 피합병기업으로부터 인수한 자산과 부채를 재무제표에 직접 인식하게 된다.

합병회계처리는 다음과 같이 두 가지 형태로 나누어 생각해 볼 수 있다.

① 합병기업이 우월한 입장에서 피합병기업의 자산과 부채를 공정가치로 취득한다고 보는 매수설에 따를 경우, 합병회계처리는 취득법(Acquisition method, 매수법 또는 공정가치법)을 적용한다.

② 쌍방이 각각의 모든 권리와 의무를 결합하여 결합된 실체에 대하여 공동으로 위험과 효익을 분담하는 지분통합설에 따를 경우, 합병회계처리는 지분통합법(Pooling method, 장부금액법)을 적용한다.

일반적으로 합병은 합병기업이 기업의 규모를 확대하거나 신규 사업에 진출하는 등의 목적을 달성하기 위하여 실시한다. 따라서, 대다수의 합병에서는 우월적인 위치를 가지고 있는 매수기업을 파악할 수 있다고 판단하여 K-IFRS나 일반기업회계기준 모두 취득법을 원칙으로 하고 있다.

(2) 합병의 유형

합병은 합병당사자의 소멸 여부에 따라 흡수합병과 신설합병으로 구분할 수 있다.
① 흡수합병은 합병당사자 중 하나가 존속하여 다른 기업의 모든 권리와 의무를 포괄적으로 승계하는 형태를 말한다.
② 신설합병은 2개 이상의 합병당사자가 신설기업을 설립하여 합병당사자의 모든 권리와 의무를 신설기업으로 포괄이전하고, 합병당사자는 별도의 청산절차를 거치지 않고 소멸하는 형태를 말한다.

합병의 경우 주주의 이해관계에 큰 영향을 미치므로 주주보호를 위하여 합병 당사기업은 주주총회 특별결의 절차를 진행해야 하며, 합병을 반대하는 주주에게는 주식매수청구권을 부여해야 한다. 그러나 주주총회소집은 복잡한 절차를 요구하고 있으며, 주식매수청구권이 행사되면 경우에 따라서 많은 자금이 소요된다. 따라서 상법은 일정 요건을 갖추는 경우 일부 절차를 간략하게 진행할 수 있도록 하고 있는 바, 절차의 간소화 정도에 따라 일반합병, 소규모합병, 간이합병으로 구분할 수 있다.

① 일반합병
- 합병계약서의 승인에 주주총회 특별결의가 필수적이다.
- 합병을 반대하는 주주의 주식매수청구권이 인정된다.

② 소규모합병
- 흡수합병 시 존속기업에만 인정된다.
- 소규모 합병의 요건
  - 합병신주의 비율이 합병기업 발행주식총수의 20%를 초과하지 아니하고,
  - 합병교부금이 합병기업의 재무상태표상 순자산 장부금액의 5%를 초과하지 아니하는 경우
- 소규모합병은 이사회결의로서 합병이 가능하며, 합병을 반대하는 주주의 주식매수청구권을 인정하지 않는다.

③ 간이합병
- 합병으로 소멸되는 기업에게 적용된다.
- 소멸되는 기업의 총주주가 동의하거나 존속기업이 소멸기업 주식의 2/3 이상을

소유한 경우에만 인정된다.
- 간이합병은 주주총회의 승인을 거치지 않고 이사회 승인만으로 인정되나, 합병을 반대하는 주주에게는 주식매수청구권을 부여하여야 한다.

2012년 4월에 개정된 상법에서는 피합병법인의 의무나 책임이 합병기업의 모기업으로 승계되는 것을 방지하고, 절차 등을 간소화하기 위하여 삼각합병이 도입되었다.
① 삼각합병은 소멸기업의 주주에게 합병대가로서 존속기업의 신주를 교부하는 것이 아니라, 존속법인을 소유하고 있는 모기업의 신주를 교부한다.
② 삼각합병은 합병을 통하여 모기업이 경제적 효과를 누리게 되나, 피합병기업이 부채 등으로 재무적 위험이 있는 경우 모회사가 합병당사자로 나서지 않고 자회사를 존속법인으로 하여 합병하게 하여, 피합병기업이 부실화되더라도 모기업의 재무적 위험은 자회사로 한정된다.
③ 합병 당사자인 존속기업(자회사)과 소멸기업의 주주총회 및 주식매수청구권 제도는 동일하나, 모회사는 증자(신주 교부 방식의 경우)나 자기주식의 처분(자기주식 교부 방식의 경우) 등 이사회 결의사항만 충족하면 된다.

또한 삼각합병 이외에도 역삼각합병이 새로 도입되었는데, 역삼각합병은 삼각합병의 형태와 유사하나 자회사가 소멸되고 Target 대상 기업이 존속기업이 된다는 차이점이 있다. 역삼각합병은 벤처기업과 같은 기업들을 계열사로 편입할 때, Target 기업이 존속하게 되므로 Target 기업이 보유하고 있는 독점 사업권이나 상표권 등을 그대로 유지할 수 있다는 장점이 있다.

그리고 삼각합병의 형태와 유사한 삼각분할합병과 삼각주식교환도 새롭게 도입되었는데 그 내용은 다음과 같다.
① 삼각분할합병 : 자회사가 타기업의 특정 사업부문만을 분리하여 합병할 때 자회사가 모회사의 주식을 이 타기업에 대가로 주는 방식
② 삼각주식교환 : 자회사가 Target 대상 기업의 주식을 100% 취득하는 경우 해당 Target 기업의 주주에게 모회사 주식을 주는 방식

2. 합병 회계처리

합병과 관련된 주요 회계 이슈로는 취득자의 식별, 취득일의 결정, 식별 가능한 자산과 부채의 인식과 측정, 합병대가의 측정, 영업권 또는 염가매수차익의 인식과 측정에 있는데 그 내용을 요약하면 다음과 같다.

① 취득자의 식별
- '취득자'란 합병 후 지배력을 행사하는 기업을 말하며, 취득자는 법률적인 관점이 아닌 경제적 실질에 따라 결정된다.
- 법률적인 형식이 아니라 합병 후 의결권 및 의사결정기구와 경영진의 구성 등을 종합적으로 고려하여 취득자를 식별한다.

② 취득일의 결정
- 취득일은 합병기업이 피합병기업에 대한 지배력을 획득한 날
- 일반적으로 합병기업이 합병대가를 지불하고 피합병기업의 자산과 부채를 인수한 날(합병기일)

③ 식별 가능한 자산·부채의 식별
- 여기서 자산과 부채는 단순하게 피합병기업의 재무제표에 계상되어 있는 자산과 부채에 한정되지 않는다. 합병기업의 입장에서 자산과 부채의 정의를 충족하고 사업결합 거래에서 교환된 것이면 피합병기업의 재무제표에 계상되지 않았더라도 식별 가능한 자산·부채로 인식한다.
- 예를 들어 피합병기업의 재무제표에는 계상되어 있지 않지만 무형의 브랜드 가치나 시장에서 인정받는 특허권이 있으면 무형자산으로 인식할 수 있다.

④ 합병대가의 측정
- 합병대가는 합병기업이 피합병기업의 주주에게 지급하는 자산이나 합병기업의 주식이며, 그 금액은 합병일의 공정가치로 측정한다.
- 만일 합병기업이 피합병기업의 주주에게 현금이 아닌 토지를 합병대가로 지급하였으나 합병기업의 재무제표에 인식한 장부금액과 공정가치가 상이하다면, 피합병기업에게 공정가치로 지급한 것으로 보아 공정가치와 장부금액과의 차이는 처분손익(당기손익)으로 처리한다.

⑤ 영업권 또는 염가매수차익의 인식과 측정

- 영업권(염가매수차익) = 취득금액 − 순자산 공정가치
- K-IFRS : 염가매수차익은 당기손익에 반영한다. 영업권은 상각하지 않고, 손상징후가 있을 경우 손상검사를 통하여 손상차손을 인식한다. 한편 영업권에 대한 손상차손은 환입하지 않는다.
- 일반기업회계기준 : 염가매수차익은 당기손익에 반영한다. 영업권은 일정 기간 동안 상각하며, 손상징후가 있을 경우 손상검사를 통하여 손상차손을 인식하지 않는다. 한편 영업권에 대한 손상차손은 환입하지 않는다.

합병과 관련하여 직·간접적으로 발생한 비용은 용역을 제공하는 기간에 비용으로 처리하며, 신주 발행과 관련된 비용은 법인세효과를 차감한 후 자본항목으로 처리한다. 또한 합병기업은 합병일 현재 존재하던 사실과 상황에 대하여 합병일로부터 1년 이내의 기간 동안 알게 되었을 경우 합병일에 인식한 금액을 소급하여 조정한다.

예제 16

- S사와 T사는 합병을 실시함.
- T사가 보유한 자산과 부채의 금액은 다음과 같음.

	T사 재무제표	T사 공정가치
T사 보유 자산	10,000	12,000
T사 보유 부채	–	1,000

- S사는 합병대가로 10,000원에 해당하는 주식을 발행하고 T사와 합병을 실시함.

요구사항 취득법에 따라 합병 회계처리를 제시하시오.

취득법(매수법, 공정가치법)

(차변) 자산	12,000	(대변) 부채	1,000
		자본금 및 자본잉여금	10,000
		염가매수차익	1,000

3. 동일지배 사업결합 : 지배 · 종속 간 합병

(1) 연결 관점의 회계처리

기업이 어떠한 기업을 합병한다는 의미는 피합병기업이 보유하고 있는 자산과 부채의 일체인 '사업'을 취득하는 행위로서, 지배기업이 종속기업에 대하여 지배력을 획득한다는 의미와 동일하다. 즉 합병과 지배력은 피취득자나 종속기업의 자산과 부채의 일체를 취득하는 것으로서, 연결재무제표상 자산과 부채에 미치는 영향은 동일하며 연결 자본상의 변동만 초래한다.

따라서 종속기업을 합병하더라도 연결재무제표상의 자산과 부채에는 아무런 영향을 미치지 아니하며, 합병 과정에서 발생한 지배기업과 비지배주주의 지분액 변동은 자본손익으로 인식하게 된다.

(2) 별도(개별) 관점의 회계처리

● 일반기업회계기준

일반기업회계기준은 지배기업이 종속기업주식을 지분법을 적용하고 있으며, 지분법을 적용한 결과는 연결재무제표상 순자산 지분액과 동일하다. 따라서 개별재무제표 관점에 반영될 회계처리는 다음과 같다.

(차변)	자산[*1]	×××	(대변)	부채[*1]	×××
	영업권[*1]	×××		지분법적용투자주식	×××
				현금 등 이전대가	×××
				자본잉여금[*2]	×××

(*1) 최상위 지배기업의 연결재무제표상 자산 및 부채 장부금액
(*2) 합병과정에서 발생한 지분거래손익

> **예제 17**
>
> - P사는 일반기업회계기준을 적용하고 있음.
> - P사는 01년 초 12,000원을 지급하고 S사 지분을 80% 취득함.
> - 05년 초 P사와 P사 이외의 S사 주주에게 4,000원을 지급하고 합병을 실시함.
> - S사가 보유한 자산과 부채의 금액은 다음과 같음.
>
> | | P사 연결재무제표 | S사 개별재무제표 | 공정가치 |
> |---|---|---|---|
> | S사 보유 자산 | 15,000 | 10,000 | 16,000 |
> | S사 보유 부채 | 1,000 | 1,000 | 1,200 |
> | S사에 대한 영업권 | 3,000 | – | – |
>
> - P사의 개별재무제표상 S사 주식은 14,200원으로 계상되어 있음.
> - 05년 초 S사 주식의 공정가치는 29,000원임.
>
> **요구사항** 일반기업회계기준에 따라 합병 회계처리를 제시하시오.

(차변)	자산	15,000	(대변)	S사 주식	14,200
	영업권	3,000		부채	1,000
	자본항목	1,200		현금	4,000

K-IFRS

지배기업이 종속기업주식을 원가법을 적용하고 있을 경우 지배기업의 별도재무제표상 합병 거래는 다음과 같이 회계처리될 수 있다.

① 공정가치법 : K-IFRS 제1103호에 따른 회계처리
  - 영업권이나 염가매수차익이 발생하면 취득자의 주주로부터 추가 출자로 보고 자본으로 인식하여야 한다는 견해
② 장부금액법 : 종속기업주식이 종속기업의 순자산으로 대체되었다는 관점
  - 장부금액은 연결재무제표상 장부금액을 적용
  - 종속기업의 순자산과 종속기업주식 장부금액의 차이 처리(안)
    - 자본잉여금(또는 자본조정)
    - 연결재무제표와 동일하게 각 회계연도에 발생한 손익을 자본잉여금, 이익잉여금, 당기손익으로 처리하고 기타포괄손익은 승계

참고로 실무상 지배기업과 종속기업이 합병하는 경우 장부금액법을 적용하고, 종속기업의 순자산과 종속기업주식의 장부금액의 차이는 자본잉여금으로 처리하는 방법을 널리 사용하고 있다.

예제 18

- P사는 K–IFRS를 적용하고 있음.
- P사는 01년 초 18,000원을 지급하고 S사 지분을 100% 취득함.
- 05년 초 P사와 S사는 합병을 실시함.
- S사가 보유한 자산과 부채의 금액은 다음과 같음.

	P사 연결재무제표	S사 별도재무제표	공정가치
S사 보유 자산	15,000	10,000	16,000
S사 보유 부채	1,000	1,000	1,200
S사에 대한 영업권	7,000	–	–

- P사의 별도재무제표상 S사 주식은 18,000원으로 계상되어 있음.
- P사가 S사를 취득한 후부터 05년 초까지 인식한 누적 지분 이익(이익잉여금)은 3,000원임.
- 05년 초 S사 주식의 공정가치는 29,000원임.

요구사항 공정가치법과 장부금액법을 적용하여 합병 회계처리를 제시하시오.

공정가치법

(차변) S사 주식(공정가치)[*] 29,000   (대변) S사 주식(장부금액) 18,000
                                              처분이익 11,000

(*) S사 주식을 공정가치로 재평가한 후 당기손익을 인식

(차변) 자산 16,000   (대변) 부채 1,200
       영업권 14,200   S사 주식 29,000

장부금액법

(차변) 자산 15,000   (대변) S사 주식 18,000
       영업권 7,000   부채 1,000
                              자본항목[*] 3,000

(*) 자본 항목은 회사의 회계정책에 따라 다음과 같이 계상할 수 있음.
 - 1안 : 자본잉여금
 - 2안 : 연결재무제표를 반영하여 이익잉여금 또는 당기손익으로 반영

한편 지배기업이 100% 미만의 종속기업주식을 보유하던 중 합병을 실시하면 비지배지분에 대한 고려가 필요한데, 다음 예제를 통해 설명하도록 한다.

예제 19

- P사는 K‑IFRS를 적용하고 있음.
- P사는 S사 주식을 80% 취득하고 있음.
- P사는 3,000원을 지급하고 S사 주식 20%를 추가로 취득한 후 S사를 합병함.
- S사가 보유한 자산과 부채의 금액은 다음과 같음.

	P사 연결재무제표	S사 별도재무제표	공정가치
S사 보유 자산	8,000	7,000	14,000
S사에 대한 영업권	2,000	–	–

- 합병 직전 P사의 별도재무제표상 S사 주식 장부금액은 9,000원임.
- P사가 S사에 대하여 연결 관점에서 인식한 지분 이익은 2,400원임.
- P사는 S사 이외에 종속기업을 보유하고 있으므로 연결재무제표 작성 대상임.
- 회계정책 : 최상위 지배기업의 장부금액을 이용한 장부금액법 회계처리를 적용함.

요구사항 합병 회계처리를 제시하시오.

별도재무제표

(차변) S사 주식　　　　　　3,000　　(대변) 현금　　　　　　3,000

(차변) 자산　　　　　　　　8,000　　(대변) S사 주식　　　　9,000
　　　　영업권　　　　　　2,000　　　　　　자본잉여금　　　1,000

연결재무제표

(차변) 비지배지분^(*)　　1,600　　(대변) 현금　　　　　　3,000
　　　　자본잉여금　　　　1,400
(*) 8,000원 × 20%

지분액 변동

구 분	주식양수도 전	주식양수도 후
P사	S사 지분 = S사 × 80% = 8,000 × 80% = 6,400	합병 후 지분 + P사가 지급한 현금 = S사 × 100% − 지급액 = 8,000 − 3,000 = 5,000
비지배지분	S사 지분 = S사 × 20% = 1,600	−
합계	8,000	5,000

(*) S사의 비지배주주는 P사로부터 3,000원을 수령하고 주식을 처분하므로 연결실체에서 제외됨.

4. 동일지배 사업결합 : 종속기업 간 합병

(1) 일반기업회계기준

종속기업 간 합병이 이루어지는 경우 반영될 회계처리는 다음 예제로 살펴본다.

예제 20

- P사는 S사와 T사 주식을 각각 80%와 60% 취득하고 있음.
- S사와 T사의 연결재무제표상 순자산 장부금액은 각각 200원과 100원임.
- S사는 T사를 합병하면서 합병대가 110원을 T사 주주들에게 지분에 비례하여 지급함.
- 합병 당시 T사의 공정가치는 110원임.

요구사항 주식양수도가 지분법과 연결회계에 미치는 영향은 무엇인가?

지분구조 변동

지분액 변동

S사는 합병한 T사의 자산과 부채를 연결재무제표상 장부금액인 100원으로 인식하고 T사에게 110원을 지급한다. 따라서 합병 전과 후의 P사와 비지배주주의 지분액을 계산하면 다음과 같다.

	합병 전	합병 후
P사	S사 지분 + T사 지분 = S사 × 80% + T사 × 60% = 200원 × 80% + 100원 × 60% = 220원	합병 후 S사 지분 + T사의 주주로서 수령한 금액 = (S사 − 지급액 + T사) × 80% + 수령액 × 60% = (200원 − 110원 + 100원) × 80% + 110원 × 60% = 218원
비지배지분	S사 지분 + T사 지분 = S사 × 20% + T사 × 40% = 80원	합병 후 S사 지분 = (S사 − 지급액 + T사) × 20% = 38원
합계	300원	256원

(*) T사의 비지배주주는 44원(=110원×40%)을 수령하고 주식을 처분함으로써 연결실체에서 제외됨.

P사는 T사의 주주로서 S사가 합병대가로 지급한 110원 중 60%를 수령하고 T사 주식을 처분한다. P사의 S사에 대한 지분액은 160원(= S사 × 80%)에서 152원(= (S사 − 지급액 + T사) × 80%)으로 감소하게 되며, 연결 관점에서 P사의 지분액은 2원(=220원 − 218원)이 감소하므로 P사의 개별재무제표에 반영되는 회계처리는 다음과 같다.

(차변) 현금	66	(대변) T사 주식	60
자본잉여금	2	S사 주식	8

S사의 회계처리

S사는 110원을 T사의 주주에게 지급하고 연결재무제표상 순자산 장부금액이 100원인 T사의 자산과 부채를 인수하므로 차액 10원을 자본잉여금으로 처리하는데, S사의 개별재무제표상 회계처리를 예시하면 다음과 같다.

(차변) T사 순자산	100	(대변) 현금	110
자본잉여금	10		

(2) K – IFRS : 연결 관점

● 최상위 지배기업

최상위 지배기업이 여러 종속기업을 보유하고 있는 상황에서 종속기업 간에 합병하더라도 최상위 지배기업의 연결재무제표에 미치는 영향은 없다. 즉 연결재무제표상 자산과 부채에 미치는 영향은 없으며, 연결 자본상의 변동(비지배지분의 변동과 지분거래손익)만 초래한다.

● 중간 지배기업

동일지배거래에 해당하는 경우라도 취득자를 식별하는 절차는 일반적인 합병과 동일하나, 합병 회계처리에 대해서는 다음과 같은 견해가 있다.

① 공정가치법 적용 : K – IFRS 제1103호에 따라 회계처리
- 다만, 영업권과 염가매수차익은 자본거래에 의하여 발생하므로 자본항목으로 처리하여야 한다는 견해가 있다.

② 장부금액법 적용
- 최상위 지배기업 및 중간 지배기업 중에서 선택한 기업의 장부금액을 활용할 수 있으나, 실무상 대부분 최상위 지배기업의 장부금액을 이용하고 있다.
- 영업권이나 염가매수차익은 인식하지 않고 자본항목(일반적으로 자본잉여금)으로 처리한다.

(3) K – IFRS : 별도 관점

● 취득자인 종속기업

① 공정가치법 : K – IFRS 제1103호에 따른 회계처리
- 다만, 영업권과 염가매수차익은 자본거래에 의하여 발생하므로 자본항목으로 처리하여야 한다는 견해가 있다.

② 장부금액법 : 종속기업주식이 종속기업의 순자산으로 대체되었다는 관점
- 장부금액은 연결재무제표상 장부금액을 활용한다.

- 종속기업의 순자산과 종속기업주식의 장부금액의 차이에 대한 회계처리에 대해서는 다음과 같은 견해가 있다.
  - 자본잉여금(또는 자본조정)으로 처리한다.
  - 연결재무제표와 동일하게 각 회계연도에 발생한 손익을 자본잉여금, 이익잉여금, 당기손익으로 처리하고, 기타포괄손익은 승계한다.

최상위 지배기업

최상위 지배기업은 종속기업 간의 합병이 이루어지면 피합병법인의 주식을 제거하고, 합병법인으로부터 주식이나 현금 등 금융자산을 합병대가로 수령하게 된다. 따라서 최상위 지배기업의 별도재무제표상 회계처리는 K-IFRS 제1016호 '유형자산'에서 언급하고 있는 상업적 실질 유무에 따라 결정할 수 있다.

① 상업적 실질이 있는 경우 : 교환으로 취득한 주식을 공정가치로 측정

② 상업적 실질이 결여된 경우 : 제공한 주식의 장부금액으로 원가를 측정

예제 21

- P사는 S사와 T사 지분을 100% 취득하여 지배력을 보유하고 있음.
- S사는 X사 지분을 100%, T사는 Z사 지분을 100% 보유하고 있음.
- S사와 T사는 합병을 실시함.
- T사가 보유한 자산과 부채의 금액은 다음과 같음.

	P사 연결재무제표	T사 재무제표	T사 공정가치
T사 보유 자산	15,000	10,000	12,000
T사 보유 부채	–	–	1,000
T사에 대한 영업권	7,000	–	–

- S사는 합병대가로 10,000원에 해당하는 주식을 발행하고 T사와 합병을 실시함.
- 장부금액법 적용 시 회계정책 : 최상위 지배기업의 장부금액을 이용

요구사항 S사가 연결 관점에서 반영할 회계처리를 제시하시오.

지배구조의 변동

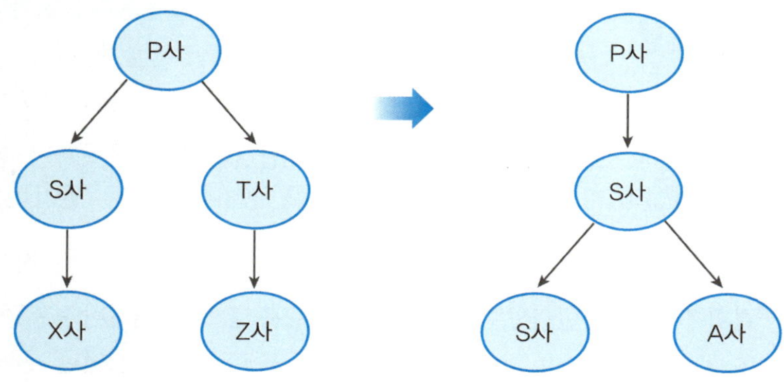

공정가치법

(차변) 자산	12,000	(대변) 부채	1,000
		자본금 및 자본잉여금	10,000
		염가매수차익	1,000

　본 예제에서는 취득금액과 연결 관점의 순자산의 차이를 염가매수차익으로 처리하였다. 그러나 동일지배거래로 발생한 염가매수차익은 P사가 주주 자격에서 S사에게 제공한 것이므로 자본출자를 받은 것처럼 회계처리해야 한다는 견해도 있다.

장부금액법

| (차변) 자산 | 15,000 | (대변) 자본금 및 자본잉여금 | 10,000 |
| 영업권 | 7,000 | 자본손익(자본잉여금) | 12,000 |

　종속기업 간 합병이 이루어지더라도 최상위 지배기업이 영위하는 '사업'에는 영향이 없으므로, 비지배지분의 변동과 지분거래손익만 인식하게 된다. 다만 합병과정에서 발생한 비지배지분의 변동은 각각의 주체별로 구분해야 한다.

5. 역합병

(1) 역취득의 개념

사업결합 시 피취득자에 대한 지배력을 획득하는 기업을 결정하기 위하여 취득자를 식별하는 것이 중요한데, 지분교환으로 이루어진 사업결합에서 취득자를 판단하기 위하여 다음 사항을 고려한다.

① 사업결합 후 결합기업에 대한 상대적 의결권 : 취득자는 보통 결합참여기업의 소유주 중 결합기업에 대한 의결권의 가장 큰 부분을 보유하거나 수취하는 소유주가 속한 결합참여기업이다. 의결권의 가장 큰 부분을 보유하거나 수취한 소유주 집단이 속한 기업을 결정하기 위하여, 비정상적이거나 특별한 의결약정과 옵션, 주식매입권이나 전환증권의 존재 여부를 고려한다.

② 특정 소유주 또는 조직화된 소유주 집단이 중요한 의결지분을 갖지 않은 경우, 결합기업에 대하여 상대적으로 큰 소수의결지분의 존재 : 취득자는 보통 결합기업에 대하여 가장 큰 소수의결지분을 보유하고 있는 단일 소유주 또는 소유주의 조직화된 집단이 속한 결합참여기업이다.

③ 결합기업 의사결정기구의 구성 : 취득자는 보통 결합기업 의사결정기구의 구성원 과반수 이상을 지명 또는 임명하거나 해임할 수 있는 능력을 보유하고 있는 소유주가 속한 결합참여기업이다.

④ 결합기업 경영진의 구성 : 결합기업 경영진 대부분이 결합참여기업의 이전 경영진으로 구성되는 경우, 취득자는 보통 그 경영진이 속한 결합참여기업이다.

⑤ 지분교환의 조건 : 취득자는 보통 다른 결합참여기업이나 기업들의 지분에 대하여 결합 전 공정가치를 초과하는 할증금을 지급해야 하는 결합참여기업이다.

취득자는 보통 다른 결합참여기업이나 결합참여기업들보다 상대적 크기(자산, 수익 또는 이익 등)가 유의적으로 큰 결합참여기업인데, 기업이 셋 이상 포함된 사업결합에서 취득자는 결합참여기업의 상대적 크기뿐만 아니라 결합참여기업 중 어느 기업이 결합을 제안하였는지도 고려하여 결정해야 한다.

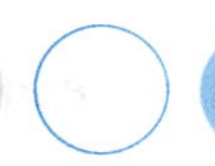

　예를 들어 큰 규모의 비상장기업이 주식시장에 상장하기 위하여 자신보다 작은 상장기업에 의하여 매수되는 것으로 약정할 경우, 취득자(지배기업)는 지분을 취득 당하는 비상장기업이 된다.

예제 22

- P사(상장기업)와 S사(비상장기업)는 합병하기로 결정됨.
- 합병 전 P사의 주주 : 개인주주 A 20%, 소액주주 80%
- 합병 전 S사의 주주 : 개인주주 B 100%
- 합병을 통하여 S사 주식 1주당 P사 주식 2.5주가 발행됨.
- 합병 후 P사의 주주 : 개인주주 A 8%, B 60%, 소액주주 32%

요구사항 취득자를 판단하시오.

　합병 이후 S사의 주주인 B가 합병법인의 최대주주가 되므로, 주주 간에 다른 약정이 존재하지 않는다면 개인주주 B가 속한 S사가 취득자가 된다.

(2) 역취득 회계처리와 공시

　역취득에 따라 작성된 연결재무제표는 법적 지배기업(회계상 피취득자)의 이름으로 발행하지만 법적 종속기업(회계상 취득자)의 재무제표가 지속되는 것으로 주석에 기재하되, 회계상 피취득자의 법적 자본을 반영하기 위하여 회계상 취득자의 법적 자본을 소급하여 수정한다. 이러한 수정은 법적 지배기업(회계상 피취득자)의 자본을 반영하기 위하여 이루어진다.

예제 23

- P사(상장기업)는 S사(비상장기업)와 합병하기로 결정함.
- S사 주주는 합병을 통하여 1주당 10주를 수령하게 됨.
- 합병 전 주식수와 자본금은 다음과 같음.

	P사 주주	S사 주주
발행주식수	40,000	6,000
주당 액면금액	50	1,000
자본금	2,000,000	6,000,000

- S사의 주주는 합병을 통하여 1주당 P사 주식 10주를 수령함.
- P사의 자산·부채에 대한 장부금액과 공정가치는 다음과 같음.

	장부금액	공정가치
자산	2,500,000	3,000,000
부채	300,000	500,000
순자산	2,200,000	2,500,000

- 합병계약일 현재 P사의 주가는 60원임.
- 합병계약일 현재 S사는 P사의 주당 가치는 75원이라 판단하고 이전 대가가 결정된 것임.
- 합병 후 P사의 최대주주는 기존 S사의 최대주주이며, 이사회 구성은 기존 S사의 이사회 구성원이 75%를 차지하고 있음.

요구사항 S사가 반영할 합병 회계처리를 제시하시오.

◗ 합병 이후 주식수

	기존 P사의 주주	기존 S사의 주주
보유 주식수	40,000주	60,000주(= 6,000주 × 10주)
지분율	40%	60%

◗ 취득금액의 분석

- 취득금액 = 40,000주 × 75원 = 3,000,000원

- 영업권 = 3,000,000원 − 2,500,000원 = 500,000원

(*) 취득금액은 주식시장에서의 주가가 아니라, S사가 지급한 이전 대가로 측정됨.

● 합병 회계처리

(차변) 자산(P사)	3,000,000	(대변) 부채(P사)	500,000
자본금(S사)$^{(*1)}$	6,000,000	자본금$^{(*2)}$	5,000,000
영업권	500,000	자본잉여금$^{(*3)}$	4,000,000

(*1) 법적 합병기업은 P사이므로 S사의 자본금은 제거됨.

(*2) (40,000주 + 60,000주) × 50원

(*3) 대차차액은 자본잉여금으로 처리함.

6. 합병비율과 우회상장

합병 시 합병기업과 피합병기업의 주식교환비율은 합병비율(합병가액)에 따라 결정되므로 주주 등 이해관계자들은 합병비율에 관심을 가지게 된다. 합병당사자가 모두 비상장법인인 경우 합병비율에 대해서는 특별한 규정이 없으므로 주로 세무적인 측면을 고려하여 합병비율을 결정하게 된다. 그러나 상장기업과 비상장기업이 합병하는 경우에는 합병비율을 산정하는 평가기관과 합병비율의 산정 방법을 '자본시장법과 감독규정'에서 구체적으로 법제화하고 있다. 왜냐하면, 상장기업의 대주주가 자신이 대주주로 있는 비상장기업에 대하여 유리한 합병비율을 적용하여 합병한다면, 상장기업에 대한 대주주의 지분율이 상승하여 안정적인 경영권을 확보할 수 있을 뿐만 아니라 소액주주의 부(富)가 대주주에게 이전하는 효과가 발생하기 때문이다.

한편 상장기업과 비상장기업이 합병하는 경우 상장기업이 합병존속법인이 된다면, 비상장기업이 영위하는 사업부문은 별도의 절차 없이 상장하는 효과가 발생한다. 따라서 상장법인과 비상장법인 간 합병 시에는 직전 사업연도의 재무제표를 기준으로 자산총계, 자본금, 매출액을 비교하여, 두 가지 이상의 항목에서 비상장기업이 상장기업보다 큰 경우에는 비상장기업이 일정요건을 만족해야 합병이 가능하다. 그 요건은 비상장법인이 신규상장 시에 충족하여야 하는 요건과 유사한데, 이러한 요건을 규정한 이유는 상장기업보다 더 큰 규모의 비상장기업이 합병을 통하여 우회적으로 상장하는 효과가 발생하기 때문이다.

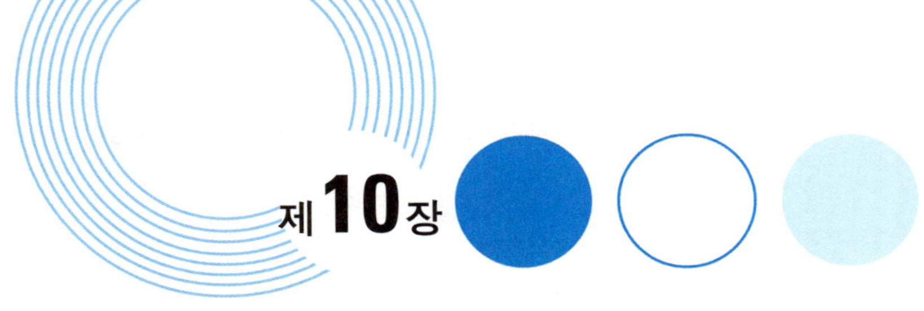

제10장 · 분할 · 합병 세무

지배구조개선과 경영권승계는 실무상 분할 및 합병절차를 수반하는 경우가 빈번하다. 그런데 분할과 합병 과정에서 실시되는 자산·부채의 이전은 세법상 과세 대상에 해당하므로 납세자의 부담을 가져오게 된다. 따라서 과세당국은 납세자의 부담을 완화하고 기업 구조조정을 지원하기 위하여 일정 요건을 갖춘 분할과 합병에 대해서는 과세특례 제도를 마련하고 있다. 본 장에서는 분할과 합병에 대한 세무처리와 과세특례 요건을 살펴보도록 한다.

- 적격분할 과세특례 제도
- 적격합병 과세특례 제도
- 적격분할합병 과세특례 제도
- 적격물적분할 과세특례 제도
- 자기주식에 대한 세무처리

제1절 적격분할(인적분할) 과세특례 제도

1. 분할세무의 개요

법인세법은 법인이 분할하는 경우 분할법인이 분할신설법인에게 자산 및 부채를 양도하는 것으로 본다. 따라서 분할법인은 분할 당시 발생하는 분할양도차익에 대해 법인세를 납부하여야 한다.

> 분할양도차익
>
> • 분할양도차익 = 양도가액[*] − 분할하는 사업부문의 순자산 장부가액[**]
>   [*] 양도가액 = 분할신주의 시가 + 분할대가로 지급하는 금전 등
>   [**] 분할하는 사업부문의 순자산 장부가액 = 세무상 장부가액

법인 분할 시 분할양도차익에 대한 법인세 등을 일시에 부과하면, 세부담으로 분할을 통한 기업구조조정이 어려워진다. 이러한 점을 감안하여 과세관청은 적격분할 요건을 충족하면 분할신설법인이 분할법인으로부터 동일한 인격을 승계하는 것으로 보아 분할양도차익이 없는 것으로 하는 등 과세특례 제도를 마련하고 있다.

적격분할과 비적격분할 시 세무처리를 요약하면 다음과 같다.

| 비적격분할과 적격분할시 세무처리 비교 |

구분	항목	비적격분할	적격분할
분할법인	자산양도차익 법인세	법인세 과세	없음
	부가가치세	포괄승계 필요	과세대상 아님
	증권거래세	과세	면세
분할신설법인	자산부채 승계	시가승계	세무상 장부가액 승계
	분할매수차손 (또는 차익)	5년간 손금산입 (또는 익금산입)	해당사항 없음
	유보 승계	퇴직급여충당금과 대손충당금만 승계	승계
	이월결손금, 공제 등 승계	승계대상 아님	승계(단, 존속분할 시 결손금 승계 불가)

구분	항목	비적격분할	적격분할
분할신설법인	감가상각방법 및 내용연수 신고	신규신고대상(중고자산은 50% 범위 내 내용연수 적용 가능)	분할 전 상각방법 적용 가능(또는 신규신고 가능)
	취득세	과세	75% 감면
	자본등록세	0.48%(중과시 1.44%)	0.48%
분할법인의 주주	의제배당	요건충족 필요	없음
	과점주주 취득세	설립은 과세대상 아님	좌동

분할 절차를 진행함에 있어 사전에 반드시 검토되어야 할 사항 중 하나는 세무상 적격분할 요건을 충족하는지 여부이다. 그 이유는 적격분할 요건을 갖추지 못한다면 부과되는 세금의 규모가 상당하기 때문이다. 그에 대한 일례로 OCI의 분할을 살펴보면 다음과 같다.

OCI는 2008년 5월에 분할하면서 적격분할을 충족한 것으로 신고하였다. 그러나 인천시 남구청에서는 이를 적격요건을 갖추지 못한 분할로 판단하고 1,700억원 규모의 지방세(취득세 등)를 고지하였다. 그 후 국세청도 추가로 법인세 등을 고지하여 총 세액 규모가 5,500억원에 달하였다.[69]

이와 같이 분할의 경우 적격요건을 갖추었는지에 따라 상당한 세부담이 발생할 여지가 있으므로, 전문가의 자문을 권고하는 바이다.

2. 적격분할의 요건

법인세법에서는 다음의 요건을 모두 갖춘 경우 적격분할로 보고 있으나, 부동산임대업을 주업으로 하는 사업부문 등을 분할하는 경우에는 적격분할로 보지 않는다.

- 사업의 포괄승계 요건
- 지분의 연속성 요건
- 사업의 계속성 요건
- 고용 승계 요건

---

[69] 쟁점 사건은 조세심판원에서 인천시 남구청이 승소하였으나, 1심 인천지방법원과 2심 고등법원 및 대법원에서는 OCI의 손을 들어주었다. 관련 내용은 본 장의 보론을 참조하길 바란다.

(1) 사업의 포괄승계 요건

사업의 포괄승계 요건은 분할 요건 중 가장 면밀하게 살펴보아야 하는 부분이다. 사업의 포괄승계는 한마디로 분할법인이 영위하던 사업 중 독립적으로 분리 가능한 사업을 분할신설법인이 포괄적으로 승계하여야 한다는 것이다.

세법상 사업의 포괄승계 요건의 구체적인 기준은 다음과 같다.

> **사업의 포괄승계 요건**
>
> ① 분할등기일 현재 5년 이상 사업을 계속하던 내국법인의 분할일 것
> ② 분할하는 사업부문은 분리하여 사업이 가능한 독립된 사업부문일 것
> ③ 분할하는 사업부문의 자산 및 부채가 포괄적으로 승계될 것
> ④ 분할법인 등만의 출자에 의하여 분할하는 것일 것

● 분할등기일 현재 5년 이상 사업을 계속하던 내국법인의 분할일 것

상기 요건과 관련하여 반드시 유의하여야 할 사항은 분할법인(존속법인)이 갖추어야 하는 요건이며, 분할하는 사업부문이 갖추어야 할 요건은 아니라는 점이다. 즉, 분할하는 사업부문의 사업 영위기간이 5년에 미달하더라도 분할법인이 5년 이상 사업을 영위한 법인이라면, 해당 요건을 갖춘 것으로 본다. 사업 영위기간은 분할등기일부터 소급하여 5년 동안 사실상 휴업이나 폐업 등 사업을 중단하지 아니하고 법인등기부상의 목적사업을 영위한 경우를 말한다.

한편, 분할등기일부터 소급하여 5년 이내에 합병, 분할 및 분할합병 등이 있는 경우에는 사업의 연속성이 유지되는 것으로 보아 종전의 사업 영위기간도 포함하여 판단한다.

● 분할하는 사업부문은 분리하여 사업이 가능한 독립된 사업부문일 것

분할대상 사업부문이 분리되어 사업이 가능한 독립된 사업부문이기만 하면 상기 요건은 충족한다고 보아야 할 것이다.

독립된 사업부문 요건은 존속법인 사업부문에 대해서는 규정하지 않고 분할하는 사업부문에 대한 요건만을 규정하고 있다. 이는 적격분할이 분할하는 사업부문이 분리되

어 독립적으로 사업할 수 있는지를 규정한 것이기 때문이다.

적격분할이 분할 전과 후의 연속성을 인정하여 과세이연을 시켜준다는 점을 감안하면, 존속법인이 분할 후 독립된 사업을 영위하는지는 중요하지 않다. 따라서 분할법인이 하나의 사업부문만을 보유하는 경우라고 하더라도 하나의 사업을 분할하고 존속법인은 껍데기만 남아있는 경우도 적격분할에 해당할 수 있다.

한편, 변칙적인 분할을 제한하기 위하여 주식등과 그와 관련된 자산·부채만으로 구성된 사업부문은 다음의 경우에 한정하여 독립된 사업부문으로 본다.

주식 등과 그와 관련된 자산·부채만으로 구성된 사업부문 중 인정되는 사례

① 분할법인이 보유한 모든 지배목적 보유주식 등과 그와 관련된 자산·부채만으로 구성된 사업부문을 분할하는 경우(단, 다음의 주식 등은 승계대상에서 제외 가능)
   - 분할존속법인이 분할등기일 전일 현재 법령상 의무로 보유하거나 인허가를 받기 위하여 보유한 주식 등
   - 분할존속법인과 매출 또는 매입의 관계에 있는 법인의 주식 등
   - 분할존속법인과 동일 업종을 영위하는 법인의 주식 등
② '독점규제 및 공정거래에 관한 법률' 및 '금융지주회사법'에 따른 지주회사를 설립하기 위해 지배주주로서 보유하는 주식과 관련된 자산·부채만으로 구성된 사업부문
③ 다음의 요건을 모두 갖춘 내국법인을 설립하기 위해 지배주주로서 보유하는 주식과 관련된 자산·부채만으로 구성된 사업부문
   - 외국법인이 발행한 주식 등 외의 다른 주식등을 보유하지 아니할 것
   - 분할등기일 현재 외국법인 주식 등의 가액의 합계액이 자산총액의 50% 이상일 것
   - 분할등기일이 속하는 사업연도의 다음 사업연도 개시일부터 2년 이내에 유가증권시장 또는 코스닥시장에 해당 내국법인 주권을 상장할 것

투자사업부문을 분할하여 지주회사가 아닌 법인을 설립하는 경우 지배목적 보유주식 전체를 분할하여야 하지만, 분할 후 분할법인이 존속하는 경우에는 분할존속법인이 법령상 의무로 보유하거나 분할존속법인과 거래관계가 있는 법인의 주식, 분할존속법인과 동일 업종을 영위하는 법인의 주식 등에 대해서는 분할신설법인에서 승계하지 않는 것도 가능하다.[70]

---

70) 분할존속법인이 법령상 의무로 보유하는 주식 등 지배목적 보유주식 전체를 분할하는 경우에서 제외되는

여기서 지배목적 보유주식이란 분할법인이 지배주주로서 3년 이상 보유한 주식을 말한다. 다만, 1% 미만 보유하는 주식은 해당 주식의 지배주주와 특수관계자에 해당하더라도 지배목적 보유주식의 범위에서 제외된다.

🔵 분할하는 사업부문의 자산 · 부채가 포괄적으로 승계될 것

분할하는 사업부문의 자산 · 부채를 분할신설법인에 포괄적으로 승계하여야 한다. 실무적으로 분할하는 사업부문의 자산 · 부채를 구분하는데 공동사용자산 등에 대한 구분이 모호한 경우가 많다. 이에 세법에서도 공동으로 사용하던 자산, 채무자의 변경이 불가능한 부채 등 분할하기 어려운 자산과 부채 중 법소정 자산 · 부채는 승계의 예외사항으로 두고 있다.

한 가지 유의하여야 할 사항은 아래 포괄승계의 예외대상 자산 · 부채의 전제조건이 공동으로 사용하던 자산이나, 채무자의 변경이 불가능한 부채 등 분할하기 어려운 자산에 해당하여야 한다는 점이다. 따라서 분할하는 사업부문에서만 사용하던 사무실, 창고 등은 분할하기 어려운 자산에 해당하지 않으므로 분할신설법인에 승계하여야만 포괄승계 요건의 충족이 가능하다.

| 포괄승계의 예외대상 자산 · 부채 |

구 분	내 역
1. 자산	• 변전시설 · 폐수처리시설 · 전력시설 · 용수시설 · 증기시설 • 사무실 · 창고 · 식당 · 연수원 · 사택 · 사내교육시설 • 물리적으로 분할이 불가능한 공동의 생산시설, 사업지원시설과 그 부속토지 및 자산 • 공동으로 사용하는 상표권
2. 부채	• 지급어음 • 차입조건상 차입자의 명의변경이 제한된 차입금 • 분할로 인하여 약정상 차입자의 차입조건이 불리하게 변경되는 차입금 • 분할하는 사업부문에 직접 사용되지 아니한 공동의 차입금

주식의 구체적인 내용은 후술하는 "주식 이전 시 자산 및 부채의 포괄 승계 요건의 적용" 부분을 참고하기 바란다.

구 분	내 역
3. 기타 자산·부채	• 분할하는 사업부문이 승계하여야 하는 자산·부채로서 분할 당시 시가로 평가한 총자산가액 및 총부채가액의 각각 20% 이하인 자산·부채(주식 등과 제1호의 자산 및 제2호의 부채는 제외)

포괄승계의 예외대상 자산·부채 중 기타자산·부채의 20% 기준 판정 시 분할하는 사업부문과 존속하는 사업부문이 공동으로 사용하는 자산·부채가 있는 경우

분할하는 사업부문과 존속하는 사업부문이 공동으로 사용하는 자산·부채의 경우에는 각 사업부문별 사용비율(사용비율이 분명하지 아니한 경우에는 각 사업부문에만 속하는 자산·부채의 가액과 사용비율로 안분한 공동사용 자산·부채의 가액을 더한 총액의 비율)로 안분하여 총자산가액 및 총부채가액을 계산한다.

이 경우 하나의 분할신설법인 등이 여러 사업부문을 승계하였을 때에는 분할신설법인 등이 승계한 모든 사업부문의 자산·부채 가액을 더하여 계산한다.

부동산의 이전 시 자산·부채의 포괄승계 요건의 적용

분할 절차 진행 시 실무상 부동산을 분할신설법인에 이전할 것인가에 대해서는 상당한 주의를 기울여야 한다. 포괄승계의 요건에 따라 기본적으로 분할하는 사업부문에서 사용하던 자산은 모두 승계하여야 한다. 그러나 다음 예제와 같은 경우에는 부동산을 승계하지 않는다면 포괄승계 요건을 충족하지 못할 가능성이 있다.

예제 1

• X사업부문은 분할하는 사업부문으로 분할하는 사업부문에서 사용하던 공장 또는 창고를 분할법인에 남겨두고 분할하려고 함.
• X사업부문은 분할 후 분할법인으로부터 공장 또는 창고를 임차하여 사용할 계획임.

요구사항 X사업부문의 분할이 적격분할 요건에 해당하는지 검토하시오.

위의 예제와 같이 분할하는 사업부문에서 직접 사용하던 부동산인 공장이나 창고 등을 분할법인에 남겨두고 분할하는 경우 분할신설법인이 이를 임차하여 사업에 사용하는지 또는 법령에 따라 가져올 수 없는지에 불구하고 자산·부채가 포괄승계된 것으로

보지 않는다.[71]

다만, 창고, 사무실 등 포괄승계의 예외대상 자산·부채의 경우로서 분할하는 사업부문과 존속하는 사업부문이 공동으로 사용하던 자산의 경우에는 분할법인에 남겨두고 임차하여 사업에 사용하는 것이 가능하다.

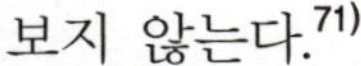

예제 2

- X사업부문은 분할하는 사업부문으로 존속하는 사업부문과 공동으로 사용하던 본사 건물을 분할법인에 남겨두고 분할하려고 함.
- 또한 분할하는 사업부문의 공장과 존속하는 사업부문의 공장이 한 필지에 소재하고 있으므로 해당 토지를 분할법인에 남겨두고 분할하려고 함.
- X사업부문은 분할 후 분할법인으로부터 본사건물의 일부 층과 X사업부문 공장의 부수토지를 임차하여 사용할 계획임.

요구사항 X사업부문의 분할이 적격분할 요건에 해당하는지 검토하시오.

일반적으로 건물의 경우 층별로 구분등기가 가능하고, 토지의 경우 필지를 분할하여 등기하는 것이 가능하다. 이처럼 부동산의 구분등기가 가능한 경우에는 공동으로 사용하는 자산으로 보지 않는다. 즉, 분할하는 사업부문의 사용부분을 구분하여 승계하여야 포괄승계 요건의 충족이 가능하다.[72]

따라서 실무적으로는 분할 전에 미리 분할하는 사업부문과 존속하는 사업부문의 사용부분에 대해 구분 등기하는 절차가 필요할 수 있다.

주식의 이전 시 자산 및 부채의 포괄승계 요건의 적용

주식을 승계하는 경우 분할하는 사업부문이 자산·부채가 포괄적으로 승계된 것으로 보지 아니한다. 주식을 단 1주라도 승계하는 경우에는 포괄승계 요건을 위반할 수 있으므로 주의를 요하는 부분이다. 예외적으로 주식을 승계하는 경우로서 자산·부채가 포괄적으로 승계된 것으로 보는 경우는 다음과 같다.

---

71) 법인-2615, 2015.1.21., 재법인-84, 2017.2.2.
72) 서면법령법인-20728, 2015.11.13.

주식 승계 시 자산·부채가 포괄적으로 승계된 것으로 보는 경우

① 분할법인이 분할등기일 전일 현재 보유한 모든 지배목적 보유주식 등과 그와 관련된 자산·부채만으로 구성된 사업부문(단, 분할존속법인과 아래 ③, ④, ⑤의 관계에 있는 주식 등은 승계대상에서 제외 가능)

② '독점규제 및 공정거래에 관한 법률' 및 '금융지주회사법'에 따른 지주회사를 설립하는 사업부문으로서 지배주주로서 보유하는 주식과 관련된 자산·부채가 승계하는 사업부문

③ 분할하는 사업부문이 분할등기일 전일 현재 법령상 의무로 보유하거나 인허가를 받기 위하여 보유한 주식 등을 승계하는 경우

④ 분할하는 사업부문과 매출 또는 매입의 관계에 있는 법인의 주식 등

⑤ 분할하는 사업부문과 동일 업종을 영위하는 법인의 주식 등

⑥ 분할존속법인이 '독점규제 및 공정거래에 관한 법률' 및 '금융지주회사법'에 따른 지주회사로 전환하는 경우 다음의 주식 등
- 분할하는 사업부문이 지배주주 등으로서 보유하는 주식 등
- 분할하는 사업부문이 법 제57조 제5항에 따른 외국자회사의 주식 등을 보유하는 경우로서 해당 외국자회사의 주식 등을 보유한 내국법인 및 거주자인 주주 또는 출자자 중에서 가장 많이 보유한 경우의 해당 분할하는 사업부문이 보유한 주식 등

투자 사업부문 분할 관련 요건

①과 ②는 앞서 살펴본 독립된 사업부문의 분할요건을 충족하는 주식만으로 구성된 사업부문의 분할이며, 자산·부채가 포괄적으로 승계되는 요건도 충족한 것으로 본다.

분할하는 사업부문과 매출 또는 매입의 관계에 있는 법인

본 규정은 분할하는 사업부문이 30% 이상을 매출하거나 매입하는 법인의 주식 등과 분할하는 사업부문에 30% 이상을 매출 또는 매입하는 법인의 주식 등을 말한다. 본 규정은 사업연관성이 있는 법인의 주식에 대해 분할 시 신설법인이 승계할 수 있도록 허용하고 있다. 여기서 매출·매입 비율은 분할등기일이 속하는 사업연도의 직전 3개 사업연도별 매출 또는 매입 비율을 평균하여 계산한다.

사업연관성이 있는 법인의 주식의 범위에 대해서는 다음의 예제를 통해 구체적으로 살펴보자.

예제 3

- MD사는 X사업부문을 분할하고자 함.
- MD사는 A사, B사, C사, D사, E사 및 F사를 투자주식으로 보유하고 있음.
- X사업부문의 매출·매입(직전 3년 평균액 기준)은 다음과 같음.

매출			매입		
거래처	금액	비율(%)	거래처	금액	비율(%)
A사	100	11.1	D사	200	33.3
B사	300	33.3	E사	100	16.7
C사	150	16.7	F사	70	11.7
기타	350	38.9	기타	230	38.3
합계	900	100.0	합계	600	100.0

- 한편, A사와 F사의 매출 및 매입 현황은 다음과 같음.

A사의 매입			F사의 매출		
거래처	금액	비율(%)	거래처	금액	비율(%)
X사업부문	100	33.3	X사업부문	70	50.0
기타	200	66.7	기타	70	50.0
합계	300	100.0	합계	140	100.0

요구사항

X사업부문을 분할신설법인으로 하여 분할 시 포괄승계 요건을 충족하면서 승계할 수 있는 주식의 범위를 구하시오.

사업부문의 매출 또는 매입 중 30% 이상인 B사와 D사는 X사업부문과 관련 있는 주식으로 산정된다. 그리고 A사의 매출에서 X사업부문이 차지하는 비율과 F사의 매입에서 X사업부문이 차지하는 비율이 30% 이상이므로 X사업부문과 관련 있는 주식에 해당한다.

따라서, 포괄승계 요건을 만족하는 주식은 A사, B사, D사 및 F사 주식으로 산정된다.

◑ 분할하는 사업부문과 동일 업종을 영위하는 법인의 주식

본 규정에서 동일 업종의 판단은 동일업종은 한국표준산업분류상 세분류에 따른다. 동일 사업을 영위하는지 여부는 분할신설법인 및 승계주식의 발행법인이 동일 사업에 사용하는 사업용 자산 비율 또는 매출액 비율이 각각 70%를 초과하여야 한다. 여기서 주의할 점은 분할신설법인의 경우에도 동일 사업에 사용하는 사업용 자산 비율 또는 매출액 비율이 70%를 초과하여야 한다는 점이다.

다음의 예제를 통해 내용을 구체적으로 살펴보자.

예제 4

- A법인은 B법인 주식 및 C법인 주식을 보유하고 있음.
- 각 법인별 영위하는 보유 자산은 다음과 같음.

법인	업종	사업용 자산가액
A법인	제조업	100억원
	도매업	50억원
	건설업	100억원
B법인	제조업	100억원
	서비스업	30억원
C법인	도매업	80억원
	건설업	200억원

요구사항

1. A법인이 제조업을 분할 시 포괄승계요건을 충족하면서 승계할 수 있는 주식의 범위는?
2. A법인이 제조업 및 도매업을 분할 시 포괄승계요건을 충족하면서 승계할 수 있는 주식의 범위는?

B법인의 제조업 관련 자산가액의 비율은 76.9%(= 100억원 ÷ 130억원)이다. 따라서 A법인이 제조업을 분할한다면 분할신설법인은 B사 주식을 승계 가능하다. 그러나 C법인은 제조업을 영위하지 않으므로 동일 업종 영위법인에 해당하지 않으므로 주식을 승계할 수 없다.

한편, A법인이 제조업과 도매업을 분할하는 경우 B사 주식과 동일업종에 해당하는지를 살펴보자. A법인과 B법인의 동일업종은 제조업이므로 제조업에 사용하는 자산가액의 비율을 산정하면, B법인의 제조업 관련 자산가액 비율은 76.9%(= 100억원 ÷ 130억원)이지만, 분할하는 사업부문의 제조업에 사용하는 자산가액 비율이 66.7%(= 100억원 ÷ 150억원)이므로 70.0%에 미달하므로, 분할신설법인이 동일 업종을 영위하는 법인으로 승계할 수 있는 주식은 없다.

분할 시 승계하지 못한 주식의 분할신설법인 이전

자산·부채의 포괄승계 요건에 따르면 주식을 분할신설법인에 이전하기는 상당히 어렵다. 따라서 실무상 적격분할 요건을 충족하면서 분할하는 경우 불가피하게 주식을 승계하지 못하는 경우가 발생한다. 그러나 사업 관점에서 일부 주식을 반드시 승계해야 한다면 분할 후 주식양수도 거래를 통해 주식을 분할신설법인으로 이전하는 것이 바람직할 것이다. 물론 해당 주식양수도 거래에 대한 세금은 납부하여야 하나, 분할이 비적격분할이 되는 경우보다는 세무상 유리한 경우가 있다.

다음의 예제를 통해 구체적으로 비교해 보자.

예제 5

- 분할사업부인 X사업부문은 주식과 기타 자산으로 구성되어 있음.
- X사업부문은 주식의 승계로 적격분할 요건을 충족하지 못함.
- 기타 적격분할 요건은 충족하는 것으로 가정함.
- 적용될 법인세율은 22.0%임.
- X사업부문의 자산은 다음과 같다.

구분	장부가액	시가
주식	100억원	200억원
기타 자산	200억원	400억원
합계	300억원	600억원

요구사항

1. 비적격분할 시 부담할 법인세액을 계산하시오.
2. 기타자산만 적격분할한 후 주식양도 시 부담할 법인세액을 비교하시오.

비적격분할 시 부담할 법인세액은 다음과 같다.

- 자산양도차익에 대한 법인세액 = (자산의 시가 − 자산의 장부가액) × 22.0%

$$= (600억원 − 300억원) × 22.0\%$$

$$= 66억원$$

적격분할 후 주식을 양도할 경우 발생하는 세액은 다음과 같다.
- 적격분할이므로 자산양도차익에 대한 법인세액은 발생하지 아니함.

주식양도에 따른 법인세액 = (200억원 − 100억원) × 22.0%

= 22억원

따라서 주식을 승계하여 전체 사업부의 비적격분할보다는 주식을 제외한 사업부의 적격분할을 통해 과세특례를 받고, 주식은 별도로 거래하는 것이 유리하다. 물론 항상 이러한 거래가 유리한 것만은 아니다. 기타자산에서 양도차손이 발생하면 비적격분할이 오히려 유리할 수 있으므로 사전에 충분한 검토가 필요하다.

존속법인 사업부문의 자산·부채 초과승계 시 자산 및 부채의 포괄승계 요건의 적용
자산·부채의 포괄승계 요건은 분할하는 사업부문의 자산 및 부채가 포괄적으로 승계될 것을 규정하고 있다. 이는 분할하는 사업부문이 사업을 영위하기 위해 승계하여야 하는 자산 및 부채의 최소한을 규정한 것이다. 즉, 존속법인 사업부문의 자산 및 부채를 추가로 승계하는 것은 분할신설법인에 오히려 유리하며, 이에 대해서는 별도로 규정하고 있지 않는 것이다.
따라서 존속법인 사업부문의 자산·부채를 추가로 승계하더라도 자산 및 부채의 포괄승계 요건을 충족한 것으로 보아야 할 것이다.

▶ 분할법인 등만의 출자에 의하여 분할하는 것일 것

분할신설법인에 대한 분할법인의 기존 주주 지분율이 100%이어야 한다. 분할신설법인의 설립 시 외부주주가 개입되는 경우 과세혜택을 부여하지 않겠다는 취지이나, 실제로 분할 시 외부주주가 참여하는 경우는 거의 없다.

(2) 지분의 연속성 요건

지분의 연속성 요건은 분할법인의 기존주주가 분할신설법인의 주주로서 동일성을 유지하여야 한다는 요건이다. 세법에서 말하는 지분의 연속성 요건의 구체적인 기준을 살펴보면 다음과 같다.

 **지분의 연속성 요건**

① 분할법인의 기존주주가 받은 분할대가의 전액이 주식일 것
② 분할법인의 지배주주가 보유하던 지분비율 이상 배정될 것
③ 분할법인의 지배주주는 분할등기일이 속하는 사업연도 종료일까지 주식을 보유할 것

분할법인의 기존주주가 받은 분할대가의 전액이 주식이어야 함.

분할대가는 전액 주식이어야 한다. 분할법인의 기존주주가 주식 이외의 분할대가를 받는 경우에는 지분의 연속성 요건을 갖추지 못한 것으로 본다.

분할법인의 지배주주[73]가 보유하던 지분비율 이상 배정할 것

분할로 인하여 분할법인의 기존 지배주주의 지분율이 줄어드는 경우에는 지배주주의 지배력이 줄어든다는 점을 감안하여 지분의 연속성 요건을 갖추지 못한 것으로 본다. 즉, 분할법인의 기존주주 중 일정 지배주주에 대해서는 분할법인에 대한 분할 전 지분비율 이상을 배정하도록 하고 있다.

분할법인의 지배주주는 분할등기일이 속하는 사업연도 종료일까지 주식을 보유할 것

분할법인의 지배주주는 분할신설법인의 분할신주에 대해 일정기간 보유할 의무가 있다. 다만, 세법에서는 예외 규정으로 지배주주가 분할신주의 50% 미만을 처분하는 것은 주식보유요건을 충족하는 것으로 보고 있기 때문에 실질적으로 50% 이상 지배주주의 주식을 처분하는 경우에 문제가 된다.

주식의 처분의 범위에는 매매거래뿐만 아니라, 합병·분할, 증여 및 상속 등 주식의 소유권이 이전되는 거래는 모두 포함된다. 다만, 세법에서는 적격합병, 적격분할 및 사망으로 인한 상속 등 일부 부득이한 사유로 인하여 지분을 처분하는 경우에는 지분보유 요건을 계속 충족하는 것으로 본다.

지배주주가 지분을 처분하더라도 지분보유 요건을 충족하는 것으로 하는 부득이한 사유는 다음과 같다.

---

73) 지배주주의 범위에는 친족 중 4촌인 혈족과 지분율 1% 미만이면서 시가 10억원 미만인 소액주주는 제외한다.

● 지분보유 요건의 부득이한 사유

① 분할법인의 지배주주가 분할신주의 50% 미만을 처분한 경우
② 분할법인의 지배주주가 사망하거나 파산하여 주식을 처분한 경우
③ 분할법인의 지배주주가 적격합병·적격분할·적격물적분할 또는 적격현물출자에 따라 주식을 처분한 경우
④ 분할법인의 지배주주가 조세특례제한법 제38조 또는 제38조의 2에 따라 주식을 현물출자 또는 교환·이전하고 과세를 이연받으면서 주식을 처분한 경우
⑤ 분할법인의 지배주주가 채무자 회생 및 파산에 관한 법률에 따른 회생절차에 따라 법원의 허가를 받아 주식을 처분하는 경우
⑥ 분할법인의 지배주주가 기업개선 계획의 이행을 위한 약정 또는 기업개선 계획의 이행을 위한 특별약정에 따라 주식 등을 처분하는 경우
⑦ 분할법인의 지배주주가 법령상 의무를 이행하기 위하여 주식을 처분하는 경우

분할법인의 지배주주가 분할신주의 50% 미만을 처분한 경우

분할법인의 지배주주가 분할로 교부받은 전체 주식을 기준으로 50% 미만을 처분한 경우에는 지분보유요건을 충족하는 것으로 본다. 지배주주 내의 개별 주주별로 지분보유요건이 적용되는 것이 아니고 지배주주 전체 주식을 기준으로 지분보유 요건이 적용된다는 점을 기억하자.

지배주주 전체 주식을 기준으로 지분보유요건이 적용되므로 지배주주가 분할신주를 서로 간에 처분하는 것은 지배주주가 그 주식을 처분한 것으로 보지 아니한다. 지배주주 전체 관점에서 주식은 변동하지 않기 때문이다.

적격분할의 요건 판단 시 지배주주의 범위에는 지분율 1% 미만이면서 시가 10억원 미만인 소액주주는 제외된다. 따라서 지배주주의 특수관계인 중 분할등기일 현재 분할법인의 주주가 아닌 자에게 처분하는 것은 지배주주가 서로 간에 처분하는 것에 해당하지 않는다는 점에 유의하여야 한다.

지배주주 간의 주식이동에 대해서는 아래 예제를 통해 구체적으로 살펴본다.

예제 6

- A법인의 주주는 甲(지분율 : 80%)과 乙(지분율 : 20%)임.
- 甲(본인)과 乙(장남)은 모두 특수관계인이며 지배주주에 해당함.
- A법인은 인적분할로 B법인을 설립하였음.
- B법인의 주주구성은 A법인과 동일함.
- 분할 직후 甲은 B법인 지분을 자녀 乙에게 30%, 丙(차남)에게 50%를 증여하고자 함.

요구사항 A법인의 분할이 적격분할이 가능한지 검토하시오.

본 예제에서 乙과 丙은 최대주주 甲의 특수관계자이다. 그리고 乙은 분할 당시 A법인의 기존주식 20%를 보유하고 있다. 따라서 乙에게 증여하는 30%의 지분은 지배주주 간의 거래이므로 처분으로 보지 않는다.

丙은 분할 당시 A법인의 주주가 아니다. 따라서 丙에게 증여하는 50%의 지분은 지배주주 간의 거래로 보지 않는다. 즉, 분할법인의 지배주주가 분할신주의 50%를 처분한 것이므로 적격분할 요건을 충족하지 못한다.

따라서 甲이 丙에게 증여하고자 한다면 분할 전에 1% 이상 또는 시가 10억원 이상의 주식을 미리 丙에게 이전하는 것이 바람직할 것이다.

한편, 분할신주와 분할 외의 다른 방법으로 취득한 주식을 함께 보유하고 있는 경우에는 분할신설법인이 선택한 주식을 먼저 처분하는 것으로 본다. 처분순서를 납세자가 선택할 수 있도록 하여 지분보유 요건을 보다 완화해주고 있다. 다만, 한 가지 생각해 볼 수 있는 것은 위에서 열거하고 있는 각종 사유가 중복해서 적용될 수 있는지에 대한 것이다.

아래 예제를 통해 그 내용을 구체적으로 살펴보자.

예제 7

- A법인의 주주는 甲(갑) 100%임.
- A법인은 인적분할로 B법인을 설립하였음.
- B법인의 주주구성은 A법인과 동일함.
- 분할 직후 甲은 B법인 지분을 60%를 적격현물출자하고 40%는 외부에 처분할 계획임.

> **요구사항** A법인의 분할이 적격분할에 해당하는지 검토하시오.

본 예제에서 60%의 현물출자 거래는 적격현물출자에 해당하므로 지분보유 요건의 부득이한 사유에 해당한다. 또한 잔여 40%의 처분거래는 50% 미만 처분에 해당하므로 부득이한 사유에 해당한다. 그러나 부득이한 사유를 1회만 적용받도록 하는 제한 내용은 없다. 따라서 위의 두 가지 거래의 순서에 관계없이 각각 부득이한 사유에 해당하는 것으로 보아 적격분할이 가능하다.[74]

(3) 사업의 계속성 요건

사업의 계속성 요건의 구체적인 기준은 다음과 같다.

> **사업의 계속성 요건**
>
> • 분할신설법인은 분할등기일이 속하는 사업연도의 종료일까지 분할법인으로부터 승계받은 사업을 계속할 것

승계받은 사업을 계속 영위하는지에 대한 판단기준은 분할신설법인이 분할등기일이 속하는 사업연도의 종료일 이전에 분할법인으로부터 승계한 자산가액의 50% 이상을 사업에 사용하는지 여부에 따라 달라진다. 분할법인으로부터 승계한 자산가액의 50% 이상을 처분하거나 사업에 사용하지 않는 경우에는 사업의 계속성 요건을 충족하지 못한 것으로 본다.

이 때 승계한 자산의 범위는 유형자산, 무형자산 및 투자자산을 말한다.

분할신설법인 등이 2 이상의 사업을 승계한 경우 사업의 폐지에 대한 판단을 각 사업별로 하여야 하는지에 대한 의문이 제기될 수 있다. 분할 전 사업을 승계하여 계속하는지를 규모에 관계없이 개별 사업별로 판단한다면, 주된 사업을 계속 영위하더라도 일부 사업의 폐지로 인해 적격분할이 유지되지 않는 불합리한 점이 발생한다. 이에 국세청에서도 승계받은 모든 고정자산을 기준으로 사업의 폐지를 판단하도록 해석하고 있다.[75]

---

74) 서면법령법인-2533, 2016.8.16.

한편, 분할신설법인이 사업을 폐지하더라도 사업의 계속 요건을 충족하는 것으로 보는 부득이한 사유는 다음과 같다.

> **사업계속 요건의 부득이한 사유**
>
> ① 분할신설법인이 파산함에 따라 승계받은 자산을 처분한 경우
> ② 분할신설법인이 적격합병·적격분할·적격물적분할 또는 적격현물출자에 따라 사업을 폐지한 경우
> ③ 분할신설법인이 기업개선 계획의 이행을 위한 약정 또는 기업개선 계획의 이행을 위한 특별약정에 따라 사업을 폐지한 경우
> ④ 분할신설법인이 채무자 회생 및 파산에 관한 법률에 따른 회생절차에 따라 법원의 허가를 받아 승계받은 자산을 처분한 경우

(4) 고용 승계 요건

2018년 1월 1일 이후 분할하는 법인의 경우 적격분할을 위해서는 고용 승계 요건을 갖추어야 한다. 고용 승계 요건의 구체적인 기준은 다음과 같다.

> **고용 승계 요건**
>
> • 분할등기일 1개월 전 당시 분할하는 사업부문에 종사하는 대통령령으로 정하는 근로자 중 분할신설법인이 승계한 근로자의 비율이 80% 이상이고, 분할등기일이 속하는 사업연도의 종료일까지 그 비율을 유지할 것

고용 승계의 대상이 되는 근로자는 근로기준법상 근로계약을 체결한 내국인 근로자를 말한다. 다만, 임원, 정년퇴직 예정자, 사망·상해 퇴직자, 일용근로자, 근로계약 6개월 미만인 근로자 등은 제외하고 있다. 한편, 분할하는 사업부문에 종사하는지 여부가 불분명한 근로자가 있을 수 있다는 점을 감안하여, 분할 후 존속하는 사업부문과 분할하는 사업부문에 모두 종사하는 근로자 등에 대해서는 고용 승계의 대상이 되는 근로자의 범위에서 제외할 수 있도록 규정하고 있다.

---

75) 사전법령법인-390, 2016.12.14.

고용 승계의 대상에서 제외되는 근로자의 범위

① 법인의 임원(회장, 사장, 부사장, 이사 등 이사회 구성원, 감사 등)
② 분할등기일이 속하는 사업연도의 종료일 이전에 고용상 연령차별금지 및 고령자고용 촉진에 관한 법률 제19조에 따라 정한 정년이 도래하여 퇴직이 예정된 근로자
③ 분할등기일이 속하는 사업연도의 종료일 이전에 사망하는 근로자 또는 질병·부상 등 '고용보험법 시행규칙' 별표 2 제9호에 따른 사유로 퇴직한 근로자
④ 소득세법 제14조 제3항 제2호에 따른 일용근로자
⑤ 근로계약기간이 6개월 미만인 근로자(다만, 근로계약의 연속된 갱신으로 인하여 분할등기일 1개월 전 당시 그 근로계약의 총 기간이 1년 이상인 근로자는 제외)
⑥ 금고 이상의 형을 선고받는 등 '고용보험법' 제58조 제1호에 따른 중대한 귀책사유로 퇴직한 근로자
⑦ (선택적 제외) 분할 후 존속하는 사업부문과 분할하는 사업부문에 모두 종사하는 근로자
⑧ (선택적 제외) 분할하는 사업부문에 종사하는 것으로 볼 수 없는 인사, 재무, 회계, 경영관리 업무 및 이와 유사한 업무를 수행하는 근로자

분할등기일이 속하는 사업연도 말까지 갖추어야 하는 고용 승계 요건은 분할등기일 1개월 전 분할하는 사업부문의 근로자를 기준으로 판단하게 된다. 따라서 분할하는 사업부문의 근로자가 20% 이상 퇴직한 경우에는 분할 이후에 신규로 근로자를 채용하여 근로자의 총 인원을 유지하더라도 요건 위반에 해당할 수 있다는 점에 유의하여야 한다.

한편, 분할신설법인이 고용 승계 비율을 유지하지 못하더라도 고용 승계 요건을 충족하는 것으로 보는 부득이한 사유는 다음과 같다.

고용 승계 요건의 부득이한 사유

① 분할신설법인이 '채무자 회생 및 파산에 관한 법률'에 따른 회생계획을 이행 중인 경우
② 분할신설법인이 파산함에 따라 근로자의 비율을 유지하지 못한 경우
③ 분할신설법인이 적격합병, 적격분할, 적격물적분할 또는 적격현물출자에 따라 근로자의 비율을 유지하지 못한 경우
④ 분할등기일 1개월 전 당시 분할하는 사업부문에 종사하는 근로기준법에 따라 근로계약을 체결한 내국인 근로자가 5명 미만인 경우(단, 분할 후 존속하는 사업부문과 분할하는 사업부문에 모두 종사하는 근로자 등 제외 가능)

상기 고용 승계 요건의 부득이한 사유 중 4번 항목에 해당하는 경우 적격분할의 요건은 충족할 수 있으나, 후술하는 "적격분할의 사후 관리 요건의 고용 유지 요건"의 부득이한 사유에는 해당하지 않으므로 적격분할의 사후 관리 요건 검토시 유의하여야 한다.

(5) 부동산임대업등 적격분할로 보지 않는 사업부문

> **적격분할로 보지 않는 사업부문**
>
> ① 부동산임대업을 주업으로 하는 사업부문
> ② 부동산비율이 80% 이상인 사업부문

부동산임대업을 주업으로 하는 사업부문

분할하는 사업부문이 승계하는 자산총액 중 부동산임대업에 사용된 자산가액이 50% 이상인 사업부문을 말한다. 이때, 여러 사업부문을 승계하였을 때에는 분할신설법인이 승계한 모든 사업부문의 자산가액을 합하여 계산한다.

다음 예제를 통해 부동산임대업에 관한 사항을 구체적으로 살펴보자.

예제 8

- A사는 X사업부문을 분할하고자 함.
- X사업부문이 승계하고자 하는 자산 및 매출액 비율은 다음과 같음.

업종	매출액	자산총액
부동산임대업	50억원	200억원
제조업	200억원	100억원
합계	250억원	300억원

요구사항 X사업부문의 분할이 적격분할에 해당하는지 검토하시오.

일반적으로 세법상 주된 업종의 판단은 매출액을 기준으로 판단하며, 매출액을 기준으로 판단하면 X사업부문의 주된 사업은 제조업에 해당한다. 그럼에도 불구하고 독립된 사업부문의 요건을 판단함에 있어서는 자산가액을 기준으로 부동산임대업을 판단하여야 한다는 점을 유의하여야 한다.

본 예제의 경우 자산총액을 기준으로 판단하면 X사업부문은 부동산임대업에 사용된 자산가액이 67%(= 200억원 ÷ 300억원)로 계산된다. 따라서 부동산임대업 관련 자산이 50%를 초과하므로 부동산임대업이 주된 사업으로 결정된다. 이로 인하여 X사업부문의 분할은 적격분할에 해당하지 않는다.

한편, 현재 같은 상황에서 적격분할 요건을 갖추려면 어떠한 대안이 있을지 생각해 보자. 여기서 쟁점사항은 부동산임대업에 사용되는 자산가액의 비율을 50% 미만으로 낮춰야 한다는 점에 있다.

비율을 낮추기 위해서는 분자를 줄이거나 분모를 늘려야 한다.

분자를 줄인다는 의미는 부동산임대업 관련 자산을 줄인다는 것이다. 그런데 부동산임대업에 사용되는 자산을 일부 제외하면 자산·부채의 포괄승계 요건에 위반될 소지가 있다. 따라서 부동산임대업 전부를 제외하고 제조업만 승계하는 것이 가능할 것이다.

분모를 늘린다는 의미는 분할하는 사업부문의 자산총액을 늘린다는 것이므로 다음을 생각할 수 있다.

① 현금 등 분할법인과 분할신설법인의 공통자산을 추가로 승계하는 방안

② 다른 사업부문을 추가로 승계하는 방안

부동산비율이 80% 이상인 사업부문

분할하는 사업부문이 승계한 사업용 자산 가액 중 부동산(토지, 건물, 건물에 부속된 시설물 및 구축물 포함), 부동산에 관한 권리(부동산을 취득할 수 있는 권리, 지상권, 전세권, 등기된 부동산임차권)의 가액(이하 "부동산 등")이 80% 이상인 사업부문을 말한다. 여기서 승계한 사업용 자산 가액에는 분할일 현재 3년 이상 계속하여 사업을 경영한 사업부문이 직접 사용한 부동산 등(부동산임대업에 사용되는 자산은 제외)은 제외하고 산정한다.

> **부동산 비율 계산**
>
> $$\frac{\text{부동산 등} - \text{3년 이상 직접 사용 부동산 등}^{(*)}}{\text{승계한 사업용 자산} - \text{3년 이상 직접 사용 부동산 등}^{(*)}} \geq 80\%$$
>
> (*) 부동산임대업 제외

본 요건은 분할하는 사업부문이 승계한 사업용 자산 중에 사업개시 3년 미만인 사업장에 사용되는 부동산 등과 부동산임대업에 사용되는 부동산 등의 비율이 높은 경우에 문제가 된다.

다음의 예제를 통해 부동산비율에 대하여 구체적으로 살펴보자.

예제 9

- A사는 X사업부문을 분할하고자 함.
- X사업부문은 향후 부동산이 아닌 사업용 자산을 20억원만큼 취득할 예정임.
- X사업부문이 승계하는 자산은 다음과 같음.

업종	자산 내역	자산가액
부동산임대업	부동산 등	150억원
	부동산 외 사업용 자산	20억원
	기타자산	100억원
제조업	부동산 등(3년 이상 사업부문)	300억원
	부동산 등(3년 미만 사업부문)	100억원
	부동산 외 사업용 자산	30억원
	기타자산	50억원
합계		750억원

요구사항 X사업부문의 분할이 적격분할 요건에 해당하는지 검토하시오.

먼저 X사업부문이 부동산임대업에 해당하는지 살펴보자.

- 부동산임대업 자산 비율 = 부동산임대업 관련 자산 ÷ 총자산

$$= 270억원 ÷ 750억원$$

$$= 36.0\%$$

따라서 X사업부문은 부동산임대업에는 해당하지 않으므로 관련 적격분할 요건은 충족하고 있다.

그러나 부동산비율을 계산하면 다음과 같다.

- 분자 = 150억원 + 100억원 = 250억원
- 분모 = (150억원 + 20억원) + (100억원 + 30억원) = 300억원

- 부동산비율 = 83.3%

따라서 승계한 자산 중에 부동산임대업에 사용되는 부동산 등과 사업개시 3년 미만인 사업장에 사용되는 부동산 등의 비율이 80%를 초과하여 적격분할 요건을 충족하지 못한다.

이와 같은 상황에서 적격분할 요건을 충족하려면 어떠한 대안이 있을지 생각해 보자. 여기서 쟁점사항은 부동산비율을 80% 미만으로 낮춰야 한다는 점에 있다. 비율을 낮추기 위해서는 분자를 줄이거나 분모를 늘려야 한다.

먼저 분자를 줄이기 위한 방법은 다음과 같다.

① 부동산임대업을 제외하고 제조업만을 승계하는 방안

② 3년 미만 사업부문이 3년 이상이 되도록 분할시기를 늦추는 방안

그리고 분모를 늘리는 방안으로는 분할하는 사업부문에서 투자예정인 부동산 외 사업용 자산을 분할 전 미리 취득하는 방법이 있다.

지금까지 살펴보았던 대안에 따른 부동산비율을 살펴보자.

구분	임대업 제외	3년 이상 보유	사업용 자산 추가 취득
변동 내역	분모와 분자에서 각각 임대업 관련 자산 제외	분모와 분자에서 각각 100억원 제외	분모에서 20억원 증가
분자	100억원	150억원	250억원
분모	130억원	200억원	320억원
부동산 비율	77%	75%	78%

3. 비적격분할 시 세무처리

법인세법상 분할에 대한 과세방법에 대해서는 적격분할보다 비적격분할을 먼저 살펴보도록 한다. 그 이유는 비적격분할에 따른 세무처리가 분할에 대한 원칙적인 것이므로, 이를 먼저 이해하면 적격분할에 따른 과세특례에 대한 접근이 용이하기 때문이다.

| 비적격분할 세무처리 |

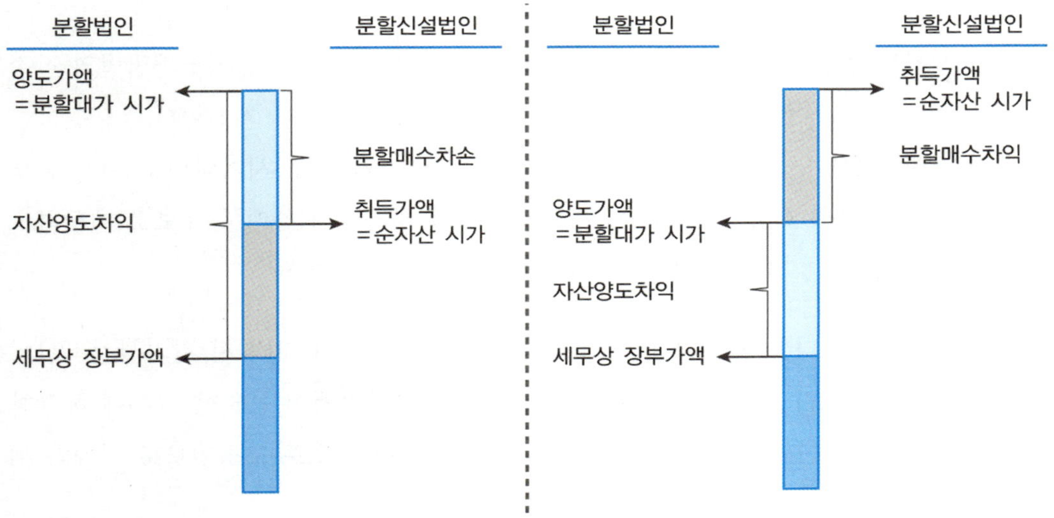

(1) 분할법인의 자산양도차익에 대한 법인세

내국법인이 분할 시 분할법인은 분할한 사업부문의 자산을 분할신설법인에 양도한 것으로 본다. 양도에 따른 양도손익은 분할법인이 분할등기일이 속하는 사업연도의 소득금액을 계산할 때 익금 또는 손금에 산입한다.

자산양도차손익

- 자산양도차손익 = 양도가액 − 분할한 사업부문의 분할등기일 현재 순자산 장부가액
  - 양도가액 : 분할법인의 주주가 분할의 대가로 받은 분할신주 및 금전 등 모든 재산가액의 합계액(여기서 분할신주의 가액은 분할등기일 현재 해당 주식의 시가)
  - 분할등기일 현재 순자산 장부가액 : 세무상 유보를 가감한 장부가액

한편, 분할신설법인이 승계하여 납부하는 분할법인의 법인세 등이 있는 경우에는 원래 분할법인이 부담하여야 할 채무를 승계한 것으로 보아 양도가액에 포함한다.

(2) 분할신설법인의 취득가액

분할신설법인은 분할로 분할법인의 자산을 승계한 경우 분할등기일 현재 해당 순자

산의 시가로 양도받은 것으로 본다. 이 경우 분할법인의 세무조정사항(유보) 금액은 승계하지 아니한다.

이때 시가는 법인세법에 따른 시가를 의미하며, 매매사례가격, 감정평가법인의 감정가격, 상속세 및 증여세법을 준용한 평가액을 순차로 적용하여 계산한다.

한편, 분할신설법인이 기업회계상 승계한 가액과 법인세법상 시가와의 차이가 발생할 수 있다. 이 경우 회계상 승계가액과 법인세법상 시가와의 차이를 유보로 계상하고 그 차이금액은 관련 자산 및 부채의 처분 등에 따라 추인한다.[76]

감가상각자산도 다른 자산과 마찬가지로 시가로 승계한다. 따라서 감가상각자산의 취득가액은 분할등기일의 시가로 조정된다. 시가와 장부가액이 동일한 경우에 해당하더라도 감가상각자산의 취득가액이 분할등기일의 장부가액으로 조정되므로 회계와 세무상 취득가액이 차이가 발생한다.

분할로 취득한 감가상각자산에 대해 분할신설법인이 회계상 잔여내용연수로 감가상각을 하는 경우에도 세무상으로는 신고한 내용연수에 따라 감가상각을 하므로 차이에 대한 세무조정이 발생한다.

예제 10

- A법인은 기계장치를 다음과 같이 상각하고 있음(회계 및 세무 동일).
  - 취득일자 및 취득가액 : 2014년 1월, 100원
  - 내용연수 및 상각방법 : 5년, 정액법
- A법인은 2015년 말 비적격 분할하여 위의 기계장치를 분할신설법인에 이전함.
- 분할신설법인은 회계상 잔존내용연수로 상각하고, 세무상 분할법인과 동일한 상각방법을 신고함.
- 기계장치의 분할 당시 시가와 장부가액은 동일하다고 가정함.

요구사항

2016년 분할신설법인이 손금에 산입할 감가상각비를 구하시오.

---

76) 서면법령법인-2400, 2016.6.24.

- 분할 당시 기계장치의 장부가액

  = 취득가액 − 감가상각누계액 = 100원 − 100원 × 2년 ÷ 5년 = 60원

- 세무상 상각범위액

  = 분할당시 장부가액 ÷ 세무상 내용연수 = 60원 ÷ 5년 = 12원

- 회계상 감가상각비

  = 분할당시 장부가액 ÷ 잔존내용연수 = 60원 ÷ 3년 = 20원

- 손금불산입 금액

  = 회계상 감가상각비 − 세무상 상각범위액 = 20원 − 12원 = 8원

분할로 인하여 세무상 상각범위액이 갑자기 감소하게 되는 부분을 완화하기 위하여 기준내용연수의 50% 이상 경과한 자산의 경우, 그 자산의 기준내용연수의 50%에 상당하는 연수와 기준내용연수의 범위에서 선택하여 내용연수를 신고할 수 있다. 이때 내용연수의 계산에 있어 1년 미만은 없는 것으로 본다.

예제 11

- 다음과 같은 자산을 분할신설법인에 이전하고자 함.

구 분	A	B	C	D
기준 내용연수	40년	10년	8년	5년
취득 시 경과연수	22년	4년	5년	3년

요구사항

1. 수정내용연수를 계산하시오.
2. 무신고 시 적용될 내용연수는 얼마인가?

본 예제에서 수정내용연수는 다음과 같다.

- A : 20년(= 40년 − 40년 × 50%)과 40년 사이 선택
- B : 사용된 내용연수가 50% 미만이므로 수정내용연수 적용 불가
- C : 4년(= 8년 − 8년 × 50%)과 8년 사이 선택
- D : 2년(= 5년 − 5년 × 50% = 2.5년 → 2년)과 5년 사이 선택

한편, 무신고 시에는 신규 자산을 취득할 경우 적용되는 기준내용연수를 적용한다.

(3) 분할신설법인의 분할매수차손(익)

분할법인은 분할대가를 기준으로 양도하였는데, 분할신설법인은 자산의 시가로 양도를 받은 것으로 한다. 결국 분할대가와 자산의 시가와의 차이가 발생하는데, 이를 분할매수차손(익)이라고 한다. 과거 영업권 또는 부의영업권의 개념이다. 분할신설법인이 분할법인의 자산을 시가보다 비싸게 분할대가를 주고 사왔다면 분할매수차손이 발생하고, 분할법인의 자산을 시가보다 싸게 사왔다면 분할매수차익이 발생한다.

- 분할매수차손 : 양도가액 − 순자산시가 > 0
- 분할매수차익 : 양도가액 − 순자산시가 < 0

분할매수차익은 분할등기일부터 5년이 되는 날이 속하는 사업연도까지 월할로 익금에 산입한다. 그리고 분할매수차손은 분할등기일부터 5년이 되는 날이 속하는 사업연도까지 월할로 손금에 산입한다. 다만, 분할매수차손은 분할매수차익과는 달리 분할신설법인 등이 분할법인 등의 상호·거래관계, 그 밖의 영업상의 비밀 등에 대하여 사업상 가치가 있다고 보아 대가를 지급한 경우에 한하여 손금산입이 가능하다.

한편, 회계상으로 재무제표에 영업권이 계상되는 경우가 있다. 그런데 법인세법상 영업권의 범위에는 합병·분할로 인하여 합병법인 또는 분할신설법인이 계상한 영업권은 제외하고 있다. 따라서 회계상 계상되는 영업권 또는 부의 영업권은 세무상 인정되는 자산·부채가 아니므로, 전액 세무조정을 통해 부인된다.

(4) 세무조정사항 및 공제감면, 이월결손금 등의 승계

비적격분할 시 세무조정사항(유보)은 분할신설법인에 승계되지 않으며, 분할법인에서 양도차익에 가감되어 소멸된다. 다만, 퇴직급여충당금 또는 대손충당금을 분할신설법인이 승계한 경우 관련 유보금액을 분할신설법인이 승계할 수 있다.

이월세액공제 및 세액감면, 이월결손금 역시 분할신설법인에 승계되지 않는다.

(5) 부가가치세 과세 여부

재화의 공급은 부가가치세법상 과세대상이나, 사업의 포괄양도는 재화의 공급으로 보지 않으므로 부가가치세를 과세하지 않는다.

사업의 포괄양도는 사업장별로 그 사업에 관한 모든 권리와 의무를 포괄적으로 승계시키는 것을 의미한다.

> **사업의 포괄양도**
>
> ① 사업장별로 양도가 이루어질 것
> ② 사업에 관한 모든 권리와 의무를 포괄적으로 승계할 것

사업장별로 양도가 이루어질 것

사업장별로 사업의 양도가 이루어져야 하지만, 상법에 따라 분할하는 경우에는 같은 사업장에서 사업부문별로 구분하여 승계하는 경우도 사업의 포괄양도의 범위에 포함이 가능하다.

사업에 관한 모든 권리와 의무를 포괄적으로 승계할 것

사업에 관한 모든 권리와 의무를 포괄적으로 승계시켜야 하지만, 미수금 · 미지급금 · 업무무관 부동산 등은 포함하지 아니하고 승계 가능하다.

(6) 증권거래세

주식을 양도하는 경우 증권거래세가 과세된다. 분할에 따른 소유권의 이전 역시 양도의 범위에 포함된다. 이에 분할신설법인에 이전하는 주식에 대한 증권거래세를 납부하여야 한다. 한편, 분할법인 주주는 분할법인의 주식을 반환하고 분할신설법인의 주식을 새로이 받게 된다. 이때 분할법인의 주식을 회사에 반환하는 것은 자본금을 감소시키는 목적이므로 주식의 양도의 범위에 포함되지 않는다.

(7) 지방세(취득세 및 등록면허세, 과점주주취득세)

취득세

분할신설법인이 분할에 의하여 취득세 과세대상 자산인 부동산, 차량, 기계장비, 항공기, 선박, 입목, 광업권, 어업권, 골프회원권, 승마회원권, 콘도미니엄 회원권, 종합체

육시설 이용회원권 또는 요트회원권(이하 '부동산 등') 등을 취득하는 경우 취득세를 납부하여야 한다.

분할에 의한 취득은 그 밖의 원인에 따른 취득으로 보아 유상취득과 동일한 세율을 적용한다.[77] 분할에 의한 취득의 경우 과세표준은 시가인정액[78]을 기준으로 하되, 시가인정액을 산정하기 어려운 경우 시가표준액을 기준으로 산정한다.

분할신설법인이 부담하는 취득세율(표준세율)은 다음과 같다.

| 취득세 표준세율 |

구 분		표준세율[79]
부동산	농지	3%
	농지 외의 것	4%
선박	등기·등록 대상인 선박(소형선박 제외)	3%
	소형선박	2.02%
	기타 선박	2%
차량	비영업용 승용차(일반)	7%
	비영업용 승용차(경차)	4%
	비영업용 기타 차량(일반)	5%
	비영업용 기타 차량(경차)	4%
	영업용 차량	4%
	이륜자동차	2%
	기타 자동차	2%
기계장비	기계장비(일반)	3%
	건설기계관리법에 따른 등록대상이 아닌 기계장비	2%
항공기	항공안전법 제7조 단서에 따른 항공기	2%
	기타 항공기	2.02%
	기타 항공기(최대이륙 중량 5,700kg 이상)	2.01%
입목, 광업권·어업권, 골프·승마·콘도미디엄·종합체육시설·요트회원권		2%

77) 2023년 3월 14일 이후 법인이 분할에 따라 부동산을 취득하는 경우부터 적용되며, 그 이전까지 분할에 의한 취득은 무상취득세율이 적용되었다.

78) 2023년 1월 1일 이후 과세대상 물건의 실질 가치를 반영하기 위하여 시가인정액 개념이 도입되었다. 시가인정액이란 취득일 전 6개월부터 취득일 후 3개월 이내의 기간 동안 매매사례가액, 감정가액, 경매 또는 공매가액이 있는 경우 해당 가액을 말한다.

분할신설법인이 수도권 과밀억제권역 내에 설립되는 경우 설립 시 및 설립 후 5년 이내 취득하는 부동산은 위의 표준세율의 3배에서 4%를 차감한 중과세율로 과세될 수 있다. 비적격분할이라고 하더라도 적격분할의 요건 중 사업의 포괄승계 요건을 충족하는 경우에는 중과세율이 적용되지 않는다.

한편, 별장, 골프장, 고급주택, 고급오락장, 고급선박 등 사치성 재산을 취득하는 경우 중과세율 8%가 표준세율에 가산하여 과세되므로 주의를 요한다.

🔵 등록면허세

분할신설법인의 설립 시 자본금 등기를 하는 경우 자본금의 0.48%에 해당하는 등록면허세(지방교육세 포함)를 납부하여야 한다.

한편, 분할신설법인이 수도권 과밀억제권역 내에 설립되는 경우에는 중과세율(3배)이 적용되어 1.44%의 등록면허세(지방교육세 포함)를 납부하여야 한다. 단, 비적격분할이라고 하더라도 적격분할의 요건 중 사업의 포괄승계요건을 충족하는 경우에는 중과세율이 적용되지 않는다.

🔵 과점주주 취득세

법인의 주식[80]을 취득하여 과점주주[81]가 되는 경우 그 과점주주가 해당 법인의 부동산 등을 취득한 것으로 보아 취득세를 납부하여야 한다. 이때 설립 시 발행하는 주식을 취득하여 과점주주가 된 경우는 취득으로 보지 아니하므로, 분할신설법인의 주식을 취득하여 과점주주가 되는 경우는 과점주주 취득세 과세대상이 아니다.

한편, 분할신설법인이 분할법인이 보유한 주식을 승계취득하여 과점주주가 되는 경

---

79) 위 취득세율에는 농어촌특별세 및 지방교육세가 포함되지 아니한 금액이다. 예컨대 부동산 취득 시 4%의 세금 외에 0.2%의 농어촌특별세와 0.4%의 지방교육세를 포함하여 총 4.6%의 취득세를 납부하여야 한다.

80) 유가증권상장법인 및 코스닥상장법인(2023년 1월 1일 이후 납세의무성립일 도래분부터)은 과점주주 취득세 대상에 해당하지 않는다.

81) '과점주주'란 주주 또는 유한책임사원 1명과 그의 특수관계인들의 소유주식의 합계 또는 출자액의 합계가 해당 법인의 발행주식 총수 또는 출자총액의 100분의 50을 초과하면서 그에 관한 권리를 실질적으로 행사하는 자들을 말한다.

우가 문제가 된다. 과점주주 취득세는 과점주주 전체의 지분비율이 종전보다 증가한 경우 증가한 지분율에 상당하는 금액을 과세하게 된다.

기존의 과점주주와 친족 기타 특수관계에 있으나 해당 법인의 주주가 아니었던 자가 기존의 과점주주로부터 그 소유 주식 또는 지분 전부를 이전받았다고 하더라도 일단의 과점주주 전체가 보유한 총주식 또는 지분의 비율에 변동이 없는 한 간주 취득세 과세 대상이 되지 않는다.[82] 따라서, 분할신설법인이 승계취득한 법인에 대한 과점주주 비율이 변동되지 않는다면 취득세 과세대상이 아닌 것으로 보아야 할 것이다.

(8) 의제배당

분할로 감소되는 주식의 취득가액보다 분할대가(주식 및 금전 등)가 더 큰 경우 분할법인의 주주는 이익을 얻게 된다. 세법에서는 이를 배당소득으로 의제하여 분할시점에 과세한다.

분할대가는 분할등기일의 시가를 기준으로 산정하는 것이 원칙이다. 다만, 비적격분할이라고 하더라도 적격분할의 요건 중 사업의 포괄승계요건 및 주식의 배정요건(지분의 연속성 요건 중 지분보유와 관련된 부분은 제외)을 충족하는 경우에는 종전의 장부가액을 기준으로 분할대가를 산정하므로 의제배당이 발생하지 않는다.

의제배당 규정은 분할의 연속성이 인정되지 않는 분할에 대하여, 분할을 계기로 미실현 이익을 과세하고자 하는 규정이다. 그런데 법인단계에서 이미 과세된 소득을 배당 시에 또다시 과세하면 이중으로 과세된다. 이러한 이중 과세를 방지하기 위하여 수입배당금 익금불산입 규정이 적용되는데, 의제배당에 대해서도 동일하게 적용된다.

| 수입배당금 익금불산입률 |

구 분	출자비율	익금불산입률
내국법인	50% 이상	100%
	20% 이상 50% 미만	80%
	20% 미만	30%

---

82) 대법원 2007두10297, 2007.8.23., 대법원 2002두1144, 2004.2.27.

한편, 개인의 경우에는 의제배당에 대해 Gross-up 제도를 통해 이중과세를 조정하고 있다. Gross-up 제도는 금융소득이 종합소득기준금액인 2천만원을 초과하여 종합소득금액에 합산하여 과세되는 경우 적용된다. Gross-up이 적용되면 배당금액에 Gross-up율만큼 가산하여 배당소득금액을 산출하고, 가산한 Gross-up율만큼은 세액공제방식으로 차감한다. 다만, 현행 Gross-up율은 10%[83]로 규정되어 있어서, 법인세의 일부만이 조정된다.

예제 12

- A법인은 비상장법인이며, 주주는 甲(갑)이 100% 지분을 보유하고 있음.
- 개인주주의 소득세율은 38%임.
- A법인이 100원을 벌어서 전액 배당하고자 함.

요구사항

甲이 100원을 벌어서 세금을 내는 경우와 A법인이 100원을 벌어서 배당을 하는 경우 세금부담액을 비교하시오.

법인세 한계세율이 9%인 세부담은 다음과 같다.

- A법인 법인세(지방소득세 포함) = 100원 × 9% × 1.1 = 9.9원
- A법인 배당금액 = 100원 − 9.9원 = 90.1원
- 甲 배당소득세 = [(90.1원 + 90.1원 × 10%) × 38% − 90.1원 × 10%] × 1.1 = 31.5원
- 법인을 통한 배당의 총부담세액 = 9.9원 + 31.5원 = 41.4원

甲이 직접 100원의 소득에 대해 세금을 납부할 경우 41.8원(= 100원 × 38% × 1.1)의 세금을 납부하여야 한다. 따라서 한계세율이 9%라면 甲이 개인사업을 통하여 100원을 벌어서 세금을 내는 경우가 오히려 법인을 설립하여 세금을 납부하는 경우보다 많다. 즉, 법인세율이 9%라면 100% 이중과세 조정이 된다고 하겠다.

법인세 한계세율이 19%인 세부담은 다음과 같다.

- A법인 법인세(지방소득세 포함) = 100원 × 19% × 1.1 = 20.9원

---

83) 2024년 1월 1일 이후 배당분부터 10%, 그 이전 배당분은 11% 적용

- A법인 배당금액 = 100원 − 20.9원 = 79.1원
- 甲 배당소득세 = [(79.1원 + 79.1원 × 10%) × 38% − 79.1원 × 10%] × 1.1 = 27.7원
- 법인을 통한 배당의 총부담세액 = 20.9원 + 27.7원 = 48.6원

甲이 직접 100원의 소득에 대해 세금을 납부할 경우에는 41.8원의 세금을 납부한다. 따라서 법인세율이 19%일 경우에는 개인이 직접 소득을 벌었을 때보다 오히려 부담세액이 많아진다. 즉, 이중과세 조정이 충분하지 않음을 알 수 있다.

분할 시 개인주주에 대한 의제배당이 발생하는 경우 실제 배당소득을 지급하지 않았음에도 이를 지급한 것으로 보아 원천징수하여 납부하여야 하는 문제가 발생한다. 특히 상장법인의 경우에는 개인주주에 대해 의제배당이 발생하는 경우 원천징수세액을 개인주주로부터 받는 것은 실무상 굉장히 어려운 일이다. 이에 회수할 수 없는 원천징수세액을 대납액 형태로 처리하는 경우가 발생한다. 그러나 주주에 대한 원천징수세액 대납액은 법인세법상 손비로 인정되지 않으며, 주주에 대한 배당으로 소득처분되는 사안이므로 대납하더라도 계속하여 원천징수문제가 발생한다.

또한 개인주주에 대한 의제배당 원천징수 시 각 주주의 주식취득금액을 확인하기 어렵다는 문제가 있다. 이러한 문제를 해결하기 위하여 각 주주의 주식취득금액이 불분명한 경우에는 그 주식의 액면가액을 취득금액으로 보고 의제배당을 산정하여 원천징수하도록 하고 있다.

(9) 분할법인 주주의 보유주식 취득가액의 구분방법

분할하는 경우 주주의 입장에서는 하나의 주식이 둘로 나누어진다. 분할 시 의제배당금액을 계산하거나, 분할법인 또는 분할신설법인의 주식을 처분하는 경우 주주가 얻은 이익을 산정함에 있어 각 주식의 취득가액을 구분하는 것이 중요하다.

주주가 법인인 경우 취득가액 산정 시에는 다음과 같이 분할 전 법인의 주식 취득가액을 분할로 감소한 세무상 자기자본비율에 따라 구분한다.

> 취득가액 산정
>
> - 분할 전 법인주식 취득가액 = 분할등기일 현재 감소한 분할법인의 자기자본$^{(*)}$ ÷ 분할 전 당해 법인의 자기자본
>   (*) 자기자본 = 자본금 + 잉여금

주주가 개인인 경우 취득가액의 산정은 분할 시 주식수 비율에 따르도록 하고 있다. 주식수 감소가 없는 인적분할 시에는 소액주주의 경우 액면가액을 취득가액으로 하고, 그 이외 주주의 경우 법인과 동일하게 세무상 자기자본비율에 따른다.

분할의 경우 순자산 분할비율과 다르게 분할되는 주식수 비율이 정해질 수 있다. 지배주주 개인의 경우 이러한 점을 이용하여 분할신설법인의 주식수를 많거나 적게 조정하여 주식취득가액을 조정할 수 있는 여지가 생긴다는 점이 문제가 된다. 하지만 지배주주 등 외의 개인주주는 분할로 감소하는 세무상 자기자본비율을 알 수 없으므로, 납세자의 편의를 위하여 개인에 대해서는 분할로 인한 취득가액을 주식수 비율에 따라 구분하는 것으로 보인다.

(10) 종합예제

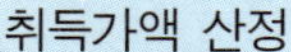

예제 13

- A법인은 X사업부문을 분할하고자 함(비례적 인적분할).
- 분할 후 재무상태표는 다음과 같음.

구분	분할 전 (A사)	존속법인	신설법인(X사업부문)	
			장부금액법	공정가치법
유동자산	25,000	10,000	15,000	15,000
고정자산$^{(*1)}$	20,000	12,000	8,000	13,000
부채	10,000	7,000	3,000	3,000
자본$^{(*2)}$	35,000	15,000	20,000	25,000

(*1) 고정자산은 모두 사업용 부동산에 해당함.
(*2) A법인의 설립당시 자본금은 10,000원임.

- X사업부문에 대한 세무상 장부가액은 회계상 장부가액과 동일하고, X사업부문에 대한 세무상 시가는 공정가치법에 따른 재무상태표의 금액과 동일함.

- 대주주인 왕회장은 설립시부터 분할 전까지 40%의 지분을 보유하고 있음.
- 왕회장이 수령하게 되는 신설법인의 주식의 시가는 15,000원임(B법인 주식의 시가총액 37,500원).
- 상기 분할은 비적격분할에 해당함.
- A법인의 법인세율 22%, 왕회장의 소득세율 34.3%(Gross-up을 감안한 세율)를 가정함.

요구사항

1. X사업부문이 장부금액법에 따라 분할되었을 경우 세무상 영향을 검토하시오.
2. X사업부문이 공정가치법에 따라 분할되었을 경우 세무상 영향을 검토하시오.

X사업부문이 장부금액법에 따라 분할하는 경우 발생하는 세무상 주요 영향은 다음과 같다.

① A법인의 자산양도차익 법인세 = (주식의 시가 – 순자산 장부가액) × 세율
   = (37,500원 – 20,000원) × 22% = 3,850원

② B법인의 취득가액 = 순자산 시가 = 25,000원
   - 회계 20,000원과의 차이 5,000원은 익금산입·유보, 손금산입·기타로 세무조정

③ B법인의 분할매수차손 = 주식의 시가 – 순자산 시가
   = 37,500원 – 25,000원 = 12,500원
   - 5년간 2,500원씩 손금산입

④ 왕회장의 의제배당 소득세 = (왕회장 주식의 시가 – 취득가액) × 세율
   = (15,000원 – 10,000원 × 40%) × 34.3% = 3,773원

한편, X사업부문이 공정가치법에 따라 분할하는 경우 발생하는 세무상 주요 영향은 다음과 같다.

① A법인의 자산양도차익 법인세 = (주식의 시가 – 순자산 장부가액) × 세율
   = (37,500원 – 20,000원) × 22% = 3,850원

② B법인의 취득가액 = 순자산 시가 = 25,000원
   - 회계와 세무가 동일하므로 세무조정 없음.

③ B법인의 분할매수차손 = 주식의 시가 − 순자산 시가

= 37,500원 − 25,000원 = 12,500원

• 5년간 2,500원씩 손금산입

④ 왕회장의 의제배당 소득세 = (왕회장 주식의 시가 − 취득가액) × 세율

= (15,000원 − 10,000원 × 40%) × 34.3% = 3,773원

결과적으로 X사업부문이 장부금액법 또는 공정가치법으로 분할했는지 여부는 B법인의 취득가액에 대한 세무조정에만 영향을 미칠 뿐, 과세소득에 미치는 영향은 없다.

4. 적격분할 시 세무처리

법인세법상 적격요건을 갖춘 분할에 대하여는 비적격분할 시 발생하는 세금을 면제하는 등의 과세특례를 두고 있다. 앞서 살펴본 비적격분할의 경우와 비교하여 어떤 과세특례를 두고 있는지를 살펴보자.

| 적격분할 세무처리 |

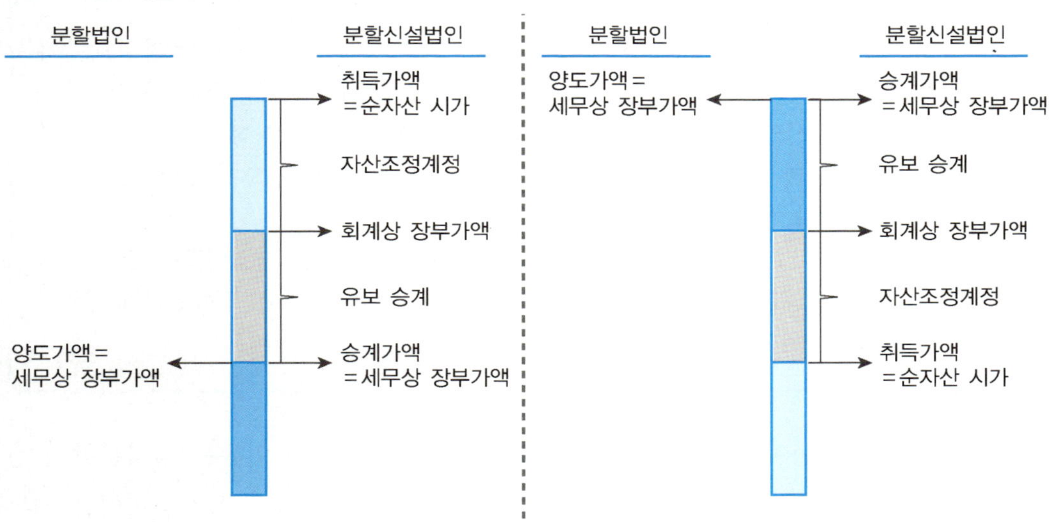

(1) 분할법인의 자산양도차익에 대한 법인세

적격분할은 분할하는 사업부문의 자산 · 부채를 세무상 장부가액으로 양도한 것으로

본다. 즉, 양도가액을 종전 순자산 장부가액으로 규정하여 양도차익(손)이 없는 것으로
한다.

(2) 분할신설법인의 취득가액

분할신설법인은 적격분할로 분할법인의 자산을 승계한 경우에도 분할등기일 현재의 시
가로 양도받은 것으로 본다. 비적격분할과 마찬가지로 분할신설법인이 기업회계상 승계
한 가액과 법인세법상 시가와의 차이가 발생하는 경우 회계상 승계가액과 법인세법상 시
가와의 차이를 유보로 계상하고 차이금액은 관련 자산·부채의 처분 등에 따라 추인한다.

여기서 한 가지 특이한 사항은 분할법인이 자산·부채를 장부가액으로 양도하였는데,
분할신설법인은 자산을 시가로 계상한다는 점이다. 이러한 차이는 '자산조정계정'이라
는 장치를 통해 조정된다. 시가에서 분할법인 등의 장부가액[84]을 뺀 금액을 자산조정계
정으로 하여 0원보다 큰 경우 손금에 산입하고 0보다 작은 경우 익금에 산입한다.

이와 같이 계상된 자산조정계정은 다음에 따라 처리한다.

> **자산조정계정의 처리**
>
> ① 감가상각자산에 설정된 자산조정계정 : 자산조정계정으로 손금에 산입한 경우에는 해
>   당 자산의 감가상각비(자산조정계정에 상당하는 부분만 해당)와 상계하고, 자산조정계
>   정으로 익금에 산입한 경우에는 감가상각비에 가산한다. 이 경우 해당 자산을 처분하
>   는 경우에는 상계 또는 더하고 남은 금액을 그 처분하는 사업연도에 전액 익금 또는
>   손금에 산입한다.
> ② 그 이외 자산에 설정된 자산조정계정 : 해당 자산을 처분하는 사업연도에 전액 익금
>   또는 손금에 산입한다. 다만, 자기주식을 소각하는 경우에는 익금 또는 손금에 산입하
>   지 아니하고 소멸한다.

자산조정계정을 시가와 회계상 장부가액의 차이로 계상하는 이유는 적격분할의 경
우 분할법인의 모든 유보금액이 승계되기 때문이다. 결과적으로 분할신설법인은 세무
상 장부가액으로 취득한 것으로 처리된다.

---

84) 분할법인에서 승계한 세무조정사항이 있는 경우에는 그 세무조정사항 중 익금불산입액은 가산하고 손금불
   산입액은 차감한 금액이다. 즉, 결국 회계상 장부가액을 의미한다.

2017년 2월 3일에 개정된 법인세법 제82조의 4 제1항 규정에서는 분할신설법인이 승계하는 자산 및 부채의 시가에서 분할법인의 회계상 장부가액의 차이를 익금에 산입하고 자산조정계정으로 손금에 산입하는 것으로 규정하고 있다. 자산조정계정을 세무상 유보로 관리하도록 명확히 한 규정인 것으로 보인다.

한편 적격분할에 의하여 취득한 자산의 감가상각 범위액을 정할 때, 취득가액은 분할법인의 취득가액으로 하고 미상각 잔액은 분할 당시 분할법인의 미상각잔액으로 한다. 이때 승계한 자산의 상각 범위액의 산정 시 분할법인이 적용하던 상각방법 및 내용연수에 의하여 산정 가능하고, 분할신설법인이 새로 신고하여 적용하는 상각방법 및 내용연수에 따라 산정하는 것도 가능하다. 즉, 납세자의 선택에 따라 적용 가능하다. 그러나, 한번 선택한 방법은 그 후 사업연도에도 계속하여 적용하여야 한다.

따라서 분할 전에 회계와 세무의 상각방법 및 내용연수가 동일한 상황에서, 분할신설법인이 분할법인이 적용하던 상각방법 및 내용연수를 선택하면 별도의 세무조정이 발생하지 않는다.

(3) 분할신설법인의 분할매수차손(익)

분할매수차손(익)은 분할신설법인이 분할법인의 자산을 시가보다 싸게 혹은 비싸게 사오는 경우에 발생하는데, 적격분할의 경우 분할법인은 세무상 장부가액으로 양도하고 분할신설법인은 세무상 장부가액으로 승계하므로 분할매수차손(익)은 발생하지 않는다.

회계상으로 재무제표에 영업권이 계상되는 경우 비적격분할과 마찬가지로 회계상 계상되는 영업권 또는 부의 영업권은 세무상 인정되는 자산 또는 부채가 아니므로, 전액 세무조정을 통해 부인하여야 한다.

(4) 세무조정사항 및 공제감면, 이월결손금 등의 승계

적격분할 시 분할하는 사업부문의 모든 세무조정사항(유보)은 분할신설법인에 승계된다.

또한 분할법인이 분할 전에 적용받던 세액감면 또는 세액공제를 승계하여 적용받을 수 있다. 이월된 감면·세액공제가 특정 사업 및 특정 자산과 관련된 경우에는 특정 사업 및 특정 자산을 승계한 분할신설법인이 공제하고, 그 외에 이월된 감면·세액공제는 분할법인의 사업용 자산가액 중 분할신설법인이 승계한 사업용 자산가액 비율로 안분하여 공제받을 수 있다.

이월결손금은 분할법인이 소멸하는 경우에 한하여 분할신설법인이 승계할 수 있다. 그러나 실무상 분할법인이 소멸하는 경우는 거의 없으므로 이월결손금은 분할신설법인에 승계되지 않는다고 볼 수 있다.

(5) 부가가치세 과세 여부

적격분할의 요건을 갖춘 분할의 경우 사업의 포괄양도에 해당하여, 부가가치세는 과세되지 않는다.

(6) 증권거래세

적격분할의 요건을 갖춘 분할에 따라 주식을 양도하는 경우 증권거래세가 면제되며, 증권거래세 면제에 대한 농어촌특별세도 비과세 된다. 다만, 증권거래세 면제를 받고자 하는 자는 증권거래세과세표준신고서와 함께 세액면제신청서를 납세지 관할 세무서장에게 제출하여야 한다.

(7) 지방세(취득세, 등록면허세 및 과점주주취득세)

● 취득세

적격분할의 요건을 갖춘 분할에 따라 취득하는 재산에 대하여는 취득세가 면제된다. 취득세 면제율은 지방세특례제한법 규정에 따라 75%의 감면율이 적용된다.

한편, 2017년 이후 적격분할에 따라 취득세를 감면받는 경우 분할등기일로부터 3년 이내에 분할신설법인이 분할법인으로부터 승계받은 사업을 폐지하거나, 분할법인의 지배주주가 분할신주를 50% 이상 처분하는 경우에는 면제받은 취득세를 추징한다. 취득세의 사후관리 요건은 적격분할의 사후관리 요건과 동일한데 기간 적용에 있어서는 차이를 보인다.

법인세법상 적격분할의 사후관리기간이 분할등기일이 속하는 사업연도 종료일부터 2년인 반면, 취득세 감면 시 사후관리기간은 분할등기일로부터 3년이다. 따라서, 법인세법상 사후관리 기간이 지났다고 하여 사업 폐지, 처분 등을 진행하면 취득세 추징문제가 발생할 수 있다.

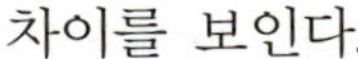 등록면허세

분할신설법인의 설립 시 자본금 등기를 하는 경우 자본금의 0.48%에 해당하는 등록면허세(지방교육세 포함)를 납부하여야 한다. 한편, 분할신설법인이 수도권 과밀억제권역 내에 설립되는 경우에는 중과세율(3배)이 적용되어 1.44%의 등록면허세(지방교육세 포함)를 납부하여야 하지만, 적격분할의 경우 중과세율은 적용되지 않는다.

(8) 의제배당

적격분할의 요건을 갖춘 분할의 경우 분할로 받은 대가를 종전에 보유하는 주식의 장부가액과 동일하게 보아 의제배당이 발생하지 않는다.

(9) 종합예제

예제 14

- A법인은 X사업부문을 분할하고자 함(비례적 인적분할).
- 분할 후 재무상태표는 다음과 같음.

구분	분할 전 (A사)	존속법인	신설법인(X사업부문)	
			장부금액법	공정가치법
유동자산	25,000	10,000	15,000	15,000
고정자산[*1]	20,000	12,000	8,000	13,000
부채	10,000	7,000	3,000	3,000
자본	35,000	15,000	20,000	25,000

(*1) 고정자산은 모두 사업용 부동산에 해당함.
(*2) A법인의 설립당시 자본금은 10,000원임.

- X사업부문에 대한 세무상 장부가액은 회계상 장부가액과 동일하고, X사업부문에 대한 세무상 시가는 공정가치법에 따른 재무상태표의 금액과 동일함.
- 대주주인 왕회장은 설립시부터 분할 전까지 40%의 지분을 보유하고 있음.
- 왕회장이 수령하게 되는 신설법인의 주식의 시가는 15,000원임(B법인 주식의 시가총액 37,500원).
- 상기 분할은 적격분할에 해당함.
- A법인의 법인세율 22%, 왕회장의 소득세율 34.3%(Gross-up을 감안한 세율)를 가정함.

요구사항

1. X사업부문이 장부금액법에 따라 분할되었을 경우 세무상 영향을 검토하시오.
2. X사업부문이 공정가치법에 따라 분할되었을 경우 세무상 영향을 검토하시오.

X사업부문이 장부금액법에 따라 분할하는 경우 주요 세무상 영향은 다음과 같다.
① A법인의 자산양도차익 법인세 = (순자산 장부가액 − 순자산 장부가액) × 세율
= (20,000원 − 20,000원) × 22% = 0원
② B법인의 취득가액 = 순자산 장부가액 = 20,000원
- 회계 20,000원과 시가의 차이 5,000원은 익금산입·유보, 손금산입·유보로 세무조정
③ 왕회장의 의제배당 소득세 = (취득가액 − 취득가액) × 세율
= (10,000원 × 40% − 10,000원 × 40%) × 34.3% = 0원

X사업부문이 공정가치법에 따라 분할하는 경우 주요 세무상 영향은 다음과 같다.
① A법인의 자산양도차익 법인세 = (순자산 장부가액 − 순자산 장부가액) × 세율
= (20,000원 − 20,000원) × 22% = 0원
② B법인의 취득가액 = 순자산 장부가액 = 20,000원
- 회계 25,000원과의 차이 5,000원은 손금산입·유보, 익금산입·기타로 세무조정
③ 왕회장의 의제배당 소득세 = (취득가액 − 취득가액) × 세율
= (10,000원 × 40% − 10,000원 × 40%) × 34.3% = 0원

결과적으로 X사업부문이 장부금액법 또는 공정가치법으로 분할했는지 여부는 B법인의 취득가액에 대한 세무조정에만 영향을 미칠 뿐, 과세소득에 미치는 영향은 없다.

〈예제 13〉과 본 예제를 비교하면 다음과 같다.

구분	비적격분할	적격분할
A법인 자산양도차익 법인세	3,850원	0원
B법인 취득가액	시가	장부가액
B법인 분할매수차손	12,500원 (5년간 2,500원 손금산입)	해당사항 없음.
왕회장의 의제배당 소득세	3,773원	0원

5. 적격분할의 사후관리 요건

위에서 살펴본 적격분할의 요건 중 지분보유요건, 사업의 계속 요건 및 고용 승계 요건을 충족하여야 하는 기간은 분할등기일이 속하는 사업연도 말까지로 정하고 있다. 그런데 세법에서는 적격분할에 대하여 추가로 사후관리기간을 두고 있다. 그 기한은 분할등기일이 속하는 사업연도 말의 다음 날부터 2년간(고용 승계 요건은 3년간)이다. 단, 취득세 등 지방세 감면의 경우 사후관리기간을 분할등기일부터 3년간으로 규정하고 있으므로 유의하여야 한다.

분할법인의 지배주주 및 분할신설법인이 사후관리 요건을 위반하는 경우 비적격분할에 준하는 패널티를 받게 된다. 따라서 적격분할을 기획하는 법인은 분할 당시뿐만 아니라 사후관리기간 동안 세심한 관리가 필요하다.

법인세법에서는 사후관리기간 동안 다음 3가지 사항을 위반하지 않도록 규정하고 있다.

적격분할의 사후관리 요건

① 분할신설법인이 분할법인으로부터 승계받은 사업을 폐지하는 경우
② 분할법인의 지배주주가 분할신설법인으로부터 받은 주식을 처분하는 경우
③ 각 사업연도 종료일 현재 분할신설법인에 종사하는 근로자 수가 분할등기일 1개월 전 분할하는 사업부문에 종사하는 근로자 수의 80% 미만으로 하락하는 경우

◑ 분할신설법인이 분할법인으로부터 승계받은 사업을 폐지하는 경우

사업폐지의 판단방법은 적격분할 요건과 동일하다. 분할신설법인이 분할법인으로부터 승계받은 사업을 폐지하더라도 사업계속의 요건을 충족하는 것으로 보는 부득이한 사유는 다음과 같다.

사업계속 요건의 부득이한 사유

① 분할신설법인이 파산함에 따라 승계받은 자산을 처분한 경우
② 분할신설법인이 적격합병·적격분할·적격물적분할 또는 적격현물출자에 따라 사업을 폐지한 경우
③ 분할신설법인이 기업개선 계획의 이행을 위한 약정 또는 기업개선 계획의 이행을 위한 특별약정에 따라 사업을 폐지한 경우
④ 분할신설법인이 채무자 회생 및 파산에 관한 법률에 따른 회생절차에 따라 법원의 허가를 받아 승계받은 자산을 처분한 경우

◑ 분할법인의 지배주주가 분할신설법인으로부터 받은 주식을 처분하는 경우

주식처분의 판단방법은 적격분할 요건과 동일하다. 분할법인 지배주주가 지분을 처분하더라도 지분보유 요건을 충족하는 것으로 보는 부득이한 사유는 다음과 같다.

지분보유 요건의 부득이한 사유

① 분할법인의 지배주주가 분할신주의 50% 미만을 처분한 경우
② 분할법인의 지배주주가 사망하거나 파산하여 주식을 처분한 경우
③ 분할법인의 지배주주가 적격합병·적격분할·적격물적분할 또는 적격현물출자에 따라 주식을 처분한 경우
④ 분할법인의 지배주주가 조세특례제한법 제38조 또는 제38조의 2에 따라 주식을 현물출자 또는 교환·이전하고 과세를 이연받으면서 주식을 처분한 경우
⑤ 분할법인의 지배주주가 채무자 회생 및 파산에 관한 법률에 따른 회생절차에 따라 법원의 허가를 받아 주식을 처분하는 경우
⑥ 분할법인의 지배주주가 기업개선 계획의 이행을 위한 약정 또는 기업개선 계획의 이행을 위한 특별약정에 따라 주식 등을 처분하는 경우
⑦ 분할법인의 지배주주가 법령상 의무를 이행하기 위하여 주식을 처분하는 경우

● 각 사업연도 종료일 현재 분할신설법인에 종사하는 근로자 수가 분할등기일 1개월 전 분할하는 사업부문에 종사하는 근로자 수의 80% 미만으로 하락하는 경우

적격분할 요건에서의 고용 승계 요건은 분할등기일 1개월 전 근무하는 근로자를 기준으로 하여 분할등기일이 속하는 사업연도 말까지 승계하여야 한다는 요건이지만, 사후관리 요건에서의 고용 유지 요건은 분할등기일이 속하는 사업연도의 다음 사업연도부터 3년간 분할등기일 1개월 전 근무하는 근로자 총수의 80% 이상의 비율을 유지하도록 하고 있다. 즉, 고용 승계 및 유지 요건은 적격분할 요건과 사후관리 요건에서 각각 다르게 규정하고 있다는 점에 유의하여야 한다.

고용 유지 비율은 각 사업연도 종료일 현재를 기준으로 판단하므로, 연도 중 근로자 총수의 비율이 80% 미만으로 떨어지더라도 추가 채용을 통해 각 사업연도 종료일에는 고용 유지 비율을 충족시킬 수 있는 여지가 존재한다.

사후관리대상이 되는 근로자는 근로기준법상 근로계약을 체결한 내국인 근로자를 말한다. 분할하는 사업부문에 종사하는지 여부가 불분명한 근로자가 있을 수 있다는 점을 감안하여, 분할 후 존속하는 사업부문과 분할하는 사업부문에 모두 종사하는 근로자 등에 대해서는 고용 유지의 대상이 되는 근로자의 범위에서 제외할 수 있도록 규정하고 있다.

적격분할 요건에서는 임원, 정년퇴직 예정자, 사망·상해 퇴직자, 일용근로자, 근로계약 6개월 미만인 근로자 등을 제외하고 있지만, 사후관리 요건에서는 이를 제외하지 않는다는 차이가 있다.

> **고용 유지의 대상에서 제외되는 근로자의 범위**
>
> ① (선택적 제외) 분할 후 존속하는 사업부문과 분할하는 사업부문에 모두 종사하는 근로자
> ② (선택적 제외) 분할하는 사업부문에 종사하는 것으로 볼 수 없는 기획재정부령으로 정하는 업무를 수행하는 근로자

한편, 분할신설법인이 고용 유지 비율을 유지하지 못하더라도 고용 유지 요건을 충족하는 것으로 보는 부득이한 사유는 다음과 같다.

> **고용 유지 요건의 부득이한 사유**
>
> ① 분할신설법인이 '채무자 회생 및 파산에 관한 법률'에 따른 회생계획을 이행 중인 경우
> ② 분할신설법인이 파산함에 따라 근로자의 비율을 유지하지 못한 경우
> ③ 분할신설법인이 적격합병, 적격분할, 적격물적분할 또는 적격현물출자에 따라 근로자의 비율을 유지하지 못한 경우

6. 적격분할 시 분할신설법인 등의 과세특례 사후관리

사후관리 기간인 분할등기일이 속하는 사업연도 종료일부터 2년 또는 3년 이내에 위반사유가 발생하는 경우 위반사유가 발생한 사업연도의 법인세 세무처리는 다음과 같다.

> **적격분할의 사후관리 위반 시 세무처리**
>
> ① 자산조정계정 잔액의 총합계액을 익금산입(0보다 작은 경우 손금산입하지 않음)
> ② 승계받은 결손금 중 공제한 금액 전액을 익금산입
> ③ 자산조정계정 잔액의 총합계액을 익금산입한 경우 분할매수차익 또는 분할매수차손에 상당하는 금액을 위반사유발생일이 속하는 사업연도의 익금 또는 손금에 산입하고 분할등기일부터 5년간 분할하여 손금 또는 익금에 산입
> ④ 승계한 세무조정 사항 중 익금불산입액은 더하고 손금불산입액은 차감함.
> ⑤ 승계하여 공제한 세액공제, 감면 상당액을 위반사유 발생일이 속하는 사업연도의 법인세에 더하여 납부하고, 위반사유 발생 사업연도부터 적용하지 아니함.
> ⑥ 분할법인의 상각범위액을 기준으로 감가상각했을 경우 동 방법을 선택함에 따라 추가 계상된 감가상각비를 일시에 익금산입(단, 위반사유 발생시 기준내용연수가 50% 이상 경과한 자산에 대하여 기준내용연수의 50% 범위 내에서 내용연수 신고 가능)

한편, 분할등기일부터 3년 이내에 위반사유가 발생하는 경우 분할로 면제된 취득세를 납부하여야 한다.

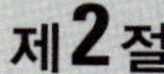

제2절 적격합병 과세특례 제도

1. 합병세무의 개요

법인세법은 법인이 합병하면 피합병법인이 합병법인에게 자산·부채를 양도하는 것으로 본다. 이에 따라 피합병법인은 합병 당시 발생하는 합병양도차익에 대해 법인세를 납부하여야 한다.

> 합병양도차익
>
> • 합병양도차익 = 양도가액[*] − 피합병법인의 순자산 장부가액[**]
>   [*] 양도가액 = 합병신주의 시가 + 합병대가로 지급하는 금전 등 + 합병법인이 납부하는 피합병법인의 법인세 등
>   [**] 피합병법인의 순자산 장부가액 = 세무상 장부가액

합병은 분할과 마찬가지로 합병양도차익에 대한 법인세 등 일시에 세금이 부과되면 합병을 통하여 기업구조정이 어렵게 된다. 따라서 과세당국은 세법상 적격합병 요건을 갖추면 합병법인이 피합병법인으로부터 동일한 인격을 승계하는 것으로 보아 합병양도차익을 없는 것으로 하는 등 과세특례를 두고 있다.

비적격합병과 적격합병 시 세무처리를 간략히 요약하면 다음과 같다.

| 비적격합병과 적격합병 시 세무처리 비교 |

구분	항목	비적격합병	적격합병
피합병법인	자산양도차익 법인세	법인세 과세	없음.
	부가가치세	과세대상 아님	과세대상 아님
	증권거래세	과세	면세
합병법인	자산부채 승계	시가 승계	세무상 장부가액 승계
	합병매수차손 (또는 차익)	5년간 손금산입 (또는 익금산입)	해당사항 없음
	유보 승계	퇴직급여충당금과 대손충당금만 승계	승계

구분	항목	비적격합병	적격합병
합병법인	이월결손금, 공제 등 승계	승계대상 아님	승계
	감가상각방법 및 내용연수신고	신규신고대상 (중고자산은 50% 범위 내 내용연수 적용 가능)	피합병법인 상각방법 적용 가능 (신규신고 가능)
	취득세	과세	50% 감면
	자본등록세	0.48%(중과시 1.44%)	0.48%(중과시 1.44%)
피합병법인의 주주	의제배당	요건충족 필요	없음
	과점주주 취득세	과세	과세

2. 적격합병의 요건

법인세법에서는 적격합병의 요건으로 다음을 규정하고 있다.
- 사업목적 합병 요건
- 지분의 연속성 요건
- 사업의 계속성 요건
- 고용 승계 요건

(1) 사업목적 합병 요건

사업목적 합병의 구체적인 기준은 다음과 같다.

사업목적 합병 요건

- 합병등기일 현재 1년 이상 사업을 계속하던 내국법인 간의 합병일 것

여기서 사업 영위기간은 합병등기일부터 소급하여 1년 동안 사실상 휴업이나 폐업 등 사업을 중단하지 않고 법인등기부상의 목적사업을 영위한 경우를 말한다. 이때, 합병등기일부터 소급하여 1년 이내에 합병, 분할 및 분할합병 등이 있는 경우에는 사업의 연속성이 유지되는 것으로 본다. 따라서 피합병법인이나 분할법인의 사업 영위기간도

포함하여 판단한다.

한편, 예외적으로 다른 법인과 합병하는 것을 유일한 목적으로 하는 기업인수목적회사로서 자본시장과 금융투자업에 관한 법률 시행령 제6조 제4항 제14호의 요건을 모두 갖춘 법인은 사업 영위기간이 1년 미만이더라도 해당 요건을 충족하는 것으로 본다.

(2) 지분의 연속성 요건

지분의 연속성에 관한 구체적인 기준은 다음과 같다.

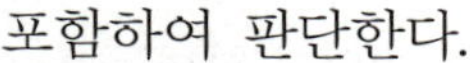

지분의 연속성 요건

① 피합병법인의 기존 주주가 받은 합병대가의 80% 이상이 주식일 것
② 피합병법인의 지배주주가 보유하던 지분비율 이상이 배정될 것
③ 피합병법인의 지배주주는 합병등기일이 속하는 사업연도 종료일까지 주식을 보유할 것

🔹 피합병법인의 기존 주주가 받은 합병대가의 80% 이상이 주식일 것

합병대가의 80% 이상을 주식으로 받았는지를 판정할 때, 합병대가의 총합계액은 합병신주의 가액 및 금전이나 그 밖의 재산가액의 합계액으로 한다. 다만, 합병 전 합병법인이 보유하는 피합병법인주식(합병포합주식)에 대하여 합병신주를 교부하지 않은 경우에도 합병신주를 교부한 것으로 간주하여 합병대가에 가산한다.

이 과정에서 실무상 빈번하게 이슈가 되는 부분은 합병법인이 합병등기일 전 2년 내에 취득한 합병포합주식이 있는 경우이다. 합병법인이 합병등기일 전 2년 내에 취득한 합병포합주식에 대해서는 다음을 금전으로 교부한 것으로 보아 합병대가의 80% 이상을 주식으로 받았는지 판정한다.

합병포합주식 중 금전으로 교부한 것으로 보는 금액

① 합병법인이 합병등기일 현재 피합병법인의 지배주주 등이 아닌 경우 : 합병법인이 합병등기일 전 2년 내에 취득한 합병포합주식이 피합병법인의 20% 지분을 초과하는 경우 그 초과하는 합병포합주식에 대하여 교부하였거나 교부한 것으로 보는 합병교부주식의 가액

② 합병법인이 합병등기일 현재 피합병법인의 지배주주 등인 경우 : 합병법인이 합병등기일 전 2년 이내에 취득한 합병포합주식에 대하여 교부하였거나 교부한 것으로 보는 합병교부주식의 가액

합병포합주식이 있는 경우 80% 주식교부요건의 판단방법에 대해 아래의 예제를 통해 구체적으로 살펴보자.

예제 15

- A법인의 주주는 甲(지분율 : 50%)과 乙(지분율 : 50%)임.
- A법인은 B법인 주식을 2013년과 2015년에 각각 20%와 30% 취득함.
- 2015년 말 현재 B법인의 주주는 A법인(지분율 : 50%)과 甲(지분율 : 50%)임.
- A법인과 B법인은 A법인을 합병법인으로 하여 합병예정임.
- 합병 시 합병대가는 전액 주식으로 교부하기로 함.

요구사항

1. 2017년 초에 합병할 경우 적격합병 요건의 충족 여부를 검토하시오.
2. 2018년 말에 합병할 경우 적격합병 요건의 충족 여부를 검토하시오.

본 예제에서 A법인이 보유한 B법인의 주식은 합병포합주식에 해당한다. 그리고 A법인은 합병등기일 현재 B법인의 최대주주에 해당하므로, 합병등기일 전 2년 이내에 취득한 주식은 금전으로 교부한 것으로 본다.

따라서 적격합병 요건 충족 여부는 다음과 같다.

- 2017년 초 합병 : 2년 이내에 취득한 주식이 30%이며, 동 주식은 금전으로 교부한 것으로 본다. 따라서 합병대가의 70%만 주식으로 교부하였으므로 80% 기준에 미달하여 적격합병을 충족하지 못한다.
- 2018년 초 합병 : 2년 이내에 취득한 주식이 없으므로 전액 주식이 교부된 것으로 보아 적격합병 요건을 충족한다.

● 피합병법인의 지배주주는 합병등기일이 속하는 사업연도 종료일까지 주식을 보유할 것

피합병법인의 지배주주는 합병신주에 대해 일정기간 보유할 의무가 있다. 다만, 세법

에서는 예외 규정으로 합병신주의 50% 미만 처분하는 것은 주식보유요건을 충족하는 것으로 보고 있다. 따라서, 지배주주가 50% 이상의 주식을 처분하는 경우에만 문제가 된다.

한편 지배주주가 지분을 처분하더라도 지분보유 요건을 충족하는 것으로 하는 부득이한 사유는 다음과 같다. 본 규정의 구체적인 적용 방법은 적격분할의 경우와 동일하므로 추가적인 설명은 생략하고자 한다.

지분보유 요건의 부득이한 사유

① 피합병법인의 지배주주가 합병신주의 50% 미만을 처분한 경우
② 피합병법인의 지배주주가 사망하거나 파산하여 주식을 처분한 경우
③ 피합병법인의 지배주주가 적격합병 · 적격분할 · 적격물적분할 또는 적격현물출자에 따라 주식을 처분한 경우
④ 피합병법인의 지배주주가 조세특례제한법 제38조 또는 제38조의 2 또는 제121조의 30에 따라 주식을 현물출자 또는 교환 · 이전하고 과세를 이연받으면서 주식을 처분한 경우
⑤ 피합병법인의 지배주주가 채무자 회생 및 파산에 관한 법률에 따른 회생절차에 따라 법원의 허가를 받아 주식을 처분하는 경우
⑥ 피합병법인의 지배주주가 기업개선 계획의 이행을 위한 약정 또는 기업개선 계획의 이행을 위한 특별약정에 따라 주식 등을 처분하는 경우
⑦ 피합병법인의 지배주주가 법령상 의무를 이행하기 위하여 주식을 처분하는 경우

(3) 사업의 계속성 요건

사업의 계속성에 관한 구체적인 기준은 다음과 같다.

사업의 계속성 요건

• 합병법인은 합병등기일이 속하는 사업연도의 종료일까지 피합병법인으로부터 승계받은 사업을 계속할 것

　　승계받은 사업을 계속하는지에 대한 판단기준은 합병법인이 합병등기일이 속하는 사업연도의 종료일 이전에 피합병법인으로부터 승계한 자산 가액의 50% 이상을 사업에 사용하는지 여부에 따라 결정된다. 즉, 합병법인이 피합병법인으로부터 승계한 자산 가액의 50% 이상을 처분하거나 사업에 사용하지 않는 경우에는 사업의 계속성 요건을 충족하지 못한 것으로 본다.

　　한편, 합병법인이 사업을 폐지하더라도 사업 계속요건을 충족하는 것으로 보는 부득이한 사유는 다음과 같다.

사업 계속요건의 부득이한 사유

① 합병법인이 파산함에 따라 승계받은 자산을 처분한 경우
② 합병법인이 적격합병·적격분할·적격물적분할 또는 적격현물출자에 따라 사업을 폐지한 경우
③ 합병법인이 기업개선 계획의 이행을 위한 약정 또는 기업개선계획의 이행을 위한 특별약정에 따라 사업을 폐지한 경우
④ 합병법인이 채무자 회생 및 파산에 관한 법률에 따른 회생절차에 따라 법원의 허가를 받아 승계받은 자산을 처분한 경우

(4) 고용 승계 요건

　　2018년 1월 1일 이후 합병하는 법인의 경우 적격합병을 위해서는 고용 승계 요건을 갖추어야 한다. 고용 승계 요건의 구체적인 기준은 다음과 같다.

고용 승계 요건

• 합병등기일 1개월 전 당시 피합병법인에 종사하는 합병법인이 승계한 근로자의 비율이 80% 이상이고, 합병등기일이 속하는 사업연도의 종료일까지 그 비율을 유지할 것

　　고용 승계의 대상이 되는 근로자는 근로기준법상 근로계약을 체결한 내국인 근로자를 말한다. 다만, 임원, 정년퇴직 예정자, 사망·상해 퇴직자, 일용근로자, 근로계약 6개월 미만인 근로자 등은 제외하고 있다.

 **고용 승계의 대상에서 제외되는 근로자의 범위**

① 법인의 임원(회장, 사장, 부사장, 이사 등 이사회 구성원, 감사 등)
② 합병등기일이 속하는 사업연도의 종료일 이전에 고용상 연령차별금지 및 고령자고용 촉진에 관한 법률 제19조에 따라 정한 정년이 도래하여 퇴직이 예정된 근로자
③ 합병등기일이 속하는 사업연도의 종료일 이전에 사망하는 근로자 또는 질병·부상 등 '고용보험법 시행규칙' 별표 2 제9호에 따른 사유로 퇴직한 근로자
④ 소득세법 제14조 제3항 제2호에 따른 일용근로자
⑤ 근로계약기간이 6개월 미만인 근로자(다만, 근로계약의 연속된 갱신으로 인하여 분할 등기일 1개월 전 당시 그 근로계약의 총 기간이 1년 이상인 근로자는 제외)
⑥ 금고 이상의 형을 선고받는 등 '고용보험법' 제58조 제1호에 따른 중대한 귀책사유로 퇴직한 근로자

한편, 합병법인이 고용 승계 비율을 유지하지 못하더라도 고용 승계 요건을 충족하는 것으로 보는 부득이한 사유는 다음과 같다.

고용 승계 요건의 부득이한 사유

① 합병법인이 '채무자 회생 및 파산에 관한 법률'에 따른 회생계획을 이행 중인 경우
② 합병법인이 파산함에 따라 근로자의 비율을 유지하지 못한 경우
③ 합병법인이 적격합병, 적격분할, 적격물적분할 또는 적격현물출자에 따라 근로자의 비율을 유지하지 못한 경우
④ 합병등기일 1개월 전 당시 피합병법인에 종사하는 근로기준법에 따라 근로계약을 체결한 내국인 근로자가 5명 미만인 경우

(5) 완전자회사의 합병

적격합병의 요건에 불구하고 다음의 경우에는 합병 전과 합병 후의 실질이 동일하다고 보아 적격합병의 요건을 갖춘 합병으로 간주한다.

① 내국법인이 100% 소유하고 있는 완전자회사를 합병
② 동일한 내국법인이 100% 소유하고 있는 2개의 완전자회사 간 합병

이러한 합병은 적격합병의 요건과 사후관리 요건을 충족하지 않아도 국세관련 과세

특례를 적용받을 수 있다. 지방세를 감면받는 법인의 경우에는 완전자회사의 합병시에도 사후관리요건을 충족하여야 하므로 유의하여야 한다.

한편, 적격합병의 요건을 사전검토하였으나, 적격합병 요건의 충족이 어려울 경우에는 100% 자회사로 만들어 합병하는 방안을 대안으로 생각해 볼 수 있다.

다음의 예제를 통해 그 내용을 구체적으로 살펴보자.

예제 16

- A법인의 주주는 甲(지분율 : 50%)과 乙(지분율 : 50%)임.
- A법인은 B법인 주식을 2013년과 2015년에 각각 20%와 30% 취득함.
- 2015년 말 현재 B법인의 주주는 A법인(지분율 : 50%)과 甲(지분율 : 50%)임.
- A법인과 B법인은 A법인을 합병법인으로 하여 2017년에 합병예정임.
- 합병 시 합병대가는 전액 주식으로 교부하기로 함.

요구사항

A법인과 B법인 간의 합병이 적격합병 요건을 충족하기 위한 대안을 검토하시오.

〈예제 16〉에서 살펴본 바와 같이 2017년에 합병을 실시한다면 합병포합주식으로 인하여 주식교부 비율이 80%에 미달하게 된다. 따라서 적격합병의 요건을 충족하지 못한다.

이러한 경우 甲이 소유하는 B법인의 잔여지분 50%를 A법인이 합병 전에 매입하는 방안을 생각해 볼 수 있다. 甲의 잔여지분 50%를 매매하여 B법인이 A법인의 완전자회사가 된다면 2017년에 합병을 실시하더라도 과세특례를 적용받을 수 있다.

(6) 완전자회사인 외국법인의 합병

적격합병 과세특례제도는 내국법인간 합병을 대상으로 하고 있기 때문에, 내국법인이 보유한 외국자회사가 합병을 하는 경우 당해 내국법인은 의제배당에 대한 과세문제가 발생하게 된다.

법인세법에서는 다음의 요건을 갖춘 경우에는 외국법인간 합병이라고 하더라도 합병 전과 합병 후의 실질이 다르지 않다는 점을 감안하여 의제배당이 과세되지 않도록 하고 있다.

① 다음의 완전자회사인 외국법인의 합병일 것

- 외국법인이 100% 소유하고 있는 외국법인에 합병되는 경우

- 동일한 내국법인이 100% 소유하고 있는 2개의 완전자회사인 외국법인 간 합병

- 내국법인과 그 내국법인이 100% 소유하고 있는 외국법인이 각각 100% 소유하고 있는 완전자회사인 외국법인 간 합병

② 합병법인과 피합병법인이 우리나라와 조세조약이 체결된 동일 국가의 법인일 것

③ ②의 국가에서 피합병법인의 주주인 내국법인에 합병에 따른 법인세를 과세하지 아니할 것

④ 위의 사항을 확인할 수 있는 서류를 납세지 관할 세무서장에게 제출할 것

3. 비적격합병 시 세무처리

법인세법상 합병에 대한 과세방법에 대해서는 적격합병보다 비적격합병을 먼저 살펴보도록 한다. 그 이유는 비적격합병에 따른 세무처리가 합병에 대한 원칙적인 것이므로, 이를 먼저 이해하면 적격합병에 따른 과세특례에 대한 접근이 용이하기 때문이다.

| 비적격합병 세무처리 |

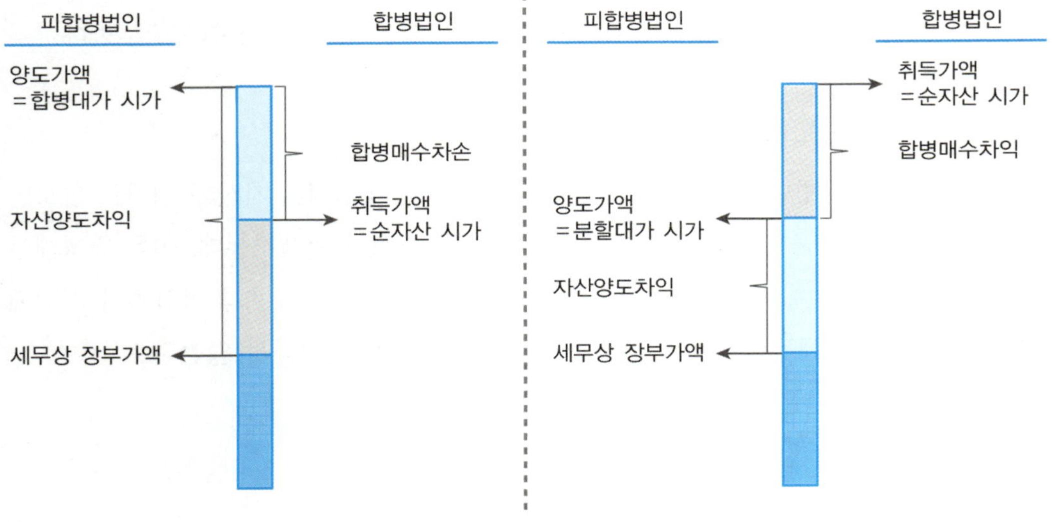

(1) 피합병법인의 자산양도차익에 대한 법인세

내국법인이 합병 시 피합병법인은 피합병법인의 자산을 합병법인에 양도한 것으로 본다. 양도에 따른 양도손익은 피합병법인이 합병등기일이 속하는 사업연도의 소득금액을 계산할 때 익금 또는 손금에 산입한다.

자산양도차손익

- 자산양도차손익 = 양도가액 − 피합병법인의 합병등기일 현재 순자산장부가액
  - 양도가액 : 피합병법인의 주주가 합병의 대가로 받은 합병신주 및 금전 등 모든 재산가액의 합계액(이때 합병포합주식이 있는 경우 이에 대하여 합병신주를 교부하지 않더라도 그 지분비율에 따라 합병신주를 교부한 것으로 본다) + 합병법인이 납부하는 피합병법인의 법인세 등
  - 합병등기일 현재 순자산 장부가액 : 세무상 유보를 가감한 장부가액

합병법인이 승계하여 납부하는 피합병법인의 법인세 및 그에 부과되는 국세와 법인지방소득세액은 피합병법인이 부담하여야 할 채무를 승계한 것으로 보아 양도가액에 포함한다.

(2) 합병법인의 취득가액

합병법인은 합병으로 피합병법인의 자산을 승계한 경우 합병등기일 현재 순자산의 시가로 양도받은 것으로 본다. 합병법인의 자산의 취득 관련 세무처리는 분할신설법인의 자산의 취득 관련 세무처리와 동일하므로 추가적인 설명은 생략하도록 한다.

(3) 합병법인의 합병매수차손(익)

피합병법인은 합병대가를 기준으로 양도하였는데 합병법인은 자산의 시가로 양도받은 것으로 한다. 결국 합병대가와 자산의 시가와의 차이가 발생하는데, 이를 합병매수차손(익)이라고 한다. 합병매수차손(익)은 회계상 영업권 또는 부의영업권의 개념에 해당하는데, 현재 세무상으로는 영업권과 부의영업권이 인정되지 않는다.

합병매수차손(익)은 다음과 같이 계산된다.

- 합병매수차손 : 양도가액 − 순자산시가 > 0
- 합병매수차익 : 양도가액 − 순자산시가 < 0

합병매수차익은 합병등기일부터 5년이 되는 날이 속하는 사업연도까지 월할로 익금에 산입한다. 그리고 합병매수차손은 합병등기일부터 5년이 되는 날이 속하는 사업연도까지 월할로 손금에 산입한다. 다만, 합병매수차손은 합병매수차익과는 달리 합병법인이 피합병법인의 상호 · 거래관계, 그 밖의 영업상의 비밀 등에 대하여 사업상 가치가 있다고 보아 대가를 지급한 경우에 한하여 손금산입이 가능하다.

한편, 회계상으로 재무제표에 영업권이 계상되는 경우가 있는데, 회계상 계상되는 영업권 및 부의 영업권은 세무상 인정되는 자산 · 부채가 아니다. 따라서 전액 세무조정을 통해 부인된다.

(4) 세무조정사항, 공제감면 및 이월결손금 등의 승계

비적격합병 시 세무조정사항(유보)은 합병법인에 승계되지 않으며, 피합병법인에서 양도차익에 가감되어 소멸된다. 다만, 퇴직급여충당금 또는 대손충당금을 합병법인 등이 승계하면 관련 유보금액은 합병법인이 승계할 수 있다. 그리고 이월세액공제, 세액감면 및 이월결손금 역시 합병법인에 승계되지 않는다.

한편, 합병등기일 현재 합병법인의 이월결손금은 피합병법인으로부터 승계받은 사업에서 발생한 소득금액의 범위에서는 공제하지 않는다. 이는 결손금이 있는 합병법인이 이익이 발생하는 피합병법인을 합병하여 편법으로 결손금을 공제하는 것을 방지하기 위한 규정에 해당한다. 본 규정은 적격요건을 갖추었는지 여부를 불문하고 적용된다.

🔹 구분경리 의무

다른 내국법인을 합병하는 경우 합병 후 5년간 합병법인의 사업과 피합병법인의 사업을 구분경리하여야 한다. 합병등기일 현재 합병법인에 결손금이 있는 경우 그 결손금을 공제받는 기간까지 구분경리 의무가 있다. 다만, 중소기업 간의 합병 또는 동일사업을 영위하는 법인 간 합병의 경우에는 구분경리의무가 면제된다.

구분경리는 적격합병에 따라 감면, 공제 및 결손금을 승계하는 경우 더욱 중요하므로 적격합병 세무처리에서 상세히 다루도록 한다.

(5) 부가가치세 과세 여부

합병의 경우 피합병법인의 모든 사업장의 권리와 의무를 포괄적으로 합병법인에 이전하므로 재화의 공급으로 보지 않는 사업의 양도에 해당한다. 따라서 부가가치세 과세문제는 발생하지 않는다.

(6) 증권거래세

주식을 양도하는 경우 증권거래세가 과세된다. 합병에 따른 소유권의 이전 역시 양도의 범위에 포함되므로, 합병법인에 이전하는 주식도 증권거래세를 납부하여야 한다.

한편, 피합병법인 주주는 피합병법인의 주식을 반환하고 합병법인의 주식을 수령하게 된다. 이때 피합병법인의 주식을 회사에 반환하는 것은 자본금을 감소시키는 목적이므로 주식의 양도의 범위에 포함되지 않는다.

(7) 지방세(취득세 및 등록면허세, 과점주주취득세)

🔹 취득세

합병에 의한 취득은 그 밖의 원인에 따른 취득으로 보아 유상취득과 동일한 세율을 적용한다.[85] 합병에 의한 취득의 경우 과세표준은 시가인정액을 기준으로 하되, 시가인정액을 산정하기 어려운 경우 시가표준액을 기준으로 산정한다. 합병법인이 부담하는 취득세율(표준세율)은 인적분할의 경우 동일하다. 한편, 수도권 과밀억제권역(대도시) 내에 소재하는 법인과 합병하여 취득하는 부동산은 표준세율의 3배에서 4%를 차감한 중과세율로 과세될 수 있다. 이는 합병법인 또는 피합병법인이 대도시에서 설립 후 5년이 경과하였는지 여부에 따라 중과세 여부가 달라지는데, 다음 표를 참조하기 바란다.

| 대도시 설립 후 5년 경과 여부에 따른 중과세 적용 여부 |

합병법인	피합병법인	중과세 여부
5년이 경과한 법인	5년이 경과한 법인	중과세 대상 아님
5년이 경과한 법인	5년이 경과되지 아니한 법인	중과세 대상 아님
5년이 경과되지 아니한 법인	5년이 경과한 법인	중과세 대상[*]
5년이 경과되지 아니한 법인	5년이 경과되지 아니한 법인	중과세 대상

(*) 합병 당시 피합병법인 자산비율 상당액은 중과세 대상이 아님.

---

85) 2023년 3월 14일 이후 법인이 합병에 따라 부동산을 취득하는 경우부터 적용되며, 그 이전까지 합병에 의한 취득은 무상취득세율이 적용되었다.

한편, 별장, 골프장, 고급주택, 고급오락장, 고급선박 등 사치성 재산을 취득하는 경우 중과세율 8%를 표준세율에 가산하여 과세되므로 주의를 요한다.

📘 등록면허세

합병법인의 증자시 자본금 등기를 하는 경우 자본금의 0.48%에 해당하는 등록면허세(지방교육세 포함)를 납부하여야 한다. 만일, 합병법인이 수도권 과밀억제권역 내에 설립되어 5년이 경과하지 않은 경우에는 중과세율(3배)이 적용되어 1.44%의 등록면허세(지방교육세 포함)를 납부하여야 한다. 중과세 대상 여부는 위에서 살펴본 합병법인과 피합병법인이 대도시에 설립한 이후 5년 경과 여부에 따라 달라진다.

📘 과점주주 취득세

합병법인이 피합병법인이 보유한 주식을 승계취득하여 과점주주가 되는 경우 과점주주 취득세를 납부하여야 한다. 한편, 다음의 경우에도 유상취득으로 보아 과점주주 취득세가 과세된다.

① 피합병법인의 주주가 합병으로 합병법인의 과점주주가 되는 경우
② 합병법인의 과점주주의 지분율이 합병으로 증가한 경우

(8) 의제배당

피합병법인 주식의 취득가액보다 합병대가(주식 및 금전 등)가 더 크다면 피합병법인의 주주는 이익을 얻게 된다. 세법에서는 이를 배당소득으로 의제하여 합병시점에 과세하게 된다. 합병대가는 합병등기일의 시가를 기준으로 산정하는 것이 원칙이다. 다만, 비적격합병이라고 하더라도 적격합병의 요건 중 사업목적합병 요건과 주식 배정요건(지분의 연속성 요건 중 지분보유와 관련된 부분은 제외)을 충족하는 경우에는 종전의 장부가액을 기준으로 합병대가를 산정하므로 의제배당이 발생하지 않는다.

의제배당액에 대하여 법인은 수입배당금 익금불산입 제도를 적용하고, 개인은 Gross-up제도를 적용하여 이중과세조정을 한다. 의제배당 세무처리에 대한 구체적인 내용은 분할과 동일하므로 관련 내용을 참조하기를 바란다.

(9) 종합예제

예제 17

- A법인은 B법인의 주식을 80% 보유하는 상황에서 합병을 실시함.
- 합병대가로는 전액 주식이 교부됨.
- 합병 전·후 재무상태표는 다음과 같음.

구분	합병 전 (A사)	합병 전 (B사)	합병 후(A사)	
			장부금액법	공정가치법
유동자산	25,000	10,000	35,000	35,000
고정자산$^{(*)}$	20,000	12,000	20,000	33,000
부채	10,000	7,000	17,000	17,000
자본	35,000	15,000	38,000	51,000

(*1) 합병 후 영업권 5,000원 이외에는 전액 사업용 고정자산에 해당함.

(*2) 공정가치 합병 시 고정자산의 변동 요인 : 영업권 5,000원, 시가 평가로 인한 토지가액 증가 8,000원

(*3) B법인의 설립당시 자본금은 10,000원임.

- B법인의 주주는 설립 시부터 A법인 80%, 甲과 乙이 각각 10%씩을 보유하고 있음.
- 합병포합주식에 대해서는 합병신주를 발행하지 아니함.
- 합병으로 B법인의 주주가 받은 A법인 주식의 총가치는 5,000원임.
- 상기 합병은 비적격합병에 해당함.
- B법인의 법인세율 22%, 甲과 乙의 소득세율 34.3%(Gross-up을 감안한 세율)를 가정함.

요구사항

1. 장부금액법에 따라 회계처리되었을 경우 세무상 영향을 검토하시오.
2. 공정가치법에 따라 회계처리되었을 경우 세무상 영향을 검토하시오.

장부금액법에 따라 합병하는 경우 주요 세무상 영향은 다음과 같다.

① B법인의 자산양도차익 법인세 = (주식의 시가 − 순자산 장부가액) × 세율

= (5,000원/0.2 − 15,000원) × 22% = 2,200원

② A법인의 취득가액 = 순자산 시가 = 23,000원

- 회계 15,000원과의 차이 8,000원은 익금산입·유보, 손금산입·기타로 세무조정

③ A법인의 합병매수차손 = 주식의 시가 − 순자산 시가

= 5,000원/0.2 − 23,000원 = 12,000원

• 5년간 2,400원씩 손금산입

④ 甲과 乙의 의제배당 소득세 = (주식의 시가 − 취득가액) × 세율

    = (5,000원 − 10,000원 × 20%) × 34.3% = 1,029원

공정가치법에 따라 합병하는 경우 주요 세무상 영향은 다음과 같다.

① B법인의 자산양도차익 법인세 = (주식의 시가 − 순자산 장부가액) × 세율

    = (5,000원/0.2 − 15,000원) × 22% = 2,200원

② A법인의 취득가액 = 순자산 시가 = 23,000원

• 회계 28,000원과의 차이 5,000원은 세무상 인정되지 않는 영업권이므로 손금산
입 · 유보, 익금산입 · 기타로 세무조정

③ A법인의 합병매수차손 = 주식의 시가 − 순자산 시가

    = 5,000원/0.2 − 23,000원 = 12,000원

• 5년간 2,400원씩 손금산입

④ 甲과 乙의 의제배당 소득세 = (주식의 시가 − 취득가액) × 세율

    = (5,000원 − 10,000원 × 20%) × 34.3% = 1,029원

결과적으로 A법인이 B법인을 장부금액법 또는 공정가치법으로 합병했는지 여부는 A
법인의 취득가액에 대한 세무조정에만 영향을 미칠 뿐, 과세소득에 미치는 영향은 없다.

4. 적격합병 시 세무처리

법인세법상 적격요건을 갖춘 합병에 대하여는 비적격합병 시 발생하는 세금을 면제
하는 등의 과세특례를 두고 있다. 앞서 살펴본 비적격합병의 경우와 비교하여 어떤 과
세특례를 두고 있는지를 살펴보자.

| 적격합병 세무처리 |

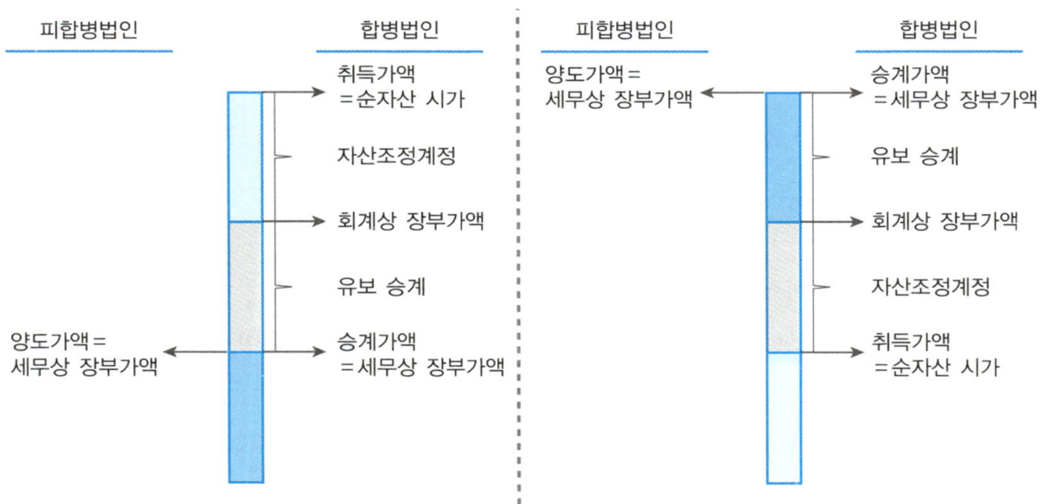

(1) 피합병법인의 자산양도차익에 대한 법인세

적격합병은 피합병법인의 자산·부채를 세무상 장부가액으로 양도한 것으로 본다. 양도가액을 종전 순자산 장부가액으로 규정하고 있으므로 양도차익(손)은 없는 것으로 한다.

(2) 합병법인의 취득가액

합병법인은 적격합병으로 피합병법인의 자산을 승계한 경우에도 합병등기일 현재의 시가로 양도받은 것으로 본다. 비적격합병과 마찬가지로 합병법인이 기업회계상 승계한 가액과 법인세법상 시가와의 차이가 발생하면 회계상 승계가액과 법인세법상 시가와의 차이를 유보로 계상하고, 차이금액은 관련 자산·부채의 처분 등에 따라 추인한다.

분할과 마찬가지로 피합병법인은 자산·부채를 장부가액으로 양도하고, 합병법인은 자산을 시가로 계상한다. 이러한 차이는 '자산조정계정'이라는 장치를 통해 조정한다. 시가에서 피합병법인의 장부가액[86]을 뺀 금액을 자산조정계정으로 하여 '0원'보다 큰

---

86) 피합병법인에서 승계한 세무조정사항이 있다면 그 세무조정사항 중 익금불산입액은 가산하고 손금불산입

경우 손금에 산입하고 0보다 작은 경우 익금에 산입한다.

이와 같이 계상된 자산조정계정은 다음과 같이 처리된다.

> **자산조정계정의 세무처리**
>
> ① 감가상각자산에 설정된 자산조정계정 : 자산조정계정으로 손금에 산입한 경우에는 해당 자산의 감가상각비(자산조정계정에 상당하는 부분만 해당)와 상계하고, 자산조정계정으로 익금에 산입한 경우에는 감가상각비에 가산한다. 이 경우 해당 자산을 처분하는 경우에는 상계 또는 더하고 남은 금액을 그 처분하는 사업연도에 전액 익금 또는 손금에 산입한다.
> ② 그 이외 자산에 설정된 자산조정계정 : 해당 자산을 처분하는 사업연도에 전액 익금 또는 손금에 산입한다. 다만, 자기주식을 소각하는 경우에는 익금 또는 손금에 산입하지 아니하고 소멸한다.

자산조정계정을 시가와 회계상 장부가액의 차이로 계상하는 이유는 적격합병의 경우 피합병법인의 모든 유보금액이 승계되기 때문이다. 결과적으로 합병법인은 세무상 장부가액으로 취득한 것으로 처리된다.

적격합병에 의하여 취득한 자산의 감가상각범위액을 정할 때, 취득가액은 피합병법인의 취득가액으로 하고 미상각 잔액은 합병 당시 피합병법인의 미상각잔액으로 한다. 이때 승계한 자산의 상각범위액의 산정 시 피합병법인이 적용하던 상각방법 및 내용연수에 의하여 산정 가능하고, 합병법인이 적용하는 상각방법 및 내용연수에 따라 산정하는 것도 가능하다. 즉, 납세자 선택에 따라 적용 가능하다. 그러나, 한번 선택한 방법은 그 후 사업연도에도 계속하여 적용하여야 한다.

(3) 합병법인의 합병매수차손(익)

합병매수차손(익)은 합병법인이 피합병법인의 자산을 시가보다 싸게 혹은 비싸게 사오는 경우에 발생한다. 그런데, 적격합병의 경우 피합병법인은 세무상 장부가액으로 양도하고 합병법인은 세무상 장부가액으로 승계하므로 합병매수차손(익)은 발생하지 않는다.

액은 차감한다. 즉, 회계상 장부가액을 의미한다.

회계상으로 재무제표에 영업권이 계상되는 경우 비적격합병과 마찬가지로 회계상 계상되는 영업권 또는 부의 영업권은 세무상 인정되는 자산·부채가 아니므로, 전액 세무조정을 통해 부인한다.

(4) 세무조정사항, 공제감면 및 이월결손금 등의 승계

적격합병 시 피합병법인의 모든 세무조정사항(유보)은 합병법인에 승계된다. 또한 피합병법인이 합병 전에 적용받던 세액감면 또는 세액공제를 승계하여 적용받을 수 있다. 승계받은 감면·세액공제는 피합병법인으로부터 승계받은 사업의 소득범위 내에서 적용받을 수 있다.

구체적인 적용방법은 다음과 같다.

| 승계받은 감면·세액공제의 적용방법 |

구분		적용방법
세액감면	일정기간에 걸쳐 감면되는 것	합병법인이 승계받은 사업에서 발생한 소득에 대하여 합병 당시의 잔존감면기간 내에 종료하는 각 사업연도분까지 그 감면을 적용
세액공제	이월된 외국납부세액공제 미공제액	한도 : $\dfrac{\text{승계받은 사업에서 발생한 국외원천소득}}{\text{해당 사업연도의 과세표준}} \times \text{해당 사업연도의 산출세액}$
	최저한세 적용으로 이월된 미공제액	승계받은 사업부문에 대한 법인세 최저한세액의 범위에서 공제. 단, 합병법인의 법인세 최저한세액을 초과할 수 없음.
	이외에 납부할 세액이 없어 이월된 미공제액	승계받은 사업부문에 대하여 계산한 법인세 산출세액의 범위에서 공제

피합병법인의 합병등기일 현재 이월결손금 역시 합병법인에 승계된다. 다만, 합병법인이 승계한 피합병법인의 결손금은 승계받은 사업에서 발생한 소득금액의 범위 내에서 공제받을 수 있다. 합병등기일 현재 합병법인의 결손금 역시 피합병법인에서 승계받은 사업에서 발생한 소득금액의 범위에서는 공제하지 않는다. 피합병법인과 합병법인의 이월결손금은 합병법인과 피합병법인으로 구분된 각각의 당해연도 소득금액에

80%(중소기업 또는 회생계획을 이행중인 법인등인 경우 100%)를 한도로 공제가 가능하다.

한편, 적격합병을 한 합병법인은 합병등기일로부터 5년 이내에 합병법인과 피합병법인이 합병 전 보유하던 자산에서 처분손실이 발생한 경우 각각 합병 전 영위하던 사업에서 발생한 소득금액의 범위 내에서 손금에 산입한다. 처분손실보다 소득금액이 미달하여 손금에 산입하지 않은 처분손실은 결손금에 준하여 이월하여 손금에 산입한다.

이때 처분손실의 금액은 합병등기일 현재 장부가액보다 낮은 시가와의 차액을 한도로 한다.

예제 18

- A법인은 B법인을 2015년 9월 적격합병함.
- A법인은 합병 전 보유하던 자산 중 일부를 2017년에 처분함.
  - 합병 전 A법인이 보유하던 차량 : 처분가액 100원, 처분손실 50원
  - 합병 전 B법인이 보유하던 기계장치 : 처분가액 100원, 처분손실 200원
- 합병 당시 차량 및 기계장치의 시가와 장부가액은 다음과 같음.
  - 합병 전 A법인이 보유하던 차량 : 시가 150원, 장부가액 150원
  - 합병 전 B법인이 보유하던 기계장치 : 시가 50원, 장부가액 300원
- 합병 후 감가상각에 따른 장부가액 변동은 없다고 가정함.
- 2017년 A사업부의 소득금액은 50원, B사업부는 △150원으로 A법인의 총 소득금액은 △100원임.

요구사항

2017년 A법인의 과세표준을 계산하시오.

본 예제에서 합병 전 A법인이 보유한 차량에서 발생한 처분손실은 50원이나, A사업부문에서만 공제하여야 하는 처분손실은 다음과 같다.

- Min(처분손실 50원, 합병 당시 내재손실)

합병 당시 A법인 보유 차량의 내재손실은 0원(= 시가 − 장부가액 = 150원 − 150원)으로 계산된다. 따라서 처분손실은 합병 이후 발생한 손실이므로 전체 사업에서 손금산입이 가능하다.

반면, 합병 전 B법인이 보유한 기계장치에서 발생한 처분손실은 200원이나, B사업부문에서만 공제하여야 하는 처분손실은 다음과 같다.

- Min(처분손실 200원, 합병 당시 내재손실)

합병 당시 B법인 보유 기계장치의 내재손실은 250원(= 시가 − 장부가액 = 300원 − 50원)으로 계산된다. B사업부의 2017년 소득금액은 △150원이므로 처분손실 공제 전 소득금액은 50원(= △150원 + 200원)이다. 따라서 처분손실 200원 중 50원은 당해 연도의 손금으로 산입이 가능하고 나머지 150원은 이월결손금에 준하여 차기로 이월된다.

결국 A법인의 2017년 과세표준은 A사업부문의 소득 50원과 B사업부문의 처분손실 150원을 부인한 소득 0원을 합하여 총 50원이 된다.

구분경리

다른 내국법인을 합병하는 경우 합병 후 5년간 합병법인의 사업과 피합병법인의 사업을 구분경리하여야 한다. 합병등기일 현재 합병법인에 결손금이 있는 경우 및 적격합병으로 피합병법인의 결손금을 승계한 경우에는 그 결손금을 공제받는 기간까지 구분경리 의무가 있다.

다만, 중소기업 간 합병 또는 동일사업을 영위하는 법인 간 합병의 경우에는 구분경리의무가 면제된다. 여기서 중소기업 간 합병은 합병법인과 피합병법인 모두 합병등기일 전일을 기준으로 조세특례제한법에 따른 중소기업이어야 한다.

동일 사업을 영위하는 법인의 판정은 한국표준산업분류에 따른 세분류에 따른다. 이 경우 합병법인 또는 피합병법인이 2 이상의 세분류에 따른 사업을 영위하는 경우에는 사업용 자산가액 중 동일 사업에 사용하는 사업용 자산가액의 비율이 각각 70%를 초과하는 경우에만 동일사업을 영위하는 것으로 본다.

예제 19

• 합병법인 또는 피합병법인의 사업부문별 사업용 자산가액의 비율은 다음과 같음.

A법인(합병법인)		B법인(피합병법인)	
사업	비율(%)	사업	비율(%)
X사업(세분류)	30.0	X사업(세분류)	40.0
Y사업(세분류)	45.0	Y사업(세분류)	33.0
Z사업(세분류)	25.0	W사업(세분류)	27.0
합계	100.0	합계	100.0

요구사항

甲법인과 乙법인이 합병하면 동일 사업에 해당하는지 검토하시오.

본 예제에서 A법인과 B법인은 2 이상의 세분류에 해당하는 사업을 영위한다. 그리고 A법인과 B법인의 동일사업은 X사업과 Y사업을 보유하고 있으며, A법인은 75.0%, B법인은 73.0%의 사업용 자산을 동일 사업에 사용한다고 볼 수 있다. 따라서 A법인과 B법인의 합병은 동일 사업을 영위하는 법인 간 합병에 해당하여 구분경리가 면제된다.

🔵 구분경리가 면제되는 경우 각 사업부문의 소득금액 계산방법

중소기업 간 법인의 합병 또는 동일 사업을 영위하는 법인 간 합병에 해당하여 구분경리가 면제되는 경우에는 총 소득금액을 합병등기일 현재 합병법인과 피합병법인의 사업용 자산가액 비율로 안분계산하여 합병법인과 피합병법인의 각 사업부문의 소득금액을 계산한다.

합병법인 및 피합병법인의 사업용 자산가액은 승계 결손금을 공제하는 각 사업연도의 종료일 현재 계속 보유(처분 후 대체하는 경우 포함) 또는 사용하는 자산에 한정하여 그 자산의 합병등기일 현재 가액에 따른다.[87]

---

87) 법인세법 시행령 제81조에서는 피합병법인의 사업용고정자산에 대하여만 각 사업연도 종료일 현재 계속 보유 · 사용하는 고정자산에 한정하여 비율을 산정하도록 규정하고 있으나, 기획재정부에서는 합병법인에 대하여도 마찬가지로 각 사업연도 종료일 현재 계속 보유 · 사용하는 고정자산에 한하여 자산가액비율을 산정하도록 해석하고 있다(재법인 – 343, 2015.5.4.).

(5) 부가가치세 과세 여부

합병의 경우 피합병법인의 모든 사업장의 권리와 의무를 포괄적으로 합병법인에 이전하므로 재화의 공급으로 보지 않는 사업의 양도에 해당한다. 따라서, 부가가치세 과세문제는 발생하지 않는다.

(6) 증권거래세

적격합병의 요건을 갖춘 합병에 따라 주식을 양도하는 경우 증권거래세가 면제된다. 그리고, 면제대상에 대한 농어촌특별세도 비과세 된다. 한편, 증권거래세 면제를 받고자 하는 자는 증권거래세과세표준신고서와 함께 세액면제신청서를 납세지 관할 세무서장에게 제출하여야 한다.

(7) 지방세(취득세 및 등록면허세, 과점주주취득세)

취득세

적격합병 요건을 갖춘 합병에 따라 취득하는 재산에 대하여는 취득세가 일부 면제된다. 적격합병에 따른 취득세 면제율은 지방세법에 따라 2%가 면제되고, 나머지는 지방세특례제한법에 따라 소비성서비스업[88]을 제외한 사업을 1년 이상 영위한 법인 간의 적격합병시 사업용 재산에 한하여 50%(중소기업간 합병 또는 벤처기업등 기술혁신형 사업법인과의 합병은 60%) 면제된다. 지방세특례제한법에 따른 감면은 사업용 재산에 한하여 감면율이 적용되므로, 적격합병시 비사업용 재산을 승계하는 경우에는 해당 감면이 적용되지 않을 수 있다.

한편, 적격합병에 따라 취득한 토지 및 건축물이 합병 후 5년 이내에 별장, 골프장, 고급주택 또는 고급오락장 등 중과세율 적용대상에 해당하면 합병에 따른 감면이 적용되지 않는다.

2017년 이후 적격합병에 따라 취득세를 감면받는 경우 합병등기일로부터 3년 이내에 합병법인이 피합병법인으로부터 승계받은 사업을 폐지하거나, 피합병법인의 지배주주

---

88) 호텔업 및 여관업('관광진흥법'에 따른 관광숙박업 제외), 주점업(일반유흥주점업, 무도유흥주점업 및 '식품위생법 시행령' 제21조에 따른 단란주점 영업만 해당, '관광진흥법'에 따른 외국인전용유흥음식점업 및 관광유흥음식점업은 제외)

가 합병신주를 50% 이상 처분하는 경우, 승계한 고용인원 수의 80%에 미달하는 경우에는 면제받은 취득세를 추징한다. 이는 적격합병의 사후관리 요건과 동일한데, 사후관리 기간에는 차이가 있다. 법인세법상 적격합병의 사후관리기간이 합병등기일이 속하는 사업연도 종료일부터 2년(고용유지기간 3년)인 반면, 취득세 감면 시 사후관리기간은 합병등기일로부터 3년이다.

● 등록면허세

합병법인의 증자 시 자본금 등기를 하는 경우 자본금의 0.48%에 해당하는 등록면허세(지방교육세 포함)를 납부하여야 한다. 한편, 합병법인이 수도권 과밀억제권역 내에 설립되어 5년이 경과하지 않은 경우에는 중과세율(3배)이 적용되어 1.44%의 등록면허세(지방교육세 포함)를 납부하여야 한다. 중과세 대상 여부는 비적격합병 세무처리를 참고하기를 바란다.

● 과점주주 취득세

적격합병 요건을 갖추었다고 하더라도 다음의 경우에는 유상취득으로 보아 과점주주 취득세가 과세된다.
① 피합병법인의 주주가 합병으로 합병법인의 과점주주가 되는 경우
② 합병법인의 과점주주의 지분율이 합병으로 증가한 경우

(8) 의제배당

적격합병의 요건을 갖춘 합병의 경우 합병으로 받은 대가를 종전에 보유하는 주식의 장부가액과 동일하게 보아 의제배당이 발생하지 않는다.

단, 적격합병이더라도 합병대가를 금전으로 받은 부분에 대하여는 의제배당금액이 발생하므로 유의하여야 한다.

(9) 종합예제

예제 20

- A법인은 B법인의 주식을 80% 보유하는 상황에서 합병을 실시함.
- 합병대가로는 전액 주식이 교부됨.
- 합병 전·후 재무상태표는 다음과 같음.

구분	합병 전 (A사)	합병 전 (B사)	합병 후(A사)	
			장부금액법	공정가치법
유동자산	25,000	10,000	35,000	35,000
고정자산[*]	20,000	12,000	20,000	33,000
부채	10,000	7,000	17,000	17,000
자본	35,000	15,000	38,000	51,000

(*1) 합병 후 영업권 5,000원 이외에는 전액 사업용 고정자산에 해당함.

(*2) 공정가치 합병 시 고정자산의 변동 요인 : 영업권 5,000원, 시가 평가로 인한 토지가액 증가 8,000원

(*3) B법인의 설립당시 자본금은 10,000원임.

- B법인의 주주는 설립 시부터 A법인 80%, 甲과 乙이 각각 10%씩을 보유하고 있음.
- 합병포합주식에 대해서는 합병신주를 발행하지 아니함.
- 합병으로 B법인의 주주가 받은 A법인 주식의 총가치는 5,000원임.
- 상기 합병은 적격합병에 해당함.
- B법인의 법인세율 22%, 甲과 乙의 소득세율 34.3%(Gross-up을 감안한 세율)를 가정함.

요구사항

1. 장부금액법에 따라 회계처리되었을 경우 세무상 영향을 검토하시오.
2. 공정가치법에 따라 회계처리되었을 경우 세무상 영향을 검토하시오.

장부금액법에 따라 합병하는 주요 세무상 영향은 다음과 같다.

① B법인의 자산양도차익 법인세 = (순자산 장부가액 − 순자산 장부가액) × 세액
= (15,000원 − 15,000원) × 22% = 0원

② A법인의 취득가액 = 순자산 장부가액 = 15,000원

- 회계 15,000원과 시가의 차이 8,000원은 익금산입·유보, 손금산입·유보로 세무 조정

③ 甲과 乙의 의제배당 소득세 = (취득가액 − 취득가액) × 세율

= (10,000원 × 20% − 10,000원 × 20%) × 34.3% = 0원

공정가치에 따라 합병하는 주요 세무상 영향은 다음과 같다.

① B법인의 자산양도차익 법인세 = (순자산 장부가액 − 순자산 장부가액)

= (15,000원 − 15,000원) × 22% = 0원

② A법인의 취득가액 = 순자산 장부가액 = 15,000원

• 회계 28,000원과의 차이 13,000원은 손금산입·유보, 익금산입·기타로 세무조정

③ 甲과 乙의 의제배당 소득세 = (취득가액 − 취득가액) × 세율

= (10,000원 × 20% − 10,000원 × 20%) × 34.3% = 0원

결과적으로 A법인이 B법인을 장부금액법 또는 공정가치법으로 합병했는지 여부는 A법인의 취득가액에 대한 세무조정에만 영향을 미칠 뿐, 과세소득에 미치는 영향은 없다.

〈예제 17〉과 본 예제를 비교하면 다음과 같다.

구 분	비적격합병	적격합병
B법인 자산양도차익 법인세	2,200원	0원
A법인 취득가액	시가	장부가액
A법인 합병매수차손	12,000원 (5년간 2,400원 손금산입)	해당사항 없음.
甲과 乙의 의제배당 소득세	1,029원	0원

5. 적격합병의 사후관리 요건

위에서 살펴본 적격합병의 요건의 충족기간은 합병등기일이 속하는 사업연도 말까지로 정하고 있다. 세법에서는 적격합병에 대하여 추가로 사후관리기간을 두고 있다. 기한은 합병등기일이 속하는 사업연도 말의 다음 날부터 2년간(고용 승계 요건은 3년간)이다. 단, 취득세 등 지방세 감면의 경우 사후관리기간을 합병등기일부터 3년간으로 규정하고 있어서 유의하여야 한다.

피합병법인의 지배주주 및 합병법인이 사후관리 요건을 위반하는 경우 비적격합병에 준하는 패널티를 받게 된다. 따라서 적격합병을 기획하는 법인은 합병 당시뿐만 아니라 사후관리기간 동안 세심한 관리가 필요하다.

법인세법에서는 사후관리기간 동안 3가지 사항을 위반하지 않도록 규정하고 있다.

적격합병의 사후관리 요건

① 합병법인이 피합병법인으로부터 승계받은 사업을 폐지하는 경우
② 피합병법인의 지배주주가 합병법인으로부터 받은 주식을 처분하는 경우
③ 각 사업연도 종료일 현재 합병법인에 종사하는 근로자 수가 합병등기일 1개월 전 피합병법인과 합병법인에 각각 종사하는 근로자 수의 합의 80% 미만으로 하락하는 경우

합병법인이 피합병법인으로부터 승계받은 사업을 폐지하는 경우

사업폐지의 판단방법은 적격합병 요건과 동일하다. 합병법인이 피합병법인으로부터 승계받은 사업을 폐지하더라도 사업계속 요건을 충족하는 것으로 보는 부득이한 사유는 다음과 같다.

사업계속 요건의 부득이한 사유

① 합병법인이 파산함에 따라 승계받은 자산을 처분한 경우
② 합병법인이 적격합병·적격분할·적격물적분할 또는 적격현물출자에 따라 사업을 폐지한 경우
③ 합병법인이 기업개선 계획의 이행을 위한 약정 또는 기업개선 계획의 이행을 위한 특별약정에 따라 사업을 폐지한 경우
④ 합병법인이 채무자 회생 및 파산에 관한 법률에 따른 회생절차에 따라 법원의 허가를 받아 승계받은 자산을 처분한 경우

피합병법인의 지배주주가 합병법인으로부터 받은 주식을 처분하는 경우

주식처분의 판단방법은 적격합병 요건과 동일하다. 피합병법인 지배주주가 지분을 처분하더라도 지분보유요건을 충족하는 것으로 보는 부득이한 사유는 다음과 같다.

> **지분보유 요건의 부득이한 사유**
>
> ① 피합병법인의 지배주주가 합병신주의 50% 미만을 처분한 경우
> ② 피합병법인의 지배주주가 사망하거나 파산하여 주식을 처분한 경우
> ③ 피합병법인의 지배주주가 적격합병·적격분할·적격물적분할 또는 적격현물출자에 따라 주식을 처분한 경우
> ④ 피합병법인의 지배주주가 조세특례제한법 제38조 또는 제38조의 2 또는 제121조의 30에 따라 주식을 현물출자 또는 교환·이전하고 과세를 이연받으면서 주식을 처분한 경우
> ⑤ 피합병법인의 지배주주가 채무자 회생 및 파산에 관한 법률에 따른 회생절차에 따라 법원의 허가를 받아 주식을 처분하는 경우
> ⑥ 피합병법인의 지배주주가 기업개선 계획의 이행을 위한 약정 또는 기업개선 계획의 이행을 위한 특별약정에 따라 주식 등을 처분하는 경우
> ⑦ 피합병법인의 지배주주가 법령상 의무를 이행하기 위하여 주식을 처분하는 경우

● 각 사업연도 종료일 현재 합병법인에 종사하는 근로자 수가 합병등기일 1개월 전 피합병법인과 합병법인에 각각 종사하는 근로자 수의 합의 80% 미만으로 하락하는 경우

사후관리대상이 되는 근로자는 근로기준법상 근로계약을 체결한 내국인 근로자를 말한다. 적격합병 요건에서는 임원, 정년퇴직 예정자, 사망·상해 퇴직자, 일용근로자, 근로계약 6개월 미만인 근로자 등을 제외하고 있지만, 사후관리 요건에서는 이를 제외하지 않는다는 차이가 있다.

한편, 합병법인이 고용 유지 비율을 유지하지 못하더라도 고용 유지 요건을 충족하는 것으로 보는 부득이한 사유는 다음과 같다.

> **고용 유지 요건의 부득이한 사유**
>
> ① 합병법인이 '채무자 회생 및 파산에 관한 법률'에 따른 회생계획을 이행 중인 경우
> ② 합병법인이 파산함에 따라 근로자의 비율을 유지하지 못한 경우
> ③ 합병법인이 적격합병, 적격분할, 적격물적분할 또는 적격현물출자에 따라 근로자의 비율을 유지하지 못한 경우

6. 적격합병 시 합병법인 등의 과세특례 사후관리

사후관리 기간인 합병등기일이 속하는 사업연도 종료일부터 2년 또는 3년 이내에 위반 사유가 발생하는 경우 위반사유가 발생한 사업연도의 법인세 세무처리는 다음과 같다.

> **사후관리 요건 위반 시 법인세 세무처리**
>
> ① 자산조정계정 잔액의 총합계액을 익금산입(0보다 작은 경우 손금산입하지 않음)
> ② 승계받은 결손금 중 공제한 금액 전액을 익금산입
> ③ 자산조정계정 잔액의 총합계액을 익금산입한 경우 합병매수차익 또는 합병매수차손에 상당하는 금액을 위반사유발생일이 속하는 사업연도의 익금 또는 손금에 산입하고 합 병등기일부터 5년간 분할하여 손금 또는 익금에 산입
> ④ 승계한 세무조정 사항 중 익금불산입액은 더하고 손금불산입액은 차감함.
> ⑤ 승계하여 공제한 세액공제, 감면 상당액을 위반사유 발생일이 속하는 사업연도의 법인 세에 더하여 납부하고, 위반사유 발생 사업연도부터 적용하지 아니함.
> ⑥ 피합병법인의 상각범위액을 기준으로 감가상각했을 경우 동 방법을 선택함에 따라 추 가 계상된 감가상각비를 일시에 익금산입함(단, 위반사유 발생 시 기준내용연수가 50% 이상 경과한 자산에 대하여 기준내용연수의 50% 범위 내에서 내용연수 신고 가능).

한편, 합병등기일부터 3년 이내에 위반사유가 발생하는 경우 합병으로 면제된 취득 세를 납부하여야 한다.

7. 불공정합병 시 부당행위계산 부인

'불공정합병'이란 세법에서 인정하는 합병비율과 다른 비율로 합병하는 경우 발생할 수 있다. 이는 적격합병과는 다른 개념이다. 합병비율은 피합병법인의 주주에게 피합병 법인의 주식 1주당 합병법인의 주식을 몇 주를 배정할 것인가의 문제이므로 적격요건 을 갖춘 합병이라고 하더라도 불공정합병이 될 수 있다.

세법에서 인정되는 합병비율은 다음과 같다.

구 분	세법상 합병비율
특수관계에 있는 주권상장법인 간 합병	'자본시장과 금융투자업에 관한 법률' 제165조의 4에 따른 비율
특수관계에 있는 비상장법인 간 합병	법인세법상 시가에 따른 비율(매매사례가액으로 하되, 없는 경우 상증법상 보충적 평가액)
특수관계 없는 법인 간 합병	당사자 간 합의에 따라 산정된 비율

특수관계법인 간 합병 시 세법에서 규정하는 합병비율과 다른 비율로 합병할 경우 불공정합병이 될 수 있으며, 불공정합병 시 발생하는 세무상 문제점은 다음과 같다.

불공정합병 시 발생하는 세무상 문제점

① 불공정합병에 따른 양도손익에 대한 부당행위계산 부인
② 불공정합병에 따른 주주 간 이익 분여

불공정합병에 따른 양도손익에 대한 부당행위계산 부인

특수관계인인 법인 간의 합병에 있어서 불공정한 비율로 합병하여 합병에 따른 양도손익을 감소시킨 경우 부당행위계산 부인 규정이 적용된다. 그 이유는 합병에 따른 양도손익은 합병대가를 기준으로 산정되므로 합병비율에 따라 양도손익이 바뀌기 때문이다.

예제 21

- 합병법인 A법인과 피합병법인 B법인은 특수관계법인임.
- A법인과 B법인의 합병비율은 세법상 1 : 1의 비율임.
- A법인과 B법인의 가치는 각각 50억원이며, B법인의 장부가액은 10억원임.

요구사항

1. 1 : 0.5 비율로 합병할 경우 B법인이 익금에 산입할 금액을 구하시오.

본 예제에서 B사의 합병양도손익은 다음과 같다.
- 1 : 0.5 비율로 합병 시 합병양도손익 = 주식의 시가 − 순자산 장부가액

  = 50억원 × 0.5 − 10억원 = 15억원

- 세법상 합병 비율에 따른 합병양도손익 = 주식의 시가 − 순자산 장부가액
  = 50억원 − 10억원 = 40억원

1 : 0.5로 합병하는 경우 부당행위계산 내역은 다음과 같이 계산된다.
- 실제 양도손익과 세법상 비율에 따른 양도손익의 차이인 25억원(= 40억원 − 15억원)은 부당행위계산 부인으로 익금에 산입
- 예제의 경우와 같이 세법상 합병비율보다 낮은 가액으로 합병하는 경우 합병양도손익이 과소하게 산정되며, 부당행위계산 부인이 적용됨.

한편, 적격합병의 경우 피합병법인에 양도손익에 대한 부당행위계산부인 규정이 적용되는지 여부에 대하여 법인세법에서는 명확하게 규정하고 있지 않지만, 국세청에서는 적격합병으로 양도손익을 없는 것으로 한 경우 피합병법인에 양도손익에 대한 부당행위계산부인 규정을 적용할 수 없는 것으로 해석하고 있다.

불공정합병에 따른 주주 간의 이익 분여

특수관계인인 법인 간 합병에 있어서 불공정한 비율로 합병하여 주주 등인 법인이 특수관계인인 다른 주주 등에게 이익을 분여한 경우 부당행위계산 부인 규정이 적용된다. 합병비율에 따라 피합병법인의 주주가 받은 합병대가가 달라지므로, 불공정합병 시 합병법인 주주와 피합병법인 주주 간 이익이 분여되는 결과가 발생할 수 있다.

세법에서 불공정합병에 따라 주주 간 이익 분여액을 과세하는 요건은 다음과 같다.

불공정합병에 따른 이익분여 과세요건

① 특수관계인인 법인 간의 합병일 것
② 주식을 시가보다 높거나 낮게 평가하여 불공정한 비율로 합병할 것
③ 주주인 법인이 특수관계인인 다른 주주 등에게 이익을 분여할 것
④ 분여이익이 Min(주식평가액 × 30%, 3억원) 이상일 것

위의 요건에 해당하는 경우 이익을 분여한 자와 이익을 분여받은 자는 다음의 산식에 따른 이익 분여액에 대해 법인세 또는 증여세가 과세된다.

- 이익을 분여한 법인에 대한 부당행위계산 부인 법인세 과세

$$\left(\begin{array}{c}\text{합병 후}\\\text{합병법인의}\\\text{1주당 평가액}\end{array} - \begin{array}{c}\text{주가과대평가}\\\text{법인의 합병 전}\\\text{1주당 평가액}\end{array} \times \dfrac{\text{주가과대평가법인의}}{\text{주가과대평가법인의}}\dfrac{\text{합병 전 주식수}}{\text{합병 후 주식수}}\right) \times \begin{array}{c}\text{주가과대평가법인}\\\text{의 특수관계인의}\\\text{합병 후 주식수}\end{array} \times \begin{array}{c}\text{이익을 분여한}\\\text{법인의 합병 전}\\\text{지분비율}\end{array}$$

- 이익을 분여받은 법인에 대한 자산수증이익 법인세 과세

$$\left(\begin{array}{c}\text{합병 후}\\\text{합병법인의}\\\text{1주당 평가액}\end{array} - \begin{array}{c}\text{주가과대평가}\\\text{법인의 합병 전}\\\text{1주당 평가액}\end{array} \times \dfrac{\text{주가과대평가법인의}}{\text{주가과대평가법인의}}\dfrac{\text{합병 전 주식수}}{\text{합병 후 주식수}}\right) \times \begin{array}{c}\text{주가과대평가법인}\\\text{의 특수관계인의}\\\text{합병 후 주식수}\end{array} \times \begin{array}{c}\text{이익을 분여한}\\\text{특수관계인(개인}\\\text{및 법인)의 합병}\\\text{전 지분비율}\end{array}$$

- 이익을 분여받은 대주주에 대한 증여세 과세

$$\left(\begin{array}{c}\text{합병 후}\\\text{합병법인의}\\\text{1주당 평가액}\end{array} - \begin{array}{c}\text{주가과대평가}\\\text{법인의 합병 전}\\\text{1주당 평가액}\end{array} \times \dfrac{\text{주가과대평가법인의}}{\text{주가과대평가법인의}}\dfrac{\text{합병 전 주식수}}{\text{합병 후 주식수}}\right) \times \begin{array}{c}\text{주가과대평가법인의 대주주 등이}\\\text{합병으로 인하여 교부받은}\\\text{주식 등의 수}\end{array}$$

제3절 적격분할합병(인적분할합병) 과세특례 제도

1. 분할합병세무의 개요

법인세법은 법인이 분할합병하는 경우 분할법인이 분할합병의 상대방법인에게 자산·부채를 양도하는 것으로 본다. 이에 분할법인은 분할 당시 발생하는 분할양도차익에 대한 법인세를 납부하여야 한다. 분할합병의 세무처리는 분할 세무처리와 기본적으로 동일하며, 분할합병의 상대방법인에 대한 요건이 합병에 준하여 일부 추가된다.

한편, 법인세법상 과세특례를 적용받을 수 있는 분할합병은 인적분할합병이다. 물적분할합병의 경우 대법원등기 선례(200310−15)에 따라 등기는 가능하지만 법인세법에 따른 과세특례대상은 되지 않는다. 법인세법에서는 물적분할의 경우 신설법인을 100% 자회사로 설립하는 경우만이 과세특례가 적용 가능하다는 입장이다.

비적격분할합병과 적격분할합병 시 세무처리를 간략히 요약하면 다음과 같다.

| 비적격분할합병과 적격분할합병 시 세무처리 비교 |

구분	항목	비적격분할합병	적격분할합병
분할법인	자산양도차익 법인세	법인세 과세	없음
	부가가치세	포괄 승계 필요	과세대상 아님
	증권거래세	과세	면세
분할합병의 상대방법인	자산부채 승계	시가 승계	세무상 장부가액 승계
	분할매수차손 (또는 차익)	5년간 손금산입 (또는 익금산입)	해당사항 없음
	유보 승계	퇴직급여충당금과 대손충당금만 승계	승계
	이월결손금, 공제 등 승계	승계대상 아님	승계(단, 존속분할 시 결손금 승계 불가)
	감가상각방법 및 내용연수신고	신규신고대상(중고자산은 50% 범위 내 내용연수 적용 가능)	분할 전 상각방법 적용 가능 (신규신고 가능)

구분	항목	비적격분할합병	적격분할합병
분할합병의 상대방법인	취득세	과세	75% 감면
	자본등록세	0.48% (중과시 1.44%)	0.48%
분할법인의 주주	의제배당	요건충족 필요	없음
	과점주주 취득세	과세	좌동

2. 적격분할합병의 요건

법인세법에서는 적격분할합병의 요건으로 다음을 규정하고 있다.

- 사업의 포괄승계 요건
- 지분의 연속성 요건
- 사업의 계속성 요건
- 고용 승계 요건

(1) 사업의 포괄승계 요건

사업의 포괄승계에 관한 구체적인 기준은 다음과 같다.

사업의 포괄승계 요건

① 분할등기일 현재 5년 이상 사업을 계속하던 내국법인의 분할이며, 분할합병의 상대방 법인은 분할등기일 현재 1년 이상 사업을 계속하던 내국법인일 것
② 분할하는 사업부문은 분리하여 사업이 가능한 독립된 사업부문일 것
③ 분할하는 사업부문의 자산 · 부채가 포괄적으로 승계될 것
④ 분할법인만의 출자에 의하여 분할하는 것일 것

상기 내용은 적격인적분할의 요건과 대부분 동일하나, 분할합병의 상대방법인은 1년 이상 사업을 계속하던 법인이어야 한다는 점에 차이가 있다.

또한 주식등과 그와 관련된 자산 · 부채만으로 구성된 사업부문을 분할하는 경우에 있어 분할합병으로 지주회사를 설립하는 경우 뿐만 아니라 분할합병의 상대방법인이 분할합병을 통해 지주회사로 전환되거나, 분할합병의 상대방법인이 분할등기일 현재

지주회사인 경우에도 독립된 사업부문으로 인정하고 있다.

이외의 구체적인 내용은 적격분할의 요건을 참고하기를 바란다.

(2) 지분의 연속성 요건

지분의 연속성에 관한 구체적인 기준은 다음과 같다.

지분의 연속성 요건

① 분할법인이 받은 분할대가의 80% 이상이 분할합병의 상대방법인의 주식일 것
② 분할법인 주주의 지분비율에 따라 배정될 것
③ 분할법인의 지배주주는 분할등기일이 속하는 사업연도의 종료일까지 분할신주를 보유할 것

상기 내용은 적격인적분할의 요건과 대부분 동일하나, 분할대가로 받는 주식의 비율이 80% 이상이면 된다는 점에 차이가 있다. 동 차이점은 분할합병이 합병의 성격을 내포하고 있기 때문인데, 주식비율 요건의 구체적인 적용방법은 적격합병의 요건을 참고하기를 바란다. 이외의 구체적인 적용방법은 적격분할의 요건을 참고하기 바란다.

분할법인의 지배주주는 분할등기일이 속하는 사업연도의 종료일까지 분할신주를 보유할 것

주식 보유의무의 적용방법은 적격분할 요건과 동일하다. 분할법인 지배주주가 지분을 처분하더라도 지분보유 요건을 충족하는 것으로 보는 부득이한 사유는 다음과 같다.

지분보유 요건의 부득이한 사유

① 분할법인의 지배주주가 분할신주의 50% 미만을 처분한 경우
② 분할법인의 지배주주가 사망하거나 파산하여 주식을 처분한 경우
③ 분할법인의 지배주주가 적격합병·적격분할·적격물적분할 또는 적격현물출자에 따라 주식을 처분한 경우
④ 분할법인의 지배주주가 조세특례제한법 제38조 또는 제38조의 2에 따라 주식을 현물출자 또는 교환·이전하고 과세를 이연받으면서 주식을 처분한 경우
⑤ 분할법인의 지배주주가 채무자 회생 및 파산에 관한 법률에 따른 회생절차에 따라 법

원의 허가를 받아 주식을 처분하는 경우
⑥ 분할법인의 지배주주가 기업개선 계획의 이행을 위한 약정 또는 기업개선 계획의 이행을 위한 특별약정에 따라 주식 등을 처분하는 경우
⑦ 분할법인의 지배주주가 법령상 의무를 이행하기 위하여 주식을 처분하는 경우

(3) 사업의 계속성 요건

사업의 계속성에 관한 구체적인 기준은 다음과 같다.

사업의 계속성 요건

• 분할합병의 상대방법인은 분할등기일이 속하는 사업연도의 종료일까지 분할법인으로부터 승계받은 사업을 계속할 것

사업폐지의 판단방법은 적격분할 요건과 동일하다. 분할합병의 상대방법인이 분할법인으로부터 승계받은 사업을 폐지하더라도 사업계속 요건을 충족하는 것으로 보는 부득이한 사유는 다음과 같다.

사업계속 요건의 부득이한 사유

① 분할합병의 상대방법인이 파산함에 따라 승계받은 자산을 처분한 경우
② 분할합병의 상대방법인이 적격합병 · 적격분할 · 적격물적분할 또는 적격현물출자에 따라 사업을 폐지한 경우
③ 분할합병의 상대방법인이 기업개선 계획의 이행을 위한 약정 또는 기업개선 계획의 이행을 위한 특별약정에 따라 사업을 폐지한 경우
④ 분할합병의 상대방법인이 채무자 회생 및 파산에 관한 법률에 따른 회생절차에 따라 법원의 허가를 받아 승계받은 자산을 처분한 경우

(4) 고용 승계 요건

2018년 1월 1일 이후 분할합병하는 법인의 경우 적격분할합병을 위해서는 고용 승계 요건을 갖추어야 한다. 고용 승계 요건의 구체적인 기준은 다음과 같다.

고용 승계 요건

- 분할등기일 1개월 전 당시 분할하는 사업부문에 종사하는 대통령령으로 정하는 근로자 중 분할합병의 상대방법인이 승계한 근로자의 비율이 80% 이상이고, 분할등기일이 속하는 사업연도의 종료일까지 그 비율을 유지할 것

고용 승계의 판단방법은 적격분할 요건과 동일하다. 분할합병의 상대방법인이 고용 승계 비율을 유지하지 못하더라도 고용 승계 요건을 충족하는 것으로 보는 부득이한 사유는 다음과 같다.

고용 승계 요건의 부득이한 사유

① 분할합병의 상대방법인이 '채무자 회생 및 파산에 관한 법률'에 따른 회생계획을 이행 중인 경우
② 분할합병의 상대방법인이 파산함에 따라 근로자의 비율을 유지하지 못한 경우
③ 분할합병의 상대방법인이 적격합병, 적격분할, 적격물적분할 또는 적격현물출자에 따라 근로자의 비율을 유지하지 못한 경우
④ 분할등기일 1개월 전 당시 분할하는 사업부문에 종사하는 근로기준법에 따라 근로계약을 체결한 내국인 근로자가 5명 미만인 경우(단, 분할 후 존속하는 사업부문과 분할하는 사업부문에 모두 종사하는 근로자 등 제외 가능)

3. 분할합병 시 세무처리

법인세법상 비적격분할합병과 적격분할합병의 세무처리는 비적격분할과 적격분할의 세무처리와 거의 유사하다.

분할세무처리와 분할합병 세무처리의 차이점은 다음과 같다.

이월결손금 및 자산처분손실의 공제제한

분할등기일 현재 분할합병의 상대방법인의 이월결손금은 분할법인으로부터 승계받은 사업에서 발생한 소득금액의 범위에서는 공제하지 않는다.

한편, 적격분할합병을 한 분할합병의 상대방법인은 분할등기일로부터 5년 이내에 분할합병의 상대방법인과 분할법인이 분할합병 전 보유하던 자산에서 처분손실이 발생한 경우 각각 분할합병 전 영위하던 사업에서 발생한 소득금액의 범위 내에서 손금에 산입한다. 처분손실보다 소득금액이 미달하여 손금에 산입하지 않은 처분손실은 결손금에 준하여 이월하여 손금에 산입한다. 이때 처분손실의 금액은 합병등기일 현재 장부가액보다 낮은 시가와의 차액을 한도로 한다.

분할법인에서 승계받은 사업의 구분경리방법에 대하여는 적격합병 세무처리를 참조하기를 바란다.

🔹 과점주주 취득세

분할법인의 주주가 분할합병으로 분할합병의 상대방법인의 과점주주가 되거나, 분할합병의 상대방법인의 과점주주 지분율이 분할합병으로 증가한 경우 이를 유상취득으로 보아 과점주주 취득세가 과세된다.

4. 적격분할합병의 사후관리 요건

적격분할합병의 과세특례를 적용받은 기업의 사후관리기간은 분할등기일이 속하는 사업연도 말의 다음 날부터 2년간(고용 승계 요건은 3년간)이다. 단, 취득세 등 지방세 감면의 경우 사후관리기간을 분할등기일부터 3년간으로 규정하고 있어서 유의하여야 한다. 법인세법에서는 사후관리기간 동안 3가지 사항을 위반하지 않도록 규정하고 있다.

적격분할합병의 사후관리 요건

① 분할합병의 상대방법인이 분할법인으로부터 승계받은 사업을 폐지하는 경우
② 분할법인의 지배주주가 분할합병의 상대방법인으로부터 받은 주식을 처분하는 경우
③ 각 사업연도 종료일 현재 분할합병의 상대방법인에 종사하는 근로자 수가 분할등기일 1개월 전 분할하는 사업부문과 분할합병의 상대방법인에 각각 종사하는 근로자 수의 합의 80% 미만으로 하락하는 경우

● **분할합병의 상대방법인이 분할법인으로부터 승계받은 사업을 폐지하는 경우**

　사업폐지의 판단방법은 적격분할 요건과 동일하다. 분할합병의 상대방법인이 분할법인으로부터 승계받은 사업을 폐지하더라도, 사업계속 요건을 충족하는 것으로 보는 부득이한 사유는 다음과 같다.

> **사업계속 요건의 부득이한 사유**
>
> ① 분할합병의 상대방법인이 파산함에 따라 승계받은 자산을 처분한 경우
> ② 분할합병의 상대방법인이 적격합병·적격분할·적격물적분할 또는 적격현물출자에 따라 사업을 폐지한 경우
> ③ 분할합병의 상대방법인이 기업개선 계획의 이행을 위한 약정 또는 기업개선 계획의 이행을 위한 특별약정에 따라 사업을 폐지한 경우
> ④ 분할합병의 상대방법인이 채무자 회생 및 파산에 관한 법률에 따른 회생절차에 따라 법원의 허가를 받아 승계받은 자산을 처분한 경우

● **분할법인의 지배주주가 분할합병의 상대방법인으로부터 받은 주식을 처분하는 경우**

　주식처분의 판단방법은 적격분할 요건과 동일하다. 분할법인 지배주주가 지분을 처분하더라도 지분보유요건을 충족하는 것으로 보는 부득이한 사유는 다음과 같다.

> **지분보유 요건의 부득이한 사유**
>
> ① 분할법인의 지배주주가 분할신주의 50% 미만을 처분한 경우
> ② 분할법인의 지배주주가 사망하거나 파산하여 주식을 처분한 경우
> ③ 분할법인의 지배주주가 적격합병·적격분할·적격물적분할 또는 적격현물출자에 따라 주식을 처분한 경우
> ④ 분할법인의 지배주주가 조세특례제한법 제38조 또는 제38조의 2에 따라 주식을 현물출자 또는 교환·이전하고 과세를 이연받으면서 주식을 처분한 경우
> ⑤ 분할법인의 지배주주가 채무자 회생 및 파산에 관한 법률에 따른 회생절차에 따라 법원의 허가를 받아 주식을 처분하는 경우
> ⑥ 분할법인의 지배주주가 기업개선 계획의 이행을 위한 약정 또는 기업개선 계획의 이행을 위한 특별약정에 따라 주식 등을 처분하는 경우
> ⑦ 분할법인의 지배주주가 법령상 의무를 이행하기 위하여 주식을 처분하는 경우

🔹 각 사업연도 종료일 현재 분할합병의 상대방법인에 종사하는 근로자 수가 분할등기일 1개월 전 분할하는 사업부문과 분할합병의 상대방법인에 각각 종사하는 근로자 수의 합의 80% 미만으로 하락하는 경우

고용 유지의 판단방법은 적격분할의 사후관리 요건과 동일하다. 분할합병의 상대방법인이 고용 유지 비율을 유지하지 못하더라도 고용 유지 요건을 충족하는 것으로 보는 부득이한 사유는 다음과 같다.

고용 유지 요건의 부득이한 사유

① 분할합병의 상대방법인이 '채무자 회생 및 파산에 관한 법률'에 따른 회생계획을 이행 중인 경우
② 분할합병의 상대방법인이 파산함에 따라 근로자의 비율을 유지하지 못한 경우
③ 분할합병의 상대방법인이 적격합병, 적격분할, 적격물적분할 또는 적격현물출자에 따라 근로자의 비율을 유지하지 못한 경우

5. 적격분할합병 시 분할합병의 상대방법인 등의 과세특례 사후관리

사후관리 기간인 분할등기일이 속하는 사업연도 종료일부터 2년 또는 3년 이내에 위반사유가 발생하는 경우 위반사유가 발생한 사업연도의 법인세 세무처리는 다음과 같다.

사후관리 요건 위반 시 법인세 세무처리

① 자산조정계정 잔액의 총합계액을 익금산입(0보다 작은 경우 손금산입하지 않음)
② 승계받은 결손금 중 공제한 금액 전액을 익금산입
③ 자산조정계정 잔액의 총합계액을 익금산입한 경우 분할매수차익 또는 분할매수차손에 상당하는 금액을 위반사유발생일이 속하는 사업연도의 익금 또는 손금에 산입하고 분할등기일부터 5년간 분할하여 손금 또는 익금에 산입
④ 승계한 세무조정 사항 중 익금불산입액은 더하고 손금불산입액은 차감함.
⑤ 승계하여 공제한 세액공제, 감면 상당액을 위반사유 발생일이 속하는 사업연도의 법인세에 더하여 납부하고, 위반사유 발생 사업연도부터 적용하지 아니함.
⑥ 분할법인의 상각범위액을 기준으로 감가상각했을 경우 동 방법을 선택함에 따라 추가

계상된 감가상각비를 일시에 익금산입함(단, 위반사유 발생시 기준내용연수가 50% 이상 경과한 자산에 대하여 기준내용연수의 50% 범위 내에서 내용연수 신고 가능).

한편, 분할등기일부터 3년 이내에 위반사유가 발생하는 경우 분할합병으로 면제된 취득세를 납부하여야 한다.

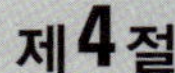

제4절 적격물적분할 과세특례 제도

1. 물적분할 세무의 개요

법인세법은 법인이 물적분할하는 경우 분할법인이 분할신설법인에게 자산·부채를 양도하는 것으로 본다. 따라서 분할법인은 분할 당시 발생하는 자산양도차익에 대해 법인세를 납부하여야 한다.

> 자산양도차익
>
> • 자산양도차익 = 양도가액 − 분할하는 사업부문의 순자산 장부가액
> − 양도가액 : 물적분할한 순자산의 시가
> − 분할하는 사업부문의 순자산 장부가액 : 세무상 장부가액을 의미

물적분할 역시 적격요건을 갖춘 물적분할에 대하여는 자산양도차익에 대해 압축기장충당금을 손금산입하는 등 과세특례를 두고 있다.

비적격물적분할과 적격물적분할 시 세무처리를 요약하면 다음과 같다.

| 비적격물적분할과 적격물적분할시 세무처리 비교 |

구분	항목	비적격물적분할	적격물적분할
분할법인	자산양도차익 법인세	법인세 과세	없음
	부가가치세	포괄 승계 필요	과세대상 아님
	증권거래세	과세	면세
	과점주주취득세	설립은 과세대상 아님	좌동
분할신설법인	자산부채 승계	시가 승계	좌동
	유보 승계	퇴직급여충당금과 대손충당금만 승계	좌동
	이월결손금, 공제 등 승계	승계대상 아님	감면·공제는 승계 가능
	감가상각방법 및 내용연수신고	신규신고대상 (중고자산은 50% 범위 내 내용연수 적용 가능)	좌동

구분	항목	비적격물적분할	적격물적분할
분할신설법인	취득세	과세	75% 감면
	자본등록세	0.48%	0.48%

2. 적격물적분할의 요건

법인세법에서는 적격물적분할의 요건으로 다음을 규정하고 있다.

- 사업의 포괄승계 요건
- 지분의 연속성 요건
- 사업의 계속성 요건
- 고용 승계 요건

(1) 사업의 포괄승계 요건

사업의 포괄승계에 관한 구체적인 기준은 다음과 같다.

사업의 포괄승계 요건

① 분할등기일 현재 5년 이상 사업을 계속하던 내국법인의 분할일 것
② 분할하는 사업부문은 분리하여 사업이 가능한 독립된 사업부문일 것
③ 분할하는 사업부문의 자산 및 부채가 포괄적으로 승계될 것
④ 분할법인만의 출자에 의하여 분할하는 것일 것

상기 내용은 적격인적분할의 요건과 동일하므로 관련 내용을 참조하기 바란다.

(2) 지분의 연속성 요건

지분의 연속성에 관한 구체적인 기준은 다음과 같다.

지분의 연속성 요건

① 분할법인이 받은 분할대가의 전액이 주식일 것
② 분할법인은 분할등기일이 속하는 사업연도의 종료일까지 분할신주를 보유할 것

상기 규정은 적격인적분할의 요건과 대부분 동일하나, 분할대가로 받는 상대방이 분할법인이며 분할 후 분할신설법인에 대한 지분비율이 100%이어야 한다는 점에 차이가 있다. 그 이외의 요건에 관한 구체적인 적용방법은 적격분할의 요건을 참고하기 바란다.

● 분할법인은 분할등기일이 속하는 사업연도의 종료일까지 분할신주를 보유할 것

주식보유의무의 적용방법은 적격분할 요건과 동일하다. 분할법인이 지분을 처분하더라도 지분보유 요건을 충족하는 것으로 보는 부득이한 사유는 다음과 같다.

지분보유 요건의 부득이한 사유

① 분할법인이 분할신주의 50% 미만을 처분한 경우
② 분할법인이 파산하여 주식을 처분한 경우
③ 분할법인이 적격합병 · 적격분할 · 적격물적분할 또는 적격현물출자에 따라 주식을 처분한 경우
④ 분할법인이 조세특례제한법 제38조 또는 제38조의 2에 따라 주식을 현물출자 또는 교환 · 이전하고 과세를 이연받으면서 주식을 처분한 경우
⑤ 분할법인이 채무자 회생 및 파산에 관한 법률에 따른 회생절차에 따라 법원의 허가를 받아 주식을 처분하는 경우
⑥ 분할법인이 기업개선 계획의 이행을 위한 약정 또는 기업개선 계획의 이행을 위한 특별약정에 따라 주식 등을 처분하는 경우
⑦ 분할법인이 법령상 의무를 이행하기 위하여 주식을 처분하는 경우

(3) 사업의 계속성 요건

사업의 계속성에 관한 구체적인 기준은 다음과 같다.

사업의 계속성 요건

• 분할신설법인은 분할등기일이 속하는 사업연도의 종료일까지 분할법인으로부터 승계받은 사업을 계속할 것

사업폐지의 판단방법은 적격분할 요건과 동일하다. 분할신설법인이 분할법인으로부

터 승계받은 사업을 폐지하더라도 사업계속 요건을 충족하는 것으로 보는 부득이한 사유는 다음과 같다.

🔵 사업계속 요건의 부득이한 사유

① 분할신설법인이 파산함에 따라 승계받은 자산을 처분한 경우
② 분할신설법인이 적격합병·적격분할·적격물적분할 또는 적격현물출자에 따라 사업을 폐지한 경우
③ 분할신설법인이 기업개선 계획의 이행을 위한 약정 또는 기업개선 계획의 이행을 위한 특별약정에 따라 사업을 폐지한 경우
④ 분할신설법인이 채무자 회생 및 파산에 관한 법률에 따른 회생절차에 따라 법원의 허가를 받아 승계받은 자산을 처분한 경우

(4) 고용 승계 요건

2018년 1월 1일 이후 물적분할하는 법인의 경우 적격물적분할을 위해서는 고용 승계 요건을 갖추어야 한다. 고용 승계 요건의 구체적인 기준은 다음과 같다.

🔵 고용 승계 요건

• 분할등기일 1개월 전 당시 분할하는 사업부문에 종사하는 대통령령으로 정하는 근로자 중 분할신설법인이 승계한 근로자의 비율이 80% 이상이고, 분할등기일이 속하는 사업 연도의 종료일까지 그 비율을 유지할 것

고용 승계의 판단방법은 적격분할 요건과 동일하다. 분할신설법인이 고용 승계 비율을 유지하지 못하더라도 고용 승계 요건을 충족하는 것으로 보는 부득이한 사유는 다음과 같다.

① 분할신설법인이 '채무자 회생 및 파산에 관한 법률'에 따른 회생계획을 이행 중인 경우
② 분할신설법인이 파산함에 따라 근로자의 비율을 유지하지 못한 경우
③ 분할신설법인이 적격합병, 적격분할, 적격물적분할 또는 적격현물출자에 따라 근로자의 비율을 유지하지 못한 경우
④ 분할등기일 1개월 전 당시 분할하는 사업부문에 종사하는 근로기준법에 따라 근로계약을 체결한 내국인 근로자가 5명 미만인 경우(단, 분할 후 존속하는 사업부문과 분할하는 사업부문에 모두 종사하는 근로자 등 제외 가능)

3. 비적격물적분할 시 세무처리

법인세법상 물적분할에 대한 과세방법에 대해서는 적격물적분할보다 비적격물적분할을 먼저 살펴보도록 한다. 그 이유는 비적격물적분할에 따른 세무처리가 물적분할에 대한 원칙적인 것이므로, 이를 먼저 이해하면 적격물적분할에 따른 과세특례에 대한 접근이 용이하기 때문이다.

| 비적격물적분할 세무처리 |

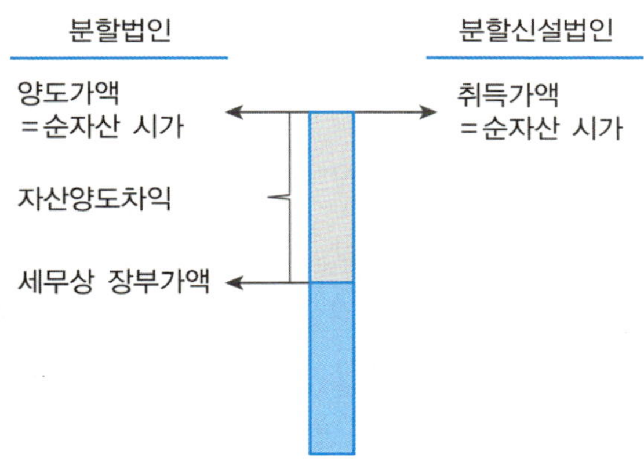

(1) 분할법인의 자산양도차익에 대한 법인세

내국법인이 물적분할 시 분할법인은 분할한 사업부문의 자산을 분할신설법인에 양도한 것으로 본다. 양도에 따른 양도손익은 분할법인이 분할등기일이 속하는 사업연도의 소득금액을 계산할 때 익금 또는 손금에 산입한다.

> 자산양도차손익
>
> • 자산양도차손익 = 양도가액 − 물적분할한 사업부문의 분할등기일 현재 순자산장부가액
>   - 양도가액 : 물적분할한 사업부문의 순자산 시가
>   - 분할등기일 현재 순자산 장부가액 : 세무상 유보를 가감한 장부가액

상기 내용은 인적분할과 대부분 동일하다. 그러나 인적분할의 양도가액은 분할대가로 받은 분할신주의 시가인 반면, 물적분할의 양도가액은 분할한 사업부문의 순자산 시가라는 점에 차이가 있다.

(2) 분할신설법인의 취득가액

분할신설법인은 분할로 분할법인의 자산을 승계한 경우 분할등기일 현재 시가로 양도받은 것으로 본다. 물적분할 시 분할신설법인의 자산의 취득관련 구체적인 세무처리는 비적격인적분할 시 분할신설법인의 세무처리와 동일하므로 비적격분할 시 세무처리를 참조하기를 바란다.

(3) 세무조정사항, 공제감면 및 이월결손금 등의 승계

물적분할 시 세무조정사항(유보)은 분할신설법인에 승계되지 않으며, 분할법인에서 양도차익에 가감되어 소멸된다. 다만, 퇴직급여충당금 또는 대손충당금을 분할신설법인이 승계한 경우 관련 유보금액을 분할신설법인이 승계할 수 있다. 한편, 이월세액공제, 세액감면 및 이월결손금 역시 분할신설법인에 승계되지 않는다.

(4) 부가가치세 과세 여부

물적분할은 인적분할과 마찬가지로 같은 사업장에서 사업부문별로 구분하여 승계 가능하다. 그러나, 사업에 관한 모든 권리와 의무를 포괄적으로 승계시키는 사업의 포

괄양도의 경우에 한하여 부가가치세가 과세되지 않는다.

(5) 증권거래세

물적분할에 따른 소유권의 이전 역시 양도의 범위에 포함되므로 분할신설법인에 이전하는 주식에 대한 증권거래세를 납부하여야 한다.

(6) 지방세(취득세, 등록면허세 및 과점주주취득세)

물적분할 시 분할신설법인이 부담하는 취득세, 등록면허세 및 과점주주취득세는 대부분 인적분할의 경우와 동일하므로 비적격분할 시 세무처리를 참고하기 바란다.

(7) 종합예제

예제 22

- A법인은 X사업부문을 물적분할하여 B법인으로 신설함.
- 물적분할 회계처리는 장부금액법으로 이루어짐.
- 설립 시 B법인의 자본금은 10,000원임.
- 분할 전 · 후 재무상태표는 다음과 같음.

구분	분할 전 (A사)	분할 후	
		A사	B사
유동자산	35,000	20,000	15,000
고정자산(*)	30,000	42,000	10,000
부채	10,000	7,000	3,000
자본	55,000	55,000	22,000

(*) 분할 후 A사의 고정자산에는 B사 투자주식이 22,000원 포함됨.

- 분할 후 B법인의 장부금액과 세무상 시가는 다음과 같음.

	회계상 장부금액	세무상 시가
유동자산	15,000	15,000
고정자산	10,000	14,000
부채	3,000	3,000
자본	22,000	26,000

- 상기 분할은 비적격물적분할에 해당함.

세무상 영향을 검토하시오.

① A법인의 자산양도차익 법인세 =(순자산 시가 - 순자산 장부가액) × 세율
= (26,000원 - 22,000원) × 22% = 880원
② B법인의 취득가액 = 순자산 시가 = 26,000원
  • 회계상 장부금액 22,000원과의 차이 4,000원은 익금산입·유보, 손금산입·기타
  로 세무조정

4. 적격물적분할 시 세무처리

법인세법상 적격요건을 갖춘 물적분할에 대하여는 비적격물적분할 시 발생하는 세
금을 과세이연하는 등의 과세특례를 두고 있다. 앞서 살펴본 비적격물적분할의 경우와
비교하여 어떤 과세특례를 마련하고 있는지를 살펴보자.

(1) 분할법인의 자산양도차익에 대한 법인세

적격물적분할의 요건을 갖춘 경우 분할법인은 분할신설법인으로부터 취득한 주식의
가액 중 물적분할로 발생한 자산양도차익에 상당하는 금액을 압축기장충당금으로 계
상하고 손금에 산입할 수 있다.

> **손금산입금액**
>
> • 손금산입금액 = Min(주식 가액, 자산양도차익)
>   − 주식가액 : 순자산 시가

이때 손금에 산입한 압축기장충당금은 분할 이후 각 사업연도에 분할신주와 분할신
설법인 자산의 처분비율을 고려하여 다음 금액을 익금에 산입한다.

> **익금에 산입할 금액**
>
> • 익금에 산입할 금액 = 직전 사업연도 종료일 현재 압축기장충당금 잔액 x (주식처분 비율 + 자산처분 비율 − 주식처분 비율 x 자산처분 비율)
>   − 주식처분 비율 : 분할법인이 직전 사업연도 종료일 현재 보유하고 있는 분할신설법인 주식의 장부가액에서 해당 사업연도에 처분한 분할신설법인 주식의 장부가액이 차지하는 비율
>   − 자산처분 비율 : 분할신설법인이 직전 사업연도 종료일 현재 보유하고 있는 감가상각자산(사업미사용 자산을 포함), 토지 및 주식의 양도차익에서 해당 사업연도에 처분한 감가상각자산 등의 양도차익이 차지하는 비율

즉, 익금산입에 산입하는 양도차익은 다음과 같이 주식처분에 대한 양도차익과 자산처분에 대한 양도차익을 합산하고 중복되는 양도차익은 차감하여 산정한다.

| 익금에 산입하는 양도차익 |

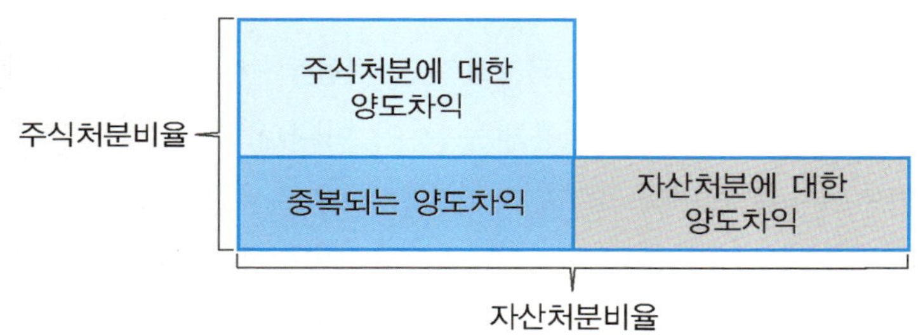

다음 예제를 통해 내용을 구체적으로 살펴보자.

예제 23

• A법인은 2016년에 적격요건을 갖추어 물적분할을 함.
• 2016년 법인세 신고 시 양도차익 100원에 대하여 압축기장충당금 △100원을 손금산입함.
• 2019년에 다음과 같이 주식 및 자산을 처분할 예정임.

구분	Case 1	Case 2	Case 3
주식처분 비율	100%	0%	50%
자산처분 비율	0%	100%	50%

요구사항 2019년 법인세 신고 시 압축기장충당금 환입액을 구하시오.

각 처분 안에 따른 익금산입(환입) 비율과 압축기장충당금 환입액은 다음과 같다.

- Case 1 = 100% + 0% − 100% × 0% = 100%, 따라서 환입액은 100원임.
- Case 2 = 0% + 100% − 0% × 100% = 100%, 따라서 환입액은 100원임.
- Case 3 = 50% + 50% − 50% × 50% = 75%, 따라서 환입액은 75원임.

한편, 분할법인이 합병되어 분할신설법인 주식을 합병법인으로 이전하거나, 분할신설법인이 합병되어 자산을 합병법인으로 이전할 때, 주식처분비율 및 자산처분비율에 따라 과세이연된 양도차익의 100%를 익금에 산입하여야 하는 경우가 발생할 수 있다. 세법에서는 원활한 구조조정을 위해 다음의 경우 익금산입의 예외로 두고 있다.

- 분할법인 또는 분할신설법인이 최초로 적격합병, 적격분할, 적격물적분할, 적격현물출자, '조세특례제한법' 제38조에 따른 주식의 포괄적 교환 등 또는 같은 법 제38조의 2에 따른 주식의 현물출자로 주식을 처분하거나 자산을 처분하는 경우 이는 분할법인 또는 분할신설법인 중 최초 1회만 적용되는 규정으로, 분할법인 및 분할신설법인이 각각 최초 1회를 적용받는 것이 아니다.[89]
- 분할신설법인이 분할법인의 100% 자회사인 경우로서 분할법인이 분할신설법인을 적격합병(적격분할합병 포함)하거나 분할신설법인에 적격합병되어 분할법인 또는 는 분할신설법인이 주식등 및 자산을 처분하는 경우
- 분할신설법인이 분할법인의 100% 자회사인 경우로서 분할법인 또는 분할신설법인이 적격합병, 적격분할, 적격물적분할 또는 적격현물출자로 주식등 및 자산을 처분하는 경우. 다만, 해당 적격합병, 적격분할, 적격물적분할 또는 적격현물출자에 따른 합병법인, 분할신설법인등 또는 피출자법인의 발행주식 또는 출자액 전부를 당초의 분할법인이 직접 또는 간접으로 소유하고 있는 경우로 한정한다.
- 분할법인 또는 분할신설법인이 주식등과 그와 관련된 자산·부채만으로 구성된 사업부문의 적격분할 또는 적격물적분할로 주식등 및 자산을 처분하는 경우

---

89) 후술하는 적격물적분할 사후관리 기간이 지난 이후에도 주식처분 비율 및 자산처분 비율에 따른 익금산입은 계속하여 적용이 된다는 점에 유의하여야 한다.

참고 : 통지의무

분할법인이 분할신설법인의 자산처분비율을 확인하기 어려운 경우가 있을 수 있다는 점을 감안하여, 분할신설법인은 분할법인으로부터 승계받은 감가상각자산 등의 처분 사실을 처분일부터 1개월 이내에 분할법인에 알리도록 규정하고 있다.

(2) 분할신설법인의 취득가액

분할신설법인은 적격물적분할로 분할법인의 자산을 승계한 경우에도 분할등기일 현재의 시가로 양도받은 것으로 본다. 비적격물적분할과 마찬가지로 분할신설법인이 기업회계상 승계한 가액과 법인세법상 시가와의 차이가 발생하는 경우 회계상 승계가액과 법인세법상 시가와의 차이를 유보로 계상하고 차이금액은 관련 자산 · 부채의 처분 등에 따라 추인한다.

인적분할과 차이점은 적격물적분할의 경우 자산조정계정이 계상되지 않는다는 점이다. 인적분할은 적격요건을 갖춘 경우 장부가액으로 사고 판 것으로 세무처리를 하는 데 반하여, 물적분할은 적격요건을 갖추더라도 시가로 사고 판 것으로 세무처리를 한다. 분할법인은 시가로 팔고 발생한 양도차익을 적격요건을 갖춘 경우에만 일정기간 과세이연이 가능하다.

(3) 세무조정사항, 공제감면 및 이월결손금 등의 승계

적격물적분할 시 세무조정사항(유보)은 분할신설법인에 승계되지 않으며, 분할법인에서 양도차익에 가감되어 소멸된다. 양도차익에 가감되므로 압축기장충당금을 손금산입하는 과세이연의 대상은 된다. 다만, 퇴직급여충당금 또는 대손충당금을 분할신설법인이 승계한 경우 관련 유보금액을 분할신설법인이 승계할 수 있다.

또한, 이월결손금 역시 분할신설법인에 승계되지 않는다.

한편, 2018년 1월 1일 이후 적격물적분할하여 압축기장충당금을 계상한 경우에는 세액감면 및 이월세액공제 등을 승계하여 적용받을 수 있다. 세액감면 및 이월세액공제 등을 승계하고 적용하는 방법은 적격인적분할의 경우와 동일하므로 관련 내용을 참고

하기 바란다.

(4) 부가가치세 과세 여부

적격물적분할의 요건을 갖춘 물적분할은 사업의 포괄양도에 해당하여 부가가치세가 과세되지 않는다.

(5) 증권거래세

적격물적분할의 요건을 갖춘 물적분할에 따라 주식을 양도하는 경우 증권거래세가 면제되며, 면제에 대한 농어촌특별세도 비과세 된다. 한편, 증권거래세 면제를 받고자 하는 자는 증권거래세과세표준신고서와 함께 세액면제신청서를 납세지 관할 세무서장에게 제출하여야 한다.

(6) 지방세(취득세, 등록면허세 및 과점주주취득세)

적격물적분할시 분할신설법인이 부담하는 취득세, 등록면허세 및 과점주주취득세의 감면등은 인적분할의 경우와 동일하므로 적격분할 세무처리를 참고하기 바란다.

(7) 종합예제

예제 24

- A법인은 X사업부문을 물적분할하여 B법인으로 신설함.
- 물적분할 회계처리는 장부금액법으로 이루어짐.
- 설립 시 B법인의 자본금은 10,000원임.
- 분할 전·후 재무상태표는 다음과 같음.

구분	분할 전 (A사)	분할 후	
		A사	B사
유동자산	35,000	20,000	15,000
고정자산[*]	30,000	42,000	10,000
부채	10,000	7,000	3,000
자본	55,000	55,000	22,000

(*) 분할 후 A사의 고정자산에는 B사 투자주식이 22,000원이 포함됨.

• 분할 후 B법인의 장부금액과 세무상 시가는 다음과 같음.

	회계상 장부금액	세무상 시가
유동자산	15,000	15,000
고정자산	10,000	14,000
부채	3,000	3,000
자본	22,000	26,000

• 상기 분할은 적격물적분할에 해당함.

요구사항 세무상 영향을 이해관계자별로 검토하시오.

① A법인의 자산양도차익 법인세 = (순자산 시가 − 순자산 장부가액 − 압축기장충당금 설정액) × 세율 = (26,000원 − 22,000원 − 4,000원) × 22% = 0원

  • 압축기장충당금 설정액 4,000원은 추후 분할신주 또는 B법인 자산 처분시 환입

② B법인의 취득가액 = 순자산 시가 = 26,000원

  • 회계상 장부금액 22,000원과의 차이 4,000원은 익금산입·유보, 손금산입·기타로 세무조정

〈예제 22〉와 본 예제를 비교하면 다음과 같다.

구 분	비적격물적분할	적격물적분할
A법인의 자산양도차익 법인세	880원	0원
B법인의 취득가액	시가	시가

5. 적격물적분할의 사후관리 요건

위에서 살펴본 적격물적분할의 요건의 충족기간은 분할등기일이 속하는 사업연도 말까지로 정하고 있다. 세법에서는 적격물적분할에 대하여 추가로 사후관리기간을 두고 있다. 기한은 분할등기일이 속하는 사업연도 말의 다음 날부터 2년간(고용 승계 요건은 3년간)이다. 다만, 취득세 등 지방세 감면의 경우 사후관리 기간을 분할등기일부터 3년간으로 규정하고 있어서 유의하여야 한다. 분할법인 및 분할신설법인이 사후관리 요건을 위반하는 경우 비적격물적분할에 준하는 패널티를 받게 된다.

법인세법에서는 사후관리기간 동안 3가지 사항을 위반하지 않도록 규정하고 있다. 사후관리 요건의 판단방법은 적격인적분할 요건과 동일하다. 그러나 적격인적분할은 주식의 50% 이상의 처분을 금지하고 있는 반면, 적격물적분할은 출자총액의 50% 미만 보유를 금지하고 있다는 점에 차이가 있다.

따라서 적격인적분할의 경우 증자를 통한 지분율 감소는 사후관리 요건과 관계가 없다. 그러나, 적격물적분할의 경우 증자를 통한 지분율 감소가 50%를 초과하면 사후관리 위반사항에 해당함에 유의하여야 한다.

적격물적분할의 사후관리 요건

① 분할신설법인이 분할법인으로부터 승계받은 사업을 폐지하는 경우
② 분할법인이 분할신설법인의 출자총액의 50% 미만 보유하는 경우
③ 각 사업연도 종료일 현재 분할신설법인에 종사하는 근로자 수가 분할등기일 1개월 전 분할하는 사업부문에 종사하는 근로자 수의 80% 미만으로 하락하는 경우

분할신설법인이 분할법인으로부터 승계받은 사업을 폐지하는 경우

사업폐지의 판단방법은 적격분할 요건과 동일하다. 분할신설법인이 분할법인으로부터 승계받은 사업을 폐지하더라도 사업계속 요건을 충족하는 것으로 보는 부득이한 사유는 다음과 같다.

사업계속 요건의 부득이한 사유

① 분할신설법인이 파산함에 따라 승계받은 자산을 처분한 경우
② 분할신설법인이 적격합병·적격분할·적격물적분할 또는 적격현물출자에 따라 사업을 폐지한 경우
③ 분할신설법인이 기업개선 계획의 이행을 위한 약정 또는 기업개선 계획의 이행을 위한 특별약정에 따라 사업을 폐지한 경우
④ 분할신설법인이 채무자 회생 및 파산에 관한 법률에 따른 회생절차에 따라 법원의 허가를 받아 승계받은 자산을 처분한 경우

● 분할법인이 분할신설법인의 출자총액의 50% 미만 보유하는 경우

주식처분의 판단방법은 적격분할 요건과 동일하다. 분할법인이 지분을 처분하더라도 지분보유 요건을 충족하는 것으로 보는 부득이한 사유는 다음과 같다.

지분보유 요건의 부득이한 사유

① 분할법인이 분할신주의 50% 미만을 처분한 경우
② 분할법인이 파산하여 주식을 처분한 경우
③ 분할법인이 적격합병·적격분할·적격물적분할 또는 적격현물출자에 따라 주식을 처분한 경우
④ 분할법인이 조세특례제한법 제38조 또는 제38조의 2에 따라 주식을 현물출자 또는 교환·이전하고 과세를 이연받으면서 주식을 처분한 경우
⑤ 분할법인이 채무자 회생 및 파산에 관한 법률에 따른 회생절차에 따라 법원의 허가를 받아 주식을 처분하는 경우
⑥ 분할법인이 기업개선 계획의 이행을 위한 약정 또는 기업개선 계획의 이행을 위한 특별약정에 따라 주식 등을 처분하는 경우
⑦ 분할법인이 법령상 의무를 이행하기 위하여 주식을 처분하는 경우

● 각 사업연도 종료일 현재 분할신설법인에 종사하는 근로자 수가 분할등기일 1개월 전 분할하는 사업부문에 종사하는 근로자 수의 80% 미만으로 하락하는 경우

고용 유지의 판단방법은 적격분할의 사후관리 요건과 동일하다. 분할신설법인이 고용 유지 비율을 유지하지 못하더라도 고용 유지 요건을 충족하는 것으로 보는 부득이한 사유는 다음과 같다.

고용 유지 요건의 부득이한 사유

① 분할신설법인이 '채무자 회생 및 파산에 관한 법률'에 따른 회생계획을 이행 중인 경우
② 분할신설법인이 파산함에 따라 근로자의 비율을 유지하지 못한 경우
③ 분할신설법인이 적격합병, 적격분할, 적격물적분할 또는 적격현물출자에 따라 근로자의 비율을 유지하지 못한 경우

6. 적격물적분할 시 분할신설법인 등의 과세특례 사후관리

사후관리 기간인 분할등기일이 속하는 사업연도 종료일부터 2년 또는 3년 이내에 위반사유가 발생하면, 사유가 발생한 사업연도에 자산양도차익에 대한 압축기장충당금 잔액을 일시에 익금에 산입한다. 한편, 분할등기일부터 3년 이내에 위반사유가 발생하는 경우 물적분할로 면제된 취득세를 납부하여야 한다.

제5절   **자기주식**

1. 개 요

개정된 상법에 따라 2012년부터 회사는 배당가능이익의 한도 내에서 자유롭게 자기주식을 취득할 수 있게 되었다. 이에 따라 기업구조조정 시 자기주식을 이용하는 경우도 빈번해지고 있는 것이 현실이다.

자기주식은 회계상 자본의 차감항목으로 표시되나, 세법에서는 그 자산성을 인정한다. 다만, 자기주식이 감자절차에 따라 소각처리가 되는 등 자본거래에 해당한다면, 세법에서도 자기주식의 자산성을 인정하지 않는다. 이러한 점 때문에 자기주식 거래가 발생하면 거래의 성격에 따라 손익거래와 자본거래로 구분하여야 한다. 그리고, 손익거래는 관련 손익을 각 사업연도 소득에 반영하여야 한다. 일부 자기주식 거래는 손익거래인지 또는 자본거래인지에 대한 해석이 애매모호한 측면이 있다. 이러한 자기주식의 양면성 때문에 과세관청과 납세자 간에 해석의 다툼이 꾸준히 이어져 왔다.

지주회사로 전환하는 법인들의 경우 인적분할 시 자기주식에 분할신주를 배정하여 사업자회사의 지분을 자기주식 지분율만큼 보유하게 된다. 그러나 자기주식에 대해 분할신주를 배정하는 절차가 대주주의 지배력을 강화하는 편법적인 수단이라는 주장이 지속적으로 등장하고 있다. 그리고 최근에는 인적분할 시 자기주식에 분할신주의 배정을 금지하겠다는 상법개정(안)이 나오는 등 기업구조조정 시 자기주식 활용에 대한 비판적인 목소리도 높아지고 있다.

본 절에서는 자기주식에 대한 일반적인 세무처리와 자기주식이 합병 및 분할과정에서 어떠한 의미를 갖는지를 살펴보고자 한다.

2. 자기주식 세무처리

(1) 자기주식의 취득

자기주식 취득의 제한

개정된 상법에 따라 2012년부터 회사는 원칙적으로 배당가능이익의 한도 내에서 자유롭게 자기주식의 취득이 가능하다.

> **자기주식의 취득 한도**
>
> - 자기주식의 취득 한도 = 배당가능이익
> - 배당가능이익 = 직전 연도 재무상태표상 순자산액 − 차감 항목[*]
>   − 차감항목 = 자본금 + 자본잉여금 + 이익준비금 + 당기 적립할 이익준비금 + 미실현이익

그러나 다음과 같이 특정 목적을 달성하기 위해 불가피하게 취득하는 경우에는 배당가능이익의 한도를 초과하여 취득할 수 있다.

배당가능이익 한도를 초과하여 취득 가능한 사유

① 회사의 합병 또는 다른 회사의 영업 전부의 양수로 인한 경우
② 회사의 권리를 실행함에 있어 그 목적을 달성하기 위하여 필요한 경우
③ 단주(端株)의 처리를 위하여 필요한 경우
④ 주주가 주식매수청구권을 행사한 경우

매매거래인지 자본의 환급거래인지 여부

법인이 개인주주로부터 자기주식을 매입하는 경우 이를 매매로 보는 경우와 자본의 환급으로 보는 경우 개인주주의 세금이 달라진다.

① 매매거래로 보는 경우 : 개인주주는 주식의 양도에 대한 양도소득세를 납부
② 자본의 환급으로 보는 경우 : 개인주주는 의제배당에 대한 배당소득세를 납부

양도소득세는 10%~30%의 단일세율로 과세되는 반면, 배당소득세는 14%~45%의 누진세율로 과세된다. 따라서 소득이 많을수록 양도소득세를 적용하여 세금을 납부하

는 것이 유리해진다. 이와 같이 매매인지 자본의 환급인지에 따라 납부세액에 상당한 차이를 가져오므로 거래에 대한 판단이 중요하다.

감자절차를 예를 들어 생각해 보자. 감자절차는 자기주식을 매입한 후 소각하는 형태로 이루어진다. 따라서 취득 시점에는 매매거래인지 자본 감소의 절차에 따른 거래인지가 불분명할 수 있다. 이에 대해 세법에서는 매매의 경위와 목적, 계약체결과 대금결제의 방법 등에 비추어 그 매매가 법인의 주식소각이나 자본감소 절차의 일환으로 이루어진 것인 경우에는 배당소득으로 보고 단순한 주식매매인 경우에는 양도소득으로 보도록 한다.

실무상으로는 자기주식의 취득 이후 즉시 소각하지 않고 일정 기간 이후에 소각하는 경우에 특히 납세자와 과세관청 간의 다툼이 많이 발생한다. 납세자는 취득 거래와 소각 거래를 별개로 보아야 한다는 입장인 반면, 과세관청에서는 실질과세 원칙에 따라 취득부터 소각까지 일련의 과정을 하나의 자본감소 절차의 일환으로 보아 과세하는 사례가 많기 때문이다.

그러나 과세관청의 이러한 과세 경향은 납세자에게 불리하므로, 납세자의 의사결정 권한 등을 고려하여 과세하여야 할 것이다. 그 이유는 자기주식을 법인에 매각한 이후 소유권은 법인으로 넘어가므로 그 이후의 감자의 의사결정은 법인이 결정하기 때문이다. 물론 잔여지분이 있는 경우 주주총회를 통해 의결권을 행사할 수 있겠지만, 최대주주가 아닌 경우 사실상 어렵다고 보여진다.

납세자 입장에서는 자기주식의 취득 시점에 이사회의사록 등을 통해 어떠한 목적으로 매매거래가 이루어지는지에 대해 명확히 할 필요가 있다. 그리고, 소각 시에는 당초 취득 시점에 매매거래가 당초 신고와 다르게 판단될 여지가 있는지에 대해 충분한 고민이 있어야 할 것이다.

🔵 상법을 위반한 자기주식의 취득

상법상 자기주식의 취득 제한 규정을 위반하여 자기주식 취득을 무효로 보는 경우에는 자기주식 취득의 상대방에 대하여 지급한 금액을 실질적인 대여금으로 보아 과세할 수 있다. 대여금으로 과세하면 다음의 이슈가 제기된다.

① 적정이자 미수취에 대한 부당행위계산 부인
② 차입이자에 대한 손금을 부인

자기주식 취득대가를 대여금으로 본다는 것은 해당 주주가 계속하여 법인에 대한 주주라는 점을 전제로 하고 있다. 따라서, 실제 주주로서의 의결권을 행사 가능한 경우에 한하여 과세되어야 한다고 판단된다.

(2) 자기주식의 처분

● 자기주식처분손익

법인세법상 자기주식의 매각은 손익거래로 보아 처분손익을 각 사업연도 소득의 익금 또는 손금에 산입하여야 한다. 자기주식의 처분손익은 자기주식의 양도금액에서 장부가액을 차감하여 계산하게 되는데, 장부가액의 계산방법에 따라 처분손익이 달라진다.

자기주식의 장부가액은 일반적인 주식의 평가방법과 동일하게 총평균법과 이동평균법을 사용하되, 자기주식의 보유목적(처분목적, 소각목적)에 따라 구분하여 평가할 수 있다. 실무적으로 자기주식의 경우 회계상 계좌별로 구분이 되면 계좌별로 구분하여 장부가액을 계산하는 경우가 있다. 이러한 경우 세무상으로는 여러 개의 계좌별로 자기주식을 취득하더라도, 보유목적이 동일하다면 총평균법 또는 이동평균법에 따른 가격을 장부가액으로 하여야 한다.

회계상 자기주식 처분손익이 세무상 자기주식 처분손익과 다르다면 그 차액은 세무조정을 통하여 익금 또는 손금에 산입하게 된다.

● 자기주식소각손익

자기주식의 소각에 따라 발생하는 감자차손익은 자본거래로 분류되므로 과세대상에 해당하지 않는다. 그러나 자기주식을 소각한 후 발생하는 감자차익을 자본 전입하면, 주식수가 증가하게 되어 실질적으로 감자가 아닌 현금배당을 한 효과와 동일해진다. 이와 같은 자기주식 소각을 통한 배당행위에 대해 과세를 강화하기 위하여 다음의 경우에는 의제배당으로 과세한다.

① 자기주식 소각이익 중 소각 당시 시가가 취득가액을 초과
② 소각일로부터 2년 이내에 자본에 전입하는 금액

한편, 자기주식을 소각하는 등 자본거래에 해당하면 자기주식에 대한 유보금액은 익금 또는 손금에 산입하지 않고 소멸된다.

● 신주발행에 대신하여 교부하는 자기주식

합병대가로 교부하는 자기주식

합병 시 합병대가로 신주를 교부하는 경우가 대부분이나, 신주를 교부하는 대신에 자기주식을 교부하기도 한다. 합병은 합병법인이 피합병법인의 자산·부채를 포괄적으로 승계하고, 합병의 대가로 피합병법인의 주주들에게 합병신주를 교부하는 거래이다. 따라서 합병신주를 교부하지 않고 보유하던 자기주식을 교부하는 것과 합병신주를 발행하는 것은 실질에 차이가 없으므로 자본거래로 본다. 마찬가지로 합병대가로 자기주식을 교부하면서 처분손실이 발생하면, 자본거래에 해당하므로 손금에 산입할 수 없다.[90]

주식의 포괄적 교환에 따라 교부하는 자기주식

주식의 포괄적 교환에 따라 완전자회사의 주주는 완전자회사의 주식을 완전모회사에 이전하고, 그 대가로 완전모회사의 주식을 신주배정 또는 자기주식의 교부 형태로 받게 된다. 이 경우에도 신주발행에 갈음하여 자기주식을 교부하면 자본거래로 보고 있다.[91]

---

90) 재법인-939, 2016.9.27.
91) 사전법령법인-158, 2015.9.9.

3. 자기주식과 합병 및 분할

(1) 합 병

합병 후 합병법인에 자기주식이 생기는 경우는 다음의 세 가지가 있다.

> **합병 시 자기주식이 발생하는 경우**
>
> ① 합병법인이 합병 전 보유한 피합병법인의 주식에 신주를 발행한 경우
> ② 피합병법인이 합병 전 보유한 자기주식에 신주를 발행한 경우
> ③ 피합병법인이 합병 전 보유한 합병법인의 주식

● 합병법인이 합병 전 보유한 피합병법인의 주식에 신주를 발행한 경우

합병법인이 소유한 피합병법인의 주식에 대해 신주를 배정하면 자기주식이 발생한다.

● 피합병법인이 합병 전 보유한 자기주식에 신주를 발행한 경우

피합병법인이 합병 전 보유한 자기주식에 대해서는 합병에 의하여 당연히 소멸하여 신주를 배정할 수 없다는 것이 상법상 통설이다. 하지만 실무적으로는 피합병법인의 자기주식에 대해서도 합병신주를 교부하여 승계하는 경우도 있다.

● 피합병법인이 합병 전 보유한 합병법인의 주식

합병법인이 합병에 따라 피합병법인이 보유하던 합병법인의 주식을 승계하면 자기주식이 발생한다. 종전에는 합병법인이 승계한 피합병법인 보유 합병법인 주식의 처분이익을 자본거래로 보았다. 그러나, 2009년 2월에 개정된 법인세법에서는 익금산입대상에 이를 명시하여 피합병법인 보유 합병법인 주식의 처분이익은 각 사업연도의 익금에 산입하여야 한다.

● 자기주식에 합병신주의 배정이 미치는 영향

합병법인이 보유한 피합병법인의 주식과 피합병법인이 보유한 자기주식은 합병신주를 배정하는지 여부에 따라 합병 후 합병법인의 자기주식 보유 여부가 결정된다. 합병신

주를 배정하지 않는다면 합병법인이 보유한 피합병법인의 주식과 피합병법인이 보유한
자기주식은 자연스럽게 소멸된다. 합병에 따른 소멸은 자본거래에 해당하므로 자기주식
과 관련한 유보는 소멸하고, 자기주식의 장부가액은 손금으로 인정받을 수 없다.

 합병법인이 보유한 피합병법인의 주식과 피합병법인이 보유한 자기주식에 신주를
배정하면 세무상 합병신주의 취득가액은 종전의 주식가액이 될 것이다. 그리고 해당
자기주식을 외부에 매각하면 관련 처분손익은 익금 또는 손금에 산입된다. 따라서, 종
전 주식가액이 높은 경우에는 합병신주를 발행하고자 하는 유인이 생길 수 있다. 투자
금액 대비 주식가치가 하락한 회사를 합병 시 보유하는 피합병법인의 주식에 합병신주
를 발행한다면, 이후에 외부에 자기주식을 처분한다면 투자금액에 대한 손실을 손금으
로 계상할 수 있기 때문이다.

 다음의 예제를 통해 구체적으로 살펴보자.

예제 25

- A법인은 B법인을 100% 보유하고 있음.
- A법인의 B법인 주식가액은 취득가액 500원, 회계상 장부가액 100원임.

요구사항

1. A법인과 B법인을 합병하면서, 무증자합병시 A법인의 세무적 영향을 검토하시오.
2. A법인과 B법인을 합병하면서, 합병신주 배정시 A법인의 세무적 영향을 검토하시오.

① 무증자합병시 세무처리
- A법인은 종전 B법인 주식의 유보 400원(= 500원 – 100원)을 손금산입 · 유보,
  익금산입 · 기타로 세무조정함.
- 과세표준에 미치는 영향 없음.
② 합병신주 배정시 세무처리
- A법인은 종전 B법인 주식의 유보 400원(= 500원 – 100원)을 합병신주(자기
  주식)의 유보로 계상함.

- 향후 자기주식의 소각시 : 400원을 손금산입·유보, 익금산입·기타로 세무조
  정함.
- 향후 자기주식의 처분시 : 400원을 손금산입·유보로 세무조정함.

위의 예제에서는 결과적으로 합병신주를 배정하여 자기주식을 외부에 처분하는 경우 B법인 주식의 투자손실을 손금에 산입하게 된다.

(2) 인적분할

인적분할 이전에 자기주식을 취득하면 다음과 같은 효과가 있다.
- 대주주의 지배력 강화
- 분할 후 사업자회사에 대한 지배력 강화

관련 내용은 〈제1장〉에서 자세하게 다루고 있으므로 관련 내용을 참조하기를 바란다.

최근 인적분할 시 자기주식에 신주배정을 금지하여 이러한 지배력 강화를 막겠다는 상법 개정안이 제출된 바 있다. 만일 동 개정안이 통과되어 자기주식에 신주배정이 금지된다면 어떠한 대안이 있을지 생각해 보자.

대안으로는 자기주식을 신설법인에 승계하는 방안이 있을 수 있다. 신설법인이 자기주식을 승계하면, 분할신설법인이 지분율만큼 분할법인에 대한 지분을 보유하게 된다. 이러한 경우 신설법인에 승계되는 자기주식에 신주배정이 금지되더라도 지배력은 강화된다.

다만, 현행 법인세법상에서 주식을 분할신설법인이 승계하는 것에 대해 적격분할로 보기는 어려울 듯하다.[92] 따라서 비적격분할로 자기주식을 이전하여도 세금부담이 감수할 수준인 법인에 한정하여 적용 가능할 것으로 보인다.

---

92) 분할신설법인이 공정거래법상 지주회사가 되는 경우에는 가능하지만, 지주회사의 자산총액 요건이 2017년 7월 이후에는 5천억원 이상임에 유의하여야 한다.

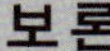

| 보론 | OCI의 물적분할 |

1. 개 요

2008년 5월 OCI(구, 동양제철화학 주식회사)는 인천공장 사업부문을 물적분할하여 100% 자회사인 DCRE를 설립하였다. 도시개발사업이 예정되어 있는 인천공장 사업부문을 독립법인으로 분리 경영하여 경영 효율성 및 전문성을 제고하고 책임경영체제를 마련하기 위한 목적에서의 분할이었다.

분할법인인 OCI의 경우 세무상 적격분할로 신고하고 자산양도차익 약 7,485억원에 대해 압축기장충당금을 손금산입하여 과세이연받았다. 그리고 분할신설법인 DCRE는 분할법인의 자산을 공정가액을 승계하였으며 취득세를 면제받았다.

그러나 인천시 남구청에서는 이를 적격요건을 갖추지 못한 분할로 판단하고 1,700억원 규모의 지방세(취득세 등)를 분할신설법인인 DCRE에 고지하였다. 국세청 역시 추가로 법인세와 부가가치세를 약 3,800억원 정도 분할법인인 OCI에 고지하였다. 이후 OCI는 총 세액규모가 5,500억원에 달하는 소송을 진행하였다. 쟁점 사건은 조세심판원에서 과세관청이 승소하였으나, 1심과 2심 및 대법원에서는 납세자의 손을 들어주었다.

구분	국세	지방세
조세심판	조심 2013서4647, 2014.11.10.	조심 2012지0355, 2013.7.10. 조심 2012지0356, 2013.7.10.
1심	서울행법 2013구합61630, 2015.2.6.	인천지법 2013구합11165, 2015.2.13.
2심	서울고법 2015누38414, 2016.5.12.	서울고법 2015누38292, 2016.6.15.
대법원	대법원 2016두40986, 2018.6.28.	대법원 2016두45219, 2018.6.28.

본 절에서는 OCI의 분할 과정에서 무엇이 쟁점이 되었는지를 살펴보고, 시사점을 살펴보도록 한다.

2. OCI 분할의 이해와 쟁점 검토

과세관청과 적격분할 요건의 충족 여부에 이슈가 된 OCI 분할의 사실관계를 먼저 살펴본 후 이에 대한 쟁점사항과 법원의 해석에 대해 살펴본다.

(1) 인천지역 공장의 분할

● 사실관계

OCI는 분할 이전에 화학제품제조 사업부문으로 인천공장 이외에 익산공장, 군산공장, 광양공장을 운영하고 있었다. 본 물적분할은 전체 화학제품제조 사업부문 중 일부 사업부문인 인천공장과 도시개발사업부문을 포함하여 이루어졌다.

● 쟁점사항

적격물적분할의 요건 중 '분리하여 사업이 가능한 독립된 사업부문을 분할하는 경우' 를 판단함에 있어, 사업부문의 범위를 분할법인에 존재하는 동일 업종의 모든 사업부문을 의미하는지 여부가 쟁점이다.

● 법원의 판단

법인세법에서는 '분리하여 사업이 가능한 독립된 사업부문을 분할하는 것일 것'이라고 규정하고 있을 뿐 그 사업부문이 분할법인에 존재하고 있던 동종의 사업부문 전체일 것을 요건으로 규정하고 있지 않다. 따라서 동종의 사업부문 중 일부인 인천공장만의 분할도 가능하다고 판단하였다.

(2) 원료의 구입과 제품의 생산 및 판매를 분할법인에 위탁

● 사실관계

분할신설법인 DCRE는 분할 직후 분할법인 OCI와 용역위탁 계약을 체결하여 원료의 구입과 제품의 생산 및 판매를 위탁하였다. 용역위탁의 범위는 다음과 같다.

 **용역위탁의 범위**

① 염화칼슘, 아염소산소다 등 각종 시약류 생산 및 관리 업무
② 원부재료 구매 업무
③ 위탁계약에 따라 생산된 제품의 판매 업무
④ 도시개발사업 대행 업무

DCRE는 분할로 설립한 이후 거래의존비율과 직원 승계 내역은 다음과 같다.
① 분할 이후 2011년까지 OCI에 대한 원료매입과 제품매출은 90% 초과
② 직원 95명 중 8명만 승계

쟁점사항

적격물적분할의 요건 중 '분리하여 사업이 가능한 독립된 사업부문을 분할하는 경우'를 판단함에 있어, 사업부문의 일부 기능(구매, 생산, 판매 등)을 분할법인에 위탁하는 경우에도 독립된 사업부문에 해당하는지 여부가 쟁점이다.

법원의 판단

DCRE는 분할법인에 위탁하는 기능을 제외한 인천공장의 사업부문만으로도 화학제품제조업을 승계하여 생산활동을 영위하면서 생산한 제품을 외부에 판매하고 있으므로, 사업 전체를 승계받은 것으로 보고 있다. 따라서, 일부 기능을 분할법인에 위탁하여 수행한다고 하더라도 이를 영업의 해체로 볼 수 없다고 판단하였다.

(3) 우발채무의 승계

사실관계

분할계획서에 따르면 '분할되는 사업과 관련하여 분할기일 이전에 이미 발생·확정되었으나 이를 인지하지 못한 채무(공·사법상의 우발채무 및 기타 일체의 채무를 포함)에 관하여 인천공장 사업부문과 관련한 채무 중 폐석회처리협약서에 따른 채무, 폐석회 매립공사와 관련한 채무, 지하폐석회 처리 관련 채무는 분할법인에 귀속하고, 그 이외의 것은 모두 분할신설법인인 DCRE에 귀속한다'라고 규정하고 있다. 분할 이후

DCRE는 OCI로부터 협약서에 따른 채무 등을 포괄승계하였으며, 실제 관련 채무의 이행은 DCRE가 이행한 것으로 보인다.

● 쟁점사항

DCRE가 인천공장과 관련된 우발채무를 승계하였는지 여부

● 법원의 판단

실제 분할신설법인인 DCRE가 폐석회 관련 채무 등을 포괄승계하여 실제 이행한 점을 미루어본다면, 분할계획서상 분할법인에 귀속되는 것으로 정한 우발채무 부분은 분할과 관련한 채무를 DCRE에 포괄적으로 승계하면서도 인천시, 인천시 시민위원회 등의 요구에 따라 폐석회 관련 채무에 대한 사회적 책임을 다하고 일정한 조건 하에 추가적인 비용을 정산할 채무를 DCRE에 부담하고자 한 점을 명확히 한 것으로 판단하였다. 즉, 폐석회 관련 채무 등은 DCRE가 포괄승계하고 DCRE와 OCI 간에는 분할 당시 재무제표에 계상되지 아니한 채무에 대한 비용분담을 누가 할지에 대한 구상채권 관계만이 남아있다고 본 것이다.

(4) 인천공장 부지의 담보로 차입한 자금

● 사실관계

OCI는 분할 직전 인천공장 부지를 담보로 차입한 자금 중 일부만을 DCRE에 승계하였다. 분할 당시 DCRE의 재무제표를 살펴보면, 장부가액을 기준으로 순자산가액이 5천만원 수준에 불과하다는 점을 감안한다면 세무적인 목적에서 자금의 승계비율을 정하였으리라 생각된다.

물적분할 시 자산양도차익을 손금산입할 수 있는 한도는 바로 주식의 가액이다. 따라서 자기자본이 (−)인 사업부를 물적분할하여 양도차익이 발생하는 경우 양도차익 중 주식가액을 초과하는 부분은 분할법인에서 세금을 내야 하는 부분이다. 예를 들어 자본잠식이 약 100억원인 사업부를 200억원의 처분이익을 인식하여 (+)100억원으로 물적분할한 경우, 실제 발생한 양도차익은 200억원이지만 손금에 산입 가능한 금액은 100억원이다.

DCRE의 물적분할로 분할법인이 인식한 회계상 처분이익은 다음과 같다. 법인세법상 과세이연 대상인 금액은 세무상 처분이익으로 회계상 처분이익에 관련 유보를 가감한 금액이다. 세무상 정확한 처분이익은 알 수 없지만 손금에 산입한 압축기장충당금은 7,485억원으로 대부분의 자산양도차익은 과세이연된 것으로 보인다.

DCRE의 물적분할로 분할법인이 인식한 회계상 처분이익은 다음과 같다.

구분	장부가액	공정가액	처분이익
자산	9,639억원	1조7,207억원	7,568억원
부채	9,639억원	9,639억원	–
자기자본	0.5억원	7,568억원	–

● 쟁점사항

① 인천공장 부지를 담보로 차입한 자금 중 일부만을 분할신설법인이 승계하는 경우 자산·부채의 포괄적 승계가 가능한지 여부

② 분할 직전에 인천공장 부지를 담보로 차입한 자금 중 일부만을 분할신설법인이 승계하는 경우, 미승계 자금에 대해 분할대가를 금전으로 교부한 것으로 볼 수 있는지 여부

● 법원의 판단

현금의 경우 계좌로 입금되면 매출로 발생하는 경우와 자산을 담보로 차입하여 발생한 경우 모두 다른 현금과 혼합되므로 이를 하나의 사업부에 귀속되는 현금으로 볼 수 없다는 입장이다. 또한 차입금을 전부 승계하면서 자금을 적게 승계하는 경우는 주식가치를 더 낮아지게 하므로 조세회피의 관점에서도 문제가 없다고 본다.

한편, 물적분할 과정에서 분할법인이 분할대상 자산을 담보로 차입한 자금을 일부 승계시키지 않아 분할신설법인의 주식가치가 하락한 경우를 분할대가를 금전으로 교부한 것으로 규정하고 있지 아니하므로, OCI는 DCRE로부터 분할대가로 주식을 100% 교부받은 것으로 판단하였다.

(5) 연대책임의 배제

사실관계

OCI의 분할계획서에 따르면, DCRE는 분할되는 회사의 채무 중에서 DCRE로 이전되는 재산에 관한 채무만을 부담하고 DCRE에 이전되지 않는 재산에 관한 채무에 대해서는 분할법인과 연대하여 변제할 책임을 부담하지 않는 것으로 하였다. 상법상 분할 시 채권자보호절차를 통해 분할법인과 분할신설법인은 연대책임을 배제할 수 있다.

쟁점사항

분할법인과 분할신설법인 간 연대책임의 배제가 조세회피목적이 있는지 여부

법원의 판단

상법상 적법한 절차에 따라 분할법인과 분할신설법인이 연대책임을 배제할 수 있으므로 분할에 있어 연대책임의 배제로 인해 문제가 있다고 볼 수는 없다는 입장이다.

(6) 인력의 미승계

사실관계

OCI는 인천공장의 직원 95명 중 8명만을 DCRE에 승계하였다.

쟁점사항

인력의 미승계가 자산·부채의 포괄승계 요건에 위반하는지 여부

법원의 판단

법인세법상 자산·부채의 포괄승계의 요건에서는 분할하는 사업부문의 인력 또는 직원의 포괄승계를 그 요건으로 규정하고 있지 않다. '자산'이란 과거 사건의 결과로 기업이 통제하고 있는 미래 경제적 효익이 유입될 것으로 기대되는 자원을 의미하므로, 인력 또는 직원이 자산이 될 수 없다는 점이다.

일례로 일본에서는 적격분할의 요건으로 분할되는 사업에 관계되는 종업원 중 약 80% 이상이 분할신설법인의 업무에 종사할 것으로 전망될 것을 규정하고 있다는 점을 들어, 법에서 인력 또는 직원의 승계를 요건으로 정하지 않는 한 인력의 미승계가 적격

분할에 영향을 미칠 수 없다고 판단하였다. 또한 분할에 있어서 직원의 승계 여부는 개별 근로자의 동의가 있어야만 가능하다는 법적인 해석에 근거하여 DCRE로의 승계에 동의하지 아니한 근로자의 미승계에 대해 타당한 사유가 있음을 인정하고 있다.

(7) 사내도급

🔹 사실관계

DCRE는 인천공장을 승계하여 제품을 생산하였으나, 생산업무는 OCI에 위탁하여 OCI의 인력을 사용하여 생산하였다.

🔹 쟁점사항

자기 생산시설을 이용하여 제품을 생산하지만, 생산업무를 외부에 위탁하는 경우 승계한 고정자산을 당해 사업에 직접 사용하여야 하는 요건에 위반하는지 여부

🔹 법원의 판단

DCRE는 자신의 비용으로 원재료를 구입하여 자신의 사업장에서 설비를 갖추어 자신의 명의로 화학제품을 제조하였으므로 당해 고정자산을 사업에 직접 사용한 것으로 보았다. 인력을 외부 위탁하여 생산업무에 투입하더라도 DCRE의 명의로 제품을 생산한다면, 자신의 책임과 계산하에 사업을 하는 것으로 판단한 것이다.

(8) 부동산 담보신탁

🔹 사실관계

DCRE는 도시개발사업에 사용될 인천공장의 부지를 분할로 인하여 취득하였다가 신탁을 원인으로 하여 신한은행으로 소유권이전등기를 하였다. 신탁은 은행 차입금에 대하여 담보 제공을 위한 부동산담보신탁으로 DCRE는 부동산을 계속 점유 · 사용하고, 실질적인 관리와 소요되는 비용 일체를 부담하여야 한다. 한편 임대차 계약 시 명의도 위탁자인 DCRE의 명의로 체결하게 되어 있다.

● 쟁점사항

신탁에 따른 금융기관 명의 부동산 소유권등기가 승계한 고정자산을 당해 사업에 직접 사용하여야 하는 요건에 위반하는지 여부

● 법원의 판단

부동산 담보신탁은 단순히 자신의 채무를 담보하기 위해 신탁등기를 한 것이며, 이를 이유로 해당 부동산을 사업에 직접 사용하지 않았다고 해석하기는 어렵다는 입장이다.

3. 시사점

본 판결의 경우 적격분할의 요건과 관련하여 다양한 쟁점으로 다투고 있어, 분할요건의 판단에 중요한 참고사항이 될 것이다.

본 판결을 통해 실무상 분할 진행 시 참고할 수 있는 시사점은 다음과 같다.

(1) 하나의 사업부문 내에 사업장별 분할

한국표준산업분류상 하나의 사업을 영위하는 법인의 경우에도 여러 사업장을 운영하는 경우에는 사업장별 분할도 독립된 사업부문이기만 하면, 적격분할이 가능하다는 점이다. 사업장별 분할이 가능하다면, 사업장별 규모 등을 고려하여 일부 사업장만의 분할이 가능하고 지역별 독립된 법인의 분할도 고려할 수 있다.

(2) 하나의 사업부문 분할 시 기능별 위탁

분할 시 실무상 문제가 되는 부분 중의 하나는 여러 사업부문에 공통으로 사용하는 부문에 대한 분할이다. 예를 들면 재경, 관리, 구매, 인사, 영업 등의 부서의 경우 사업부문별로 구성하여 운영하는 경우도 있지만, 중소규모의 법인들은 대부분 하나의 부서에서 여러 사업부문의 업무를 총괄하여 운영한다.

분할에 있어 회사가 둘로 쪼개지는 경우 신설법인에 동일한 부서를 편재하려면 비용부담이 가중될 수 밖에 없다. 따라서 재경, 관리, 구매, 인사, 영업 등의 부서에 대한

기능위탁이 가능하다면, 중소법인들이 분할을 진행함에 있어 좀 더 효율적인 법인운영이 가능할 것이다.

(3) 자금계획에 따른 분할비율 결정

분할법인이 보유한 현금의 경우 실무적으로도 공통자산으로 보아 각 법인의 자금계획 등을 고려하여 당사자의 의사결정에 따라 분할법인과 분할신설법인에 분배하게 된다.

본 판결의 시사점은 이러한 현금에 대한 분할 시 처리에 대해 다시 한 번 확인하였다는 점이다. 분할 직전 차입한 현금이라고 하더라도 차입금 승계와는 별개로 공통자산으로서 회사의 입장에서 유연하게 승계 가능할 것이다.

현물출자와 주식교환

　‘독점규제 및 공정거래에 관한 법률’에 따른 지주회사는 전체 자산 중 50% 이상이 주식으로 구성되어야 한다. 이를 충족하려면 상당한 규모의 주식이 필요한데, 그 많은 주식을 현금을 지급하고 취득하기는 매우 어렵다. 따라서 지주회사 전환 시에는 현물출자나 주식교환 등이 수반되는 것이 일반적이다.

　그런데, 세법상 현물출자나 주식교환이 이루어지면 양도차익에 대한 세금이 발생하게 되어 납세자의 어려움을 야기한다. 이에 따라 과세당국에서는 기업구조조정을 원활하게 진행하기 위하여 일정 요건을 갖춘 현물출자와 포괄적 주식교환 등에 대해서는 과세가 이연되는 특례제도를 마련하고 있다.

- 법인세법상 현물출자 과세특례
- 조세특례제한법상 현물출자 과세특례
- 조세특례제한법상 포괄적 주식교환 등 과세특례

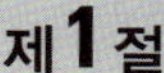

제1절　법인세법상 현물출자 과세특례

1. 법인세법상 현물출자 과세특례의 개요

현물출자는 금전이 아닌 부동산, 주식 등의 재산을 법인에 출자하고 해당 법인의 신주를 그 대가로 받는 것을 말한다. 세법에서는 현물출자를 다음과 같은 거래가 복합된 거래로 본다.

① 법인에 출자하는 거래 : 양도거래에 해당하므로 양도차익에 대한 세금 부과

② 신주를 받는 거래 : 자본거래에 해당하므로 불균등증자가 이루어지면 이익분여에 대하여 세금 부과

비적격현물출자와 적격현물출자에 대한 세무처리를 비교하면 다음과 같다.

| 비적격현물출자와 적격현물출자 시 주요 세무사항 |

구분	항목	비적격현물출자	적격현물출자
출자 법인	자산양도차익 법인세	법인세 과세	없음
	부가가치세	포괄 승계 필요	좌동
	증권거래세	과세	면세(단, 기존 법인에 대한 현물출자는 과세)
	과점주주 취득세	설립은 과세대상 아님. 기존법인에 대한 과점주주 취득은 과세	좌동
피출자 법인	자산·부채 승계	시가 승계	좌동
	유보 승계	승계대상 아님.	좌동
	이월결손금, 공제 등 승계	승계대상 아님.	좌동
	감가상각방법 및 내용연수신고	신규 신고 대상 (중고자산은 50% 범위 내 내용연수 적용 가능)	좌동

구분	항목	비적격현물출자	적격현물출자
피출자 법인	취득세	과세	75% 감면 (감면세액에 대한 20%의 농특세 부과)
	자본등록세	0.48% (중과시 1.44%)	0.48% (중과시 1.44%)

2. 적격현물출자의 요건

법인세법에서 규정하는 적격현물출자의 요건은 다음과 같다.

> **적격현물출자의 요건**
>
> ① 출자법인 요건 : 출자법인은 현물출자일 현재 5년 이상 사업을 계속한 법인일 것
> ② 사업의 계속성 요건 : 피출자법인은 그 현물출자일이 속하는 사업연도의 종료일까지 출자법인이 현물출자한 자산으로 영위하던 사업을 계속할 것
> ③ 공동출자자 요건 : 출자법인이 다른 내국인 또는 외국인과 공동으로 출자하는 경우 공동으로 출자한 자가 출자법인의 특수관계인이 아닐 것
> ④ 지분의 연속성 요건 : 출자법인 및 공동출자자는 현물출자일의 다음 날 피출자법인의 80% 이상의 주식을 보유하고, 현물출자일이 속하는 사업연도의 종료일까지 주식을 보유할 것

적격현물출자의 요건에서 출자법인은 현물출자를 하는 내국법인을 의미하고, 피출자법인은 현물출자를 받은 내국법인을 의미한다. 따라서 내국법인이 아닌 개인이나 외국법인 등은 적격현물출자의 요건을 충족할 수 없으므로 과세특례를 적용받을 수 없다. 그리고, 내국법인이 외국법인에 현물출자를 하는 경우에도 본 과세특례를 적용받을 수 없다.

(1) 출자법인 요건

출자법인은 현물출자일 현재 5년 이상 사업을 계속한 법인이어야 한다. 여기서 5년 이상 요건은 출자법인이 사업을 영위함을 의미하며, 출자대상 사업부문에 대한 사업영위 요건을 의미하지 않는다.

(2) 사업의 계속성 요건

피출자법인은 그 현물출자일이 속하는 사업연도의 종료일까지 출자법인이 현물출자한 자산으로 영위하던 사업을 계속하여야 한다. 피출자법인이 사업을 폐지하더라도 사업계속 요건을 충족하는 것으로 보는 부득이한 사유는 다음과 같다.

사업계속 요건의 부득이한 사유

① 피출자법인이 파산함에 따라 승계받은 자산을 처분한 경우
② 피출자법인이 적격합병·적격분할·적격물적분할 또는 적격현물출자에 따라 사업을 폐지한 경우
③ 피출자법인이 기업개선 계획의 이행을 위한 약정 또는 기업개선 계획의 이행을 위한 특별약정에 따라 사업을 폐지한 경우
④ 피출자법인이 채무자 회생 및 파산에 관한 법률에 따른 회생절차에 따라 법원의 허가를 받아 승계받은 자산을 처분한 경우

(3) 공동출자자 요건

출자법인이 다른 내국인 또는 외국인과 공동으로 출자할 경우, 공동으로 출자한 자는 출자법인의 특수관계인이 아니어야 한다. 이는 다른 내국인인 개인 등과 공동출자하는 경우에도 과세특례를 적용받을 수 있지만, 그 공동출자자는 출자법인과 특수관계가 없는 자에 한정된다. 한편, 적격현물출자 과세특례는 출자법인인 당해 내국법인에 한하여 적용되는 과세특례이므로 공동출자한 개인과 외국인은 적용받을 수 없다.

(4) 지분의 연속성 요건

출자법인과 공동출자자는 현물출자일의 다음 날 피출자법인의 80% 이상의 주식을 보유하고, 현물출자일이 속하는 사업연도의 종료일까지 주식을 보유하여야 한다. 출자법인과 공동출자자가 지분을 처분하더라도 지분보유 요건을 충족하는 것으로 하는 부득이한 사유는 다음과 같다.

지분보유 요건의 부득이한 사유

① 출자법인 및 공동출자자자가 피출자법인 신주의 50% 미만을 처분한 경우
② 출자법인 및 공동출자자자가 사망하거나 파산하여 주식을 처분한 경우
③ 출자법인 및 공동출자자자가 적격합병·적격분할·적격물적분할 또는 적격현물출자에 따라 주식을 처분한 경우
④ 출자법인 및 공동출자자자가 조세특례제한법 제38조 또는 제38조의 2에 따라 주식을 현물출자 또는 교환·이전하고 과세를 이연받으면서 주식을 처분한 경우
⑤ 출자법인 및 공동출자자자가 채무자 회생 및 파산에 관한 법률에 따른 회생절차에 따라 법원의 허가를 받아 주식을 처분하는 경우
⑥ 출자법인 및 공동출자자자가 기업개선 계획의 이행을 위한 약정 또는 기업개선 계획의 이행을 위한 특별약정에 따라 주식 등을 처분하는 경우
⑦ 출자법인 및 공동출자자자가 법령상 의무를 이행하기 위하여 주식을 처분하는 경우

3. 비적격현물출자에 대한 세무처리

법인세법상 현물출자에 대한 과세방법은 물적분할과 유사한데, 적격현물출자보다 비적격현물출자에 대한 내용을 먼저 살펴보도록 한다. 그 이유는 비적격현물출자에 따른 세무처리가 현물출자의 원칙적인 것이므로, 이를 먼저 이해하면 적격현물출자에 따른 과세특례에 대한 접근이 용이하기 때문이다.

| 비적격현물출자 세무처리 |

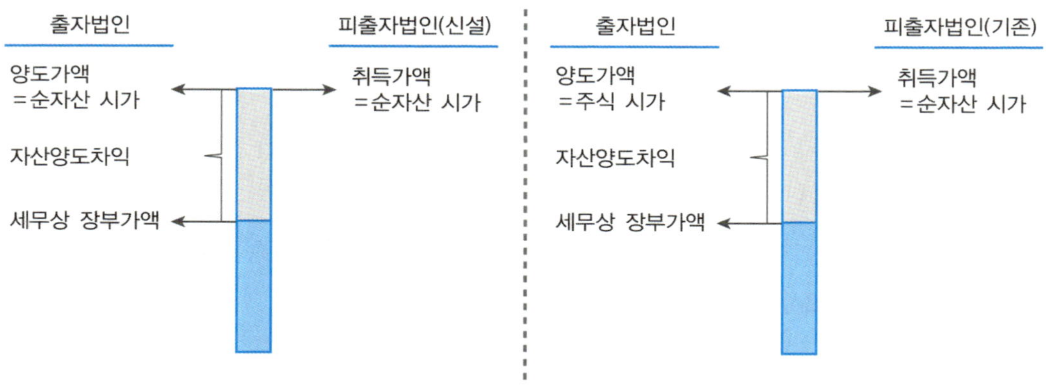

(1) 출자법인의 자산양도차익에 대한 법인세

내국법인이 현물출자하면 출자법인은 현물출자하는 사업부문의 자산을 피출자법인에 양도한 것으로 본다. 따라서 양도에 따라 발생된 양도손익은 현물출자일이 속하는 사업연도의 소득금액 계산 시 익금이나 손금에 산입된다.

> 자산양도차손익
>
> • 자산양도차손익 = 양도가액 − 현물출자일 현재 순자산 장부가액
>   − 양도가액
>   ㉠ 신규 설립하는 경우 : 현물출자한 사업부문의 순자산 시가
>   ㉡ 기존 법인에 출자하는 경우 : 교부받은 주식의 시가
>   − 현물출자일 현재 순자산 장부가액 : 세무상 유보를 가감한 장부가액

현물출자 시 자산양도차익에 대한 법인세 산출과정은 물적분할과 대부분 동일하다. 다만, 현물출자의 양도가액이 피출자법인이 신규로 설립되느냐 그렇지 않느냐에 따라 다르게 산정된다는 점에는 차이가 있다.

(2) 피출자법인의 취득가액

피출자법인은 현물출자로 출자법인의 자산을 승계한 경우 현물출자일 현재의 시가로 양도받은 것으로 본다. 피출자법인의 자산 취득에 관한 세무처리는 비적격인적분할 시 분할신설법인의 세무처리와 동일하다. 따라서, 제10장의 비적격분할에 대한 세무처리를 참조하기를 바란다.

(3) 영업권

현물출자는 사업양도에 준하여 영업권을 계상할 수 있다. 현물출자 시 양도·양수 자산과는 별도로 양도사업에 관한 허가·인가 등 법률상의 지위, 사업상 편리한 지리적 여건, 영업상의 비법, 신용·명성·거래처 등 영업상의 이점 등을 감안하여 적절한 평가방법에 따라 유상으로 취득한 금액은 영업권으로 인정된다.

한편, 영업권에 대해서는 감정평가법인의 감정가액 등 시가평가 자료가 필요함에 유의하여야 하다. 왜냐하면 현물출자는 출자를 통하여 출자법인과 피출자법인이 특수관

계가 성립되므로, 시가 평가 없이 영업권을 계상하면 세법상 인정되지 않기 때문이다.

기업회계기준은 연결실체[93] 내에 있는 법인 간에 현물출자를 실시하면, 영업권 상당액을 영업권으로 계상하지 않고 자본(주로 자본잉여금의 차감항목으로 처리)에서 차감하도록 규정하고 있다. 이러한 경우에는 미계상된 영업권에 대한 감가상각비 상당액을 피출자법인이 신고조정으로 손금산입할 수 있다. 그 이유는 법인세법에서는 특수관계인으로부터 자산을 양수하면서 시가에 미달하는 금액으로 회계처리하면 감가상각비 상당액을 신고조정으로 손금산입할 수 있기 때문이다.

(4) 세무조정사항, 공제감면 및 이월결손금 등의 승계

현물출자를 실시할 경우 모든 세무조정사항(유보)은 피출자법인에 승계되지 않고, 출자법인의 양도차익에 가감되어 소멸된다. 한편, 이월세액공제, 세액감면 및 이월결손금 또한 피출자법인에 승계되지 않는다.

(5) 부가가치세 과세 여부

현물출자 시 재화의 공급에 해당하는 자산에 대하여는 부가가치세가 과세될 수 있다. 그러나, 사업장별로 그 사업에 관한 모든 권리와 의무를 포괄적으로 승계시키는 사업의 포괄양도의 경우에 한해서는 부가가치세가 과세되지 않는다.

한편, 분할과 달리 현물출자는 하나의 사업장에서 사업부문별로 구분하여 일부의 사업만 승계하면, 사업의 포괄양도로 인정하지 않는다. 따라서, 하나의 사업장에서 일부 사업만 현물출자한다면 과세대상 재화의 공급에 대하여 세금계산서를 교부하여야 한다.

(6) 증권거래세

현물출자에 따른 소유권의 이전 또한 양도의 범위에 포함된다. 따라서, 피출자법인에 주식을 이전하면 증권거래세를 납부하여야 한다.

---

93) 연결실체는 동일한 최상위 지배기업을 가지고 있는 기업집단을 의미한다. 연결실체 내의 관계는 지배·종속 관계뿐만 아니라 종속기업 간의 관계도 포함한다.

(7) 지방세

🔵 취득세

피출자법인이 현물출자에 의하여 취득세 과세대상 자산인 부동산, 차량, 기계장비, 항공기, 선박, 입목, 광업권, 어업권, 골프회원권, 승마회원권, 콘도미니엄 회원권, 종합체육시설 이용회원권 또는 요트회원권(이하 '부동산 등') 등을 취득하면 취득세를 납부하여야 한다.

현물출자에 의한 취득은 유상취득으로 본다. 유상취득의 경우 과세표준은 사실상 취득가액을 기준으로 산정하되, 법인의 장부에 따라 확인되는 취득가격이 있으면 그 가액(감정가액이 있는 경우 감정가액)에 의한다. 피출자법인이 부담하는 취득세율(표준세율)은 〈제10장〉에서 설명한 분할 시 취득세율과 대부분 동일하다.

한편, 피출자법인이 수도권 과밀억제권역 내에 설립되면, 설립 시 또는 설립 후 5년 이내 취득하는 부동산은 위의 표준세율의 3배에서 4%를 차감한 중과세율로 과세될 수 있다. 그리고 별장, 골프장, 고급주택, 고급오락장, 고급선박 등 사치성 재산을 취득하면 중과세율인 8%를 표준세율에 가산하여 과세된다.

🔵 등록면허세

피출자법인의 설립 또는 증자 시점에 자본금을 등기하면 자본금의 0.48%에 해당하는 등록면허세(지방교육세 포함)를 납부하여야 한다. 한편, 피출자법인이 수도권 과밀억제권역 내에 설립되면 중과세율(3배)이 적용되어 1.44%의 등록면허세(지방교육세 포함)를 납부하게 된다.

🔵 과점주주 취득세

법인의 주식을 취득하여 과점주주[94]가 되면 그 과점주주가 해당 법인의 부동산 등을 취득한 것으로 보아 2.2%의 간주취득세(농특세 포함)를 납부하여야 한다. 그러나 설립 시 발행하는 주식을 취득하여 과점주주가 되면 취득으로 보지 않는다. 따라서, 피출자

---

94) '과점주주'란 주주 또는 유한책임사원 1명과 그의 특수관계인들의 소유주식의 합계 또는 출자액의 합계가 해당 법인의 발행주식 총수 또는 출자총액의 100분의 50을 초과하면서 그에 관한 권리를 실질적으로 행사하는 자들을 말한다.

법인을 신설하여 주식을 취득하여 과점주주가 되면 경우는 과점주주 취득세 과세대상에 해당하지 않는다. 그러나, 신설법인이 아닌 기존 법인에 현물출자를 실시하면 과점주주 취득세 과세대상이 될 수 있다.

한편, 피출자법인이 출자법인이 보유한 주식을 승계취득하여 과점주주가 되면, 과점주주 취득세 대상이 될 수 있다는 점에 유의하여야 한다.

(8) 종합예제

예제 1

- MD외식은 치킨 사업부문과 피자 사업부문을 영위하고 있음.
- MD외식은 치킨 사업부문을 현물출자하여 MD치킨을 설립함.
- 설립 시 MD치킨의 자본금은 10,000원임.
- 현물출자 전·후 재무상태표는 다음과 같음.

구분	현물출자 전 MD외식	현물출자 후	
		MD외식	MD치킨
유동자산	35,000	20,000	15,000
고정자산[*]	30,000	42,000	10,000
부채	10,000	7,000	3,000
자본	55,000	55,000	22,000

(*) 현물출자 후 MD외식의 고정자산에는 MD치킨 주식(22,000원)이 포함됨.

- 현물출자 후 MD치킨의 장부금액과 세무상 시가는 다음과 같음.

	회계상 장부금액	세무상 시가
유동자산	15,000	15,000
고정자산	10,000	14,000
부채	3,000	3,000
자본	22,000	26,000

- 상기 현물출자는 비적격현물출자에 해당함.

요구사항 세무상 영향을 이해관계자별로 검토하시오.

① A법인의 자산양도차익 법인세 = (순자산 시가 − 순자산 장부가액) × 세율

$$= (26{,}000원 − 22{,}000원) × 22\% = 880원$$

② B법인의 취득가액 = 순자산 시가 = 26,000원
  - 회계상 장부금액 22,000원과의 차이 4,000원은 익금산입·유보, 손금산입·기타로 세무조정

예제 2

- MD외식은 후라이드치킨 사업부문과 피자 사업부문을 영위하고 있음.
- MD외식은 후라이드치킨 사업부문을 MD치킨에게 이전함.
- MD치킨은 대가로 MD외식에게 주식을 100주 발행하였으며, 수령한 주식의 시가는 32,000원임.
- MD외식은 현물출자로 인하여 MD치킨에 대한 지분율이 30%에서 60%로 증가함.
- 현물출자 전·후 MD외식의 재무상태표는 다음과 같음.

구분	현물출자 전	현물출자 후
유동자산	35,000	20,000
고정자산[*]	30,000	42,000
부채	10,000	7,000
자본	55,000	55,000

(*) 현물출자 후 MD외식의 고정자산에는 MD치킨 주식(22,000원)이 포함됨.

- 현물출자 시 MD치킨의 회계처리와 세무상 시가는 다음과 같음.

구분	회계상 장부금액		세무상 시가
	Case 1[*1]	Case 2[*2]	
유동자산	15,000	15,000	15,000
고정자산	20,000	10,000	20,000
부채	3,000	3,000	3,000
자본	32,000	22,000	32,000

(*1) 공정가치 회계처리 : 유형자산에 대한 시가 평가로 5,000원 증가하고, 영업권을 5,000원 인식함.
(*2) 장부금액 회계처리

- 상기 현물출자는 비적격현물출자에 해당함.

요구사항 각 Case로 구분하여 세무상 영향을 이해관계자별로 검토하시오.

⦿ Case 1 : 공정가치 회계처리

① A법인의 자산양도차익 법인세 = (주식의 시가 − 순자산 장부가액) × 세율
$$= (32,000원 − 22,000원) × 22\% = 880원$$

② B법인의 취득가액 = 순자산 시가 = 32,000원
- 회계상 장부금액 32,000원과 차이가 없으므로 세무조정사항 없음.

⦿ Case 2 : 장부금액 회계처리

① A법인의 자산양도차익 법인세 = (주식의 시가 − 순자산 장부가액) × 세율
$$= (32,000원 − 22,000원) × 22\% = 880원$$

② B법인의 취득가액 = 순자산 시가 = 32,000원
- 회계상 장부금액 22,000원과의 차이 10,000원은 익금산입·유보, 손금산입·기타로 세무조정

4. 적격현물출자에 대한 세무처리

법인세법상 적격요건을 갖춘 현물출자에 대해서는 비적격현물출자에 해당할 경우 발생하는 세금을 과세이연하는 등의 특례를 두고 있다. 본 절에서는 비적격현물출자의 경우와 비교하여 어떠한 과세특례를 두고 있는지를 살펴본다.

(1) 출자법인의 자산양도차익에 대한 법인세

적격현물출자의 요건을 갖추면 출자법인은 피출자법인으로부터 취득한 주식의 가액 중 현물출자로 발생한 자산양도차익에 상당하는 금액을 압축기장충당금으로 계상하고 손금에 산입할 수 있다.

> 손금산입 금액
>
> - 손금산입 금액 = Min(주식 가액, 자산양도차익)
> - 주식가액
>   - 신규 설립하는 경우 : 순자산 시가
>   - 기존 법인에 출자하는 경우 : 교부받은 주식의 시가

출자법인이 손금에 산입한 압축기장충당금은 현물출자 이후 각 사업연도에 출자로 받은 주식과 피출자법인이 승계받은 자산의 처분비율을 고려하여 다음의 금액을 익금에 산입한다. 익금에 산입하는 방법은 〈제10장〉에서 다룬 적격물적분할과 동일하므로 관련 내용을 참조하기 바란다.

> 익금에 산입할 금액
>
> - 익금에 산입할 금액 = 직전 사업연도 종료일 현재 압축기장충당금 잔액 × (주식처분 비율 + 자산처분 비율 − 주식처분 비율 × 자산처분 비율)
>   - 주식처분 비율 : 출자법인이 직전 사업연도 종료일 현재 보유하고 있는 피출자법인 주식의 장부가액에서 해당 사업연도에 처분한 피출자법인 주식의 장부가액이 차지하는 비율
>   - 자산처분 비율 : 피출자법인이 직전 사업연도 종료일 현재 보유하고 있는 감가상각자산(사업 미사용 자산을 포함), 토지 및 주식의 양도차익에서 해당 사업연도에 처분한 감가상각자산 등의 양도차익이 차지하는 비율

세법에서는 원활한 구조조정을 위해 출자법인 또는 피출자법인이 최초로 적격합병, 적격분할, 적격물적분할, 적격현물출자, 조세특례제한법 제38조에 따른 주식의 포괄적 교환 등 또는 같은 법 제38조의 2에 따른 주식의 현물출자로 주식을 처분하거나 자산을 처분하는 경우 등을 익금산입의 예외로 두고 있다.

익금산입의 구체적인 예외사항은 〈제10장〉에서 다룬 적격물적분할과 동일하므로 관련 내용을 참조하기 바란다.

참고 : 통지의무

> 출자법인이 피출자법인의 자산처분비율을 확인하기 어려운 경우가 있을 수 있다는 점을 감안하여, 피출자법인은 출자법인으로부터 승계받은 감가상각자산 등의 처분 사실을 처분일부터 1개월 이내에 출자법인에 알리도록 규정하고 있다.

(2) 피출자법인의 취득가액

피출자법인이 적격현물출자로 출자법인의 자산을 승계하면 현물출자일 현재의 시가로 양도받은 것으로 본다. 비적격현물출자와 마찬가지로 피출자법인이 기업회계상 승계한 가액과 법인세법상 시가에 차이가 있으면, 회계상 장부금액과 법인세법상 시가와

의 차이를 유보로 계상한다. 그리고, 해당 유보금액은 관련 자산·부채의 처분 등에 따라 추인하여야 한다.

적격현물출자의 경우 적격물적분할과 동일하게 자산조정계정이 계상되지 않는다. 현물출자는 물적분할과 동일하게 적격요건을 갖추더라도 시가로 거래한 것으로 보아 세무처리를 한다. 따라서, 감가상각자산 역시 시가로 취득한 것으로 보아 상각범위액을 계산한다. 즉, 감가상각자산에 대한 세무처리는 비적격현물출자와 동일하다.

(3) 영업권

영업권은 적격현물출자의 경우에도 발생할 수 있다. 이 경우 구체적인 세무처리는 비적격현물출자와 동일하다.

(4) 세무조정사항 및 공제감면, 이월결손금 등의 승계

적격현물출자라 하더라도 세무조정사항(유보)은 피출자법인에 승계되지 않고, 출자법인에서 양도차익에 가감되어 소멸된다. 현물출자와 관련한 모든 유보사항은 양도차익에 가감되므로 압축기장충당금을 손금산입하는 과세이연의 대상이 된다. 한편 이월세액공제, 세액감면 및 이월결손금 또한 피출자법인에 승계되지 않는다.

(5) 부가가치세 과세 여부

적격현물출자의 요건을 갖춘 현물출자라 하더라도 비적격현물출자와 동일하게 처리된다.

(6) 증권거래세

적격현물출자의 요건을 갖춘 현물출자 중 피출자법인을 신설법인으로 하여 주식을 양도하는 경우, 증권거래세가 면제되며 면제에 대한 농어촌특별세도 비과세 된다. 그러나 적격현물출자라 하더라도 기존 법인을 피출자법인으로 하는 현물출자라면 증권거래세를 납부하여야 한다는 점에 유의한다. 한편, 증권거래세 면제를 받고자 하는 자는 증권거래세과세표준신고서와 함께 세액면제신청서를 납세지 관할 세무서장에게 제출하여야 한다.

(7) 지방세

● 취득세

적격현물출자에 따라 취득하는 재산에 대해서는 취득세가 면제된다. 다만, 취득세 면제율은 지방세특례제한법 규정에 따라 75%가 적용된다. 적격현물출자에 대한 취득세 면제는 농어촌특별세 과세대상이므로 감면세액에 대한 20%의 농어촌특별세를 추가로 납부하여야 한다.

한편, 2017년 이후 적격현물출자에 따라 취득세를 감면받았다면 다음의 경우 면제받은 취득세를 추징한다.

① 현물출자일로부터 3년 이내에 피출자법인이 출자법인으로부터 승계받은 사업을 폐지하는 경우

② 현물출자일로부터 3년 이내에 출자법인이 현물출자로 받은 주식을 50% 미만 보유하는 경우

● 등록면허세

적격현물출자의 요건을 갖춘 현물출자라 하더라도 비적격현물출자와 동일하게 처리된다.

● 과점주주취득세

적격현물출자에 따라 피출자법인이 승계한 주식의 과점주주가 되거나, 승계한 주식의 과점주주 지분율이 증가한 경우 현물출자에 따라 취득하는 재산에 해당하여 75%의 감면율이 적용된다. 감면세액에 대한 농어촌특별세는 납부하여야 한다.

한편, 적격현물출자라 하더라도 다음의 경우에는 유상취득으로 보아 과점주주취득세가 과세된다.

① 출자법인의 주주가 현물출자로 피출자법인의 과점주주가 되는 경우

② 피출자법인의 과점주주의 지분율이 현물출자로 증가한 경우

(8) 종합예제

예제 3

• MD외식은 치킨 사업부문과 피자 사업부문을 영위하고 있음.

• MD외식은 치킨 사업부문을 현물출자하여 MD치킨을 설립함.

• 설립 시 MD치킨의 자본금은 10,000원임.

• 현물출자 전·후 재무상태표는 다음과 같음.

구분	현물출자 전 MD외식	현물출자 후	
		MD외식	MD치킨
유동자산	35,000	20,000	15,000
고정자산^(*)	30,000	42,000	10,000
부채	10,000	7,000	3,000
자본	55,000	55,000	22,000

(*) 현물출자 후 MD외식의 고정자산에는 MD치킨 주식(22,000원)이 포함됨.

• 현물출자 후 MD치킨의 장부금액과 세무상 시가는 다음과 같음.

구분	회계상 장부금액	세무상 시가
유동자산	15,000	15,000
고정자산	10,000	14,000
부채	3,000	3,000
자본	22,000	26,000

• 상기 현물출자는 적격현물출자에 해당함.

요구사항 세무상 영향을 이해관계자별로 검토하시오.

① A법인의 자산양도차익 법인세

= (순자산 시가 − 순자산 장부가액 − 압축기장충당금 설정액) × 세율

= (26,000원 − 22,000원 − 4,000원) × 22% = 0원

• 압축기장충당금 설정액 4,000원은 추후 신주 또는 B법인 자산 처분 시 환입

② B법인의 취득가액 = 순자산 시가 = 26,000원

• 회계상 장부금액 22,000원과의 차이 4,000원은 익금산입·유보, 손금산입·기타로 세무조정

예제 4

- MD외식은 후라이드치킨 사업부문과 피자 사업부문을 영위하고 있음.
- MD외식은 후라이드치킨 사업부문을 MD치킨에 이전함.
- MD치킨은 대가로 MD외식에 주식을 100주 발행하였으며, 수령한 주식의 시가는 32,000원임.
- MD외식은 현물출자로 인하여 MD치킨에 대한 지분율이 30%에서 60%로 증가함.
- 현물출자 전·후 MD외식의 재무상태표는 다음과 같음.

구분	현물출자 전	현물출자 후
유동자산	35,000	20,000
고정자산(*)	30,000	42,000
부채	10,000	7,000
자본	55,000	55,000

(*) 현물출자 후 MD외식의 고정자산에는 MD치킨 주식(22,000원)이 포함됨.

- 현물출자 시 MD치킨의 회계처리와 세무상 시가는 다음과 같음.

구분	회계상 장부금액		세무상 시가
	Case 1(*1)	Case 2(*2)	
유동자산	15,000	15,000	15,000
고정자산	20,000	10,000	20,000
부채	3,000	3,000	3,000

(*1) 공정가치 회계처리 : 유형자산에 대한 시가 평가로 5,000원 증가하고, 영업권을 5,000원 인식함.
(*2) 장부금액 회계처리

- 상기 현물출자는 적격현물출자에 해당함.

요구사항 각 Case로 구분하여 세무상 영향을 이해관계자별로 검토하시오.

Case 1 : 공정가치 회계처리

① A법인의 자산양도차익 법인세

= (주식의 시가 − 순자산 장부가액 − 압축기장충당금 설정액) × 세율

= (32,000원 − 22,000원 − 10,000원) × 22% = 0원

- 압축기장충당금 설정액 10,000원은 추후 신주 또는 B법인 자산 처분시 환입

② B법인의 취득가액 = 순자산 시가

$\qquad$ = 32,000원

- 회계상 장부금액 32,000원과 차이가 없으므로 세무조정사항 없음.

Case 2 : 장부금액 회계처리

① A법인의 자산양도차익 법인세

= (주식의 시가 − 순자산 장부가액 − 압축기장충당금 설정액) × 세율

= (32,000원 − 22,000원 − 10,000원) × 22% = 0원

- 압축기장충당금 설정액 10,000원은 추후 신주 또는 B법인 자산 처분 시 환입

② B법인의 취득가액 = 순자산 시가

$\qquad$ = 32,000원

- 회계상 장부금액 22,000원과의 차이 10,000원은 익금산입·유보, 손금산입·기타로 세무조정

5. 적격현물출자의 사후관리 요건

적격현물출자 요건의 충족기간은 현물출자일이 속하는 사업연도 말까지로 정하고 있다. 그리고, 세법에서는 적격현물출자에 대하여 추가로 사후관리 기간을 두고 있다. 기한은 현물출자일이 속하는 사업연도 말의 다음 날부터 2년간이나, 취득세 등 지방세 감면의 경우 사후관리기간을 현물출자일부터 3년간으로 규정하고 있다.

출자법인이나 피출자법인이 사후관리 요건을 위반하면 비적격현물출자에 준하는 패널티를 받게 된다. 법인세법에서는 사후관리기간 동안 다음의 2가지 사항을 위반하지 않도록 규정하고 있다. 사업의 폐지와 주식처분에 대한 판단방법은 적격물적분할 요건과 동일하므로 〈제10장〉을 참조하기를 바란다.

적격현물출자의 사후관리 요건

① 피출자법인이 출자법인이 현물출자한 자산으로 영위하던 사업을 폐지하는 경우
② 출자법인 및 공동출자자가 피출자법인의 출자총액의 50% 미만 보유하는 경우

🔵 피출자법인이 출자법인이 현물출자한 자산으로 영위하던 사업을 폐지하는 경우

사업폐지의 판단방법은 적격분할 요건과 동일하다. 피출자법인이 출자법인으로부터 승계받은 사업을 폐지하더라도 사업계속 요건을 충족하는 것으로 보는 부득이한 사유는 다음과 같다.

> **사업계속 요건의 부득이한 사유**
>
> ① 피출자법인이 파산함에 따라 승계받은 자산을 처분한 경우
> ② 피출자법인이 적격합병·적격분할·적격물적분할 또는 적격현물출자에 따라 사업을 폐지한 경우
> ③ 피출자법인이 기업개선 계획의 이행을 위한 약정 또는 기업개선 계획의 이행을 위한 특별약정에 따라 사업을 폐지한 경우
> ④ 피출자법인이 채무자 회생 및 파산에 관한 법률에 따른 회생절차에 따라 법원의 허가를 받아 승계받은 자산을 처분한 경우

🔵 출자법인이 피출자법인의 출자총액의 50% 미만 보유하는 경우

주식처분의 판단방법은 적격물적분할 요건과 동일하다. 출자법인이 지분을 처분하더라도 지분보유 요건을 충족하는 것으로 보는 부득이한 사유는 다음과 같다.

> **지분보유 요건의 부득이한 사유**
>
> ① 출자법인이 현물출자로 교부받은 주식의 50% 미만을 처분한 경우
> ② 출자법인이 파산하여 주식을 처분한 경우
> ③ 출자법인이 적격합병·적격분할·적격물적분할 또는 적격현물출자에 따라 주식을 처분한 경우
> ④ 출자법인이 조세특례제한법 제38조 또는 제38조의 2에 따라 주식을 현물출자 또는 교환·이전하고 과세를 이연받으면서 주식을 처분한 경우
> ⑤ 출자법인이 채무자 회생 및 파산에 관한 법률에 따른 회생절차에 따라 법원의 허가를 받아 주식을 처분하는 경우
> ⑥ 출자법인이 기업개선 계획의 이행을 위한 약정 또는 기업개선 계획의 이행을 위한 특별약정에 따라 주식 등을 처분하는 경우
> ⑦ 출자법인이 법령상 의무를 이행하기 위하여 주식을 처분하는 경우

6. 적격현물출자 시 피출자법인 등의 과세특례 사후관리

사후관리 기간인 현물출자일이 속하는 사업연도 종료일부터 2년 이내에 위반사유가 발생하는 경우 위반사유가 발생한 사업연도에 자산양도차익에 대한 압축기장충당금 잔액을 일시에 익금에 산입한다. 한편, 현물출자일부터 3년 이내에 위반사유가 발생하는 경우 현물출자로 면제된 취득세를 납부하여야 한다. 이때 기납부한 농어촌특별세는 환급이 가능하다.

7. 현물출자 시 부당행위계산 부인

세법에서 인정하는 교환비율과 다른 비율로 현물출자하는 경우 적격현물출자 여부에 불구하고 부당행위계산 부인 이슈가 발생할 수 있다. 다만, 100% 자회사인 신설법인을 현물출자로 설립하면, 현물출자하는 자산의 시가와 현물출자로 받는 주식의 가액(자산의 시가)이 동일하므로 부당행위계산 부인이 적용되지 않는다.

현물출자 비율은 출자법인에게 피출자법인의 주식을 몇 주를 배정할 것인가의 문제이므로, 적격요건을 갖춘 현물출자라고 하더라도 부당행위계산 부인에 해당될 수 있다. 세법에서 인정되는 현물출자 비율은 다음과 같다.

구분	세법상 현물출자 비율
주권상장법인이 일반공모증자 방법에 따라 신주를 배정한 경우	'자본시장과 금융투자업에 관한 법률' 제165조의 6에 따른 비율
그 이외의 경우	법인세법상 시가에 따른 비율(매매사례가액으로 하되, 없는 경우 상증법상 보충적 평가액)

세무상 인정되는 현물출자 비율과 다른 비율로 현물출자를 진행할 경우 발생하는 세무상 문제점은 다음과 같다.

> **불공정 현물출자 시 발생하는 세무상 문제점**
>
> ① 저가 현물출자에 따른 양도손익에 대한 부당행위계산 부인
> ② 고가 현물출자에 따른 취득가액 부인
> ③ 불공정현물출자에 따른 주주 간 이익 분여

저가 현물출자에 따른 양도손익에 대한 부당행위계산 부인

현물출자하는 사업부문의 순자산의 시가보다 현물출자로 받은 주식가액이 낮다면, 저가현물출자에 대한 부당행위계산 부인 이슈가 발생한다. 저가현물출자에 해당하면 출자법인은 순자산의 시가와 주식가액의 차액은 익금에 산입한다.

순자산의 시가 산정 시 유의할 점은 바로 영업권에 대한 평가이다. 현물출자하는 사업부에 영업권이 존재한다면 이는 순자산의 시가의 범위에 포함이 된다. 즉 영업권에 대해 대가를 받지 않는 경우에도 저가현물출자에 대한 부당행위계산 부인 이슈가 발생한다.

고가 현물출자에 따른 취득가액 부인

피출자법인은 자산을 시가로 승계하도록 되어 있으므로, 현물출자에 대해 배정한 주식가액이 높다면 시가보다 높은 가액은 인정되지 않는다. 즉, 시가로 승계한 자산가액에 대하여만 피출자법인의 현물출자일 이후 사업연도의 소득금액 계산에 있어 상각 등 손금처리가 가능하다. 그리고, 시가를 초과하여 배정한 주식가액에 대해서는 피출자법인에서 손금으로 인정되지 않는다.

한편, 출자자가 개인이라면 현물출자자가 얻은 다음의 이익에 대하여 증여세가 과세된다.

$$\left(\text{현물출자 후 1주당 평가액} - \text{현물출자자의 1주당 인수가액} \right) \times \text{현물출자자의 신주인수 수량}$$

불공정 현물출자에 따른 주주 간 이익 분여

현물출자로 제공하는 자산의 시가보다 인수하는 주식의 시가가 낮다면 피출자법인의 다른 주주에게 이익이 분여된다. 출자법인과 특수관계에 있는 피출자법인의 주주가 분여받은 이익에 대해서는 부당행위계산 부인 규정이 적용되어 법인세 또는 증여세가 과세된다. 이 경우 분여이익은 기준금액(= Min(주식평가액 × 30%, 3억원)) 이상인 경우에 한하여 적용된다.

분여이익이 기준금액 이상이라면 출자법인과 특수관계에 있는 피출자법인의 주주 중 이익을 분여받은 자는 다음의 산식에 따른 금액에 대해 법인세 또는 증여세가 과세된다.

$$\left(\begin{array}{c} \text{현물출자 후} \\ \text{1주당 평가액} \end{array} - \begin{array}{c} \text{현물출자자의} \\ \text{1주당 인수가액} \end{array} \right) \times \begin{array}{c} \text{현물출자자의} \\ \text{신주인수 수량} \end{array} \times \begin{array}{c} \text{현물출자 전 특수} \\ \text{관계자의 지분율} \end{array}$$

현물출자 후 1주당 평가액의 산정방법

분여이익 산정 시 현물출자 후 1주당 평가액은 이론적 현물출자 후 주식평가액을 의미한다. 다만, 상장법인은 현물출자 이후 2개월 간의 최종시세가액의 평균액과 비교하여 작은 금액으로 한다.

구분	현물출자 후 1주당 평가액
비상장 법인	이론적 현물출자 후 주식평가액 $$\dfrac{\left(\begin{array}{c}\text{현물출자 전}\\ \text{1주당 평가액}\end{array} \times \begin{array}{c}\text{증자 전}\\ \text{발행주식총수}\end{array}\right) + \left(\begin{array}{c}\text{신주 1주당}\\ \text{인수가액}\end{array} \times \begin{array}{c}\text{현물출자로}\\ \text{증가한 주식수}\end{array}\right)}{\text{현물출자 전 발행주식총수} + \text{현물출자 증가한 주식수}}$$
상장 법인	MIN(①, ②) ① 이론적 현물출자 후 주식평가액 ② 현물출자 이후 2개월간의 최종시세가액의 평균액

제2절   조세특례제한법상 현물출자 과세특례

조특법 제38조의 2에 따른 현물출자 과세특례 제도는 지주회사의 설립 또는 전환 시에만 한정적으로 적용 가능한 제도이다. 다만, 법인세법이 법인만을 대상으로 하고 있는 반면, 조특법상 현물출자 과세특례 제도는 개인을 포함하고 있다. 따라서, 지주회사 설립 또는 전환 시 개인의 현물출자를 염두에 두고 있다면 반드시 본 제도를 활용하기 바란다.

1. 조세특례제한법상 현물출자 과세특례 요건

(1) 지주회사의 신규 설립 시 과세특례 요건

내국법인의 내국인 주주가 2026년 말까지 아래의 요건을 모두 갖추어 주식을 현물출자하면서 공정거래법상 지주회사를 새로 설립하거나 기존의 내국법인을 지주회사로 전환하면, 현물출자로 발생하는 양도차익을 그 주주가 지주회사의 주식을 처분할 때까지 양도소득세 또는 법인세를 이연받을 수 있다. 동 규정은 현물출자와 동시에 지주회사의 기준을 충족하는 경우에 적용할 수 있다.

한편, 세법개정으로 인하여 2027년 1월 1일부터 2029년 12월 31일까지 아래의 요건을 모두 갖추어 주식을 현물출자하면서 공정거래법상 지주회사를 새로 설립하거나 기존의 내국법인을 지주회사로 전환하면, 현물출자로 발생하는 양도차익을 3년(또는 3사업연도) 거치 3년 분할납부방식으로 양도소득세 또는 법인세를 납부하여야 한다.

> **현물출자로 지주회사 신규 설립 시 과세특례 요건**
>
> ① 주식보유 요건 : 지주회사 및 현물출자를 한 지배주주 등이 현물출자로 취득한 주식을 현물출자일이 속하는 사업연도 종료일까지 보유하여야 함.
> ② 사업계속 요건 : 현물출자로 지주회사의 자회사가 된 내국법인이 현물출자일이 속하는 사업연도 종료일까지 사업을 계속하여야 함.

한 가지 유의하여야 할 점은 분할법인이 공정거래법상 지주회사인 상태에서 분할하면 현물출자 과세특례를 적용받을 수 없다는 것이다. 지주회사의 신규 설립 시 과세특례의 대상이 되는 경우는 지주회사를 새로 설립하는 경우와 기존의 내국법인을 지주회사로 전환하는 경우이다. 따라서, 분할로 신설되는 법인은 신규설립으로 보지 않고 기존의 내국법인으로 보아 과세특례를 적용받을 수 없다. 즉, 기존 내국법인이 이미 공정거래법상 지주회사라면, 분할로 신설되는 법인이 지주회사에 해당하더라도 기존의 내국법인을 지주회사로 전환하는 경우에 해당하지 않는다.

주식보유 요건

지주회사 및 현물출자를 한 지배주주 등은 현물출자로 취득한 주식을 현물출자일이 속하는 사업연도 종료일까지 보유하여야 한다. 이 경우 주식 보유의무의 적용방법은 제10장의 적격분할 요건과 동일하다.

지주회사 및 현물출자를 한 지배주주가 지분을 처분하더라도 지분보유 요건을 충족하는 것으로 보는 부득이한 사유는 다음과 같다.

지분보유 요건의 부득이한 사유

① 지주회사 및 현물출자를 한 지배주주가 현물출자로 교부받은 신주의 50% 미만을 처분한 경우
② 지주회사 및 현물출자를 한 지배주주가 사망하거나 파산하여 주식을 처분한 경우
③ 지주회사 및 현물출자를 한 지배주주가 적격합병·적격분할·적격물적분할 또는 적격현물출자에 따라 주식을 처분한 경우
④ 지주회사 및 현물출자를 한 지배주주가 조세특례제한법 제38조 또는 제38조의 2에 따라 주식을 현물출자 또는 교환·이전하고 과세를 이연받으면서 주식을 처분한 경우
⑤ 지주회사 및 현물출자를 한 지배주주가 채무자 회생 및 파산에 관한 법률에 따른 회생절차에 따라 법원의 허가를 받아 주식을 처분하는 경우
⑥ 지주회사 및 현물출자를 한 지배주주가 기업개선 계획의 이행을 위한 약정 또는 기업개선 계획의 이행을 위한 특별약정에 따라 주식 등을 처분하는 경우
⑦ 지주회사 및 현물출자를 한 지배주주가 법령상 의무를 이행하기 위하여 주식을 처분하는 경우

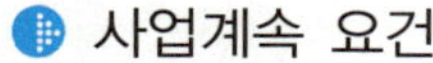 **사업계속 요건**

  현물출자로 지주회사의 자회사가 된 내국법인은 현물출자일이 속하는 사업연도 종료일까지 사업을 계속하여야 한다. 이 경우 사업폐지의 판단방법은 제10장의 적격분할 요건과 동일하다. 현물출자로 지주회사의 자회사가 된 내국법인이 사업을 폐지하더라도, 사업계속 요건을 충족하는 것으로 보는 부득이한 사유는 다음과 같다.

> **사업계속 요건의 부득이한 사유**
>
> ① 현물출자로 지주회사의 자회사가 된 내국법인이 파산함에 따라 승계받은 자산을 처분한 경우
> ② 현물출자로 지주회사의 자회사가 된 내국법인이 적격합병·적격분할·적격물적분할 또는 적격현물출자에 따라 사업을 폐지한 경우
> ③ 현물출자로 지주회사의 자회사가 된 내국법인이 기업개선 계획의 이행을 위한 약정 또는 기업개선 계획의 이행을 위한 특별약정에 따라 사업을 폐지한 경우
> ④ 현물출자로 지주회사의 자회사가 된 내국법인이 채무자 회생 및 파산에 관한 법률에 따른 회생절차에 따라 법원의 허가를 받아 승계받은 자산을 처분한 경우

(2) 전환된 지주회사에 현물출자 또는 자기주식 교환 시 과세특례 요건

  내국법인의 내국인 주주가 현물출자 또는 적격분할[95]에 의하여 지주회사로 전환한 내국법인에 아래의 요건을 모두 갖추어 2026년 말까지 주식을 현물출자하거나 그 전환 지주회사의 자기주식과 교환하면, 그 현물출자 또는 자기주식 교환으로 발생하는 양도 차익을 그 주주가 지주회사의 주식을 처분할 때까지 양도소득세 또는 법인세의 과세를 이연받을 수 있다. 다만, 전환지주회사의 경우에는 새롭게 지주회사를 설립하는 경우보다 엄격한 요건을 규정하고 있다.

  한편, 전환지주회사에 대한 과세특례도 2027년 1월 1일부터 2029년 12월 31일까지 현물출자로 발생하는 양도차익은 3년(또는 3사업연도) 거치 3년 분할납부방식으로 양도소득세 또는 법인세를 납부하여야 한다.

---

95) 적격인적분할, 적격분할합병 및 적격물적분할이 대상이 된다.

전환지주회사에 현물출자(자기주식교환 포함)시 과세특례 요건

① 주식보유 요건 : 전환지주회사 및 현물출자를 한 지배주주 등이 현물출자로 취득한 주식을 현물출자일이 속하는 사업연도 종료일까지 보유하여야 함.

② 사업계속 요건 : 지분비율 미달 자회사[96]가 현물출자일이 속하는 사업연도 종료일까지 사업을 계속하여야 함.

③ 특정주식 요건 : 전환지주회사의 주식보유비율이 상장법인 20%, 비상장법인 40%에 미달하는 다음의 법인을 현물출자하거나 자기주식교환하는 경우이어야 함.
  • 전환지주회사가 될 당시 출자하고 있는 다른 내국법인
  • 전환지주회사의 적격분할로 신설·합병되는 법인 및 분할존속법인

④ 기간 요건 : 전환지주회사가 된 날부터 2년 이내에 현물출자하거나 자기주식교환하는 경우이어야 함.

⑤ 참여 및 공시 요건 : 자기주식교환의 경우 지분비율 미달 자회사의 모든 주주가 참여할 수 있어야 하며, 그 사실을 신문에 공시[97] 하여야 함.

주식보유 요건

전환지주회사 및 현물출자를 한 지배주주 등은 현물출자로 취득한 주식을 현물출자일이 속하는 사업연도 종료일까지 보유하여야 한다.

이 경우 주식 보유의무의 적용방법은 제10장의 적격분할 요건과 동일하다. 전환지주회사 및 현물출자를 한 지배주주가 지분을 처분하더라도, 지분보유 요건을 충족하는 것으로 보는 부득이한 사유는 다음과 같다.

---

96) 지분비율 미달 자회사는 지주회사가 공정거래법상 자회사 기준 비율(상장법인 20%, 비상장법인 40%) 미만으로 지분을 보유하고 있는 자회사를 말한다.

97) 자기주식 교환사실의 공시는 신문 등의 진흥에 관한 법률에 따른 일반일간신문 또는 경제분야의 특수일간신문 중 전국을 보급지역으로 하는 신문에 1회 이상 게재하는 방법에 의하여야 한다. 참고로 공시할 내용은 다음과 같다.
 ① 자기주식교환일 및 교환대상주식의 범위
 ② 주권제출기한 및 제출장소
 ③ 교환수량·교환비율 및 교환방법
 ④ 모든 주주가 자기주식교환에 참여할 수 있다는 내용 기타 주식교환에 필요한 사항

 **지분보유 요건의 부득이한 사유**

① 전환지주회사 및 현물출자를 한 지배주주가 현물출자로 교부받은 신주의 50% 미만을 처분한 경우
② 전환지주회사 및 현물출자를 한 지배주주가 사망하거나 파산하여 주식을 처분한 경우
③ 전환지주회사 및 현물출자를 한 지배주주가 적격합병·적격분할·적격물적분할 또는 적격현물출자에 따라 주식을 처분한 경우
④ 전환지주회사 및 현물출자를 한 지배주주가 조세특례제한법 제38조 또는 제38조의 2에 따라 주식을 현물출자 또는 교환·이전하고 과세를 이연받으면서 주식을 처분한 경우
⑤ 전환지주회사 및 현물출자를 한 지배주주가 채무자 회생 및 파산에 관한 법률에 따른 회생절차에 따라 법원의 허가를 받아 주식을 처분하는 경우
⑥ 전환지주회사 및 현물출자를 한 지배주주가 기업개선 계획의 이행을 위한 약정 또는 기업개선 계획의 이행을 위한 특별약정에 따라 주식 등을 처분하는 경우
⑦ 전환지주회사 및 현물출자를 한 지배주주가 법령상 의무를 이행하기 위하여 주식을 처분하는 경우

사업계속 요건

지분비율 미달 자회사는 현물출자일이 속하는 사업연도 종료일까지 사업을 계속하여야 한다. 이 경우 사업폐지의 판단방법은 제10장의 적격분할 요건과 동일하다. 지분비율 미달 자회사가 사업을 폐지하더라도, 사업계속 요건을 충족하는 것으로 보는 부득이한 사유는 다음과 같다.

사업계속 요건의 부득이한 사유

① 지분비율 미달 자회사가 파산함에 따라 승계받은 자산을 처분한 경우
② 지분비율 미달 자회사가 적격합병·적격분할·적격물적분할 또는 적격현물출자에 따라 사업을 폐지한 경우
③ 지분비율 미달 자회사가 기업개선 계획의 이행을 위한 약정 또는 기업개선 계획의 이행을 위한 특별약정에 따라 사업을 폐지한 경우
④ 지분비율 미달 자회사가 채무자 회생 및 파산에 관한 법률에 따른 회생절차에 따라 법원의 허가를 받아 승계받은 자산을 처분한 경우

● 특정주식 요건

전환지주회사의 주식보유비율이 일정 비율(상장법인 20%, 비상장법인 40%)에 미달하는 다음의 법인을 현물출자하거나 자기주식으로 교환하는 경우이어야 한다.

특정주식 요건

① 전환지주회사가 될 당시 출자하고 있는 다른 내국법인
② 전환지주회사의 적격분할로 신설·합병되는 법인 및 분할존속법인

전환지주회사에 현물출자하는 주식은 일정비율(상장법인 20%, 비상장법인 40%) 미만으로 보유하고 있어야 한다. 이는 공정거래법상 자회사로 인정받는 지분비율과 동일한데, 공정거래법상 자회사로 인정받기 위하여 지분비율 미달 자회사의 현물출자 등에 대해 과세특례를 적용하겠다는 취지이다. 따라서 전환지주회사가 될 당시 출자하지 않은 다른 내국법인과 주식보유비율이 이미 자회사 기준을 충족하는 법인은 현물출자 과세특례 대상이 되지 않는다. 한편, 전환지주회사의 분할 또는 분할합병으로 신설 또는 분할합병된 법인과 분할존속법인은 서로 지분관계가 없더라도 현물출자 등에 대해 과세특례를 적용받을 수 있다.

인적분할 전 자기주식을 보유하는 경우에는 분할로 인하여 분할법인과 분할신설법인 간 지분관계가 발생하므로 유의하여야 하는데, 다음 예제를 통해 살펴본다.

예제 5

- A법인은 상장법인이며, 자기주식을 30% 보유하고 있음.
- A법인은 사업회사를 분할하여 B법인을 설립하고 신규상장 예정임.
- A법인의 최대주주인 왕회장은 분할 이후 B법인 주식 20%를 A법인에 현물출자하여, 지주회사에 대한 경영권을 안정시키고자 함.
- A법인은 분할과 동시에 공정거래법상 지주회사로 전환될 예정임.
- 상기 사항 이외에 현물출자 과세특례 요건은 충족하는 것으로 가정함.

요구사항 A법인이 현물출자 과세특례 요건을 충족하는지 검토하시오.

본 예제에서 A법인은 분할과 동시에 B법인의 지분을 30% 보유하게 되며, 분할과

동시에 전환지주회사가 된다. 그리고, 분할 후 A사가 B법인의 지분율은 30%이므로 공정거래법상 자회사 요건을 이미 만족시키고 있다. 따라서 분할 이후 왕회장이 B법인을 현물출자한다면 지분비율 미달 자회사에 해당하지 않으므로 과세특례 요건을 충족할 수 없다.

만일 B법인 주식의 현물출자에 대해 과세특례 요건을 충족하고자 한다면, 분할 전에 미리 자기주식을 일부 처분하여 그 지분율을 20% 미만으로 낮추는 방법을 고려해 볼 수 있을 것이다.

2. 과세특례 현물출자의 세무처리

조특법상 요건을 갖춘 현물출자 또는 자기주식 교환 시 발생하는 세금을 과세이연하는 등의 과세특례를 두고 있다.

(1) 출자법인의 자산양도차익에 대한 법인세

2026년 말까지 조특법 제38조의 2의 요건을 갖춘 현물출자 또는 자기주식교환의 경우 출자법인은 피출자법인으로부터 취득한 주식의 가액 중 현물출자로 발생한 자산양도차익에 상당하는 금액을 압축기장충당금으로 계상하고 손금에 산입할 수 있다.

> **손금산입금액**
>
> - 손금산입금액 = Min(주식 가액, 자산양도차익)
> - 주식가액
>   - 신규 설립하는 경우 : 순자산 시가
>   - 기존 법인에 출자하는 경우 : 교부받은 주식의 시가

이때 출자법인이 손금에 산입한 압축기장충당금 중 현물출자 이후 각 사업연도에 출자로 받은 주식의 처분비율을 고려하여 다음의 금액을 익금에 산입한다. 적격현물출자는 주식처분비율과 자산처분비율을 고려하여 익금에 산입하지만, 조특법 제38조의 2에 따른 현물출자는 주식처분비율만 고려하여 익금에 산입한다는 차이가 있다.

> 익금에 산입할 금액
>
> • 익금에 산입할 금액 = 직전 사업연도 종료일 현재 압축기장충당금 잔액 × 주식처분비율
>   – 주식처분비율 : 현물출자 또는 자기주식교환으로 취득한 지주회사의 주식 중 양도한 주식수
>   비율

압축기장충당금을 익금산입할 때 현물출자 또는 자기주식교환으로 인하여 취득한 주식 이외에 다른 방법으로 취득한 주식이 있다면, 현물출자 또는 자기주식 교환으로 취득한 주식을 먼저 양도한 것으로 보아 압축기장충당금을 환입한다.

한편, 예외적으로 지주회사의 출자법인이 공정거래법상 지주회사를 설립하는 사업부문에 적격분할(인적분할)로 지주회사의 주식을 양도하는 경우에 한하여 분할신설법인에 압축기장충당금을 승계할 수 있다. 그러나 합병, 분할합병 및 물적분할 등의 사유로 지주회사의 주식을 양도하는 경우에는 주식처분비율에 상당하는 압축기장충당금을 익금에 산입하여야 한다. 적격합병이나 적격분할합병 등이 후술하는 피출자법인인 지주회사의 사후관리 요건 위반 사유에는 해당하지 않으나, 출자법인은 압축기장충당금을 익금에 산입한다.

한편, 내국법인이 2027년 1월 1일 이후 본 규정에 따라 현물출자 과세특례를 적용받는 경우에는 양도차익에 상당하는 금액에 대해 양도일이 속하는 해당 사업연도와 해당 사업연도의 종료일 이후 3개 사업연도의 기간 중 익금에 산입하지 아니하고 그 다음 3개 사업연도의 기간 동안 균분한 금액 이상을 익금에 산입한다. 이 경우 법인세 전액을 납부하기 전에 현물출자등으로 취득한 주식을 처분하는 경우에는 익금에 산입하지 않은 금액 중 처분한 주식 수 상당액을 처분한 날이 속하는 과세연도의 소득금액을 계산할 때 익금에 산입한다.

(2) 출자자의 자산양도차익에 대한 양도소득세

2026년 말까지 조특법 제38조의 2의 요건을 갖춘 현물출자 또는 자기주식교환의 경우 거주자, 비거주자 또는 외국법인('거주자 등')은 피출자법인으로부터 취득한 주식의 가액 중 현물출자로 발생한 자산양도차익에 상당하는 금액을 주식과세이연금액으로 하여 양도소득세를 과세하지 않는다.

주식과세이연금액은 현물출자 이후 현물출자로 취득한 주식을 양도하면 지주회사의 취득가액에서 주식과세이연금액을 차감한 금액을 취득가액으로 보아 양도소득세를 과세한다. 법인출자자와 마찬가지로 현물출자 또는 자기주식 교환으로 인하여 취득한 주식 이외에 다른 방법으로 취득한 주식이 있는 경우 현물출자 또는 자기주식교환으로 취득한 주식을 먼저 양도한 것으로 본다.

한편, 거주자가 2027년 1월 1일 이후 본 규정에 따라 현물출자 과세특례를 적용받는 경우에는 양도소득세를 양도일이 속하는 해당 연도의 양도소득세 과세표준 확정신고 기한 종료일 이후 3년이 되는 날부터 3년의 기간 동안 균분한 금액 이상을 납부한다. 이 경우 양도소득세 전액을 납부하기 전에 현물출자등으로 취득한 주식을 처분하는 경우에는 미납한 양도소득세 중 처분한 주식 수 상당액을 처분한 날이 속하는 과세연도의 소득금액을 계산할 때 익금에 산입한다.

(3) 피출자법인의 취득가액

조특법 제38조의 2에 따른 현물출자로 취득한 자회사의 주식가액은 현물출자일의 시가로 계상한다.

다만, 2026년 말까지는 현물출자로 취득한 자회사 주식의 시가에서 자회사 주식의 출자법인의 종전 장부가액을 차감한 금액을 자산조정으로 계상하여야 한다. 이렇게 계상한 자산조정계정은 해당 주식을 처분하는 사업연도에 주식처분비율에 따라 익금 또는 손금에 산입하되, 자기주식으로 소각되는 경우 익금 또는 손금에 산입하지 않고 소멸된다. 조특법 제38조의 2에 따른 현물출자로 취득한 자회사의 주식가액을 시가로 계상하되 장부가액과의 차이를 자산조정계정으로 조정하므로, 결국에는 장부가액으로 취득하는 것과 동일한 효과를 가져온다.

(4) 증권거래세

조특법 제38조의 2에 따른 현물출자의 경우 면제조항이 없으므로 피출자법인에 이전하는 주식에 대한 증권거래세를 납부하여야 한다.

(5) 과점주주 취득세

현물출자로 피출자법인이 지주회사가 되거나 지주회사가 공정거래법상 자회사의 주식을 취득하는 경우에는 과점주주 취득세가 면제된다.[98] 면제된 취득세의 20% 상당액의 농특세는 추가로 납부하여야 한다. 다만, 해당 지주회사의 설립·전환일부터 3년 이내에 공정거래법상 지주회사의 요건을 상실하게 된다면, 면제받은 취득세를 추징한다는 점에 유의하여야 한다.

(6) 종합예제

예제 6

- MD외식은 상장법인임.
- MD외식은 치킨부문을 인적분할하여 MD치킨을 설립하고 상장함.
- MD법인의 최대주주인 왕회장은 분할 이후 MD치킨 주식 20%를 MD외식에 현물출자하여, 지주회사에 대한 경영권을 안정시킴.
- 왕회장이 인적분할을 통하여 보유하게 된 MD치킨 주식 20%의 세무상 취득금액은 10,000원임.
- 현물출자 시 주식교환비율은 시가에 따라 이루어졌으며, 당시 시가는 20,000원임.
- MD외식은 인적분할 및 현물출자를 통하여 공정거래법상 지주회사로 전환됨.
- 상기 사항 이외에 현물출자 과세특례 요건은 충족하는 것으로 가정함.

요구사항

1. 분할 전에 MD외식이 자기주식을 30% 보유하고 있을 경우 세무상 영향을 이해관계자별로 검토하시오.
2. 분할 전에 MD외식이 자기주식을 15% 보유하고 있을 경우 세무상 영향을 이해관계자별로 검토하시오.

① 자기주식을 30% 보유하고 있는 경우(〈예제 5〉 참고)

- 왕회장의 양도소득세 = (주식의 시가 - 취득가액) × 세율

$$= (20,000원 - 10,000원) × 22\% = 2,200원$$

- MD외식의 취득가액 = 주식의 시가

$$= 20,000원$$

---

98) 2019년 1월 1일 이후부터 지방세 감면 특례의 제한 규정에 따라 85% 감면이 적용된다.

② 자기주식을 15% 보유하고 있는 경우
- 왕회장의 양도소득세 = 0원
  - 과세이연금액 = 주식의 시가 − 취득가액
    = 20,000원 − 10,000원 = 10,000원
- MD외식의 취득가액 = 왕회장의 종전 취득가액 = 10,000원

3. 과세특례의 사후관리

2026년 말까지 현물출자한 경우로서 조특법상 현물출자 또는 자기주식교환으로 과세특례를 적용받은 후 현물출자일이 속하는 사업연도 종료일부터 2년 이내에 아래의 사유 발생 시 지주회사는 현물출자로 취득한 주식의 자산조정계정 잔액(= 현물출자일의 시가 − 장부가액)을 익금에 산입하여야 한다. 아래 ②의 사유에 해당하는 경우에는 이자상당액[99]을 추가로 납부하여야 한다.

2027년 1월 1일 이후 현물출자로 인하여 본 과세특례를 적용받은 경우에는 현물출자일이 속하는 사업연도 종료일부터 2년 이내에 아래의 사유 발생 시 익금에 산입하지 아니한 양도차익 또는 납부하지 아니한 양도소득세 전액을 해당 사유가 발생한 날이 속하는 과세연도의 소득금액을 계산할 때 익금에 산입하거나, 해당 과세연도의 양도소득세 확정신고 기한 종료일까지 납부하여야 한다.

현물출자 과세특례의 사후관리 요건

① 지주회사 요건 : 신설된 지주회사 또는 전환지주회사가 지주회사에서 벗어나는 경우
② 자회사 요건 : 전환지주회사가 지주회사로 전환한 날의 다음 날부터 2년이 되는 날까지 지분비율 미달 자회사의 주식을 상장법인 20%, 비상장법인 40% 미만으로 소유하는 경우
③ 사업계속 요건 : 자회사(지분비율 미달 자회사 포함)가 사업을 폐지하는 경우
④ 주식보유 요건 : 지주회사 또는 현물출자를 한 지배주주 등이 현물출자로 취득한 주식을 50% 이상 처분하는 경우

---

99) 추가납부할 법인세액 × 현물출자일이 속하는 사업연도의 다음 사업연도 개시일부터 자산조정계정 잔액을 익금에 산입한 사업연도 종료일까지 1일 22/100,000의 율

지주회사 요건

현물출자 과세특례의 사후관리기간 이내에 신설된 지주회사 또는 전환지주회사가 공정거래법상 지주회사에서 벗어나면 사후관리 위반사유에 해당한다.

다만, 법령의 개정으로 지주회사에 해당하지 않게 되는 경우로서, 법령개정으로 지주회사 기준이 변경된 날이 속하는 사업연도와 그 다음 사업연도 개시일부터 4년 이내 종료하는 사업연도의 기간 중 각 사업연도 종료일 현재 당해 지주회사의 신설 또는 전환 당시의 법령에 의한 지주회사 기준을 충족하면 사후관리 위반으로 보지 않는다.

자회사 요건

전환지주회사가 지주회사로 전환한 날의 다음 날부터 2년이 되는 날까지 지분비율 미달 자회사의 주식을 상장법인 20%, 비상장법인 40% 미만으로 소유하는 경우에는 사후관리 위반사유에 해당한다.

자회사 요건은 사후관리 기간이 다른 요건과 차이가 있다. 다른 요건은 현물출자일이 속하는 사업연도 종료일부터 2년간 갖추어야 하나, 자회사 요건은 지주회사 전환일의 다음 날부터 2년이 되는 날까지 요건을 충족하여야 한다.

사업계속 요건

자회사(지분비율 미달 자회사 포함)는 현물출자일이 속하는 사업연도 종료일부터 2년간 사업을 계속하여야 한다. 이 경우 사업폐지의 판단방법은 〈제10장〉에서 다룬 적격분할 요건과 동일하다. 자회사(지분비율 미달 자회사 포함)가 사업을 폐지하더라도, 사업계속 요건을 충족하는 것으로 보는 부득이한 사유는 다음과 같다.

> **사업계속 요건의 부득이한 사유**
>
> ① 자회사(지분비율 미달 자회사 포함)가 파산함에 따라 승계받은 자산을 처분한 경우
> ② 자회사(지분비율 미달 자회사 포함)가 적격합병·적격분할·적격물적분할 또는 적격 현물출자에 따라 사업을 폐지한 경우
> ③ 자회사(지분비율 미달 자회사 포함)가 기업개선 계획의 이행을 위한 약정 또는 기업개선 계획의 이행을 위한 특별약정에 따라 사업을 폐지한 경우
> ④ 자회사(지분비율 미달 자회사 포함)가 채무자 회생 및 파산에 관한 법률에 따른 회생절차에 따라 법원의 허가를 받아 승계받은 자산을 처분한 경우

🔹 주식보유 요건

지주회사(전환지주회사 포함) 및 현물출자를 한 지배주주 등은 현물출자로 취득한 주식을 현물출자일이 속하는 사업연도 종료일부터 2년간 처분할 수 없다. 이 경우 주식보유의무의 적용방법은 〈제10장〉에서 설명한 적격분할 요건과 동일하다. 지주회사(전환지주회사 포함) 및 현물출자를 한 지배주주가 지분을 처분하더라도 지분보유 요건을 충족하는 것으로 보는 부득이한 사유는 다음과 같다.

> **지분보유 요건의 부득이한 사유**
>
> ① 지주회사(전환지주회사 포함) 및 현물출자를 한 지배주주가 현물출자로 교부받은 신주의 50% 미만을 처분한 경우
> ② 지주회사(전환지주회사 포함) 및 현물출자를 한 지배주주가 사망하거나 파산하여 주식을 처분한 경우
> ③ 지주회사(전환지주회사 포함) 및 현물출자를 한 지배주주가 적격합병·적격분할·적격물적분할 또는 적격현물출자에 따라 주식을 처분한 경우
> ④ 지주회사(전환지주회사 포함) 및 현물출자를 한 지배주주가 조세특례제한법 제38조 또는 제38조의 2에 따라 주식을 현물출자 또는 교환·이전하고 과세를 이연받으면서 주식을 처분한 경우
> ⑤ 지주회사(전환지주회사 포함) 및 현물출자를 한 지배주주가 채무자 회생 및 파산에 관한 법률에 따른 회생절차에 따라 법원의 허가를 받아 주식을 처분하는 경우
> ⑥ 지주회사(전환지주회사 포함) 및 현물출자를 한 지배주주가 기업개선 계획의 이행을 위한 약정 또는 기업개선 계획의 이행을 위한 특별약정에 따라 주식 등을 처분하는 경우
> ⑦ 지주회사(전환지주회사 포함) 및 현물출자를 한 지배주주가 법령상 의무를 이행하기 위하여 주식을 처분하는 경우

4. 과세특례의 신청

2026년 말까지 과세특례를 적용받으려는 법인 및 거주자 등은 현물출자일이 속하는 사업연도의 과세표준 신고를 할 때 지주회사와 함께 현물출자 등 과세특례신청서를 납세지 관할 세무서장에게 제출하여야 한다. 또한, 자회사의 주식을 취득한 지주회사는 현물출자일이 속하는 사업연도의 과세표준 신고를 할 때 자회사 주식의 장부가액 계산

서를 납세지 관할 세무서장에게 제출하여야 한다.

2027년 1월 1일 이후 과세특례를 적용받으려는 주주는 현물출자일이 속하는 과세연도의 과세표준 신고와 함께 주식 현물출자등 양도차익명세서 및 과세이연 조정명세서를 납세지 관할 세무서장에게 제출하여야 한다.

제3절 조세특례제한법상 주식의 포괄적 교환 등에 대한 과세특례

주식의 포괄적 교환 및 주식의 포괄적 이전은 2001년 상법에 규정된 절차인데, 100% 지분관계를 갖는 완전모회사와 완전자회사의 관계를 신속하고 간소화하게 만들 수 있도록 도입된 제도이다. 주식의 포괄적 교환은 회사 간 주식교환 계약에 따라 자회사가 되는 회사의 주식 전부를 모회사로 이전하고, 자회사의 기존 주주는 모회사의 주식을 받는다. 한편, 주식의 포괄적 이전은 신설되는 모회사에 자회사의 주식 전부를 이전하고 자회사의 기존 주주는 모회사의 신주를 받는다. 즉, 주식의 포괄적 교환은 기존 법인을 완전모회사로 만들고, 주식의 포괄적 이전은 신설법인을 완전모회사로 한다는 점에 차이가 있다.

1. 주식의 포괄적 교환 등에 대한 세무처리 개요

주식을 교환하면 주고받는 주식 각각을 양도로 보아 양도소득에 대한 법인세 또는 양도소득세를 과세한다. 현금을 수반하지 않음에도 불구하고 세금을 납부하여야 하므로, 납세자에게는 부담을 가중시킨다.

조세특례제한법에서는 일정요건을 갖춘 주식교환에 대해서는 양도차익에 상당하는 법인세 또는 소득세를 과세이연하는 제도를 두고 있다. 그리고, 조특법 제38조에 따른 주식의 포괄적 교환 또는 주식의 포괄적 이전(이하 '주식의 포괄적 교환 등')에 따라 내국법인이 교환의 상대방의 완전자회사로 되면 양도차익에 대하여 과세이연 혜택이 있다.

조특법 제38조의 2에 따른 현물출자 과세특례제도는 공정거래법상 지주회사에 대해서만 적용 가능하다. 반면, 조특법 제38조에 따른 주식의 포괄적 교환 등은 공정거래법상 지주회사에 해당하지 않더라도 지주회사와 유사한 지배구조로 변경할 수 있다는 장점이 있다.

일반 주식교환 등과 조특법 제38조에 따른 주식의 포괄적 교환 등의 세무처리를 요약하면 다음과 같다.

구분	항목	주식교환 등	조특법 제38조 주식의 포괄적 교환 등
완전자회사의 기존 주주	자산양도차익 법인세	법인세 과세	없음.
	증권거래세	과세	면세
	과점주주 취득세	설립은 과세대상 아님(기존 법인에 대한 과점주주 취득은 과세).	좌동
완전모법인	자산·부채 승계	시가 승계	좌동
	과점주주 취득세	과세	85% 감면(감면세액의 20% 농특세 부과)
	자본등록세	0.48% (중과시 1.44%)	0.48% (중과시 1.44%)

2. 주식의 포괄적 교환 등에 대한 과세특례 요건

조특법 제38조에 따른 주식의 포괄적 교환 등의 요건은 다음과 같다.

> **주식의 포괄적 교환 등 과세특례 요건**
>
> ① 사업영위 요건 : 주식의 포괄적 교환·이전일 현재 1년 이상 계속하여 사업을 하던 내국법인 간의 주식의 포괄적 교환 등이어야 함.
> ② 주식배정 요건 : 완전자회사의 주주가 받은 교환·이전대가의 80% 이상이 주식이어야 하며, 완전자회사의 지배주주에게 종전 지분비율 이상을 배정하여야 함.
> ③ 지분보유 요건 : 완전모회사 및 완전자회사의 지배주주는 주식의 포괄적 교환 등으로 취득한 주식을 교환·이전일이 속하는 사업연도 종료일까지 보유하여야 함.
> ④ 사업계속 요건 : 완전자회사는 교환·이전일이 속하는 사업연도 종료일까지 사업을 계속하여야 함.

사업영위 요건

주식의 포괄적 교환·이전일 현재 1년 이상 계속하여 사업을 하던 내국법인 간의 주식의 포괄적 교환 등이어야 한다. 다만, 주식의 포괄적 이전으로 신설되는 완전모회사는 1년 이상 사업영위 요건을 충족하지 않아도 된다.

주식배정 요건

완전자회사의 주주가 받은 교환·이전대가의 80% 이상이 주식이어야 하며, 완전자회사의 지배주주[100])에게 종전 지분비율 이상을 배정하여야 한다. 이 경우 교환·이전대가의 80% 이상이 주식인지 여부를 판정할 때, 완전모회사가 주식의 포괄적 교환·이전일 전 2년 내에 취득한 완전자회사의 주식이 있다면 다음의 금액을 금전으로 교부한 것으로 보아 교환·이전대가의 총합계액에 가산한다.

> **완전모회사가 주식의 포괄적 교환·이전일 전 2년 내 취득한 완전자회사의 주식 중 금전교부로 보는 금액**
>
> ① 교환·이전일 현재 완전모회사가 완전자회사의 지배주주가 아닌 경우 : 완전모회사가 주식의 포괄적 교환·이전일 전 2년 내에 취득한 완전자회사의 주식이 완전자회사 지분의 20%를 초과하는 경우 그 초과하는 주식의 취득가액
> ② 교환·이전일 현재 완전모회사가 완전자회사의 지배주주인 경우 : 완전모회사가 주식의 포괄적 교환·이전일 전 2년 내에 취득한 주식의 취득가액

지분보유 요건

완전모회사 및 완전자회사의 지배주주는 주식의 포괄적 교환 등으로 취득한 주식을 교환·이전일이 속하는 사업연도 종료일까지 보유하여야 한다. 이 경우 주식 보유의무의 적용방법은 〈제10장〉에서 설명한 적격분할 요건과 동일하다. 완전모회사 및 완전자회사의 지배주주가 지분을 처분하더라도 지분보유 요건을 충족하는 것으로 보는 부득이한 사유는 다음과 같다.

---

100) 지배주주 중 4촌인 이상의 혈족 및 인척, 주식의 포괄적 교환·이전일 현재 완전자회사에 대한 지분비율이 100분의 1 미만이면서 시가로 평가한 그 지분가액이 10억원 미만인 자는 제외한다.

지분보유요건의 부득이한 사유

① 완전모회사 및 완전자회사의 지배주주가 주식의 포괄적 교환 등으로 교부받은 신주의 50% 미만을 처분한 경우
② 완전모회사 및 완전자회사의 지배주주가 사망하거나 파산하여 주식을 처분한 경우
③ 완전모회사 및 완전자회사의 지배주주가 적격합병·적격분할·적격물적분할 또는 적격현물출자에 따라 주식을 처분한 경우
④ 완전모회사 및 완전자회사의 지배주주가 조세특례제한법 제38조 또는 제38조의 2에 따라 주식을 현물출자 또는 교환·이전하고 과세를 이연받으면서 주식을 처분한 경우
⑤ 완전모회사 및 완전자회사의 지배주주가 채무자 회생 및 파산에 관한 법률에 따른 회생절차에 따라 법원의 허가를 받아 주식을 처분하는 경우
⑥ 완전모회사 및 완전자회사의 지배주주가 기업개선 계획의 이행을 위한 약정 또는 기업개선 계획의 이행을 위한 특별약정에 따라 주식 등을 처분하는 경우
⑦ 완전모회사 및 완전자회사의 지배주주가 법령상 의무를 이행하기 위하여 주식을 처분하는 경우

사업계속 요건

완전자회사는 교환·이전일이 속하는 사업연도 종료일까지 사업을 계속하여야 한다. 이 경우 사업폐지의 판단방법은 제10장의 적격분할 요건과 동일하다. 완전자회사가 사업을 폐지하더라도 사업계속 요건을 충족하는 것으로 보는 부득이한 사유는 다음과 같다.

사업계속 요건의 부득이한 사유

① 완전자회사가 파산함에 따라 승계받은 자산을 처분한 경우
② 완전자회사가 적격합병·적격분할·적격물적분할 또는 적격현물출자에 따라 사업을 폐지한 경우
③ 완전자회사가 기업개선 계획의 이행을 위한 약정 또는 기업개선 계획의 이행을 위한 특별약정에 따라 사업을 폐지한 경우
④ 완전자회사가 채무자 회생 및 파산에 관한 법률에 따른 회생절차에 따라 법원의 허가를 받아 승계받은 자산을 처분한 경우

3. 일반 주식의 포괄적 교환 등에 대한 세무처리

주식의 포괄적 교환 등에 대한 일반적인 세무처리는 현물출자의 경우와 동일하므로 본 장에서 설명한 비적격현물출자를 참조하기 바란다.

4. 조특법 제38조의 요건을 갖춘 주식의 포괄적 교환 등에 대한 세무처리

조특법 제38조의 요건을 갖춘 주식의 포괄적 교환 등의 경우 발생하는 세금을 과세이연하는 등의 과세특례를 두고 있다. 일반 주식교환의 경우와 비교하여 어떤 과세특례를 두고 있는지를 살펴보자.

(1) 내국법인의 주식양도차익에 대한 법인세

조특법 제38조의 요건을 갖춘 주식의 포괄적 교환 등의 경우 완전자회사 주식을 교환·이전한 내국법인은 완전모법인으로부터 취득한 주식의 가액 중 교환·이전으로 발생한 양도차익에 상당하는 금액을 교환·이전일이 속하는 사업연도에 압축기장충당금을 계상하여 손금에 산입할 수 있다.

> 손금산입 금액
>
> • 손금산입금액 = Min(주식 가액, 주식양도차익)
>   – 주식가액 : 해당 주식의 시가
>   – 주식양도차익 : 교환·이전대가 총액 – 취득가액 – 교환·이전대가 중 금전교부액

교환·이전의 대가로 주식을 교부받은 경우에는 과세이연이 가능하지만, 금전으로 대가를 받은 경우에는 양도차익에 대한 법인세를 납부하여야 한다. 한편, 손금에 산입한 압축기장충당금은 해당 법인이 완전모회사 주식을 처분하는 비율에 따라 익금에 산입한다.

한가지 유의하여야 할 점은 조특법 제38조 주식의 포괄적 교환 등의 과세특례 시에는 압축기장충당금을 처분비율에 따라 환입함에 있어 예외조항을 두고 있지 않으므로,

적격분할 등에 따라 완전모회사 주식을 양도하더라도 주식처분비율에 상당하는 압축기장충당금이 익금에 산입될 수 있다.

(2) 거주자 등의 주식양도차익에 대한 양도소득세

조특법 제38조의 요건을 갖춘 주식의 포괄적 교환 등의 경우 거주자, 비거주자 또는 외국법인('거주자 등')은 교환·이전으로 발생한 주식양도차익 중 금전으로 받은 대가에 대해 양도소득세를 과세한다. 그러나, 금전으로 받은 대가가 없다면 주식양도차익은 전액 과세이연된다. 여기서 과세이연되는 금액은 교환·이전 이후 교환·이전으로 취득한 완전모회사 주식을 양도할 때 완전자회사의 종전 취득가액 중 주식처분비율[101]에 상당하는 금액을 취득가액으로 하여 양도소득세를 과세한다.

(3) 완전모회사의 취득가액

조특법 제38조에 따른 주식의 포괄적 교환 등으로 취득한 자회사의 주식가액은 교환·이전일의 시가로 양도받은 것으로 한다.

(4) 증권거래세

조특법 제38조에 따른 주식의 포괄적 교환 등의 경우 완전모회사로 교환·이전하는 주식에 대한 증권거래세가 면제되며, 면제에 대한 농어촌특별세도 비과세 된다. 한편, 증권거래세 면제를 받고자 하는 자는 증권거래세과세표준신고서와 함께 세액면제신청서를 납세지 관할 세무서장에게 제출하여야 한다.

(5) 과점주주 취득세

교환·이전으로 완전모회사가 완전자회사의 주식을 취득하는 경우 과점주주 취득세가 85% 면제된다. 면제된 취득세의 20% 상당액의 농특세는 추가로 납부하여야 한다. 다만, 후술하는 사후관리 요건을 위반하는 경우 면제받은 취득세를 추징한다는 점에 유의한다.

---

101) 처분한 주식수 비율이며, 처분시기는 교환·이전으로 취득한 주식을 먼저 처분한 것으로 본다.

(6) 종합예제

예제 7

- MD외식은 상장법인임.
- MD외식은 MD치킨 주식을 10% 보유하고 있으며, 나머지 주식의 현황은 다음과 같음.
  - 왕회장 : 45%(세무상 취득금액 : 10,000원)
  - 기타주주 : 1% 미만 보유 주주들로 분산됨.
- MD외식은 MD치킨 주식을 취득하고, 그 대가로 MD치킨의 주주에게 MD외식 주식을 발행하여 지급함.
- 주식교환은 시가에 따라 이루어졌으며, 취득한 MD치킨 주식의 시가는 20,000원임.

요구사항

1. 주식교환으로 MD외식이 MD치킨 주식을 100% 보유하게 되고, 공정거래법상 지주회사가 되는 경우 세무상 영향을 이해관계자별로 검토하시오.
2. 주식교환으로 MD외식이 MD치킨 주식을 100% 보유하게 되었으나, 공정거래법상 지주회사에는 해당하지 않을 경우 세무상 영향을 이해관계자별로 검토하시오.
3. 주식교환으로 MD외식이 MD치킨 주식을 90% 보유하게 되고, 공정거래법상 지주회사가 되는 경우 세무상 영향을 이해관계자별로 검토하시오. 단, 왕회장은 주식교환에 참여하였다고 전제한다.

① 100% 보유하면서 지주회사에 해당할 경우

- 왕회장의 양도소득세 = 0원
  - 과세이연금액 = 주식의 시가 − 취득가액

  $$= 20,000원 − 10,000원 = 10,000원$$

- MD외식의 취득가액 = 주식의 시가

  $$= 20,000원$$

② 100% 보유하지만 지주회사에 해당하지 않을 경우

- 왕회장의 양도소득세 = 0원
  - 과세이연금액 = 주식의 시가 − 취득가액

  $$= 20,000원 − 10,000원 = 10,000원$$

- MD외식의 취득가액 = 주식의 시가

  $$= 20,000원$$

③ 90% 보유하지만 지주회사에 해당할 경우

100% 보유에 해당하지 않으므로 상법상 포괄적 주식교환에 해당하지 않는다. 이 경우 현물출자 절차를 진행하여야 한다.

- 왕회장의 양도소득세 = (주식의 시가 − 취득가액) × 세율

$$= (20{,}000원 − 10{,}000원) × 22\% = 2{,}200원$$

- MD외식의 취득가액 = 주식의 시가

$$= 20{,}000원$$

5. 과세특례의 사후관리

조특법상 주식의 포괄적 교환 등으로 과세특례를 적용받은 후 교환·이전일이 속하는 사업연도 종료일부터 2년 이내에 아래의 사유 발생 시 완전자회사의 주주는 과세이연받은 양도소득세 또는 법인세를 납부하여야 한다. 완전자회사의 주주가 개인인 경우 사유발생일이 속하는 반기 말일로부터 2개월 이내에 과세이연된 양도소득세를 납부하여야 하며, 완전모회사 주식의 취득가액은 주식의 포괄적 교환일의 시가로 한다.

완전자회사의 주주가 법인인 경우 사유발생일이 속하는 사업연도의 소득금액 계산 시 과세이연된 압축기장충당금 잔액을 익금에 산입한다.

> **주식의 포괄적 교환 등 과세특례의 사후관리 요건**
>
> ① 완전자회사가 사업을 폐지하는 경우
> ② 완전모회사 또는 완전자회사의 지배주주가 주식의 포괄적 교환 등으로 취득한 주식을 처분하는 경우

● 완전자회사가 사업을 폐지하는 경우

사업폐지의 판단방법은 제10장의 적격분할 요건과 동일하므로 관련 내용을 참조하기를 바란다. 완전자회사가 사업을 폐지하더라도, 사업계속 요건을 충족하는 것으로 보는 부득이한 사유는 다음과 같다.

 **사업계속 요건의 부득이한 사유**

① 완전자회사가 파산함에 따라 승계받은 자산을 처분한 경우
② 완전자회사가 적격합병·적격분할·적격물적분할 또는 적격현물출자에 따라 사업을 폐지한 경우
③ 완전자회사가 기업개선 계획의 이행을 위한 약정 또는 기업개선 계획의 이행을 위한 특별약정에 따라 사업을 폐지한 경우
④ 완전자회사가 채무자 회생 및 파산에 관한 법률에 따른 회생절차에 따라 법원의 허가를 받아 승계받은 자산을 처분한 경우

● **완전모회사 또는 완전자회사의 지배주주가 주식의 포괄적 교환 등으로 취득한 주식을 처분하는 경우**

이 경우 주식 보유의무의 적용방법은 제10장의 적격분할 요건과 동일하다. 완전모회사 및 완전자회사의 지배주주가 지분을 처분하더라도 지분보유 요건을 충족하는 것으로 보는 부득이한 사유는 다음과 같다.

지분보유 요건의 부득이한 사유

① 완전모회사 및 완전자회사의 지배주주가 주식의 포괄적 교환 등으로 교부받은 신주의 50% 미만을 처분한 경우
② 완전모회사 및 완전자회사의 지배주주가 사망하거나 파산하여 주식을 처분한 경우
③ 완전모회사 및 완전자회사의 지배주주가 적격합병·적격분할·적격물적분할 또는 적격현물출자에 따라 주식을 처분한 경우
④ 완전모회사 및 완전자회사의 지배주주가 조세특례제한법 제38조 또는 제38조의 2에 따라 주식을 현물출자 또는 교환·이전하고 과세를 이연받으면서 주식을 처분한 경우
⑤ 완전모회사 및 완전자회사의 지배주주가 채무자 회생 및 파산에 관한 법률에 따른 회생절차에 따라 법원의 허가를 받아 주식을 처분하는 경우
⑥ 완전모회사 및 완전자회사의 지배주주가 기업개선 계획의 이행을 위한 약정 또는 기업개선 계획의 이행을 위한 특별약정에 따라 주식 등을 처분하는 경우
⑦ 완전모회사 및 완전자회사의 지배주주가 법령상 의무를 이행하기 위하여 주식을 처분하는 경우

6. 과세특례의 신청

과세특례를 적용받으려는 법인 및 거주자 등은 주식의 포괄적 교환·이전일이 속하는 사업연도의 과세표준 신고를 할 때, 완전모회사와 함께 주식의 포괄적 교환 등 과세특례신청서를 납세지 관할 세무서장에게 제출하여야 한다.

주식 평가

지배구조개선과정에서 합병·분할·현물출자 등의 구조조정을 진행하면, 구조조정 과정에서 발생하는 납부할 세액(또는 과세이연) 효과를 산정하여야 한다. 왜냐하면 세무상 구조조정 거래가 발생하면 그 과정에서 내재이익(또는 내재손실)이 실현된 것으로 보는 경우가 많기 때문이다.

실현된 손익의 산정은 대부분 세법상 시가를 기준으로 이루어진다. 따라서 지배구조개선 및 경영권의 승계 과정에서 세무 목적상 주식의 시가를 과연 얼마로 볼 것인지에 대한 이슈가 제기된다.

- 세무상 주식의 시가
- 비상장주식의 평가

제1절 주식의 시가

1. 개 요

세법은 특수관계자 간의 거래, 상속·증여 등 무상거래, 현물출자 등 교환거래 등에 있어 적정한 과세소득의 산정을 위해 시가를 규정하고 있다. 그런데 모든 거래에 일괄적으로 적용할 수 있는 시가를 규정하지 않고 있으며, 법인과 개인의 거래에 대하여 각각 다른 시가를 규정하고 있다. 따라서 지분 거래가 발생하면 어떠한 금액을 시가로 보아야 하는지 유의하여야 한다.

시가는 원칙적으로 제3자 간 정상적이고 통상적으로 성립된다고 인정되는 금액으로 정의된다. 그리고 일반적으로 매매사례가액이 있다면 그 가액을 시가로 한다. 그러나 매매사례가액이 불분명한 경우에는 감정평가법인의 감정가액, 상속세 및 증여세법에 따른 보충적 평가액을 시가로 본다.

2. 개인과 법인 간 거래시 시가

세무상 거래별로 시가 적용 원칙은 다음과 같다.

거래별 주식의 시가

① 법인 간의 주식 거래 : 법인세법을 준용하여 시가를 산정
② 개인 간의 주식 거래 : 소득세법을 준용하여 시가를 산정
  • 특수관계자 간 양도거래 시 기준이 되는 시가는 상속세 및 증여세법을 준용
  • 그 이외에는 법인세법 준용

그러나 특수관계에 있는 개인과 법인 간 양도거래의 경우에는 법인세법을 준용하여 시가를 산정하는 경우와 소득세법을 준용하여 시가를 산정하는 경우가 모두 발생할 수 있다. 소득세법은 법인세법에 따른 시가로 거래를 한 경우에 한하여 해당 가액을 시가로 인정하고 있다.

특수관계에 있는 개인과 법인이 주식 거래를 실시할 경우 적정 시가에 대한 이슈를 다음 예제로 살펴보자.

예제 1

- 대주주인 왕회장은 A사에게 주식을 다음과 같이 처분함.

	Case1	Case2	Case3
거래 금액	100	200	50
법인세법상 시가	100	100	100
상증세법상 시가	200	200	200
본 거래의 시가	100	200	200

요구사항 각 Case의 거래에 Tax Risk를 검토하시오.

각 거래에 대한 Tax Risk는 다음과 같다.

① Case 1 : 법인세법 시가로 거래하였으므로 100원은 시가로 인정된다. 거래가격과 시가가 동일하므로 추가적인 Tax Risk는 없다.

② Case 2 : 법인세법 시가로 거래한 가격이 아니므로 상증세법상 시가를 적용하여야 한다. 그런데 200원은 상증세법상 시가와 동일하므로 추가적인 Tax Risk는 없다.

③ Case 3 : 법인세법 시가로 거래한 가격이 아니므로 상증세법상 시가를 적용하여야 한다. 상증세법상 시가는 200원이나 거래금액은 50원이므로 Tax Risk가 발생한다.

양도자인 왕회장은 시가인 200원을 기준으로 양도소득세를 계산하여 납부하여야 하고, 양수자인 A사는 시가와 거래금액의 차이인 150원을 익금에 산입하여 법인세를 납부하여야 한다.

3. 세법상 시가의 범위

세무상 법인은 법인세법상 시가를 적용하고, 개인은 법인세법 또는 상증세법에 따른 시가를 적용하는데, 각 세법에서 정의하는 시가는 다음과 같다.

구 분		시가의 정의
원칙	법인세법	• 건전한 사회 통념 및 상거래 관행과 특수관계인이 아닌 자 간의 정상적인 거래에서 적용되거나 적용될 것으로 판단되는 가격(요율, 이자율, 임대료, 교환비율 포함)
	상증세법	• 불특정 다수인 사이에 자유롭게 거래가 이루어지는 경우에 통상적으로 성립된다고 인정되는 가액 • 주권상장법인의 주식은 평가기준일 이전·이후 각 2개월 동안 공표된 매일의 거래소의 최종 시세가액의 평균액 • 가상자산은 평가기준일 이전·이후 각 1개월 동안 가상자산사업자가 공시하는 일평균가액의 평균액
매매사례 가액	법인세법	• 해당 거래와 유사한 상황에서 해당 법인이 특수관계인 외의 불특정다수인과 계속적으로 거래한 가격 • 특수관계인이 아닌 제3자 간에 일반적으로 거래된 가격이 있는 경우에는 그 가격 • 주권상장법인이 발행한 주식을 증권시장 외에서 거래하거나, 대량매매 등으로 거래한 경우 해당 주식의 시가는 그 거래일의 한국거래소 최종시세가액
	상증세법	• 평가기준일 전후 6개월(증여는 전 6개월 후 3개월) 이내 매매·수용·경매 또는 공매가 있는 경우 그 거래가액. 다만, 특수관계인과의 거래 등 객관적으로 부당한 거래나 액면가액의 합계액이 Min(1%, 3억원) 미만인 경우는 제외함. • 평가기준일 전후 6개월(증여는 전 6개월 후 3개월) 이후부터 평가기준일 전후 2년 이내 매매 등이 있는 경우 주식을 발행한 회사의 경영상태, 시간의 경과 및 주위환경의 변화 등을 고려하여 가격변동에 대한 특별한 사정이 없다고 보아 평가심의위원회의 심의를 거쳐 인정된 가액은 포함
감정가액	법인세법	• 감정평가업자가 감정한 가액이 있는 경우 그 가액(감정한 가액이 2 이상인 경우에는 감정한 가액의 평균). 다만, 주식 및 가상자산은 제외
	상증세법	• 둘 이상의 감정기관이 평가한 감정가액이 있는 경우에는 그 감정가액의 평균. 다만, 주식은 제외되며, 기준시가 10억원 이하 부동산은 하나의 감정가액 가능
상증세법 보충적 평가액	법인세법	• 상증세법 제38조·제39조·제39조의 2·제39조의 3, 제61조부터 제66조까지의 규정을 준용하여 평가한 가액
	상증세법	• 상증세법 제61조부터 제65조까지에 규정된 방법으로 평가한 가액

법인세법과 상증세법에서 시가의 다르게 규정하는 부분을 살펴보면 다음과 같다.

(1) 주권상장법인이 발행한 주식의 시가

법인세법과 상증세법에서는 주권상장법인이 발행한 주식의 시가를 다음과 같이 본다.

구분	주권상장법인이 발행한 주식의 시가	비상장법인이 보유한 상장주식의 시가
법인세법	• 장내에서 거래한 경우 : 그 거래가액 • 거래소 외에서 거래한 경우 및 대량매매 등의 방법으로 거래한 경우 : 거래소 최종 시세가액 × (1 + 최대주주 할증률)	• 평가기준일 현재 거래소 최종 시세가액
상증세법	• 평가기준일 이전·이후 각 2개월 동안 공표된 매일의 거래소의 최종 시세가액의 평균 × (1 + 최대주주 할증률)	• 좌동

법인세법상 주권상장법인이 발행한 주식의 시가는 장내거래 시 해당 거래가격을 시가로 인정하되, 상장주식을 대량매매 등의 방법[102]으로 거래하거나 장외거래한 경우 거래소의 최종시세가액으로 한다. 이때 최대주주등이 변경되거나, 최대주주등 간의 거래에서 주식등의 보유비율이 1% 이상 변동되는 경우에는 사실상 경영권의 이전이 수반되는 경우로 보아 거래소 최종시세가액의 20%(중소/중견기업등이 아닌 경우)를 가산하도록 하고 있다. 이때 한가지 유의할 점은 장내거래의 경우에도 특수관계인간 통정매매로 인정되는 경우에는 시가가 불분명한 것으로 보아 상증세법에 따른 평가액을 시가로 보아 과세할 수 있다는 것이다.

2021년 2월 17일 이전에는 거래소에서 거래한 경우 거래소의 최종시세가액을 시가로 의제하였으나, 그 이후부터는 경영권 이전이 수반되는 경우 20%를 할증한 가액을 시가로 하고 있다. 그러나 현실적으로는 법인이 특수관계인과의 거래에 있어 최종시세가액에 20%를 가산하여 거래하는 경우 상법상 배임이슈 등이 발생할 여지가 있으므로 법인세법상 시가와 동일하게 거래하는 것이 어려운 점이 있다. 이는 향후 개선이 필요

---

102) 거래소의 증권시장업무규정에서 일정 수량 또는 금액 이상의 요건을 충족하는 경우에 한정하여 매매가 성립하는 거래방법

할 것으로 보인다.

한편, 개인 간 상장주식거래의 경우 2021년 2월 17일 이후 양도분부터 법인세법상 시가를 준용하고 있으며, 이는 납세자의 예측가능성을 고려하여 개정되었다.

(2) 매매사례가액

법인세법에서는 매매사례가격에 대해 특수관계인 외의 불특정다수인과 계속적으로 거래한 가격 또는 특수관계인이 아닌 제3자 간에 일반적으로 거래된 가격으로 하여 일반적인 정의만을 내리고 있다. 반면, 상증세법에서는 매매사례가액으로 인정 가능한 기간(상속 전후 6개월, 증여 전 6개월 후 3개월)을 정하고 일정금액 미만 소액거래(= Min(1%, 액면가액 3억원))는 매매사례가액에서 제외하고 있다.

(3) 감정가액

법인세법에서는 1개의 감정기관으로부터 감정을 받은 경우도 인정하지만, 상증세법에서는 기준시가 10억원 이하의 부동산을 제외하고 2개의 감정기관으로부터 감정을 받아야 인정된다.

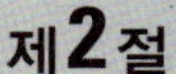

제2절 세무상 비상장주식의 평가

1. 개 요

비상장법인이 발행한 주식의 경우 일반적으로 주주 간의 매매거래가 빈번하지 않다. 그리고 감정기관의 감정가액도 시가로 인정되지 않는다. 따라서 비상장주식은 대부분 상증세법상 보충적 평가액을 시가로 적용하게 된다.

상증세법상 보충적 평가방법에 따른 비상장법인의 주식가치는 일반적으로 순자산가치의 40%와 순손익가치의 60%를 기준으로 산정된다. 따라서 2016년까지만 해도 순손익가치가 낮은 법인은 순자산가치의 40%를 하한으로 하여 주식의 시가가 산정되었다. 그러나 순자산가치의 40%로 주식가치가 평가된다면 기업의 본질가치를 반영하지 못한다는 문제점이 지적되었다. 이러한 이유로 2017년에 상증세법 시행령이 다음과 같이 개정되었다.

① 2017년 4월 1일부터는 최소 순자산가치의 70%를 하한으로 평가
② 2018년 4월 1일부터는 최소 순자산가치의 80%를 하한으로 평가

세법의 개정에 따라 순손익가치가 거의 없는 비상장법인의 경우 주식가치가 순자산가치의 40%에서 순자산가치의 80%로 증가한 것이다. 그러나 실제 주식가치가 증가하였다기보다는 세무 목적에서의 과세금액만 증가한 것에 불과하다. 이는 상증세법상 보충적 평가방법이 납세자에게 있어 상당히 중요하다는 점을 반증하고 있다.

2. 비상장주식의 상증세법상 평가방법

(1) 비상장주식 평가방법

상증세법상 비상장주식의 1주당 가액은 1주당 순손익가치와 1주당 순자산가치를 가중평균하고 최대주주 등 할증률을 가산하여 평가한다.

> **비상장주식의 평가방법**
>
> ① 주식가치
> - 일반법인 = 1주당 순손익가치 × 60% + 1주당 순자산가치 × 40%
> - 부동산과다보유법인 = 1주당 순손익가치 × 40% + 1주당 순자산가치 × 60%
> - 하한 = 순자산가치의 80%[*]
>   (*) 2018년 3월 31일까지는 70%
> ② 과세대상 = 주식가치 × (1 + 할증률)

상기 산식에서 부동산과다보유법인은 토지, 건축물 및 부동산에 관한 권리 등(이하, '부동산 등')의 보유비율이 자산총액의 50% 이상인 법인을 말한다. 부동산 보유비율에는 부동산뿐만 아니라 부동산 보유비율이 50% 이상인 다른 법인 등의 주식가액도 포함된다.

구분	계산방법
부동산 등	• 토지 • 건축물 • 부동산을 취득할 수 있는 권리 • 지상권 • 전세권과 등기된 부동산임차권
부동산주식	• 부동산 등 보유비율이 50% 이상인 법인의 주식가액 × 부동산 등 보유비율 • 골프장 등 사업으로 부동산 등 보유비율이 80% 이상인 법인의 주식가액 × 부동산 등 보유비율
자산총액	• 재무상태표상 자산총액[*] ± 자산관련 세무조정사항(유보) － 개발비 － 사용수익기부자산가액 － 양도일부터 소급하여 1년까지의 기간 중 차입 또는 증자 등에 따라 증가한 현금·금융재산[103] 및 대여금의 합계액 (*) 토지 및 건축물은 Max(기준시가, 장부가액)로 함.

다만, 사업의 계속이 곤란한 법인 등 다음에 해당하는 법인의 주식은 순손익가치를 감안하지 않고, 순자산가치로만 평가한다.

---

103) 예금·적금·부금·계금·출자금·금전신탁재산·보험금·공제금·주식·채권·수익증권·출자지분·어음 등의 금전 및 유가증권 등

순자산가치로만 평가하는 법인

① 상속세 및 증여세 신고기한 내에 청산절차가 진행 중이거나 사업자의 사망 등으로 인하여 사업의 계속이 곤란하다고 인정되는 법인의 주식
② 사업개시 전의 법인, 사업개시 후 3년 미만의 법인 또는 휴업·폐업 중인 법인의 주식
  • 다만, 적격분할 또는 적격물적분할로 신설된 법인의 사업기간은 분할 전 동일 사업부문의 사업개시일부터 기산한다.
③ 부동산비율이 80% 이상인 법인의 주식(2018.2.13. 이후 평가분부터 적용)
④ 법인의 자산총액 중 주식이 차지하는 비율이 80% 이상인 법인의 주식
  • 비상장 순수 지주회사 등 주식이 차지하는 비율이 80% 이상인 법인의 경우
⑤ 법인 설립 시 정관에 존속기한이 확정되어 잔여 존속기한이 3년 이내인 법인의 주식

(2) 할증평가

최대주주가 보유한 주식에 대해서는 일반적으로 경영권프리미엄을 가산하여 거래가 이루어진다. 따라서, 상증세법에서도 최대주주 등이 보유주식에 대해서는 다음과 같이 일정률을 할증하여 평가한다.

구분	할증률
일반법인	20%
중소기업 및 중견기업	0%

상기 표에서 지분율은 유효지분율을 의미하므로 자기주식이 있는 경우에는 발행주식총수에서 차감하여 지분율을 계산하여야 한다(서면4팀-3801, 2006.11.17.).

할증평가에서 제외되는 중소기업은 평가기준일 현재 중소기업기본법에 따른 중소기업으로 조세특례제한법에서 규정하는 중소기업의 범위와는 차이가 있다. 또한, 할증평가에서 제외되는 중견기업은 '중견기업 성장촉진 및 경쟁력 강화에 따른 특별법'에 따른 중견기업으로서 직전 3사업연도 매출액 평균이 5천억원 미만인 기업을 말한다. 따라서 소비성서비스업을 영위하는 법인도 할증평가에서 제외되는 중소기업 또는 중견기업에 해당할 수 있는 등 세무조정계산서상 중소/중견기업과 할증평가 시 중소/중견기업은 차이가 있을 수 있으므로 주의하여야 한다.

예외적으로 3년 연속 결손인 법인 등 다음의 법인에 대해서는 할증평가를 배제하고 있다.

> **최대주주 할증평가를 적용하지 않는 경우**
>
> ① 과거 3년간 계속하여 결손금이 있는 법인
> ② 평가기준일 전후 6월(증여는 평가기준일 전 6월부터 평가기준일 후 3월) 내 최대주주 등이 보유하는 주식이 전부 매각된 경우
> ③ 합병, 증자, 감자, 현물출자 및 전환사채 주식전환 등에 따른 이익을 계산하는 경우
> ④ 평가대상 법인이 최대주주로서 보유하는 1차 출자법인 등
> ⑤ 사업개시 3년 미만 법인으로 사업개시일부터 직전 사업연도까지 각 연도의 회계상 영업이익이 모두 영('0')원 이하인 경우
> ⑥ 상속세신고기한 또는 증여세신고기한 이내에 평가대상 법인의 청산이 확정된 경우
> ⑦ 최대주주 등이 보유하고 있는 주식 등을 최대주주 등 외의 자가 10년 이내에 상속 또는 는 증여받은 경우로서 상속 또는 증여로 인하여 수증자가 최대주주 등에 해당하지 않게 되는 경우
> ⑧ 명의신탁 증여의제 규정에 따라 해당 주식을 명의자가 실제 소유자로부터 증여받은 것으로 보는 경우
> ⑨ 상증세법 시행령 제53조 제6항에 따른 중소기업 및 제7항에 따른 중견기업

최대주주의 할증평가는 거래시점에 주식을 이전하는 자를 기준으로 하여, 이전되는 주식이 최대주주로서 보유하는 주식일 경우 적용된다. 따라서 현물출자 또는 주식의 포괄적 교환 등의 경우 이전하는 자를 기준으로 최대주주에 해당하면 할증평가가 적용된다.

한편, 현물출자, 주식의 포괄적 교환, 물적분할 등에 따라 법인이 신주를 발행하는 경우에 그 신주는 할증평가 대상에 해당하지 않는다. 신주의 경우 주식을 이전하는 자가 최대주주로서 보유하는 주식이 아닌 새로 발행하는 주식이기 때문이다. 이는 최대주주로서 보유하는 주식의 경영권 프리미엄은 당해 주식을 취득한 때가 아닌 처분할 때 평가되어야 합리적이라는 점을 감안한 것으로 보인다.[104]

참고로 비상장주식의 평가 시 평가대상 비상장법인이 다른 비상장법인의 주식을

---

104) 서면법규-29, 2014.1.14., 법규-1190, 2012.10.12., 재법인-994, 2012.9.20.

10% 이하의 비율로 보유한다면 보충적인 평가방법을 적용하지 않고, 이동평균법에 의한 취득금액으로 평가할 수 있다. 다만, 상증세법에 따른 시가가 있으면 동 시가를 우선 적용한다.

합병, 증자, 감자, 현물출자 및 전환사채 주식전환 등에 따른 이익을 계산하는 경우 할증률을 적용하지 않는데, 다음 예제를 통해서 그 내용을 살펴본다.

예제 3

- A사는 10주를 발행하고 있으며, 중소기업에 해당하지 아니함.
- 왕회장은 A사 주식을 70% 보유하고 있으며, 30%는 왕회장의 장남이 보유하고 있음.
- A사는 왕회장이 보유하고 있는 주식 70%를 무상감자함.
- 증여세율은 50%라고 가정함.
- A사의 무상감자 전과 후의 세무상 자산, 부채 및 순손익가치는 다음과 같음.

	무상감자 전	무상감자 후
자산	50,000	50,000
부채	20,000	20,000
순손익가치	40,000	40,000

요구사항

1. 왕회장이 무상감자 전에 70%의 주식을 장남에게 증여하는 경우 증여세액을 계산하시오.
2. 무상감자를 통하여 장남이 얻게 되는 이익을 계산하고, 그에 따른 증여세액을 계산하시오.

① 주식의 증여

본 예제에서 왕회장이 보유하고 있는 주식의 가치는 다음과 같이 계산된다.

- A사 전체 주식가치 = (50,000원 − 20,000원) × 40% + 40,000원 × 60%

  = 36,000원

- 왕회장이 보유하고 있는 주식의 가치 = 36,000원 × 70% = 25,200원

따라서 무상감자 전에 왕회장이 주식을 증여할 경우 산출세액은 다음과 같이 계산된다.

- 산출세액 = 주식가치 × (1 + 할증률) × 세율
  = 25,200원 × (1 + 30%) × 50%
  = 16,800원

② 무상감자를 통한 증여

무상감자 이후에 A사의 주식가치는 모두 왕회장의 장남에게 귀속된다. 즉, 왕회장의 장남은 무상감자로 인하여 25,200원만큼의 재산이 증가한다. 따라서 왕회장의 장남은 증여세를 납부하여야 하는데, 이때 납부하는 증여세는 할증률이 적용되지 않는다.

- 산출세액 = 25,200원 × 50%
  = 12,600원

지금까지 살펴본 내용을 토대로 왕회장은 보유하고 있는 주식을 직접 증여하는 것보다, 무상감자를 통하여 A사에 대한 경영권을 장남에게 승계하는 것이 세액 측면에서는 유리할 수 있음을 알 수 있다.

(3) 평가심의위원회 심의를 거친 평가액

비상장주식 평가 시 상증세법상 보충적 평가액이 불합리한 경우 납세자가 평가심의위원회의 심의를 거쳐 다음의 평가방법에 따른 가액으로 할 수 있다. 다만, 납세자가 평가한 가액은 상증세법상 보충적 평가액의 70%에서 130%의 범위 안의 가액인 경우로 한정된다.

> **평가심의위원회의 심의를 거쳐 인정받을 수 있는 평가방법**
>
> ① 해당 법인의 자산·매출액 규모 및 사업의 영위기간 등을 고려하여 동종업종의 다른 유가증권시장과 코스닥시장에 상장된 법인의 주식가액을 이용하여 평가하는 방법
> ② 향후 기업에 유입될 것으로 예상되는 현금흐름에 일정한 할인율을 적용하여 평가하는 방법
> ③ 향후 주주가 받을 것으로 예상되는 배당수익에 일정한 할인율을 적용하여 평가하는 방법

3. 순손익가치 평가방법

1주당 순손익가치는 1주당 최근 3년간의 순손익액을 가중평균한 가액을 순손익가치 환원율인 10%로 나누어 산정한다. 이 때, 1주당 최근 3년간의 순손익액을 가중평균한 가액이 음수(陰數)인 경우에는 영('0')으로 한다.

1주당 순손익가치

- 1주당 순손익가치 = 직전 3년간 가중평균 순손익액 ÷ 10%
- 직전 3년간 가중평균 순손익액
  = (직전 1년 사업연도의 1주당 순손익액 × 3 + 직전 2년 사업연도의 1주당 순손익액 × 2
    + 직전 3년 사업연도의 1주당 순손익액 × 1) ÷ 6
- 각 사업연도의 1주당 순손익액
  = 각 사업연도 순손익액 ÷ 각 사업연도 종료일 현재의 발행주식총수

(1) 각 사업연도의 순손익액의 계산방법

각 사업연도의 순손익액은 각 사업연도의 소득금액에 다음의 금액을 가감하여 산정한다.

가산할 항목	차감할 항목
• 국세 및 지방세의 과오납 환급금 이자 • 수입배당금 익금불산입액 • 기부금 한도초과액의 이월공제 손금산입액 • 업무용승용차 감가상각비 한도초과액의 이월 손금산입액 • 외화환산이익	• 당해 사업연도의 소득금액에 대한 법인세, 농특세, 지방소득세 • 손금불산입한 외국법인세액 • 손금에 산입되지 않는 벌금, 과료, 과태료, 가산금, 체납처분비, 공과금 • 징벌적 목적의 손해배상금 • 업무와 관련없는 비용 • 각 세법상 징수불이행으로 인한 납부세액 • 기부금 한도초과액, 비지정기부금 • 접대비 손금불산입액 • 지급이자 손금불산입액 • 업무용승용차 관련비용 손금불산입액 • 배당으로 간주된 이자의 손금불산입[105] • 과다경비 손금불산입액

가산할 항목	차감할 항목
	• 감가상각비 시인부족액에서 상각부인액의 손금추인액을 뺀 금액 • 외화환산손실

가산할 항목과 차감할 항목 중 평가 시 주의할 부분을 살펴보면 다음과 같다.

◉ 당해 사업연도의 소득금액에 대한 법인세, 농특세, 지방소득세

순손익액 산정 시 차감되는 법인세액은 법인세법에 따라 각 사업연도의 소득에 대하여 납부하였거나 납부하여야 할 법인세 총결정세액을 말한다. 이 경우 각 사업연도의 소득은 이월결손금을 공제하기 전의 소득을 말하는 것이므로, 이월결손금을 공제하여 법인세를 납부한 법인은 이월결손금 공제 전 각 사업연도 소득금액을 기준으로 재계산한 법인세액을 차감하여야 한다.

◉ 과다경비 손금불산입액

과다경비 손금불산입액에는 인건비로서 손금불산입된 상여금, 퇴직금, 보험료와 복리후생비 등이 포함되며, 공동경비 손금불산입액이 포함된다.

◉ 배당으로 간주된 이자의 손금불산입

배당으로 간주된 이자의 손금불산입액은 내국법인이 국외지배주주로부터 차입한 금액 또는 국외지배주주의 지급보증에 의하여 제3자로부터 차입한 금액 중 국외지배주주가 출자한 금액의 2배(금융업은 6배)를 초과하는 차입금에 대한 지급이자로 손금불산입된 금액을 말한다.

◉ 감가상각비 시인부족액에서 상각부인액의 손금추인액을 뺀 금액

감가상각비의 경우 실제 결산계상 여부와 관계없이 순손익가액에서 차감한다. 회계상 감가상각방법 및 내용연수가 세무상 상각방법 및 신고내용연수와 동일한 법인은 회계기준에 따라 감가상각비를 반영하였다면 차감할 금액이 발생하지 않을 것이다.

일반적으로 특별한 고려가 필요한 법인은 감가상각방법 및 내용연수가 회계와 세무가 차이가 나는 경우인데, 예컨대 회계상 정액법으로 감가상각하는데 세법상 상각방법

---

105) 상증세법 기본통칙 63-56…9 제2항

이 정률법인 경우 시인부족액 차이가 많이 발생할 수 있다.

한편, 각 사업연도 순손익액 산정 시 다음과 같은 사항을 추가로 고려하여 평가한다.

🔹 충당금 및 준비금의 일시 환입

각 사업연도 소득금액 계산 시 손금산입된 충당금 및 준비금이 일시 환입될 경우에는 그 금액이 환입될 연도를 기준으로 안분한 금액만 가산한다.

🔹 증자 또는 감자

평가기준일이 속하는 사업연도 전 3년 이내에 해당 법인이 유상증자하거나 유상감자한 경우 당해 사업연도와 그 이전 사업연도의 순손익액은 증자에 따른 환산이익을 더하고 감자에 따른 환산손실을 차감하여 산정한다.

구분	내 역
증자에 따른 환산이익	• 유상증자한 주식 등 1주당 납입금액 × 유상증자에 의하여 증가한 주식 등 수 × 10%
감자에 따른 환산손실	• 유상감자 시 지급한 1주당 금액 × 유상감자에 의하여 감소된 주식 등 수 × 10%

(*) 증자·감자를 실시한 당해 사업연도에는 사업연도 개시일부터 증자·감자일까지 월할계산(1월 미만은 1월)함.

이 때 각 사업연도의 발행주식총수도 증자나 감자에 따른 주식수 변동을 반영한 환산주식수를 사용하여야 한다.

구분	내 역
증자 시	• 증자 전 각 사업연도 말 주식수 × (증자 직전 사업연도 말 주식수 + 증자 주식 수) ÷ 증자 직전 사업연도 말 주식 수
감자 시	• 감자 전 각 사업연도 말 주식수 × (감자 직전 사업연도 말 주식수 − 감자 주식 수) ÷ 감자 직전 사업연도 말 주식 수

한편, 무상증자나 무상감자의 경우 납입금액이 없으므로 순손익액에 가감하는 금액은 없으나, 각 사업연도의 발행주식총수는 유상증자나 유상감자와 동일한 방법으로 환산주식수를 사용하여야 한다.

법인세 경정

순손익액을 계산 시 법인세가 수정·경정으로 각 사업연도 소득금액이 변동된 경우에는 변동된 금액을 기준으로 산정한다.

합병법인의 순손익액

합병 전 각 사업연도 또는 과세기간의 1주당 순손익액은 합병법인과 피합병법인의 순손익액의 합계액을 합병 후 발행주식총수로 나누어 계산한 가액에 따른다. 이 경우 1년 미만인 사업연도의 순손익액은 연으로 환산한 가액에 의한다. 그러나 합병일이 속하는 피합병법인의 사업연도가 1년 미만으로서 합병 후부터 피합병법인과 합병법인의 순손익액이 합산되어 계산되는 경우에는 연으로 환산하지 아니한다.[106)

(2) 1주당 추정이익의 적용

1주당 순손익가치를 산정함에 있어 다음의 요건을 모두 갖춘 경우 1주당 최근 3년간의 순손익액의 가중평균액을 2 이상의 신용평가전문기관, 회계법인, 세무법인이 평가한 1주당 추정이익의 평균가액으로 할 수 있다.

추정이익의 적용 요건

① 일시적이고 우발적인 사건으로 해당 법인의 최근 3년간 순손익액이 증가하는 등 최근 3년간 순손익액의 가중평균액을 사용하는 것이 불합리한 경우
② 상속세 신고기한 및 증여세 신고기한까지 1주당 추정이익의 평균가액을 신고할 것
③ 1주당 추정이익의 산정기준일과 평가서 작성일이 해당 과세표준 신고기한 이내일 것
④ 1주당 추정이익의 산정기준일과 상속개시일 또는 증여일이 같은 연도에 속할 것

이때, 추정이익의 적용 요건 중 일시적이고 우발적인 사건으로 해당 법인의 최근 3년간 순손익액이 증가하는 등 최근 3년간 순손익액의 가중평균액을 사용하는 것이 불합리한 경우란 다음 어느 하나의 경우를 말한다.

---

106) 상증세법 기본통칙 63-56…12

① 기업회계기준의 자산수증이익, 채무면제이익, 보험차익 및 재해손실의 합계액에 대한 최근 3년간 가중평균액이 법인세 차감 전 손익에서 자산수증이익 등을 뺀 금액에 대한 최근 3년간 가중평균액의 50%를 초과하는 경우
② 평가기준일 전 3년이 되는 날이 속하는 사업연도 개시일부터 평가기준일까지의 기간 중 합병 또는 분할을 하였거나 주요 업종이 바뀐 경우
③ 합병에 따른 증여이익 산정을 위하여 합병당사법인의 주식가액을 산정하는 경우
④ 최근 3개 사업연도 중 1년 이상 휴업한 사실이 있는 경우
⑤ 기업회계기준상 유가증권·유형자산의 처분손익과 자산수증이익 등의 합계액에 대한 최근 3년간 가중평균액이 법인세 차감 전 손익에 대한 최근 3년간 가중평균액의 50%를 초과하는 경우
⑥ 주요 업종(사업에 사용하는 유형고정자산의 가액이 가장 큰 업종)의 정상적인 매출발생기간이 3년 미만인 경우

1주당 추정이익의 산정방법은 '자본시장과 금융투자업에 관한 법률 시행령' 제176조의 5 제2항에 따라 금융위원회가 정한 수익가치에 순손익가치환원율 10%를 나누어 계산한다. 이 때 수익가치는 현금흐름할인모형, 배당할인모형 등 미래의 수익가치 산정에 관하여 일반적으로 공정하고 타당한 것으로 인정되는 모형을 적용하여 합리적으로 산정한다.[107]

4. 순자산가치 평가방법

1주당 순자산가치는 당해 법인의 순자산가액을 각 사업연도 종료일 현재의 발행주식총수로 나누어 산정한다.

1주당 순자산가치

• 1주당 순자산가치 = 당해 법인의 순자산가액(영업권 포함) ÷ 각 사업연도 종료일 현재의 발행주식총수

---

107) 증권의 발행 및 공시 등에 관한 규정 시행세칙 제6조

당해 법인의 순자산가액은 당해 법인의 자산을 상증세법상 시가로 평가한 가액에서 부채를 차감한 가액으로 하고, 순자산가액이 음수인 경우 0원으로 한다. 이때 당해 법인의 자산을 상증세법상 보충적 평가액으로 평가한 가액이 장부가액보다 적은 경우 장부가액으로 한다. 그러나 장부가액보다 적은 정당한 사유가 있는 경우에는 상증세법상 보충적 평가액으로 한다.

상증세법상 보충적 평가액과 비교하여 큰 금액으로 하는 장부가액은 평가기준일 현재 세무상 장부가액을 의미하는데, 감가상각자산의 경우 법인세법에 따른 기준내용연수를 적용하여 상각한 감가상각누계액을 차감한 금액을 말한다. 따라서 회계상 내용연수와 세무상 기준내용연수가 차이가 발생하는 경우 감가상각누계액을 재계산하여야 한다.

5. 자산의 상증세법상 보충적 평가

이번 절에서는 상증세법상 매매사례가액 또는 감정가액이 없는 경우 적용되는 방법인 보충적 평가방법에 따른 평가액에 대하여 설명한다.

(1) 외상매출금, 받을어음, 대부금 등의 채권

원본의 회수기간 · 이자율 등을 고려하여 다음의 가액으로 평가하되, 채권의 전부 또는 일부가 회수불능인 경우에는 그 가액을 제외한다.

① 원본의 회수기간이 5년을 초과하는 경우 및 회사정리절차 또는 화의절차의 개시 등에 따라 채권의 내용이 변경된 경우
- 각 연도에 회수할 금액(원금 + 이자상당액)을 적정이자율(현재, 8.0%)로 현재가치로 할인한 금액의 합계액으로 평가한다.
- 이 경우 시설물이용권에 대한 입회금 · 보증금 등으로서 원본의 회수기간이 정하여지지 않은 것은 그 회수기간을 5년으로 본다.

② ① 이외의 채권은 원본의 가액에 평가기준일까지 미수이자상당액을 가산하여 평가한다.

(2) 예금·저금·적금 등

평가기준일 현재 예금 등 총액과 미수이자 상당액을 합친 금액에서 원천징수세액 상당 금액을 뺀 가액으로 한다.

(3) 주 식

① 주권상장법인 주식 : 평가기준일 전·후 2월간 공표된 매일의 거래소 최종시세가액의 평균액으로 한다. 다만, 평가기준일 전·후 2월 이내에 증자·합병 등의 사유가 발생한 경우에는 사유발생 전·후의 기간을 제외하여 평가한다.

예를 들어, 5월 1일에 증여를 하였는데 4월 4일과 6월 14일에 유상증자가 이루어졌다고 가정해 보자. 그러할 경우 평가기간은 4월 5일부터 6월 13일까지로 계산된다.

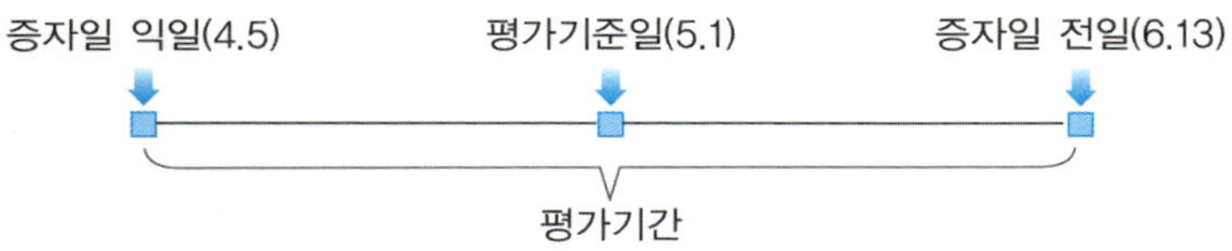

② 비상장법인 주식 : 평가대상 법인이 보유한 다른 비상장법인의 경우에도 상증세법에 따른 보충적 평가액으로 한다. 다만, 비상장법인 발행주식총수(자기주식 제외)의 10% 이하의 주식을 보유하는 경우 그 비상장법인의 평가는 취득가액으로 할 수 있다.

③ 상장예정 주식 등 : 상장예정인 다음의 주식에 대해서는 공모가격과 상기 ①에 따른 평가액(없는 경우 상증세법상 보충적 평가액) 중 큰 금액으로 평가한다.

- 기업 공개를 목적으로 금융위원회에 상장 전 6월 내(증여는 3월)의 기간에 유가증권 신고를 한 법인의 주식 등 : 공모가격과 상기 ①에 따른 평가액(없는 경우 상증세법상 보충적 평가액) 중 큰 금액으로 평가한다.
- 코스닥시장에 주식을 거래하기 위해 상장 전 6월 내(증여는 3월)의 기간에 유가증권 신고 또는 등록신청을 한 법인의 주식 등 : 공모가격과 상증세법상 보충적 평가액 중 큰 금액으로 평가한다.
- 거래소 상장법인의 주식 중 증자로 인하여 취득한 새로운 주식으로 평가기준일

현재 상장되지 아니한 주식 : 상기 ①에 따른 평가액에서 배당차액을 차감한 금액으로 평가한다.

(4) 국채·공채 및 사채(전환사채 등 제외)

① 거래소에서 거래되는 국채 등 : 평가기준일 이전 2월간 거래소의 최종시세가액의 평균액과 평가기준일의 가장 최근일의 최종시세가액 중 큰 금액으로 평가한다. 다만, 평가기준일 이전 2월간 거래소의 거래실적이 없는 경우 아래 ②에 의하여 평가한다.

② ① 이외의 국채 등
- 타인으로부터 매입한 국채 등(발행기관에서 액면으로 매입한 것은 제외) : 매입가액에 평가기준일까지 미수이자 상당액을 가산한 금액
- 상기 이외의 경우 : 처분예상금액으로 하되, 처분예상금액을 산정하기 어려운 경우 2 이상의 투자매매업자, 투자중개업자, 회계법인 또는 세무법인이 상환기간·이자율·이자지급 방법 등을 감안하여 평가한 금액의 평균액으로 한다.

(5) 전환사채 등

거래소에서 거래되는 전환사채 등은 평가기준일 이전 2월간 거래소의 최종시세가액의 평균액과 평가기준일의 가장 최근일의 최종시세가액 중 큰 금액으로 평가한다. 거래소에서 거래되지 않는 전환사채 등은 아래와 같이 평가한 가액으로 하되, 2 이상의 투자매매업자, 투자중개업자, 회계법인 또는 세무법인이 상환기간·이자율·이자지급 방법 등을 감안하여 평가한 금액의 평균액으로 할 수 있다.

① 주식으로 전환이 불가능한 기간
- ㉠ 신주인수권증권 : 신주인수권부사채의 만기상환금액을 사채발행이율에 따라 현재가치로 할인한 금액에서 적정이자율(8%)로 발행 당시 현재가치로 할인한 가액을 뺀 가액
- ㉡ ㉠ 이외의 전환사채 등 : 만기상환금액을 사채발행이율과 적정할인율 중 낮은 이율로 발행 당시 현재가치로 할인한 가액에서 발행 후 평가기준일까지 발생

한 이자상당액을 가산한 가액
② 주식으로 전환이 가능한 기간
  ㉠ 전환사채 : ①의 ㉡에 따른 평가액과 전환 가능한 주식가액에서 배당차액[108]을 차감한 금액 중 큰 금액
  ㉡ 신주인수권증권 : ①의 ㉠에 따른 평가액과 인수 가능한 주식가액에서 배당차액과 신주인수가액을 차감한 금액 중 큰 금액
  ㉢ 신주인수권부사채 : ①의 ㉡에 따른 평가액에서 ①의 ㉠의 신주인수권을 차감하고 ②의 ㉡에 따른 신주인수권증권 가액을 가산한 금액
  ㉣ 신주인수권증서
    • 거래소에서 거래되는 신주인수권 증서 : 거래소에 상장되어 거래되는 전체 거래일의 종가 평균
    • 그 밖의 경우 : 인수 가능한 주식가액에서 배당차액과 신주인수가액을 차감한 금액(단, 주권상장법인 주식의 경우 권리락 후 주식가액이 권리락 전 주식가액에서 배당차액을 차감한 가액보다 적은 경우 권리락 후 주식가액에서 신주인수가액을 차감한 금액으로 함)

(6) 수익증권

자본시장과 금융투자업에 관한 법률에 따른 집합투자증권의 평가는 평가기준일 현재의 거래소의 기준가격으로 하거나 집합투자업자 또는 투자회사가 같은 법에 따라 산정 또는 공고한 기준가격으로 한다. 단, 평가기준일 현재의 기준가격이 없는 경우에는 평가기준일 현재의 환매가격 또는 평가기준일 전 가장 가까운 날의 기준가격으로 한다.

(7) 토지 및 건물

① 토지 : 개별공시지가
② 건물(아래 ③과 ④ 제외) : 건물의 신축가격, 구조, 용도, 위치, 신축연도 등을 고려하여 매년 1회 이상 국세청장이 산정·고시하는 가액

---

108) 배당차액 = 주식 등 1주당 액면가액 × 직전기 배당률 × 신주발행일이 속하는 사업연도 개시일부터 배당 기산일 전일까지의 일수 ÷ 365

③ 오피스텔 및 상업용 건물 : 국세청장이 토지와 건물에 대하여 일괄하여 산정·고시한 가액

④ 주택 : 개별주택가격 및 공동주택가격

(8) 시설물과 구축물

평가기준일에 다시 건축하거나 다시 취득할 경우 소요되는 가액에서 설치일부터 평가기준일까지 감가상각비 상당액을 차감한 가액을 말한다. 한편, 공동주택에 부속 또는 부착된 시설물 및 구축물은 토지 또는 건물과 일괄 평가한 것으로 본다.

(9) 지상권 및 부동산을 취득할 수 있는 권리, 특정시설물 이용권

① 지상권 : 지상권이 설정된 토지가액의 2%를 각 사업연도의 수입금액으로 하여 지상권의 잔존내용연수를 감안하여 10%의 할인율로 평가한 가액

② 부동산을 취득할 수 있는 권리, 특정시설물 이용권 : 지방세법에 따라 고시한 시가표준액으로 하되, 시가표준액이 없는 경우 평가기준일까지 납입한 금액과 평가기준일 현재 프리미엄에 상당하는 금액을 합한 금액으로 한다.

(10) 기타 유형재산의 평가

① 선박, 항공기, 차량, 기계장비, 입목 등 : 처분할 경우 다시 취득할 수 있다고 예상되는 가액으로 하되, 그 가액을 확인할 수 없는 경우 장부가액 및 시가표준액을 순차로 적용한 가액으로 한다.

② 상품, 제품, 반제품, 재공품, 원재료 : 처분할 경우 다시 취득할 수 있다고 예상되는 가액으로 하되, 그 가액을 확인할 수 없는 경우 장부가액으로 한다.

③ 판매용이 아닌 서화·골동품 등 : 2인 이상의 전문가가 감정한 가액의 평균액으로 하되, 감정평가심의회에서 감정한 가액에 미달하는 경우 그 감정가액에 의한다.

(11) 임대중인 자산((7)~(10))

(7)~(10)의 자산에 대해 사실상 임대차계약이 체결되거나 임차권이 등기된 재산의

경우 임대료환산가액과 (7)~(10)의 평가액을 비교하여 큰 금액으로 평가한다.

- 임대료환산가액 = (1년간의 임대료 ÷ 12%) + 임대보증금

(12) 무체재산권

무체재산권의 가액은 재산의 취득가액에서 감가상각비를 뺀 가액으로 하되, 다음의 금액과 비교하여 더 큰 금액으로 평가한다.

① 특허권·실용신안권·상표권·디자인권 및 저작권 등 : 장래 받을 수입금액을 당해 권리의 잔존 존속기간(20년 초과 시 20년)을 감안하여 10%의 할인율로 평가한 가액으로 한다. 장래 받을 수입금액이 확정되지 않은 경우에는 최근 3년의 수입금액의 평균액을 각 연도의 수입금액으로 하되, 최근 3년의 수입금액이 없거나 장래 수입금액이 하락할 것이 명백한 경우 관할 세무서장이 2 이상의 감정기관의 감정가액으로 평가할 수 있다.

② 광업권 및 채석권 등 : 최근 3년간 평균소득(실적이 없는 경우 예상순소득)을 잔존 채굴가능연수를 감안하여 10%의 할인율로 평가한 가액으로 한다. 단, 조업할 가치가 없는 경우 설비 등에 의하여만 평가한 가액으로 한다.

(13) 기타 조건부 권리

① 조건부 권리 : 조건부 권리는 본래의 권리의 가액을 기초로 하여 평가기준일 현재의 조건내용을 구성하는 사실, 조건성취의 확실성, 기타 제반 사정을 감안한 적정가액으로 한다.

② 존속기간이 확정되지 아니한 권리 : 존속기간이 불확정한 권리의 가액은 평가기준일 현재의 권리의 성질, 목적물의 내용연수 기타 제반 사항을 감안한 적정가액으로 한다.

③ 소송중인 권리 : 소송중인 권리의 가액은 평가기준일 현재의 분쟁관계의 진상을 조사하고 소송진행의 상황을 감안한 적정가액으로 한다.

④ 신탁의 이익을 받을 권리 : 다음의 어느 하나에 따라 평가한다. 다만, 평가기준일 현재 신탁계약의 철회, 해지, 취소 등을 통해 받을 수 있는 일시금이 더 큰 경우에

는 그 일시금의 가액으로 한다.

– 원본과 수익의 이익의 수익자가 동일한 경우

$$\frac{신탁재산가액 + 각\ 연도에\ 받을\ 원본\ 및\ 수익의\ 이익 - 원천징수세액상당액}{[1 + 신탁재산의\ 평균\ 수익률\ 등을\ 감안한\ 이자율(3\%)]^n}$$

n : 평가기준일부터 수익시기까지의 연수

– 원본과 수익의 이익의 수익자가 다른 경우

• 원본을 수익하는 경우의 평가방법

$$\frac{평가기준일\ 현재\ 원본의\ 가액}{[1 + 신탁재산의\ 평균\ 수익률\ 등을\ 감안한\ 이자율(3\%)]^n}$$

n : 평가기준일부터 수익시기까지의 연수

• 수익의 이익을 수익하는 경우의 평가방법

$$\frac{각\ 연도에\ 받을\ 원본\ 및\ 수익의\ 이익 - 원천징수세액상당액}{[1 + 신탁재산의\ 평균\ 수익률\ 등을\ 감안한\ 이자율(3\%)]^n}$$

n : 평가기준일부터 수익시기까지의 연수

⑤ 정기금을 받을 권리 : 다음의 어느 하나에 따라 평가한다. 다만, 평가기준일 현재 신탁계약의 철회, 해지, 취소 등을 통해 받을 수 있는 일시금이 더 큰 경우에는 그 일시금의 가액으로 한다.

• 유기정기금 : 다음의 가액으로 하되, 1년분 정기금의 20배를 초과할 수 없다.

$$\frac{각\ 연도에\ 받을\ 정기금액}{[1 + 보험회사의\ 평균공시이율\ 등을\ 감안한\ 이자율(3\%)]^n}$$

• 무기정기금 : 1년분 정기금액의 20배에 상당하는 금액으로 한다.

• 종신정기금 : 통계청장이 고시하는 통계표에 따른 성별·연령별 기대여명의 연수까지 기간을 기준으로 유기정기금의 계산식에 따라 계산한 금액으로 한다.

(14) 개발비

기업회계기준에 따라 자산으로 계상된 개발비는 자산가액에서 차감하여 계산한다.

(15) 이연법인세자산·부채

기업회계기준에 따라 계상된 이연법인세자산·부채는 당해 법인의 자산 및 부채에서 차감하여 계산한다.

(16) 지급받을 권리

평가기준일 현재 지급받을 권리가 확정된 가액은 자산에 가산하여 평가한다.

(17) 선급비용

평가기준일 현재 비용으로 확정된 선급비용은 장부상 계상되어 있는 선급비용 중 기간경과 등으로 인해 평가기준일 현재 비용으로 확정된 금액을 말한다.[109]

(18) 외화자산·부채

외화자산·부채는 평가기준일 현재 기준환율 또는 재정환율에 따라 환산한 가액을 기준으로 평가한다.

(19) 파생상품자산·부채

외화차입금에 대한 통화스왑자산 또는 부채의 경우 자산 또는 부채에 가산하여 평가한다.[110] 이는 외화차입금이 평가기준일의 기준환율 또는 재정환율로 평가되므로 이에 관련된 통화스왑 역시 동일한 기준으로 평가액을 인정하는 것으로 보인다.

한편, 원화차입금에 대한 이자율스왑 파생금융상품은 자산 또는 부채에 포함하지 않으며, 투자목적으로 보유하는 파생상품의 경우 세무상 인정되지 않는 평가이므로 이를 자산 또는 부채에 포함하지 않아야 할 것이다.[111]

---

109) 재삼 46014-2524, 1998.12.26.

110) 재산-251, 2009.1.21.

111) 재산-14, 2012.1.13., 대법원 2009두2788, 2009.5.14.

(20) 유 보

원칙적으로 상증세법에 따라 별도 평가된 자산과 관련한 유보는 가감하지 않는다. 다만, 별도 평가되지 않은 자산과 관련된 유보는 가감하여 세무상 장부가액을 기준으로 평가한다. 이 경우에도 가공유보 등 세무상 자산 또는 부채에 해당하지 않는 경우에는 순자산가액에 반영하면 안될 것이다.

(21) 담보재산

저당권, 담보권, 질권이 설정된 재산, 양도담보재산 및 전세권이 등기된 재산(임대보증금을 받고 임대한 재산 포함)의 경우 담보하는 채권액을 기준으로 평가한 가액과 각 자산별 시가 평가액을 비교하여 둘 중 큰 금액을 그 재산의 가액으로 한다.

담보하는 채권액은 당해 재산에 설정된 근저당의 채권최고액이 실제 담보하는 채권액보다 적은 경우 채권최고액으로 하고, 당해 재산에 설정된 신용보증기관의 보증이 있는 경우 보증금액은 차감하여 산정한다.

공동저당권이 설정된 자산의 경우 평가기준일 현재 당해 재산의 가액으로 안분하여 계산하고, 동일한 재산이 다수의 채권의 담보로 되어 있으면 그 재산이 담보하는 채권액을 합하여 산정한다.

(22) 자기주식

자기주식의 보유목적이 소각목적인지 처분목적인지에 따라 평가방법이 달라진다.
① 소각목적 : 소각목적으로 보유하는 자기주식은 1주당 순자산가치 산정 시 자산에 가산하지 않고, 총발행주식수에서도 제외한다.
② 처분목적 : 처분목적으로 보유하는 자기주식은 1주당 순자산가치 산정 시 자산에 가산하고, 총발행주식수에도 가산한다.

(23) 영업권(어업권 포함)

영업권의 평가는 초과이익금액을 영업권 지속연수(5년)를 감안하여 10%의 할인율로 다음과 같이 평가한다.

$$\text{영업권} = \left(\frac{\text{최근 3년간 순손익}}{\text{가중평균액의 50\%}} - \frac{\text{평가기준일의}}{\text{자기자본}} \times 10\% \right) \times \frac{\text{영업권 지속연수(5년)에 걸쳐 10\%로}}{\text{할인한 연금의 현가계수(3.7908)}}$$

단, 매입한 무체재산권으로서 영업권에 포함시켜 평가되는 무체재산권은 별도로 평가하지 않고 위의 영업권 평가액과 비교하여 둘 중 큰 금액을 기준으로 하여 영업권의 평가액으로 한다.

6. 부채의 상증세법상 보충적 평가

(1) 입회금·보증금 등의 채무

외상매출금, 받을어음, 대부금 등의 채권의 평가방법과 동일하다. 다만, 골프장 입회금의 경우 회수기간의 판단에 있어 주의를 요한다. 일반적으로 원본의 회수기간이 정해져 있지 않은 채무로 보아 회수기간을 5년으로 하여 현재가치로 평가한다. 그러나 예외적으로 입회계약서상 보증금 반환에 관한 약정 및 실제 반환사례 등 구체적인 사실관계에 따라 원본의 회수기간이 정해져 있는 채무로 볼 수도 있다.

(2) 충당금

평가기준일 현재 대손충당금, 반품충당금 등 제 충당금과 조세특례제한법 등에 의한 제 준비금은 부채에서 차감하여 계산한다. 다만, 충당금 중 비용으로 확정된 것과 보험업을 영위하는 법인의 책임준비금과 비상위험준비금으로서 범위 내 금액은 제외한다.

(3) 퇴직급여추계액

평가기준일 현재 재직하는 임원 또는 사용인 전원이 퇴직할 경우에 퇴직급여로 지급되어야 할 금액의 추계액은 부채에 가산한다.

(4) 미지급법인세

평가기준일까지 발생된 소득에 대한 법인세액, 법인세액의 감면액 또는 과세표준에 부과되는 농어촌특별세액 및 지방소득세액은 부채에 가산한다. 따라서 평가기준일이 사업연도 중인 경우 중도결산을 통해 미지급법인세를 산출하여야 한다.

(5) 지급의무 확정액

평가기준일 현재 이익처분에 의해 확정된 배당금 및 상여금과 기타 지급의무가 확정된 금액은 부채에 가산한다.

(6) 사채상환할증금, 사채할인(할증)발행차금 등

사채상환할증금 및 사채할인(할증)발행차금 등은 확정된 부채가 아니므로 부채에 가감하지 아니한다.[112]

7. 국외주식의 평가방법

국외주식의 경우 내국법인과는 회계처리도 다르고 법인세 계산방식도 다르다. 국외주식을 상증세법에 따라 평가할 때도 내국법인과 차이가 있으므로, 차이점에 대해 간략히 살펴보고자 한다.

(1) 중소기업 및 중견기업 여부

국외주식은 '중소기업기본법'에 따른 중소기업, '중견기업 성장촉진 및 경쟁력 강화에 관한 특별법'에 따른 중견기업에 해당하지 아니하므로, 최대주주 등 보유주식인 경우 일반법인에 준하여 할증평가를 하여야 한다.

(2) 원화환산

국외주식은 해당 국가의 통화를 기준으로 1주당 금액을 산정하고, 이를 평가기준일 현재 기준환율 또는 재정환율로 환산하여 1주당 원화금액을 산정하여야 한다. 한편 1주당 순손익가치 및 1주당 순자산가치 산정 시 내국법인 주식은 소수점 이하는 절사하지만, 국외주식의 경우 소수점 이하까지도 반영한다.

---

112) 서일 46014 – 10359, 2001.10.26.

(3) 재무제표

국외주식 평가 시 기준이 되는 재무제표는 국내 기업회계기준에 따라 차이를 조정한 재무제표를 기준으로 하여야 한다.

(4) 각 사업연도 소득금액

국외주식의 각 사업연도의 손익을 법인세법을 기준으로 세무조정을 가감한 각 사업연도 소득금액을 재계산하여 1주당 순손익가치를 산정하여야 한다. 이때 각 사업연도 소득금액에 차감되는 감가상각비는 해당 국가에서 사용하는 상각방법으로 법인세법상 기준내용연수를 사용하여 재계산한 감가상각비를 의미한다.

(5) 법인세액

각 사업연도 소득금액에 대하여 해당 국가에서 납부하였거나 납부하여야 할 법인세액을 의미한다.

(6) 순자산가액 평가

외국에 소재하는 재산으로 상증세법상 시가를 적용하는 것이 부적당한 경우 당해 재산이 소재하는 국가에서 양도소득세·상속세 또는 증여세 등의 부과목적으로 평가한 가액을 평가액으로 한다.

가업승계 지원제도

　중소·중견기업의 경영권승계 과정을 세제상 지원하는 대표적인 제도로는 가업상속 공제 제도와 가업승계에 대한 증여세 과세특례를 꼽을 수 있다. 그리고 중소기업에 해당하는 가업을 상속받거나 승계받은 경우 가업상속공제를 받는 대신 상속세 또는 증여세의 납부유예를 선택할 수 있도록 하고 있다. 가업승계 및 가업상속 제도를 적절하게 활용한다면 중소·중견기업의 상속과정에서 발생하는 세금부담을 상당 수준으로 감소시킬 수 있다. 따라서 경영권승계 Plan 수립 시 반드시 고려하는 것이 바람직하다.

- 가업상속공제 제도
- 가업승계에 대한 증여세 과세특례
- 납부유예제도

제**1**절　가업상속공제 제도

1. 가업상속공제 제도의 개요

가업상속공제 제도는 중소기업과 중견기업이 오랜 기간 영위한 사업을 원활하게 2세에게 승계하여 가업이 계속하여 이어질 수 있도록 세금부담을 경감해 주는 제도이다. 가업상속공제 제도를 통해 거주자인 피상속인이 10년 이상 영위한 중소기업 등을 상속인에게 승계하면 최대 600억원까지 상속공제가 가능하다.

과거 가업상속공제 세제혜택은 규모가 작고 적용 요건이 까다로워, 세제혜택을 받을 수 있는 대상이 많지 않았다. 그러나 2008년 이후부터 2023년까지 공제한도는 최대 1억원에서 최대 600억원까지 확대되었고, 가업상속공제를 적용하기 위한 요건도 점차 완화되고 있다. 게다가 가업상속공제 제도의 적용대상의 확대와 요건 완화에 대한 요구는 끊임없이 제기되고 있는 상황이다.

국세통계에 따르면 매년 70~90개의 기업이 가업상속공제를 받고 있으며, 2020년의 경우 가업상속공제 금액의 합계는 4,210억원에 달하고 있다.

| 가업상속공제 적용 현황 |

(단위 : 백만원)

구분	과세		과세미달		합계	
	건수	공제금액	건수	공제금액	건수	공제금액
2012년	46	30,707	12	3,638	58	34,345
2013년	60	86,694	10	6,613	70	93,307
2014년	63	94,405	5	4,203	68	98,608
2015년	57	164,454	10	6,139	67	170,593
2016년	60	295,420	16	22,958	76	318,378
2017년	75	189,667	16	32,931	91	222,598
2018년	80	212,724	23	21,697	103	234,421
2019년	75	224,053	13	12,290	88	236,343
2020년	89	401,109	17	19,940	106	421,049

2. 가업상속공제 제도의 세제혜택

많은 기업가들이 경영권승계 시 애로사항으로 꼽는 사항 중 하나가 승계 시 발생하는 상속증여세 부담이다. 왜냐하면 보유하고 있는 주식 등의 재산을 자녀들에게 승계하는 경우 금액에 따라 최고 50%의 세금을 부담하여야 하기 때문이다. 일반적으로 개인들이 보유하고 있는 재산은 현금이 아닌 주식 등 실현되지 않은 소득(현금성자산이 아닌 재산)의 형태가 대부분이다. 따라서 주식 등 실현되지 않은 소득을 처분하여 상속증여세액을 마련해야 하므로 가업의 유지에 고심하게 된다. 상속증여세를 납부하기 위한 자금 마련을 위하여 주식을 처분한다면 경영권에 위협을 받게 되기 때문이다.

아래 상속세 계산 산식을 살펴보면 상속재산에서 일정 공제액을 차감하게 되어 있는데, 가업상속공제의 요건을 충족하면 최대 600억원의 상속공제를 받을 수 있다. 따라서 가업의 승계시 가업상속공제를 적용받을 수 있는지에 대해 사전에 고민하는 것이 바람직하다.

> 주식(또는 재산) 상속 시 계산구조
>
> • 상속세 = (현금, 주식 등 상속재산가액 − 상속공제) × 세율 × (1 − 신고세액공제)
>   − 상속세율 : 과세 대상 규모에 따라 10%~50% 적용
>   − 신고세액 공제율 : 3% (2018년 1월 1일부터 2018년 12월 31일까지 5%)

한편, 2019년 1월 1일 이후 중견기업인 가업을 상속받는 분부터는 상속인의 상속세 납부능력에 따라 가업상속공제의 적용을 배제하고 있다. 이에 대해서는 제2절 가업상속공제 제도의 요건을 참고하기 바란다.

(1) 가업 영위기간

상속공제 금액은 가업의 영위기간에 따라 매우 상이하다. 따라서 가업상속공제를 적용할 경우에는 가업의 바꾸지 않고 일정 기간 동안 이어지는지에 대한 검토가 반드시 이루어져야 한다.

> **가업 영위기간에 따른 상속공제 한도**
>
> • 10년 이상 20년 미만 : 300억원
> • 20년 이상 30년 미만 : 400억원
> • 30년 이상 : 600억원

가업 영위기간을 판단함에 있어 고려하여야 할 유형은 다음과 같다.

> **거래유형별 가업 영위기간의 판단**
>
> ① 사업 영위기간 중 주된 업종이 변경된 경우
> ② 사업 영위기간 중 최대주주 지분보유 요건이 미달된 경우
> ③ 사업 영위기간 중 가업상속공제를 적용받은 경우
> ④ 사업 영위기간 중 사업장을 이전하는 경우
> ⑤ 사업 영위기간 중 개인기업의 법인전환이 있는 경우
> ⑥ 사업 영위기간 중 개인기업과 다른 법인이 통합한 경우
> ⑦ 사업 영위기간 중 다른 법인과 합병한 경우
> ⑧ 사업 영위기간 중 분할한 경우

사업 영위기간 중 주된 업종이 변경된 경우

가업 영위기간은 동일업종을 10년 이상 계속하여 경영한 경우에 한하여 적용되며, 가업상속 후 사후관리 10년간 동일업종을 유지하여야 한다. 동일업종의 판단방법은 한국표준산업분류에 따른 대분류상 매출액이 가장 큰 업종을 말한다. 즉, 대분류 내의 다른 업종으로 주된 사업을 변경하여 영위한 기간은 합산하여 판단한다.

주된 업종을 변경하는 경우에는 주된 업종의 변경일부터 새로이 가업을 영위하는 것으로 보아 가업 영위기간을 산정한다.

다음 예제를 통하여 주된 업종의 변경이 상속공제에 미치는 영향을 살펴보자.

예제 1

- MD사는 1990년부터 치킨 사업을 주업으로 하다가 2000년에 피자 사업을 추가함.
- MD사의 치킨 사업부문의 매출은 정체되어 있으나, 피자 사업부문의 매출액은 급성장함.
- 2012년부터 피자 사업부문의 매출액이 치킨 사업부문의 매출액을 추월함.
- MD사의 설립자인 왕회장이 100% 지분을 보유하고 있으며, 설립부터 대표이사로 재직함.
- MD사의 매출액 추세를 살펴보면 다음과 같음.

(단위 : 억원)

구분	2011년	2012년	2013년	2014년	2015년	2016년
치킨	950	952	960	950	970	940
피자	900	1,024	1,250	1,390	1,420	1,600

- 치킨사업과 피자사업은 한국표준산업분류상 다른 업종으로 가정함.

요구사항 2017년 6월에 상속이 이루어진 경우 가업 영위기간은 몇 년인가?

한 기업 내 여러 개의 사업이 존재할 경우 가업은 매출액이 가장 큰 사업으로 결정된다. 따라서 1990년부터 2011년까지는 치킨사업이 가업이나, 2012년부터는 매출액이 큰 피자사업이 가업에 해당한다. 그러므로 2017년 6월을 기준으로 가업 영위기간은 2012년~2017년 6월까지로 약5~6년의 가업을 영위한 것으로 본다. 가업상속공제는 가업의 영위기간이 10년 이상이어야 하므로 MD사는 가업상속공제를 적용할 수 없다.

그렇다면 〈예제 1〉의 상황에서 대안을 검토한다면 어떠한 방법이 있을지 생각해 보자.

예제 2

- MD사는 2011년에 2012년 이후부터 피자사업 매출액이 치킨사업 매출액을 초과할 것으로 예상함.

요구사항 MD사가 가업상속공제를 적용받기 위한 대안을 검토하시오.

MD사의 경우 종전의 치킨사업을 가업으로 유지하고자 한다면, 피자사업부 매출액을 줄이거나 치킨사업부 매출액을 늘려야 한다. 하지만, 영업상 매출액을 줄이거나 늘리는 것은 현실적으로 컨트롤하기 어려운 일이다. 그렇다면 피자사업부를 별도의 법인

으로 만드는 방법을 대안으로 검토해볼 수 있다. 피자사업부를 인적분할 또는 물적분할을 통해 별도의 법인으로 만드는 경우 분할법인인 MD사는 치킨사업을 계속하여 주된 업종으로 유지할 수 있다.

🔹 사업 영위기간 중 최대주주 지분보유 요건이 미달된 경우

가업 영위기간은 피상속인이 특수관계인의 주식수와 합하여 40%(상장법인은 20%) 초과하는 최대주주인 상태를 유지하면서 실제 가업의 경영에 참가한 때부터 기산한다. 이는 개인가업이 가업에 해당하는 자산을 직접 소유하는 반면에 법인가업의 경우에는 주식을 통해 간접적으로 소유하는 형태이므로, 해당 법인을 지배할 수 있을 정도의 지배력을 가져야만 개인가업과 동일하게 가업에 대한 소유권을 인정할 수 있다는 취지이다. 이때 지분비율의 산정 시 해당 법인이 자기주식을 보유하는 경우 그 자기주식은 발행주식수에서 차감하여 산정한다.

다음 예제를 통해 최대주주 지분비율에 따른 가업 영위기간을 살펴보자.

예제 3

- 왕회장은 2005년 비상장법인 MD사를 설립하여 최대주주로서 약 20년간 대표이사로 재직하며 경영함.
- 왕회장은 2009년부터 2019년 12월까지 MD사의 38% 지분을 소유하고 있었음. 나머지 62%의 지분은 특수관계자 외의 자가 소유함.
- 2019년 12월 잔여지분을 인수하여 100% 지분을 소유하게 됨.
- 2024년 12월 왕회장이 보유하던 주식 전부를 아들에게 상속함.

요구사항 MD사의 가업 영위기간을 계산하시오.

위의 예제에서 왕회장이 비상장법인인 MD사의 지분을 40% 이상 보유하게 된 시점은 2019년 12월이다. 비록 왕회장이 대표이사로서 계속 경영에는 참여하였으나, 지분요건인 40% 이상 보유하게 된 시점인 2019년 12월부터 가업을 영위한 것으로 보아야 한다. 따라서 MD사의 가업 영위기간은 5년이다.

🔹 사업 영위기간 중 가업상속공제를 적용받은 경우

피상속인으로부터 상속인이 가업을 승계받은 후 가업을 상속받은 상속인이 사망하여 가업의 재상속이 발생하는 경우에는 가업상속공제를 적용받을 수 있다. 이때, 가업의 영위기간은 당초 피상속인으로부터 가업을 승계받은 상속개시일부터 기산한다.

> **예제 4**
>
> - 왕회장은 1985년 비상장법인 MD사를 설립하여 약 20년간 대표이사로 재직하며 경영함.
> - 왕회장은 2004년 12월 왕회장이 보유하던 주식 전부를 아들 왕사장에게 상속함.
> - 1985년부터 상속일까지 MD사의 주주는 왕회장 60%, 甲(동생) 40%임.
> - 왕사장은 2015년 7월 보유하던 주식 전부를 아들에게 상속함.
>
> **요구사항** 2004년 12월 상속 시 가업상속공제를 적용받은 경우, 2015년 7월 재상속 시 가업 영위기간을 구하시오.

위의 예제에서 왕사장은 가업상속공제를 이미 적용받은 MD사의 주식을 아들에게 상속한다. 따라서 2015년 7월 재상속 시 당초 상속개시일인 2004년 12월부터 가업 영위기간을 기산하므로 MD사의 가업 영위기간은 11년이다.

한편, 위의 예제에서 왕회장의 동생인 甲은 최대주주의 범위에는 포함되지만 가업상속공제를 적용받을 수 없다. 이유는 최대주주 중 1인만이 가업상속공제를 적용받을 수 있기 때문이다. 구체적인 내용은 후술하는 피상속인 요건을 참고하기 바란다.

🔹 사업 영위기간 중 사업장을 이전하는 경우

피상속인이 사업장을 이전하여 동일업종의 사업을 계속하여 영위하는 경우에는 종전 사업장에서의 사업기간을 포함하여 가업 영위기간을 계산한다.

🔹 사업 영위기간 중 개인기업의 법인전환이 있는 경우

개인사업자로서 영위하던 가업을 동일한 업종의 법인으로 전환하여 피상속인이 법인 설립일 이후 계속하여 당해 법인의 최대주주 등에 해당하는 경우에는 개인사업자로서 가업을 영위한 기간을 포함하여 가업 영위기간을 계산한다.

한편, 개인가업의 사업용 자산의 일부를 제외하고 법인 전환한 경우에는 개인사업자로서 가업을 영위한 기간은 포함하지 않는다. 즉, 개인가업의 모든 자산과 부채를 법인 전환하고 동일업종을 사업으로 영위하는 경우에 한하여 개인가업의 사업 영위기간을 포함하여 법인의 가업 영위기간을 계산한다.

사업 영위기간 중 개인기업과 다른 법인이 통합한 경우

　피상속인의 개인기업과 법인이 통합하는 경우에는 해당 법인의 통합일부터 기산하여 가업 영위기간을 계산한다.

예제 5

- 왕회장은 1985년부터 개인사업자로서 제조업을 약 20년간 직접 경영함.
- 왕회장은 개인사업을 2004년 12월 비상장법인인 MD사에 통합시킴.
- 합병 후 MD사의 주주는 왕회장(지분율 : 60%)과 기타주주(지분율 : 40%)임.
- 왕회장은 합병 후에도 대표이사로서 재직중임.
- 왕회장은 2015년 7월 보유하던 주식 전부를 아들에게 상속함.

요구사항　MD사의 가업 영위기간을 계산하시오.

　위의 예제에서 MD사는 통합 후 가업의 요건을 충족하고 있지만, 개인기업과 법인 간의 통합이므로 종전의 개인기업의 사업 영위기간을 승계하지 못한다. 따라서 가업의 기산일은 통합일인 2004년 12월이며, 가업 영위기간은 약 10년 7개월이다.

사업 영위기간 중 다른 법인과 합병한 경우

　최대주주 등이 보유한 가업 간의 합병

　최대주주 등이 보유한 가업에 해당하는 2개의 법인이 합병하여 합병 후 존속법인이 피합병법인의 사업을 승계하여 사업을 계속 영위하던 중에 상속이 개시되는 경우 가업 영위기간은 피합병법인의 사업 영위기간을 포함한다.

예제 6

- A법인 설립(1986년) : 甲(대표이사, 형) 60%, 乙(상근이사, 동생) 40%
- B법인 설립(1999년) : 甲(대표이사, 형) 60%, 乙(상근이사, 동생) 40%
- B법인이 A법인을 흡수합병(2004년) : 甲(대표이사, 형) 60%, 乙(상근이사, 동생) 40%
- A법인과 B법인은 동일 업종을 영위하고 있음.
- 甲은 2015년 7월 보유하던 B법인 주식 전부를 아들에게 상속함.

> **요구사항** B법인의 가업 영위기간을 계산하시오.

본 예제에서 A법인과 B법인은 동일한 최대주주인 甲과 乙이 경영하던 법인으로 합병 후 B법인은 피합병법인인 A법인의 사업 영위기간을 승계할 수 있다. 따라서 B법인의 가업 영위기간은 A법인의 설립인 1986년부터 기산하여 약 30년이 될 것이다.

한편, 본 예제는 업종이 동일한 것을 전제로 하고 있으나, 만약 B법인과 A법인의 업종이 다르다면 다른 결과가 발생할 수 있다. 예컨대 합병 후 B법인의 업종을 주된 업종으로 영위하는 경우에는 A법인의 사업 영위기간은 B법인의 가업 영위기간으로 인정되지 않을 것이다.

기업인수목적회사(SPAC)와의 합병

비상장법인이 상장을 위하여 기업인수목적회사와 합병을 하는 경우로서 합병 후 상장법인이 합병 전의 비상장법인과 업종, 명칭, 대표이사 및 최대주주 등이 동일하여 사업의 계속성이 인정되는 경우에는 피상속인의 합병 전 비상장법인 사업 영위기간을 피상속인의 가업 영위기간에 포함한다.

> **예제 7**
>
> - A법인은 1972년 8월 설립된 비상장법인으로 왕회장이 대표이사로서 경영하여 왔음.
> - A법인은 2012년 8월 기업인수목적회사에 흡수합병되어 코스닥시장에 상장됨.
> - A법인에 대한 왕회장의 지분비율은 합병 전까지 54%를 보유하였으나, 합병 후 39%로 변동됨.
> - 합병 이후 기업인수목적회사는 A법인으로 상호를 변경함.
> - 왕회장은 최대주주로서 대표이사직을 유지함.
> - 왕회장은 2014년 8월에 아들에게 A법인 주식을 상속함.
>
> **요구사항** 기업인수목적회사의 가업 영위기간을 계산하시오.

본 예제에서 기업인수목적회사는 A법인을 합병한 이후 A법인 명의로 상호를 변경하고 A법인의 사업을 영위하고 있다. 또한 왕회장은 기업인수목적회사의 최대주주로서 상장 후 30%를 초과하는 지분을 보유하고 대표이사직을 수행하고 있다. 따라서 기업인수목적회사는 A법인의 사업 영위기간을 승계할 수 있으므로, 기업인수목적회사의 가업 영위기간은 A법인의 설립인 1972년부터 기산하여 약 42년이 될 것이다.

기타의 합병

위에서 살펴본 합병 이외에 일반적인 합병은 합병법인을 기준으로 가업 영위기간을 판단한다.

● 사업 영위기간 중 분할한 경우

가업의 규모에 해당하는 법인이 분할한 경우

가업의 매출액 규모에 해당하는 법인이 분할하는 경우 분할 전 주된 업종과 동일한 업종을 영위하는 분할법인 또는 분할신설법인은 분할법인의 사업개시일부터 가업을 영위하는 것으로 본다.

예제 8

- A법인은 1975년에 제조업과 도매업을 하는 법인을 설립함(매출비율 90 : 10).
- A법인은 계속 중소기업이었으며, 2002년 제조업을 인적분할하여 B법인을 설립함.
- 사업 영위기간 이외에 다른 가업 요건은 충족하는 것으로 가정함.

요구사항 A법인과 B법인의 가업의 사업개시일은 언제인지 검토하시오.

본 예제에서 분할 전 A법인의 주된 업종은 제조업이다. 그런데 분할 후 A법인은 도매업을 영위하고, B법인은 제조업을 영위하게 된다. 따라서 분할 전 A법인의 주된 업종과 동일한 업종을 영위하는 B법인의 사업 영위기간은 A법인의 사업개시일인 1975년이 된다. 그러나 A법인의 경우 분할과 동시에 주된 업종이 제조업에서 도매업으로 변경되어, 가업의 사업 영위기간은 분할시점부터 새로이 기산하여야 한다.

한 가지 유의할 점은 본 예제가 인적분할이기 때문에 분할신설법인이 가업으로 인정된다는 점이다. 물적분할의 경우에는 분할신설법인의 주식을 100% 분할법인이 보유하므로 개인의 지분이 없어서 가업으로 인정될 여지가 없다. 이때 분할법인도 주된 업종이 변경되므로 가업의 사업 영위기간은 분할시점부터 새로이 기산하게 된다.

가업의 규모를 초과하는 법인이 분할한 경우

가업의 매출액 규모를 초과하는 법인이 분할하는 경우 분할법인 또는 분할신설법인 은 분할등기일부터 가업을 영위하는 것으로 본다.

예제 9

- A법인은 1995년에 제조업과 도매업을 하는 법인을 설립함.
- A법인은 2017년 제조업을 인적분할하여 B법인을 설립함.
- A법인의 분할 전 매출규모는 다음과 같다.

	2013년	2014년	2015년	2016년
제조업	2,500억원	2,700억원	2,900억원	3,000억원
도매업	2,000억원	2,300억원	2,600억원	2,500억원
합계	4,500억원	5,000억원	5,500억원	5,500억원

- 사업 영위기간 이외에 다른 가업 요건은 충족하는 것으로 가정함.

요구사항 A법인과 B법인의 가업의 사업개시일은 언제인지 검토하시오.

본 예제에서 A법인은 2016년에 이미 직전 3년 평균매출액이 5천억원을 초과하므로 가업에 해당하지 않는다. 2017년 분할 후 A법인과 B법인은 모두 직전 3년 평균매출액 을 기준으로 5천억원에 미달하므로 가업의 규모를 충족한다. 따라서, 가업의 사업개시 일은 분할 시점인 2017년부터 기산하게 된다.

(2) 가업상속재산

'가업상속재산가액'이란 상속 당시 피상속인이 보유한 상속대상 재산 중 가업상속공 제를 받을 수 있는 재산으로 유류분 상속재산을 제외한 금액이다. 가업상속재산은 개 인가업인지 법인가업인지에 따라 달리 산출되는데 그 내용을 살펴보면 다음과 같다.

가업상속재산

- 개인가업 : 가업에 직접 사용되는 토지, 건축물, 기계장치 등 사업용 자산의 가액 − 해당 자산에 담보된 채무액
- 법인가업 : 가업인 법인의 주식가액 × (1 − 사업무관자산 비율[*])
  (*) 사업무관자산 비율 = 1 − 사업무관자산 ÷ 법인의 총자산

상기 산식에서 보듯이 개인가업의 경우 사업무관자산을 제외한 금액을 가업상속재산으로 한다. 반면, 법인가업은 전체 주식 금액에 사업무관자산 비율을 차감한 비율을 가업상속재산으로 한다는 점에 차이가 있다. 여기서 사업무관자산 및 총자산의 금액은 상속세 및 증여세법에 따른 평가액을 기준으로 산정한다. 즉, 상속개시일 현재의 세법상 시가를 기준으로 산정한다고 이해하면 된다.

상속세 및 증여세법상 사업무관자산으로 열거된 자산은 다음과 같다.

사업무관자산

① 주택 및 부수토지, 비사업용토지 등(법인세법 제55조의 2에 해당하는 자산)
② 법인의 업무에 직접 사용하지 아니하는 부동산 등(법인세법 시행령 제49조에 해당하는 자산) 그리고 타인에게 임대하고 있는 부동산(지상권 및 부동산임차권 등 부동산에 관한 권리 포함)
③ 금전소비대차계약 등에 의하여 타인에게 대여한 금액
④ 과다보유현금 : 상속개시일 직전 5개 사업연도 말 평균 현금(요구불예금 및 취득일부터 만기가 3개월 이내인 금융상품 포함)보유액의 100분의 150을 초과하는 금액
⑤ 법인의 영업활동과 직접 관련이 없이 보유하고 있는 주식, 채권 및 금융상품

과세관청에서는 사업무관자산으로 보는 주식의 범위에는 매도가능증권뿐만 아니라, 지분법 주식 및 관계기업주식 등 모든 주식이 포함되는 것으로 과세하고 있다. 이는 투자활동이나 재무활동과 관련하여 보유하는 주식, 법인이 단순히 관계회사에 대한 지배권, 경영권을 보유할 목적으로 보아 사업무관자산으로 보는 것이다. 또한, 보유한 주식의 법인이 가업영위 법인과 같은 업종을 영위한다고 하더라도 사업무관자산에 해당한다(서면법규-842, 2014.8.11. 외 다수). 다만, 최근 대법원(대법원 2021두52389, 2021.12.30., 대법원 2018두39713, 2018.7.13.)에서는 해외현지법인에 대해 법인의 제품의 생산활동, 상품·용역의 구매 및 판매활동 등과 직접 관련하여 보유하는 주식은 법인의 영업활동과 직접 관련이 있는 것으로 인정한 사례가 있어 영업활동과의 관련성에 대해 다툼의 여지가 있다.

개인가업에 대한 상속공제 금액은 다음 예제로 살펴본다.

예제 10

- 피상속인 A는 개인가업으로 제조업을 25년간 영위하고 있음.
- 피상속인 보유 상속재산은 200억원으로 그 내역은 다음과 같음.

(단위 : 억원)

	토지(제조업)	건물(제조업)	현금	채권	합계
금액	100	50	20	30	200

요구사항 A가 받을 수 있는 가업상속공제 금액을 계산하시오.

본 예제에서 사업무관자산은 현금과 채권을 합산한 50억원이다. 따라서 가업상속공제 금액은 다음과 같이 계산된다.

- 가업상속공제 = Min(400억원, 150억원) = 150억원

A는 가업 영위기간이 20년을 초과하여 공제한도가 400억원이나, 제조업에 사용하는 사업용자산인 150억원을 한도로 가업상속공제를 받을 수 있다. 현금 등은 제조업에 사용하였다고 하더라도 가업상속재산의 범위에 포함되지 않음에 유의하여야 한다.

법인가업이 있는 경우 상속공제 금액은 다음 예제로 살펴본다.

예제 11

- 피상속인 A는 법인가업으로 제조업을 25년간 영위하고 있음
- 피상속인 보유 상속재산 200억원으로서 그 내역은 다음과 같음.

(단위 : 억원)

	P법인 주식	현금	채권	합계
금액	150	20	30	200

- P법인의 세무상 총자산은 250억원으로서 그 내역은 다음과 같음.

(단위 : 억원)

	현금(*)	대여금	주식 (제조업)	토지및건물 (제조업)	건물 (임대업)	합계
금액	20	10	30	150	40	250

(*) 과다보유현금 기준액은 40억원임.

1. A가 받을 수 있는 가업상속공제 금액을 계산하시오.
2. 세율이 50%일 경우 납부할 세액은 얼마인가?

본 예제에서 가업상속공제 및 납부할 세액은 다음과 같다.

- 법인가업(P법인 주식)

    - 사업무관자산 = 10억원(대여금) + 30억원(주식) + 40억원(임대용 건물)

          = 80억원

    - 사업무관비율 = 80억원 ÷ 250억원 = 32%

    - 법인가업 금액 = 150억원 × (1 − 32%) = 102억원

    - 가업상속공제 = Min(400억원, 102억원) = 102억원

- A의 상속재산 = (150억원 − 102억원) + (20억원 + 30억원) = 98억원

- 상속세액 = 98억원 × 50% = 49억원

본 예제를 통하여 가업대상 법인이 보유하는 자산의 질에 따라 가업상속공제 금액이 결정됨을 알 수 있다. 따라서 상속을 염두에 두고 있을 경우에는 각종 금융상품이나 주식 및 임대업에 사용하는 자산 등에 대한 Plan이 필요하다. 예를 들어 초과보유 한도 현금은 40억원이므로 대여금을 회수하였을 경우에는 사업무관자산이 80억원에서 70억 원으로 감소하여 가업상속공제 금액이 증가하게 된다.

한편, 피상속인이 2 이상의 기업을 가업으로 영위한 경우에는 피상속인이 계속하여 경영한 기간이 긴 기업의 계속 경영기간에 대한 공제한도를 적용한다. 그리고 피상속 인이 계속하여 경영한 기간이 긴 기업의 가업상속 재산가액부터 순차적으로 공제한다.

예제 12

- 상속인은 A법인 주식, B법인 주식 및 C법인 주식을 보유하고 있음.
- 각 주식에 대한 내역은 다음과 같음.

가업	한도	Case1	Case2
A법인(30년)	600억원	200억원	100억원
B법인(20년)	400억원	50억원	300억원
C법인(10년)	300억원	350억원	200억원

요구사항 상속공제 금액을 계산하시오.

Case 1과 Case 2에 대한 상속공제 금액은 다음과 같이 계산된다.

① Case 1

- 600억원 한도를 기준으로 상속공제금액은 200억원이며, 차감 후 한도는 400억원임.
- 400억원 한도를 기준으로 상속공제금액은 50억원이며, 차감 후 한도는 350억원임.
- 300억원 한도를 기준으로 상속공제금액은 300억원이며, 차감 후 한도는 0원임.
- 총 공제금액 = 200억원 + 50억원 + 300억원 = 550억원

② Case 2

- 600억원 한도를 기준으로 차감되는 상속공제금액은 100억원이며, 차감 후 한도는 500억원임.
- 400억원 한도를 기준으로 상속공제금액은 300억원이며, 차감 후 한도는 100억원임.
- 차감 후 한도 100억원을 기준으로 차감되는 상속공제금액은 100억원이며, 차감 후 한도는 0원임.
- 총 공제금액 = 100억원 + 300억원 + 100억원 = 500억원

<table>
<tr><td>**제2절**</td><td>**가업상속공제 제도의 요건**</td></tr>
</table>

'가업상속'이란 상속개시일 현재 피상속인이 10년 이상 영위한 가업을 상속인 중 가업에 종사하는 자가 상속받는 것을 말한다. 가업상속의 요건을 모두 충족한 경우 가업상속공제를 적용하되, 사후관리 규정을 두고 있어 지속적인 관리가 필요하다.

가업상속공제 제도의 요건을 요약하면 다음과 같다.

가업상속공제 제도의 요건

- 가업 요건
  - 중소기업 또는 중견기업(직전 3사업연도 평균매출액 5천억원 미만)에 해당할 것
  - 피상속인이 10년 이상 계속하여 경영한 기업일 것
- 피상속인 요건
  - 피상속인과 그 특수관계인을 포함한 최대주주의 지분이 40%(상장 20%)를 초과하여 10년 이상 계속하여 보유할 것
  - 가업 영위기간 중 일정 기간을 대표이사(개인사업자는 대표자)로 재직할 것
- 상속인 요건
  - 연령 기준 : 상속개시일 현재 18세 이상일 것
  - 가업 종사 기준 : 상속개시일 이전 2년 이상 직접 가업에 종사하였을 것
  - 임원 등 취임 기준 : 상속세 과세표준 신고기한(상속일이 속하는 달의 말일로부터 6월)까지 임원으로 취임하고, 상속세 신고기한부터 2년 이내에 대표이사로 취임할 것
  - 납부능력 기준 : 중견기업인 경우 가업상속재산 외에 상속인이 받을 재산가액이 상속인이 납부할 상속세의 2배를 초과하지 않을 것(2019.1.1. 이후 가업을 상속받는 분부터 적용)
- 탈세 · 회계부정 기업인의 가업상속 혜택 배제
  - 피상속인 또는 상속인이 상속개시일 전 10년 이내 또는 상속개시일부터 5년 이내의 기간 중 가업의 경영과 관련한 탈세 또는 회계부정 행위로, 징역형 또는 일정 기준 이상의 벌금형을 선고받아 그 형이 확정된 경우 가업상속 혜택 배제(2020.1.1. 이후 조세포탈 또는 회계부정 행위를 한 경우로서 2020.1.1. 이후 상속받는 분부터 적용)
- 가업상속 후 사후관리 위반 사유
  - 상속개시일로부터 5년 내 가업용 자산의 40% 이상을 처분한 경우
  - 상속인이 가업에 종사하지 아니하게 된 경우
  - 주식을 상속받은 상속인의 지분이 감소한 경우

> – 상속개시 사업연도 말부터 5년간 정규직 근로자수 및 총급여액의 전체 평균이 상속개
> 시 직전 2개 사업연도의 정규직 근로자수 및 총급여액의 평균의 90%에 미달하는 경우

1. 가업 요건

가업상속공제 대상이 되는 가업은 중소기업 또는 중견기업으로서 10년 이상 계속 경영한 기업이어야 한다.

가업 요건을 구체적으로 살펴보면 다음과 같다.

가업 요건

① 중소기업 또는 중견기업(직전 3사업연도 평균매출액 5천억원 미만)에 해당할 것
② 피상속인이 10년 이상 계속하여 경영한 기업일 것

(1) 중소기업 또는 중견기업 요건

가업은 상속개시일이 속하는 과세연도의 직전 과세연도 말 현재 중소기업 또는 중견기업에 한하여 인정된다. 여기서 중소기업은 상증세법 시행령 제15조 제1항에 따른 중소기업의 범위를 준용한다. 따라서 중소기업기본법상 중소기업인 부동산임대업을 영위하는 기업 등은 상증세법상 중소기업이 아니므로 가업에 해당하지 않는다.

상증세법에 따라 중소기업에 해당하기 위하여는 다음의 요건을 충족하여야 한다.

중소기업 요건

① 업종 요건
② 규모 요건
③ 실질적인 독립성 요건

● 업종 요건

가업상속공제를 적용받을 수 있는 업종은 주된 사업으로 영위하는 업종[113]에 따라

제한적으로 적용 가능하다. 법인이 여러 업종을 겸업한다면 주된 업종은 매출액이 차지하는 비율이 가장 큰 업종으로 판단한다.

자신이 영위하는 가업의 업종을 정확하게 아는 것은 상당히 중요한 일이다. 중소기업에 해당하는 업종인지도 중요하지만, 가업은 주된 사업이 10년간 동일업종을 유지하여야 하므로 상증세법에서 어디까지를 동일업종으로 보는지에 따라 가업상속공제를 적용받을 수 있을지에 대한 성패가 갈린다.

상증세법에서는 가업상속공제를 적용 가능한 업종을 다음과 같이 열거하고 있다.

- 한국표준산업분류에 따른 업종
- 개별 법률의 규정에 따른 업종

| 한국표준산업분류에 따른 업종 |

한국표준산업분류상 구분	가업 해당 업종
농업, 임업 및 어업(01 ~ 03)	작물재배업(011) 중 종자 및 묘목생산업(01123)을 영위하는 기업으로서 아래 부동산 비율이 100분의 50 미만인 경우 (*) 부동산 비율 = [가업용 자산 중 토지 및 건물(건물에 부속된 시설물과 구축물 포함)의 자산의 가액] ÷ (가업용 자산의 가액)
광업(05 ~ 08)	광업 전체
제조업(10 ~ 33)	제조업 전체. 자기가 제품을 직접 제조하지 않고 제조업체(사업장이 국내 또는 개성공업지구에 소재하는 업체에 한함)에 의뢰하여 제조하는 사업은 다음의 요건 모두 충족 시 포함. ① 생산할 제품을 직접 기획(고안·디자인 및 견본제작 등을 말한다)할 것 ② 해당 제품을 자기명의로 제조할 것 ③ 해당 제품을 인수하여 자기책임 하에 직접 판매할 것
하수·폐기물 처리, 원료 재생 및 환경정화 및 복원업(37 ~ 39)	하수·폐기물 처리(재활용 포함), 원료 재생 및 환경정화 및 복원업 전체
건설업(41 ~ 42)	건설업 전체
도매 및 소매업(45 ~ 47)	도매 및 소매업 전체

---

113) 업종의 분류는 통계법 제22조에 따라 통계청장이 고시한 한국표준산업분류에 따른다.

한국표준산업분류상 구분	가업 해당 업종
운수업(49 ~ 52)	여객운송업 : 육상운송 및 파이프라인 운송업(49), 수상운송업(50), 항공 운송업(51) 중 여객을 운송하는 경우
숙박 및 음식점업(55 ~ 56)	음식점 및 주점업(56) 중 음식점업(561)
정보통신업(58 ~ 63)	출판업(58)
	영상·오디오 기록물제작 및 배급업(59) (단, 비디오물 감상실 운영업(59142)은 제외)
	방송업(60)
	우편 및 통신업(61) 중 전기통신업(612)
	컴퓨터 프로그래밍, 시스템 통합 및 관리업(62)
	정보 서비스업(63)
전문, 과학 및 기술 서비스업 (70 ~ 73)	연구개발업(70)
	전문서비스업(71) 중 광고업(713), 시장조사 및 여론조사업(714)
	건축기술, 엔지니어링 및 기타 과학기술 서비스업(72) 중 기타 과학기술 서비스업(729)
	기타 전문, 과학 및 기술 서비스업(73) 중 전문디자인업(732)
사업시설관리 및 사업지원 서비스업(74 ~ 75)	사업시설 관리 및 조경 서비스업(74) 중 건물 및 산업설비 청소업(7421), 소독구충 및 방제서비스업(7422)
	사업지원 서비스업(75) 중 인력공급 및 고용알선업(751, 농업노동자 공급업을 포함한다), 경비 및 경호 서비스업(7531), 보안시스템 서비스업(7532), 콜센터 및 텔레마케팅 서비스업(75991), 전시, 컨벤션 및 행사대행업(75992), 포장 및 충전업(75994)
임대업 : 부동산 제외(76)	무형재산권 임대업(764, '지식재산 기본법' 제3조 제1호에 따른 지식재산을 임대하는 경우로 한정)
교육 서비스업(85)	교육 서비스업(85) 중 유아교육기관(8511), 사회교육시설(8564), 직원훈련기관(8565), 기타 기술 및 직업훈련학원(85669)
사회복지 서비스업(86)	사회복지 서비스업 전체

한국표준산업분류상 구분	가업 해당 업종
예술, 스포츠 및 여가관련 서비스업(90 ~ 91)	창작, 예술 및 여가관련 서비스업(90) 중 창작 및 예술 관련 서비스업(901), 도서관, 사적지 및 유사 여가관련 서비스업(902). 다만, 독서실 운영업(90212)은 제외한다.
협회 및 단체, 수리 및 기타 개인 서비스업(94 ~ 96)	기타 개인 서비스업(96) 중 개인 간병인 및 유사 서비스업(96993)

| 개별법률의 규정에 따른 업종 |

가업 해당 업종

① '조세특례제한법' 제7조 제1항 제1호 커목에 따른 직업기술 분야 학원
② '조세특례제한법 시행령' 제5조 제9항에 따른 엔지니어링사업
③ '조세특례제한법 시행령' 제5조 제7항에 따른 물류산업
④ '조세특례제한법 시행령' 제6조 제1항에 따른 수탁생산업
⑤ '조세특례제한법 시행령' 제54조 제1항에 따른 자동차정비공장을 운영하는 사업
⑥ '해운법'에 따른 선박관리업
⑦ '의료법'에 따른 의료기관을 운영하는 사업
⑧ '관광진흥법'에 따른 관광사업(카지노, 관광유흥음식점업 및 외국인전용 유흥음식점업은 제외)
⑨ '노인복지법'에 따른 노인복지시설을 운영하는 사업
⑩ 법률 제15881호 노인장기요양보험법 부칙 제4조에 따른 재가장기요양기관을 운영하는 사업
⑪ '전시산업발전법'에 따른 전시산업
⑫ '에너지이용 합리화법' 제25조에 따른 에너지절약전문기업이 하는 사업
⑬ '국민평생직업능력 개발법'에 따른 직업능력개발훈련시설을 운영하는 사업
⑭ '도시가스사업법' 제2조 제4호에 따른 일반도시가스사업
⑮ '연구산업진흥법' 제2조 제1호 나목의 산업
⑯ '민간임대주택에 관한 특별법'에 따른 주택임대관리업
⑰ '신에너지 및 재생에너지 개발·이용·보급 촉진법'에 따른 신·재생에너지 발전사업

참고로 가업상속공제가 적용되지 않는 업종을 예시하면 다음과 같다.

> **참고 : 가업상속공제가 적용되지 않는 업종(예시)**
>
> 일반숙박업, 주점업, 주차장운영업, 택배, 금융·보험업, 부동산임대 및 공급업, 법무·회계서비스업, 학교 입시학원 자동차운전학원, 장애인복지시설, 보육시설, 골프장(관광진흥법에 따른 관광사업 제외), 스키장, 노래방, 게임장, 무도장, 이·미용업, 욕탕, 세탁, 예식장, 가사서비스업 등

규모 요건

규모 요건은 다음 두 가지 기준을 충족하여야 한다.

> **규모 요건**
>
> ① 매출액이 주된 업종별로 '중소기업기본법 시행령 별표 1'에 따른 규모 기준 이내일 것
> ② 자산총액이 5천억원 미만일 것

중소기업이 갖추어야 할 주된 업종별 매출액 규모 기준은 다음과 같다.

│중소기업기본법 시행령 별표 1│

해당 기업의 주된 업종	기호	규모 기준
1. 의복, 의복액세서리 및 모피제품 제조업	C14	매출액 1,500억원 이하
2. 가죽, 가방 및 신발 제조업	C15	
3. 펄프, 종이 및 종이제품 제조업	C17	
4. 1차 금속 제조업	C24	
5. 전기장비 제조업	C28	
6. 가구 제조업	C32	
7. 농업, 임업 및 어업	A	매출액 1,000억원 이하
8. 광업	B	
9. 식료품 제조업	C10	
10. 담배 제조업	C12	
11. 섬유제품 제조업(의복 제조업은 제외한다)	C13	
12. 목재 및 나무제품 제조업(가구 제조업은 제외한다)	C16	
13. 코크스, 연탄 및 석유정제품 제조업	C19	

해당 기업의 주된 업종	기호	규모 기준
14. 화학물질 및 화학제품 제조업(의약품 제조업은 제외한다)	C20	매출액 1,000억원 이하
15. 고무제품 및 플라스틱제품 제조업	C22	
16. 금속가공제품 제조업(기계 및 가구 제조업은 제외한다)	C25	
17. 전자부품, 컴퓨터, 영상, 음향 및 통신장비 제조업	C26	
18. 그 밖의 기계 및 장비 제조업	C29	
19. 자동차 및 트레일러 제조업[*]	C30	
20. 그 밖의 운송장비 제조업[*]	C31	
21. 전기, 가스, 증기 및 공기조절 공급업	D	
22. 수도업	E36	
23. 건설업	F	
24. 도매 및 소매업	G	
25. 음료 제조업	C11	매출액 800억원 이하
26. 인쇄 및 기록매체 복제업	C18	
27. 의료용 물질 및 의약품 제조업	C21	
28. 비금속 광물제품 제조업	C23	
29. 의료, 정밀, 광학기기 및 시계 제조업	C27	
30. 그 밖의 제품 제조업	C33	
31. 수도, 하수 및 폐기물 처리, 원료재생업(수도업은 제외한다)	E(E36제외)	
32. 운수 및 창고업	H	
33. 정보통신업	J	
34. 산업용 기계 및 장비 수리업	C34	매출액 600억원 이하
35. 전문, 과학 및 기술 서비스업	M	
36. 사업시설관리, 사업지원 및 임대서비스업(임대업은 제외한다)	N(N76제외)	
37. 보건업 및 사회복지 서비스업	Q	
38. 예술, 스포츠 및 여가 관련 서비스업	R	
39. 수리(修理) 및 기타 개인 서비스업	S	
40. 숙박 및 음식점업	I	매출액 400억원 이하
41. 금융 및 보험업	K	
42. 부동산업	L	
43. 임대업	N76	
44. 교육 서비스업	P	

(*) 표 제19호, 제20호에도 불구하고 자동차용 신품 의자 제조업(C30393), 철도 차량 부품 및 관련 장치물 제조업(C31202) 중 철도 차량용 의자 제조업, 항공기용 부품 제조업(C31322) 중 항공기용 의자 제조업의 규모 기준은 1,500억원 이하로 함.

중소기업기본법상 중소기업의 매출액 규모 기준은 직전 3년간 평균매출액을 기준으로 판단한다. 그러나 가업에 해당하는 중소기업의 매출액 규모 기준은 직전연도의 기업회계기준에 따라 작성한 손익계산서상의 매출액을 기준으로 판단한다는 점에 차이가 있다.

다음 예제를 통해 구체적으로 살펴보자.

예제 13

- A법인은 음료제조업을 영위하고 있음.
- 최근 A법인의 매출 현황은 아래와 같음.

(단위 : 억원)

구분	2013년	2014년	2015년	2016년
매출액	700	600	750	850

요구사항 2017년 6월 상속이 이루어진 경우 중소기업에 해당하는지를 검토하시오.

본 예제에서 A법인의 직전 3년 평균 매출액은 733억원[= (600억원 + 750억원 + 850억원) ÷ 3]이다. 따라서, 음료제조업의 중소기업 매출액 기준인 800억원을 초과하지 아니하므로 중소기업기본법상 중소기업에 해당한다. 그러나 가업의 대상이 되는 중소기업은 직전연도 매출액을 기준으로 판단하므로 음료제조업의 중소기업 매출액 기준인 800억원을 초과하므로 중소기업에 해당하지 않는다.

🔹 실질적인 독립성 요건

규모 요건이 중소기업의 자체 매출액 및 자산규모를 규정하고 있다면, 실질적인 독립성 요건은 해당 법인의 직·간접 지분관계에 있는 법인의 규모를 고려하여 중소기업의 규모를 판단하도록 규정하고 있다.

실질적인 독립성 요건을 구체적으로 살펴보면 다음과 같다.

 **실질적인 독립성 요건**

① 상호출자제한기업집단에 속하지 아니할 것
② 자산총액 5천억원 이상인 법인이 30% 이상 보유하는 법인이 아닐 것
③ 관계기업 매출액을 합산하여 중소기업기본법 별표 1의 규모 기준을 충족할 것

상호출자제한기업집단에 속하지 아니할 것

'독점규제 및 공정거래에 관한 법률' 제14조 제1항에 따른 상호출자제한기업집단에 속하는 회사 또는 같은 법 제14조의 3에 따라 공시대상기업집단의 소속회사로 편입·통지된 것으로 보는 회사 중 상호출자제한기업집단에 속하는 회사는 실질적으로 중소기업이 아닌 것으로 본다.

2023년 기준 상호출자제한기업집단은 총 82개 집단으로 3,076개의 법인이 소속되어 있다. 상호출자제한기업집단의 지정현황은 공정거래위원회 홈페이지(www.ftc.go.kr) 또는 기업집단포탈(www.egroup.go.kr)을 통해 확인할 수 있다.

자산총액 5천억원 이상인 법인이 30% 이상 보유하는 법인이 아닐 것

자산총액이 5천억원 이상인 법인이 주식 등의 30% 이상을 직접적 또는 간접적으로 소유한 경우로서 최다출자자인 기업은 실질적으로 중소기업이 아닌 것으로 본다. 자산총액이 5천억원 이상인 법인이 30% 이상의 지분을 직접 또는 간접적으로 보유하면서 동시에 최다출자자인 법인이 이에 해당한다.

자산총액이 5천억원 이상인 법인에는 외국법인을 포함하되, 비영리법인 및 중소기업기본법 시행령 제3조의 2 제3항 각 호의 어느 하나에 해당하는 자[114]는 제외된다.

---

114) 중소기업기본법 시행령 제3조의 2 제3항 각 호의 어느 하나에 해당하는 자의 범위
　　① '중소기업창업 지원법'에 따른 중소기업창업투자회사
　　② '여신전문금융업법'에 따른 신기술사업금융업자
　　③ '벤처기업육성에 관한 특별조치법'에 따른 신기술창업전문회사
　　④ '산업교육진흥 및 산학연협력촉진에 관한 법률'에 따른 산학협력기술지주회사
　　⑤ 그 밖에 제1호부터 제4호까지의 규정에 준하는 경우로서 중소기업 육성을 위하여 중소기업청장이 정하여 고시하는 자

관계기업 매출액을 합산하여 중소기업기본법 별표 1의 규모 기준을 충족할 것

관계기업의 매출액을 합산하여 중소기업기본법 별표 1의 매출액 규모 기준을 충족하지 못할 경우 실질적으로 중소기업이 아닌 것으로 본다.

여기서 주된 업종의 판단은 각 개별법인의 업종이 아닌 지배기업과 종속기업 중 매출액 등이 큰 기업의 주된 업종을 지배기업과 종속기업의 주된 업종으로 보아 중소기업기본법 별표 1의 매출액 규모 기준의 충족 여부를 판단하여야 한다는 점에 유의하여야 한다.

한편, '관계기업'이란 외부감사대상기업이 다른 국내기업을 지배함으로써 지배 또는 종속의 관계에 있는 기업의 집단을 말한다.

지배 또는 종속의 관계의 판단기준

① 지배기업이 단독으로 또는 그 지배기업과의 관계가 다음 각 목의 어느 하나에 해당하는 자와 합산하여 종속기업의 주식 등을 100분의 30 이상 소유하면서 최다출자자인 경우
　　가. 단독으로 또는 친족과 합산하여 지배기업의 주식 등을 100분의 30 이상 소유하면서 최다출자자인 개인
　　나. 가목에 해당하는 개인의 친족
② 지배기업이 그 지배기업과의 관계가 제1호에 해당하는 종속기업(이하 이 조에서 "자회사"라 한다)과 합산하거나 그 지배기업과의 관계가 제1호 각 목의 어느 하나에 해당하는 자와 공동으로 합산하여 종속기업의 주식 등을 100분의 30 이상 소유하면서 최다출자자인 경우
③ 자회사가 단독으로 또는 다른 자회사와 합산하여 종속기업의 주식 등을 100분의 30 이상 소유하면서 최다출자자인 경우
④ 지배기업과의 관계가 제1호 각 목의 어느 하나에 해당하는 자가 자회사와 합산하여 종속기업의 주식 등을 100분의 30 이상 소유하면서 최다출자자인 경우
⑤ 주권상장법인으로서 연결재무제표를 작성하여야 하는 기업과 그 연결재무제표에 포함되는 국내기업

관계기업의 매출액 합산방법은 지분율을 고려하여 다음과 같이 달리 정하고 있다.

지분소유 형태	직접투자 여부	대상기업	매출액 합산방법
직접지배 (지분 직접소유)	형식적 지배 (50% 미만)	지배기업(A)	B × 지분율
		종속기업(B)	A × 지분율
	실질적 지배 (50% 이상)	지배기업(A)	B
		종속기업(B)	A
간접지배 (지분 간접소유)	형식적 지배 (50% 미만)	지배기업(A)	C × 지분율
		손자기업(C)	A × 지분율
	실질적 지배 (50% 이상)	지배기업(A)	C × 지분율
		손자기업(C)	A × 지분율

다음의 예제를 통해 관계기업의 매출액 합산방법을 살펴보자.

예제 14

- A법인과 B법인, C법인은 지배 또는 종속의 관계임.
- A법인은 B법인의 지분을 30% 보유하고 있으며, B법인은 C법인의 주식을 60% 보유하고 있음.
- 각 법인별 직전 사업연도의 매출액은 다음과 같음.

구분	A법인	B법인	C법인
매출액	100	200	300

요구사항 각 법인별 관계기업기준에 따라 합산된 매출액을 구하시오.

본 예제에서 A법인은 B법인을 50% 미만 보유하고 있으므로 형식적 지배에 해당한다. 또한 A법인은 C법인을 간접지분형태로 $18\%(=30\% \times 60\%)$ 보유하고 있으므로 형식적 지배에 해당한다. 한편 B법인은 C법인을 60% 보유하므로 실질적 지배에 해당한다.

따라서 각 법인별 관계기업기준에 따라 합산된 매출액은 다음과 같다.

- A법인 : $100 + 200 \times 30\% + 300 \times 18\% = 214$
- B법인 : $100 \times 30\% + 200 + 300 = 530$
- C법인 : $100 \times 18\% + 200 + 300 = 518$

중견기업 요건

가업상속공제의 대상이 되는 중견기업은 중소기업의 범위와 유사하므로 간단히 정리하면 다음과 같다.

> **중견기업 요건**
>
> ① 중소기업의 요건과 동일하게 열거된 업종에 한하여 적용 가능
> ② 조세특례제한법상 중소기업이 아닐 것
> ③ 상호출자제한기업집단 또는 채무보증제한기업집단에 속하는 기업은 제외
> ④ 자산총액 10조원 이상인 법인(외국법인 포함)이 지분의 30%를 직/간접적으로 보유하면서 최다출자자인 기업은 제외
> ⑤ 상속개시일의 직전 3개 사업연도의 매출액(기업회계기준에 따라 작성한 손익계산서상의 매출액)의 평균금액이 5천억원[115] 미만인 기업일 것

(2) 10년 이상 경영 요건

피상속인이 10년 이상 계속하여 경영한 기업이란 주된 업종을 변경하지 않고 계속하여 같은 업종으로 경영한 기업을 말한다. 따라서 주된 업종을 변경한 경우 주된 업종을 변경한 후 처음으로 재화 또는 용역의 공급을 개시한 때부터 새로 기산하여 피상속인이 10년 이상 계속하여 같은 업종으로 경영하여야 한다.

2. 피상속인 요건

피상속인은 가업에 해당하는 법인의 지분을 일정비율 이상 보유하고, 일정기간을 해당 가업의 대표이사로 재직하여야 한다.

---

115) 가업 요건 중 매출액 한도는 증가하고 있는 추세인데 그 내용을 요약하면 다음과 같다.

연도	2011년~2012년	2013년	2014년~2021년	2022년	2023년 이후
한도	1,500억원 이하	2,000억원 이하	3,000억원 미만	4,000억원 미만	5,000억원 미만

피상속인 요건

① 피상속인과 그 특수관계인을 포함한 최대주주의 지분이 40%(상장 20%)를 초과하여 10년 이상 계속하여 보유할 것
② 가업 영위기간 중 일정 기간을 대표이사(개인사업자는 대표자)로 재직할 것

(1) 지분 요건

피상속인과 그 특수관계인을 포함한 최대주주는 40%(상장 20%)를 초과하는 지분을 10년 이상 계속하여 보유하여야 한다. 10년 이상 계속하여 보유하여야 하므로 상속개시일부터 소급하여 10년간은 지분요건을 지속적으로 충족하고 있어야 한다.

(2) 대표이사 재직 요건

가업 영위기간 중 다음의 어느 하나의 기간을 대표이사(개인사업자는 대표자)로 재직하여야 한다.

① 50% 이상의 기간 : 총 가업 영위기간 중 50% 이상 피상속인이 대표이사로 재직하면 가능하다.
② 10년 이상의 기간(단, 상속인이 피상속인의 대표이사직을 승계하여 상속개시일까지 계속 재직한 경우에 한함) : 총 가업 영위기간 중 10년 이상 피상속인이 대표이사로 재직하고, 상속인이 대표이사직을 승계하여 상속개시일까지 계속 재직하면 가능하다.
③ 상속개시일부터 소급하여 10년 중 5년 이상의 기간

이 경우 가업상속이 이루어진 후 가업상속 당시 피상속인과 상속인을 제외한 최대주주 등에 해당하는 자의 사망으로 상속이 개시되는 경우는 가업상속공제가 적용되지 않는다. 즉 최대주주 중 1인에 대해서만 적용되는 것이다.

예제 16

- 가업에 해당하는 A법인의 주주는 다음과 같음.

주주	甲	乙	丙	합계
지분율	40%	30%	30%	100%

- 甲(본인), 乙(아들), 丙(형제)은 모두 특수관계인이며, 최대주주에 해당함.
- 甲의 사망으로 乙은 가업상속공제를 받고 지분을 승계받음.
- 이후 丙이 사망하고 丙의 아들인 丁이 지분을 승계받고자 함.

요구사항 丁은 가업상속공제를 신청 가능한지 검토하시오.

본 예제에서 丙은 최대주주의 범위에는 포함되어 있으나, 이미 甲의 사망으로 가업상속공제를 적용받았다. 따라서 甲의 상속 개시 당시 최대주주의 범위에 포함되는 丙이 보유한 A법인 주식은 가업상속공제를 적용할 수 없다.

3. 상속인 요건

상속인은 다음의 요건을 갖추어야 한다. 이 경우 상속인의 배우자가 요건을 갖춘 경우에도 상속인이 요건을 갖춘 것으로 본다.

상속인 요건

① 상속개시일 현재 18세 이상일 것
② 상속개시일 이전 2년 이상 직접 가업에 종사하였을 것
③ 상속세 과세표준 신고기한(상속일이 속하는 달의 말일로부터 6월)까지 임원으로 취임하고, 상속세 신고기한부터 2년 이내에 대표이사로 취임할 것
④ 가업이 중견기업인 경우 가업상속재산 외에 상속인이 받을 재산가액이 상속인이 납부할 상속세의 2배를 초과하는 경우에 해당하지 않을 것(2019.1.1. 이후 가업을 상속받는 분부터 적용)

상속인은 상속개시일 이전 2년 이상 직접 가업에 종사[116]하여야 한다. 그러나 피상속

---

116) 상속개시일 2년 전부터 가업에 종사한 경우로서 상속인이 법률에 따른 병역의무의 이행, 질병의 요양, 취학상 형편 등으로 직접 종사할 수 없는 기간이 있는 경우 그 기간은 가업에 종사한 기간으로 본다. 다

인이 65세 이전에 사망하거나 천재지변 및 인재 등 부득이한 사유로 사망할 경우에는 예외적으로 충족하지 않아도 된다.

직접 가업에 직접 재직하여 업무를 수행하였음은 근로소득에 대한 원천징수 영수증, 결재 서류 등에 따라 객관적으로 확인 가능하여야 한다. 그리고 상속인의 대표이사 취임 여부는 상속인이 대표이사로 선임되어 법인등기부에 등재되고, 대표이사직을 수행하는 경우에 취임한 것으로 본다.

종전에는 가업 전체에 대하여 상속인 1인이 전부 상속받는 경우에만 가업상속공제가 가능하였다. 그러나 2016년 2월 5일 이후 상속이 개시되는 분부터는 공동상속을 허용하여 가업이 2개 이상의 기업인 경우 기업별로 상속이 가능하다. 그리고 1개 기업을 공동상속한 경우에도 대표이사 승계지분에 대해서는 가업상속공제가 적용된다.

🔵 가업이 중견기업인 경우 가업상속인의 상속세 납부능력 기준

2019년 1월 1일 이후 가업을 상속받는 분부터는 가업이 중견기업인 경우 가업상속인의 상속세 납부능력에 따라 가업상속공제를 받을 수 없게 된다. 상속세 납부능력의 기준은 가업을 상속받거나 받을 상속인의 가업상속재산 외에 받거나 받을 상속재산의 가액이 해당 상속인이 상속세로 납부할 금액의 2배를 초과하면 상속세 납부능력이 충분한 것으로 보아 가업상속공제를 적용받을 수 없다.

가업을 상속받거나 받을 상속인의 가업상속재산 외에 받거나 받을 상속재산의 가액은 다음과 같이 계산한다. 주의할 점은 법인가업의 경우 가업인 법인의 전체 주식 금액에 사업무관자산 비율을 차감한 비율을 가업상속재산으로 한다는 점이다.

> **가업상속재산 외에 받거나 받을 상속재산의 가액**
>
> • 가업상속재산 외 상속재산
>   = 가업 상속인이 받을 상속재산 + 증여재산가산액(10년 내) − 상속인이 부담하는 피상속인의 채무 − 가업상속재산

한 가지 궁금한 점은 과연 납부능력 기준이 있는 상속인이 되려면 얼마만큼의 상속

만, 해당 사유가 종료된 후 가업에 종사하지 아니한 경우는 제외된다.

재산이 있어야 하는지에 대한 의문이다. 아래 예제를 통해 살펴보자.

예제 17

- 피상속인 A는 중견기업인 법인가업을 15년간 영위하고 있음.
- 피상속인 A는 상속재산 전부를 상속인 B에게 상속할 예정임.
- 피상속인 보유 상속재산은 1,500억원으로 그 내역은 다음과 같음. (단위 : 억원)

	P법인 주식	현금	채권	합계
금액	1,000	200	300	1,500

- P법인의 세무상 총자산은 3,000억원으로서 그 내역은 다음과 같음. (단위 : 억원)

	대여금	주식	토지및건물 (제조업)	합계
금액	200	1,300	1,500	3,000

- 상속세율은 50%로 신고세액공제 3%를 적용한 48.5%로 가정함.

요구사항 상속인 B가 부담하는 상속세 계산하시오

본 예제에서 상속세는 다음과 같다.

- 납부능력 기준
  - 가업상속공제 전 상속세 = 상속재산가액 × 상속세율

$$= 1,500억원 × 48.5\% = 727억원$$

  - 가업상속재산 = 법인가업재산 × (1 − 업무무관자산 ÷ 총자산)

$$= 1,000억원 × (1 − 1,500억원 ÷ 3,000억원) = 500억원$$

  - 가업상속재산 외 상속재산 = 상속재산 − 가업상속재산

$$= 1,500억원 − 500억원 = 1,000억원$$

  - 가업 외 상속재산비율 = 가업상속재산 외 상속재산 ÷ 가업상속공제 전 상속세

$$= 1,000억원 ÷ 727억원 = 137\%$$

- 상속세
  - 가업상속공제 = Min(공제한도, 가업상속재산가액)

$$= Min(300억원, 500억원) = 300억원$$

  - 상속세액 = (상속재산가액 − 가업상속공제) × 상속세율

$$= (1,500억원 − 300억원) × 48.5\% = 582억원$$

본 예제를 통하여 알 수 있는 점은 중견기업 가업의 납부능력 기준에 해당하기 위해서는 가업상속재산 외의 일반상속재산이 상당히 큰 규모이어야 한다는 점이다. 예제에서는 가업상속재산에 비해 2배의 일반상속재산이 있었음에도 법에서 정하는 납부능력 기준(2배)에는 훨씬 못 미치는 결과가 나온다.

4. 탈세·회계부정 기업인의 가업상속 혜택 배제

피상속인 또는 상속인이 상속개시일 전 10년 이내 또는 상속개시일부터 5년 이내의 기간 중 가업의 경영과 관련한 탈세 또는 회계부정 행위로, 징역형 또는 일정 기준 이상의 벌금형을 선고받아 그 형이 확정된 경우 아래와 같이 가업상속 혜택을 배제한다(2020.1.1. 이후 조세포탈 또는 회계부정 행위를 한 경우로서 2020.1.1. 이후 상속받는 분부터 적용).

① 상속세 과세표준과 세율의 결정 전에 피상속인 또는 상속인에 대한 형이 확정된 경우 : 가업상속공제를 적용하지 아니함.
② 가업상속공제를 받은 후 상속인에 대한 형이 확정된 경우 : 공제받은 금액을 상속개시 당시의 상속세 과세가액에 산입하여 상속세를 부과하고, 이자상당액을 그 부과하는 상속세에 가산함.

이 때 징역형의 경우 형의 확정시 즉시 가업상속 혜택을 배제하게 되며, 벌금형의 경우 다음의 기준에 따른 벌금형에 해당하는 경우 가업상속 혜택을 배제한다.

① 조세포탈의 경우 : 「조세범 처벌법」 제3조 제1항 각 호의 어느 하나에 해당하여 받은 벌금형
② 회계부정의 경우 : 「주식회사 등의 외부감사에 관한 법률」 제39조 제1항에 따른 죄를 범하여 받은 벌금형(재무제표상 변경된 금액이 자산총액의 100분의 5 이상인 경우로 한정함)

한편, 조세포탈 및 회계부정으로 인한 가업상속 혜택 배제는 그 행위 당시를 기준으로 판단하므로 가업상속공제 사후관리기간 경과 후에 벌금형 등을 선고 받더라도, 그 벌금형 등의 원인행위가 상속개시일 전 10년 이내 또는 상속개시일부터 5년 이내의 기

간중에 이루어 졌다면, 가업상속 혜택을 배제하게 된다.

5. 사후관리

가업상속공제를 받은 상속인에 대하여는 상속개시일부터 5년간 사후관리를 한다. 가업의 유지 및 고용의 유지 등의 요건을 두어 가업을 상속받아 계속 운영을 하는지에 대한 사후관리를 하고 있다. 세제혜택이 큰 만큼 사후관리 요건을 엄격하게 규정하고 있으므로 이를 사전에 알고 이를 관리하는 것이 중요하다.

참고로 5년 이내에 사후관리 위반 사유가 발생하면 공제금액에 일정률만큼 상속세를 부과하고 이자상당액을 가산하여 납부하여야 한다.

(1) 사후관리 위반 사유

가업상속공제의 사후관리 위반 사유는 다음과 같다. 그러나 정당한 사유가 있는 경우 사후관리를 위반한 것으로 보지 않는다.

> **가업상속공제의 사후관리 위반 사유**
>
> ① 상속개시일로부터 5년 내 해당 가업용 자산의 40% 이상을 처분한 경우
> ② 상속인이 가업에 종사하지 아니하게 된 경우
> ③ 주식을 상속받은 상속인의 지분이 감소한 경우
> ④ 상속개시 사업연도 말부터 5년간 정규직 근로자수 및 총급여액의 전체 평균이 상속개시 직전 2개 사업연도의 정규직 근로자수 및 총급여액의 평균의 90%에 미달하는 경우

● 상속개시일로부터 5년 내 해당 가업용 자산의 40% 이상을 처분한 경우

'가업용 자산'이란 개인이 영위하는 가업의 경우 가업에 직접 사용되는 토지, 건축물, 기계장치 등 사업용 자산을 의미하고, 법인이 영위하는 가업의 경우 법인의 사업에 직접 사용되는 사업용 고정자산(사업무관자산 제외)을 의미한다.

가업용 자산의 처분비율은 상속개시일 현재 가업용 자산의 가액에서 처분(사업에 사용하지 않고 임대한 자산을 포함)한 자산의 가액이 차지하는 비율로 계산한다.

다만, 다음 경우에는 사후관리 위반으로 보지 아니한다.

> **사후관리 위반의 예외**
>
> ① 가업용 자산이 관련 법률에 따라 수용 또는 협의 매수되거나 국가 또는 지방자치단체에 양도되거나 시설의 개체, 사업장 이전 등으로 처분되는 경우(단, 처분자산과 같은 종류의 자산을 대체 취득하여 계속 사용하는 경우에 한함)
> ② 가업용 자산을 국가 또는 지방자치단체에 증여하는 경우
> ③ 가업 상속받은 상속인이 사망한 경우
> ④ 합병, 분할, 통합, 개인사업의 법인전환 등 조직변경으로 인한 자산의 소유권이전(단, 조직변경 이전 업종과 같은 업종을 영위하고 이전된 가업용 자산을 그 사업에 계속 사용하는 경우에 한함)
> ⑤ 내용연수가 지난 가업용 자산을 처분하는 경우
> ⑥ 가업의 주된 업종 변경과 관련하여 자산을 처분하는 경우로서 변경된 업종을 가업으로 영위하기 위하여 자산을 대체취득하여 가업에 계속 사용하는 경우
> ⑦ 가업용 자산의 처분금액을 「조세특례제한법」 제10조에 따른 연구·인력개발비로 사용하는 경우

● 상속인이 가업에 종사하지 아니하게 된 경우

상속인(요건을 배우자가 갖춘 경우 상속인의 배우자)이 대표이사로 종사하지 아니하거나, 해당 가업을 1년 이상 휴업(실적이 없는 경우 포함)·폐업하는 경우에는 상속인이 가업에 종사하지 아니하는 경우로 본다.

또한 가업의 주된 업종을 변경하는 경우도 상속인이 가업에 종사하지 않는 것으로 보는데, 주된 업종의 변경은 한국표준산업분류상 중분류를 기준으로 판단한다. 예외적으로 주된 업종의 중분류가 변경되더라도 상속세 및 증여세법 시행령 제49조의 2에 따른 평가심의위원회의 심의를 거쳐 업종의 변경을 승인하는 경우에는 가업에 종사하는 것으로 본다.

한편, 다음의 경우에는 사후관리 위반으로 보지 아니한다.

사후관리 위반의 예외

① 가업상속받은 상속인이 사망한 경우
② 가업상속받은 재산을 국가 또는 지방자치단체에 증여하는 경우
③ 상속인이 법률에 따른 병역의무의 이행, 질병의 요양, 취학상 형편 등 가업에 직접 종사할 수 없는 경우(단, 사유 종료 후 가업에 종사하지 않거나 가업상속 재산을 처분하는 경우를 제외)

▶ 주식을 상속받은 상속인의 지분이 감소한 경우(상속 시 물납으로 지분이 감소한 경우는 제외하되, 이 경우 상속인은 최대주주에 해당하여야 함)

상속인의 지분이 감소한 경우에는 다음의 경우가 포함된다.

① 상속인이 상속받은 주식을 처분하는 경우
② 유상증자 시 상속인의 실권으로 지분율이 감소하는 경우
③ 상속인의 특수관계인이 주식을 처분하여 상속인이 최대주주 등에 해당하지 않는 경우
④ 유상증자 시 상속인의 특수관계인이 실권하여 상속인이 최대주주 등에 해당하지 않는 경우

한편, 다음의 경우에는 사후관리 위반으로 보지 아니한다.

사후관리 위반의 예외

① 합병, 분할 등 조직변경에 따라 주식을 처분하는 경우(단, 처분 후에 상속인이 합병법인 또는 분할신설법인의 최대주주 등에 해당하는 경우에 한함)
② 해당 법인의 사업확장 등에 따른 유상증자 시 제3자에게 주식을 배정함에 따라 상속인의 지분율이 낮아지는 경우(단, 상속인이 최대주주 등에 해당하는 경우에 한함)
③ 상속인이 사망한 경우(단, 사망한 자의 상속인이 원래 상속인의 지위를 승계하여 가업에 종사하는 경우에 한함)
④ 주식을 국가 또는 지방자치단체에 증여하는 경우
⑤ 자본시장법에 따른 상장규정의 상장요건을 갖추기 위하여 지분을 감소시킨 경우(단, 상속인이 최대주주 등에 해당하는 경우에 한함)
⑥ 주주 또는 출자자의 주식 및 출자지분의 비율에 따라서 무상으로 균등하게 감자하는

　　경우
⑦「채무자 회생 및 파산에 관한 법률」에 따른 법원의 결정에 따라 무상으로 감자하거나
　채무를 출자전환하는 경우

 **근로자수 및 총급여액 요건**

상속 이후 사후관리기간 동안 고용 근로자수 및 총급여액을 아래와 같이 유지하여야
한다. 단, 합병에 따라 승계한 정규직 근로자는 상속개시 전부터 가업에 해당하는 법인
의 정규직 근로자로 보고, 분할에 따라 다른 법인으로 승계된 정규직 근로자는 분할
후에도 가업에 해당하는 법인의 정규직 근로자로 본다.

① 상속개시 사업연도 말부터 5년간 충족하여야 할 요건(아래 2가지를 모두 충족시
　사후관리 위반)
　- 정규직 근로자수의 전체 평균이 상속개시 직전 2개 사업연도의 정규직 근로자
　　수의 평균의 90%에 미달하는 경우
　- 정규직 근로자에게 지급한 총급여액의 전체 평균이 상속개시 직전 2개 사업연
　　도의 총급여액의 평균의 90%에 미달하는 경우

한편, 2020년 1월 1일 이후 상속개시 분 및 기존 공제를 적용받고 사후관리기간 중인
분에 대해서 정규직 근로자의 범위가 종전 통계청의 '경제활동인구조사'의 정규직 근로
자에서 세법상 기준으로 변경되었다. 사후관리 요건 판단시 정규직 근로자는「근로기
준법」에 따라 계약을 체결한 근로자로 하되, 다음의 사람은 제외한다.

① 근로계약기간이 1년 미만인 근로자(근로계약의 연속된 갱신으로 인하여 그 근로
　계약의 총 기간이 1년 이상인 근로자는 제외)
②「근로기준법」제2조 제1항 제9호에 따른 단시간근로자로서 1개월간의 소정근로
　시간이 60시간 미만인 근로자
③「소득세법 시행령」제196조에 따른 근로소득원천징수부에 따라 근로소득세를 원
　천징수한 사실이 확인되지 않고, 다음 각 목의 어느 하나에 해당하는 금액의 납부
　사실도 확인되지 않는 자
　가.「국민연금법」제3조 제1항 제11호 및 제12호에 따른 부담금 및 기여금

나. 「국민건강보험법」 제69조에 따른 직장가입자의 보험료

(2) 추징되는 상속세

사후관리 위반 사유에 해당하는 경우 추징되는 상속세는 가업상속공제를 적용받은 금액에 다음의 율을 곱하여 계산한 금액을 상속개시 당시의 상속세 과세가액에 산입하여 상속세를 부과한다. 다만, 가업용 자산의 처분에 따라 사후관리 위반이 발생한 경우에는 자산처분비율을 곱한 비율을 사용하여 상속세를 과세한다.

● 기간별 추징률

사후관리 요건을 충족한 기간에 따라 적용되는 추징률은 다음과 같다.

기 간	추징률
5년 미만	100%

● 양도소득세 공제

일반 상속재산을 양도하는 경우 필요경비는 상속개시 당시의 재산가액이다. 그러나 가업상속공제가 적용된 자산을 양도하는 경우 필요경비는 피상속인의 취득가액을 적용하도록 하여 일반 상속재산과는 양도소득세를 납부하는 방법이 차이가 발생한다.

따라서 추징되는 상속세 계산 시에도 가업상속공제가 적용된 자산의 양도에 따라 납부하였거나 납부할 양도소득세가 있는 경우에는 일반 상속재산을 양도하는 경우보다 더 많이 납부한 양도소득세 상당액을 상속세 산출세액에서 공제한다.

> 양도소득세 공제
>
> • 공제되는 양도소득세 상당액
>   = (가업상속재산에 대해 피상속인의 취득가액을 필요경비로 계산한 양도소득세액 − 가업상속재산에 대해 상속 당시 재산가액을 필요경비로 계산한 양도소득세액) × 기간별 추징률

(3) 이자상당액 가산액

사후관리 요건 위반, 조세포탈 또는 회계부정으로 상속세를 부과하는 경우 다음의

산식에 따라 계산된 이자상당액을 가산하여 납부하여야 한다.

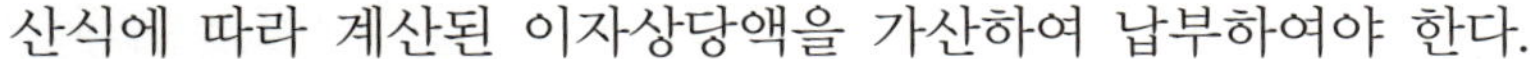

이자상당액

- 이자상당액 = 추징되는 상속세액 × 상속세 신고기한의 다음 날부터 사후관리 위반 사유 발생일
  까지 일수 × 2.9% ÷ 365

> **참고**
>
> 가업상속공제를 적용받고자 하는 자는 가업상속 사실을 입증할 수 있는 다음의 서류를 상속세 과세표준 신고와 함께 납세지 관할 세무서장에게 제출하여야 한다.
> ① 가업상속재산명세서
> ② 최대주주 등에 해당하는 자임을 입증할 수 있는 서류
> ③ 기타 상속인이 당해 가업에 직접 종사한 사실을 입증할 수 있는 서류
>
> 납세지 관할 세무서장은 가업상속공제의 적정 여부와 사후관리 요건의 위반 여부를 매년 관리하고, 위반사항 발생 시 상속세를 부과하여야 한다.

6. 가업상속재산에 대한 양도소득세 이월과세

가업상속재산에 대하여는 상속공제 금액이 크므로 상속인이 재산을 양도할 때 상속개시일 기준 시가가 아닌 피상속인의 취득가액을 기준으로 양도소득세를 납부하도록 한다. 이를 "이월과세"라고 하는데, 피상속인의 보유 기간 동안 발생한 자본이득에 대하여 가업상속공제를 받은 경우에 상속인이 양도소득세로 납부하도록 하는 취지이다.

(1) 가업상속재산의 취득가액

가업상속공제가 적용된 자산의 양도차익을 계산할 때 양도가액에서 공제할 취득가액은 다음의 금액을 합한 금액으로 한다.

> **가업상속재산의 취득가액**
>
> ① 피상속인의 취득가액 × 해당 자산가액 중 가업상속공제가 적용된 비율
> ② 상속개시일 현재 해당 자산가액 × (1 – 가업상속공제 적용률)

(2) 가업상속공제 사후관리 요건 위반 시 상속세 추징세액의 조정

가업상속공제 사후관리 요건의 위반에 따라 상속세를 부과할 때, 양도소득세 이월과세 규정에 따라 추가로 납부한 양도소득세가 있는 경우 다음의 양도소득세 상당액을 추징세액에서 차감한다.

차감되는 양도소득세

• 양도소득세 상당액 = (이월과세 적용 양도소득세 – 이월과세 미적용 양도소득세) × 기간별 추징률

7. 주요 예규

(1) 가업 요건 관련 예규

● 2 이상의 가업영위 시 : 재산 – 1253, 2009.6.23.

가업상속공제 적용 시 피상속인이 2 이상의 독립된 사업장을 영위한 경우 공제 여부는 각 사업장별로 판단하는 것임.

● 사내근로복지기금의 특수관계 여부 : 재재산 – 1039, 2011.12.2.

가업 요건 판단 시 사내근로복지기금은 '상속세 및 증여세법 시행령' 제15조 제3항의 최대주주 등과 특수관계에 있는 자에 해당되는 것임.

● 지분요건과 자기주식 : 서면법규과 – 1386, 2013.12.22.

가업상속공제를 적용함에 있어 피상속인과 그의 특수관계인이 보유하는 주식의 합계가 주식발행법인의 발행주식총수 50% 이상을 계속하여 보유하는지 여부를 판정할 때 주식발행법인이 보유하는 자기주식은 발행주식총수에서 제외함.

● **업종 변경 시 사업 영위기간** : 기준법령재산 – 227, 2015.10.28.

  피상속인이 가업을 영위하다 주된 업종을 변경한 경우 가업 영위기간이 10년인지 여부는 업종 변경 후 최초로 재화 또는 용역을 개시한 날부터 10년의 요건을 판단하는 것임.

● **제조업 회사본부(물적분할 후 지주회사)** : 재산세과 – 157, 2011.3.14.

  한국표준산업분류 상 '제조업 회사본부 및 비금융 지주회사'는 중분류 전문서비스업 (71)의 아래 '회사본부, 지주회사 및 경영컨설팅서비스업(715)'에 속하므로, '그 밖의 과학기술서비스업(729)'에 해당하지 않는다. 따라서 조세특례제한법 상 중소기업 업종에 해당하지 않음.

● **취득한지 10년 미경과 주식** : 기획재정부 조세법령운용과–10, 2022.1.5.

  가업상속에 해당하는 법인의 주식 중 피상속인이 직접 10년 이상 보유한 주식만이 가업상속공제 대상이 되는 것은 아님.

(2) 피상속인 요건 관련 예규

● **대표이사 재직의 의미** : 재산 – 172, 2011.4.1.

  대표이사 등으로 재직한 경우는 피상속인이 대표이사로 선임되어 법인등기부에 등재되고 대표이사직을 수행하는 것을 말함.

● **공동대표이사 재직기간이 있는 경우** : 상속증여 – 77, 2013.4.26.

  가업상속공제 적용 시 피상속인의 대표이사 재직기간에는 피상속인이 상속인과 공동대표이사(또는 각자 대표이사)로 재직한 기간을 포함하는 것임.

● **건강상 이유로 상속개시일 현재 가업에 종사하지 못한 경우** : 재재산 – 741, 2014.11.14.

  피상속인이 건강상 이유로 상속개시일 현재 불가피하게 가업에 종사하지 못한 경우에도 '상속세 및 증여세법' 제18조 제2항 제1호에 따른 가업상속공제의 요건 등을 충족한 경우에는 가업상속공제를 적용받을 수 있는 것임.

🔹 **개인사업 법인전환** : 재산-899, 2009.3.13.

증여자가 개인사업자로서 영위하던 가업을 동일한 업종의 법인으로 유형전환하고 계속하여 최대주주 등에 해당하는 경우 개인과 법인의 운영기간을 통산하여 10년 이상 가업 영위 요건을 판단함.

🔹 **개인사업 폐업 후 동일업종 법인설립 시** : 서면법규-1179, 2014.11.7.

개인사업자로서 영위하던 가업을 폐업하고 같은 장소에서 법인을 설립하여 동일업종을 영위하는 경우로서 법인전환에 해당하지 않거나, 개인사업의 사업용 자산의 일부를 제외하고 법인 전환한 경우에는 개인사업자로서 가업을 영위한 기간은 포함하지 않는 것임.

🔹 **피상속인의 가업 영위 기준** : 법규재산 2013-432, 2014.1.22.

법인가업의 가업 영위기간은 피상속인이 특수관계인의 주식수와 합하여 50% 초과하는 최대주주인 상태를 유지하면서 실제 가업의 경영에 참가한 때부터 기산하며, 가업의 실제 경영 여부는 사실판단할 사항임.

(3) 상속인 요건 관련 예규

🔹 **상속인의 대표이사 취임** : 재산-166, 2010.3.18.

대표이사 등으로 취임한 경우는 상속인이 대표이사로 선임되어 법인등기부에 등재되고 대표이사직을 수행하는 경우를 의미함.

🔹 **재상속 시** : 재산-712, 2009.4.8.

가업상속공제를 받은 상속인이 상속일로부터 10년 이내 사망하여 당해 사망한 상속인의 자녀가 가업상속공제를 받은 가업을 승계하는 경우에는 같은 법 제18조 제2항 제1호에 따른 가업상속공제를 적용하지 아니하는 것임.

(4) 사후관리 관련 예규

🔹 **대체 취득의 범위** : 재산-140, 2011.3.17.

처분자산과 같은 종류의 자산을 대체 취득하여 가업에 계속 사용하는 경우는 처분자산 양도가액 이상의 금액에 상당하는 같은 종류의 자산을 취득하여 가업에 계속 사용하는 경우를 말하는 것임.

● 일부 임대 시 처분비율의 계산방법 : 재산 - 163, 2011.3.30.

가업용 자산인 토지 위에 건물을 신축하여 그 일부를 임대하는 경우 건물 신축에 사용된 면적의 상속개시일 현재 토지의 가액에 신축건물의 연면적에서 임대면적이 차지하는 비율을 곱하여 계산한 금액을 가업용 자산 중 처분한 자산의 상속개시일 현재의 가액으로 보아 가업용 자산의 처분비율을 계산하는 것임.

● 유상감자 시 : 서면법규 - 959, 2013.9.5.

가업상속공제를 적용받은 후 가업상속공제액의 추징사유에는 상속인의 지분이 감소하는 균등 유상감자를 포함하는 것임.

● 물적분할 시 주된 업종의 변경 : 재산 - 92, 2011.2.23.

2개의 서로 다른 사업을 영위하는 중소기업의 주식을 증여받은 후 사업별 수입금액이 작은 사업 부문을 물적분할한 경우에는 주된 업종을 변경한 경우에 해당하지 아니함.

● 종전 보유주식의 처분 : 재산 - 24, 2011.1.12.

상속인이 상속개시일 전 보유한 기존주식을 처분하는 경우로서 처분 후에도 같은 법 시행령 제15조 제3항에 따른 최대주주 등에 해당하는 경우 상증세법 시행령 제27조의6 제8항 제3호의 요건을 충족하는 것으로 보는 것임.

● 자기주식의 처분 : 서면법규 - 763, 2014.7.18.

상속인의 지분이 감소 여부 판단 시 주식발행법인이 보유하는 자기주식은 발행주식총수에서 제외하는 것이며, 자기주식을 처분한 후에도 상속인이 최대주주 등에 해당하는 경우에는 '상속인의 지분이 감소한 경우'에 해당하지 아니하는 것임.

제3절   가업승계 특례제도

1. 가업승계 특례제도의 개요

가업승계 특례제도는 중소기업, 중견기업의 가업승계를 사전에 계획하여 가업승계를 지원하고자 만들어진 규정이다. 거주자인 증여자가 10년 이상 영위한 중소기업 등을 수증자에게 가업승계할 목적으로 사전 증여하는 경우 300억원에서 600억원을 한도로 특례세율(10%~20%)을 적용하도록 하여 증여세 부담을 줄여준다.

가업승계 증여세 과세특례제도는 증여 후 5년간 사후관리기간이 있으며, 추후 상속에 따른 가업승계 요건도 갖추어야 하므로 사전에 요건을 꼼꼼히 살펴보고 적용 여부를 결정하여야 한다.

2. 가업승계 특례제도의 세제혜택

(1) 증여세 과세특례

법에서 정하는 가업승계 특례의 요건을 갖추어 사전에 후계자에게 일부 주식을 증여하고자 하는 경우 300억원~600억원을 한도로 하여, 특례세율을 적용받을 수 있다. 단, 증여세 신고에 따른 신고세액공제는 적용하지 않는다.

> **증여세 과세특례**
>
> - 증여세 = (가업자산상당액에 대한 증여세 과세가액 − 10억원) × 특례세율
>   - 특례세율 : 120억원 이하는 10%, 120억원 이상은 20%
> - 가업영위기간에 따른 증여세 과세특례대상 과세가액 한도
>   - 10년 이상 20년 미만 : 300억원
>   - 20년 이상 30년 미만 : 400억원
>   - 30년 이상 : 600억원

가업승계 특례를 적용받은 주식은 상속개시 후 해당 증여재산가액을 상속재산가액에 가산하여 정산하여야 한다.

가업승계 특례를 적용받더라도 상속 시 정산하여야 한다는 점 때문에 굳이 가업승계 특례를 적용받아야 하느냐는 의문이 있을 수 있다. 그러나 가업승계 특례의 또 한 가지 장점은 사전 증여시점의 가격으로 승계 가능하다는 점이다. 사전증여 이후 상속시점까지 주식가치가 상승하더라도 상속에 따른 정산 시 주식가치 변동은 반영하지 않는다.

가업승계 특례제도를 활용하여 증여한 후 주식의 가치가 상승하는 경우 장점은 다음 예제로 살펴본다.

예제 18

- 왕회장은 A사 지분을 60% 보유하고 있으며, 시가는 300억원임.
- 왕회장은 2024년에 아들에게 30%를 가업승계 특례제도를 활용하여 증여함.
- 왕회장의 아들은 2044년에 A사 나머지 지분 30%를 상속받았으며, 당시 동 지분의 시가는 400억원임.
- 상속 당시 적용될 세율은 50%임.

요구사항 2024년과 2044년에 납부할 증여세액과 상속세액을 계산하고, 증여 없이 2044년에 전액 상속받을 경우의 상속세액과 비교하시오.

본 예제에서 2024년에 납부할 세액은 다음과 같이 계산된다.

- 증여세 = (가업자산상당액에 대한 증여세 과세가액 − 10억원) × 특례세율

  = (150억원 − 10억원) × 특례세율

  = 120억원 × 10% + (140억원 − 120억원) × 20%

  = 16억원

그리고 2044년에 납부할 세액은 다음과 같이 계산된다.

- 상속세 = (상속재산가액 + 증여세과세특례 가산액 − 상속공제) × 세율

  = (400억원 + 150억원 − 600억원) × 50%

  = 0

한편, 2024년에 증여 없이 2044년에 납부할 세액은 다음과 같이 계산된다.

- 상속세 = (상속재산가액 − 상속공제) × 세율

  = (800억원 − 600억원) × 50%

  = 100억원

결과적으로 2017년에 사전 증여함에 따라 상속재산가액이 상속 당시 시가인 400억원이 아닌 증여 당시 시가인 150억원으로 평가되어 상속세 부담액이 감소하였음을 알 수 있다.

〈예제 18〉과 반대로 증여 후 주식의 가치가 하락한 경우를 다음 예제로 살펴보자.

예제 19

- 왕회장은 A사 지분을 60% 보유하고 있으며, 시가는 500억원임.
- 왕회장은 2024년에 아들에게 20%를 가업승계 특례제도를 활용하여 증여함.
- 왕회장의 아들은 2044년에 A사 지분을 40% 상속받았으며, 당시 동 지분의 시가는 200억원임.
- 상속 당시 적용될 세율은 50%임.

요구사항 2024년과 2044년에 납부할 증여세액과 상속세액을 계산하고, 증여 없이 2044년에 전액 상속받을 경우의 상속세액과 비교하시오.

본 예제에서 2024년에 납부할 세액은 다음과 같이 계산된다.
- 증여세 = (가업자산상당액에 대한 증여세 과세가액 − 10억원) × 특례세율

$$= (150억원 − 10억원) × 특례세율$$

$$= 120억원 × 10\% + (140억원 − 120억원) × 20\%$$

$$= 16억원$$

그리고 2044년에 납부할 세액은 다음과 같이 계산된다.
- 상속세 = (상속재산가액 + 증여세과세특례 가산액 − 상속공제) × 세율

$$= (200억원 + 150억원 − 600억원) × 50\%$$

$$= 0$$

한편, 2024년에 증여 없이 2044년에 납부할 세액은 다음과 같이 계산된다.
- 상속세 = (상속재산가액 − 상속공제) × 세율

$$= (300억원 − 600억원) × 50\%$$

$$= 0$$

결과적으로 2024년에 사전 증여함에 따라 증여세를 추가로 16억원만큼 납부하게 됨을 알 수 있다.

〈예제 18〉과 〈예제 19〉를 통하여 과세특례의 활용은 주식가치가 상승하면 총세액이 절감되나, 그렇지 않은 경우에는 오히려 총세액이 증가된다는 단점이 있다. 따라서 증여특례를 활용할 경우에는 향후 주식가치의 변동에 대한 세심한 검토가 필요하다.

(2) 가업자산

가업자산상당액에 대한 증여세 과세가액은 증여받은 주식 중 사업관련 자산가액의 비율에 상당하는 금액으로 한다.

- 법인가업 : 가업인 법인의 주식가액 × (1 − 사업무관자산비율)

사업무관자산의 비율은 가업상속공제 시 사업무관자산 비율과 동일하므로 본 장의 〈제1절〉을 참조하기를 바란다.

(3) 가업승계 특례 주식의 상장 시 증여이익

증여세 과세특례를 적용받은 주식이 증여 후 5년 이내에 신규상장 또는 합병을 통해 상장되면, 상장에 따른 증여이익이 발생할 수 있다. 이 경우 해당 증여이익은 납세자의 선택에 따라 증여세 과세특례 대상 주식의 과세가액과 합산하여 100억원까지 증여세 과세특례를 적용받을 수 있다.

예제 20

- 왕회장은 A사 지분을 100% 보유하고 있으며, 시가는 300억원임.
- 왕회장은 2024년에 아들에게 10%를 가업승계 특례제도를 활용하여 증여함.
- A사는 2027년에 상장하였으며, 상장 후 10%에 상당하는 주식의 시가는 100억원에 해당함.

요구사항 2024년과 2027년에 납부할 증여세액을 계산하시오.

본 예제에서 2024년에 납부할 세액은 다음과 같이 계산된다.

- 증여세 = (가업자산상당액에 대한 증여세 과세가액 − 10억원) × 특례세율

       = (30억원 − 10억원) × 특례세율

       = 20억원 × 10%

       = 2억원

그리고 2027년에 납부할 세액은 다음과 같이 계산된다.

- 증여세 = (상장 시 증여이익 + 2024년 증여세 과세가액 − 10억원) × 특례세율 −

       기납부세액

       = (70억원 + 30억원 − 10억원) × 특례세율 − 기납부세액

       = 90억원 × 10% − 2억원

       = 7억원

결국 아들은 100억원에 대하여 가업승계 특례세율을 적용받아 총 9억원의 증여세를 부담하게 된다.

3. 가업승계 특례제도의 요건

가업승계 증여세 과세특례제도는 사후적으로 가업상속을 전제로 한다. 따라서 가업승계 특례의 요건은 가업상속의 요건과 유사하다. 가업승계 특례의 요건을 모두 충족한 경우 증여세 과세특례를 적용하되, 사후관리 규정을 두고 있어 지속적인 관리가 필요하다.

가업승계 특례제도는 가업 및 증여자, 수증자가 갖추어야 할 요건을 각각 규정하고 있다.

 **가업승계 특례제도의 요건**

① 가업 요건
② 증여자 요건
③ 수증자 요건

(1) 가업 요건

가업승계 특례 대상이 되는 가업은 중소기업 또는 중견기업으로서 10년 이상 계속 경영한 기업이어야 한다. 가업 요건은 〈제1절〉에서 설명한 가업상속공제 제도와 동일하지만, 가업상속공제 제도와는 달리 법인주식을 증여하는 경우에 한하여 적용할 수 있다.

가업 요건

① 상증세법 시행령 별표 1에 정하는 업종을 주된 사업으로 영위할 것
② 중소기업 또는 중견기업(직전 3사업연도 평균 매출 5천억원 미만)에 해당할 것
③ 증여자인 부모가 10년 이상 계속하여 경영한 기업일 것

(2) 증여자(부모) 요건

증여자 요건

① 증여자인 부모는 60세 이상일 것
② 증여자와 그 특수관계인을 포함한 최대주주의 지분이 40%(상장 20%)를 초과하여 10년 이상 계속하여 보유할 것

● 증여자인 부모는 60세 이상일 것

증여자인 부모의 범위에는 증여 당시 아버지나 어머니가 사망한 경우 그 사망한 아버지나 어머니의 부모를 포함한다.

● 증여자와 그 특수관계인을 포함한 최대주주의 지분이 40%(상장 20%)를 초과하여 10년 이상 계속하여 보유할 것

증여자인 부모는 가업에 해당하는 법인의 지분을 일정비율 이상 보유하여야 한다. 가업상속공제 요건과는 달리 증여자의 대표이사 재직요건은 필요하지 않다. 이후 상속이 개시되는 경우에도 가업승계 과세특례를 받은 주식에 대해서는 피상속인의 대표이사 재직요건은 적용하지 않고 가업상속공제 대상인지를 판단한다.

대표이사 재직요건은 필요하지 않더라도, 증여일 전 10년 이상 계속하여 가업을 실제 영위하여야 한다.

이 경우 가업승계 후 가업승계 당시 증여자 및 수증자를 제외한 최대주주 등에 해당하는 자로부터 증여의 경우는 가업승계 과세특례가 적용되지 않는다. 즉 최대주주 중 1인에 대해서만 적용되는 것이다.

(3) 수증자 요건

수증자는 다음의 요건을 갖추어야 한다. 이 경우 수증자의 배우자가 요건을 갖춘 경우에도 수증자가 요건을 갖춘 것으로 본다.

수증자 요건

① 증여일 현재 18세 이상인 거주자일 것
② 증여세 신고기한(증여일이 속하는 달의 말일로부터 3월)까지 가업에 종사하고, 증여세 신고기한부터 3년 이내에 대표이사로 취임할 것

2020년 1월 1일 이후부터는 2인 이상이 가업을 승계하여도 가업승계자 모두에게 가업승계 증여세 특례 규정을 적용받을 수 있다. 2인 이상이 가업을 승계한 경우에는 증여받은 주식등을 1인이 모두 증여받은 것으로 보아 다음과 같이 증여세를 부과한다.
① 동시 증여시 : 1인이 모두 증여받은 것으로 보아 계산한 증여세액을 각 거주자가 증여받은 주식등의 가액에 비례하여 안분
② 순차 증여시 : 후순위 수증자의 경우 처음 가업을 승계한 1인을 수증자로 하여 계산한 증여세액을 부과

4. 가업승계 특례 이후 사후관리

가업승계 증여세 과세특례를 적용받은 수증자에 대하여는 증여일부터 5년간 사후관리를 한다. 가업상속공제와는 달리 고용유지 조건은 없고, 가업유지 조건으로 규정되어 있다. 5년 이내에 사후관리 위반 사유에 해당하면 그 주식가액에 대하여 증여세를 부과하고 이자상당액을 가산하여 납부하여야 한다.

(1) 사후관리 위반 사유

가업승계 특례의 사후관리 위반 사유는 다음과 같다.

> **가업승계 특례의 사후관리 위반 사유**
>
> ① 증여일로부터 5년 내 대표이사를 유지하지 않는 경우
> ② 수증자가 가업에 종사하지 않거나 가업을 휴업하거나 폐업하는 경우
> ③ 증여받은 주식의 지분이 줄어드는 경우

🔹 수증자가 가업에 종사하지 않거나 가업을 휴업하거나 폐업하는 경우

수증자가 가업을 영위하지 않는 경우로서 다음의 경우 사후관리 위반에 해당한다.

① 수증자가 증여일부터 5년까지 취임 이후 대표이사직을 유지하지 않는 경우

② 가업의 주된 업종을 변경하는 경우 : 한국표준산업분류상 중분류 내에서 업종을 변경하거나, 상증세법 시행령 제49조의 2에 따른 평가심의위원회의 심의를 거쳐 업종의 변경을 승인하는 경우는 제외한다.

③ 가업을 1년 이상 휴업(실적이 없는 경우 포함)하거나 폐업하는 경우

🔹 증여받은 주식의 지분이 줄어드는 경우

수증자의 지분이 감소한 경우에는 다음의 경우가 포함된다.

① 수증자가 증여받은 주식을 처분하는 경우(단, 아래의 경우 제외)
  • 합병, 분할 등 조직변경에 따른 처분으로 수증자가 최대주주에 해당하는 경우
  • 자본시장법에 따른 상장규정의 상장요건을 갖추기 위하여 지분을 감소시킨 경우

② 유상증자 시 수증자의 실권으로 지분율이 감소하는 경우(단, 시설투자·사업규모 확장 등에 따른 유상증자로 제3자에게 신주를 배정하기 위해 실권하는 경우로 수증자가 최대주주에 해당하는 경우는 제외, 채무가 출자전환되어 지분율이 감소하였으나 수증자가 최대주주인 경우 제외)

③ 수증자의 특수관계인이 주식을 처분하여 수증자가 최대주주 등에 해당하지 않는 경우

④ 유상증자 시 수증자의 특수관계인이 실권하여 수증자가 최대주주 등에 해당하지

않는 경우

정당한 사유

사후관리 위반 사유 중 ②와 ③의 요건은 정당한 사유가 있는 경우 사후관리를 위반한 것으로 보지 않는다.

> **사후관리 위반으로 보지 않는 정당한 사유**
>
> ① 수증자가 사망한 경우로서 수증자의 상속인이 상속세 신고기한까지 당초 수증자의 지위를 승계하여 가업에 종사하는 경우
> ② 수증자가 증여받은 주식을 국가 또는 지방자치단체에 증여하는 경우
> ③ 수증자가 법률에 따른 병역의무의 이행, 질병의 요양, 취학상 형편 등 가업에 직접 종사할 수 없는 경우(단, 사유 종료 후 가업에 종사하지 않거나 가업상속 재산을 처분하는 경우를 제외)

수증자가 사망한 경우로서 수증자의 상속인이 상속세 신고기한까지 당초 수증자의 지위를 승계하여 가업에 종사하는 경우

수증자의 지위를 승계하는 것은 수증자의 상속인이 수증자가 증여받은 주식을 상속받고 상속세 신고기한까지 대표이사로 취임하는 것을 말한다.

(2) 추징되는 증여세

사후관리 위반 사유에 해당하는 경우 추징되는 증여세는 해당 주식가액을 증여세 과세가액으로 하여 일반 증여세율을 적용하여 과세한다.

(3) 이자상당액 가산액

사후관리 요건 위반으로 증여세를 부과하는 경우 다음의 산식에 따라 계산된 이자상당액을 가산하여 납부한다.

이자상당액

- 이자상당액 = 추징되는 증여세액 × 증여세 신고기한의 다음 날부터 사후관리 위반 사유 발생일 까지 일수 × 22 ÷ 100,000

5. 가업승계 특례 재산의 상속 시 정산

가업승계 특례를 받은 주식은 증여일부터 상속개시일까지의 기간과 관계없이 상속세 과세가액에 가산한다. 기납부한 가업승계 특례에 대한 증여세액은 상속세 산출세액에서 공제하되, 기납부 증여세액이 상속세 산출세액보다 많은 경우 그 차액은 환급하지 않는다.

6. 중복지원 배제

가업승계 증여세 과세특례를 적용받는 거주자는 조특법 제30조의 5에 따른 창업자금에 대한 증여세 과세특례는 적용받을 수 없다.

> ### 참고 : 가업승계 특례의 신청
>
> 가업승계 특례를 적용받고자 하는 자는 가업승계 사실을 입증할 수 있는 다음의 서류를 증여세 과세표준 신고와 함께 납세지 관할 세무서장에게 제출하여야 한다.
> 신청서류는 다음과 같다.
> ① 가업승계 주식 등 증여세 과세특례적용신청서
> ② 가업법인의 중소기업기준 검토표
> ③ 가업승계 법인의 증여일 현재와 직전 10년간의 사업연도의 주주 현황
> ④ 그 밖에 가업승계 사실을 입증할 수 있는 서류

제**4**절 가업승계 납부유예제도

1. 가업승계 납부유예제도의 개요

가업승계 납부유예제도는 중소기업의 가업승계시 발생하는 상속세 및 증여세를 이후 양도·상속·증여하는 시점까지 유예하는 제도로서 2023년 1월 1일 이후 상속 또는 증여받는 분부터 적용가능한 제도이다. 가업상속공제 또는 가업승계특례제도와 납부유예제도는 중복으로 적용할 수 없기 때문에, 회사의 상황에 따라 선택적으로 적용한 옵션이 하나 더 주어진 셈이다.

중소기업의 경우 가업상속공제 또는 가업승계특례를 적용받을 수 있는 경우 충분히 세금절감이 가능하고 납부유예시 납세담보를 제공하여야 한다는 점을 감안하면, 굳이 납부유예제도를 이용할 이유는 없어 보인다. 다만, 가업상속공제 또는 가업승계특례제도에 비하여 납부유예제도의 사후관리요건이 완화(업종변경가능, 고용유지의무 완화)되어 있으므로, 가업상속공제 또는 가업승계특례제도의 사후관리 요건을 충족하기 어려운 경우에 있어 제한적으로 납부유예제도의 적용을 생각해 볼 수 있을 것이다.

2. 가업승계 납부유예제도의 세제혜택

(1) 상속세 납부유예

법에서 정하는 가업상속 납부유예의 요건을 갖추어 가업을 상속하는 경우 가업에 상당하는 상속세의 납부시점을 이후 양도·상속·증여하는 시점까지 유예할 수 있다.

상속세 납부유예

- 납부유예 상속세 = 상속세 납부세액 $\times$ $\dfrac{\text{가업상속 재산가액}}{\text{총 상속재산가액}}$

여기서 가업상속 재산가액은 개인가업의 경우 가업에 직접 사용되는 토지, 건축물등 사업용 자산의 가액에서 담보채무를 차감한 가액을 의미하고, 법인가업의 경우 상속받은 주식 중 사업관련 자산가액의 비율에 상당하는 금액으로 한다.

- 개인가업 : 가업에 직접 사용되는 토지, 건축물, 기계장치 등 사업용자산가액 − 해당 자산에 담보된 채무
- 법인가업 : 가업인 법인의 주식가액 × (1 − 사업무관자산비율)

사업무관자산의 비율 등 가업상속 재산가액의 구체적인 기준은 가업상속공제 시 가업상속 재산가액과 동일하므로 본 장의 〈제1절〉을 참조하기를 바란다.

(2) 증여세 납부유예

법에서 정하는 가업승계 납부유예의 요건을 갖추어 가업을 증여하는 경우 가업에 상당하는 증여세의 납부시점을 이후 양도 · 상속 · 증여하는 시점까지 유예할 수 있다.

증여세 납부유예

$$\text{납부유예 상속세} = \text{상속세 납부세액} \times \frac{\text{가업자산상당액에 대한 증여세 과세가액}}{\text{총 증여재산가액}}$$

가업자산상당액에 대한 증여세 과세가액은 증여받은 주식 중 사업관련 자산가액의 비율에 상당하는 금액으로 한다.

- 법인가업 : 가업인 법인의 주식가액 × (1 − 사업무관자산비율)

사업무관자산의 비율은 가업상속공제 시 사업무관자산비율과 동일하므로 본 장의 〈제1절〉을 참조하기를 바란다.

3. 가업승계 납부유예제도의 요건

가업승계 납부유예제도는 중소기업의 가업승계 지원제도이므로 가업상속공제 또는 가업승계특례제도의 요건과 유사하다.

(1) 상속세 납부유예의 요건

가업상속 납부유예제도는 가업상속공제 제도의 요건과 유사하며, 가업상속공제와 중복하여 적용할 수 없다.

 **가업상속 납부유예제도의 요건**

① 가업상속공제 제도의 중소기업인 가업을 상속받은 경우일 것
② 가업상속공제 또는 영농상속공제를 적용받지 않았을 것
③ 납세담보의 제공

가업상속공제 제도는 중소기업 및 중견기업이 적용가능하지만, 가업상속 납부유예 제도는 중소기업만 적용 가능하다. 가업상속공제 제도의 요건은 본 장의 〈제2절〉을 참조하기를 바란다.

(2) 증여세 납부유예의 요건

가업승계 납부유예제도는 가업승계특례 제도의 요건과 유사하며, 가업승계특례와 중복하여 적용할 수 없다.

 **가업승계 납부유예제도의 요건**

① 가업승계특례 제도의 중소기업인 가업의 주식을 증여받은 경우일 것
② 가업승계특례 또는 창업자금 증여특례를 적용받지 않았을 것
③ 납세담보의 제공

가업승계특례 제도는 중소기업 및 중견기업이 적용가능하지만, 가업승계 납부유예 제도는 중소기업만 적용 가능하다. 가업승계특례 제도의 요건은 본 장의 〈제3절〉을 참조하기를 바란다.

(3) 납세담보의 제공

납부유예를 신청할 경우 담보할 국세의 100분의 120(금전, 납세보증보험증권 또는 「은행법」 제2조 제1항 제2호에 따른 은행의 납세보증서로 제공하는 경우에는 100분의 110) 이상의 가액에 상당하는 납세담보를 제공하여야 한다.

국세징수법에서는 납세담보로 가능한 재산의 종류를 다음과 같이 열거하고 있다.

 **납세담보로 제공가능한 재산**

① 금전
② 유가증권(상장주식, 양도성예금증서 등)
③ 납세보증보험증권
④ 은행의 납세보증서
⑤ 토지
⑥ 보험에 든 등기 · 등록된 건물, 공장재단(工場財團), 광업재단(鑛業財團), 선박, 항공기 또는 건설기계

통상 가업승계시 대부분의 재산이 주식이나 납세담보로 제공가능한 주식은 상장주식에 한하므로, 비상장주식만 보유한 경우 납세보증보험증권등을 통해 납세담보를 제공하여야 하므로 보증보험료등 추가 비용이 발생하게 된다.

4. 가업승계 납부유예 이후 사후관리

가업승계 납부유예를 적용받은 자는 상속일 또는 증여일부터 사후관리를 한다. 사후관리요건은 가업상속공제 또는 가업승계특례제도와 유사하나 일부 요건의 경우 더 완화된 요건으로 규정하고 있다.

(1) 상속세 납부유예의 사후관리

가업상속 납부유예 제도의 사후관리 위반 사유는 다음과 같다.

가업상속 납부유예 제도의 사후관리 위반 사유

① 상속개시일로부터 5년 내 개인가업용 자산의 40% 이상을 처분한 경우
② 상속인이 가업에 종사하지 아니하게 된 경우
③ 주식을 상속받은 상속인의 지분이 감소한 경우
④ 상속개시 사업연도 말부터 5년간 정규직 근로자 수 및 총급여액의 전체 평균이 상속개시 직전 2개 사업연도의 정규직 근로자 수 및 총급여액의 평균의 70%에 미달하는 경우
⑤ 해당 상속인이 사망하여 상속이 개시되는 경우

상속개시일로부터 5년 내 해당 가업용 자산의 40% 이상을 처분한 경우

'가업용 자산'이란 개인이 영위하는 가업의 경우 가업에 직접 사용되는 토지, 건축물, 기계장치 등 사업용 자산을 의미한다. 가업상속 납부유예제도의 경우 가업상속공제제도와 달리 가업용 자산의 처분에 대한 사후관리는 개인가업에 대해서만 적용된다.

가업용 자산의 처분비율은 상속개시일 현재 가업용 자산의 가액에서 처분(사업에 사용하지 않고 임대한 자산을 포함)한 자산의 가액이 차지하는 비율로 계산한다.

다만, 다음 경우에는 사후관리 위반으로 보지 아니한다.

> **사후관리 위반의 예외**
>
> ① 가업용 자산이 관련 법률에 따라 수용 또는 협의 매수되거나 국가 또는 지방자치단체에 양도되거나 시설의 개체, 사업장 이전 등으로 처분되는 경우(단, 처분자산과 같은 종류의 자산을 대체 취득하여 계속 사용하는 경우에 한함)
> ② 가업용 자산을 국가 또는 지방자치단체에 증여하는 경우
> ③ 합병, 분할, 통합, 개인사업의 법인전환 등 조직변경으로 인한 자산의 소유권이전(단, 조직변경 이전 업종과 같은 업종을 영위하고 이전된 가업용 자산을 그 사업에 계속 사용하는 경우에 한함)
> ④ 내용연수가 지난 가업용 자산을 처분하는 경우
> ⑤ 가업의 주된 업종 변경과 관련하여 자산을 처분하는 경우로서 변경된 업종을 가업으로 영위하기 위하여 자산을 대체취득하여 가업에 계속 사용하는 경우
> ⑥ 가업용 자산의 처분금액을 「조세특례제한법」 제10조에 따른 연구·인력개발비로 사용하는 경우

상속인이 가업에 종사하지 아니하게 된 경우

상속인(요건을 배우자가 갖춘 경우 상속인의 배우자)이 대표이사로 종사하지 아니하거나, 해당 가업을 1년 이상 휴업(실적이 없는 경우 포함)·폐업하는 경우에는 상속인이 가업에 종사하지 아니하는 경우로 본다.

가업상속 납부유예제도에서는 가업상속공제제도와 달리 가업의 주된 업종을 변경하는 것은 사후관리 위반 사유에 해당하지 않아 주된 업종변경을 허용하고 있다.

한편, 다음의 경우에는 사후관리 위반으로 보지 아니한다.

 **사후관리 위반의 예외**

① 가업상속받은 재산을 국가 또는 지방자치단체에 증여하는 경우
② 상속인이 법률에 따른 병역의무의 이행, 질병의 요양, 취학상 형편 등 가업에 직접 종
사할 수 없는 경우(단, 사유 종료 후 가업에 종사하지 않거나 가업상속 재산을 처분하
는 경우를 제외)

▸ 주식을 상속받은 상속인의 지분이 감소한 경우(상속 시 물납으로 지분이 감소한 경우
는 제외하되, 이 경우 상속인은 최대주주에 해당하여야 함)

상속인의 지분이 감소한 경우에는 다음의 경우가 포함된다.

① 상속인이 상속받은 주식을 처분하는 경우

② 유상증자 시 상속인의 실권으로 지분율이 감소하는 경우

③ 상속인의 특수관계인이 주식을 처분하여 상속인이 최대주주 등에 해당하지 않는
경우

④ 유상증자 시 상속인의 특수관계인이 실권하여 상속인이 최대주주 등에 해당하지
않는 경우

한편, 다음의 경우에는 사후관리 위반으로 보지 아니한다.

사후관리 위반의 예외

① 합병, 분할 등 조직변경에 따라 주식을 처분하는 경우(단, 처분 후에 상속인이 합병법
인 또는 분할신설법인의 최대주주 등에 해당하는 경우에 한함)
② 해당 법인의 사업확장 등에 따른 유상증자 시 제3자에게 주식을 배정함에 따라 상속인
의 지분율이 낮아지는 경우(단, 상속인이 최대주주 등에 해당하는 경우에 한함)
③ 주식을 국가 또는 지방자치단체에 증여하는 경우
④ 자본시장법에 따른 상장규정의 상장요건을 갖추기 위하여 지분을 감소시킨 경우(단,
상속인이 최대주주 등에 해당하는 경우에 한함)
⑤ 주주 또는 출자자의 주식 및 출자지분의 비율에 따라서 무상으로 균등하게 감자하는
경우
⑥ 「채무자 회생 및 파산에 관한 법률」에 따른 법원의 결정에 따라 무상으로 감자하거나
채무를 출자전환하는 경우

◗ 근로자 수 및 총급여액 요건

상속 이후 사후관리기간 동안 고용 근로자 수 및 총급여액을 아래와 같이 유지하여야 한다. 단, 합병에 따라 승계한 정규직 근로자는 상속개시 전부터 가업에 해당하는 법인의 정규직 근로자로 보고, 분할에 따라 다른 법인으로 승계된 정규직 근로자는 분할 후에도 가업에 해당하는 법인의 정규직 근로자로 본다.

① 상속개시 사업연도 말부터 5년간 충족하여야 할 요건(아래 2가지를 모두 충족시 사후관리 위반)
- 정규직 근로자 수의 전체 평균이 상속개시 직전 2개 사업연도의 정규직 근로자 수의 평균의 70%에 미달하는 경우
- 정규직 근로자에게 지급한 총급여액의 전체 평균이 상속개시 직전 2개 사업연도의 총급여액의 평균의 70%에 미달하는 경우

◗ 상속인이 사망하여 상속이 개시되는 경우

가업상속공제제도의 경우 상속인의 사망이 가업용 자산 처분 등의 사후관리요건 위반의 부득이한 사유에 해당하는데, 납부유예제도에서의 상속인의 사망은 유예된 세액의 납부사유에 해당하여 사후관리요건 위반의 부득이한 사유에 해당하지 않는다.

◗ 사후관리 위반 사유 해당시 납부하여야 할 상속세

사후관리요건 위반 사유에 해당할 경우 아래와 같이 납부유예된 상속세의 전부 또는 일부를 이자상당액(상속세 신고기한 이후 위반사유발생일까지 연 2.9%)을 가산하여 납부하여야 한다.

사후관리 위반 사유	추징세액
• 개인가업용 자산을 처분한 경우	• 납부유예된 세액 × 가업용 자산의 처분 비율
• 상속인이 가업에 종사하지 아니하게 된 경우	• 납부유예된 세액 전부
• 주식 등을 상속받은 상속인의 지분이 감소한 경우	• 상속개시일~5년 내 : 납부유예된 세액 전부 • 5년 이후 : 납부유예된 세액 × (감소한 지분율 ÷ 상속개시일 현재 지분율)

사후관리 위반 사유	추징세액
• 상속개시 사업연도 말부터 5년간 정규직 근로자 수 및 총급여액의 전체 평균이 상속개시 직전 2개 사업연도의 정규직 근로자 수 및 총급여액 평균의 70%에 미달하는 경우	• 납부유예된 세액 전부
• 상속인이 사망하여 상속이 개시되는 경우	• 납부유예된 세액 전부

(2) 증여세 납부유예의 사후관리

가업승계 납부유예 제도의 사후관리 위반 사유는 다음과 같다.

> **가업승계 납부유예 제도의 사후관리 위반 사유**
>
> ① 수증자가 가업에 종사하지 아니하게 된 경우
> ② 주식을 증여받은 수증자의 지분이 감소한 경우
> ③ 증여일부터 5년간 정규직 근로자 수 및 총급여액의 전체 평균이 증여일 직전 2개 사업연도의 정규직 근로자 수 및 총급여액의 평균의 70%에 미달하는 경우
> ④ 해당 수증자가 사망하여 상속이 개시되는 경우

수증자가 가업에 종사하지 아니하게 된 경우

수증자가 가업을 영위하지 않는 경우로서 다음의 경우 사후관리 위반에 해당한다.

① 수증자가 증여일부터 5년까지 취임 이후 대표이사직을 유지하지 않는 경우

② 가업을 1년 이상 휴업(실적이 없는 경우 포함)하거나 폐업하는 경우

가업승계 납부유예 제도에서는 가업승계특례 제도와 달리 가업의 주된 업종을 변경하는 것은 사후관리 위반 사유에 해당하지 않아 주된 업종변경을 허용하고 있다.

증여받은 주식의 지분이 줄어드는 경우

수증자의 지분이 감소한 경우에는 다음의 경우가 포함된다.

① 수증자가 증여받은 주식을 처분하는 경우(단, 아래의 경우 제외)

  • 합병, 분할 등 조직변경에 따른 처분으로 수증자가 최대주주에 해당하는 경우

  • 자본시장법에 따른 상장규정의 상장요건을 갖추기 위하여 지분을 감소시킨 경우

② 유상증자 시 수증자의 실권으로 지분율이 감소하는 경우(단, 시설투자·사업규모 확장 등에 따른 유상증자로 제3자에게 신주를 배정하기 위해 실권하는 경우로 수증자가 최대주주에 해당하는 경우는 제외, 채무가 출자전환되어 지분율이 감소하였으나 수증자가 최대주주인 경우 제외)

③ 수증자의 특수관계인이 주식을 처분하여 수증자가 최대주주 등에 해당하지 않는 경우

④ 유상증자 시 수증자의 특수관계인이 실권하여 수증자가 최대주주 등에 해당하지 않는 경우

🔹 근로자 수 및 총급여액 요건

증여 이후 사후관리기간 동안 고용 근로자 수 및 총급여액을 아래와 같이 유지하여야 한다. 단, 합병에 따라 승계한 정규직 근로자는 상속개시 전부터 가업에 해당하는 법인의 정규직 근로자로 보고, 분할에 따라 다른 법인으로 승계된 정규직 근로자는 분할 후에도 가업에 해당하는 법인의 정규직 근로자로 본다.

① 증여일부터 5년간 충족하여야 할 요건(아래 2가지를 모두 충족시 사후관리 위반)
 - 정규직 근로자 수의 전체 평균이 증여일 직전 2개 사업연도의 정규직 근로자 수의 평균의 70%에 미달하는 경우
 - 정규직 근로자에게 지급한 총급여액의 전체 평균이 증여일 직전 2개 사업연도의 총급여액의 평균의 70%에 미달하는 경우

🔹 수증자가 사망하여 상속이 개시되는 경우

가업승계특례제도의 경우 수증자의 사망이 사후관리요건 위반의 부득이한 사유에 해당하는데, 납부유예제도에서의 수증자의 사망은 유예된 세액의 납부사유에 해당하여 사후관리요건 위반의 부득이한 사유에 해당하지 않는다.

🔹 정당한 사유

사후관리 위반 사유 중 정당한 사유가 있는 경우 사후관리를 위반한 것으로 보지 않는다.

 **사후관리 위반으로 보지 않는 정당한 사유**

① 수증자가 증여받은 주식을 국가 또는 지방자치단체에 증여하는 경우
② 수증자가 법률에 따른 병역의무의 이행, 질병의 요양, 취학상 형편 등 가업에 직접 종사할 수 없는 경우(단, 사유 종료 후 가업에 종사하지 않거나 가업상속 재산을 처분하는 경우를 제외)

사후관리 위반 사유 해당시 납부하여야 할 증여세

사후관리요건 위반 사유에 해당할 경우 아래와 같이 납부유예된 증여세의 전부 또는 일부를 이자상당액(증여세 신고기한 이후 위반사유발생일까지 연 2.9%)을 가산하여 납부하여야 한다.

사후관리 위반 사유	추징세액
• 수증자가 가업에 종사하지 아니하게 된 경우	• 납부유예된 세액 전부
• 주식 등을 증여받은 수증자의 지분이 감소한 경우	• 증여일~5년 내 : 납부유예된 세액 전부 • 5년 이후 : 납부유예된 세액 × (감소한 지분율 ÷ 증여일 현재 지분율)
• 증여일부터 5년간 정규직 근로자 수 및 총급여액의 전체 평균이 증여일 직전 2개 사업연도의 정규직 근로자 수 및 총급여액 평균의 70%에 미달하는 경우	• 납부유예된 세액 전부
• 수증자가 사망하여 상속이 개시되는 경우	• 납부유예된 세액 전부

5. 납부유예의 재허가 신청

가업승계 납부유예를 적용받고 사후관리 위반사항으로 납부유예된 세액을 납부하여야 하는 자는 다음의 경우 해당 세액과 이자상당액에 대한 납부유예 재허가를 신청할 수 있다.

납부유예의 재허가 신청사유

① 상속받거나 증여받은 주식이 감소하여 사후관리 위반이 된 경우로서 수증자가 가업승계특례를 적용받거나 가업승계 납부유예 허가를 받은 경우
② 상속인 또는 수증자의 사망으로 상속개시되어 사후관리 위반이 된 경우로서 상속인이 가업상속공제를 받거나 가업상속 납부유예 허가를 받은 경우

이익의 증여

경영권승계에 있어 반드시 고려하여야 할 사항 중 하나는 승계재원 마련에 관한 사항이다. 만일 경영권을 승계받을 후계자가 재산이 충분하지 않다면 증여자가 세금을 대신 대납할 수 밖에 없는데, 대납한 세금에 대해서도 재차 증여로 보아 증여세가 과세된다. 결국, 증여자는 증여세 납부를 위하여 승계 대상 재산가액과 유사한 규모의 현금까지 증여해야 하므로 상당한 어려움을 느끼게 된다.

이와 같은 승계재원 이슈로 인하여 과거부터 일감몰아주기나 전환사채 등을 활용한 편법적인 방법들이 많이 활용되었다. 그러나, 상증세법에서는 이러한 편법적인 부(副)의 이전을 방지하기 위하여 특정법인을 활용한 일감몰아주기 등에 대하여 증여세를 과세하고 있다. 그리고, 전환사채 등을 활용한 부의 이전도 유형별로 과세 방법을 구체적으로 규정하고 있다.

- 일감몰아주기 증여의제
- 일감떼어주기 증여의제
- 특정법인과의 거래를 통한 증여의제
- 기타 이익의 증여

제1절 일감몰아주기 증여의제

1. 개 요

일감몰아주기 증여의제는 내국법인이 특수관계에 있는 다른 법인에 일감을 제공하여, 일감을 받은 법인의 이익이 발생한다면, 해당 이익을 일감을 받은 법인의 주주가 증여를 받은 것으로 보아 과세하는 제도이다.

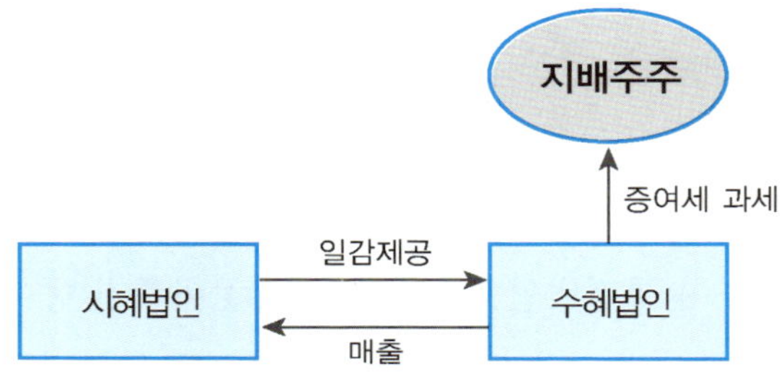

(*) 수혜법인은 일감을 받은 법인이며, 시혜법인은 일감을 제공한 법인을 의미함.

상증세법상 일감몰아주기 증여의제에 따른 과세제도를 간략히 요약하면 다음과 같다.

구분	내 역
과세대상자	• 수혜법인의 지배주주와 그 친족으로서 3%(간접출자비율 포함, 중견·중소기업은 10%) 이상 보유한 개인 대주주
과세요건	• 수혜법인의 사업연도별 매출거래 중 특수관계법인과의 거래비율이 30%(중견기업 40%, 중소기업 50%)를 초과할 것
증여의제이익	• 세후영업이익 × 일감몰아주기 거래비율 ×(주식보유비율 − 0%, 5% 또는 10%) (*1) 세후영업이익 = 법인세법상 영업이익 − 영업이익에 대한 법인세 (*2) 거래비율 = 특수관계법인 매출비율 − 5%(중견기업 20%, 중소기업 50%)
증여의제 시기	• 수혜법인의 각 사업연도 종료일
증여세 신고기한	• 수혜법인의 법인세 과세표준 신고기한이 속하는 달의 말일부터 3개월이 되는 날까지
이중과세조정	• 증여세 과세 후 주식 양도 시 증여세가 과세된 부분은 과세 제외

구분	내 역
기타	• 10년 합산배제 • 증여자 연대납세의무 면제 • 신고세액 공제 가능

2. 일감몰아주기 증여의제의 과세요건

일감몰아주기 증여의제의 과세대상은 법에서 정하는 수혜법인의 지배주주와 그 친족이어야 한다.

일감몰아주기 증여의제의 과세요건

① 특수관계법인 매출이 정상거래비율을 초과하는 수혜법인에 해당할 것
② 수증자는 수혜법인의 지배주주와 그 친족일 것
③ 수혜법인의 지배주주와 그 친족은 한계보유비율 이상 보유한 대주주일 것

(1) 수혜법인의 요건

수혜법인은 특수관계법인에 대한 매출비율이 정상거래비율을 초과하는 해당 내국법인을 말한다. 따라서, 외국법인과 외국인[117]이 50% 이상 소유하는 외국인투자기업은 수혜법인에 해당하지 않는다.

한편, 2018년부터 독점규제 및 공정거래에 관한 법률에 따른 공시대상기업집단 소속기업은 중소기업 및 중견기업에서 제외된다.

정상거래비율

① 일반기업 : 30%(특수관계법인 매출액이 1,000억원 초과인 경우 20%)
② 중견기업 : 40%
③ 중소기업 : 50%

---

117) 거주자 및 내국법인이 30% 이상 직·간접 소유하는 외국법인은 외국인으로 보지 아니함.

특수관계법인에 대한 매출비율은 사업연도 종료일 현재 수혜법인의 지배주주와 특수관계에 있는 법인에 대한 매출액의 비율로서 다음과 같이 계산된다.

2018년부터 특수관계법인에 대한 매출액에는 일감몰아주기 증여의제 이익을 축소하거나, 독점규제 및 공정거래에 관한 법률 제23조의 2를 회피하기 위해 공시대상기업집단 간에 계약·협정·결의 등에 의하여 제3자를 통해 간접적인 방법이나 둘 이상의 거래를 거치는 방법에 의해 발생한 수혜법인의 매출액을 포함한다.

특수관계법인 매출비율

$$\text{특수관계법인 매출비율} = \frac{\text{특수관계법인에 대한 매출액} - \text{과세 제외 매출액}}{\text{수혜법인 총매출액} - \text{과세 제외 매출액}}$$

여기서 수혜법인 매출액에서 제외하는 매출액인 과세 제외 매출액에는 다음의 항목이 포함된다. 다만, 둘 이상의 항목이 동시에 해당하는 경우에는 둘 중 더 큰 금액으로 한다.

과세 제외 매출액

① 중소기업인 수혜법인이 중소기업인 특수관계법인과 거래한 매출액
② 수혜법인이 50% 이상 출자한 특수관계법인과 거래한 매출액
③ 수혜법인이 50% 미만 출자한 특수관계법인과 거래한 매출액에 수혜법인 주식보유비율을 곱한 금액
④ 수혜법인이 공정거래법상 지주회사인 경우 공정거래법상 자회사 및 손자회사(증손회사 포함)와 거래한 매출액
⑤ 수혜법인이 제품·상품의 수출을 목적으로 특수관계법인과 거래한 매출액
⑥ 수혜법인이 용역을 국외에서 공급(영세율 적용 대상)할 목적으로 특수관계법인과 거래한 매출액
⑦ 수혜법인이 영세율이 적용되는 용역의 공급으로서 특정사업[118]에 따른 용역의 공급을 목적으로 특수관계법인과 거래한 매출액
⑧ 수혜법인이 다른 법률에 따라 의무적으로 특수관계법인과 거래한 매출액
⑨ 프로스포츠구단 운영을 주된 사업으로 하는 수혜법인이 특수관계법인과 거래한 광고 매출액
⑩ 수혜법인이 국가, 지방자치단체, 공공기관 또는 지방공기업(이하 "국가등")이 운영하는

> 사업에 참여함에 따라 국가등이나 공공기금 또는 공공기금이 100% 출자한 법인이 50% 이상 출자하고 있는 법인에 출자한 경우 해당 법인과 거래한 매출액

다음 사례를 통해 수혜법인에 해당하는 특수관계법인 매출비율을 구체적으로 살펴보자.

예제 1

- A법인은 중소기업 또는 중견기업이 아님.
- A법인은 B법인의 80%, C법인의 40%의 지분을 소유하고 있음.
- A법인의 매출은 다음과 같이 구성됨.

(단위 : 억원)

거래처	B법인	C법인	D법인	기타	합계
금액	100	200	100	200	600

- A법인의 지배주주인 甲은 A법인 지분을 30% 직접 보유하고 있으며, D법인을 통해서 20% 간접 보유하고 있음.

요구사항 A법인이 수혜법인에 해당하는지 검토하시오.

본 예제에서 B법인은 수혜법인이 50% 이상 출자한 특수관계법인이므로 전액 과세 제외 매출액에 해당한다. 그리고, C법인은 수혜법인이 50% 미만 출자한 특수관계법인이므로 주식보유비율 상당액이 과세 제외 매출액으로 계산된다.

A법인의 특수관계법인 매출비율은 다음과 같다.

- A법인의 특수관계자 매출액 : 100억원 + 200억원 + 100억원 = 400억원
- A법인의 특수관계매출 중 과세 제외 매출액 : 100억원 + 200억원 × 40% = 180억원
- A법인의 특수관계법인 매출비율 : (400억원 − 180억원) ÷ (600억원 − 180억원) × 100 = 52.4%

---

118) 부가가치세법 시행령 제33조 제2항 제1호 다목 또는 바목에 따른 용역 − 사업지원 및 임대서비스업 중 무형재산권 임대업, 정보통신업 중 뉴스 제공업, 영상·오디오 기록물 제작 및 배급업(영화관 운영업과 비디오물 감상실 운영업은 제외한다), 소프트웨어 개발업, 컴퓨터 프로그래밍, 시스템 통합관리업, 자료처리, 호스팅, 포털 및 기타 인터넷 정보매개서비스업, 기타 정보 서비스업

따라서, A법인의 특수관계법인 매출비율은 30%를 초과하므로 수혜법인에 해당된다.

(2) 수혜법인의 지배주주일 것

지배주주는 최대주주 등 중에서 지분보유비율이 가장 높은 개인을 말하며, 구체적인 지배주주의 판단방법은 다음과 같다. 다만, 수혜법인의 최대주주 등 중에서 본인과 그 친족의 주식 보유비율 합계가 사용인의 주식 보유비율보다 많다면, 본인과 본인의 친족 등 중에서 지배주주를 판정한다.

> **지배주주의 범위**
>
> ① 수혜법인의 최대주주 등 중에서 직접보유비율이 가장 높은 자가 개인인 경우 : 그 개인
> ② 수혜법인의 최대주주 등 중에서 직접보유비율이 가장 높은 자가 법인인 경우 : 직·간접보유비율을 모두 합하여 계산한 비율이 가장 높은 개인

이 경우 직접보유비율의 산정 시 자기주식은 제외되는데, 관련 내용을 다음 예제로 살펴보자.

예제 2

• A법인의 주주 현황은 다음과 같음.

주주	甲	자기주식	기타주주	합계
보유 주식수	50	40	110	200

• A법인의 주주 간 특수관계는 없음.

요구사항 甲이 보유하는 A법인 주식의 직접보유비율을 계산하시오.

본 예제에서 직접보유비율 계산시 자기주식은 제외되므로, 甲의 직접보유비율은 다음과 같다.

• 직접보유비율 = 50주 ÷ (200주 − 40주) = 31.25%

⬥ 수혜법인의 최대주주 등 중에서 직접보유비율이 가장 높은 자가 법인인 경우

수혜법인의 최대주주 등 중에서 직접보유비율이 가장 높은 자가 법인인 경우에는 직·간접보유비율을 모두 합하여 계산한 비율이 가장 높은 개인이 지배주주로 판정된다. 다만, 아래에 해당하는 자는 제외하고 지배주주를 판단한다.

지배주주 판단의 예외

① 수혜법인의 주주이면서 수혜법인의 최대주주 등에 해당하지 않는 경우
② 수혜법인의 최대주주 등 중에서 수혜법인에 대한 직접보유비율이 가장 높은 자에 해당하는 법인의 주주이면서 최대주주 등에 해당하지 않는 경우

지배주주에 해당하는 자가 둘 이상인 경우에는 임원에 대한 임면권의 행사나 사업방침의 결정 등, 경영에 관하여 사실상의 영향력이 큰 자로서 다음 순서에 따라 판단한다.

① 본인과 그 친족의 수혜법인에 대한 주식보유비율을 합하여 계산한 비율이 더 큰 경우 그 본인
② 본인의 특수관계법인에 대한 수혜법인의 매출액이 더 큰 경우 그 본인
③ 사업연도 종료일을 기준으로 가장 최근 수혜법인의 대표이사였던 자

아래에서는 사례를 통해 지배주주의 판단방법을 구체적으로 살펴보자.

예제 3

• B법인의 주주 현황은 다음과 같음.

주주	A법인	甲	乙	합계
지분율	60%	30%	10%	100%

• A법인의 주주 현황은 다음과 같음.

주주	乙	丙	丁	합계
지분율	30%	40%	30%	100%

• 甲, 乙, 丙, 丁 사이에 특수관계는 없음.
• A법인과 B법인의 최대주주 등은 A법인과 丙임.

> **요구사항** B법인이 수혜법인인 경우, 일감몰아주기 증여세가 과세되는 지배주주를 판단하시오.

본 예제에서 B법인의 주주 중 직접보유비율은 A법인이다. 그런데, 수혜법인의 최대주주 등 중 직접보유비율이 가장 높은 자가 법인이라면, 직·간접보유비율을 모두 합하여 계산한 비율이 가장 높은 개인이 지배주주로 판정된다.

B법인에 대한 각 개인별 직·간접보유비율은 다음과 같이 계산된다.

주주	직접보유비율	간접보유비율	합계
甲	30%	−	30%
乙	10%	18%(= 30% × 60%)	28%
丙	−	24%(= 40% × 60%)	24%
丁	−	18%(= 30% × 60%)	18%

상기 표를 보면 B법인에 대한 직·간접보유비율이 가장 높은 개인은 甲인데, 甲이 지배주주로 판정될까? 지배주주에 대한 판단 과정을 구체적으로 살펴보자.

- 甲 : 甲은 수혜법인의 주주이면서, 최대주주 등에 해당하지 않으므로 지배주주가 아님.
- 乙 : 乙은 B법인의 최대주주인 A법인의 주주이나, 최대주주 등에는 해당하지 않으므로 지배주주 아님.
- 丙 : 丙은 B법인의 최대주주인 A법인의 최대주주이며, 甲과 乙을 제외하고 지분율이 가장 높은 개인이므로 지배주주에 해당함.
- 丁 : 丁은 B법인의 최대주주인 A법인의 주주이나, 최대주주 등에는 해당하지 않으므로 지배주주 아님.

(3) 수혜법인 지배주주 등의 한계보유비율

수혜법인의 지배주주 및 그 친족으로 판정되더라도 법에서 정하는 한계보유비율에 미달하는 지분을 보유하고 있는 경우에는 일감몰아주기 과세대상에서 제외된다.

법에서 정하는 한계보유비율은 다음과 같다.

> **한계보유비율**
>
> ① 일반기업 : 3%
> ② 중견기업 : 10%
> ③ 중소기업 : 10%

3. 일감몰아주기 증여의제 금액의 계산

일감몰아주기 증여의제금액은 수혜법인의 당해 사업연도 세후영업이익에 일감몰아주기 거래비율과 지배주주의 보유지분율을 곱하여 산정한다. 단, 지배주주 등이 수혜법인의 직전 사업연도 증여세신고기한부터 당해 사업연도 증여세신고기한까지 수혜법인 또는 간접출자법인으로부터 배당받은 소득이 있는 경우 일정금액을 증여의제금액에서 공제한다.

> **일감몰아주기 증여의제금액**
>
> ① 일반법인 = 세후영업이익 × (특수관계자 매출비율 − 5%) × (지분율 − 0%) − 배당소득공제
> ② 중견기업 = 세후영업이익 × (특수관계자 매출비율 − 20%) × (지분율 − 5%) − 배당소득공제
> ③ 중소기업 = 세후영업이익 × (특수관계자 매출비율 − 50%) × (지분율 − 10%) − 배당소득공제

세후영업이익의 계산

세후영업이익은 수혜법인의 기업회계기준에 따른 영업손익에서 세무조정을 반영한 후, 법인세 상당액을 차감한 후 과세매출비율을 곱하여 산정한다.

> **세후영업이익**
>
> • 세후영업이익 = (회계기준 영업손익 + 세무조정사항 − 법인세) × 과세매출 비율

기업회계기준에 따른 영업손익
기업회계기준상 매출액에서 매출원가 및 판매비및관리비를 차감한 금액을 말한다.

영업손익과 관련하여 반영하여야 할 세무조정사항

기업회계기준에 따른 영업손익에 아래의 세무조정사항을 가감하되, 영업외손익과 관련된 세무조정사항은 반영하지 않는다. 예를 들어, 미수이자에 대한 세무조정사항은 손익귀속시기 관련 세무조정사항이지만, 이자수익 자체가 영업외수익이므로 반영하지 않는다.

> **영업손익과 관련하여 반영하여야 할 세무조정사항**
>
> ① 법인세법 제23조에 따른 감가상각비 세무조정사항
> ② 법인세법 제33조에 따른 퇴직급여충당금 세무조정사항
> ③ 법인세법 제34조에 따른 대손충당금 세무조정사항
> ④ 법인세법 제40조에 따른 손익귀속시기 관련 세무조정사항
> ⑤ 법인세법 제41조에 따른 자산의 취득가액 관련 세무조정사항
> ⑥ 법인세법 시행령 제44조의 2에 따른 퇴직보험료 세무조정사항
> ⑦ 법인세법 시행령 제74조 재고자산평가 세무조정사항

법인세 상당액

법인세 상당액은 세무상 영업손익에 상당하는 법인세액으로서 다음 산식에 따른 금액으로 한다.

수혜법인산출세액

$$\text{산출세액} = \left(\text{수혜법인 산출세액} - \text{토지 등 양도소득 법인세} - \text{공제·감면 세액} \right) \times \frac{\text{세무조정 반영 후 영업손익}}{\text{각 사업연도 소득금액}}$$

과세매출비율

과세매출비율은 다음의 산식에 따라 계산한다.

과세매출비율

$$\text{과세매출비율} = 1 - \frac{\text{과세 제외 매출액(추가분 포함)}}{\text{과세 제외 매출액이 포함된 사업연도의 매출액}}$$

과세매출비율 계산 시 차감되는 과세 제외 매출액은 다음과 같다.

① 본 절의 수혜법인 요건에서 살펴본 과세 제외 매출액

② 지배주주 등의 출자관계별로 제외되는 매출액

과세매출비율 계산시 과세 제외 매출액

① 중소기업인 수혜법인이 중소기업인 특수관계법인과 거래한 매출액

② 수혜법인이 50% 이상 출자한 특수관계법인과 거래한 매출액

③ 수혜법인이 50% 미만 출자한 특수관계법인과 거래한 매출액에 수혜법인 주식보유비율을 곱한 금액

④ 수혜법인이 공정거래법상 지주회사인 경우 공정거래법상 자회사 및 손자회사(증손회사 포함)와 거래한 매출액

⑤ 수혜법인이 제품·상품의 수출을 목적으로 특수관계법인과 거래한 매출액

⑥ 수혜법인이 용역을 국외에서 공급(영세율 적용 대상)할 목적으로 특수관계법인과 거래한 매출액

⑦ 수혜법인이 영세율이 적용되는 용역의 공급으로서 특정사업[119]에 따른 용역의 공급을 목적으로 특수관계법인과 거래한 매출액

⑧ 수혜법인이 다른 법률에 따라 의무적으로 특수관계법인과 거래한 매출액

⑨ 프로스포츠구단 운영을 주된 사업으로 하는 수혜법인이 특수관계법인과 거래한 광고 매출액

⑩ 수혜법인이 국가, 지방자치단체, 공공기관 또는 지방공기업(이하 "국가등")이 운영하는 사업에 참여함에 따라 국가등이나 공공기금 또는 공공기금이 100% 출자한 법인이 50% 이상 출자하고 있는 법인에 출자한 경우 해당 법인과 거래한 매출액

⑪ 출자관계별 적용 : 수혜법인이 간접출자법인인 특수관계법인과 매출한 금액

⑫ 출자관계별 적용 : 지주회사의 자회사 또는 손자회사인 수혜법인이 그 지주회사의 다른 자회사 또는 손자회사인 특수관계법인과 거래한 매출액에 그 특수관계법인에 대한 지주회사의 주식보유비율을 곱한 금액(단, 지배주주 등이 지주회사를 통하여 수혜법인과 특수관계법인에 각각 간접출자관계에 있는 경우에 한함)

⑬ 출자관계별 적용 : 수혜법인이 특수관계법인과 거래한 매출액에 지배주주 등의 그 특수관계법인에 대한 주식보유비율을 곱한 금액

⑭ 출자관계별 적용 : 수혜법인이 간접출자법인의 다른 자법인에 해당하는 특수관계법인과 거래한 경우로서 다음의 요건을 모두 충족시 해당 법인과 거래한 매출액에 그 간접출자법인의 특수관계법인에 대한 주식보유비율을 곱한 금액
  – 지배주주등 및 지배주주의 특수관계인(그 간접출자법인은 제외)이 수혜법인 및 특

> 수관계법인의 주식등을 보유하지 않을 것
> - 특수관계법인이 수혜법인의 주식등을 직접 또는 간접으로 보유하지 않고 수혜법인이 특수관계법인의 주식등을 직접 또는 간접으로 보유하지 않을 것
> - 수혜법인 및 특수관계법인이 지배주주등과 수혜법인 및 특수관계법인 사이에 주식 보유를 통하여 개재되어 있는 법인의 주식을 직접 또는 간접으로 보유하지 않을 것

다음 예제를 통해 과세매출비율 산정 과정을 살펴보자.

예제 4

- A법인은 중소기업 또는 중견기업이 아님.
- A법인은 B법인의 80%, C법인의 40%의 지분을 소유하고 있음.
- A법인의 매출은 다음과 같이 구성됨.

거래처	B법인	C법인	D법인	기타	합계
금액	100억원	200억원	100억원	200억원	600억원

- 甲은 A법인 주식을 30% 보유한 지배주주임.
- 甲은 D법인 주식 100%을 보유하고 있으며, D법인은 A법인 주식 20%를 보유하고 있음.

요구사항 甲의 일감몰아주기 증여이익 산정 시 과세매출비율을 구하시오.

① 甲의 직접보유지분 30%에 대한 과세매출비율
- A법인의 특수관계자 매출액 = 100억원 + 200억원 + 100억원 = 400억원
- A법인의 특수관계매출 중 과세 제외 매출액 = 100억원 + 200억원 × 40%
$$= 180억원$$
- A법인의 과세매출비율 = (1 − 180억원 ÷ 600억원) × 100 = 70%

② 甲이 D법인을 통해 보유하고 있는 간접보유지분 20%에 대한 과세매출비율

수혜법인이 간접출자법인인 D법인에 대한 매출액이 추가로 과세 제외 매출액에 포

---

119) 부가가치세법 시행령 제33조 제2항 제1호 다목 또는 바목에 따른 용역 – 사업지원 및 임대서비스업 중 무형재산권 임대업, 정보통신업 중 뉴스 제공업, 영상·오디오 기록물 제작 및 배급업(영화관 운영업과 비디오물 감상실 운영업은 제외한다), 소프트웨어 개발업, 컴퓨터 프로그래밍, 시스템 통합관리업, 자료처리, 호스팅, 포털 및 기타 인터넷 정보매개서비스업, 기타 정보 서비스업

함된다.

- A법인의 특수관계자 매출액 = 100억원 + 200억원 + 100억원 = 400억원
- A법인의 특수관계매출 중 과세 제외 매출액
  = 100억원 + 200억원 × 40% + 100억원[*] = 280억원

  [*] D법인에 대한 매출 100억원은 '출자관계별 적용 : 수혜법인이 간접출자법인인 특수관계법인과 매출한 금액'에 해당하여 과세 제외 매출에 해당함.

- A법인의 과세매출비율 = (1 − 280억원 ÷ 600억원) × 100 = 53.3%

🔷 특수관계자 매출비율의 계산

증여이익 산정 시 특수관계자 매출비율은 위에서 살펴본 과세 제외 매출액을 제외하여 산정한다.

> **특수관계자 매출비율**
>
> - 특수관계자 매출비율 $= \dfrac{\text{특수관계법인 매출액} - \text{과세 제외 매출액(추가분 포함)}}{\text{수혜법인 총매출액} - \text{과세 제외 매출액(추가분 포함)}}$

추가되는 과세 제외 매출액은 일감몰아주기 과세요건 판단 시에는 적용하지 않지만, 일감몰아주기 과세요건에 해당하여 실제 증여이익을 계산할 때에는 이를 반영하여야 한다.

예제 5

- A법인은 중소기업 또는 중견기업이 아님.
- A법인은 B법인의 80%, C법인의 40%의 지분을 소유하고 있음.
- A법인의 매출은 다음과 같이 구성됨.

(단위 : 억원)

거래처	B법인	C법인	D법인	기타	합계
금액	100	200	100	200	600

- 甲은 A법인 주식을 30% 보유한 지배주주임.
- 甲은 D법인 주식 100%을 보유하고 있으며, D법인은 A법인 주식 20%을 보유하고 있음.

> **요구사항** 甲의 일감몰아주기 증여이익 산정 시 특수관계자 매출비율을 구하시오.

① 甲의 직접보유지분 30%에 대한 특수관계자 매출비율(⟨예제 1⟩과 동일)

- A법인의 특수관계자 매출액 = 100억원 + 200억원 + 100억원 = 400억원
- A법인의 특수관계매출 중 과세 제외 매출액 = 100억원 + 200억원 × 40%
  = 180억원
- A법인의 특수관계법인 매출비율
  = (400억원 − 180억원) ÷ (600억원 − 180억원) × 100 = 52.4%

② D법인을 통한 간접보유지분 20%에 대한 특수관계자 매출비율

- A법인의 특수관계자 매출액 = 100억원 + 200억원 + 100억원 = 400억원
- A법인의 특수관계매출 중 과세 제외 매출액
  = 100억원 + 200억원 × 40% + 100억원 = 280억원
- A법인의 특수관계법인 매출비율
  = (400억원 − 280억원) ÷ (600억원 − 280억원) × 100 = 37.5%

🔹 지분율 계산

일감몰아주기 증여이익은 사업연도 말 지배주주와 그 친족의 수혜법인에 대한 출자관계(간접보유비율 1% 미만은 제외)별로 각각 구분하여 계산하여야 한다. 보유지분율에서 한계보유비율인 3%(중소·중견기업은 10%)를 차감할 때에는 간접보유비율 중 작은 것에서부터 순차로 차감한다.

간접보유비율은 다음의 간접출자법인을 통한 보유비율을 의미한다.

① 지배주주 등이 30% 이상 출자하고 있는 법인

② 지배주주 등 및 ①에 해당하는 법인이 50% 이상 출자하고 있는 법인

③ ① 및 ②의 법인과 수혜법인 사이에 주식보유를 통해 개재되어 있는 법인

🔹 배당소득공제

지배주주 등이 수혜법인의 직전 사업연도 증여세신고기한부터 당해 사업연도 증여세신고기한까지 수혜법인 또는 간접출자법인으로부터 배당받은 소득이 있는 경우

다음의 금액을 증여의제금액에서 공제한다.

> **증여의제금액에서 제외될 금액**
>
> • 수혜법인으로부터 받은 배당소득이 있는 경우
>
> $$\text{배당소득} \times \frac{\text{직접 출자관계의 증여의제금액}}{\text{수혜법인의 사업연도 말 배당가능이익} \times \text{지배주주 등의 수혜법인 직접보유비율}}$$
>
> • 간접출자법인으로부터 받은 배당소득이 있는 경우
>
> $$\text{배당소득} \times \frac{\text{간접 출자관계의 증여의제금액}}{\left(\substack{\text{간접출자법인} \\ \text{의 사업연도 말} \\ \text{배당가능이익}} + \substack{\text{수혜법인의} \\ \text{사업연도 말} \\ \text{배당가능이익}} \times \substack{\text{간접출자법인} \\ \text{의 수혜법인} \\ \text{주식보유비율}}\right) \times \substack{\text{지배주주 등의} \\ \text{간접출자법인} \\ \text{직접보유비율}}}$$

🔹 사업부문별 과세

2023년 1월 1일 이후 신고하는 증여분부터 구분경리를 통한 사업부문별 과세를 허용하고 있다. 수혜법인이 사업부문별로 회계를 구분하여 기록하는 등의 일정 요건을 갖춘 경우 사업부문별로 특수관계법인 거래비율 및 세후영업이익 등을 계산할 수 있다.

이 경우 수혜법인에 해당하는 사업부문이 둘 이상인 경우에는 그 둘 이상의 사업부문을 하나의 사업부문으로 보아 특수관계법인 거래비율 및 세후영업이익을 계산한다.

> **사업부문별 과세 요건**
>
> ① 사업부문별로 자산·부채 및 손익을 「법인세법 시행규칙」 제77조 제1항을 준용하여 계산하고, 이를 각각 독립된 계정과목으로 구분 기장할 것
> ② 한국표준산업분류에 따른 세세분류 이상으로 사업부문을 구분할 것

지금까지 설명한 내용을 다음 예제로 살펴보자.

예제 6

- A법인은 B법인의 80%, C법인의 40%의 지분을 소유하고 있음.
- A법인의 매출은 다음과 같이 구성됨.

(단위 : 억원)

거래처	B법인	C법인	D법인	기타	합계
금액	100	200	100	200	600

- A법인의 지배주주인 甲(갑)은 A법인을 30% 직접 보유하고 있으며, D법인을 통해서 20% 간접 보유하고 있음.
- A법인의 회계상 영업이익은 50억원이며, 세무조정사항은 퇴직급여충당금 (+)10억원, 연차수당 손익귀속시기차이 (+)5억원임.
- A법인의 산출세액은 20억원, 각 사업연도 소득금액은 100억원임.

요구사항

1. A법인이 중소기업일 경우 지배주주 甲의 일감몰아주기 증여이익을 계산하시오.
2. A법인이 중견기업일 경우 지배주주 甲의 일감몰아주기 증여이익을 계산하시오.
3. A법인이 일반기업일 경우 지배주주 甲의 일감몰아주기 증여이익을 계산하시오.

① A법인이 중소기업일 경우

- 수혜법인 여부 : 특수관계 거래비율이 52.4%(〈예제 1〉 참조)로서, 정상거래비율인 50%를 초과하므로 A법인은 수혜법인에 해당함.
- 직접보유비율 30%에 대한 일감몰아주기 증여이익
  - 세후영업이익 = [(50억원 + 10억원 + 5억원) − (20억원 × 65억원 ÷ 100억원)] × 70%(〈예제 4〉 참조) = 36억원
  - 증여이익 = 36억원 × (52.38%(〈예제 5〉 참조) − 50%) × (30% − 10%) = 0.2억원
- 간접보유비율 20%에 대한 일감몰아주기 증여이익
  - 세후영업이익 : {(50억원 + 10억원 + 5억원) − (20억원 × 65억원 ÷ 100억원)} × 53.3%(〈예제 4〉 참조) = 28억원
  - 증여이익 : 28억원 × (37.5%(〈예제 5〉 참조) − 50%) × (20%) = 0

• 甲에 대한 일감몰아주기 증여이익 : 0.2억원 + 0억원 = 0.2억원

② A법인이 중견기업일 경우

• 수혜법인 여부 : 특수관계 거래비율이 52.4%이므로, 정상거래비율인 40%을 초
  과하여 A법인은 수혜법인에 해당함.

• 직접보유비율 30%에 대한 일감몰아주기 증여이익

  − 세후영업이익 = [(50억원 + 10억원 + 5억원) − (20억원 × 65억원 ÷ 100억
    원)] × 70%(〈예제 4〉 참조) = 36억원

  − 증여이익 = 36억원 × (52.38%(〈예제 5〉 참조) − 20%) × 30% = 3.5억원

• 간접보유비율 20%에 대한 일감몰아주기 증여이익

  − 세후영업이익 : {(50억원 + 10억원 + 5억원) − (20억원 × 65억원 ÷ 100억
    원)} × 53.3%(〈예제 4〉 참조) = 28억원

  − 증여이익 : 28억원 × (37.5%(〈예제 5〉 참조) − 20%) × (20% − 5%)
    = 0.7억원

• 甲에 대한 일감몰아주기 증여이익 : 3.5억원 + 0.7억원 = 4.2억원

③ A법인이 일반기업일 경우

• 수혜법인 여부 : 특수관계 거래비율이 52.4%이므로 정상거래비율 30% 초과하
  므로 A법인은 수혜법인에 해당함.

• 직접보유비율 30%에 대한 일감몰아주기 증여이익

  − 세후영업이익 = [(50억원 + 10억원 + 5억원) − (20억원 × 65억원 ÷ 100억
    원)] × 70% = 36억원

  − 증여이익 = 36억원 × (52.4% −5%) × 30.0% = 5.2억원

• 간접보유비율 20%에 대한 일감몰아주기 증여이익

  − 세후영업이익 = [(50억원 + 10억원 + 5억원) − (20억원 × 65억원 ÷ 100억원)]
    × 53.3% = 28억원

  − 증여이익 : 28억원 × (37.5% − 5%) × 20.0% = 1.8억원

• 甲에 대한 일감몰아주기 증여이익 : 5.2억원 + 1.8억원 = 7억원

4. 일감몰아주기 증여의제와 구조조정

일감몰아주기 증여의제 규정이 도입된 이후 많은 기업들이 과세 대상으로 선정되어 증여세를 납부하게 되었다. 그러나 합병·분할 등 사업부문 개편이나 지분매각 등을 통해 과세부담을 회피하고자 하였는데 그 주요 목적은 다음과 같다.

① 지분율 감소
② 특수관계 거래비중 감소

아래에서는 일감몰아주기 증여세를 회피하고자 실시한 사례들을 주요 유형별로 살펴본다.

● 영업이익 최소화

일감몰아주기 증여세는 세후영업이익에 비례하므로, 수혜기업들의 합병을 통하여 세후영업이익이 감소한다면 관련 증여세도 감소하게 된다. 관련 내용을 다음 예제로 살펴보자.

> **예제 7**
>
> - A법인은 세후영업이익이 50억원, B법인은 △30억원임.
> - 甲은 A법인과 B법인 지분을 각각 50%씩 보유하고 있음.
> - A법인과 B법인의 특수관계 매출비율은 각각 40%씩으로 동일함.
> - A법인과 B법인은 모두 일반법인이며, 서로 간의 거래는 없음.
> - 증여세율은 50%로 가정함.
>
> **요구사항** A법인과 B법인의 합병 시 일감몰아주기 증여세 변동액을 계산하시오.

① 현재 甲의 일감몰아주기 증여이익
- A법인 증여이익 = 50억원 × (40% − 5%) × 50% = 8.7억원
- B법인 증여이익 : 세후영업이익이 △30억원이므로 증여이익 없음.
- 甲의 증여세 = 8.7억원 × 50% = 4.35억원

② 합병 후 甲의 일감몰아주기 증여이익
- A법인 증여이익 = (50억원 − 30억원) × (40% − 5%) × 50% = 3.5억원

• 甲의 증여세 = 3.5억원 × 50% = 1.75억원

따라서, 합병 후 A법인의 세후영업이익이 감소하여, 甲의 증여세는 2.6억원만큼 감소된다.

● 특수관계법인 거래비율 감소

특수관계거래비율이 높은 회사는 특수관계거래비율이 낮고 매출규모가 큰 회사와 서로 합병하여 특수관계거래비율을 낮출 수 있다. 다음 예제를 통해 내용을 구체적으로 살펴보자.

예제 8

• A법인은 총 매출액 200억원 중 특수관계법인 거래비율은 50%임.
• B법인은 총 매출액 700억원 중 특수관계법인 거래비율은 20%임.
• A법인과 B법인은 모두 일반법인이고, 지배주주는 동일인임.

요구사항 A법인이 B법인을 합병 후 수혜법인에 해당하는지 검토하시오.

본 예제에서 A법인은 현재 특수관계법인 매출액이 정상거래비율인 30%를 초과하므로 수혜법인에 해당한다. 그러나 A법인과 B법인이 합병한다면 거래비율은 다음과 같이 변경된다.

• 합병 후 특수관계 거래비율 = (200억원 × 50% + 700억원 × 20%) ÷ (200억원 + 700억원) × 100 = 27%

결과적으로 A법인은 합병 후 특수관계 거래비율이 27%로서, 정상거래비율에 미달하여 수혜법인에 해당하지 않게 된다. 따라서 지배주주가 부담할 일감몰아주기 증여세도 발생하지 않는다.

● 중소 · 중견기업으로 규모 축소

매출액이 5천억원을 초과하는 일반법인은 분할을 통해 중소기업 또는 중견기업으로 규모를 낮출 수 있다.

예제 9

- A법인은 X와 Y사업부문을 운영하고 있으며, 매출은 다음과 같음.

구분	총 매출액	특수관계법인 매출액
X사업부문	4,500억원	1,500억원
Y사업부문	800억원	350억원
합계	5,300억원	1,850억원

- Y사업부문을 인적분할하여 B법인을 설립하면 A법인은 중견기업으로 변경되고, B법인은 중소기업으로 분류됨.

요구사항 A법인의 분할 전과 분할 후 수혜법인에 해당하는지 검토하시오.

① 분할 전 A법인(일반법인)

- 특수관계법인 거래비율 = 34.9%(= 1,850억원 ÷ 5,300억원)
- 수혜법인 해당 여부 : 정상거래비율인 20%를 초과하여 수혜법인에 해당함.

② 분할 후 A법인(중견기업)

- 특수관계법인 거래비율 = 33.3%(= 1,500억원 ÷ 4,500억원)
- 수혜법인 해당 여부 : 정상거래비율인 40%를 초과하지 않으므로 수혜법인에 해당하지 않음.

③ 분할 후 B법인(중소기업)

- 특수관계법인 거래비율 : 43.8%(= 350억원 ÷ 800억원)
- 수혜법인 해당 여부 : 정상거래비율인 50%를 초과하지 않으므로 수혜법인에 해당하지 않음.

결과적으로 분할에 따라 일반법인이 중소기업 또는 중견기업으로 변경되면, 정상거래비율의 기준이 높아져서 일감몰아주기 증여세 부담액이 줄어든다.

🔵 간접보유비율 감소

일감몰아주기 증여세 과세 시 수증자의 간접보유비율 계산을 위한 간접출자법인의 범위에서 벗어나기 위해 지분매각을 실시할 수 있다.

예제 10

- 지배주주 甲은 A법인의 지분을 40% 보유하고 있으며, A법인의 기타주주 중 특수관계 있는 주주는 없음.
- A법인은 B법인의 지분을 70% 보유하고 있음.
- B법인은 특수관계 거래비율이 80%임.
- 甲은 A법인 지분 15%를 제3자에게 매각할 예정임.

요구사항 甲의 A법인 지분 매각 전·후 간접보유비율을 구하시오.

① A법인 주식의 매각 이전

- A법인의 간접출자법인이 해당 여부 : 甲이 A법인 지분을 30% 이상 보유하고 있고, 甲과 수혜법인 사이에 출자관계가 있으므로 A법인은 간접출자법인에 해당함.
- 甲의 B법인에 대한 간접보유비율 = $40\% \times 70\% = 28\%$

② A법인 주식의 매각 이후

- A법인의 간접출자법인이 해당 여부 : 甲이 A법인 지분을 30% 미만 보유하므로, A법인은 간접출자법인에 해당하지 아니함.

결과적으로 지배주주인 甲은 지분매각을 통해 일감몰아주기 과세대상 간접보유 지분율을 0으로 만들어 증여세를 납부하지 않게 된다.

제2절 일감떼어주기 증여의제

1. 개 요

일감떼어주기 증여의제는 내국법인이 특수관계에 있는 다른 법인에 사업기회를 제공하는 경우, 사업기회를 제공받은 법인의 주주가 증여를 받은 것으로 보아 과세하는 제도이다.

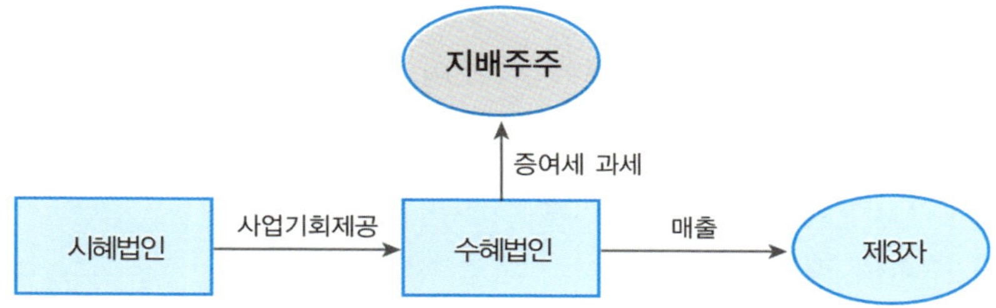

(*) 수혜법인은 사업기회를 받은 법인이며, 시혜법인은 사업기회를 제공한 법인임.

대표적으로 수혜법인인 판매법인을 별도로 설립하여 시혜법인이 독점판매약정을 맺고 판매법인을 통해서만 판매하는 경우가 이에 해당할 것이다. 이때 지배주주 등이 보유하는 수혜법인에서 사업기회 제공일부터 2년이 되는 날이 속하는 사업연도까지 총 3년간 발생한 이익에 대하여 지배주주 등이 증여받은 것으로 본다.

일감떼어주기 증여의제에 따른 과세제도를 간략히 요약하면 다음과 같다.

구분	내 역
과세대상자	수혜법인의 지배주주와 그 친족
과세요건	수혜법인이 사업기회를 제공받은 경우
증여의제이익	(수혜법인의 이익[*] × 주식보유비율 − 법인세 상당액) × 3년 (*) 사업기회 제공으로 발생한 개시사업연도의 이익
증여의제시기	수혜법인의 사업기회 제공일이 속하는 사업연도 종료일
증여세신고기한	수혜법인의 법인세 과세표준 신고기한이 속하는 달의 말일부터 3개월이 되는 날까지

구분	내 역
증여금액정산	사업기회 제공일 이후 2년이 경과한 날이 속하는 사업연도까지 실제 이익을 반영하여 계산한 금액으로 정산(환급도 가능)
이중과세조정	증여세 과세 후 주식 양도 시 증여세가 과세된 부분은 과세 제외
기타	10년 합산배제, 증여자 연대납세의무 면제, 신고세액 공제 가능

2. 일감떼어주기 증여의제의 과세 요건

일감떼어주기 증여의제의 과세대상은 법에서 정하는 수혜법인의 지배주주와 그 친족이어야 한다.

 **일감떼어주기 증여의제 과세 요건**

① 사업기회를 제공받은 수혜법인의 지배주주 등 지분비율이 30% 이상일 것
② 수증자는 수혜법인의 지배주주와 그 친족일 것

(1) 수혜법인의 요건

수혜법인은 특수관계법인으로부터 사업기회를 제공받은 경우로서 지배주주 등의 지분비율이 30% 이상인 법인을 말한다. 이 경우 상증세법에서 정하는 사업기회의 제공은 특수관계법인이 직접 수행하거나 다른 사업자가 수행하고 있던 사업기회를 임대차계약, 입점계약, 대리점계약 및 프랜차이즈계약 등 명칭 여하를 불문한 약정으로 제공받은 경우를 말한다.

다만, 수혜법인이 다음에 해당하는 경우에는 이를 적용하지 않는다.

 **수혜법인의 예외**

① 시혜법인이 중소기업인 경우
② 수혜법인이 50% 이상 보유하는 자회사가 시혜법인인 경우

(2) 수혜법인의 지배주주일 것

지배주주의 요건은 일감몰아주기 증여의제에서 지배주주의 범위와 동일하다.

3. 일감떼어주기 증여의제 금액의 계산 및 정산

증여의제금액은 수혜법인의 사업기회 제공일이 속하는 사업연도의 종료일에 제공받은 사업기회로 인해 발생한 개시사업연도의 수혜법인의 3년치 이익에 지배주주 등의 주식보유비율을 곱하여 계산한다. 그 후 사업기회제공일 이후 2년이 경과한 날이 속하는 사업연도에 실제 수혜법인이 발생한 이익을 기준으로 정산한다. 다만, 지배주주 등이 수혜법인의 사업연도 말일부터 6월 이내에 수혜법인으로부터 배당받은 소득이 있는 경우 일정금액을 증여의제금액에서 공제한다.

│ 일감떼어주기 증여의제의 과세금액 계산기간 │

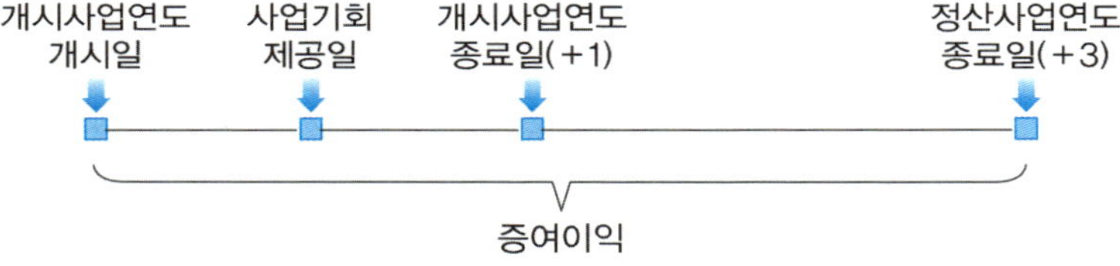

– 개시사업연도 : 사업기회 제공일이 속하는 사업연도
– 정산사업연도 : 사업기회 제공일 이후 2년이 경과한 날이 속하는 사업연도

(1) 개시사업연도의 증여이익 계산방법

사업기회의 제공으로 인해 개시사업연도 종료일을 기준으로 하는 증여이익의 계산방법은 다음과 같다.

> 증여이익
>
> • 증여이익 = 〔{(개시사업연도 수혜법인의 이익 × 지배주주 등의 주식보유비율) − 개시사업연도분 법인세 상당액} ÷ 개시사업연도의 월 수 × 12〕 × 3 − 배당소득공제

수혜법인의 이익

수혜법인의 이익은 사업기회를 제공받은 사업부문의 기업회계기준에 따른 영업이익에 다음의 세무조정사항을 반영한 가액이다.

> **영업손익과 관련하여 반영하여야 할 세무조정사항**
>
> ① 법인세법 제23조에 따른 감가상각비 세무조정사항
> ② 법인세법 제33조에 따른 퇴직급여충당금 세무조정사항
> ③ 법인세법 제34조에 따른 대손충당금 세무조정사항
> ④ 법인세법 제40조에 따른 손익귀속시기 관련 세무조정사항
> ⑤ 법인세법 제41조에 따른 자산의 취득가액 관련 세무조정사항
> ⑥ 법인세법 시행령 제44조의 2에 따른 퇴직보험료 세무조정사항
> ⑦ 법인세법 시행령 제74조 재고자산평가 세무조정사항

다만, 사업부문별로 회계를 구분하여 기록하지 않는 등의 사유로 사업부문의 영업이익을 계산할 수 없는 경우에는, 수혜법인의 기업회계기준에 따른 영업이익에 위의 세무조정사항을 반영한 금액에 사업기회를 제공받은 사업부문의 매출액비율을 곱하여 산정한 금액을 말한다.

개시사업연도분 법인세 상당액

개시사업연도분 법인세 상당액은 개시사업연도의 세무상 영업손익에 상당하는 법인세액으로서 다음의 산식에 따른 금액으로 한다.

개시사업연도분 법인세

$$\text{개시사업연도분 법인세} = \left(\text{수혜법인 산출세액} - \text{토지 등 양도소득 법인세} - \text{공제·감면 세액} \right) \times \frac{\text{세무조정 반영 후 영업손익}}{\text{각 사업연도 소득금액}}$$

배당소득공제

지배주주 등이 수혜법인의 사업연도 말일부터 6월 이내에 수혜법인으로부터 배당받은 소득이 있는 경우 다음 금액을 증여의제금액에서 공제한다.

> 배당소득공제
>
> • 배당소득공제 = 배당소득 × $\dfrac{\text{사업기회제공에 따른 증여이익}}{\text{수혜법인의 사업연도 말 배당가능이익} \times \text{지배주주 등의 수혜법인 주식보유비율}}$

(2) 정산사업연도의 정산방법

개시사업연도분에 대해 증여의제이익이 발생한 경우 수혜법인의 지배주주 등은 개시사업연도부터 사업기회 제공일 이후 2년이 경과한 날이 속하는 사업연도인 정산사업연도까지 사업기회의 제공으로 인한 수혜법인의 실제 이익을 기준으로 정산하여 납부하여야 한다. 정산증여의제이익이 당초의 증여의제이익보다 적은 경우 차액에 상당하는 증여세액을 환급받을 수 있다.

> 정산증여의제이익
>
> • 정산증여의제이익 = 〔(개시사업연도부터 정산사업연도까지 수혜법인의 이익 합계액 × 지배주주 등의 주식보유비율) − 개시사업연도부터 정산사업연도까지 법인세 상당액〕 − 배당소득공제

제3절 특정법인과의 거래를 통한 증여의제

1. 개 요

특정법인과의 거래를 통한 증여의제는 지배주주의 특수관계인이 특정법인에 재산이나 용역을 무상 또는 저가로 제공하거나 고가로 제공받아 이익을 분여하는 경우 그 특정법인의 지배주주 등이 증여를 받은 것으로 보아 과세하는 제도이다.

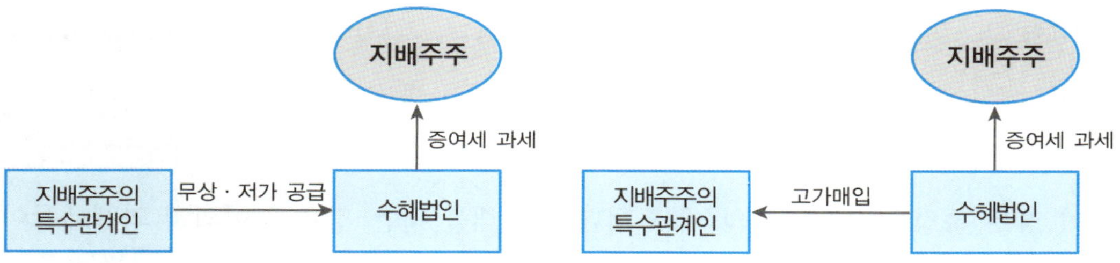

특정법인과의 거래를 통한 증여의제에 따른 과세제도를 간략히 요약하면 다음과 같다.

구분	내 역
과세대상자	수혜법인의 지배주주 등
과세요건	• 수혜법인이 재화 또는 용역을 무상·저가로 제공받은 경우 • 수혜법인이 재화 또는 용역을 고가로 제공한 경우
증여의제이익	수혜법인의 이익 × 주식보유비율 증여세 한도 : 증여세 상당액에서 수혜법인의 법인세 상당액을 차감한 금액
증여의제시기	수혜법인과 거래를 한 날
증여세신고기한	수혜법인의 법인세 과세표준 신고기한이 속하는 달의 말일부터 3개월이 되는 날까지
이중과세조정	증여세 과세 후 주식 양도 시 증여세가 과세된 부분은 과세 제외
기타	• 증여자 연대납세의무 면제 • 신고세액 공제 가능

2. 특정법인과의 거래를 통한 증여의제의 과세요건

특정법인과의 거래를 통한 증여의제의 과세대상은 법에서 정하는 수혜법인의 지배주주 등이어야 한다.

(1) 수혜법인의 요건

수혜법인은 다음의 특정법인이 다른 특수관계법인으로부터 재화 또는 용역을 시가와 다른 가격으로 거래하여 이익을 얻은 법인을 말한다.

 **특정법인요건**

지배주주 등의 직·간접 주식보유비율이 30% 이상인 법인

이 경우 특정법인과 다음의 어느 하나의 거래를 하는 경우 증여의제 과세대상이 된다.

특정법인과의 거래유형

① 재산이나 용역을 무상으로 제공하는 것
② 재산이나 용역을 통상적인 거래 관행에 비추어 볼 때 현저히 낮은 대가[120]로 양도·제공하는 것
③ 재산이나 용역을 통상적인 거래 관행에 비추어 볼 때 현저히 높은 대가[121]로 양도·제공받는 것
④ 해당 법인의 채무를 면제·인수 또는 변제하는 것. 단, 해당 법인이 해산(합병 또는 분할에 의한 해산은 제외) 중인 경우로서 주주에게 분배할 잔여재산이 없는 경우는 제외한다.
⑤ 시가보다 낮은 가액으로 해당 법인에 현물출자하는 것

---

120) (시가 − 대가) ≥ 시가×30% 또는 (시가 − 대가) ≥ 3억원인 경우
121) (대가 − 시가) ≥ 시가×30% 또는 (대가 − 시가) ≥ 3억원인 경우

(2) 이익을 분여받은 자

이익을 분여받은 자는 다음 특정법인의 유형별로 수혜법인의 지배주주이어야 한다. 지배주주의 요건은 일감몰아주기 증여의제의 지배주주 범위와 동일하다.

(3) 이익을 분여한 자

이익을 분여한 자는 수혜법인의 지배주주의 특수관계인이어야 한다.

3. 특정법인과의 거래를 통한 증여의제금액의 계산

증여의제금액은 수혜법인이 특수관계인과의 거래를 통해 얻은 이익에 지배주주 등의 주식보유비율을 곱하여 계산하되, 이에 따른 증여세 상당액이 지배주주등이 직접 증여받은 경우의 증여세 상당액에서 특정법인이 부담한 법인세 상당액을 차감한 금액을 초과하는 경우 그 초과액은 없는 것으로 본다. 단, 증여의제이익이 1억원 미만인 경우는 과세하지 않는다.

> 증여이익
>
> - 증여이익 = (수혜법인의 이익 − 법인세 상당액) × 지배주주 등의 주식보유비율
> - 증여세 한도 = 지배주주등이 직접 증여받은 경우의 증여세 상당액 − 법인세 상당액 × 지배주주 등의 주식보유비율

수혜법인의 이익

수혜법인의 이익은 다음의 금액으로 한다.

> 수혜법인의 이익
>
> ① 재산을 증여받거나 채무를 면제받은 경우 : 수혜법인이 얻은 이익 상당액
> ② 그 이외의 경우 : 시가와 대가의 차액

법인세 상당액

법인세 상당액은 수혜법인의 이익에 상당하는 법인세액으로서 다음 산식에 따른 금

액으로 한다.

법인세 상당액

- 법인세 상당액 = $\left(\begin{array}{ccc} \text{수혜법인} \\ \text{산출세액} \end{array} - \begin{array}{ccc} \text{토지 등} \\ \text{양도소득 법인세} \end{array} - \begin{array}{ccc} \text{공제·감면} \\ \text{세액} \end{array} \right) \times \dfrac{\text{수혜법인의 이익}}{\text{각 사업연도 소득금액}}$

증여세 한도

위의 증여이익에 대한 증여세 상당액이 지배주주등이 직접 증여받은 경우의 증여세 상당액에서 특정법인이 부담한 법인세 상당액을 차감한 금액을 초과하는 경우 그 초과액은 없는 것으로 본다.

계산사례

특정법인을 통한 이익의 증여가 어떻게 과세되는지 사례를 통해 살펴보자

예제 11

- A사는 父(부)가 100% 지분을 보유하고 있음.
- B사는 子(자)가 100% 지분을 보유하고 있음.
- A사는 B사에 시가 100억원의 건물을 50억원에 매각함(장부가액 50억원임).
- 법인세율은 20%, 증여세율은 40%를 가정함.

요구사항 A사와 B사, 子(자)의 세금효과를 계산하시오.

① A사의 법인세

건물양도차익 = 양도가액 − 장부가액 = 50억원 − 50억원 = 0원

저가양도에 대한 부당행위계산 부인 = 시가 − 양도가액 = 100억원 − 50억원

= 50억원

법인세 효과 = (양도차익 + 부당행위 익금산입) × 세율

= (0원 + 50억원) × 20% = 10억원

② B사의 법인세

B사는 저가매입이므로 매입가격을 그대로 인정하고, 별도의 법인세 효과는 발생

하지 아니한다.

③ 子(자)의 증여세

증여세 = (시가 − 대가) × 지분비율 × 세율

= (100억원 − 50억원) × 100% × 40% = 20억원

결과적으로 실제 B사의 지분가치가 얼마나 증가하였는지 여부에 불구하고 B사가 얻은 이익 상당액을 B사의 주주인 子(자)가 직접적으로 증여받은 것으로 보기 때문에 과도한 세금이 부과되는 결과가 발생할 수 있다.

제**4**절 기타 이익의 증여

상증세법은 증여의 범위를 다음과 같이 포괄적으로 정의하고 있다.

'증여'란 그 행위 또는 거래의 명칭·형식·목적 등과 관계없이 직접 또는 간접적인 방법으로 타인에게 무상으로 유형·무형의 재산 또는 이익을 이전(移轉)(현저히 낮은 대가를 받고 이전하는 경우 포함)하거나 타인의 재산가치를 증가시키는 것을 말한다.'

포괄 증여의 개념으로 세금을 부과한다고 가정해 보자. 그러할 경우 법에 구체적으로 지정되지 않은 거래에 대해서도 증여세가 과세되어, 납세자의 예측 가능성과 조세 법률 관계의 안정성이 흔들릴 가능성이 있다. 따라서 그간 많은 판례에서 판시하고 있는 내용을 요약하면 다음과 같다.

'포괄 증여'의 개념에 부합하는 거래에 대하여 증여가 발생한 것은 사실이나, 증여세 과세대상이나 과세범위에 거래·행위·가액산정 등을 구체적으로 규정하지 않고 있다면 과세할 수 없다.[122]

이에 따라 상증세법은 특정한 유형의 거래나 행위에 대하여 증여재산가액의 계산에 관한 사항을 구체적으로 규정하고 있다. 본 장에서는 특수관계자 간 거래 시 증여 유형으로 열거되어 있는 증여의제 규정을 살펴보기로 한다.

증여재산의 유형 중 특정법인과의 거래를 통해 이루어지는 증여는 제1절~제3절에서 살펴보았으므로, 본 절에서는 그 이외에 대한 증여재산의 유형을 살펴보도록 한다.

1. 증여재산의 유형

상증세법에서 열거하고 있는 증여재산의 유형은 다음과 같다.

---

122) 대법원 2016두285, 2016.6.23.

| 증여재산의 유형 |

유형	내 역
신탁이익	• 타인의 신탁에 따라 수익자로서 원본 또는 수익을 지급받는 경우
보험금	• 타인이 납부한 보험금을 수익자로서 지급받는 경우 • 재산을 증여받아 납부한 보험금을 수익자로서 지급받는 경우
저가양수 및 고가양도	• 저가양수 또는 고가양도로서 이익을 얻은 경우
채무면제 등	• 채무면제 또는 제3자로 채무인수·변제를 받는 경우
부동산 무상사용	• 타인의 부동산 무상사용 이익이 1억원 이상인 경우 • 타인의 부동산을 담보로 차입하여 얻은 이익이 1천만원 이상인 경우
합병	• 특수관계법인 간 불공정한 비율로 합병하여 대주주가 이익을 얻은 경우
증자	• 불균등 저가증자 또는 고가증자로 이익을 얻은 경우(전환주식 전환 포함)
감자	• 불균등 저가감자 또는 고가감자로 이익을 얻은 경우
현물출자	• 저가 현물출자 또는 고가 현물출자로 이익을 얻은 경우
전환사채 등 주식전환	• 특수관계인으로부터 취득한 전환사채 등을 저가 또는 고가로 취득·전환·양도 등에 따라 이익을 얻은 경우
초과배당	• 불균등 배당으로 이익을 얻은 경우
주식상장	• 최대주주 등의 특수관계인이 최대주주 등으로부터 주식을 취득(증여받은 재산으로 취득한 경우 포함)하여 5년 이내 상장되어 이익을 얻은 경우
금전무상대출	• 타인으로부터 금전을 무상 또는 저율로 대출받아 1년간 얻은 이익이 1천만원 이상인 경우
합병상장	• 최대주주 등의 특수관계인이 최대주주 등으로부터 주식을 취득(증여받은 재산으로 취득한 경우 포함)하여 5년 이내 특수관계 있는 상장법인에 합병되어 이익을 얻은 경우
재산사용 및 용역제공	• 타인으로부터 저가 또는 고가로 재산을 사용하거나 용역을 제공받아 이익을 얻은 경우
조직변경 등	• 주식의 포괄적 교환 및 이전, 사업의 양수·양도, 사업 교환 및 법인의 조직변경 등에 따라 이익을 얻은 경우

유형	내 역
재산가치 증가	• 미성년자 등이 다음의 사유로 재산을 취득하여 5년 이내에 개발사업의 시행, 형질변경, 공유물분할, 사업인허가, 비상장주식의 협회등록 등으로 재산가치가 증가하여 이익을 얻은 경우 　－ 특수관계인으로부터 재산을 증여받은 경우 　－ 특수관계인으로부터 미공개정보를 제공받아 관련 재산을 유상으로 취득한 경우 　－ 특수관계인으로부터 차입한 자금 또는 특수관계인 재산을 담보로 차입한 자금으로 재산을 취득한 경우
배우자 등 양도재산	• 배우자 또는 직계존비속에게 양도한 재산은 증여한 것으로 추정 • 기타 특수관계인을 통해 3년 이내에 배우자 등에게 양도한 재산은 배우자 등에게 직접 증여한 것으로 추정
재산취득자금 등	• 미성년자 등의 재산 취득 시 또는 채무 상환 시 자력으로 취득한 것으로 입증되지 않은 금액이 있는 경우 증여받은 것으로 추정
명의신탁	• 주식 등(토지와 건물은 제외) 재산의 명의자와 소유자가 다른 경우 명의자가 증여받은 것으로 의제

만일 하나의 거래에 대하여 상기 표에 열거된 둘 이상의 유형들이 동시에 적용된다면, 그 중 이익이 가장 많게 계산되는 유형 하나만을 적용한다.

한편, 다음에 대해서는 이익을 계산할 때 증여일로부터 소급하여 1년 이내에 동일한 거래가 있다면, 각각의 거래에 따른 이익을 해당 이익별로 합산하여 계산한다.

① 저가 양수 및 고가 양도에 따른 이익

② 부동산 무상 사용에 따른 이익

③ 부동산 담보 이용에 따른 이익

④ 합병에 따른 이익

⑤ 증자에 따른 이익

⑥ 감자에 따른 이익

⑦ 현물출자에 따른 이익

⑧ 전환사채 등의 주식전환 등에 따른 이익

⑨ 초과배당에 따른 이익

⑩ 금전무상대출에 따른 이익

⑪ 재산사용 및 용역제공 등에 따른 이익
⑫ 특정법인과의 거래를 통한 이익

2. 유형별 과세방법

(1) 신탁이익의 증여

신탁계약에 의하여 위탁자가 타인을 신탁의 이익의 전부 또는 일부를 받을 수익자(受益者)로 지정한 경우로서 원본(元本) 또는 수익(收益)이 수익자에게 실제 지급된다면, 해당 신탁의 이익을 받을 권리의 가액을 수익자의 증여재산가액으로 한다.

한편, 증여일에 대한 기준은 다음과 같다.

증여일 기준

① 원칙 : 실제 지급되는 날
② 수익자가 이익을 받기 전에 신탁재산의 위탁자가 사망한 경우 : 위탁자가 사망한 날
③ 신탁계약에 따른 원본 또는 수익의 지급 약정일까지 원본 또는 수익이 수익자에게 지급되지 않은 경우 : 해당 원본 또는 수익을 지급하기로 약정한 날
④ 원본 또는 수익을 여러 차례 나누어 지급하는 경우 : 해당 원본 또는 수익이 최초로 지급된 날. 단, 신탁계약을 체결하는 날에 원본 또는 수익이 확정되지 않은 경우 및 위탁자가 신탁을 해지할 수 있는 권리, 수익자를 지정하거나 변경할 수 있는 권리, 신탁 종료 후 잔여재산을 귀속 받을 권리를 보유하는 등 신탁재산을 실질적으로 지배·통제하는 경우 : 해당 원본 또는 수익이 실제 지급된 날

만일 수익자가 특정되지 아니하거나 없다면 위탁자 또는 그 상속인을 수익자로 보고, 수익자가 특정되거나 존재하게 된 때에 새로운 신탁이 있는 것으로 보아 적용한다.

계산사례

신탁이익의 증여의 증여시기에 대해 사례를 통해 살펴보자.

예제 12

- 父(부)는 상장주식 신탁계약을 통해 자녀를 수익자로 지정하고 배당금을 분할하여 수익자가 지급받기로 함.
- 원본은 父(부)의 사망 시 상속인에게 이전하기로 함.

요구사항 위의 신탁계약의 증여시기 및 증여재산가액의 산정방법을 설명하시오.

父(부)는 상장주식 신탁계약을 통해 신탁이익의 수익자를 자녀로 지정하였으나, 신탁계약만으로 증여는 발생하지 않는다. 즉, 자녀가 해당 법인으로부터 실제 배당을 지급받는 날이 증여일이 되고 증여재산가액은 실제 지급받은 금액이 된다.

(2) 보험금의 증여

생명보험이나 손해보험에서 보험사고(만기보험금 지급의 경우 포함)가 발생한 경우 해당 보험사고가 발생한 날을 증여일로 하여, 다음 금액을 보험금 수령인의 증여재산가액으로 한다.

증여재산가액

① 보험금 수령인과 보험료 납부자가 다른 경우(보험금 수령인이 아닌 자가 보험료의 일부를 납부한 경우 포함) : 보험금 수령인이 아닌 자가 납부한 보험료 납부액에 대한 보험금 상당액
② 보험계약 기간에 보험금 수령인이 재산을 증여받아 보험료를 납부한 경우 : 증여받은 재산으로 납부한 보험료 납부액에 대한 보험금 상당액에서 증여받은 재산으로 납부한 보험료 납부액을 차감한 가액

계산사례

보험금 증여가 보험계약자에 따라 어떻게 달라지는지 사례를 통해 살펴보자

예제 13

- 父(부)는 母(모)를 피보험자로 하여 생명보험을 가입하고, 보험료를 약 2천만원 불입함.
- 子(자)는 보험의 수익자이며, 2017년 피보험자의 사망으로 보험금을 10억원 수령함.

요구사항

1. 보험금의 증여재산가액을 구하시오.
2. 子(자)가 父(부)로부터 2천만원을 증여받아, 보험료를 납입한 경우 증여재산가액을 구하시오.

① 보험료를 父(부)가 납부하고, 보험금은 子(자)가 수령한 경우
- 증여재산가액 = 타인이 납부한 보험료에 상당하는 보험금

     = 10억원

② 子(자)가 보험료를 증여받아 납부하고 보험금을 수령한 경우
- 증여재산가액 = 증여받아 납부한 보험료에 상당하는 보험금 − 보험료 납부액

     = 10억원 − 2천만원 = 9억8천만원

- 2천만원은 금전으로 증여받은 시점에 증여세 납부

(3) 저가 양수 또는 고가 양도에 따른 이익의 증여

다음의 경우 그 차액이 일정금액 이상이라면 해당 재산의 양수일 또는 양도일을 증여일로 하여, 그 대가와 시가의 차액에서 일정금액을 차감한 금액을 증여재산가액으로 한다.

① 재산을 시가보다 낮은 가액으로 양수
② 재산을 시가보다 높은 가액으로 양도

다만, 특수관계인이 아닌 자 간의 거래에 있어서는 거래의 정당한 사유가 없는 경우에 한하여 증여로 본다.

증여의제 기준금액

양수 또는 양도된 재산의 시가와 장부가액의 차이가 다음 금액 이상인 경우에 한하여 증여세가 과세된다.

구분		기준금액
특수관계 거래	저가양수	• 시가 − 대가 ≥ Min(시가의 30%, 3억원)
	고가양도	• 대가 − 시가 ≥ Min(시가의 30%, 3억원)
비특수관계 거래	저가양수	• 시가 − 대가 ≥ 시가의 30%
	고가양도	• 대가 − 시가 ≥ 시가의 30%

● 증여재산가액

증여의제 기준금액을 초과하는 증여이익이 발생하면, 다음 금액을 증여재산가액으로 하여 증여세를 부과한다.

구분		증여재산가액
특수관계 거래	저가양수	• 시가 − 대가 − Min(시가의 30%, 3억원)
	고가양도	• 대가 − 시가 − Min(시가의 30%, 3억원)
비특수관계 거래	저가양수	• 시가 − 대가 − 3억원
	고가양도	• 대가 − 시가 − 3억원

● 법인세법 또는 소득세법과의 관계

특수관계자에게 저가양수 또는 고가양도하는 경우 증여세를 규정하고 있으나, 이것이 무조건적으로 과세되는 것은 아니다. 상속세및증여세법에서는 동일한 소득에 대해 법인세법 또는 소득세법에 따라 법인세 또는 소득세가 과세되는 경우에는 증여세를 부과하지 않는다.

고가양도의 경우를 살펴보면 이익을 얻은 자인 양도자에게 양도차익에 대한 법인세 또는 양도소득세를 과세한다. 따라서 동일한 소득에 대해 고가양도에 따른 증여세는 과세되지 않는다. 다만, 양수자의 입장에서는 고가매입의 경우 부당행위계산 부인 규정을 적용하여 실제 취득가액이 아닌 당해 자산의 시가를 취득가액으로 한다.

한편, 법인세법 또는 소득세법에서는 저가양도에 대해서는 부당행위계산 부인 규정을 적용하여 시가와 양도가액의 차액에 대해 법인세 또는 소득세를 과세한다. 하지만 고가양도와는 다르게 이익을 분여한 양도자에게 법인세 또는 소득세를 과세하게 되므로, 이익을 받은 양수자의 입장에서는 증여세를 납부하여야 한다.

계산사례

특수관계자에게 저가양수 또는 고가양도로 거래시 어떻게 과세되는지 사례를 통해 살펴보자.

> **예제 14**
>
> - 父(부)는 子(자)에게 비상장주식을 양도함.
> - 비상장주식의 父(부)의 취득가액은 1억원임.
> - 양도세율은 25%, 증여세율은 40%를 가정함.
> - 증권거래세 등은 기타 거래비용은 없는 것으로 가정함.
>
> **요구사항**
>
> 1. 비상장주식 양도가액이 5억원이고 시가가 2억원인 경우 납부할 세액을 구하시오.
> 2. 비상장주식 양도가액이 2억원이고 시가가 5억원인 경우 납부할 세액을 구하시오.

① 비상장주식 양도가액이 5억원이고 시가가 2억원인 경우

- 父(부)의 양도소득세 = (양도가액 − 취득가액) × 세율

$$= (5억원 − 1억원) × 25\% = 1억원$$

- 子(자)의 취득가액 = 시가 = 2억원

② 비상장주식 양도가액이 2억원이고 시가가 5억원인 경우

- 父(부)의 양도소득세 = (시가 − 취득가액) × 세율

$$= (5억원 − 1억원) × 25\% = 1억원$$

- 子(자)의 증여세 = {시가 − 양수대가 − Min(시가의 30%, 3억원)} × 40%

$$= \{5억원 − 2억원 − Min(5억원 × 30\%, 3억원)\} × 40\% = 0.6억원$$

(4) 채무면제 등에 따른 증여

채권자로부터 채무를 면제받거나 제3자로부터 채무의 인수·변제를 받은 경우에는 그 면제 또는 인수·변제를 받은 날을 증여일로 하여, 그 면제 등으로 인한 이익 상당액(보상액을 지급한 경우 그 보상액을 차감한 금액)을 증여재산가액으로 한다.

> **증여일 기준**
>
> ① 채권자의 채무를 면제하는 경우 : 채권자가 면제에 대한 의사표시를 한 날
> ② 제3자의 채무를 인수하는 경우 : 제3자와 채권자 간에 채무의 인수계약이 체결된 날

(5) 부동산 무상사용에 따른 이익의 증여

다음의 경우에는 그 무상사용의 개시일을 증여일로 하여 그 이익 상당액을 무상 사용자의 증여재산가액으로 한다. 다만, 그 이익 상당액이 일정금액 미만인 경우는 제외한다.

① 타인의 부동산(그 부동산 소유자와 함께 거주하는 주택과 부수토지는 제외)을 무상으로 사용하여 이익을 얻은 경우

② 타인의 부동산을 무상으로 담보로 이용하여 금전 등을 차입함에 따라 이익을 얻은 경우

한편, 특수관계인이 아닌 자 간의 거래는 정당한 사유가 없는 경우에 한하여 증여로 본다.

🔹 증여재산가액

증여재산가액의 산정방법은 다음과 같다.

구분	증여재산가액
부동산 무상사용	• 부동산가액 × 2% ÷ $(1 + 0.1)^n$ (*) n : 무상사용 기간 5년(초과 시 새로운 무상사용의 개시로 봄)
부동산 무상 담보 이용	• 차입금 × 적정이자율 − 실제 지급할 이자 (*) 적정이자율 : 4.6%. 　단, 법인으로부터 차입 시 가중평균차입이자율 가능

🔹 과세기준일

부동산 등의 무상사용은 일정기간마다 다음의 과세기준일을 두고 정기적으로 과세할 수 있도록 하고 있다.

구분	과세기준일
부동산 무상사용	무상사용 개시일(5년마다 무상사용의 개시로 봄)
부동산 무상 담보 이용	무상 담보 이용 개시일(1년마다 무상사용의 개시로 봄)

과세 최저한

부동산 등 무상사용의 이익이 아래의 금액에 미달하는 경우에는 증여세를 과세하지 않는다.

구분	과세 최저한
부동산 무상사용	1억원 미만
부동산 무상 담보 이용	1천만원 미만

계산사례

특수관계자에게 부동산 무상임대시 어떻게 과세되는지 사례를 통해 살펴보자.

예제 15

- 父(부)는 子(자)에게 상가 토지 및 건물을 무상으로 임대함.
- 상가의 시가는 20억원이며, 임대기간 약정은 없음.
- 소득세율 30%, 증여세율은 40%를 가정함.

요구사항 부동산 무상임대에 대해 납부할 세액을 구하시오.

- 父(부)의 소득세 부당행위계산 부인 = 시가 × 50% × 2.1% × 세율

$$= 20억원 × 50% × 2.1% × 30% = 매년 6백3십만원$$

특수관계인에게 무상임대시 소득세법상 시가만큼의 부당행위계산 부인에 따른 소득세가 과세된다.

- 子(자)의 증여세 = {부동산가액 × 2% ÷ $(1+0.1)^n$} × 40%

$$= 20억원 × 2% × 3.7908(5년 \ 연금현가) × 40% = 0.6억원$$

(6) 합병에 따른 이익의 증여

특수관계에 있는 법인 간의 합병(분할합병 포함)으로 소멸하거나 흡수되는 법인 또는 신설되거나 존속하는 법인의 대주주 등이 합병으로 인하여 이익을 얻었다면, 그 합병등기일을 증여일로 하여 그 이익 상당액을 그 대주주 등의 증여재산가액으로 한다. 구체적인 내용은 제10장의 합병 내용을 참조하기 바란다.

(7) 증자에 따른 이익의 증여

법인이 자본금을 증가시키기 위하여 신주를 발행함으로써 다음의 어느 하나에 해당하는 이익을 얻은 경우에는 그 이익 상당액을 증여재산가액으로 한다.

 **증자에 따른 이익의 증여**

① 신주를 시가보다 낮은 가액으로 발행하는 경우(전환주식 포함)
- 실권주재배정 : 해당 법인의 주주가 신주인수권의 전부 또는 일부를 포기한 경우로서 해당 법인이 실권주를 배정한다면, 그 실권주를 배정받은 자가 실권주를 배정받음으로써 얻은 이익(단, 상장법인이 모집방법으로 50인 이상 배정하는 경우는 제외)
- 실권주미배정 : 당 법인의 주주가 신주인수권의 전부 또는 일부를 포기한 경우로서 해당 법인이 실권주를 배정하지 않았다면, 그 신주 인수를 포기한 자의 특수관계인이 신주를 인수함으로써 얻은 이익
- 제3자 직접 배정 : 해당 법인의 주주가 아닌 자가 해당 법인으로부터 신주를 직접 배정받음으로써 얻은 이익(신주의 배정에는 자본시장법에 따른 인수인으로부터 인수·취득하는 경우와 제3자를 통해 인수·취득한 경우를 포함)
- 주주 직접 배정 : 해당 법인의 주주가 소유한 주식의 수에 비례하여 균등한 조건으로 배정받을 수 있는 수를 초과하여 신주를 직접 배정받음으로써 얻은 이익
② 신주를 시가보다 높은 가액으로 발행하는 경우(전환주식 포함)
- 실권주 재배정 : 해당 법인의 주주가 신주인수권의 전부 또는 일부를 포기한 경우 해당 법인이 실권주를 배정한다면, 그 실권주를 배정받은 자가 실권주를 인수함으로써 그의 특수관계인에 해당하는 신주 인수 포기자가 얻은 이익
- 실권주 미배정 : 해당 법인의 주주가 신주인수권의 전부 또는 일부를 포기한 경우 해당 법인이 실권주를 배정하지 않는다면, 그 신주를 인수함으로써 그의 특수관계인에 해당하는 신주 인수 포기자가 얻은 이익
- 제3자 직접 배정 : 해당 법인의 주주가 아닌 자가 해당 법인으로부터 신주를 직접 배

> 정받아 인수함으로써 그의 특수관계인인 주주가 얻은 이익
> • 주주 직접 배정 : 해당 법인의 주주가 소유한 주식의 수에 비례하여 균등한 조건으로 배정받을 수 있는 수를 초과하여 신주를 직접 배정받아 인수함으로써 그의 특수관계인인 주주가 얻은 이익

증여의제 과세 요건

저가발행의 경우 다음 요건을 충족하는 경우 과세대상이 된다.

유형		특수관계 요건	30% Rule 요건
저가발행	실권주 재배정	해당 사항 없음.	해당 사항 없음.
	실권주 미배정	특수관계 필요	30% Rule 요건 필요
	직접 배정	해당 사항 없음.	해당 사항 없음.

상기 표에서 30% Rule 요건은 다음과 같다.

$$\frac{\text{증자 후 1주당 평가액} - \text{1주당 인수액}}{\text{증자 후 1주당 평가액}} \geq \text{Min}(30\%, \text{증여재산가액 3억원})$$

고가발행의 경우 다음 요건을 충족하는 경우 과세대상이 된다.

유형		특수관계 요건	30% Rule 요건
고가발행	실권주 재배정	특수관계 필요	해당 사항 없음.
	실권주 미배정	특수관계 필요	30% Rule 요건 필요
	직접 배정	특수관계 필요	해당 사항 없음.

증여재산가액

각 유형별 증여재산가액의 산정방법은 다음과 같다.

유형		증여재산가액
저가발행	실권주 재배정	(증자 후 1주당 평가액[123] − 1주당 인수액) × 실권주식수
	실권주 미배정	(균등증자 시 1주당 평가액[124] − 1주당 인수액) × 증자 후 신주인수자의 지분비율 × 특수관계인의 실권주식수
	직접 배정	(증자 후 1주당 평가액 − 1주당 인수액) × 실권주식수

유형		증여재산가액
고가발행	실권주 재배정	(1주당 인수액 − 증자 후 1주당 평가액) × 실권주식수 × 특수관계인이 인수한 실권주식수 ÷ 실권주 총수
	실권주 미배정	(1주당 인수액 − 증자 후 1주당 평가액) × 실권주식수 × 특수관계인이 인수한 실권주식수 ÷ 균등증자 시 증자주식 총수
	직접 배정	(1주당 인수액 − 증자 후 1주당 평가액) × 미배정주식수 × 특수관계인이 인수한 주식수 ÷ 제3자 배정 또는 지분비율초과 배정주식 총수

증여일의 기준

증자에 따른 이익의 증여의 경우 증여일은 다음에 해당하는 날로 한다.

- 상장법인이 신주를 발행하는 경우 : 권리락이 있은 날
- 전환주식의 경우 : 전환주식을 다른 종류의 주식으로 전환한 날
- 그 이외의 경우 : 주식대금 납입일(납입 이전 신주인수권 증서를 교부받는 경우 교부일)

계산사례

신주를 저가발행하면서 실권주를 재배정하는 경우 증여이익 산정을 사례를 통해 살펴보자.

예제 16

- A사는 유상증자를 진행하고자 하며, 증자 전 주당 15,000원의 가치로 평가됨.
- 유상증자금액은 총 2억원으로 1주당 10,000원에 20,000주를 발행할 예정임.
- 증자 전후 주주변동은 다음과 같음(甲주주가 자기에게 배정된 신주 10,000주의 인수를 포기하여 발생한 실권주를 乙이 모두 인수함).

---

123) 〔(증자 전 1주당 평가액 × 증자 전 발행주식총수) + (신주 1주당 인수액 × 증자에 의하여 증가한 주식수)〕 ÷ (증자 전 발행주식총수 + 증자에 의하여 증가한 주식수)

124) 〔(증자 전 1주당 평가액 × 증자 전 발행주식총수) + (신주 1주당 인수액 × 증자 전 지분비율대로 균등하게 증자하는 경우의 증가주식수)〕 ÷ (증자 전 발행주식총수 + 증자 전 지분비율대로 균등하게 증자하는 경우의 증가주식수)

주주	증자 전		당초인수	재배정	증자 후	
	주식수	지분율			주식수	지분율
甲(갑)	10,000	50%	실권	-	10,000	25%
乙(을)	5,000	25%	5,000	10,000	20,000	50%
丙(병)	5,000	25%	5,000	-	10,000	25%
합계	20,000	100%	10,000	10,000	40,000	100%

요구사항 을의 증여재산가액을 계산하시오.

- 증자 후 1주당 평가액 = 이론적인 증자 후 평가액

  = (증자 전 1주당 평가액 × 증자 전 발행주식총수 + 신주 1주당 인수액 × 증자에 의하여 증가한 주식수) ÷ (증자 전 발행주식총수 + 증자에 의하여 증가한 주식수)

  = (15,000원 × 20,000주 + 10,000원 × 20,000주) ÷ (20,000주 + 20,000주) = 12,500원

- 증여재산가액 = (증자 후 1주당 평가액 − 1주당 인수액) × 실권주식수

  = (12,500원 − 10,000원) × 10,000주 = 25,000,000원

(8) 감자에 따른 이익의 증여

법인이 자본금을 감소시키기 위하여 주식을 소각(消却)하는 경우 일부 주주의 주식을 소각함으로써 다음의 이익을 얻은 경우에는 감자(減資)를 위한 주주총회 결의일을 증여일로 하여 그 이익 상당액을 그 이익을 얻은 자의 증여재산가액으로 한다.

감자에 따른 이익의 증여

① 주식을 시가보다 낮은 대가로 소각한 경우(저가 감자) : 주식을 소각한 주주의 특수관계인에 해당하는 대주주 등이 얻은 이익
① 주식을 시가보다 높은 대가로 소각한 경우(고가 감자) : 대주주 등의 특수관계인에 해당하는 주식 등을 소각한 주주 등이 얻은 이익

증여재산금액

각 유형별 증여재산가액의 산정방법은 다음과 같다.

유형	증여재산가액
저가 감자	(감자한 주식의 1주당 평가액 − 주식 소각 시 지급한 1주당 금액) × 대주주 등의 감자 후 지분비율 × 특수관계인이 감자한 주식의 수
고가 감자	(주식의 소각 시 지급한 1주당 금액 − 감자한 주식의 1주당 평가액) × 해당 주주가 감자한 주식의 수

한편, 고가 감자의 경우 주식의 1주당 평가액이 액면가액에 미달하는 경우에 한하여 적용된다. 이는 액면가액을 초과하여 대가를 지급하는 부분은 의제배당으로 과세되기 때문이다.

과세최저한

증여이익이 Min(감자한 주식 평가액의 30%, 3억원)에 미달하면 증여세를 과세하지 아니한다.

계산사례

일부 주주의 지분을 무상감자하는 경우 증여이익 산정을 사례를 통해 살펴보자.

예제 17

- A사는 무상감자를 진행하고자 하며, 감자전 주당 15,000원의 가치로 평가됨.
- 甲(갑)과 乙(을)은 특수관계에 해당하고, 丙(병)은 특수관계 없음.
- 감자 전후 주주변동은 다음과 같음(乙주주 전액 무상감자).

주주	감자 전		감자주식수	감자 후	
	주식수	지분율		주식수	지분율
甲(갑)	10,000	50%	-	10,000	67%
乙(을)	5,000	25%	− 5,000	-	0%
丙(병)	5,000	25%	-	5,000	33%
합계	20,000	100%	− 5,000	15,000	100%

요구사항 甲(갑)과 丙(병)의 증여재산가액을 계산하시오.

주식을 시가보다 낮은 대가로 소각한 경우 주식을 소각한 주주의 특수관계인에 해당하는 대주주 등이 얻은 이익에 대해서만 과세하므로 무상감자한 주주 乙(을)의 특수관계인인 甲(갑)이 얻은 이익이 증여세 과세대상이다.

- 甲(갑)의 증여재산가액
  = (감자한 주식의 1주당 평가액 − 1주당 지급액) × 대주주의 감자 후 지분비율 × 특수관계인이 감자한 주식의 수
  = (15,000원 − 0원) × 67% × 5,000주 = 50,000,000원

(9) 현물출자에 따른 이익의 증여

저가 현물출자 또는 고가 현물출자에 따라 이익을 얻었다면 현물출자 납입일을 증여일로 하여 그 이익에 상당하는 금액을 증여재산가액으로 한다. 구체적인 내용은 제11장의 현물출자 세무처리를 참조하기 바란다.

(10) 전환사채 등의 주식전환 등에 따른 이익의 증여

다음을 통하여 이익을 얻었다면 그 이익에 상당하는 금액을 증여재산가액으로 한다.

① 전환사채, 신주인수권부사채(분리된 신주인수권증권) 또는 그 밖의 주식으로 전환·교환하거나 주식을 인수할 수 있는 권리가 부여된 사채('전환사채 등')를 인수·취득·양도

② 전환사채 등에 의하여 주식으로 전환·교환 또는 주식의 인수('주식전환 등')

전환사채 등의 경우 취득시점, 전환시점 및 양도시점에 얻은 다음 이익에 대해 각각 과세한다.

전환사채 등의 주식전환 등에 따른 이익의 증여

① 인수·취득 시 증여이익
- 특수관계인으로부터 전환사채 등을 시가보다 낮은 가액으로 취득함으로써 얻은 이익
- 전환사채 등을 발행한 법인의 최대주주나 그의 특수관계인인 주주가 그 법인으로부터 전환사채 등을 시가보다 낮은 가액으로 그 소유주식 수에 비례하여 균등한 조건으로 배정받을 수 있는 수를 초과하여 인수·취득(자본시장법상 인수인으로부터 인

　　수·취득하는 경우와 제3자를 통해 인수·취득한 경우를 포함)함으로써 얻은 이익
- 전환사채 등을 발행한 법인의 최대주주의 특수관계인(그 법인의 주주는 제외)이 그 법인으로부터 전환사채 등을 시가보다 낮은 가액으로 인수 등을 함으로써 얻은 이익

② 주식전환 등의 증여이익
- 전환사채 등을 특수관계인으로부터 취득한 자가 전환사채 등에 의하여 교부받았거나 교부받을 주식의 가액이 전환·교환 또는 인수액을 초과함으로써 얻은 이익
- 전환사채 등을 발행한 법인의 최대주주나 그의 특수관계인인 주주가 그 법인으로부터 전환사채 등을 그 소유주식 수에 비례하여 균등한 조건으로 배정받을 수 있는 수를 초과하여 인수 등을 한 경우로서 전환사채 등에 의하여 교부받았거나 교부받을 주식의 가액이 전환가액 등을 초과함으로써 얻은 이익
- 전환사채 등을 발행한 법인의 최대주주의 특수관계인(그 법인의 주주는 제외)이 그 법인으로부터 전환사채 등의 인수 등을 한 경우로서 전환사채 등에 의하여 교부받았거나 교부받을 주식의 가액이 전환가액 등을 초과함으로써 얻은 이익
- 전환사채 등에 의하여 교부받은 주식의 가액이 전환가액 등보다 낮게 됨으로써 그 주식을 교부받은 자의 특수관계인이 얻은 이익

③ 고가양도 시 양도인이 얻은 증여이익
- 전환사채 등을 특수관계인에게 양도한 경우로서 전환사채 등의 양도일에 양도가액이 시가를 초과함으로써 양도인이 얻은 이익

🔹 증여재산가액

각 유형별 증여재산가액의 산정방법은 다음과 같다.

구분		증여재산가액
인수·취득 시		• 시가 − 인수·취득가액
주식전환 등	저가전환 등	• (1주당 주식가액[125] − 1주당 전환가액) × 전환주식수 − 인수·취득 시 증여가액 − 이자손실분[*]
	고가전환 등	• (1주당 전환가액 − 1주당 주식가액) × 전환주식수 × 특수관계인의 전환 전 지분비율
고가양도		• 양도가액 − 시가

(*) 취득 당시 사채발행이율로 할인한 금액 − 취득 당시 8%로 할인한 금액

---

125) [(전환 등 전 1주당 평가액 × 전환 등 전 발행주식총수) + (주식 1주당 전환가액 등 × 전환 등에 의하여 증가한 주식수)] ÷ (전환 등 전 발행주식총수 + 전환 등에 의하여 증가한 주식수)

● 과세최저한

전환사채 등의 주식전환 등에 따른 이익이 아래의 금액에 미달하면 증여세를 과세하지 않는다.

과세요건	과세최저한
인수 · 취득 시 + 고가양도	MIN(시가의 30%, 1억원)
저가전환	1억원
고가전환	0원

● 계산사례

신주인수권을 이용한 증여에 대해 증여이익 산정을 사례를 통해 살펴보자.

예제 18

- 2016년 A사는 분리형 신주인수권부사채를 B증권회사에 발행하였음.
- B증권회사는 신주인수권부사채 인수 이후 바로 신주인수권을 분리하여 A사의 최대주주인 甲(갑)의 아들인 乙(을)에게 1억원에 양도함.
- 양도당시 신주인수권의 시가는 2억원임.
- 2017년 乙(을)은 신주인수권을 행사함에 따라 현금 2억원을 납입하고 시가 5억원의 주식을 취득함.

요구사항 乙(을)의 증여재산가액을 계산하시오.

乙(을)은 제3자인 B증권회사를 통해 신주인수권을 취득하였더라도, 본인이 배정받을 수 있는 주식을 초과하여 취득하였으므로 본 조의 증여세 과세대상에 해당한다.

- 2016년 인수시 乙(을)의 증여재산가액 = 시가 − 취득가액

$$= 2억원 − 1억원 = 1억원$$

- 2017년 행사시 乙(을)의 증여재산가액 = 주식가액 − 행사가액 − 인수시 증여가액

$$= 5억원 − 2억원 − 1억원 = 2억원$$

(11) 초과배당에 따른 이익의 증여

법인이 배당하는 경우 그 법인의 최대주주 등이 본인이 지급받을 배당금액의 전부

또는 일부를 포기하거나 불균등한 조건으로 배당을 받음에 따라 그 최대주주 등의 특수관계인이 본인이 보유한 주식비율에 초과하여 배당을 받는다면, 법인이 배당한 날을 증여일로 하여 그 초과배당금액에서 해당 초과배당금액에 대한 소득세 상당액을 공제한 금액을 그 증여재산가액으로 한다.

2021년 1월 1일 이후 초과배당을 받은 분부터는 법인의 최대주주가 배당을 포기하여 그 특수관계인에게 초과배당이 지급되는 경우 초과배당금액에 대한 소득세와 증여세를 비교하여 큰 금액을 과세하던 방식을 변경하여 소득세와 증여세를 함께 부과하되, 증여이익에서 소득세 상당액을 차감하도록 하여 과세부담이 늘어난다는 점에 유의하여야 한다.

🔹 증여재산가액

증여재산가액은 초과배당금액에서 해당 초과배당금액에 대한 소득세 상당액을 공제한 금액으로 한다.

초과배당금액은 최대주주등의 특수관계인이 받은 배당금에서 본인의 기존 지분비율에 따라 받을 배당금을 차감한 금액에 최대주주 등이 과소하게 배당받은 금액의 비율을 곱하여 산정한다.

> **증여재산가액**
>
> - 증여재산가액 = 초과배당금액 − 초과배당금액에 대한 소득세 상당액
> - 초과배당금액 = (실제 배당금 − 기존지분율 비례 배당금) × 최대주주 등의 과소배당금액 ÷ 총 주주 중 과소배당금액

초과배당금액에 대한 소득세 상당액은 증여재산가액에서 공제한다. 이때 초과배당금액에 대한 소득세 상당액은 다음의 금액으로 한다.

① 초과배당금액에 대한 법 제68조 제1항에 따른 증여세 과세표준 신고기한이 해당 초과배당금액이 발생한 연도의 다음 연도 6월 1일 이후인 경우 : 실제 소득세 상당액

② 그 밖의 경우 : 초과배당금액에 다음의 요율을 적용한 금액

초과배당금액	요 율
5,220만원 이하	초과배당금액 × 14%
5,220만원 초과 ~ 8,800만원 이하	731만원 + (5,220만원을 초과하는 배당금액 × 24%)
8,800만원 초과 ~ 1억5,000만원 이하	1,590만원 + (8,800만원을 초과하는 배당금액 × 35%)
1억5,000만원 초과 ~ 3억원 이하	3,760만원 + (1억5,000만원을 초과하는 배당금액 × 38%)
3억원 초과~5억원 이하	9천460만원 + (3억원을 초과하는 초과배당금액 × 40%)
5억원 초과~10억원 이하	1억7천460만원 + (5억원을 초과하는 배당금액 × 42%)
10억원 초과	3억8천460만원 + (10억원을 초과하는 초과배당금액 × 45%)

이때 실제 소득세 상당액은 다음에 따른 금액을 말한다.

① 소득세 과세대상에서 제외되거나 비과세 대상인 초과배당금액의 경우 : 0

② 초과배당금액이 분리과세된 경우 : 해당 분리과세된 세액

③ 초과배당금액이 종합과세되는 경우 : 다음 각 목의 금액 중 큰 금액

가. 초과배당금액이 발생한 연도의 종합소득과세표준에 종합소득세율을 적용하여 계산한 금액 − 해당 연도의 종합소득과세표준에서 초과배당금액을 뺀 금액에 종합소득세율을 적용하여 계산한 금액(0보다 작은 경우 0으로 한다)

나. 초과배당금액에 100분의 14를 곱한 금액

● 정산증여재산가액

초과배당금액에 대하여 증여세를 부과받은 경우 해당 초과배당금액에 대해 실제 소득세를 납부할 때 초과배당금액에 대한 실제 소득세액을 반영한 증여재산가액을 기준으로 증여세를 정산하여야 한다.

다만, 초과배당금액에 대한 법 제68조 제1항에 따른 증여세 과세표준 신고기한이 해당 초과배당금액이 발생한 연도의 다음 연도 6월 1일 이후인 경우로서 실제 소득세 상당액으로 당초 증여세를 신고한 경우에는 증여세액의 정산을 적용하지 않는다.

💠 계산사례

초과배당을 이용한 증여에 대해 증여이익 산정을 사례를 통해 살펴보자.

예제 19

- A사의 지분은 甲(갑)이 40%, 乙(을)이 30%, 丙(병)이 30% 소유하고 있음.
- 甲(갑)과 乙(을)은 특수관계자에 해당함.
- A사는 2021년 배당시 배당금 4억원을 아래와 같이 지급하였음.

주주명	실제 배당금
甲(갑)	-
乙(을)	2.5억원
丙(병)	1.5억원
합계	4억원

요구사항

1. 乙(을)의 증여세율이 20%, 소득세율이 30%일 경우 증여재산가액 및 증여세를 계산하시오.
2. 乙(을)의 증여세율이 40%, 소득세율이 20%일 경우 증여세를 계산하시오.

① 乙(을)의 증여세율이 20%, 소득세율이 30%일 경우

- 乙(을)의 초과배당금액 = (실제배당금 − 기존지분배당금) × 최대주주 등 과소배당액 ÷ 총 과소배당액
  = (2.5억원 − 4억원 × 30%) × 1.6억원 ÷ 1.6억원 = 1.3억원

- 乙(을)의 실제 소득세상당액 = 초과배당금액 × 세율
  = 1.3억원 × 30% = 0.4억원

- 乙(을)의 증여재산가액 = 초과배당금액 − 실제 소득세상당액
  = 1.3억원 − 0.4억원 = 0.9억원

- 乙(을)의 증여세 = 증여재산가액 × 세율
  = 0.9억원 × 20% = 0.2억원

- 乙(을)의 초과배당금액에 대한 세율 = (소득세 + 증여세) ÷ 초과배당금액
  = (0.4억원+0.2억원) ÷ 1.3억원 = 44%

② 乙(을)의 증여세율이 40%, 소득세율이 20%일 경우
- 乙(을)의 실제 소득세상당액 = 초과배당금액 × 세율

$$= 1.3억원 × 20\% = 0.3억원$$

- 乙(을)의 증여재산가액 = 초과배당금액 − 실제 소득세상당액

$$= 1.3억원 − 0.3억원 = 1억원$$

- 乙(을)의 증여세 = 증여재산가액 × 세율

$$= 1억원 × 40\% = 0.4억원$$

- 乙(을)의 초과배당금액에 대한 세율 = (소득세 + 증여세) ÷ 초과배당금액

$$= (0.3억원 + 0.4억원) ÷ 1.3억원 = 52\%$$

결과적으로 乙(을)은 초과배당금액에 대하여 본인의 소득세율 및 증여세율보다 높은 세율을 부담하게 된다.

(12) 주식 상장에 따른 이익의 증여

기업의 경영 등에 관하여 공개되지 않은 정보를 이용할 수 있는 지위에 있다고 인정되는 최대주주 또는 25% 이상 지분을 보유한 대주주 등의 특수관계인이 해당 법인의 주식을 다음 사유로 증여받거나 취득한 후 5년 이내에 증권시장에 상장됨에 따라 그 가액이 증가한 경우 그 이익 상당액을 이익을 얻은 자의 증여재산가액으로 한다.

주식 상장에 따른 이익의 증여 과세대상 취득사유

① 최대주주의 특수관계인이 최대주주 등으로부터 주식 등을 증여받거나 유상으로 취득한 경우
② 최대주주 등으로부터 과거 3년 내 증여받은 재산으로 최대주주 등이 아닌 자로부터 주식을 취득한 경우
③ ①과 ②에 따른 주식 취득 후 유상증자에 따라 신주를 인수하거나 배정받은 경우

과세시기(정산기준일)

주식 상장에 따른 이익의 정산기준일은 주식의 상장일(증권시장에서 최초 매매거

래일)부터 3월이 되는 날을 기준으로 상장차익을 계산하되, 상장일부터 3월 이내에 주식보유자가 사망하거나 주식을 증여 또는 양도하면 그 사망일, 증여일 또는 양도일로 한다.

증여이익의 계산방법

상장에 따른 증여이익은 정산기준일을 기준으로 아래와 같이 계산된다.

> 증여이익
>
> • 증여이익 = 정산기준일 1주당 평가액 − 증여일 또는 취득일의 1주당 취득가액 − 실질가치 증가분

상기 표에서 실질가치 증가분은 다음과 같이 계산된다.

$$\frac{\text{증여 · 취득일이 속하는 사업연도 개시일부터 상장일 전일까지 사업연도별 1주당 순손익액의 합계액}}{\text{당해 기간의 월수}} \times \text{증여 · 취득일부터 정산기준일까지 월수}$$

증여세액의 정산

주식 등의 상장 등에 따라 이익을 얻은 자에 대해서는 그 이익을 당초의 증여세 과세가액(증여받은 재산으로 주식 등을 취득한 경우에는 그 증여받은 재산에 대한 증여세 과세가액을 말한다)에 가산하여 증여세 과세표준과 세액을 정산한다.

다만, 정산기준일 현재의 주식 등의 가액이 당초의 증여세 과세가액보다 적은 경우로서 그 차액이 과세최저한 금액 이상이라면, 그 차액에 상당하는 증여세액을 환급받을 수 있다.

과세최저한

증여이익이 증여 · 취득 당시의 증여세 과세가액 또는 취득가액(상장 전까지 기업가치 실질증가분을 포함한 가격)에 비해 30% 이상 상승하였거나, 그 차액이 3억원 이상인 경우에만 증여세를 과세한다.

🔹 **계산사례**

증여받은 주식이 5년 내에 상장하는 경우 증여이익 산정을 사례를 통해 살펴보자.

예제 20

- A사는 2017년 7월 1일 유가증권시장에 상장하였으며, 정산기준일의 주식가치는 15,000원으로 평가됨.
- 2015년 7월 1일 甲(갑)은 자녀 乙(을)에게 5,000주를 주당 5,000원에 증여함.
- 매년 주당 순손익액은 다음과 같음.

사업연도	주당 순손익액
2015사업연도	1,000
2016사업연도	2,000
2017.1.1.~2017.6.30.	1,500

요구사항 乙(을)의 상장에 따른 증여재산가액을 계산하시오.

- 1주당 기업가치 실질적 증가분 = (1,000원 + 2,000원 + 1,500원) ÷ 30개월 × 27개월
$$= 4,050원$$

- 乙(을)의 증여재산가액 = (정산기준일의 1주당 평가액 − 증여일의 1주당 평가액 − 1주당 기업가치 실질적 증가분) × 증여주식수
$$= (15,000원 − 5,000원 − 4,050원) × 5,000주 = 29,750,000원$$

(13) 금전 무상대출 등에 따른 이익의 증여

타인의 금전을 무상 또는 낮은 이자율로 대출받은 경우 그 금전을 대출받은 날을 증여일로 하여 그 이익 상당액을 금전을 대출받은 자의 증여재산가액으로 한다. 한편, 특수관계인이 아닌 자 간의 거래에 있어서는 거래의 정당한 사유가 없는 경우에 한하여 증여로 본다.

🔹 **증여재산가액**

금전 무상대출 등에 따른 이익에 대한 증여재산가액의 산정방법은 다음과 같다.

구분	증여재산가액
무상대출	• 대출금액 × 적정이자율[*] 　(*) 적정이자율 : 4.6%(단, 법인으로부터 차입 시 가중평균차입이자율 적용 가능)
저율대출	• 대출금액 × 적정이자율 − 실제 지급할 이자

과세기준일

　금전 무상대출 등에 따른 이익의 과세기준일은 금전을 대출받은 날을 기준으로 계산하되, 대출기간이 정해지지 아니한 경우에는 그 대출기간을 1년으로 보고, 대출기간이 1년 이상인 경우에는 1년이 되는 날의 다음 날에 매년 새로 대출받은 것으로 보아 해당 증여재산가액을 계산한다.

과세최저한

　금전 무상대출 등에 따른 이익의 증여재산가액이 1천만원 미만이라면 과세대상에서 제외한다.

계산사례

　금전대여를 통한 증여에 대해 증여이익 산정을 사례를 통해 살펴보자.

예제 21

• 甲(갑)은 아들 乙(을)에게 1%의 이자율로 20억원의 금전을 대여하고자 함.
• 금전의 대여기간은 2016년 7월 1일부터 2017년 12월 31일까지임.
• 증여세율은 40%를 가정함.

요구사항 乙(을)의 증여세를 계산하시오.

• 2016년 7월 1일 증여세 = 대여금 × (적정이자율 − 실제 지급할 이자) × 세율
$$= 20억원 × (4.6\% − 1\%) × 40\% = 0.3억원$$
• 2017년 7월 1일 증여세 = 대여금 × (적정이자율 − 실제 지급할 이자) × 세율 × 6월/12월
$$= 20억원 × (4.6\% − 1\%) × 40\% × 6/12 = 0.15억원$$

(14) 합병에 따른 상장 등 이익의 증여

최대주주 또는 25% 이상 지분을 보유한 대주주 등의 특수관계인이 주식을 다음의 사유로 증여받거나, 취득한 날부터 5년 이내에 특수관계에 있는 주권상장법인과 합병되어 그 주식의 가액이 증가하면 그 이익 상당액을 증여재산가액으로 한다.

> **합병에 따른 상장 등 이익의 증여 과세대상 취득사유**
>
> ① 최대주주의 특수관계인이 최대주주 등으로부터 주식 등을 증여받거나 유상으로 취득한 경우
> ② 최대주주 등으로부터 과거 3년 내 증여받은 재산으로 최대주주 등이 아닌 자로부터 주식을 취득한 경우
> ③ 증여받은 재산으로 최대주주 등이 보유하고 있는 다른 법인의 주식 등을 최대주주 등이 아닌 자로부터 취득함으로써 최대주주 등이 보유한 주식 등을 합하여 그 다른 법인의 최대주주 등에 해당하게 되는 경우
> ④ ①과 ②, ③에 따른 주식 취득 후 유상증자에 따라 신주를 인수하거나 배정받은 경우

● 과세시기(정산기준일)

합병에 따른 상장 등 이익의 정산기준일은 합병등기일(증권시장에서 최초 매매거래일)부터 3월이 되는 날을 기준으로 계산하되, 합병등기일부터 3월 이내에 주식보유자가 사망하거나 주식을 증여 또는 양도하면 그 사망일, 증여일 또는 양도일로 한다.

● 증여이익의 계산방법

합병에 따른 상장 시 증여이익은 정산기준일을 기준으로 아래와 같이 계산된다.

> **증여이익**
>
> • 증여이익 = 정산기준일 1주당 평가액 − 증여일 또는 취득일의 1주당 취득가액 − 실질가치 증가분

상기 표에서 실질가치 증가분은 다음과 같이 계산된다.

$$\frac{\text{증여 · 취득일이 속하는 사업연도 개시일부터 상장일 전일까지}}{\text{사업연도별 1주당 순손익액의 합계액}}{\text{당해 기간의 월수}} \times \frac{\text{증여 · 취득일부터}}{\text{정산기준일까지 월수}}$$

● 증여세액의 정산

주식의 합병에 따른 상장으로 이익을 얻은 자에 대해서는 그 이익을 당초의 증여세 과세가액(증여받은 재산으로 주식 등을 취득한 경우에는 그 증여받은 재산에 대한 증여세 과세가액을 말한다)에 가산하여 증여세 과세표준과 세액을 정산한다. 다만, 정산기준일 현재 주식 등의 가액이 당초의 증여세 과세가액보다 적은 경우로서 그 차액이 과세최저한 금액 이상이라면, 그 차액에 상당하는 증여세액을 환급받을 수 있다.

● 과세최저한

증여이익이 증여 · 취득 당시의 증여세 과세가액 또는 취득가액(상장 전까지 기업가치 실질증가분을 포함한 가격)에 비해 30% 이상 상승하였거나 그 차액이 3억원 이상인 경우에만 증여세를 과세한다.

(15) 재산사용 및 용역제공 등에 따른 이익의 증여

다음과 같이 재산(부동산과 금전은 제외)의 사용 또는 용역의 제공을 저가 또는 고가로 제공하거나 제공받음으로써 이익을 얻은 경우 그 이익 상당액(시가와 대가의 차액)을 그 이익을 얻은 자의 증여재산가액으로 한다. 한편, 특수관계인이 아닌 자 간의 거래에 있어서는 거래의 정당한 사유가 없는 경우에 한하여 증여로 본다.

◗ 재산사용 및 용역제공 등에 따른 이익의 증여 과세대상 유형

① 타인의 재산을 저가 또는 무상으로 사용함으로써 얻은 이익
② 타인에게 고가로 재산을 사용하게 함으로써 얻은 이익
③ 타인으로부터 용역을 저가 또는 무상으로 제공받음으로써 얻은 이익
④ 타인에게 고가로 용역을 제공함으로써 얻은 이익

증여재산가액

각 유형별 증여재산가액의 산정방법은 다음과 같다.

구분		증여재산가액
무상사용	차입 시 무상 담보사용	• 차입금 × 적정이자율 − 실제 지급할 이자 (*) 적정이자율 : 4.6%(단, 법인으로부터 차입 시 가중평균차입이자율 적용 가능)
	그 외의 경우	• 재산 사용 또는 용역 제공의 시가
저가 사용		• 시가 − 대가
고가 제공		• 대가 − 시가

과세기준일

재산사용 및 용역제공 등에 따른 이익의 과세기준일은 재산의 사용기간 또는 용역의 제공기간이 정해지지 않았다면 그 기간을 1년으로 본다. 그리고, 그 기간이 1년 이상인 경우에는 1년이 되는 날의 다음 날에 매년 새롭게 재산을 사용 또는 사용하게 하거나 용역을 제공 또는 제공받은 것으로 보아 해당 증여재산가액을 계산한다.

과세최저한

재산사용 및 용역제공 등에 따른 이익이 아래 금액에 미달하면 증여세를 과세하지 않는다.

구 분		과세최저한
무상사용	차입 시 무상 담보사용	1,000만원
	그 외의 경우	1,000만원
저가 사용		시가의 30%
고가 제공		시가의 30%

계산사례

재산사용을 통한 증여에 대해 증여이익 산정을 사례를 통해 살펴보자.

예제 22

- 아들 乙(을)은 은행으로부터 1%의 이자율로 20억원의 금전을 차입함.
- 금전의 차입기간은 2016년 7월 1일부터 2017년 12월 31일까지임.
- 甲(갑)은 아들 乙(을)의 차입금에 대하여 주식을 담보로 제공함.
- 증여세율은 40%를 가정함.

요구사항 재산사용을 통한 乙(을)의 증여세를 계산하시오.

- 2016년 7월 1일 증여세 = 차입금 × (적정이자율 − 실제 지급할 이자율) × 세율

$$= 20억원 × (4.6\% − 1\%) × 40\% = 0.3억원$$

- 2017년 7월 1일 증여세 = 차입금 × (적정이자율 − 실제 지급할 이자) × 세율 × 6월/12월

$$= 20억원 × (4.6\% − 1\%) × 40\% × 6/12 = 0.15억원$$

(16) 법인의 조직 변경 등에 따른 이익의 증여

주식의 포괄적 교환 및 이전, 사업의 양수·양도, 사업 교환 및 법인의 조직 변경 등에 의하여 소유지분이나 그 가액이 변동됨에 따라 이익을 얻은 경우에는 그 이익 상당액을 증여재산가액으로 한다. 한편, 특수관계인이 아닌 자 간의 거래에 있어서는 거래의 정당한 사유가 없는 경우에 한하여 증여로 본다.

증여재산가액

각 유형별 증여재산가액의 산정방법은 다음과 같다.

구분	증여재산가액
소유지분 변동	(변동 후 지분 − 변동 전 지분) × 지분 변동 후 1주당 가액
평가액 변동	변동 후 가액 − 변동 전 가액

과세최저한

법인의 조직 변경 등에 따른 이익의 경우 변동 전 해당 재산가액의 30% 이상 상승하였거나, 증여이익이 3억원 이상인 경우에만 증여세를 과세한다.

(17) 재산 취득 후 재산가치 증가에 따른 이익의 증여

직업·연령·소득·재산상태로 보아 자신의 계산으로 해당 행위를 할 수 없다고 인정되는 자가 다음의 사유로 재산을 취득하고, 그 재산을 취득한 날부터 5년 이내에 개발사업의 시행, 형질변경, 공유물분할, 사업의 인가·허가 등 재산가치 증가사유로 인하여 이익을 얻었다면, 그 재산가치 증가사유 발생일을 증여일로 하여 그 이익 상당액을 증여재산가액으로 한다. 한편, 거짓이나 그 밖의 부정한 방법으로 증여세를 감소시킨 것으로 인정되는 경우에는 특수관계인이 아닌 자 간의 증여에 대해서도 증여세를 과세한다. 이 경우 기간에 관한 규정은 없으므로 기간에 관계없이 5년이 경과하더라도 과세할 가능성을 열어두고 있다.

> **재산 취득 후 재산가치 증가에 따른 이익의 증여 과세대상인 재산의 취득유형**
>
> ① 특수관계인으로부터 재산을 증여받은 경우
> ② 특수관계인으로부터 기업의 경영 등에 관하여 공표되지 아니한 내부 정보를 제공받아 그 정보와 관련된 재산을 유상으로 취득한 경우
> ③ 특수관계인으로부터 증여받거나 차입한 자금 또는 특수관계인의 재산을 담보로 차입한 자금으로 재산을 취득한 경우

이 경우 재산 취득 후 재산가치 증가에 따른 이익의 증여 규정 적용 시 재산가치 증가사유에 해당하는 구체적인 내용은 다음과 같다.

> **재산가치 증가사유**
>
> ① 개발사업의 시행, 형질변경, 공유물 분할, 지하수개발·이용권 등의 인가·허가 및 그 밖에 사업의 인가·허가
> ② 비상장주식의 한국금융투자협회 등록
> ③ 그 밖에 ① 및 ②의 사유와 유사한 것으로서 재산가치를 증가시키는 사유

🔹 증여이익의 계산방법

재산 취득 후 재산가치 증가에 따른 이익에 대한 증여이익은 정산기준일을 기준으로 다음과 같이 계산된다.

> 증여이익
>
> - 증여이익 = 해당 재산가액 − 해당 재산의 취득가액 − 통상적인 가치 상승분 − 가치상승 기여분
>   - 통상적인 가치 상승분 : 기업의 실질가치 증가분과 연평균지가상승률, 연평균주택가격상승률 및 전국소비자물가상승률 등을 감안하여 해당 재산의 보유기간 중 정상적인 가치 상승분에 상당하다고 인정되는 금액
>   - 가치상승 기여분 : 개발사업의 시행, 형질변경, 사업의 인가 · 허가 등에 따른 자본적 지출액 등 해당 재산가치를 증가시키기 위하여 지출한 금액

과세최저한

재산 취득 후 재산가치 증가에 따른 이익에 대한 증여이익은 해당 재산의 취득가액에 통상적인 가치 상승분과 가치상승 기여분을 가산한 금액에 비해 해당 재산가액이 30% 이상 상승하였거나, 그 재산가액과 재산의 취득가액의 차액이 3억원 이상인 경우에만 증여세를 과세한다.

(18) 배우자 등에게 양도한 재산의 증여 추정

배우자 또는 직계존비속(배우자 등)에게 양도한 재산은 양도자가 그 재산을 양도한 때에 그 재산의 가액을 배우자 등이 증여받은 것으로 추정하여 이를 배우자 등의 증여재산가액으로 한다.

배우자 등에게 직접 양도한 경우 외에도 특수관계인에게 양도한 재산을 그 특수관계인이 당초 양도자의 배우자 등에게 취득 후 3년 이내에 양도 시 이를 배우자 등이 당초 양도시점에 증여받은 것으로 추정한다. 이 경우 원래 거래에 따라 부담한 소득세 결정세액이 증여추정에 따른 증여세액보다 큰 경우에는 적용하지 않는다.

한편 배우자 등에게 재산을 양도하더라도 다음의 경우에는 실제 양도한 것으로 보고, 증여 추정규정을 적용하지 않는다.

> **배우자 등 양도 시 증여 추정의 예외**
>
> ① 법원의 결정으로 경매절차에 따라 처분된 경우
> ② 파산선고로 인하여 처분된 경우
> ③ 국세징수법에 따라 공매(公賣)된 경우
> ④ 유가증권상장시장 또는 코스닥상장시장을 통하여 유가증권이 처분된 경우. 다만, 불특정 다수인 간의 거래에 의하여 처분된 것으로 볼 수 없는 시간외 시장에서 시간외대량매매의 방법으로 매매된 것(당일 종가로 매매된 것은 제외)은 제외한다.
> ⑤ 배우자 등에게 대가를 받고 양도한 사실이 명백히 인정되는 다음의 경우
>   • 권리의 이전이나 행사에 등기 또는 등록을 요하는 재산을 서로 교환한 경우
>   • 당해 재산의 취득을 위하여 이미 과세(비과세 또는 감면받은 경우를 포함)를 받은 경우
>   • 신고한 소득금액 또는 상속 및 수증재산의 가액으로 그 대가를 지급한 사실이 입증되는 경우
>   • 당해 재산의 취득을 위하여 소유재산을 처분한 금액으로 그 대가를 지급한 사실이 입증되는 경우

(19) 재산 취득자금 등의 증여 추정

재산 취득자의 직업, 연령, 소득 및 재산 상태 등으로 볼 때 재산을 자력으로 취득하였다고 인정하기 어려운 경우 또는 채무를 자력으로 상환하였다고 인정하기 어려운 경우로서 취득자금 또는 상환자금을 입증하기 어려운 경우에는 그 재산의 취득자금 또는 채무의 상환자금을 증여받은 것으로 추정하여 증여재산가액으로 한다.

● 취득자금 또는 상환자금의 입증

취득자금이나 상환자금을 입증하기 어려운 경우는 다음에 따라 입증된 금액이 취득재산의 가액 또는 채무의 상환금액에 미달하는 경우를 말한다. 다만, 입증되지 않은 금액이 Min(취득재산 또는 채무의 상환금액의 20%, 2억원)에 미달하면 제외한다.

① 신고하였거나 과세(비과세 또는 감면받은 경우를 포함)받은 소득금액

② 신고하였거나 과세받은 상속 또는 수증재산의 가액

③ 재산을 처분한 대가로 받은 금전이나 부채를 부담하고 받은 금전으로 당해 재산의 취득 또는 당해 채무의 상환에 직접 사용한 금액

◉ 증여추정의 배제

취득자금이나 상환자금의 출처에 관한 충분한 소명(疏明)이 있는 경우에는 증여추정 규정을 적용하지 않는다.

또한, 재산취득일 전 또는 채무상환일 전 10년 이내에 해당 재산 취득자금 또는 해당 채무 상환자금의 합계액이 5,000만원 이상으로서 재산취득일 전 또는 채무상환일 전 10년 이내에 주택과 기타재산의 취득가액 및 채무상환금액이 각각 아래 기준에 미달하고, 주택취득자금, 기타재산 취득자금 및 채무상환자금의 합계액이 총액한도 기준에 미달하면, 증여추정 규정을 적용하지 않는다. 다만, 취득가액이나 채무상환금액이 타인으로부터 증여받은 사실이 확인될 경우에는 증여세 과세대상이 된다.

구 분	취득재산		채무상환	총액한도
	주택	기타재산		
1. 세대주인 경우				
가. 30세 이상인 자	2억원	5,000만원	5,000만원	2억5,000만원
나. 40세 이상인 자	4억원	1억원	5,000만원	5억원
2. 세대주가 아닌 경우				
가. 30세 이상인 자	1억원	5,000만원	5,000만원	1억5,000만원
나. 40세 이상인 자	2억원	1억원	5,000만원	3억원
3. 30세 미만인 자	5,000만원	5,000만원	5,000만원	1억원

(20) 명의신탁재산 증여의제

권리의 이전이나 그 행사에 등기 등이 필요한 재산(토지와 건물은 제외)의 실제 소유자와 명의자가 다른 경우에는 실질과세원칙에 불구하고 그 명의자로 등기 등을 한 날(명의개서를 요하는 재산은 소유권취득일의 다음 해 말일의 다음 날)에 그 재산의 가액(명의개서[126]를 요하는 재산은 소유권취득일 기준 평가액)을 실제 소유자가 명의자에게 증여한 것으로 본다. 이 경우 실제 소유자가 증여세를 납부하여야 한다.

다만, 다음에 해당하는 경우에는 명의신탁재산 증여의제 규정을 적용하지 않는다.

---

126) 명의개서 여부는 주주명부 또는 사원명부를 기준으로 하되, 주주명부 또는 사원명부가 없는 경우에는 관할세무서장에게 제출한 주주 등에 관한 서류 및 주식 등 변동상황명세서에 의해 판정한다.

 **명의신탁재산 증여의제의 예외**

① 조세[127] 회피의 목적 없이 타인의 명의로 재산의 등기 등을 하거나 소유권을 취득한 실제 소유자 명의로 명의개서를 하지 아니한 경우
② 자본시장법에 따른 신탁재산인 사실의 등기 등을 한 경우
③ 비거주자가 법정대리인 또는 재산관리인의 명의로 등기 등을 한 경우

● 조세회피 목적 판단방법

타인의 명의로 재산의 등기 등을 한 경우 및 실제 소유자 명의로 명의개서를 하지 아니한 경우에는 조세회피 목적이 있는 것으로 추정하되, 아래 사항은 예외로 한다.

① 매매로 소유권을 취득한 경우로서 종전 소유자가 양도소득세 신고 또는 증권거래세 신고와 함께 소유권 변경 내용을 신고하는 경우
② 상속으로 소유권을 취득한 경우로서 상속인이 상속세 신고 또는 수정신고, 기한 후 신고와 함께 해당 재산을 상속세 과세가액에 포함하여 신고한 경우(단, 상속세를 결정 또는 경정할 것을 미리 알고 수정신고하거나 기한 후 신고를 하는 경우는 제외)

---

127) 조세의 범위에는 국세, 지방세 및 관세가 포함된다.

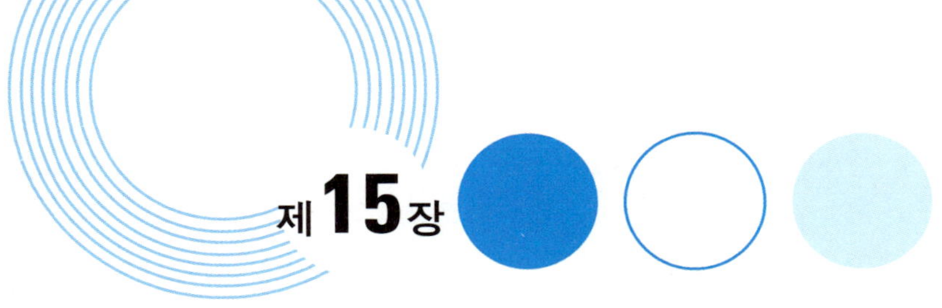

제 15 장 공익법인 출연

공익법인에 출연하는 재산은 상속세 또는 증여세가 면제된다. 다만, 주식을 기부하는 경우에는 총발행주식의 5%(특정공익법인의 경우 10% 또는 20%)의 지분에 대하여만 상속세 또는 증여세를 면제하고 있다. 이에 재산가들은 공익법인에 재산을 출연하고 자녀로 하여금 공익법인에 실질적인 영향력을 행사할 수 있도록 하여, 간접적으로 재산을 승계하고자 하는 시도가 많았다.

이러한 편법적인 승계를 막기 위하여, 과세당국은 공익법인에 출연하는 재산에 대하여는 해당 재산이 공익목적에 사용되는지에 대한 여러 가지 의무사항을 두고 있다.

- 공익법인 출연재산 비과세
- 출연받은 재산에 대한 공익법인의 의무

제1절 공익법인 출연재산 비과세

1. 개 요

피상속인 또는 상속인이 상속세 신고기한까지 종교·자선·학술 관련 사업 등 공익목적의 사업을 하는 법인('공익법인')에게 출연하는 상속재산은 상속세를 부과하지 않는다. 또한 공익법인이 출연받은 재산은 증여세를 부과하지 않는다. 다만, 출연재산이 내국법인의 의결권 있는 주식인 경우에는 내국법인 발행주식총수(자기주식 제외[128])의 5%~20%를 초과하는 경우에는 그 초과하는 금액은 상속세 또는 증여세를 과세한다.

공익법인에 대한 출연에 대한 세금을 경감하는 것은 사회공헌활동이 목적인 공익법인에 대한 출자를 장려하기 위함이다. 이를 이용하여 재벌들이 특수관계에 있는 공익법인에 주식을 출연하는 방법으로 상속세 또는 증여세를 내지 않고도 지배력을 유지시켜 왔다. 이에 공익법인의 본래 목적에 불구하고 재벌들의 지배력 강화 수단으로 사용되는 사례를 최소화하고자, 주식의 출연에 대해서는 출연금액을 발행주식총수의 일정비율로 제한하고 있다.

그러나, 공익법인에 출연한 재산에서 나오는 수익은 공익목적으로 사용되는데, 주식출연에 세금을 부과하는 것은 공익법인에 대한 출자 감소로 이어지고 이에 따라 사회공헌에 부정적인 영향을 미치는 양면성이 있다. 따라서, 주식출연에 대해 일정비율로 제재하는 것을 우려의 시선으로 보는 이들도 있다.

최근에는 공익법인이 지배력 강화 수단으로 사용되는 것을 제재하기 위하여 5%~20% 출자한도 계산 시 발행주식총수에 자기주식을 제외하게 하고 있다. 그리고, 상호출자제한기업집단과 특수관계 있는 공익법인의 취득한도를 5%로 제한하는 등 공익법인 의결권 제한을 강화하고 있다.

---

128) 2017년 1월 1일 이후 출연, 취득하는 분부터 적용한다.

2. 공익법인의 출연재산의 상속세 과세가액 불산입

상속재산 중 피상속인이나 상속인이 상속세 신고기한 이내에 공익법인에 출연한 재산은 상속세 과세가액에 산입하지 않는다. 그리고, 주식을 제외한 재산을 출연하는 경우 전액이 과세되지 않는다.

내국법인의 의결권 있는 주식을 공익법인에 출연하면 내국법인 발행주식총수의 5%~20% 이내의 경우에 한하여 상속세 과세가액에 산입하지 않는다. 만일 5%~20%를 초과한다면 그 초과금액은 상속세 과세가액에 산입된다.

구분	출연비율 한도
일정요건[*] 충족 공익법인(이하 "특정공익법인")	10%
일정요건[*] 미충족 공익법인	5%
의결권불행사 & 자산·장학·사회복지사업 공익법인	20%
상호출자제한기업집단과 특수관계인 공익법인	5%

(*) 일정요건
   ① 공익목적사업에 운용소득의 80% 이상 사용
   ② 공익목적사업에 출연재산가액의 1% 이상 사용(2022년 1월 1일 이후 적용)
   ③ 출연자[129] 또는 그 특수관계인이 이사(5명 미만은 5명으로 함)의 1/5를 초과하지 않을 것
   ④ 정당한 대가 없이 출연자 또는 그 특수관계인이 출연재산을 사용하지 않을 것
   ⑤ 정당한 대가 없이 특수관계법인을 광고·홍보하지 않을 것

한편, 공익법인의 주식보유한도를 일률적으로 적용하는 경우 공익사업의 안정적인 재원조달을 저해하므로, 다음과 같은 주식보유한도의 예외를 두고 있다.

① 일정요건 충족 공익법인등과 국가·지방자치단체가 출연하여 설립한 공익법인등으로서 상호출자제한기업집단과 특수관계 없는 공익법인등에 그 공익법인등의 출연자와 특수관계에 있지 아니한 내국법인의 주식등을 출연하는 경우로서 주무관청이 공익법인등의 목적사업을 효율적으로 수행하기 위하여 필요하다고 인정하는 경우

---

129) 재산출연일 현재 해당 공익법인등의 총 출연재산가액의 100분의 1에 상당하는 금액과 2천만원 중 적은 금액 이하를 출연한 자는 제외

② 상호출자제한기업집단과 특수관계에 없는 공익법인등으로서 일정요건 충족 공익법인등(설립된 날부터 3개월 이내 주식등을 출연받고, 설립된 사업연도가 끝난 날부터 2년 이내에 일정요건을 충족하는 경우 포함)에 출연비율 한도를 초과하여 출연하는 경우로서 초과보유일부터 3년 이내에 초과하여 출연받은 부분을 매각(주식등의 출연자 또는 그의 특수관계인에게 매각하는 경우 제외)하는 경우
③ 공익법인의 설립·운영에 관한 법률 및 그 밖의 법령에 따라 내국법인의 주식등을 출연하는 경우

(1) 상속인 출연 시 제한사항

공익법인에 출연하는 재산은 상속인들의 합의에 따라 출연하여야 한다. 또한, 상속인은 해당 공익법인의 이사[130] 현원(5인 미달 시 5인으로 봄)의 20%를 초과하여 이사가 되지 않아야 하고, 이사 선임 등 공익법인의 사업운영에 관한 중요사항을 결정할 권한을 가지지 않아야 한다. 이는 상속인이 공익법인에 행사하는 영향력을 최소화하기 위한 규정이다.

(2) 출연기한

상속세 신고기한인 상속개시일이 속하는 달의 말일부터 6월 이내에 출연하여야 한다. 이때 출연의 의미는 단순히 출연하겠다는 계약의 체결을 의미하는 것이 아니고, 공익법인에서 출연재산을 취득하는 때를 말한다.[131] 등기·등록 등을 요하는 출연재산의 경우 출연기한까지 등기·등록에 따라 소유권이 이전되어야 한다. 다만, 법령상 또는 행정상의 사유로 출연재산의 소유권의 이전이 지연되거나, 출연재산으로 공익법인을 설립하는 경우로서 법령상 또는 행정상의 사유로 공익법인의 설립허가 등이 지연되는 경우에는 해당 사유가 없어진 날이 속하는 달의 말일부터 6월 이내에 출연하면 된다.

3. 공익법인의 출연재산의 증여세 과세가액 불산입

비영리법인이 출연받은 재산은 증여세 납부의무가 있다. 다만, 상증세법상 공익법인

---

130) 이사의 범위에 이사회 의결권을 갖지 않는 감사는 제외된다.
131) 상증세법 기본통칙 16−13···2

이 출연받은 재산은 증여세 과세가액에 산입하지 않는다. 한편, 내국법인의 의결권 있는 주식을 출연받은 경우 내국법인 발행주식총수의 5%~20%를 초과하면, 그 초과금액은 증여세 과세가액에 산입한다.

4. 공익법인의 범위

(1) 공익법인

상증세법에서는 종교·자선·학술 관련 사업 등 공익성을 고려하여 다음의 사업을 하는 비영리법인을 공익법인으로 정하고 있다.

> **공익법인이 운영하는 사업의 범위**
>
> ① 종교의 보급 기타 교화에 현저히 기여하는 사업
> ② '초·중등교육법' 및 '고등교육법'에 의한 학교, '유아교육법'에 따른 유치원을 설립·경영하는 사업
> ③ '사회복지사업법'의 규정에 의한 사회복지법인이 운영하는 사업
> ④ '의료법' 또는 '정신보건법'의 규정에 의한 의료법인 또는 정신의료법인이 운영하는 사업
> ⑤ '법인세법' 제24조 제2항에 해당하는 기부금을 받는 자가 해당 기부금으로 운영하는 사업
> ⑥ '법인세법 시행령' 제36조 제1항 제1호 각 목의 규정에 의한 지정기부금단체 등 및 '소득세법 시행령' 제80조 제1항 제5호에 따른 기부금대상민간단체가 운영하는 고유목적사업. 다만, 회원의 친목 또는 이익을 증진시키거나 영리를 목적으로 대가를 수수하는 등 공익성이 있다고 보기 어려운 고유목적사업을 제외한다.
> ⑦ '법인세법 시행령' 제36조 제1항 제2호 다목에 해당하는 기부금을 받는 자가 해당 기부금으로 운영하는 사업. 다만, 회원의 친목 또는 이익을 증진시키거나 영리를 목적으로 대가를 수수하는 등 공익성이 있다고 보기 어려운 고유목적사업은 제외한다.

위에서 열거하는 사업을 하지 않는 상증세법상 공익법인이 아닌 단체가 타인으로부터 재산을 증여받는 경우 증여세를 납부하여야 한다.[132] 따라서 공익법인에 해당하는지 여부는 재산의 출연함에 있어 가장 먼저 검토되어야 하는 부분이다.

---

132) 재산-571, 2010.8.10.

현재 유권해석에서 공익법인으로 보지 않는 사례는 다음과 같다.

> **공익법인으로 보지 않는 사례**
>
> ① 개인이 설립한 학교형태의 학력인정 평생교육시설(서면법령재산 - 21431, 2015.4.10.)
> ② 종중, 동창회, 임의단체 등(재산 - 66, 2013.2.28., 서면4팀 - 1456, 2006.5.24.)
> ③ 사내근로복지기금(서면4팀 - 2072, 2004.12.17.)[133]
> ④ 납골시설을 설치·운영하는 재단법인(서면4팀 - 3510, 2006.10.25.)
> ⑤ 공원묘역의 운영 및 위탁관리사업을 주로 영위하는 재단법인(서일 46014 - 10362, 2003.3.25.)
> ⑥ 소비자생활협동조합법에 근거하여 설립된 조합법인(법규법인 2008 - 28, 2008.11.20.)

---

133) 사내근로복지기금은 공익법인에는 해당하지 않지만, 상증법 제64조 제4호 규정에 따라 증여받은 재산에 대해 비과세를 적용받을 수 있다.

제2절 출연받은 재산에 대한 공익법인의 의무

공익법인이 출연받은 재산에 대해 비과세 혜택을 주는 동시에 공익법인을 통한 조세 회피 방지를 위하여, 공익법인이 해당 재산을 목적사업에 사용하는 등의 사후관리 의무를 두고 있다. 이러한 사후관리 의무를 위반할 경우 해당 공익법인은 증여세 또는 가산세 등이 부과될 수 있다.

본 절에서는 출연재산에 대해 비과세를 적용받은 공익법인이 지켜야 할 사후관리 의무에 대해 살펴본다.

1. 공익법인이 고유목적사업과 관련하여 지켜야 할 의무

(1) 출연받은 재산의 공익목적사업 사용의무

출연받은 재산을 직접 공익목적사업에 사용하여야 한다. 다음의 경우 직접 공익목적사업에 사용한 것으로 본다.

> **공익목적사업 사용으로 보는 경우**
>
> ① 정관상 고유목적사업에 사용하는 경우
> ② 직접 공익목적사업에 충당하기 위해 수익사업용으로 운용하는 경우
> ③ 공익법인이 출연재산을 직접 공익목적사업에 효율적으로 사용하기 위해 주무관청의 허가를 받아 다른 공익법인에 출연하는 경우
> ④ 공익목적사업에 직접 사용하는 시설에 소요되는 관리비(수선비, 전기료 및 전화사용료)
> ⑤ 법인세법 시행령 제56조 제11항에 따라 고유목적에 지출한 것으로 보는 기준 내 인건비 금액

출연받은 재산을 공익목적사업의 용도 외에 직접 사용하거나, 출연받은 날부터 3년 이내에 직접 공익목적사업에 사용하지 아니하거나 3년 이후 직접 공익목적사업에 계속 사용하지 않는 경우에는 사후관리 의무에 위반된다.

한편, 법령상 또는 행정상의 부득이한 사유로 3년 이내에 전부 사용하는 것이 곤란한

경우로서 주무부장관이 인정한 경우에는, 그 사유를 출연재산에 대한 사용계획 및 진도에 관한 보고서를 제출할 때 납세지 관할 세무서장에게 보고하고, 그 사유가 없어진 날부터 1년 이내에 해당 재산을 직접 공익목적사업에 사용하면 사후관리 의무 위반으로 보지 않는다.

사후관리 의무 위반 시 그 사유가 발생한 날에 직접 공익목적사업 미사용 금액에 대하여 증여세가 과세된다.

(2) 출연받은 재산 운용소득의 공익목적사업 사용의무

출연받은 재산을 수익사업용으로 운용하는 경우 그 운용소득을 직접 공익목적사업에 사용하여야 한다. 이때 출연재산의 운용소득이란 해당 연도의 수익사업에서 발생한 소득금액과 출연재산을 수익의 원천에 사용하여 생긴 소득금액의 합계액을 말한다.

출연받은 재산의 운용소득을 공익목적사업의 용도 외에 직접 사용하거나, 운용소득의 80%를 당해 소득의 사업연도 종료일부터 1년 이내에 직접 공익목적사업에 사용하지 않는다면 사후관리 의무에 위반된다. 운용소득의 80%와 1년 내 사용실적은 각각 해당 사업연도와 직전 4개 사업연도의 5년간 평균금액을 기준으로 산정할 수 있다.

사후관리 의무 위반 시 공익목적사업의 용도 외 사용분에 대하여는 용도 외 사용비율에 상당하는 출연재산가액에 대해 증여세를 과세하고, 운용소득의 기준금액 미달사용분에 대하여는 미달사용금액의 10%를 가산세로 부과한다.

(3) 출연받은 재산 매각금액의 공익목적사업 사용의무

출연받은 재산의 매각금액을 직접 공익목적사업에 사용하여야 한다.

출연받은 재산의 매각금액을 매각일이 속하는 사업연도의 종료일부터 1년 이내에 30%, 2년 이내에 60%, 3년 이내에 90%를 직접 공익목적사업에 사용하지 않는다면 사후관리 의무 위반에 해당한다.

매각금액에 대해 사후관리 의무 위반 시 불이익은 다음과 같다.

기간	의무사용비율	불이익
1년 이내	30%	미달금액의 10% 가산세
2년 이내	60%	미달금액의 10% 가산세
3년 이내	90%	미달금액에 대한 증여세

(4) 주식의 5%(10% 또는 20%) 보유한도 준수의무

출연받은 주식 또는 출연받은 재산으로 취득한 주식은 5%~20% 이내로 보유하여야 한다. 공익법인의 주식보유한도는 5%이나 상호출자제한기업집단과 특수관계에 있지 아니한 특정공익법인에 대하여는 10%를 한도로 보유 가능하고, 해당 공익법인 중 출연받은 주식의 의결권을 행사하지 않고 자선·장학 또는 사회복지를 목적으로 하는 경우 20%를 한도로 보유할 수 있다.[134] 이때 주식보유비율 계산 시 총발행주식수에는 자기주식을 제외한다.[135]

주식보유한도 대상인 주식은 다음의 주식을 합하여 산정한다. 이때, 주식의 범위에는 내국법인의 주식만이 대상이며 외국법인의 주식은 보유한도 준수의무가 없다.

주식보유한도 대상 주식

① 해당 공익법인이 출연받은 주식
② 출연 당시 해당 공익법인이 보유하고 있는 동일법인의 주식
③ 출연자 및 특수관계인이 다른 공익법인에 출연한 동일법인의 주식
④ 출연자 및 특수관계인으로부터 출연받은 다른 공익법인이 보유하고 있는 동일법인의 주식

● 내국법인 주식을 5%(10% 또는 20%)를 초과하여 취득한 경우

공익법인이 주식을 매매, 출연으로 취득하거나 유상증자 또는 감자에 따라 내국법인의 주식을 보유한도를 초과하여 보유한다면, 초과부분을 상속세 또는 증여세 과세가액

---

134) 의결권을 행사하지 않는 경우 – 정관에 출연받은 주식의 의결권을 행사하지 않을 것을 규정
　　　자선·장학 또는 사회복지 목적 – 사회복지사업법의 규정상 사회복지법인
　　　　　　　　　　　　　　　　　 – 직전 3년 평균 직접공익목적사업 지출액의 80% 이상을 자선·장학 또는 사회복지 활동에 지출한 공익법인
135) 2017년 1월 1일 이후 출연분부터 자기주식을 제외하는 것으로 적용한다.

에 산입하여 상속세 또는 증여세가 과세된다.

다만, 특수관계 없는 내국법인의 출연 등 법에서 정하는 경우에는 주식보유한도를 적용하지 않는데, 공익법인이 출연받은 경우와 출연받은 재산으로 취득하는 경우를 각기 달리 정하고 있다. 공익법인이 출연받은 주식이 5%(10% 또는 20%)를 초과하는 경우로서 다음의 경우에는 상속세 또는 증여세가 과세되지 않는다.

5%(10% 또는 20%) 초과로 출연받은 경우의 과세 제외

① 상호출자제한기업집단과 특수관계 없는 공익법인에 출연자와 특수관계 없는 내국법인의 주식을 출연하는 경우로서 주무관청이 공익법인의 목적사업을 효율적으로 수행하기 위하여 필요하다고 인정하는 경우
② 상호출자제한기업집단과 특수관계 없는 공익법인에 10% 또는 20%를 초과하여 출연하는 경우로서 공익법인이 초과 보유일부터 3년 이내에 초과 출연받은 부분을 출연자 및 그 특수관계자 이외의 자에게 매각하는 경우
③ 공익법인의 설립·운영에 관한 법률 및 그 밖의 법령에 따라 내국법인의 주식을 출연하는 경우

한편, 출연받은 재산 또는 출연재산의 매각금액으로 내국법인 주식을 취득하여 5%(10% 또는 20%)를 초과하더라도 다음의 경우에는 증여세가 과세되지 않는다.

출연받은 재산 등으로 5%(10% 또는 20%) 초과 취득한 경우의 과세 제외

① 상호출자제한기업집단과 특수관계 없는 공익법인에 출연자와 특수관계 없는 내국법인의 주식을 출연하는 경우로서 주무관청이 공익법인의 목적사업을 효율적으로 수행하기 위하여 필요하다고 인정하는 경우
② 공익법인의 설립·운영에 관한 법률 및 그 밖의 법령에 따라 내국법인의 주식을 출연하는 경우
③ 산학협력단이 다음의 요건을 모두 갖추어 주식을 취득하는 경우
• 산학협력단이 보유기술을 출자하여 기술지주회사 또는 신기술창업전문회사를 설립할 것
• 산학협력단 출자주식이 기술지주회사 50% 이상, 신기술창업전문회사 30% 이상일 것
• 기술지주회사 또는 신기술창업전문회사는 자회사 외의 주식을 보유하지 아니할 것

● 20% 한도를 적용받는 공익법인이 의결권을 행사한 경우

상호출자제한기업집단과 특수관계 없는 공익법인이 10%를 초과하여 주식을 보유하기 위해서는 의결권을 행사하지 않아야 한다. 10%를 초과하는 주식을 보유하면서 해당 주식을 발행한 법인에 의결권을 행사하면 10% 초과보유분에 대해 증여세가 과세된다.

● 계열법인 주식보유 한도(금액기준)

공익법인이 계열법인의 주식을 보유하는 경우 그 주식의 가액[136]이 해당 공익법인 총재산 가액의 30%(회계감사, 전용계좌 개설·사용, 결산서류공시 이행 시 50%)를 초과하는 경우 초과하는 금액의 5%를 가산세로 부과한다.

계열법인의 범위에는 다음의 특수관계법인에 해당하는 자가 기업집단 소속기업의 주식을 출연하거나 보유한 경우의 해당 기업을 말한다.

특수관계법인의 범위

① 공정거래법상 기업집단의 소속기업(임원 및 퇴직임원 포함)과 다음의 어느 하나에 해당하는 자 또는 해당 기업의 임원에 대한 임면권의 행사 및 사업방침의 결정 등을 통하여 그 경영에 관하여 사실상의 영향력을 행사하고 있다고 인정되는 자
  • 기업집단 소속의 다른 기업
  • 기업집단을 사실상 지배하는 자
  • 기업집단을 사실상 지배하는 자의 친족, 직계비속 배우자의 2촌 이내 혈족과 배우자
② 공정거래법상 기업집단의 소속기업 또는 기업집단 소속의 다른 기업의 임원 또는 퇴직임원이 이사장인 비영리법인
③ ①과 ②에 해당하는 자가 이사의 과반수이거나 재산을 출연하여 설립한 비영리법인

한편, 특정공익법인 등 다음의 법인은 계열법인 보유한도 규정이 적용되지 않는다.

계열법인 보유한도 규정의 예외

① 특정공익법인 등
② 국가나 지방자치단체가 설립한 공익법인 등
③ 국가·지방자치단체가 출연하여 설립한 공익법인 등이 재산을 출연하여 설립한 공익

---

136) 이동평균법에 따른 주식의 취득가액과 대차대조표 가액 중 적은 금액으로 한다.

　　법인 등
④ '공공기관의 운영에 관한 법률' 제4조 제1항 제3호에 따른 공공기관이 재산을 출연하여 설립한 공익법인 등
⑤ ④의 공익법인 등이 재산을 출연하여 설립한 공익법인 등

의무지출제도

공익법인은 의무지출금액을 직접 공익사업에 사용하여야 한다. 의무지출금액은 출연재산가액의 1%(주식을 10% 초과 보유시 3%)로 하되, 출연재산가액은 직전 사업연도의 재무상태표와 운영성과표를 기준으로 수익사업용 재산의 총자산가액에서 부채가액과 당기순이익을 차감하여 산정한다.

한편, 의무지출금액 사용실적은 해당 사업연도의 고유목적사업비로 지출된 금액으로서 손금에 산입한 금액을 포함하며, 공익법인등이 해당 공익목적사업 개시 후 5년이 지난 경우에는 해당 사업연도와 그 직전 4개 사업연도의 5년간 평균금액을 기준으로 계산할 수 있다.

의무지출금액 미달사용분에 대하여는 미달사용금액의 10%를 가산세로 부과하고, 주식을 5% 초과하여 보유하는 법인의 경우 공익목적사업 지출비율이 1%에 미달하는 경우 미달사용금액의 200%를 가산세로 부과한다.

한편, 다음의 공익법인등은 의무지출제도 대상에서 제외된다.

의무지출제도 규정의 예외

① 종교의 보급 기타 교화에 현저히 기여하는 사업을 하는 공익법인
② 결산서류등의 공시대상 과세기간 또는 사업연도의 종료일 현재 재무상태표상 총자산가액(부동산인 경우 상증세법 제60조·제61조 및 제66조에 따라 평가한 가액이 재무상태표상의 가액보다 크면 그 평가한 가액)의 합계액이 5억원 미만인 공익법인등
　• 다만, 해당 과세기간 또는 사업연도의 수입금액과 그 과세기간 또는 사업연도에 출연받은 재산가액의 합계액이 3억원 이상인 공익법인등 제외
③ 위 ① 또는 ②의 공익법인 중 일정요건을 갖춘 공익법인으로서 주식등의 출연·취득 및 보유에 대한 증여세 및 가산세 등의 부과대상에서 제외되는 공인법인은 예외대상에서 제외

④ '법인세법 시행령' 제39조 제1항 제1호 바목에 따른 공익법인등 중 공공기관의 운영에 관한 법률 제4조에 따른 공공기관 또는 법률에 따라 직접 설립된 기관

(5) 특정 공익법인의 임직원등 고용 제한

출연자[137] 또는 그의 특수관계인이 다음의 공익법인의 이사(5인 미만은 5인으로 봄)의 20%를 초과하여 이사가 되거나, 특정 공익법인의 임직원(이사 제외)이 되는 경우 지출된 직·간접 경비를 전액 가산세로 부과한다.

임직원등 고용 제한이 적용되는 공익법인의 범위는 의료법인을 제외한 다음의 법인을 말한다.

특정 임직원등 고용 제한 공익법인의 범위

① 출연자와 상증세법 제2조의 2 제1항 제3호의 관계에 있는 자가 이사의 과반수를 차지하거나 재산을 출연하여 설립한 비영리법인
② 출연자와 상증세법 제2조의 2 제1항 제4호의 관계에 있는 자가 재산을 출연하여 설립한 비영리법인
③ 출연자와 상증세법 제2조의 2 제1항 제5호 또는 제8호의 관계에 있는 비영리법인

다만, 특정 공익법인의 출연자 등 이사취임 비율이 20%를 초과하더라도 다음의 경우에는 해당 사유발생일로부터 2월 이내에 20% 초과사유를 해소하면 가산세가 부과되지 않는다.

가산세 부과의 예외

① 이사의 사망 또는 사임
② 특수관계 없는 이사가 새로이 특수관계인에 해당하는 경우

---

137) 재산출연일 현재 해당 공익법인 등의 총출연재산가액의 1%에 상당하는 금액과 2천만원 중 적은 금액을 초과하여 출연한 자를 말한다.

가산세 부과 방법

해당 이사 또는 임·직원을 위하여 지출된 급료, 판공비, 비서실 운영경비 및 차량유지비 등 직·간접 경비를 전액 가산세로 부과한다.

다만, 해당 임·직원이 다음의 경우에는 가산세를 부과하지 아니한다.

> **가산세 부과의 예외**
>
> ① 의료기관의 의사
> ② 학교의 교직원(교직원 중 직원은 '사립학교법' 제29조에 따른 학교에 속하는 회계로 경비를 지급하는 직원만 해당)
> ③ 아동복지시설의 보육사
> ④ 도서관의 사서
> ⑤ 박물관·미술관의 학예사
> ⑥ 사회복지시설의 사회복지사 자격을 가진 자
> ⑦ 연구기관의 연구원으로서 일정 요건을 충족한 자

(6) 불특정다수인에 대한 공익목적사업 사용의무

직접 공익목적사업에 사용하는 것이 사회적 지위·직업·근무처 및 출생지 등에 의하여 일부에게만 혜택을 제공하는 것인 때, 특정인에게 제공된 이익을 증여가액으로 하여 증여세가 부과된다. 다만, 해당 공익법인의 설립 또는 정관변경을 허가하는 조건으로 주무부장관이 기획재정부장관과 협의하여 수혜자의 범위를 정하는 경우(장학회 등)에는 증여세 과세대상에서 제외한다.

(7) 사업종료 시 잔여재산의 국가 등 귀속의무

공익법인이 사업종료 시 잔여재산을 국가·지방자치단체 또는 해당 공익법인과 동일하거나 주무부장관이 유사한 것으로 인정하는 공익법인에 귀속시키지 않는다면, 해당 재산가액을 공익법인의 증여가액으로 하여 증여세가 부과된다. 이와 별개로 재산의 귀속자는 해당 재산가액에 대해 증여세를 신고·납부하여야 한다.

(8) 자기내부거래 금지

자기내부거래를 하는 경우 제공한 이익 상당액을 공익법인이 증여받은 것으로 보아 증여세를 과세한다. 자기내부거래는 공익법인이 출연받은 재산을 출연자 및 그 특수관계인에게 임대차, 소비대차, 사용대차 등의 방법으로 정당한 대가의 지급 없이 사용·수익하게 하여 이익을 무상으로 이전하는 것을 말한다.

공익법인이 출연받은 재산을 출연자 및 그 특수관계자가 무상으로 사용·수익하게 한 경우에는 해당 출연재산가액을 증여재산으로 하고, 통상적인 지급대가보다 낮은 대가로 사용·수익하게 한 경우에는 그 차액에 상당하는 출연재산가액을 증여재산으로 하여 증여세를 과세한다.

다만, 다음에 해당하는 경우에는 자기내부거래라고 하더라도 증여세를 부과하지 않는다.

> **과세대상에서 제외하는 거래유형**
>
> ① 출연받은 날부터 3월 이내에 출연자 및 그 특수관계인이 사용하는 경우
> ② 교육사업을 영위하는 교육기관이 출연받은 기부금으로 설립한 건물 또는 시험연구용 시설을 출연받아 이를 공익법인과 출연자가 공동으로 사용하는 경우
> ③ 공익법인이 의뢰한 연구용역 등의 대가 또는 직접 공익목적사업의 수행과 관련한 경비 등을 지급하는 경우
> ④ 공익법인이 출연받은 부동산을 출연자 및 그 특수관계인이 통상적인 지급대가[*]를 지급하고 사용하는 경우

(*) 개인 : (부동산가액 − 보증금) × 연간 2%
　　 법인 : (부동산가액 × 50% − 보증금) × 연간 3.4%

(9) 특수관계법인에 대해 광고·홍보를 하지 아니할 것

공익법인이 특수관계 있는 내국법인의 이익을 증가시키기 위해 정당한 대가를 받지 않고 다음의 광고·홍보를 하는 경우 광고·홍보에 직접 지출된 경비 상당액을 가산세로 부과한다.

가산세를 부과하는 광고·홍보 행위

① 신문·잡지·텔레비전·라디오·인터넷 또는 전자광고판 등을 이용하여 내국법인을 위하여 홍보하거나 내국법인의 특정상품에 관한 정보를 제공하는 행위. 다만, 내국법인의 명칭만을 사용하는 홍보는 가능
② 팜플렛·입장권 등에 내국법인의 특정상품에 관한 정보를 제공하는 행위. 다만, 내국법인의 명칭만을 사용하는 홍보는 가능

한편, 가산세로 부과되는 광고·홍보에 직접 지출된 경비 상당액은 다음의 금액을 말한다.

광고·홍보 행위에 직접 지출된 경비

① 신문·잡지·텔레비전·라디오·인터넷 또는 전자광고판 등을 이용하여 내국법인을 위하여 홍보하거나 내국법인의 특정상품에 관한 정보를 제공하는 행위의 경우 : 당해 광고·홍보매체의 이용비용
② 팜플렛·입장권 등에 내국법인의 특정상품에 관한 정보를 제공하는 행위 : 당해 행사비용 전액

2. 공익법인의 납세협력의무

공익법인은 출연재산 보고서 제출, 결산서류 공시 등 다음의 납세협력의무를 진다. 미이행 시 협력의무 불이행에 대한 가산세가 부과하므로 유의하여야 한다.

공익법인의 납세협력의무

① 출연재산 보고서 등 제출의무
② 결산서류 등 공시의무
③ 외부전문가의 세무확인에 대한 보고의무
④ 장부의 작성 및 비치의무
⑤ 회계감사의무
⑥ 전용계좌 개설사용의무

⑦ 공익법인에 적용되는 회계기준
⑧ 기부금영수증 발급 등 의무

(1) 출연재산 보고서 등 제출의무

비과세 되는 재산을 출연받은 공익법인은 공익법인 출연재산 등에 대한 보고서를 다음의 서류와 함께 사업연도 종료일로부터 3개월 이내에 제출하여야 한다.

한편, 기한 내 보고서를 제출하지 아니하거나 제출된 보고서에 출연재산·운용소득 및 매각재산 등의 명세를 누락하거나 잘못 기재하여 사실을 확인할 수 없는 경우에는 미제출분 또는 불분명한 부분의 금액에 상당하는 상속세액 또는 증여세액의 1%를 가산세로 과세한다.[138)]

출연재산 보고서 등 제출서류

① 결산에 관한 서류(공익법인의 설립·운영에 관한 법률 및 그 밖에 법령에 따라 주무관청에 제출하는 대차대조표 및 손익계산서에 한함)
② 출연재산·운용소득·매각대금의 사용계획 및 진도내역서
③ 출연받은 재산의 사용명세서
④ 출연재산 매각대금 사용명세서
⑤ 운용소득 사용명세서
⑥ 주식(출자지분) 보유명세서
⑦ 이사 등 선임명세서
⑧ 특정기업광고 등 명세서
⑨ 공익법인 등의 세무확인서, 공익법인 등의 세무확인 결과 집계표, 출연자 등 특수관계인 사용수익명세서, 수혜자 선정 부적정명세서, 재산의 운영 및 수익사업내역 부적정명세서, 장부의 작성·비치의무 불이행명세서, 보유부동산명세서(외부전문가 세무확인대상인 경우로 한정)

---

138) 1억원(중소기업은 5천만원)을 한도로 함. 단 고의적으로 위반한 경우 한도 없음.

(2) 결산서류 등 공시의무

총자산가액이 5억원 이상이거나 해당 사업연도에 출연받은 재산가액이 3억원 이상인 공익법인(단, 종교법인은 제외)은 다음의 결산서류 등을 사업연도 종료일부터 4개월 이내에 국세청 인터넷 홈페이지에 게재하는 방법으로 공시하여야 한다. 총자산가액이 5억원 미만인 공익법인등은 간편한 방법으로 공시의무를 이행하여야 한다. 한편, 특정 공익법인으로서 주식등의 출연·취득 및 보유에 대한 증여세 및 가산세 등의 부과대상에서 제외되는 공인법인은 총자산가액등에 불구하고 공시의무가 있다.

> **공시대상 결산서류 등**
>
> ① 재무제표
> ② 기부금 모집 및 지출 내용
> ③ 해당 공익법인의 대표자, 이사, 출연자, 소재지 및 목적사업에 관한 사항
> ④ 출연재산의 운용소득 사용명세
> ⑤ 회계감사를 받을 의무가 있는 공익법인 등에 해당하는 경우에는 감사보고서와 그 감사보고서에 첨부된 재무제표
> ⑥ 공익법인의 주식의 출연·취득·보유 및 처분사항
> ⑦ 공익법인에 주식을 출연한 자와 그 주식의 발행법인과의 관계
> ⑧ 주식의 보유로 인한 배당현황, 보유한 주식 등의 처분에 따른 수익현황 등
> ⑨ 내국법인의 의결권 있는 주식을 그 내국법인의 발행주식총수의 5%를 초과하여 보유하고 있는 일정기준을 갖춘 공익법인의 경우에는 보유주식에 대한 의결권의 행사 결과
> ⑩ 외부감사를 받는 공익법인의 경우에는 출연받은 재산의 공익목적사용 현황

한편, 결산서류 등을 공시하지 않거나 공시 내용에 오류가 있는 경우 국세청장은 1개월 이내의 기간을 정하여 공시 또는 시정 요구를 할 수 있다. 국세청장의 공시 또는 시정 요구를 지정된 기한까지 이행하지 않는 경우에는 공시하여야 할 과세기간 또는 사업연도의 종료일 현재 그 공익법인 등의 자산총액의 0.5%에 상당하는 가산세를 부과한다. 간편한 방법으로 공시하여야 하는 공익법인의 경우 2023년까지 가산세 부과를 면제하고 있다.

(3) 장부의 작성 및 비치의무

공익법인은 사업연도별로 출연받은 재산 및 공익사업 운용 내용 등에 대한 장부 및 관련된 중요한 증명서류를 사업연도 종료일로부터 10년간 보존하여야 한다.

장부를 작성·비치하지 않은 경우 장부를 작성·비치하지 않은 사업연도의 수입금액 합계와 그 사업연도에 출연받은 재산가액 합계를 합친 금액에 0.07%를 상속세 또는 증여세로 징수한다.

다만, 다음의 공익법인에 대하여는 가산세를 부과하지 않는다.

> **가산세 부과의 예외**
>
> ① 사업연도 종료일 현재 대차대조표상 총자산가액의 합계액이 5억원 미만이고 해당 사업연도에 출연받은 재산가액의 합계액이 3억원 미만인 공익법인
> ② 불특정다수인으로부터 재산을 출연받은 공익법인(출연자 1명과 그 특수관계인이 출연한 재산가액이 총재산가액의 5%에 미달하는 경우에 한함)
> ③ 국가 또는 지방자치단체가 재산을 출연하여 설립한 공익법인 등으로서 '감사원법' 또는 관련 법령에 따라 감사원의 회계검사를 받는 공익법인 등(회계검사를 받는 연도분에 한정)

(4) 외부전문가의 세무확인에 대한 보고의무

공익법인은 사업연도별로 출연받은 재산의 공익목적 사용 여부 등에 대하여 2명 이상의 변호사, 공인회계사 또는 세무사를 선임하여 세무확인을 받아야 한다. 이러한 외부전문가의 세무확인은 사업연도 종료일부터 2개월 이내에 실시하고, 사업연도 종료일부터 3개월 이내에 관할 세무서장에게 보고하여야 한다.

한편, 공익법인이 외부전문가의 세무확인을 받지 않거나 보고를 이행하지 않은 경우, 해당 사업연도의 수입금액 합계와 그 사업연도에 출연받은 재산가액 합계를 합친 금액에 0.07%를 상속세 또는 증여세로 징수한다.

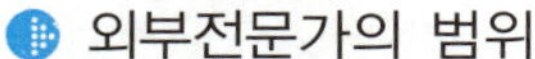

🔵 외부전문가의 범위

외부전문가는 다음 어느 하나에도 해당하지 않는 변호사, 공인회계사, 세무사이어야
한다.

> **변호사, 공인회계사, 세무사 중 외부전문가로 인정되지 않는 경우**
>
> ① 공익법인의 출연자, 설립자 또는 임직원(퇴직 후 5년 이내 포함)인 경우
> ② 출연자, 설립자와 특수관계에 있는 사람인 경우
> ③ 출연자, 설립자 또는 그가 경영하는 회사(출연자, 설립자가 최대주주인 회사)와 소송대
> 　 리, 회계감사, 세무대리, 고문 등의 거래가 있는 사람인 경우
> ④ 공익법인과 채권·채무 관계에 있는 사람인 경우
> ⑤ ①~④의 사유 이외에 공익법인과 이해관계 등의 사유로 공정한 직무 수행을 기대하
> 　 기 어렵다고 인정되는 사람인 경우
> ⑥ 출연자, 설립자, ③~⑤와 관계된 법인에 소속된 사람인 경우

🔵 외부전문가 세무확인 보고의무의 예외

공익법인 중 다음의 경우에는 외부전문가의 세무확인을 받지 않아도 된다.

> **외부전문가 세무확인 보고의무의 예외**
>
> ① 사업연도 종료일 현재 대차대조표상 총자산가액의 합계액이 5억원 미만이고 해당 사업
> 　 연도에 출연받은 재산가액의 합계액이 3억원 미만인 공익법인
> ② 불특정다수인으로부터 재산을 출연받은 공익법인(출연자 1명과 그 특수관계인이 출연
> 　 한 재산가액이 총재산가액의 5%에 미달하는 경우에 한함)
> ③ 국가 또는 지방자치단체가 재산을 출연하여 설립한 공익법인 등으로서「감사원법」또
> 　 는 관련 법령에 따라 감사원의 회계검사를 받는 공익법인 등(회계검사를 받는 연도분
> 　 에 한정)

● 외부전문가의 세무확인 사항

외부전문가가 공익법인에 대하여 확인할 항목은 다음과 같다.

> **외부전문가의 세무확인 사항**
>
> ① 출연받은 재산의 공익목적 사용 여부
> ② 출연받은 재산에 대해 공익법인의 의무사항 이행 여부
> ③ 출연받은 재산의 운영 및 수익사업 내역의 적정성 여부
> ④ 장부의 작성 · 비치의무의 준수 여부
> ⑤ 공익법인의 수혜자 선정의 적정성 여부

(5) 회계감사의무

직전 사업연도 종료일의 대차대조표상 총자산가액의 합계액이 100억원 이상 또는 연간 수입금액 50억이상 또는 기부금 20억이상인 공익법인(종교사업, 학교사업, 유치원사업의 공익법인은 제외)은 감사인에게 회계감사를 받아야 한다. 이러한 회계감사를 받은 공익법인은 감사인이 작성한 감사보고서를 사업연도 종료일부터 3개월 이내에 관할 세무서장에게 제출하여야 한다.

한편, 외부감사를 이행하지 않은 경우(지정감사인이 아닌 다른 감사인에게 외부감사를 받은 경우를 포함) 해당 사업연도의 수입금액 합계와 그 사업연도에 출연받은 재산가액 합계를 합친 금액에 0.07%를 상속세 또는 증여세로 징수한다.

한편, 2022년부터는 일정규모 이상 공익법인은 감사인을 4년간 자유선임한 후 기재부장관이 2년간 지정하는 감사인에게 외부감사를 받도록 하는 주기적지정제도가 도입되었으며, 회계감사의 적정성과 관련하여 감리제도를 도입하는 등 공익법인 외부감사의 투명성을 위한 규정도 정비되고 있다.

(6) 전용계좌 개설사용의무

공익법인은 직접 공익목적사업과 관련하여 받거나 지급하는 수입과 지출에 대하여 직접 공익목적사업용 전용계좌를 사용하여야 한다. 공익법인은 최초로 공익법인에 해당한 날부터 3월 이내에 전용계좌를 개설하여 관할 세무서장에게 신고하여야 하며, 전

용계좌를 변경·추가하는 때에는 사유발생일부터 1개월 이내에 신고하여야 한다.

한편, 전용계좌를 사용하지 아니한 경우 해당 금액의 0.5%를 가산세로 부과한다. 또한 전용계좌의 개설·신고를 하지 않은 경우에는 해당 사업연도의 수입금액 합계액의 5%와 전용계좌를 사용하지 아니한 금액의 0.5% 중 큰 금액을 가산세로 부과한다.

전용계좌 사용대상 수입과 지출

전용계좌 사용대상 수입과 지출은 직접 공익목적사업과 관련된 수입과 지출을 금융회사 등을 통하여 결제하거나 결제받는 경우로서 다음의 경우를 포함한다.

직접 공익목적사업과 관련된 수입과 지출을 금융회사 등을 통하여 결제하거나 결제받는 경우로서 전용계좌 사용대상 수입과 지출의 범위

① 송금 및 계좌 간 자금이체
② 수표로 이루어진 거래대금의 지급 및 수취
③ 어음으로 이루어진 거래대금의 지급 및 수취
④ 신용카드·선불카드(선불전자지급수단 및 전자화폐 포함)·직불카드(직불전자지급수단 포함)로 이루어진 거래대금의 지급 및 수취
⑤ 기부금, 출연금 또는 회비를 받는 경우. 다만, 현금을 직접 받은 경우 현금수입 명세를 작성 보관하고, 5일 이내에 전용계좌에 입금하는 경우는 제외함.
⑥ 인건비, 임차료를 지급하는 경우
⑦ 공익목적 사업과 관련된 기부금·장학금·연구비·생활비 등을 지출하는 경우. 다만, 100만원을 초과하는 경우에 한함.
⑧ 수익용 또는 수익사업용 자산의 처분대금, 그 밖의 운용소득을 고유목적사업회계에 전입(현금 등 자금의 이전이 수반되는 경우만 해당)하는 경우

전용계좌 외 거래명세서 작성 및 보관 의무

전용계좌 외 거래대상의 경우 그 거래일자, 거래상대방(확인 가능한 경우) 및 거래금액 등을 기재한 전용계좌 외 거래명세서를 작성하여 보관하여야 한다.

단, 적격증빙서류를 갖춘 경우 등 아래의 경우에는 작성 및 보관의무를 면제한다.

> **전용계좌 외 거래명세서 작성 및 보관의무 면제**
>
> ① 신용카드매출전표 또는 현금영수증을 수취한 경우
> ② 거래 건당 1만원 이하인 수입과 지출(부가가치세 포함)
> ③ 영세사업자, 금융보험용역 등 기타 증거서류를 받기 곤란한 거래

(7) 공익법인에 적용되는 회계기준

공익법인은 회계감사 및 결산서류 공시 의무를 이행할 때 기획재정부 공익법인회계기준 심의위원회의 심의를 거친 회계기준에 따라야 한다. 단, '의료법'에 따른 의료법인 또는 '사립학교법'에 따른 학교법인, 서울대학교 및 인천대학교는 적용대상에서 제외된다.

(8) 기부금영수증 발급 등 의무

기부금영수증을 발급하는 법인은 기부자의 성명, 주민번호 및 주소, 기부금액 등이 포함된 기부자별 발급명세서를 작성하여 5년간 보관하고, 사업연도 종료일부터 6월 이내에 관할 세무서장에게 제출하여야 한다.

한편, 기부금영수증을 사실과 다르게 발급하는 경우 2%의 가산세를 부과하고, 기부자별 발급명세를 작성·보관하지 않은 경우 해당 금액의 0.2%를 가산세로 부과한다.

(9) 공익법인 사후관리 신고제

2021년 이후 특정 공익법인 중 특정주식을 5% 초과하여 출연받거나 취득한 법인 등(기존 성실공익법인 확인 대상 공익법인)에 대하여는 매년 각 과세기간 또는 사업연도의 의무이행 여부등에 관한 사항을 납세지 관할 지방국세청장에게 신고하여야 한다.

한편, 사후관리 신고 대상이 되는 법인이 사후관리 이행여부를 신고하지 아니한 경우에는 각 사업연도 종료일 현재 공익법인 자산총액의 0.5%를 가산세로 부과한다.

| 저 | 자 | 소 | 개 |

■ 박길동 CPA

경력
- 전, 삼일회계법인
- 현, 우리회계법인

학력 및 자격증
- 서강대학교 경영학과
- 공인회계사 / 세무사 / 미국공인회계사

저서
- 「K-IFRS 연결회계 이론과 실무」 (2022)
- 「일반기업회계기준 연결회계 이론과 실무」 (2023)
- 「현금흐름 분석과 현금흐름표 작성」 (2024)

■ 최대현 CPA

경력
- 전, 삼일회계법인
- 전, 안진회계법인
- 현, 우리회계법인

학력 및 자격증
- 서울시립대학교 세무학과
- 공인회계사 / 세무사

개정증보판 **경영권승계와 지배구조개선**

2017년 6월 12일 초판 발행
2024년 5월 21일 5판 발행

저 자	박 길 동 최 대 현
발 행 인	이 희 태
발 행 처	**삼일인포마인**

저자협의
인지생략

서울특별시 용산구 한강대로 273 용산빌딩 4층
등록번호 : 1995. 6. 26 제3-633호
전　　화 : (02) 3489-3100
F　A　X : (02) 3489-3141
I S B N : 979-11-6784-270-1　93320

♣ 파본은 교환하여 드립니다.　　　　　　　　정가 90,000원